Die verfassungsrechtliche Dimension des Bankgeheimnisses

Europäische Hochschulschriften

Publications Universitaires Européennes
European University Studies

Reihe II
Rechtswissenschaft

Série II Series II
Droit
Law

Bd./Vol. 3419

PETER LANG
Frankfurt am Main · Berlin · Bern · Bruxelles · New York · Oxford · Wien

Marcus Huhmann

Die verfassungsrechtliche Dimension des Bankgeheimnisses

PETER LANG
Europäischer Verlag der Wissenschaften

Die Deutsche Bibliothek - CIP-Einheitsaufnahme

Huhmann, Marcus:

Die verfassungsrechtliche Dimension des Bankgeheimnisses / Marcus Huhmann. - Frankfurt am Main ; Berlin ; Bern ; Bruxelles ; New York ; Oxford ; Wien : Lang, 2002
(Europäische Hochschulschriften : Reihe 2, Rechtswissenschaft ; Bd. 3419)
Zugl.: Kiel, Univ., Diss., 2001
ISBN 3-631-38479-3

D 8
ISSN 0531-7312
ISBN 3-631-38479-3

www.peterlang.de

Meinen Eltern

Vorwort

Diese Untersuchung hat im Wintersemester 2001/2002 der Rechtswissenschaftlichen Fakultät der Christian - Albrechts - Universität zu Kiel als Dissertation vorgelegen. Sie war im wesentlichen im Dezember 1998 abgeschlossen. Später erschienene Literatur, Rechtsprechung oder vorgenommene Gesetzesänderungen habe ich nur noch gelegentlich berücksichtigt.
Bei der Anfertigung dieser Arbeit habe ich vielfältige Unterstützung erfahren: Mein herzlicher Dank gilt hier insbesondere meinem Doktorvater, Herrn Prof. Dr. Robert Alexy, für die Anregung zu dieser Arbeit und die stets wohlwollende Betreuung, ohne die diese Arbeit nicht in dieser Form entstanden wäre. Mein Dank gilt aber auch Frau Prof. Dr. Dorothee Einsele, die freundlicherweise die Erstellung des Zweitgutachtens übernommen hat.

Last but not least gilt mein Dank meiner Familie und meinen Freunden, für deren Zusprache und Ermunterung in der ein oder anderen ‚Schwächephase' bei der Erstellung dieser berufsbegleitenden Arbeit.

Fulda / Düsseldorf, im Dezember 2001 Marcus Huhmann

>Es ist bereits ein sehr alter, und wird auch wohl, wo nicht gar etwas sonderliches und unverhofftes darzwischen kommet, ein ewiger Streit unter denen Rechts - Gelehrten über die Frage bleiben: welche unter so vielen einander zuwider laufenden Meynungen die beste und dergestalt beschaffen sey, daß man damit dermaleins in Praxi bestehen und fort-kommen könne? Denn auf die praxin läufft doch endlich die ganze Rechts - Gelahrtheit hinaus, es mag nun jemand einen Richter, oder Advocaten abgeben, oder auch seine eigene Sachen in Richtigkeit bringen wollen, wie ich bereits zur anderen Zeit gezeigt habe<.

(aus: Jacob Friedrich Ludovici, Einleitung zum Wechselprozeß, 7. Auflage, Halle 1728)

Inhaltsverzeichnis

1.Teil: Begriff, Ursprung und Facetten des Bankgeheimnisses 27

A Einführung 27

B Begriff, Herleitung und Erscheinungsformen des Bankgeheimnisses 28

I. Das Bankgeheimnis des Bankkunden 28

1. Herleitung des Bankgeheimnisses aus dem Bankvertrag 28

2. Herleitung des Bankgeheimnisses aus Gewohnheitsrecht 33

3. Herleitung des Bankgeheimnisses aus Verfassungsrecht 34

II. Das Bankgeheimnis der Bank 35

1. Der Bankbegriff 35

2. Herleitung des Bankgeheimnisses 36

3. Der seitens der Bank bestehende Doppelcharakter des Bankgeheimnisses 37

C Geschichtlicher Überblick über das Bankgeheimnis 39

Zusammenfassung 45

2.Teil: Das zugrundeliegende grundrechtsdogmatische Verständnis 46

A Interpretativer Ansatz 46

I. Interpretation als Konkretisierung - Der Ansatz von Hesse 46

II. Verfassungsinterpretation und Grundrechtstheorie - Der Ansatz Böckenfördes 47

III. Der verfolgte Ansatz 48

B Die Bedeutung und Stellung von Prinzipien im Gefüge der Grundrechtsdogmatik und ihre Beziehung zum Verhältnismäßigkeitsgrundsatz 50

I. Regeln und Prinzipien 50

1. Regeln 51

2. Prinzipien 51

a) Die Struktur der Prinzipien 51

b) Prima facie - Recht und Kollisionsgesetz 54

c) Prinzipien als individuelle und kollektive Normen mit Verfassungsrang 55

II. Der Verhältnismäßigkeitsgrundsatz als Mittel zur Optimierung konfligierender Sachverhalte 56

1. Der Verhältnismäßigkeitsgrundsatz und seine Bestandteile im Verhältnis zum Prinzipiencharakter von Grundrechtsnormen 57

a) Die Bestandteile des Verhältnismäßigkeitsgrundsatzes 57

b) Die Bedeutung der Bestandteile des Verhältnismäßigkeitsgrundsatzes und das erste Abwägungsgesetz 58

c) Proportionalität 59

d) Kritik am Aspekt der gleichen Eignung im Teilgrundsatz der Erforderlichkeit 62

2. Das Abwägungsgesetz und seine grundlegende Bedeutung im Verfassungsgefüge 63

a) Das Abwägungsgesetz im Einzelnen 64

b) Drei Verfassungstheorien und ihr Bezug zum Abwägungsgesetz 66

(1) Die Spährentheorie 67

(2) Die Wesensgehaltsgarantie 68

(2.1) Die Theoriegruppen 69

(2.2) Erstes Abwägungsgesetz und absolute Theorien 71

(3) Die Drei - Stufentheorie 74

3. Qualifizierte Verhältnismäßigkeit und zweites Abwägungsgesetz als Ausdruck des Art. 19, Abs. II GG 75

a) Problemstellung 76

b) Von der qualifizierten Verhältnismäßigkeit zum zweiten Abwägungsgesetz 77

III. Grundrechtsschranken - Das Zusammenspiel von Grund und Gegengrund 79

1. Prima facie - Recht und weite Auslegung des Schutzbereiches 80

2. Die Begrenzung von Grundrechten 81

a) Der Doppelcharakter von Grundrechtsnormen 81

b) Schranken als Ausdruck gegenläufiger Prinzipien 82

(1) Antizipation von Kollisionslagen 82

(2) Beispiele 83

(3) Schrankenklauseln 87

(4) Die Wirkung der Schranken 89

3. In dubio pro libertate 90

C Die Drittwirkung von Grundrechten 93

Zusammenfassung 98

3.Teil: Das Bankgeheimnis und sein verfassungsrechtlicher Schutz 101

A Das Rechtsverhältnis zwischen Bankkunde und Staat 102

I. Der inländische Privatkunde und der verfassungsrechtliche Schutz seines Bankgeheimnisses 104

1. Der Bankkunde und sein allgemeines Persönlichkeitsrecht 106

a) Das allgemeine Persönlichkeitsrecht des Bundesgerichtshofes 106

b) Das allgemeine Persönlichkeitsrecht des Bundesverfassungsgerichtes 109

(1) Entwicklungsgeschichte 109

(2) Das Recht auf informationelle Selbstbestimmung 112

(2.1) Das Recht auf informationelle Selbstbestimmung und die Volkszählungsentscheidung des Bundesverfassungsgerichtes 112

(2.2) Einzelne Stimmen der Literatur zum Volkszählungsurteil und weitere Aspekte 116

(3) Exkurs zum Bundesdatenschutzgesetz 123

2. Der Bankkunde und sein Recht auf informationelle Selbstbestimmung 124

a) Der prima facie Schutz des Bankkunden aufgrund seines Rechts auf informationelle Selbstbestimmung 125

b) Das prima facie - Recht auf informationelle Selbstbestimmung im Lichte seiner Schranken 131

(1) Der Eingriff 132

(1.1) Die Interpretation des Eingriffsbegriffes 132

(1.2) Mittelbare Eingriffe und verfassungsrechtliches Abstraktionsprinzip 133

(1.3) Das verfassungsrechtliche Abstraktionsprinzip und seine Auswirkung 137

(2) Die Durchbrechung des Bankgeheimnisses als Ausdruck eines gegenläufigen Prinzips 139

(2.1) Die Durchbrechung des Bankgeheimnisses im Rahmen der StPO 142

(2.1.1) § 53 StPO und Art. 3, Abs. I GG - Ist § 53 StPO eine zulässige, verfassungsgemäße Durchbrechung des Bankgeheimnisses? 142

(2.1.2) Die Beschlagnahme gemäß §§ 94 ff. StPO 162

(2.1.3) Die Durchsuchung gemäß §§ 102 ff. StPO 167

(2.1.4) Exkurs zum Begriff des „Verdachts" - Reflektion über einen bekannten (?) Rechtsbegriff 181

(2.2) Die Durchbrechungen des Bankgeheimnisses im Rahmen des Steuerrechts 185

(2.2.1) Die Aufgabenverteilung zwischen Finanzamt (Strafsachenstelle des Finanzamtes), Steuerfahndung und Staatsanwaltschaft im Steuerverfahren 186

(2.2.2) Die Durchbrechung des Bankgeheimnisses im Steuerstrafverfahren 188

(2.2.2.1) Das Ermittlungsverfahren der Straf- und Bußgeldsachenstelle der Finanzämter und der Staatsanwaltschaft 188

(2.2.2.2) Die Ermittlungen von Besteuerungsgrundlagen sowie unbekannter Steuerfälle im Rahmen von § 208, Abs. I, Nr. 2 und 3 AO durch die Steuerfahndung 188

(2.2.3) Die Durchbrechung des Bankgeheimnisses im Besteuerungsverfahren 192

(2.2.3.1) Die Interpretation des § 30 a AO im Zusammenspiel mit §§ 93; 208 AO 192

(2.2.3.2) Die Durchbrechung des Bankgeheimnisses gemäß § 93 AO 219

(2.2.3.3) Die Durchbrechung des Bankgeheimnisses durch Kontrollmitteilungen - § 30 a, Abs. III vs. § 194, Abs. III AO 231

(2.2.3.4) Bedingt die Verletzung der zuvor untersuchten Grundsätze durch die Ermittlungsbehörden ein Verwertungsverbot in bezug auf die rechtswidrig erlangten Daten und Informationen? 247

(2.2.3.5) Fazit 251

(2.2.4) Mitteilungspflichten und Kontrollmitteilungen gemäß § 33 ErbStG 252

(2.3) Eingriffsbefugnisse aufgrund des Geldwäschegesetzes 260

(2.3.1) Einführung in Sinn, Zweck und Systematik der Geldwäschenormen 261

(2.3.2) Die Durchbrechung des Bankgeheimnisses durch die Erfassungs-, Anzeige- und Meldepflichten des Geldwäschegsetzes 265

(3) Die Durchbrechungen des Bankgeheimnisses im Lichte des zweiten Abwägungsgesetzes 273

3. Ist das Bankgeheimnis des privaten Bankkunden noch durch weitere Grundrechte geschützt? 276

a) Betroffenheit des Bankkunden in seinem Recht aus Art. 3, Abs. I GG 276

b) Betroffenheit des Bankkunden in seinem Recht aus Art. 14, Abs. I GG 276

c) Betroffenheit des Bankkunden in seinem Recht aus Art. 12, Abs. I GG 277

d) Betroffenheit des Bankkunden in seinem Recht aus Art. 13, Abs. I GG 278

e) Betroffenheit des Bankkunden in seinem Recht aus Art. 10 GG 279

f) Betroffenheit des Bankkunden in seinem Recht aus Art. 2, Abs. I GG 279

Zusammenfassung 279

II. Der inländische Firmenkunde einer Bank und der verfassungsrechtliche Schutz seines Bankgeheimnisses 282

1. Der Schutz des Bankgeheimnisses des einzeln auftretenden bzw. handelnden, privat - rechtlichen Firmenkunden einer Bank 284

a) Der Schutz des Bankgeheimnisses gemäß Art. 12, Abs. I GG 284

(1) Der prima facie Schutz des Bankgeheimnisses gemäß Art. 12, Abs. I GG 284

(2) Eingriff und Schranken in die durch Art. 12, Abs. I GG prima facie geschützte Position des Firmenkunden 288

(2.1) Der Eingriffsbegriff des Art. 12, Abs. I, S. 2 GG 292

(2.2) Gegenläufige Prinzipien des Staates als Durchbrechungen des prima facie geschützten Bankgeheimnisses im Schutzbereich der Berufsausübungsfreiheit - Verhältnismäßigkeit 298

(2.2.1) Die Betroffenheit des Firmenkunden im Teilaspekt der Berufsausübung 298

(2.2.2) Eignung der Gemeinwohlbelange als die einen Eingriff rechtfertigenden Prinzipien des Staates 300

(2.2.3) Erforderlichkeit und Proportionalität der das Bankgeheimnis durchbrechenden Normen 304

b) Der Schutz des Bankgeheimnisses gemäß Art. 14, Abs. I, S. 1 GG 312

(1) Der Schutzbereich - eingerichteter und ausgeübter Gewerbebetrieb 312

(2) Das Konkurrenzverhältnis von Art. 12, Abs. I GG und Art. 14, Abs. I, S. 1 GG 322

(3) Schranken 326

(3.1) Inhalts- und Schrankenbestimmung des Art. 14 GG 327

(3.2) Die Grundrechts- und Schrankengeltung bei kumulativer Schutzbereichsbetroffenheit von Art. 12, Abs. I und Art. 14, Abs. I, S. 1 GG 334

(3.3) Die Durchbrechungsnormen des Bankgeheimnisses als Allgemeinwohl des Art. 14, Abs. II GG und ihr Bezug zur Verhältnismäßigkeit im Rahmen von Art. 14 GG 337

c) Besteht ein zusätzlicher Schutz des Bankgeheimnisses gemäß Art. 2, Abs. I i.V.m. Art. 1, Abs. I GG? 339

d) Besteht ein zusätzlicher Schutz des Bankgeheimnisses gemäß Art. 2, Abs. I GG? 340

2. Der Schutz des Bankgeheimnisses der korporativ auftretenden bzw. handelnden privat - rechtlichen Firmenkunden einer Bank 341

3. Der Schutz des Bankgeheimnisses der öffentlich - rechtlichen Firmenkunden einer Bank 349

III. Der ausländische Kunde einer Bank und der Schutz seines Bankgeheimnisses 364

1. Das Bankgeheimnis des einzeln auftretenden, ausländischen Bankkunden 364

a) Der Schutz des Bankgeheimnisses des ausländischen Bankkunden durch das Recht auf informationelle Selbstbestimmung 364

b) Der Schutz des Bankgeheinisses durch Art. 14, Abs. I, S. 1 GG? 365

c) Der Schutz des Bankgeheimnisses durch Art. 12, Abs. I GG? 365

(1) Ausländer allgemein (ohne EU-Bürger) 365

(2) EU-Bürger 368

2. Das Bankgeheimnis der gemeinschaftlich, korporativ auftretenden ausländischen Firmenkunden einer Bank 376

a) Juristische Personen des sonstigen Auslandes (ohne EU) 377

b) Juristische Personen des EU-Auslandes 380

Zusammenfassung 381

B Das Rechtsverhältnis zwischen Staat und Bank 383

I. Die Grundrechtsfähigkeit der Banken unter besonderer Beachtung der öffentlich - rechtlichen Kreditinstitute 384

1. Banken 384

2. Öffentlich - rechtliche Sparkassen und Kreditinstitute 385

II. Der grundrechtliche prima facie Schutz des Bankgeheimnisses von Banken und Sparkassen 391

1. Prima facie Schutz durch Art. 12, Abs. I GG 391

2. Prima facie Schutz durch Art. 14, Abs. I, S. 1 GG 393

III. Die Durchbrechungen des Bankgeheimnisses aus Perspektive der Bank 396

1. Durchbrechungen im Rahmen der StPO 397

a) Aspekte zur Durchsuchung gemäß § 102 StPO 398

b) Aspekte zur Durchsuchung gemäß § 103 StPO 400

c) Aspekte zur Beschlagnahme gemäß §§ 94 ff. StPO 400

2. Durchbrechungen des Bankgeheimnisses im Rahmen des Steuerrechts 401

a) Aspekte zur Mitteilungspflicht des § 45 d EStG 401

b) Aspekte zum Auskunftsersuchen des § 93, Abs. I AO 406

c) Aspekte zum Außenprüfungsverfahren bei der Bank gemäß §§ 193 ff. AO und der Anfertigung von Kontrollmitteilungen bei diesem Anlaß 407

3. Durchbrechungen im Rahmen des Kreditwesengesetzes (KWG) 408

a) Sinn, Zweck und Instrumente der staatlichen Bankenaufsicht 409

b) Durchbrechung des Bankgeheimnisses 411

4. Weitere Beeinträchtigungen des Bankgeheimnisses 414

a) Zugriff auf Giralnetze 414

b) Die Bank als Bankkunde 415

Zusammenfassung 415

C Das Rechtsverhältnis zwischen Bank und Bankkunde 417

Zusammenfassung 424

Bibliographie 425

Abkürzungen:

A.A./a.A.	Anderer Ansicht
a.a.O.	am angegebenen Ort
ABl.	Amtsblatt
Abs.	Absatz
AG	Amtsgericht; Aktiengesellschaft
AGB	Allgemeine Geschäftsbedingungen
AGBG	Gesetz über die allgemeinen Geschäftsbedingungen
a.F.	alte Fassung
Amtl.	Amtliche
Anm.	Anmerkung
AO	Abgabenordnung
AöR	Archiv für öffentliches Recht (Zeitschrift)
ArbGG	Arbeitsgerichtsgesetz
Art.	Artikel
AuslG	Ausländergesetz
Az.	Aktenzeichen
BAG	Bundesarbeitsgericht
BAGE	Entscheidung(en) des Bundesarbeitsgerichtes
BankRHdb.	Bankrechtshandbuch
BAT	Bundesangestelltentarifvertrag
BBG	Bundesbeamtengesetz
BB	Betriebsberater (Zeitschrift)
BBankG	Bundesbankgesetz
Bd.	Band
BdB	Bundesverband deutscher Banken
BDSG	Bundesdatenschutzgesetz
BFH	Bundesfinanzhof
BGB	Bürgerliches Gesetzbuch
BGBl.	Bundesgesetzblatt
BGH	Bundesgerichtshof
BGHSt.	Bundesgerichtshof - Entscheidung(en) in Strafsachen
BGHZ	Bundesgerichtshof - Entscheidung(en) in Zivilsachen
BND	Bundesnachrichtendienst
BörsenG	Börsengesetz
BpO	Betriebsprüfungsordnung
BRD	Bundesrepublik Deutschland
BRRG	Beamtenrechtsrahmengesetz
Brsg.	Breisgau
BStBl.	Bundessteuerblatt
bspw.	Beispielsweise
BT	Bundestag/Besonderer Teil

Btx	Bildschirmtext
BuB	Bankrecht und Bankpraxis (Kommentar)
BVerfG	Bundesverfassungsgericht
BVerfGE	Entscheidung(en) des Bundesverfassungsgerichtes
BVerfGG	Bundesverfassungsgerichtsgesetz
BWA	Betriebswirtschaftliche Auswertung(en)
BW	Baden - Württemberg
bzw.	Beziehungsweise
cic	culpa in contrahendo
cpc	culpa post contrahendum finitum
CpD	Conto pro diverse
d.	der
DB	Der Betrieb (Zeitschrift)
DDR	Deutsche Demokratische Republik
DGZ	Deutsche Girozentrale
DepotG	Depotgesetz
dergl.	dergleiche(n)
desgl.	desgleichen
Diss.	Dissertation
DM	Deutsche Mark
DÖV	Die öffentliche Verwaltung (Zeitschrift)
Drucks.	Drucksache
DStR	Deutsches Steuerrecht (Zeitschrift)
DStZ	Deutsche Steuer - Zeitung (Zeitschrift)
Dt./dt.	Deutsch(e,er)
DVBl.	Deutsches Verwaltungsblatt (Zeitschrift)
EC/ec	Eurocheques (-Karte)
Edc	European debit card
EEA	Einheitliche Europäische Akte
EFG	Entscheidungen der Finanzgerichte (Zeitschrift)
EG	Europäische Gemeinschaft
EGBGB	Einführungsgesetz zum Bürgerlichen Gesetzbuch
EGV	Europäischer Gemeinschaftsvertrag
EMRK	Europäische Menschenrechtskonvention
Enzyklop.	Enzyklopädisches
ErbStG	Erbschaftssteuergesetz
EStDV	Durchführungsverordnung zur Einkommensteuer
EStG	Einkommensteuergesetz
etc.	et cetera
EU	Europäische Union

EuGH	Europäischer Gerichtshof
EWG	Europäische Wirtschaftsgemeinschaft
EwGV	Vertrag zur europäischen Wirtschaftsgemeinschaft
f.	folgende
ff.	fortfolgende
FATF	Financial Action Task Force
FAZ	Frankfurter Allgemeine Zeitung
FG	Finanzgericht
FGG	Gesetz über die Freiwillige Gerichtsbarkeit
FinCEN	Financial Crimes Enforcement Network
Fn.	Fußnote
FR	Finanzrundschau (Zeitschrift)
G	Gesetz
GbR	Gesellschaft bürgerlichen Rechts
GG	Grundgesetz
ggfls.	gegebenenfalls
GemO	Gemeindeordnung
GmbH	Gesellschaft mit beschränkter Haftung
GwG	Geldwäschegesetz
HCM	Hypo Capital Management
Hdb.	Handbuch
HEW	Hamburger Elektrizitätswerke
HFR	Höchstrichterliche Finanzrechtsprechung (Zeitschrift)/Humboldt Forum Recht (Internet-Zeitschrift)
HGB	Handelsgesetzbuch
HHS	Hübschmann/Hepp/Spitaler (Kommentar)
hrsg.	herausgegeben/Herausgeber
Ill.	Illinois
insbes.	insbesondere
i.S.(v.)	im Sinne (von)
i.V.m.	in Verbindung mit
JA	Juristische Arbeitsblätter (Zeitschrift)
JR	Juristische Rundschau (Zeitschrift)
Jura	Juristische Ausbildung (Zeitschrift)
jur.	juristisch(e/er)
JuS	Juristische Schulung (Zeitschrift)
JZ	Juristenzeitung (Zeitschrift)
Kap.	Kapitel
KGaA	Komanditgesellschaft auf Aktien
KG	Komanditgesellschaft
KJ	Kritische Justiz (Zeitschrift)
KO	Konkursordnung
KStG	Körperschaftssteuergesetz
KUG	Kunsturhebergesetz

KWG	Gesetz über das Kreditwesen
L	Lernbogen (in JuS)
LG	Landgericht
M&A	Mergers und Acquisitions
Mass.	Massachusetts
MDR	Monatsschrift für deutsches Recht (Zeitschrift)
m.E.	meines Erachtens
m.w.N.	mit weitere(n/m) Nachweis(en)
M/D/H/S	Maunz/Dürig/Herzog/Scholz (Kommentar)
MK	Münchner Kommentar
NJW	Neue Juristische Wochenschrift (Zeitschrift)
Nr.	Nummer
NSt	Neues Steuerrecht von A-Z (Zeitschrift)
NStZ	Neue Zeitschrift für Strafrecht
NVwZ	Neue Zeitschrift für Verwaltungsrecht
NY	New York
o.g.	oben genannt(e,r)
OHG	Offene Handelsgesellschaft
OLG	Oberlandesgericht
OPK	offene Posten Konto
PartG	Partnerschaftsgesellschaft
PdW	Prüfe dein Wissen
PolG	Polizeigesetz
POS	Point of sale (ohne Zahlungsgarantie)
POZ	Point of sale (mit Zahlungsgarantie)
pVV	positive Vertragsverletzung
RA	Rechtsanwalt
RAO	Reichsabgabenordnung
RGZ	Entscheidung(en) des Reichsgerichtshofes in Zivilsachen
Rn.	Randnummer(n)
RR	Rechtsprechungsreport (Zeitschrift)
Rs.	Rechtssache
RWS	Recht, Wirtschaft, Steuern (Verlag)
Rz.	Randziffer(n)
S.	Seite(n)
SCHUFA	Schutzgemeinschaft für allgemeine Kreditsicherung
Slg.	Sammlung
s.o.	siehe oben
sc./scil.	scilicet (lat. = das heißt, nämlich)
SGB	Sozialgesetzbuch
SGG	Sozialgerichtsgesetz
Slg.	Sammlung
sog.	sogenannnte(r)

SparkG	Sparkassengesetz
StaatsR	Staatsrecht
StB	Der Steuerberater (Zeitschrift)
Stbg.	Die Steuerberatung (Zeitschrift)
StGB	Strafgesetzbuch
StPO	Strafprozeßordnung
StuW	Steuer und Wirtschaft (Zeitschrift)
SuSa	Summen- und Saldenlisten
u.	und
TDM	Tausend Deutsche Mark
u.a.	unter anderem
US/us	United States
usw.	und so weiter
u.U.	unter Umständen
v.	von
VerfR	Verfassungsrecht
VergGlO	Vergleichsordnung
vgl.	Vergleiche
v.M	von Münch (Kommentar)
VO	Verordnung
Vorb.	Vorbemerkung
vs.	versus
VwGO	Verwaltungsgerichtsordnung
VwVfG	Verwaltungsverfahrensgesetz
Wistra	Zeitung für Wirtschaft, Steuer, Strafrecht
WM	Wertpapiermitteilungen (Zeitschrift)
WpHG	Wertpapierhandelsgesetz
WRV	Weimarer Reichsverfassung
WuB	Entscheidungsammlung zum Wirtschafts- und Bankrecht
Z.B./z.B.	zum Beispiel
ZHR	Zeitschrift für das gesamte Handelsrecht und Wirtschaftsrecht
Ziff.	Ziffer(n)
ZiP	Zeitschrift für Wirtschaftsrecht
zit.	zitiert
ZPO	Zivilprozeßordnung
ZRP	Zeitschrift für Rechtspolitik
zzgl.	zuzüglich

Die verfassungsrechtliche Dimension des Bankgeheimnisses

1. Teil: Begriff, Ursprung und Facetten des Bankgeheimnisses

A.) Einführung

Das Bankgeheimnis war in der Vergangenheit bereits des öfteren Gegenstand der juristischen Betrachtung. Diesen Abhandlungen lag fast ausnahmslos die grundlegende Darstellung des Bankgeheimnisses durch den Kieler Rechtsanwalt Dr. Siegfried *Sichtermann*[1] als Basis zugrunde, welche dadurch ihren Bekanntheitsgrad erlangt hat. Die Abhandlungen befaßten sich ganz überwiegend mit den einfach - gesetzlichen, vornehmlich zivilrechtlichen Problemen und Aspekten des Bankgeheimnisses. Neben einer Definition des Begriffes ‚Bankgeheimnis' und der Darstellung seiner Erscheinungsformen enthalten diese Abhandlungen zumeist auch einen Ansatz, der die juristischen Wurzeln bzw. Facetten des Bankgeheimnisses aufzeigt. Im Wesentlichen werden dabei drei unterschiedliche Wurzeln des Bankgeheimnisses genannt, die meist miteinander kombiniert werden.[2] Zum einen wird der Ursprung des Bankgeheimnisses in dem zwischen Bank und Kunden geschlossenen schuldrechtlichen Bankvertrag gesehen, zum anderen wird das Bankgeheimnis gewohnheitsrechtlich begründet. Drittens wird dem Bankgeheimnis neben diesem vertraglichen und gewohnheitsrechtlichen Fundament auch ein Schutz durch die Grundrechte des Grundgesetzes zuerkannt.[3] Im Rahmen dieses mehr grundrechtlich orientierten Ansatzes werden verschiedene Ansichten vertreten, die den Schutz des Bankgeheimnisses der allgemeinen Handlungsfreiheit des Art. 2, Abs. I GG oder dem allgemeinen Persönlichkeitsrecht der Art. 2, Abs. I i.V.m. Art. 1, Abs. I GG zuordnen wollen. Im Rahmen dieser Betrachtung wird das Bankgeheimnis somit auch dem allgemeinen Persönlichkeitsrecht untergeordnet, wie es vom Bundesgerichtshof entwickelt worden ist, wobei das Bankgeheimnis dem Deliktstatbestand des § 823, Abs. I BGB als Rahmenrecht unterstellt wird. Vereinzelt werden bei diesen grundrechtlichen Betrachtungen auch bereits erste Differenzierungen nach dem grundrechtlichen Schutz des Bankkunden und dem grundrechtlichen Schutz der Bank getroffen, wobei der Grundrechtsschutz der Bank vor allem in der Berufsfreiheit des Art. 12, Abs. I GG verhaftet sein soll. Erstaunlicherweise wurde diesen ambivalenten, verfassungsrechtlichen Ansätzen soweit ersichtlich nicht näher nachgegangen, so daß eine systematische Untersuchung der verfassungsrechtlichen Dimension des Bankgeheimnisses bisher fehlt. Aufgabe dieser Arbeit soll es daher sein, diese Lücke zu schließen und die verfassungsrechtliche Perspektive des Bankgeheimnisses und die sich hieraus ergebenden Aspekte näher zu betrachten. Hierbei wird es neben der zentralen Frage, ob ein grundrechtlicher Schutz des Bankgeheimnisses überhaupt existiert und wenn ja für wen, auch um die Frage gehen müssen, wie weit ein etwaiger derartiger Schutz des Bankgeheimnisses angesichts stetig zunehmender Ermittlungen der Staatsanwaltschaften und Steuerfahndungen im Bankenbereich reicht.

---

1 Sein Werk, Bankgeheimnis und Bankauskunft in der Bundesrepublik Deutschland sowie in wichtigen ausländischen Staaten, ist in erster Auflage bereits 1957 erschienen. Die aktuelle (dritte) Auflage von 1984 hat das von Sichtermann begründete Werk fortgeführt und weist als Autoren Feuerborn, Kirchherr und Terdenge aus.

2 Literaturangaben hierzu erfolgen bei der Behandlung dieser juristischen Wurzeln des Bankgeheimnisses unten im Anschluß.

3 Als weiterer Gesichtspunkt wird beispielsweise von Claussen ein ethisches Postulat genannt, da Verschwiegenheit eine generell wünschenswerte Tugend sei - vgl. Claussen, Bank- und Börsenrecht, S. 101. Ähnlich auch Ruppelt, Das Bankgeheimnis, Diss. jur. , Köln, 1959, S. 1 f.; Rehbein, Rechtsfragen zum Bankgeheimnis, ZHR, 149 (1985), S. 139.

Im Rahmen dieser Untersuchung erfolgt nachfolgend zunächst ein Überblick über Begriff, Ursprung, Umfang und historische Entwicklung des Bankgeheimnisses in Deutschland. Anschließend wird die verfassungsrechtliche Dogmatik, die dieser Untersuchung zugrunde liegt, behandelt. Die Untersuchung des verfassungsrechtlichen Schutzes des Bankgeheimnisses erfolgt schließlich anhand einer Dichotomie von drei unterschiedlichen Grundrechtsperspektiven, die als das Verhältnis Staat - Bankkunde, das Verhältnis Staat - Bank und das Verhältnis Bank - Kunde zu charakterisieren sind. Innerhalb dieser Verhältnisse werden weitere Differenzierungen vorgenommen und stets mit exemplarisch ausgesuchten Normen, die in das Bankgeheimnis eingreifen, konfrontiert werden. Die vorzunehmende Dichotomie suggeriert bereits an dieser Stelle die Ambivalenz des Bankgeheimnisses, wonach es aus grundrechtlicher Perspektive Unterschiede bereitet, ob ein staatlicher Eingriff in das Bankgeheimnis im Staat - Bank oder im Staat - Bankkunde - Verhältnis erfolgt.

B.) Begriff, Herleitung und Erscheinungsformen des Bankgeheimnisses

I.) Das Bankgeheimnis des Bankkunden

1.) Herleitung des Bankgeheimnisses aus dem Bankvertrag

Wesentlicher Ansatzpunkt für die Bestimmung des Ursprungs des Bankgeheimnisses ist traditionell die vertragliche Geschäftsverbindung zwischen Bank und Kunde. Eine Bank erhält im Rahmen ihrer Geschäftsverbindung eine Fülle von Daten und Informationen über ihre Kunden, die beispielsweise von persönlichen Daten wie Personenstand, Geburtsdaten, Adressen (auch ehemalige), bis hin zu detaillierten Informationen hinsichtlich finanzieller Verhältnisse, wie Einkommen, Einkommensverwendung, zu Aufenthaltsorten, abgeschlossenen Kreditverträgen, bestehenden Kreditkarten oder auch der individuellen Zahlungsmoral reichen. Diese Daten und Informationen erhält die Bank von ihrem Kunden, weil dieser einerseits darauf vertraut, daß die Bank die erlangten Daten und Informationen nicht weitergibt, andererseits weil er weiß, daß die Bank ohne diese Daten und Informationen das angetragene Geschäft, zum Beispiel die Gewährung eines Kredits, nicht durchführt, nicht durchführen kann oder nicht durchführen darf. Es besteht somit ein korrespektives Verhältnis zwischen der Bank und ihrem Kunden, wobei der Kunde auf die Geheimhaltung der Bank vertraut und die Bank ihrerseits darauf vertraut, daß der Kunde sie mit allen für die Durchführung des angetragenen Geschäfts notwendigen Informationen versorgt hat. Die Daten- und Informationsfülle, die bei einer Bank anfällt, ist zwar grundsätzlich abhängig von der Intensität der Geschäftsbeziehung zwischen der Bank und ihrem Kunden, jedoch kann für den Bereich der sog. Hausbanken, über die nahezu jeder Bürger verfügt, von einem umfangreichen Datenbestand ausgegangen werden, der sich im Laufe der Zeit sowie durch die Nutzung verschiedener Bankleistungen, insbesondere von Krediten[4], aufbaut. Hierbei ist der Begriff ‚Hausbank', worauf *Gawaz* zutreffend hinweist, nicht als feststehender Rechtsbegriff zu verstehen, sondern als ein Terminus, der in der Bankpraxis verwendet wird, „um das besondere Näheverhältnis einer Bank zu einem Kunden zu bezeichnen. Unterhält ein kleines Unternehmen ledig-

---

[4] Weil die Bank für die Gewährung eines Kredites umfassend über ihren Schuldner und seine Einkommens- und Vermögenslage informiert sein muß, um die Rückführung des Kredites durch den Kunden beurteilen zu können. Bei größeren Krediten über 500.000 DM ist die Bank gemäß § 18 KWG verpflichtet, sich über ihren Schuldner und seine finanzielle Situation zu informieren. Vgl. auch Ruppelt, a.a.O., S. 3 f.; Herrler, Mitwirkung der Banken bei der Besteuerung von Bankkunden S. 5 (siehe dort Fn. 32).

lich zu einer Bank eine Geschäftsbeziehung, so ist dieses die Hausbank. Werden zu mehreren Banken Geschäftsbeziehungen unterhalten, so bezeichnet man die Bank, die den größten Geschäftsumfang mit dem Kunden hat, als Hausbank".[5] Es ist daher nicht übertrieben und soll hier vorerst festgehalten werden, wenn *Weber* sagt, daß der Bankkunde kaum einer anderen Institution derart sensible Daten in solch einer Fülle anvertraut, wie seiner (Haus-) Bank.[6]
Die Fülle dieser Daten und Informationen seitens der Banken erweckt naturgemäß Begehrlichkeiten, vor allem -aber nicht nur- seitens staatlicher Stellen, die auf diese Datenfülle zugreifen möchten. Es besteht ein grundsätzliches Spannungsverhältnis zwischen dem Auskunftsinteresse Dritter (z.B. des Staates) und dem Geheimhaltungsinteresse der Betroffenen. Traditionell wird der Begriff des Bankgeheimnisses primär von und aus der Interessenperspektive des Bankkunden interpretiert. Eine Legaldefinition des Begriffes ‚Bankgeheimnis' existiert indes nicht.[7] Dennoch hat auch der Gesetzgeber diesen Begriff vereinzelt benutzt, wie etwa in dem -zwischenzeitlich aufgehobenen- § 17, Abs. II Pachtkreditgesetz[8] und das Bankgeheimnis dadurch grundsätzlich anerkannt. Der Gedanke des Bankgeheimnisses findet sich heute noch in § 32 BBankG, wonach die Mitarbeiter der Bundesbank über Angelegenheiten und Einrichtungen der Bundesbank und die von ihr abgeschlossenen Geschäfte Stillschweigen zu bewahren haben. Gleichwohl sagt diese Kodifizierung über die Struktur und die Reichweite des Bankgeheimnisses sowie die von ihm betroffenen Rechtssubjekte nichts aus. Der Gesetzgeber orientiert sich an der durch Lehre und Rechtsprechung geschaffenen Begriffsbestimmung.[9] Begrifflich umfaßt der Ausdruck ‚Geheimnis' zunächst Tatsachen, die nur einer oder wenigen Personen bekannt sind und die anderen Personen auch nicht bekannt werden sollen.[10] Es muß daher ein Geheimhaltungsinteresse des Geheimnisträgers bzw. Geheimnisherrn gegeben sein. Insofern ist eine Parallele zu den diesbezüglichen Definitionen der §§ 203; 204 StGB unverkennbar. Die Verknüpfung der Worte ‚Bank' und ‚Geheimnis' impliziert dabei, daß es sich um die Geheimhaltungspflicht einer Bank in bezug auf Kundengeheimnisse handelt, die diese im Laufe ihrer Geschäftsbeziehung zu ihrem Kunden erfahren hat. Dabei ist es unerheblich, ob die Bank ihre Kenntnis durch eine Mitteilung des Kunden selbst, durch einen Dritten oder durch eigene Wahrnehmung erhalten hat.[11] Auch die bloße Tatsache, daß eine Person Kunde der Bank ist und ein Konto unterhält, ist geheimzuhalten.[12] Erfaßt

---

5 Gawaz, Bankenhaftung für Sanierungskredite, S. 3.

6 Weber, Die Bank 1996, Heft 2/96, S. 85. Dieser Aspekt wird unten noch von Bedeutung sein.

7 Dahm/Schebesta/Schroeter/Weber, Bankgeheimnis und Bankauskunft in der Praxis, Rn. 3; Bruchner, in: BankRHdb., Bd. 1, § 39, Rn. 1; Schwintowski, Bankrecht, S. 24; Bilsdorfer, Das Bankgeheimnis, DStR 1984, S. 499; Ungnade, Bankgeheimnis gegenüber den Strafverfolgungsbehörden, WM 1976, S. 1210 ; Müller, Die Grenzen des Bankgeheimnisses, NJW 1963, S. 833; Radbruch, Das Bankgeheimnis im Deutschen und im Angloamerikanischen Recht, Diss. jur., Mainz, 1977, S. 1; Kirchherr/Stützle, Aktuelle Probleme aus der Rechtsprechung und Rechtspraxis zu Bankgeheimnis und Bankauskunft, S. 3.

8 Vom 05.08.1951 - vgl. Sichtermann/Kirchherr, Bankgeheimnis und Bankauskunft, S. 29; Sichtermann, Enzyklop. Lexikon für das Geld-, Bank- und Börsenwesen, S. 153, Begriff ‚Bankgeheimnis'; Ungnade, a.a.O.; Kreutzer, Bankgeheimnis und Auskunftspflicht, Diss. jur., Würzburg, 1956, S. 54; Ruppelt, Diss. jur., Köln, 1959, S. 52; Kirchherr/Stützle, a.a.O., S. 4.

9 Sichtermann/Kirchherr, a.a.O.; Sichtermann, Enzyklop. Lexikon, a.a.O..

10 Sichtermann, Enzyklop. Lexikon, a.a.O.; Grill/Perczynski, Wirtschaftslehre des Kreditwesens, S. 91; Sichtermann/Kirchherr, a.a.O., S. 29 ff.; Kreutzer, a.a.O., S. 11, 12.

11 Dahm/Schebesta/Schroeter/Weber, a.a.O.; Claussen, a.a.O., S. 102; Weber, in: Bankrecht und Bankpraxis (BuB), Bd. 1, Kap. 1, Rn. 1/36; Sichtermann/Kirchherr. a.a.O., S. 126 ff.; Ruppelt, a.a.O., S. 5; Sichtermann, Enzyklop. Lexikon, a.a.O., S. 155.

12 Bruchner, in: BankRHdb., § 39, Rn. 8; Sichtermann/Kirchherr, a.a.O., S. 127.

werden ferner Eindrücke und Werturteile, die sich eine Bank im Rahmen der Geschäftsbeziehung zum Kunden gebildet hat.[13] Vor diesem Hintergrund wird das Bankgeheimnis üblicherweise definiert als eine Verpflichtung der Bank, über die ihr im Rahmen der Geschäftsverbindung bekannt gewordenen Tatsachen und Verhältnisse eines Kunden Stillschweigen zu bewahren, diese somit nicht unbefugt zu offenbaren.[14] Von dieser Geheimhaltungspflicht gehen auch die Banken aus. Ursprung und Nukleus des Bankgeheimnisses ist mithin die Geschäftsbeziehung zwischen Bank und Bankkunde, die durch den zwischen Bank und Kunden geschlossenen Bankvertrag begründet wird.[15] Das Bankgeheimnis gilt als eine (selbstverständliche) vertragliche Nebenpflicht des abgeschlossenen Bankvertrages[16], deren Verletzung Schadenersatzansprüche (z.B. aus pVV des Bankvertrages) auslösen kann.[17] Beide Vertragsparteien gehen ganz selbstverständlich von der Wahrung des Bankgeheimnisses durch die Bank aus. Diese Nebenpflicht des Bankvertrages auf Wahrung des Bankgeheimnisses wurde früher primär aus dem Grundsatz von Treu und Glauben (§ 242 BGB) hergeleitet[18], hat jedoch durch die Neuregelung der Banken - AGB zum 01. Januar 1993 in § 2, Abs. I Banken - AGB eine Aufwertung erfahren. Das Bankgeheimnis ist dabei erstmalig[19] ausdrücklich in die Banken - AGB einbezogen und in § 2, Abs. I Banken-AGB wie folgt geregelt worden:

> *„Die Bank ist zur Verschwiegenheit über alle kundenbezogenen Tatsachen und Wertungen verpflichtet, von denen sie Kenntnis erlangt (Bankgeheimnis). Informationen über den Kunden darf die Bank nur weitergeben, wenn gesetzliche Bestimmungen dies gebieten oder der Kunde eingewilligt hat oder die Bank zur Erteilung einer Bankauskunft befugt ist".*

Die Wahrung des Bankgeheimnisses als vertraglicher Nebenpflicht zum Bankvertrag ergibt sich seitdem vor allem aus § 1, Abs. I i.V.m. § 2, Abs. I Banken - AGB.[20] Die AGB der Spar-

---

[13] Dahm/Schebesta/Schroeter/Weber, a.a.O., Rn. 3; Claussen, a.a.O., S. 102 f.; Bruchner, in: BankRHdb., § 39, Rn. 1, 8; Weber, in: BuB, a.a.O.; Sichtermann/Kirchherr, a.a.O., S. 131; Bunte, in: BankRHdb., Bd. 1, § 7, Rn. 7; Sichtermann, Enzyklop. Lexikon, a.a.O., S. 155; Canaris, Bankvertragsrecht, Rn. 49; Kirchherr / Stützle, a.a.O., S. 9.

[14] Claussen, a.a.O., S. 102 f.; Weber, Die Bank 1996, S. 84; Musielak, Bankgeheimnis und Bankauskunft in der Bundesrepublik Deutschland, S. 13 f.; Jabornegg/Strasser/Floretta, Das Bankgeheimnis, S. 17; Ruppelt, Diss. jur., Köln, 1959, S. 10; Radbruch, Diss. jur., Mainz, 1977, S. 1.

[15] Canaris, a.a.O., Rn. 42; Fischer, Bankrecht, S. 189; Sichtermann, Enzyklop. Lexikon, a.a.O., S. 155; Schwintowski, a.a.O., S. 26; Müller, NJW 1963, S. 835; App, Der Stellenwert des Bankgeheimnisses im Vergleich internationaler Finanzmärkte, DStZ 1993, S. 202; Bruschke, Das Bankgeheimnis, BB 1990, S. 392; Weber, Die Bank 1996, S. 85; Radbruch, a.a.O., S. 21; Rehbein, ZHR, 149 (1985), S.141; Kirchherr / Stützle, a.a.O., S. 4 f.. Grundlegend und ausführlich hierzu Sichtermann/Kirchherr, a.a.O., S. 111 ff..

[16] BGH - BB 1953, S. 993; BGH - NJW 1958, S. 1232 (1233); Müller, NJW 1963, S. 835; Sandkühler, Bankrecht, S. 34; Sichtermann/Kirchherr, a.a.O., S. 65, 111 ff. (114); Bruchner, in: BankRHdb., § 39, Rn. 7; Dahm/Schebesta/Schroeter/Weber, a.a.O., Rn. 2; Claussen, a.a.O., S. 101; Weber, Die Bank 1996., S. 85; Radbruch, a.a.O., S. 22; Kirchherr/Stützle, a.a.O., S. 5; Herrler, a.a.O., S. 5, 36.

[17] Die zivilrechtliche Schadenersatzpflicht der Bank für die Mißachtung des Bankgeheimnisses und die darüber hinaus bestehenden Ansprüche des Kunden in Form von (Sonder-) Kündigungsrechten oder Unterlassungsansprüchen sollen im Rahmen dieser Arbeit nicht näher interessieren. Einzelheiten zu dieser Problematik können beispielsweise bei Sichtermann/Kirchherr, a.a.O., S. 202 ff. entnommen werden.

[18] Vgl. Sichtermann/Kirchherr, a.a.O., S. 114; Sichtermann, Enzyklop. Lexikon, a.a.O.; Herrler, a.a.O., S. 5, 6.

[19] Weber, in: BuB, Bd. I, Kap.1,Rn.1/33; Bruchner, in: BankRHdb., § 39, Rn. 2.

[20] Vgl. Dahm/Schebesta/Schroeter/Weber, a.a.O.; Kohls, Bankrecht, S. 18.

kassen kennen keine dem § 2, Abs. I Banken - AGB vergleichbare Regelung.[21] Dort ist unter Nr. 1, Abs. 1 Sparkassen-AGB lediglich ein Querverweis auf das Bankgheimnis enthalten, ohne dieses jedoch näher zu beschreiben. In Nr. 1, Abs. 1 Sparkassen - AGB heißt es:

> *„Geschäftsbeziehung als Vertrauensverhältnis*
> *Die Geschäftsbeziehung zwischen dem Kunden und der Sparkasse ist durch die Besonderheiten des Bankgeschäfts und ein besonderes Vertrauensverhältnis geprägt. Der Kunde kann sich darauf verlassen, daß die Sparkasse seine Aufträge mit der Sorgfalt eines ordentlichen Kaufmanns ausführt und das Bankgeheimnis wahrt."*

Die AGB der Sparkassen setzen dieses Begriff somit als bekannt voraus und knüpfen auf diese Weise an die tradierte Verschwiegenheitspflicht des Bankiers im Bank - Kunde - Verhältnis an und begründen über die Einbeziehung der AGB eine vertragliche Nebenpflicht zum Sparkassenvertrag. Indes ist der Gesichtspunkt einer aus Treu und Glauben resultierden Nebenpflicht zum Bank-/Sparkassenvertrag damit nicht bgänzlich obsolet geworden wäre, denn auf diesen Ansatz ist insbesondere bei einer nicht wirksamen Einbeziehung der Banken- und Sparkassen-AGB (im Sinne des § 2 AGBG) in den jeweiligen Bank-/Sparkassenvertrag zurückzugreifen.[22] Der verwendete Begriff des Bank-/Sparkassenvertrages beschreibt dabei als Oberbegriff im Sinne des § 1, Abs. I Banken - AGB die der Geschäftsbeziehung zwischen Bank und ihrem Kunden zugrundeliegenden (Einzel-) Verträge, die die Eröffnung eines Kontos jeglicher Art als Ausgangsbasis jedweder Geschäftsbeziehung zwischen der Bank / Sparkasse und ihrem Kunden zum Gegenstand haben, aber auch Verträge über Kundenkarten- / EC-Service, die Gestellung von Schecks und Kreditkarten, Kredite etc. als weitere bzw. Folgeverträge.[23] Die Struktur einer bankvertraglichen Nebenpflicht, sei es durch § 2, Abs. I Banken - AGB / Nr. 1, Abs. 1 Sparkassen - AGB, sei es durch Treu und Glauben, setzt zumindest eine bestehende vertragliche Beziehung Bank - Kunde voraus. Das Bankgeheimnis erstreckt sich nach ganz herrschender Meinung jedoch auch bereits auf das Stadium vorvertraglicher Verhandlungen und Vertragsanbahnungen, ohne daß es zum eigentlichen Geschäftsabschluß kommt, denn auch in diesem Stadium der Vertragsanbahnung erfährt eine Bank eine Reihe von Daten und Informationen über den potentiellen Kunden, die die Bank benötigt, um sich mit dem von diesem angetragenen Geschäft überhaupt auseinandersetzen zu können. Auch hier gehen beide Verhandlungspartner von der Wahrung des Bankgeheimnisses aus. In diesem Stadium wird das Bankgeheimnis durch das anerkannte Rechtsinstitut der culpa in contrahendo (cic) geschützt[24], so daß sich die Verletzung des Bankgeheimnisses in diesem Stadium eine Schadenersatzpflicht auslösen kann.[25] In gleicher Weise wirkt das Bankgeheimnis der vertraglichen Beziehung nach, so daß die Geheimhaltungspflicht der Bank sich auch über die Beendigung der vertraglichen Beziehung Bank - Kunde hinaus erstreckt.[26]

---

[21] Bruchner, in: BankRHdb., § 39, Rn. 2; Weber, in: BuB, Bd. 1, Kap. 1, Rn. 1/79.

[22] Ähnlich Ruppelt, Diss. jur., Köln, 1959, S. 11.

[23] Vgl. auch Sichtermann/Kirchherr, a.a.O., S. 112 f.; Herrler, a.a.O., S. 5.

[24] Sichtermann/Kirchherr, a.a.O., S. 122 f; Dahm/Schebesta/Schroeter/Weber, a.a.O., Rn. 5; Weber, in: BuB, Kap. 1, Rn. 1/38; Claussen, a.a.O., S. 102; Bruchner, in: BankRHdb., § 39, Rn. 7, 8, 11; Sandkühler, a.a.O., S. 34; BGH-BB 1953, S. 993; Canaris, a.a.O., Rn. 42, 53; Fischer, Bankrecht, S. 190; Ruppelt, a.a.O., S. 12; Sichtermann, Enzyklop. Lexikon, a.a.O.; Radbruch, a.a.O., S. 21, 22; Achleitner, Das Bankgeheimnis in Österreich, Deutschland und der Schweiz, S. 22; Rehbein, a.a.O., S. 141; Kirchherr/Stützle, a.a.O., S. 5.

[25] Vgl. hierzu z.B. Sichtermann, Enzyklop. Lexikon, a.a.O., S. 156 f.; Schwintowski, a.a.O., S. 33 f..

[26] Bruchner, in: BankRHdb., § 39, Rn. 11; BGH-BB, a.a.O.; Sichtermann/Kirchherr, a.a.O., S. 206 ff.; Sandkühler, a.a.O.; Fischer, a.a.O.; Musielak, Bankgeheimnis und Bankauskunft in Deutschland, S. 14; Ruppelt, a.a.O., S. 9 f.; Sichtermann, Enzyklop. Lexikon, a.a.O., S. 157; Canaris, a.a.O., Rn. 53. Insofern

Etwas anderer Ansicht ist hier vor allem *Canaris*, der in dem als Verschwiegenheitspflicht der Bank über Kundenangelegenheiten charakterisierten Bankgeheimnis einen „Unterfall der auf der Geschäftsverbindung beruhenden Vertrauenshaftung der Bank" sieht[27] und damit das Bankgeheimnis von seiner vertraglichen Basis lösen will. Begründet wird diese Lösung des Bankgeheimnisses von der vertraglichen Basis durch *Canaris* mit den zuvor genannten Aspekten, daß das Bankgeheimnis auch im Fall nichtiger Bankverträge, bei der Beendigung der Geschäftsbezeihung Bank - Kunde oder bei rein vorvertraglichen Verhandlungen zu wahren ist.[28]

Nach seiner traditionellen Struktur und Interpretation dient das Bankgeheimnis somit vornehmlich dem Interesse des Bankkunden, da es gilt, Daten und Informationen über den Bankkunden, die im Rahmen der Geschäftsbeziehung zwischen Bank und Kunde bei der Bank anfallen, geheimzuhalten. Geheimzuhalten sind alle Tatsachen, die der Kunde geheimzuhalten wünscht.[29] Der Bankkunde ist daher Geheimnisherr.[30] Von diesem Umstand geht auch § 2, Abs. I Banken - AGB aus, wenn von der Einwilligung des Kunden zur Offenbarung von Tatsachen und Wertungen, die bei der Bank im Rahmen der Geschäftsverbindung angefallen sind, gesprochen wird. Als Geheimnisherr kann der Kunde daher die Bank von dem Bankgeheimnis entbinden, da für die Beurteilung der Frage, was seitens der Bank geheimzuhalten ist, allein der (mutmaßliche) Kundenwille ausschlaggebend ist.[31] Im Zweifelsfall hat die Bank von der Geheimhaltung auszugehen.[32] Stirbt der Kunde, wird sein Erbe Geheimnisherr.[33] Es soll daher festgehalten werden, daß das Bankgeheimnis des Bankkunden Ausfluß der bankvertraglichen Geschäftsverbindung zwischen der Bank und ihrem Kunden ist. Da der Staat an

---

kann bei derartigen nachvertraglichen Pflichten auch von einer culpa post contrahendum finitum (cpc) gesprochen werden - vgl. z.B. Medicus, Bürgerliches Recht, Rn. 31. Vgl. jedoch auch OLG - Karlsruhe, NJW 1987, S. 343, das eine culpa post contractum als nachwirkende, vertragliche Nebenpflicht aus dem Rechtsinstitut der positiven Vertragsverletzung (pVV) herleitet.

27 Canaris, Bankvertragsrecht, Rn. 42.

28 Canaris, a.a.O..

29 BGHZ 27, 241 (246); BGH-NJW 58, S. 1232 ff. (1233); Bunte, in: BankRHdb., § 1, Rn. 8; Bruchner, in: BankRHdb., § 39, Rn. 8; Musielak, a.a.O., S. 14; Sichtermann, Enzyklop. Lexikon, a.a.O., S. 155; Jabornegg/Strasser/Floretta, a.a.O., S. 22.

30 Bunte, in: BankRHdb., a.a.O.; Bruchner, in: BankRHdb., a.a.O.; Canaris, a.a.O., Rn. 43; Radbruch, a.a.O., S. 61; Rössler, Bankgeheimnis und Auskunftspflicht der Kreditinstitute gegenüber den Finanzverwaltungsbehörden, NJW 1968, S. 1998. Ausführlich hierzu Sichtermann/Kirchherr, a.a.O., S. 152 ff..

31 Bruchner, in: BankRHdb., § 39, Rn. 15 ff.; Weber, in: BuB, Bd. 1, Kap. 1, Rn. 1/50; Bunte, in: BankRHdb., § 1, Rn. 8, 12; Sichtermann/Kirchherr, a.a.O., S. 134 ff., 162 ff.; Sandkühler, a.a.O., S. 34; Claussen, a.a.O., S. 103; Canaris, a.a.O., Rn. 48 f., 54; Steindorff, Zivilrechtliche Grundfragen von Bankgeheimnis, Bankauskunft und Persönlichkeitsschutz, ZHR 149 (1985), S. 151 ff. (152). Zu den hierbei möglichen Ausnahmen siehe Sichtermann/Kirchherr, a.a.O., S.157 ff.; Bruchner, in: BankRHdb., a.a.O.; Canaris, a.a.O., Rn. 50, 58 ff.; Kirchherr/Stützle, a.a.O., S. 9. Bei Privatkunden als Geheimnisherrn ist indes immer nur der tatsächliche Wille des Kunden ausschlaggebend. Eine Spekulation über seinen mutmaßlichen Willen findet nicht statt - vgl. z.B. Thilo, Bankgeheimnis, Bankauskunft und Datenschutzgesetze, NJW 1984, S. 584; Ungnade/Gorynia, Datenschutz und Kreditgewerbe,WM 1983, Sonderbeilage Nr. 7/1983 zu Nr. 33, S. 10. Anders ist dieses bei Firmenkunden als Geheimnisherrn, wo die Bank auch auf den mutmaßlichen Kundenwillen abstellen darf -Ungnade/Gorynia, a.a.O., S. 10.. Im Zweifelsfall sollte eine Bank jedoch bei jedem Kunden von der Wahrung des Bankgeheimnisses ausgehen. Relevant wird diese Differenzierung vor allem in Fällen der Durchbrechung des Bankgeheimnisses im Bankauskunftsverfahren. Auf die in diesem Zusammenhang gemachten Ausführungen im unteren Teil dieser Arbeit wird daher verwiesen.

32 Sichtermann/Kirchherr, a.a.O., S. 140, 157 ff.; Bruchner, in: BankRHdb., § 39, Rn. 1; Sichtermann, Enzyklop. Lexikon, a.a.O.; Canaris, a.a.O., Rn. 49; Ruppelt, Diss. jur., Köln, 1959, S. 47; Kirchherr/Stützle, a.a.O., S. 9. Vgl. auch Kreutzer, Diss. jur., München, 1956, S. 12.

33 Dahm/Schebesta/Schroeter/Weber, a.a.O., Rn. 6; Sichtermann/Kirchherr, a.a.O., S. 155 f.; Canaris, a.a.O., Rn. 51; Kirchherr/Stützle, a.a.O., S. 11. Vgl. auch Radbruch, Diss. jur., Mainz, 1977, S. 65 f., der allerdings zwischen personen- und vermögensbezogenen Angelegenheiten differenziert.

diesem Vertragsverhältnis nicht beteiligt ist, hat ein vertraglich begründetes Bankgeheimnis für diesen keinerlei Relevanz.

2.) Herleitung des Bankgeheimnisses aus Gewohnheitsrecht

Neben der vertraglichen Pflicht zur Wahrung des Bankgeheimnisses wird der Ursprung des Bankgeheimnisses zum Teil auch gewohnheitsrechtlich begründet[34]. Gewohnheitsrecht steht als Rechtsquelle gleichberechtigt neben gesetztem Recht[35], wobei diese Erkenntnis zum Teil mit Art. 2 EGBGB begründet wird.[36] Nach *Hubmann* versteht der Bundesgerichtshof unter Gewohnheitsrecht eine langandauernde Übung, die durch die Rechtsüberzeugung der beteiligten Verkehrskreise getragen wird und durch die im Bewußtsein der Rechtsanwendenden und Rechtsunterworfenen verankerte Zwangsläufigkeit ihrer Anwendung mehr als ein bloßer Gerichtsbrauch, also Gewohnheitsrecht geworden ist.[37] Gewohnheitsrecht hat danach, neben dem Grunderfordernis seiner Formulierbarkeit als Rechtssatz[38], zwei Voraussetzungen, nämlich eine „langandauernde Übung und die Überzeugung, daß es sich dabei um Recht (nicht etwa bloß um Sitte) handle, das allgemeinverbindlich sei (opinio necessitatis)".[39] Abgestellt wird bei der Geltung von Gewohnheitsrecht somit auf die beteiligten Verkehrskreise, für die das Gewohnheitsrecht aufgrund langanhaltender Übung und übereinstimmender Rechtsüberzeugung gelten soll, was bereits impliziert, daß eine gewohnheitsrechtliche Begründung des Bankgeheimnisses nicht allumfassend sein kann. Derartige Verkehrsbeteiligte, die auch als Rechtsgenossen bezeichnet werden, sind in erster Linie die Banken und ihre Kunden, so daß das Bankgeheimnis primär in diesem Rechtsverhältnis gewohnheitsrechtlich verankert ist.[40] Die hierzu notwendige kongruente Überzeugung und langanhaltende Übung der Wahrung des Bankgeheimnisses in diesem Verhältnis ergibt sich aus der Historie des Bankgeheimnisses, anhand derer in der Tat eine Wahrung des Bankgeheimnisses seit den Anfängen der Bankgeschäfte überhaupt, nachgewiesen werden kann.[41] Hierbei kommt es zu einer wechselbezüglichen Parallelentwicklung der vertraglichen und gewohnheitsrechtlichen Basis des Bankgeheimnisses. Bankgeschäfte wurden seit jeher auf vertraglicher Basis zwischen der Bank und ihrem Kunden ausgeübt. Wie zu zeigen sein wird, enthielten die Statuten der Banken schon seit den Anfängen der Bankgeschäfte überhaupt Regelungen, die das Bankgeheimnis betrafen. Somit ist eigentlicher Nukleus des Bankgeheimnisses die vertragliche Basis des Bankvertrages zwischen Bank und Kunde gewesen, wobei sich durch diese langanhaltende, vertragliche Übung und Wahrung des Bankgeheimnisses die für das Gewohnheitsrecht notwendige Rechtstradition im Verhältnis Bank - Kunde entwickeln konnte. Ausgangspunkt des Bankgeheimnisses heutzutage ist daher primär die bankvertragliche Basis im Bank - Kunde - Verhält-

---

[34] Sichtermann, Enzyklop. Lexikon, a.a.O., S. 154; Schwintowski, a.a.O., S. 24; Vgl. hierzu ausführlicher Sichtermann/Kirchherr, a.a.O., S. 62 ff..

[35] Hubmann, Entstehung und Außerkrafttreten von Gewohnheitsrecht, JuS 1968, S. 63; Neuhaus, Gewohnheitsrecht - Rolle und Anerkennung in Deutschland, JuS 1996, L 41 ff. (L 41, 44); Radbruch, a.a.O., S. 23.

[36] Sichtermann/Kirchherr, a.a.O., S. 62; Neuhaus, JuS 1996, L 42.

[37] Vgl. Hubmann, JuS 1968, S. 63. So auch BVerfGE 28, 21 (28 f.); BVerfGE 34, 293 (303 f.); BVerfG-NJW 1983, S. 25 ff. (31); Sichtermann/Kirchherr, a.a.O., S. 62 f.; Ungnade, WM 1976, S. 1210.

[38] Neuhaus, JuS 1996, S. L 42; Herrler, a.a.O., S. 65.

[39] Hubmann, JuS 1968, S. 63. So auch Sichtermann/Kirchherr, a.a.O.; Ungnade, a.a.O.; Herrler, a.a.O.; Radbruch, a.a.O., S. 23. Vgl.auch Neuhaus, JuS 1996, L 41 f., der die beiden Voraussetzungen des Gewohnheitsrechts als longa consuetudo und opinio iuris bezeichnet.

[40] Vgl. Sichtermann/Kirchherr, a.a.O., S. 63; Radbruch, Diss. jur., Mainz, 1977, S. 24.

[41] Ein Überblick über die Geschichte des Bankgeheimnisses folgt weiter unten.

nis, bei deren Fehlen, Scheitern oder Nichtigkeit der Schutz des Bankgeheimnisses durch das Gewohnheitsrecht Bedeutung erlangt. Während somit für das Verhältnis Bank - Kunde auch von einer gewohnheitsrechtlichen Begründung des Bankgeheimnisses ausgegangen werden kann, versagt dieser Begründungsansatz des Bankgeheimnisses jedoch gegenüber dem Staat. Wie sich aus der geschichtlichen Darstellung des Bankgeheimnisses ergeben wird, wurde (und wird) das Bankgeheimnis durch gesetzliche Normen des (jeweiligen) Gesetzgebers wiederholt durchbrochen.[42] Der Schutz des Bankgeheimnisses war einem stetigen Wandel ausgesetzt, dessen Spektrum von einer vorbehaltlosen Anerkennung des Bankgeheimnisses durch den Staat bis zu einer vollständigen Durchbrechung des Bankgeheimnisses reichte. Der Staat gehört somit nicht zu dem beteiligten Verkehrskreis, dem sich gegenüber aufgrund kongruenter Rechtsüberzeugung ein gewohnheitsrechtliches Bankgeheimnis entwickeln konnte.[43] *Ungnade* weist darauf hin, daß es auch zum Wesen des Gewohnheitsrechts gehöre, daß der Staat die Rechtsübung gestattet oder zumindest duldet.[44] Dieses Erfordernis wird jedoch bereits durch die Voraussetzung einer kongruenten Rechtsüberzeugung der beteiligten Verkehrskreise zum Ausdruck gebracht, zwischen denen sich Gewohnheitsrecht bilden kann. Diese Kongruenz erfährt das Bankgeheimnis in Deutschland jedoch lediglich im Bank - Kunde -Verhältnis, nicht hingegen im Verhältnis des Staates zur Bank oder zum Bankkunden. Anderer Ansicht ist hier vor allem *Kirchherr*, der *Sichtermann* folgend, ausführt, daß auch gegenüber dem Staat ein gewohnheitsrechtliches Bankgeheimnis entstanden sei, wenn auch mit erheblichen Durchbrechungen.[45] Die hierzu gegebene Begründung überzeugt indes nicht. Nach dieser Ansicht ergibt sich die gewohnheitsrechtliche Geltung des Bankgeheimnisses auch gegenüber dem Staat nämlich gerade aus dem Umstand, daß der Staat das Bankgeheimnis mit diversen einfach - gesetzlichen Normen durchbricht, da eine Durchbrechung des Bankgeheimnisses notwendigerweise voraussetzen würde, daß das Bankgeheimnis zunächst einmal vorhanden sei, da sonst seine Durchbrechung nicht erforderlich wäre.[46] Aus diesem Umstand wird seitens *Kirchherr's* geschlossen, daß ein Bankgeheimnis als Gewohnheitsrecht auch gegenüber dem Staat existiert, wenn auch mit erheblichen Durchbrechungen. Diese These einer ‚Anerkennung durch Durchbrechung' überzeugt meines Erachtens nicht, da sie die Geltungsebenen des Bankgeheimnisses zwischen der Bank und ihrem Kunden einerseits und des Staates gegenüber der Bank bzw. dem Bankkunden andererseits vermischt. Gerade die Durchbrechung des Bankgeheimnisses seitens des Staates ist Ausdruck seiner Nicht - Anerkennung des Bankgeheimnisses auf der ihm gegenüber bestehenden Geltungsebene und hat keine Auswirkung auf die Geltungsebene des Bankgeheimnisses im Bank - Kunde -Verhältnis.
Es soll daher festgehalten werden, daß das Bankgeheimnis im Verhältnis Bank - Kunde einen gewohnheitsrechtlichen Ursprung hat und in diesem Verhältnis anerkannt ist, diese gewohnheitsrechtliche Anerkennung hingegen nicht gegenüber dem Staat gilt.

3.) Herleitung des Bankgeheimnisses aus Verfassungsrecht

Der Ursprung des Bankgeheimnisses wird auch aus den Grundrechten hergeleitet.[47] Es wurde bereits einleitend gesagt, daß hierbei verschiedene Ansätze vertreten werden, bei denen das

---

42 Vgl. Herrler, a.a.O., S. 66.
43 In diesem Sinne Ungnade, WM 1976, S. 1210 f.; Herrler, a.a.O., S. 66.
44 Ungnade, a.a.O.; Sichtermann/Kirchherr, a.a.O., S. 64.
45 Sichtermann/Kirchherr, a.a.O..
46 Sichtermann/Kirchherr, a.a.O..
47 Ausführliche Literaturangaben erfolgen im Hauptteil dieser Arbeit.

Bankgeheimnis einerseits beim Grundrecht der allgemeinen Handlungsfreiheit des Art. 2, Abs. I GG, andererseits beim allgemeinen Persönlichkeitsrecht der Art. 2, Abs. I i.V.m. Art. 1, Abs. I GG verankert wird. Nukleus dieser Ansätze ist in diesem Zusammenhang die Rechtsprechung des Bundesgerichtshofes zum allgemeinen Persönlichkeitsrecht, welcher das allgemeine Persönlichkeitsrecht als sog. Rahmenrecht dem deliktischen Schutz des § 823, Abs. I BGB unterstellt hat. Diese Rechtsprechung des Bundesgerichtshofes, die auch Einfluß auf die Rechtsprechung des Bundesverfassungsgerichtes zum allgemeinen Persönlichkeitsrecht genommen hat, hat schließlich dazu geführt, daß das Bankgeheimnis von verschiedenen Autoren als besondere Ausformung des allgemeinen Persönlichkeitsrechts einerseits dem zivilrechtlichen Schutz des § 823, Abs. I BGB, andererseits dem verfassungsrechtlichen Persönlichkeitsrecht der Art. 2, Abs. I i.V.m. Art. 1, Abs. I GG unterstellt wird.[48] Maßgeblicher Unterschied beider Persönlichkeitsrechte ist hierbei, daß das zivilrechtliche Persönlichkeitsrecht intersubjektiven Schutz gewährt, während das verfassungsrechtliche Persönlichkeitsrecht den Schutz des Bürgers / Bankkunden vor einem Eingriff des Staates gewährt. Die Rechtsprechung des Bundesgerichtshofes zum allgemeinen (zivilrechtlichen) Persönlichkeitsrecht, die Frage, inwieweit diese Rechtsprechung auf das Bankgeheimnis erstreckt werden kann und der Einfluß dieser Rechtsprechung auf die Rechtsprechung des Bundesverfassungsgerichtes zum allgemeinen Persönlichkeitsrecht wird unten im Zusammenhang dargestellt werden. Die Frage nach der etwaigen verfassungsrechtlichen Verankerung des Bankgeheimnisses und seiner hieraus resultierenden Bedeutung ist Gegenstand der vorliegenden Untersuchung. Bereits an dieser Stelle sei jedoch angemerkt, daß eine Herleitung des Bankgeheimnisses aus den Grundrechten auch und gerade Relevanz für die Behandlung bzw. Respektierung des Bankgeheimnisses durch den Staat besitzt. Da der Staat, wie zuvor gezeigt werden konnte, in bezug auf den Bankkunden weder in die bankvertragliche, noch in die gewohnheitsrechtliche Herleitung des Bankgeheimnisses und den hieraus resultierenden Schutz des Bankgeheimnisses einbezogen ist, gewinnt eine grundrechtliche Herleitung, ein grundrechtlicher Schutz des Bankgeheimnisses besondere Bedeutung für die Verhältnisse des Staates gegenüber Bankkunde und / oder Bank, da Grundrechte nach ihrem traditionellen Verständnis als Abwehrrechte des Individuums gegen den Staat fungieren.

II.) Das Bankgeheimnis der Bank

1.) Der Bankbegriff

Bevor Ausführungen zu Begriff, Ursprung und Facetten des Bankgeheimnisses in bezug auf eine Bank erfolgen, gilt es einen kurzen Blick auf den Begriff ‚Bank' zu werfen. Dieser geläufige Begriff verkörpert einen Teilaspekt des Oberbegriffes ‚Kreditinstitut'. Unter einem Kreditinstitut versteht man gemäß § 1, Abs. I, S. 1 KWG ein Unternehmen, welches Bankgeschäfte betreibt, sofern der Umfang dieser Geschäfte einen in kaufmännischer Weise eingerichteten Geschäftsbetrieb erfordert oder diese Geschäfte gewerbsmäßig erfolgen. Das Betreiben von Bankgeschäften ist von einer Erlaubnis abhängig (§ 32, Abs. I KWG). Negativ vom Begriff des Kreditinstitutes ausgeschlossen werden die in § 2, Abs. I KWG genannten acht Institutionen, worunter insbesondere Versicherungsgesellschaften (Ziff. 4), die Kreditanstalt für Wiederaufbau (Ziff. 2) oder die Deutsche Bundesbank (Ziff. 1) fallen. Die Einzelheiten sollen hier jedoch nicht weiter interessieren. Was unter Bankgeschäften im genannten Sinne zu verstehen ist, ergibt sich aus der abschließenden und enumerativen Aufzählung des § 1,

[48] Literaturangaben hierzu im Hauptteil der Arbeit.

Abs. I, S. 2 KWG. Dort sind beispielsweise das Einlagen- (Ziff. 1), Kredit- (Ziff. 2), Diskont- (Ziff. 3), Depot- (Ziff. 5), Investment- (Ziff. 6) und das Girogeschäft (Ziff. 9) genannt, wobei es für das Betreiben von Bankgeschäften ausreichend ist, daß lediglich eines der im Katolog genannten Bankgeschäfte betrieben wird.[49] Der Begriff des Kreditinstitutes erfaßt als Oberbegriff privatrechtliche und öffentlich - rechtliche Banken sowie Sparkassen in gleicher Weise. Im Rahmen dieser Arbeit soll wegen des Ausdrucks ‚*Bank*geheimnis' überwiegend der Begriff Bank Verwendung finden. Er versteht sich insoweit als Synonym zum Begriff des Kreditinstitutes und umfaßt zugleich auch Sparkassen, unerheblich ob diese öffentlich - rechtlich strukturiert sind oder nicht. Soweit sich Unterschiede aus der öffentlich - rechtlichen Struktur der Sparkassen (und einiger Banken) ergeben, wird auf diese Unterschiede eingegangen werden.

2.) Herleitung des Bankgeheimnisses

Wie bei den Bankkunden auch ist Nukleus und wesentlicher Ansatzpunkt für die Herleitung des Bankgeheimnisses aus Perspektive der Bank die mit dem Kunden bestehende Geschäftsbeziehung, die als Bankvertrag klassifiziert wurde. Die Bank ist als Vertragspartner des Kunden an den Bankvertrag gebunden, so daß hier die von der gemeinsamen Vorstellung von Bank und Kunden getragene bankvertragliche Nebenpflicht auf Wahrung des Bankgeheimnisses hervortritt, die seitens der Banken ihre Ausformung insbesondere in § 2, Abs. I Banken -AGB erfahren hat. § 2, Abs. I Banken-AGB aber auch Nr. 1, Abs. 1 Sparkassen-AGB können als Ausdruck des bankseitig bestehenden, tradierten Selbstverständnisses bezeichnet werden, über Vermögens- und sonstige Angelegenheiten ihrer Kunden Stillschweigen zu wahren. Die Wahrung des Bankgeheimnisses leitet sich darüber hinaus auch bei Banken aus den Grundsätzen von Treu und Glauben her. Dieses tradierte Selbstverständnis der Banken ist zugleich Ausdruck der gewohnheitsrechtlichen Überzeugung und Übung, das Bankgeheimnis zu wahren. Banken haben die Wahrung des Bankgeheimnisses, das Stillschweigen über Kundenangelegenheiten und das ihnen in diesem Zusammenhang entgegengebrachte Vertrauen ihrer Kunden stets und von den Anfängen der Bankgeschäfte an als essentialia negotii ihrer geschäftlichen Betätigung überhaupt angesehen, was sich anhand des historischen Überblickes über das Bankgeheimnis noch verdeutlichen wird. Insofern unterscheidet sich die Vorstellung der Banken nicht von der ihrer Kunden, so daß das Bankgeheimnis auch in bezug auf die Banken nicht lediglich vertraglich, sondern auch gewohnheitsrechtlich herleitbar ist. Die gewohnheitsrechtliche Begründung des Bankgeheimnisses erfordert eine kongruente Überzeugung der beteiligten Verkehrskreise, so wurde gesagt. Es müssen daher mindestens zwei Rechtssubjekte zur Begründung von Gewohnheitsrecht vorhanden sein. Banken sind neben ihren Kunden der andere beteiligte Rechtsgenosse im genannten Sinne. Die oben bei der Herleitung des Bankgeheimnisses des Bankkunden zum Gewohnheitsrecht gemachten Ausführungen gelten daher auch hier. Wie bei den Bankkunden wird auch in bezug auf die Banken vereinzelt versucht, daß Bankgeheimnis verfassungsrechtlich herzuleiten, wobei bereits eingangs angemerkt wurde, daß der entsprechende Ansatz meist über die Berufsfreiheit des Art. 12, Abs. I GG erfolgt. Auch die Frage nach der verfassungsrechtlichen Verankerung des Bankgeheimnisses der Bank und die hieraus resultierende Bedeutung des Bankgeheimnisses sind Gegenstand dieser Arbeit. Dieser Untersuchung soll hier nicht vorgegriffen werden. Es kann festgehalten werden, daß auch in bezug auf Banken das Bankgeheimnis sowohl vertragliche als auch gewohnheitsrechtliche Wurzeln hat.

---

[49] Fischer, in: BankRHdb., Bd. III, § 127, Rn. 4; Troberg, in: BankRHdb., Bd. III, § 135, Rn. 1.

3.) Der seitens der Bank bestehende Doppelcharakter des Bankgeheimnisses

Die Herleitung des Bankgeheimnisses aus Vertrag und Gewohnheitsrecht betrifft die Ausgestaltung des Bankgeheimnisses in Form einer die Bank treffenden *Pflicht,* Stillschweigen über ihr bekannt gewordene Kundenangelegenheiten zu wahren. Nach ganz überwiegender Ansicht erschöpft sich das Bankgeheimnis in bezug auf die Bank jedoch nicht in dieser bloßen Schweigepflicht. Vielmehr wird dem Bankgeheimnis ein Doppelcharakter zuerkannt, der neben dieser *Pflicht* auf Wahrung von Stillschweigen über Kundenangelegenheiten auch das *Recht* der Bank umfaßt, Auskünfte über die Verhältnisse eines Kunden zu verweigern,[50] wobei die Bedeutung des Begriffs ‚Bankgeheimnis' als Geheimhaltungs*pflicht* die historisch ältere ist.[51] Während die genannte Pflicht Ausdruck der gegenüber dem Kunden bestehenden vertraglichen / gewohnheitsrechtlichen Verbundenheit ist[52], ist das genannte Recht der Bank zur Zeugnis- /Auskunftsverweigerung Ausdruck der gewerblichen Tätigkeit der Bank selbst.

Überwiegend wird zur Begründung des Doppelcharakters des Bankgeheimnisses und des Zeugnisverweigerungsrechts der Bank auf die Norm des § 383, Abs. I, Ziff. 6 ZPO verwiesen, die auch Banken und ihre Angestellten erfaßt[53]. Das Recht der Banken, Auskünfte über die dem Bankgeheimnis unterliegenden Umstände, Tatsachen und Werturteile zu verweigern, ist Ergebnis der Erkenntnis, daß Banken zu dem Personenkreis gehören, die ein Geschäfts- bzw. Berufsgeheimnis haben können. Daher wird § 383, Abs. I, Ziff. 6 ZPO auch als Folge und nicht als Grundlage des Bankgeheimnisses der Banken angesehen.[54] Die Einbeziehung von Banken und deren Mitarbeiter in die Norm des § 383, Abs. I, Ziff. 6 ZPO ist dabei durch die Rechtsprechung erfolgt.[55] Nach *Kirchherr* umfaßt ein Berufsgeheimnis die Verpflichtung, „fremde Privatgeheimnisse (Geheimnisse des Geheimnisherrn; diese Geheimnisse können auch in Geschäfts- oder Betriebsgeheimnissen bestehen) zu bewahren".[56] Das Berufsgeheimnis der Banken wird daher Bankgeheimnis[57] genannt und umfaßt alle oben genannten Daten

---

50 Sichtermann, Enzyklop. Lexikon, a.a.O., S. 153; Sichtermann/Kirchherr, a.a.O., S. 38; Bilsdorfer, DStR 1984, S. 499; Canaris, a.a.O., Rn. 63 f.; Schwintowski, a.a.O., S. 25; Müller, NJW 1963, S. 835; Sandkühler, a.a.O., S. 35; Dahm/Schebesta/Schroeter/Weber, a.a.O., Rn. 1; Jabornegg/Strasser/Floretta, a.a.O., S. 22; App, DStZ 1993, S. 201; Bruschke, BB 1992, S. 392; Weber, Die Bank 1996, S. 84; Carl/Klos, Das Bankgeheimnis, StB 1994, S. 136; Radbruch, a.a.O., S. 2; Rehbein, ZHR, 149 (1985), S. 140; Jürgens, Das Bankgeheimnis und seine Entwicklung gegenüber der Steuerbehörde, Diss. jur., Köln, 1954, S. 22; Steindorff, ZHR 149 (1985), S. 151.

51 Sichtermann, Enzyklop. Lexikon, a.a.O.; Jabornegg/Strasser/Floretta, a.a.O.; Kirchherr/Stützle, a.a.O., S. 8.

52 Was aus der Perspektive des Kunden einen entsprechenden Anspruch (ein Recht) auf Wahrung des Stillschweigens zur Folge hat.

53 Thomas/Putzo, ZPO, § 383, Rn. 6; Sichtermann, Enzyklop. Lexikon, a.a.O., S. 157; Canaris, a.a.O., Rn. 63; Sandkühler, a.a.O., S. 35; Schwintowski, a.a.O., S. 31 f.; Fischer, a.a.O., S. 194; Kreutzer, Diss. jur., München, 1956, S. 49ff.; Carl/Klos, StB 1994, S. 138; Jürgens, Diss. jur., Köln, 1954, S. 23; Radbruch, Diss., jur., Mainz 1977, S. 143; Steindorff, a.a.O., S. 152.

54 BGH-BB 1953, S. 993. So auch Müller, a.a.O., S. 835.

55 Sichtermann/Feuerborn, Bankgeheimnis und Bankauskunft, S. 210; Radbruch, a.a.O., S. 143; RGZ 139, 103; Kreutzer, a.a.O., S. 50; Ruppelt, Diss. jur., Köln, 1959, S. 48; Müller, NJW 1963, S. 835; Meincke, Geheimhaltungspflichten im Wirtschaftsrecht, WM 1998, S. 753.

56 Sichtermann/Kirchherr, a.a.O., S. 34. Vgl. auch Jabornegg/Strasser/Floretta, a.a.O., S. 17; Radbruch, a.a.O., S. 2; Achleitner, a.a.O., S. 11.

57 Sichtermann/Kirchherr, a.a.O., S. 37; Bilsdorfer, a.a.O., S. 499; Jabornegg/Strasser/Floretta, a.a.O., S. 18; Bruschke, a.a.O., S. 392; Weber, Die Bank 1996, S. 84; Sichtermann, Strafverfahren und Bankgeheimnis, NJW 1968, S. 1997; Jürgens, Diss. jur., Köln, 1954, S. 95 f.; Radbruch, Diss. jur.,. Mainz, 1977, S. 2; Achleitner, a.a.O., S. 11, 12.

und Informationen über einen Kunden, die im Rahmen der Geschäftsverbindung zum Kunden zwangsläufig anfallen. § 383, Abs. I, Ziff. 6 ZPO honoriert somit das für das Betreiben von Bankgeschäften notwendige Vertrauensverhältnis zwischen Bank und Kunde. Wie jedoch ein Blick auf § 385, Abs. II ZPO zeigt, erweist sich trotz des oben genannten Doppelcharakters des Bankgeheimnisses, das der Bank ein Recht zur Verweigerung von Auskünften einräumen soll, sich dieses als ein lediglich von der Position des Kunden als Geheimnisherren abgeleitetes Recht der Bank, da nach dieser Norm der Bankkunde die Bank von der Schweigepflicht entbinden kann.[58] Bei genauerer Betrachtung erweist sich der Doppelcharakter, der dem Bankgeheimnis der Bank durch die überwiegende Meinung unter Bezugnahme auf § 383, Abs. I, Ziff. 6 ZPO beigemessen wird, somit lediglich als Kehrseite ein und derselben Medaille, denn die Bank ist dem Kunden gegenüber vertraglich / gewohnheitsrechtlich verpflichtet, das Bankgeheimnis zu wahren, gerade in dem sie von dem Zeugnisverweigerungsrecht Gebrauch macht. Der Kunde hat seinerseits hierauf einen entsprechenden, ebenfalls vertraglich, gewohnheitsrechtlich begründeten, Anspruch (Recht) gegenüber der Bank.[59] Der Kunde fungiert als Geheimnisherr, so wurde gesagt, und kann die Bank von der Wahrung des Bankgeheimnisses entbinden. Nichts anderes wurde in §§ 386, Abs. I, Ziff. 6; 385, Abs. II ZPO kodifiziert. Einen echten Doppelcharakter erhält das Bankgeheimnis für die Bank meines Erachtens dadurch jedoch nicht. Dieses würde sich erst ändern, wenn der Bank nicht nur ein derivatives, also ein vom Kundenwillen abgeleitetes, sondern sogar ein originäres Recht zugestanden werden kann, das Bankgeheimnis zu wahren, das vom Willen des Kunden unabhängig ist. Erst ein solches Recht rekurriert auf die gewerbliche Tätigkeit der Banken. Ein solches Recht ist in § 384, Ziff. 3 ZPO normiert.[60] § 384, Ziff. 3 ZPO eröffnet Banken ein originäres,[61] zivilprozessuales Zeugnisverweigerungsrecht, sofern die Beantwortung einzelner Fragen ihr Gewerbegeheimnis betreffen würde.[62] Der Begriff des Gewerbegeheimnisses ist dabei als Geschäftsgeheimnis zu interpretieren[63] und umfaßt die beim Betrieb eines Gewerbes anfallenden Geheimnisse, an deren Geheimhaltung ihrer Natur nach der Gewerbetreibende ein aus den Umständen erkennbares, erhebliches und unmittelbares Interesse hat.[64] Der Begriff ist insofern identisch mit den unter § 383, Abs. I, Ziff. 6 ZPO fallenden Berufsgeheimnissen[65] und umfaßt daher auch das Bankgeheimnis der Bank[66]. Da dieses Zeugnisverweigerungsrecht nicht von der Entbindungsmöglichkeit des § 385, Abs. II ZPO erfaßt wird, ist es vom Willen

---

[58] BGH-BB 1953, 993; Thomas/Putzo, ZPO, § 383, Rn. 8; Sichtermann/Feuerborn, a.a.O., S. 210; Ruppelt, a.a.O., S. 48; Schwintowski, a.a.O., S. 31, 32; Bruchner, in: BankRHdb., § 39, Rn. 106; Claussen, a.a.O., S. 105; Weber, in: BuB, Kap.1, Rn.1/48; Dahm/Schebesta/Schroeter/Weber, a.a.O., Rn. 14; Junker, Rechtsfragen zum Bankgeheimnis und zur Bankauskunft, DStR 1996, S. 226; Kirchherr/Stützle, Aktuelle Probleme aus der Rechtsprechung und Rechtspraxis zu Bankgeheimnis und Bankauskunft, S. 15; Rehbein, ZHR, 149 (1985), S. 142; Kreutzer, Diss. jur., München 1956, S. 50. Bankvertraglich ist dieser Aspekt in § 2, Abs. I Banken - AGB enthalten.

[59] Vgl. Ruppelt, Diss. jur., Köln, 1959, S. 11.

[60] Auf § 384, Ziff. 3 ZPO wird unten erneut eingegangen werden.

[61] Radbruch, a.a.O., S. 143, 144; Sichtermann/Feuerborn, a.a.O., S. 224; Sichtermann, Enzyklop. Lexikon, a.a.O., S. 157; Kreutzer, a.a.O., S. 52.

[62] Sichtermann/Feuerborn, a.a.O., S. 223; Dahm/Schebesta/Schroeter/Weber, a.a.O., Rn. 1; Kreutzer, a.a.O.; Ruppelt, a.a.O., S. 48 ff.; Sichtermann, Enzyklop. Lexikon, a.a.O..

[63] Thomas/Putzo, a.a.O., § 384, Rn. 5; Dahm/Schebesta/Schroeter/Weber, a.a.O.; Weber, in: BuB, Kap. 2, Rn. 2/863. In diesem Sinn auch Ruppelt, a.a.O., S. 50.

[64] Sichtermann/Feuerborn, a.a.O., S. 224. Vgl. auch Jabornegg/Strasser/Floretta, a.a.O., S. 18 ff..

[65] Sichtermann/Feuerborn, a.a.O.; Thomas/Putzo, a.a.O..

[66] Weber, in: BuB, a.a.O., Rn. 2/840, 2/863; Bruchner, in: BankRHdb., § 39, Rn. 106; Claussen, a.a.O., S. 105; Rehbein, ZHR 149 (1985), S. 142.

des Kunden unabhängig. Diese Unabhängigkeit rechtfertigt die oben getroffene Aussage, wonach dem Bankgeheimnis aus Perspektive der Bank ein aus den Komponenten Pflicht und Recht bestehender Doppelcharakter beigemessen werden kann.

C.) Geschichtlicher Überblick über das Bankgeheimnis

Das Bankgeheimnis in Deutschland weist eine wechselvolle Geschichte auf. Von den am Bankgeschäft unmittelbar Beteiligten Personen, dem Bankier und seinen Mitarbeitern auf der einen und dem Kunden auf der anderen Seite stets gewahrt, erwies sich das Spektrum seines Schutzes gegenüber dem Staat als unterschiedlich intensiv. In diesem Verhältnis wechselten Zeiten einer staatlichen Anerkennung des Bankgeheimnisses mit Zeiten seiner nahezu völligen Durchbrechung einander ab.

Das Bankgeheimnis geht einher mit der abendländischen Entwicklung des Bankwesens seit dem ausgehenden Mittelalter, welches seine entscheidenden Impulse aus (Nord-) Italien erhalten hat.[67] Dort entstand bereits im 12. Jahrhundert ein Bankwesen, welches sich zunächst in Gestalt von Depositenbanken und / oder Leihanstalten darstellte.[68] Im 14. Jahrhundert begannen insbesondere Venezianische Banken damit, den Kontokorrentkredit einzuführen, so daß Kunden ihr Konto auch vorübergehend überziehen konnten.[69] In diese und in die Folgezeit fielen die ersten Gründungen von Bankhäusern, wie z.B. das 1472 gegründete und heute noch bestehende Sieneser Bankhaus ‚Monte dei Paschi di Siena', die 1587 in Venedig gegründete ‚Banco Piazza di Rialto', die als die erste öffentliche Bank gilt[70] oder die 1593 in Mailand gegründete und heute ebenfalls noch bestehende ‚Banco Ambrosiano'. Die Statuten dieser Banken enthielten bereits erste Regelungen in bezug auf das Bankgeheimnis.[71] Die deutsche Bankgeschichte und mit ihr die des Bankgeheimnisses in Deutschland beginnt im Jahre 1619, als Hamburger Kaufleute die ‚Hamburger Bank' gründeten und Bankgeschäfte tätigten, die als ein Vorläufer des bargeldlosen Zahlungsverkehrs bezeichnet werden können.[72] Seitens dieser Bank wurden auch Kredite gegen Pfänder ausgereicht.[73] Die Gründer der Bank erkannten die Gefahr, die daraus resultierte, daß Kunden der Bank für die Gewährung von Krediten und die Durchführung des bargeldlosen Zahlungsverkehrs geschäftliche Einzelheiten ihrer Handelsgeschäfte mitteilen mußten, an deren Geheimhaltung ihnen gelegen war, so daß

---

67 Noch heute erinnern viele Bankbegriffe an diese italienische Vorreiterrolle. Begriffe wie Bank (von Banco = Tisch, an dem die Wechselgeschäfte durchgeführt wurden), Bilanz (Bilancia = Waage), Konto (von contare = zählen), Lombardsatz (Reminiszenz an die Lombardei), Indossament (von in dosso = auf dem Rücken) etc. sind Rudimente dieser Zeit. Ausführlich zur Geschichte des Bankgeheimnisses Sichtermann/Kirchherr, a.a.O., S. 70 ff..

68 Vgl. hierzu Grupp, Geld zu jeder Zeit, S. 20.

69 Grupp, a.a.O..

70 Grupp, a.a.O..

71 Sichtermann/Kirchherr, a.a.O., S. 71; Weber, in: BuB, Kap. 2, Rn. 2/841; Weber, Die Bank, a.a.O., S. 84, bei denen diese Regelung abgedruckt ist. Siehe auch Achleitner, a.a.O., S. 63.

72 Kreutzer, a.a.O., S. 4 f.; Lohmeyer, Bankgeheimnis und steuerliche Außenprüfung, StB 1984, S. 377; Radbruch, a.a.O., S. 5; Achleitner, a.a.O.. Ausführlicher hierzu Sichtermann/Kirchherr, a.a.O., der ferner darauf hinweist, daß vor dem Jahre 1619 lediglich kleinere und relativ unbedeutende Wechslerbanken bestanden, die recht bald wieder verschwunden seien. So auch Ruppelt, a.a.O., S. 15.

73 Sichtermann/Kirchherr, a.a.O., S. 72; Kreutzer, a.a.O., S. 5 (dort Fn. 9).

in den Statuten der Hamburger Bank über die „Ordnung und Articuli der Wechsel-Banco“ aus dem Jahre 1619 folgende Klausel als Art. 6 aufgenommen wurde[74]:

„*Des Morgens von 7 bis 8 Uhr soll allzeit ein Buchhalter in dem ersten Gemache mit dem Original-Buche vorhanden seyn, auch derselbe einen jeden, der ihm um dasjenige, so ihn angehet, fraget, guten Bescheid geben, und wann einer zu accordiren begehret, solches zu thun schuldig seyn. Würde aber Jemand nach eines anderen Partie fragen, so soll der Buchhalter, und allen anderen, so der Banco dienen, bei ihrem geleisteten Eide und höchster Strafe verboten, Niemanden, was in Banco passiret und geschrieben wird, zu offenbaren*“.[75]

Diese Regelungen wurden seitens dieser Bank im Laufe der Zeit novelliert[76] und zeigen, welche Bedeutung dem Bankgeheimnis schon seinerzeit beigemessen wurde. Auch die in der Folgezeit in Deutschland gegründeten Banken besaßen entsprechende Regelungen, um das Bankgeheimnis zu schützen. *Kirchherr* nennt hier insbesondere die 1621 gegründete ‚Nürnberger Giro- und Depositenbank‘ und die 1699 in Leipzig gegründete ‚Banco di Depositi‘.[77] Drastisch erfolgt die Regelung im „Reglements der Königlichen Giro- und Lehn-Banco“ Friedrichs des Großen des Jahres 1765, wo es in Art. 19 heißt:

„*Wir verbieten bey Unserer Königlichen Ungnade allen und jeden, nachzuforschen, wie viel ein anderer auf sein Folium zu gute habe, auch soll niemand von denen Bancoschreibern sich unterstehen, solches zu offenbaren, weder durch Worte, Zeichen oder Schrift, bey Verlust ihrer Bedienungen und bey denen Strafen, die meyneidige zu erwarten haben. Zu dem Ende sollen sie bey Antretung ihres Amtes besonders schwören, daß alle die Geschäfte, die sie als Bedienstete der Banco unter Händen haben werden, als das größte Geheimnis mit in die Grube nehmen werden*“.[78]

Kirchherr weist darauf hin, daß sich gleichlautende Regelungen in den Satzungen der Königlichen Giro- und Lehnbank zu Königsberg (1765) und in denen der Giro- und Lehnbanken zu Berlin und Breslau (1766) fanden.[79] Bedeutsam ist diese Regelung Friedrich des Großen zum einen deswegen, weil es sich bei den königlichen Lehn- und Girobanken um Vorläufer der heutigen öffentlich - rechtlichen Kreditinstitute handelt.[80] Tatsächlich fanden sich auch in den Statuten der vor allem im 19. Jahrhundert aufkommenden Sparkassen Regelungen im Hinblick auf die Schweigepflicht.[81] In dieser Tradition stehen die in der heutigen Zeit bestehenden Verpflichtungen zur Amtsverschwiegenheit der Mitarbeiter öffentlich - rechtlicher Kre-

---

[74] Sichtermann/Kirchherr, a.a.O.; Sichtermann, Enzyklop. Lexikon, a.a.O., S. 154. Vgl. auch Weber, in: BuB, Kap. 2, Rn. 2/841; Kreutzer, a.a.O., S. 5; Ruppelt, a.a.O., S. 16; Radbruch, a.a.O., S. 5 f.; Achleitner, a.a.O..

[75] Nach Sichterman/Kirchherr, a.a.O.. Vgl. auch Ruppelt, Diss. jur., Köln, 1959, S. 16; Sichtermann, Enzyklop. Lexikon, a.a.O.; Kreutzer, Diss. jur., München, 1956, S. 5; Radbruch, Diss. jur., Mainz, 1977, S. 6; Achleitner, a.a.O..

[76] So z.B. 1699 und 1710 - vgl. Sichtermann/Kirchherr, a.a.O.; Ruppelt, a.a.O., S. 16. Kreutzer, a.a.O., S. 6, der auf S. 5 (dort Fn. 8) darauf hinweist, daß die Hamburger Bank bis 1875 bestand und in diesem Jahr von der Reichsbank übernommen wurde. So auch Ruppelt, a.a.O., S. 15 (dort Fn. 2).

[77] Sichtermann/Kirchherr, a.a.O., S. 73 f. und Ruppelt, a.a.O., S. 17, wo auch die entsprechenden Klauseln abgedruckt sind.Vgl. auch Kreutzer, a.a.O., S. 6.

[78] Sichtermann/Kirchherr, a.a.O., S. 75; Claussen, a.a.O.. S. 100; Weber, in: BuB, Kap. 2, Rn. 2/841; Weber, Die Bank 1996, S. 85; Ruppelt, a.a.O., S. 21.

[79] Sichtermann/Kirchherr, a.a.O., S. 75.

[80] Vgl. die weitere Darstellung bei Sichtermann/Kirchherr, a.a.O..

[81] Sichtermann/Kirchherr, a.a.O., S. 75; Ruppelt, a.a.O., S. 19 f..

ditinstitute. Zum anderen sind die Regelungen Friedrich's des Großen zu den Giro- und Lehnbanken bedeutsam, da sie nicht nur Bankbediensteten untersagten, Bankgeheimnisse zu offenbaren, sondern darüber hinaus „allen und jeden" verboten, Nachforschungen über den Kontostand eines anderen anzustellen.[82] Nach Schilderung *Kirchherr's* findet sich das Wort ‚Bankgeheimnis' erstmalig in § 113 der Bankordnung der Preußischen Bank vom 5.10.1846, die aus der Königlichen Bank zu Berlin hervorging und die die Vorläuferin der Reichsbank[83], somit auch der Bundesbank[84], war. Das Bankgeheimnis hat sich aus dieser Tradition heraus entwickelt und im Verhältnis Bank - Kunde bis in die heutige Zeit erhalten. Heutiger Ausdruck dieser Tradition sind die Regelungen des § 2, Abs. I Banken - AGB bei privaten Banken, der Querverweis in Nr. 1, Abs. 1 Sparkassen - AGB oder Normen wie § 32 BBankG[85], § 376, Abs. III ZPO, § 54, Abs. I StPO oder § 9 BAT bei öffentlich - rechtlichen Kreditinstituten.[86] Trotz des kurzen und daher unvollständigen historischen Überblicks[87] läßt sich eindeutig erkennen, daß das Bankgeheimnis im Verhältnis Bank - Kunde die für die Begründung von Gewohnheitsrecht notwendige, langandauernde und übereinstimmende Rechtsübung aufweist, seine gewohnheitsrechtliche Begründung somit gerechtfertigt ist. Die Wahrung des Bankgeheimnisses wird im Verhältnis Bank - Kunde daher als selbstverständlich angesehen.[88]
Anders stellt sich hingegen die geschichtliche Entwicklung des Bankgeheimnisses im Verhältnis zum Staat dar. *Sichtermann/Kirchherr* unterscheiden bei ihrem Rekurs der geschichtlichen Entwicklung des Bankgeheimnisses insgesamt fünf verschiedene Epochen, während derer das Bankgeheimnis unterschiedlicher Behandlung unterlag.[89]

Die erste Phase umfaßt den Zeitraum von der Gründung der ersten deutschen Banken bis zur Reichsgründung des Jahres 1871.[90] Dieser Zeitraum war hiernach geprägt von der satzungsrechtlichen Kodifikation des Bankgeheimnisses im Bank - Kunde - Verhältnis, wie er zuvor geschildert wurde. Gesetzliche Bestimmungen über das Bankgeheimis fehlten.[91] Zwar fielen in diesen Zeitraum die landesgesetzlichen Normierungen verschiedener strafrechtlicher Normen des 19. Jahrhunderts, die den Verrat von Geheimnissen, zum Teil auch von Berufsgeheimnissen, mit Strafe bedrohten, doch war nach *Sichtermann/Kirchherr* bei deren Erlaß nicht an den Bankier und seine Mitarbeiter gedacht worden.[92] Der Steuerfiskus unterließ es in dieser Zeit, „tiefer in die Geheimnissphäre des einzelnen einzudringen und dachte deshalb auch nicht daran, sich der Banken als Auskunftspersonen zu bedienen".[93]

---

82 Sichtermann/Kirchherr, a.a.O.; Ruppelt, a.a.O..

83 Sichtermann/Kirchherr, a.a.O.; Ruppelt, a.a.O., S. 20, 22; Sichtermann, Enzyklop. Lexikon, a.a.O.; Radbruch, a.a.O., S.6.

84 Ruppelt, a.a.O., S. 20, 22 ff. der die Wurzeln der Bundesbank bis zur Königlichen Giro- und Lehnbanco des Jahres 1765 zurückverfolgt.

85 Vgl. Ruppelt, a.a.O., S. 25 f..

86 Auf diese Normen wird noch eingegangen werden.

87 Ausführlich Sichermann/Kirchherr, a.a.O., S. 70-110.

88 In diesem Sinne Kreutzer, a.a.O., S. 7; Ruppelt, a.a.O., S. 19; Sichtermann, Enzyklop. Lexikon, a.a.O..

89 Vgl. Sichtermann/Kirchherr, a.a.O., S. 70 f..

90 Vgl. Sichtermann/Kirchherr, a.a.O., S. 70, 71 ff..

91 Sichtermann/Kirchherr, a.a.O., S. 70.

92 Sichtermann/Kirchherr, a.a.O., S. 76 f.; Sichtermann, Enzyklop. Lexikon, a.a.O.;Ruppelt, a.a.O., S. 33 f.. *Anderer Ansicht* Weber, in: BuB, a.a.O., Rn. 2/841, der unzutreffend Sichtermann/Kirchherr, S. 76 zitiert.

93 Sichtermann/Kirchherr, a.a.O., S. 77; Sichtermann, Enzyklop. Lexikon, a.a.O.. Vgl. auch Ruppelt, a.a.O., S. 34, 83.

Die zweite Phase umfaßt den Zeitraum der Jahre 1871 bis 1919.[94] In dieser Zeit sprachen sich Gesetzgebung und Rechtsprechung für die Schutzwürdigkeit des Bankgeheimnisses aus, das aus dem besonderen Vertrauensverhältnis zwischen Bank und Kunde resultieren würde.[95] Der dem Bankgeheimnis zugestandene Schutz dieser Zeit bestand vorwiegend in der Zubilligung der genannten Zeugnisverweigerungsrechte der Zivilprozeßordnung (§§ 383, Abs. I Ziff. 6; 384, Ziff. 3 ZPO)[96] zugunsten der Banken und deren Mitarbeitern sowie in der Unzulässigkeit von Anfragen der Steuerbehörden im Steuerermittlungsverfahren.[97] Die Befugnis der Banken, Auskünfte gegenüber den Steuerbehörden zu verweigern, resultierte aus dem Umstand, daß im Steuerveranlagungs- und im Rechtsmittelverfahren diejenigen Personen ein Auskunftsverweigerungsrecht hatten, die es auch nach Maßgabe der Zivilprozeßordnung besaßen.[98] Eine Durchbrechung des Bankgeheimnisses erfolgte hingegen im (Steuer-) Strafverfahren.[99] Verständlicherweise änderte sich dieser liberale Zustand der Respektierung des Bankgeheimnisses durch den Staat während des Ersten Weltkrieges, da der Staat aus der Not knapper werdender Geldressourcen heraus dazu überging, das Bankgeheimnis zu durchbrechen.[100] Diese Durchbrechung bestand vornehmlich in der (auch bankseitigen) Anmeldepflicht von inländischem Vermögen der Angehörigen feindlicher Staaten, wobei diese Anmeldepflicht im weiteren Verlauf des Krieges einerseits auch auf Auslandsdeutsche und fahnenflüchtige Personen ausgedehnt wurde, andererseits auch die Anzeige von Devisen- und Wertpapierkäufen sowie die seitens von Ausländern bestehenden Verbindlichkeiten erfaßte.[101] Wesentliche Änderungen der steuerlichen Behandlung des Bankgeheimnisses erfolgten nicht.[102]

Die dritte Phase erfaßt nach *Sichtermann/Kirchherr* den Zeitraum der Jahre von 1919 bis zur Bankenkrise des Jahre 1931.[103] Aufgrund des kreditfinanzierten und verlorenen Krieges bestand seitens des Staates ein immenser Kapitalbedarf für den Wiederaufbau, den dieser mittels der Notenpresse zu decken suchte und dadurch eine Hyperinflation verursachte, die letztendlich im Jahr 1923 kulminierte.[104] Zusätzlich fiel in diesen Zeitraum die durch den New Yorker Börsenkrach vom 24.10.1929 verursachte Weltwirtschaftskrise.[105] Aufgrund dieser Umstände verwundert es nicht, daß die Gesetzgebung dieser Zeit reich an Durchbrechungen des Bankgeheimnisses war.[106] Für diese Zeit kann festgestellt werden, daß ein irgendwie geartetes

---

94 Vgl. Sichtermann/Kirchherr, S. 70.

95 Sichtermann/Kirchherr, a.a.O..

96 Die Zivilprozeßordnung stammt vom 30.01.1877. Die genannten Regelungen waren anfänglich noch in §§ 348; 349 ZPO enthalten - vgl. Ruppelt, a.a.O., S. 8; Radbruch, a.a.O., S. 7. Vgl. auch Sichtermann, Enzyklop. Lexikon, a.a.O..

97 Sichtermann/Kirchherr, a.a.O., S. 70, 78 ff.; Radbruch, a.a.O., S. 7; Sichtermann, Enzyklop. Lexikon, a.a.O.. Vgl. auch Ruppelt, a.a.O., S. 35.

98 Sichtermann/Kirchherr, a.a.O., S. 81 f.; Ruppelt, a.a.O., S. 35 f.; Radbruch, a.a.O., S. 7.

99 Sichtermann/Kirchherr, a.a.O., S. 86 f.; Ruppelt, a.a.O., S. 34 f..

100 Sichtermann/Kirchherr, a.a.O., S. 87 f.; Ruppelt, a.a.O., S. 36 f.; Radbruch, a.a.O., S. 8.

101 Sichtermann/Kirchherr, a.a.O., S. 87 ff.; vgl. Ruppelt, a.a.O., S. 36 (dort Fn. 2); Radbruch, a.a.O., S. 8 f..

102 Sichtermann/Kirchherr, a.a.O., S. 89; Ruppelt, a.a.O., S. 37.

103 Sichtermann/Kirchherr, a.a.O., S. 70, 89 ff..

104 Vgl. Grupp, Geld zu jeder Zeit, S. 43 f.. Grupp weist darauf hin, daß der Bargeldumlauf des Jahres 1923 die unvorstellbare Summe von 400 Trillionen (!) Reichsmark überstiegen habe. Näheres zur volkswirtschaftlichen Bedeutung des Bankgeheimnisses findet sich beispielsweise bei Achleitner, a.a.O., S. 63 ff.. Das dort behandelte Kapitel trägt die Überschrift „Das Bankgeheimnis als volkswirtschaftliches Interesse".

105 Vgl. Grupp, a.a.O., S. 44 ff..

106 Vgl. Sichtermann/Kirchherr, a.a.O., S. 89 ff.; Sichtermann, Enzyklop. Lexikon, a.a.O.; Radbruch, a.a.O., S. 9.

Bankgeheimnis gegenüber dem Staat nicht bestanden hat.[107] Charakteristisch für diese Zeit sind Kontrollmitteilungen jeglicher Art. So wurden Banken im Rahmen der Steuerfluchtgesetzgebung[108] verpflichtet, den Steuerbehörden *„diejenigen Personen unter Angabe des Namens und des Wohn- und Aufenthaltsortes anzuzeigen ..., welche bei ihnen seit dem 1. August 1914 Wertsachen (Wertpapier, Geld oder Kostbarkeiten) offen oder verschlossen hinterlegt, in Verwahrung gegeben oder verpfändet, ein Konto errichtet oder sich ein Schließfach haben geben lassen"*.[109] Ähnliche Regelungen fanden sich in den Gesetzen gegen die Kapitalflucht oder zur Reglementierung des Devisenhandels.[110] In diese Zeit fallen ferner Regelungen, wie der Vorläufer des heutigen § 33 ErbStG,[111] wo Anzeigepflichten der Banken in bezug auf Kundenvermögen beim Todesfall des Kunden begründet werden[112] oder die in der Reichsabgabenordnung von 1919 zum Beispiel durch § 189 RAO begründete generelle Pflicht der Banken, bei den Steuerbehörden Verzeichnisse ihrer Kunden einzureichen und diesen Auskünfte zu erteilen.[113] Ferner bestanden eine Reihe weiterer Anzeige- und Auskunftspflichten, die umfassend bei *Sichtermann/Kirchherr* dargestellt werden.[114] Auch wenn die zumeist aus dem Jahre 1919 stammenden Normen, die das Bankgeheimnis durchbrachen, in der Folgezeit der Jahre 1922 vorübergehend (allerdings nur bis zum Eintritt der Weltwirtschaftskrise) wieder gelockert wurden[115], soll für diesen betrachteten Zeitraum festgehalten werden, daß es aufgrund der staatlichen Kapitalnot zu einer weitgehenden und nahezu vollständigen Aufhebung des Bankgeheimnisses gegenüber dem Staat gekommen ist.

Die vierte Phase umfaßt den Zeitraum der Jahre 1931 bis 1945.[116] Auch in diesem Zeitraum verwundert die aufgrund von Krieg und nationalsozialistischer Terrorherrschaft bestehende weitgehende Durchbrechung des Bankgeheimnisses nicht. Die durch den Börsenkrach 1929 herbeigeführte Weltwirtschaftskrise hat (auch) in Deutschland zu einer Bankenkrise geführt. 1931 wurde mit der Verordnung des Reichspräsidenten über Aktienrecht, Bankenaufsicht etc. vom 19.09.1931 ein Vorläufer des heutigen Kreditwesengesetzes ins Leben gerufen[117], der es dem Reichskommissar für das Bankgewerbe ermöglichte, von den Kreditinstituten Auskünfte über alle Geschäftsangelegenheiten zu fordern.[118] Wie bereits im ersten Weltkrieg erfolgte desweiteren 1931 eine Durchbrechung des Bankgeheimnisses durch die Begründung von Anzeigepflichten für ausländisches Kapital und für Forderungen in ausländischer Währung.[119] Auch für diesen Zeitraum kann somit eine weitgehende Durchbrechung und Beseitigung des Bankgeheimnisses konstatiert werden.

---

[107] Vgl. Ruppelt, a.a.O., S. 38; Achleitner, a.a.O., S. 64.

[108] Gesetz zur Ergänzung des Gesetzes gegen die Steuerflucht (24.06.1919) - siehe Sichtermann/Kirchherr, a.a.O., S. 90; Radbruch, a.a.O., S. 9.

[109] Sichtermann/Kirchherr, a.a.O., S. 90. Siehe auch Ruppelt, a.a.O., S. 39.

[110] Vgl. Ruppelt, a.a.O., S. 41 f..

[111] Auf diese das Bankgeheimnis durchbrechende Norm wird im unteren Teil der Arbeit noch eingegangen werden.

[112] Vgl. Sichtermann/Kirchherr, a.a.O., S. 91; Radbruch, a.a.O., S. 9.

[113] Ruppelt, a.a.O., S. 40; Sichtermann/Kirchherr, a.a.O., S. 91 ff.; Lohmeyer, StB 1984, S. 378; Radbruch, a.a.O., S. 10; Herrler, a.a.O., S. 11. Der Wortlaut der Norm ist bei Sichtermann/Kirchherr abgedruckt.

[114] Sichtermann/Kirchherr, a.a.O., S. 93 ff.. Siehe auch Ruppelt, a.a.O., S. 39.

[115] Sichtermann/Kirchherr, a.a.O., S. 102; Sichtermann, Enzyklop. Lexikon, a.a.O.; Lohmeyer, a.a.O., S. 378.

[116] Vgl. Sichtermann/Kirchherr, a.a.O., S. 70, 102 ff..

[117] Vgl. Sichtermann/Kirchherr, a.a.O., S. 102.

[118] Sichtermann/Kirchherr, a.a.O.. Diese Befugnis wurde dem Reichskommissar durch § 3, Abs. II der Verordnung eröffnet, dem Vorläufer des heutigen § 44, Abs. I KWG, auf den noch im unteren Teil dieser Arbeit eingegangen werden wird.

[119] Ausführlicher hierzu Sichtermann/Kirchherr, a.a.O., S. 102 ff.; Radbruch, a.a.O., S. 12.

Die fünfte Zeitphase schließlich erfaßt den Zeitraum seit 1945. Ähnlich wie nach dem Ende des ersten Weltkrieges lag auch hier, nach dem völligen Zusammenbruch Deutschlands, der nicht nur durch die Kriegszerstörungen, sondern auch durch die Zerstückelung Deutschlands in Besatzungszonen und durch Demontagen etc. gekennzeichnet war, der Kapitalmarkt völlig darnieder.[120] Anders als in der Folgezeit des ersten Weltkrieges wurde nach *Sichtermann/ Kirchherr* nunmehr erkannt, daß das verlorengegangene Vertrauen zwischen Bank und Kunde wiederherzustellen sei, um so die volkswirtschaftlich als bedeutend erkannte Funktion der Banken, als Sammelbecken für Kapital zu fungieren, erfüllen zu können.[121] Zwar sei nach *Sichtermann/Kirchherr* der Antrag der Zentrumsfraktion im Finanzausschuß des Wirtschaftsrates auf Wiederherstellung des Bankgeheimnisses auf gesetzlicher Basis gescheitert, doch habe man, nicht ohne „Bemühungen" der Bankenkreise, eine Lösung gefunden, die „zwischen den fiskalischen Steuerinteressen und den Interessen einer gesunden Geld- und Kreditpolitik" einen Kompromiß darstellen sollte.[122] Bei dieser Lösung handelte es sich um den Erlaß der Verwaltung für Finanzen des Vereinigten Wirtschaftsgebiets vom 2.08.1949,[123] der als ein Vorläufer des Bankenerlasses von 1979 und somit des heutigen § 30 a AO - 1977 bezeichnet werden kann[124] und der den Finanzbehörden wegen des Vertrauensverhältnisses im Bank - Kunde - Verhältnis aufgab, bei der Ausübung der ihnen nach der Abgabenordnung zustehenden Befugnisse, den Banken gegenüber Zurückhaltung zu üben.[125]

Bereits dieser grobe historische Überblick zeigt, daß von einem gewohnheitsrechtlich begründbarem Bankgeheimnis im Verhältnis der Bank und / oder ihres Kunden zum Staat nicht gesprochen werden kann. Die zum Teil sehr weitgehenden Durchbrechungen des Bankgeheimnisses in der Vergangenheit haben eine für die Entstehung von Gewohnheitsrecht notwendige, langandauernde kongruente Übung der beteiligten Verkehrskreise in Form einer Billigung oder eines Anerkenntnisses des Bankgeheimnisses durch den Staat nicht aufkommen lassen. Mag aufgrund fehlender Durchbrechungen des Bankgeheimnisses bis zum Jahr 1919 auch von einem gewohnheitsrechtlichen Bankgeheimnis gegenüber dem Staat ausgegangen werden[126], haben die seit 1919 begründeten und zum Teil sehr weitgehenden Durchbrechungen des Bankgeheimnisses zugunsten des Staates diese gewohnheitsrechtliche Basis zerstört. Daher ist eine gewohnheitsrechtliche Herleitung einer staatlichen Anerkennung des Bankgeheimnisses im Verhältnis des Staates gegenüber Bank und / oder Kunde nicht möglich.[127] Da der Staat desweiteren auch an der vertraglichen Begründung des Bankgeheim-

---

120 Sichtermann/Kirchherr, a.a.O., S. 107; Radbruch, a.a.O., S. 13.

121 Sichtermann/Kirchherr, a.a.O., S. 107; Radbruch, a.a.O., S. 13. Vgl. auch Carl/Klos, StB 1994, S. 138.

122 Sichtermann/Kirchherr, a.a.O.; Radbruch, a.a.O.. Zu den unterschiedlichen Interessenlagen ausführlich Ruppelt, a.a.O., S. 84 ff.; Jürgens, a.a.O., S. 88 ff.. Achleitner führt zutreffend aus (S. 65 ff.), daß es sich bei diesen Interessen (auch) um zwei widerstreitende öffentliche Interessen handelt, da das Bankgeheimnis dazu dienen würde, Vertrauen der Bevölkerung in den Bankenapparat zu begründen bzw. zu fördern. Hiernach würde das fiskalische Besteuerungsinteresse mit dem volkswirtschaftlichen Interesse an der (Spar-) Kapitalbildung der Bevölkerung und an der Kapitalsammelstellenfunktion der Kreditinstitute aufeinander treffen.

123 Sichtermann/Kirchherr, a.a.O.; Sichtermann, Enzyklop. Lexikon, S. 154 f.; Radbruch, a.a.O., S. 13, 148.

124 Vgl. Bilsdorfer, DStR 1984, S. 502; Carl/Klos, StB 1994, S. 138; Lohmeyer, StB 1984, S. 378. Auf § 30 a AO wird im unteren Teil dieser Arbeit noch ausführlich eingegangen werden.

125 Vgl. Prost, Bankgeheimnis und neues Strafprozeßrecht, NJW 1976, S. 215.

126 So wohl Ruppelt, a.a.O., S. 37, 83.

127 Desweiteren läßt sich aufgrund des geschichtlichen Überblicks des Bankgeheimnisses im Verhältnis zum Staat durchaus die (ketzerische) Aussage treffen, daß das Bankgeheimnis seitens des Staates immer in den Zeiten einer besonderen Durchbrechung unterlag und weitgehend beseitigt worden ist, in denen der Staat unter Kapitalnot litt. Die in der heutigen Zeit erfolgten Durchbrechungen des Bankgeheimnisses mittels exzessiver Bankdurchsuchungen implizieren daher, daß es dem gegenwärtigen Staat derzeit finanziell sehr schlecht gehen muß.

nisses im Verhältnis Bank - Kunde nicht beteiligt ist, kann sich ein Schutz des Bankgeheimnisses der Bank und / oder ihres Kunden gegenüber dem Staat nur aus einem verfassungsrechtlichen bzw. grundrechtlichen Schutz des Bankgeheimnisses herleiten lassen. Dieses soll nachfolgend untersucht werden.

Zusammenfassung:
Zusammenfassend soll festgehalten werden, daß sich das Bankgeheimnis in Deutschland differenziert darstellt, je nachdem, ob das Bankgeheimnis in bezug auf die Bank, ihren Kunden oder im Verhältnis zum Staat betrachtet wird. Begrifflich erfaßt das Bankgeheimnis die Verpflichtung der Bank, über die im Rahmen der Geschäftsverbindung bekannt gewordenen Tatsachen und Verhältnisse eines Kunden Stillschweigen zu bewahren. Ursprung und Nukleus des Bankgeheimnisses ist im Verhältnis Bank - Kunde der zwischen diesen Vertragspartnern geschlossene Bankvertrag. Hierbei fungiert der Bankkunde als Geheimnisherr, so daß grundsätzlich geheimzuhalten ist, was der Kunde geheimzuhalten wünscht. Die Verletzung des Bankgeheimnisses gilt zugleich als eine Verletzung einer bankvertraglichen Nebenpflicht und eröffnet Schadenersatzansprüche des Bankkunden. Desweiteren hat das Bankgeheimnis im Verhältnis Bank - Kunde auch einen gewohnheitsrechtlichen Ursprung, da die Wahrung des Bankgeheimnisses in diesem Verhältnis einer langandauernden Tradition entspricht, die bis zu den Anfängen der Bankgeschäfte in Deutschland zurückreicht. Aufgrund dieser Tradition kann von einer sich gegenseitig bedingenden Parallelentwicklung der bankvertraglichen und gewohnheitsrechtlichen Ursprünge des Bankgeheimnisses im Verhältnis Bank - Kunde gesprochen werden. Diese Parallelentwicklung findet für Banken ihren Kulminationspunkt in der Kodifizierung des Bankgeheimnisses durch § 2, Abs. I Banken-AGB. Das gilt auch für Sparkassen, deren AGB lediglich einen Querverweis auf das Bankgeheimnis enthalten. Für die Banken weist das Bankgeheimnis einen Doppelcharakter auf, der einerseits in einer derivativen Verschwiegenheitspflicht besteht, das Bankgeheimnis zu wahren, andererseits in einem originären Recht der Banken, das Zeugnis über Angelegenheiten zu verweigern, die Geschäftsgeheimnisse betreffen. Für die Banken ist das Bankgeheimnis ein Berufsgeheimnis im Sinne der §§ 383, Abs. I, Ziff. 6; 384, Ziff. 3 ZPO.

Anders ist die Beurteilung des Bankgeheimnisses in bezug auf den Staat. Hier zeigt die historische Betrachtung, daß das Bankgeheimnis in der Vergangenheit zwar Phasen staat-licher Anerkennung erfahren hat, jedoch zugleich wiederholt und seit 1919 in verstärktem Maße multiplen und weitreichenden staatlichen Durchbrechungen unterlag und auch heute noch unterliegt. Im Verhältnis zum Staat fehlt die für die Begründung von Gewohnheitsrecht notwendige, langandauernde Übung und Akzeptanz des Bankgeheimnisses, so daß das Bankgeheimnis im Verhältnis zum Staat nicht gewohnheitsrechtlich deduzierbar ist, zumal der Staat nicht als Rechtsgenosse und Vertragspartner dei Bank oder des Bankkunden in Erscheinung getreten ist. Da der Staat nicht Vertragspartner des zwischen der Bank und ihrem Bankkunden geschlossenen Bankvertages ist, ist die Beachtung des Bankgeheimnisses für den Staat auch nicht vertraglich herleitbar. Relevanz hat das Bankgeheimnis im Verhältnis zum Staat somit nur dann, wenn es grundrechtlichen /verfassungsrechtlichen Schutz genießen würde.

2. Teil: Das zugrundeliegende grundrechtsdogmatische Verständnis

Bevor im Einzelnen die grundrechtliche Betrachtung und Verankerung des Bankgeheimnisses nebst den hieraus zu ziehenden Schlußfolgerungen dargestellt wird, ist es notwendig zunächst kurz das dogmatische Umfeld zu beschreiben, in das diese Verankerung im Wesentlichen erfolgen soll.

A.) Interpretativer Ansatz

Befaßt man sich mit der Frage einer verfassungsrechtlichen Verankerung des Bankgeheimnisses, so versucht man das Bankgeheimnis unter den einen oder anderen Artikel des Grundrechtskataloges zu subsumieren und auf diese Weise einem grundrechtlichen Schutzbereich zu unterstellen. Auf den ersten Blick erscheint dieses als nicht möglich, da explizit das Bankgeheimnis im Grundrechtskatalog keine Erwähnung findet. Versucht man gleichwohl eine Subsumtion unter den einen oder anderen der dort befindlichen Grundrechtsartikel, ist dieses ein Versuch einer Verfassungsinterpretation.[128] Aus der Vielzahl hermeneutischer / interpretativer Ansätze[129] seien zwei vorgestellt.

I.) Interpretation als Konkretisierung - Der Ansatz von Hesse

Nach *Hesse*[130] ist Verfassungsinterpretation Konkretisierung. Sie ist immer dann notwendig, wenn eine verfassungsrechtliche Frage zu beantworten ist, die sich an Hand der Verfassung nicht eindeutig entscheiden läßt[131], weil aufgrund der „Vieldeutigkeit und Unbestimmtheit, der lapidaren Kürze und Bruchstückhaftigkeit des Wortlautes der Verfassungsnormen“[132] eine sofortige Entscheidung nicht möglich ist. „Gerade das, was als Inhalt der Verfassung noch nicht eindeutig ist, soll unter Einbeziehung der zu ordnenden ‚Wirklichkeit‘ bestimmt werden“.[133] Durch die permanente Konfrontation der Verfassung mit neuen Sachverhalten und

---

[128] Vgl. hierzu Alexy, Juristische Interpretation, S. 71 ff.. Alexy bezeichnet dort (S. 77, 78) Interpretation als Argumentation. Das Ergebnis einer Interpretation sei eine Interpretationsbehauptung, die, wie jede Behauptung, den Anspruch auf Richtigkeit erheben würde. Zur Verifikation der Behauptung müssen Gründe angeführt, Gegengründe ausgeräumt werden, so daß es letztendlich auf die Wahl der getroffenen Argumentation ankommt. Vgl. hierzu auch Alexy, Theorie der juristischen Argumentation, S. 264 ff. 428 f..

[129] Einen guten Überblick bietet hier Stern, Das Staatsrecht der Bundesrepublik Deutschland, Bd. III/2, § 95 - Die Auslegung der Grundrechte, S. 1633 ff..

[130] Hesse, Grundzüge des Verfassungsrechts der Bundesrepublik Deutschland, Rn. 60. Siehe auch Böckenförde, Grundrechtstheorie und Grundrechtsinterpretation, NJW 1974, S. 1529 ff..

[131] Hesse, a.a.O., Rn. 49. In diesem Sinne auch Weber - Grellet, Beweis- und Argumentationslast im Verfassungsrecht unter besonderer Berücksichtigung der Rechtsprechung des Bundesverfassungsgerichts, S. 39.

[132] Böckenförde, Die Methoden der Verfassungsinterpretation - Bestandsaufnahme und Kritik, NJW 1976, S. 2089 ff. (2096). Vgl. auch Story, Commentaries on the Constitution of the United States (unveränderter Neudruck des Kommentars von 1833) Book 3, Chapter 5 - Rules of interpretation, § 401, 405. Unter § 401 heißt es: “Where the words are plain and clear, and the sense distinct and perfect arising on them, there is generally no necessity to have recourse to other means of interpretation. It is only, when there is some ambiguity or doubt arising from the sources, that interpretation has its proper office“.

[133] Hesse, a.a.O., Rn. 60.

Fragen wird diese im Wege der Interpretation fortlaufend aktualisiert.[134] Nach *Hesse* ist es Aufgabe der Interpretation, „das verfassungsmäßig ‚richtige' Ergebnis in einem rationalen und kontrollierbaren Verfahren zu finden, dieses Ergebnis rational und kontrollierbar zu begründen und auf diese Weise Rechtsgewißheit und Voraussehbarkeit zu schaffen".[135] Aufgabe der Interpretation als Verfassungskonkretisierung kann es somit nur sein, etwas bereits in der Verfassung Enthaltenes[136], bisher aber noch nicht (in dieser Weise) in Erscheinung Getretenes sichtbar zu machen[137], denn sonst könnte auf zuvor vorgenommene Interpretationen bzw. Konkretisierungen rekurriert werden. Ihre Begrenzung erfährt die Interpretation an dem Primat des Verfassungstextes als einer unübersteigbaren Grenze der Verfassungsinterpretation.[138]

II.) Verfassungsinterpretation und Grundrechtstheorie - Der Ansatz von Böckenförde

Nach *Böckenförde*[139] findet diese konkretisierende Interpretation nach „Wortfassung, Sprachsinn und Regelungszusammenhang keinen hinreichenden Anknüpfungspunkt" im Grundgesetz. Daher geht der Verfassungsinterpret, so *Böckenförde*[140], bei der Interpretation -bewußt oder unbewußt- von einer bestimmten Grundrechtstheorie aus. „Grundrechtstheorie bedeutet dabei eine systematisch orientierte Auffassung über den allgemeinen Charakter, die normative Zielrichtung und die inhaltliche Reichweite der Grundrechte. Sie hat ihren Bezugspunkt - ‚die systematische Orientierung'- in aller Regel in einer bestimmten Staatsauffassung und / oder Verfassungstheorie".[141] Trotz allen Bemühens um eine möglichst nicht - normative Verfassungsinterpretation kann man sich von diesem Vorverständnis nicht freimachen. Diesen Umstand muß man sich bewußt machen.[142] Der Interpret kann sich verschiedener Grundrechtstheorien bedienen, wobei er die Auswahl je nach seinem persönlichen Vorverständnis und seinen Präferenzen treffen wird.

---

134 In diesem Sinne Hesse, a.a.O., Rn. 49. Alexy sagt in diesem Zusammenhang: „Jede Interpretation ändert das Recht und ist damit eine Rechtsfortbildung im weiteren Sinne" - vgl. Alexy, Juristische Interpretation, S. 91.

135 Hesse, Grundzüge des VerfR, Rn. 51. In diesem Sinne auch Alexy, Juristische Interpretation, S. 77 ff.; Story, a.a.O., § 398 ff..

136 In diesem Sinne Story, a.a.O., § 405; Alexy, Recht, Vernunft, Diskurs, Zum Begriff des Rechtsprinzips, S. 179, der dort auf Dworkin Bezug nimmt.

137 In diesem Sinne Hesse, a.a.O., Rn. 53, 77, der die immanenten Verfassungswerte und Ziele teleologisch erfassen will.

138 Hesse, a.a.O., Rn. 54, 77. In diesem Sinn auch Stern, StaatsR, Bd. III/2, § 82, S. 622 f.; Ossenbühl, Probleme und Wege der Verfassungsauslegung, DÖV 1965, S. 649 ff. (652); Story, a.a.O., § 407, wo es im Zusammenhang mit der Textinterpretation („to explain a doubtful phrase, or to expound an obscure clause") heißt: "It (sc. die Textinterpretation) can never abrogate the text; it can never fritter away its obvious sense; it can never narrow down its true limitations; it can never elarge its natural boundaries".

139 Böckenförde, Grundrechtstheorie und Grundrechtsinterpretation, NJW 1974, S. 1529 ; dergl., Die Methoden der Verfassungsinterpretation - Bestandsaufnahme und Kritik, NJW 1976, S. 2089 ff. (2096). Vgl. auch Sachs, Grundgesetz - Kommentar, vor Art. 1, Rn. 43 ff., der sich auf Böckenförde bezieht; Stern, StaatsR, Bd. III/2, a.a.O., S. 1679 ff..

140 Böckenförde, NJW 1974, S. 1529. In diesem Sinne auch Ossenbühl, DÖV 1965, S. 651.

141 Böckenförde, a.a.O.. In diesem Sinne auch Hesse, a.a.O., Rn. 62; Stein, Staatsrecht, § 42 I, S. 378 ff.; Frotscher; Grundrechtsverständnis in der Gegenwart - Funktionen der Grundrechte, JuS 1994, L 65 ff. (L 66).

142 Ossenbühl, a.a.O..

Böckenförde[143] unterscheidet und untersucht insgesamt fünf Grundrechtstheorien[144], wobei er deren jeweilige Auswirkungen auf das Interpretationsergebnis darstellt. In diesem Zusammenhang stellt er fest, daß keine der Theorien allein betrachtet einen interpretatorischen Königsweg eröffnet, sondern die Verfassung „sehr verschiedenen, auch heteronomen Ordnungsvorstellungen Einlaß gewährt, ohne selbst von einer solchen getragen zu sein“.[145] Von dieser Vorstellung scheint auch das Bundesverfassungsgericht in seiner Rechtsprechung auszugehen, da es sich je nach Konstellation des zu entscheidenden Falles argumentativ verschiedener Theorien bedient[146]. Diese Interpretationspluralität erscheint *Böckenförde* als unbefriedigend und er untersucht die Frage, welche mono - kausale Grundrechtstheorie dem Grundgesetz immanent ist.[147] Dabei kommt er schließlich zu dem Ergebnis, daß es sich bei der im Grundgesetz enthaltenen Grundrechtstheorie um eine um den Sozialstaatsauftrag modifizierte liberale Grundrechtstheorie handelt.[148]

III.) Der verfolgte Ansatz

Böckenförde ist zunächst darin zuzustimmen, daß ein jeder Interpret -ob bewußt oder unbewußt- von einem bestimmten Vorverständnis, einer bestimmten Grundrechtstheorie ausgeht, von der er sich nicht (gänzlich) befreien kann.[149] *Alexy* hat in diesem Zusammenhang gezeigt, daß ein Interpret stets Gefahr läuft, in einem von drei hermeneutischen Zirkeln gefangen zu werden.[150] Dieses ist vorliegend nicht weiter entscheidend, doch muß man sich diese Tatsache stets vor Augen halten. Insbesondere der erste der drei von *Alexy* aufgezeigten hermeneutischen Zirkel entspricht der geäußerten Ansicht *Böckenfördes*. Hierbei handelt es sich um die Interaktion zwischen jeweiligem Vorverständnis und vorgefundenem Text, wobei das Vorverständnis des Interpreten durch seine lebensweltliche Prägung und (beruflichen) Erfahrungen bestimmt wird.[151] Mit den Worten *Alexy's* ausgedrückt korrespondiert mit dem Zirkel des Vorverständnisses somit das ‚Postulat der Reflexion‘.[152]
Der zweite hermeneutische Zirkel umfaßt das ‚Postulat der Kohärenz‘ als Interaktion zwischen dem Verhältnis des Teiles zu seinem Ganzen, da das Normsystem nicht ohne Verständnis der Norm, diese wiederum nicht ohne Verständnis des Systems möglich erscheint. Nach Ansicht von *Alexy* ist es daher Aufgabe der systematischen Interpretation, eine entsprechende Kohärenz im Sinne der Dichotomie v. Savigny's herzustellen.[153] Der dritte Teil der vorliegenden Dichotomie betrifft die Interaktion zwischen Norm und Sachverhalt,

---

143 Böckenförde, NJW 1974, S. 1529 ff. .

144 Die liberale, die institutionelle Grundrechtstheorie, die Werttheorie der Grundrechte, die demokratisch funktionale und die sozialstaatliche Grundrechtstheorie.

145 Böckenförde, NJW 1974, S. 1537 .

146 Böckenförde, NJW 1974, S. 1536 - m.w.N..

147 Böckenförde, NJW 1974, S. 1529, 1537 ff..

148 Böckenförde, NJW 1974, S. 1537, 1538.

149 Es würde weit in die Gedankenwelt beispielsweise eines René Descarte hineinreichen, wie dieser es z.B.1641 in seinen Meditationen über die erste Philosophie versuchte, wollte man sich jeglichen Vorverständnisses entledigen oder dieses komplett verifizieren. *Alexy* bezeichnet die Erkenntnis, „daß jede Verfassungsinterpretation Wertungen des Interpreten einschließt“ als „ebenso trivial wie fundamental“ - Alexy, Theorie der Grundrechte, S. 375, 376.

150 Alexy, Recht, Juristische Interpretaion, S. 75 ff..

151 Alexy, a.a.O., S. 76.

152 Alexy, a.a.O..

153 Alexy, a.a.O..

zwischen abstrakt - universeller Normierung und konkret - individuellem Sachverhalt, was von *Alexy* als ‚Postulat der Vollständigkeit' bezeichnet wird.[154]

Mit seinem Bestreben, eine mono - kausale Antwort auf ein kompliziertes Regelungssystem zu finden, wird *Böckenförde*, der hier exemplarisch herangezogen wurde, der Komplexität des Grundgesetzes indes nicht gerecht. So befriedigend mono - kausale Interpretationsversuche auch sein mögen, suggerieren sie doch ein Gefühl der Sicherheit für künftige Interpretationen. Sie können sich dem Manko, sich letztendlich nicht erfolgreich allen plausiblen, mit guten Argumenten und Indizien -einer mit den Worten *Hesse's* rational und kontrollierbaren Interpretation[155]- vorgebrachten Gründen der anderen Theorien, nicht verschließen. Das Grundgesetz wurde nicht in ein Vakuum hinein geschaffen, ein Vakuum bar jeglichen Vorverständnisses und bar jeglicher Erfahrungen. Erfahrungen und Vorstellungen aus der deutschen Verfassungsgeschichte, Erkenntnisse über die Schwächen vorausgegangener Verfassungen[156] und Erfahrungen mit den elementaren Freiheitsverletzungen des NS-Regimes waren vorhanden und im Bewußtsein derer, die das Grundgesetz schufen. Diese Erfahrungen und Vorstellungen bildeten das Vorverständnis dieser Personen und fanden über diese ihren Weg in das Grundgesetz. Darüber hinaus wurde das Grundgesetz bekanntlich von einem pluralistisch besetzten Gremium[157] geschaffen, wodurch dieser Umstand allein bedingt, daß die unterschiedlichsten Auffassungen, Theorien über Funktion und Stellung der Grundrechte im Staat und ihre Funktion gegenüber dem Bürger sowie über Prinzipien ihren Weg in das Grundgesetz fanden.[158] Angesichts dieser Pluralität wäre jede mono - kausale Theorie, die das Grundgesetz und seinen Grundrechtskatalog umfassend interpretieren könnte, verblüffend einfach. Vielmehr ist davon auszugehen, daß eine umfassende Interpretation nur durch das Zusammenspiel mehrerer Interpretationsansätze und Grundrechtstheorien gelingen kann, die sich gegenseitig ergänzen und andere Aspekte der gleichen zu interpretierenden bzw. zu konkretisierenden Wirklichkeit hervorheben.[159] Hieran besteht aufgrund der tradierten Dichotomie der Interpretationsmittel,[160] wie sie von v. Savigny begründet wurde, auch kein ernsthafter Zweifel. So spricht denn auch *Alexy*[161] in diesem Zusammenhang zutreffend davon, daß „in einer Grundrechtstheorie von einem Bündel von Prinzipien auszugehen„ sei. „Daran, daß die Prinzipien der rechtlichen Freiheit und der rechtlichen Gleichheit der Verfassung zugrunde liegen, kann

---

[154] Alexy, a.a.O., S. 76, 77.

[155] Hesse, Grundzüge des VerfR, Rn. 51.

[156] Z.B. Weimarer Reichsverfassung.

[157] Herrenchiemseer Verfassungskonvent, Parlamentarischer Rat.

[158] In diesem Sinne für die amerikanische Verfassung Story, a.a.O., § 406 ff..

[159] So auch Sachs, Grundgesetz - Kommentar, vor Art.1, Rn. 49; Bethge, Grundrechtsträgerschaft juristischer Personen, AöR, 104 (1979), S. 54 ff. (62, 63).

[160] Grammatische, systematische, teleologische sowie historische Interpretation. Vgl. auch Story, a.a.O., § 400 der unter Bezugnahme auf Blackstone und die Pandekten für die damalige Zeit die Unterteilung der Interpretationsmittel wie folgt vornimmt: „... the intention of a law is to be gathered from the words, the context, the subject - matter, the effects and consequence, or the reason and spirit of law". In § 402 unterscheidet er bei der wörtlichen Interpretation dann zwischen „...literal, rational, and mixed", in § 403 gefolgt von einer Unterscheidung in eine Interpretation „strict or large". In § 405 spricht Story dann von einem Blick auf das Ganze („viewed as a whole") und einem Blick auf Teilbereiche („viewed in its component parts") der Struktur.

[161] Alexy, Theorie der Grundrechte, S. 516.

kein Zweifel sein, es muß aber bezweifelt werden, ... , daß sie die einzigen grundrechtlichen Prinzipien sind".[162] Was Prinzipien sind und welche fundamentale Bedeutung sie im gesamten Gefüge der Grundrechtsdogmatik darstellen, wird im Folgenden behandelt werden.

B.) Die Bedeutung und Stellung von Prinzipien im Gefüge der Grundrechtsdogmatik und ihre Beziehung zum Verhältnismäßigkeitsgrundsatz

Von grundsätzlicher Bedeutung für die Grundrechtsdogmatik ist die Unterscheidung von Regeln und Prinzipien, sowie das Verständnis der fundamentalen Bedeutung von Regelkonflikten und Prinzipienkollisionen als dem der Verfassung immanenten Regulativ von Schutzbereichen und Schranken. Untrennbar verbunden ist damit auch der Verhältnismäßigkeitsgrundsatz.

Beeinflußt von den Gedanken Dworkins' hat sich *Alexy* in seiner "Theorie der Grundrechte" mit dieser Problematik eingehend befaßt und ein kombiniertes Regel- / Prinzipienmodell entwickelt. Das dort entwickelte Zusammenspiel von Regeln und Prinzipien sowie die Lösung von Regelkonflikten und Prinzipienkollisionen in konfligierenden Sachlagen mittels des von ihm propagierten Kollisionsgesetzes betreffen hierbei den Kernbereich der Grundrechtsdogmatik. Die Ausführungen *Alexy's* dienen im Wesentlichen auch dieser Arbeit als Basis der vertretenen Konzeption.

I.) Regeln und Prinzipien

Ausgangspunkt sei zunächst der Begriff der Grundrechtsnorm. Hiernach ist eine Grundrechtsnorm eine Rechtsnorm[163] und somit ein Sollenssatz, die keine Aussage darüber trifft, daß etwas ist, sondern dahin intendiert, daß etwas sein soll.[164] Grundrechtsnormen als Sollenssätze lassen sich in eine Dichotomie von Regeln und Prinzipien einteilen. Aus diesem Grund beinhaltet das Grundgesetz ein kombiniertes Regel- / Prinzipienmodell. Treffen zwei widerstreitende Normen aufeinander, handelt es sich um einen Normenkonflikt, im hier interessierenden Kontext um eine Grundrechtskollision. Aufgrund des Sollenscharakters von Grundrechtsnormen liegt eine Grundrechtskollision dann vor, „wenn die eine Norm ein Verhalten als gesollt, die andere ein damit unvereinbares Verhalten als (ebenfalls) gesollt bestimmt".[165]

---

[162] Alexy, a.a.O., S. 514, 515. In diesem Zusammenhang fällt auch die Aussage Alexy's, „daß alle einschlägigen Argumente zu berücksichtigen sind" - vgl. Alexy, Juristische Interpretation, S. 89; dergl., Theorie der juristischen Argumentation, S. 306.

[163] Alexy, Theorie der Grundrechte, S. 40.

[164] Stern, StaatsR, Bd. III/1, § 65 - Die Grundrechte als objektives Recht und als subjektive Rechte, S. 478.

[165] Stern, StaatsR, Bd. III/2, § 82 - Die Grundrechtskollisionen, S. 603, der an der angegebenen Stelle Hans Kelsen zitiert.

1.) Regeln

Zur Charakterisierung einer Regel (eines Regelgebotes) diene als Ausgangspunkt die Aussage *Alexy's*, daß jede Grundrechtsnorm entweder eine Regel oder ein Prinzip sei.[166] Unter einer Regel ist hiernach eine Grundrechtsnorm zu verstehen, die einen *definitiven* Charakter hat, also „stets nur erfüllt oder nicht erfüllt werden" kann.[167] Regeln sind Grundrechtsnormen, die bei der Erfüllung ihrer „bestimmten Voraussetzungen etwas definitiv gebieten, verbieten oder erlauben oder definitiv zu etwas ermächtigen".[168] Aufgrund ihres definitiven Charakters kann unter eine Regel subsumiert werden,[169] so daß diese entweder anwendbar ist, sofern die Subsumtion gelingt oder unanwendbar ist, sofern dieses nicht der Fall ist. Aufgrund ihres definitiven Charakters, ihres definitiven Gebotes[170], drängt eine Regel stets auf ihre Realisierung, wobei es stets um die Frage eines Alles -oder- Nichts geht.[171] Problematisch erweist sich diese Tendenz von Regeln in konfligieren-den Sachlagen, also in Konstellationen bei denen zwei einander widersprechende Regeln (Gebote) aufeinander treffen, also das eine Gebot / die eine Regel das verbietet, was das Andere erlaubt. *Alexy* bezeichnet eine solche Konstellation als Regelkonflikt, dessen Lösung er darin sieht, daß entweder in einer der widersprechenden Regeln für diesen Fall eine Ausnahmeklausel eingefügt wird, die den Konflikt unterbindet oder eine der beiden Regeln für ungültig erklärt wird.[172] Es geht daher bei der Lösung von Regelkonflikten um die Frage der Geltung von Normen[173], wobei nach *Alexy* die Entscheidung darüber, welche der Regeln von der Ungültigkeit betroffen sein soll, über deren Wichtigkeit oder über Grundsätze wie ‚lex specialis derogat legi generali' oder ‚lex posterior derogat legi priori' erfolgen soll.[174]

2.) Prinzipien

a.) Die Struktur der Prinzipien

Unter einem Prinzip ist eine Grundrechtsnorm zu verstehen, die, um es mit Worten *Alexy's* zu sagen, gebietet, „daß etwas in einem relativ auf die rechtlichen und tatsächlichen Möglich-

---

166 Alexy, a.a.O., S. 77 - wobei er später darstellt, daß Grundrechtsnormen einen Doppelcharakter aufweisen, in dem sie eine Regel- als auch eine Prinzipienebene beinhalten - S.117 ff.; dieses wird noch zu behandeln sein.

167 Alexy, Theorie der Grundrechte, S. 76; dergl., Individuelle Rechte und kollektive Güter, S. 216; dergl., Individuelle Rechte und kollektive Güter, S. 238. Vgl. auch Jansen, Die Abwägung von Grundrechten, Der Staat, 36 (1997), S. 27.

168 Alexy, Grundrechte als subjektive Rechte und als objektive Normen, Der Staat, 29 (1990), S. 54; (ebenfalls veröffentlicht in, Grundrechte als subjektive Rechte und als objektive Normen, S. 262 ff. (vgl. S. 268)); dergl., Begriff und Geltung des Rechts, S. 120. Vgl. auch Häberle, Die Wesensgehaltsgarantie des Art. 19, Abs. 2 Grundgesetz, S. 45, der auf eine inhärente tatsächliche Geltung der Grundrechtsnorm verweist, da das tatsächliche Gelten der Norm keine substanzfremde sondern eine wesensmäßige Eigenschaft der Grundrechtsnorm sei.

169 Alexy, a.a.O.-jeweils. Jansen, a.a.O., S. 29.

170 Alexy, a.a.O.-jeweils.

171 In diesem Sinne Alexy, Theorie der Grundrechte, S. 77, 78. Vgl. auch Häberle, a.a.O., S. 45.

172 Alexy, a.a.O., S. 77.

173 Alexy, a.a.O., S. 78.

174 Alexy, a.a.O.. *Anderer Ansicht* Stern, StaatsR, Bd. III/2, § 82, S.604, der die Regel des lex specialis derogat legi generali als Konkurrenzfall und die Regelung des lex posterior derogat legi priori als Kollisionsfall ansieht.

keiten möglichst hohem Maße realisiert wird. Prinzipien sind daher Optimierungsgebote, die dadurch charakterisiert werden, daß sie in unterschiedlichen Graden erfüllt werden können und daß das gebotene Maß ihrer Erfüllung nicht nur von den tatsächlichen sondern auch von den rechtlichen Möglichkeiten abhängt".[175] Entscheidend ist, daß der Bereich der rechtlichen Möglichkeiten durch gegenläufige Prinzipien und Regeln bestimmt wird.[176] Prinzipien verhalten sich im Kollisionsfalle anders als Regeln. Da der Bereich der rechtlichen Möglichkeiten durch gegenläufige Regeln und Prinzipien bestimmt wird, sind diese Kollisionslagen zunächst vorzustellen, wobei bereits hier bemerkt werden soll, daß im Rahmen dieser Arbeit und der hier vertretenen Konzeption primär das Aufeinandertreffen von zwei gegenläufigen Prinzipien von Interesse ist.

Da nach den bisherigen Feststellungen eine Grundrechtsnorm entweder eine Regel oder ein Prinzip darstellt, kann ein solches Prinzip mit einem anderen Prinzip oder einer Regel zusammentreffen, die jeweils entgegengesetzte Aussagen treffen. *Alexy* unterscheidet hinsichtlich der Realisierung von Prinzipien bei einem Zusammentreffen mit einer Regel zwei Fälle.[177] Im ersten Fall gilt die dem Prinzip entgegengesetzte Regel strikt. Dieses bedeutet, daß die mit der Regel getroffene Aussage dem Prinzip vorgeht, ganz gleich wie wichtig die Erfüllung des Prinzips und wie unwichtig die Erfüllung der Regel auch sein mag.[178] *Alexy* ist darin beizupflichten, daß in einem modernen Rechtsstaat eine solche strikte Regelgeltung eher eine Ausnahme darstellen dürfte.[179] Im zweiten Fall besteht keine strikte Regelgeltung. Dann gibt es Konstellationen, in denen sich unter bestimmten Bedingungen, also nicht generell, das Prinzip als stärker erweist als die entgegengesetzte Regel. Dieses soll nach *Alexy* dann der Fall sein, wenn sich im konkreten Fall das Prinzip als stärker erweist, als die Regel zusammen mit dem Prinzip, welches sie flankiert.[180] Von größerem Interesse für die vorliegende Arbeit ist hingegen die Kollision zweier gegenläufiger Prinzipien. Auch bei einer Prinzipienkollision treffen zwei einander widersprechende Normen, also Normen verschiedenen Regelungsgehaltes, aufeinander. Dieses ist z. B. wie bei den Regelkonflikten der Fall, wenn von dem einen Prinzip etwas erlaubt wird, was nach dem anderen Prinzip verboten wird. Da aber Prinzipien im Gegensatz zu Regeln eine Optimierungstendenz beinhalten[181] und bei einem Aufeinandertreffen von zwei Prinzipien dieses *jeweils* der Fall ist, verhalten sich Prinzipien im Kollisionsfall anders als Regeln. Nach *Alexy* muß auch in einem solchen Fall eines der betroffenen Prinzipien zurücktreten.[182] „Dieses bedeutet aber weder, daß das zurücktretende Prinzip für ungültig zu erklären, noch, daß in das zurücktretende Prinzip eine Ausnahmeklausel einzubauen ist. Vielmehr geht das eine Prinzip dem anderen unter bestimmten Umständen vor. Unter anderen Umständen kann die Vorrangfrage umgekehrt zu lösen sein".[183] *Alexy* spricht in diesem

175 Alexy, Theorie der Grundrechte, S. 75, 76; dergl., Grundrechte als subjektive Rechte und als objektive Normen, Der Staat, 29 (1990), S. 54; (dergl., Grundrechte als subjektive Rechte und als objektive Normen, S. 268, 269); dergl., Recht, Rechtssystem und praktische Vernunft, S. 216; dergl., Individuelle Rechte und kollektive Güter, S. 238; dergl. Begriff und Geltung des Rechts, S. 120; Jansen, a.a.O., S. 27.

176 Alexy, Theorie der Grundrechte, S. 76; dergl., Begriff und Geltung des Rechts, S. 120.

177 Alexy, Theorie der Grundrechte, S. 76.

178 Alexy, a.a.O..

179 Alexy, a.a.O..

180 Alexy, a.a.O..

181 Auch das Bundesverfassungsgericht spricht von einer „Optimierung der gegenläufigen, gleichermaßen verfassungsrechtlich geschützten Interessen" - vgl. BVerfGE 81, 278 (292) - Bundesflagge; BVerfGE 83, 130 (143) - Josefine Mutzenbacher.

182 Alexy, Theorie der Grundrechte, S. 79.

183 Alexy, a.a.O..

Zusammenhang von einer bedingten Vorrangrelation zwischen zwei Prinzipien.[184] Danach besteht die Festsetzung der bedingten Vorrangrelation darin, daß bezogen auf den jeweiligen, konkreten Einzelfall Bedingungen angegeben werden, unter denen das eine Prinzip in diesem Falle dem anderen Prinzip vorgeht. Ändern sich die Bedingungen, ist die Vorrangfrage neu zu entscheiden.[185] Die für jeden Fall zu ermittelnde Vorrangrelation ist das Ergebnis eines Abwägungsprozesses, bei dem die durch die jeweiligen Prinzipien repräsentierten Güter bzw. Rechte einander gegenübergestellt und abge-wogen werden, danach, welchem Recht im konkreten Fall das größere Gewicht zukommt.[186] Daraus folgt zugleich, daß nicht das Prinzip selbst über die jeweilige Vorrangfrage entscheidet, sondern die Abwägung. Da somit nach den Worten *Alexy's* die rechtlichen Möglichkeiten der Erfüllung eines Prinzips außer durch Regeln wesentlich durch gegenläufige Prinzipien bestimmt wird, impliziere dieses, „daß Prinzipien abwägungsfähig- und bedürftig sind".[187] Daher sei die Abwägung die für Prinzipien typische Anwendungsform.[188] „Ein Kriterium, ob sich der Richter auf Prinzipien stützt, ist, ob er eine Abwägung vornimmt. Es gilt folgender Satz: Wenn jemand eine Abwägung vornimmt, dann stützt er sich notwendig auf Prinzipien".[189] Der Grund hierfür ist nach *Alexy* einleuchtend, denn eine Abwägung ist immer dann notwendig, wenn es Gegengründe gibt, „die jeweils für sich genommen, gute Gründe für eine Entscheidung darstellen und nur deshalb nicht ohne weiteres zu einer definitiven Entscheidung führen, weil es den anderen Grund gibt, der eine andere Entscheidung fordert".[190] Die beschriebenen Abwägungsprozesse finden sich in der Rechtsprechung des Bundesverfassungsgerichts an vielen Stellen.[191] So heißt es z.B. in der Lebach - Entscheidung des Bundesverfassungsgerichts:[192] „Beide Verfassungswerte müssen daher im Konfliktfall nach Möglichkeit zum Ausgleich gebracht werden, läßt sich dies nicht erreichen, so ist unter Berücksichtigung der falltypischen Gestaltung und der besonderen Umstände des Einzelfalles zu entscheiden, welches Interesse zurückzutreten hat". *Bleckmann* unterstützt diese Auffassung, wenn er sagt, daß aus der Verfassung selbst die Kollisionsnorm eines Abwägungsgebotes folgen würde, welches in der Lage sei, die in der Verfassung umfassend geschützten und widerstreitenden Rechtsgüter, im Falle ihrer Kollision, der Intention des Grundgesetzes gemäß, welches nach einer Lösung der Kollisionslage verlangen würde, zu jeweils optimaler Geltung zu führen.[193]

---

[184] Alexy, a.a.O., S. 81. Vgl. auch Stern, StaatsR, Bd. III/2, § 82, S. 672.

[185] Vgl. Alexy, a.a.O..

[186] In diesem Sinne Alexy, a.a.O., S. 79, 80; Stern, a.a.O., S. 673, 674 ff..

[187] Alexy, Begriff und Geltung des Rechts, S. 120.

[188] Alexy, a.a.O..

[189] Alexy, a.a.O., S. 123.

[190] Alexy, a.a.O.. Alexy führt weiter aus, daß es selbst in minimalst entwickelten Rechssystemen Prinzipien gäbe, die eine Abwägung forderten, da ein Rechtssystem auf so minimaler Ebene nicht vorstellbar sei, in dem keinerlei zweifelhafte Fallkonstellationen vorhanden seien, so daß eine Abwägung obsolet wäre - vgl. Alexy, a.a.O., S. 125, 126.

[191] Z.B. BVerfGE 7, 377 (405 f.); BVerfGE 22, 380 (384); BVerfGE 30, 173 (195, 196); BVerfGE 35, 202 (226); BVerfGE 39, 1 (43); BVerfGE 44, 353 (373 ff.); BVerfGE 67, 157 (178 ff.); BVerfGE 84, 239 (279 f.); BVerfGE 86, 28 (41 f.).

[192] BVerfGE 35, 202 (225, 226).

[193] Bleckmann, Begründung und Anwendungsbereich des Verhältnismäßigkeitsprinzips, JuS 1994, S. 177 ff. (178).

b.) Prima facie - Recht und Kollisionsgesetz

Eine bedingte Vorrangrelation ist somit das Ergebnis eines auf den konkreten Einzelfall bezogenen Abwägungsprozesses. Da jedes Prinzip eine Optimierungstendenz aufweist, sich im Fall der Kollision mit einem anderen Prinzip aber einem Abwägungsprozeß stellen muß, anhand dessen über den Vorrang des einen oder des anderen Prinzips entschieden wird, besteht das durch das Prinzip repräsentierte Recht *vor* diesem Abwägungsprozeß nur *an sich* bzw. *prima facie*, wie *Alexy* es formuliert.[194] Prinzipien haben somit eine überschießende Tendenz, da sie etwas relativ auf die rechtlichen und tatsächlichen Möglichkeiten in möglichst hohem Maße realisieren sollen, was sich als Ergebnis des Abwägungsprozesses -im Nachhinein- so oft nicht mehr darstellen läßt.[195] Das ist auch gemeint, wenn in der Literatur und der Rechtsprechung des Bundesverfassungsgerichtes zwischen der Weite des Schutzbereiches eines Grundrechts und seinem effektiven Schutz unterschieden wird. In diesem Sinn äußert sich z. B. *v. Münch*, wenn er sagt, daß der Schutzbereich nicht identisch sei mit dem endgültigen und effektiven Abwehrschutz.[196] Vor diesem Hintergrund entwickelt *Alexy* auch sein Kollisionsgesetz. Dieses besagt folgendes:

„Die Bedingungen, unter denen das eine Prinzip dem anderen vorgeht, bilden den Tatbestand einer Regel, die die Rechtsfolge des vorgehenden Prinzips ausspricht".[197]

Hinzuweisen ist in diesem Zusammenhang jedoch auf die zum Teil unterschiedliche inhaltliche Belegung der Begriffe ‚Schutzbereich' und ‚Tatbestand'. Nach *Borowski* bezeichnet der Begriff ‚Schutzbereich' zunächst den Begriff der Schutzgüter eines Grundrechtes[198]. Er weist indes kritisierend darauf hin, daß die Begriffe ‚Schutzbereich' und ‚Tatbestand' meist synonym verwendet werden[199] und differenziert hinsichtlich der Berechtigung einer synonymen Verwendung beider Begriffe sowohl zwischen einem engen und weiten Tatbestandsbegriff als auch einem Schutzbereichsbegriff im engeren Sinne, bei dem eine synonyme Verwendung mit keinem der Tatbestandbegriffe in Betracht kommt, und einem Schutzbereichsbegriff im wieteren Sinne, bei dem er die synonyme Verwendung beider Begriffe für zumindest teilweise berechtigt hält[200]. Der Schutzbereichsbegriff im engeren Sinne ist hiernach identisch mit der Summe der Schutzgüter und beantwortet allein die Frage nach dem ‚was' des Grundrechtsschutzes[201]. Der Schutzbereichsbegriff im weiteren Sinne hingegen stellt zusätzliche Anforderungen und besteht nach *Borowski* „aus der Summe der Schutzgüter, in die eine Maßnahme des Staates eingreift" und beantwortet die Fragen nach dem ‚was' und ‚wogegen' des Grundrechtsschutzes[202]. Dieser weite Schutzbereichsbegriff wird als ‚Grundrechtstatbestand' oder schlicht ‚Tatbestand' bezeichnet[203]. Der enge Tatbestandsbegriff oder auch ‚Tatbestand' im vorgenannten Sinne unterscheidet sich vom weiten Tatbestandsbegriff dadurch, daß letzterer zusätzlich zum Grundrechtstatbestand noch die Grundrechtsschranke umfaßt[204]. Immer wenn

---

194 Alexy, Theorie der Grundrechte, S. 87, 88.
195 In diesem Sinne Alexy, a.a.O..
196 v. Münch, in: v.Münch, Grundgesetz - Kommentar, Art.1-19 Vorb., Rn. 48 - m.w.N..
197 Alexy, Theorie der Grundrechte, S. 84.
198 Borowsky, Grundrechte als Prinzipien, S. 184 - m.w.N..
199 Borowski, a.a.O., S. 184 ff..
200 Borowski, a.a.O., S. 185 ff..
201 Borowski, a.a.O., S. 185.
202 Borowski, a.a.O..
203 Borowski, a.a.O., S. 186.
204 Borowski, a.a.O., S. 188.

der weite Tatbestandsbegriff erfüllt ist, tritt unbedingt die Rechtsfolge des Grundrechtes ein und schafft so die Voraussetzungen des definitiven Grundrechtsschutzes[205].

Folge des Kollisionsgesetzes *Alexy's* ist, daß sich unter Geltung der in der Vorrangrelation enthaltenen Bedingung im konkret zu entscheidenden Fall, das durch die Abwägung präferierte Prinzip von einem prima facie - Recht, einem Recht mit Realisierungs*tendenz*, zu einem *definitiven* Recht wandelt, da dieses sich im konkreten Fall durchsetzt, sich somit bezogen auf die rechtliche und tatsächliche Möglichkeit in möglichst hohem Maße realisiert [206]. Prinzipien sind somit relativ, da ihre Realisierung von einer Abwägung abhängig ist. Daher begründet der Prinzipiencharakter die Relativität der von dem Prinzip erfaßten Grundrechtsnorm. *Alexy* beschreibt die metamorphorische Wirkung der Abwägung, die aus einem prima facie - Recht ein definitives Recht formt mit seinem Kollisionsgesetz und den Worten, „es kann daher gesagt werden, daß immer dann, wenn ein Prinzip ein im Ergebnis tragender Grund für ein konkretes Sollensurteil ist, dieses Prinzip ein Grund für eine Regel ist, die einen definitiven Grund für dieses konkrete Sollensurteil darstellt“. [207]

c.) Prinzipien als individuelle und kollektive Normen mit Verfassungsrang

Bisweilen wurde der Begriff des Prinzips mit dem Begriff des Rechts gleichgesetzt. Nach *Alexy* können sich Prinzipien sowohl auf individuelle Rechte als auch auf kollektive Rechte bzw. Güter beziehen.[208] Dieses ist deshalb möglich, weil im Rahmen der beschriebenen Abwägung nicht nur konfligierende Rechte von zwei Individuen miteinander abgewogen werden können, um zu ersehen welchem individuellen Recht im konkreten Fall das größere Gewicht zukommt, sondern auch zwischen einem Individualrecht und einem kollektiven Recht[209]. Inhaltlich beschreibt ein kollektives Recht im Gegensatz zu einem individuellen Recht ein Rechtsgut, daß nicht weiter zerlegt und auf die Individuen, die das Kollektiv ausmachen, anteilig zugeordnet werden kann[210], weswegen *Alexy* diese Eigenschaft kollektiver Güter als ‚Nicht - Distributivität‘ bezeichnet[211]. Das Grundgesetz beinhaltet eine Reihe von individuellen Rechten in seinem Grundrechtskatalog. Kollektive Rechte bzw. Güter enthält es vor allem durch das Rechtsstaats-, Demokratie- und Sozialstaatsgebot. Als Beispiele kollektiver Güter wären die innere und äußere Sicherheit, die Volksgesundheit, die Unversehrtheit der Umwelt, die Gewährleistung einer funktionstüchtigen Strafrechtspflege, die Energieversorgung oder der Schutz der freiheitlich demokratische Ordnung zu nennen[212], kollektive Güter, wie sie auch in der Rechtsprechung des Bundesverfassungsgerichts enthalten sind[213]. Bezieht sich somit ein Prinzip auf ein kollektives Recht bzw. Gut bedeutet dieses, „daß es die Herstellung

---

205 Borowski, a.a.O..

206 Alexy, a.a.O., S. 83 f., 257.

207 Alexy, a.a.O., S. 92.

208 Alexy, a.a.O.; dergl., Der Staat, 29 (1990), S. 54; (dergl., Grundrechte als subjektive Rechte und als objektive Normen, S. 268, 269); dergl., Theorie der Grundrechte, S. 118.

209 Alexy, Theorie der Grundrechte, S. 98.

210 Vgl. Alexy, Recht, Vernunft, Diskurs, S. 239 f..

211 Alexy, a.a.O., S. 239.

212 Vgl. Alexy, a.a.O.; dergl., Theorie der Grundrechte, S. 98.

213 Z.B. BVerfGE 7, 377 (405 ff.) - Apothekenentscheidung ; BVerfGE 16, 194 (201 ff.) - Liquorentnahme; BVerfGE 22, 380 (384 ff.) - Kuponsteuer; BVerfGE 35, 202 (223, 224) - Lebach; BVerfGE 44, 353 (373 ff.) - Suchtkrankenberatungsstelle; BVerfGE 84, 239 (279 f.) - Zinsertragssteuer; BVerfGE 86, 28 (41 f.) - öffentlich bestellte Sachverständige.

oder Aufrechterhaltung von Zuständen gebietet, die bestimmte über die Geltung oder Erfüllung individueller Rechte hinausgehende Kriterien in einem relativ zu den rechtlichen und tatsächlichen Möglichkeiten möglichst hohem Maße" erfüllen[214]. So stehen hinter den einzelnen Grundgesetzartikeln Prinzipien, denen sie Ausdruck verleihen. Auf dieser zunächst theoretischen Ebene ist es unerheblich, an welchem Grundrechtsartikel konkret das jeweilige Prinzip festzumachen ist, denn dieses sind zum Teil Wertungsfragen, insbesondere über die Reichweite der jeweiligen Schutzbereiche der Grundrechte. Hierauf wird noch einzugehen sein. Entscheidend ist lediglich, *daß* das jeweilige Prinzip im Grundgesetz und / oder Grundrechtskatalog seine Stütze findet, sich also im Konflikt- / Kollisionsfall zwei Prinzipien mit Verfassungsrang begegnen. Denn nur Prinzipien mit Verfassungsrang werden miteinander abgewogen[215]. Prinzipien, die über diesen Rang nicht verfügen, können bestenfalls flankierend argumentativ zugunsten eines Prinzips mit Verfassungsrang -als Ausdruck eines solchen Prinzips- in die Abwägung mit einbezogen werden. Eine Abwägung zwischen einem Prinzip mit Verfassungsrang und einem Prinzip ohne Verfassungsrang findet *nicht* statt. In diesem Fall kann eine Konfliktlage, wie sie oben beschrieben wurde, nicht auftreten, da das Prinzip mit Verfassungsrang dem Prinzip ohne Verfassungsrang automatisch vorgeht, somit definitiven Charakter hat und sich in diesem Fall wie eine Regel verhält.

II.) Der Verhältnismäßigkeitsgrundsatz als Mittel zur Optimierung konfligierender Sachverhalte

Es wurde bereits festgehalten, daß Prinzipien als prima facie - Rechte Normen mit einer Verwirklichungs- und Optimierungstendenz sind, die in einer Konfliktlage mittels einer bedingten Vorrangrelation ein Präferenzverhältnis erhalten, welches über ihre Geltung im konkret zu behandelnden Fall entscheidet. Die Präferenz wird im Wege der Abwägung ermittelt[216], wobei die jeweiligen Rechte und Güter einander gegenübergestellt werden und wertend ermittelt wird, welchem dieser Rechte im konkreten Fall das größere Gewicht zufällt. Es ist naheliegend, daß der so beschriebene Prinzipiencharakter den Verhältnismäßigkeitsgrundsatz impliziert.[217] Der Verhältnismäßigkeitsgrundsatz ist die logische Folge des Prinzipiencharakters von Grundrechtsnormen.[218] Er ermöglicht die jeweils notwendige Feinabstimmung im Einzelfall. Treffen zwei unvereinbar erscheinende Prinzipien aufeinander und keines hat per se den Vorrang vor dem anderen, wobei das eine Prinzip das verbietet, was das andere erlaubt, dann ist es die katalytische Wirkung des Verhältnismäßigkeitsgrundsatzes, um beide Prinzipien ihrer Optimierungstendenz gemäß zu realisieren. Somit ist es diese katalytische Wirkung des Verhältnismäßigkeitsgrundsatzes, die für den jeweiligen Einzelfall die bedingte Vorrangrelation schafft.

---

214 Alexy, Theorie der Grundrechte, S. 98.

215 In diesem Sinne z.B. Lerche, in: Hdb. des StaatsR, Bd. V, § 122, S.780, 789; Alexy, a.a.O., S. 257, 258; Bleckmann, JuS 1994., S. 178; Sachs, Grundgesetz-Kommentar, Vor Art. 1, Rn. 94; dergl., Grundrechtsbegrenzung außerhalb von Gesetzesvorbehalten, JuS 1995, S. 985; Hesse, Grundzüge des VerfR, Rn. 312; dergl., in: Hdb. des VerfR, § 5, Rn. 46; v. Münch, in: v.Münch, Grundgesetz-Kommentar, Band 1, Vor Art. 1, Rn. 57; Stern, a.a.O., Bd. III/2, § 82- Die Grundrechtskollisionen, S. 629, 663 ff., 680, 68 sowie § 84, S. 828; BVerfGE 69, 1 (21 ff.) - Kriegsdienstverweigerung; BVerfGE 84, 212 (228) - Aussperrung; BVerfGE 52, 223 (246 f.) - Schulgebet.

216 Stern, StaatsR, Bd. III/2, § 82, S. 653 ff..

217 Vgl. Alexy,Theorie der Grundrechte, S.100; Alexy, Der Staat, 29 (1990), S. 54; (dergl., Grundrechte als subjektive Rechte und als objektive Normen, S. 269, 270).

218 Alexy, Theorie der Grundrechte, S.100, 101.

1.) Der Verhältnismäßigkeitsgrundsatz und seine Bestandteile im Verhältnis zum Prinzipiencharakter von Grundrechtsnormen

a.) Die Bestandteile des Verhältnismäßigkeitsgrundsatzes[219]

Der Grundsatz der Verhältnismäßigkeit, der auch als Übermaßverbot bezeichnet wird ist unmittelbarer Ausdruck des Prinzipiencharakters der Grundrechte[220], wird aber auch als Ausdruck des Rechtsstaatsprinzips angesehen[221] und unterfällt in drei Teilgrundsätze, nämlich in den Teilgrundsatz der Geeignetheit, den der Erforderlichkeit und den der Angemessenheit.[222] Letzterer wird auch als Verhältnismäßigkeit im engeren Sinne bezeichnet.

Der Teilgrundsatz der Geeignetheit stellt die Frage danach, ob das eingesetzte Mittel dazu geeignet ist, den angestrebten Zweck, z.B. die Realisierung eines Prinzips (es sei P 1 genannt), zu erreichen bzw. zu fördern.[223] Es genügt somit auch die nur teilweise Realisierung des gesetzgeberischen Zwecks.[224] Aufgrund der vom Gesetzgeber vorgenommenen ex-ante Betrachtung bei der Vorbereitung eines Gesetzes und anhand der diesem zum Zeitpunkt der gesetzgeberischen Entscheidung zur Verfügung stehenden Informationen, wird dem Gesetzgeber seitens der Rechtsprechung ein prärogativer Spielraum zugestanden.[225] Ein Irrtum in bezug auf die von dem Gesetzgeber getroffene Prognose zum Verlauf einer künftigen Entwicklung bedeutet daher allein noch nicht, daß die gesetzgeberische Maßnahme als verfassungswidrig einzustufen ist, sofern sich die Maßnahme im Rahmen des prärogativen Spielraumes bewegt.[226] Sie darf somit nicht von vornherein ungeeignet sein, den gesetzgeberischen Zweck zu erreichen.[227] Erweist sich eine aufgrund der ursprünglichen ex-ante Betrachtung geeignete Maßnahme im Wege einer ex-post Betrachtung als ungeeignet, führt dieses zu ihrer Verfassungswidrigkeit, wenn der Staat dieses erkannte Manko nicht beseitigt.[228] Die ex-post Betrachtung ist als Verifikation der dem Staat zuerkannten Einschätzungsprärogative durch-

---

219 Zur Entwicklungsgeschichte des Verhältnismäßigkeitsgrundsatzes vgl. Stern, StaatsR, Bd. III/2, § 84, S. 762 bis 775.

220 Alexy, Theorie der Grundrechte, S. 103.

221 Z.B. BVerfGE 2, 1 (79) - SRP-Verbot; BVerfGE 6, 389 (439) - Homosexuelle; BVerfGE 20, 45 (49) - Kommando 1005 (Untersuchungshaft); BVerfGE 23, 127 (133) - Zeugen Jehovas; BVerfGE 38, 348 (368) - Zweckentfremdung von Wohnraum; Tipke/Lang, Steuerrecht, § 4, Rn. 209; Sachs, Grundgesetz-Kommentar, Art. 20, Rn. 94; Schnapp, Die Verhältnismäßigkeit des Grundrechtseingriffs, JuS 1983, S. 852; Grabitz, Der Grundsatz der Verhältnismäßigkeit in der Rechtsprechung des Bundesverfassungsgerichts, AöR 98 (1973), S. 581, 584; Stern, a.a.O., Bd. III/2, § 84, S. 762; Vogelsang, Grundrecht auf informationelle Selbstbestimmung?, S. 66.

222 Vgl. z.B.: v. Münch, in: v. Münch, Grundgesetz-Kommentar, Vorb. Art.1-19, Rn. 55; Pieroth/Schlink, Grundrechte, Rn. 279 ff. ; BVerfGE 67, 157 (173 ff.); BVerfGE 80, 137 (159 ff.) - Reiten im Walde; BVerfGE 81, 156 (188 ff.) - Erstattungsbetrag nach § 128 AFG.

223 Grabitz, AöR, 98 (1973), S. 572, 573; BVerfGE 33, 171 (187); Schnapp, a.a.O., S. 854; Gentz, Zur Verhältnismäßigkeit von Grundrechtseingriffen, NJW 1968, S. 1600 ff. (1603); Stern, a.a.O., Bd. III/2, § 84, S. 776.

224 Grabitz, a.a.O., S. 573; Sachs, Grundgesetz-Kommentar, Art. 20, Rn. 98; Gentz, a.a.O.; Stern, a.a.O..

225 Dieser Prognosespielraum berechtigt jedoch nicht zur Annahme von subjektiven Hypothesen, Spekulationen und Unterstellungen - vgl. Breuer, in: Hdb. des StaatsR, Bd. VI, § 148 -Die staatliche Berufsregelung und Wirtschaftslenkung, Rn. 18. Auf diesen Aspekt wird unten im Zusammenhang mit der Betrachtung der Firmenkunden noch eingegangen werden.

226 Grabitz, a.a.O.; Sachs, Grundgesetz-Kommentar, Art. 20, Rn. 99; Schnapp, JuS 1983, S. 852.

227 Grabitz, a.a.O.; Sachs, a.a.O.. In diesem Sinn auch Stern, a.a.O., Bd. III/2, § 84, S. 778.

228 BVerfGE 25,1 (13); Grabitz, a.a.O., S. 573, 574; Breuer, in: Hdb. des StaatsR, § 148, Rn. 17, 19.

zuführen, um zu erkennen, ob das vom Staat mit seinem Grundrechtseingriff angestrebte Ziel auch erreicht wurde.[229] Die Einschätzungsprärogative eröffnet dem Staat somit lediglich einen Argumentationsvorsprung[230], entbindet ihn jedoch nicht von seiner Argumentationslast, den Eingriff in eine grundrechtlich geschützte Position zu rechtfertigen. Gegebenenfalls muß der Staat seinen ursprünglichen Eingriff nachbessern[231] und diese Nachbesserung erneut am Verhältnismäßigkeitsgrundsatz ausrichten, wenn er aufgrund der ex-post Verifikation erkennt, daß seine ex-ante getroffene Prognose falsch war.
Der Teilgrundsatz der Erforderlichkeit fragt danach, ob das konkret eingesetzte Mittel das mildeste mögliche Mittel zur Zweckerreichung von P 1 ist oder ob noch mildere Mittel, bezogen auf das gegenläufige Prinzip P 2 (das für den Bürger streitet), zur Zweckerreichung (von P 1) vorhanden sind.[232] In diesem Teilgrundsatz ist zugleich ein ultima ratio Gedanke enthalten, wenn er den Zugriff auf ein einschneidenderes Mittel erst gestattet, nachdem keine milderen Mittel mehr vorhanden sind.[233]
Bei dem Teilgrundsatz der Angemessenheit handelt es sich um die eigentliche Abwägung. Es wird eine Zweck-Mittel-Relation aufgestellt,[234] zwischen eingestelltem Mittel zur Erreichung des Zwecks (Realisierung von P 1) und seinen Folgen auf das konfligierende Prinzip P 2, anhand derer entschieden wird.

b.) Die Bedeutung der Bestandteile des Verhältnismäßigkeitsgrundsatzes und das erste Abwägungsgesetz

Es wurde gesagt, daß sich Prinzipien relativ auf die rechtlichen und tatsächlichen Möglichkeiten bezogen realisieren. Aufgrund des Prinzipiencharakters von Grundrechtsnormen mit ihrer Optimierungstendenz bedeuten die Teilgrundsätze der Geeignetheit und der Erforderlichkeit die Abhängigkeit des gebotenen Realisierungsmaßes bezogen auf die tatsächlichen Möglichkeiten.[235] Betrachtet man das von *Alexy* angeführte Beispiel[236] und wandelt dieses etwas ab, wird dieser Zusammenhang deutlich. Man nehme im Wege einer Partialbetrachtung -wie bei *Alexy*- die einfachste Konstellation an, nämlich die, daß lediglich zwei Prinzipien und nur zwei Rechtssubjekte (Bürger / Staat) auftreten.[237] In dieser Konstellation verfolgt der Staat einen bestimmten Zweck, der mit dem Prinzip P 1 (z.B. Realisierung einer gleichmäßigen Besteuerung der Bevölkerung) identisch sei. Dazu hat er mehrere Mittel (M 1 und M 2) zur Verfügung, die gleichermaßen geeignet sind, P 1 zu erfüllen. Diese Mittel beeinträchtigen jedoch

229 Hufen, Berufsfreiheit - Erinnerung an ein Grundrecht, NJW 1994, S. 2919.
230 Hufen, a.a.O..
231 Z.B. Pietrzak, Die Schutzpflicht des Staates im verfassungsrechtlichen Kontext - Überblick und neue Aspekte, JuS 1994, S. 752; Stern, a.a.O., Bd. III/2, § 82, S. 675 sowie § 84, S. 778, m.w.N.; Breuer, in: Hdb. des StaatsR, § 148, Rn. 17, 19.
232 Vgl. in diesem Sinne, BVerfGE 38, 281 (302); Gentz, NJW 1968, S. 1604; Stern, a.a.O., Bd. III/2, § 84, S. 779.
233 Vgl. in diesem Sinne Spitz, Auskunftspflichten-Bankgeheimnis-Beschlagnahme/Durchsuchung-Zeugenvernehmung im Steuerstrafverfahren, DStR 1981, S. 430; Gentz, a.a.O..
234 Schnapp, JuS 1983, S. 854; Gentz, NJW 1968, S. 1601, 1604 f..
235 Alexy, Theorie der Grundrechte, S. 101, 102; Alexy, Der Staat, 29 (1990), S. 54; (dergl., Grundrechte als subjektive Rechte und als objektive Normen, S. 268).
236 Alexy, Theorie der Grundrechte, S. 101-103. Vgl. auch Gentz, NJW 1968, S. 1604.
237 Tatsächlich sind die zum Teil auftretenden Überschneidungenen größer, da mehr Prinzipien und / oder mehr Rechtssubjekte betroffen sein können. Hierauf wird noch einzugehen sein.

unterschiedlich stark das, was die entgegengesetzte Grundrechtsnorm mit Prinzipiencharakter P 2 (z.B. Schutz des Datengeheimnisses der Bürger) schützt. Da für die Realisierung von P 1 beide Mittel geeignet sind, diese jedoch unterschiedlich intensiv die Realisierung von P 2 beeinträchtigen, ist das Mittel zu wählen, das P 2 am geringsten hemmt. Das folgt unmittelbar aus der Optimierungstendenz der Prinzipien. Relativ auf die tatsächlichen Möglichkeiten bezogen kann P 2 dann in höherem Maße erfüllt werden, ohne das P 1 dadurch beeinträchtigt wird. Beide Optimierungsgebote werden so pareto-optimal ausgerichtet.[238] Die Verhältnismäßigkeit im engeren Sinne ist die Realisierung der Prinzipien bezogen auf die rechtlichen Möglichkeiten.[239] Da bei kollidierenden Prinzipien jedes nach seiner optimalen Realisierung strebt, hängen beide Prinzipien voneinander ab und begrenzen sich auf diese Weise gegenseitig.[240] Da keinem Prinzip per se der Vorrang gebührt, muß eine Abwägung erfolgen. Hierbei gilt eine „Je-desto-Formel" als Abwägungsgesetz.[241] Diese besagt, *je* höher der Grad der Nichtrealisierung des einen Prinzips ist, *desto* größer muß die Wichtigkeit der Realisierung des anderen sein. In diesem Zusammenhang steht auch der von *Hesse* geprägte Begriff der praktischen Konkordanz.[242] Hiernach müssen verfassungsrechtlich geschützte Rechtsgüter in der Problemlösung einander so zugeordnet werden, daß jedes von ihnen Wirklichkeit gewinnt. Hierbei geht es um Optimierung. „Beiden Gütern müssen Grenzen gezogen werden, damit beide zu optimaler Wirksamkeit gelangen können".[243] „Die Grenzziehungen müssen daher im jeweiligen konkreten Falle verhältnismäßig sein", wobei nach *Hesse* „in diesem Zusammenhang eine Relation zweier variabler Größen" dieser „Optimierungsaufgabe am besten gerecht wird" und daher verhältnismäßig ist und „nicht eine Relation zwischen einem konstanten 'Zweck' und einem oder mehreren variablen Mitteln".[244]

c.) Proportionalität

Mit den Ausführungen *Hesse's* ist zugleich eine Besonderheit des in diesem Zusammenhang auftretenden Verhältnismäßigkeitsgrundsatzes angesprochen worden. Der Verhältnismäßigkeitsgrundsatz hat sein klassisches Anwendungsgebiet im Bereich des Verwaltungsrechts und dient dort z.B. der Überprüfung von Verordnungen oder Ermessensentscheidungen (z.B. im Polizeirecht). Im dritten Teilgrundsatz, der sog. Angemessenheit, besteht die Aufgabe darin, eine Mittel - Zweck - Kontrolle durchzuführen, wie sie oben angesprochen wurde. Es besteht bei dieser klassischen Verhältnismäßigkeitsprüfung ein fester Zusammenhang, ein Fixpunkt,

---

238 Alexy, Grundrechte als subjektive Rechte und als objektive Normen, Der Staat, 29 (1990), S. 54; (dergl. Grundrechte als subjektive Rechte und als objektive Normen, S. 269).

239 Alexy, Der Staat, a.a.O., S. 54, 55; Alexy, Theorie der Grundrechte, S. 101.

240 Alexy, Der Staat, 29 (1990), S. 55; (dergl., Grundrechte als subjektive Rechte und als objektive Normen,, S. 269).

241 Alexy, Der Staat, a.a.O., S. 55; Alexy, Theorie der Grundrechte, S.146 ff.; BVerfGE 17, 306 (314); BVerfGE 86, 28 (40). Die vom Bundesverfassungsgericht in BVerfGE 7, 377 (403 ff.) -Apothekenurteil entwickelte Drei-Stufentheorie ist Ausdruck dieser Regel. Mückenberger, Datenschutz als Verfassungsgebot, Kritische Justiz, S. 4 ff.(5). Vgl. auch BVerfGE 42,143 (149); Schnapp, a.a.O., S. 852; Grabitz, a.a.O., S. 588; Stern, StaatsR, Bd. III/2, § 84, S. 790.

242 Hesse, Grundzüge des VerfR, Rn.72, 318.

243 Hesse, a.a.O., Rn. 72. In diesem Sinne aber auch v. Münch, der von einem Prinzip „des schonendsten Ausgleiches" spricht -v. Münch, in, v.Münch, Art.1-19 Vorb., Rn. 47. Lerche spricht in diesem Zusammenhang von einem „angemessenen Ausgleich", in: Hdb. des StaatsR, Bd. V, § 122, S. 778 sowie in Bd. VI, § 121, S. 768.

244 Hesse, a.a.O.. Grabitz, AöR, Bd. 98 (1973), S. 575.

nämlich zum Zweck der Maßnahme. Die Abwägung ist insofern nur zu einer Seite hin offen. Um den Bezugspunkt herum wird (relational) die Geeignetheit, Erforderlichkeit und Angemessenheit geprüft und abgewogen.[245] Dieser Fixpunkt ist der staatlicherseits vorgenommene Eingriff, wenn es um die Abwägung von zwei konfligierenden Prinzipien geht, die beide auf Optimierung drängen, da es gilt, beide optimal zur Geltung zu bringen.[246] Es geht somit bei der Zweck - Mittel - Relation um die Ausrichtung zweier Variabler aneinander.[247] Diese beziehen sich nur aufeinander und richten sich aneinander aus, weswegen in diesem dialektischen Zusammenhang die Verhältnismäßigkeit im engeren Sinne auch als Proportionalität[248] bezeichnet werden kann. Diese Differenzierung wird hingegen vielfach nicht gesehen, so daß der Begriff der Proportionalität unreflektiert als Synonym der Angemessenheit als dem dritten Teilgrundsatz der Verhältnismäßigkeitsprüfung verwendet wird. Dieses ist m.E. so nicht richtig.

Bickenbach führt beispielsweise für Kanada aus, daß man dort in diesem Zusammenhang von einer „proportionality between the objective and the impugned measure" oder von „proportionality attemps to guide the balancing of individual and group interests" spricht.[249] In Kanada steht die Proportionalität als dritte Stufe eines Verhältnismäßigkeitstestes fest, wie er von Richter *Dickson*[250] in seinen Mehrheitsvoten[251] entwickelt wurde. Die drei Stufen lauten danach: „First, the measure adopted must be carefully designed to achieve the objective in question. They must not be arbitrary, unfair or based on irrational considerations. In short, they must be rationally connected to the objective. Second, the means, even if rationally connected to the objective in this first sense, should impair „as little as possible" the right or free-

---

245 Lerche, in: Hdb. des StaatsR, Bd. V, § 122, S. 784, 789, 790; Böckenförde, Grundrechte als Grundsatznormen, Der Staat, 29 (1990), S. 20. In diesem Sinne auch Ossenbühl, DÖV 1965, S. 655.

246 Hiergegen wendet sich beispielsweise Grabitz, a.a.O., S. 576. Er sieht zumindest im Staat-Bürger-Verhältnis einen Unterschied zwischen Proportionalität und der Herstellung praktischer Konkordanz (anders z.B. im Bürger-Bürger-Verhältnis, wo er die Anwendung praktischer Konkordanz bejaht - vgl. S. 577). Praktische Konkordanz würde die möglichst optimale Ausrichtung zweier Rechtsgüter aneinander bedeuten, während die Feststellung, daß Zweck und Mittel nicht außer Verhältnis zueinander stehen dürfen, würde noch kein Urteil darüber erlauben, ob dieses Verhältnis auch optimal sei. M.E. sieht Grabitz in seiner Wertung der praktischen Konkordanz diese begrifflich zu eng, da die praktische Konkordanz lediglich eine möglichst optimale Realisierung zweier Rechtsgüter aneinander anstrebt, was jedoch nicht bedeutet, daß im konkreten Einzelfall auch das eine von dem anderen Rechtsgut völlig verdrängt werden kann (was als ein Totaleingriff bezeichnet werden kann). In einem anderen Fall mag dieses andersherum sein. Hierauf wird noch eingegangen werden. Darüberhinaus erscheint eine differenzierte Betrachtung von Proportionalität und praktischer Konkordanz je nachdem, ob das Staat-Bürger oder das Bürger-Bürger-Verhältnis betroffen ist, wenig sinnvoll, da es bei der Kollision zweier konfligierender Prinzipien diesbezüglich keinen Unterschied gibt. Vgl. auch Stern, a.a.O., § 84, S. 835, der sich ebenfalls dagegen auspricht, einen Gegensatz zwischen praktischer Konkordanz und Verhältnismäßigkeitsprinzip aufzubauen, wenngleich auch er betont, daß das Optimierungsgebot der praktischen Konkordanz über das Erfordernis des Verhältnismäßigkeitsgrundsatzes hinausgeht.

247 Vgl. Grabitz, AöR, 98 (1973), S. 575, 601; Ossenbühl, DÖV 1965, S. 655.

248 So zum Beispiel Selmer, Steuerrecht und Bankgeheimnis, S. 88, 117, 118; BVerfG-NJW 1966, S. 1603 ff. (1613) - Spiegelentscheidung; Grabitz, a.a.O., S. 571, 575 ff.; Sachs, a.a.O., Art. 20, Rn. 97, 102; Scholz, Das Grundrecht der freien Entfaltung der Persönlichkeit in der Rechtsprechung des Bundesverfassungsgerichts, AöR 100 (1975), 80 ff. (288); Schnapp, a.a.O., S. 852, 854; Gentz, Zur Verhältnismäßigkeit von Grundrechtseingriffen, NJW 1968, S. 1600 ff.; Ipsen, Stufentheorie und Übermaßverbot - Zur Dogmatik des Art. 12 GG, JuS 1990, S. 637; Stern, a.a.O., Bd. III/2, § 82, S. 676; dergl., a.a.O., § 84, S. 763, 775, 782 ff., 814 f..

249 Bickenbach, Canadien cases in the philosophy of law, S. 21 ff. .

250 Ehemaliger Richter des Supreme Court of Canada.

251 R.vs. Keegstra; R. vs. Oakes - (beide Fälle sind „unreported").

dom in question[252].... . Third, there must be a proportionality between the effects of the measure wich are responsible for limiting the charter[253] right or freedom, and the objective which has been identified as of „sufficient importance".[254] Nachdem sich *Bickenbach* mit diesen Gesichtspunkten auseinandergesetzt und ihre Bedeutung im Verhältnis zu den „Charter rights" betont hat, bezeichnet er diese drei-Stufenprüfung als eine „balancing exercise" [255] und schließt mit den Worten: „Equally, they (gemeint sind die Charter rights -M.H.) may well deserve different emphasis, and certainly will assume varying degrees of importance depending upon the circumstances of a particular case".[256]

Der grundsätzliche Gedanke, der sich hinter dieser Proportionalität als dem gegenseitigen Ausrichten zweier Grundrechtsnormen aneinander verbirgt, findet sich auch schon früh in der Rechtsprechung des Bundesverfassungsgerichtes. Er geht in seinem Kern bereits auf die Lüth - Entscheidung zurück[257] und wird auch als Wechselwirkungslehre oder „Schaukeltheorie" bezeichnet.[258] In der Lüth - Entscheidung heißt es dazu: „... es findet vielmehr eine Wechselwirkung in dem Sinne statt, daß die ‚allgemeinen Gesetze' zwar dem Wortlaut nach dem Grundrecht Schranken setzen, ihrerseits aber aus der Erkenntnis der wertsetzenden Bedeutung dieses Grundrechts im freiheitlich demokratischen Staat ausgelegt und so in ihrer das Grundrecht begrenzenden Wirkung selbst wieder eingeschränkt werden müssen...".[259] Dieser Gedanke gilt auch für den Fall, daß zwei Grundrechte aufeinander treffen. Diese korrespektive

---

252 In den USA wird dieses zum Beispiel wie folgt umschrieben: „Through those protection no greater invasion of privacy was permitted than it was necessary under the circumstance" - Katz vs. United States (389 U.S. 347, 350 (1967)).

253 Gemeint ist die „Canadian Charter of Rights and Freedoms - Constitution Act, 1982".

254 Bickenbach, a.a.O, S. 21.

255 Bickenbach, a.a.O.; S.22. Auch in den USA spricht man von einer solchen Balance gegenläufiger Interessen, meist im Zusammenhang mit dem right to privacy, welches als „general right to be left alone" umschrieben wird und dem in Deutschland bestehenden allgemeinen Persönlichkeitsrecht sehr ähnlich ist, da die entsprechend zum Persönlichkeitsrecht entwickelten Fallgruppen und Gedanken auch beim right to privacy im us-amerikanischen Rechtskreis Berücksichtigung erfahren haben. „Equally important to an understanding of the legal right to privacy is an understanding of other interests that may override it. Whenever an invasion of privacy is claimed, there are usually competing values at stake. Privacy may seem paramount to a person who has lost it, but that right often clashes with other rights and responsibilities that we as a society deem important" - Alderman/Kennedy, The Right to Privacy, Vorbemerkung, S. XIV. Im Fall Whalen vs. Roe (429 U.S. 586 (1977)), der von Alderman/Kennedy als Meilenstein im Kampf um das Recht auf „privacy" in den USA bezeichnet wird, da der Supreme Court dieses Interesse auch verfassungsrechtlich gewürdigt habe, heißt es bei Alderman/Kennedy: „Although the justices recognized the privacy interest as important, and even constitutionally protected, they determind it was outweighed by the state's competing interest ... .They (gemeint sind die Gerichte niederer Ordnung-M.H.) also began to fashion a framework by which to balance an individual's privacy rights against the government's need for access to and disclosure of some personal information". - Alderman/Kennedy, a.a.O., S. 142. An anderer Stelle ist von „ ...balancing the competing interests at stake.." die Rede - Alderman/Kennedy, a.a.O., S. 331. Im Gegensatz dazu ist in Großbritannien das Recht auf privacy weit weniger geschützt als in den USA oder in Kanada. Ein genereller, allumfassender Schutz wird verneint - "Offensive invasion of personal privacy is not yet recognized in English law as an independent tort". - vgl. de Smith/Brazier, Constitutional and Administrative Law, S. 514. Vgl. auch Benda, Menschenwürde und Persönlichkeitsrecht, in: Hdb. des VerfR, § 6, Rn. 26, 27.

256 Bickenbach, a.a.O.; S.22, 23.

257 BVerfGE 7, 198 (208 f.); BVerfGE 67, 157 (172 f.).

258 Pieroth/Schlink, a.a.O., Rn. 595; Lerche, in: Hdb. des StaatsR, Bd. V, § 122, S.777; Stern, StaatsR, Bd. III/2, § 84, S. 799, 804; BVerfGE 67, 157 (171 ff.); BVerfGE 12, 113 (125).

259 BVerfGE 7, 198 (209).

Beziehung zwischen Grund und Gegengrund stellt das eigentliche Korrektiv in der Grundrechtsdogmatik dar. Dieses Verhältnis bezeichnet man auch als Schranken - Schranke.[260]

d.) Kritik am Aspekt der gleichen Eignung im Teilgrundsatz der Erforderlichkeit

Der Teilgrundsatz der Erforderlichkeit wird überwiegend so beschrieben, daß er nicht nur die Frage beinhalten soll, ob ein Mittel den geringstmöglichen Eingriff darstellt, sondern daß es sich zusätzlich um einen *gleichermaßen geeigneten* Eingriff handeln muß.[261] Gleich wirksam soll ein Mittel im Verhältnis zu einem anderen sein, "wenn es den vom Gesetzgeber verfolgten Zweck überhaupt und mindestens in der gleichen Intensität zu erreichen geeignet ist (wie ein Alternativmittel - M.H.). Erforderlichkeit bedeutet danach nur relative Erforderlichkeit, das vom jeweiligen Zweck des Gesetzes gebotene Maß des Eingriffs".[262] Nach *Gentz* muß „jedes noch so geringe Minus auf der Erfolgsseite" des Mittels zur „Bejahung der Erforderlichkeit führen, auch wenn dem geringeren Erfolgsminus ein größeres Minus bei der Schwere des Eingriffs gegenübersteht".[263] Diesem so apodiktisch vertretenen Aspekt der gleichen Eignung im Rahmen des Teilgrundsatzes der Erforderlichkeit muß hinsichtlich seines generellen Aussagegehaltes meines Erachtens mit Skepsis begegnet werden. Aufgrund der zuvor genannten relativen Erforderlichkeit erscheint die Frage einer gleichen Eignung vielmehr als ein Prüfkriterium im Rahmen der Proportionalität, im Rahmen der Abwägung zu sein, da das Bundesverfassungsgericht die Frage der gleichen Eignung stets im Einzelfall (konkret) prüft und eine abstrakte Überprüfung vermeidet.[264] Nach der Ansicht des Bundesverfassungsgerichts ist ein Mittel nicht gleich wirksam, "wenn bei gleicher Intensität des grundrechtseinschränkenden Effekts ein Mittel noch andere nachteilige Wirkungen hat als das andere".[265] Dieses gilt beispielsweise in mehrgliedrigen Verhältnissen, in denen zwei alternativ zur Verfügung stehende Mittel zur Realisierung bspw. des Prinzips P 1 gleich wirksam in bezug auf das Prinzip P 2 sind, jedoch eine unterschiedlich intensive Wirkung auf das Prinzip P 3 ausüben. Hier ist im Rahmen der Abwägung zu bestimmen, welchem Mittel letztendlich der Vorrang gebühren soll. In vielen Fällen erweist sich das Kriterium der gleichen Eignung jedoch als zu starr, als überflüssig oder es kommt hierbei zu einer Verschiebung der Prüfung auf die Teilgrundsätze der Geeignetheit oder der Angemessenheit (Proportionalität), somit zu Aushöhlung des Teilgrundsatzes der Erforderlichkeit, was diesem seine Effizienz nicht unerheblich nimmt. Nach *Sachs* erscheint es als zu starr, ein weniger wirksames Mittel schlechthin

---

260 Vgl. Schnapp, JuS 1983, S. 851; Gentz, NJW 1968, S. 1601; Grabitz, AöR, 98 (1973), S. 608; Wendt, Der Garantiegehalt der Grundrechte und das Übermaßverbot, AöR 104 (1979), S. 415 ff. (425); Stern, a.a.O., Bd. III/2, § 84, S. 764, 788 f., 811.

261 Vgl. z.B. Pieroth/Schlink, a.a.O., Rn. 285, Rn. 850; BVerfGE 25, 1 (18)-Mühlengesetz; BVerfGE 30, 292 (316) - Mineralölbevorratung; BVerfGE 40, 196 (223);BVerfGE 67,157 (176); BVerfG - Beschluß vom 13.12.1994 (2 BvR 894/94) bzgl. Dresdner Bank - in· Wistra 1995, S. 139 ff. (140); Selmer, a.a.O., S. 88, 99; Carl/Klos, Rechtmäßigkeit der Bankdurchsuchung bei Verdacht der Steuerhinterziehung, DStZ 1994, S. 391 ff. (396); Grabitz, a.a.O., 573 ff.; Schnapp,JuS 1983, S. 854; dergl., Die Grundrechtsbindung der Staatsgewalt, JuS 1989, S. 1 ff. (4); Sachs, Grundgesetz-Kommentar, Art. 20, Rn. 100; Gentz, NJW 1968, S. 1604; Stern, a.a.O., Bd. III/2, § 84, S. 780.

262 Grabitz, AöR, 98 (1973), S. 574. Vgl. auch Gentz, a.a.O..

263 Gentz, a.a.O..

264 Grabitz, AöR, 98 (1973), S. 574.

265 So Grabitz, a.a.O.; BVerfGE 13, 231 (241).

nicht zu berücksichtigen. Vielmehr seien die Elemente der Wirksamkeit und der Beeinträchtigungsintensität zusammenfassend zu bewerten.[266] Danach soll ein Ersatzmittel mit eindeutig größerer Wirksamkeit bei gleicher Belastungsintensität ebenso den Vorrang erhalten, wie ein Ersatzmittel mit wenig geringerer Wirksamkeit bei erheblich milderen Folgen.[267] Das entscheidende Prüfungskriterium bei der Erforderlichkeit muß daher die Frage nach einem möglicherweise bestehenden milderen Mittel sein. Gibt es ein milderes Mittel zur Erreichung des Prinzips P 1, ein Mittel also, daß das dem Mittel entgegengesetzte Prinzip P 2 weniger stark hemmt, trotzdem jedoch P 1 realisiert, so kann es nicht erforderlich sein. Die Frage danach, ob das Mittel zur Erreichung des Zweckes P 1 überhaupt geeignet ist, wird im Bereich der Geeignetheit geprüft. Daher kommt es überhaupt nur bei geeigneten Mitteln zu der Frage der Erforderlichkeit im nächsten Prüfungsschritt. Nicht geeignete Mittel können erst recht nicht erforderlich sein.[268]
Die Problematik zeigt sich somit erst dann, wenn überhaupt (geeignete) Alternativmittel zur Verfügung stehen und wird deutlich an zwei extremen Beispielen. Für die Frage der gleichen Eignung eines Mittels im Rahmen der Erforderlichkeitsprüfung gehe man davon aus, der Staat bediene sich des stärksten aller denkbaren Mittel, indem er einen Totaleingriff vornimmt, der von dem entgegengesetzten Prinzip P 2 im Rahmen seiner Regelung nichts mehr übrigläßt, dieses somit völlig verdrängt, zugunsten von P 1. Dann kann man zwar im Rahmen der Erforderlichkeitsprüfung die Frage nach einem milderen Mittel stellen und dieses auch finden. Dieses Mittel kann aber keine *gleiche Eignung* aufweisen, da es ja keine stärkeren Mittel gibt. Beharrt man nun auf dem Aspekt der gleichen Eignung im Rahmen der Erforderlichkeitsprüfung, würde die Überprüfung des Eingriffsmittels auf den Teilgrundsatz der Proportionalität verschoben werden. Dort gilt das (erste) Abwägungsgesetz, mit der Je-desto-Formel. Ähnlich verhält es sich, wenn der Staat das mildeste aller (denkbaren) Mittel einsetzt. Auch hier würde dem Teilgrundsatz der Erforderlichkeit Substanz entzogen werden, falls man an dem Aspekt der gleichen Eignung eines milderen Mittels beharrt. Ein milderes Mittel ist in diesem Fall dann nämlich nicht denkbar, so daß die eigentliche Prüfung auf den Teilgrundsatz der Geeignetheit verschoben werden würde. Dieses sind sicherlich zwei extreme Annahmen, aber sie verdeutlichen die Problematik.[269] Der Aspekt gleicher Eignung der oder des eingesetzten Mittels macht insofern nur Sinn im Teilgrundsatz der Proportionalität. Hier dient die Frage nach einer gleichen Eignung der verglichenen Mittel lediglich als Abwägungskriterium.

2.) Das Abwägungsgesetz und seine grundlegende Bedeutung im Verfassungsgefüge

Oben wurde das Abwägungsgesetz bereits kurz vorgestellt. Dieses gilt es nunmehr genauer zu betrachten. Der Abwägungsprozeß, so wurde gesagt, beinhaltet eine „Je-desto-Formel“, indem es den Grad der Nichterfüllung eines protagonistischen Prinzips P 1 von der Wichtigkeit der

[266] Sachs, Grundgesetz-Kommentar, Art. 20, Rn. 101.
[267] Sachs, a.a.O..
[268] In diesem Sinne Alexy, Theorie der Grundrechte, S. 152; Lerche, in: Hdb. des StaatsR, Bd. V, § 122, S. 783 m.w.N.; Stern, StaatsR, Bd. III/2, § 84, S. 780.
[269] Dieses gilt zumindest für den Fall, daß lediglich zwei Prinzipien miteinander kollidieren. Bei der Kollision mehrerer Prinzipien miteinander würde zwar die Relativität des Erfordernisses einer gleichen Eignung Berücksichtigung finden können, da der geschilderte Totaleingriff im Rahmen des gebildeten Beispiels sich nur auf ein gegenläufiges Prinzip erstrecken würde. Hier wäre die gleiche Eignung im Rahmen der Erforderlichkeitsprüfung nach der vorherrschenden Meinung zu beurteilen nach den weiteren (mittelbaren) Wirkungen, die das Mittel auf die anderweitigen Prinzipien entfaltet. Aber auch diese Frage ist im Rahmen der Proportionalität zu überprüfen, da diese (Neben-) Wirkungen auf weitere Prinzipien ein Nebenprodukt des eigentlich beabsichtigten Eingriffsmittels sind.

Realisierung des gegenläufigen, antagonistischen, Prinzips P 2 in Abhängigkeit zueinander setzt.[270] Man muß sich darüber im Klaren sein, daß bei richtiger Anwendung des Abwägungsprozesses, der Abwägung, die Unterscheidung nach einem Pro- und einem Antagonismus eine Frage der Perspek-tive ist. Das Ergebnis der Abwägung, also die Frage danach, welches Prinzip sich im konkreten Fall durchsetzt (oder wieweit)[271], ist unabhängig vom Blickwinkel des Interpreten das Gleiche. Da zwei gegenläufige Prinzipien miteinander reagieren und im Sinne der praktischen Konkordanz *Hesse's* aneinander ausgerichtet werden, beide also zu optimaler Geltung kommen, verhält sich das so gefundene Ergebnis in bezug auf einen Blickwinkel pro- oder anti eines Prinzips neutral. Mit der Realisierung des Prinzips P 1 korrespondiert im Umfang seiner Geltung die Nicht-Realisierung (Einschränkung) des Prinzips P 2, so daß man dieses Ergebnis einmal positiv und einmal negativ formulieren kann.

a.) Das Abwägungsgesetz im Einzelnen

Alexy hat die Aussage des Abwägungsgesetzes grafisch dargestellt[272]. Dazu bediente er sich einer Indifferenzkurve, wie sie in den Wirtschaftswissenschaften zur Darstellung des Substitutionsverhältnisses von Gütern Verwendung findet[273] und übertrug die Aussage dieser Kurve, nämlich das Gesetz der abnehmenden Grenzrate der Substitution,[274] auf das Abwägungsgesetz. Da der Kurvenverlauf je nach Gewichtung und Wertvorstellung des jeweiligen Interpreten differiert, wählte *Alexy* für die Darstellung eine Metaebene, in der beide Prinzipien als abstrakt gleichrangig angenommen wurden. Es sei hier das Prinzip P 1 (z.B. Nichtbeeinträchtigung des Bankgeheimnisses des Bürgers - Datenschutz) in bezug zum Prinzip P 2 (z.B. Grundsatz der gleichmäßigen Besteuerung der Bürger - Sicherung des Steueraufkommens) gesetzt. Dann hat die Kurve nach *Alexy* folgenden Verlauf:[275] (*Schaubild 1*)

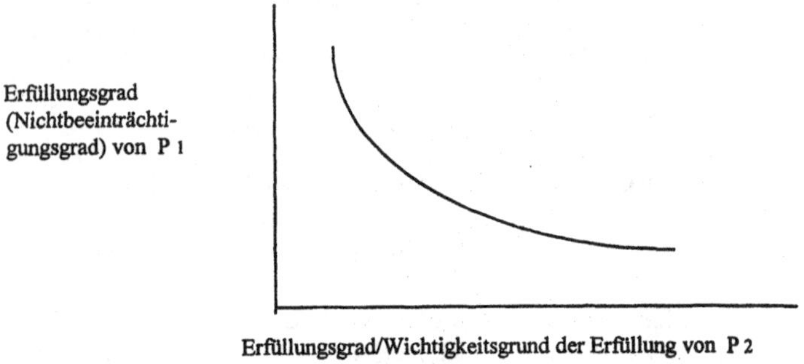

---

[270] In diesem Sinne BVerfGE 17, 306 (314).

[271] Vgl. Jansen, Der Staat, Bd. 36 (1997), S. 35 ff. (insbes S. 38).

[272] Alexy, Theorie der Grundrechte, S. 146 ff..

[273] Alexy, a.a.O., S. 146, 147. Ausführlicher zu der Bedeutung dieser Kurven in der Wirtschaftswissenschaft zur Bestimmung des Konsumentenverhaltens bei Substitutionsprozessen Jansen, a.a.O., S. 30 ff..

[274] Die Grenzrate der Substitution bezeichnet in einem Substitutionsverhältnis die Einsatzmenge eines Faktors, die notwendig ist, um eine Einheit eines anderen Faktors an einem gegebenen Punkt zu substituieren, wenn die Produktmenge (der Ertrag) unverändert bleiben soll. *Je* größer die Grenzrate der Substitution ist, *desto* mehr Einheiten eines Faktors sind notwendig, um den Ertragsausfall auszugleichen, der durch die Verminderung der Einsatzmengen des anderen Faktors auftritt. Das Substitutionsverhältnis wird somit durch eine *Je-desto-Formel* ausgedrückt.

[275] Alexy, Theorie der Grundrechte, S. 148. Vgl. auch Jansen, a.a.O., S. 31 ff..

Nach Ansicht *Alexy's* ist aus diesem Kurvenverlauf die „Je-desto-Formel“ des Abwägungsgesetzes deduzierbar, denn wenn beide Prinzipien abstrakt gleichrangig sind, dann ist ein sehr geringer Erfüllungsgrund bzw. eine sehr intensive Beeinträchtigung des Bankgeheimnisses zugunsten der Sicherung des Steueraufkommens (der gleichen Besteuerung) nur dann zulässig, wenn der relative Wichtigkeitsgrund der Sicherung des Steueraufkommens *sehr* hoch ist.[276] Damit ist freilich noch nicht gesagt, wann eine sehr intensive Beeinträchtigung bzw. ein sehr hoher Wichtigkeitsgrad besteht. [277] Kollidieren somit zwei Prinzipien (P 1 und P 2) miteinander, werden diese nach Maßgabe des Abwägungsgesetzes verhältnismäßig aneinander ausgerichtet, wodurch praktische Konkordanz entsteht.

Nun führt die Ausrichtung zweier Prinzipien aneinander im Sinne der praktischen Konkordanz und des Abwägungsgesetzes nicht immer dazu, daß *beide* Prinzipien verhältnismäßig zurückgedrängt werden, sondern es kann vorkommen, daß eines der Prinzipien sich im konkret zu betrachtenden Fall als so stark erweist, daß es das andere Prinzip für diesen Fall völlig verdrängt. In einem anderen Fall kann es sich genau anders herum verhalten. Dann wird als Ergebnis der Abwägung eine Regel begründet, die ein definitives Gebot aufweist / eine definitive Geltung beansprucht, etwas ganz bestimmtes zu tun oder zu unterlassen. Dieses kann als ein Totaleingriff bezeichnet werden, da von dem gegenläufigen Prinzip im Umfang der Geltung des vorgehenden, sich durchsetzenden Prinzips faktisch nichts übrig bleibt. Auch dieser Totaleingriff ist Ausdruck des Abwägungsgesetzes. Nach dem Gesetz der abnehmenden Grenzrate der Substitution muß der Eingriff, der das zurücktretende Prinzip P 2 faktisch verdrängt, nicht nur sehr stark sein bzw. einen sehr hohen Wichtigkeitsgrad aufweisen (Realisierung von P 1), sondern er muß überproportional stark bzw. wichtig sein[278]. *Über*proportional kann ein Prinzip oder ein es flankierender Eingriffsgrund zunächst nur dann sein und einen Totaleingriff in das Prinzip P 1 rechtfertigen, wenn *zusätzlich* zu den Gründen und Rechtfertigungen, die im Rahmen einfacher proportionaler Abwägung zur Austarierung konfligierender Prinzipien stattfinden, weitere Gründe hinzutreten. Um es mit anderen Worten zu sagen, müssen zu den Eingriffsgründen, die einen (einfach) proportionalen Eingriff und eine diesbezügliche Zurückdrängung des einen Prinzips zugunsten des anderen rechtfertigen, festgestellt über die Abwägung des Verhältnismäßigkeitsgrundsatzes, *weitere* Gründe hinzutreten, die so eklatant wichtig sind, um einen Totaleingriff rechtfertigen zu können. Diese hinzutretenden Gründe sind somit ungleich der Gründe, die einen ‚normalen‘ Eingriff rechtfertigen. Allenfalls theoretisch wäre es möglich, daß es lediglich überproportional wichtige Eingriffsgründe gibt und keine von minderer Wichtigkeit. Tatsächlich erscheint dieses jedoch unmöglich, denn wenn es *über*proportional wichtige Eingriffsgründe gibt, die einen Totaleingriff rechtfertigen, dann gibt es im Rahmen der Erforderlichkeitsprüfung auch Gründe minderer (proportionaler) Wichtigkeit, die einen Eingriff rechtfertigen würden. Dieses ist eine Frage des Teilgrundsatzes der Erforderlichkeit und eine Frage nach dem mildest möglichen Eingriff. Der Realisierungsgrad eines Schutzbereiches eines Grundrechts wird somit von einem protagonistischen Prinzip P 1 und einem antagonistischen Prinzip P 2 beeinflußt. Je nach jeweiliger Hemmungs- oder Förderungsintensität dieser Prinzipien, ihrem diesbezüglichen Zusammenspiel, ergibt sich der Realisierungsgrad des Schutzbereiches. Das Zusammenspiel zwischen dem protagonistischen Prinzip P 1 und dem antagonistischen Prinzip P 2 und seine Auswir-

---

[276] Vgl. Alexy, Theorie der Grundrechte, S.149.

[277] Alexy, a.a.O., S.149, 150.

[278] In diesem Sinne Alexy, Theorie der Grundrechte, S. 269, 271; vgl. hierzu auch Jansen, Der Staat, 36 (1997), S. 33.

kungen auf den Realisierungsgrad eines Schutzbereiches, läßt sich grafisch wie folgt verdeutlichen: (*Schaubild 2*)

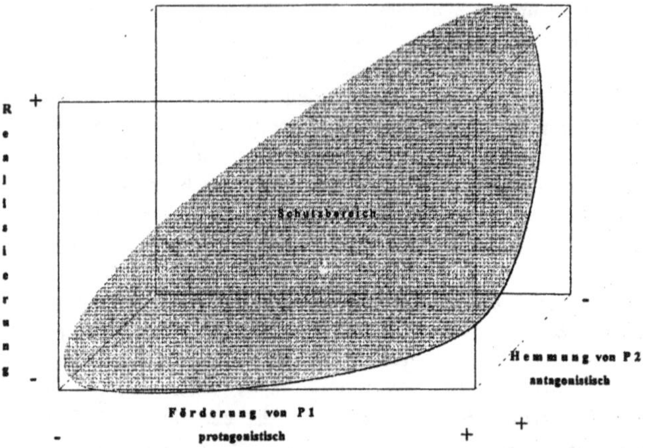

Es kann daher festgehalten werden, daß der Realisierungsgrad eines Schutzbereiches eines Grundrechts stets das Ergebnis der Kollision von mindestens einem protagonistischen Prinzip P 1 mit mindestens einem antagonistischen Prinzip P 2 ist. Der Grafik kann insofern entnommen werden, daß es um so größerer (überproportionaler) Faktoren des hemmenden Prinzips P 2 bedarf, um der Förderung von Prinzip P 1 zu begegnen.

b.) Drei Verfassungstheorien und ihr Bezug zum Abwägungsgesetz

Im Bereich der Grundrechtsdogmatik werden drei Theorien vertreten, die unmittelbar aus dem Abwägungsgesetz und dem Gesetz der abnehmenden Grenzrate der Substitution deduzierbar sind. Hierbei handelt es sich um die Sphärentheorie, die im Rahmen von Art. 2, Abs. I GG Bedeutung erlangt hat, die Wesensgehaltsgarantie des Art. 19, Abs. II GG[279] und die vom Bundesverfassungsgericht im Apothekenurteil entwickelte ‚Drei - Stufentheorie' zu Art. 12, Abs. I GG.[280] Unter anderem zur Verdeutlichung der bisherigen Ausführungen gilt es, diese Theorien jetzt mit ihren wesentlichen Aussagen vorzustellen, wobei auch Ausführungen zu (angeblich) absoluten Grundrechtsgehalten oder Kerngehalten von Grundrechten gemacht werden müssen.

279 Genau genommen handelt es sich hierbei um ein ganzes Theorienbündel.

280 BVerfGE 7, 377 ff..

(1) Die Sphärentheorie

Bei der Sphärentheorie[281] geht es darum, verschiedene Sphären oder Lebensbereiche eines Menschen einem unterschiedlich intensiven Schutz vor Eingriffen des Staates zu unterstellen.[282] Diese Theorie wurde vom Bundesverfassungsgericht im Laufe seiner Rechtsprechung zu Art. 2, Abs. I GG für das Verfassungsrecht entwickelt,[283] aber mittlerweile durch die Volkszählungsentscheidung weitgehend verworfen.[284] Es wurden drei Sphären unterschieden, nämlich eine innerste oder Intimsphäre, in die hinein keinerlei Eingriffe des Staates möglich sein sollten, die insofern also absoluten Charakter haben sollte[285], eine Privat- oder Geheimsphäre, in die hinein zwar aufgrund der Schranken des Art. 2, Abs. I GG eingegriffen werden konnte, jedoch nur unter strikter Wahrung des Verhältnismäßigkeitsgrundsatzes und eine äußere Sphäre (Sozialsphäre), in die hinein Eingriffe unter weniger strengen Anforderungen erfolgen durften.

In vorliegendem Zusammenhang interessiert die Intimsphäre. Die Intimsphäre, die absoluten Schutz genießen soll und in die hinein keinerlei Eingriffe möglich sein sollen, auch nicht unter Beachtung des Abwägungsgesetzes[286], wird mit dem Menschenwürdegehalt gleichgesetzt, den jedes Grundrecht, somit auch Art. 2, Abs. I GG, enthalten soll.[287] Kritik wird an der Sphären-theorie unter anderem deswegen geübt, weil eine eindeutige Zuordnung von Sachverhalten zu der einen oder anderen Sphäre nicht möglich ist[288] und die Theorie

---

[281] Siehe dazu z.B.: Pieroth/Schlink, a.a.O., Rn. 376; Alexy, Theorie der Grundrechte, S. 327-329; Geis, Der Kernbereich des Persönlichkeitsrechts - Ein Plädoyer für die Sphärentheorie -, JZ 1991, S.112 ff. - m.w.N.; Ehmann, Zur Struktur des Allgemeinen Persönlichkeitsrechts, JuS 1997, S. 196, 197); Degenhart, Das allgemeine Persönlichkeitsrecht, Art. 2, Abs. I i.V.m. Art. 1, Abs. I GG, JuS 1992, S. 363, 364; Scholz, AöR,100 (1975), S.80 ff. (90 ff., 265 ff., 288); Vogelsang, a.a.O., S. 42 ff.; Duttge, Recht auf Datenschutz, Der Staat, 36 (1997), S. 299 ff.; Herrler, a.a.O., S. 42 ff..

[282] Scholz, a.a.O., S. 288 beschreibt in diesem Zusammenhang die Rechtsprechung des Bundesverfassungsgerichts als einen „stufenförmigen und konzentrischen Aufbau", der die in Art. 2, Abs. I GG geschützten Freiheitssphären in die Grundrechtsgarantie der persönlichen Entfaltungsfreiheit als solche einbeziehe, jedoch mit unterschiedlicher Intensität wirksam werden läßt. Vgl. auch Wendt, AöR, 104 (1979), S. 446 ff., der von „Abstufungen" spricht.

[283] BVerfGE 6, 32 (41); BVerfGE 27, 1 (6); BVerfGE 27, 344 (350 f.); BVerfGE 32, 373 (379 ff.); BVerfGE 34, 238 (245 ff.); BVerfGE 80, 367 ff. (373). Nach Ansicht von Geis, JZ 1991, S.112 -m.w.N., sei das Bundesverfassungsgericht lediglich der Rechtsprechung des BGH gefolgt und habe die dort bereits vorgefundenen Gedanken zu einer Einteilung der Lebensbereiche in Sphären unterschiedlichen intensiven Schutzes, im Rahmen des Verfassungsrechts weiter ausgebaut.

[284] BVerfGE 65, 1 (45) - zumindest was Informationseingriffe anbelangt; Mückenberger, Kritische Justiz 1984, S. 4, 5. Siehe auch Geis, JZ 1991, S. 113, 114.

[285] BVerfGE 27, 344 (351); 34, 238 (246, 248) - „... soweit sie nicht den *unantastbaren* Bereich privater Lebensgestaltung beeinträchtigen" (Hervorhebung von M.H.).

[286] Vgl.BVerfGE 34, 238 (245) - „Selbst überwiegende Interessen der Allgemeinheit können einen Eingriff in den absolut geschützten Kernbereich privater Lebensgestaltung nicht rechtfertigen; eine Abwägung nach Maßgabe des Verhältnismäßigkeitsgrundsatzes findet nicht statt". Vgl. auch Degenhart, JuS 1992, S. 363.

[287] Z.B. Geis, JZ 1991, S.113.

[288] Z.B. Mückenberger, a.a.O., S.5,6- wonach die Definition des Kernbereiches negativ erfolgt ist, indem festgestellt wurde, was im konkreten Fall *nicht* zu dieser Sphäre gehört. In der Tonband - Entscheidung des Bundesverfassungsgerichts heißt es, daß der absolute Kern eines Grundrechts schwer zu bestimmen sei - vgl. BVerfGE 34, 238 (248). Im Gegensatz dazu steht Geis, a.a.O.,S.115 ff., der für eine nicht zu enge Fassung des Kernbereiches plädiert, die nicht nur das forum internum eines Menschen umfassen soll, sondern auch darüber hinausgehende Äußerungen menschlichen Daseins im Außenverhältnis umfaßt, da der Mensch kein bloßes intimes Wesen sei, sondern auf Kommunikation nach außen ausgerichtet sei. Damit setzt Geis sich allerdings in Gegensatz zum BVerfG, das im Volkszählungsurteil den Bereich des Informationseingriffes aus

einen absoluten Kern suggeriert, der auch unter *extremsten* Umständen einen Eingriff nicht zulassen würde. Bei genauerer Betrachtung stellt sich die Sphärentheorie als unmittelbarer Ausdruck des Gesetzes der abnehmenden Grenzrate der Substitution dar.[289] Der Umstand, daß in der Vergangenheit in die Intimsphäre Eingriffe nicht möglich gewesen sein sollen, liegt daran, daß es keine überproportional wichtigen bzw. starken Eingriffsgründe gab, die einen solchen Eingriff gerechtfertigt hätten. Die Gründe haben in der Vergangenheit der Abwägung nicht standgehalten. *Alexy* umschreibt dieses mit dem Gedanken, daß die Intimsphäre schon per definitionem keinen Anknüpfungspunkt mit der Außenwelt habe, somit die Belange von Mitmenschen und der Gemeinschaft nicht berührt und die Prinzipien, die für den Schutz dieser Sphäre streiten, nicht von gegenläufigen Prinzipien, die ja nur individuelle Rechte anderer oder kollektive Rechte zum Inhalt haben können, zurückgedrängt würden.[290] Das heißt aber nicht, daß im Bereich der Sphärentheorie das Abwägungsgesetz nur eine eingeschränkte Geltung besitzt. Es spricht nur ein hoher Erfahrungsschatz und eine hohe Wahrscheinlichkeit dafür, daß es keine überproportional wichtigen Gründe dafür gibt, in die Intimsphäre einzugreifen.[291] Theoretisch ausgeschlossen ist ein solcher Eingriff jedoch nicht. Wie noch zu zeigen sein wird, stellt sich auch bei absoluten Theorien das Absolute als Ergebnis eines Abwägungsvorganges dar, so daß das vermeintlich Absolute nur faktisch absolut erscheint.

(2) Die Wesensgehaltsgarantie

Im Zusammenhang mit der Wesensgehaltsgarantie zu Art. 19, Abs. II GG handelt es sich genau genommen nicht um eine Einzeltheorie, sondern um ein ganzes Theorienbündel. An dieser Stelle geht es nicht darum, die einzelnen Ansichten zu Art. 19, Abs. II GG en Detail aufzuzeigen, sondern nur darum, das für den genannten Zusammenhang Wichtige in Kürze darzustellen. Grundsätzlich ist Art. 19, Abs. II GG dem Versuch gewidmet, Grundrechte gegen eine (schleichende) Aushöhlung zu schützen, wobei Ausgangspunkt der Überlegungen der Väter des Grundgesetzes war, daß jedes Grundrecht einen „harten Kern" besitzen würde, den sie Wesensgehalt nannten[292] und der vor Beeinträchtigungen geschützt werden müsse. Weitgehende Einigung besteht dahingehend, daß der Wesensgehaltsgarantie die Funktion einer Schranken - Schranke obliegt, da sie die aufgrund der normierten Schranken eines jeden Grundrechtes möglichen staatlichen Eingriffe ihrerseits wiederum begrenzt.[293] Wie dieser Wesensgehalt eines jeden Grundrechts jedoch beschaffen und zu bestimmen sei und wie der

der Intimsphäre ausgegliedert hat. Außerdem bleibt er schuldig zu definieren, was denn sein erweiterter Kernbereich beinhalten soll. Darüberhinaus erscheint der Begriff und das Bestreben eines erweiterten Intimbereiches / Kernbereiches als sprachlich paradox.

289 In diesem Sinne auch Scholz, AöR, 100 (1975), S. 92 ff., 267 ff..

290 Vgl. Alexy, Theorie der Grundrechte, S. 327, 328.

291 In diesem Sinne Alexy, a.a.O., S. 328, 329; Ehmann, JuS 1997, S.197 - der diesen Erfahrungswert und diese Rechtssicherheit an der jahrelangen Judikatur festmacht. Er spricht in diesem Zusammenhang von „Fallgruppenbildung", „Vorwertung" und „Typizität".

292 Maunz, in: M/D/H/S, Art. 19 Abs. II, Rn. 2.

293 Vgl. Krüger (Herbert), Der Wesensgehalt der Grundrechte i.S. Art. 19 GG, DÖV 1955, S. 599; Sachs/Krüger (Hartmut), Grundgesetz - Kommentar, Art. 19, Rn. 28, 42; BGHSt. 4, 375 (377); Pieroth / Schlink, a.a.O., Rn. 274 ff. (278); Hesse, Grundzüge des VerfR, Rn. 332 f.; Maunz, in: M/D/H/S, Art. 19, Rn. 16; Dreier, Grundgesetz - Kommentar, Art. 19 II, Rn. 6; Stern, a.a.O., Bd. III/2, § 85 -Der Schutz des Wesensgehalts der Grundrechte, S.865.

in Art. 19, Abs. II GG intendierte Schutz zu erreichen sei, ist seit der Schaffung des Grundgesetzes umstritten. Hierzu haben sich im Laufe der Zeit eine ganze Reihe von Theorien entwickelt, von denen die wichtigsten Begriffspaare kurz vorgestellt werden sollen.

(2.1.) Die Theoriegruppen

Es lassen sich zwei Begriffspaare unterschiedlicher Ansichten zu Sinn und Zweck von Art. 19, Abs. II GG unterscheiden. So unterscheidet man die Ansichten danach, ob sich der Sinn und Zweck von Art. 19, Abs. II GG auf den Schutz von subjektiven Positionen oder auf den von objektiven Zuständen bezieht und ob dieser Grundgesetzartikel relativ oder absolut zu interpretieren ist.[294]
Bei der Unterscheidung zwischen subjektiven und objektiven Ansichten geht es um die Frage, ob Art. 19, Abs. II GG die restlose Entziehung eines Grundrechtes im *Einzelfall* (subjektive Theorie) verbietet oder ob nur verhindert werden soll, daß der Wesenskern eines Grundrechtes als solcher, bezogen auf die *Allgemeinheit* der Grundrechtsträger (objektive Theorie), entzogen werden kann.[295] Ohne die unten zu behandelnde Frage vorweg zu beantworten, welche „Stoßrichtung" Grundrechte haben -subjektive (Abwehr-) Rechte des Einzelnen gegenüber dem Staat, oder objektive Normen, die den Staat verpflichten, diesen Normen zur Realität zu verhelfen-, ist bereits jetzt festzuhalten, daß Grundrechte primär Schutzpositionen des Einzelnen vor dem Staat sind. Dieses wird auch vom Bundesverfassungsgericht in steter Rechtsprechung so vertreten,[296] indem das Gericht Art. 19, Abs. II GG in erster Linie auf individuelle Positionen bezieht.[297] Um des einzelnen Bürgers willen wurden die Grundrechte in das Grundgesetz eingefügt, so daß Art. 19, Abs. II GG sich auf individuelle, subjektive Positionen bezieht.[298]

Von Bedeutung im angesprochenen Zusammenhang ist vor Allem die Unterscheidung zwischen relativer und absoluter Theorie. Diese liegt darin, daß sich nach der relativen Theorie der Wesensgehalt eines Grundrechts als das Ergebnis dessen darstellt, was nach einer Abwägung im Einzelfall übrigbleibt[299], auch dann, wenn es danach in einer konkreten Situation und Konstellation zu einer völligen Aufhebung des Grundrechts kommt,[300] was als ein Totaleingriff bezeichnet werden kann. Zwei gegenläufige Prinzipien, Grund und Gegengrund, treffen aufeinander und werden dem Abwägungsgesetz gemäß austariert. Insofern ist Art. 19, Abs. II GG in dieser relativen Sichtweise unmittelbarer Ausfluß des Verhältnismäßigkeits-

---

[294] Vgl. dazu z.B.: Alexy, Theorie der Grundrechte, S.267-269; Krebs, in: v. M/Kunig, Art. 19,Rn. 22, 24, 25; Sachs/Krüger (Hartmut), Grundgesetz-Kommentar, Art. 19, Rn. 27 ff.; Dreier, a.a.O., Rn. 8; Denninger, in: Alternativkommentar zum Grundgesetz, Art.19, Rn.4 ff.; dergl., Zum Begriff des „Wesensgehaltes" in der Rechtsprechung (Art.19 Abs. II GG), DÖV 1960, 812 ff., der sich insbesondere bemüht, die trotz aller Differenzen bestehenden Gemeinsamkeiten der unterschiedlichen Ansichten, zu zeigen. Vgl. auch Dreier, Grundgesetz-Kommentar, Art. 19 II, Rn. 12; Stern, StaatsR, Bd. III/2, S. 864 ff..

[295] Vgl. z.B. Alexy, a.a.O., S.268; Pieroth/Schlink,a.a.O., Rn.301 - jeweils unter Bezugnahme auf BVerfGE 2, 266 (285).

[296] Vgl. BVerfGE 7, 198 (204 ff.).

[297] Differenzierend Dreier, a.a.O., Rn. 9, der zwischen dem objektiven Grundrechtsgehalt in Bezug auf den Staat und der subjektiven Grundrechtsfunktion für den Einzelnen unterscheidet.

[298] Z.B. Alexy, Theorie der Grundrechte, S. 268; Denninger, a.a.O., Rn. 5; Krebs, in: v.M/Kunig, Art. 19, Rn. 22, 25. *Anderer Ansicht* (für objektive Theorie): Hendrichs, in: v.M, Art. 19, Rn. 23 f..

[299] Maunz, in: M/D/H/S, Art. 19, Rn. 16, 17.

[300] Maunz, in: M/D/H/S, a.a.O., Rn. 4.

grundsatzes[301] und des Gesetzes der abnehmenden Grenzrate der Substitution. Insofern hat Art. 19, Abs. II GG lediglich deklaratorische Bedeutung, da diese Folge lediglich festgestellt wird (sog. Identitätsthese).[302] Gerade die Funktion der Wesensgehaltsgarantie als Schranken - Schranke impliziert bereits ihre Identität mit dem Verhältnismäßigkeitsgrundsatz, da die Begrenzungsfunktion einer Schranken - Schranke dessen ureigenste Aufgabe ist, gerade um die gegenläufigen Interessen anhand der Proportionalität gegenseitig austarieren zu können. Dieser Ansicht gebührt grundsätzlich der Vorzug, wenngleich im Rahmen des unten behandelten zweiten Abwägungsgesetzes Modifikationen an dieser Konzeption vorgenommen werden müssen.

Nach der absoluten Theorie hingegen beinhaltet jedes Grundrecht einen feststehenden Kern (= Wesensgehalt), der einem Eingriff auf jeden Fall entzogen (sc. resistent) ist, auch unter Anwendung des Verhältnismäßigkeitsgrundsatzes.[303] Die dogmatische Verwandschaft dieser absoluten Theorie zur oben dargestellten Sphärentheorie ist augenscheinlich. Beide fußen auf der Vorstellung, es gäbe einen resistenten Grundrechtskern, der jeglichen Eingriffen entzogen ist und bei dem der Verhältnismäßigkeitsgrundsatz keine Anwendung findet (sog. Trennungsthese). Diese Auffassung ist falsch und bedarf näherer Betrachtung.

Differenzierend in diesem Zusammenhang ist die Ansicht von *Dreier*[304], der eine Identität der Institute des Wesensgehaltes und des Verhältnismäßigkeitsgrundsatzes lediglich in einigen Fällen konstatiert. Grundsätzlich geht er von einer Wechselwirkung der Institute aus, wenn er sagt, daß die Identitätsthese insofern einen richtigen Gesichtspunkt träfe, „als die Wesensgehaltssperre ein zentrales Argument für die Anerkennung des Verhältnismäßigkeitsgrundsatzes liefert".[305] Letztendlich würde eine generelle Identität der Institute nicht bestehen, da die fein dosierte Schranken - Schranke des Verhältnismäßigkeitsgrundsatzes sich als eine vorgeschobene Sicherungslinie erwiesen habe, die den grundrechtlich geschützten Freiraum der einzelnen Grundrechte abschirme, „lange bevor die hohe Schutzschwelle des Art. 19 II GG erreicht" sei.[306] Geringfügige Eingriffe könnten unverhältnismäßig sein, ohne auch nur in die Nähe des Wesensgehaltes zu gelangen. In Fällen, in denen ein Eingriff an der Hürde der Verhältnismäßigkeitsprüfung scheitert, sollte man daher nicht von einer Verletzung des Wesensgehaltes sprechen. Lediglich in Fällen eines weitreichenden Eingriffs in eine Grundrechtsposition, die deren Wesensgehalt betrifft und dennoch der Verhältnismäßigkeitsprüfung

---

301 So zum Beispiel Gutachten des BGH vom 25.01.1952 in BGHSt. 4, 375 (377); Beschluß des BGH vom 17.10.1955 (VRG 4/55), in: DÖV 1955, S. 729 ff. (730, 731); BVerfGE 27, 344 (350 f.) - Scheidungsakten.

302 Z.B. Alexy, a.a.O., S. 269; Hesse, Grundzüge des VerfR, Rn. 332 ff.; Hesse, Bedeutung der Grundrechte, in: Hdb des VerfR, § 5, Rn. 73; Denninger, in: Alternativkommentar, Rn. 8-10; Krebs, in: v. M/Kunig, Art.19, Rn. 22, 24, 25; Maunz, in: M/D/H/S, a.a.O., Rn. 4. *Anderer Ansicht* Krüger (Hartmut), in: Sachs, Grundgesetz-Kommentar, Art. 19, Rn. 30 ff.; Krüger (Herbert), Der Wesensgehalt der Grundrechte i. S. des Art. 19 GG, DÖV 1955, S. 597 ff. (598); Häberle, a.a.O., S. 58 ff. (66), 234 f..

303 Vgl. z.B. Stein, Staatsrecht, § 19, III, S.183; Model/Müller, Grundgesetz-Kommentar für die Bundesrepublik Deutschland, Art.19, Rn.7; Hendrichs, in: v.M, Grundgesetz-Kommentar, Art. 19, Rn. 25; Pieroth/Schlink, a.a.O., Rn. 300 ff.; Maunz/Zipelius, a.a.O., § 20 I e; Geis, JZ 1991, S.115; Maunz, in: M/D/H/S, Art. 19,Rn. 3; Krüger (Hartmut), in: Sachs, Grundgesetz-Kommentar, Art. 19, Rn. 28 ff.(30, 31); Krüger (Herbert), DÖV 1955, S. 597 ff. (598); Gentz, NJW 1968, S. 1602 f.; Wendt, AöR, 104 (1979), S. 446; Stern, a.a.O., Bd. III/2, S. 865 f.; Jansen, Der Staat, 36 (1997), S. 51 ff..

304 Dreier, Grundgesetz-Kommentar, Art. 19 II, Rn. 14.

305 Dreier, a.a.O..

306 Dreier, a.a.O.. Vgl. auch Stern, a.a.O., Bd. III/2, S. 856, 872; Maunz, in: M/D/H/S, Art. 19, Anm. 16.

standhalten würde, somit Art. 19, Abs. II GG nach Ansicht von *Dreier* eine „teleologische Reduktion seiner normativen Reichweite" erfahre, sei eine Identität der Institute gegeben. Auch diese Ansicht wird im folgenden betrachtet werden.

(2.2.) Erstes Abwägungsgesetz und absolute Theorien

Die Anhänger der absoluten Theorie sehen eine Antinomie in dem Institut des Wesensgehaltes und dem des Verhältnismäßigkeitsgrundsatzes und vertreten die Trennungsthese, verkennen aber, daß sie sich bei der Begründung dieses Gegensatzes oft auch Aspekten bedienen, die dem Verhältnismäßigkeitsgrundsatz entstammen, wobei die behaupteten Sachlagen, die der Abrenzung dienen sollen, bereits unverhältnismäßig wären. Eine solche Unverhältnismäßigkeit liegt beispielsweise vor, wenn *Herbert Krüger*[307] den Gegensatz der beiden Institute begründet, indem er ausführt, „daß es der Sinn der Unantastbarkeit ist, gegebenenfalls auch die Anwendbarkeit des Grundsatzes der Verhältnismäßigkeit auszuschließen. Denn dieser Grundsatz verbietet die Verfolgung keines Zieles, vorausgesetzt lediglich, daß es ökonomisch verfolgt wird, während die Unantastbarkeit des Wesensgehaltes besagt, daß selbst das nützlichste Ziel und sparsamste Mittel einen staatlichen Eingriff in die bürgerliche Freiheitssphäre nicht rechtfertigen können, wenn diese dadurch der Grundlagen für ihre verfassungsmäßige Aufgabe beraubt werden würde". Ein solcher Eingriff wäre nach der hier vertretenen Ansicht jedoch bereits unproportional und daher aufgrund des Verhältnismäßigkeitsgrundsatzes nicht gerechtfertigt.[308] Die Anhänger absoluter Theorien fanden und finden ihre Rechtfertigung scheinbar in Äußerungen des Bundesverfassungsgerichts wie z.B. der Art: „Selbst überwiegende Interessen der Allgemeinheit können einen Eingriff in den absolut geschützten Kernbereich privater Lebensgestaltung nicht rechtfertigen; eine Abwägung nach Maßgabe des Verhältnismäßigkeitsgrundsatzes findet nicht statt"[309] oder „...letzter unantastbarer Bereich... „.[310] Letztendlich läßt sich die Rechtsprechung des Bundesverfassungsgerichts aber nicht für absolute Theorien gewinnen[311], z.B. weil das Gericht wie im oben genannten Volkszählungsurteil ganze Bereiche aus vormals angeblich resistenten Kernbereichen ausgliedert und damit Eingriffen zugänglich macht.[312] Das Gericht hat stets eine Abwägung der kollidierenden Güter vorgenommen, wenngleich auch in unterschiedlich intensivem Maße. Äußerungen wie die oben Genannten, eine Abwägung nach Maßgabe des Verhältnismäßigkeitsgrundsatzes würde nicht stattfinden, liegen darin begründet, daß es aufgrund der Erfahrungswerte ganz im Sinne des Abwägungsgesetzes keine *überproportional* wichtigen Gründe gibt bzw. gab, die einen Eingriff in den betrachteten Bereich gerechtfertigt hätten (s.o.). Theoretisch aber hat auch das Gericht die Existenz solcher überproportional wichtiger Eingriffsgründe nie ausgeschlos-

---

307 Krüger (Herbert), DÖV 1955, S. 597 ff. (598).

308 Vgl. Hesse, Grundzüge des VerfR, Rn. 333.

309 BVerfGE 34, 238 (245).

310 BVerfGE 6, 32 (41).

311 Dazu ist die Rechtsprechung des Bundesverfassungserichtes nicht einheitlich genug. Letztendlich lassen sich aus der Rechtsprechung des Bundesverfassungsgerichts Argumente der einen, wie der anderen Ansicht finden. In der Entscheidung über die Subsidiarität der Sozialhilfe, BVerfGE 22, 180 (219 f.), hat das Gericht zum Beispiel ausgeführt, „worin der Wesensgehalt eines Grundrechts besteht, muß für jedes Grundrecht aus seiner besonderen Bedeutung im System der Grundrechte ermittelt werden". Vgl. auch Dreier, Art. 19 II, Rn. 11, 13; Stern, a.a.O., Bd. III/2, S. 855.

312 Siehe Ausführungen bei der Sphärentheorie.

sen.[313] Diese Konstellation ist lediglich Ausdruck einer der beiden Extrempunkte des Abwägungsgesetzes. Sein extremes Pendant auf der anderen Seite der Skala ist ein Totaleingriff, ein Eingriff also, der trotz Anwendung des Abwä-gungsgesetzes von dem Prinzip, in das eingegriffen wird, im konkreten Fall nichts übrig läßt. Absolute Theorien gehen von einem resistenten, feststehenden und unantastbaren Kerngehalt von Grundrechten aus, der überwiegend mit dem Menschenwürdegehalt einer Grundrechtsnorm gleichgesetzt wird, da in der Wertordnung des Grundgesetzes die Menschenwürde den obersten Wert darstellt.[314] Die Problematik dieser Theorien liegt überwiegend darin begründet, daß dieser resistente Kerngehalt exakt definiert werden müßte, was indes nicht gelungen ist. Vor diesem Kontext ist auch der bekannte Satz *Luhmann's* zu sehen, der sagte: „Das Wesen des Wesens ist unbekannt".[315] Zwischen den Vertretern der absoluten Theorie gibt es über den Begriff des Kernbereichs und seine Reichweite keine Einigkeit. Vielmehr wurde in der Vergangenheit die Abgrenzung zumeist negativ vorgenommen, indem festgestellt wurde, was jeweils *nicht* zu diesem Bereich gehören sollte. Dem Begriff des Absoluten sind Begriffe wie „statisch" oder „konservativ" immanent, da sie den zu schützenden Kernbereich einmal definieren und festhalten bzw. bewahren wollen. Das hätte dann für die Vertreter dieser Theorien den erstrebten Vorteil einer Prognosemöglichkeit für alle zukünftig eintretenden Konfliktlagen. Aus dieser Prognosemöglichkeit resultiert ein Gefühl der Rechtssicherheit. Bekanntlich ist die Rechtsordnung aber einem steten Wandel unterworfen. Rechtspositionen und Institute werden aufgegeben oder neue treten hinzu oder neue Konfliktlagen entstehen. Dieses bedeutet aber, um den Kernbereich auch im Rahmen dieser Entwicklung zu verteidigen, daß die Definition des Kernbereiches permanent angepaßt werden müßte, indem „veraltete" Positionen und Institute aus diesem Kern verabschiedet werden, neue hingegen, die das veränderte gesellschaftliche Umfeld erschaffen hat, müßten aufgenommen / integriert werden. Dieses ist aber eben kein statischer, sondern ein dynamischer Prozeß, der einer absoluten Theorie wesensfremd wäre. Als weiterer Gesichtspunkt tritt hinzu, daß ein Kernbereich, um im eigentlichen, engeren Sinn absolut zu sein, faktisch und theoretisch absolut sein muß. Theoretisch absolut ist er aber nur dann, wenn er selbst unter den extremsten aller vorstellbaren Fällen, die einen Eingriff (ausnahmsweise) fordern, sich ebenfalls als resistent erweist. Genau das hat jedoch die Rechtsprechung des Bundesverfassungsgerichts und die schwankende Meinung innerhalb der Literatur gezeigt, daß zumindest auf theoretischem Gebiet ein solcher Eingriff nicht verneint werden kann.[316] Faktisch absolut ist der Kernbereich, wenn er sich im täglichen Leben bewährt und sich Eingriffen wichtiger Art erwehrt. Dieses aber zeigt, daß die theoretisch denkbaren Extremfälle in normalen Kollisionslagen so gut wie nicht auftreten, weil die überproportional starken Eingriffsgründe fehlen. Dadurch wird eine faktische Sicherheit für den Kernbereich begründet. Hierin liegt zugleich das scheinbar Absolute. Wenn aber etwas Abso-

---

[313] In diesem Sinne Alexy, Theorie der Grundrechte, S. 271, 328.

[314] Vgl. BVerfGE 6, 32 (41) -Elfes; BVerfGE 27, 1 (6) -Microzensus; BVerfGE 80, 367 ff. -Tagebuch; Ruppelt, Das Bankgeheimnis, Diss. jur., Köln 1959, S. 107; Krüger (Hartmut), in: Grundgesetz-Kommentar, Art. 19, Rn. 36, der allerdings der Ansicht ist, daß der Wesensgehalt über den Menschwürdekern hinausgeht -vgl. Rn. 37. So auch Denninger, DÖV 1960, S. 812 ff. (814). Vgl. ferner Maunz, in: M/D/H/S, Art. 19, Anm. 6, 7, der insbesondere die Meinungen von Dürig und v. Mangoldt-Klein schildert, die den Wesensgehalt eines Grundrechts über das in jedem Grundrecht enthaltenen Menschwürdeelement interpretieren wollen.

[315] Vgl. Krüger (Hartmut), in: Art. 19, Rn. 27; Lerche, in: Hdb. des StaatsR, Bd.V, § 122, Rn. 30.

[316] Vgl. hierzu auch das Resümee von Maunz, in: M/D/H/S, Art. 19, Anm. 14; Häberle, a.a.O., S. 286 ff., der die indifferente Rechtsprechung des Bundesverfassungsgerichts zur Bedeutung der Wesensgehaltsgarantie des Art. 19, Abs. II GG darstellt.

lutes zumindest theoretisch relativierbar ist, nämlich beim Vorliegen von Extremlagen (sc. überproportional wichtiger Eingriffsgründe), die einen Eingriff erfordern und Eingriffe dann zulassen würden, dann handelt es sich in realiter um eine relative Position, wenn auch mit *verhältnismäßig* sicheren Merkmalen.[317] Es ist daher davon auszugehen, daß auch im Rahmen des vermeintlich Absoluten der Verhältnismäßigkeitsgrundsatz Anwendung findet und es daher zu einer ‚Relativierung des Absoluten' kommt. Bei relativen Theorien erfolgt die Festlegung des „festen" Kerns jeweils im konkreten Einzelfall als Folge des Abwägungsgesetzes, des Gesetzes der abnehmenden Grenzrate der Substitution. Dieser Abwägungsprozeß ermöglicht eine permanente Anpassung an neu auftretende und sich verändernde Umfeldbedingungen. Dieser Abwägungsprozeß ist dynamisch. Die Verhältnismäßigkeit bedingt somit die Relativität.

Die ‚Relativierung des Absoluten' mit Hilfe des Verhältnismäßigkeitsgrundsatzes mag man bedauern, aber sie ist es, die ein Höchstmaß an Einzelfallgerechtigkeit schafft, da auf die Besonderheiten des *jeweiligen* Falles flexibel eingegangen werden kann, ohne an präjudizielle „Kernthesen" gebunden zu sein,[318] die im Endeffekt ein viel zu grobes Raster darstellen würden, um dem jeweiligen Einzelfall gerecht zu werden. Alle denkbaren Konstellationen kann man antizipiert im Rahmen absoluter Theorien nicht erfassen. Diesem Ziel der Einzelfallgerechtigkeit kann man nur gerecht werden, wenn man den Verhältnismäßigkeitsgrundsatz und seine Bestandteile ernst nimmt[319] und die Fragen nach einem milderen Mittel im Rahmen der Erforderlichkeit oder die Frage danach, ob ein wichtiger oder ein überproportional wichtiger Eingriffsgrund vorliegt, im Rahmen der Proportionalität, nicht zu einem lapidaren Argumentationsposten herabsinken läßt. Die hinter dem Verhältnismäßigkeitsgrundsatz stehende Konzeption ist eine der wesentlichen Säulen der Verfassungsdogmatik.

Dieser Problematik einer ‚Relativierung des Absoluten' unterliegt auch die Konzeption von *Dreier*. Bei allem Bemühen um Differenzierung kann seiner Argumentation aus den gleichen Gründen wie geschildert nicht gefolgt werden. Auch er bleibt die Antwort schuldig, worin denn der Wesensgehalt eines Grundrechts letztendlich bestehen soll. Gerade der Umstand, das beide Institute, Wesensgehaltsgarantie und Verhältnismäßigkeitsgrundsatz, die Funktion einer Schranken - Schranke haben, zeigt deren Identität. Die Schranken - Schranken Funktion erhält die Wesensgehaltsgarantie des Art. 19, Abs. II GG über bzw. von dem Grundsatz der Verhältnismäßigkeit. Die begrenzende Funktion einer Schranken - Schranke gewinnt der Verhältnismäßigkeitsgrundsatz entscheidend aus dem Teilgrundsatz der Proportionalität im Rahmen der Abwägung. Nicht geeignete und nicht erforderliche Eingriffe in den grundrechtlich normierten Schutzbereich unterfallen schon nicht dem Begriff einer Grundrechtsschranke, so daß es auf die eigentliche Schranken - Schranken Funktion des Verhältnismäßigkeitsgrundsatzes nicht ankommt. Besteht indes ein geeigneter und erforderlicher Eingriff in einen Schutzbereich eines Grundrechts, der dieses insoweit beschränken würde, gewinnt die Proportionalität ihre, den Eingriff begrenzende Funktion. Letztendlich kann nach dem hier vertretenen Verständnis nur im Rahmen einer Identitätsthese eine sachgerechte Lösung bei Prinzipienkollisionen angeboten werden. Bei einer solchen Kollision treffen zwei grundgesetzlich verbürgte Positionen aufeinander, ohne daß der einen oder anderen per se der Vorrang gebührt. Dieses wurde bereits ausgeführt. Treffen zum Beispiel zwei gegenläufige Prinzipien zweier Bürger aufeinander, die grundrechtliche Positionen verkörpern, wäre nach der Trennungsthese zunächst der

---

317 Ähnlich Hesse, Grundzüge des VerfR, Rn. 333; Alexy, Theorie der Grundrechte, S. 97, 271, 272. In diesem Sinne auch Häberle, a.a.O., S. 64 ff. (66).

318 Vgl. Denninger, in: Alternativkommentar zum Grundgesetz, Art.19, Rn. 10, 11.

319 Vgl. Denninger, a.a.O.; Krebs, in: v.M/Kunig, Grundgesetz-Kommentar, Art.19, Rn.25.

jeweilige Wesensgehalt der Positionen zu bestimmen und dieser ermittelte Wesensgehalt dann jeweils zu beachten. Eine solche Konstellation würde in dem hier interessierenden Zusammenhang zum Beispiel dann auftreten, wenn zwei widerstreitende grundrechtliche Positionen verschiedener Bürgern aufeinandertreffen und im Rahmen eines (Zivil-) Rechtsstreites zu klären wäre, welchem der betroffenen Grundrechte im konkreten Fall der Vorrang gebührt. Ohne an dieser Stelle auf die Drittwirkungsproblematik einzugehen,[320] kann diese Konfliktlage (zum Beispiel durch einen Richter, der gemäß Art.1, Abs. III GG an die Wesensgehaltsgarantie gebunden wäre) nur dadurch aufgelöst werden, daß in dem zu entscheidenden Fall eine Vorrangrelation bestimmt wird, die die Position des einen Bürgers der Position des anderen Bürgers in diesem Fall vorgehen ließe, somit die eine Position von der anderen ein stückweit verdrängt bzw. begrenzt werden würde. Diese Begrenzung jedoch müßte die betroffene Position des einen Bürgers im Rahmen einer Abwägung erfahren, in der für den zu regelnden Kollisionsfall eine proportionale (pareto-optimale) Begrenzung definiert würde. Bei konsequenter Anwendung der Trennungsthese wäre dieses jedoch nicht ohne Verletzung des Wesensgehaltes zumindest einer der betroffenen Positionen möglich. Geht man hingegen von der Identitätsthese aus, ergeben sich insoweit keine Probleme, da der Wesensgehalt sich stets als das Ergebnis einer Abwägung im Rahmen des Verhältnismäßigkeitsgrundsatzes darstellt. Dieses bedingt die ‚Relativität des Absoluten'.

(3) Die Drei-Stufentheorie

Eine konsequente Umsetzung des Abwägungsgesetzes und des Gesetzes der abnehmenden Grenzrate der Substitution stellt auch die vom Bundesverfassungsgericht in seinem Apothekenurteil zu Art. 12, Abs. I GG entwickelte „Drei-Stufentheorie" dar.[321] In dem hier interessierenden Zusammenhang unterscheidet das Gericht drei Stufen zunehmender Eingriffsintensität in bezug auf das Grundrecht der Berufsfreiheit von Art. 12, Abs. I GG. Das Gericht differenziert im Rahmen des einheitlich entwickelten Grundrechtes der Berufsfreiheit[322] zwischen dem Aspekt der Berufsausübung und dem der Berufswahl, wobei es unter strikter Wahrung des Verhältnismäßigkeitsgrundsatzes die Eingriffsintensität danach staffelt, ob eine Maßnahme mehr in die Berufsausübungsfreiheit wirkt oder mehr in die der Berufswahl eingreift. Der Eingriff ist hiernach um so intensiver, je mehr er in die Freiheit der Berufswahl

---

320 Siehe dazu unten S. 63 ff.. Im Fall der Kollision zweier bürgerlicher Grundrechtspositionen kann die Drittwirkungsproblematik insoweit nicht hinweggedacht werden. M. E. zeigt jedoch gerade die Drittwirkungsproblematik, bei der der Staat über Art. 1, Abs. III GG i.V.m. den Generalklauseln an die grundsätzliche Wertordnung des Grundgesetzes gebunden wird, daß die Identitätsthese die größere Plausibilität für sich verbuchen kann. Bei der Identitätsthese muß bspw.das Gericht in Konstellationen wie der Vorliegenden die widerstreitenden betroffenen Grundrechte der Bürger ins rechte Verhältnis zueinander setzten. Bei der Trennungsthese muß es darüber hinaus vorab die Wesensgehalte der betroffenen Grundrechte definieren oder von vordefinierten Wesensgehaltsdefinitionen irgend einer Art ausgehen und die betroffenen Grundrechtspositionen anschließend in ein proportionales Verhältnis zueinander setzen. Dieser Dualismus der Trennungsthese wird indes im Rahmen der Drittwirkungsdiskussion soweit ersichtlich nicht vertreten. Bei der Drittwirkungsdiskussion kommt es lediglich darauf an, die betroffenen Grundrechte proportional aneinander auszurichten.

321 BVerfGE 7, 377 (405 ff.) und Leitsätze Nr. 6 a - d. Darstellung zur drei-Stufentheorie z.B. Pieroth/Schlink, a.a.O., Rn. 846 ff.; Hesse, Grundzüge des VerfR, Rn. 421 ff.; Tettinger, in: Sachs,Grundgesetz-Kommentar, Art. 12, Rn. 100 ff. (110); Stern, StaatsR, Bd. III/2, § 84, S. 801 ff.; BVerfGE 19, 330 (337); BVerfGE 46, 120 (138); Gentz, NJW 1968, S.1603. Die drei-Stufentheorie wird unten im Rahmen der verfassungsmäßigen Verankerung des Bankgeheimnisses von Firmenkunden ausführlicher behandelt werden.

322 Vgl. Tettinger, in: Sachs, Grundgesetz-Kommentar, Art. 12, Rn. 8, 55.

eingreift, wobei innerhalb der Berufswahl danach unterschieden wird, ob es sich um einen Eingriff in Form einer subjektiven oder einer objektiven Zulassungsbeschränkung handelt. Hierdurch entstehen drei Stufen unterschiedlicher Eingriffsintensität, nämlich die erste Stufe der Berufsausübungsregelung, die zweite Stufe der subjektiven und die dritte Stufe der objektiven Zulassungsbeschränkungen. *Je* mehr eine Regelung den Charakter einer objektiven Zulassungsbeschränkung hat, *desto* wichtiger muß hierfür der recht-fertigende Grund sein. Im Rahmen der Erforderlichkeit prüft das Gericht zunächst, ob der den Eingriff rechtfertigende Grund auch auf einer niedrigeren Eingriffsstufe als milderem Mittel[323] erreicht werden kann. Auf diese Weise legt es die Eingriffsstufe fest und prüft anschließend im Rahmen der Proportionalität, ob dieser Eingriff auf dieser Stufe der Verhältnismäßigkeit gerecht wird, das heißt ob er um so wichtiger ist, je intensiver der Eingriff sich darstellt. Unter strikter Anwendung des Abwägungsgesetzes gelangt das Gericht im Rahmen der Proportionalität zu folgenden drei Eingriffskriterien:[324]

1.- Objektive Zulassungsbeschränkungen sind nur gerechtfertigt, wenn sie zur Abwehr nachweisbarer oder höchstwahrscheinlicher schwerer Gefahren für ein überragend wichtiges Gemeinschaftsgut notwendig sind.

2.- Subjektive Zulassungsbeschränkungen sind nur gerechtfertigt, wenn die Ausübung des Berufs ohne Erfüllung der Voraussetzungen unmöglich oder unsachgemäß wäre und auch, wenn sie Gefahren und Schäden für die Allgemeinheit mit sich brächte.

3.- Berufsausübungsregelungen sind gerechtfertigt, wenn Gesichtspunkte der Zweckmäßigkeit sie verlangen, wobei es um die Abwehr von Gefahren oder Schäden für die Allgemeinheit geht oder um die Sicherung des Berufsstandes, der gesichert bzw. gefördert werden soll. Das unter Ziffer 1 genannte Abwägungskriterium bezeichnet die Rechtfertigung eines überproportionalen Eingriffsgrundes. Es ist offensichtlich, daß es sich bei diesen Abwägungskriterien um die strikte Anwen-dung des Abwägungsgesetzes handelt.

3.) Qualifizierte Verhältnismäßigkeit und zweites Abwägungsgesetz als Ausdruck des Art. 19, Abs. II GG

Der Begriff einer qualifizierten Verhältnismäßigkeit erscheint auf den ersten Blick verwirrend. Was, so fragt man sich, soll im Rahmen des Verhältnismäßigkeitsgrundsatzes qualifiziert werden und warum? Wie soll dieses geschehen?

Der Begriff soll dazu dienen, herkömmliche Konstellationen von Prinzipienkollisionen als dem Zusammenspiel von Grund und Gegengrund, von Schutzbereich und Schranke mit einer geringen Anzahl von Interdependenzen und Überschneidungen, von solchen Prinzipienkollisionen zu unterscheiden, die einer (sehr) hohen Anzahl von Spannungsverhältnissen ausgesetzt sind und zwar ohne daß der jeweilige Schutzbereich die Weite des Art. 2, Abs. I GG aufweist, da dieser zwangsläufig mit einer hohen Anzahl von gegenläufigen Prinzipien kollidiert. Daher gelten die folgenden Ausführungen zur qualifizierten Verhältnismäßigkeit und zum

---

[323] BVerfGE 7, 377 - Leitsatz Nr.6 d.

[324] Vgl. BVerfGE 7, 377 (405 ff.) und Leitsätze Nr.6 a-c; Pieroth/Schlink, a.a.O., Rn. 855; Tettinger, in: Sachs, Grundgesetz-Kommentar, Art. 12, Rn. 101 ff..

zweiten Abwägungsgesetz nicht für Art. 2, Abs. I GG. Der Begriff dient der Ergänzung der Wesensgehaltsgarantie des Art. 19, Abs. II GG. In diesem Zusammenhang wurde bereits ausgeführt, daß der Identitätsthese, die von einer Identität zwischen der Wesensgehaltsgarantie und dem Verhältnismäßigkeitsgrundsatz ausgeht, grundsätzlich zu folgen ist, diesbezüglich jedoch Modifikationen vorzunehmen sind.

a.) Problemstellung

Die qualifizierte Verhältnismäßigkeit soll dem Umstand Rechnung tragen, daß es Grundrechtsnormen gibt, in deren Schutzbereiche nur aufgrund relativ weniger Eingriffsbefugnisse und Schranken eingegriffen werden kann und somit auch tatsächlich selten eingegriffen wird, die also aufgrund ihres Schutzbereiches nur in einem geringen Spannungsverhältnis mit gegenläufigen Prinzipien und Interessen stehen. Die Behandlung dieser Grundrechtsnormen aufgrund des Verhältnismäßigkeitsgrundsatzes wurde bereits beschrieben. Auf der anderen Seite gibt es Grundrechtsnormen, die aufgrund ihres Schutzbereiches in sehr großem Umfang Spannungen gegenläufiger Prinzipien und Interessen ausgesetzt sind, bei denen es eine Fülle von Eingriffsbefug-nissen gibt, so daß tatsächliche Eingriffe an der Tagesordnung stehen. Es kommt zu einer Kumu-lation der Eingriffe. Dazu zwei Beispiele:

α. - Art. 13, Abs. I GG verkörpert das Prinzip der Unverletzlichkeit der Wohnung. In dieses Grundrecht kann z.B. aufgrund der §§ 102; 103 StPO im Rahmen einer Durchsuchungsanordnung eingegriffen werden, als Verkörperung des gegenläufigen Prinzips einer geordneten Strafrechtspflege als Ausfluß des Rechtsstaatsprinzips. Eine solche Eingriffsbefugnis ist am Grundsatz der Verhältnismäßigkeit zu messen. Tatsächlich steht das in Art. 13, Abs. I GG verkörperte Prinzip in einem relativ geringen Spannungsverhältnis zu gegenläufigen Prinzipien und Interessen, die einen Eingriff rechtfertigen würden. Die allermeisten Bürger als Grundrechtsträger werden faktisch niemals mit so einem Eingriff konfrontiert werden. Dieser Eingriff ist dem Verhältnismäßigkeitsgrundsatz gemäß zu überprüfen, wobei auch der Reflexion des Eingriffs Rechnung zu tragen wäre, also der Frage, ob er einen (was der Regelfall sein dürfte) oder mehrere Grundrechtsträger betrifft.

β. - Dem gegenüber stehen Grundrechtspositionen mit einem hohen Konfliktpotential. Das Bankgeheimnis ist Ausdruck eines Prinzips, das den Schutz der persönlichen Daten des Bankkunden, des Bürgers, zum Ziel hat. Dieses Prinzip läßt sich je nach Konstellation an mehreren Grundrechtsnormen verankern. Unabhängig von der Frage, an welcher Grundrechtsnorm dieses Prinzip verankert wird, steht es im Gegensatz zu Art. 13, Abs. I GG mit einer sehr großen Anzahl von gegenläufigen Prinzipien und Interessen in einem stetigen Spannungsverhältnis. Es gibt permanent tatsächliche Eingriffe in dieses Prinzip aufgrund der verschiedensten gegenläufigen Prinzipien. Eine Große Anzahl von Grundrechtsträgern (Bankkunden) ist diesen Eingriffen tagtäglich ausgesetzt.[325] Darüber hinaus sind bei einem Eingriff in dieses Prinzip von Natur aus immer mindestens zwei Grundrechtsträger (Bankkunde / Bank) betroffen, stehen also im Gegensatz zu Art. 13, Abs. I GG, wo die Stoßrichtung eines Eingriffes in der Regel nur einen Grundrechtsträger betrifft.

---

[325] Z.B. im Rahmen des KWG bei Großkrediten (§§ 13 ff.), bei Freistellungsaufträgen, der Zinsbesteuerung, der Geldwäsche, der StPO, der AO (§ 93), bei Kontrollmitteilungen (§ 33 ErbStG; § 29 ESt-DVO) etc..

Auch bei Eingriffen in das Prinzip Datenschutz / Bankgeheimnis werden die Eingriffsbefugnisse am Verhältnismäßigkeitsgrundsatz gemessen. Aber jeder Eingriff wird für sich einzeln betrachtet und am Verhältnismäßigkeitsgrundsatz ausgerichtet. Gebietet nicht die Fülle der einzelnen, jeweils für sich verhältnismäßigen Eingriffe in ein Prinzip (hier das des Bankgeheimnisses), Eingriffe besonders gründlich auf ihre Angemessenheit bzw. Proportionalität zu überprüfen? Betrachtet man die Summe von Eingriffsbefugnissen, die zum Teil in einzelne Prinzipien, insbesondere in das des Bankgeheimnisses, möglich und alle für sich betrachtet verhältnismäßig sind, so fragt man sich, was denn eigentlich von einem solchen Prinzip, von einer solchen Grundrechtsnorm übrigbleibt.[326] Faktisch leerlaufende Grundrechtsnormen gilt es zu verhindern.[327] Dieses ergibt sich für *Häberle* bereits aus dem Umstand, daß Grundrechtsnormen aufgrund ihres Regelcharakters tatsächliche Geltung beanspruchen und eine Realisierungstendenz aufweisen.[328] Dieses ergibt sich aber auch aus der Optimierungstendenz, wenn man auf den Prinzipiencharakter der Grundrechte abstellt.

b.) Von der qualifizierten Verhältnismäßigkeit zum zweiten Abwägungsgesetz

Es wurde ausgeführt, daß die Wesensgehaltsgarantie des Art. 19, Abs. II GG mit dem Verhältnismäßigkeitsgrundsatz identisch ist, ganz im Sinne der relativen Theorie. Haben die Vertreter der absoluten Theorien nicht vielleicht doch Recht mit der Tabuisierung von Kernbereichen, wenn man sieht, daß aufgrund der Eingriffsfülle in eine Grundrechtsnorm[329] sich diese zu einer leeren Hülle, einem nudum jus entwickelt? Muß nicht ein rudimentärer Kern verteidigt werden? Ist die Identitätsthese falsch und gebührt nicht zumindest einer Differenzierung im Sinne *Dreier's* letztendlich doch der Vorzug? Aus den oben genannten Gründen kann der absoluten Theorie und der Differenzierung *Dreier's* nicht gefolgt werden. Gleichwohl muß man sich in Fällen einer sehr großen Eingriffsfülle bzw. zahlreicher Eingriffsmöglichkeiten (Kumulation) in eine Grundrechtsnorm im Rahmen der Verhältnismäßigkeitsprüfung den Umstand bewußt machen, daß die Gefahr einer (schleichenden) Aushöhlung einer Grundrechtsnorm gegeben ist. *Ruppelt* betont, daß aus dem Charakter der Grundrechte als liberale Freiheitsrechte folge, daß „Eingriffe des Staates in diese Freiheitssphäre Ausnahmen sein müssen", wobei es dem Wesen der Ausnahme entsprechen würde, daß sie begrenzt und meßbar ist, anderenfalls sie ihren Ausnahmecharakter verlieren würde.[330] Noch deutlicher hat sich in diesem Zusammenhang *Hufen* geäußert.[331] Aufgrund der Punktualität der jeweiligen Falllösung würde eine Vielzahl direkter und indirekter Interventionen, mittelbarer und unmittelbarer Eingriffe geschaffen werden, „die je für sich nur Inhaltsbestimmung des Grundrechts sein mögen oder jedenfalls für sich genommen durch verfassungsrechtliche Gegenpositionen gerechtfertigt sind. In ihrer Summierung aber wirken diese Maßnahmen wie eine schleichende

---

326 Dieses ist insoweit eine klassische Frage im Rahmen der Wesensgehaltsgarantie des Art. 19, Abs. II GG, vgl. zum Beispiel Krüger (Herbert), DÖV 1955, S. 599, 600; BGH, Beschluß vom 17.10.1955 in: DÖV 1955, S. 730.

327 In diesem Sinne Hesse, Grundzüge des VerfR, Rn. 318; Häberle, a.a.O., S. 44 ff..

328 Häberle, a.a.O., S. 45.

329 Was insbesondere für den Fall des Rechts auf informationelle Selbstbestimmung in bezug auf das Bankgeheimnis eines Bürgers und Bankkunden gilt.

330 Ruppelt, Diss. jur., Köln 1959, S. 121.

331 Hufen, NJW 1994, S. 2916.

Verengung des Freiheitsspielraumes“[332], weswegen *Hufen* diesen Vorgang mit einem sich durch Kalkablagerungen verstopfenden Wasserrohres vergleicht. Im Rahmen einer qualifizierten Verhältnismäßigkeitsprüfung ist in derartigen Fällen die Eingriffsfülle bei der Erforderlichkeitsprüfung tatsächlich und bei der Proportionalität rechtlich zu berücksichtigen, im Gegensatz zu einer einfachen Verhältnismäßigkeitsprüfung, bei der lediglich der konkrete Einzeleingriff betrachtet wird. Im Rahmen der Proportionalität heißt dieses aber, daß angesichts der Fülle von Eingriffen die Argumentations*last* beim Eingriff, bei der Eingriffsbefugnis liegt,[333] da eine weitere Einschränkung die Gefahr des Leerlaufens des Grundrechts weiter erhöht. Das bedeutet ferner, daß bei der zu prüfenden Prinzipienkollision das gegenläufige Prinzip, das bezogen auf die Position des Bürgers für einen Eingriff streitet, im Kontext der Eingriffsfülle (sc. der anderen Eingriffe) zu betrachten ist. Mit den Worten *Hufen's* ist daher zu fordern, „daß die Gerichte sich bei der Beurteilung von Einzelmaßnahmen nicht allein auf deren Wirkung beschränken. Sie müssen insbesondere bei der Verhältnismäßigkeitsprüfung einen Blick für die kumulative Wirkung von Grundrechtseingriffen entwickeln“.[334] Weiter heißt es: “Was im Einzelfall noch verfassungsgemäß sein mag, kann zusammen mit anderen Einschränkungen so wenig vom Freiheitsspielraum des Grundrechts übriglassen, daß ein vergleichsweise kleiner und als solcher verhältnismäßiger Eingriff das Faß buchstäblich zum Überlaufen bringt und die Maßnahme verfassungswidrig macht. Dann muß *jedes* (Hervorhebung von M.H.) den geschilderten Zustand herbeiführende Gesetz angreifbar sein und im Hinblick auf die Gesamtwirkung beurteilt werden“.[335] Die Problematik im Rahmen dieser qualifizierten Verhältnismäßigkeitsbetrachtung kann man daher mit einem zweiten Abwägungsgesetz umschreiben. Es lautet:

> *Je mehr Eingriffe den Grad der Nicht-Realisierung eines Prinzips insgesamt verursachen, desto größer muß die Wichtigkeit der Realisierung jedes einzelnen Eingriffes sein.*

Von dem hier vertretenen Standpunkt aus ist es vom Ergebnis her betrachtet unerheblich, ob ein Prinzip aufgrund *eines* überproportional wichtigen Eingriffs nicht realisiert wird oder ob die Nicht-Realisierung eines Prinzips die Folge multipler unterproportional wichtiger Einzel-

---

332 Hufen, NJW 1994, S. 2916. So auch Bleckmann/Eckhoff, Der mittelbare Grundrechtseingriff, DVBl. 1988, S. 379; Langer, Strukturfragen der Berufsfreiheit, JuS 1983, 203 ff. (208), der, wie auch Bleckmann / Eckhoff, diese Kumulation von Maßnahmen und Eingriffen im Rahmen der hierdurch verursachten mittelbaren Eingriffswirkung schildert. Hierauf wird noch im Zusammenhang der Betrachtung von Firmenkunden eingegangen werden.

333 Auch andere Autoren kommen zu einer Verschiebung der Argumentations- bzw. Rechtfertigungslast zu Lasten des Eingriffes. Alexy gelangt im Rahmen seiner Darstellung eines in dubio pro libertate, welcher wie der Name sagt, für das Freiheitsrecht streitet, zu einer Rechtfertigungslast zu Lasten des in das Freiheitsrecht eingreifenden Eingriffes, vgl. Alexy, Theorie der Grundrechte, S. 117 f., 517.. Für Lerche bedeutet das Erforderlichkeitsprinzip die Feststellung des gerade noch Notwendigen. „Seine wirkliche Kraft ruht vielmehr darin: Es zwingt den Gesetzgeber, den individuellen Konturen der jeweiligen Fallkonstellation soweit möglich schonend nachzugehen - nur so kann das jeweils Erforderliche definiert werden“.- Lerche, a.a.O., S. 785. Auch bei ihm erfolgt somit eine Verschiebung der Rechtfertigungslast zu Lasten eines Eingriffes.

334 Hufen, a.a.O.; Grimm, Das Grundgesetz nach vierzig Jahren, NJW 1989, S. 1305 ff. (1311); Bleckmann / Eckhoff, a.a.O..

335 Hufen, a.a.O., S. 2916, 2918; Bleckmann/Eckhoff, a.a.O.; Beschluß des BVerfG zur Steuerfreiheit des Existenzminimums, in: NJW 1990, S. 2869 ff. (2871)(entspricht BVerfGE 82, 60 ff. (84)), das die kumulative Wirkung im Bereich des Steuerrechts rügt. Vgl. hierzu auch Papier, Grundgesetz und Wirtschaftsordnung, in: Hdb.des VerfR, § 18, Rn. 96 ff.; Kirchhof, Freiheit und Steuerpflicht, FAZ vom 07.09.1996, S. 10.

eingriffe ist. Es entsteht auf die eine oder andere Weise eine leere Grundrechtshülle, die es nach Art. 19, Abs. II GG zu verhindern gilt[336]. Ferner ist im Rahmen dieses Abwägungsgesetzes zu beachten, daß dann im Rahmen der abnehmenden Grenzrate der Substitution jede neue, zusätzlich geschaffene Eingriffsbefugnis, also über die zuvor bestehenden Eingriffsbefugnisse hinaus, die Nichtrealisierung eines Grundrechts forciert und somit überproportional wichtig sein muß. Letztendlich bedeutet, daß bei hinzutretenden Eingriffen der Grad der (Über-) Proportionalität wachsen muß, da der Realisierungsgrad des betroffenen Prinzips stetig sinkt. Die Beachtung des hinter diesem zweiten Abwägungsgesetz stehenden Gedankens kann der Wesensgehaltsgarantie des Art. 19, Abs. II GG zum Durchbruch verhelfen.
Auch das zweite Abwägungsgesetz ist somit unmittelbar aus der Wesensgehaltsgarantie des Art. Abs. II GG deduzierbar. *Hufen* spricht sich dafür aus, eine „permanente Geltungsforschung, die den Gesamtzustand von Freiheitsrechten mißt und Alarm schlägt, wenn der Spielraum des einzelnen oder die Freiheit insgesamt notleidend wird" durchzuführen.[337] Diese „permanente Geltungsforschung" sollte m. E. durch das vorgeschlagene zweite Abwägungsgesetz im Rahmen einer (jeden) Verhältnismäßigkeitsprüfung erfolgen. Hierauf wird im unteren Teil dieser Arbeit noch eingegangen werden.

III.) Grundrechtsschranken - Das Zusammenspiel von Grund und Gegengrund

Kernbereich der materiellen Grundrechtsprüfung ist die Abwägung von Grund und Gegengrund mit Hilfe des Verhältnismäßigkeitsgrundsatzes. Die Grundrechtsprüfung beinhaltet indes noch weitere materielle und formelle Kriterien, die hier nur kurz erwähnt werden sollen. Zu den formellen Kriterien der Grundrechtsprüfung zählen[338]:

- Zuständigkeit, Verfahren, Form
- (Rechtsstaatliches) Bestimmtheitsgebot
- Verbot des Einzelfallgesetzes - Art. 19 Abs. I S. 1 GG
- Zitiergebot - Art. 19 Abs. I S. 2 GG
- Parlamentsvorbehalt / Wesentlichkeitstheorie

Zu den materiellen Kriterien der Grundrechtsprüfung zählen[339]:

- Grundsatz der Verhältnismäßigkeit
- Wesensgehaltsgarantie - Art. 19 Abs. II GG
- sonstige materielle Verfassungsnormen, insbesondere Grundrechte als objektive Prinzipien oder materielle Aspekte des Rechtsstaats-, Demokratie- oder Sozialstaatsgebots

Von besonderem Interesse sind im Rahmen dieser Arbeit die letztgenannten Kriterien. So wurde bereits ausgeführt, daß Grundrechtsnormen als Prinzipien als solche einen prima facie - Charakter haben und das Ihnen eine Optimierungstendenz immanent ist, die auf Realisierung

[336] Im Rahmen multipler Eingriffe entsteht allerdings eine generell leere Grundrechtshülle; im Rahmen eines konkreten Totaleingriffs entsteht die leere Grundrechtshülle nur in der konkreten Eingriffskonstellation.
[337] Hufen, NJW 1994, 2916, 2918.
[338] Borowski, Grundrechte als Prinzipien, S. 232; Pieroth/Schlink, a.a.O., Rn. 346 f..
[339] Borowski, a.a.O., S. 233; Pieroth/Schlink, a.a.O..

drängt. Durch die im Rahmen des Verhältnismäßigkeitsgrundsatzes bei einer Prinzipienkollision zu ermittelnde Vorrangrelation wird die definitive Reichweite eines prima facie - Rechts, eines Prinzips, festgelegt. Hierdurch zeigt sich das Zusammenspiel von Grund und Gegengrund, von Schutzbereich und Schranke. Dieses gilt es nunmehr näher zu betrachten.

1.) Prima facie - Recht und weite Auslegung des Schutzbereiches

Grundrechte sind als Prinzipien prima facie - Rechte, also Rechte mit einer ‚überschießenden Schutztendenz', da sie potentiell mehr schützen, als es im Nachhinein aufgrund der Abwägung tatsächlich der Fall ist. Der prima facie - Charakter beschreibt daher den Gewährleistungsgehalt einer Grundrechtsnorm ohne Berücksichtigung von Schranken.[340] Zwar bedingt der prima facie - Charakter der Grundrechtsnormen nicht notwendig eine weite Auslegung der jeweiligen Schutzbereiche, denn auch die enge Tatbestandstheorie geht von prima - facie Rechten aus[341], jedoch käme es bei einer engen Auslegung der Schutzbereiche zu keiner oder nur in eingeschränktem Maße zu einer Abwägung, denn eine weite Auslegung der Schutzbereiche schafft mehr Konfliktpotential. Eine solche weite Auslegung der Schutzbereiche beinhaltet alles das, was für den Schutz des jeweiligen Prinzips spricht, was für dessen Schutzbereich streitet.[342] Eine enge Interpretation der jeweiligen Schutzbereiche der Grundrechtsnormen führt genau genommen lediglich zu einer Verschiebung der ‚Abwägungsproblematik' weg vom Spezialgrundrecht hin zu Art. 2, Abs. I GG. Allein dieses Argument zeigt, daß die jeweiligen Schutzbereiche extensiv auszulegen sind. Interpretiert man die jeweiligen Schutzbereiche der Grundrechtsnormen eng, so laufen auf diese Weise die Tatbestandskonstellationen, Sachverhalte und Lebensäußerungen etc. bei dem allgemeinen Freiheitsrecht des Art. 2, Abs. I GG als subsidiärem Auffanggrundrecht auf.[343]
Um aber diese Verschiebung der Problematik -weg vom Spezialgrundrecht, hin zu Art. 2, Abs. I GG- zu verhindern, gilt der überwiegend anerkannte Gedanke, daß die speziellen Grundrechte extensiv zu interpretieren sind.[344] Nach Ansicht des Bundesverfassungsgerichts „ist derjenigen Auslegung (sc. der Spezialgrundrechte -M.H.) der Vorzug zu geben, die die juristische Wirkungskraft der betreffenden Normen am stärksten entfaltet".[345] Zwar könnte man auf die Idee kommen, um eine Kulmination der Probleme bei Art. 2, Abs. I GG zu verhindern, diesen ebenfalls eng zu interpretieren, um auf diese Weise die auftretenden Kollisionsprobleme durch das grundrechtliche Raster fallen zu lassen. Mit dieser Argumentation verstieße man indes gegen vorherrschende und tradierte Auffassungen[346]. Vielmehr haben

---

340 Alexy, Theorie der Grundrechte, S. 273.

341 Alexy, a.a.O., S. 280 ff..

342 Vgl. Alexy, a.a.O., S. 291.

343 Vgl. zur Auffangfunktion von Art. 2, Abs. I GG Pieroth, Der Wert der Auffangfunktion des Art. 2, Abs. I GG, AöR 115. Bd. (1990), S. 33 ff. (33, 41, 43); v. Münch, in: v.Münch, Grundgesetz-Kommentar, Art. 2, Abs. I, Rn.76; Dürig, in: M/D/H/S, Art. 2 I, Rn.6 f., 9 ff., 33; Schmitt-Glaeser, in: Hdb. des StaatsR, Bd. IV, S. 46; Degenhart, Die allgemeine Handlungsfreiheit des Art. 2, Abs. I GG, JuS 1990, S. 165, 167; Scholz, AöR, 100 (1975), S. 82, 105, 112 ff.; Rüfner, Überschneidungen und gegenseitige Ergänzungen der Grundrechte, Der Staat, 7 (1968), S. 41 ff. (41, 61); BVerfGE 6, 32 (41); BVerfGE 32, 98 (107); BVerfGE 38, 61 (79).

344 Z.B. Dürig, in: M/D/H/S, Art. 2, I, Rn. 9 ff., 33.

345 BVerfGE 6, 55 (72).

346 Gegen die extrem weite und für eine enge Auslegung des Art. 2, I GG, die unter anderem auch als ‚Persönlichkeitskerntheorie' bezeichnet wird, z.B. Bundesverfassungsrichter Grimm in seiner abweichenden Mei-

Literatur und Rechtsprechung des Bundesverfassungsgerichts seit Jahrzehnten eine extrem weite Auslegung des Art. 2, Abs. I GG betrieben, gerade damit dieser seiner zugedachten Auffangfunktion gerecht werden kann.[347] [348] Die seit der Elfes - Entscheidung[349] des Bundesverfassungsgerichts verfolgte Interpretation des Art. 2, Abs. I GG als der Verkörperung der allgemeinen Handlungsfreiheit, die es prima facie erlaubt, zu tun und zu lassen, was man möchte, wobei nicht nur ein Handeln bzw. Unterlassen prima facie - Schutz genießen, sondern auch Rechtspositionen und Zustände.[350] Gerade weil dieser prima facie - Schutz so weit gefaßt wird, bedarf es als Pendant der Schrankentrias als weiter Schranke,[351] um im Wege einer Abwägung zu einer angemessenen Begrenzung zu gelangen. Eine enge Auslegung von Art. 2, Abs. I GG kann somit nicht richtig sein und würde nicht mit der Weite der Schrankentrias harmonieren, da ein weiter Schutzbereichsbegriff mit einem weiten Schranken-/ Eingriffsbegriff korrespondiert. Anders herum korrespondiert eine enge Auslegung des Schutzbereiches eines Freiheitsrechts stets mit einer engen Auslegung des Schranken- / Eingriffsbegriffes, da bei einer weiten Interpretation des Schranken- / Eingriffsbegriffes der eng interpretierte Schutzbereich des Freiheitsrechts faktisch zusätzlich verengt würde. Hat danach Art. 2, Abs. I GG subsidiären Auffangcharakter, müssen die Spezialgrundrechte als Folge dieser Subsidiarität weit interpretiert werden.[352]

2.) Die Begrenzung von Grundrechten

Die Weite der Interpretation der Schutzbereiche von Grundrechtsnormen bedingt ein erhebliches Spektrum ihrer Erscheinungsformen.[353] Was macht ihre Beschränkung aus?
Als eine Grenze des Schutzbereiches[354] kann zunächst der geschriebene Verfassungstext, der Wortlaut der Norm verstanden werden, unter den es gilt, die jeweiligen Lebenssachverhalte zu subsumieren und auf diese Weise diesen Lebenssachverhalt einer anderen, benachbarten Grundrechtsnorm zu entziehen. Das kann man unter dem Ausdruck *Hesse's* verstehen, der diese Subsumtion oder Interpretation als Konkretisierung bezeichnet.[355] Die Beschränkung allein über den Wortlaut erweist sich indes als ein unsicheres Kriterium. So wird es darüber, was dem Schutzbereich unterfällt und was nicht, Diskrepanzen geben, je mehr sich der zu subsumierende Lebenssachverhalt dem (meta-) begrifflichen Grenzbereich der Grundrechtsnorm nähert. Hier wird es insbesondere Abgrenzungsprobleme zu benachbarten Grundrechtsnormen geben. Je mehr der Lebenssachverhalt dem tradierten Verständnis der Grundrechts-

---

nung zu BVerfGE 80, 137 (164 ff.) - Reiten im Walde; Duttge, Recht auf Datenschutz, Der Staat, 36 (1997), S. 281 ff. (295 ff.); Hesse, Grundzüge des Verfassungsrechtes, Rn. 426 ff..

347 Vgl. hierzu ausführlich Degenhart, JuS 1990, S. 161 ff..

348 Z.B. reicht es für die Erhebung einer Verfassungsbeschwerde vor dem Bundesverfassungsgericht im Rahmen der Zulässigkeit aus, daß eine Verletzung von Art. 2, Abs. I GG als möglich erscheint - sog. Möglichkeitstheorie. Das gleiche gilt auch für die Klagebefugnis bei einer Anfechtungs- bzw. Verpflichtungsklage vor dem Verwaltungsgericht gemäß § 42 VwGO.

349 BVerfGE 6, 32 ff.. Vgl. auch die Ausführungen von Scholz, AöR, 100 (1975), S. 86 ff..

350 Vgl. Degenhart, JuS 1990., S. 162 ff. (164).

351 So z.B. Degenhart, a.a.O., S. 164; Scholz, a.a.O., S. 88, 282 ff..

352 BVerfGE 6, 55 (72).

353 Zur Verfassungsinterpretation siehe S. 46-50.

354 Vgl. Hesse, Grundzüge des VerfR, Rn. 310 - der darunter den Ausschnitt „der -oft rechtlich bereits geformten ‚Wirklichkeit' versteht".

355 Siehe oben S. 46, 47. Hesse, a.a.O., Rn. 60; Story, a.a.O., § 401, § 403.

norm entspricht, desto größer ist die zu erwartende Übereinstimmung.[356] Eine Zuordnung von Lebenssachverhalten über den Wortlaut erfolgt, so wurde gesagt, mittels Subsumtion unter den Tatbestand. Dieser enthält wenigstens einen ‚Leitbegriff', der den geregelten, normierten Schutzbereich charakterisiert.[357] Über solche ‚Leitbegriffe' erfolgt die Zuteilung. Der Begriff „Beruf" rechtfertigt beispielsweise die Eingruppierung bei Art. 12, Abs. I GG, der Begriff „Religion" die bei Art. 4, Abs. I GG. Problematisch wird die Eingruppierung aber schon bei einem Begriff wie „Geistlicher". Dieser ermöglicht die Zuordnung auf dreierlei Weise, nämlich alternativ zu Art. 4, Abs. I GG *oder* zu Art. 12, Abs. I GG oder kumulativ zu Art. 4, Abs. I GG *und* Art. 12, Abs. I GG. Ohne näheres Hinterfragen oder weitere Konkretisierung des Tatbestandes ist eine eindeutige Zuordnung nicht möglich und eröffnet eine Interpretationspluralität. Da der Schutzbereich von Grundrechtsnormen weit auszulegen ist, verbietet sich eine zu filigrane Regelung bzw. Normierung des Tatbestandes, um eine *eindeutige* Subsumtion dieses Lebenssachverhalts zu ermöglichen. Jede konkretisierende Umschreibung, die in den Tatbestand aufgenommen wird, würde diesen verengen, da dem Primat der Bindung an den geschriebenen Verfassungstext Rechnung zu tragen ist.[358]

Auf der anderen Seite gilt Art. 2, Abs. I GG als eine Grundrechtsnorm, die einen so weit zu interpretierenden Schutzbereich hat, daß eine sprachliche Begrenzung gar nicht möglich ist. Jedwedes Tun, Unterlassen, jede Rechtsposition und jeder Zustand wäre erfaßt. Gäbe es nur die allgemeine Handlungsfreiheit des Art. 2, Abs. I GG als Grundrechtsnorm und keine speziellen Grundrechte, wäre eine sprachliche Begrenzung unmöglich. Die Begrenzung muß also primär durch ein anderes Regulativ erfolgen, wenn es das sprachliche Argument nur zum Teil schafft, eine begrenzende Zuordnung zu gewährleisten. Damit ist nicht gesagt, daß eine sprachliche Begrenzung keine grundrechtsbegrenzende Funktion hat, sondern lediglich, daß dieses Kriterium sich als unsicher erweist. Es muß demnach noch ein anderes begrenzendes Moment geben. Dieses andere begrenzende Regulativ ist die oben genannte Prinzipienkollision, die im Wege des Abwägungsgesetzes zu einer Begrenzung im Einzelfall gelangt (praktische Konkordanz).[359] Eingriffe in den Schutzbereich werden so einer Rechtfertigungsprüfung unterzogen.

a.) Der Doppelcharakter von Grundrechtsnormen

Nun enthalten Grundrechtsnormen in ihrem Tatbestand mehr als die genannten ‚Leitbegriffe'. Zum Teil enthalten sie bereits konkrete Hinweise auf gegenläufige Regeln und Prinzipien, von Grund und Gegengrund. Verkompliziert wird das Zusammenspiel von Grund und Gegengrund dadurch, daß Grundrechtsnormen teilweise zusätzlich zu ihrem Prinzipiencharakter *auch* eine Regelebene aufweisen. Oben wurde der Regel- und Prinzipiencharakter von Grundrechtsnormen alternativ dargestellt, aber bereits darauf hingewiesen[360], daß sie nach *Alexy* einen Doppelcharakter aufweisen,[361] indem sie eine Prinzipien- und eine Regelebene beinhalten, somit eine Kumulation beider Institute vorliegt. Grundrechtsbestimmungen sind nicht nur Ausdruck für ein bestimmtes Prinzip, sondern beinhalten auch die Festsetzung ihres gegenläufigen, kon-

---

356 Vgl. Story, a.a.O., § 398, 400, 403.
357 In diesem Sinne Hesse, a.a.O., Rn. 310; Pieroth/Schlink, a.a.O., Rn. 230.
358 Hesse, a.a.O., Rn. 54, 77.
359 Vgl. Häberle, a.a.O., S. 52, 53.
360 Oben, Fn. 165.
361 Vgl. Alexy, Theorie der Grundrechte, S. 125.

tären Prinzips.[362] Durch diesen Doppelcharakter „werden einerseits Prinzipien positiviert, andererseits enthalten sie aber, soweit sie differenzierte Gewährleistungstatbestände und Schrankenklauseln aufweisen, Festsetzungen relativ auf die Anforderungen gegenläufiger Prinzipien".[363] Die Festsetzung relativ auf die Voraussetzungen eines gegenläufigen Prinzips begründet die Regelebene der Grundrechtsbestimmung.[364] Soweit die Festsetzungen dieser Regelebene reichen, kann bzw. muß unter sie subsumiert werden. Erweist sie sich als zu rudimentär, ist eine Subsumtion nicht möglich, so daß die der Prinzipienebene immanente Abwägung zum Tragen kommt.[365] Diese Abwägung wurde bereits beschrieben. Weitere Ausführungen erfolgen unten.

b.) Schranken als Ausdruck gegenläufiger Prinzipien

Grundrechtsnormen sind prima facie - Rechte und verkörpern jeweils die hinter ihnen stehenden Prinzipien, denen sie möglichst optimal zur Realisierung verhelfen sollen. Aufgrund ihres Doppelcharakters enthalten Grundrechtsnormen aber auch bereits Anforderungen relativ auf gegenläufige Prinzipien, die durch Schrankenklauseln oder sonstige Grundrechtsnormen zu entnehmende Begrenzungen, zum Beispiel sprachlicher Art, in ihnen enthalten sind.[366] Diese Begrenzungen werden als Grundrechtsschranken bezeichnet. Dieses sind Normen, die die Realisierungstendenz grundrechtlicher Prinzipien einschränken.[367] Diese Schranken sind Ausdruck von gegenläufigen Regeln und Prinzipien, die von den Verfassern des Grundgesetzes bereits als potentiell konfligierend erkannt worden sind und deshalb antizipiert zur Konfliktlösung in die Grundrechtsnorm eingefügt wurden. Einige Grundrechtsnormen enthalten zum Teil Schrankenklauseln, mit denen eine Beschränkbarkeit lediglich angekündigt wird,[368] um auch hier antizipiert erkannte Konfliktlagen einem Reglement zu unterwerfen.

(1) Antizipation von Kollisionslagen

Grundrechtsschranken sind eine Antizipation einer vom Verfassungsgeber erkannten Konfliktlage.[369] Das heißt, der Verfassungsgeber hat bereits bei einigen Grundrechten anläßlich ihrer Normierung erkannt, daß diese mit anderen Prinzipien des Grundgesetzes, zum Beispiel anderen Grundrechten oder aber auch dem verfassungsimmanenten Demokratie-, Sozialstaats- und Rechtsstaatsprinzip, aufeinandertreffen können und durch die Normierung von Schranken die potentielle Konfliktlage antizipiert zu lösen versucht. Auf diese Weise wurde gegenläufigen Prinzipien zu einer *generellen* Abwägungslage verholfen. Dieses entbindet natürlich *nicht* von der Abwägung im Einzelfall, da der Verfassungsgesetzgeber ja nur generell ersehen konnte, welche gegenläufigen Prinzipien potentiell miteinander in eine Konfliktlage treten

[362] Alexy, a.a.O., S. 121.
[363] Alexy, a.a.O..
[364] Alexy, a.a.O. .
[365] Alexy, a.a.O., S. 121, 124.
[366] Häberle, a.a.O., S. 51, der ausführt, „daß die Konkretisierung zulässiger Grundrechtsgrenzen kein die Grundrechte von außen treffender Vorgang ist", sondern von „immanenten Grundrechtsgrenzen" spricht.
[367] Alexy, Theorie der Grundrechte, S. 257.
[368] In diesem Sinne Alexy, a.a.O., S. 254, 255, 260.
[369] Vgl. Stein, Staatsrecht, § 4 III, S. 26 - „Jede Rechtsnorm enthält die wertende Entscheidung von Interessenkonflikten"; Stern, a.a.O., Bd. III/2, § 82, S. 609.

könnten. In der Abwägung des Einzelfalls gebührt keinem Prinzip per se der Vorrang. Der Abwägungsumfang ist im Einzelfall davon abhängig, wie ausführlich die Regelung des Gegenrechts ausgefallen ist. Die Abwägung zwischen zwei gegenläufigen Prinzipien im konkreten Einzelfall eröffnet dann die Vorrangrelation im Einzelfall. Diese Abwägung ist das Fundament der Schrankendogmatik. Bei anderen Grundrechtsnormen hat der Verfassungsgeber die potentielle Konfliktlage nicht erkannt und demzufolge auf die Normierung einer Schranke verzichtet. Dieses soll und kann kein Vorwurf an den Verfassungsgeber sein, da viele Konfliktlagen erst durch den im Laufe der Zeit aufgetretenen Verfassungswandel[370] und das sich ändernde Verfassungsverständnis aufgetreten sind. Da bei zwei aufeinander treffenden grundrechtlichen Geboten bzw. Prinzipien, die beide jeweils auf Optimierung drängen, die Ausrichtung aneinander mit Hilfe des Verhältnismäßigkeitsgrundsatzes erfolgt, dem eigentlichen verfassungsimmanenten Regulativ zur Erzielung praktischer Konkordanz, hätte es genau genommen einer so ‚filigranen Schrankenvielfalt', wie sie bei den einzelnen Grundrechten gegeben ist, eigentlich nicht bedurft. Entscheidend ist, daß zwei gegenläufige Prinzipien aufeinandertreffen, die beide aus dem Grundgesetz deduzierbar sind.

(2) Beispiele

Die im Grundgesetz enthaltenen Prinzipien, verkörpert durch Grundrechtsnormen, Demokratie-, Sozialstaats- und Rechtsstaatsgebot, führen so verstanden zu Schranken, in dem sie sich gegenseitig begrenzen. Ausdruck dieses Gedankens ist z.B. die Schrankentrias des Art. 2, Abs. I GG, die diese verfassungsunmittelbare Schranken beinhaltet.[371]
Der Ausdruck ‚verfassungsumittelbare Schranke' ist indes mißverständlich, denn es handelt sich dabei eigentlich nicht um eine Grundrechtseinschränkung, sondern um eine verfassungsunmittelbare Beschreibung der sachlichen Gewährleistungsreichweite einer Grundrechtsnorm und somit letztendlich um die Bestimmung des Schutzbereiches.[372] Paradigmatisch wird bei der Darstellung verfassungsunmittelbarer Schranken oft auf Art. 8, Abs. I GG zurückgegriffen[373] und zwar auf die Wendung „friedlich und ohne Waffen". Bewaffnete und / oder unfriedliche Versammlungen genießen aufgrund dieses Passus *nicht* den prima facie - Schutz des Art. 8, Abs. I GG, weil diese Ausnahme die Statuierung einer bereits (antizipiert) erkannten Kollisionslage in Form einer Prinzipienkollision zwischen dem Prinzip, das Art. 8, Abs. I GG verkörpert -nämlich Versammlungsfreiheit / Demokratieprinzip- und einem gegenläufigen Prinzip -nämlich Rechtsstaatsgebot / Demokratieprinzip darstellt. Nach *Alexy* verkörpert die Klausel ‚friedlich und ohne Waffen' zunächst die Kurzformulierung einer Regel, die aus dem Prinzip der Versammlungsfreiheit resultierende prima - facie Rechte in definitive Nicht - Rechte umwandelt[374], woraus folgt, das unfriedliche Versammlungen nicht den Schutz des

---

[370] Zum Begriff des Verfassungswandels und seinen Ursachen siehe: Maunz/Zipelius, Deutsches Staatsrecht, § 6, IV und § 7.

[371] Ohne daß bei schrankenlosen Grundrechten eine ‚Schrankenleihe' durch Anwendung der Schrankentrias stattfindet - Die Schrankentrias ist vielmehr Ausdruck der im Grundgesetz inkorporierten Wertordnung. Hierzu ausführlicher Dürig, in: M/D/H/S, Art. 2, Rn. 69 ff..

[372] v. Münch, in: v. Münch, Grundgesetz-Kommentar, Art. 1-19, Vorb., Rn. 49;

[373] Z.B. Hesse, a.a.O., Rn. 310; v. Münch, a.a.O.; Alexy, Theorie der Grundrechte, S. 259 - über die Frage, ob die Regelung von Art.8, Abs. I GG eine verfassungsimmanente Schranke enthält (so Alexy, a.a.O. und Hesse, a.a.O.) oder bloß die Reichweite der Gewährleistung umschreibt (so v. Münch, a.a.O.), besteht Uneinigkeit.

[374] Alexy, a.a.O., S. 260.

Art. 8 Art. I GG genießen. Trotz dieser ‚Regelebene' behält jedoch die Prinzipienebene ihre selbständige Bedeutung[375], denn um festzustellen, ob eine Versammlung unfriedlich ist, ist im Zweifelsfall eine Interpretation des Begriffs der Unfriedlichkeit erforderlich, was stets eine Abwägung des Prinzips der Versammlungsfreiheit mit gegenläufigen Prinzipien erforderlich macht.[376] Nach dem hier vertretenen Schrankenverständnis würde sich jedoch nichts ändern, enthielte Art. 8, Abs. I GG den Passus ‚friedlich und ohne Waffen' nicht. Ohne diesen Passus entfiele die vorgenannte Regelebene, so daß auch bewaffnete und unfriedliche Versammlungen zunächst dem prima facie - Schutz des von Art. 8, Abs. I GG verkörperten Prinzips unterfielen. Im Wege einer jeweiligen Einzelabwägung müßte man dann ebenfalls diese Variante an dem gegenläufigen Prinzip mittels des Verhältnismäßigkeitsgrundsatzes ausrichten und auf diesem Wege eine bedingte Vorrangrelation zugunsten des gegenläufigen Prinzips festlegen, Art. 8, Abs. I GG im Einzelfall also beschränken. Diese ‚Mühe' hat der Verfassungsgesetzgeber durch den genannten Passus dem Interpreten bei Art. 8, Abs. I GG bereits ein Stückweit abgenommen. Nun enthält Art. 8, Abs. I GG aber den genannten Passus. Dieses bedeutet, daß unfriedliche und bewaffnete Versammlungen nicht mehr dem prima facie - Schutz des Art. 8, Abs. I GG unterfallen. Aufgrund seiner Funktion als subsidiärem Auffanggrundrecht (s.o.) unterfallen aber diese Äußerungen der Versammlungsfreiheit dem prima facie - Schutz von Art. 2, Abs. I GG.[377] Hier erfolgt aufgrund der Schrankentrias ebenfalls ein Ausschluß, in dem im Wege der Abwägung pro- und antagonistische Prinzipien miteinander abgewogen werden und eine bedingte Vorrangrelation festgelegt wird. Auch dadurch erfolgt eine Beschränkung, da bewaffnete und unfriedliche Versammlungen letztendlich keinen grundrechtlichen Schutz nach Art. 2, Abs. I GG beanspruchen können. Der prima facie - Schutz bewaffneter und unfriedlicher Versammlungen besteht zwar theoretisch, tatsächlich besteht jedoch zugleich eine sehr hohe Wahrscheinlichkeit, daß sich das gegenläufige Prinzip, welches durch die Schrankentrias zum Ausdruck gebracht wird[378] und das für den Staat oder einen anderen Bürger streitet, durchsetzen wird. Die Schrankentrias verkörpert hierbei die Regelebene innerhalb des für den Bürger streitenden Prinzips der allgemeinen Handlungsfreiheit und verkörpert so den oben angesprochen Doppelcharakter der Prinzipien. Auf diese Weise werden dem Bürger, der sich bewaffnet und unfriedlich versammeln will, bereits die Voraussetzungen relativ auf die Erfordernisse des gegenläufigen Prinzips verdeutlicht, die mit dem für ihn streitenden Prinzip in Konflikt geraten können. Aufgrund der angesprochenen hohen Realisierungswahrscheinlichkeit des für den Staat streitenden Prinzips erhält die bedingte Vorrangrelation scheinbar absoluten Charakter. Trotzdem geht es grundsätzlich um das Zusammenspiel von zwei konfligierenden Prinzipien. Dem Bürger bereits den prima facie - Schutz des Schutzbereiches der allgemeinen Handlungsfreiheit überhaupt zu versagen, wenn er sich unfriedlich und bewaffnet versammelt, besteht daher kein Anlaß und verträgt sich nicht mit der weiten Schutzbereichsauslegung, die Art. 2, Abs. I GG als Auffanggrundrecht zukommt. In diesen Kontext gehört ferner auch die oben getätigte Aussage[379], daß es auf der theoretischen Ebene unerheblich sei, an welcher Grundrechtsnorm konkret ein Prinzip festgemacht wird, da die Zuordnung davon abhängig ist, wie weit der Interpret den Schutzbereich der jeweiligen Grundrechtsnorm interpretiert. Außerdem sind darin die ebenfalls genannten

---

[375] Alexy, a.a.O..

[376] Alexy, a.a.O..

[377] Bleckmann/Wiethoff, Zur Grundrechtskonkurrenz, DÖV 1991, S. 726.

[378] Wobei die Umsetzung aufgrund einfach - gesetzlicher Normen (Regeln) erfolgt, die das für den Staat streitende Prinzip flankieren. Zu nennen sind im voliegenden Zusammenhang beispielsweise die Normen des Polizeirechts, des Versammlungsgesetzes, des Ordnungswidrigkeitenrechts und des Strafgesetzbuches.

[379] Siehe Seite 27.

Probleme der Verfassungsinterpretation begründet. Zum Beispiel sollte man das Bankgeheimnis eines Bankkunden am allgemeinen Persönlichkeitsrecht, genauer dem Recht auf informationelle Selbstbestimmung festmachen und Art. 2, Abs. I i.V.m. Art. 1, Abs. I GG unterstellen. Diesem Bankgeheimnis liegt als Prinzip der Schutz der persönlichen Daten des einzelnen Bankkunden zugrunde. Einige Autoren[380] unterstellen dieses Prinzip nur dem Schutz von Art. 2, Abs. I GG, da sie das hinter dem Bankgeheimnis stehende Prinzip als zu profan ansehen, es dem heren Grundsatz der Menschenwürde von Art. 1, Abs. I GG mit zu unterstellen. Diese Argumentation muß man nicht teilen. Man muß jedoch realisieren, daß jede enge Interpretation des Spezialgrundrechtes die Problematik hin zu Art. 2, Abs. I GG verschiebt. Entscheidend ist lediglich, daß ein Prinzip eine verfassungsrechtliche Verankerung hat.

Paradigmatisch sind ferner Grundrechtsnormen, die aufgrund ihres Wortlautes keinerlei Schranken / Beschränkungen zu unterliegen scheinen.[381] Da es aber keine schrankenlosen Grundrechte geben kann, sonst würde sich ihr prima facie - Charakter zu einem definitiven Charakter wandeln, also das Prinzip zu einer Regel transformieren, können auch diese Grundrechte durch verfassungsimmanente Schranken[382], also gegenläufige Prinzipien eingeschränkt werden.[383] Nach Ansicht des Bundesverfassungsgerichts sind „nur kollidierende Grundrechte Dritter und andere mit Verfassungsrang ausgestattete Rechtswerte mit Rücksicht auf die Einheit der Verfassung und die von ihr geschützte gesamte Wertordnung ausnahmsweise imstande, auch uneinschränkbare Grundrechte in einzelnen Beziehungen zu begrenzen".[384] Eine ‚Schrankenleihe' oder eine generelle, analoge Anwendung der Schrankentrias des Art. 2, Abs. I GG ist bei schrankenlosen Grundrechten nicht möglich.[385]
Der Gedanke, der hinter dieser Interpretation verfassungsimmanenter Schranken steckt, ist indes der Gleiche wie bei der Schrankentrias des Art. 2, Abs. I GG, nämlich eine Beschrän-kung durch gegenläufige Rechte mittels der im Verhältnismäßigkeitsgrundsatz enthaltenen Abwägungsgesetze. So verstanden hätte es ausgereicht, auf eine gezielte Schrankenregelung bei den einzelnen Grundrechten zu verzichten und statt dessen in einem generellen Artikel eine allgemeine Schrankenklausel, gültig für alle Grundrechte zu etablieren, die auch dem tragenden verfassungsrechtlichen Gesichtspunkt des Verhältnismäßigkeitsgrundsatzes als Begrenzungssystem kodifiziert und Ausdruck verleiht.[386]

---

380 Z.B. Canaris, Bankvertragsrecht, Rn. 36 ff. .

381 Z.B. Art. 4, Abs. I und Abs. II GG; 5, Abs. III GG; 16, Abs. II, S. 2 GG.

382 Z.B. v. Münch, in: v.Münch, Grundgesetz-Kommentar, a.a.O., Rn. 56 ff; Pieroth/Schlink, a.a.O., Rn. 257 ff.; Stern, a.a.O., Bd. III/2, § 82, S. 667; BVerfGE 30,173 (193); BVerfGE 32, 98 (108); BVerfGE 33, 23 (29).

383 Einzige Ausnahme von diesem Grundsatz ist die in Art. 1 Abs. I GG verankerte Menschenwürde. Diese ist nach ganz herrschender Meinung nicht einschränkbar, hat somit Regelcharakter. Das hieraus resultierende definitive Geltungsgebot ist hier geradezu erwünscht.

384 BVerfGE 28, 243 ff. (243 - Leitsatz 2) - Kriegsdienstverweigerung; BVerfGE 30, 173 (191 ff.) -Mephisto; BVerfGE 32, 98 (108); BVerfGE 33, 23 (29).

385 BVerfGE 32, 98 (107); Kokott, in: Sachs, Grundgesetz-Kommentar, Art. 4, Rn. 85 f.; Bethge, in: Sachs, Grundgesetz-Kommentar, Art. 5, Rn. 197; v. Münch, in: v.M. Art.2, Rn. 77; Herzog, in: M/D/H/S, Art. 4, Rn. 91; dergl., a.a.O., Art. 5, Abs. III, Rn. 56; Pieroth/Schlink, a.a.O., Rn. 315 ff. (317); differenzierend Dürig, in: M/D/H/S/, Art. 2, Rn. 69 ff..

386 Einen ähnlichen Weg ist beispielsweise die kanadische Verfassung gegangen, die in section 2 - 23 der ‚Canadien Charter of Rights and Freedoms (Constitution Act 1982)', die einzelnen Grundrechte und Grundfreiheiten normiert und diesen ‚section 1' voranstellt. Diese lautet: „The Canadien Charter of Rights and Freedoms guarantees the rights and freedoms set out in it subject only to such reasonable limits prescribed by law as can be demonstrably justified in a free and democratic society". - Bickenbach, a.a.O., S. 20, 235. Diese Eingriffe werden an dem Verhältnismäßigkeitsgrundsatz ausgerichtet - s.o. S. 31, 32.

Dieser Gedanke der Begrenzung von Prinzipien durch verfassungsimmanente Schranken hat darüber hinaus auch Bedeutung für den oben angesprochenen Doppelcharakter von Grundrechtsnormen. Dort wurde ausgeführt, daß Prinzipien aufgrund der Schrankenklauseln teilweise auch eine Regelebene aufweisen, die relativ auf entgegengesetzte Prinzipen anderer Bürger oder des Staates Voraussetzungen erstellen. In diesen Fällen ist die Regelebene sichtbar. Nun stellt sich die Frage, ob auch schrankenlos gewährleistete Grundrechte einen solchen Doppelcharakter aufweisen, ob auch sie über eine Regelebene verfügen, die gleichsam unsichtbar wäre. Die Frage stellen heißt sie verneinen. Die zur Beschränkung schrankenloser Grundrechte in Betracht kommenden, verfassungsimmanenten Schranken der kollidierenden Grundrechte Dritter und anderer mit Verfassungsrang ausgestatteter Rechtswerte stellen keine Regeln dar, sondern sind ihrerseits Prinzipien. Unter diese ‚Beschränkungen' kann nicht subsumiert werden, so daß die genannte Regelebene und somit auch der angesprochene Doppelcharakter bei den schrankenlos gewährleisteten Grundrechten fehlt. Die gleiche Problematik stellt sich bei den Prinzipien dar, die für den Staat streiten. Diese für den Staat streitenden Prinzipien sind nicht so offensichtlich im Grundgesetz enthalten wie es bei den Grundrechten der Fall ist, so daß die für den Staat streitenden Prinzipien schwieriger zu ermitteln sind.

Diese Prinzipien weisen ebenfalls keine Regelebene und somit keinen Doppelcharakter auf. Als Regelebene könnten allenfalls die bereits angesprochenen Schranken-Schranken in Betracht kommen, die relativ auf die Position des Bürgers bezogen bereits Voraussetzungen für die, für den Bürger streitenden Prinzipien enthalten würden. Als Schranken-Schranken wurden bereits das Verhältnismäßigkeitsprinzip und der Wesensgehalt der Grundrechte gemäß Art. 19, Abs. II GG erkannt, wobei letzterer aufgrund der hier vertretenen Identitätsthese mit dem Grundsatz der Verhältnismäßigkeit identisch ist. Da gezeigt werden konnte, daß wiederum der Verhältnismäßigkeitsgrundsatz selbst unmittelbar aus dem Prinzipiencharakter einer Norm deduzierbar ist, kann eine solche Schranken-Schranke nicht zugleich die Regelebene eines Prinzips im Sinne des oben beschriebenen Doppelcharakters darstellen. Letztendlich würde in diesem Fall ein Prinzip lediglich durch ein anderes begrenzt werden, wodurch mangels Regelebene der Doppelcharakter entfallen muß. Es handelt sich um eine Prinzipienkollision.

(3) Schrankenklauseln

Es wurde bereits gesagt, daß die Festsetzung relativ bezogen auf das gegenläufige, begrenzende Prinzip die Regelebene einer Grundrechtsnorm verkörpert, unter die bei hinreichender Bestimmtheit subsumiert werden kann. Gelingt die Subsumtion nicht, zum Beispiel weil die Festsetzung zu rudimentär ausgefallen ist, kommt die der Prinzipienebene immanente Abwägungsintension zum Tragen. Miteinander abgewogen werden stets nur Prinzipien von Verfassungsrang.[387] Schrankenklauseln enthalten lediglich die Ankündigung einer Beschränkbarkeit, aufgrund eines vom Verfassungsgeber antizipiert erkannten Konfliktpotentials.

Schrankenklauseln können verfassungsimmanente (unmittelbare) Schranken ankündigen. Diese verfassungsimmanenten Schranken wurden bereits in den obigen Beispielen als Prinzipien von Verfassungsrang erkannt. Schrankenklauseln können aber auch verfassungsmittelbare Schranken benennen, also solche von Unterverfassungsrang. Solche Schrankenklauseln

---

387 Siehe oben S. 56 (hinsichtlich Literatur dort Fn. 214).

begegnen einem in Form von einfachen und qualifizierten Gesetzesvorbehalten[388], wobei qualifizierte Gesetzesvorbehalte nur unter bestimmten Voraussetzungen oder Zwecken und einfache Vorbehalte ohne diese Voraussetzungen oder Zwecke vom Gesetzgeber erlassen werden können.[389] Da aber stets nur Prinzipien von Verfassungsrang miteinander abgewogen werden, würde dieses bedeuten, daß die aufgrund einer Schrankenklausel vom Gesetzgeber erlassenen, beschränkenden Gesetze selbst an der Abwägung nicht teilnehmen könnten. Diese Gesetze sind jedoch einfachgesetzlicher Ausdruck eines verfassungsrechtlichen Prinzips. Die einfachen Schrankengesetze flankieren lediglich ein übergeordnetes Prinzip[390] und stellen gleichsam dessen Regelebene dar, da unter diese subsumiert werden kann. Eine ganze Reihe der Normen der Strafprozeßordnung flankieren beispielsweise das Prinzip einer gerechten und effizienten Strafrechtspflege, wie es sich aus dem Rechtsstaatsprinzip herleiten läßt.[391] Eine Reihe der Normen des Steuerrechts flankieren das Prinzip einer ordnungsgemäßen, gleichen und gerechten Besteuerung der Bürger und sind somit Ausdruck der Finanzverfassung der Art. 104 a ff. GG sowie des Gleichheitssatzes. Prinzip *und* es flankierendes, einfaches Gesetz nehmen zusammen an der Abwägung teil.[392] Beispielsweise nahmen im Rahmen der Überprüfung der Durchsuchungsanordnung bei der Dresdner Bank[393] an der Abwägung die §§ 94 ff. StPO als einfachgesetzliche Normen teil, im Rahmen der Überprüfung der Geeignetheit und Erforderlichkeit der Maßnahme. Im Rahmen der Proportionalität jedoch nahm das von dieser Norm flankierte[394] Prinzip der Sicherung der gleichen Besteuerung (Rechtsstaatsprinzip / Gleichheitsgrundsatz) teil. In anderen Entscheidungen des Bundesverfassungsgerichts wurden z.B. die Zinsbesteuerung des § 20 EStG als einfach gesetzliche Norm im Rahmen des Verhältnismäßigkeitsgrundsatzes geprüft, flankierend das Prinzip der gleichen Besteuerung,[395] oder es wurden in diesem Sinne § 53, Abs. I, Nr. 3 StPO[396] bzw. § 102 StPO[397] mit dem Prinzip der Sicherung der Strafrechtspflege in die Abwägung eingebracht. Somit kündigen Schrankenklauseln lediglich an, daß es ein oder mehrere gegenläufige Prinzipien gibt, denen auch flan-

---

388 Z.B. Art. 13, Abs. III GG; Art. 11, Abs. II GG - qualifizierte Gesetzesvorbehalte; Art. 2, Abs. II, S. 3 GG; 8, Abs. II GG; 10, Abs. II, S. 1 GG - einfache Gesetzesvorbehalte.

389 Z.B. Hesse, Grundzüge des VerfR, Rn. 315; Pieroth/Schlink, a.a.O., Rn. 253 ff.

390 Vgl. Bleckmann, JuS 1994, S. 179. Vgl. auch Stern, a.a.O., Bd. III/2, § 84, S. 827.

391 Nach der hier vertreten Auffassung erscheint die Zuordnung der strafrechtlichen Flankengesetze zum Rechtsstaatsprinzip als spezieller als gegenüber einer ansonsten auch denkbaren Zuordnung zum Sittengesetz im Sinne der Schrankentrias des Art. 2, Abs. I GG, wie sie bspw. von Dürig befürwortet wird - Dürig, in: M/D/H/S, Art. 2, Abs. I, Rn. 69 ff. (74, 76). Dürig spricht in diesem Zusammenhang von dem Sittengesetz als einer ethisch - immanenten Schranke, einer ‚ethischen Nichtstörungsschranke', beschrieben durch den Gedanken der clausula aurea im Sinne Kant'scher Tugendlehre, als einer Grundvoraussetzung gedeihlichen menschlichen Zusammenlebens, nämlich das, was Pflicht des Menschen gegen sich selbst ist, zugleich für Pflicht gegen andere zu halten. Auch das Sittengesetz ist Ausdruck eines verfassungsimmanenten, bezogen auf die Position des Bürgers gegenläufigen, Prinzips.

392 Dieses führt bei oberflächlicher Betrachtung, also bei einer Trennung von Prinzip und flankierendem Gesetz zu dem falschen Eindruck, daß allein die einfach - gesetzliche Norm die Kollisionslage lösen soll und somit ein Grundrecht von einer einfach - gesetzlichen Norm eingeschränkt würde - so zumindest mißverständlich Stern, a.a.O., Bd. III/2, § 82, S. 608, 609. In § 84, S. 827, a.a.O. führt Stern hingegen aus, daß die einfach - gesetzlichen Normen nur dann an der Abwägung teilnehmen, „wenn sie Anhalt in der Verfassung finden".

393 Vgl. Beschluß des BVerfG vom 13.12.1994 (2 BvR 894/94), in: Wistra 1995, S. 139 ff. (140).

394 So z.B. Grabitz, AöR, 98 (1973), S. 582, 583 für den unter Bezugnahme auf Esser Prinzipien überpositive Geltung besitzen, da sie nicht selbst Weisungen (im Sinne von Normen) seien, sondern lediglich deren „Grund, Kriterium und Rechtfertigung".

395 BVerfGE 84, 239 (281); Beschluß des BVerfG vom 06.04.1989 (1 BvR 33/87), in: HFR 1989, S. 440 ff. (441).

396 BVerfGE 38, 312 (322, 323).

397 BVerfGE 44, 353 (373, 374).

kierend mittels unterverfassungsrechtlicher Normen zur Realisierung verholfen werden darf. Diese Normen haben Regelcharakter, da unter sie subsumiert werden kann; sie komplettieren die ohne ihren Erlaß bestehende rudimentäre Regelebene eines Prinzips. Die argumentative Zusammenfassung von einfachgesetzlicher Begrenzungsnorm und Prinzip im Rahmen der Proportionalität, der Abwägung des Verhältnismäßigkeitsgrundsatzes, zeigt, daß auch diese Begrenzungsnormen ganz im Sinne von Art. 19, Abs. II GG ihrerseits wieder begrenzt werden. Durch die Abwägung auch dieser Begrenzungsnorm, ganz im Sinne praktischer Konkordanz, kommt es zu der bereits oben genannten Wechselwirkung zwischen einzuschränkender Grundrechtsnorm und einschränkender Norm. Insofern bezeichnet man auch den Verhältnismäßigkeitsgrundsatz als Schranken - Schranke.[398] Als weitere Schranken - Schranke gelten die Wesensgehaltsgarantie des Art. 19, Abs. II GG, die ja mit dem Verhältnismäßigkeitsgrundsatz identisch ist, das Zitiergebot des Art. 19, Abs. I, S. 2 GG, das Verbot des einschränkenden Einzelfallgesetzes nach Art. 19, Abs. I, S.1 GG und der Bestimmtheitsgrundsatz.[399]

(4) Die Wirkung der Schranken

Als prima facie - Rechte haben Grundrechte eine Optimierungstendenz, mit der nach *Alexy* [400] auf der negativen Ebene ein prima facie - Verbot korrespondiert. Ähnlich dem Beispiel *Alexy's* [401] eröffnet das Recht auf informationelle Selbstbestimmung gemäß Art. 2, Abs. I i.V.m. Art. 1, Abs. I GG ein prima facie - Recht des Bankkunden darauf, daß seine persönlichen ‚Bankdaten' nicht an Dritte weitergegeben werden, was noch zu zeigen sein wird. Mit diesem Recht korrespondiert ein prima facie - Verbot des Staates, z.B. auf diese Daten zuzugreifen, bzw. bezogen auf die Bank, diese weiter zu geben. Indem beispielsweise § 93 AO eine Auskunftspflicht der Bank statuiert, wird der Zugriff auf die Daten -die Weitergabe- definitiv erlaubt. Das prima facie - Verbot wird durch eine Erlaubnis ersetzt, welche äquivalent mit dem Nicht-Recht auf Bewahrung der ‚Bank-daten' ist. Somit wird ein prima facie - Recht durch ein definitives Nicht-Recht ersetzt,[402] wodurch sich die Norm des § 93 AO als Schranke erweist.
Die gleiche Wirkungsweise tritt aufgrund der zu ermittelnden Vorrangrelation bei der Abwägung von Prinzipien ein. Nach *Alexy* ist also ein Prinzip „eine Grundrechtsschranke, wenn es Fälle gibt, in denen es ein Grund dafür ist, daß an die Stelle einer grundrechtlichen prima facie - Freiheit oder eines prima facie - Rechts eine inhaltsgleiche definitive Nicht-Freiheit oder ein inhaltsgleiches Nicht-Recht tritt".[403]

---

[398] Z.B. Pieroth/Schlink, a.a.O., Rn. 278 ff..

[399] Pieroth/Schlink, a.a.O., Rn. 278. Vielfach wird das Zusammenspiel von Gewährleistungsgehalt der Grundrechtsnorm (prima facie - Charakter), Grundrechtsschranke und Schranken - Schranke ein triales Beziehungsverhältnis gesehen, daß einen stufenweisen Interpretationsablauf bedingen würde - vgl. z.B. Stern, a.a.O., Bd. III/2, § 84, S. 790 ff.. Hiergegen wird beispielsweise von Alexy zu Recht kritisch angemerkt, daß diese triadische Struktur letztendlich nichts anderes bedeutet, als die Aufspaltung des Tatbestandes der Grundrechtsnorm in zwei Kriterien. Vielmehr sei ein dualer Schutzgut/Eingriff - Tatbestandsbegriff vorzuziehen, der bereits den Begriff des Eingriffs in den Begriff des Tatbestandes inkorporiert - vgl. Alexy, Theorie der Grundrechte, S. 275 f.. Inhaltlich andere Ergebnisse lassen sich durch diese Unterscheidungen freilich nicht erwarten.

[400] Alexy, a.a.O., S. 256.

[401] Alexy, a.a.O..

[402] Alexy, a.a.O..

[403] Alexy, Theorie der Grundrechte, S. 257.

3.) In dubio pro libertate

Der Ausdruck in dubio pro libertate wird in zwei unterschiedlichen Zusammenhängen verwendet, nämlich als Auslegungsregel und als Beweislastregel.[404] Grundsätzlich geht es in dem hier interessierenden Kontext um die Frage, wem die Argumentationslast aufzubürden ist, wenn in eine grundrechtlich geschützte Position eingegriffen werden soll, demjenigen, der in diese Position eindringt oder demjenigen, der diese Position verteidigt. So findet der Ausdruck einmal Anwendung, wenn es darum geht, die Weite von grundrechtlichen Schutzbereichen zu definieren.[405] Trotz der weit zu interpretierenden, extensiven Auslegung der Spezialgrundrechte darf dieser Ausdruck jedoch nicht so weit gehen, das Primat des geschriebenen Verfassungstextes zu umgehen. Grundsätzlich ist die Aussage Ausdruck einer interpretativen Wertvorstellung, nämlich einer liberal - freiheitlichen Wertvorstellung über den Sinn und Zweck von Grundrechten. Als Auslegungsregel soll durch diesen Ausdruck dem Freiheitsgrundrecht stets ein höheres Gewicht beigemessen werden, als dem für den Staat streitenden Prinzip.[406] Diese grundsätzliche Präponderanz zugunsten des Freiheitsgrundrechts ist nach der hier vertretenen Ansicht abzulehnen, da sie sich nicht mit dem Prinzipiencharakter der Grundrechtsnormen vertragen würde. Oben wurde ausgeführt, daß (widerstreitenden) Prinzipien per se Gleichrangigkeit zukommt. Als generelle Auslegungsregel eröffnen Prinzipien somit keine Präponderanz zugunsten eines in dubio pro libertate oder -auctoritate.[407]
Davon zu unterscheiden findet der Ausdruck ferner Anwendung bei der Austarierung von Prinzipienkollisionen, im Rahmen der Proportionalität des Verhältnismäßigkeitsgrundsatzes.[408] Auch hier wird von Argumentations- oder Beweislast gesprochen.[409] Wie der Ausdruck bereits sprachlich impliziert, ist eine *zweifelhafte* Sachlage notwendig. Der hinter dem

---

404 Vgl. hierzu Weber-Grellet, Beweis- und Argumentationslast im Verfassungsrecht unter besonderer Berücksichtigung der Rechtsprechung des Bundesverfassungsgerichts, S. 39 ff.; Stern, a.a.O., Bd. III/2, § 95 - Die Auslegung der Grundrechte, S. 1653 f.. Scholz, AöR, 100 (1975), S. 97 sieht in diesem Ausdruck eine bloße Leerformel, wobei die allgemeine Freiheitsvermutung des Art. 2, Abs. I GG mit diesem Grundsatz identisch sei; dergl., in: M/D/H/S, Art. 5, Abs. III, Rn. 27, wo er allerdings ausführt, daß der Grundsatz in dubio pro libertate im Grundgesetz keine Stütze finden würde.

405 Vgl. v. Münch, in: v.M., Grundgesetz-Kommentar, Art. 1-19 Vorb., Rn. 51; Pieroth/Schlink, a.a.O., Rn. 230.

406 Wobei Ossenbühl, DÖV 1965, S. 657 darstellt, daß der in dubio pro libertate Grundsatz aus Art. 1, Abs. I GG abgeleitet werden würde und auf dem Gedanken beruhe, daß das Grundgesetz „in dem fortwährenden Spannungsverhältnis Mensch - Staat den Menschen grundsätzlich über den Staat stellt, der für den Menschen geschaffen ist und nicht umgekehrt". Auf S. 658 bezeichnet Ossenbühl diese Präponderanz zugunsten des Menschen jedoch als fragwürdig, da diese Betonung des Individualismus sich mit dem Menschenbild des Grundgesetzes nicht vertragen würde. Das Bundesverfassungsgericht führt in der Entscheidung zur Handwerksordnung, BVerfGE 13, 97 (105), aus, daß im Grundrechtsbereich von einer grundsätzlichen Freiheitsvermutung des Bürgers auszugehen sei, so daß bei der Abwägung der widerstreitenden Interessen des Einzelnen und der Gesamtheit „vom grundsätzlichen Vorrang des Freiheitsrechts auszugehen" sei.

407 Ossenbühl, a.a.O., S. 658. Anderer Ansicht ist zum Beispiel Rupp, Zur neuen Verwaltungsgerichtsordnung, AöR 85 (1960), S. 301 ff. (319), der bei einer Kollision von individueller Freiheit und staatlichen Machtmitteln von einer Präponderanz der individuellen Freiheit ausgeht, die sich gegenüber staatlichen Eingriffen nicht zu rechtfertigen brauche. Insoweit spricht er von einer Beweislastregel. Auch Dürig, Der Grundrechtssatz von der Menschenwürde, AöR 81 (1956) S. 117 ff. (123) sieht in dem Spanungsverhältnis zwischen Individuum / Staat eine Ausgangsvermutung zugunsten der individuellen Freiheit, die aus dem Menschenwürdesatz des Art. 1, Abs. I GG resultieren würde.

408 Alexy, Theorie der Grundrechte, S. 517; dergl., Individuelle Rechte und kollektive Güter, S. 260 f.; Gentz, NJW 1968, S. 1606.

409 Oben wurde zum Beispiel gesagt, daß der Argumentationsvorsprung des Staates aufgrund der ihm zugestandenen Einschätzungsprärogative des Teilgrundsatzes der Geeignetheit im Rahmen des Verhältnismäßigkeitsgrundsatzes den Staat nicht von der Argumentationslast für den Eingriff entbindet.

Ausdruck stehende Gedanke findet im Rahmen der Proportionalität des Verhältnismäßigkeitsgrundsatzes Anwendung. Dort gibt es nur eine von drei denkbaren Konstellationen, bei dem der Satz in dubio pro libertate anwendbar sein kann. Wenn es trotz der prinzipiellen Gleichrangigkeit der widerstreitenden Prin-zipien im Rahmen der Abwägung unklar bleibt, welchem der betroffenen Prinzipien im konkreten Fall der Vorzug gegeben werden soll, muß eine Lösung gefunden werden. Dieses ist die Argumen-tationslastfunktion des Grundsatzes in dubio pro libertate.[410] Bei der Kollision eines pro- (P 1) mit einem antagonistischen Prinzip (P 2) sind grundsätzlich folgende drei Möglichkeiten denkbar:

α. - P 1 kollidiert mit P 2 und P 2 erweist sich im Rahmen der Abwägung als unverhältnismäßig. P 2 kann somit P 1 nicht wirksam begrenzen. Dann setzt sich das von P 1 verkörperte prima facie - Recht aufgrund seines Realisierungsdranges durch. Ein in dubio pro libertate findet nicht statt, da eine zweifelhafte Sachlage nicht besteht.

β. - P 1 kollidiert mit P 2 und P 1 erweist sich im Rahmen der Abwägung als unverhältnismäßig. Dann setzt sich analog zu oben P 2 durch und kann sich (voll) realisieren. Auch hier gibt es keine unklare Sachlage, die ein in dubio pro libertate rechtfertigen würde.

γ. - P 1 kollidiert mit P 2 und im Rahmen der Proportionalität bleibt es unklar, ob P 1 oder P 2 sich durchsetzen können, weil es jeweils gewichtige Gründe für und wider das jeweilige Prinzip gibt. In diesem Fall ist die Sachlage unklar,[411] verlangt jedoch nach einer Lösung.

Welchem Prinzip soll der Vorzug gegeben werden? Nach *Grabitz* ist die Beweislast dem Staat aufzubürden, wenn zweifelhaft ist, ob ein Eingriff erforderlich oder proportional ist.[412] Nach der Vorstellung von *Hufen* ist die den Staat treffende Argumentationslast bei einem Eingriff in grundrechtliche Positionen der Kern des aus Art. 1, Abs. III GG in Verbindung mit dem Verhältnismäßigkeitsgrundsatz resultierenden Grundrechtsschutzes.[413] Ähnlich auch *Alexy*. Da ein Eingriff in die Position des Einzelnen zugunsten kollektiver Güter nur bei einer hinreichenden Rechtfertigung möglich sei, folge in allen Fällen, in denen eine hinreichende Rechtfertigung zweifelhaft sei oder sich für beide Positionen gleich gute Gründe anführen lassen, ein Vorrang des individuellen Rechts, mithin ein prima - facie Vorrang zugunsten indivi-

---

[410] Ähnlich auch Ossenbühl, DÖV 1965, S. 658.

[411] Anderer Ansicht ist Gentz, NJW 1968, S. 1606, der bei einem Zweifel an der Proportionalität grundsätzlich zu Lasten des Bürgers entscheiden will. Dieses begründet er damit, daß nur ein offensichtliches Mißverhältnis zwischen Zweck und Mittel des Eingriffs gegen die Proportionalität verstoßen würde, somit Zweifel wegen mangelnder Offensichtlichkeit nicht ausreichend wären. *Anderer Ansicht scheinbar* auch Alexy, in: Individuelle Rechte und kollektive Güter, a.a.O., S. 260, der bei einem Kollisionsfall, bei dem es zweifelhaft ist, ob für das individuelle Recht oder das kollektive Gut besserer Gründe vorliegen oder wenn für beide gleich gute Gründe angeführt werden können, dem individuellen Recht den Vorrang einräumt, da dieses sich aus dem prima facie - Vorrang der individuellen Rechte ergeben würde. Er gelangt auf diese Weise zu eine Argumentationslast zugunsten individueller Rechte und zu Lasten kollektiver Güter. Hierin kann man ihm folgen. Keine eindeutige Lösung bietet dieser Ansatz Alexy's m.E. allerdings in Fällen, in denen zwei verfassungsrechtliche Prinzipien aufeinandertreffen und bei denen ebenfalls die oben beschriebene non suffit Situation eintritt.

[412] Vgl. Grabitz, AöR, 98 (1973), S. 605 f., 616, der zwar nicht den Ausdruck in dubio pro libertate verwendet, sich jedoch mit der Beweislast bei zweifelhaften Eingriffskonstellationen auseinandersetzt und insgesamt weiter differenziert.

[413] Hufen, NJW 1994, S. 2918.

dueller Rechte.[414] Hierin sieht *Alexy* den Begriff des in dubio pro libertate erfüllt.[415] Problematisch erscheint somit die Argumentationslastverschiebung im Falle eines ‚non suffit' bei der Abwägung deswegen, weil beide kollidierende Normen Ausdruck von Prinzipien sind. Eine solche (Argumentationslast-) Verschiebung *zugunsten* der für den Bürger streitenden Grundrechtsnorm ist interpretativer Ausdruck einer der oben genannten Wertvorstellungen,[416] nämlich einer freiheitlich-demokratischen Verfassungsinterpretation. Sinn und Zweck der Grundrechte ist es, dem Individuum Freiheitsräume zu sichern. In diese Freiheitsräume kann zwar staatlicherseits eingegriffen werden, jedoch nur, wenn eine eindeutige Notwendigkeit / eine hinreichende Rechtfertigung[417] bzw. eine eindeutige Kollisionslage besteht. Bestehen an der Notwendig- oder Erforderlichkeit des Eingriffs Zweifel, kann die dem Bürger grundrechtlich eingeräumte prima facie - Position nach der hier vertretenen Ansicht nicht beeinträchtigt werden. Die den Grundsatz in dubio pro libertate als Auslegungsdirektive ablehnende Ansicht[418] argumentiert indes, daß durch Anwendung dieses Grundsatzes Gemeinschaftswerte *per se* als nachrangig betrachtet werden würden. Dieses Argument ist in dem hier vertretenen Kontext meines Erachtens verfehlt, da es zu einer Verdrängung von Gemeinschaftswerten in die Nachrangigkeit nur dann kommen kann, wenn unklar ist, ob diesen im konkret zu betrachtenden Fall aufgrund des Verhältnismäßigkeitsgrundsatzes Vorrang vor dem Freiheitsrecht des Individuums gebührt. Dieses aber ist gerade keine Verdrängung von Gemeinschaftswerten per se, sondern nur im konkreten Kontext.[419] Nach der hier vertretenen Auffassung kann einer solchen Argumentationslastverschiebung durch ein in dubio pro libertate darüberhinaus nur im Rahmen der *einfachen* Verhältnismäßigkeitsprüfung gefolgt werden, da im Rahmen der vorgestellten *qualifizierten* Verhältnismäßigkeit und dem daraus folgenden zweiten Abwägungsgesetz eine Argumentationslastverschiebung zu Lasten des Eingriffs und zugunsten des Grundrechts bereits erfolgt. Aber auch in Fällen, in denen zwei widerstreitende Prinzipien aufeinandertreffen, zum Beispiel eine für den Bürger streitende grundrechtliche Position kollidiert mit einer verfassungsrechtlichen Position des Staates, muß es zu einer entsprechenden Lösung kommen. Beiden Positionen gebührt aufgrund des aus ihrem Prinzipiencharakter folgenden prima facie - Vorranges Befolgung. Nur einem Prinzip kann indes genügt werden. Hier wird im Rahmen eines in dubio pro libertate die Argumentationslast ebenfalls dem Ein-griff auferlegt[420], der die individuelle rechtliche Freiheit einschränkt, so daß im Falle eines non suffit dem für das Grundrecht des Bürgers streitenden Prinzip zur Realisierung verholfen wird. Anders kann der prima facie bestehenden und tradierten Funktion der Grundrechte des Bürgers als Abwehrrechte gegen den Staat nicht genügt werden. Unter Heranziehung der Gedanken des von *Alexy* angeführten ‚Perelman'schen Trägheitsprinzips'[421] kann hier die Argumentationslast dem staatlichen Eingriff auferlegt werden, da durch einen Eingriff des Staates in die grundrechtlich verbürgten Positionen

---

414 Alexy, Theorie der Grundrechte, S. 517; dergl., Individuelle Rechte und kollektive Güter, S. 260.

415 Alexy, Individuelle Rechte und kollektive Güter, S. 261; dergl., Theorie der Grundrechte, a.a.O..

416 Vgl. Hesse, Grundzüge des VerfR, Rn. 72, der in einer Ausgangsvermutung zugunsten der Freiheit ein unzulässiges Prinzip der Verfassungsinterpretation erblickt. So auch v. Münch, in: v.M., Grundgesetz-Kommentar, Art. 1-19 Vorb., Rn. 51.

417 Alexy, Individuelle Rechte und kollektive Güter, S. 260.

418 Z.B. Stern, StaatsR, Bd. III/2, § 95, S. 1653; Hesse, Grundzüge des VerfR, Rn. 72; v. Münch, in: v.M, Grundgesetz-Kommentar, Vorb. 1-19, Rn. 51.

419 In diesem Sinne auch Ossenbühl, DÖV 1965, S. 658.

420 Vgl. Alexy, Theorie der Grundrechte, S.117, 118.

421 Vgl. hierzu Alexy, Theorie der juristischen Argumentation, S. 216 ff., S. 336.

des Bürgers die Balance zugunsten des Staates und zu Lasten des Bürgers verschoben würde, ohne daß hierfür hinreichende Gründe zur Verfügung stehen, die in der Lage wären, die ebenfalls zugunsten des Bürgers bestehenden Gründe zu überbieten. Bestehen solche Gründe und setzt sich das für den Staat streitende Prinzip im Rahmen der Abwägung durch, entfällt bereits die für den in dubio pro libertate - Grundsatz notwendige zweifelhafte Sachlage. Aus dem Prinzipiencharakter, dem die Prinzipien sowohl des Staates als auch die des Bürgers folgen, ergibt sich bereits, daß sich die Positionen beider in einem auszubalancierenden System befinden. ‚Erweitert' einer der Beteiligten seine „Sphäre", ‚reduziert' er damit zugleich die des anderen. Dieses ist zwar grundsätzlich möglich, doch fordert das aus dem Gesetz der abnehmenden Grenzrate der Substitution folgende und oben beschriebene erste Abwägungsgesetz, daß für den Eingriff, also die Erweiterung der jeweiligen „Sphäre" überragend wichtige Gründe bestehen müssen, um dieses zu rechtfertigen. Derjenigen Position, die auf Kosten der anderen expandiert und die zuvor bestehende Balance stört ist daher die Argumentationslast aufzubürden.[422]

C.) Die Drittwirkung von Grundrechten

Bisher wurden Grundrechte im Verhältnis zwischen Bürger und Staat betrachtet, indem von (staatlichen) Eingriffen in Schutzbereiche ausgegangen wurde. Umstritten ist jedoch die Frage, ob Grundrechte auch im Verhältnis zwischen zwei Bürgern Geltung beanspruchen können und ob eine derartige Geltung von Grundrechten mittelbar oder unmittelbar besteht.

Das Verhältnis Bürger - Staat ist das klassische Anwendungsgebiet der Grundrechte. Diese sind aufgrund ihrer geschichtlichen Entwicklung und ihrer Konzeption primär Abwehrrechte des einzelnen Bürgers gegen den Staat. Diese Rolle von Grundrechten als Abwehrrechte gegen den Staat entspricht einhelliger, tradierter Auffassung.[423] Das Bundesverfassungsgericht umschreibt dieses in seiner Lüth - Entscheidung mit den Worten: „Ohne Zweifel sind die Grundrechte in erster Linie dazu bestimmt, die Freiheitssphäre des einzelnen vor Eingriffen der öffentlichen Gewalt zu sichern; sie sind Abwehrrechte des Bürgers gegen den Staat".[424] Diese Funktion der Grundrechte im Verhältnis zwischen Bürger und Staat ist eine Beziehung zwischen einem Grundrechtsträger (Bürger) und einem Nicht - Grundrechtsträger (Staat). Wenn der Bürger als Grundrechtsträger hieraus ein Abwehrrecht gegen den Staat herleiten kann, dann hat er ein subjektives Recht darauf, daß der Staat dieses Recht beachtet. Der Staat ist komplementär dazu verpflichtet, dieses Grundrecht des Bürgers zu beachten.[425] Als Grund-

---

422 Weber-Grellet, a.a.O., S. 40 ff., weist darauf hin, daß der Auslegungsregel in dubio pro libertate keine generelle Eignung zukommt, sondern lediglich als topos, als einem von mehreren Auslegungskriterien. Er betont, daß dem Grundgesetz ein Menschenbild fremd sei, daß den Menschen als isoliertes Individuum betrachte, sondern dieses den Menschen vielmehr in einem dialektischen Spannungsfeld, gleichsam interaktiv zwischen Individuum und Staat im Sinne einer Gemeinschaftsbezogen- und gebundenheit, ansiedele. Daher könne keine generelle Auslegungsregel zugunsten einer individuellen Freiheit bestehen, sondern in einem dialektisch - topischen Sinne sei die Spannungslage Individuum / Staat im konkreten Einzelfall auszulegen. Dieses ergibt sich nach der hier vertretenen Ansicht bereits aus dem Verhältnismäßigkeitsgrundsatz. Daher wurden auch die drei oben genannten Kollisionslagen definiert, nachdem eine Abwägung im Rahmen des Verhältnismäßigkeitsgrundsatzes stattgefunden hat.

423 BVerfGE 50, 290 (337) - Mitbestimmung.

424 BVerfGE 7, 198 (198 - Leitsatz 1, 204).

425 In diesem Sinne Alexy, Grundrechte als subjektive Rechte und als objektive Normen, Der Staat, 29 (1990), S. 53; (dergl., Grundrechte als subjektive Rechte und als objektive Normen, S. 267, 268).

rechtsverpflichteter ist er aber kein Grundrechtsträger, da er nicht gleichzeitig aus einem Grundrecht berechtigt und verpflichtet werden kann (Konfusionsargument). Neben dieser subjektiven Komponente, des Jellinek'schen status negativus[426], kommt den Grundrechten noch eine andere Bedeutung zu. Dieses impliziert die Aussage des Bundesverfassungsgerichts, daß Grundrechte nur „in erster Linie“[427] Abwehrrechte des Bürgers gegen den Staat sind. Diese andere Funktion der Grundrechte umschreibt das Gericht wie folgt: „Ebenso richtig ist aber, daß das Grundgesetz, das keine wertneutrale Ordnung sein will, in seinem Grundrechtsabschnitt auch eine objektive Wertordnung aufgerichtet hat und daß gerade hierin eine prinzipielle Verstärkung der Geltungskraft der Grundrechte zum Ausdruck kommt“.[428] In einer anderen Entscheidung heißt es dazu: „...hat das Bundesverfassungsgericht in ständiger Rechtsprechung klargestellt, daß die Grundrechte nicht nur Abwehrrechte des Bürgers gegen den Staat sind, sondern auch als objektive Normen ein Wertsystem statuieren, das als verfassungsrechtliche Grundentscheidung für alle Bereiche des Rechts Geltung beansprucht“.[429] Jedes Grundrecht hat demnach einen Doppelcharakter, da es subjektives Freiheitsrecht in Abwehrrichtung gegen den Staat ist und objektive Grundsatznorm bzw. Wertentscheidung bezüglich *aller* Bereiche des Rechts ist.[430] Durch den Rekurs auf die objektive Wertung der Grundrechte formuliert das Gericht die sog. ‚Ausstrahlungswirkung‘[431] der Grundrechte in *alle* anderen Rechtsgebiete hinein, somit beispielsweise auch in das Zivilrecht, Steuerrecht und Strafrecht. Als grundsätzliche Wertentscheidung strahlen die Grundrechtsnormen, die Prinzipien[432], in die anderen Rechtsgebiete ein und nutzen dabei die Generalklauseln und unbestimmten Rechtsbegriffe dieser Rechtsgebiete als „Einbruchstellen“ der Grundrechte in diese Gebiete.[433] Um der subjektiven Rechte willen wurden die Grundrechte in das Grundgesetz eingefügt. Ihren objektiven Charakter haben sie zur Verstärkung und Realisierung der subjektiven Komponente, indem sie den Staat verpflichten, der Realisierung von Grundrechten Rechnung zu tragen, ganz im Sinne von Art. 1, Abs. III GG. Dieses geschieht nicht nur durch die Beachtung objektiv-rechtlicher Einrichtungsgarantien, damit die Grundrechte seitens des Bürgers wahrgenommen werden können, sondern im hier interessierenden Zusammenhang insbesondere durch die Akzeptanz einer staatlichen Schutzpflicht, die durch den subjektiven

---

426 Zur Jellinek'schen Statuslehre, vgl. Hesse, Grundzüge des Verfassungsrechts, Rn. 281; Pieroth/Schlink, a.a.O., Rn. 57 ff.; Frotscher, JuS 1994, L 69; Alexy, Theorie der Grundrechte, S. 229 ff.; Starck, Die Grundrechte des Grundgesetzes, JuS 1981, 240 ff..

427 BVerfGE 7, 198 (198 - Leitsatz 1, 204).

428 BVerfGE 7, 198 (205); BVerfGE 50, 290 (337). Die Wertordnung des Grundgesetzes erwähnen jedoch auch schon frühere Entscheidungen des BVerfG -vgl. BVerfGE 2, 1 (12) - SRP; BVerfGE 5, 85 (134 ff., 197 ff.) - KPD; BVerfGE 6, 32 (40 f.) -Elfes; Starck, a.a.O., S. 238, 239.

429 BVerfGE 21, 362 (372) -mit Bezug des Gerichtes auf die Entscheidungen: BVerfGE 5, 85 (204 ff.); BVerfGE 6, 32 (40 f.); BVerfGE 7, 198 (204 f.); BVerfGE 10, 59 (81 f.).

430 Böckenförde, Grundrechte als Grundsatznormen, Der Staat, 29 (1990), S. 7; Hesse, in: Hdb. des VerfR, § 5, Rn. 17 ff. (19, 21); dergl., Grundzüge des VerfR, Rn. 279 ff.; Häberle, a.a.O., S. 70 ff..

431 Siehe z.B. Alexy, Theorie der Grundrechte, S. 477; Stern, a.a.O., Bd. III/1, § 69 - Die objektiv-rechtlichen Grundrechtsgehalte, S. 923 ff.; dergl., in: Bd. III/1, § 76 -Die Wirkung der Grundrechte in der Privatrechtsordnung, S. 1562; Frotscher, JuS 1994, L 68; Böckenförde, Der Staat, 29 (1990), S. 8, 9, der den Begriff „verfassungsrechtlich durchwirkt“ gebraucht.

432 Nach Alexy stimmen Prinzipien und Werte strukturell überein. Prinzipien sagen was prima facie gesollt ist, Werte sagen, was prima facie gut ist. Daher bezeichnet er die bereits oben vorgestellt „Prinzipientheorie“ als eine von unhaltbaren Annahmen gereinigte Werttheorie - Alexy, a.a.O., S. 133 ff.; Alexy, Grundrechte als subjektive Rechte und als objektive Normen, Der Staat, 29 (1990), S. 55.

433 Vgl. BVerfGE 7, 198 (206).

Gehalt der Grundrechte begrenzt werden. „Gesetzgebungs-, Verwaltungs- und Rechtsprechungskompetenzen finden immer ihre Grenze an den Grundrechten",[434] was *Hesse* als negative Kompetenzvorschrift der objektiv-rechtlichen Ebene der Grundrechte bezeichnet[435]. Unstreitig ist, daß Grundrechte aufgrund ihres Doppelcharakters auch im Privatrechtsverhältnis, also im Verhältnis zwischen zwei Bürgern, ihre Anwendung finden, was auch als Horizontal- oder Drittwirkung[436] der Grundrechte bezeichnet wird.[437] Flankiert wird dieser objektiv-rechtliche Gehalt der Grundrechte durch eine entsprechende Schutzpflicht des Staates,[438] der in exekutiver, legislativer und judikativer Hinsicht angesprochen ist.[439] Streitig ist aber, wie diese Schutzpflichten und der objektiv-rechtliche Wertegehalt der Grundrechte in Privatrechtsverhältnissen umgesetzt werden und ob die Drittwirkung unmittelbar oder mittelbar erfolgt.[440] Die Grundrechte finden nach dem Bundesverfassungsgericht, das sich der diesbezüglichen Meinung *Dürigs* in seiner Lüth - Entscheidung anschloß,[441] primär über die Generalklauseln der einzelnen Rechtsgebiete Anwendung im Privatrechtsverhältnis[442], da diese Generalklauseln und unbestimmten Rechtsbegriffe im Lichte des Grundgesetzes zu interpretieren sind. Der Umstand, daß ein Gleichordnungs- und kein Subjektionsverhältnis zwischen den Bürgern besteht, erfordert es, die kollidierenden Grundrechte dieser Privatrechtssubjekte im Privatrecht, das von dem Gedanken des suum cuique getragen wird, zu relativieren[443]. Insofern wirken die Grundrechte in Bürger - Bürger - Verhältnissen lediglich mittelbar. Dieses entspricht der weit überwiegenden Auffassung.[444] Das Bundesarbeitsgericht, ganz unter dem Einfluß

---

434 Hesse, in: Hdb. des VerfR, a.a.O., Rn. 19; Pietrzak, JuS 1994, S. 752.

435 Hesse, a.a.O.; dergl., Grundzüge des VerfR, Rn. 291 ff..

436 Vgl. hierzu Schwabe, Bundesverfassungsgericht und „Drittwirkung" der Grundrechte, AÖR 100 (1975), S. 442 ff.. Schwabe definiert die Drittwirkung der Grundrechte daher auch als „die Einwirkung der Grundrechte auf Privatrecht und Privatrechtsverhältnis" - Schwabe, a.a.O., S. 442; Stern, a.a.O., Bd. III/1, § 76, S. 1512 f..

437 Z.B. Hesse, Grundzüge des VerfR, a.a.O., Rn. 35 ff.; Böckenförde, Der Staat, 29 (1990), S.10 ff.; v. Münch, in: v.M., Grundgesetz-Kommentar, Art. 1-19 Vorb., Rn.28; Alexy, Theorie der Grundrechte, S. 475 ff..

438 Ausführlich zu Umfang und Inhalt der Schutzpflichten z. B. Pietrzak, JuS 1994, S. 748 ff.; Klein, Grundrechtliche Schutzpflicht des Staates, NJW 1989, S. 1633 ff.; Canaris, Grundrechtswirkungen und Verhältnismäßigkeitsprinzip in der richterlichen Anwendung und Fortbildung des Privatrechts, JuS 1989, S. 161 ff.. In diesem Sinne auch Degenhart, Die allgemeine Handlungsfreiheit des Art. 2, Abs. I GG, JuS 1990, S. 168; Hermes, Grundrechtsschutz durch Privatrecht auf neuer Grundlage?, NJW 1990, S. 1765, 1767, 1768; Hesse, in: Hdb. des VerfR, a.a.O., Rn. 23, 50 ff., 61; Stern, a.a.O., § 69, S. 931 ff., § 76, S. 1565 ff., 1573 ff., § 82, S. 619 ff.; Frotscher, JuS 1994, L 68; Häberle, a.a.O., S. 48 f., 70 ff.; aus der Rechtsprechung des Bundesverfassungsgerichts zur Schutzgebotsfunktion siehe exemplarisch: BVerfGE 77, 170 (214 f.) -C-Waffen; BVerfGE 39, 1 (41 f.) -Schwangerschaftsabbruch; BVerfGE 46, 160 (164 f.) -Schleyer; BVerfGE 53, 30 (57) -Mülheim-Kärlich. Vogelsang, a.a.O., S. 185, der allerdings zu Recht darauf hinweist, daß bei entsprechend weit ausgestalteter Realisierungs- und Schutzpflicht des Staates die latente Gefahr besteht, genau das Gegenteil dessen zu bewirken, was Intention der Schutz- und Realisierungspflicht des Staates sei, nämlich das Individuum schleichend zu entmündigen. Er fordert daher, daß der Staat nur in „unbedingt notwendigen Fällen schützend tätig" wird.

439 Zum Teil auch als sog. status positivus bezeichnet, der die Leistungs- bzw. sozialstaatliche Dimension der Grundrechte in bezug auf den Staat anspricht.

440 Vgl. zu der Entwicklung dieser Auffassungen die Darstellung bei Stern, StaatsR, Bd. III/1, § 76, S. 1509 ff., 1523 ff..

441 Stern, a.a.O., § 76, S. 1532.

442 BVerfGE 7, 198 (205, 206); Hesse, in: Hdb. des VerfR, a.a.O., Rn. 22, 59; Schwabe, AöR, 100 (1975), S. 446 f.; Stern, a.a.O., S. 1543 ff.; Starck, JuS 1981, S. 243.

443 In diesem Sinne Stern, a.a.O., S. 1553.

444 Die Rechtsprechung des Bundesverfassungsgerichtes geht seit der Lüth-Entscheidung von der mittelbaren Wirkung der Grundrechte aus, z.B. in: BVerfGE 25, 256 (263); BVerfGE 12, 113 (124,134). Vergleiche in der Literatur z.B. Hesse, Grundzüge des VerfR, Rn. 353 ff.; Pieroth/Schlink, a.a.O., Rn. 173 ff. (176);

seines ersten Präsidenten *Nipperdey*[445], war der Ansicht[446], daß aufgrund der Wertentscheidung des Grundgesetzes diese Werte unmittelbar im Privatrechtsverhältnis Gültigkeit haben müssen. Nach *Gallwas* würde eine solche unmittelbare Geltung jedoch heißen: „...der jeweils Berechtigte kann von jedermann Duldung, ja sogar Förderung seiner Freiheit verlangen, jedenfalls kann er Eingriffe in seine Freiheit abwehren".[447] Nach Ansicht der Vertreter dieser Meinung soll die unmittelbare Wirkung der Grundrechte sich dadurch entfalten, daß sie sich beispielsweise in der Privatrechtsordnung als ‚sonstige Rechte' im Rahmen des § 823, Abs. I BGB darstellen, denn nur so könnten sie ihre stärkste Wirksamkeit entfalten.[448] Die Meinung des Bundesarbeitsgerichts wurde zu Recht abgelehnt und wurde zwischenzeitlich vom Gericht auch wieder aufgegeben.[449] Kritisiert wurde diese Ansicht vor allem deswegen, weil sie einen Eingriff in die Privatautonomie der Bürger bedeutet.[450] „Niemand kann jedoch unter Berufung auf seine Freiheitsrechte einem anderen Grundrechtsträger ein bestimmtes Handeln verwehren, ebensowenig kann jemand unter Berufung auf eigene Freiheitsrechte von einem anderen Grundrechtsberechtigten ein bestimmtes Handeln verlangen. Anderenfalls käme es, eben weil es ... keine grundrechtsfreien Räume gibt, zu einer umfassenden Blockade des Rechts des einen durch das Recht des anderen"[451]. *Klein* weist in diesem Zusammenhang darauf hin, daß für den Fall einer unmittelbaren Geltung der Grundrechte auch im Bürger - Bürger - Verhältnis der Staat nur noch verpflichtet sei, als Rechtsdurchsetzungsinstrumentarium für die so unmittelbar aus den Grundrechten gewonnenen Ansprüche der Bürger zur Verfügung zu stehen.[452] „Auf gegen den Staat gerichtete Schutzpflichten / Schutzrechte käme es nicht mehr an, da es einen materiell - rechtlichen ‚Selbstvollzug' der Grundrechte im privatrechtlichen Verhältnis gäbe".[453] Außerdem sprächen die Entstehungsgeschichte der Grundrechte und der Wortlaut von Art. 1, Abs. III GG, der nur die öffentliche Gewalt anspricht, gegen die Auffassung des Bundesarbeitsgerichts.[454] Nach *Klein* hat die Begründung der Existenz grundrechtlicher Schutzpflichten des Staates zwei dogmatische Wurzeln. Zum einen sei die Schutzpflicht des Staates die Kompensation dafür, daß sich das Individuum dem staatlichen Schutz unterstellt hat, unter Verzicht auf das legitime Recht eines jeden Menschen, seine Rechtsgüter grundsätzlich selbst zu verteidigen, da nur der Schutz durch den Staat den

---

v. Münch, in: v.M., Grundgesetz-Kommentar, a.a.O., Rn.31; Gallwas, Der allgemeine Konflikt zwischen dem Recht auf informationelle Selbstbestimmung und der Informationsfreiheit, NJW 1992, S. 2786; Jarass, Das allgemeine Persönlichkeitsrecht im Grundgesetz, NJW 1989, S. 862; Klein, NJW 1989, S. 1639; Hermes, NJW 1990, S. 1765; Hesse, a.a.O., Rn. 59; Frotscher, JuS 1994, L 68; Breuer, in: Hdb.des StaatsR, Bd. VI, § 147 - Freiheit des Berufs, Rn. 25; Dürig, in: M/D/H/S, Art. 3, Abs. I, Rn. 509 ff.; Starck, JuS 1981, S. 245.

445 Stern, a.a.O., S. 1548; Dürig in: M/D/H/S, Art. 1 Abs. III, Rn. 127 ff. und Art. 3 Abs. I, Rn. 508; Starck, a.a.O..

446 Seit BAGE 1, 185 (191, 194); vgl. z.B. BAG - NJW 1957, S. 1688 ff. (1689).

447 Gallwas, NJW 1992, S. 2786. Vgl. auch Canaris, JuS 1989, S. 162; Stern, a.a.O., § 76, S. 1538 f..

448 Vgl. Stern, a.a.O., S. 1539, 1541.

449 Vgl. aus neuerer Zeit BAG-NJW 1987, 2459 ff. (2461); BAG-NJW 1995, 275 ff. (277) - jeweils unter Hinweis auf die einschlägige Rechtsprechung des BVerfG (z.B.: die Lüthentscheidung - BVerfGE 7, 198)

450 Vgl. Stern, a.a.O., S. 1554 f..

451 Gallwas, NJW 1992, S. 2786. In diesem Sinne auch Stern, StaatsR, Bd. III/1, § 76, S. 1555; Alexy, Theorie der Grundrechte, S. 489.

452 Klein, NJW 1989, S. 1639.

453 Klein, a.a.O..

454 Z.B. Pieroth/Schlink, a.a.O., Rn. 175; Stein, StaatsR, § 42V7, S. 399 f.; v. Münch, in: v.M, Grundgesetz-Kommentar, Art. 1-19 Vorb., Rn.31; Hesse, Grundzüge des VerfR, a.a.O., Rn. 354, 355.

Verzicht auf private Gewaltanwendung legitimiere. Nur so könne die für ein gedeihliches Zusammenleben der Menschen notwendige Friedensordnung gewährleistet werden.[455] Zum anderen normieren gerade die Grundrechte die für diese staatliche Friedensordnung für notwendig gehaltenen Rechtsgüter, wodurch sie ihre positiv-rechtliche Grundlage für staatliche Schutzpflichten erhalten.[456] Die Grundrechte sind jedoch zugleich Ausdruck und Bestandteil der Personalität ihres Grundrechtsträgers, „die sich nicht nur dem Staat gegenüber zur Geltung bringen will und keineswegs nur von staatlicher Seite... bedroht sind".[457] Die in den Grundrechten erhaltenen (objektiven) Schutzgüter konkretisieren die staatlichen Schutzpflichten gerade auch gegenüber einem Eingriff nicht-staatlicher Stellen in die Grundrechtspositionen, da die Grundrechte als Ausdruck der Personalität ihres Trägers gelten,[458] diese jedoch nicht teilbar ist, in eine Personalität in bezug auf den Staat und eine Personalität in bezug auf andere Grundrechtsträger.

Es ist somit eine (wert-) einheitliche Betrachtung durchzuführen, um eine diesbezügliche Schizophrenie zu vermeiden. Für *Canaris* ist daher die Schutzgebotsfunktion der Grundrechte, die dem Staat gebietet, einen Bürger vor einem anderen Bürger zu schützen, „das 'missing link', um die mittelbare Einwirkung der Grundrechte auf das Verhalten der Privatrechtssubjekte zu erklären und die diffuse Lehre von der Ausstrahlungswirkung auf ein festeres theoretisches Fundament zu stellen".[459] Für *Hesse* ergibt sich eine mittelbare Drittwirkung der Grundrechte im Rahmen gerichtlicher Entscheidungen nur da, wo es dem Staat als Gesetzgeber nicht gelingt, Grundrechte des einzelnen Bürgers auch gegen nicht-staatliche Beeinträchtigungen zu schützen.[460] Trotz aller geäußerter Kritik an der Auffassung das Bundesarbeitsgerichts enthält die Ansicht des Gerichtes auch einen zutreffenden Gesichtspunkt. Wenn das Bundesverfassungsgericht in seiner Lüth-Entscheidung, als der Leitentscheidung in bezug auf die Drittwirkung der Grundrechte[461], das Wertsystem des Grundgesetzes als objektive Wertordnung bezeichnet, dessen Vorstellungen in alle Bereiche des Rechts aus-strahlen, rekurriert es damit in einem (Rechts-) philosophischen Sinne auf die in dem Grund-rechtskatalog enthaltenen naturrechtlich - tradierten Vorstellungen von den Rechten des Menschen[462]. Das Grundgesetz inkorporiert diese naturrechtlich - tradierten Vorstellungen und stellt in diesem Sinne ein moralisch-ethisches Grundkonzept des Staates dar.[463] Wenn das Bundesarbeitsgericht somit die Ansicht vertreten hat, daß die Grundrechte eine unmittelbare Geltung in einem Bürger - Bürger - Verhältnis erfahren, ist diese Ansicht in einem Nicht - positivistischen Sinne richtig, da es insofern eine Trennung von Recht und Moral nicht gibt. In einem Nicht - positivistischen Sinne verstanden ist die Ansicht des Bundesarbeitsgerichtes nachvollziehbar, da dann auch im Bürger - Bürger - Verhältnis einfach gesetzliche Normen unmittelbar von der inkorporierten Ethik und Moral (der Wertordnung) des Grundgesetzes erfaßt werden. So verstanden enthält auch die Ansicht des Bundesverfassungsgerichts in

---

455 Vgl. Klein, NJW 1989, S. 1636. Ähnlich die Darstellung von Bull, Datenschutz contra Amtshilfe, DÖV 1979, S. 690, der jedoch mehr den historischen Konflikt zwischen den Theorien Bodins und Hobbes' einer souveränen, unteilbaren Staatsgewalt und den Gewaltenteilungstheorien Lockes und Montesquieus betont.

456 Klein, a.a.O..

457 Klein, a.a.O..

458 Klein, a.a.O..

459 Canaris, JuS 1989, S. 163.

460 Hesse, in: Hdb. des VerfR, Bd. 1, § 5, Rn. 61.

461 Schwabe, AöR, 100 (1975), S. 443.

462 Vgl. auch Hesse, Grundzüge des VerfR, Rn. 283.

463 Hesse, a.a.O., Rn. 295, der die Grundrechte als die Grundlagen der rechtsstaatlichen Ordnung, als „normierte Prinzipien der Rechtsstaatlichkeit" bezeichnet.

seiner Lüth - Entscheidung vor dem geschichtlichen Hintergrund der Erfahrungen mit dem nationalsozialistischen Unrechtsstaat durchaus verständlich, eine deutliche Absage an den Rechtspositivismus, damit die einfach - gesetzlichen Normen nicht getrennt von der Wertordnung des Grundgesetzes betrachtet werden[464].

Die Systematik bei der mittelbaren Drittwirkung von Grundrechten ist folgende[465]:

Da im Privatrechtsverhältnis zwei Grundrechtsträger (Bürger - Bürger - Verhältnis) aufeinander treffen, sind beide per se gleichberechtigt. Kollidieren ihre jeweiligen Grundrechte miteinander, in dem von einem Bürger zu Unrecht in den grundrechtlichen geschützten Bereich des anderen Bürgers eingedrungen wird, müssen auch diese konfligierenden Grundrechtspositionen miteinander abgewogen werden, was die Anwendbarkeit des Verhältnismäßigkeitsgrundsatzes zur Folge hat. Auf diese Weise wird praktische Konkordanz hergestellt. Als Folge der Berechtigung des einen Bürgers erscheint die Nicht - Berechtigung des anderen Bürgers im konkreten Fall.[466] Wenn die betroffenen Bürger als Träger ihrer Grundrechte sich hinsichtlich ihrer Auffassungen nicht einigen können, bedeutet dieses faktisch, daß sie zum Beispiel und in aller Regel gerichtliche Hilfe (z.B. der Zivilgerichte) in Anspruch nehmen müssen.[467] Da aber gemäß Art. 1, Abs. III GG die Rechtsprechung als staatliche Gewalt an die „nachfolgenden Grundrechte" gebunden ist, müssen die Gerichte die kollidierenden Normen, z.B. des BGB im Lichte des Grundgesetzes, im Sinne der von ihm errichteten Wertordnung (verfassungskonform) auslegen und so der Schutzgebotsfunktion des objektiv - rechtlichen Gehalts der Grundrechte gerecht werden. Dazu dienen die oben bezeichneten Generalklauseln und unbestimmten Rechtsbegriffe als interpretative ‚Einfallstore'.[468] Gleiches gilt für die Verpflichtung des Gesetzgebers, wenn er die konfligierenden Grundrechtspositionen von Bürgern erkannt hat, da die Grundrechtskollision in dem Dreiecksverhältnis zwischen zwei Individuen und dem Staat von diesem gelöst werden muß, will er die Lösung der Kollisionslage nicht den Grundrechtsberechtigten selbst überlassen,[469] was die Gefahr eines Rechts des Stärkeren beinhalten würde. Aufgrund der aus dem objektiv - rechtlichen Gehalt der Grundrechte folgenden Schutzgebotsfunktion ist auch der Gesetzgeber besonders aufgerufen, eine grundrechtsadäquate Ordnung der Privatrechtsbeziehungen zu errichten[470] und die widerstreitenden Grundrechtssphären gegeneinander abzugrenzen.[471] Letztendlich werden die konfligierenden Grundrechtsnormen der beteiligten Bürger miteinander abgewogen.[472] In Fällen dieser Art hat der

---

[464] Schwabe, a.a.O., S. 449 versteht insoweit den Begriff des Bundesverfassungsgerichts der ‚der objektiven Norm' in der Lüthentscheidung nicht als Gegensatz zu dem Begriffspaar subjektiv / objektiv, sondern im Sinne von „objektiv universell gültig".

[465] Vgl. hierzu z.B. die Ausführungen des BVerfG in seiner Entscheidung vom 19.10.1993 (BvR 567/89), BVerfGE 89, 214 ff. - Bürgschaft von Angehörigen. Vgl. auch Stern, StaatsR., § 82, S. 634 ff.; Bleckmann, JuS 1994, S. 179; Starck, JuS 1981, S. 245.

[466] Vgl. Smith/Robinson/Coval, University of Toronto Law Journal, The Logic of Rights -1983, S. 267 ff. (268) (veröffentlicht im Internet unter: http://www.flair.law.ubc.ca/jcsmith/logos/sophia/rights.html), die diesbezüglich ausführen: "The analysis suggested here as being fundamental to rights theories is that X can be said to have a right as against Y to do C .... if Y has a duty to X not to interfere with X's doing C". Ferner heißt es: „Basic to having a right to do something is that one has a right not to be interfered with".

[467] Stern, StaatsR, Bd. III/1, § 76, S. 1551; 1564 f.; 1582 ff.; Starck, JuS 1981, S. 245.

[468] Z.B. §§ 138; 242 BGB. Bedeutsam im Rahmen des allgemeinen Persönlichkeitsrechts ist vor allem § 823 BGB, wo die beschriebene Abwägung der widerstreitenden Interessen innerhalb dieses sog. Rahmenrechtes erfolgt. Vgl. BVerfGE 7, 198 (263); BVerfGE 89, 214 (Leitsatz 2, S. 232 ff.); Schwabe, AöR, 100 (1975), S. 460 f.; Stern, a.a.O., Bd. III/2, § 82, S. 641 f..

[469] Stern, a.a.O., Bd. III/2, § 82, S. 634 f..

[470] So Stern, Bd. III/1, § 76, S. 1577 ff..

[471] Stern, a.a.O., S. 1579.

Staat die aus Art. 1, Abs. I, S. 2 GG deduzierbare Pflicht, dem Handeln desjenigen Bürgers, der in den Schutzbereich eines anderen Bürgers ungerechtfertigterweise eindringen will, Einhalt zu gebieten und somit den Schutzbereich des betroffenen Bürgers gegen eine Beeinträchtigung zu verteidigen.[473] Letztendlich werden die konfligierenden Grundrechtspositionen der beteiligten Bürger gegeneinander abgewogen und praktische Konkordanz wird hergestellt.[474]

Zusammenfassung:

Zusammenfassend soll festgehalten werden, daß Grundrechtsnormen einen auf Optimierung drängenden Prinzipiencharakter aufweisen. Der prima facie bestehende Schutzbereichsumfang von grundrechtlichen Prinzipien wird im Wege der Abwägung mit widerstreitenden, gegenläufigen Prinzipien konkretisiert, wodurch eine auf den jeweiligen Einzelfall bezogene bedingte Vorrangrelation zwischen den beteiligten Prinzipien begründet wird. Die für Prinzipien typische Relativität ergibt sich aus deren Abwägungserfordernis. Für die Bestimmung der bedingten Vorrangrelation gilt ein erstes Abwägungsgesetz, das eine Je-desto-Verknüpfung beinhaltet und die Eingriffsintensität in Beziehung zu den, den Eingriff rechtfertigenden Gründen setzt. Die Abwägung und Ausrichtung widerstreitender Prinzipien aneinander erfolgt mit Hilfe des Verhältnismäßigkeitsgrundsatzes, der als einer der tragenden Säulen der Verfassungsdogmatik anzusehen ist und ein Höchstmaß an Einzelfallgerechtigkeit ermöglicht. Die dem Verhältnismäßigkeitsgrundsatz immanenten Gedanken und Tendenzen, konfligierende Prinzipien aneinander im Sinne praktischer Konkordanz pareto-optimal auszurichten, finden sich auch in der Sphärentheorie, der Wesensgehaltsgarantie und der Drei-Stufentheorie wieder. Diese Theorien sind unmittelbar aus dem Verhältnismäßigkeitsgrundsatz deduzierbar. Im Rahmen einer qualifizierten Verhältnismäßigkeitsprüfung ist ein zweites Abwägungsgesetz zu beachten, das nach der Anzahl bereits bestehender Eingriffe fragt und diese in einer Gesamtbetrachtung im Rahmen der Verhältnismäßigkeitsprüfung beachten soll, indem es bei steigendem Beeinträchtigungsgrad eines Prinzips durch multiple gegenläufige Prinzipien, die Rechtfertigungslast den gegenläufigen Prinzipien aufbürdet. Auch hier gilt eine Je-desto-Formel, die die aus der Eingriffsanzahl resultierende Eingriffsintensität in Beziehung zu den, die Eingriffe jeweils rechtfertigenden Gründen setzt.

---

472 Vgl. zu dieser Systematik -Hesse, Grundzüge des VerfR, Rn.356 f.; Gallwas, NJW 1992, S. 2786, 2788 f.; Jarass, NJW 1989, S. 862; BVerfGE 30, 173 (195) -Mephisto; BVerfGE 89, 214 ff.; Klein, NJW 1989, S. 1637 f.; Hermes, a.a.O., S. 1766, 1767; Schmitt-Glaeser, in: Hdb. des StaatsR, Bd. VI, § 129, S. 93, Rn. 91; Schlaich, Das Bundesverfassungsgericht, S. 136 ff.; Alexy, Theorie der Grundrechte, S. 484; Starck, JuS 1981, S. 245.

473 Hierbei bleibt es nach Klein jedoch dem Staat überlassen, welchem der dazu notwendigen und einsetzbaren Mittel er sich bedient, um seiner Schutzpflicht gerecht zu werden - vgl. Klein, NJW 1989, S. 1637 f..

474 Vgl. zu dieser Systematik - Hesse, Grundzüge des VerfR, Rn. 356 f.; Beschluß des BVerfG vom 27.01.1998, in: WM 1998, 890; BVerfGE 89, 214 ff. - Leitsatz 1 und S. 232 ff.; Grabitz, AöR, 98 (1973), S. 577 f.; Canaris, JuS 1989, S. 163, der auch darauf hinweist, daß die Geltung der Gesichtspunkte des Übermaßverbotes anhand derer die Ausrichtung der widerstreitenden Interessen der Bürger zu erfolgen hat, lediglich das Bürger-Bürger Verhältnis betrifft. Ungeklärt sei bisher die Frage danach, nach welchen Maßstäben ein diesbezügliches staatliches Schutzdefizit, Untermaß genannt, zu beurteilen sei, da es diesem Bürger-Staat Verhältnis darum gehe, daß der Staat einem Bürger seinen Schutz zur Durchsetzung eines Grundrechts versagt habe, somit der Fall eines staatlichen Unterlassens vorliegt; vgl. hierzu auch Stern, a.a.O., Bd. III/2, § 84, S. 813.

Ferner soll festgehalten werden, daß Grundrechtsschranken und Grundrechtsbeschränkungen Ausdruck gegenläufiger Prinzipien sind. In die beschriebene Abwägung zweier Prinzipien werden nur Prinzipien mit Verfassungsrang eingestellt. Diese werden von einfach-gesetzlichen Normen flankiert und unterstützen argumentativ Prinzipien im Rahmen der Abwägung, da die einfach-gesetzlichen Normen Ausdruck des Prinzips sind, das hinter ihnen steht. Grundrechtliche Schrankenklauseln sind Ausdruck der bereits vom Verfassungsgeber erkannten Kollisionslagen, entbinden jedoch nicht von dem Erfordernis der Abwägung widerstreitender Prinzipien im konkreteen Einzelfall. Im Rahmen eines in dubio pro libertate kann nicht die per se bestehende Gleichrangigkeit von Prinzipien bei der Abwägung beseitigt werden und entbindet nicht von dem Erfordernis einer Abwägung überhaupt. Der Grundsatz in dubio pro libertate findet seine Anwendung jedoch in Fallkonstellationen, in denen sich das Abwägungsergebnis als indifferent erweist, somit eine Sachlage entsteht, bei der trotz Abwägung gute Gründe sowohl für das eine, wie für das andere Prinzip sprechen. In diesen Fällen der Indifferenz ist zugunsten des Freiheitsrechts und gegen den staatlichen Eingriff zu entscheiden.
Desweiteren soll für den Komplex der Drittwirkung der Grundrechte festgehalten werden, daß Grundrechte einen Doppelcharakter aufweisen, da sie einerseits ihrer tradierten Funktion gemäß als Abwehrrechte des Individuums gegen den Staat fungieren, anderersits auch Ausdruck einer normierten staatlichen Wertordnung sind. An dieser Wertordnung haben staatliche Stellen ihre Handlungsweise zu orientieren, da dieser Wertordnung eine Ausstrahlungswirkung in alle Bereiche des Rechts zuerkannt wird. Im Bürger-Bürger-Verhältnis gelten Grundrechte indes lediglich mittelbar und entfalten ihre Wirkung einerseits durch die Begründung staatlicher Schutzpflichten zugunsten der Bürger, andererseits im Wege der (gerichtlicher) Abwägung, wenn widerstreitende Interessen zweier Bürger aufeinander treffen. Auch im Bürger - Bürger - Verhältnis kommt es zur Beseitigung konfligierender Prinzipien auf eine Abwägung im Einzelfall an.

3. Teil: Das Bankgeheimnis und sein verfassungsrechtlicher Schutz

Nachdem das grundrechtsdogmatische Fundament mit seinen grundlegenden Strukturen dargestellt wurde, gilt es nunmehr, das Bankgeheimnis bzw. das hinter ihm stehende Prinzip, verfassungsrechtlich einzuordnen.

Oben[474] wurde bereits angeführt, daß das Bankgeheimnis in den verschiedenen Abhandlungen zumindest im Ansatz auch verfassungsrechtlich begründet bzw. hergeleitet wurde. Im Rahmen dieser Abhandlungen wurden zum Teil bereits erste Versuche unternommen, das Bankgeheimnis differenziert zu betrachten, nämlich es einerseits dem allgemeinen Persönlichkeitsrecht des Bankkunden und Bürgers zu unterstellen, andererseits, bezogen auf die Bank, es dem Schutzbereich des Art. 12, Abs. II GG unterzuordnen, da es sich bei dem Bankgeheimnis um ein Berufsgeheimnis der Bank bzw. des Bankiers handelt.[475] Erstaunlicherweise wurde dieser Dichotomie in verschiedene Verhältnisse nicht weiter nachgegangen. Soweit ersichtlich fehlt bisher eine systematische Darstellung des verfassungsrechtlichen Schutzes des Bankgeheimnisses, die diese Diversifikation berücksichtigt. Diese soll im Folgenden versucht werden.

Anknüpfend an die zuvor aufgezeigte primäre Funktion der Grundrechte im Verhältnis zwischen zwei Grundrechtsträgern, lassen sich insgesamt drei verschiedene Rechtsverhältnisse unterscheiden. Diese Rechtsverhältnisse zeigt folgende Grafik: *(Schaubild 4)*

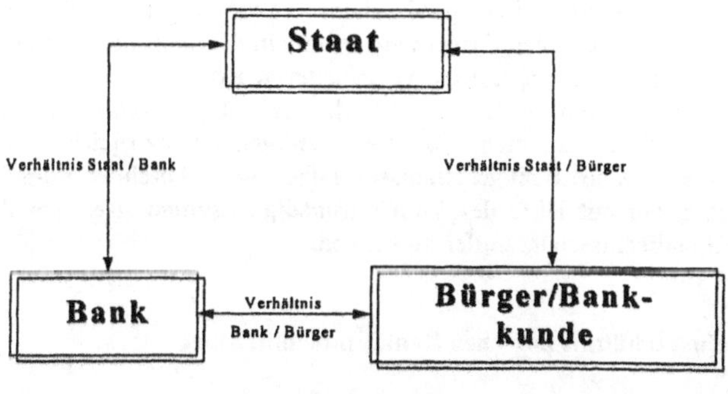

---

474 1. Teil, S. 27 f., 34 f..

475 Eine Diversifikation findet sich z.B. bei: Ehlers, Durchsuchung-Beschlagnahme-Bankgeheimnis, BB 1979, S. 1515; Sichtermann/Kirchherr, Bankgeheimnis und Bankauskunft, S. 32 ff., 40 ff.; Sichtermann, Enzyklop. Lexikon, S.17 f.; Canaris, Bankvertragsrecht, Rn.36-39; dergl., HGB-Kommentar, § 357, Rn. 23 ff. (Rn. 26); Jabornegg/Strasser/Floretta, Das Bankgeheimnis, S.17 f.; Junker, Aktuelle Rechtsfragen zum Bankgeheimnis und zur Bankauskunft, DStR 1996, 224 f.; Kreutzer, Bankgeheimnis und Auskunftspflicht, Diss. jur., Würzburg, 1956, S. 22 ff.; Stützle, in: WuB, I B 3. Bankgeheimnis, S. 292; Bruchner, in: BankRHdb., § 39, Rn. 5, 6; Jährig/Schuck/Rösler/Woite, Hdb. des Kreditgeschäft, S. 557; Hamacher, Gibt es doch ein steuerliches Bankgeheimnis?, WM 1997, S. 2153, 2155.

Es gibt demnach das Verhältnis zwischen Staat und Bürger als Bankkunden, ein klassisches Grundrechtsverhältnis im oben genannten Sinne.
Es gibt das Verhältnis zwischen Staat und Bank, ebenfalls ein klassisches Grundrechtsverhältnis.
Und es gibt das Verhältnis zwischen Bank und Bürger, als dem Kunden der Bank. Hierbei handelt es sich um ein Verhältnis, bei dem die Ausstrahlung der Grundrechte in das Zivilrecht, ihre Drittwirkung, eine Rolle spielt.

Während es sich also bei den ersten beiden Rechtsverhältnissen um Verhältnisse zwischen einem Grundrechtsträger (Bürger / Bankkunde) und einem Nicht - Grundrechtsträger (Staat) handelt, handelt es sich beim letzten Verhältnis um eine Beziehung zwischen zwei Grundrechtsträgern. Die einzelnen Rechtsverhältnisse gilt es strikt auseinander zu halten und voneinander zu trennen. Zwar hat ein Eingriff des Staates in das Bankgeheimnis im Verhältnis zwischen Staat und Bürger auch Auswirkungen auf die Beziehung zwischen Staat und Bank, gleichwohl ist die Bank davon nur reflexiv, mittelbar betroffen. Bei einem Eingriff im Staat - Bank - Verhältnis gilt ähnliches in bezug auf den Bankkunden. Hierauf wird noch dezidiert eingegangen werden. Was im Verhältnis zwischen Staat und Bank als Eingriff gerechtfertigt ist, kann sich in seinen Auswirkungen im Verhältnis zwischen Staat und Bürger als rechtswidrig erweisen, da ein anderes Grundrechtsverhältnis betroffen ist. Das Gleiche gilt prinzipiell bei Eingriffen im Verhältnis zwischen Staat und Bürger in bezug auf die Bank. Was sich hier als rechtswidrig erweist, kann im Verhältnis zur Bank gerechtfertigt sein, wenngleich diese Konstellation relativ selten ist.

Die einzelnen Rechtsverhältnisse und die daraus zu ziehenden Schlußfolgerungen gilt es im Folgenden näher zu betrachten. Dabei wird innerhalb der einzelnen Verhältnisse noch weiter diversifiziert werden müssen, um die verschiedenen Konstellationen und ihren grundrechtlichen Schutz aufzuzeigen. Innerhalb der Rechtsbeziehungen werden für das Bankgeheimnis einschlägige Grundrechtsnormen und ihre jeweiligen Schutzbereiche dargestellt, um den prima facie - Schutz des Bankgeheimnisses aufzuzeigen. Anschließend erfolgt die Betrachtung der Schranken mit Hilfe des Verhältnismäßigkeitsgrundsatzes, um Aussagen für den definitiven Grundrechtsschutz treffen zu können.

A.) Das Rechtsverhältnis zwischen Bankkunde und Staat

Bevor der grundrechtliche prima facie - Schutz des Kunden einer Bank spezifiziert und genauer untersucht wird, gilt es einen Blick auf den Bankkunden als solchen zu werfen, da sich hinter diesem Begriff eine Reihe heterologer Rechtssubjekte verbergen. Bei den Kunden einer Bank sind neben natürlichen und juristischen Personen auch Einzelfirmen und Personenhandelsgesellschaften, nicht rechtsfähige Personenvereinigungen, in allen ihren Facetten vertreten. Diese lassen sich zusätzlich in In- und Ausländer unterteilen[476]. Seitens der Banken wird daher zwischen Privat- und Firmenkunden unterschieden.[477] Als Privatkunden gelten natürliche Personen, Vereine, Stiftungen und Erbengemeinschaften. Diese können In- oder

[476] Siehe z.B. Grill/Perczynski, Wirtschaftslehre des Kreditwesens, S.71.
[477] Grill/Perczynski, a.a.O., S.64 ff.; Fischer, Bankrecht, S. 205 f.. Firmenkunden werden auch als Geschäftskunden bezeichnet - vgl. Weber, in: Bankrecht und Bankpraxis (BuB), Bd. 1, Kap. 1, Rn. 1/62 ff..

Ausländer sein. Als Firmenkunden gelten Einzelfirmen mit Handelsregistereintragung, Gewerbetreibende ohne Handelsregistereintragung, sowie Handwerker, Minderkaufleute bisherigen Rechts[478] und Freiberufler[479].
Ferner sind als Firmenkunden[480] anzusehen Personenhandelsgesellschaften wie OHG und KG, juristische Personen privaten oder öffentlichen Rechts (inklusive Gebietskörperschaften, Kirchen, Stiftungen, Anstalten)[481], aber auch nicht rechtsfähige Personenvereinigungen wie zum Beispiel Sozietäten, Wohnungseigentümergemeinschaften etc.[482] Auch hier gilt die zusätzliche Unterscheidung zwischen in- und ausländischen Kunden. Die Zuordnung im Bereich der Banken nach Privat- und Firmenkundschaft weicht somit durchaus von der anderen Ortes (z.B. in Art. 19, Abs. III GG) getroffenen Unterteilung ab. Gesellschafter einer juristischen Person sind als natürliche Person Privatkunden. Auf den ersten Blick problematisch erscheint die Einteilung von Freiberuflern, Einzelkaufleuten und Handwerkern zu sein. Sofern es sich bei der Geschäftsbeziehung zwischen diesen und der Bank um eine solche zum Beispiel im Rahmen des Handwerksbetriebes handelt (Geschäftskonto), unterfallen diese Kunden normalerweise dem Firmenkundenbereich einer Bank. Sofern der Betriebsinhaber, ein Handwerksmeister, auch eine private Geschäftsbeziehung, ein privates Konto bei der Bank hat, ist er diesbezüglich Privatkunde, hat also gegebenenfalls eine Doppelrolle. Diese Unterteilung läßt sich bei diesen Personen nicht immer strikt durchhalten, zum Beispiel wenn es bei einem Kredit für den Betrieb um die Bonität des Betriebes geht, wird hinsichtlich der Tragbarkeit der Belastung unter Umständen auch auf den Inhaber abgestellt oder dieser im Rahmen von Sicherheiten involviert. Nach § 18 KWG sind Banken sogar grundsätzlich verpflichtet, sich die wirtschaftlichen Verhältnisse des (zukünftigen) Kreditschuldners offenlegen zu lassen, sofern die Kreditgewährung 500 TDM insgesamt übersteigt. Erscheint aufgrund der vom Kunden eingereichten Geschäftsbücher des Betriebes eine Rückführung des Kredits als zweifelhaft, müssen auch die wirtschaftlichen Verhältnisse des hinter dem Betrieb stehenden Inhabers offengelegt werden.[483] Die grundsätzliche Unterscheidung zwischen Privat- und

[478] Beachte, daß durch die Aufhebung des § 4 HGB durch Art. 3 des Handelsrechtsreformgesetzes vom 22.06. 1998 (BGBl. I S. 1474) der Minderkaufmannsbegriff entfallen ist.

[479] Weber, in: BuB, Bd. I, Kap. 2, Rn. 2/949.

[480] Weber, in: BuB, a.a.O., Rn. 1/61; dergl., a.a.O., Kap. 2, Rn. 2/949 und Bruchner, in: BankRHdb., Bd. I, § 40, Rn. 14 ff. unterscheiden hinsichtlich der Firmenkunden zusätzlich einen weiten und einen engen Geschäftskundenbegriff, wobei der enge Geschäftskundenbegriff diejenigen Kunden bezeichnen soll, die tatsächlich über eine Handelsregeistereintragung verfügen. Der oben genannte Firmenkundenbegriff, der auch Geschäftskunden ohne Handelsregistereintragung umfaßt, stellt nach Weber und Bruchner somit den weiten Geschäftskundenbegriff dar. Die Unterscheidung zwischen weitem und engem Geschäftskundenbegriff wird nach Weber indes lediglich im Rahmen des Bankauskunftsverfahrens relevant. Das Bankauskunftsverfahren wird bei der Untersuchung des Bank - Kunde Verhältnisses dargestellt werden.

[481] Grill/Perczynski, a.a.O., S. 65, 66.

[482] Grill/Perczynski, a.a.O..

[483] Vgl. hierzu das Rundschreiben 9/98 des Bundesaufsichtsamtes für das Kreditwesen, „Überblick über die grundsätzlichen Anforderungen an die Offenlegung der wirtschaftlichen Verhältnisse nach § 18 KWG“., S. 2. Von dieser Regelung des § 18 KWG gibt es eine Reihe von Ausnahmen (S. 7-10 des Rundschreibens). Zum Beispiel ist eine Offenlegung der wirtschaftlichen Verhältnisse nicht notwendig, sofern der Kredit mit Hypotheken besichert ist oder werthaltige Sicherheiten gestellt wurden, z. B. in Form von bestimmten Wertpapieren (S. 7, 8, Anlage des Rundschreibens). Die Regelungen und Konstellation bei § 18 KWG sind im Einzelnen sehr unterschiedlich. Die Offenlegung der wirtschaftlichen Verhältnisse dient der Bank dazu, ihrer Auskunfts- und Dokumentationspflicht gegenüber der Bundesbank und dem Bundesaufsichtsamt für das Kreditwesen nachzukommen, damit diese „Mißständen im Kreditwesen“ entgegenwirken können - vgl. §§ 6, 7 KWG (S. 1 des Rundschreibens; vgl. hierzu auch Dt. Bundesbank, Gesetz über das Kreditwesen, Bankrechtliche Regelungen 2, S. 6. Die Details sind hier jedoch nicht von Interesse. Zur Zulässigkeit der

Firmenkunden soll in den folgenden Ausführungen beibehalten werden, wobei auf die aus der bankseitigen Zuordnung der Kundschaft resultierenden Diskrepanzen zu der anderen Ortes erfolgten Zuteilung der genannten Bankkunden einzugehen sein wird. Nachfolgend soll die Untersuchung folgende Struktur erhalten: (*Schaubild 5*)

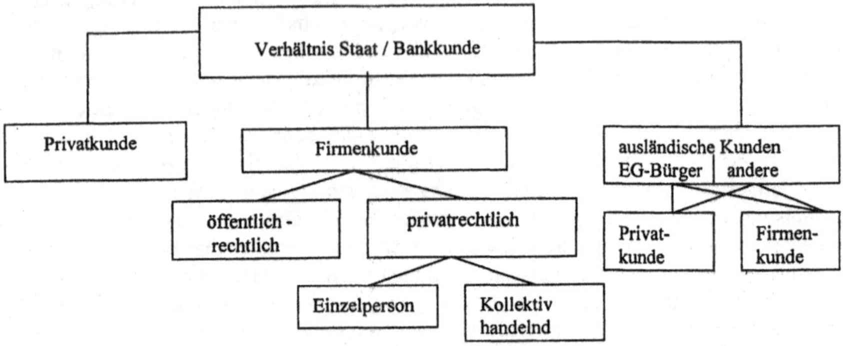

I.) Der inländische Privatkunde und der verfassungsrechtliche Schutz seines Bankgeheimnisses

Oben[484] wurde hinsichtlich des Bankgeheimnisses abgestellt auf die kundenbezogenen Informationen, Tatsachen und Wertungen, von denen eine Bank im Rahmen ihrer Geschäftsbeziehung Kenntnis erlangt. Die Bank erhält im Rahmen dieser Beziehung, je nach Intensität[485] der Geschäftsverbindung, eine Fülle von Informationen über ihre Kunden, die von persönlichen Daten wie Geburtstagen, Adressen (auch ehemalige) bis hin zu detaillierten Informationen hinsichtlich finanzieller Verhältnisse, wie Einkommen, Einkommensverwendung, Aufenthaltsorte, abgeschlossene Kreditverträge, Kreditkartenverträgen, Geschäftsbeziehungen zu Dritten, individuelle Zahlungsmoral oder steuerliche Verhältnisse etc. reichen. Diese Aufzählung ist nicht abschliessend. Der Umfang dieser Informations- und Datenfülle kann kaum unterschätzt werden. Aufgrund dieser Datenfülle wäre es einer Bank bei entsprechend intensiver Geschäftsbeziehung, was insbesondere für die sog. Hausbank[486] gilt, daher theoretisch möglich, beispielsweise ein Bewegungsbild ihrer Kunden zu erstellen, zum Beispiel über eingehende Lastschriften, Kreditkartenabrechnungen, Bancomat-Bedienungen oder eingehende Scheckabrechnungen. Sie könnten z.B. nachvollziehen, von wann bis wann ihr Kunde sich wo aufgehalten hat. Der Konjunktiv wurde gewählt, da Banken regelmäßig kein Interesse an solch dezidierter Nachforschung haben, da diese Informationen wegen des zivilrechtlichen Schutzes des Bankgeheimnisses aus den jeweiligen Bankverträgen[487] für sie weitgehend nutzlos sind.

Speicherung personenbezogener, kreditrelevanter Daten eines Ein-Mann-GmbH Geschäftsführers durch eine Bank, BGH-NJW 1986, 2505 ff..

484 Siehe 1.Teil, S. 28 ff..

485 Dieses ist z.B. davon abhängig, ob es sich um eine Haupt- oder Nebenbankverbindung handelt.

486 Zu diesem Begriff siehe 1. Teil, Seite 28 f..

487 Siehe oben 1. Teil, S. 28 ff..

Banken führen diese Daten nicht zusammen und nutzen diese; es widerspräche ihrem Selbstverständnis. Es bleibt festzuhalten, daß der Bankkunde kaum einer anderen Institution derart sensible Daten in solch einer Fülle anvertraut, wie seiner Bank.[488] Die Daten erhält die Bank vor allem dadurch, daß sie ihr von dem Kunden offenbart bzw. zugänglich gemacht werden[489]. Der Kunde offenbart diese Daten ungern bzw. notgedrungen, weil anderenfalls eine Geschäftsbeziehung zur Bank bzw. eine Intensivierung einer bestehenden Geschäftsbeziehung nicht erfolgt. Ohne Angaben persönlicher Daten kann und wird kein Konto eröffnet oder ein Kreditvertrag, eine Baufinanzierung etc. kommt nicht zustande.[490] In diesem Zusammenhang ist auch anzuführen, daß die Banken die Informationen nicht nur aus eigenem Interesse einholen, weil sie diese zur ordnungsgemäßen Bearbeitung brauchen, z.B. für eine Tragbarkeitsberechnung im Rahmen einer Kreditvergabe, sondern auch deswegen, weil sie dazu zum Teil aufgrund staatlicher Gesetze verpflichtet wurden. Exemplarisch seien der oben bereits genannte § 18 KWG erwähnt[491], sowie § 11 oder § 2, Abs. IV i.V.m. § 9, Abs. I, S. 5 GwG[492].[493] In der Regel ist der Kunde bzw. Bürger in der heutigen Zeit auf zumindest eine Bankverbindung angewiesen, etwa um Lohnzahlungen zu erhalten, Überweisungen zu tätigen oder den Zahlungsverkehr mit dem Finanzamt abzuwickeln. Der Kunde offenbart somit Informationen nicht ganz freiwillig, sondern aus einer von ihm erkannten Notwendigkeit heraus und erwartet als Pendant das Stillschweigen seiner Bank über die so erlangten Daten, ganz wie es dem tradierten Verständnis vom Bankgeheimnis im Verhältnis zwischen Bank und Kunde entspricht. Naturgemäß erweckt diese Informations- und Datenfülle Begehrlichkeiten vor allem seitens staatlicher Stellen, die auf diese Daten zugreifen möchten. Es besteht somit ein Spannungsverhältnis zwischen dem Geheimhaltungsinteresse des Bürgers als Bankkunden und dem Auskunftsinteresse Dritter, primär des Staates.

---

488 So zu Recht Weber, Das deutsche Bankgeheimnis, Die Bank 1996, Heft 2/1996, S. 85.

489 Z.B. per Kontoeröffnungsauftrag, Selbstauskunft, Einreichung von Jahresabschlüssen etc..

490 Vgl. auch Schmitt-Glaeser, Schutz der Privatsphäre, in: Hdb. des StaatsR, § 129, Rn. 98.

491 Im Rahmen von Groß- und Millionenkrediten sind gemäß §§ 13 ff. insbesondere § 14 KWG i.V.m. der Groß- und Millionenkreditverordnung nebst Anlagen diese unter Nennung des Kreditnehmers der Bundesbank zu melden - vgl. Dt. Bundesbank, Gesetz über das Kreditwesen, Bankrechtliche Regelungen 2, S. 13.

492 Bei den Normen des GwG (Geldwäschegesetz - erlassen zur Durchsetzung von § 261 StGB) geht es darum, aus Verbrechen stammende Gewinne abzuschöpfen und deren „Wäsche" durch Einspeisung in den Geldkreislauf zu unterbinden. Daher sollen Personen identifiziert werden, ihre Daten festgehalten (z.B. Kopie des Personalausweises - § 1, Abs. V GwG) oder der wirtschaftlich Berechtigte ermittelt werden (§ 8 GwG)., bei geldlichen Transaktionen (Annahme / Abgabe von Bargeld), die bspw. die Summe von 30.000 DM übersteigen (§ 2 GwG). Im einzelnen werden eine ganze Reihe von Transaktionen dieser Identifizierungspflicht unterzogen, z.B. neben der genannten Annahme bzw. Abgabe von Bargeld in genannter Höhe auch die Annahme oder Abgabe von Wertpapieren im Sinne von § 1, Abs.I DepotG, Annahme oder Abgabe von Edelmetallen, zusammenrechenbaren Transaktionen (§ 2, Abs. II GwG), Abschlüsse von Lebensversicherungen in Fällen, in denen die Prämienzahlung nicht von einem Konto des Versicherungsnehmers erfolgt (§ 4 GwG) oder generell bei Verdachtsfällen der Geldwäsche (§ 6 GwG). Im einzelnen sind die Regeln sehr unterschiedlich - vgl. grundlegend zum Geldwäschegesetz die „Verlautbarung des Bundesaufsichtsamtes für das Kreditwesen über Maßnahmen der Kreditinstitute zur Bekämpfung und Verhinderung der Geldwäsche vom 30. März 1998", S. 2-35; Bruchner, in: BankRHdb., Bd. II, § 42, S. 718 ff.. Jeder Mitarbeiter einer Bank wird mit den filigranen Regelungen des GwG vertraut gemacht, um eine mögliche Bestrafung des Mitarbeiters zu vermeiden und um der arbeitgebenden Bank ein Bußgeld (möglich bis zu 200 TDM - § 17, Abs. III GwG) zu ersparen, das im Falle der Mißachtung des GwG verhängt werden kann - vgl. Verlautbarung des Bundesaufsichtsamtes für das Kreditwesen, a.a.O., S. 31 ff.. Auf Einzelheiten des Geldwäschegesetz wird noch einzugehen sein.

493 Darüberhinaus sind Banken verpflichtet, Kontounterlagen 6 Jahre lang aufzubewahren, gemäß § 257, Abs. IV i.V.m. Abs. I HGB. Diese Frist gilt auch für Unterlagen nach dem GwG -vgl. § 9, Abs. III, S. 1 GwG -vgl. auch Verlautbarung des Bundesaufsichtsamtes für das Kreditwesen, a.a.O., S. 17 f..

1.) Der Bankkunde und sein allgemeines Persönlichkeitsrecht

Abhandlungen über das Bankgeheimnis enthalten zumeist auch einen Part, der die rechtliche Verwurzelung des Bankgeheimnisses aufzeigt. Oftmals wird das Bankgeheimnis auch einer grundrechtlichen Betrachtung unterzogen. Dabei wird es nicht selten dem Selbstbestimmungsrecht des aus Art. 2, Abs. I i.V.m. Art. 1, Abs. I GG resultierenden allgemeinen Persönlichkeitsrechts unterstellt.[494] Zum Teil wird diesem Ansatz aber auch nicht gefolgt.[495]

a.) Das allgemeine Persönlichkeitsrecht des Bundesgerichtshofes

Das allgemeine Persönlichkeitsrecht wurde von der Zivilrechtsprechung entwickelt[496] und findet 1954 in der ‚Schachtbrief-Entscheidung'[497] des BGH erstmals Anerkennung.[498] In seiner ‚Herrenreiter - Entscheidung'[499] von 1958 hat der BGH das allgemeine Persönlichkeitsrecht erstmals für das Zivilrecht mit den Art. 1 und 2 des Grundgesetzes in Verbindung gebracht[500] und erklärt, daß diese Artikel „jenen inneren Persönlichkeitsbereich, der grundsätzlich nur der freien und eigenverantwortlichen Selbstbestimmung des einzelnen untersteht", schützen.[501] In einer Reihe weiterer Entscheidungen[502] konnte der BGH diese Rechtsprechung festigen und diversifizieren. Der BGH hat das allgemeine Persönlichkeitsrecht als sonstiges und absolutes Recht für den Bereich des Zivilrechts anerkannt, das gegenüber jedermann wirkt und dem Schutz von § 823, Abs. I BGB unterstellt.[503] Mangels einer hinreichenden Verkörperung bzw. Bestimmtheit gilt das allgemeine Persönlichkeitsrecht indes als sog.

---

494 Z.B. bei: Sichtermann/Kirchherr, a.a.O., S. 40 ff.; Musielak, Bankgeheimnis und Bankauskunft, S. 13; Junker, DStR 1996, S. 224 f.; Weber, Die Bank 1996, S. 85 - Weber unterstellt das Bankgeheimnis bereits dem Recht auf informationelle Selbstbestimmung; Sichtermann, Enzyklop. Lexikon, a.a.O., S. 154; dergl., Das Bankgeheimnis als Teil des allgemeinen Persönlichkeitsrechts, MDR 1965, S. 697 ff.; Carl/Klos, Das Bankgeheimnis, StB 1994, 135 (136); Steindorff, Zivilrechtliche Grundfragen von Bankgeheimnis und Persönlichkeitsschutz, ZHR 149 (1985), S. 151 ff. (154); Kreutzer, a.a.O., S. 15 ff.; Dahm, Banken im Spannungsfeld zwischen Staat und Kunden, WM 1996, S. 1289; Radbruch, Das Bankgeheimnis im deutschen und angloamerikanischen Recht, Diss. jur., Mainz 1977, S. 24, 25.

495 Vgl. z.B. Müller, Die Grenzen des Bankgeheimnisses, NJW 1963, S. 834, 835.

496 Siehe dazu z.B. die Ausführungen von: Ehmann, JuS 1997, S.193 ff.; Sichtermann, MDR 1965, S. (697); Schmitt-Glaeser, a.a.O., Rn. 7 f.; Degenhart, Das allgemeine Persönlichkeitsrecht, Art. 2, Abs. I i.V.m. Art. 1, Abs. I GG, JuS 1992, S. 362; Vogelsang, Grundrecht auf informationelle Selbstbestimmung?, S. 40; Herrler, a.a.O., S. 41.

497 BGHZ 13, 334 ff.. Vgl. Jarass, Das allgemeine Persönlichkeitsrecht im Grundgesetz, NJW 1989, S. (858); Degenhart, a.a.O., S. 362; Herrler, a.a.O.. Zum allgemeinen Persönlichkeitsrecht des BGH vgl. auch: BGH - NJW 1954, 1404 f.; BGH - NJW 1956, 1554 ff.; BGH - NJW 1957, 1146 ff.; BGH - NJW 1957, 1315 f.; BGH - NJW 1958, 827 ff..

498 Vgl. Ehmann, JuS 1997, 193 ff.; Sichtermann, MDR 1965, S, 697 ff.; Vogelsang, a.a.O.; Palandt/Thomas, Bürgerliches Gesetzbuch, § 823, Rn. 177. Der BGH konnte bereits auf Aspekte zurückgreifen, die im KUG (Gesetz betreffend das Urheberrecht an Werken der bildenden Künste und der Photographie vom 09.01. 1907) kodifiziert worden sind. Vgl. z.B. BGH zum KUG in: BGH - NJW 1956, 1554 ff.; BGH - NJW 1957, 1315 f.; BGH - NJW 1958, 827. Gleiches gilt für die Schutzaspekte, die von § 12 BGB und §§ 17 ff. HGB verkörpert werden.

499 BGHZ 26, 349 ff. .

500 Vgl. Degenhart, a.a.O.; Herrler, a.a.O., S. 41 f..

501 BGHZ 26, 349 ff. (354)

502 Z.B. BGHZ 27, 284 ff.-Tonband - Entscheidung; BGHZ 35,363 ff.-Ginseng; BGH - NJW 1965, 685 f.-Soraya; siehe weitere Nachweise bei Sichtermann, MDR 1965, S. 697.

503 Ehmann, JuS 1997, S. 195; Palandt/Thomas, a.a.O., Rn. 29; Vogelsang, a.a.O., S. 40, 141.

‚Rahmenrecht'[504], dessen konkrete Reichweite im Wege einer umfassenden Güter- und Interessenabwägung bestimmt wird.[505] Bei dieser Abwägung geht es im Zivilrecht, *ähnlich* wie bei der zur Grundrechtsdogmatik beschriebenen Abwägung im Rahmen des Verhältnismäßigkeitsgrundsatzes, um die Austarierung gegenläufiger Interessen. Bei diesen handelt es sich z.B. um Pressefreiheit, Meinungsfreiheit, Informationsfreiheit oder Kunstfreiheit.[506] Lediglich *ähnlich* dem Verfassungsrecht ist die Abwägung, weil im Rahmen des zivilrechtlichen Persönlichkeitsrechts ‚lediglich' zwei Bürger beteiligt sind, so daß keine Abwägung im Sinne des Verhältnismäßigkeitsgrundsatzes stattfindet, sondern nur eine einfache Angemessenheits - Abwägung, bei der es lediglich auf den Teilgrundsatz der Verhältnismäßigkeit im engeren Sinne ankommt, da aufgrund der intersubjektiven Wirkung des zivilrechtlichen Persönlichkeitsrechtes die Teilgrundsätze Geeignetheit und Erforderlichkeit im Rahmen der Verhältnismäßigkeitsprüfung entfallen. Auf die Teilgrundätze der Geeignetheit oder Erforderlichkeit kommt es *nicht* an, da kein hoheitlicher Eingriff überprüft wird.[507] Im Zivilrecht treffen zwei Individualinteressen aufeinander, im Verfassungsrecht trifft ein Individualinteresse mit einem Allgemeininteresse zusammen, welches einen staatlichen Eingriff rechtfertigt oder nicht.[508] Hierauf wird im Rahmen der Darstellung der Drittwirkung von Grundrechten im Verhältnis zwischen Bank und Bankkunde noch einzugehen sein.

Nach *Hubmann* müssen die sich gegenüber stehenden Interessen „in ihrem Gewicht und ihrem Wertgehalt miteinander verglichen und gegeneinander abgewogen werden". „Die Interessenabwägung bedeutet keineswegs die Zufluchtnahme zu allgemeinen Billigkeitserwägungen, sondern nur die Anwendung von *Prinzipien* (Hervorhebung von M.H.), denen sich das Gesetz selbst bedient und die nur aus einer Analyse desselben entnommen zu werden brauchen".[509] Bei dieser Abwägung geht es jedoch lediglich um eine ‚Kosten - Nutzen - Analyse', indem das Maß der Beeinträchtigung auf der einen Seite mit dem Maß der Realisierung auf der anderen Seite in Verbindung gebracht wird. Der hierin zu Tage tretende Gedanke erinnert in seinem Gehalt stark an die von *Hesse* vertretene praktische Konkordanz im Verfassungsrecht, wenn *Hubmann* sagt: „Das in zahlreichen gesetzlichen Bestimmungen enthaltene Ausgleichsprinzip, nach dem sich jedes Interesse eine gewisse Beschränkung gefallen lassen muß, bis beide nebeneinander bestehen können, weist dem Richter den Weg"[510] für seine Schlichtung der Interessenkollision. Hier zeigt sich die oben bereits erwähnte Systematik bei der mittelbaren Drittwirkung von Grundrechten. Treffen die Interessen verschiedener Grundrechtsträger aufeinander und können diese sich nicht einigen, so daß sie gerichtliche Hilfe in Anspruch nehmen müssen, müssen diese im Sinne von Art. 1, Abs. III GG den Streitstand schlichten, indem sie sich bei der Interpretation der (streitigen) Rechtsbegriffe von der vom Grundgesetz errichteten Wertordnung leiten lassen. Die Lüth - Entscheidung (vom 15.01.1958) des

---

[504] Als Rahmenrecht gilt es, weil eine strenge Trennung zwischen Tatbestand und Rechtswidrigkeit wie sonst bei den absoluten Rechten des § 823, Abs. I BGB nicht möglich ist. Daher erfolgt eine einheitliche Prüfung dahin gehend, ob eine rechtswidrige Beeinträchtigung vorliegt. Dieses festzustellen ist Aufgabe der durchzuführenden Interessenabwägung. Das aufgrund der Abwägung im konkreten Fall zurücktretende Interesse erweist sich als rechtswidrig, womit sogleich die Tatbestandsmäßigkeit einer Verletzung von § 823, Abs. I BGB festgestellt ist, woraus eine Schadensersatzpflicht resultiert. Siehe dazu und zu den einzelnen Interessen z.B. Palandt/Thomas, a.a.O., § 823, Rn.184 ff..

[505] Palandt/Thomas, a.a.O., Rn.184 ff.; Ehmann, JuS 1997, S. 195.

[506] Palandt/Thomas, a.a.O..

[507] Vgl. insoweit auch Jarass, NJW 1989, S. 858.

[508] Ehmann, JuS 1997, S.197

[509] Hubmann, Der zivilrechtliche Schutz der Persönlichkeit gegen Indiskretion, JZ 1957, S. 523.

[510] Hubmann, a.a.O..

Bundesverfassungsgerichts, wo diese Systematik der Ausstrahlungswirkung der Grundrechte dargestellt wurde, datiert unmittelbar vor der Herrenreiter - Entscheidung des BGH (vom 14. 02.1958), so daß dieser die Lüth - Entscheidung noch nicht zitieren konnte. Gleichwohl interpretiert der BGH den Streitstand im Herrenreiter - Prozeß[511] ganz im Lichte dieser Wirkung der Grundrechte. Er sagte: „Die Art. 1 und 2 des Grundgesetzes schützen, und zwar mit bindender Wirkung auch für die Rechtsprechung, das, was man die menschlichen Personenhaftigkeit nennt; ja sie erkennen in ihr einen der übergesetzlichen Grundwerte der Rechtsordnung an. Sie schützen damit unmittelbar jenen inneren Persönlichkeitsbereich, der grundsätzlich nur der freien und eigenverantwortlichen Selbstbestimmung des Einzelnen untersteht...". Weiter heißt es: „Diesen Bereich zu achten und nicht unbefugt in ihn einzudringen, ist ein rechtliches Gebot, das sich aus dem Grundgesetz selbst ergibt".[512] Ohne es so zu bezeichnen, rekurriert der BGH damit bereits auf eine Ausstrahlungswirkung der Grundrechte. Dieses wird noch im Verhältnis zwischen Bank und Kunden behandelt werden, da es dort lediglich um die mittelbare Drittwirkung der Grundrechte gehen wird. Aus diesem Gedanken hat der BGH aber auch eine Einteilung in Sphären unterschiedlich intensiven Schutzes im Rahmen der Abwägung entwickelt, indem er eine Einteilung der unterschiedlichen Facetten des allgemei-nen Persönlichkeitsschutzes in eine Intim-, Privat- und Sozialsphäre unterschied.[513] Aus dieser Einteilung ist die oben genannte Sphärentheorie hervorgegangen.

Aus der Rechtsprechung des BGH zum allgemeinen Persönlichkeitsrecht haben sich Fallgruppen als Schutzbereiche des allgemeinen Persönlichkeitsrechts herausgebildet.[514] Diese kann man mit *Ehmann* in fünf Gruppen einteilen, nämlich den Schutz der Ehre, den Schutz der Identität, den Schutz vor Verbreitung und Auswertung von Geheimnissen, den Schutz gegen Erhebung und Speicherung von Daten sowie den Schutz der Entfaltung der Persönlichkeit.[515] Der vom BGH entwickelte Schutz durch das allgemeine Persönlichkeitsrecht umfaßt die Persönlichkeit hieraus in doppelter Hinsicht.[516] Einmal in einem statischen Sinne, nämlich in ihrem Recht, in Ruhe gelassen zu werden,[517] andererseits in einem dynamischen Sinne, in dem auf die freie Entfaltung der Persönlichkeit, ihre aktive Entschließungs- und Handlungsfreiheit abgestellt wird. Zusammenfassend kann man das allgemeine Persönlichkeitsrecht des BGH mit der Definition *Ehmann's* [518] charakterisieren „als Befugnis einer Person innerhalb eines objektiv zu bestimmenden und abzuwägenden Raumes (Schutzbereichs) selbst zu bestimmen, ob und inwieweit Informationen über sie erhoben und verbreitet werden dürfen und inwieweit ansonsten in die die Persönlichkeit berührenden Interessen eingegriffen werden

---

511 Bei diesem Prozeß ging es darum, daß ein Mitglied der Herrenreiter Nationalmannschaft -leicht verfremdet- von einer Firma dargestellt wurde, die ihn ohne sein Wissen und Einverständnis für ein Potenzmittel werben ließ. Ein sehr ähnlicher Sachverhalt spielte in der ‚Ginseng'-Entscheidung des BGH eine Rolle -BGHZ 35, 363 ff..

512 BGHZ 26, 349 ff. (354).

513 Vgl. Geis, JZ 1991, S. 112; Palandt/Thomas, a.a.O., § 823, Rn. 177 ff..

514 Vgl. Jarass, NJW 1989, S. 858 ff..

515 Ehmann, JuS 1997, S. 197 ff.. Jarass kommt bei seiner Einteilung lediglich auf vier Fallgruppen, Jarass, NJW 1989, S. 858 f..

516 Vgl. Palandt/Thomas, a.a.O., Rn. 177.

517 Vgl. Jarass, NJW 1989, S. 859. Im us-amerikanischen Rechtskreis wird dieses als „Right to be let alone" umschrieben - vgl. Alderman/Kennedy, The Right to Privacy, S. 154 ff.; Gifis, Law Dictionary, „Privacy", S. 390 f..

518 Ehmann, JuS 1997, S.196.

darf". Aufgrund der genannten Rechtsprechung des Bundesgerichtshofes fehlt es daher nicht an Stimmen, die das Bankgeheimnis als Ausfluß des allgemeinen Persönlichkeitsrechts des Bankkunden ansehen und es dem deliktischen Schutz des § 823, Abs. I BGB unterstellen wollen.[519]

b.) Das allgemeine Persönlichkeitsrecht des Bundesverfassungsgerichtes

(1) Entwicklungsgeschichte

Die Rechtsprechung des BGH zum allgemeinen Persönlichkeitsrecht blieb nicht ohne Folgen auf die Rechtsprechung des Bundesverfassungsgerichtes[520]. Sie fiel dort auf fruchtbaren Boden. Die Soraya - Entscheidung[521] des Bundesverfassungsgerichtes gilt als die Entscheidung, mit der es die Rechtsprechung des BGH zum allgemeinen Persönlichkeitsrecht angenommen hat[522], indem es das Herrenreiterurteil des BGH zitiert und das allgemeine Persönlichkeitsrecht als bestehend vorausgesetzt hat. Hierbei handelt es sich aber nicht um eine reine Adaption der Rechtsprechung des BGH durch das Bundesverfassungsgericht, sondern um eine parallele Entwicklung,[523] bei der sich die Gerichte gegenseitig befruchtet haben. Dem BGH gebührt hier allerdings die Vorreiterrolle[524]. Ausgangsposition der Rechtsprechung des Bundesverfassungsgerichts war die Elfes - Entscheidung vom 16.01.1957, in der das Gericht die freie Entfaltung der Persönlichkeit als „selbstständiges Grundrecht" bezeichnet hat[525] und fortan von einem Grundrecht der allgemeinen Handlungsfreiheit ausgegangen ist. Weitere Einzelaspekte des Persönlichkeitsschutzes, vom Bundesverfassungsgericht auch als Persönlichkeitsbereich bezeichnet, folgten, auf die das Gericht in seiner Soraya - Entscheidung zurückgreifen konnte. Sie wurden vom Bundesverfassungsgericht in weiteren Entscheidungen herausgearbeitet, z.B. der Schutz der Privat- bzw. Geheimsphäre in der Mikrozensus - Entscheidung[526], die Geheimsphäre im Rahmen seiner Entscheidung über die Versendung von Ehescheidungsakten[527] und der Geheimhaltung im Rahmen von Krankenakten eines Arztes.[528] Diese Persönlichkeitsbereiche begründete es damit, ganz im Sinne der Sphärentheorie, die es ebenfalls vom BGH adaptierte und verfeinerte, daß nach der Wertordnung des Grundgesetzes

---

519 Sichtermann, MDR 1965, S. 697 ff.; dergl., Enzyklop. Lexikon, a.a.O., S. 154; Kirchherr/Stützle, a.a.O., S. 6; Claussen, a.a.O., S. 101. Ausführlich hierzu Sichtermann/Kirchherr, a.a.O., S. 40 ff.. *Anderer Ansicht* z.B. Müller, NJW 1963, S. 833 f..

520 Einen sehr guten Überblick über die Entwicklungsgeschichte des allgemeinen Persönlichkeitsrechts in der Rechtsprechung des Bundesverfassungsgerichts bietet Scholz, Das Grundrecht der freien Entfaltung der Persönlichkeit in der Rechtsprechung des Bundesverfassungsgerichts, AÖR 100. Bd. (1975), S. 80 ff..

521 BVerfGE 34, 269 ff..

522 Vgl. zur Erstmaligkeit: Ehmann, JuS 1997, S. 197; Geis, Der Kernbereich des Persönlichkeitsrechts, JZ 1991, S. 112; Degenhart, JuS 1992, S. 362.

523 Vgl. insofern die Ausführungen von Scholz, AöR, 100 (1975), S. 80 ff..

524 Vgl. Steindorff, Zivilrechtliche Grundfragen von Bankgeheimnis, Bankauskunft und Persönlichkeitsschutz, ZHR 149 (1985), S. 152 (154,155).

525 BVerfGE 6, 32 (36). Vgl. auch Scholz, a.a.O., S. 86 ff., der darauf hinweist, daß bereits erste Ansätze in der Investitionshilfeentscheidung BVerfGE 4, 7 (15) zu erkennen sind.

526 BVerfGE 27, 1 (6).

527 BVerfGE 27, 344 (350 f.).

528 BVerfGE 32, 373 (379). Vgl. zu den Schutzgütern des allgemeinen Persönlichkeitsrechts auch BVerfGE 54, 148 (154, 155) -Eppler.

die Menschenwürde der oberste Wert sei[529], den es zu bewahren gelte. Das Bundesverfassungsgericht stellte und stellt in diesem Zusammenhang die Menschenwürde des Art. 1, Abs. I GG stets in Verbindung mit Art. 2, Abs. I GG dar.[530] „Wie alle Bestimmungen des Grundgesetzes beherrscht dieses Bekenntnis zu der Würde des Menschen auch den Art. 2, Abs. I GG".[531] Fortan rechtfertigte es die Persönlichkeitsbereiche, als unter dem Schutz von Art. 2, Abs. I *in Verbindung mit* Art. 1, Abs. I GG stehend.[532] Die gleichzeitige Berufung auf Art. 2, Abs. I und Art. 1, Abs. I GG zeigt, daß das allgemeine Persönlichkeitsrecht primär im allgemeinen Freiheitsrecht des Art. 2, Abs. I GG seine Heimat hat, ihm aber flankierend argumentativ Art. 1, Abs. I GG zur Seite steht.[533] Durch die Verknüpfung von Art. 2, Abs. I GG mit Art.1, Abs. I GG handelt es sich beim allgemeinen Persönlichkeitsrecht um ein Spezialgrundrecht, das dem Auffanggrundrecht des Art. 2, Abs. I GG vorgeht.[534] Das allgemeine Persönlichkeitsrecht ist lex specialis.

Zur Rechtsprechung des Bundesverfassungserichtes bezüglich seiner Persönlichkeitsbereiche kam die Rechtsprechung des BGH zum allgemeinen Persönlichkeitsrecht hinzu, weswegen diese schließlich in der Soraya - Entscheidung vom Bundesverfassungsgericht unter Berufung auf die Herrenreiter - Entscheidung adaptiert wurde.[535] Was war geschehen?
Der BGH hatte einen Zeitungsverlag zur Zahlung von Schadensersatz und Schmerzensgeld gemäß §§ 253; 847 BGB verurteilt, weil dieser ein frei erfundenes Interview mit Prinzessin Soraya[536] abgedruckt und dieser so die Äußerungen „untergeschoben" hatte. Damit hat der BGH für nicht vermögensrechtliche Schäden eine Entschädigung zugesprochen. Dabei knüpft er an die Rechtsprechung im Herrenreiterurteil an, bei der er erstmals zu einer derartigen billigen Ent-schädigung verurteilte, letztendlich um dem allgemeinen Persönlichkeitsrecht mehr Beachtung im Privatrechtsverkehr zu verschaffen. Diese Verurteilung rügte der betroffene Verlag vor dem Bundesverfassungsgericht und hielt sie für contra legem, da der BGH §

---

529 BVerfGE 6, 32 (41).

530 Jarass, NJW 1989, S. 857. Vgl. Scholz, a.a.O., S. 90 f., 94, 265 f., 268 ff..

531 BVerfGE 27, 1 (6, 8).

532 Siehe z.B. BVerfGE 27, 344 (352); BVerfGE 32, 273 (273 -Leitsatz); BVerfGE 44, 353 (372); BVerfGE 65, 1 (41).

533 In diesem Sinne Pieroth/Schlink, a.a.O., Rn.373. Alexy weist in diesem Zusammenhang darauf hin, daß diesem auf diese Weise verankerten (Grund-) Recht ein „aktives Element" (über Art. 2, Abs. I GG - ‚ein Tun') und ein „passives Element der Entfaltung der Persönlichkeit" zur Verfügung steht (über Art.1, Abs. I GG - ‚ein Sein') - Alexy, Theorie der Grundrechte, S. 333. Vgl. hierzu auch Schmitt-Glaeser, in: Hdb. des StaatsR, Bd. VI, § 129, Rn. 19; vgl. auch Jarass, NJW 1989, 857; Murswiek, in: Sachs, Grundgesetz -Kommentar, Art. 2, Rn. 62.

534 Vgl. z.B. Alexy, a.a.O., S. 352; BVerfGE 54, 148 (151 ff.); Schmitt-Glaeser, a.a.O., Rn. 8, 9, Rn.17 ff., Rn. 81; Jarass, a.a.O.; Degenhart, JuS 1992, S. 366; Murswiek, in: Sachs, a.a.O., Rn. 64; Dürig, in: M/D/H/S, Art. 2, Abs. I, Rn. 6, 7, 33. Grundlegend zur Rolle von Art. 2, Abs. I GG als Auffanggrundrecht, BVerfGE 6, 32 (36 ff.). Vgl. aus neuerer Zeit Lindner, Die gleichheitsrechtliche Dimension des Rechts auf freie Entfaltung der Persönlichkeit (Art. 2, Abs. I GG), NJW 1998, S. 1208 ff.; Scholz, a.a.O., S. 82, 105, 112 ff., 268, 288; Stern, a.a.O., Bd. III/2, § 92 -Die Konkurrenzen von Grundrechten des Grundgesetzes, S. 1377, 1388, 1393, 1401 f.. Gegen diese Funktion von Art. 2, Abs. I GG als Auffanggrundrecht wendet sich z.B. Duttge, Freiheit für alle oder allgemeine Handlungsfreiheit, NJW 1997, S. 3354 f.), der befürchtet, daß durch die Weite des Schutzbereichs, die Art. 2, Abs. I GG von der herrschenden Meinung zuerkannt wird, dieser zu einer konturenlosen Leerformel degenerieren könnte. Er spricht insofern von einem Grundrecht zweiter Klasse; vgl. insoweit auch die Darstellung bei Dürig, in:M/D/H/S, Art. 2, Abs. I, Rn. 11.

535 Vgl. Scholz, AöR, 100 (1975), S. 268 ff..

536 Gemeint ist die geschiedene Ehefrau des Schah's von Persien, Prinzessin Soraya Esfandiary Bakhtiary.

253 BGB *eigenmächtig* erweitert habe, eine Verurteilung somit rechts- und verfassungswidrig sei.[537] Das Bundesverfassungsgericht billigte die Rechtsprechung des BGH[538], wobei es sich ausdrücklich auf das Herrenreiterurteil bezog. In der Sache selbst hält es die Verurteilung für legitim. Es führt aus: „Richterliche Tätigkeit besteht nicht nur im Erkennen und Aussprechen von Entscheidungen des Gesetzgebers. Die Aufgabe der Rechtsprechung kann es insbesondere erfordern, Wertvorstellungen, die der verfassungsmäßigen Rechtsordnung immanent, aber in den Texten der geschriebenen (-einfachen- Einschub von M.H.) Gesetze nicht oder nur unvollkommen zum Ausdruck gelangt sind, in einem Akt des beschwerten Erkennens ..., ans Licht zu bringen und in Entscheidungen zu realisieren“.[539] Weiter heißt es: „Die richterliche Entscheidung schließt dann diese Lücke, nach den Maßstäben der praktischen Vernunft und den ‚fundierten allgemeinen Gerechtigkeitsvorstellungen‘ der Gemeinschaft“.[540]

Mit dieser Auffassung knüpft das Bundesverfassungsgericht an die Gedanken der Lüth - Entscheidung an. Letztendlich billigt es die ‚schöpferische Rechtsfindung‘ des BGH.[541] Damit erkennt es zugleich das allgemeine Persönlichkeitsrecht an, daß es als „jus superveniens von höherem Rang“ bezeichnet.[542] Dieses allgemeine Persönlichkeitsrecht hat das Bundesverfassungsgericht fortan, anknüpfend an die oben genannte Rechtsprechung zu den Persönlichkeitsbereichen, dem Schutz der Art. 2, Abs. I i.V.m. Art. 1, Abs. I GG unterstellt und fortlaufend im Wege konkretisierender Betrachtung bzw. Abwägung diversifiziert und somit stets aktualisiert. Es hat unter dem allgemeinen Persönlichkeitsrecht einen Schutzbereich herausgearbeitet, der verschiedene Facetten und Aufgaben umfaßt und diverse „Stoßrichtungen“ zeigt.[543] Hierbei hat es auch die vom BGH adaptierte und bereits oben genannte Sphärentheorie entwickelt. Diese „Stoßrichtungen“ hat es in der Eppler - Entscheidung[544] zusammengefaßt. Hiernach ist es Aufgabe des allgemeinen Persönlichkeitsrechtes gemäß Art. 2, Abs. I i.V.m. Art. 1, Abs. I GG, „im Sinne des obersten Konstitutionsprinzipes der ‚Würde des Menschen‘, die engere persönliche Lebenssphäre und die Erhaltung ihrer Grundbedingungen zu gewährleisten, die sich durch die traditionellen, konkreten Freiheitsgarantien nicht abschließend erfassen lassen“.[545] Als Schutzgüter des allgemeinen Persönlichkeitsrechts unterfallen ihm beispielsweise[546] das Recht auf eine Privat- und Geheimsphäre, das Recht am eigenen Bild und Wort, ein Recht auf Resozialisierung[547], das Recht auf wirtschaftliche, individuelle und sexuelle Selbstbestimmung und vor allem das nunmehr interessierende Recht auf informationelle Selbstbestimmung. Dieses gilt es nunmehr näher zu betrachten.

---

537 Gerügt wurde folglich die Verletzung von Art. 2, Abs. I i.V.m. Art. 20, Abs. II und Abs. III, Art. 5, Abs. I, S. 2 und Abs. II, Art. 103, Abs. II GG sowie „vorsorglich“ Art. 3, 12, 14 GG - siehe BVerfGE 34, 269 ff..

538 Scholz, a.a.O., S. 268.

539 BVerfGE 34, 269 (287) - Soraya.

540 BVerfGE, a.a.O..

541 BVerfGE 34, 269 (287, 288).

542 BVerfGE 34, 269 (292).

543 Vgl. Murswiek, in: Sachs, Grundgesetz-Kommentar, Art. 2, Rn. 68 ff..

544 BVerfGE 54, 148 (151 ff.).

545 BVerfGE 54, 148 (151 ff.).

546 Siehe z.B. Ehmann, JuS 1997, S.197; Pieroth/Schlink, a.a.O., Rn. 373 ff.; Kunig, in: v.M/Kunig, Grundgesetz-Kommentar, Art. 2, Rn. 34 ff.; Duttge, Recht auf Datenschutz, Der Staat, 36 (1997), S. 287; BVerfGE 54, 148 (154) - Eppler.

547 BVerfGE 35, 202 .

(2) Das Recht auf informationelle Selbstbestimmung

(2.1.) Das Recht auf informationelle Selbstbestimmung und die Volkszählungsentscheidung des Bundesverfassungsgerichtes

Das Recht auf informationelle Selbstbestimmung wurde vom Bundesverfassungsgericht in seinem Volkszählungsurteil[548] entwickelt. Anknüpfen[549] konnte das Gericht bereits an seine Microzensus - Entscheidung[550], die Entscheidung über die Versendung von Ehescheidungsakten[551] oder bezüglich der Einsichtnahme in Krankenakten[552]. Beim Recht auf informationelle Selbstbestimmung handelt es sich um einen Teilaspekt des allgemeinen Persönlichkeitsrechts und nicht, wie *Simitis*[553] richtigerweise anführt, um „die Geburtsstunde eines neuen Grundrechts". Das Recht auf informationelle Selbstbestimmung umfaßt „die aus dem Gedanken der Selbstbestimmung folgende Befugnis des Einzelnen, grundsätzlich selbst zu entscheiden, wann und innerhalb welcher Grenzen persönliche Lebenssachverhalte offenbart werden"[554]. Diese Selbstbestimmung umfaßt das Darstellen, Wiedergeben, Abbilden und Abspielen persönlicher Lebenssachverhalte, -vorgänge und -äußerungen. Das Recht auf informationelle Selbstbestimmung sieht den Menschen als den Herren über seine Daten an. Angesichts der modernen Datenverarbeitung und dem Umstand, daß die unterschiedlichsten Stellen und Institutionen Daten von Bürgern, Kunden etc. speichern, bedarf es des Schutzes des Einzelnen gegen eine unbegrenzte Erhebung, Speicherung, Verwendung und Weitergabe seiner individuellen Daten.[555] Anderenfalls droht dem Einzelnen eine Entpersönlichung, eine Reduzierung auf ‚Bits und Bytes'. Er selbst wird zu einem Datum, ganz im Orwell'schen Sinne. Dieses widerspricht aber dem in jedem Grundrecht enthaltenen Menschenwürdegehalt.[556] „Das Grundrecht gewährleistet insoweit die Befugnis des Einzelnen, grundsätzlich selbst über die Preisgabe und Verwendung seiner persönlichen Daten zu bestimmen".[557] Diese hier bereits angesprochene prima facie - Berechtigung des Einzelnen als ‚Herr seiner Daten' rechtfertigt sich aus den potentiellen Gefahren, die die heutigen Datenverarbeitungs- und Kommunikationsmöglichkeiten schaffen. Der Einzelne kann heutzutage nicht mehr überblicken, wer, was, wo und wie über ihn gespeichert hat. Darauf hat er keinen Einfluß. Auf einmal erhobene Daten kann beliebig oft, unabhängig von der Entfernung, zu jeder Zeit zurückgegriffen werden, diese können „zu einem teilweise oder weitgehend vollständigen Persönlichkeitsbild zusammengefügt werden, ohne daß der Betroffene dessen Richtigkeit und Verwendung zureichend kontrollieren kann".[558] In diesem Zusammenhang weist *Benda*[559] zu Recht darauf

---

548 BVerfGE 65, 1 ff. .

549 BVerfGE 65, 1 (42) .

550 BVerfGE 27, 1 ff..

551 BVerfGE 27, 344 ff..

552 BVerfGE 32, 373 ff..

553 Simitis, Die informationelle Selbstbestimmung - Grundbedingungen einer verfassungskonformen Informationsordnung, NJW 1984, S. 399; Benda, Steuergeheimnis: Kann der Bürger noch darauf vertrauen?, DStR 1984, S. 354, der das Recht auf informationelle Selbstbestimmung als eine Konkretisierung des allgemeinen Persönlichkeitsrechts bezeichnet.

554 BVerfGE 65,1 (42) .

555 BVerfGE 65,1 (43) .

556 BVerfGE 6, 32 (40); BVerfGE 27,1 (6) - daher erfolgt auch die Unterstellung des Rechts auf informationelle Selbstbestimmung bei Art. 2, Abs. I i.V.m. Art. 1, Abs. I GG. Siehe dazu auch BVerfGE 65,1 (43).

557 BVerfGE 65,1 (43).

558 BVerfGE 65,1 (42, 45).

hin, daß nicht die Information als solche, „sondern ihre dysfunktionale Weitergabe auf die der Betroffene keinen Einfluß hat" die Privatsphäre zerstört. Die Weitergabe von gespeicherten Daten, auch wenn sie an sich korrekt sind, ist insofern problematisch, als diese aus ihrem Erhebungszusammenhang gerissen werden, so daß es zu einer „technisch bedingten Verfälschung" kommt, da die zum Verständnis benötigten Informationen zumindest unvollständig sind.[560] Diese so weitergegebenen Daten verlieren ihren Bezugspunkt. Auf diesen Aspekt weist auch *Simitis* hin. Nicht die einzelne Angabe, das einzelne Datum, sei relevant, „nur der *konkrete* (Hervorhebung von M.H.) Verwendungszusammenhang. Namen haben eben einen sehr verschiedenen Aussagewert, je nachdem, ob sie in einem Adreßbuch, einem Verzeichnis der Grundstückseigentümer oder einer Zusammenstellung von Anstaltsinsassen enthalten sind. Und Gesundheitsdaten gewinnen eine ganz andere Bedeutung, wenn sie außer in Arzt- und Krankenhausunterlagen in den Informationssystemen von Arbeitgebern und Auskunfteien auftauchen".[561] Diese „dysfunktionale" Weitergabemöglichkeit von Daten hat auch das Bundesverfassungsgericht erkannt und spricht davon, daß es angesichts der Bedingungen der automatischen Datenverarbeitung kein ‚belangloses Datum' mehr gäbe.[562] Entscheidend sei somit die Begrenzung der Daten auf ihren Erhebungs- bzw. Verwendungszweck.[563] Dieses sei für die Selbstbestimmung des Einzelnen entscheidend. „Wer nicht mit hinreichender Sicherheit überschauen kann, welche ihn betreffenden Informationen in bestimmten Bereichen seiner sozialen Umwelt bekannt sind" und somit das mögliche Wissen seiner Kommunikationspartner nicht abschätzen kann, kann in seiner Freiheitsentfaltung gehemmt werden und auf die Ausübung entsprechender Grundrechte verzichten bzw. sich zurückziehen.[564] Für ein Gemeinwohl, für das die Selbstbestimmung des Einzelnen „eine elementare Funktionsbedingung eines auf Handlungs- und Mitwirkungsfähigkeit seiner Bürger begründeten freiheitlich - demokratischen Gemeinwesens ist"[565], wäre dieses jedoch kontra - produktiv. Dieses zeigt den überaus hohen Stellenwert, den das Bundesverfassungsgericht dem Selbstbestimmungsrecht hiernach beimißt. Es muß demnach Klarheit darüber herrschen, „zu welchem Zweck Angaben verlangt werden und welche Verknüpfungs- und Verwendungsmöglichkeiten bestehen", ansonsten „läßt sich die Frage einer zulässigen Beschränkung des Rechts auf informationelle Selbstbestimmung" nicht beantworten.[566] Aus dieser Formulierung folgt bereits, daß es sich bei dem Recht auf informationelle Selbstbestimmung um ein Grundrecht mit Prinzipiencharakter handelt, denn bereits die Erwähnug der Beschränkungsmöglichkeit zeigt, daß es sich nicht um eine Regel handeln kann, die nach dem oben Gesagten einen definitiven Charakter hätte. Es kann somit festgehalten werden, daß das Recht auf informationelle Selbstbestimmung gemäß Art. 2, Abs. I i.V.m. Art. 1, Abs. I GG jedem Einzelnen ein prima facie - Recht dahingehend zuspricht, über die Erhebung, Verarbeitung und Weiterverwendung seiner Daten selbst zu bestimmen und daß das Bundesverfassungsgericht ihm einen außerordentlich

---

559 Benda, in: Hdb. des VerfR, § 6 -Menschenwürde und Persönlichkeitsrecht, Rn.30, 31. Benda hat als Richter an der Volkszählungsentscheidung mitgewirkt.

560 Benda, a.a.O.. Vgl. auch Gusy, Der Schutz gegen rechtswidrige Informationsermittlung durch die Nachrichtendienste, DÖV 1980, S. 431 ff. (433).

561 Simitis, NJW 1984, S. 402.

562 BVerfGE 65,1 (45).

563 BVerfGE,a.a.O.. In den USA wird dieses bspw. durch den sog. Privacy Act gewährleistet. Bei Alderman / Kennedy heißt es dazu: „... which bars federal agencies from disclosing information for purposes other than the reason it was collected" - Alderman/Kennedy, a.a.O., S. 330.

564 Vgl. BVerfGE 65,1 (43); BVerfGE 27,1 (7).

565 BVerfGE 65,1 (43).

566 BVerfGE 65,1 (45).

hohen Stellenwert beimißt, da es als essentialia negotii des freiheitlich - demokratischen Gemeinwesens gilt. Das Bundesverfassungsgericht hat diesem Recht in der Volkszählungsentscheidung auch bereits erste Beschränkungen auferlegt, indem es dieses Selbstbestimmungsrecht im Kontext gegenläufiger Interessen und Prinzipien betrachtet. Dieses zeigt seinen prima facie - Charakter. So führt das Gericht aus, „dieses Recht auf informationelle Selbstbestimmung ist nicht schrankenlos gewährleistet. Der Einzelne hat nicht ein Recht im Sinne einer *absoluten* (Hervorhebung von M.H.), uneinschränkbaren Herrschaft über ‚seine Daten'; er ist vielmehr eine sich innerhalb der sozialen Gemeinschaft entfaltende, auf Kommunikation angewiesene Persönlichkeit". Damit knüpft das Bundesverfassungsgericht bereits an ältere Entscheidungen an,[567] wo dieses Menschenbild bereits geprägt worden ist. Hiernach ist einer rein individualistischen Sichtweise der Grundrechte eine Absage erteilt worden,[568] da der Einzelne auch in Verbindung zu seinen Bezügen zur Gemeinschaft gesehen werden müsse. „Das Menschenbild des Grundgesetzes ist nicht das eines isolierten souveränen Individuums; das Grundgesetz hat vielmehr die Spannung Individuum - Gemeinschaft im Sinne der Gemeinschaftsbezogenheit der Person entschieden, ohne dabei ihren Eigenwert anzutasten"[569]. „Information, auch soweit sie personenbezogen ist, stellt ein Abbild sozialer Realität dar, das daher nicht ausschließlich dem Betroffenen allein zugeordnet werden kann. Das Grundgesetz hat, wie in der genannten Investitionshilfeentscheidung des Bundesverfassungsgerichts hervorgehoben, die Spannung Individuum / Gemeinschaft im Sinne der Gemeinschaftsbezogenheit und Gemeinschaftsgebundenheit der Person entschieden".[570] Dieses Spannungsverhältnis Individuum versus Gemeinschaft wird z. B. in der Numerus - clausus Entscheidung, auf die das Bundesverfassungsgericht in der Volkszählungsentscheidung Bezug nimmt, aufgezeigt und gelöst, indem es sich der Einzelne gefallen lassen muß, daß seiner Handlungsfreiheit Schranken auferlegt werden, „die der Gesetzgeber zur Pflege und Förderung des sozialen Zusammenlebens" vorsieht.[571] Diese Beschränkung der Handlungsfreiheit des Einzelnen wird aber sogleich ihrerseits durch den Eigenwertgedanken der Investitionshilfeentscheidung beschränkt (Schranken - Schranke), als daß sie die Eigenständigkeit der Person zu wahren hat und der Eingriff zumutbar sein muß. Das Gericht spricht von den Grenzen des allgemein Zumutbaren.[572] Es ist eindeutig, daß man sich hierbei inmitten einer Abwägung im Zusammenhang mit einer Prinzipienkollision befindet. Deutlicher ist diese kaum zum Ausdruck zu bringen. Zwei gegenläufige Prinzipien -Schutz persönlicher Daten bzw. Privatsphäre versus Förderung des sozialen Zusammenlebens bzw. Demokratieprinzip- treffen aufeinander und müssen nun aneinander im Sinne der Abwägungsgesetze mit Hilfe des Grundsatzes der Verhältnismäßigkeit ausgerichtet werden. Aus dem gegenläufigen Prinzip Demokratiegebot bzw. Förderung des sozialen Zusammenlebens folgert das Gericht in der Volkszählungsentscheidung ein prima facie Nicht - Recht (bezogen auf den Bürger), wenn es sagt: „Grundsätzlich muß daher der Einzelne Einschränkungen seines Rechts auf informationelle Selbstbestimmung im *überwiegenden* (Hervorhebung von M.H.) Allgemeininteresse hinnehmen".[573] Es stehen sich somit zwei prima facie - Rechte gegenüber, denn das vom Gericht formulierte

---

567 Z.B. BVerfGE 4, 7 (15 f.) - Investitionshilfe; BVerfGE 7, 377 (402 ff.).

568 Vgl. Stern, StaatsR, Bd. III/2, § 82, S. 664; Vogelsang, a.a.O., S. 57; Dürig, in: M/D/H/S, Art. 1, Abs. I, Rn. 46.

569 BVerfGE 4, 7 (15 f.). BVerfGE 8, 274 (329) - Preisgesetz; BVerfGE 27, 1 (7) - Microzensus; BVerfGE 27, 344 (351) -Versendung von Ehescheidungsakten; BVerfGE 56, 37 (49); vgl. Dürig, a.a.O..

570 BVerfGE 65, 1 (43, 44) - mit Hinweis unter anderem auf BVerfGE 33, 303 (334).

571 BVerfGE 33, 303 (334).

572 BVerfGE, a.a.O..

573 BVerfGE 65,1 (44).

Nicht - Recht, bezogen auf den Einzelnen, ist die Kehrseite einer Befugnis, also eines Rechts für den Staat (hier als Repräsentant der Allgemeinheit) auf einen Eingriff. Diese prima facie - Rechte werden miteinander abgewogen, wobei das Gericht unter Berufung auf den Verhältnismäßigkeitsgrundsatz[574] die Parameter für eine proportionale Einschränkbarkeit angibt. „Bei seinen Regelungen hat der Gesetzgeber ferner den Grundsatz der Verhältnismäßigkeit zu beachten. Dieser mit Verfassungsrang ausgestattete Grundsatz folgt bereits aus dem Wesen der Grundrechte selbst, die als Ausdruck des allgemeinen Freiheitsanspruches des Bürgers gegenüber dem von der öffentlichen Gewalt jeweils nur soweit beschränkt werden dürfen, als es zum Schutz öffentlicher Interessen *unerläßlich* (Hervorhebung von M.H.) ist".[575] Als Parameter für eine Einschränkbarkeit gilt also das Vorliegen *überwiegender* Allgemeininteressen.[576] Als solche mögliche Interessen wurden vom Bundesverfassungsgericht bereits angesehen: die Gewinnung von Planungsdaten zur Erfüllung der währungs-, wirtschafts-, sozial- und verkehrspolitischen Aufgaben des Staates, die Erforschung der Sachverhalte zur Entscheidung von Rechtsstreitigkeiten, die Abwehr von Gefahren für die Volksgesundheit, die Bekämpfung allgemeiner Unruhen, die möglichst vollständige Wahrheitsermittlung im Strafprozeß, die Bekämpfung von Suchtgefahren, die Sicherung einer gleichmäßigen Besteuerung der Bürger.[577] Die Betonung des Wertes, den die Selbstbestimmung des Einzelnen nach Auffassung des Gerichtes für die freiheitlich - demokratische Grundordnung und eine ungehemmte Teilnahme des Einzelnen an dieser Grundordnung hat, zeigt aber, daß es sich um einen sehr hohen Wert handelt, der eingeschränkt werden soll. Mit *Häberle* ist darin übereinzustimmen, daß gerade Grundrechte davon „leben", daß sie von einer möglichst großen Anzahl, der überwiegenden Mehrzahl von Individuen tatsächlich ausgeübt werden und auch tatsächlich ausgeübt werden können.[578] Überwiegende Allgemeininteressen sind daher nicht nur solche, die für die Interessen der Allgemeinheit wichtig sind und zuvor aufgezählt worden sind, sondern sie müssen überproportional wichtig sein, ganz im Sinne des ersten Abwägungsgesetzes und des Gesetzes der abnehmenden Grenzrate der Substitution.[579] Dieses zeigt auch eine Passage im Volkszählungsurteil, wo das Gericht sich über die Einschränkbarkeit des Rechts auf informationelle Selbstbestimmung äußert. Es führt aus, daß es bislang anerkannt sei, „daß die zwangsweise Erhebung personenbezogener Daten nicht unbeschränkt statthaft ist, namentlich dann, wenn solche Daten für den Verwaltungsvollzug (etwa bei der Besteuerung ...) verwendet werden sollen. Insoweit hat der Gesetzgeber bereits verschiedenartige Maßnahmen zum Schutz der Betroffenen vorgesehen, die in die verfassungsrechtlich gebotene Richtung weisen".[580] Hierbei verweist das Gericht auf die Datenschutzgesetze von Bund und Ländern und vor allem auf §§ 30, 31 AO, die das Steuergeheimnis regeln, ohne damit freilich zu sagen, ob diese Normen das vom Gericht verfassungrechtlich als geboten erachtete Ziel selbst schon erreichen.[581] Als weitere Parameter für die proportionale Abwägung der gegenläufigen Interessen nennt das Gericht die Transparenz der Datenerhebung und Datenverwendung für den betroffenen Bürger, Schutz vor Zweckentfremdung und Mißbrauch der Daten durch Weitergabe- und Verwertungsverbote. Der Zweck der Datenerhebung muß *be-*

---

574 Vgl. BVerfGE 65,1 (44, 46).

575 BVerfGE 65,1 (44).

576 Lerche, Bankgeheimnis -verfassungsrechtliche Rechtsgrundlagen, ZHR 149. Bd. (1985), S. 165 ff. (173).

577 Vgl. Schmitt-Glaeser, in: Handb. des StaatsR, Bd. VI, § 129, Rn. 102; BVerfGE 27, 344 (351 f.) - Scheidungsakten; BVerfGE 32, 373 (379 f.) - Arztkarteikarten.

578 Häberle, Die Wesensgehaltsgarantie des Art. 19 Abs. 2 des Grundgesetz, S. 45, 47 f..

579 Vgl. Lerche, ZHR, 149 (1985), S. 174.

580 BVerfGE 65,1 (45).

581 Mückenberger, Kritische Justiz 1984, S. 13.

stimmt sein. Unerläßlich im genannten Kontext können nur Daten mit Sozialbezug sein; unzumutbare intime Angaben fallen nicht darunter.[582] Das Gericht unterscheidet innerhalb der Datenerhebung zwischen der Erhebung persönlicher Daten, wie sie bisher beschrieben wurden, und einer Datenerhebung zu statistischen Zwecken.[583] Hierbei handelt es sich um Daten, die der Staat für seine Planung und Tätigkeit benötigt. Im Unterschied zu den persönlichen Daten beinhalten die Datenerhebungen zu statistischen Zwek-ken anonymisierte Daten. Die Erhebung solcher anonymisierter Daten ist verfassungsrechtlich unbedenklich[584], sofern sichergestellt wird, daß keine Entschlüsselung, keine Deanonymisierung erfolgen kann.[585] Solange dieses noch möglich ist, ist eine strikte Geheimhaltung zu wahren. Für anonymisierte Daten zu statistischen Zwecken gelten nicht die oben genannten Beschränkungen der Erhebung und Verarbeitung personenbezogener Daten. Das Bundesverfassungsgericht gelangt aufgrund der Diversifizierung in eine Erhebung personenbezogener Daten und eine Erhebung anonymisierter Daten zu statistischen Zwecken zu einer Zweistufigkeit der Eingriffsintensität, wenn es ausführt, daß geprüft werden müsse, „ob das Ziel der Erhebung nicht auch durch eine anonymisierte Ermittlung erreicht werden kann".[586] Ganz im Sinne des Verhältnismäßigkeitsgrundsatzes und dem daraus deduzierbaren ersten Abwägungsgesetz ist diese Prüfung im Rahmen des Teilgrundsatzes der Erforderlichkeit vorzunehmen und nach dieser milderen Eingriffsmöglichkeit zu fragen. Anschließend überprüft das Gericht die gerügten Normen des Volkszählungsgesetzes von 1983 anhand der Geeignetheit und Erforderlichkeit der Normen. Es ist also festzuhalten, daß der Bürger aufgrund seines Rechts auf informationelle Selbstbestimmung gemäß Art. 2, Abs. I i.V.m. Art. 1, Abs. I GG ein prima facie - Recht darauf hat, daß auf seine Daten nicht zugegriffen wird, *er* über diese also bestimmen kann. Diesem prima facie - Recht auf negative Handlung ist korrespektiv das prima - facie Verbot des Staates zugeordnet, auf diese Daten zuzugreifen, somit das informationelle Selbstbestimmungsrecht des Bürgers zu beachten. Liegen überwiegende Interessen der Allgemeinheit vor, die einen Eingriff als Ergebnis einer Abwägung rechtfertigen[587], führt dieses dazu, daß das prima facie - Verbot des Staates durch eine definitive Erlaubnis ersetzt wird, korrespondierend damit, daß der Bürger ein definitives Nicht - Recht auf ein Unterlassen des Eingriffs erhält.[588]

(2.2.) Einzelne Stimmen der Literatur zum Volkszählungsurteil und weitere Aspekte

Wie jede Entscheidung des Bundesverfassungsgerichtes wurde auch das Volkszählungsurteil von der Literatur mit unterschiedlichen Reaktionen aufgenommen, je nachdem welche Vor- bzw. Einstellung der jeweilige Autor von Sinn- und Zweck der Grundrechte im Verhältnis zum Staat verinnerlicht hat.

So wurde von Vertretern absoluter Theorien im oben genannten Sinne die angebliche Abkehr des Bundesverfassungsgerichtes von der Sphärentheorie bedauert.[589] Das Gericht hat in der Entscheidung nicht, wie es das bisher im Rahmen der zum allgemeinen Persönlichkeitsrecht

---

[582] Siehe dazu BVerfGE 65,1 (46).

[583] BVerfGE 65,1 (47 ff.).

[584] BVerfGE 65,1 (51).

[585] BVerfGE 65,1 (49 ff.).

[586] BVerfGE 65,1 (48).

[587] In diesem Sinne auch Degenhart, JuS 1992, S. 363.

[588] Nach Alexy, Theorie der Grundrechte, S. 256.

[589] Z.B. Geis, Der Kernbereich des Persönlichkeitsrechts - Ein Plädoyer für die Sphärentheorie -, JZ 1991,S. 112 ff..

entwickelten Sphärentheorie getan hat, das Recht auf informationelle Selbstbestimmung einer bestimmten (Schutz-) Sphäre zugeordnet. Hieraus hätten sich Schutzintensität und korrespektiv Eingriffsmöglichkeiten abgeleitet. Bei einer Zuordnung beispielsweise zur Intimsphäre wäre ein Eingriff schlechterdings nicht möglich gewesen, da diese Sphäre *absoluten* Schutz genießen soll und dort eine Abwägung im Rahmen des Verhältnismäßigkeitsgrundsatzes nicht stattfinden soll.[590] Vielmehr überprüfte das Gericht das Recht auf informationelle Selbstbestimmung und seine Eingriffsmöglichkeiten pauschal, ohne es zuvor einer Sphäre zuzuordnen, da es angesichts heutiger Datenverarbeitungsmöglichkeiten kein belangloses Datum mehr gäbe.[591] Nicht eine mehr oder weniger willkürliche Zuordnung zu einer Sphäre sollte nunmehr ausschlaggebend sein, sondern der beabsichtigte Verwendungszweck. Diese Abkehr von der Sphärentheorie kritisiert *Geis*[592] und sieht diese Abkehr des Gerichtes auch in der Tagebuchentscheidung[593] bestätigt. *Geis* kritisiert, daß die Höchstpersönlichkeit eines Datums zum Abwägungsposten wird, für ihn ein mit dem Menschenwürdegehalt unvereinbares Ergebnis[594] und er plädiert für die Beibehaltung (und sogar Ausweitung) der Sphärentheorie. „Sofern die dogmatische Berechtigung eines ‚Kernbereiches' gerade damit begründet wird, daß sich insoweit der spezielle unantastbare Menschenwürdegehalt des Persönlichkeitsrechtes äußere, kann daher dieser Inhalt nicht zum bloßen Abwägungsposten mit anderen Belangen herabsinken".[595] Gerade weil der Rechtsstaat nur um der Menschenwürde willlen bestehe, könne die Menschenwürde nicht mit dem Rechtsstaat aufgerechnet werden.[596] Eine grundsätzliche Abkehr des Gerichtes von der Sphärentheorie wie *Geis* sie sieht kann indes schon bezweifelt werden. Die Abkehr erfolgte nur auf dem Gebiet der informationellen Selbstbestimmung.[597] Gerade die von *Geis* ebenfalls angeführte Tagebuchentscheidung erweist sich bei näherer Betrachtung als ein Bekenntnis des Gerichtes zu dieser Theorie. In dieser Entscheidung blieb die Verfassungsbeschwerde wegen Stimmengleichheit der Richter ohne Erfolg. Kritisiert wurde von *Geis*[598], daß das Gericht in dieser Entscheidung den Zugriff der Strafverfolgungsbehörden auf intime Tagebuchaufzeichnungen eines Sexualmörders grundsätzlich billigte und in eine Abwägung mit dem Gebot einer effizienten Strafrechtspflege stellte. Diese Relativierung des Menschenwürdegehalts befindet *Geis* als nicht hinnehmbar, da diese intimen Tagebuchaufzeichnungen für ihn zum absolut geschützten Kernbereich gezählt werden. Damit befindet er sich in guter Gesellschaft, da auch vier der acht Richter des Bundesverfassungsgerichts dieser Auffassung waren. In der Tagebuch - Entscheidung hat sich das Gericht aber keineswegs von der Sphärentheorie weiter distanziert, wie *Geis* meint, auch nicht seitens der vier anderen Richter, die letztendlich in diesem Falle hinsichtlich der Verwertung des Tagebuchs eine Abwägung und somit Relativierung vornahmen. Vielmehr trennt es nach wie vor zwischen absolut geschütztem Kernbereich und Abwägungsbereich. „Das Bundesverfassungsgericht erkennt jedoch einen letzten unantastbaren Bereich privater Lebensgestaltung an, der der öffentlichen Gewalt -selbst bei schwerwiegenden Interessen der Allgemeinheit-

---

590 Vgl. die Darstellung im 1. Teil, S. 39 ff., 43.

591 BVerfGE 65,1 (45).

592 Geis, a.a.O..

593 BVerfGE 80, 367 ff..

594 Geis, a.a.O., S. 114, 115.

595 Geis, a.a.O., S. 115.

596 Geis, a.a.O..

597 Siehe oben z.B. Mückenberger, Kritische Justiz, S. 4, 5. Vgl. Benda, Steuergeheimnis: Kann der Bürger noch darauf vertrauen?, DStR 1984, S. 351.

598 Geis, a.a.O., S. 114, 115.

schlechthin entzogen ist".[599] Aussagen wie: „Gehören private Aufzeichnungen nicht zum absolut geschützten Kernbereich"[600] oder „... so wäre die Unterscheidung zwischen Kernbereich und Abwägungsbereich... praktisch aufgehoben"[601], die sich an vielen Stellen in der Entscheidung finden, zeigen, daß das Gericht keineswegs Abschied von der Sphärentheorie genommen hat. Lediglich im konkreten Fall kom-men vier der Richter zu der Auffassung, daß das Niederschreiben dieser Gedanken des Täters in dem Tagebuch eine Entäußerung derselben sei, die den Aufzeichnungen den Charakter nähmen, zum absoluten geschützten Bereich zu gehören. Daher war für die Richter eine Abwägung im Rahmen der Verhältnismäßigkeit möglich. Hier zeigt sich aber genau das Problem und der Vorwurf, der alle Vertreter absoluter Theorien trifft und oben schon angesprochen wurde, nämlich daß eine eindeutige Zuordnung zu diesem absoluten Bereich nicht möglich, sondern mehr oder weniger willkürlich ist. Es gibt immer extreme Fälle, die denkbar sind und den Kernbereich tangieren können. In diesen Fällen würde aber eine Relativierung des vermeintlich absoluten Bereiches stattfinden[602], weil sich dieser zumindest auf theoretischer Basis als relativierbar erweist. Das aber bedeutet, daß der vermeintlich absolute, statische Kernbereich nur deswegen faktisch absolut erscheint, weil es eine ziemlich hohe Wahrscheinlichkeit gibt, daß er sich bei einer Abwägung in realen Lebenssachverhalten als resistent erweisen wird. Ein solches Verhalten, das sich lediglich faktisch als resistent erweist, ist aber die Position einer relativen Theorie. Daher verdient der oben vorgestellte Weg einer Einstellung auch dieser Bereiche in die Abwägung des Verhältnismäßigkeitsgrundsatzes nach wie vor den Vorzug.

Gegensätzlich zueinander sind die Positionen von *Simitis*[603] und *Krause*[604]. *Krause* hält den Datenschutz des Bundesverfassungsgerichtes für übersteigert und spricht von „Datenschutzhysterie".[605]
Bei *Krause* kommt es zu einer interessanten Umkehrung der Vorzeichen des Schutzes im Bürger - Bürger - Verhältnis. Für ihn ist es falsch, demjenigen, der sich informiert, die Rechtfertigungslast aufzuerlegen. Schließlich sei die Informationstätigkeit die Ausübung grundrechtlicher Freiheit aus Art. 2, Abs. I GG. Zu rechtfertigen habe sich derjenige, der sein Datum verteidige.[606] Das Bundesverfasungsgericht habe nicht *jede* begrenzte Informationstätigkeit, sondern nur die unbegrenzte Informationstätigkeit zur Vermeidung Orwell'scher Zustände einer Beschränkung unterziehen wollen.[607] Daß eine solche „unbegrenzte Beobachtung des einzelnen,...., jegliche Selbstentfaltung ersticken und die Würde des Menschen

599 BVerfGE 80, 367 (367, 374) und Orientierungssatz 1.

600 BVerfGE 80, 367 (368, 374, 375, 376) und Orientierungssatz 3.

601 BVerfGE 80, 367 (369) und Orientierungssatz 5 b.

602 Vgl. oben 1. Teil, S. 73 f..

603 Simitis, Die informationelle Selbstbestimmung -Grundbedingungen einer verfassungskonformen Informationsordnung, NJW 1984, S. 398 ff..

604 Krause, Das Recht auf informationelle Selbstbestimmung, JuS 1984, S. 268 ff..

605 Krause, a.a.O.,S. 270. Duttke spricht in diesem Zusammenhang von einer Hypertrophie des Datenschutzes - vgl. Duttke, Zur Hypertrophie des Datenschutzes, NJW 1998, S. 1615 ff. (siehe auch im Internet bei Humbold Forum Recht, http://www.rewi.hu-berlin.de/HFR/4-1998).

606 Krause, a.a.O.. Ähnlich Schmitt-Glaeser, in: Hdb. des StaatsR, Bd. VI, § 129, Rn. 91, der die Freiheit der Datenverarbeitung, nicht deren Einschränkung, für den Ausgangspunkt der Überlegungen hält. Daher würde die Rechtfertigungslast bei der Einschränkung der Datenverarbeitung liegen.

607 Krause, a.a.O.. Für das amerikanische Verfassungsrecht wird z.B. von Berns ausgeführt:"Constitutional government leaves men alone to the extend that it can; it certainly does not meddle in their private lives, and it gives an extensive definition of what is properly private". -Berns, Taking the constitution seriously, S. 154, 155.

vernichten würde, ist gewiß. Die unbegrenzte Erhebung, Speicherung, Verwendung und Weitergabe, vor allem in dieser Kumulation, ist zweifellos verfassungswidrig".[608] Die These von *Krause*, demjenigen die Rechtfertigung aufzuerlegen, der seine Daten schütze und verheimliche und nicht demjenigen, der neugierig auf diese zugreifen möchte, überrascht. Für das Bürger - Staat - Verhältnis lassen sich hieraus Argumente nicht herleiten, soll nicht der Umstand verkannt werden, daß das allgemeine Persönlichkeitsrecht und somit auch die informationelle Selbstbestimmung als Grundrecht von seiner Konzeption her ein Abwehrrecht gegen den Staat ist, also vor staatlichen Eingriffen schützen soll.[609] Im Bürger - Staat - Verhältnis besteht also ein Schutz *vor* und nicht der staatlichen Neugierde. Der Schutz desjenigen, der sich informiert, ist an Art. 2, Abs. I GG festzumachen.[610] Dieses betrifft jedoch das Bürger - Bürger - Verhältnis. Dort unterfällt diese Informationshandlung jedoch der Schrankentrias und stößt als ihre Begrenzung auf entgegenstehende Rechte Dritter. Es kann insoweit auf die Drittwirkungsproblematik verwiesen werden. Nach anderer Ansicht wird in diesem Zusammenhang das Recht auf freien Informationszugang gemäß Art. 5, Abs. 1 GG betont, welches jedoch lediglich garantiert, sich aus allgemein zugänglichen Quellen wie Presse, Rundfunk, Fernsehen etc. zu informieren.[611] Auch hier ist ein Dritter, nicht der Staat Adressat des Freiheitsrechts. Der Staat ist lediglich aufgrund des objektiv - rechtlichen Gehaltes der Grundrechtsnorm aufgefordert, den freien Informationszugang der Bürger zu gewährleisten. Er wird dadurch nicht legitimiert, sich zu informieren. Darüber hinaus kann im vorliegenden Kontext jedoch auch dieser Ansatz nicht dazu führen, die Rechtfertigungslast im Sinne von *Krause* umzukehren, da die dem Bankgeheimnis unterfallenden Daten in keiner allgemein zugänglichen Quelle enthalten sind und auch nicht sein können. Nicht die Neugierde wird privilegiert, da sie die Ausdehnung eines Schutzbereiches auf Kosten eines anderen bedeutet, sondern die Verteidigung des Schutzbereiches.[612]

Dem entgegengesetzt erscheint die Position *Simitis'*, der als ehemaliger hessischer Datenschutzbeauftragter das Volkszählungsurteil verteidigt.[613] „Der Rechtfertigung bedarf unter diesen Umständen immer und zunächst der Zugriff auf die personenbezogenen Daten und nicht, wie aus einer fast zum Kult erhobenen ‚Gemeinschaftsbezogenheit' gefolgert wird, die Einschränkung der Verarbeitung".[614] Dieser Auffassung ist zu folgen, da sie die Bedeutung des Rechts auf informationelle Selbstbestimmung im Verfassungsgefüge und für die freiheitlich - demokratische Grundordnung hinreichend hervorhebt und insoweit den Vorgaben des

---

608 Krause, a.a.O., S. 270, 271.

609 Vgl. Kunig, in: v. M/Kunig, Grundgesetz-Kommentar, Art. 2, Rn. 40.

610 Vgl. Gallwas, Der allgemeine Konflikt zwischen dem Recht auf informationelle Selbstbestimmung und der Informationsfreiheit, NJW 1992, S. 2787, der die Freiheit des Bürgers, sich zu informieren primär Art. 5, Abs. I GG zuordnen möchte.

611 Vgl. für das Bürger-Bürger-Verhältnis, Vogelsang, Grundrecht auf informationelle Selbstbestimmung?, S. 146.

612 Dieses gilt im Verhältnis Staat-Bürger, welches vorliegend betrachtet wird. Gallwas, a.a.O., S. 2785 ff. weist jedoch zutreffend darauf hin, daß in einem Bürger-Bürger-Verhältnis das Recht auf informationelle Selbstbestimmung des einen Bürgers mit dem Recht des anderen Bürgers zusammentreffen kann, sich über diesen zu informieren und Daten und Informationen zu sammeln. Dieser Konflikt ist jedoch nur im Wege einer Abwägung der gegenläufigen Interessen der beteiligten Bürger zu lösen (S. 2788), wie er zum Beispiel im Rahmen des Zivilrechts gemäß § 823 BGB durchgeführt wird, da das allgemeine Persönlichkeitsrecht ein sog. Rahmenrecht darstellt (S. 2786).

613 Simitis, Die informationelle Selbstbestimmung - Grundbedingungen einer verfassungskonformen Informationsordnung, NJW 1984, S. 398 ff..

614 Simitis, a.a.O., S. 399.

Bundesverfassungsgerichts folgt. Nur eine solche Ansicht wird der Funktion der Grundrechte als Abwehrrechte des Einzelnen gegenüber dem Staat gerecht. An die vom Bundesverfassungsgericht vertretene Auf-fassung anknüpfend hebt *Simitis* hervor, daß ein Verlust an informationeller Selbstbestimmung ein Verlust an demokratischer Substanz sei[615] und betont in diesem Zusammenhang, daß „die Entscheidung über die Verarbeitung personenbezogener Daten primär Sache des Betroffenen ist, der Verarbeitungsprozeß muß auf jeden Fall für ihn überschaubar sein“.[616] Zwar habe der Einzelne keine absolute, uneinschränkbare Herrschaft über seine Daten, jedoch bedarf ein Zugriff auf diese Daten einer gesetzlichen Absicherung, die Ziele und Umfang der Verarbeitung offenlegt, damit der Einzelne die Tragweite des Eingriffs abschätzen kann.[617] Nur ein benannter, definitiver Anknüpfungspunkt versetzt den Betroffenen in die Lage zu prüfen, ob der Zugriff wirklich erforderlich ist.[618] Wichtigste Konsequenz des Volkszählungsurteils sei somit der ausgesprochene Gedanke der Zweckbindung des eingreifenden Gesetzes. Er setze Datenverarbeitungsziel- und Umfang fest, somit wird die Verarbeitung der Daten auf dieses Ziel beschränkt.[619] Jede Verarbeitung auf Vorrat sei illegal.[620] Ziel muß eine „Amtshilfefeste Datenverarbeitung“ sein, damit der Bürger die Tragweite seiner Offenbarung überblicken kann.[621] „Jeder Versuch, die öffentliche Verwaltung als Informationseinheit zu betrachten, ist mit wirksamen Datenschutz unvereinbar“.[622] Dem kann man nur beipflichten. Wenn es möglich ist, daß ein bei einer Behörde erhobenes Datum im Wege der Amtshilfe bei einer anderen Behörde herangezogen wird, kann der Betroffene die Tragweite seiner Offenbarung, die er ja nicht immer nur freiwillig macht, nicht überblicken. Aber nur bei hinreichender Transparenz kann der Einzelne eventuell entgegenstehende überwiegende Gegeninteressen der Allgemeinheit erkennen, beurteilen und auch einsehen bzw. akzeptieren. Hinreichende Transparenz über die Folgen seiner Offenbarung lassen ihn unbeschwert seine Grundrechte ausüben, da nur bei dieser Transparenz der Bürger den Vorgaben des Bundesverfassungsgerichts gemäß überblicken kann, wer, was, wann über ihn weiß.[623] Dem Bundesverfassungsgericht ist aus diesem Grund zuzustimmen, daß Normen wie §§ 30; 31 AO oder § 30; § 35, Abs. I SGB I i.V.m. §§ 67-86 SGB X, die das Steuer- bzw. Sozialgeheimnis auch vor anderen Behörden weitgehend schützen, in die richtige Richtung weisen. Selbst für den Fall, daß spezialgesetzliche Geheimhaltungsvorschriften nicht bestehen, bestimmt § 30 VwVfG als Auffangnorm, daß die Beteiligten eines Verwaltungsverfahrens einen Anspruch darauf haben, daß die sie persönlich betreffenden Tatsachen, Umstände etc. geheim gehalten und nicht unbefugt offenbart werden.[624] § 30 VwVfG ist Ausfluß des Rechtsstaatsprinzips und dient dem Schutz der durch eine Offenbarung der Daten und Informationen eines

---

615 Simitis, a.a.O., S. 399, 400.

616 Simitis, a.a.O., S. 400.

617 Simitis, NJW 1984, S. 400.

618 Simitis, a.a.O., S. 400.

619 Simitis, a.a.O., S. 402.

620 BVerfGE 65, 1 (46); Simitis, a.a.O., S. 402. Differenzierend Vogelsang, a.a.O., S. 67 f., der nicht jede Datensammlung auf Vorrat für illegal hält und darauf hinweist, daß im Grunde genommen jede Datenspeicherung eine Datensammlung auf Vorrat sei, da gespeicherte Daten für künftige Zwecke rasch verfügbar gehalten werden sollen. Illegal sei lediglich eine Datensammlung auf Vorrat, die ohne konkreten Anlaß vorgenommen würde.

621 Simitis, a.a.O., S. 402; dergl., Von der Amtshilfe zur Informationshilfe, NJW 1986, S. 2796; Schmitt-Glaeser, in: Hdb. des StaatsR, a.a.O., Rn. 105; BVerfGE 65, 1 ff. (46); Murswiek, in: Sachs, Grundgesetz-Kommentar, Art.2, Rn. 121. Vgl. auch Mückenberger, Kritische Justiz 1984, S. 18, 19 ff..

622 Simitis, a.a.O. S.402. In diesem Sinne auch Schmitt-Glaeser, a.a.O.; BVerfGE 65, 1 (69).

623 BVerfGE 65, 1 (42, 43); Benda, DStR 1984, S. 355.

624 Kopp, VwVfG, § 30, Rn. 1, 6, 7.

Beteiligten berührten Grundrechte aus Art. 1, 2, 12, 14 GG.[625] Für den Fall, daß der Bürger der Offenbarung seiner Daten nicht zustimmt, bestimmen sich die Grenzen einer Offenbarungsbefugnis seitens der Behörde nach den Grundrechten und somit durch die Abwägung der betroffenen widerstreitenden Interessen.[626] Diesem Geheimhaltungserfordernis steht auch nicht die Aussage von Art. 35, Abs. I GG entgegen, der lediglich klarstellt, daß sich Bundes- oder Landesbehörden gegenseitig Rechts- / Amtshilfe leisten, ohne entsprechende gegenseitige Abkommen schließen zu müs-sen.[627] Zu diesen Behörden gehören grundsätzlich auch öffentlich - rechtliche Kreditinstitute (Sparkassen).[628] Konkretisiert wird Art. 35 GG beispielsweise durch §§ 4; 5 VwVfG.[629] Diesem Grundgesetzartikel kommt keine grundrechtsbegrenzende Wirkung zu.[630] Gemäß Art. 35, Abs. I GG ist eine Amtshilfehandlung, die auch in der Übermittlung von (erhobenen) Daten bestehen kann, nur im konkreten Einzelfall zulässig.[631] Es muß seitens der anfragenden Behörde[632] eine „hinreichend bestimmte Tat- oder Rechtsfrage"[633] in einem ausdrücklichen Amtshilfeersuchen gestellt werden[634], so daß generelle Ersuchen oder Standleitungen (Online) unzulässig sind,[635] da grundsätzlich jede Behörde die ihr übertragenden Aufgaben selbst wahrzunehmen hat[636] und mithin etwaig benötigte Daten selber erheben muß. Hieran ändert auch die vielfach beschworene Verwaltungseffizienz nichts, wie sie zum Beispiel Zweck des § 4 VwVfG ist,[637] die es erforderlich machen soll, erhobene Daten zu transferieren. Ausgerechnet im grundrechtssensiblen Bereich eines interbehördlichen Datentransfers mit einer Verwaltungseffizienz zu argumentieren und in diesem Bereich mit einer Effizienzsteigerung zu beginnen, mutet in Anbetracht anderweitig bestehender, erheblicher Effizienzdefizite der öffentlichen Verwaltung im Vergleich zur Privatwirtschaft sonderbar an. Darüberhinaus ist dieses Argument auch unmaßgeblich, wie *Simitis* zutreffend anführt, da dann lediglich die Behörde effizient arbeiten würde, die möglichst ungehindert auf sämtliche Daten, egal von welcher Seite sie erhoben worden sind, zugreifen kann.[638] Desweiteren ist die Interessenlage der betroffenen Bürger, nicht die der Behörden

---

[625] Kopp, a.a.O., Rn. 1, 2; Knemeyer, Geheimhaltungsanspruch und Offenbarungsbefugnis im Verwaltungsverfahren, NJW 1984, S. 2241, 2243.

[626] Kopp, a.a.O., Rn. 7; Knemeyer, NJW 1984, S. 2244, 2245; dergl., Die Wahrung von Betriebs- und Geschäftsgeheimnissen bei behördlichen Umweltinformationen, in: DB 1993, S. 721 f., 725; Breuer, Schutz von Betriebs- und Geschäftsgeheimnissen im Umweltrecht, NVwZ 1986, S. 176, 178; Erbguth, in: Sachs, Grundgesetz-Kommentar, Art. 35, Rn. 19.

[627] Maunz, in: M/D/H/S, Art. 35, Rn.1.

[628] Sichtermann/Feuerborn, Bankgeheimnis und Bankauskunft, § 13, S. 248.

[629] Kopp, VwVfG, § 4, Rn.1.

[630] Erbguth, a.a.O., Art. 35, Rn. 27. In diesem Sinne auch Vogelsang, a.a.O., S. 230. Dieses zeigt z. B. auch schon die Regelung des § 112, Abs. II AO, der die dem Steuergeheimnis unterfallenden Daten im Sinne der §§ 30; 31AO aus rechtlichen Gründen von der Amtshilfepflichtigkeit ausnimmt - vgl. Rüsken, in: Klein, AO-Kommentar, § 112, Anm. 3. Gleiches gilt für Sozialdaten im Sinne der §§ 30; 35 SGB I i.V.m. §§ 67-86 SGB X.

[631] Erbguth, a.a.O., Rn. 17.

[632] Im Rahmen von Art. 35, Abs. I GG geht der Behördenbegriff über den des § 1, Abs. IV VwVfG hinaus und erfaßt auch Gerichte, Behörden der Staatsorgane, Behörden der mittelbaren Staatsverwaltung - vgl. Erbguth, a.a.O., Rn. 6 ff.; Kopp, VwVfG, § 4, Rn.3, 4, 12.

[633] Erbguth, a.a.O., Rn. 15.

[634] Erbguth, a.a.O., Rn. 17. Vgl. auch Kopp, a.a.O., § 5, Rn. 4 a.

[635] Erbguth, a.a.O..

[636] Kopp, a.a.O., § 5, Rn.1.

[637] Kopp, a.a.O., § 4, Rn 1

[638] Simitis, NJW 1986, S. 2797.

maßgeblich.[639] *Knemeyer* gelangt daher zu dem Ergebnis, daß durch § 5, Abs. II, S. 2 VwVfG eine Prioritätsentscheidung zu Gunsten des Geheimhaltungsinteresses des Bürgers normiert wurde, die nur ausnahmsweise durch eine Offenbarungsbefugnis der Behörde durchbrochen werden darf.[640] *Sichtermann/Feuerborn* weisen zu Recht darauf hin, daß sich gemäß § 5, Abs. II, Nr. 2 VwVfG die Amtshilfepflicht öffentlich - rechtlicher Sparkassen nicht auf Tatsachen bezieht, die dem Bankgeheimnis unterfallen, da diese Daten und Informationen ihrem Wesen nach zu den geheimzuhaltenden Tatsachen gehören.[641] Auch für *Simitis* sind personenbezogene Daten kein beliebig nutzbares Informationsmittel, so daß ihre Verwendung stets die Ausnahme bleiben muß, die einer besonderen Legitimation bedarf.[642] Begrenzende Wirkungen gegenüber Amtshilfeersuchen haben neben den entgegenstehenden grundrechtlichen Positionen der betroffenen Bürger[643], insbesondere des Rechts auf informationelle Selbstbestimmung, auch und gerade die den beteiligten Behörden konkret zugewiesenen Aufgabenbereiche,[644] welche möglichst präzise zu bestimmen und zu begrenzen sind.[645] Hierbei kommt es auf eine funktionsbezogene Betrachtung an.[646] In diesem Kontext verläuft auch die von *Benda* angesprochene Gefahr einer dysfunktionalen Datenweitergabe, da die Daten bei einem Transfer aus ihrem ursprünglichen Erhebungszusammenhang gerissen werden und sie somit zumindest der Gefahr einer Verfälschung unterliegen. Mit einer solchen Datenweitergabe kann und muß der Bürger nicht rechnen.[647] Ein dysfunktionaler Datentransfer ist daher grundrechtswidrig und erfährt keine Schrankendeckung. Lediglich eine Datenweitergabe im funktionalen Sinn, bei der die Daten im Rahmen ihres normierten Erhebungszwecks Verwendung finden, kann im Rahmen der Abwägung der beteiligten Interessen verfassungsgemäß sein. Nur mit einem solchen Datentransfer innerhalb des dem Bürger bekannten Erhebungszwecks wird die geforderte Transparenz gewahrt. „Grundsätzlich muß aber in der bloßen Weitergabe oder Übermittlung von Daten selbst dann ein Grundrechtseingriff gesehen werden, wenn die Behörden den gleichen staatlichen Zuständigkeitsbereich haben“[648]. Jede Weitergabe von Daten von einer datenerhebenden zu einer datenverarbeitenden Stelle vergrößert die Intransparenz für den betroffenen Bürger, der nicht mehr überblicken kann, wo seine Daten letztendlich bekannt sind. Gerade diesen Datentransfer hat das Bundesverfassungsgericht im Volks-

---

639 Vogelsang, a.a.O., S. 234.

640 Knemeyer, DB 1993, S. 721, 722; dergl., NJW 1984, S. 2243. Der Begriff der Offenbarung ist nach Knemeyer (a.a.O., S. 2244) dabei weit zu fassen und umfaßt „jedwedes Verhalten, das eine geheime Tatsache einem anderen zur Kenntnis bringt, der diese bisher noch nicht oder jedenfalls nicht sicher gekannt hat“. In diesem Sinne auch Kopp, VwVfG, § 30, Rn. 3.

641 Sichtermann/Feuerborn, a.a.O., S. 249. Sichtermann/Feuerborn weisen darüber hinaus darauf hin, daß die Amtshilfevorschriften lediglich im Bereich öffentlich - rechtlicher Tätigkeit von Relevanz sind, nicht hingegen im Bereich privatwirtschaftlicher Betätigung des Staates, wie es bei öffentlich - rechtlichen Kreditinstituten der Fall sei - vgl. Sichtermann/Feuerborn, a.a.O..

642 Simitis, NJW 1986, S. 2798; vgl. auch Kopp, a.a.O., § 5, Rn.1.

643 Simitis, NJW 1986, S. 2797, 2798.

644 Erbguth, in: Sachs, Grundgesetz-Kommentar, Art. 35, Rn. 30; Simitis, a.a.O., S. 2798, 2799; Vogelsang, a.a.O., S. 232. Aus diesem Grund reicht die Regelung von § 15, Abs. I, Nr.1 BDSG nicht aus, da hier lediglich gefordert wird, daß die personenbezogenen Daten zur Erfüllung der Aufgaben der übermittelnden *oder* anfragenden Behörde (Stelle) erforderlich sind. Vgl. im Gegensatz dazu die Regelung des § 5, Abs. II, Nr. 1 VwVfG, die eine Amtshilfe bei fehlenden rechtlichen Gründen untersagt, wozu neben dem Fehlen einer rechtlichen Befugnis oder Unzuständigkeit auch das Bestehen von Geheimhaltungs- und Verschwiegenheitspflichten gehören - vgl. Kopp, VwVfG, § 5, Rn. 13 ff..

645 Erbguth, a.a.O., Rn. 30; Simitis, NJW 1986, S. 2799; Vogelsang, a.a.O., S. 234.

646 Vogelsang, a.a.O., S. 234.

647 Vgl. Vogelsang, a.a.O., S. 233 ff..

648 Erbguth, a.a.O., Rn. 35a.a.O., m.w.N..

zählungsurteil als Gefahr erkannt, vor der es den Bürger schützen wollte. Die Datenspeicherung innerhalb einer Behörde sagt noch nichts darüber aus, ob diese Behörde auch befugt ist, diese Daten an weitere / anfragende Behörden im Wege der Amtshilfe zu übermitteln.[649] Transparenz, Normenklarheit und eine enge Bindung an den Erhebungs- und Verarbeitungszweck helfen, den Zugriff zum Beispiel des Staates auf Daten des Bürgers zu rechtfertigen und dem Einzelnen das Vertrauen in einen ordnungsgemäßen Umgang mit seinen Daten zu geben, was in einer freiheitlich - demokratischen Grundordnung existentiell für den Staat ist. Der Staat ist zwingend auf das Vertrauen seiner Bürger angewiesen, denn diese sind für ihn letztendlich konstituierend, nicht der Staat für den Einzelnen.[650] *Schmitt-Glaeser* führt in diesem Zusammenhang aus, daß auch noch so überwiegende Interessen der Allgemeinheit nicht dazu führen dürfen, "daß die erhobenen Informationen (insbesondere im Wege des Datenverbundes) zu einem teilweisen oder weitgehend vollständigen Persönlichkeitsbild zusammengefügt werden. In der Erstellung von Total- oder Teilabbildern findet jede (staatliche) Regulierung des Rechts auf Selbstdarstellung ihre absolute Grenze“.[651]

(3) Exkurs zum Bundesdatenschutzgesetz

Die vom Bundesverfassungsgericht im Volkszählungsurteil betonte Bedeutung des Rechts auf informationelle Selbstbestimmung des Einzelnen und die vom Gericht geforderte Transparenz einer Datenerhebung wurden nur zum Teil in das Bundesdatenschutzgesetz und in die Datenschutzgesetze der Länder eingearbeitet. Diese Datenschutzgesetze orientieren sich an den verfassungsrechtlichen Vorgaben und flankieren als einfach - gesetzliche Normen das für den Bürger streitende Recht auf informationelle Selbstbestimmung. Gleichwohl ist die Schutzbarriere dieser Gesetze recht niedrig angesetzt worden, so daß diese hinter den Vorgaben des Bundesverfassungsgerichts im Volkszählungsurteil zurückbleiben. Seit langem wird daher von den Datenschutzbeauftragten des Bundes und der Länder gefordert, die Datenschutzgesetze und den Vorgaben des Bundesverfassungsgerichts und der rasant fortschreitenden Informationstechnologie anzupassen.[652] Einige Normen und Definitionen des Bundesdatenschutzgesetzes (BDSG) sollen daher hier kurz vorgestellt werden.

In § 1 BDSG heißt es zum Zweck des Gesetzes: *„Zweck dieses Gesetzes ist es, den einzelnen davor zu schützen, daß er durch den Umgang mit seinen personenbezogenen Daten in seinem Persönlichkeitsrecht beeinträchtigt wird*“. Gemäß § 1, Abs. II i.V.m. § 2 BDSG gilt das Gesetz auch und gerade für die Erhebung, Verarbeitung und Nutzung personenbezogener Daten durch öffentliche Stellen, wie Behörden oder Organe der Rechtspflege und andere öffentlich - rechtlich organisierte Einrichtungen des Bundes, der bundesunmittelbaren Körperschaften, Anstalten und Stiftungen des öffentlichen Rechts. Die Länder haben für ihren Gel-

[649] Erbguth, a.a.O.; Simitis, NJW 1986, S. 2799.

[650] In diesem Sinne auch Louven, Vertrauen in staatliches Handeln, ZRP 1997, S. 312.

[651] Schmitt-Glaeser, in: Hdb. des StaatsR, Bd. VI, § 129, Rn. 101.

[652] Aus jüngster Zeit z.B. Simitis, Datenschutz-Rückschritt oder Neubeginn?, NJW 1998, S. 2473 ff., der auf die zur Umsetzung bis zum 24.10.1998 anstehende europarechtliche Datenschutzrichtlinie hinweist und anläßlich dieser Umsetzung für eine Aktualisierung der genannten Datenschutzgesetze an die verfassungsrechtliche und technische Entwicklung plädiert. Vgl. auch Zöllner, Datenschutzrechtliche Aspekte der Bankauskunft, ZHR 149 (1985), S. 179, 180, der das Bundesdatenschutzgesetz als einen Versuch charakterisiert, „die mit der automatisierten Datenverarbeitung heraufziehenden oder befürchteten Gefahren für den Persönlichkeitsschutz abzuwehren oder wenigstens im Griff zu behalten“.

tungsbereich inhaltlich gleichlautende Datenschutzgesetze erlassen. § 3 BDSG definiert den Begriff der personenbezogenen Daten. Danach sind personenbezogene Daten Einzelangaben über persönliche oder solche Verhältnisse einer bestimmten oder bestimmbaren natürlichen Personen. Diese Person wird auch als Betroffener bezeichnet. Nach § 3, Abs. IV BDSG ist das Erheben von Daten generell das Beschaffen von Daten über den Betroffenen. Nach § 4, Abs. I BDSG ist die Verarbeitung personenbezogener Daten und deren Nutzung nur zulässig, wenn das BDSG oder eine andere Rechtsvorschrift sie erlaubt oder anordnet oder der Betroffene eingewilligt hat. Im hier interessierenden Kontext ist die Datenverarbeitung durch öffentliche Stellen relevant, da gerade diese zum Beispiel in Gestalt der Strafverfolgungsbehörden und der Finanzämter auf die Kundendaten einer Bank zugreifen. Die Datenverarbeitung durch öffentliche Stellen ist in den §§ 12 ff. BDSG geregelt. Entscheidend ist die Regelung des § 13 BDSG. Gemäß Absatz I ist das Erheben personenbezogener Daten durch öffentliche Stellen nur zulässig, wenn die Kenntnis der Daten zur Erfüllung der Aufgaben der erhebenden Stelle erforderlich ist. Diese Regelung ist nicht nur Ausdruck des Verhältnismäßigkeitsgrundsatzes, sondern soll auch die Erhebung der Daten ganz nach den Vorgaben des Bundesverfassungsgerichtes auf den Erhebungszweck begrenzen, da die Daten zur Erfüllung der Aufgaben der daten*erhebenden* Stelle notwendig sein muß.

Nach Absatz II sind personenbezogene Daten beim Betroffenen zu erheben.
„Ohne die Mitwirkung des Betroffenen dürfen solche Daten nur erhoben werden, wenn
1.) eine Rechtsvorschrift dies vorsieht oder zwingend voraussetzt oder
2.a.) die zu erfüllende Verwaltungsaufgabe ihrer Art nach eine Erhebung bei anderen Personen oder Stellen erforderlich macht oder
b.) die Erhebung beim Betroffenen einen unverhältnismäßigen Aufwand erfordern würde und keine Anhaltspunkte dafür bestehen, daß überwiegende schutzwürdige Interessen des Betroffenen beeinträchtigt werden".
Weiter heißt es in Absatz III: *„Werden personenbezogene Daten beim Betroffenen mit seiner Kenntnis erhoben, so ist der Erhebungszweck ihm gegenüber anzugeben. Werden sie beim Betroffenen aufgrund einer Rechtsvorschrift erhoben, die zur Auskunft verpflichtet, oder ist die Er-teilung der Auskunft Voraussetzung für die Gewährung von Rechtsvorteilen, so ist der Betroffene hierauf, sonst auf die Freiwilligkeit seiner Angaben hinzuweisen. Auf Verlangen ist er über die Rechtsvorschrift und über die Folge der Verweigerung von Angaben aufzuklären".*
Absatz IV: *„Werden personenbezogene Daten statt beim Betroffenen bei einer nicht - öffentlichen Stelle erhoben, so ist die Stelle auf die Rechtsvorschrift, die zur Auskunft verpflichtet, sonst auf die Freiwilligkeit ihrer Angaben hinzuweisen".*

Deutlich wird, daß sich diese Regelungen des § 13 BDSG an den im Volkszählungsurteil geforderten Voraussetzungen einer Datenverarbeitung in bezug auf das Recht der informationellen Selbstbestimmung orientieren. Insbesondere die in Absatz II zum Ausdruck gebrachte Subsidiarität einer Datenerhebung bei anderen Stellen, die nicht als betroffen gelten, ist Ausdruck des Verhältnismäßigkeitsgrundsatzes. Die gesetzliche Normierung hat lediglich deklaratorischen Charakter. Diese Subsidiarität wird noch im Verhältnis zu den Eingriffsbefugnissen der Finanzverwaltung in das Bankgeheimnis von Bedeutung sein.

2.) Der Bankkunde und sein Recht auf informationelle Selbstbestimmung

„For centuries, the law has served to protect and enforce a wide variety of rights. More recently, it has been called upon to recognize and seek to protect something more subtle and illdefined than rights - our personal integrity and autonomy. We see our privacy being invaded by ‚experts‘ who, in our ‚best interests‘, presume to make decisions about our lives. Which decisions are ours to make, even if we are incompetent to make them or our choices are foolish, unreasonable or morally objectionable?“ [653]

a.) Der prima facie - Schutz des Bankkunden aufgrund seines Rechts auf informationelle Selbstbestimmung

Angesichts der oben genannten Charakteristika des Rechts auf informationelle Selbstbestimmung und des ebenfalls erwähnten Umstandes, daß Banken je nach Intensität ihrer Geschäftsbeziehung zu ihrem Kunden, von diesem eine Fülle von Daten und Informationen erhalten, die ihresgleichen suchen[654], fällt eine Zuordnung dieses Rechts auf den Bankkunden nicht schwer. Als Herr seiner Daten entscheidet er freiwillig über die Preisgabe von Informationen an seine Bank, wenn auch aus der Erkenntnis heraus, auf zumindest eine Bankverbindung angewiesen zu sein. Seine Handlungen stellen somit eine Obliegenheit dar. Als Pendant erwartet er, daß seine Daten bei der Bank sicher sind und weder von der Bank weitergegeben werden, noch daß Dritte auf sie zugreifen. Die Preisgabe der Daten durch den Kunden bedeutet zugleich eine enge Zweckbezogenheit der Offenbarung. Freiwillig offenbart der Kunde nur die Daten, die beispielsweise erforderlich sind, damit ein Konto eröffnet, ein Kredit bewilligt und eine Wertpapieranlage getätigt werden kann. Das heißt, die Offenbarung der Information geht einher mit ihrer Zweckbindung. Dieses wiederum ist der Bank bekannt. Dem Kunden ist bewußt, daß die preisgegebenen Daten von der Bank gespeichert und intern verarbeitet werden (müssen). Der Umstand indes, daß der Kunde seiner Bank diese Daten offenbart bzw. aufgrund eines geschäftlichen Kalküls, aus einer Obliegenheit heraus, offenbaren muß, macht sie *nicht* zu Daten der Bank, die es jener erlauben würden, nunmehr über sie zu verfügen. [655] Aufgrund des *konkreten* Persönlichkeitsbezuges, nämlich der Verknüpfung von Daten mit einem bestimmeten Kunden, bleiben die Informationen Daten des Kunden. Mit einer so verstandenen engen Verknüpfung von Information mit einem Kunden im Rahmen des Offenbarungs- / Verarbeitungszusammenhanges für ein bestimmtes (Teil-) Geschäft, kollidiert jedoch jeder Zugriff von außen, auch und gerade seitens des Staates, da die ursprünglich erlangte Information, die der Bank preisgegeben wurde aus diesem Offenbarungs- / Verarbeitugszusammenhang automatisch herausgelöst wird.

---

[653] Bickenbach, a.a.O., S.113. Inhaltlich ähnlich auch Benda, in: Hdb. des VerfR, § 6, Rn. 24.

[654] In diesem Sinne auch Vogt/Kramer, Steuerliche Ermittlungen bei Kreditinstituten -Widerspruch zum BFH-Urteil vom 18. Februar 1997-, WM 1997, S. 2157, 2158.

[655] Im amerikanischen Recht beispielsweise besteht keine verfassungsrechtliche Verankerung des Bankgeheimnisses im "right of privacy", da nach us-amerikanischer Vorstellung das Bankgeheimnis nicht ein Geheimnis des Bankkunden in bezug auf seine Daten ist, sondern die Daten zum Bereich der Bank gehören. In diesem Bereich sind die Daten jedoch geschützt - vgl.Radbruch, a.a.O., S. 30 ff.; Hendricks/Hayden/Novik, Your Right to Privacy, S. 143. Dort heißt es z.B.: „...the records maintained by banks describing the financial affairs of a customer .... do not belong to the customer. ....and they are the banks, not the customer's. For these reasons, a bank customer has no constitutionally legitimate expectation of privacy in his or her bank records and no legal standing to prevent the bank from revealing the records to others". Der Schutz des Bankgeheimnisses ist lediglich zivilrechtlich gegeben, was auch für Kanada und Großbritannien gilt - vgl. Sichtermann / Terdenge, a.a.O., § 20, S. 459 ff. (Großbritannien), 465 (Kanada), 494 f. (USA).

Das begründet nicht nur die Gefahr der Dysfunktionalität, sondern zerstört die verein-barte Zweckbindung der Datenerhebung. Eine Preisgabe ist nicht vom freiwilligen Willen des Kunden gedeckt.

Das Bundesverfassungsgericht hat in der Flick - Entscheidung[656] das Steuergeheimnis der §§ 30; 31 AO auch dem Recht auf informationelle Selbstbestimmung unterstellt.[657] „Die Angaben, die ein Steuerpflichtiger aufgrund des geltenden Abgabenrechts zu machen hat, ermöglichen weitreichende Einblicke in die persönlichen Verhältnisse, die persönliche Lebensführung (bis hin beispielsweise zu gesundheitlichen Gebrechen, religiösen Bindungen, Ehe- und Familienverhältnissen oder politischen Verbindungen) und in die beruflichen, betrieblichen, unternehmerischen oder sonstigen wirtschaftlichen Verhältnisse. Über ihre zeitlich kontinuierliche Erfassung, Speicherung und ständige Abrufbarkeit ermöglichen sie demjenigen, der über diese Daten verfügt, ein Wissen außerordentlichen Ausmaßes über die Betroffenen, das unter den gegenwärtigen Lebensverhältnissen in entsprechende Macht über die Betroffenen umschlagen kann. Die genannten Grundrechte (Art. 2, Abs. I i.V.m. Art. 1, Abs. I und Art. 19, Abs. III GG -Einschub von M.H.) verbürgen ihren Trägern einen Schutz gegen unbegrenzte Erhebung, Speicherung, Verwendung oder Weitergabe der auf sie bezogenen, individualisierten oder individualisierbaren Daten".[658] Anschließend nimmt das Gericht Bezug auf das Volkszählungsurteil.[659] Auch *Benda* unterstellt daher das Steuergeheimnis zutreffend dem Recht auf informationelle Selbstbestimmung[660], mit der Folge, daß nicht nur bereits erhobene Daten vor einer Weitergabe geschützt werden müssen, sondern der Schutz der dem Steuergeheimnis unterfallenden Daten und Informationen bereits auf den Bereich ihrer Erhebung vorzuverlagern sei.[661] Es läßt sich daher mit einem argumentum a maiore ad minus anführen, daß das Bankgeheimnis eines Kunden erst Recht dem Schutz des Rechts auf informationelle Selbstbestimmung unterfallen muß, wenn das Bundesverfassungsgericht schon das Steuergeheimnis eines Bürgers diesem prima facie - Schutz unterstellt. *Benda* führt aus, daß bei einer Durchbrechung des Steuergeheimnisses im öffentlichen Interesse dieses Interesse sehr gewichtig sein muß, um sich gegen das Steuergeheimnis durchzusetzen, wobei für ihn lediglich „Verbrechen oder vorsätzliche schwere Vergehen gegen Leib und Leben" in Betracht kommen.[662] Für die Durchbrechung des Steuergeheimnisses, auch im öffentlichen Interesse, sind im Sinne *Benda's* überproportionale Eingriffsgründe notwendig, wie sie auch eingangs für die Durchbrechung des Bankgeheimnisses gefordert wurden, wenn er davon spricht, daß

---

656 BVerfGE 67,100 ff..

657 Siehe auch Tipke/Lang, Steuerrecht, § 4, Rn. 205; Herrler, a.a.O., S. 152 f..

658 BVerfGE 67,100 (142, 143); Benda, Steuergeheimnis: Kann der Bürger noch darauf vertrauen?, DStR 1984, S. 352. Vogelsang betont, beeinflußt von der Sphärentheorie, daß gerade der Schutz sensibler Daten notwendig sei, wolle man den ‚gläsernen' Menschen vermeiden. Er führt aus: „...Hierbei bedürfen die sensiblen Daten in besonderem Maße des Schutzes. Wenn Daten über die religiöse und politische Gesinnung, über körperliche oder geistige Gebrechen, erhoben und bekanntgemacht werden, wird der Mensch tatsächlich ‚gläsern' ". In diesen sensiblen Datenberich bleiben nach Vogelsang Eingriffe die seltene Ausnahme - vgl. Vogelsang, a.a.O., S. 169. Zu diesen sensiblen Daten zählt Vogelsang auch die dem Sozial- und Steuergeheimnis unterfallenden Daten - vgl. Vogelsang, a.a.O., S. 209 f..

659 So auch Benda, DStR 1984, S. 351.

660 Benda, a.a.O., S. 353, 354. So auch Herrler, a.a.O., S. 153. *Anderer Ansicht* Scholz, Parlamentarischer Untersuchungsausschuß und Steuergeheimnis, AöR, 115 (1980), S. 575, 576, der seine Ausführungen jedoch vor Volkszählungsurteil und Flickentscheidung geschrieben hat.

661 Benda, DStR 1984, S. 355.

662 Benda, a.a.O., S. 351.

es „sehr deutlich überwiegender entgegenstehender Allgemeininteressen“ be-darf, „um sich gegenüber dem Steuergeheimnis durchzusetzen“.[663] Grundsätzlich sind sich Bank- und Steuergeheimnis von ihrer Informationsfülle und ihrem Persönlichkeitsbezug daher sehr ähnlich. Gleichwohl muß man sich darüber im klaren sein, daß die Informationsdichte und die Detailfülle in stärkerem Maße bei der Bank vorliegen, da diese tagtäglich mit den Kunden zu tun hat, das Finanzamt jedoch in der Regel nur punktuell im Rahmen der jährlichen Steuererklärung. Außerdem nutzen die Finanzämter über die noch vorzustellenden Eingriffsinstrumente wie z.B. § 33 ErbStG oder § 93 AO die Datenfülle der Banken für die Besteuerung des Bürgers, indem sie von den Banken Informationen über den Steuerpflichtigen einziehen. Insofern unterfällt das Bankgeheimnis erst recht dem prima facie - Schutz des Rechts auf informationelle Selbstbestimmung.[664] Überdies geht auch das Bundesverfassungsgericht in seiner Entscheidung über die Besteuerung der Zinseinkünfte im Sinne von § 20 EStG[665] davon aus, daß das Bankgeheimnis dem Recht auf informationelle Selbstbestimmung unterfällt. Bei dieser Entscheidung ging es um die Frage, ob die faktisch ungleiche Erhebung einer Steuer, die damit zusammenhängt, daß sich viele Steuerpflichtige dieser Steuer entziehen, indem sie Zinseinkünfte unberechtigterweise verschweigen, es einem anderen -steuerehrlichen- Bürger aus Art. 3, Abs. I GG erlaube, diese Steuer ebenfalls nicht zu zahlen bzw. ob nicht Art. 3, Abs. I GG fordere, diese Steuer bei diesen Bürgern (auch) nicht zu erheben. Da die Steuer, um die es ging, direkt an der Quelle, also bei den Banken erhoben werden sollte, befaßte sich das Gericht auch mit Fragen des Bankgeheimnisses, die dieser Art der Erhebung entgegenstehen könnten. „Vielmehr bestätigt die Rechtsprechung des Bundesverfassungsgerichts zum grundrechtlichen Datenschutz, daß steuerliche Kontrollmitteilungen und Auskunftpflichten mit den Grundrechten der Banken und der Bankkunden vereinbar sind. Der in Art. 2, Abs. I i.V.m. Art. 1, Abs. I und Art. 14 GG verbürgte grundrechtliche Datenschutz gibt einen Schutz gegen unbegrenzte Erhebung, Speicherung, Verwendung oder Weitergabe individualisierter oder individualisierbarer Daten“.[666]

Dieser Kontext zeigt, daß das Bundesverfassungsgericht wie selbstverständlich davon ausgeht, *daß* das Bankgeheimnis des Kunden dem Recht auf informationelle Selbstbestimmung unterfällt, denn in der weiteren Prüfung beschäftigt sich das Gericht nur noch mit der Frage einer Einschränkbarkeit dieses Rechts und überprüft es anhand des Verhältnismäßigkeitsgrundsatzes.[667] In der Literatur gibt es einige Stimmen, die sich zur verfassungsrechtlichen Einordnung des Bankgeheimnisses geäußert haben[668]. Die einzelnen Beiträge dieser Autoren lagen zeitlich meist vor dem Volkszählungsurteil des Bundesverfassungsgerichtes vom 15.12.1983, so daß sich diese Autoren nicht zum Recht auf informationelle Selbstbestimmung äußern konnten. Gleichwohl unterstellen einige das Bankgeheimnis des Bankkunden dem übergeordneten allgemeinen Persönlichkeitsrecht, wie es von BGH und Bundesverfassungs-

---

663 Benda, a.a.O., S. 352.

664 In diesem Sinne Weber (Manfred), Die Bank 1996, S. 85; Hamacher, Zur Zulässigkeit von Kontrollmitteilungen durch allgemeine Verwaltungsbehörden und Rundfunkanstalten - Entwurf eines § 93 a AO, DB S. 1984, S. 2159; dergl., Der Bankenerlaß als ermessensgerechte Handhabung von Ermittlungsbefugnissen, DB 1985, S. 1808; dergl., Gibt es doch ein steuerliches Bankgeheimnis?, WM 1997, S. 2155; Informationen des BDB, Heft Februar 1994, I / Nr. 3, S. 67.

665 BVerfGE 84, 239 ff..

666 BVerfGE 84, 239 (279) - dabei nimmt das Gericht Bezug auf seine Entscheidungen in Bd. 65, 1 ff. (43) und in Bd. 67, 100 (143).

667 BVerfGE 84, 239 (280 f.). In diesem Sinne auch Hamacher, a.a.O.; Weber, Die Bank 1996, a.a.O., S. 85; Vogelsang, a.a.O., S. 61.

668 Einen guten Überblick bietet hier z.B. Sichtermann/Kirchherr, a.a.O., S. 40 ff..

gericht entwickelt wurde.[669] Meinungsverschiedenheiten zwischen den einzelnen Autoren bestehen darüber, ob das allgemeine Persönlichkeitsrecht des Bankkunden hinsichtlich seines Bankgeheimnisses Art. 2, Abs. I *i.V.m.* Art. 1, Abs. I GG zu unterstellen ist oder nur Art. 2, Abs. I GG, um es insoweit der allgemeinen Handlungsfreiheit anzunähern. Andere Autoren sehen das Bankgeheimnis des Kunden überhaupt nicht vom allgemeinen Persönlichkeitsrecht geschützt bzw. überhaupt nicht grundgesetzlich erfaßt.[670]

Hubmann[671] und ihm folgend *Sichtermann*[672], beide verhaftet in der Sphärentheorie, unterstellen das Bankgeheimnis dem allgemeinen Persönlichkeitsrecht und unterstellen es Art. 2, Abs. I i.V.m. Art. 1, Abs. I GG. Sie folgen damit der Rechtsprechung des BGH zum allgemeinen Persönlichkeitsrecht[673], auf die sie sich beziehen.[674] Zur „Geheimsphäre gehört alles, was der einzelne erkennbar geheimhält"[675], wobei die Geheimsphäre mit der Intimsphäre identisch sein soll.[676] Der Bürger als Bankkunde und Geheimnisherr hat „einen aus dem Grundgesetz herzuleitenden Anspruch darauf, daß die Bank, der er unter das Bankgeheimnis fallende Tatsachen anvertraut hat, ihre Verschwiegenheitspflicht nicht verletzt und daß kein Dritter in die Bankgeheimnissphäre eingreift".[677] Da der Kunde die der Bank anvertrauten Tatsachen erkennbar geheimhalten will[678], unterfallen diese Daten aus der Bankgeheimnissphäre, als einer Unterart der von Art. 1, Abs. I GG geschützten Intimsphäre[679], dem allgemeinen Persönlichkeitsrecht, wie es der BGH entwickelt hat. Für *Sichtermann* ist eine Auskunftspflicht der Banken deshalb verfassungswidrig.[680] *Hubmann* und *Sichtermann* unterstellen daher das Bestimmungsrecht über die Weiter- und Preisgabe von Daten des Bankkunden dem Schutz des allgemeinen Persönlichkeitsrecht des Bankkunden und wenden, dem BGH folgend, Art. 2, Abs. I *i.V.m.* Art. 1, Abs. I GG an.

Der Unterschied wird deutlich, wenn man die Gegenposition betrachtet. Diese Position unterstellt zwar auch das Bestimmungsrecht über die Weiter- bzw. Preisgabe von Daten des Bankkunden dem allgemeinen Persönlichkeitsrecht, jedoch lediglich repräsentiert durch den Schutz von Art. 2, Abs. I GG.[681] Ausgangspunkt dieser Zuordnung des Bankgeheimnis des Bank-

---

[669] Vgl. oben 3. Teil, S. 106, Fn. 495.

[670] Z.B. von Hammerstein, Der verfassungsrechtliche Schutz der Privatheit, Diss. jur., Heidelberg 1993, S. 185 ff..

[671] Hubmann, Der zivilrechtliche Schutz der Persönlichkeit vor Indiskretion, JZ 1957, S. 521 ff..

[672] Sichtermann, Das Bankgeheimnis als allgemeines Persönlichkeitsrechts, MDR 1965, S. 697 ff..

[673] In diesem Sinne: Radbruch, Das Bankgeheimnis im Deutschen und Angloamerikanischen Recht, Diss. jur., Mainz 1977, S. 24, 25; LG - Bonn, NJW 1981, S. 293; LG - Arnsberg, ZIP 1984, S. 892, die das Bankgeheimnis als zum Schutzbereich des Persönlichkeitsrechts gehörend ansehen und mit der Effizienz der Strafrechtspflege abwägen.

[674] Sichtermann, MDR 1965, S. 697 - siehe dort Fn.1.

[675] Hubmann, a.a.O., S. 524; Sichtermann, a.a.O., S. 697. In diesem Sinne auch Steindorff, Zivilrechtliche Grundfragen von Bankgeheimnis, Bankauskunft und Persönlichkeitsrecht, ZHR 149 (1985), S. 151 ff. (152). Siehe hierzu auch die oben im 1.Teil, S. 31 ff. gemachten Ausführungen.

[676] Sichtermann, a.a.O..

[677] Sichtermann, a.a.O., S. 698; Sichtermann/Kirchherr, a.a.O., S. 42.

[678] Hubmann, JZ 1957,S. 524.

[679] Sichtermann, a.a.O., S. 697 ff..

[680] Sichtermann, a.a.O., S. 699.

[681] Siehe z.B. Canaris, Bankvertragsrecht, Rn. 36 ff.; dergl., HGB-Kommentar, § 357, 23 ff. (26). Canaris folgend bspw.: Rehbein, Rechtsfragen zum Bankgeheimnis, ZHR 149 (1985), S. 143, 144; Sichtermann / Kirchherr, a.a.O., S.42; Kirchherr / Stützle, Aktuelle Probleme aus der Rechtsprechung und Rechtspraxis zu

kunden zu Art. 2, Abs. I GG ist die Vorstellung, daß der Schutz des Bankgeheimnisses lediglich vermögensbezogen und nicht persönlichkeitsbezogen sei. Daher würde man „Heiligtümer in Vorhöfe zerren“[682], wollte man profane Geldangelegenheiten und Informationen darüber dem heren Schutzzweck des Art. 1, Abs. I GG (mit-) unterstellen. Art. 1, Abs. I GG schütze den elementaren, existentiellen Bereich, der zum intimsten, geheimsten, innersten eines Menschen gehöre.[683] Fragen des Bankgeheimnisses betreffen nach dieser Auffassung in aller Regel nicht diesem intimen, höchstpersönlichen Kernbereich, sondern seien primär vermögensbezogen. Es zeigt sich, daß diese Auffassung ganz von dem Kernbereichsgedanken getragen wird, wie er oben bereits mehrmals abgelehnt wurde. Das Bankgeheimnis läßt sich keiner (Schutz-) Sphäre eindeutig zuordnen. Diese Problematik erkennt auch *Canaris*, wenn er sagt, daß die dem Bankgeheimnis unterfallenden Daten *in der Regel* nicht Art. 1, Abs. I GG unterfallen. „Zwar kann auch bei Eingriffen in ein Geheimnis die Würde des Menschen tangiert sein, doch wird man das nur dann annehmen können, wenn dieses Geheimnis höchstpersönlichen Charakter hat und sich auf den Elementarbereich der Person bezieht“,[684] wobei dieses aber grundsätzlich nicht für das Bankgeheimnis gelten soll, denn so heißt es weiter, „soweit dieses nicht ausnahmsweise Vorgänge aus der Intimsphäre betrifft, was im Einzelfall vorkommen kann, aber nicht die Regel ist“.[685] Folge dieser Ansicht ist für ihre Vertreter, daß das Bankgeheimnis des Kunden lediglich dem Schutze des Art. 2, Abs. I GG unterfällt und somit den Beschränkungsmöglichkeiten der Schrankentrias unterliegt. Das gilt selbst dann, wenn man mit *Canaris* zweifelt und zu dem Ergebnis gelangt, daß darüber hinaus „das Bankgeheimnis nicht nur durch die allgemeine Handlungsfreiheit, sondern auch durch das Recht auf informationelle Selbstbestimmung gedeckt sein“ dürfte. [686]

Zwischen den genannten Ansichten steht schließlich die Auffassung von *Dahm*, der das Bankgeheimnis zwar dem Recht auf informationelle Selbstbestimmung gemäß Art. 2, Abs. I i.V.m.

Bankgeheimnis und Bankauskunft, S. 1,2; Carl/Klos, Das Bankgeheimnis, Stb 1994, S. 136; Ehlers, Durchsuchung - Beschlagnahme - Bankgeheimnis, BB 1978, S. 1515); Ruppelt, Das Bankgeheimnis, Diss. jur., Köln 1959, S. 98; Wengert/Widmann, Ist die Kontrollmitteilungspraxis im Rahmen einer steuerlichen Außenprüfung noch von rechtsstaatlichen Grundsätzen gedeckt?, BB 1998, S. 724 f.; Dahm / Schebesta / Schroeter / Weber, Bankgeheimnis und Bankauskunft in der Praxis, Rn. 9; Herrler, a.a.O., S. 43 ff..

682 Canaris, a.a.O., Rn.36; dergl in HGB-Kommentar, § 357, Rn. 23 ff. (26).Vgl. auch Herrler, a.a.O., S. 44, 45.

683 Canaris, Bankvertragsrecht, Rn. 36. Siehe auch Rehbein, ZHR, 149 (1985), S.114.

684 Canaris, a.a.O.. Dahm/Schebesta/Schroeter/Weber, a.a.O.. Rehbein, a.a.O., S. 144. Im Grundtenor ähnlich, jedoch mit umgekehrtem Vorzeichen, Lerche, ZHR, 149 (1985), S. 174 f..

685 Canaris, a.a.O.. Einen ähnlichen Weg geht auch Vogelsang, a.a.O., S. 127 ff., 181 f., 195 der das Recht auf informationelle Selbstbestimmung primär dem Schutzgehalt von Art. 2, Abs. I GG unterstellen will (S. 129, 195) und insofern einen eigenständigen, spezielleren Schutzgehalt gemäß Art. 2, Abs. I i.V.m. Art. 1, Abs. I GG nicht erkennt. Für ihn ist das Recht auf informationelle Selbstbestimmung lediglich speziell innerhalb des Schutzbereichs des Art. 2, Abs. I GG. Im Bereich der Schrankenbestimmung will Vogelsang dann wiederum eine unterschiedliche Struktur erkennen, je nachdem, ob die konkrete Datenerhebung bzw. -verarbeitung die Menschenwürde verletzt (dann wegen Art.1, Abs. I GG unzulässige Maßnahme) oder nicht (dann lediglich Überprüfung anhand der Schrankentrias des Art. 2, Abs. I GG) - vgl. S.129; 181 f.. Da Vogelsang zugleich fließende Übergänge in der Betroffenheit der Menschenwürde durch die verschiedenen Datenverarbeitungsmaßnahmen konstatiert (S. 181 f.) und diese in Sphären unterschiedlicher Menschenwürde - Betroffenheit einteilt, verbleibt die Frage, wie er diese Übergangsbereiche durch seine Schrankendogmatik bestimmen will, ohne zugleich auf eine allgemein gehaltene, umfassende Abwägung zurückzugreifen. Dieses ist jedoch seine Konzeption, wenn er ausführt, daß „die Beschränkungen, die sich der Gesetzgeber auferlegen muß“ abnehmen, „je weniger die menschliche Würde und die allgemeine Handlungsfreiheit berührt werden“ - (a.a.O., S. 181).

686 Canaris, Bankvertragsrecht, Rn. 37.

Art. 1, Abs. I GG unterstellen will und insofern auf das Volkszählungsurteil des Bundesverfassungsgerichts Bezug nimmt.[687] Trotz dieser Unterstellung des Bankgeheimnisses unter den Schutzbereich des Rechts auf informationelle Selbstbestimmung soll nach *Dahm* jedoch die Schrankentrias des Art. 2, Abs. I GG Anwendung finden.[688]

Meines Erachtens kann den Ansichten von *Canaris* und *Dahm* nicht gefolgt werden. Hinsichtlich der Ansicht von *Canaris* ist zu bemerken, daß sich das Bankgeheimnis nicht in Sphären, je nach ‚Einschlägigkeit' seiner Daten für die einzelnen Bereiche, unterteilen läßt. Die zum Teil ungeheure Informationsfülle, die wie bereits ausgeführt ihres Gleichen sucht, gebietet es geradezu, das Bankgeheimnis dem Recht auf informationelle Selbstbestimmung im Sinne der Rechtsprechung des Bundesverfassungsgerichts zu unterstellen und somit dem Schutzbereich von Art. 2, Abs. I i.V.m. Art. 1, Abs. I GG. Man kann die Summe der Daten und Informationen einer Bank über ihren/ihre Kunden separieren und einzeln für sich betrachten, welcher Sphäre sie wohl unterfallen mögen. Es ist aber gerade die Summe der Daten und Informationen als solche, die es ermöglicht, ungeahnte Einblicke auf den Einzelnen zu werfen, nicht das einzelne Datum für sich. Hier kann an den Gedanken der Flick - Entscheidung des Bundesverfassungsgerichts angeknüpft werden, wo es heißt, daß gerade die Daten- und Informationsfülle als solche, in eine ungeahnte Macht gegenüber dem Individuum ausarten kann. Auch hier wird auf den gesamten Datenbestand rekurriert, wie er sich über eine längere Zeit aufbaut, nicht auf eine singuläre Position. Ferner ist an der Auffassung von *Canaris* zu rügen, daß sie das Spezialgrundrecht des allgemeinen Persönlichkeitsrechts aus Art. 2, Abs. I *i.V.m.* Art. 1, Abs. I GG wie es vom Bundesverfassungsgericht erarbeitet wurde, nicht ernst nimmt. Die Verbindung beider Artikel ist mehr als die bloße Summe ihrer Teile. Das allgemeine Persönlichkeitsrecht zerfällt eben nicht in Art. 2, Abs. I GG und Art. 1, Abs. I GG, sondern es bezeichnet eine Symbiose beider Grundrechte. In bezug auf Art. 2, Abs. I GG handelt es sich beim allgemeinen Persönlichkeitsrecht aus Art. 2, Abs. 1 i.V.m. Art. 1, Abs. I GG um ein aliud. Als ein solches ist es lex specialis zum allgemeinen Freiheitsrecht des Art. 2, Abs. I GG, weswegen es nicht durch die Schrankentrias, sondern ‚nur' durch ein überwiegendes Allgemeininteresse, mithin nur aus einem überproportional wichtigen Grund im Sinne des ersten Abwägungsgesetzes eingeschränkt werden kann, was *Dahm* mit seiner Auffassung verkennt. Andererseits ist es weniger als der reine Menschenwürdegehalt, den Art. 1, Abs. I GG zum Schutzinhalt hat. Als oberstes Konstitutionsprinzip -und darauf wurde bereits hingewiesen-[689], flankiert Art. 1, Abs. I GG Art. 2, Abs. I GG argumentativ, da auch Art. 2, Abs. I GG vom Bekenntnis zur Menschenwürde geprägt ist. Die symbiotische Verbindung beider Artikel zu einem Grundrecht schafft die ebenfalls bereits angesprochene Unterteilung des allgemeinen Persönlichkeitsrechts in ein aktives Element, eine Ebene des „Tuns", über Art. 2, Abs. I GG und ein passives Element, eine Ebene des „Seins" über Art. 1, Abs. I GG.[690] Daher ist eine Trennung des allgemeinen Persönlichkeitsrecht in die einzelnen Grundrechte nicht möglich, denn es fehlt entweder die eine oder die andere Ebene. Genau genommen handelt es sich bei der von *Canaris* und seinen Anhängen vertretenen Ansicht also nicht um Repräsentanten, die das Bankgeheimnis dem allgemeinen Persönlichkeitsrecht oder gar dem Recht auf informationelle Selbstbestimmung unterstellen, sondern um solche, die es ohne weiteres beim Auf-

---

687 Dahm, in: BuB, Kap. 2, Rn. 2/871.

688 Dahm, a.a.O..

689 Siehe oben, S. 78.

690 Alexy, Theorie der Grundrechte, S. 333 ; Schmitt-Glaeser, in: Hdb. des StaatsR, Bd. VI, § 129, Rn.19. Vgl. auch Murswiek, in: Sachs, Grundgesetz-Kommentar, Art. 2, Rn. 62.

fanggrundrecht des Art. 2, Abs. I GG zuordnen wollen. Eine Zuordnung des Bankgeheimnisses beim allgemeinen Handlungs- und Freiheitsrecht ist m. E. aufgrund des vorrangigen Spezialgrundrechts von Art. 2, Abs. I i.V.m. Art. 1, Abs. I GG nicht möglich und verträgt sich nicht mit der sensiblen Datenfülle, die das Bankgeheimnis umfaßt. Außerdem mißachtet die Ansicht von *Canaris* den Umstand, daß die Schutzbereiche der Spezialgrundrechte weit zu interpretieren sind, da er sogleich Art. 2, Abs. I GG für anwendbar erklärt. Die Ansicht von *Canaris* und seiner Anhänger ist daher abzulehnen.
Abzulehnen ist somit auch eine Variante dieser Auffassung, die aus dem genannten Grunde, nämlich das Bankgeheimnis schütze lediglich vermögensbezogene Positionen, hingegen keine höchstpersönlichen, einen grundrechtlichen Schutz völlig versagen und das Bankgeheimnis somit nur im Verhältnis zwischen Bank und Kunde gewährleistet sieht.[691] Auch diese Auffassung wird der Datenfülle, die das Bankgeheimnis schützt, nicht gerecht.

Zusammenfassend kann somit festgehalten werden, daß aufgrund der ungeheuren Informations- und Datenfülle, die eine Bank von ihrem Kunden erhält, dieser einem grundrechtlichen prima facie - Schutz aufgrund seines Rechts auf informationelle Selbstbestimmung gemäß Art. 2, Abs. I i.V.m. Art. 1, Abs. I GG unterfällt.[692] Dieses prima facie - Recht gewährt ihm somit die prinzipielle Befugnis, selbst über die Weitergabe und weitere Verarbeitung seiner Daten zu entscheiden. Grundsätzlich erscheint jede Datenerhebung unter Zwang und jeder zwangsweise Zugriff auf bestehende Daten als ein Eingriff in diese prima facie - Position des Bankkunden[693]. Eingriffe auf den Datenbestand des Bürgers müssen gemäß den Vorgaben des Bundesverfassungsgerichts am überwiegenden Allgemeininteresse gemessen werden und daran, wie transparent eine Datenverarbeitung im weiteren Sinne für den Bankkunden als Bürger ist. Es gilt das aus dem Verhältnismäßigkeitsgrundsatz stammende erste Abwägungsgesetz. Daher führt *Selmer*[694] zu Recht aus, daß die von einigen Autoren getätigte implizite oder explizite Äußerung, der Schutz des Bankgeheimnisses sei dem Grundgesetz fremd, lediglich in einem vordergründig - institutionellen Sinne richtig sei, nicht hingegen in bezug auf den grundrechtlichen Gesichtspunkt, sofern man den Verhältnismäßigkeitsgrundsatz betrachtet.
Vom prima facie - Schutz ausgehend sind nunmehr die vielfältigen Eingriffsmöglichkeiten auf dieses Recht des Bankkunden zu betrachten, denen es in realiter tagtäglich ausgesetzt ist. Die markantesten Eingriffsbefugnisse des Staates werden dabei zugleich vorgestellt und einer näheren Prüfung unterzogen, innerhalb welcher Grenzen sie überhaupt Einschränkungen für das Bankgeheimnis des Kunden darstellen können.

b.) Das prima facie - Recht auf informationelle Selbstbestimmung im Lichte seiner Schranken

Als Schranken des prima facie - Rechts auf informationelle Selbstbestimmung des Bankkunden gelten definitive Erlaubnisnormen, die dem Staat einen Eingriff bzw. Zugriff auf den Datenbestand einer Bank bezüglich eines Kunden ermöglichen. Diese Erlaubnisnormen reprä-

---

[691] Müller, Die Grenzen des Bankgeheimnisses, NJW 1963, S. 834; Schwintowski, Bankrecht, S. 26, 27; ähnlich: v. Hammerstein, Der verfassungsrechtliche Schutz der Privatheit im Steuerrecht, S. 185 ff..

[692] Für die abweichende Auffassung im amerikanischen Rechtskreis, wonach das Bankgeheimnis bei der Bank verortet wird vgl. oben S. 125, Fn. 655.

[693] Vgl. Vogelsang, a.a.O., S. 121.

[694] Selmer, Steuerrecht und Bankgeheimnis, S. 122.

sentieren ein gegenläufiges Prinzip, welches bei der auftretenden Kollision mit dem prima facie - Recht auf informationelle Selbstbestimmung am Verhältnismäßigkeitsgrundsatz auszurichten ist. Die einfach gesetzlichen Eingriffsbefugnisse flankieren als Schranken dieses gegenläufige Prinzip, in oben beschriebener Weise.[695]

(1) Der Eingriff

(1.1.) Die Interpretation des Eingriffsbegriffes

Mit dem geschilderten prima facie - Recht auf informationelle Selbstbestimmung kollidiert jeder Zugriff auf den prima facie geschützten Datenbestand von außen, auch und gerade seitens des Staates.[696] In seinem Volkszählungsurteil hat das Bundesverfassungsgericht sich mit der Problematik einer Daten*erhebung* befaßt. Von dem Begriff der Datenerhebung ausgehend erscheint es fraglich, ob hierunter auch der staatliche Zugriff auf bereits bestehende, erhobene Daten einer anderen, privaten Stelle fällt. Der Begriff der Datenerhebung könnte grundsätzlich eng ausgelegt werden und nur die eigene Aufnahme von Daten durch den Staat meinen, also das eigene Erfragen und Sammeln von Informationen, nicht hingegen der Zugriff auf bereits (anderweitig) erhobene Daten. Indes ist der Begriff „Datenerhebung" weit zu interpretieren, nämlich auf das grundsätzliche Sammeln von Daten. So definiert § 3, Abs. IV BDSG die Datenerhebung als das „Beschaffen von Daten über den Betroffenen".[697] Zwar kann einfaches Recht wie das Bundesdatenschutzgesetz Verfassungsrecht nicht definieren, doch macht eine enge Auslegung des Begriffs der Datenerhebung tatsächlich wenig Sinn, ist doch der Zugriff, das Einsammeln bestehender Daten wesentlich effektiver, als eine eigene Recherche und Erhebung. Insofern ist auch eine größere Schutzbedürftigkeit gegeben, zumal gerade der Zugriff auf anderweitig erhobene Daten die Gefahr der Dysfunktionalität erhöht, da die erhobenen Daten aus ihrem Erhebungs-/ Verarbeitungszusammenhang gerissen werden. Da es kein belangloses Datum mehr gibt und eine etwaige Verknüpfung bankseitig erlangter Daten mit vorhandenen Daten einer staatlichen Stelle für den Bürger nicht nachvollziehbar ist und die vom Bundesverfassungsgericht geforderte Zweckbindung aufhebt, stellt sich *jeder* Eingriff bzw. Zugriff des Staates auf den Datenbestand der Kunden einer Bank prima facie als ein Eingriff in den Schutzbereich des Rechts auf informationelle Selbstbestimmung dieser Kunden dar.[698] In der Flick - Entscheidung des Gerichtes heißt es zu der Verpflichtung, steuerliche Angaben machen zu müssen im Zusammenhang mit der im Volkszählungsurteil geforderten Zweckbindung der Datenerhebung: „Zugleich aber ergeben sich hieraus prinzipielle Grenzen für die Verwendung und Weitergabe solcher Angaben: Das gegenwärtige gesetzliche Abgabenrecht verpflichtet den Betroffenen *allein* (Hervorhebung von M.H.) zum Zwecke der Besteuerung Angaben zu machen; zu einer Erhebung, Speicherung, Verwendung oder Weitergabe individualisierter oder individualisierbarer Daten zu anderen Zwecken ermächtigen die Steuergesetze grundsätzlich nicht".[699] Auch hier wird der enge Zusammenhang zum Erhebungszweck betont. Insofern muß ein Zugriff auf anderweitig erhobene Daten wie ein Fremdkörper wirken, da dieser Erhebungszweck dadurch zerstört wird. Dafür, daß der Staat auf-

695 Siehe hierzu die oben im 2. Teil gemachten Ausführungen zur Schrankendogmatik, 2. Teil, S. 82 ff..
696 Bull, DÖV 1979, S. 691 f..
697 Siehe hierzu die oben gemachten Ausführungen zum BDSG- 3. Teil, S. 123 f..
698 Vgl. Gusy, DÖV 1980, S. 432, 435.
699 BVerfGE 67, 100 (143).

grund von Eingriffsbefugnissen auf bereits erhobene Daten zugreifen kann und / oder der Betroffene Daten zu offenbaren hat, soll eine Kompensation erfolgen, indem diese vom Staat erlangten Daten einer Geheimhaltungspflicht zum Beispiel dem Steuergeheimnis unterstellt werden.[700] Dieses sollte eigentlich mit Blick auf das Volkszählungsurteil selbstverständlich sein und ist Ausdruck der Amtshilfefestigkeit des Rechts auf informationelle Selbstbestimmung. „Der Schutz des Steuerpflichtigen durch das Steuergeheimnis ist das Gegenstück zu seinen Offenbarungs- und Mitwirkungspflichten".[701] Auch beim Bundesverfassungsgericht wird „...das Steuergeheimnis als Gegenstück zu den weitgehenden Offenbarungspflichten..." bezeichnet[702], wobei die Vorschriften des § 30 AO den privaten Geheimhaltungsinteressen des Steuerpflichtigen und anderer zur Auskunft verpflichteter Personen dient.[703] Diese Kompensation ist abzulehnen. Aber auch diese Kompensation darf nicht darüber hinweg täuschen, daß nicht erst die Verwertung dieser Daten durch die staatlichen Stellen einen Eingriff darstellt, sondern bereits der Zugriff auf anderweitig erhobene Daten, da auch dieser Zugriff eine Datenerhebung darstellt, mit dem Unterschied, daß hier eine Zweckbindung bestand, die nunmehr verändert wird. Die erzwungene Weitergabe der Daten durch eine Bank bzw. generell der hoheitliche Zugriff auf anderweitig erlangte Daten ist ein Eingriff in die prima facie geschützte Position des Bürgers, denn die Zweckbindung fordert, das Verarbeitungsziel offenzulegen und beschränkt die Verarbeitung auf die durch dieses Ziel *gerechtfertigten* Vorgänge. In seinem Sondervotum zur Gemeinschuldnerentscheidung des Bundesverfassungserichts hält Richter *Heußner* zu Recht auch die Weitergabe der Daten für den eigentlichen Eingriff in das Persönlichkeitsrecht. In dem Sondervotum heißt es, daß „...die mit der Weitergabe der Information des Gemeinschuldners an die Strafverfolgungsbehörden eintretende Zweckentfremdung bereits das Persönlichkeitsrecht verletzt".[704] *Heußner* spricht in diesem Zusammenhang auch von einer dysfunktionalen Weitergabe der Daten, die es durch ein entsprechendes Offenbarungsverbot zu unterbinden gilt.[705] Dieser Ansicht kann sich nur angeschlossen werden; auf eine Kompensation im Verhältnis Staat - Bürger kommt es nicht an.

(1.2.) Mittelbare Eingriffe und verfassungsrechtliches Abstraktionsprinzip

Wie ist der Begriff des Zugriffs bzw. Eingriffs zu charakterisieren? Der Eingriffsbegriff hat im Laufe der Zeit eine Erweiterung erfahren[706]. Der ursprüngliche oder auch als ‚klassisch' be-

---

[700] Scholz, Parlamentarischer Untersuchungsausschuß und Steuergeheimnis, AöR, 115 (1980), S. 574 f..

[701] BFHE 167, 417 (420, 421). Vgl. auch Herrler, Mitwirkung der Banken bei der Besteuerung von Bankkunden, S. 152, m.w.N..

[702] BVerfGE 84, 239 (280).

[703] In diesem Sinne auch: BVerfGE 56, 37 ff.; BVerfG, Beschluß vom 06.04.1989 (1 BvR 33/87) - Gemeinschuldnerentscheidung, NJW 1990, S. 702; Tipke / Lang, a.a.O, § 22, Rn. 195, die das Steuergeheimnis als Äquivalent zu den Mitwirkungspflichten ansehen; Kleinknecht/Meyer-Goßner, Strafprozeßordnung, § 94, Rn.20 - generell zum Amtsgeheimnis.

[704] Vgl. Sondervotum Richter Heußner, in: BVerfGE 56, 37 (53). Vgl. auch Mückenberger, Kritische Justiz 1984, S. 12, der sich auf dieses Sondervotum Heußners bezieht; Bull, DÖV 1979, S. 691 f.; Gusy, DÖV 1980, S. 432, 435; Hamacher, Gibt es doch ein steuerliches Bankgeheimnis?, WM 1997, S. 2155; Herrler, a.a.O., S. 145, 147.

[705] Sondervotum Heußner, a.a.O..

[706] Vgl. ausführlich zur Entwicklung des Eingriffsbegriffes - Bleckmann/Eckhoff, DVBl 1988, S. 373 f.; Stern, StaatsR, Bd. III/2, § 78 - Grundrechtseingriff und Grundrechtsbetroffenheit, S. 82 ff..

zeichnete Eingriffsbegriff war eng und hatte vier Voraussetzungen[707]. Hiernach war ein Eingriff ein zweckgerichteter, unmittelbarer Rechtsakt, dessen (rechtliche) Wirkung mit Zwang angeordnet bzw. durchgesetzt werden konnte. Diese Wirkweise wird auch als Imperativität bezeichnet[708]. Dieses Kriterium, das sich durch Befehl und Zwang auszeichnet, begründete Verhaltenspflichten und verkürzte dadurch in diesem Umfang die prima facie bestehende Verhaltensfreiheit der Betroffenen[709]. Entscheidend war die Finalität eines Eingriffes; rein faktische Beeinträchtigungen stellten keinen Eingriff dar.[710] In der weiteren staatlichen und gesetzgeberischen Entwicklung stellte sich dieser Eingriffsbegriff bald als zu eng heraus.[711] Insbesondere die Voraussetzungen der Zweckgerichtetheit und Unmittelbarkeit des Eingriffes erwiesen sich als zu eng, zumal die einzelnen Schutzbereiche weit zu interpretieren sind[712], gerade auch, um die Betroffenheit des ansonsten anzuwendenden Art. 2, Abs. I GG als Auffanggrundrecht[713] zu vermeiden. Aufgrund der Weite der Schutzbereiche mußte der Eingriffsbegriff erweitert werden. Auch nutzte der Staat zunehmend die Möglichkeiten, ‚gesetzgeberisch lenkend' auf den Bürger und die Wirtschaft einzuwirken, zum Beispiel durch Lenkungssteuern[714]. Um auch derartige, mittelbare und lenkende Maßnahmen des Staates vom Eingriffsbegriff her erfassen zu können, wurde dieser erweitert. Er umfaßt nunmehr „jedes staatliche Handeln, das dem einzelnen ein Verhalten, das in den Schutzbereich eines Grundrechts fällt, unmöglich macht, gleichgültig ob diese Wirkung final oder unbeabsichtigt, unmittelbar oder mittelbar, rechtlich oder tatsächlich/faktisch, mit oder ohne Befehl und Zwang erfolgt".[715] Aufgrund dieser Erweiterung des Eingriffsbegriffs ist die Imperativität des Eingriffs danach nicht mehr zwingende Eingriffsvoraussetzung; aufgrund ihrer größeren begrifflichen Enge gebührt ihr jedoch die größte Aussagekraft[716]. Als problematisch erweist sich die Erweiterung des Eingriffsbegriffes auch in bezug auf seine mittelbaren Wirkungen[717], die neben dem Adressaten, gegen den der Eingriff gerichtet ist, auch Dritte (reflexiv) betrifft. Ein Zugriff des Staates auf die dem Bankgeheimnis unterfallenden Daten eines Kunden verletzt prima facie dessen Recht auf informationelle Selbstbestimmung. Dieser Zugriff kann sich im Rahmen der Verhältnismäßigkeitsprüfung als gerechtfertigt erweisen oder nicht. Zugleich ist auch die Bank von dieser staatlichen Maßnahme betroffen, da sie die von ihr für ihre Zwecke erhobenen Daten des Kunden dem Staat offenbaren muß. Hierdurch wird die Bank in ihrem prima facie - Recht aus Art. 12, Abs. I GG betroffen, worauf noch im Verhältnis Staat / Bank eingegangen wird, da diese Informationen der Bank ihr Berufsgeheimnis darstellen. Da der

---

707 Pieroth/Schlink, a.a.O., Rn. 238 ff. (238); Sachs, Die relevanten Grundrechtsbeeinträchtigungen, JuS 1995, S. 303, 304; Bleckmann/Eckhoff, a.a.O., S. 373.

708 Sachs, JuS 1995, S. 304; dergl., Grundgesetz Kommentar, Vor Art.1, Rn. 56; Hufeld, Verfassungswidrige Rechtschreibreform? - BVerfG, NJW 1996, 2221, JuS 1996, S. 1072 ff. (1073 f.); Bleckmann/Eckhoff, DVBl 1988, S. 375 f..

709 Vgl. Sachs, Grundgesetz Kommentar, a.a.O.; dergl., JuS 1995, S. 304.

710 Bleckmann/Eckhoff, a.a.O., S. 373, 374.

711 Pieroth/Schlink. a.a.O., Rn. 239; Sachs, JuS 1995, S. 303, 304.

712 Dürig, in: M/D/H/S, Art. 2, Abs. I, Rn. 9, 10, 11, 33.

713 Dürig, a.a.O., Rn. 6, 7, 9 ff., 33.

714 Vgl. BVerfGE 13, 181 (185 ff.) - Schankerlaubnissteuer.

715 Pieroth/Schlink, a.a.O., Rn. 240; Bleckmann/Eckhoff, DVBl 1988, die insgesamt neun verschiedene Konstellationen anführen (S. 376 - 380); Sachs, JuS 1995, S. 305 f., der somit allein auf eine staatliche Mitverursachung des Eingriffs abstellt; dergl., Grundgesetz Kommentar, a.a.O. Rn. 59.

716 Sachs, Grundgesetz Kommentar, Vor Art. 1, Rn. 56.. Siehe auch Hufeld, JuS 1996, S. 1073 f., der die Imperativität eines Eingriffs fordert und für dessen Feststellung auf das Vorliegen einer Beeinträchtigung abstellt.

717 Pieroth/Schlink, a.a.O., Rn.242 ff..

Zugriff aber dem Kunden als Adressaten gilt und es sich um seine Daten handelt, wird die Bank hiervon in der Regel lediglich mittelbar betroffen, auch wenn sich staatliche Behörden direkt an die Bank wenden; denn die staatlichen Behörden erfragen Daten des Kunden, die bei der Bank gespeichert sind, da diese für die rechtliche oder tatsächliche Behandlung des Kunden / Bankkunden von Relevanz sind. Aufgrund des erweiterten Eingriffsbegriffs gilt diese mittelbare Betroffenheit jedoch auch im Verhältnis zur Bank als ein Eingriff.[718] Gleichwohl gilt es, die Rechtsverhältnisse Staat - Bankkunde und Staat - Bank auseinanderzuhalten. Was sich im Verhältnis Staat - Bankkunde als gerechtfertigt erweist, kann im Verhältnis Staat - Bank rechtswidrig sein und umgekehrt. Mit den Worten *Alexy's* folgt aus der Rechtswidrigkeit in einer juristischen Relation nicht automatisch die in einer anderen.[719] „Wenn eine Handlung des Staates, die ein nicht gerechtfertigter Eingriff in ein Grundrecht des B ist (z.B. des Bankkunden - M.H.), zugleich in ein Grundrecht des A (z. B. der Bank -M.H.) eingreift, dann verletzt sie das Grundrecht des A nicht schon deshalb, weil sie das Grundrecht des B verletzt, sondern nur, wenn sie gegenüber dem Grundrecht des A nicht gerechtfertigt ist".[720] Diese Relation gilt auch mit umgekehrten Vorzeichen. Der finale Eingriff in das informationelle Selbstbestimmungsrecht des Bankkunden ist gerechtfertigt, wenn er aufgrund eines kollidierenden *überwiegenden* Allgemeininteresses erfolgt und sich im Rahmen des Verhältnismäßigkeitsgrundsatzes somit durchsetzt. Es muß, wie oben bereits gesagt wurde, ein überproportional wichtiges Interesse der Allgemeinheit vorliegen[721]. Ist dieses gegeben, erscheint auch ein Zugriff auf den Datenbestand einer Bank, der ihr prima facie - Recht aus Art. 12, Abs. I GG beeinträchtigt, als möglich. Das Recht auf Berufsfreiheit wäre hier lediglich in seiner Berufsausübungskomponente berührt und somit gemäß der im Apothekenurteil entwickelten Drei - Stufentheorie des Bundesverfassungsgerichts aus Gründen der Zweckmäßigkeit einschränkbar. Bewältigt die gezielte Maßnahme des Staates, der Ein- bzw. Zugriff auf den Datenbestand des Bürgers im Verhältnis Staat - Bürger, die Hürde des *überproportional* wichtigen Schrankengrundes, erweist sich diese Maßnahme auch im mittelbaren Verhältnis Staat - Bank als gerechtfertigt, da hier bloße Zweckmäßigkeitsgesichtspunkte zu bewältigen sind. Es zeigt sich, daß dieses in umgekehrter Reihenfolge nicht gelten muß. Zu beachten ist ferner der Umstand, daß nicht nur das Recht auf informationelle Selbstbestimmung des Bankkunden mit dem Recht der Berufsfreiheit der Bank zusammentreffen kann, sondern auch andere grundrechtlich geschützte Positionen des Bankkunden, zum Beispiel ebenfalls aus der Berufsfreiheit des Kunden mit diesem Recht der Bank. Grundsätzlich ergeben sich theoretisch vier Eingriffskonstellationen, die sich wie folgt zueinander verhalten können: *(Schaubild 6)*

---

[718] Z.B. Sachs, JuS 1995, S. 303, 305 ff..

[719] Alexy, Theorie der Grundrechte, S. 355.

[720] Alexy, a.a.O..

[721] Vgl. z.B. Selmer, Steuerrecht und Bankgeheimnis, S. 97; Ehlers, BB 1978, S. 1516.

\	Bank	Kunde	Ergebnis
1	-	-	- => Eingriffe nicht möglich
2	+	+	+ => Eingriffe voll umfänglich möglich
3	-	+	- => da gegenüber der Bank nicht möglich, nur Zugriff auf externe Daten des Kunden
4	+	-	- => da gegenüber dem Kunden nicht möglich, nur Zugriff im Bezug auf die Bank

- = nicht gerechtfertigter Eingriff

+ = gerechtfertigter Eingriff

Es zeigt sich, daß die Konstellationen 1 und 2 unproblematisch sind.
Bei 1 erweist sich ein Eingriff sowohl im Verhältnis zur Bank als auch im Verhältnis zum Bankkunden als nicht gerechtfertigt. Dann ist ein Zugriff auf die Bankdaten des Kunden schlechterdings nicht möglich. Es ist unerheblich, welcher Grundrechtsträger final und welcher mittelbar betroffen wäre. Bei 2 ist ein Eingriff voll umfänglich gerechtfertigt. Auch hier ist die „Stoßrichtung" des Eingriffes letztendlich unerheblich.

Als problematisch erweisen sich die Konstellationen 3 und 4.
Bei 3 ist zwar der Eingriff im Ver-hältnis zum Kunden gerechtfertigt, scheitert aber daran, daß er im Verhältnis zur Bank *nicht* gerechtfertigt werden kann. Da die Zugriffshürde bei der Bank aufgrund der Schutzbereiche der sie prima facie schützenden Grundrechte in der Regel niedriger anzusetzen ist, als beim Bankkunden selber, ist diese Konstellation sehr selten. Sie ist nur in Extremfällen denkbar, wenn es zum Beispiel darum ginge, daß die Bank zugleich ein völlig neuartiges, geheimes Buchungsverfahren oder Computerprogramm offenbaren müßte. Hier könnte sich ein Eingriff in bezug auf die Bank als rechtswidrig, da unverhältnismäßig, erweisen. Dann kann der Bankkunde nur auf bankexterne Daten und Informationen in Anspruch genommen werden. Sehr viel häufiger ist die 4. Konstellation, wonach sich ein Eingriff im Verhältnis zur Bank als gerechtfertigt erweisen würde, dieser jedoch an der hohen Eingriffsschwelle beim Bankkunden scheitert. Dann sind lediglich Maßnahmen *in bezug auf die Bank* möglich und zulässig, zum Beispiel Außenprüfungen im Sinne von §§ 193 ff. AO, Steuer- und Strafverfahren bzw. Einzelmaßnahmen hieraus (z.B. §§ 95; 102 StPO) gegen die Bank. Die so gewonnenen Daten können somit nicht im Verhältnis zum Bürger verwertet werden.

Diese vier theoretischen Konstellationen machen zunächst deutlich, daß es aufgrund des erweiterten Eingriffsbegriffes nicht auf die „Stoßrichtung", die Finalität einer staatlichen Maßnahme bzw. eines Eingriffes ankommt, sondern dieser im *jeweiligen* Verhältnis an den bestehenden gegenläufigen Prinzipien und dem Grundsatz der Verhältnismäßigkeit als Schranken - Schranke zu messen ist. Man kann insofern hinsichtlich der Überprüfung der Eingriffsrichtung in die einzelnen Verhältnisse hinein von einem verfassungsrechtlichen Abstraktionsprinzip sprechen[722]. Verkompliziert wird der Umstand faktisch dadurch, daß oftmals eine staatliche Maßnahme, zum Beispiel eine Durchsuchung der Bank zur Aufdeckung von Steuerstraftaten einzelner Kunden bzw. der Beihilfe dazu seitens einzelner Bankmitarbeiter, mehreren Grundrechtsträgern gilt, so daß mehr als zwei Rechtssubjekte betroffen sein können. Aber auch hier gilt es, die Abstraktion der einzelnen Rechtsverhältnisse zu wahren. Ein Eingriff kann sich im Verhältnis zur Bank und den Kunden 1 - 10 als gerechtfertigt erweisen, im Verhältnis zu den Kunden 11 - 20 jedoch als rechtswidrig. Dem Abstraktionsgedanken gemäß sind demnach bei einem Eingriff stets die angeführten vier theoretischen Konstellationen „durchzuspielen", somit auch bei einer Vielzahl betroffener Rechtssubjekte diese jeweils auf das Verhältnis Staat - Bürger und Staat - Bank zu reduzieren. Die unter Verstoß gegen das Persönlichkeitsrecht erlangten Informationen dürfen nicht verwendet werden.

(1.3.) Das verfassungsrechtliche Abstraktionsprinzip und seine Auswirkung

Soeben wurde der Begriff des verfassungsrechtlichen Abstraktionsprinzips geprägt.[723] Das Abstraktionsprinzip verbietet es nach dem zuvor Gesagten, die niedrigeren Eingriffsmöglichkeiten beispielsweise im Verhältnis Staat - Bank gezielt dazu zu benutzen, um die im Verhältnis Staat - Bürger bestehenden Eingriffsvoraussetzungen zu umgehen. Diese strikte Trennung sollte eigentlich selbstverständlich sein. Leider wird die Abstraktion der einzelnen Verhältnisse nicht immer hinreichend beachtet. Zur Trennung der einzelnen Verhältnisse gemäß dem Abstraktionsprinzip einige Anmerkungen:

Ausgangspunkt sei ein Artikel des Handelsblattes[724] in dem es unter der Überschrift „Das Risiko der privaten Bankkunden" heißt, daß Betriebsprüfer und Steuerfahnder der Finanzverwaltung sich zunehmend auf die Kontrolle der technischen Konten der Banken spezialisieren, um so Erkenntnisse (auch) über individuelle Kundenkonten zu gewinnen.[725]

---

[722] Dieser Begriff stammt eigentlich aus dem Zivilrecht und beinhaltet die strikte Trennung zwischen Schuld- und Sachenrecht, was bedeutet, daß das dingliche Rechtsgeschäft losgelöst von der zugrundeliegenden schuldrechtlichen Verpflichtung betrachtet wird. Entscheidend ist der Trennungsgedanke, der vorliegend auch in das Verfassungsrecht transponiert werden soll, zumal er auch in anderen Rechtsgebieten vom Ansatz her vertreten wird. Beispielsweise wird im Strafrecht aufgrund der sog. Rechtskreistheorie zu § 55 StPO (vgl. z.B. BGHSt 11, 213) von einer strikten Trennung der rechtlichen Verhältnisse der Beteiligten ausgegangen. Im Verfassungsrecht ist es entscheidend, daß das Grundrechtsverhältnis des Bürgers B 1 zum Staat ein anderes ist, als das Verhältnis des Bürgers B 2 zum Staat, und somit eine strikte Trennung stattzufinden hat.

[723] Zukünftig nur noch als Abstraktionsprinzip bezeichnet.

[724] Handelsblatt, vom 15.10.1996.

[725] Vgl. dazu auch: Carl/Klos, Das Bankgeheimnis, Stb.1994, S. 139; Bruschke, Das Bankgeheimnis, BB 1990, S. 393; Hamacher, Der Bankenerlaß als ermessensgerechte Handhabung von Ermittlungsbefugnissen der Finanzbehörden, DB 1985, S. 1810; Kniffka, Die Durchsuchung von Kreditinstituten in Steuerstrafverfahren, Wistra 1987, S. 310; Dahm, in: BuB, Kap. 2, Rn. 2/908. Mack/Streck, Banken und Bankkunden im Steuerfahndungsverfahren, BB 1995, S. 2138. Diese führen aus: „Die Steuerfahndung kann sich bei Banken

Gemäß §§ 193 ff. AO ist es beispielsweise möglich, eine Bank in ihrem Besteuerungsverfahren einer Außenprüfung zu unterziehen und im Rahmen dieser Prüfung gemäß § 200 AO auch bankinterne Konten, zum Beispiel sog. CpD-Konten[726] einzusehen. Diese Prüfung findet im Verhältnis Staat - Bank statt. Sofern im Rahmen dieser Außenprüfung auf von der Bank erhobene Daten ihrer Kunden zugegriffen wird, stellt dieses eine Betroffenheit der Bank in ihrem prima facie - Recht aus Art. 12, Abs. I GG dar. Betroffen ist sie in ihrer Berufsausübungsfreiheit des einheitlichen Rechts der Berufsfreiheit, wie es vom Bundesverfassungsgericht im Apothekenurteil entwickelt wurde, da die von der Bank erhobenen Kundendaten ein Berufsgeheimnis der Bank darstellen, worauf noch eingegangen wird. Aus Gründen der Zweckmäßigkeit kann in diesen prima facie - Schutz eingegriffen werden. Wollte man nun staatlicherseits, zum Beispiel seitens der Finanzverwaltung, diese Außenprüfung bei der Bank und die Sichtung der CpD-Konten nur als „Einstieg" für eine beabsichtigte Überprüfung der steuerlichen Verhältnisse von Bankkunden nutzen, da bei der Sichtung von CpD-Konten naturgemäß auch Kundendaten auftauchen, verstieße dieses gegen das verfassungsrechtliche Abstraktionsprinzip. Aufgrund des prima facie - Rechts auf informationelle Selbstbestimmung erfordert ein Eingriff in dieses Verhältnis zwischen Staat und Bürger den überproportional wichtigen Grund des überwiegenden Allgemeininteresses. Diese Eingriffsvoraussetzung im Verhältnis Staat - Bürger würde jedoch umgangen werden, würde die Finanzverwaltung die niedrigeren Eingriffsvoraussetzungen im Verhältnis Staat - Bank als „Einstieg" für ihre Ermittlungen nutzen können. Verfassungsrechtlich ist eine solche gezielte Umgehung der Eingriffsvoraussetzungen nicht möglich. Die vom Bundesverfassungsgericht im Volkszählungsurteil geforderte Transparenz auch und gerade in bezug auf die Datenerhebung würde nicht beachtet werden. Es erfolgt keine Offenlegung und Beschränkung des Verarbeitungs- bzw. Erhebungs*zieles* auf die durch das Ziel gerechtfertigten Vorgänge.

Die Zweckbindung der Datenerhebung und -verarbeitung wäre nicht beachtet, da tatsächlich ein anderer Verarbeitungszweck angestrebt würde, als genannt wurde. Somit würde genau die Gefahr eintreten, vor der das Bundesverfassungsgericht in seinem Volkszählungsurteil den Bürger schützen wollte. Nur eine strenge Beachtung des verfassungsrechtlichen Abstraktionsprinzips kann die geforderte Transparenz von Datenerhebung und -verarbeitung gewährleisten. Darüberhinaus verstieße eine solche beabsichtigte Umgehung auch gegen eine Reihe von einfach - rechtlichen Eingriffsnormen, wie z.B. §§ 94; 102; 103 StPO, § 93 AO da entweder deren Voraussetzungen nicht erfüllt wären oder zum Beispiel im Falle von § 93, Abs. II, S. 1 AO ihr Sinn entfiele. Auch das Verbot, Ermittlungen „ins Blaue hinein" zu führen, wäre verletzt. Auf diese Weise erlangte Daten eines Kunden, also bei einer gezielten Verletzung des Abstraktionsprinzips, können nicht als (echte) Zufallsfunde zum Beispiel im Sinne von § 108 StPO oder § 104, Abs. III AO angesehen werden, so daß ihre Verwertung im Verhältnis zum Bankkunden unzulässig wäre. Diese Problematik und die Darstellung der durch die Eingriffsnormen repräsentierten gegenläufigen Prinzipien als Schranken des prima facie - Rechts auf informationelle Selbstbestimmung, sowie die Ausrichtung dieser Prinzipien am Verhältnismäßigkeitsgrundsatz und den Abwägungsgesetzen, gilt es nunmehr zu behandeln.

---

die Informationen abholen, die dort zu einem Bankkunden gespeichert sind. Es ist nicht übertrieben festzustellen, daß inländische Banken von der Steuerfahndung wie eine zu ihren Gunsten eingerichtete Buchführung benutzt werden" (a.a.O.). Die Steuerfahndung kann sich in gewissen Konstellationen auch strafprozessualer Eingriffsmittel bedienen, worauf noch eingegangen wird.

[726] Conto pro diverse.

(2) Die Durchbrechung des Bankgeheimnisses als Ausdruck eines gegenläufigen Prinzips

Das Bankgeheimnis ist einer Vielzahl von Eingriffen und Durchbrechungen durch einfach - gesetzliche Normen ausgesetzt. Diese einfach gesetzlichen Normen sind Ausdruck von verfassungsrechtlichen Prinzipien, die sie verkörpern und umsetzen helfen. Die Systematik bei einer Prinzipienkollision ist hier kurz in Erinnerung zu rufen. Je nach konkreter Situation greifen die einfach gesetzlichen Normen in das Bankgeheimnis ein, um ihrem Prinzip zum Durchbruch zu verhelfen, gemäß der den Prinzipien immanenten Realisierungstendenz. Aufgrund der oben vorgestellten Schrankendogmatik stellen die einfach gesetzlichen Normen als Eingriffsgesetze eine Antizipation einer vom Staat erkannten Prinzipienkollision dar. Insoweit sind die einfach gesetzlichen Normen in Verbindung mit dem dahinter stehenden Prinzip ebenfalls Ausdruck einer prima facie - Berechtigung. Im Rahmen des Verhältnismäßigkeitsgrundsatzes und der Abwägungsgesetze sind die einfach gesetzlichen Eingriffsnormen an den Teilgrundsätzen der Geeignetheit und Erforderlichkeit auf ihre Verfassungsmäßigkeit zu überprüfen. Im Rahmen der Proportionalität erfolgt die Abwägung zusammen mit dem jeweils verkörperten, in bezug auf das Prinzip der informationellen Selbstbestimmung, gegenläufigen Prinzip, welches für den Staat streitet; es liegt eine Prinzipienkollision vor. Da keinem Prinzip per se der Vorrang gebührt und beide Prinzipien eine Optimierungstendenz aufweisen, ist aufgrund einer Abwägung im konkreten Einzelfall die jeweils definitive Reichweite der Prinzipien festzustellen.[727] Die Abwägung der beiden prima facie - Positionen führt im Rahmen praktischer Konkordanz zur Optimierung im konkreten Fall, unterstreicht jedoch die Relativität dieser Positionen. Diese Überprüfung konfligierender Sachverhalte als dem Zusammenspiel von Grundrecht und Schranke, der Kollision gegenläufiger Prinzipien, anhand des Verhältnismäßigkeitsgrundsatzes wird auch als materielle Grundrechtsprüfung bezeichnet. Der Begriff der materiellen Grundrechtsprüfung impliziert bereits, daß vorab eine formelle Überprüfung (der eingreifenden Norm) stattzufinden hat[728]. Diese formelle Überprüfung der eingreifenden einfach gesetzlichen Norm ist im Rahmen dieser Untersuchung aus folgenden Gründen von untergeordneter Bedeutung:

Vorliegend soll die verfassungsrechtliche Verankerung des Bankgeheimnisses untersucht werden. Im Rahmen dessen können lediglich die markantesten Durchbrechungstatbestände vorgestellt und auf ihre Eingriffsfunktion in bezug auf das Bankgeheimnis untersucht werden, ohne den gesteckten Rahmen dieser Arbeit zu überschreiten. Die wesentlichen Durchbrechungstatbestände befinden sich im Strafverfahrensrecht, im Geldwäschegesetz, im Kreditwesengesetz und im Steuerrecht. Darüberhinaus gibt es eine Reihe weiterer einfach gesetzlicher Normen, die einen Eingriffscharakter in das Bankgeheimnis aufweisen, in der Praxis jedoch nur eine untergeordnete Rolle spielen. Diese wurden anderen Ortes bereits ausführlich beschrieben. In diesem Zusammenhang sei auf die umfangreiche Darstellung bei *Sichtermann*[729] verwiesen.
Im Rahmen der formellen Prüfung wird üblicherweise das Augenmerk darauf gelegt, daß das eingreifende Gesetz, die Eingriffsnorm, ordnungsgemäß zustande gekommen ist, also das zuständige Organ die Norm in dem dafür vorgesehenen Gesetzgebungsverfahren erlassen hat. Ferner muß die einfach gesetzliche Norm hinreichend bestimmt sein und es darf sich gemäß Art. 19, Abs. I, S. 1 GG um kein Einzelfallgesetz handeln. Es wird verständlich, daß diese Gesichtspunkte bei den zur Überprüfung anstehenden Normen des Strafverfahrensrechts, des

---

727 Vgl. auch Schmitt-Glaeser, in: Hdb. des StaatsR, § 129, Rn. 103, 104.

728 Siehe hierzu die oben auf S. 79 f. befindliche Auflistung formeller Prüfungskriterien.

729 Sichtermann/Feuerborn, a.a.O., §§ 14-16, S. 249 ff.; Sichtermann, Enzyklop. Lexikon, S. 160 ff..

Geldwäschegesetzes, des Kreditwesengesetzes und der Steuergesetze vorliegend von sekundärer Bedeutung für diese Arbeit sind; alle genannten Gesetze bestehen seit Jahren, ohne daß an ihrem formell einwandfreien Zustandekommen ernsthafte Zweifel angebracht sind. Auch die im Rahmen einer formellen Überprüfung zu beachtende Schranken - Schranke[730] des Zitiergebotes gemäß Art. 19, Abs. I, S. 2 GG, dessen Fehlen zur Nichtigkeit der einfach gesetzlichen Norm führen würde[731], führt aufgrund der restriktiv engen Auslegung, dem das Zitiergebot unterliegt, zu keinen ernsthaften Zweifeln an dem formell ordnungsgemäßen Zustandekommen der zu prüfenden Normen. Das Zitiergebot hat eine Warnfunktion für den Gesetzgeber, sich darüber Gedanken zu machen, welche Grundrechtseinschränkungen mit der geplanten Regelung verbunden sind.[732] Im Rahmen der Abgabenordnung ist das Zitiergebot mit § 413 AO erfüllt worden[733]. Um den Gesetzgeber nicht unnötig zu behindern[734], wird die Anwendbarkeit des Zitiergebotes auf ein Minimum reduziert. Dieses wird eng ausgelegt, da befürchtet wird, daß bei einer strikten Anwendung des Art. 19, Abs. I, S. 2 GG die Norm zu einer „formellen Farce“[735] degenerieren könnte, „indem der Gesetzgeber aus Angst vor der Verfassungswidrigkeit seiner Regelung am Schluß des Gesetzes die prophylaktische Klausel aufnehme, alle nur möglichen einschränkbaren Grundrechte würden eingeschränkt“[736]. Daher interpretiert das Bundesverfassungsgericht das Zitergebot äußerst restriktiv.[737] Die enge Auslegung des Zitiergebots hat dazu geführt, daß es bei vorkonstitutionellen Gesetzen keine Anwendung findet, da seinerzeit ein Zitiergebot unbekannt war.[738] Gleiches gilt für nachkonstitutionelle Normen, die lediglich eine (vorkonstitutionell) bestehende Grundrechtsbeschränkung in gleicher oder ähnlicher Weise wiederholen[739], für offenkundige Eingriffe[740] oder bei

---

730 Vgl. Dreier, Grundgesetz-Kommentar, Art. 19, Rn. 16; Pieroth/Schlink, a.a.O., Rn. 278; Selk, Zum heutigen Stand der Diskussion um das Zitiergebot, Art. 19 I 2 GG, JuS 1992, S. 816 ff. (816); Stern, a.a.O., Bd. III/2, § 83 - Die formellen Schranken, S. 746 f..

731 Herzog, in: M/D/H/S, Art. 19 I, Rn. 60; Model/Müller, Grundgesetz, Art. 19, Rn. 6.

732 Dreier, a.a.O.; Selk, JuS 1992, S. 817; Denninger, in: Alternativkommentar, Art. 19 Abs. I, Rn. 16; Krüger, in: Sachs, Grundgesetz Kommentar, Art. 19, Rn. 18; Hendrichs, in: v.M., Grundgesetz-Kommentar, Art. 19, Rn. 16; Hesse, Grundzüge des VerfR, Rn. 331; Stern, a.a.O., S. 747; Model / Müller, a.a.O.; BVerfG, Beschluß vom 04.05.1983 (1 BvL 46/80, 1 BvL 47/80) - Prüfingenieur, NJW 1983, S. 2869 - (entspricht BVerfGE 64, 72 ff.).

733 Gast-de Haan, in: Klein, AO-Kommentar, § 413, Anm.1.

734 Selk, JuS 1992, S. 817. Vgl. die Darstellung von Herzog, in: M/D/HS, Art. 19 I, Rn. 49, der vom Ergebnis her anderer Ansicht ist - vgl. Rn. 57.

735 Selk. JuS 1992, S.817.

736 Selk, JuS 1992, S. 817. Vgl. die Darstellung von Herzog, in: M/D/H/S, Art. 19 I, Rn. 49, 50, der im Ergebnis anderer Ansicht ist - vgl. Rn. 57.

737 Vgl. BVerfGE 5, 13 f.; BVerfG in NJW 1983, S. 2869 ff..

738 Selk, JuS 1992, S. 817; BVerfGE 5, 13 f.; BVerfGE 28, 282 ff. (289); Denninger, a.a.O., Art. 19, Rn. 17; Herzog, in: M/D/H/S, Art. 19 I, Rn. 51; Dreier, Art. 19, Rn. 20; Krüger, in: Sachs, a.a.O., Art. 19, Rn. 20; Pieroth / Schlink, a.a.O., Rn. 311; Hesse, Grundzüge des VerfR, Rn. 331; Maunz/Zipelius, Deutsches Staatsrecht, S. 159; Stein, Staatsrecht, S. 183; Hendrichs, in: v.M., Art. 19, Rn. 18; Stern, StaatsR, Bd. III/2, § 83, S. 749, 751; Model/Müller, Art. 19, Rn. 6.

739 Selk, Jus 1992, S. 817, 818; BVerfGE 5, 13 f.. Das Bundesverfassungsgericht führt dort aus: "Wie der Senat bereits früher (BVerfGE 2, 121) ausgesprochen hat, bezieht sich Art. 19 Abs.1 Satz 2 GG nur auf künftige Rechtsetzung auf vorkonstitutionelle Gesetze ist diese Bestimmung nicht anwendbar. Ebensowenig bedarf es aber ihrer Anwendung auf solche nach Inkrafttreten des Grundgesetzes erlassenen Gesetze, die lediglich bereits geltende Grundrechtsbeschränkungen unverändert oder mit geringen Abweichungen wiederholen Art. 19 Abs. 1 Satz 2 GG soll lediglich verhindern, daß neue, dem bisherigen Recht fremde Möglichkeiten des Eingriffs in Grundrechte geschaffen werden, ohne daß der Gesetzgeber sich darüber Rechenschaft legt und dies ausdrücklich zu erkennen gibt“. Vgl. auch BVerfGE 8, 274 (329); Denninger, a.a.O., Art. 19, Rn. 17; Dreier, Art. 19, Rn. 22; Krüger, in: Sachs, Art.19, Rn. 21. Vgl. ferner die Darstellung bei Pieroth/Schlink,

Grundrechten mit „immanenten Schranken"[741], „Regelungsaufträgen"[742] oder „Ausgestaltungsermächtigungen"[743]. Aufgrund der Weite und Auffangfunktion des Art. 2, Abs. I GG entfällt ein diesbezügliches Zitiergebot auch dort[744], da eine Einschränkung des allgemeinen Freiheitsrechts immer möglich erscheint[745] und dieses selbst als Schranke bereits die Schrankentrias enthält, die als Schranke der verfassungsgemäßen Ordnung bereits die formell und materiell einfachen Gesetze beeinhaltet[746]. Die restriktive Auslegung des Zitiergebots hat mit den Worten *Selks* dazu geführt, „daß letztendlich als zitierpflichtige Grundrechte nur noch Art. 2 II, Art. 6 II 1, Art. 8, Art. 10, Art. 11 und Art. 13 I GG übriggeblieben sind"[747]. Darüber hinaus muß es sich um einen finalen Grundrechtseingriff handeln[748]; bloß reflexive Eingriffe sind kaum vorhersehbar und daher nicht zitierfähig. Im Rahmen dieser Arbeit spielt daher das Zitiergebot keine Rolle, da es sich bei den zu untersuchenden Normen des Strafverfahrensrechts um vorkonstitutionelle Rechtsnormen handelt, die allenfalls nachkonstitutionell recodifiziert worden sind. Keines der als zitierpflichtig anerkannten Grundrechte ist darüber hinaus im Rahmen der verfassungsrechtlichen Verankerung des Bankgeheimnisses betroffen.

Eingriffe und Durchbrechungen des Bankgeheimnisses des Bankkunden können nach ihrer „Stoßrichtung" unterschieden werden, also danach, ob der Bankkunde oder die Bank Adressat des Eingriffs der einfach gesetzlichen Norm ist. Es wurde gezeigt, daß diese Unterscheidung aufgrund des erweiterten Eingriffsbegriff jedoch insgesamt unerquicklich ist, da sich hiernach ein Eingriff im Staat - Bank - Verhältnis, bei dem die Bank primär Adressat des Eingriffs wäre, zugleich als ein indirekter Eingriff im Verhältnis Staat - Bürger darstellen würde und umgekehrt. Im Rahmen des zu prüfenden Verhältnisses Staat - Bürger (Bankkunde) interessieren daher generell die Normen, bei denen der Bankkunde von staatlichen Eingriffen in sein Bankgeheimnis betroffen sein kann, unerheblich ob es sich um direkte oder indirekte Eingriffe im genannten Sinne handelt, denn aus der Perspektive des Bankkunden und Bürgers betrachtet ist sein Bankgeheimnis so oder so durchbrochen. Die für das Bankgeheimnis des Kunden entscheidenden Durchbrechungsnormen finden sich, wie bereits angeführt, in der Strafprozeßordnung, den Steuergesetzen und dem Geldwäschegesetz. Die wichtigsten dieser Durchbrechungen des Bankgeheimnisses gilt es, nunmehr in bezug auf den Bankkunden genauer zu betrachten.

---

a.a.O., Rn. 311; Hesse, Grundzüge des VerfR, Rn. 331; Stein, StaatsR, S. 183; Hendrichs, in: v.M., Art. 19, Rn. 18; Model/Müller, a.a.O.. *Anderer Ansicht:* Maunz /Zipelius, Dt. StaatsR, S. 159; Stern, StaatsR, Bd. III/2, § 83, S. 751; Herzog, in: M/D/H/S, Art. 19 I, Rn. 57.

740 Selk, JuS 1992, S. 817; Denninger, a.a.O.; Dreier, a.a.O.; Krüger, in: Sachs, Art. 19, Rn. 21. *Anderer Ansicht*: Stern, a.a.O., S. 757.

741 Selk, a.a.O.; Hendrichs, in: v. M., a.a.O., Rn. 17; BVerfGE 21, 92 ff. (93); BVerfG - NJW 1983, 2869. Vgl. die Darstellung von Herzog, in: M/D/H/S, a.a.O., Rn. 54, der jedoch gemäß Rn. 57 anderer Ansicht ist.

742 Selk, a.a.O.; Hendrichs, a.a.O.; BVerfG, NJW 1983, 2869.

743 Selk, JuS 1992, S. 817; BVerfG, NJW, a.a.O..

744 Dürig, in: M/D/H/S, Art. 2, Abs. I, Rn. 30.

745 Daher auch Zulässigkeitsvoraussetzung im Rahmen der sog. Möglichkeitstheorie in verwaltungs- und verfassungsrechtlichen Klagen.

746 Vgl. z.B. Maunz/Zipelius, Dt. StaatsR, S. 159; Stein, StaatsR, S. 183; Stern, a.a.O., S. 753 f.; Herzog, in: M/D/H/S, Art. 19 I, Rn. 55, 57.

747 Selk, a.a.O.. In diesem Sinn auch Dreier, a.a.O., Rn. 20, 22, 23; Stern, a.a.O., S. 753.

748 Selk, JuS 1992, S. 817, 818; Dreier, a.a.O., Rn. 18; Krüger, in: Sachs, Art. 19, Rn. 21.

(2.1.) Die Durchbrechungen des Bankgeheimnisses im Rahmen der StPO

Die Durchbrechungen des Bankgeheimnisses des Bankkunden und somit seines Rechts auf informationelle Selbstbestimmung erfolgt in der Strafprozeßordnung (StPO) durch die Begründung von Auskunfts- und Vorlagepflichten von Banken. Auf diesem Wege werden Banken in das (Steuer-) Strafverfahren ihrer Kunden hineingezogen. Insbesondere ein fehlendes Zeugnisverweigerungsrecht der Bank bzw. ihrer Mitarbeiter und die Durchsuchungs- und Beschlagnahmeanordnungen durchbrechen das Bankgeheimnis des Kunden, wie auch das Betriebs- / Gewerbegeheimnis der Bank. Hierbei wäre aufgrund der Weite des Eingriffsbegriffs die Bank direkt und der Kunde indirekt betroffen, wenn man allein auf den Gesichtspunkt des (fehlenden) Zeugnisverweigerungsrechts der Bank abstellen würde. Auch wenn man auf die Durchsuchungs- / Beschlagnahmemöglichkeiten der Strafprozeßordnung abstellen würde, könnten je nach Eingriffsziel sowohl die Bank als auch der Bankkunde von einer solchen Maßnahme direkt betroffen sein. Auf die Unerquicklichkeit dieser Unterscheidung wurde jedoch bereits hingewiesen. Tatsächlich ist eine Unterscheidung zwischen direkter und indirekter Betroffenheit auch wenig fruchtbar, da ein bestehendes Zeugnis- bzw. Auskunftsverweigerungsrecht im Sinne von § 53 StPO oder § 102 AO zugleich Auswirkungen auf die Beschlagnahmefähigkeit von Gegenständen (z.B. Akten) hat (vgl. § 97, Abs. I StPO) und somit wiederum auch eine Durchsuchung in ihrer Durchführung beeinflussen würde. Die Versagung eines Zeugnisverweigerungsrechts der Bank verletzt diese nicht nur in ihrem Recht zur Wahrung von Betriebs- / Geschäftsgeheimnissen gemäß Art. 12, Abs. I GG und Art. 14, Abs. I, S. 1 GG, was im Verhältnis Staat - Bank betrachtet werden wird, sondern durchbricht zugleich in besonderem Maße das Recht des Bankkunden auf informationelle Selbstbestimmung. Dieses auf Bewahrung der Daten und Informationen, die das Bankgeheimnis ausmachen, gerichtete Interesse des Bankkunden wird durch ein fehlendes Zeugnisverweigerungsrecht der Bank konterkariert. Dieses rechtfertigt die Darstellung der Zeugnisverweigerungsproblematik an dieser Stelle.

Die das Bankgeheimnis durchbrechenden Normen der Strafprozeßordnung werden zunächst vorgestellt und anschließend anhand des Verhältnismäßigkeitsgrundsatzes untersucht. Zusätzlich wird eine Untersuchung der Durchbrechungsnormen auf ihre Verfassungsmäßigkeit anhand des qualifizierten Verhältnismäßigkeitsgrundsatzes erfolgen, da alle zu nennenden Durchbrechungsnormen Ausdruck eines verfassungsrechtlichen, bezogen auf das Recht zur informationellen Selbstbestimmung gegenläufigen Prinzips sind, das sie flankieren und so realisieren helfen. Dieses gegenläufige Prinzip ist das aus dem Rechtsstaatsprinzip stammende Gebot, den Rechtsfrieden zu wahren und den Strafanspruch des Staates zu realisieren, auch um die auf individuelle Entfaltung bedachten Bürger zu einer Gemeinschaft zusammenzuführen. Dieser Strafanspruch des Staates aus dem Rechtsstaatsgebot des GG ist ein auf Realisierung drängendes, gegenläufiges Prinzip, das mit dem Recht auf informationelle Selbstbestimmung kollidiert, sofern das Bankgeheimnis berührt wird.

(2.1.1.) § 53 StPO und Art. 3, Abs. I GG - Ist § 53 StPO eine zulässige, verfassungsgemäße Durchbrechung des Bankgeheimnisses?

§ 53 StPO begründet ein Zeugnisverweigerungsrecht für die Träger von Berufsgeheimnissen. Dieses Zeugnisverweigerungsrecht wird durch die strafrechtliche Norm des § 203, Abs. I, Nr. 3 StGB noch verstärkt, indem eine Offenbarung von beruflicherseits erlangten Geheimnissen bei den in § 203 StGB genannten Berufsgruppen und Personen unter Strafe gestellt wird. Gemäß § 53, Abs. I, Nr. 3 StPO sind zur Verweigerung des Zeugnisses ‚ferner' befugt: Rechtsanwälte, Patentanwälte, Notare, Wirtschaftsprüfer, vereidigte Buchprüfer, Steuerberater und Steuerbevollmächtigte, Ärzte, Zahnärzte, Apotheker und Hebammen über das, was ihnen *in dieser Eigenschaft* anvertraut worden oder bekannt geworden ist. Gemäß § 53a, Abs. I StPO gilt dieses Zeugnisverweigerungsrecht auch für die sog. Berufshelfer dieser Berufsgruppen[749]. Wie oben bereits angedeutet wurde und im einzelnen noch im Verhältnis Staat - Bank behandelt werden wird, genießen Banken aufgrund der ihnen im Rahmen ihrer geschäftlichen Tätigkeit bekanntgewordenen Tatsachen und Informationen über ihre Kunden den prima facie - Schutz der Art. 12, Abs. I GG und Art. 14, Abs. I, S. 1 GG, da die so erlangten Daten ein Berufsgeheimnis des Bankiers bzw. der Bank darstellen. Erstaunlicherweise unterfällt dieses prima facie - Recht der Bank und ihrer Mitarbeiter aus Art. 12, Abs. I; Art. 14, Abs. I, S. 1 GG nicht dem Zeugnisverweigerungsrecht des § 53 StPO [750], da Banken in dieser Norm nicht aufgeführt sind und § 53 StPO einen abschließenden, enumerativen Charakter hat. Gleiches gilt für das in § 102 AO geregelte Auskunftsverweigerungsrecht[751]. Besonderheiten ergeben sich hier allerdings in bezug auf öffentlich - rechtliche Kreditinstitute und ihre Mitarbeiter, die gemäß § 54 StPO für ihre Zeugenaussage die Genehmigung ihres Dienstvorgesetzten benötigen.[752] Das Fehlen des Zeugnisverweigerungsrechts beeinträchtigt mittelbar das Bankgeheimnis des Bankkunden und somit sein Recht auf informationelle Selbstbestimmung. Die Problematik wird deutlich, betrachtet man die Situation im Zivilprozeß. Dort genießen Banken bzw. ihre Mitarbeiter gemäß des bereits vorgestellten § 383, Abs. I, Ziff. 6 ZPO ein Zeugnisverweigerungsrecht. In § 383, Abs. I ZPO heißt es: „Zur Verweigerung des Zeugnisses sind berechtigt:

> *Ziff.6 - Personen, denen kraft ihres Amtes, Standes oder Gewerbes Tatsachen anvertraut sind, deren Geheimhaltung durch ihre Natur oder durch gesetzliche Vorschrift geboten ist, in betreff der Tatsachen, auf welche die Verpflichtung zur Verschwiegenheit sich bezieht".*

Neben Ärzten und Angehörigen der rechts- und steuerberatenden Berufe fallen unter Ziffer 6 auch Banken und Bankangestellte solange sie, wie auch die anderen Personengruppen, nicht gemäß § 385, Abs. II ZPO von der Schweigepflicht durch den Kunden als den Geheimnisherrn entbunden worden sind.[753] Es wurde bereits gesagt, daß die Einbeziehung von Banken

---

749 Nach § 203, Abs. III StGB unterfallen entsprechend diese Berufshelfer auch der strafrechtlichen Sanktion.

750 Vgl. z.B. Kleinknecht/Meyer-Goßner, a.a.O., § 53, Rn.3; Fischer, Bankrecht, S.195; Kirchherr/Stützle, Aktuelle Probleme aus der Rechtsprechung und Rechtspraxis zu Bankgeheimnis und Bankauskunft , S.16; Sandkühler, Bankrecht, S. 35; Canaris, Bankvertragsrecht, Rn. 64 f.; dergl., HGB-Kommentar, § 357, Rn. 41, der verfassungsrechtliche Bedenken äußert; Junker, DStR 1996, S. 226; Schwintowski, a.a.O., S.30; Spitz, Auskunftspflichten-Bankgeheimnis-Durchsuchung-Zeugenvernehmung, DStR 1981, S. 428 ff. (430); Radbruch, Diss. jur., Mainz 1977, S.144; Sichtermann, Strafverfahren und Bankgeheimnis, NJW 1968, S. 1997; LG - Hof, NJW 1968, 65; Bruchner, in: BankRHdb., Bd. I, § 39, Rn. 44; Meincke, Geheimhaltungspflichten im Wirtschaftsrecht, WM 1998, S. 753; Ruppelt, Das Bankgeheimnis, Diss. jur., 1959 Köln, S. 65; Dahm/Schebesta/Schroeter/Weber, a.a.O., Rn. 19; Weber, in: BuB, Kap. 1, Rn. 1/42; Dahm, in: BuB, Kap.2, Rn. 2/886; Claussen, Bank- und Börsenrecht, S.103; Kreutzer, Diss. jur., München, 1956, S. 72.

751 Vgl. Brockmeyer, in: Klein, AO-Kommentar, § 102, Anm.1; Tipke/Lang, a.a.O., § 22, Rn.198.

752 Für nichtbeamtete Mitarbeiter ergibt sich dieses aus § 9 BAT. Hierauf wird unten noch im Staat-Bank Verhältnis eingegangen werden.

753 Siehe oben die im 1. Teil zum Doppelcharakter des Bankgeheimnisses gemachten Ausführungen, S. 37 ff..

und deren Mitarbeiter in § 383, Abs. I, Ziff. 6 ZPO durch die Rechtsprechung erfolgt ist,[754] wobei der Bundesgerichtshof § 383, Abs. I, Ziff. 6 ZPO nicht als die rechtliche Grundlage, sondern nur als die Folge einer bestehenden Verpflichtung zur Verschwiegenheit bezeichnet, die auf vertraglichen Beziehungen beruht[755]. Dadurch erkennt der Bundesgerichtshof das Berufsgeheimnis der Banken zumindest im Verhältnis zwischen Bank und Kunde an. In Erinnerung zu rufen ist an dieser Stelle der ebenfalls bereits vorgestellte § 384, Ziff. 3 ZPO, der Banken ein originäres, zivilprozessuales Zeugnisverweigerungsrecht einräumt, sofern die Beantwortung einzelner Fragen ihr Gewerbegeheimnis betreffen würde[756]. Der Begriff Gewerbegeheimnis wurde dabei als Geschäftsgeheimnis interpretiert, der die beim Betrieb eines Gewerbes anfallenden Geheimnisse umfaßt, an deren Geheimhaltung ihrer Natur nach der Gewerbetreibende ein aus den Umständen erkennbares, erhebliches und unmittelbares Interesse hat.[757] Der Begriff ist insofern identisch mit den unter § 383, Abs. I, Nr. 6 ZPO fallenden Berufsgeheimnissen[758] und umfaßt somit das Bankgeheimnis der Bank[759]. Das zivilrechtliche Zeugnisverweigerungsrecht findet auch Anwendung in anderen Verfahren,[760] so zum Beispiel im Verfahren der freiwilligen Gerichtsbarkeit (§ 15, Abs. II FGG), im arbeitsgerichtlichen Verfahren (§§ 46, Abs. II; 58; 80, Abs. II ArbGG), im sozialgerichtlichen Verfahren (§§ 118; 202 SGG), im verwaltungsgerichtlichen Verfahren (§ 98 VwGO), im (bisherigen) Konkurs- und Vergleichsverfahren (§ 72 KO; § 115 VerglO) und teilweise im Verfahren vor dem Bundesverfassungsgericht (vgl. § 28, Abs. I BVerfGG). Es stellt sich die Frage, warum das Berufsgeheimnis der Banken nicht auch einem Zeugnisverweigerungsrecht in der StPO unterfällt, zumal der Staat angesichts der Novellierungen der StPO mehrfach die Gelegenheit gehabt hätte, § 53, Abs. I, Nr. 3 StPO um die Berufsgruppe der Banken zu erweitern? Ist dieses nicht unverhältnismäßig und eine ungerechtfertigte Ungleichbehandlung bzw. Benachteiligung der Banken und ihrer Mitarbeiter und somit ein Verstoß gegen Art. 3, Abs. I (in Verbindung mit Art. 19, Abs. III) GG? Kommt es hierdurch nicht zu einem unzulässigen, mittelbaren Eingriff in das Recht auf informationelle Selbstbestimmung des Bankkunden? Zu der ersten Frage ist zugleich zu bemerken, daß der Zivilprozeß zwischen zwei Grundrechtsträgern stattfindet, der Strafprozeß hingegen zwischen einem Grundrechtsträger und den staatlichen Strafverfolgungsbehörden zur Durchsetzung des staatlichen Strafanspruchs. Die Ausgangslage ist somit verschieden. Es verbleibt bezüglich der ersten Frage aber zunächst eine Ungleichbehandlung von den in § 53 StPO genannten Berufsgruppen und den dort nicht genannten Banken[761], was sich mittelbar auch auf die jeweils betroffenen Kunden, Mandanten

---

[754] Sichtermann/Feuerborn, a.a.O., S. 210 f.; Radbruch, Diss. jur., Mainz, 1977, S.143; RGZ 139, 103; Kreutzer, Bankgeheimnis und Auskunftspflicht, Diss. jur.,Würzburg, 1956, S. 50; Müller, NJW 1963, S. 835; Meincke, WM 1998, S. 753; Ruppelt, Diss. jur., Köln, 1959, S. 65.

[755] BGH-BB 1953, 993; Müller, NJW 1963, S. 835.

[756] Siehe oben 1. Teil, S. 37 ff. - m.w.N..

[757] Siehe oben 1. Teil, S. 38 f. - m.w.N..

[758] Siehe oben 1. Teil, S. 38 f. - m.w.N..

[759] Weber, in: BuB, a.a.O., Rn. 2/840, 2/863; Bruchner, in: BankRHdb., § 39, Rn. 106; Claussen, a.a.O., S. 105; Rehbein, ZHR, 149 (1985), S. 142.

[760] Vgl. Sichtermann/Feuerborn, a.a.O., § 11, S. 229 ff.; Dahm/Schebesta/Schroeter/Weber, a.a.O., Rn. 15 ff.; Weber, in: BuB, a.a.O., Rn. 2/864; Bruchner, in: BankRHdb., § 39, Rn. 107; Rehbein, a.a.O.; Kirchherr / Stützle, a.a.O., S. 15 f.; Sichtermann, Enzyklop. Lexikon, a.a.O., S. 157; Canaris, Bankvertragsrecht, Rn. 63.

[761] Kreutzer, Diss. jur., Würzburg, 1956, S. 8, weist darauf hin, daß Banken historisch nicht zum Kreis der zur Auskunftsverweigerung Berechtigten gehören. Vgl. auch Selmer, Steuerrecht und Bankgeheimnis, S. 102, 106.

etc. auswirkt. Direkte Schlüsse aus der zivilprozessualen Regelung in §§ 383; 384 ZPO sind hieraus jedoch noch nicht zu ziehen.

In der Sozialarbeiterentscheidung[762] führt das Bundesverfassungsgericht einleitend aus, daß das Zeugnisverweigerungsrecht des § 53 StPO eine Ausnahme zu dem sonst geltenden Zeugniszwang eines jeden Bürgers darstellt. Das Zeugnisverweigerungsrecht des § 53 StPO sei das Ergebnis einer vom Gesetzgeber vorweggenommenen Abwägung zwischen dem Schutz des Vertrauensverhältnisses der in § 53 StPO genannten Berufsgruppen und dem Allgemeininteresse an der Aufklärung von Straftaten. In der Sozialarbeiterentscheidung heißt es, „daß § 53 StPO lediglich eine generalisierende Aussage darüber enthalte, bei welchen Berufen der Schutz des Vertrauensverhältnisses das Allgemeininteresse an der Aufklärung von Straftaten überwiege, den Richter jedoch nicht hindere, den Schutz der Persönlichkeitssphäre im konkreten Fall ausnahms-weise stärker zu berücksichtigen, als dies dem an typischen Fallgruppen orientierten Gesetzgeber möglich sei. Eine solche Einschränkung des Zeugniszwanges im Hinblick auf Art. 2, Abs. I i.V.m. Art. 1, Abs. I GG kann jeweils nur als Ergebnis einer vom Richter vorzunehmenden konkreten und fallorientierten Abwägung zwischen den Belangen der Strafrechtspflege und den Geheimhaltungsinteressen des Einzelnen festgestellt werden, wobei -insbesondere unter dem Gesichtspunkt des Verhältnismäßigkeitsgebotes alle Umstände des Falles in die Prüfung einzubeziehen sind“[763]. Deutlich wird hier somit der Bezug des Zeugnisverweigerungsrechts zum Geheimhaltungsinteresse des Einzelnen. In Einzelfällen soll es nach Auffassung des Bundesverfassungsgerichts auch zulässig sein, eine Einschränkung des Zeugniszwangs direkt aus dem jeweils betroffenen Grundrecht herzuleiten[764], wobei eine auf den konkreten Einzelfall und Sachverhalt bezogene Abwägung anhand des Verhältnismäßigkeitsgrundsatzes unerläßliche Voraussetzung hierfür sei. Nach Auffassung des Gerichtes ist es also prinzipiell möglich, den Kreis der in § 53, Abs. I, Nr. 3 StPO genannten Berufsgruppen zu erweitern, sofern diese Erweiterung am Verhältnismäßigkeitsgrundsatz ausgerichtet werden kann.[765] Voraussetzung ist zunächst und nicht nur für den Gleichheitssatz des Art. 3, Abs. I GG, sondern auch für das Recht des Bürgers auf informationelle Selbstbestimmung aus Art. 2, Abs. I i.V.m. Art. 1, Abs. I GG und das der Bank aus Art. 12, Abs. I; Art. 14, Abs. I, S. 1 GG, daß die Situation zwischen Banken und den in § 53 StPO genannten Berufsgruppen und ihrer jeweiligen Kunden, Mandanten etc. vergleichbar ist, um eine Ausweitung des Zeugnisverweigerungsrecht in Betracht ziehen zu können.[766]

Die zitierte Sozialarbeiterentscheidung hat das Spannungsverhältnis zwischen dem Schutz des Vertrauensverhältnisses des Kunden, Klienten, Mandanten etc. eines beratenden Berufs auf der einen und dem Allgemeininteresse an der Aufklärung von Straftaten auf der anderen Seite aufgezeigt. Hierbei handelt es sich um die Kollision zweier widerstreitender Prinzipien, die

---

762 BVerfGE 33, 367 ff..

763 BVerfGE 33, 367 (374 f.).

764 Vgl. BVerfG-NJW 1990, 702. Konkret ging es in dieser Entscheidung um eine Herleitung eines Auskunftsverweigerungsrechtes gemäß § 102, Abs. I, Nr. 4 AO direkt aus Art. 5, Abs. I, S.2 GG. Kreutzer, Diss., jur., Würzburg, 1956, S. 48.

765 Mit der gleichen Argumentation des Gerichtes erscheint es ebenfalls als möglich, ausnahmsweise ein Zeugnisverweigerungsrecht einer der in § 53 StPO genannten Gruppen im konkreten Einzelfall zu versagen, wenn sich die antizipierte Abwägung des Gesetzgebers im Nachhinein als unhaltbar herausstellt. Auch dieses müßte am Verhältnismäßigkeitsgrundsatz ausgerichtet werden.

766 Kreutzer, a.a.O., S. 48 ff., leitet ein Auskunftverweigerungsrecht der Banken und ihrer Mitarbeiter direkt aus den Art.1, Abs. I und 2,Abs. I GG her, und zwar sowohl im Zivil- als auch im Strafrecht.

auf Realisierung und Optimierung drängen. Der Begriff ‚Schutz des Vertrauensverhältnisses' kann als eine Umschreibung des Rechtes/Prinzipes auf informationelle Selbstbestimmung und des Gewerbegeheimnisses bezeichnet werden. Dieses Recht auf informationelle Selbstbestimmung kann, dieses wurde oben bereits ausgeführt, durch ein überwiegendes Allgemeininteresse eingeschränkt werden, wobei es sich hierbei um ein überproportional wichtiges Allgemeininteresse handeln muß, anderenfalls würde eine Einschränkung der Bedeutung des Rechts auf informationelle Selbstbestimmung für die freiheitlich - demokratische Grundordnung nicht gerecht werden können. Das ergibt sich auch als Folge des ersten Abwägungsgesetzes und des Gesetzes der abnehmenden Grenzrate der Substitution. Als ein solches überwiegendes Allgemeininteresse und somit widerstreitendes Prinzip erscheint das „Interesse der Allgemeinheit an einer wirksamen Strafrechtspflege, für die es -zur Überführung von Straftätern ebenso wie zur Entlastung Unschuldiger- auf eine möglichst umfassende Wahrheitsermittlung ankommt"[767]. Es geht somit um das Rechtsstaatsprinzip, das den Rechtsfrieden in der Gesellschaft gewährleisten soll, um die Individuen zu einer Gemeinschaft zusammenzuführen. Diese Prinzipien gilt es, verhältnismäßig aneinander auszurichten[768]. Bezogen auf das Ergebnis ist es unerheblich, von welcher Seite, von welchem Prinzip ausgehend man sich der Abwägung und Argumentation nähert. Hier wird das Prinzip der Sicherung der Strafrechtspflege als Eingriff in das Recht auf informationelle Selbstbestimmung des Bankkunden betrachtet. Unproblematisch ist zunächst der Teilgrundsatz der Geeignetheit. Die Versagung des Zeugnisverweigerungsrechts für Banken und deren Mitarbeiter oder aber auch die Durchbrechung des Zeugnisverweigerungsrechts (z.B. gemäß § 97, Abs. II StPO) erweist sich unstreitig als geeignet, die Strafrechtspflege zu fördern. Problematisch scheint indes der Teilgrundsatz der Erforderlichkeit zu sein. Bei diesem kommt es seinem ultima ratio Charakter gemäß lediglich auf die Frage an, ob ein milderes Mittel existiert. Als ein milderes Mittel erscheint die Möglichkeit, Banken so zu behandeln, wie die in § 53, Abs. I, Nr. 3 StPO genannten Berufsgruppen und diesen somit ein Zeugnisverweigerungsrecht zuzugestehen, mit dem daraus resultierenden Beschlagnahmeverbot des § 97, Abs. I StPO.[769] Nur scheinbar scheint sich die Frage nach der Geeignetheit dann erneut zu stellen. Natürlich entzieht man zunächst einen Großteil von Geschäften und Informationen einer staatlichen Überwachungsmöglichkeit, wollte man auch die (beratende) Tätigkeit von Banken dem Schutz des § 53 StPO unterstellen. Es scheint auf den ersten Blick, der Strafverfolgungsapparat des Staates würde sich eines wirksamen Eingriffsmittels berauben, zumal der Zeugenbeweis generell als wichtiges Beweismittel gilt. Allerdings ändert sich die Sachlage nur wenig, wenn man eine Unterstellung von Banken unter das Zeugnisverweigerungsrecht genauer betrachtet. Denn im Kontext mit dem Zeugnisverweigerungsrecht aus § 53 StPO steht das entscheidendere Beschlagnahmeverbot des § 97, Abs. I StPO (eine freiwillige Herausgabe im Sinne von § 55, Abs. II StPO wäre ausgeschlossen). Die Beschlagnahme von Akten und Kontounterlagen, Festplatten und Disketten etc.[770] erscheint im Zusammenhang mit Banken wesentlich effektiver, als eine Zeugenbefragung, da sich angesichts der Fülle von Vorgängen in einer (Groß-) Bank kein Mitarbeiter an Details erinnern kann. Hierbei ist auch die Pflicht des Zeugen, sich über den zu bezeugenden Vorgang / Sachverhalt zu informieren und sein Gedächtnis aufzu-

767 BVerfGE 33, 367 (378).

768 Die Erörterung erfolgt zunächst anhand des herkömmlichen Verhältnismäßigkeitsgrundsatzes. Eine Ausrichtung an der qualifizierten Verhältnismäßigkeit erfolgt nach der Darstellung der einzelnen Eingriffe.

769 Zur Situation des Steuerberaters in einem Ermittlungsverfahren gegen den Mandanten siehe beispielsweise Heine, Zur aktuellen Situation der Prüfungsdienste der Finanzverwaltung, Stbg 1998, S. 243 ff..

770 Ausführlicher zum Zugriff auf elektronisch gespeicherte Daten durch die Steuerfahndung siehe Heine, a.a.O..

frischen[771], relativ uneffektiv. Tatsächlich erfolgte in der Vergangenheit bei Bankdurchsuchungen (Bankbeschlüssen) primär und in großem Stil die Beschlagnahme von Aktenmaterial, wo hingegen die Zeugenvernehmung eine untergeordnete Rolle spielte. Das Beschlagnahmeverbot des § 97, Abs. I StPO erfährt in § 97, Abs. II StPO eine entscheidende Durchbrechung. Hiernach können Unterlagen der in § 53, Abs. I, Nr. 3 StPO genannten Berufsgruppen bei deren Mandanten, Klienten etc. beschlagnahmt werden[772] (§ 97, Abs. II, S. 1 und 2 StPO) oder bei den genannten Berufsgruppen, sofern diese einer *Teilnahme*, einer Begünstigung, Strafvereitelung oder Hehlerei verdächtig sind oder wenn es sich um Gegenstände handelt, die durch eine Straftat hervorgebracht oder zur Begehung einer Straftat gebraucht oder bestimmt sind oder aus einer Straftat herrühren (§ 97, Abs. II, S. 3 StPO - Abs. IV schließt die Berufshelfer mit ein). Diese Durchbrechung würde auch in bezug auf Banken gelten. Gerade die Fälle von Bankdurchsuchungen und der Beschlagnahme von Bank- und Kundenunterlagen, die in der Vergangenheit für Aufsehen sorgten, wären nach § 97, Abs. II, S. 3 StPO weiterhin möglich, sofern der Bank oder ihren Mitarbeitern der Vorwurf einer Teilnahme (Beihilfe - § 27 StGB) zum Beispiel der Steuerhinterziehung gemacht werden kann[773]. Auch bei Fällen von Geldwäsche, bei denen Gelder aus Straftaten hervorgegangen sind, könnten Unterlagen etc. beschlagnahmt werden. So betrachtet erscheint eine Zubilligung eines Zeugnisverweigerungsrechts für Banken als ein milderes Mittel, da das Prinzip der Aufrechterhaltung der Strafrechtspflege trotzdem realisiert werden kann. Im Rahmen der Erforderlichkeit kommt es aus den oben genannten Gründen nicht auf ein in gleicher Weise geeignetes Mittel an.[774]

In der Sozialarbeiterentscheidung verlagerte das Bundesverfassungsgericht das Schwergewicht der Verhältnismäßigkeitsprüfung naturgemäß auf den Teilgrundsatz der Proportionalität. Da der Kunde, Mandant, Klient etc. von den in § 53, Abs. I, Nr. 3 StPO genannten Berufsvertretern nur dann Hilfe, Rat etc. erhalten könne, wenn er sich diesen mit allen notwendigen Informationen anvertraut - „rückhaltlos offenbart"[775]-, sei die grundsätzliche Wahrung dieses Geheimhaltungsinteresses die notwendige Vorbedingung des Vertrauens, das er (der Kunde) um seiner selbst willen aufbringen müsse und Grundlage für die erfolgreiche Berufstätigkeit jener, von denen der Kunde Beistand benötige[776]. „Anderenfalls bliebe ihm nur die Wahl, entweder eine Offenbarung seiner privaten Sphäre in Kauf zu nehmen oder auf eine solche Behandlung oder Beratung von vornherein zu verzichten" [777]. Auch in der Tierarztentscheidung[778] hat sich das Bundesverfassungsgericht zu der Frage geäußert, ob es einen Verstoß gegen das Grundgesetz und insbesondere Art. 3, Abs. I GG darstellt, daß ein Tierarzt nicht dem Zeugnisverweigerungsrecht gemäß § 53, Abs. I, Nr. 3 StPO unterfällt, da diese in dem enumerativen Katalog dieser Norm nicht genannt sind. Das Bundesverfassungsgericht kommt zu dem Ergebnis, daß es nicht verfassungswidrig sei und weder gegen Art. 2, Abs. I

---

[771] Vgl. zu dieser Verpflichtung des Zeugen Ungnade, Bankgeheimnis gegenüber den Strafverfolgungsbehörden, WM 1976, S. 1212.

[772] Dieses gilt wegen § 148 StPO nicht für Verteidigerunterlagen, die sich beim Mandanten befinden, da die ungehinderte Kommunikation zwischen Strafverteidiger und seinem Mandanten absoluten Schutz genießt - vgl. z.B. Kleinknecht/Meyer-Goßner, Strafprozeßordnung, § 97, Anm.7; dergl., a.a.O., § 148, Anm.8.

[773] Näheres dazu unten.

[774] Siehe dazu die im 2. Teil, S. 62 f. geübte Kritik an dem Erfordernis gleicher Eignung.

[775] BVerfGE 33, 367 (377). So auch das Bundesverfassungsgericht in der Suchtberatungsstellenentscheidung - BVerfGE 44, 353 (376).

[776] BVerfGE, jeweils a.a.O.. Vgl. auch Vogelsang, a.a.O., S. 203.

[777] BVerfGE, jeweils a.a.O..

[778] BVerfGE 38, 321 ff..

i.V.m. Art. 1, Abs. I GG noch gegen Art. 3, Abs. I GG verstoße, Tierärzten dieses Zeugnisverweigerungsrecht nicht zu gewähren. In der Tierarztentscheidung heißt es: „Den gesetzlich genannten Berufen ist gemeinsam, daß ihre Ausübung typischerweise Leistungen einschließt, die sich als individuelle Beratung in persönlichen, rechtlichen, *finanziellen und wirtschaftlichen* (Hervorhebung von M.H.) Angelegenheiten oder aber als unmittelbarer Dienst an der Gesundheit des Menschen kennzeichnen lassen (Beratungs- und Heilberufe). Solche Leistungen berühren -häufiger und stärker als andere Berufstätigkeiten- Bereiche, in denen schutzwürdige Geheimhaltungsinteressen des Einzelnen Beachtung verlangen. Sie sind daher in besonderem Maße davon abhängig, daß derjenige, der sie - als Klient oder Patient- in Anspruch nimmt, die Möglichkeit hat, sich seinem Gegenüber frei, offen und rückhaltlos anzuvertrauen, ohne befürchten zu müssen, daß Tatsachen oder Umstände, die der andere dadurch kraft seines Berufs erfährt, offenbart werden könnten. Deshalb will § 53, Abs. I, Ziff. 3 StPO dieses Vertrauen auch gegenüber der strafprozessualen Wahrheitserforschung schützen, indem er Angehörigen derartiger Beratungs- und Heilberufe ein entsprechendes Zeugnisverweigerungsrecht einräumt“[779]. In der Gemeinschuldnerentscheidung des Bundesverfassungsgerichts[780] äußert sich Richter *Heußner* in seinem Sondervotum[781] dahingehend, daß das Vertrauen des Bürgers als Gemeinschuldner geschützt sein muß, daß seine Daten nicht an die Strafverfolgungsbehörden weitergegeben werden, um den Bürger zu einer offenen Zusammenarbeit im Rahmen des Insolvenzverfahrens zu bewegen. "Die volle Gewähr dafür, daß die Auskünfte des Gemeinschuldners über die in der Konkursordnung vorgesehenen Zwecke hinaus nicht verfassungswidrig im Strafverfahren verwertet werden, kann im übrigen nur das Verbot der Offenbarung an Unbefugte bieten. Nur so kann in einer dem Persönlichkeitsrecht angemessenen Weise verhindert werden, daß durch eine dysfunktionale Weitergabe, auf die der Gemeinschuldner keinen Einfluß hat, sein verfassungsrechtlich abgesichertes Auskunftsverweigerungsrecht umgangen wird"[782]. Das Bundesverfassungsgericht verknüpft somit, ganz in der Tradition der Sphärentheorie, die aus der Offenbarungsobliegenheit des Bürgers resultierenden Daten und Informationen mit der Privatsphäre des Einzelnen und unterstellt sie dem Schutz von Art. 2, Abs. I i.V.m. Art. 1, Abs. I GG, wobei es für die in § 53, Abs. I, Nr. 3 StPO genannten Berufsgruppen den generellen Vorrang des Schutzes der Privatsphäre (durch Geheimhaltung / Zeugnisverweigerungsrecht) vor dem Interesse der Allgemeinheit an der vollständigen Sachaufklärung von Straftaten zubilligt[783]. Gleiches muß somit auch für das Bankgeheimnis des Bankkunden gelten. Anschließend sucht das Gericht nach Differenzierungskriterien zwischen Tierärzten, Sozialarbeitern und den in § 53 StPO genannten Berufsgruppen, die eine Versagung des Zeugnisverweigerungsrechts für Tierärzte oder Sozialarbeiter rechtfertigen. Greift man diese Suche nach einem Differenzierungskriterium auf und wendet sie auf die Lage der Banken an, ergibt sich im Rahmen der Proportionalität folgendes Bild: Ausgehend von der Auffassung des Bundesverfassungsgerichts zu Sinn und Zweck des Zeugnisverweigerungsrechts im Strafprozeß für die aufgeführten Berufsgruppen erscheint heutzutage die Differenzierung zwischen den § 53, Abs. I, Nr. 3 StPO unterfallenden Berufsgruppen und Banken bzw. deren Mitarbeitern auf den ersten Blick als schwer nachvollziehbar und geradezu willkürlich, wenn man die Tätigkeit der Banken heutzutage näher betrachtet. Die Nichteinbeziehung von Banken und deren Mitarbeiter in das Zeugnisverweigerungsrecht

[779] BVerfGE 38, 321 (323).
[780] Vom 13.01.1981 (1 BvR 116/77), BVerfGE 56, 37 ff..
[781] BVerfGE 56, 37 (53) - Sondervotum von Richter Heußner.
[782] Sondervotum des Richters Heußner, a.a.O..
[783] BVerfGE 33, 367 (378).

des § 53 StPO[784] scheint insofern einen Verstoß gegen das Recht auf informationelle Selbstbestimmung und den allgemeinen Gleichheitssatz darzustellen. Diese Differenzierung erscheint als logischer Bruch im System der Rechtfertigung des Rechts auf informationelle Selbstbestimmung auch und gerade in bezug auf das erste Abwägungsgesetz. Denn wenn das Zeugnisverweigerungsrecht des § 53 StPO nach Ansicht des Gerichts Ausdruck einer vom Gesetzgeber vorgenommenen, antizipierten Abwägung im Rahmen der Proportionalität sein soll[785] und das jeweilige Berufsgeheimnis der in § 53 StPO genannten Berufsgruppen sich gegenüber dem gegenläufigen Prinzip der Realisierung des staatlichen Strafanspruchs daraufhin als das stärkere Prinzip erweist, erscheint es unverständlich und inkonsequent, gerade das aufgrund seiner Datenfülle sensiblere und ansonsten strukturgleiche Berufsgeheimnis der Banken (Bankgeheimnis) von dieser antizipierten Proportionalität, die aus dem ersten Abwägungsgesetz resultiert, auszunehmen. Dieser Ausschluß des Bankgeheimnisses wird der oben festgestellten und deduzierten Bedeutung des Bankgeheimnisses nicht gerecht. Die Je-desto-Verknüpfung des ersten Abwägungsgesetzes ist in inkonsequenter Weise durchbrochen worden. Die Differenzierung, die bisher nicht beseitigt wurde, beruht auf einer veralteten Vorstellung von Banken und deren Geschäften, die heutzutage der Realität nicht mehr entspricht[786]. Es konnte festgestellt werden, daß gerade bei Banken eine Informations- und Datenfülle herrscht, die ihresgleichen sucht und auch von den Informationen und Daten der Finanzbehörden nicht übertroffen wird, wobei letztere für das Bundesverfassungsgericht in der Flickentscheidung Anlaß waren, dem Steuerpflichtigen das Recht auf informationelle Selbstbestimmung zuzubilligen. Gerade gegenüber Banken besteht seitens des Kunden eine besonders große Offenbarung der finanziellen und wirtschaftlichen Verhältnisse, die der gegenüber den steuer- und rechtsberatenden Berufen in nichts nachsteht. Ganz im Gegenteil. Die Informationsfülle ist zwar abhängig von der Intensität der Geschäftsbeziehung, rechtfertigt aber keine Differenzierung zu den genannten Berufsgruppen, da auch deren Kenntnisse und Informationen von der Intensität der Geschäftsbeziehung abhängig sind. Vielmehr sind die Kenntnisse der Banken über die finanziellen und wirtschaftlichen Verhältnisse ihrer Kunden so umfangreich, komplex und detailliert, daß selbst Vertreter der steuer- und rechtsberatenden Berufe für ihre Mandanten bei den Banken Informationen einholen, zum Beispiel bezüglich Valuten, Saldi, Zinsgutschrif-ten und Zahlungsempfänger etc., um ihre Aufträge ordnungsgemäß bearbeiten zu können. In Zeiten in denen bei Banken das Schaltergeschäft rückläufig ist und diese verstärkt auf Beratung, Consulting, ‚neue' Betätigungsfelder wie Investmentbanking, Asset Management und Trustgeschäft setzen[787], erscheint die Zulässigkeit einer Differenzierung bei den Zeugnisverweigerungsrechten als zunehmend fraglich. Angesichts des sich verstärkenden Wettbewerbs der Banken untereinander, veränderter Produktpaletten, einer sich verkomplizierenden Rechts- und Steuerlage, die einen immensen Auf-

---

784 Gleiches gilt prinzipiell auch für § 102 AO -vgl. Tipke/Lang, a.a.O., § 22, Rn. 196,198; Brockmeyer, in: Klein, AO-Kommentar, § 102, Anm. 1,7. Vgl. auch Selmer, a.a.O., S. 102.

785 Vgl. BVerfG - NJW 1966, 1603 ff. (1607) -Spiegel.

786 So z.B. auch Sichtermann, MDR 1965, S. 699 f., der Bedenken gegen die Verfassungsmäßigkeit von § 53 StPO in bezug auf die Nichteinbeziehung der Banken äußerte. Er betont, daß zum Zeitpunkt der Schaffung der StPO (01.02.1877) Banken noch längst nicht die Rolle im wirtschaftlichen Leben spielten wie heutzutage, wo man von einer Kreditwirtschaft spreche, deren volkswirtschaftliche Bedeutung nicht unbeachtet bleiben darf.

787 Diese Betätigungsfelder sind nicht direkt neu, werden aber derzeit primär von anglo-amerikanischen Banken betrieben, was mit der dort vorhandenen Zweiteilung des Bankensystems in Geschäfts- und in Investmentbanken zusammenhängt. In Deutschland werden derzeit die Aktivitäten in diesen Geschäftssparten aus verschiedenen Gründen deutlich verstärkt.

klärungs- und Beratungsbedarf seitens der Bankkunden aufkom-men lassen, gehen Banken, zumindest die größeren von ihnen, dazu über, auch beratend tätig zu sein. Hinzu kommt ein Aspekt, der freilich nicht verschwiegen werden soll, nämlich die sich ständig verschärfenden Beratungs- und Aufklärungs*pflichten*, denen Banken per Gesetz oder durch die Rechtsprechung unterworfen werden. Diese Pflichten haben die Entwicklung bei den Banken mit initiiert. Aber auch dieses eröffnet kein hinreichendes Differenzierungskriterium, da auch andere in § 53, Abs. I, Nr. 3 StPO genannten Berufsgruppen, zum Beispiel Ärzte und Rechtsanwälte, einer verschärften Aufklärungspflicht unterworfen wurden. Slogan wie „Die Beraterbank“ sind daher auch Ausdruck eines sich wandelnden Selbstverständnisses der Banken. Eigens zum Zwecke diesen beratenden Aufgaben gerecht zu werden, wurden und werden ganze Banken umstrukturiert und neue Abteilungen zusammengestellt. Ein Unterschied zu den rechts- und steuerberatenden Berufen schwindet und ist auf finanziellem und wirtschaftlichem Gebiet bei den Großbanken kaum noch zu erkennen, wenn man bedenkt, daß aufgrund dieser Strukturen der Kunde wirtschaftlich, rechtlich und steuerlich umfassend von ganzen Mitarbeitergruppen einer Bank betreut wird, denen fast immer auch Juristen oder Steuerexperten angehören. Diese Tätigkeit unterscheidet sich nicht von den Tätigkeiten der großen Wirtschafts-, Unternehmens- und Anwaltskanzleien. Wer heutzutage beispielsweise eine größere Projektfinanzierung durchführen will und zum Beispiel eine Gewerbeimmobilie, einen Fonds oder ein Flugzeug am Markt plazieren möchte, muß sich in rechtlicher, steuerlicher, finanzieller und wirtschaftlicher Hinsicht beraten lassen. Gleiches gilt für Börseneinführungen von Unternehmen, von Unternehmenskäufen (M&A), Leveraged oder Management Buy - Out's etc.. Bei größeren Projektfinanzierungen zum Beispiel geht es oftmals darum, daß von der Bank oder zusammen mit dieser eigens für das zu finanzierende Objekt Gesellschaften gegründet werden müssen, die entweder als plazierende Fondsgesellschaft Auftreten und / oder als Besitz- und / oder Betreibergesellschaft das zu finanzierende Objekt betreiben bzw. im Bestand halten. Hierbei gilt es, eine ganze Reihe von finanziellen, wirtschaftlichen, rechtlichen und vor allem steuerlichen Gesichtspunkten zu beachten. Diese reichen exemplarisch von gesellschaftsrechtlichen Haftungsfragen über Fragen der Prospekthaftung einer emittierenden (Bank- / Kunde-) Gesellschaft bis zu Fragen der steuerlichen Anerkennung eines Fondskonzepts oder zu Fragen von (Sonder-) Abschreibungsmöglichkeiten etc., um nur einige der relevanten rechtlichen Bereiche zu nennen.[788] Dieses alles sind Aspekte, die für die geplante Realisierung einer solchen Projektfinanzierung von ausschlaggebender Bedeutung sind. Aber auch bei herkömmlichen, kleineren Finanzierungen, zum Beispiel im Rahmen einer Baufinanzierung gilt es, eine Reihe von rechtlichen, steuerlichen, wirtschaftlichen und finanziellen Gesichtspunkten zu beachten. Ohne Beratung über Fragen von (Sonder-) Abschreibungsmöglichkeiten, von Disagiovarianten, von Ein- oder Zweikontenmodellen oder von Finanzierungsvarianten mit oder ohne Tilgungsaussetzung, ist auch eine Baufinanzierung für das Eigenheim nicht durchführbar. Ähnliches gilt für den Verkauf von Wertpapieren, bei dem es mittlerweile eine Reihe von Beratungs- / Aufklärungspflichten seitens der Banken gibt, man denke etwa an das Wertpapierhandelsgesetz[789] oder das Börsengesetz[790]. Auch hier ist beispielsweise auf steuerliche Aspekte hinzuweisen, die von der Besteuerung von Zinsein-

[788] Die Probleme und zu beachtenden Aspekte in diesem Zusammenhang sind vielfältig, so daß auf die einschlägige Fachliteratur verwiesen sei, z.B. Assmann/Schütze, Hdb.des Kapitalanlagerechts.

[789] Vgl. §§ 31 ff. WpHG.

[790] Vgl. § 53, Abs. II BörsenG.

künften über steuerliche Sperrfristen (Spekulationsfristen)[791] bis hin zu Fragen von Doppelbesteuerungsabkommen reichen, wenn man etwa an die Zeichnung ausländischer Anleihen denkt. Diesen Rat kann der Kunde in rechtlicher und steuerlicher Hinsicht von seinem Rechtsanwalt und / oder Steuerberater erhalten. Er kann sich auch an eine größere „Beratungsgesellschaft" wenden, bei der er den benötigten Rat unter einem Dach findet. Der Vorteil für den so agierenden Kunden wäre, daß seine Daten und Informationen bei seinem Steuerberater, Rechtsanwalt etc. einem Zeugnisverweigerungsrecht dieser Personen gemäß § 53, Abs. I, Nr. 3 StPO unterliegen und somit auch Akten (Daten) gemäß §§ 94, Abs. II; 95, Abs. II; 97, Abs. I, Nr. 1 StPO *nicht* beschlagnahmt werden können. Wendet sich der Kunde mit seinem Vorhaben direkt und primär an seine Bank, was er zwangsläufig muß, wenn diese das Projekt finanzieren soll, erhält er Rat in wirtschaftlicher und finanzieller Hinsicht. Dieser Rat erstreckt sich ebenfalls auf die einschlägigen rechtlichen und steuerlichen Aspekte des zu finanzierenden Projektes, da seitens der Bank die Durchführbarkeit und Tragbarkeit des Projektes geprüft werden muß, auch und gerade, um unliebsame Haftungsfragen und unvorhergesehene steuerliche Probleme zu erkennen. Die Beratung erfolgt aber auch aus eigenen Gründen der Bank, zum Beispiel um einer Haftung wegen fehlerhafter, unvollkommener Beratung zu entgehen, wie sie von der Zivilrechtsprechung entwickelt und stetig verschärft wurde. Auch hier muß sich der Kunde also mit den Mitarbeitern der Bank zusammensetzen und beispielsweise mit den Steuer-, Rechts- und Kreditexperten der Bank das zu finanzierende Projekt durchsprechen. Hier unterliegen aber der Kunde als auch die Bank dem Nachteil, nicht durch das Zeugnisverweigerungsrecht des § 53 StPO geschützt zu sein. Akten und sonstige Aufzeichnungen könnten somit gemäß §§ 94, Abs. II; 95, Abs. II StPO beschlagnahmt werden. Die Mitarbeiter der Bank wären verpflichtet, gemäß §§ 160; 161 a StPO gegenüber Richter und Staatsanwaltschaft, nicht gegenüber der Polizei, gegen ihren Kunden auszusagen.[792] Das gleiche gilt gegenüber der Strafsachenstelle der Finanzbehörde, die gemäß § 385, Abs. I AO die Befugnisse der Staatsanwaltschaft hat.[793] Hierauf wird noch einzugehen sein.[794] Die gleiche Problematik stellt sich, falls der Kunde die bei seinem Rechtsanwalt und / oder Steuerberater zuvor erarbeiteten Ergebnisse seines Vorhabens erst im zweiten Schritt der Bank offenbart, was er muß, da sonst seitens der Bank die Tragbarkeit, Durchführbarkeit und etwaige Haftungsfragen des Geschäftes nicht beurteilt werden können oder steuerliche Aspekte nicht ohne enge Synchronisation mit der Bank beurteilbar sind (zum Beispiel im Bezug auf Sonderabschreibungen). Auch in diesem Fall könnten die ursprünglich von einem Rechtsanwalt oder Steuerberater des Bankkunden stammenden Informationen / Daten, die er der Bank offenbart, bei dieser beschlagnahmt werden, da gemäß § 97, Abs. II StPO hier ein Beschlagnahmeverbot nicht eingreift oder Mitarbeiter der Bank über die so offenbarten Daten zur Aussage gezwungen werden können (§ 70 StPO). Aus Sicht des Bankkunden findet seine Datensicherheit, die er in bezug auf seinen Rechtsanwalt, Steuerberater etc. gewahrt sah, ihr Ende.

---

[791] Im Sinne von § 22, Nr. 2; § 23 EStG.

[792] Vgl. z.B. Junker, DStR 1996, S. 226; Canaris, Bankvertragsrecht,Rn.64; Prost, Bankgeheimnis und neues Strafprozeßrecht, NJW 1976, S. 215; Weber, Die Bank 1996, S. 86, 87; Kirchherr / Stützle, a.a.O., S. 16; Carl / Klos, Das Bankgeheimnis, Stb. 1994, S. 141.

[793] Spitz, Auskunftpflichten-Bankgeheimnis-Beschlagnahme/Durchsuchung-Zeugenvernehmung im Steuerstrafverfahren, DStR. 1981, S. 428.

[794] Auch in diesem Zusammenhang wird die differenzierte Behandlung des Bankgeheimnisses deutlich. Das strukturgleiche Steuergeheimnis (§ 30 AO) steht der Auskunftserteilung entgegen. Das Gleiche gilt für das Sozialgeheimnis (§ 35 SGB I).

Je nach Betrachtungsweise können aus der differenzierenden Behandlung der Banken und der in § 53 StPO genannten Berufsgruppen zunächst drei Schlußfolgerungen gezogen werden.
Erstens: Die Versagung des Zeugnisverweigerungsrechtes für Banken stellt eine fragwürdige verfassungsrechtliche Lücke im Schutzsystem des Rechts auf informationelle Selbstbestimmung dar, wobei sich diese Lücke aufgrund der neuen verfasssungsrechtlichen Erkenntnisse zum Recht auf informationelle Selbstbestimmung ergeben hat.
Zweitens: Die unterschiedliche Behandlung der Banken in bezug auf das Zeugnisverweigerungsrecht des § 53, Abs. I, Nr. 3 StPO benachteiligt diese strukturell im Wettbewerb mit rechts- und steuerberatenden Berufen, da den Banken das Zeugnisverweigerungsrecht nicht zusteht.
Drittens: Die Ungleichbehandlung der Banken in bezug auf das strafprozessuale Zeugnisverweigerungsrecht eröffnet den Strafverfolgungsorganen und somit dem Staat bewußt die Möglichkeit, die „schützwürdigen Geheimhaltungsinteressen“[795] der rechts- und steuerberatenden Berufe aus §§ 53; 94; 95, Abs. II; 97 StPO zu relativieren, indem jeglicher Bankbezug der Klientel dieser Berufsgruppen dazu genutzt werden kann, auf die von Rechtsanwalt oder Steuerberater erarbeiteten Ergebnisse (im Sinne von Daten und Informationen) trotz Zeugnisverweigerungsrecht und Beschlagnahmeverbot zuzugreifen, sofern der Kunde der Bank diese Ergebnisse offenbart.
Alle drei Aspekte verlangen es, zukünftig eine Differenzierung der beratenden Tätigkeiten der Banken in bezug auf das Zeugnisverweigerungsrecht zu beseitigen.

In der Tierarzt-, der Sozialarbeiter- und Suchtberatungsstellenentscheidung hat das Bundesverfassungsgericht bereits Aspekte erarbeitet, die es später in der Volkszählungsentscheidung und in der Flickentscheidung zur Begründung der überragenden Bedeutung des Rechts auf informationelle Selbstbestimmung für die freiheitlich - demokratische Grundordnung anführte. In diesen Entscheidungen betont das Gericht das Geheimhaltungsinteresse des Einzelnen, das Beachtung verlangt. Es sei, wie angeführt wurde, „in besonderem Maße davon abhängig, daß derjenige, der sie (gemeint sind die in § 53, Abs. I, Nr. 3 StPO genannten Berufsgruppen -M.H.) -als Klient oder Patient- in Anspruch nimmt, die Möglichkeit hat, sich seinem Gegenüber frei, offen und rückhaltlos anzuvertrauen, ohne befürchten zu müssen, daß Tatsachen oder Umstände, die der andere dadurch kraft seines Berufes erfährt, offenbart werden könnten“.[796] Dieser Gedanke und diese Argumentation begegnet einem aber auch in der Volkszählungsentscheidung, in der es unter anderem heißt: „Wer nicht mit hinreichender Sicherheit überschauen kann, welche ihn betreffenden Informationen in bestimmten Bereichen seiner Umwelt bekannt sind und wer das Wissen möglicher Kommunikationspartner nicht einigermaßen abzuschätzen vermag, kann in seiner Freiheit wesentlich gehemmt werden, aus eigener Selbstbestimmung zu planen oder zu entscheiden“.[797] Hieraus folgert das Gericht den prima facie - Schutz der persönlichen Daten durch das Recht auf informationelle Selbstbestimmung. In der Flickentscheidung betont es die Gefahr, die eine Datenansammlung über einen Steuerpflichtigen verursachen kann, nämlich Macht über den Betroffenen aufgrund überragenden Wissens und Mißbrauch der Daten. Wenn also die Unterstellung einzelner Berufsgruppen unter das Zeugnisverweigerungsrecht des § 53 StPO mit dem Datengeheimnis des Individuums begründet wird, erscheint es angesichts der überragenden Daten- und Infor-

[795] BVerfGE 38, 321 (323).
[796] BVerfGE 38, 321 (323); siehe auch das oben genannte Sondervotum des Richters Heußner aus der Gemeinschuldnerentscheidung des Bundesverfassungsgerichtes.
[797] BVerfGE 65,1 (43).

mationsfülle bei den Banken unverständlich, gerade diese von dem Zeugnisverweigerungsrecht auszunehmen, sofern sie beratend tätig sind. Wenn die in der Tierarzt-, der Sozialarbeiter- und Suchtberatungsstellenentscheidung genannten Gründe nach Ansicht des Bundesverfassungsgerichtes einen Schutz der in § 53, Abs. I, Nr. 3 StPO aufgeführten Berufe fordern und rechtfertigen, erscheint es ferner fragwürdig, diesen Schutz dieser Berufsvertreter insoweit zu relativieren (§ 97, Abs. II StPO), als daß bei jeglichem Bankbezug diese Informationen und Daten dennoch beschlagnahmt werden können. Beides erscheint als ein Verstoß gegen den Grundsatz der Proportionalität und das erste Abwägungsgesetz, da das Bankgeheimnis wie das Steuergeheimnis nur durch überproportional wichtige, gegenläufige Interessen der Allgemeinheit eingeschränkt werden kann. Entweder die Wandlung im System der Banken und der Wirtschaft wurde staatlicherseits nicht erkannt, wofür vieles spricht oder diese starke Relativierung des Schutzes, der in § 53 StPO genannten Berufsgruppen erfolgt absichtlich. Dann können aber die vom Bundesverfassungsgericht angeführten heren Gründe, die für einen Schutz der in § 53 StPO genannten Berufsgruppen sprechen, so wichtig nicht sein. Zwar offenbart der Kunde die Daten *auch* seiner Bank und publiziert diese dadurch zusätzlich zu seiner Offenbarung seinem Rechtsanwalt oder Steuerberater gegenüber. Wie aber sieht die Realität in praxi denn aus? Es wurde bereits betont, daß jeder Bürger, der etwas finanzieren möchte oder ein Projekt realisieren will, zwingend auf zumindest eine geldgebende Bank angewiesen ist, wobei *Steindorff* den Grundgedanken des Bankgeheimnisses zu Recht wie folgt umschreibt: „Auf Geschäftsbeziehungen zu einer Bank ist heute jeder Bürger nahezu ebenso angewiesen, wie der Kranke auf den Arzt. Ebenso wie der Arzt erfährt die Bank Dinge, deren Bekanntgabe an Dritten dem Bankkunden genauso wie dem Kranken unerwünscht sein mag“.[798] Die Bank kann und darf aufgrund der Regelungen des Kreditwesengesetzes (KWG) jedoch ein (Kredit-) Engagement nur führen, sofern sie hinreichende Informationen hat, das Geschäft zu überblicken und den Kunden über alle Aspekte des Geschäftes zu beraten, anderenfalls macht sie sich schadenersatzpflichtig oder verstößt gegen Pflichten des KWG oder des Wertpapierhandelsgesetzes etc.. Wenn der Kunde das konkrete Geschäft zunächst mit seinem Rechtsanwalt und / oder Steuerberater durchgesprochen hat, *muß* er diese Informationen und Ergebnisse auch seiner Bank mitteilen, anderenfalls erfolgt kein Geschäftsabschluß. Oftmals werden die Tätigkeiten von Bank, Rechtsanwalt und Steuerberater auch aufeinander abgestimmt. Wieso, so muß man fragen, unterfallen dann angesichts dieser Realität einer notwendigen Offenbarung der Daten den Banken gegenüber diese nicht dem Schutz des § 53 StPO, wenn Sinn und Zweck dieser Norm so wichtig und bedeutsam sind, wie es das Bundesverfassungsgericht betont? Ein Schutz der rein beratenden Tätigkeit der in § 53, Abs. I, Nr. 3 StPO genannten Berufsgruppen ist dann sehr stark relativiert und somit relativ unwichtig, in Fällen mit Bankbezug, wenn von den Ergebnissen dieser Beratung in keiner Weise Gebrauch gemacht werden kann. Nach dem bisher Ausgeführten erscheint daher die Versagung des Zeugnisverweigerungsrechts für Banken in bezug auf das Bankgeheimnis als nicht proportional und somit unverhältnismäßig. Anders als bei den Sozialarbeitern[799] oder Tierärzten beruht die Beziehung zwischen Bank und Kunde typischerweise auf der Erwartung des Kunden, die Bank werde Stillschweigen über die vom Kunden erlangten Daten und Informationen bewahren, ganz wie es dem tradierten Selbstverständnis der Banken im Verhältnis

---

[798] Steindorff, ZHR, 149 (1985), S. 152. Herrler führt in diesem Zusammenhang unter Bezugnahme auf Aubert/Kernen/Schönle, Das schweizerische Bankgeheimnis, S. 410 zur Bedeutung des Bankgeheimnisses nicht minder plastisch aus, daß die Bürger lieber über ihre Krankheiten, als über ihre Bankgeschäfte sprechen - vgl. Herrler, a.a.O., S. 35.

[799] Vgl. BVerfGE 33, 367 (378 f.).

Bank - Kunde entspricht, zumal das Bankgeheimnis Bestandteil des Bankvertrages ist. Insofern unterscheiden sich Banken in keiner Weise von den in § 53, Abs. I, Nr. 3 StPO genannten Berufsgruppen.[800]

Trotz der geschilderten Gemeinsamkeiten trifft auf Banken derzeit jedoch noch ein Differenzierungskriterium zu, das auch bei den vom Bundesverfassungsgericht überprüften Sozialarbeitern von ausschlaggebender Bedeutung dafür war, diesen letztendlich kein Zeugnisverweigerungsrecht zuzubilligen. Wie bei diesen mangelt es bei den Banken derzeit noch an einer hinreichenden Homogenität, sofern sie beratend tätig sind.[801] Hinsichtlich der Beratung von Banken gibt es unterschiedliche Standards. Der Umfang und die Qualität der Beratung durch Banken variiert derzeit noch von Bank zu Bank. Zwar variiert auch die Qualität der Beratung bei den in § 53 StPO genannten Berufsgruppen, doch ist die (primär) beratende Funktion von Banken noch eher ein Novum.[802] Lediglich die großen Banken und dann meist auch nur an den Standorten ihrer Hauptfilialen / Hauptniederlassungen gewähren eine beratende Tätigkeit, wie sie oben beschrieben wurde. Bei kleineren Banken bzw. kleinen Bankfilialen der Großbanken oder bei Spezialbanken differenziert der Beratungsstandard noch erheblich, so daß es schwerfällt diesbezüglich von einer homogenen Gruppe zu sprechen. Zwar nähern sich die großen Bankinstitute einander in Umfang und Qualität der Beratung an und wollen diese flächendeckend anbieten, doch erlaubt es die derzeitige Lage meines Erachtens nicht, über diesen Unterschied zu den in § 53 StPO genannten Berufsgruppen hinwegzusehen. Hinzu kommt ein weiteres Differenzierungskriterium. Die beratende Tätigkeit der Banken dient zur Zeit primär dazu, das Hauptgeschäft zu fördern, nämlich das eigentliche Bankgeschäft, zum Beispiel einen Kredit für eine Projektfinanzierung etc. zu verkaufen. Bei den in der StPO genannten Berufen ist die Beratung auf rechtlichem, finanziellem oder wirtschaftlichem Gebiet die Hauptleistung. Die Vertreter dieser Berufe erbringen eine Dienstleistung, sie üben einen freien Beruf aus. Banken üben indes ein Gewerbe aus. Zukünftig gehen zwar auch Banken dazu über, in finanziellen und wirtschaftlichen Fragen rein beratend tätig zu sein, das heißt eine Beratung zu erbringen auch wenn die eigentliche Finanzierung nicht oder nicht im eigenen Hause durchgeführt werden soll oder kann, doch bleibt diese Entwicklung auch hinsichtlich ihres Umfanges abzuwarten. Einige der größeren Banken haben bereits eigene Beratungsgesellschaften gegründet, die aber, bzw. deren Mitarbeiter, den Schutz des § 53 StPO bereits genießen, da es sich bei diesen Gesellschaften um eigene Rechtspersönlichkeiten handelt. Mangels Homogenität der Beratung innerhalb der Gruppe der Banken und des Umstandes, daß Banken ein Gewerbe und keinen freien Beruf ausüben und bei ihnen die Beratung zur Durchführung ihres eigentlichen Geschäftes erfolgt, ist es momentan, bezogen auf das Recht der informationellen Selbstbestimmung des Bankkunden, nicht unverhältnismäßig, nicht unproportional, Banken generell ein Zeugnisverweigerungsrecht gemäß § 53, Abs. I, Nr. 3 StPO zu verwehren. Das Prinzip der Gewährleistung einer effizienten Strafrechtspflege (Rechtsstaatsprinzip) erweist sich im konkreten Fall als stärker. Das prima facie - Recht des Bankkunden auf informationelle Selbstbestimmung hat sich in diesem Fall zu einem definitiven Nicht - Recht gewandelt. Es gilt jedoch die Entwicklung bei den Banken hinsichtlich ihrer beratenden Tätigkeit im Auge zu behalten, da die Entwicklung derzeit noch im Fluß ist. Zukünftig wird sich die Problematik eines Zeugnisverweigerungsrechts der Ban-

---

800 Auf den Begriff der Berufsgruppen oder besser Vergleichsgruppen wird weiter unten noch einzugehen sein.

801 Vgl. zu den Sozialarbeitern ausdrücklich BVerfGE 33, 367 (379 ff.).

802 In der Sozialarbeiterentscheidung heißt es dazu bspw.: „Die Art der Beziehung zwischen Betreuer und Hilfsbedürftigen ist daher nicht überall gleich. Schon aus diesen Gründen gibt es kein berufstypisches Vertrauensverhältnis" - BVerfGE 33, 367 (380).

ken aus § 53 StPO in stärkerem Maße stellen. Die Rechtfertigungslast des Staates für eine Versagung des Zeugnisverweigerungsrechts wird sich erhöhen. Auf die Rechtfertigungslast wird noch im Zusammenhang mit dem zweiten Abwägungsgesetz einzugehen sein.

Die Suche nach einem Differenzierungskriterium in der Sozialarbeiterentscheidung war dem Bundesverfassungsgericht naturgemäß auch bei der Beurteilung der gerügten Verletzung im Rahmen von Art. 3, Abs. I GG behilflich[803]. Grundsätzlich nutzte das Gericht die Differenzierungskriterien zu einer einheitlichen Prüfung der Art. 2, Abs. I i.V.m. Art. 1, Abs. I GG und Art. 3, Abs. I GG. Die oben genannten Unterschiede erweisen sich auch vorliegend als geeignet, derzeit eine Ungleichbehandlung der Banken und ihrer Kunden in bezug auf das Zeugnisverweigerungsrecht gegenüber den in § 53 StPO genannten Berufen und deren Klienten, Mandanten etc. in letzter Konsequenz zu verneinen und eine verfassungswidrige Beeinträchtigung des Rechts auf informationelle Selbstbestimmung des Bankkunden zu negieren. Auch hier gilt es jedoch, die weitere Entwicklung im Bereich der Banken abzuwarten. Im einzelnen:

Nach der auf *Leibholz* zurückgehenden, bekannten Willkürformel verbietet es Art. 3, Abs. I GG, wesentlich Gleiches *willkürlich* ungleich und wesentlich Ungleiches *willkürlich* gleich zu behandeln[804], wobei *Dürig* zu Recht darauf hinweist, daß innerhalb der Vergleichsgruppen, zum Beispiel innerhalb der Vergleichsgruppe des Unterschiedlichen, wiederum eine (immanente) Gleichbehandlung zu erfolgen hat.[805] Entscheidend ist hierbei eine evidente Unsachlich- bzw. Ungerechtigkeit in der Behandlung[806]. Personen und Situationen sind von Natur aus verschieden und n iemals identisch[807]. Der Begriff der Gleichheit in Art. 3, Abs. I GG bezieht sich also nicht auf identische, sondern lediglich auf (sehr) ähnlich gelagerte Sachverhalte und

---

[803] Vgl. BVerfGE 33, 367 (382 ff.) .

[804] Leibholz, Die Gleichheit vor dem Gesetz und das Bonner Grundgesetz, DVBl. 1951, 195 ff.; auf Leibholz nehmen Bezug z.B. Pieroth/Schlink, a.a.O., Rn. 436; Alexy, Theorie der Grundrechte, S. 364 ff.; Gubelt, in: v. M., Grundgesetz - Kommentar, Art. 3, Rn. 10 ff.; BVerfGE 4, 144 (145); Osterloh, in: Sachs, Grundgesetz - Kommentar, Art. 3, Rn. 8 ff..; Gusy, Der Gleichheitssatz, NJW 1988, S. 2506; Rodi, Faktische Nichtbesteuerung und Gleichheitssatz, NJW 1990, S. 3248. Bickenbach führt für Kanada an: „It is a wise man who said that there is no greater inequality than the equal treatment of unequals", a.a.O., S. 89. Dürig, in: M/D/H/S, Art. 3, Abs. I, Rn. 334, weist darauf hin, daß es sich bei diesem Willkürbegriff um einen objektiven Willkürbegriff handelt, der auch dann Anwendung findet, wenn der Gesetzgeber redlich war und es „gut" gemeint hat. Subjektive Vorwerfbarkeiten (im Sinne einer unredlichen oder schlechten Absicht) sind somit nicht erforderlich, erfüllen den Willkürbegriff allerdings erst recht.

[805] Dürig, in: M/D/H/S, Art. 3, Abs. I, Rn.321.

[806] Osterloh, in: Sachs, Art. 3, Rn. 9; BVerfGE 26, 302 (310); BVerfGE 10, 234 (246).

[807] BVerfGE 26, 302 (310); BVerfGE 50, 57 (77); Gusy, a.a.O., S. 2505; Alexy, Theorie der Grundrechte, S. 362 f.; Bickenbach, a.a.O., S. 90, der von S. 88 ff. an die,dissenting opinion'des Richters am Kanadischen Supreme court McIntyre aus dem Prozeß ,Law Society of British Columbia et Al. vs. Andrews et Al. (Supreme Court of Canada (1989), 56 D.L.R. (4 th) 1)' zitiert. Auch an diesem oben geäußerten Gedanken zeigt sich, daß es im Rahmen einer Erforderlichkeitsprüfung nicht auf das Merkmal einer gleichen Wirksamkeit des zu überprüfenden Eingriffsmittels ankommen kann. Da es keine identischen Sachverhalte gibt, könnten im Rahmen einer Erforderlichkeitsprüfung lediglich *ähnlich* wirkende Eingriffsmittel miteinander verglichen und überprüft werden. Hierbei taucht aber dann nicht die Frage nach der Wirkweise der Mittel auf, die in die Erforderlichkeitsprüfung gehört, um ein milder wirkendes Mittel zu finden, sondern die Frage danach, ob ein Mittel hinreichend ähnlich ist und es den Eingriffserfolg erreichen kann. Auch aus diesem Aspekt würde somit eine Verschiebung der Prüfung in die Geeignetheit oder die Proportionalität erfolgen. Siehe hierzu auch die im 2. Teil, S. 62 f. gemachten Ausführungen zum Erfordernis der gleichen Eignung.

Konstellationen[808]. Strukturell ist die Verschiedenheit der Anknüpfungspunkt für eine differenzierte Behandlung der Personen und Situationen. Daraus folgt jedoch zugleich das scheinbare Paradoxon, daß die Ungleichbehandlung dem in Art. 3, Abs. I GG gebrauchten Begriff der Gleichheit bereits strukturell immanent ist[809]. Die Evidenz einer Ungleichbehandlung anhand der Willkürformel richtet sich nach dem für die Unterscheidung von gleichen und ungleichen Sachverhalten zugrundegelegten Differenzierungskriterien. Jede Gleichheitsaussage erfordert einen vergleichenden Drittbezug, tertium comparationis genannt[810], und bezieht sich stets auf Personen- oder Personengruppen.[811] Dieser Drittbezug beantwortet die Frage - Gleichheit / Ungleichheit- in bezug worauf ? Die Problematik bei einer Anwendung von Art. 3, Abs. I GG ist daher die Auswahl eines sachgerechten Differenzierungskriteriums und die Frage nach der Willkür der ungleichen Behandlung bzw. dieser Auswahl [812]. Die Auswahl und Bestimmtheit eines Differenzierungskriteriums entscheidet darüber, ob ein Sachverhalt als (sehr) ähnlich und somit gleich im Sinne von Art. 3, Abs. I GG anzusehen ist, eine Ungleichbehandlung somit unzulässig wäre oder ob ein Sachverhalt als unähnlich und somit ungleich im Sinne von Art. 3, Abs. I GG einzustufen ist, was eine Ungleichbehandlung zuließe[813]. „Je ungenauer das Differenzierungskriterium bestimmt ist, desto größer sind die Gruppen der als gleich zu betrachtenden Sachverhalte und desto weniger besteht die Möglichkeit zu unterschiedlicher Behandlung; je genauer (inhaltsreicher) das Differenzierungskriterium ist, desto kleiner sind die Gruppen der als gleich zu betrachtenden Sachverhalte und desto größer ist die Möglichkeit zu unterschiedlicher Behandlung“[814]. Hinsichtlich der Festlegung des Differenzierungskriteriums wird dem Gesetzgeber ein weiter Spielraum zugestanden[815], was sich bereits aus dem Begriff der Evidenz folgern läßt. Ausschlaggebend für die Zulässigkeit eines zugrundegelegten Differenzierungskriteriums ist letztendlich der Gesetzeszweck, den der Gesetzgeber verfolgt, denn „dieser legt fest, was das Gesetz regeln will und welche Ungleichbehandlungen zu seiner Verwirklichung geboten sind. Damit determiniert er die Auswahl unter allen möglichen, in Betracht kommenden Differenzierungskriterien. Der Zweck des Gesetzes ist zugleich das Differenzierungsziel“[816]. Es besteht somit eine Wechselwirkung zwischen Differenzierungskriterium und Differenzierungsziel. Jedes Differenzierungskriterium ist jedoch zugleich Ausdruck eines Werturteils[817] und somit einer Interpretation. Es kommen auch hier die Aspekte zum Tragen, wie sie eingangs zu den interpretativen

---

808 In diesem Sinne Gubelt, in: v.M., Art. 3, Rn. 12; Alexy, Theorie der juristischen Argumentation, S. 336; dergl., Theorie der Grundrechte, S. 363; Osterloh, in: Sachs, Art. 3, Rn. 1 ff.; Pieroth/Schlink, a.a.O., Rn. 431.

809 Vgl. Osterloh, a.a.O., Rn. 1 ff., der auf den Satz Gustav Radbruchs abstellt: “Gleichheit ist immer nur Abstraktion von gegebener Ungleichheit“. Vgl. auch Dürig, in: M/D/H/S, Art, Abs. I, Rn. 1, 321. Ähnlich ist auch die Konzeption von Alexy, Theorie der Grundrechte, S. 378 ff., der durch die Zuordnung sowohl eines Prinzips der Gleichheit, als auch eines Prinzips der Ungleichheit zu Art. 3, Abs. I GG zu einer „fundamentalen Kollision“ gelangt. Aufgrund dieser Implantation ist die nach dem einen Prinzip bestehende Gleichbehandlung nach dem anderen Prinzip eine Ungleichbehandlung, und umgekehrt.Würde man nach Alexy diese Prinzipien zu einem ‚Oberprinzip der Gleichheit‘ zusammenfassen, entstünde ein „Paradox der Gleichheit“.

810 Dürig, in: M/D/H/S, Art. 3, Abs. I, Rn. 1, 321; Pieroth/Schlink, a.a.O., Rn. 431.

811 Dürig, a.a.O., Rn. 338.

812 Vgl. Osterloh, a.a.O., Rn. 25 ff..

813 In diesem Sinn Gubelt, in: Sachs, Art. 3, Rn. 12. Vgl. auch Alexy, Theorie der Grundrechte, S. 370; Pieroth / Schlink, a.a.O., Rn. 433 ff., 438 ff..

814 Gubelt, a.a.O..

815 BVerfGE 50, 57 (77).

816 Gusy, NJW 1988, S. 2507.

817 Gubelt, a.a.O., Rn. 13.

Ansätzen genannt worden sind.[818] Jede Auswahl eines Differenzierungskriteriums, so wurde gesagt, erfolgt im Hinblick auf ein bestimmtes Differenzierungsziel[819]. Diese Aussage ist im Großteil aller Fälle richtig, da gerade das Differenzierungsziel Ausdruck eines Werturteils, des interpretativen Ansatzes ist und Differenzierungskriterium und Differenzierungsziel einander bedingen. Dabei ist das Differenzierungsziel das Ziel, das durch die unterschiedliche Behandlung erreicht werden soll[820]. Indes darf die Absolutheit dieser Aussage bezweifelt werden. Der Begriff des Differenzierungszieles impliziert die Finalität einer differenzierenden Handlung. Gleichwohl gibt es Fälle, und der geprüfte Kontext der beratenden Tätigkeit von Banken erscheint als Beispiel dafür, daß dieses „Differenzierungsziel“ nicht vom Gesetzgeber definiert, nicht von ihm final gesetzt wird, sondern sich die Differenzierung / Ungleichbehandlung durch sich verändernde Umfeldbedingungen ergeben kann. Durch die sich verändernde Struktur der Banken und deren Übergang auch zu beratender Tätigkeit in wirtschaftlichen und finanziellen Angelegenheiten hat sich ein ‚Differenzierungsziel‘ für dieses Marktsegment ergeben, ohne das es zunächst vom Staat final gesetzt wurde. Als Differenzierungsziel könnte es aber im genannten Sinne in Betracht kommen, falls der Staat zwischenzeitlich diese veränderte Lage bemerkt hätte und durch ein bewußtes Unterlassen diese Differenzierung / Ungleichbehandlung nicht beseitigt hat und so zu diesem Differenzierungsziel gelangt wäre. Als ein solches bewußtes Unterlassen wäre es somit anzusehen, wenn der Staat die veränderte Sachlage und somit Ungleichbehandlung bei den Banken in bezug auf ihre beratende Tätigkeit im Zusammenhang mit § 53 StPO bemerkt hätte und die diversen Novellierungen der StPO bewußt nicht dazu genutzt hat, diese erkannte Ungleichheit durch Aufnahme der Banken in den Katalog des § 53 StPO zu beseitigen, soweit sie wirtschaftlich und finanziell beratend tätig sind, weil diese Differenzierung seine Billigung erfährt[821]. Indes kann bezweifelt werden, daß staatlicherseits die veränderte Tätigkeit der Banken zwischenzeitlich hinreichend aufgefallen wäre, zumal es an der bereits erwähnten Homogenität bei der Beratung durch Banken auf dem genannten Segment fehlt. Ein bewußtes Unterlassen und somit ein Differenzierungsziel liegt seitens des Staates somit nicht vor.

Es verbleibt die Suche nach einem Differenzierungskriterium im oben genannten Sinne, ohne daß ein Differenzierungsziel gegeben wäre, um die rechtliche und faktische Ungleichbehandlung der Banken, soweit sie beratend tätig sind, zu rechtfertigen. Ein Differenzierungskriterium zwischen den in § 53, Abs. I, Nr. 3 StPO genannten Berufsgruppen und Banken ist, daß beispielsweise ganz im oben dargestellten Sinne Rechtsanwälte und Steuerberater *ausschließlich* beratend tätig sind und dadurch eine Dienstleistung anbieten. Bei ihnen handelt es sich um freie Berufe. Banken hingegen gehen erst kürzere Zeit beratender Tätigkeit nach, wobei diese Tätigkeiten derzeit *noch* primär dazu dienen, den eigentlichen Geschäftsabschluß, zum Beispiel das konkrete Kreditengagement zu fördern. Banken üben ein Gewerbe und keinen freien Beruf aus, wenngleich sie in ihren Rechts-, Steuer- und sonstigen Spezialabteilungen auch eine Reihe von Freiberuflern beschäftigen. Bezüglich ihrer beratenden Tätigkeit sind sie keine homogene Gruppe. Diese Unterschiede rechtfertigen zur Zeit *noch* die Schlußfolgerung, daß ungleiche Personengruppen gegeben sind. Da Banken (zumindest die großen von ihnen) jedoch nach und nach dazu übergehen, ihre Spezial- und Beratungsabteil-

---

818 Siehe oben 2. Teil, S. 46 ff. (48).

819 Gubelt, in: v.M, Art. 3, Rn.14.

820 Gubelt, a.a.O..

821 Vgl. auch Rodi, NJW 1990, S. 3249, der den Gesetzgeber für die faktische Ungleichbehandlung der Steuerbürger durch die Steuerhebungsdefizite im Rahmen der Kapitalertragssteuer verantwortlich macht, da dieser bereits bei Erlaß der entsprechenden Gesetze aufgrund von Feststellungen des Bundesrechnungshofes hätte ersehen können (müssen), daß Steuererhebungsdefizite entstehen werden.

ungen / Teams auch im Sinne eines reinen Con-sultings tätig werden zu lassen, also dem Kunden rein beratend zur Seite zu stehen, ohne das konkrete Projekt zu finanzieren, gilt es, diese Entwicklung zu beobachten. Je mehr sich beratende Tätigkeit bei den Banken etabliert und vom tradierten Bankgeschäft abstrahiert wird, desto größer wird die Notwendigkeit werden, die in § 53, Abs. I, Nr. 3 StPO angelegte latente Ungleichheit für diese beratende Tätigkeit zu beseitigen. Momentan erscheint eine Differenzierung in der Behandlung der Banken, die auf diese Unterscheidung zu genannten Berufsgruppen abhebt, zumindest als nicht willkürlich. Es steigt zukünftig jedoch die Rechtfertigungslast für die Differenzierung. Ist jedoch in bezug auf die direkt von der Regelung des § 53 StPO betroffenen Banken die Differenzierung nicht willkürlich bzw. gleichheitswidrig, gilt dieses Ergebnis auch für die mittelbar betroffenen Bankkunden. Auch ihnen gegenüber kann sich die Versagung des Zeugnisverweigerungsrechts für die Banken nicht als gleichheitswidrige Behandlung, zum Beispiel im Vergleich zu den Mandanten, Klienten etc. der in § 53, Abs. I, Nr. 3 StPO genannten Berufsgruppen, darstellen.
Als ein weiteres Differenzierungskriterium erscheint auf den ersten Blick auch der Umstand, daß Banken in der Regel, jedoch nicht zwingend[822], juristische Personen in Form von Kapitalgesellschaften sind, die Träger der in § 53, Abs. I, Nr. 3 StPO genannten Berufe in der Regel hingegen nicht. Gleichwohl ist es auch den Trägern freier Berufe möglich, ihre Dienste zum Beispiel im Rahmen einer GmbH oder Aktiengesellschaft auszuüben[823]. Ein entscheidendes Differenzierungskriterium läßt sich hieraus jedoch nicht gewinnen, da das Zeugnisverweigerungsrecht auf die natürliche Person abstellt, zumal juristische Personen nur über und durch ihre natürlichen Mitglieder agieren können. Nicht eine insoweit abstrakte juristische Person, sondern lediglich die dahinter stehende natürliche Person kann als Zeuge befragt werden und ist Adressat von § 53 StPO. Auf die in diesem Gesichtspunkt ferner enthaltene Frage danach, inwieweit sich juristische Personen gemäß Art. 19, Abs. III GG überhaupt auf Grundrechte berufen können, muß an dieser Stelle aus Gründen der Systematik verzichtet werden. Diese Problematik wird primär im Zusammenhang mit der Untersuchung der Stellung von Firmenkunden, sowie im Verhältnis Staat - Bank relevant werden.

Rechtfertigt sich jedoch allein aus den geschilderten Unterschieden zwischen Banken und den in § 53, Abs. I, Nr. 3 StPO genannten Berufsgruppen, also der Ausübung eines Gewerbes und keines freien Berufs auf seiten der Banken, ihre fehlende inhomogene Erscheinungsweise in bezug auf die beratende Tätigkeit und der Umstand, daß die Beratung der Banken derzeit lediglich den Abschluß des Hauptgeschäfts fördern soll, gleichsam automatisch bereits die Conclusio, daß eine gleichheitswidrige Behandlung von Bank und Bankkunde vorliegend nicht gegeben ist, da ungleiche Personengruppen vorliegen, die ungleich behandelt werden?

---

822 Vgl. insoweit Fischer, in: BankRHdb., Bd. III, § 128, Rn. 2, § 131, Rn.16 ff.; Rümker, in: BankRHdb., Bd. III, § 124, besonders Rn.58 ff.. Bankkonzessionen gemäß § 32 KWG können auch an Personenhandelsgesellschaften erteilt werden. Seit Einführung von § 2a KWG ist die Zulassung von Einzelkaufleuten zum Betrieb von Kreditinstituten unzulässig. Eine Besonderheit stellen insofern auch Volksbanken dar, die gemäß § 39, Abs. II KWG die Rechtsform einer eingetragenen Genossenschaft besitzen, sowie Sparkassen, Landesbanken etc. im Sinne von § 40, Abs. I KWG, die in der Regel Anstalten öffentlichen Rechts darstellen. Von diesen zu unterscheiden sind insofern „Sparkassen" im Sinne des § 40, Abs. I, Ziff. 2 KWG (z.B. Hamburger Sparkasse von 1836, Kieler Spar- und Leihkasse), die ihren tradierten Namen beibehalten durften. Bei diesen 7 sog. ‚freien' Sparkassen handelt es sich tatsächlich um Banken im Sinne des KWG -vgl. dazu, Fischer, a.a.O., § 131, Rn. 18; Rümker, a.a.O., Rn. 89.

823 So ist zum Beispiel die Führung einer Zahnarztpraxis oder Rechtsanwaltskanzlei in Form einer GmbH möglich. Auch denke man an die Rechtsformen privater Krankenhausbetreiber, die als GmbH oder AG firmieren (z.B. die Rhön-, Marseille-, Helios-, Asklepios- oder Eiffelhöhen - Kliniken etc.).

Nicht ganz. Die Rechtsprechung des Bundesverfassungsgerichts ist bei der bloßen Evidenzprüfung hinsichtlich einer Ungleichbehandlung anhand der Willkürformel nicht stehen geblieben, sondern hat diese erstmals in der Präklusionsentscheidung[824] durch die sog. ‚neue' Formel weiter exemplifiziert, nicht ersetzt [825]. Aufgrund der bisherigen Willkürformel lag für das Bundesverfassungsgericht „ein Verstoß gegen den allgemeinen Gleichheitssatz erst dann vor, wenn die vom Gesetzgeber für einzelne Tatbestände getroffene Sonderregelung *offensichtlich* (Hervorhebung von M.H.) nicht am Gerechtigkeitsgedanken orientiert ist, wenn sich für sie also keine vernünftigen Erwägungen finden lassen, die sich aus der Natur der Sache ergeben oder sonstwie einleuchtend sind"[826]. Dieses eröffnete dem Staat, anknüpfend an die oben gemachten Ausführungen, einen prärogativen Spielraum in der Behandlung der verschiedenen Konstellationen[827], die das Bundesverfassungsgericht nur eingeschränkt überprüfen kann, ohne die Funktion des Staates der Lenkung und Beurteilung von Lebenssachverhalten zu übernehmen und zu einer ‚Gerechtigkeitsinstanz' zu werden[828]. „Welche Elemente der zu ordnenden Lebensverhältnisse maßgebend dafür sind, sie rechtlich gleich oder ungleich zu behandeln, entscheidet grundsätzlich der Gesetzgeber".[829] Weiter heißt es, der Gesetzgeber habe diesbezüglich „weitgehende Gestaltungsfreiheit".[830] „Sie endet erst dort, wo die gleiche oder ungleiche Behandlung der geregelten Sachverhalte nicht mehr mit einer am Gerechtigkeitsgedanken orientierten Betrachtungsweise vereinbar ist, wo also ein einleuchtender Grund für die Gleichbehandlung oder Ungleichbehandlung fehlt. Nur die Einhaltung dieser äußersten Grenzen der gesetzgeberischen Freiheit (Willkürverbot) ist vom Bundesverfassungsgericht nachzuprüfen, nicht aber, ob der Gesetzgeber im Einzelfall die jeweils zweckmäßigste, vernünftigste und gerechteste Lösung gefunden hat".[831]

Die Explikation des Willkürverbots durch die ‚neue' Formel, in der Präklusionsentscheidung des Bundesverfassungsgerichts[832], besteht darin, daß eine Verletzung des Gleichheitssatzes vor allem dann besteht, „wenn eine Gruppe von Normadressaten im Vergleich zu anderen Normadressaten anders behandelt wird, obwohl zwischen beiden Gruppen keine Unterschiede von solcher Art und solchem Gewicht bestehen, daß sie die ungleiche Behandlung rechtfertigen könnten"[833]. ‚Neu' war an der Entscheidung des Gerichts neben der Abstellung auf Vergleichsgruppen, daß das Gericht nicht mehr allein auf die Evidenz der ungleichen

---

[824] BVerfGE, Beschluß vom 07.10.1980 (1 BvL 50/79). Vgl. auch BVerfGE 55, 72 ff.; BVerfGE 60, 123 (133 f.).

[825] Osterloh, in: Sachs, Grundgesetz-Kommentar, Art. 3, Rn. 13; Sachs, Die Maßstäbe des allgemeinen Gleichheitssatzes - Willkürverbot und sogenannte neue Formel, JuS 1997, S. 125; Jarass, Folgerungen aus der neueren Rechtsprechung des BVerfG für die Prüfung von Verstößen gegen Art. 3 I GG, NJW 1997, S. 2545 ff..

[826] BVerfGE 10, 234 (246). So auch BVerfGE 33, 367 (384).

[827] Pieroth/Schlink, a.a.O., Rn. 444 f.; Gubelt, in: v.M., Art.3, Rn.19 ff. .

[828] In Kanada beispielsweise wird diese Prärogative des Staates hinsichtlich seiner Differenzierungskriterien sehr ähnlich gesehen.. „It is, of course, obvious that legislatures may - and to govern effectively must - treat different individuals and groups in different ways. Indeed, such distinctions are one of the main preoccupations of legislatures. The classifying of individuals and groups. The application of different rules, regulations, requirements and qualifications to different persons is necessary for the governance of modern society. As noted above, for the accomodation of differences, which is the essence of true equality, it will frequently be necessary to make distinctions..." - Bickenbach, a.a.O., S. 92.

[829] BVerfGE 26, 302 (310). In diesem Sinne auch Gusy, NJW 1988, S. 2507.

[830] BVerfGE, a.a.O..

[831] BVerfGE, a.a.O..

[832] BVerfG, Beschluß vom 07.10.1980 (1 BvL 50/79).

[833] BVerfGE 55, 72 (88).

Behandlung rekurriert hat, sondern zusätzlich -denn die Evidenzkomponente wurde nicht aufgegeben- eine Abwägungskomponente einführte, indem es auf die Prüfung der Verhältnismäßigkeit einer Personengruppe in bezug auf eine Vergleichsgruppe abstellt.[834] Das Willkürverbot ist danach verletzt, wenn die „Ungleichbehandlung der Regelung evident ist".[835] Für *Alexy* beinhaltet der Gleichheitssatz ein Prinzip der Gleichheit, welches „prima facie eine Gleichbehandlung fordert und eine Ungleichbehandlung nur dann zuläßt, wenn sie durch gegenläufige Gründe gerechtfertigt werden kann".[836] Auch hier geht es somit um das bekannte Zusammenspiel von Grund und Gegengrund. Auf diese Weise wird der ehemals weitgehend freie prärogative Spielraum des Gesetzgebers in bezug auf Differenzierungsziel und -kriterium im Rahmen des Gleichheitssatzes eingeschränkt und einer gerichtlichen Kontrolle unterworfen. Entscheidend für die Ausrichtung auch des Gleichheitsgrundsatzes am Verhält-nismäßigkeitsgrundsatz aufgrund der neuen Formel ist die Frage danach, ob die Ungleichbehandlung auch Relevanz für die grundrechtlich geschützten Freiheitsrechte hat.[837] Besonders deutlich wird dieses in der Entscheidung des Bundesverfassungsgerichts zum Haschischkonsum.[838] Dort heißt es: „Der allgemeine Gleichheitssatz verlangt um so strengere Beachtung, je stärker sich die Ungleichbehandlung von Personen oder Sachverhalten auf die Auswirkung grundrechtlich geschützter Freiheiten nachträglich auswirken kann. Der unterschiedlichen Tragweite der Grundrechte entspricht eine abgestufte Kontrolldichte bei der verfassungsrechtlichen Prüfung. Bei Regelungen, die sich auf die Wahrnehmung von Grundrechten nachteilig auswirken, prüft das Bundesverfassungsgericht nach, ob für die vorgesehene Differenzierung Gründe solcher Art und solchem Gewicht bestehen, daß sie die ungleichen Rechtsfolgen rechtfertigen können".[839] Deutlich erscheint die bereits bekannte Je - desto - Formel des ersten Abwägungsgesetzes. Hinsichtlich der Abstellung auf Vergleichsgruppen im Rahmen des Gleichheitssatzes wird zwischen personen- und sachbezogenen Differenzierungskriterien unterschieden, deren jeweilige Betroffenheit eine unterschiedlich intensive Überprüfung anhand des Verhältnismäßigkeitsgrundsaztes zur Folge hat.[840] Personenbezogene Differenzierungskriterien erfordern in diesem Zusammenhang eine intensivere Überprüfung anhand des Verhältnismäßigkeitsgrundsatzes, als sachbezogene. Die Unterscheidung zwischen personenbezogenen und sachbezogenen Differenzierungskriterien wird dabei danach getroffen, ob die Benachteiligten den begünstigenden Sachverhalt in ihrer Person, zum Beispiel durch ihr Verhalten, nicht oder nur schwer erfüllen können.[841] Bei personenbezogenen Merkmalen wird zum Teil auf die Nähe zu den Merkmalen des Art. 3, Abs. III GG abgestellt.[842] Entscheidend sei, daß es in bezug auf personenbezogene Differenzierungskriterien um eine Generalisierung geht.

---

[834] Sachs/Osterloh, Art. 3, Rn. 13 ff.; Sachs, JuS 1997, S. 126 ff.; Jarass, NJW 1997, S. 2546 ff.; Rodi, NJW 1990, S. 3248.

[835] Vgl. Borowski, Grundrechte als Prinzipien, S. 373. BVerfGE 88, 87 (97); BVerfGE 89, 15 (23); BVerfGE 90, 46 (56).

[836] Alexy, Theorie der Grundrechte, S. 373.

[837] Sachs/Osterloh, Art. 3, Rn. 15; Sachs, JuS 1997, S. 127 ff.; Jarass, NJW 1997, S. 2547 f..

[838] BVerfG, Beschluß vom 24.06.1993 (1 BvR 689/92), BVerfGE 89, 69 ff..

[839] BVerfGE 89, 69 (89); siehe auch BVerfGE 60, 123 (133 f.); Sachs/Osterloh, a.a.O., Rn. 32.

[840] Sachs, JuS 1997, S. 128 f.; Jarass, NJW 1997, S. 2547 ff..

[841] Jarass, a.a.O., S. 2547; Sachs, a.a.O., S. 129, m.w.N..

[842] Sachs, a.a.O.. Sachs/Osterloh, a.a.O., Rn. 27 weisen darauf hin, daß eine strikte Trennung zwischen personen- und sachbezogenen Differenzierungskriterien nur schwer möglich erscheint, da es sachverhaltsbezogene Differenzierungen gäbe, die mittelbar auch als personenbezogene Kriterien zu bezeichnen wären.

Nicht der atypische Einzelfall, sondern nur eine relevante, ins Gewicht fallende Gruppe Betroffener sei Bezugspunkt.[843] Hinsichtlich der Differenzierung in Vergleichsgruppen konnte dasBundesverfassungsgericht bereits auf Erfahrungen des nordamerikanischen Rechtskreises zurückgreifen.[844] In Kanada spricht man in diesem Zusammenhang zum Beispiel von einem ‚similarly situated test‘ oder einem ‚comparative concept‘[845], das eine Relation zwischen der Ungleichbehandlung verschiedener Vergleichsgruppen ermöglicht, indem auf den Gesichtspunkt einer aristotelischen formalen Gleichheit abgestellt wird. Dort heißt es beispielsweise: „... the essential meaning of the constitutional requirement of equal protection and equal benefit is that persons who are ‚similarly situated be similarly treated‘ and conversely, that persons who are ‚differently situated be differently treated... ." Weiter heißt es: „The similarly situated test is a restatement of the Aristotelian principle of formal equality - that ‚things that are alike should be treated alike, while things that are unalike should be treated unalike in proportion to their unalikeness...".[846]

Auch in Deutschland erfolgt in Folge der neuen Formel im Rahmen des Gleichheitssatzes nunmehr eine Überprüfung anhand einer proportionalen Ausrichtung von Vergleichsgruppen aneinander. Nach der vorgestellten Meinung *Alexy's* ist ein Prinzip der Gleichheit in Art. 3 GG enthalten, „daß prima facie eine Gleichbehandlung fordert und eine Ungleichbehandlung nur dann zuläßt, wenn sie durch gegenläufige Gründe gerechtfertigt werden kann".[847] Dieses entspricht dem Grundsatz der Proportionalität. Nach dem zuvor Gesagten ist die Intensität der Überprüfung des Gleichheitssatzes auch anhand des Verhältnismäßigkeitsgrundsatzes im Rahmen einer Je - desto - Betrachtung davon abhängig, ob und inwieweit die zu überprüfende Regelung auch nachteilige Auswirkungen auf freiheitliche Grundrechtspositionen des Benachteiligten entfaltet.[848] Da zusätzlich noch hinsichtlich der Überprüfungsintensität danach differenziert wird, ob abgrenzbare Personen- oder Sachgruppen betroffen sind, handelt es sich letztendlich somit um eine (inzidente) doppelte Anwendung der Je - desto - Formel. Auch bei der Betrachtung zweier Vergleichsgruppen im Rahmen des Gleichheitssatzes erfolgt somit eine relationale Betrachtung zweier Variabler, wie es bei der Proportionalität als dem dritten Teilgrundsatz der Verhältnismäßigkeitsprüfung der Fall ist, wobei es gilt, diese ins rechte Verhältnis zueinander zu setzen, um die getroffene Differenzierung als gleichheitskonform oder gleichheitswidrig zu qualifizieren. Es geht um die Proportionalität zweier Vergleichsgruppen in bezug auf ihre Ungleichheit.[849] Insofern ist dem Einwand *Husters* zuzustimmen, der anführt, daß die im Rahmen der neuen Formel durchzuführende Gleichheitsprüfung anhand des Verhältnismäßigkeitsgrundsatzes diesem nicht die herkömmlich zufallende Betrachtung einer Mittel - Zweck - Relation zufällt, sondern es sich um eine Entsprechensprüfung handelt, die sich auf die Verschiedenheiten des Regelungsgegenstandes bezieht und der die unterschiedlichen Rechtsfolgen adäquat sind und einander entsprechen müssen.[850] Bei den jeweiligen

---

843 Osterloh, a.a.O., Rn. 28.

844 Vgl. Sachs, a.a.O., S. 127; Jarass, a.a.O., S. 2547, die auf den US-Supreme Court verweisen.

845 Bickenbach, a.a.O., S. 89. Über das ‚concept of equality‘ heißt es: „It is a comparative concept, the concept of which may be attained or discerned by comparison with the condition of others in the social and political setting in which the question arises".

846 Bickenbach, a.a.O., S. 90.

847 Alexy, Theorie der Grundrechte, S. 373. Vgl. auch die Darstellung bei Osterloh, a.a.O., Rn. 13 ff..

848 So ausführlich Sachs, JuS 1997, S. 129 f.; Jarass, NJW 1997, S. 2547, 2458 ff..

849 In diesem Sinne Bickenbach, a.a.O., S. 90

850 Huster, Gleichheit und Verhältnismäßigkeit, JZ 1994, 547 ff.; In diesem Sinne auch Sachs, JuS 1997, S. 129; anderer Ansicht Borowski, a.a.O., S. 375 ff. (392 f.).

Vergleichsgruppenn handelt es sich um zwei Variable, die betrachtet werden, während bei einer Mittel - Zweck - Betrachtung lediglich eine Variable besteht. Dieses wurde bereits oben im Zusammenhang mit der Proportionalität ausgeführt. Im Rahmen der proportionalen Betrachtung ist eine differenzierende Regelung, die den Verschiedenheiten ihres Gegenstandes / ihrer Vergleichsgruppe entspricht, nicht gleichheitswidrig im Sinne des Art. 3, Abs. I GG.[851]
Es wurde bereits von den Berufsgruppen und ihren Klienten, Mandanten etc. gesprochen, die in § 53, Abs. I, Nr. 3 StPO aufgeführt sind. Diese wurden in bezug auf das Zeugnisverweigerungsrecht mit der Berufsgruppe der Banken und ihren Kunden verglichen. Bei diesen Berufsgruppen handelt es sich um zwei personenbezogene Vergleichsgruppen im Sinne der ‚neuen' Formel, da auf das persönliche Merkmal eines Berufes abgestellt wird. Durch die Versagung eines Zeugnisverweigerungsrechts auf seiten der Banken kommt es zu einer Betroffenheit in deren durch Art. 12 und 14 GG prima facie geschützen Grundrechtsposition, worauf noch eingegangen wird. Darüberhinaus kommt es zu einer mittelbaren Grundrechtsbeeinträchtigung auf seiten des Bankkunden im Bereich seiner grundrechtlich geschützten Position der informationellen Selbstbestimmung, da aufgrund der Weite des Eingriffsbegriffs auch mittelbare Beeinträchtigungen erfaßt werden. Die Differenzierung hat somit Relevanz für die genannten Freiheitsrechte. Die beiden Vergleichsgruppen können daher im Rahmen einer verhältnismäßigen, proportionalen Betrachtung miteinander verglichen werden, was somit geschehen ist. Auf die oben gemachten differenzierenden Ausführungen kann daher verwiesen werden.
Es soll deshalb festgehalten werden, daß derzeit eine willkürliche Unterscheidung der Banken bei der Behandlung des Zeugnisverweigerungsrechts in bezug auf die anderen Berufsgruppen als nicht gegeben erscheint. Die Vergleichsgruppe ‚Banken' stellt hinsichtlich ihrer beratenden Tätigkeit noch keine hinreichend homogene Gruppe dar. Ferner üben sie ein Gewerbe und keinen freien Beruf aus. Die Differenzierung in bezug auf das Zeugnisverweigerungsrecht des § 53, Abs. I, Nr. 3 StPO ist *noch* kein verfassungsrechtlicher Verstoß gegen Art. 3, Abs. I GG. Für die von diesem Ergebnis mittelbar betroffenen Bankkunden gilt nichts anderes. Das Fehlen eines Zeugnisverweigerungsrechts der Banken im Sinne von § 53 StPO führt zu keiner gleichheitswidrigen Behandlung der Bankkunden in bezug auf die Mandanten, Klienten etc. der in § 53, Abs. I, Nr. StPO genannten Berufsgruppen. Die Tatsache allein, daß Banken aufgrund des fehlenden Zeugnisverweigerungsrechts auch Auskünfte über kundenrelevante Belange erteilen müssen, ist daher keine verfassungswidrige Durchbrechung des Bankgeheimnisses. Damit ist freilich noch nicht gesagt, unter welchen Voraussetzungen Banken um Auskünfte seitens der Ermittlungsbehörden ersucht werden können, ohne das Recht auf informationelle Selbstbestimmung des Bankkunden zu verletzen.

(2.1.2.) Die Beschlagnahme gemäß §§ 94 ff. StPO

Gleichsam als Bindeglied zwischen dem soeben behandelten Zeugnisverweigerungsrecht und der nachfolgend zu behandelnden Durchsuchungsproblematik steht die Beschlagnahme von Beweisgegenständen gemäß §§ 94 ff. StPO. Als Bindeglied stellt sich die Beschlagnahme von Beweisgegenständen zwischen den oben genannten Problembereichen dar, weil das Zeugnisverweigerungsrecht der in § 53 StPO genannten Personen und ihrer in § 53 a StPO genannten Berufshelfer gemäß § 97 StPO dazu führt, daß bei diesen Personen eine Beschlagnahme nur

[851] Vgl. Sachs, a.a.O..

unter den in § 97, Abs. II StPO genannten, eingeschränkten Voraussetzungen möglich ist und eine Durchsuchung im Sinne der §§ 102 ff. StPO entweder zur Ergreifung des Tatverdächtigen oder zur Auffindung von Beweismitteln führen muß. Aufgrund dieser Bindegliedfunktion werden zum Teil auch beschlagnahmespezifische Probleme bei der Frage nach einem Zeugnisverweigerungsrecht der Banken und bei der Durchsuchungsproblematik ausgeführt, da diese Fragenkomplexe eng miteinander verzahnt sind. Gemäß § 94 StPO sind Gegenstände, die als Beweismittel für die Untersuchung (einer Straftat) von Bedeutung sein können, zu beschlagnahmen, wenn sie nicht freiwillig herausgegeben werden[852]. Gemäß § 98, Abs. I StPO dürfen Beschlagnahmen nur durch den Richter, bei Gefahr im Verzug auch durch die Staatsanwaltschaft und ihre Hilfsbeamten angeordnet werden.[853] Die Anordnung der Beschlagnahme ist zu begründen (§ 34 StPO). Aufgrund des Wortlautes von § 94 StPO soll die potentielle Beweisbedeutung eines Mittels ausschlaggebend sein.[854] „Es muß die Möglichkeit bestehen, daß er (sc. der Beweisgegenstand -M.H.) zu Untersuchungszwecken verwendet werden kann; für welche Beweisführung er im einzelnen in Betracht kommt, braucht noch nicht festzustehen".[855] Gleichwohl führt auch das Bundesverfassungsgericht aus, daß es nicht ausreicht, aufgrund der bloßen Möglichkeit, daß ein gesetzlich zulässiger Vorgang von Straftätern mißbraucht werden könnte, eine Beschlagnahme von Betriebsunterlagen zu rechtfertigen.[856] Folglich müssen weitere, konkrete Hinweise (konkrete Verdachtsmomente)[857] dafür vorliegen, daß eine Straftat oder ein steuerlich erheblicher Vorgang stattgefunden hat. Aufgrund der rein potentiellen Beweisbedeutung eines Gegenstandes oder eines Schriftstückes bzw. einer Urkunde für das Ermittlungsverfahren zeigt sich, daß der Begriff der Beweisbedeutung für sich betrachtet neutral ist und die Frage impliziert: Beweisbedeutung, in bezug worauf? Trennendes und konkretisierendes Moment ist somit die Verknüpfung des Begriffes der Beweisbedeutung mit dem Bezug auf das Ermittlungsverfahren, „die Untersuchung". Die Untersuchung dient der Aufklärung von Straftaten und ist somit zweckgerichtet. Dieses bedeutet jedoch, daß zumindest der Anfangsverdacht einer Straftat bestehen muß, um zu einer wenigstens potentiellen Beweisbedeutung eines Gegenstandes bzw. Schriftstückes zu gelangen.[858] Die Beschlagnahmebefugnisse der §§ 94 ff. StPO ermöglichen es somit in keiner Weise, die Beschlagnahme von Gegenständen usw. an den Anfang eines Ermittlungsverfahrens zu stellen, um über den Weg einer Beschlagnahme einen Anfangsverdacht einer Straftat

---

852 Sonst erfolgt Sicherstellung - vgl. § 94, Abs. II StPO. Eine freiwillige Herausgabe von Bankunterlagen kommt aufgrund des zivilrechtlichen Schutzes des Bankgeheimnisses und der damit verbundenen Schadenersatzpflicht regelmäßig nicht in Betracht - vgl. Sichtermann/Feuerborn, a.a.O., § 16, S. 335.

853 Gefahr im Verzug soll hierbei vorliegen, wenn die richterliche Anordnung nicht eingeholt werden kann, ohne daß der Zweck der Maßnahme gefährdet wird - Kleinknecht/Meyer-Goßner, a.a.O., § 98, Rn. 6. Gefahr im Verzug wird bei Beschlagnahmesituationen in Banken in Verfahren, die sich gegen Bankkunden richten selten gegeben sein, da bei diesen Verfahren in der Regel davon ausgegangen werden kann, daß sich Banken der Staatsanwaltschaft gegenüber loyal verhalten und daß Kreditinstitute als Beweismittel in Betracht kommende Unterlagen nicht beseitigen und verfälschen -vgl. Sichtermann/Feuerborn, a.a.O., S. 337; Dahm / Schebesta / Schroeter / Weber, a.a.O., Rn. 21; Dahm, in: BuB, Kap.2, Rn. 2/890; Bruchner, in: BankRHdb., § 39, Rn. 56; Kirchherr/Stützle, a.a.O., S. 18; Fischer, a.a.O., S. 203 f.; Ungnade, a.a.O., S. 1215 f.; Müller-Brühl, Die Stellung der Kreditinstitute in Steuerverfahren ihrer Kunden, NSt. 1988, S. 43.

854 Kleinknecht/Meyer-Goßner, a.a.O., § 94, Rn. 6; BVerfGE vom 13.12.1994, in: Wistra 1995, 139 ff.(140) - Dresdner-Bank.

855 Kleinknecht/Meyer-Goßner, a.a.O..

856 BVerfGE, a.a.O.; BVerfGE 44, 353 (380). Vgl. auch Leisner, Ausforschungsbeschlagnahme, BB 1995, S. 527, der auf die ansonsten bestehende Uferlosigkeit von Ermittlungsmaßnahmen hinweist.

857 BVerfG-Wistra 1995,140.

858 Bruchner, in: BankRHdb., Bd. I, § 39, Rn. 48; Kircherr/Stützle, a.a.O., S. 19.

erst zu erlangen. „Der Tatverdacht wegen einer einzelnen Straftat rechtfertigt noch nicht den Anfangsverdacht wegen weiterer Straftaten, wenn keine zusätzlichen konkreten Anhaltspunkte hierfür ersichtlich sind“.[859] Dieses schließt zwar nicht aus, daß anläßlich einer Durchsuchungshandlung, die im Kontext zu einem bestimmten Ermittlungsverfahren steht, Beweisgegenstände, Unterlagen etc. beschlagnahmt werden können, die potentiell bedeutsam für ein daraufhin zu eröffnendes, neues Ermittlungsverfahren sind (sog. echte Zufallsfunde - § 108 StPO) und somit am Anfang einer Untersuchung stehen.[860] Diese Möglichkeit der Beschlagnahme von Zufallsfunden besteht jedoch nur in engen Grenzen. Der Begriff des Zufallsfundes besagt bereits, daß der Fund von sich aus auf die Verübung einer anderen Straftat hindeuten muß.[861] § 108 StPO gestattet es nicht, aus Anlaß einer Durchsuchung wegen eines bestimmten Beschuldigten Ausschau nach Tatsachen zu halten und Nachforschungen zu betreiben, die es unter Umständen ermöglichen gegen bisher unbeteiligte, unbekannte Bankkunden vorzugehen.[862] Eine pauschale Sicherstellung von Kontounterlagen in großem Ausmaß erfüllt nicht die Voraussetzungen eines Zufallsfundes, da diese nicht von sich aus auf die Verübung einer anderen Straftat hindeuten, sondern eine anderweitige Straftat erst durch weitergehende Ermittlungen gegen die bisher unbekannten und unbeteiligten Personen festgestellt werden kann.[863] Es soll somit verhindert werden, daß eine bewußte Umgehung der normierten Ermittlungsbefugnisse stattfindet, also eine Ermittlung „ins Blaue hinein“, um bis dato den Ermittlungsbehörden völlig unbekannte und im übrigen bisher unverdächtige Bürger einer solchen Untersuchung unterziehen zu können. Denn hier würde die oben genannte Abstraktion in die einzelnen Verhältnisse umgangen werden. Auf diese Weise erlangte Beweismittel stellen keine Zufallsfunde im Sinne von § 108 StPO dar. Sie sind unverwertbar in bezug auf den bis zu diesem Zeitpunkt unverdächtigen Bürger. Verwertet werden können sie im Verhältnis zu dem Bürger, dessen Verhalten die Ermittlungsmaßnahme initiiert hat. Eine sogenannte „gezielte Suche nach Zufallsfunden“[864] ist unzulässig.[865] Erst recht unzulässig ist eine Durchsuchung, die lediglich als Vorwand dafür benutzt wird, systematisch nach Gegenständen zu suchen, auf die sich die Durchsuchungs- bzw. Beschlagnahmeanordnung nicht bezieht.[866] Diese Anordnung hat somit limitierende Wirkung für die Frage der „Zufälligkeit“ eines Beweismittelfundes.[867] Nach Auffassung des Bundesverfassungsgerichts[868] stellt eine Durch-

---

859 Bruchner, a.a.O., m.w.N.. So auch Kirchherr/Stützle, a.a.O..

860 In diesem Sinne: z.B. LG - Arnsberg, ZiP 1987, 891.

861 So auch Kirchherr/Stützle, a.a.O., S. 22; Joecks, Die Stellung der Kreditwirtschaft im steuerstrafrechtlichen Ermittlungsverfahren gegen Kunden, WM 1998, Sonderbeilage Nr. 1/1998, S. 26.

862 Bruchner, in: BankRHdb., Bd. I, § 39, Rn. 52, 53; Joecks, a.a.O.; Dahm/Schebesta/Schroeter/Weber, a.a.O., Rn. 23; Dahm, in: BuB, Kap. 2, Rn. 2/892.

863 Bruchner, a.a.O..

864 Ein sprachliches Paradoxon, da bei einer planmäßigen Suche von einem Zufallsfund keine Rede sein kann. Daher ist auch die Voraussetzung des § 108 StPO „Zufall“ nicht erfüllt. § 108 StPO ist unanwendbar - vgl. LG - Arnsberg, a.a.O.; LG - Bonn, NJW 1981, 293.

865 Kleinknecht/Meyer-Goßner, a.a.O., § 108, Rn. 1; Kniffka, Durchsuchung von Kreditinstituten, Wistra 1987, S. 309, 312 f.; LG - Arnsberg, a.a.O.; LG - Bonn, NJW 1981, 293; Gast-de Haan, in: Klein, AO-Kommentar, § 399, Anm.12 a; Schuhmann, Durchsuchung und Beschlagnahme im Steuerstrafverfahren, Wistra 1993, S. 98; Joecks, a.a.O.; Dahm, in: BuB, a.a.O.; Kirchherr/Stützle, a.a.O., S. 23.

866 Kleinknecht/Meyer-Goßner, a.a.O.; Joecks, WM 1998, Sonderbeilage Nr. 1, S. 26; Dahm, in: BuB, Kap. 2, Rn. 2/892.

867 Kniffka, Wistra 1987, S. 312; LG-Bonn, a.a.O.; LG-Arnsberg, a.a.O.; Ehlers, Durchsuchung-Beschlagnahme-Bankgeheimnis, BB 1978, S. 1514; Bruchner, in: BankRHdb., § 39, Rn. 49 f.; BVerfGE 42, 212 (220) - Quick - Entscheidung; Selmer, a.a.O., S. 91; vgl. auch Schuhmann, Wistra 1993, S. 98, der sich auf Streck, Die Steuerfahndung, Rn. 295 bezieht.

868 BVerfGE, a.a.O..

suchung „schon ihrer Natur nach regelmäßig einen schwerwiegenden Eingriff in die grundrechtlich geschützte Lebenssphäre des Betroffenen, namentlich in die Grundrechte aus Art. 2 und 13 GG dar. Sie steht daher ebenso wie ihre Anordnung von vornherein unter dem allgemeinen Rechtsgrundsatz der Verhältnismäßigkeit. Damit allein ist indessen ein ausreichender Schutz des Betroffenen gegen Übergriffe der Behörden bei Durchsuchungsmaßnahmen nicht gewährleistet. Selbst wenn die Anordnung der Durchsuchung in angemessenem Verhältnis zur Schwere der Straftat und zur Stärke des Tatverdachts steht, zur Ermittlung und Verfolgung der Straftat erforderlich ist und den Erfolg verspricht, geeignete Beweismittel zu erbringen, so ist damit nicht sichergestellt, daß auch die Durchführung der an sich zulässigen Zwangsmaßnahme mit der Verfassung und den Vorschriften der Strafprozeßordnung in Einklang steht. Der Schutz der Privatsphäre des Betroffenen darf nicht allein den Beamten, denen die Durchsuchung obliegt, überlassen bleiben. Es ist vielmehr Aufgabe des Richters, von vornherein für eine angemessene Begrenzung der Zwangsmaßnahme Sorge zu tragen". In der Praxis freilich ist es mit dieser Begrenzung und theoretischen Gesichtspunkten jedoch nicht weit her, wie ein exemplarischer Blick auf ein kürzlich ergangenes Urteil des LG - Koblenz zeigt.[869] Das Urteil ist nämlich in dem hier interessierenden Punkt völlig indifferent, weil dort zwar die limitierende Wirkung des Durchsuchungsbeschlusses in Bezug auf die Zufälligkeit der Beweismittelfunde grundsätzlich erkannt wird, jedoch zugleich ausgeführt wird, daß der Richter bei Erlaß der Durchsuchungsanordnung regelmäßig noch nicht in der Lage sei, „zu überblicken, welche konkreten Beweismittel später bei der Durchsuchung vorgefunden werden. Erst nach Auswertung der vorgefundenen Unterlagen kann entschieden werden, welche der vorgefundenen Unterlagen als Beweismittel in Betracht kommen".[870] Pikant sind diese Aussagen insofern, als das in dem vorliegenden Fall kurzerhand sämtliche Unterlagen (insgesamt 700 Umzugskartons !) sichergestellt wurden, die überhaupt von Relevanz sein könnten.[871] Bei der Mitnahme sämtlicher Unterlagen[872] oder einer sehr großen Anzahl von Unterlagen[873] kann es sich freilich bei den vorgefundenen Beweismitteln nicht um Zufallsfunde handeln, da jedenfalls der Zufall bei derartigen Funden keine Rolle spielt.[874] Die limitierende Wirkung einer nach § 34 StPO erforderlichen Begründung der Beschlagnahmeanordnung entfällt in dem Fall des LG - Koblenz überdies vollständig.[875] Dieses wird unten noch weiter ausgeführt werden.

Die begrenzende Funktion einer Durchsuchungsanordnung wirkt sich auch auf die Beweismittel aus, denen die Durchsuchung gilt. Deshalb kann nicht während einer Durchsuchung, die im Verhältnis zu einem bestimmten Bürger durchgeführt wird, ein neues Strafverfahren gegen einen anderen Bürger eingeleitet und die Durchsuchung ausgeweitet werden.[876] § 108 StPO soll nur sicherstellen, daß ein ermittelnder Beamter bei einer Durchsuchung nicht wegen

---

869 LG - Koblenz, Urteil vom 24.07.1998 (10 Qs 20/98; 25/98), in: WM 1998, S. 2290 ff..

870 LG - Koblenz, a.a.O., S. 2292.

871 Vgl. zu Fällen dieser Art Bruchner, in: BankRHdb., § 39, Rn. 49.

872 Vgl. insofern den unten auf S. 136 geschilderten Fall der HCM, bei der *alle* Unterlagen aller 3.500 (!) Konten beschlagnahmt wurden.

873 Vgl. insofern den unten auf S. 136 geschilderten Fall der Dresdner-Bank, bei der Unterlagen von rund 40.000 (!) Konten beschlagnahmt wurden.

874 Vgl. Bruchner, in: BankRHdb., § 39, Rn. 52. In diesem Sinne auch Kirchherr/Stützle, a.a.O., S. 23, die sich auf ein Urteil des LG - Hamburg, in: NJW 1978, 958 ff. beziehen. Dort hatte das Gericht die Beschlagnahme sämtlicher Unterlagen einer Bank gerechtfertigt, da die Beschlagnahme der Funde, die andere Bankkunden betrafen als ursprünglich intendiert, gerechtfertigt gewesen sei, weil dadurch Steuerhinterziehungen dieser Bankkunden aufgedeckt worden seien und die beschlagnahmten Unterlagen hierfür als Beweismittel in Frage kämen.

875 Bruchner, in: BankRHdb., § 39, Rn. 49 f..

876 Kniffka, Wistra 1987, S. 312.

der Beschränkung der Durchsuchung seine Augen verschließen muß, wenn er verdächtige Gegenstände findet, die mit dem konkreten Ermittlungsverfahren in keinem Zusammenhang stehen.[877] Diese Gegenstände müssen aber von sich aus auf eine andere Straftat hinweisen.[878] Umstritten ist die Frage danach, ob die unter Umgehung der Voraussetzungen des § 108 StPO erlangten Beweismittel mit einem Verwertungsverbot zu belegen sind oder nicht. Die diesbezüglichen Ansichten reichen von der Annahme eines strikten Verwertungsverbotes bis zu der Ablehnung eines Verwertungsverbotes. Zum Teil wird auch eine vermittelnde Meinung vertreten, die das Interesse des Einzelnen an der Wahrung seiner Persönlichkeitssphäre mit dem Interesse des Staates an der Aufklärung und Ahndung von Straftaten abwägt.[879] Innerhalb dieser Abwägung soll es unter anderem darauf ankommen, welches Gewicht die aufzuklärende Tat hat, wie schwer der von den Ermittlungsbehörden begangene Rechtsverstoß ist, ob staatliche Zwangsbefugnisse bewußt mißbraucht oder in gutem Glauben angewandt wurden und ob das Beweismittel auch auf gesetzmäßigem Wege hätte gewonnen werden können.[880] Es ist unschwer zu erkennen, daß diese Abwägungskriterien sich innerhalb des Verhältnismäßigkeitsgrundsatzes lediglich im Teilgrundsatz der Proportionalität bewegen. Denn sowohl hinsichtlich des Aspektes der Eignung der Zwangsmaßnahme als auch hinsichtlich des Aspektes der Erforderlichkeit der Maßnahme stellt sich der betreffende Umstand erst im Nachhinein heraus, da ein ursprünglicher Verdacht gegen den nunmehr betroffenen Bürger nicht bestand. Das Ergebnis der Eignung und Erforderlichkeit der Beschlagnahme ist somit völlig zufällig. Diese zufällige Eignung und Erforderlichkeit einer Zwangsmaßnahme genügt jedoch nicht den Erfordernissen des Verhältnismäßigkeitsgrundsatzes, zumal sie dazu verleitet, jedwede Maßnahme und Handlung durchzuführen, in der Hoffnung, die nachträgliche Eignung und Erforderlichkeit der Handlung wird sich herausstellen. Die Parameter des Verhältnismäßigkeitsgrundsatzes müssen von vornherein, zu Beginn einer Maßnahme gegeben sein. Zufällig verhältnismäßige und rechtmäßige Ergebnisse genügen diesem elementaren Grundsatz des Grundgesetzes nicht. Ein Verwertungsverbot ist die Folge. Aber auch aus dem Aspekt der Proportionalität heraus ergibt sich keine andere Bewertung. Die aufgrund einer Umgehung der Voraussetzungen des § 108 StPO gefundenen Beweismittel hätten eben nicht auch auf rechtmäßigem Wege gewonnen werden können, weil der Bürger, den diese Beweismittel betreffen, den Ermittlungsbehörden bis dato unbekannt oder völlig unverdächtig war. Eine Eignung oder Erforderlichkeit der eingesetzten Maßnahme war zum Zeitpunkt ihres Einsatzes nicht gegeben. Das Interesse des Staates an einer zukünftigen Unterbindung gleich gelagerter Sachverhalte, weswegen er das konkrete Ermittlungsverfahren führt, kann auch dadurch gedeckt werden, daß die so gefundenen „Zufallsfunde" innerhalb des konkreten Staat - Bürger - Verhältnisses verwertet werden können, das ausschlaggebend für die konkrete Zwangsmaßnahme war. Ist also eine Zwangsmaßnahme aufgrund eines Anfangsverdachtes in bezug auf den Bürger B 1 veranlaßt worden und führt zu einer Beschlagnahme auch gezielt gesuchter „Zufallsfunde", die einen der Ermittlungsbehörde bis dahin unbekannten Bürger B 2 betreffen, können diese so gefundenen Beweismittel nicht im Verhältnis zu B 2, sondern lediglich im Verhältnis zu B 1 verwertet werden. Es gilt somit, im Sinne des oben genannten Abstraktions-

---

877 Ehlers, BB 1978, S. 1514; Kniffka, a.a.O.. Die so aufgefundenen Beweismittel können aber Ausgangspunkt neuer Ermittlungen sein, da nach herrschender Meinung eine „fruit of the poisonous tree doctrin" nach amerikanischem Vorbild in Deutschland nicht besteht, das heißt es besteht kein Fernwirkungsverbot.

878 Kirchherr/Stützle, a.a.O., S. 22.

879 Vgl. insoweit die Literaturhinweise des LG-Bonn, in: NJW 1981, 292 ff. (293).

880 LG - Arnsberg, a.a.O., S. 892; LG - Bonn, a.a.O.. Diese hypothetische Frage wird auch als „hypothetical clean path doctrin" bezeichnet. Auch dieser Begriff entstammt dem amerikanischem Rechtskreis und dient dort als Regulativ zu einer allzu engen Interpretation einer „fruit of the poisonous tree doctrin".

prinzips zu differenzieren, um nicht zu einer unzulässigen „Ausforschungsbeschlagnahme“[881] zu gelangen. Nach Auffassung von *Leisner*, der sich anzuschließen ist, handelt es sich um nichts anderes. Es wird von einem Verdächtigen auf zahllose andere Verdächtige geschlossen, um herauszubringen, was an Straftaten begangen wurde und von wem. Nichts ist von Tat und Täter konkret bekannt, es wird nur vermutet. Dieses sei der klassische Ausforschungsbeweis.[882] Unter Beachtung der Abstraktion stellen sich die aufgeführten Probleme des Verhältnismäßigkeitsgrundsatzes nicht. Die Zwangsmaßnahme erweist sich nicht zufällig im Nachhinein als gerechtfertigt, sondern ist in bezug auf den ursprünglich betroffenen Bürger B 1 geeignet und erforderlich. Denn wenn die ursprünglich beabsichtigte Maßnahme diese Teilgrundsätze der Verhältnismäßigkeit erfüllt hat, ändert sich hinsichtlich einer beabsichtigten Suche nach Zufallsfunden diesbezüglich nichts. In den Bank - Kunde - Fällen führt dieses bei Konstellationen, in denen auch gegen die Bank zum Beispiel wegen Beihilfe zur Steuerhinterziehung einzelner namentlich bekannter Kunden (B 1 und B 2) ermittelt wird dazu, daß auch bei einer gezielten Suche nach Zufallsfunden diese im Verhältnis zur Bank verwertet werden dürfen, da sich diesbezüglich nur die Schwere und das Ausmaß des latent bekannten Vorwurfes gegenüber der Bank herausstellt. Auch die Bank kann dann dementsprechend bestraft werden, um einen zukünftigen Mißbrauch auszuschließen. Auf diese Weise würde dem staatlichen Strafanspruch genügt werden und das staatliche Bemühen würde sich durchsetzen, ähnliche Fälle zukünftig zu unterbinden. War die ursprünglich initiierte Zwangsmaßnahme gegenüber der Bank gerechtfertigt, da verhältnismäßig, ändert sich an der so genannten Behandlung der „Zufallsfunde“ im Bezug auf die Verhältnismäßigkeit nichts. War die gegen die Bank initiierte Zwangsmaßnahme von Anfang an unverhältnismäßig und nicht gerecht-fertigt, ist eine verhältnismäßige Behandlung dieser Zufallsfunde nicht möglich, da der Makel der ursprünglichen Maßnahme auch und erst recht die „Zufallsfunde“ erfaßt. Die gezielt gesuchten „Zufallsfunde“ können ebenfalls im Verhältnis zu den bekannten Bürgern B 1 und B 2 verwertet werden, da hier das gleiche gilt, wie im Verhältnis zur Bank, nicht hingegen im Verhältnis zu den Bürgern B 3 - B n. Hier würde sich die notwendige Verhältnismäßigkeit der Maßnahme im oben genannten Sinne erst im Nachhinein und zufällig herausstellen. Daher sind die so gefundenen Beweismittel im Verhältnis zu diesen Bürgern bzw. Betroffenen unverwertbar.

(2.1.3.) Die Durchsuchung gem. §§ 102 ff. StPO

Eine eigene Problematik wirft die Frage nach der Zulässigkeit von Durchsuchungen von Banken auf, wie sie in der jüngeren Vergangenheit vielfach für Furore sorgten[883], denn diese Bankdurchsuchungen durchbrachen in erster Linie die durch das Recht auf informationelle Selbstbestimmung prima facie geschützte Position des Bankkunden. Die zuvor bezüglich der Beschlagnahme dargestellten Probleme und Ergebnisse behalten auch bei der Prüfung der Durchsuchungsvoraussetzungen und deren Folgen ihre Gültigkeit. Insbesondere die oben beschriebene Begrenzung von Durchsuchungsbeschlüssen ist hier von besonderer Bedeutung. Ermächtigungsbefugnisse auch für die Durchsuchung von Banken finden sich in den §§ 102

---

[881] Dieser Begriff wurde von Leisner unter Entlehnung aus dem Zivilprozeßrecht geprägt - vgl. Leisner, BB 1995, S. 528.

[882] Leisner, a.a.O..

[883] Zu denken ist in diesem Zusammenhang insbesondere an die Durchsuchung der Dresdner Bank, sowie die Durchsuchung der HCM, einer Tochtergesellschaft der (ehemaligen) Bayerischen Hypo - Bank.

ff. StPO[884]. Im Hinblick auf Art. 13, Abs. II GG ist gemäß § 105, Abs. I StPO Grundvoraussetzung einer Bankdurchsuchung, ein richterlicher Durchsuchungsbeschluß, ein sog. Bankbeschluß.[885] Das Gesetz unterscheidet zwischen der Durchsuchung beim Verdächtigen nach § 102 StPO, worunter der Täter oder Teilnehmer einer Straftat zu verstehen ist, sowie derjenige, der einer Begünstigung, Strafvereitelung oder Hehlerei verdächtig ist, und einer Durchsuchung bei Personen, die einer Straftat nicht verdächtig sind, gemäß § 103 StPO. Die Durchsuchung nach § 102 StPO erstreckt sich auf die Person, ihre gesamten Wohn- und Geschäftsräume und die ihr gehörenden Sachen.[886] Die genannten Durchsuchungsmöglichkeiten unterscheiden sich grundlegend voneinander durch ihre Eingangsvoraussetzungen. Bei einer Durchsuchung nach § 102 StPO ist lediglich die Wahrscheinlichkeit Voraussetzung, daß eine bestimmte Straftat bereits begangen worden ist.[887] Dafür müssen zureichende tatsächliche Anhaltspunkte vorliegen.[888] Eine Durchsuchung ist zulässig, wenn zu erwarten ist, daß die Durchsuchung zur Auffindung von Beweismitteln führen wird, die für die (bestimmte) Straftat von Bedeutung sind. Diese Beweismittel können dann gemäß der §§ 94 ff. StPO beschlagnahmt werden. Hinsichtlich der genannten Vermutung darf auch auf kriminalistische Erfahrung abgestellt werden, was indes nicht bedeutet, daß die Durchsuchung zur bloßen Ausforschung genutzt werden darf, also eine Durchsuchung stattfindet, ohne daß zureichende tatsächliche Anhaltspunkte für das Vorliegen einer Straftat und / oder das Vorhandensein von Beweismitteln bestehen.[889] Darzulegen ist ein bestimmtes historisches Ereignis, mit einem subsumierbaren Bezug zu einem abstrakten Gesetzestatbestand.[890] „Klar muß sich das nach materiellem Recht strafbare Verhalten ergeben".[891] „Wird die Tat nicht dergestalt beschrieben, so kann es leicht geschehen, daß neue bisher unbekannte Straftaten ermittelt werden".[892] Ferner ist für § 102 StPO Voraussetzung, daß einem bestimmten Täter eine bestimmte Tat vorgeworfen werden kann. Zwar braucht der Täter nicht namentlich bekannt zu sein, doch darf nicht „ins Blaue hinein" ermittelt werden, um gegen bisher unbekannte Personen Verdachtsmomente erst zu erlangen.[893] Ohne das Vorhandensein tatsächlicher, außerhalb und im Vorfeld der Durchsuchungsmaßnahme ermittelter Anhaltspunkte für eine Straftat ist eine Durchsuchung nach § 102 StPO unzulässig, da ihre Voraussetzungen nicht erfüllt sind. Findet eine Durchsuchung gleichwohl statt, ist sie rechtswidrig und es handelt sich bei den aufge-

---

[884] Sowie im Steuerrecht, das unten behandelt wird.

[885] Bei Gefahr im Verzug kann eine Durchsuchung auch von der Staatsanwaltschaft oder deren Hilfsbeamten angeordnet werden - § 105 StPO. Diese Möglichkeit besteht gemäß § 105, Abs. I, 2 StPO nicht bei Durchsuchungen nach § 103 StPO.

[886] Burkhard, Fahndungssituation: Durchsuchung beim Beschuldigten, Stbg. 1998, S. 310.

[887] Kleinknecht/Meyer-Goßner, a.a.O., § 102, Rn. 2. Vgl. auch Meincke, WM 1998, S. 754; Joecks, WM 1998, Sonderbeilage Nr. 1, S. 5; Burkhard, a.a.O..

[888] BVerfG-NJW 1991,690. Im amerikanischen Recht, wo das Bankgeheimnis im Verhältnis zur Bank positioniert wird, wird in diesem Zusammenhang der search - warrants ein "higher standard of probable cause" verlangt. "To obtain bank records pursuant to a search warrant, the agency (federal government agency - M.H.) must meet a higher standard of probable cause to believe that an offense has been or is about to be committed and that the bank records will yield pertinent evidence" - Hendricks/Hayden/Novik, Your Right to Privacy, S. 143.

[889] Kleinknecht/Meyer-Goßner, a.a.O., § 102, Rn.2; Schuhmann, Wistra 1993, S. 94.

[890] BGHSt. 22, 375 (385).

[891] Leisner, "Ausforschungsdurchsuchung", BB 1994, S. 1941 (1942).

[892] Leisner, a.a.O., der u.a. auf die Entscheidung BVerfG-NJW 1981, 971 Bezug nimmt.

[893] Leisner,a.a.O., S. 1943; Joecks, a.a.O., S. 20; BVerfGE 20, 162 (192) - s.o. die Ausführungen bzgl. Beschlagnahme.

fundenen und beschlagnahmten Beweismitteln um keine Zufallsfunde im Sinne von § 108 StPO.[894]
Im Gegensatz dazu steht eine Durchsuchung bei unverdächtigen Personen gemäß § 103 StPO. Diese ist erst dann zulässig, wenn bestimmte und beweisbare Tatsachen[895] bestehen, daß beispielsweise die Durchsuchung zur Beschlagnahme bestimmter Beweise führen wird, die für die Strafverfolgung von Bedeutung sind und welche vorab möglichst genau zu bezeichnen sind.[896] Nach Ansicht des LG - Krefeld[897] ist beispielsweise eine Durchsuchung bereits dann fehlerhaft, wenn sie lediglich damit begründet wird, daß zu vermuten sei, daß die Durchsuchung zur Auffindung von Beweismitteln dienen werde. Das heißt nach dem Vorgenannten, es bestehen zwei Voraussetzungen für eine Durchsuchung gemäß § 103 StPO, nämlich es muß eine bereits konkretisierbare Straftat vorliegen, für die Beweismittel benötigt werden und es müssen bestimmte und beweisbare Tatsachen bestehen, daß gerade die benötigten Beweismittel sich in den zu durchsuchenden Räumlichkeiten etc. befinden. Der Unterschied hinsichtlich der Durchsuchungsvoraussetzungen von § 102 StPO und § 103 StPO wird deutlich. Während bei § 102 StPO zureichende, tatsächliche Anhaltspunkte für eine Durchsuchung ausreichen, wobei auch auf kriminalistische Erfahrung rekurriert werden darf, kommt es bei § 103 StPO darauf an, daß vorab Tatsachen ermittelt werden, daß näher zu bezeichnende Beweismittel in den zu durchsuchenden Räumlichkeiten, Sachen etc. vorhanden sind. Da diese Beweismittel für eine bereits bekannte Straftat benötigt werden, kann eine so angeordnete Durchsuchung nicht dem Zweck dienen, eine Straftat erst zu entdecken.[898] Anderenfalls läge eine unzulässige „Ausforschungsdurchsuchung"[899] vor. Diese wird von keiner der Normen gedeckt. Da hinsichtlich der Durchsuchungsvoraussetzungen zwischen der Durchsuchung beim Verdächtigen und der Durchsuchung bei anderen Personen unterschieden wird und diese unterschiedlich hohe Eingangsvoraussetzungen aufweisen, ist das oben vorgestellte verfassungsrechtliche Abstraktionsprinzip in besonderem Maße zu beachten. Im vorliegend erörterten Verhältnis zwischen Staat und Bürger als dem Kunden einer Bank, kann eine Durchsuchung der Bank im Sinne von § 103 StPO in Betracht kommen. Kann dem Bürger als dem Kunden einer Bank aufgrund im Vorfeld ermittelter, *tatsächlicher* -also vorab beweisbarer Umstände- eine Straftat vorgeworfen werden, so erscheint eine Durchsuchung der Bank, die in diesem Staat - Bürger - Verhältnis nicht betroffen ist, da sich der staatliche Strafanspruch gegen den Bürger richtet, nur gemäß § 103 StPO möglich.[900] Ferner müssen Tatsachen vorliegen, die darauf hinweisen, daß die näher zu bezeichnenden Beweismittel für die die Durchsuchung stattfinden soll, sich bei der Bank befinden.[901] Dieses ist regelmäßig der Fall,

---

894 Dieses sagt indes noch nichts über deren Verwertbarkeit aus -vgl. insoweit auch die zuvor zur Beschlagnahme gemachten Aussagen, sowie die unten zur Frage von Verwertungsverboten getroffenen Aussagen - oben, S. 206 ff..

895 Wobei sich aus dem Begriff der Tatsache allein schon ergibt, daß diese dem Beweis zugänglich ist.

896 Kleinknecht/Meyer-Goßner, a.a.O., § 103, Rn. 6; LG - Krefeld, Beschluß vom 21.02.1992 (21 Qs 54/92), Wistra 1993, S. 316 f. (317); Schuhmann, Wistra 1993, S. 94; Joecks, WM 1998, Sonderbeilage Nr. 1, S. 21; Burkhard, Stbg. 1998, S. 310; Dahm, in: BuB, Kap.2, Rn. 2/891; Bruchner, a.a.O., Rn. 51.

897 LG - Krefeld, a.a.O.. Vgl. auch Dahm/Schebesta/Schroeter/Weber, a.a.O., Rn. 21 f..

898 Bruchner, in: BankRHdb., Bd. I, § 39, Rn. 103; Leisner, BB 1994, S. 1946; Heine, Stbg. 1998, S. 246.

899 Dieser Begriff wurde von Leisner in seinem o.g. Beitrag „Ausforschungsdurchsuchung"- BB 1994, S. 1941 ff. geprägt - vgl. oben S. 132, dort Fn. 3.

900 In diesem Sinne auch Meincke, WM 1998, S. 755; Dahm/Schebesta/Schroeter/Weber, a.a.O..

901 Diese Voraussetzungen müssen bereits zum Zeitpunkt der Anordnung der Durchsuchung bestehen, da bei dieser bereits der Grundsatz der Verhältnismäßigkeit des Eingriffs zu beachten ist - BVerfG-NJW 1991, 690; Dahm/Schebesta/Schroeter/Weber, a.a.O., Rn. 22. Schuhmann, Wistra 1993, S. 95 weist unter Bezugnahme

sofern es sich bei den begehrten Beweismitteln um Bankauszüge etc. handelt. Eine Durchsuchung der Bank gemäß § 102 StPO scheidet aus, weil diese zur Voraussetzung hat, daß die Bank einer Straftat etc. verdächtig ist. Besteht indes ein Tatverdacht gegen einen einzelnen Mitarbeiter der Bank, kann die Durchsuchung der Bank auf § 102 StPO gestützt werden, wobei die Durchsuchung sich auf die Räume der Bank zu beschränken hat, zu denen der verdächtigte Bankmitarbeiter Zugang hatte.[902] Dieser Verdacht betrifft jedoch das Verhältnis zwischen Staat und Bank bzw. zwischen Staat und Bankmitarbeiter. In diesem Verhältnis soll sich dann letztendlich der staatliche Strafanspruch realisieren.[903] Folglich darf es aufgrund des verfassungsrechtlichen Abstraktionsprinzips zu keiner Vermischung der betroffenen Verhältnisse kommen. Stets ist zu hinterfragen, in welchem Verhältnis zum Staat die jeweilige Maßnahme stattfindet.[904] Anknüpfend an die oben dargestellte Tabelle lassen sich folgende vier Konstellationen unterscheiden:

---

auf Wannemacher m.E. zutreffend darauf hin, daß in der Rechtspraxis die Schwelle zum Durchsuchungsbeschluß denkbar niedrig sei, da vielfach ohne erkennbare Prüfung seitens der zuständigen Amtsrichter, letztendlich die Steuerfahnder den Durchsuchungsbeschluß erhalten würden, den sie wollten. In der Tat scheinen in der Praxis Bedenken gegen die Verhältnismäßigkeit einer beantragten Maßnahme nur selten aufzutreten, da die grundrechtliche Bedeutung dieser Maßnahmen oft verkannt wird und/oder auch seitens der beantragenden Ermittlungsbehörden die als Eingriffsvoraussetzungen notwendigen konkreten Tatsachen in bezug auf eine konkrete Person als bestehend angesehen werden, ohne daß diese Angaben durch den anordnenden Amtsrichter hinreichend verifiziert werden (können). Nach Ansicht des Bundesverfassungsgerichts (Beschluß vom 27.05.1997-2 BvR 1992/92) darf der Richter eine Durchsuchung jedoch nur anordnen, wenn er sich aufgrund eigenverantwortlicher Prüfung der Ermittlungen davon überzeugt hat, daß die Maßnahme verhältnismäßig sei - BVerfG-NJW 1997, 2165 (2166); BVerfGE 42, 212 (212, 220) - Quick. Anderenfalls habe der Richter die Pflicht, „durch eine geeignete Formulierung des Durchsuchungsbeschlusses im Rahmen des Möglichen und Zumutbaren sicherzustellen, daß der Eingriff in die Grundrechte meßbar und kontrollierbar bleibt, kurz, daß die Ermächtigung rechtsstaatlichen Mindestanforderungen genügt" - BVerfGE 42, 212 (220). So auch Kirchherr/Stützle, a.a.O., S. 24 f.. Diese Beurteilung des Bundesverfassungsgerichts erklärt sich daraus, daß für das Gericht das Strafverfahrensrecht angewandtes Verfassungsrecht darstellt - BVerfGE 32, 373 (383). Nach Ansicht des Gerichts darf der Strafrichter von seinen ihm durch die StPO verliehenen Kompetenzen daher nur im Rahmen des Verhältnismäßigkeitsgrundsatzes Gebrauch machen - BVerfGE, a.a.O..

[902] Burkhard, Stbg. 1998, S. 310.

[903] Nach der hier vertretenen Auffassung ist das Verhältnis zwischen dem Staat und Bürger B 1 ein anderes als das Verhältnis des Staates zum Bürger B 2, so daß das jeweilige Verhältnis zum Staat und dem einzelnen Bürger gesondert untersucht und auf seine Voraussetzungen z.B. für eine Durchsuchung überprüft werden muß. Im Verhältnis zwischen Staat und Bürger B 1 kann sich eine Maßnahme als gerechtfertigt erweisen, die sich im Verhältnis zwischen Staat und Bürger B 2 als fehlerhaft erweist. Gleiches gilt für die Unterscheidung der Verhältnisse Staat - Bürger und Staat - Bank.

[904] Vgl. auch Joecks, WM 1998, Sonderbeilage Nr. 1, S. 5, 21, der eine ähnliche Unterscheidung vornimmt. In diesem Sinne auch Lerche, ZHR, 149 (1985), 165 f..

	Bürger	Bank[905]	Ergebnis
1	kein Verdacht	kein Verdacht	⇒ Bürger und Bank § 103 StPO
2	Verdacht	kein Verdacht	⇒ Bürger § 102 StPO ⇒ Bank § 103 StPO
3	kein Verdacht	Verdacht	⇒ Bürger § 103 StPO ⇒ Bank § 102 StPO
4	Verdacht	Verdacht	⇒ Bürger und Bank § 102 StPO

zu 1.) Weder Bürger noch Bank sind einer Straftat[906] verdächtig.
In diesem Fall ist eine Durchsuchung allenfalls unter dem Gesichtspunkt und den Voraussetzungen des § 103 StPO möglich, wobei die Verhältnisse zwischen Staat und Bürger und Staat und Bank getrennt zu betrachten sind.

zu 2.) Der Bürger und Bankkunde ist verdächtig einer Straftat (Verhältnis Staat - Bürger), die Bank ist unverdächtig (Verhältnis Staat - Bank) und ihr kann kein Vorwurf im Sinne von § 102 StPO gemacht werden.
In diesem Fall ist die Durchsuchung der Bank nur unter dem Gesichtspunkt und den Voraussetzungen des § 103 StPO möglich. Selbst diese Durchsuchung der Bank ist nur zulässig in bezug auf den betroffenen Bürger B 1. Eine gezielte Durchsuchung oder eine gezielte Erweiterung einer Durchsuchung auf den bisher unverdächtigen Bürger B 2, von dem bisher sogar unbekannt war, daß er Kunde der betroffenen Bank ist, ist nicht möglich, da die Voraussetzungen des § 103 StPO nicht erfüllt sind und eine in bezug auf B 2 unzulässige „Ausforschungsdurchsuchung" stattfinden würde. Eine Durchsuchung beim verdächtigen Bürger B 1 privat ist gemäß § 102 StPO möglich.

zu 3.) Der Bürger als Bankkunde ist unverdächtig (Verhältnis Staat - Bürger), die Bank ist einer Straftat verdächtig (Verhältnis Staat - Bank).
In diesem Fall ist eine Durchsuchung der Bank gemäß § 102 StPO möglich, um den staatlichen Strafanspruch gegen die Bank durchzusetzen. Eine Durchsuchung beim Bürger privat ist gemäß § 103 StPO möglich, spielt in der Praxis allerdings so gut wie keine Rolle. Ein solcher Fall wäre zum Beispiel gegeben, wenn die Bank beweiserhebliche Unterlagen beim Bürger / Bankkunden auslagerte oder diese Unterlagen, die für die Aufklärung der Straftat der Bank erheblich sein können, nur noch beim Bürger / Bankkunden vorhanden sind.

zu 4.) Sowohl der Bürger als auch die Bank sind einer Straftat verdächtig. Hierbei handelt es sich zum Beispiel um die Fälle, die in der Vergangenheit für Aufsehen sorgten, nämlich Fälle der Beihilfe der Bank zur Steuerhinterziehung des Bürgers / Bankkunden.
In dieser Variante sind sowohl das Staat - Bürger als auch das Staat - Bank - Verhältnis betroffen. Eine Durchsuchung der Bank ist gemäß § 102 StPO möglich. Das Gleiche gilt für den be-

905 Vorliegend geht es primär um die Betrachtung des Staat-Bürger - Verhältnisses; eine Betrachtung des Staat - Bank -Verhältnisses folgt im unteren Teil der Arbeit. Trotzdem müssen der Verständlickeit halber bereits einige Ausführungen zum Staat-Bank-Verhältnis bei Durchsuchungen erfolgen.

906 Incl. Beihilfe, Strafvereitelung etc. - s.o., S. 112.

troffenen Bürger. Weil das Verhältnis zwischen dem Staat und Bürger B 1 aber ein anderes ist als das Verhältnis des Staates zum Bürger B 2, ist eine gezielte Suche nach anderen Konten von Bürgern, bei denen ein Tatverdacht nicht besteht und somit die Voraussetzungen des § 102 StPO nicht erfüllt sind und darüber hinaus von deren Kundenstellung die staatlichen Verfolgungsbehörden bisher keinerlei Kenntnis hatten, nicht gemäß § 102 StPO möglich, da es sich bezüglich dieser Bürger um eine gezielte Suche nach Zufallsfunden handeln würde. Diese so erlangten Informationen und / oder Beweismittel sind gegenüber den bisher nicht inkriminierten Bürgern unverwertbar. Verwertet werden können diese Informationen und / oder Beweismittel aber im Verhältnis des Staates zur Bank, da diese den bisher bestehenden Tatverdacht hinsichtlich der Bank in bezug auf deren Beihilfehandlung verifizieren können und so den Umfang der strafbaren Handlung der Bank verdeutlichen.[907 908]

Bankdurchsuchungen spielen sich folglich stets im Spannungsfeld der vorgenannten Konstellationen ab. Stets werden mindestens zwei Rechtsverhältnisse betroffen, wobei es jeweils gilt, sich zu vergewissern, in welchem Verhältnis man sich befindet bzw. aus welchem Verhältnis heraus eine Handlung / Durchsuchung erfolgen soll. Die aus den genannten Konstellationen gezogenen Schlußfolgerungen und sich ergebenden Folgen sind nicht ohne Probleme und sollen einer genaueren Betrachtung unterzogen werden, wobei vorab bemerkt werden soll, daß bei konsequenter Anwendung des Abstraktionsgedankens viele Problemfälle der Praxis sich von selbst lösen und auch und gerade der Verhältnismäßigkeitsgrundsatz gewahrt wird. Problematisch erscheint in der Praxis primär das Problem der mangelnden Differenzierung in die betroffenen Verhältnisse und die damit einher gehende Inkonsequenz der Anwendung der sich hieraus ergebenden Lösungswege, was vielfach zu einem „Argumentations- und Rechtfertigungsbrei“ führt. Das verfassungsrechtliche Abstraktionsprinzip, wie es oben bereits vorgestellt wurde, soll durch die Trennung der einzelnen Verhältnisse eine größere Transparenz ermöglichen, gerade um zu verhindern, daß beispielsweise die Durchsuchungsvoraussetzungen im Verhältnis zwischen Staat und Bank gemäß § 102 StPO als „Einfallstor“ genutzt werden, um im Verhältnis Staat - Bürger zu einem Erfolg zu gelangen. Dieses geschieht aufgrund der mangelnden Differenzierung in der Praxis relativ häufig, stellt aber eine unzulässige

---

907 Auf diese Weise gelangt der Staat auch in bezug auf die Bürger, bei denen er die Beweise nicht verwerten darf, zum Ziel, da er über die Bestrafung der Bank zukünftige und ähnlich gelagerte Fälle unterbinden kann. Anzuknüpfen ist insoweit an den Gedanken einer Garantenhaftung, wie sie bereits im Presserecht entwickelt wurde. Im Presserecht würde nach der sogenannten Garantenhaftung ein Schutz des Redaktionsgeheimnisses nur dann eintreten, wenn auf die Bestrafung eines Verfassers oder Informanten eines Artikels verzichtet werden kann, weil ein Redakteur zur Bestrafung zur Verfügung steht, so daß Redakteur, Verleger etc. ein Zeugnisverweigerungsrecht haben -vgl. BVerfG-NJW 1966, 1603 ff. (1613). Diese Garantenhaftung könnte auch in den Bank - Kunden Fällen zur Anwendung gelangen, um unliebsame „Umgehungsdurchsuchungen“ zu verhindern. Wenn ein Bankmitarbeiter aufgrund nachweisbarer Tatsachen einer Straftat oder Beihilfehandlung überführt werden kann, gibt es keine Veranlassung, gegen den bisher unbekannten Kunden zu ermitteln und die initiierte Durchsuchung der Bank in dieser Hinsicht zu mißbrauchen. Die Intention des staatlichen Eingriffes, künftige, ähnlich gelagerte Mißbrauchsfälle zu unterbinden, kann auch durch die Bestrafung der Bank oder deren Mitarbeiter erfolgen, wie sie bereits in der Norm des § 71 AO angedacht ist. Vgl. insoweit auch die beschriebenen Fälle der „Zufallsfunde“.

908 Eine Beihilfe setzt gemäß § 27, Abs. I StGB immer eine vorsätzlich begangene, rechtswidrige Haupttat voraus. Dieses gilt auch im Zusammenhang mit § 71 AO -vgl. Rüsken, in: Klein, AO-Kommentar, § 71, Anm.2. Insofern können Ermittlungen bei einer Bank, der eine Beihilfehandlung vorgeworfen wird, immer nur dann stattfinden, wenn mindestens der Verdacht einer Haupttat von mindestens einem bestimmten Bürger / Bankkunden besteht. Ausführungen zu § 71 AO folgen weiter unten.

Umgehung der gesetzlichen und verfassungsrechtlichen Voraussetzungen dar. Dieses ist näher zu betrachten. Als Ausgangspunkt sollen dazu zwei Beispiele dienen:[909]

1.) 1995 erfolgte die Durchsuchung der HCM[910 911], einer Tochtergesellschaft der (ehemaligen) bayerischen Hypotheken- und Wechselbank, bei der Vermögensverwaltung (sog. Asset Management) für gehobenes Anlegerklientel angeboten wird. Der Verdacht der damals zuständigen Staatsanwaltschaft München richtete sich gegen die Bank (HCM) auf Beihilfe zur Steuerhinterziehung und gegen unbekannte Bankkunden in bezug auf Steuerhinterziehung. Ein entsprechendes Ermittlungsverfahren wurde eingeleitet, die Bank wurde durchsucht und es wurden nahezu alle Kontounterlagen ihrer rund 3.500 Kunden beschlagnahmt. Nach Auffassung des leitenden Oberstaatsanwaltes, der die Aktion seinerzeit federführend leitete, war die so vorgenommene Durchsuchung / Beschlagnahme nicht unverhältnismäßig, „wenn sich nachher 20 bis 25 wirklich Verdächtige herauskristallisieren".[912] Die von Bankenkreisen geäußerte Kritik an dieser „Rasenmäher - Methode" und deren Auswirkungen auf die zu Unrecht betroffenen Kunden der Bank wurde seitens der Staatsanwaltschaft mit der Bemerkung kommentiert, daß den (Steuer-) ehrlichen Bankkunden nichts passieren würde, die Betroffenheit von der Maßnahme jedoch Schicksal sei.[913]

2.) Ähnlich gelagert ist der Fall der Durchsuchung der Dresdner - Bank im Jahre 1994, wo aufgrund eines Hinweises eines Bankmitarbeiters ein Strafverfahren gegen die Bank wegen des Verdachts der Beihilfe zur Steuerhinterziehung und in bezug auf zwei (!) Kunden der Bank (B 1 und B 2) wegen Steuerhinterziehung eingeleitet wurde. Im Gegensatz zu dem ersten Beispiel bestanden hier ganz konkrete und verifizierbare Hinweise auf die Beteiligung zumindest einer Bankmitarbeiterin, den namentlich bekannten Bankkunden B 1 und B 2 bei der Steuerhinterziehung geholfen zu haben. Aufgrund des Ermittlungsverfahrens wurden mehrere Geschäftsstellen der Dresdner - Bank durchsucht und unter anderem 40.000 (!) Belege von bis dato der Strafverfolgungsbehörde völlig unbekannten und unverdächtigen Bürgern beschlagnahmt.

Wie sind diese Beispielsfälle, deren Liste sich fortführen ließe[914], mit den oben genannten Konstellationen des Abstraktionsprinzips und der Durchsuchungsvoraussetzungen, sowie des Verhältnismäßigkeitsgrundsatzes zu vereinbaren bzw. welche Konsequenzen ergeben sich hieraus? Die Problematik wird zunächst deutlich an Konstruktionen wie dem von *Joecks* angeführten System- oder Betriebsverdacht in bezug auf eine zu durchsuchende Bank. Obwohl dieses von der Systematik eigentlich in die Betrachtung des Staat - Bank - Verhältnisses gehört, müssen der besseren Verständlichkeit halber bereits an dieser Stelle Ausführungen hierzu erfolgen. *Joecks* führt aus, daß in der Praxis ein Verdachtsfall gegen einen

---

[909] Vergleiche auch das oben bereits genannte Beispiel aus dem Handelsblatt auf Seite 34.

[910] Vorfall nachzulesen z.B. bei Groos/Hübner/Pöpsel/Stockheim, Jetzt droht die nächste Fluchtwelle, CAPITAL, Heft 4/1995, S. 78 ff.. Vgl. zu diesem Fall auch den kritischen Aufsatz von Schuhmann, § 30 a AO - Schutz von Bankkunden?, Wistra 1995, S. 336 ff..

[911] HCM = Hypo Capital Management.

[912] Groos/Hübner/Pöpsel/Stockheim, CAPITAL, .a.a.O., S.79. Vgl. diesbezüglich auch das Urteil des LG-Hamburg vom 10.01.1978, in: NJW 1978, 958 ff.

[913] Groos/Hübner/Pöpsel/Stockheim ,CAPITAL, a.a.O..

[914] Zum Beispiel wurde die Vereins- und Westbank in Hamburg durch Sammelauskunftsersuchen der Steuerfahndung gezwungen *alle* Inhaber ihrer 468 Wandsbeker Schließfächer zu benennen - vgl. Heine, Stbg. 1998, S. 251. Siehe auch die Anmerkungen zum Urteil des LG-Koblenz oben, S. 129 ff..

Mitarbeiter der Bank zum Anlaß genommen wird, einen System- oder Betriebsverdacht gegen das Kreditinstitut insgesamt zu begründen, da dieses eine Vielzahl unbekannter Mitarbeiter hätte und / oder die Organe des Institutes von den inkriminierten Vorgängen positive Kenntnis gehabt hätten.[915] *Joecks* weist darauf hin, das seitens der Ermittlungsbehörden trotz der grundsätzlichen Differenzierung in §§ 102; 103 StPO versucht wird, die bestehenden Eingriffsvoraussetzungen zu umgehen, indem ein sog. System-/Betriebsverdacht behauptet bzw. konstruiert wird. Aus dem Umstand allein, daß bestimmte Mitarbeiter einer Bank mehreren Kunden / Steuerpflichtigen bei der Steuervermeidung helfend zur Seite gestanden haben (sollen), würde seitens der Ermittler der Schluß gezogen, es läge ein System der Unterstützung vor, das u.U. auch von der anderen Ortes befindlichen Chefetage der Bank mitgetragen worden sei. Über diese Konstruktion würden die Ermittlungsbehörden aus bestimmten feststehenden, meist nur vermuteten Anhaltspunkten den Verdacht ableiten, die Bank sei in toto in Vorgänge dieser Art involviert, was eine Durchsuchung der Bank insgesamt zur Folge hätte. Ohne diesen Systemverdacht sei die Ermittlungsbehörde bei ihrer Durchsuchung der Bank gemäß § 103 StPO lediglich auf die Räumlichkeiten und Behältnisse beschränkt, zu denen der verdächtigte Bankmitarbeiter Zugang hatte.[916] Entgegen der Ansicht von *Joecks* erscheint zumindest im Fall der Dresdner - Bank der Ansatz eines Systemverdachts als naheliegend. In diesem Fall hatte die sachbearbeitende Mitarbeiterin der Bank in einem zivilrechtlichen (Vor-) Prozeß als Zeugin ausgesagt und zu Protokoll des Gerichts erklärt, daß es eine normale Sache sei, anonymisierte Transaktionen für Kunden nach Luxemburg durchzuführen, wobei Nummernkonten in Deutschland verwendet worden seien und die Decodierung über eine handschriftliche Kladde von ihr erfolgen würde. Dieses mußte allein im Hinblick auf § 154 AO, auf den noch einzugehen sein wird, den Systemverdacht der Ermittlungsbehörden erregen. Diese sind wohl zutreffend davon ausgegangen, daß eine solche Usance in der Abwicklung geschäftlicher Trans-aktionen innerhalb der Dresdner - Bank nicht ohne positiver Kenntnis höherer Ebenen erfolgen konnte. Hinsichtlich anderer durchsuchter Banken, bei denen eine solche Vorkenntnis der Ermittlungsbehörden nicht geherrscht hat, erscheint der kritische Einwand *Joecks* in bezug auf einen Systemverdacht jedoch als gerechtfertigt, zumal nicht von den Usancen einer Bank automatisch auf die einer anderen Bank geschlossen werden kann.[917] Gerade aufgrund dieses Rückschlusses werden jedoch Banken weiterhin durchsucht, wie in jüngerer Zeit die Deutsche - Bank am 15.06. 1998 oder die Landesbank Hessen - Thüringen im Dezember 1998.

Auch das Bundesverfassungsgericht unterliegt in seinen Dreierbeschlüssen im Fall der Dresdner - Bank dieser Argumentation.[918] Aufgrund dieses System- oder Betriebsverdachtes gegen das Kreditinsitut als solches stützen die Ermittlungsbehörden Durchsuchungsbeschlüsse auf § 102 StPO, um die Durchsuchung auch auf Bereiche der Bank erstrecken zu können, an denen der ihnen bekannte Mitarbeiter keinen Zugang hat.[919] Dieses ist mit *Joecks* zunächst

---

[915] Joecks, WM 1998, Sonderbeilage Nr. 1, S. 21 ff.. Vgl. das Urteil des LG-Koblenz vom 24.07.1998 (10 Qs 20 / 98; 10 Qs 25/98), in: WM 1998, S. 2290 ff., wo es (a.a.O., S. 2292) heißt: „ ...begründet den Verdacht, daß es sich bei dieser Verfahrensweise (sc. anonymisierte Buchungen ins Ausland - M.H.) um eine nicht unübliche Praxis handelte, zumal die Vorgehensweise angesichts der geringen Größe der Bank vor anderen Mitarbeitern der Bank nicht geheimzuhalten war“.

[916] Joecks, a.a.O., S. 5, 21 ff.; Burkhard, Stbg. 1998, S. 310.

[917] So ausdrücklich das Urteil des LG-Koblenz, in: WM 1998, S. 2291, 2292.

[918] Beschluß des BVerfG vom 23.03.1994 (2 BvR 396/94), in: WM 1994, 692 f.; Beschluß des BVerfG vom 13.12.1994 (2 BvR 894/94), in: Wistra 1994, 139.

[919] Joecks, WM 1998, Sonderbeilage Nr. 1, S. 5, 21 ff.. Joecks weist zudem darauf hin, daß der Verdacht bei § 102 StPO ein täterbezogenes Tatbestandsmerkmal ist - vgl. Joecks, a.a.O., S. 22.

einmal nachvollziehbar, da unbekannte Mitarbeiter theoretisch zu allen Bereichen der Bank Zugang haben können. Jedoch muß mit *Joecks* die Frage gestellt werden, wie in diesen Fällen eine Abrenzung zur Rasterfahndung oder der Ermittlung ins Blaue hinein erfolgen soll, da es in diesen Fällen des Systemverdachts letztendlich um eine Durchsuchung gegen „unbekannte Mitarbeiter geht, die unbekannten Kunden geholfen hätten, unbekannte Steuerstraftaten zu begehen".[920] Ausdrücklich in diesem Wortlaut ist ein Urteil des LG - Bielefeld vom 22.06. 1998,[921] wo ein Durchsuchungsbeschluß seitens des Gerichts verteidigt wurde, der eine Bankdurchsuchung zum Gegenstand hatte, weil „namentlich noch unbekannte Mitarbeiter" der Bank verdächtigt wurden, „namentlich noch nicht bekannten Anlegern" Beihilfe zur Steuerhinterziehung geleistet zu haben. Die Absurdität und der Ausforschungscharakter eines solchen Durchsuchungsbeschlusses wird noch dadurch unterstrichen, daß es Ziel des Durchsuchungsbeschlusses (der immerhin als Durchsuchung der Bank gemäß § 102 StPO klassifiziert wurde) im Verfahren des LG - Bielefeld war, „alle Unterlagen ab 1991, die im Zusammenhang mit einen nicht ordnungsgemäß bekundeten Geld- oder Wertpapiertransfer zu und von näher bezeichneten ausländischen Firmen stehen bzw. der Identifizierung der mit dem nicht ordnungsgemäß bekundeten Transfer befaßten Personen *dienen können* (Hervorhebung von M.H.)".[922] Daß es sich hierbei um einen Verstoß gegen das Abstraktionsprinzip handelt und somit um Fälle der von *Leisner* gerügten Ausforschungsdurchsuchung[923], bei der die gesetzlich vorgesehene Unterscheidung der Voraussetzungen der §§ 102; 103 StPO umgangen werden, dürfte deutlich werden. Diese Umgehungsproblematik soll nun weiter betrachtet werden.

Nach der Auffassung die das Bundesverfassungsgericht bis zu diesen Dreierbeschlüssen vertreten hat, müßten Fälle einer Umgehung der normierten Voraussetzungen einer Ermittlungsmaßnahme einen offenen Rechtsmißbrauch darstellen und die Maßnahmen rechtswidrig werden lassen. In seiner Entscheidung zur Durchsuchung der Redaktionsräume des Spiegels[924] heißt es: „Sowohl aus § 102 StPO wie aus allgemeinen Rechtsgrundsätzen ergibt sich aber, daß auch im Ermittlungsverfahren gegen den beschuldigten Presseangehörigen Durchsuchungen auf Grund des § 102 StPO nur zur Aufklärung der ihnen selbst zu Last gelegten Straftat angeordnet werden dürfen, nicht aber zu dem Zweck, Verdachtsgründe gegen noch unbekannte dritte Personen, insbesondere gegen den Informanten zu finden. Hierin läge ein offenbarer Rechtsmißbrauch... . Denn wenn das Ermittlungsverfahren gegen den beschuldigten Presseangehörigen nur zum Vorwand genommen wird, um den Informanten zu ermitteln, so ist die Ermittlung in Wahrheit auf die Aufklärung der vom Informanten begangenen Straf-

---

920 Joecks, a.a.O., S. 21-23. Anläßlich der Durchsuchung der Deutschen - Bank am 15.06.1998 wurde in gleicher Weise vorgegangen. Der Durchsuchungsbeschluß richtet sich ebenfalls gegen namentlich nicht bekannte Mitarbeiter, die namentlich nicht bekannten Kunden geholfen haben sollen, anonym Vermögenswerte und die Erträge daraus an der Steuer vorbei ins Ausland transferiert zu haben, - vgl. Handelsblatt vom 16.06. 1998, S. 3.

921 LG - Bielefeld, Urteil vom 22.06.1998 (Qs 283/98 I), in: WM 1998, S. 2290.

922 LG - Bielefeld, a.a.O..

923 Leisner, Ausforschungsdurchsuchung, BB 1994, S. 1945; so auch Scholz, Steuerfahndung bei der Deutschen Bank, Handelsblatt vom 16.06.1998, S. 3; Bruchner, in: BankRHdb., § 39, Rn. 103. Mit einem solchen Fall der Ausforschung befaßt sich auch das genannte Urteil des LG-Koblenz, WM 1998, S. 2291, wo die Bank ursprünglich seitens der Ermittlungsbehörden zur Abwendung einer Durchsuchung gefragt worden war, ob sie „in der Lage sei, die Anleger, die Vermögen nach Luxemburg oder in die Schweiz transferiert hätten, zu benennen".

924 BVerfG-NJW 1966, 1603 ff. (1608). Vgl. auch Kniffka, Wistra 1987, S. 310.

tat gerichtet".[925] Der in diesem Zitat enthaltene Gedanke des Bundesverfassungsgerichts von dem Verbot einer „Umgehungsermittlung" gilt auch in den Bank - Kunden - Fällen, trotzdem das Bundesverfassungsgericht in der Dresdner - Bank Entscheidung[926] eine andere Auffassung zu vertreten scheint. *Joecks* [927] führt aus, daß wegen der beschränkten Eingriffsmittel des Steuerverwaltungsrechts, die sich aus § 30 a AO ergeben, nur die Regelungen der Strafprozeßordnung eine unbeschränkte Nachforschung bei einer Bank zu ermöglichen scheinen, wodurch § 30 a AO umgangen würde.[928] „Aus der Sicht des Fiskus ist diese Vorgehensweise auch deshalb vorteilhaft, als wegen der Vielzahl verfügbarer Daten die Möglichkeit der ‚zufälligen' Entdeckung weiterer steuerlich relevanter Sachverhalte erhöht wird"[929], wobei diese „weiteren Zufallsfunde" ex post betrachtet wiederum weitere, ursprünglich fragwürdige Ermittlungshandlungen legitimieren sollen.[930]
In der genannten Dresdner - Bank - Entscheidung des Dreierausschusses des Bundesverfassungsgerichts heißt es in diesem Zusammenhang weiter, „daß bei der Aufklärung dieses Vorwurfes auch das achtungswürdige Vertrauen redlicher Kunden in den Geschäftsbetrieb der Beschwerdeführerin berührt werden kann, liegt in der Natur der Sache und vermag zulässige Ermittlungshandlungen nicht zu hindern".[931] *Leisner* [932] sieht in dieser Aussage des Gerichts einen unzulässigen Verzicht auf jede Verhältnismäßigkeitsabwägung. Auch in den Bank - Kunden Fällen dürfen daher, ganz im Sinne des verfassungsrechtlichen Abstraktionsprinzips, die niedrigeren Eingriffsvoraussetzungen des § 102 StPO zum Beispiel in bezug auf die Bank nicht dazu genutzt werden, die Voraussetzungen des § 103 StPO oder steuerlicher Art zu umgehen und /oder um gegen den eigentlich beabsichtigten Bankkunden vorgehen zu können. Durch ein solches Vorgehen werden aber nicht nur die einfach gesetzlichen Voraussetzungen einer Durchsuchung umgangen, sondern zugleich auch die verfassungsrechtlichen Voraussetzungen. Eine solche Durchsuchung stellt einen Verstoß gegen das Übermaßverbot dar. Auch die in den §§ 102 ff. StPO enthaltenen Eingriffsbefugnisse sind das Ergebnis einer antizipiert vorgenommenen Abwägung des Gesetzgebers[933] zwischen zwei Prinzipien, wie sie oben bereits dargestellt wurde. Hinsichtlich der beteiligten kollidierenden Prinzipen ändert sich somit nichts. Aufgrund der antizipierten Abwägung soll nach Auffassung des Gesetzgebers unter den in den §§ 102 ff. StPO geregelten Voraussetzungen im Regelfall das in diesen Normen enthaltene Prinzip der Realisierung des staatlichen Strafanspruchs Vorrang haben, vor gegenläufigen Prinzipien des Bürgers, wie hier des Rechts auf informationelle Selbstbestimmung. Unter diesen Voraussetzungen erscheint dem Gesetzgeber der Vorrang des staatlichen Strafanspruches vor gegenläufigen Prinzipien als verhältnismäßig. Werden diese normierten Voraussetzungen umgangen, tritt als Folge die Unverhältnismäßigkeit der so bewirkten Eingriffshandlung ein, da die Proportionalität der antizipierten Abwägung verschoben

925 BVerfGE, a.a.O..
926 BVerfGE vom 13.12.1994 (2 BvR 894/94), in: Wistra 1995, 139 ff.
927 Joecks, a.a.O..
928 Vgl. auch Joecks, WM 1998, Sonderbeilage Nr. 1, S. 7, der den strafprozessualen Tatverdacht seinerseits zu einer „Eintrittskarte verkümmert" sieht, „die den Finanzbehörden die Möglichkeit eröffnet .... in Dinge zu sehen, die ihnen normalerweise verwehrt sind". Er bezieht sich dabei in seiner Fußnote auf die Regelung des § 30 a AO.
929 Joecks, a.a.O..
930 Joecks, a.a.O..
931 BVerfG, a.a.O., S. 141; Leisner, Ausforschungsbeschlagnahme, BB 1995, S. 528.
932 Leisner, a.a.O..
933 Siehe oben 2. Teil, S. 82 f.. Siehe aber auch BVerfGE-NJW 1966, 1603 ff. (1607). Vgl. Benda, DStR 1998, 352, für die Antizipation der Güterabwägung im Bereich des Steuergeheimnisses.

wird. Die Balance der widerstreitenden Prinzipien wird gestört.[934] Erste Zweifel an der Verhältnismäßigkeit des Eingriffs bei einer solchen „Umgehungsdurchsuchung“ ergeben sich bereits beim Teilgrundsatz der Geeignetheit der Durchsuchungsmaßnahme. Da der Bankkunde unverdächtig ist bzw. dieser dem Staat unbekannt ist, ist die Eignung der Durchsuchung der Bank fraglich. Welches geeignete Beweismittel soll beim Erlaß einer Durchsuchungsanordnung hinsichtlich unverdächtiger oder gar unbekannter Bankkunden in Betracht kommen und wofür? Die Eignung der Durchsuchungsmaßnahme würde sich erst im Laufe der Durchsuchung herausstellen, somit im Nachhinein und zufällig und nicht wie gefordert, bei Erlaß der Durchsuchungsanordnung[935].
Verstärkt werden diese Zweifel an der Verhältnismäßigkeit durch den Teilgrundsatz der Erforderlichkeit, der den ultima ratio Gedanken beinhaltet.[936] Auch hier ist bei Erlaß der Durchsuchungsanordnung völlig unklar, ob diese Durchsuchung das mildeste Mittel darstellt. Möglicherweise wäre der im Laufe der Durchsuchung ermittelte Bürger B x bereit gewesen, freiwillig alle benötigten Auskünfte zu erteilen. Allein die Unklarheit hinsichtlich dieser beiden Teilgrundsätze der Verhältnismäßigkeit zum Zeitpunkt des Erlasses der Durchsuchungsanordnung[937] ist ein Verstoß gegen den Verhältnismäßigkeitsgrundsatz und macht den Durchsuchungseingriff rechtswidrig. Es reicht nicht aus, daß sich die Maßnahme am Ende und nach ihrer Durchführung zufällig als verhältnismäßig erweist, weil man bezüglich einiger Bürger bei der Durchsuchung fündig geworden ist. Denn dieses stellt die von *Leisner* angeprangerte „Ausforschung“ dar[938]. Aber auch hinsichtlich der Proportionalität zeigt sich die Unverhältnismäßigkeit der „Umgehungsdurchsuchungen“. Das prima facie - Recht auf informationelle Selbstbestimmung des Bürgers, das -wie bereits ausgeführt- nach Auffassung des Bundesverfassungsgerichts für die freiheitlich - demokratische Grundordnung von überragender Bedeutung ist, verkörpert einen hohen Wert. Eine Einschränkung dieses Rechts ist nur aufgrund eines überragenden Allgemeininteresses möglich, einem gegenläufigen Prinzip somit, von dem der staatliche Strafanspruch einen Teilaspekt bildet. Ist ein Bürger jedoch unverdächtig oder unbekannt und daher unverdächtig, gibt es keinen staatlichen Strafanspruch, der das für den Bürger streitende Prinzip zurückdrängen könnte, da ein überragendes Allgemeininteresse nicht besteht. Darüber hinaus ist der Staat gemäß Art. 6, Abs. II EMRK an die

---

934 Dieses Ergebnis ist logisch betrachtet nicht zwingend. Es ist nicht auszuschließen, daß sich auch bei der Störung / der Umgehung der normierten Parameter die konkrete Maßnahme gleichwohl als verhältnismäßig erweist. Dieses Ergebnis ist aber rein zufällig und genügt nicht rechtsstaatlichen bzw. verfassungsrechtlichen Anforderungen. Zumindest nach den Erkenntnissen der Chaosforschung ist davon auszugehen, daß auch in einem deterministischen System zwar das Entstehen geordneter Zustände nicht auszuschließen ist, diese aber willkürlich und zufällig entstehen. Die Wahrscheinlichkeit ungeordneter Zustände in einem solchen System ist wesentlich größer. Die Gesetzeswerke verkörpern ein geordnetes System, das Menschen generell anstreben, um willkürliche Ergebnisse im Recht auszuschließen und Vorhersehbarkeit und Transparenz zu schaffen. Werden die in dem geordneten System normierten Parameter umgangen, wird die Ordnung mit der Unordnung eingetauscht. Das Ergebnis sind überwiegend ungeordnete Zustände, die sich willkürlich ergeben und nicht voraussehbar sind. Die Gedanken der Chaostheorie gehen auf Jules - Henri Poincaré (1854-1912) zurück, der bereits 1903 auf die Möglichkeit eines irregulären Verhaltens in einem deterministischen System aufmerksam machte. Die Problematik der Chaostheorie kulminiert um den Begriff der ‚Emergenz‘, der das Auftreten von Qualitäten in Systemen beschreibt, die durch die Eigenschaften und relationalen Verknüpfungen der beteigten Komponenten nicht erklärt werden können - vgl. hierzu z.B. Struck, Gesetz und Chaos in Naturwissenschaft und Rechtswissenschaft, in: JuS 1993, S. 994.

935 Hingewiesen sei auch auf BVerfGE-NJW 1991, 690.

936 Vgl. insoweit auch Spitz, DStR 1981, S. 430.

937 Vgl. BVerfGE-NJW 1966, 1603 ff. (1611).

938 Vgl. auch Selmer, a.a.O., S. 115, 116, 122, der bei fehlenden konkreten Anhaltspunkten für einen Eingriff von einem Ausforschungseingriff ins Ungewisse spricht (S. 122).

Unschuldsvermutung des in dubio pro reo gebunden, die Ausdruck des auch für den Bürger streitenden Rechtsstaatsprinzips ist.[939] Eine Abwägung zwischen zwei kollidierenden Prinzipien findet nicht statt. Das für den Bürger streitende Prinzip der informationellen Selbstbestimmung muß sich realisieren. Der prima facie - Charakter des für den Bürger streitenden Prinzips setzt sich durch, weil ihm kein hinreichendes, konkretes und gegenläufiges Prinzip gegenübertritt. Denn dem sicher betroffenen prima facie - Recht des Bürgers tritt ein nur möglicherweise betroffenes gegenläufiges prima facie - Recht als Ausdruck eines Prinzips gegenüber. Gemäß dem oben vorgestellten Gesetz der abnehmenden Grenzrate der Substitution, der die „Je - desto - Formel" des ersten Abwägungsgesetzes entnommen werden kann, verlangt die intensive, verdrängende Beeinträchtigung des für den Bürger streitenden protagonistischen Prinzips P 1 durch ein gegenläufiges Prinzip P 2, einen überproportionalen Wichtigkeitsgrad des verdrängenden Prinzips P 2. Das gegenläufige Prinzip P 2 müßte aufgrund der oben gemachten Ausführungen in Fällen der „Umgehungsdurchsuchung" einen überproportionalen Wichtigkeitsgrad aufweisen. Die hohe Anzahl der beschlagnahmten Belege und die Ausführung der Maßnahme im Wege einer „Umgehungsdurchsuchung" können also nur dann gerechtfertigt werden, falls zu den Eingriffsgründen, die eine Bankdurchsuchung bzw. eine Beschlagnahme von Bankbelegen in herkömmlichen Fällen rechtfertigen, weitere Gründe hinzutreten, die so eklatant wichtig sind, diese Intensität, diesen Totaleingriff, zu rechtfertigen.[940] Bei den Fällen der „Umgehungsdurchsuchung" und der hohen Zahl der beschlagnahmten Belege in den Beispielsfällen, bei denen sich die Rechtmäßigkeit des Eingriffes erst im nachhinein herausstellt, ist der notwendige überproportionale Eingriffsgrund zum Zeitpunkt des Eingriffs nicht vorhanden, da nichts von Täter und oder Tat konkret bekannt ist.[941] Aufgrund des Umstandes, daß sich erst im Nachhinein herausstellt, ob die durchgeführte Ermittlungsmaßnahme gerechtfertigt war, nämlich dann, wenn tatsächlich etwas gefunden wird, rechtfertigt keine „Umgehungsdurchsuchungen" oder Beschlagnahmen von Bankbelegen der Bankkunden in dem genannten Umfang, da ein überproportionaler Eingriffsgrund für die Maßnahme fehlt. Es ist der Umstand zu berücksichtigen, daß aufgrund des Umfangs der geschilderten Beschlagnahmen ein sehr intensiver Eingriff in das Recht der jeweiligen Bankkunden definitiv erfolgt und somit verbleibt, der nur eventuell eine nachträgliche Rechtfertigung erfährt. Stellt sich im Nachhinein heraus, daß aufgrund eines Fundes ein Eingriff bezüglich eines bestimmten Bankkunden möglich gewesen wäre, so man ihn bzw. seine Beziehung zur durchsuchten Bank und seine Tat gekannt hätte, handelt es sich um die „normalen" Gründe, die einen Eingriff bezüglich dieses Bankkunden gerechtfertigt hätten. Dieses hat aufgrund des ersten Abwägungsgesetzes zur Folge, daß „Umgehungsdurchsuchungen" und die Beschlagnahme einer solch großen Anzahl von Bankbelegen[942], wie sie Gegenstand der Beispielsfälle waren, wegen Verstoßes gegen den Grundsatz der Proportionalität unverhältnismäßig und somit rechtswidrig sind. Eine Verwertung dieser Belege ist nicht möglich. Entgegen der Auffassung vieler Vertreter insbesondere im Kreis der Ermittlungsbehörden führte die Entscheidung des Bundesverfassungsgerichts im oben genannten Beispiel Nr. 2 im Fall der

939 BVerfGE 20, 323 (332 ff.) - Lesering; BVerfGE 25, 269 (285) -Verfolgungsverjährung; BVerfGE 45, 187 - lebenslange Freiheitsstrafe. Das Bundesverfassungsgericht drückt die Unschuldsvermutung, die aus dem Rechtsstaatsprinzip resultiert und einen Verfassungsrechtssatz darstellt, in dem Satz „nulla poena sine culpa" aus. Zur Unschuldsvermutung vgl. ferner BVerfGE 35, 5 ff. (10) - Schreibmaschine in Untersuchungshaft; BVerfGE 35, 307 (310) - Fernseher in Untersuchungshaft.

940 Vgl. oben im 2. Teil, S. 63. Gemäß den dort gemachten Ausführungen müssen die hinzutretenden Gründe ungleich der Gründe sein, die den „normalen" Eingriff rechtfertigen.

941 Leisner, Ausforschungsbeschlagnahme, BB 1995, S. 528.

942 Was man auch als Vorratsbeschlagnahme bezeichnen kann.

Dresdner Bank[943] zu keinem anderen oder neuem Ergebnis hinsichtlich der Behandlung von Ermittlungsmaßnahmen bei Banken. Das liegt daran, daß die Verfassungsbeschwerde durch die Dresdner - Bank erfolgte, so daß das Bundesverfassungsgericht, ohne dieses ausdrücklich zu betonen, lediglich das Verhältnis zwischen Staat und Bank überprüfte. Die Ausführungen des Gerichts sind somit nicht übertragbar auf das vom Gericht nicht geprüfte Verhältnis zwischen Staat und Bürger / Bankkunden B 1 - B x. Das Bundesverfassungsgericht sah in der Verfassungsbeschwerde der unter Beispiel Nr. 2 genannten Dresdner-Bank keine Fragen von grundsätzlicher Bedeutung berührt, die nicht schon Bestandteil früherer Entscheidungen des Gerichtes waren[944] und wies die Verfassungsbeschwerde der Bank als unzulässig und im übrigen unbegründet ab. Das Bundesverfassungsgericht führt aus: „Ob und inwieweit die Beschwerdeführerin durch Art. 19, Abs. III GG auch das dem Individuum zustehende Recht auf Datenschutz (Art. 2, Abs. I i.V.m. Art. 1, Abs. I und Art. 4 GG) zuerkannt ist, kann dahin stehen, da für die *Beschwerdeführerin* daraus kein günstigerer Maßstab abgeleitet werden kann".[945] „Daß bei der Aufklärung dieses Vorwurfes (gemeint ist der Vorwurf gegenüber der Bank -M.H.) auch das *achtungswürdige* Vertrauen redlicher Kunden in den Geschäftsbetrieb der Beschwerdeführerin berührt werden kann, liegt in der Natur der Sache und vermag zulässige Ermittlungsmaßnahmen nicht zu hindern".[946] Das Bundesverfassungsgericht hat somit in der Dresdner - Bank Entscheidung keineswegs den Ermittlungsbehörden einen irgendwie gearteten Freibrief für eine Umgehungsermittlung erteilt, um Erkenntnisse und Befugnisse aus dem Staat - Bank - Verhältnis auch und gerade im Staat - Bürger Verhältnis zu gebrauchen. Es ist angesichts der bisherigen Rechtsprechung des Bundesverfassungsgerichts, gerade auch zu Art. 19, Abs. III GG[947], davon auszugehen, daß das Gericht sich zu dieser Problematik wesentlich deutlicher geäußert hätte, hätte seinerzeit auch einer der betroffenen, den Ermittlungsbehörden bis zu ihrem Einschreiten völlig unbekannten und unverdächtigen, Bürger / Bankkunden das Vorgehen der Ermittlungsbehörde mit einer Verfassungsbeschwerde angegriffen. Die Verfassungsbeschwerde der Dresdner - Bank richtete sich gegen staatliche Ermittlungsmaßnahmen die ihr gegenüber erfolgten und betrafen somit lediglich das Staat - Bank - Verhältnis. Aufgrund der konkreten Kenntnis der Ermittlungsbehörden aus dem vorhergehenden Zivilprozeß über die anonymisierten Buchungen und die Beteiligung hieran von zumindest einer namentlich bekannten Mitarbeiterin der Bank waren die bei der Bank im Verhältnis Staat - Bank durchgeführten Ermittlungsmaßnahmen nicht zu beanstanden. Gleiches gilt im Verhältnis des Staates zu den beiden, namentlich bekannten Bankkunden. Auch in bezug auf diese beiden Kunden, nennen wir sie B 1 und B 2, bestanden aufgrund des Vorprozesses bzw. im Vorfeld konkrete und verifizierbare Anhaltspunkte dafür, das diese eine Steuerhinterziehung begangen haben. Da diese Bankkunden (B 1 und B 2) jedoch keine Verfassungsbeschwerde gegen die sie betreffenden Ermittlungsmaßnahmen des Staates erhoben haben, war das diesbezügliche Staat - Bürger - Verhältnis nicht Gegenstand der Entscheidung des Dreierausschusses. Dieses hat das Gericht mit seiner oben zitierten Aussagen zum Ausdruck gebracht. Für den Fall, daß diese Bürger ebenfalls gegen die Ermittlungsmaßnahmen der Staatsanwaltschaft im Dresdner - Bank Fall Verfassungsbeschwerde erhoben hätten, hätte das Bundesverfassungsgericht diese Ermittlungsmaßnahmen ebenfalls für rechtmäßig erklären können. Eine Verallgemeinerung der Aussagen des Dreierausschusses auch auf die unver-

---

943 BVerfGE vom 13.12.1994 (2 BvR 894/94), in: Wistra 1995, 139 ff..
944 BVerfGE, a.a.O., S. 139.
945 BVerfGE, a.a.O., S.139.
946 BVerfGE, a.a.O., S.141.
947 Worauf noch eingegangen wird.

dächtigen und den Ermittlungsbehörden in keiner Weise bekannten Bankkunden B 3 bis B x ist hingegen nicht möglich. Für diese Staat - Bürger - Verhältnisse enthält die Entscheidung des Dreierausschusses keinerlei Aussagen, da sie nicht Gegenstand des anhängigen Verfahrens waren. Daraus folgt, daß die Beschlagnahme der 40.000 (!) Kundenbelege zwar gegenüber der Dresdner - Bank und den Bürgern B 1 und B 2 gerechtfertigt waren, nicht hingegen im Verhältnis des Staates zu den unbekannten und unverdächtigen Bankkunden B 3 - B x, auf die sich das Gros der beschlagnahmten Kundenbelege erstreckte. Diesen Bürgern gegenüber war die Ermittlungsmaßnahme der Staatsanwaltschaft im Fall der Dresdner - Bank rechtswidrig und unverhältnismäßig. Gleiches gilt für die Beschlagnahme sämtlicher Kundenbelege im Fall der HCM. Im Rahmen seiner Verhältnismäßigkeitsprüfung hat das Bundesverfassungsgericht in der Dresdner - Bank Entscheidung ausgeführt, daß es für die Ermittlungen bezüglich des Vorwurfes gegenüber der Bank zur Beihilfe der Steuerhinterziehung zweier namentlich bekannter Bankkunden kein milderes Mittel gab. Das ist daher im Verhältnis Staat - Bank richtig. Im Verhältnis zwischen Staat und *unbeteiligtem* Bürger wäre dieses nicht richtig gewesen, weil bezugnehmend auf die bereits oben gemachten Ausführungen dem ultima ratio Charakter der Zwangsmaßnahme Rechnung zu tragen wäre und zumindest eine Auskunft dieser Bürgers hätte verlangt werden können bzw. müssen. Im Verhältnis zu diesen Bankkunden würde sich die Erforderlichkeit der Maßnahme darüber hinaus erst im Nachhinein und zufällig herausstellen. Ein solcher Zufall genügt nicht dem Verhältnismäßigkeitsgrundsatz. Im Rahmen der Prüfung der Proportionalität des gerügten Eingriffes wägt das Gericht zwischen der Schwere des Eingriffes und der Schwere des ihm zugrundeliegenden strafrechtlichen Vorwurfes, des abzuklärenden Verdachts und der Bedeutung des Beweisgegenstandes für das Verfahren ab.[948] Es führt aus: „Dem Ermittlungsverfahren liegt der Vorwurf zugrunde, es sei Steuerhinterziehung in einer sehr großen Anzahl von Fällen in einer Weise begangen worden, die geeignet sei, die steuerliche Belastungsgleichheit zu vereiteln. Ein solches Geschehen verletzt im Rechtsstaatsprinzip und im Gleichbehandlungsgebot verankerte öffentliche Interessen von einem sehr viel höheren Rang, als ihn das fiskalische Interesse an der Sicherung des Steueraufkommens hat. Dem Vorwurf kommt daher erhebliches Gewicht zu. Auch der Grad des dem Ermittlungsverfahren zugrundeliegenden Tatverdachts ist nicht derart vage, daß er aus verfassungsrechtlicher Sicht ungeeignet wäre, Beschlagnahmen des hier vorliegenden Umfangs zu rechtfertigen. .....Es müssen vielmehr Verdachtsmomente für den konkreten Mißbrauch vorliegen. Gerade dies ist hier freilich der Fall. Der Verdacht richtet sich darauf, daß aus dem Betrieb der Beschwerdeführerin heraus unter Überschreitung des Maßes zulässiger Aktivitäten Beihilfe zu Straftaten begangen worden sei. Er stützt sich dabei auf konkrete Ergebnisse zweier Einzelfälle und nicht nur auf allgemeine Erwägungen zu Häufigkeit und Methoden der Steuerhinterziehung“.[949] Aufgrund dieser Abwägung kam das Bundesverfassungsgericht zu dem Ergebnis, daß die gerügte Beschlagnahme der Kundenbelege verhältnismäßig gewesen sei. Klar erkennbar wird die „Je - desto - Formel“ des ersten Abwägungsgesetzes. Eine durch die Beschlagnahme von 40.000 (!) Belegen sehr intensive Beeinträchtigung der Bank erfolgt zugunsten des Grundsatzes der Belastungsgleichheit der Steuerzahler, dem das Gericht einen sehr hohen Wichtigkeitswert beimißt. Die Frage danach, ob im Sinne dieses ersten Abwägungsgesetzes auch ein solch intensiver Eingriff im Verhältnis zwischen Staat und und bis dato unbekanntem Bürger als Bankkunden verhältnismäßig gewesen wäre hat sich dem Bundesverfassungsgericht nicht gestellt. In diesem Fall wären zwei Prinzipien aufeinander getroffen, nämlich das Recht des Bürgers auf informationelle Selbstbestimmung mit

[948] BVerfG-Wistra 1995, S. 140, 141.
[949] BVerfG, a.a.O., S. 140.

dem aus dem Rechtsstaats- und Gleichheitsgebot resultierenden Grundsatz der Belastungsgleichheit, denen das Gericht bereits mehrfach jeweils eine außerordentlich hohe Wichtigkeit bescheinigt hat. Ob der Grundsatz der Belastungsgleichheit einen überproportional wichtigen Eingriffsgrund darstellt, der das prima facie - Recht des Bürgers auf informationelle Selbstbestimmung zurückdrängen kann, das nach Auffassung des Bundesverfassungsgericht zum Wesenskern einer freiheitlich - demokratischen Grundordnung zählt, hat das Gericht in der Dresdner - Bank Entscheidung nicht geprüft. Nach der hier vertretenen Auffassung kann aber der Grundsatz der Belastungsgleichheit in Konstellationen wie bei der Dresdner - Bank zu keiner Einschränkung des Rechts auf informationelle Selbstbestimmung der unverdächtigen Bürger führen, da ein Zurückdrängen der Rechte des Bürgers unverhältnismäßig wäre. Ein solches Zurückdrängen der Rechte des Bürgers wäre nicht erforderlich, da die Belastungsgleichheit durch verschiedene andere Maßnahmen wiederhergestellt werden könnte. Zum einen könnte die streitige Steuer abgeschafft werden, ein bei Vertretern der Finanzverwaltung gewiß unpopulärer Gedanke, dann wäre die Belastungsgleichheit gegeben, zum anderen kann die Belastungsgleichheit und somit auch das Steueraufkommen des Staates gesichert werden, wenn diejenigen Banken und verdächtigen Bürger bestraft werden, denen die Maßnahme galt. Allein eine Bestrafung bzw. Sanktionierung der Banken würde dazu führen, das Ausmaß der Abgabenverkürzung zukünftig wesentlich zu verringern. Immerhin haften auch die beteiligten Bankangestellten, denen der Vorwurf der Beihilfe zur Steuerhinterziehung eines Kunden gemacht werden kann dem Fiskus privat gemäß § 71 AO für die hinterzogene Steuer.[950] [951] Nicht erforderlich ist ein solcher Eingriff in bezug auf bisher unverdächtige und als Bankkunden unbekannte Bürger aber auch deswegen, weil die Möglichkeit besteht vor einem Einschreiten den Bürger um Auskunft anzuhalten. Der ultima ratio Aspekt der Erforderlichkeit würde mißachtet werden. Ein Eingriff im Verhältnis zu unverdächtigen Bürgern ist somit mangels Erforderlichkeit unverhältnismäßig. Solche Ermittlungsmaßnahmen stellen im Verhältnis zum bisher unverdächtigen Bürger aber auch einen Verstoß gegen die proportionale Ausrichtung der widerstreitenden Prinzipien dar, da diese eben nicht dem ersten Abwägungsgesetz genügen. Es treffen in diesem Fall das konkret verletzte Recht auf informationelle Selbstbestimmung des Bürgers zusammen, mit einem möglichen Verstoß gegen den Grundsatz der Belastungsgleichheit, wobei dem Vorwurf eines Verstoßes jegliche Verifikation fehlt. Aufgrund einer solchen Spekulation kann das prima facie - Recht des Bürgers nicht zurückgedrängt werden, da es dem gegenläufigen Prinzip an der notwendigen, überproportionalen Wichtigkeit fehlt. Insoweit kann auf die oben gemachten Ausführungen verwiesen werden.

(2.1.4.) Exkurs zum Begriff „Verdacht" - Reflektion über einen bekannten (?) Rechtsbegriff

Zuvor wurde wiederholt von dem Begriff des Verdachts, von verdächtigen Personen und Sachverhalten gesprochen. Es war in Zusammenhang mit § 102 StPO beispielsweise die Rede davon, daß für den Verdacht die Wahrscheinlichkeit für eine Straftat ausreichend sein soll, wobei auf kriminalistische Erfahrung rekurriert werden kann. Ferner wurde in Zusammenhang mit § 103 StPO von zureichenden tatsächlichen Anhaltspunkten gesprochen und von bestimmten und beweisbaren Tatsachen. In der Kommentierung beispielsweise zu § 152, Abs. II

[950] Je nach Konstellation -Handeln des Bankangestellten auf Anweisung oder in Eigeninitiative, vorsätzlich oder fahrlässig - hat der betroffene Bankangestellte ggfls. einen Regreßanspruch gegen seine Bank aus arbeitsrechtlichen Gesichtspunkten.

[951] Zu den Problemen im Rahmen von § 71 AO erfolgen Ausführungen weiter unten.

StPO heißt es in bezug auf den Anfangsverdacht, daß diesem konkrete Tatsachen zugrundeliegen müssen und dieses keine Ermessensentscheidung sei, gleichwohl ein gewisser Beurteilungsspielraum bestehen würde.[952] So vertraut der Begriff des Verdachts erscheint, ist seine inhaltliche Präzisierung kaum erkennbar. Wie kann dieser so umschriebene Begriff als Eingriffsermächtigung näher präzisiert und von anderen Begriffen, die keine Eingriffsermächtigung gewähren, wie zum Beispiel die Ermittlung ins Blaue hinein, abgegrenzt werden?
Joecks hat sich in seinem Gutachten auch dieser Frage gewidmet und führt aus, daß der Begriff des Verdachts alles andere als klar ist, weil eine präzise Definition dieses Begriffes fehlt.[953] Im Kontext dieser Betrachtung ist lediglich der Umstand eindeutig, daß sich der Verdacht auf eine bestimmte Straftat und einen bestimmten Täter beziehen muß. Nimmt man ein Wörterbuch zur Hilfe, findet man unter dem Begriff „Verdacht" lediglich Umschreibungen der Art, daß es sich um eine „Annahme, die noch nicht erwiesen ist" handelt oder Begriffe impliziert wie „ahnen" oder „vermuten". Diese Vagheit ist begriffsimmanent, da auch in anderen Rechtskreisen präzisere Umschreibungen nicht bestehen. In den USA zum Beispiel wird der Begriff des Verdachts (engl. suspect) mit den Worten umschrieben, „... it is to have a slight or even vague idea concerning, but not necessarily involving knowledge or belief or likelihood".[954] Bei der Frage eines Verdachts geht es um die Verifikation von Schuld oder Unschuld einer Person in bezug auf eine Straftat. Aufgrund dieser Umschreibungen soll zunächst mit den Worten von *Joecks* festgehalten werden, daß der Begriff des Verdachts besteht „(1) aus einer sicheren Basis von Anknüpfungs- und Indiztatsachen und (2) einer Schlußfolgerung, die von dieser Basis ihren Ausgang nimmt und sich auf Tat und Täterschaft bezieht".[955] Es besteht somit eine Korrelation zwischen einem notwendigen Maß von Tatsachen und einer retro - perspektiven Betrachtung.[956] Der Unterschied zwischen einem Verdacht und einer Prognose besteht darin, daß der Verdacht sich auf gegenwärtig bestehende Umstände erstreckt, die Prognose auf zukünftige.[957] Daher befindet sich der Begriff des Verdachts auf einer „Begriffsskala" graduell zwischen den Begriffen der Spekulation und dem des sicheren Wissens, der positiven Kenntnis. Es kann sich an der von *Joecks* dargestellten Abstufung orientiert werden, die folgende Stufen aufweist:[958]

- allgemeine / abstrakte Möglichkeit
- konkrete Möglichkeit
- Wahrscheinlichkeit
- große Wahrscheinlichkeit
- sicheres Wissen

---

[952] Kleinknecht/Meyer-Goßner, a.a.O., § 152 Rn. 4.

[953] Joecks, WM 1998, Sonderbeilage Nr. 1, S. 7-11.

[954] Vgl. Gifis, Law Dictionary, Stichwort „suspect".

[955] Joecks, a.a.O., S. 8 - m.w.N..

[956] Vgl. Joecks, a.a.O., S. 10.

[957] Joecks, a.a.O., der sich auf Kühne bezieht und auf das gleiche logische Schema von Verdacht und Prognose hinweist.

[958] Vgl. Joecks, a.a.O., S. 11. Joecks unterscheidet in der ersten Stufe zwischen den Stufen einer bloßen Vermutung und einer allgemeinen Möglichkeit. Nach dem hier vertretenen Verständnis besteht hingegen kein Unterschied zwischen den Begriffen einer bloßen Vermutung und einer abstrakten Möglichkeit, da abstrakt betrachtet zunächst einmal alles möglich erscheint.

Aufgrund dieser Abstufung zeigt sich, daß der Grad der Gewißheit abhängig ist von den der Betrachtung zugrundegelegten Tatsachen, wobei sich aus dem Begriff der Tatsache bereits ergibt, daß diese dem Beweis zugänglich sein muß. Dieses wurde bereits angeführt.
So unterscheidet sich die abstrakte von der konkreten Möglichkeit dadurch, daß für die konkrete Möglichkeit Tatsachen zugrundegelegt werden können, die die grundsätzlich zu allen Seiten hin offene abstrakte Möglichkeit bereits in eine bestimmte Richtung kanalisiert. Aus der unendlich bestehenden Anzahl abstrakter Möglichkeiten werden aufgrund der zugrundegelegten (ersten) Tatsachen einige Möglichkeiten ausgeschlossen, so daß sich eine Verengung hin zu einer konkreten Möglichkeit ergibt. Bei diesen Tatsachen kann es sich auch um Indizien handeln, die begrifflich jedoch auch nichts anderes beinhalten.[959] Die Anzahl konkreter Möglichkeiten ist jedoch auch unter Zugrundelegung dieser Tatsachen immer noch so groß, daß keine Wahrscheinlichkeit dafür besteht, daß eine bestimmte Person eine bestimmte Tat begangen hat. Hierzu bedarf es weiterer Tatsachen. Der Grad der Wahrscheinlichkeit sagt bereits aus, daß mehr Umstände (Tatsachen) dafür als dagegen sprechen, daß eine bestimmte Person eine bestimmte Tat begangen hat.[960] Die Wahrscheinlichkeitsfrage stellt sich hier in bezug auf die Frage nach der Schuld oder Unschuld einer Person. Wollte man mit Prozentzahlen arbeiten, ist hierfür im Bereich der Wahrscheinlichkeit ein Wert > 50 % für die Täterschaft einer Person anzusetzen. Bei dem Begriff der großen Wahrscheinlichkeit wäre dieser Wert weiter auf > 75 % zu erhöhen.[961] Das extreme Pendant zu der abstrakten Möglichkeit ist auf der anderen Seite der Begriff des sicheren Wissens, bei dem die Täterschaft zu 100 % erwiesen ist. Man kann diesen Begriffen von *Joecks* Werte zuordnen, wobei man sich allerdings im Klaren darüber sein muß, daß jede Zuteilung von Zahlenwerten im Rahmen juristischer Betrachtungen stets ein stückweit willkürlich erfolgt.[962] Bei einer Zuordnung von Zahlenwerten zu den genannten Begriffen ergeben sich gegensätzliche Begriffspaare. Die unbeschränkte Anzahl abstrakter Möglichkeiten in bezug auf Tat und Täter erhielte den Wert 0, das sichere Wissen den Wert 100. Das Pendant der konkreten Möglichkeit wäre die große Wahrscheinlichkeit, erstere erhielte den Wert 25, letztere den Wert 75. Dem Begriff der Wahrscheinlichkeit entspricht kein Pendant. Dieser muß nach dem zuvor gesagten jedoch einen Wert von mindestens 51 erhalten. Bei steigendem Maß der zugrundegelegten Tatsachen ergibt sich so eine Entwicklung hin zur Schuldvermutung, jedoch kann die Vermutung der Unschuld die größere Wahrscheinlichkeit für sich verbuchen; die im in dubio pro reo Grundsatz enthaltene Unschuldsvermutung erweist sich danach als richtig. Innerhalb des Verdachtsbegriffs kommt es mithin zu einer allmählichen Verschiebung von einem Bereich der Vermutung zu einem Bereich der Erkenntnis.

---

[959] Der Unterschied zwischen einem Indiz und einer Tatsache besteht vielmehr darin, daß ein Indiz lediglich eine (Teil-) Tatsache darstellt, von der aus auf (andere) Tatsachen geschlossen werden kann.

[960] Vgl. Joecks, a.a.O., S. 11.

[961] Vgl. Joecks, a.a.O., S. 10, 11, der unter Bezugnahme auf Hainmüller seiner Betrachtung ebenfalls Zahlenwerte zugrunde legt.

[962] Insofern sollte man nicht zu sehr an Zahlenwerten verhaftet bleiben. Gleichwohl dient die Zuteilung von Zahlenwerten jedoch der besseren Verständlichkeit. Entscheidend ist in vorliegendem Zusammenhang der Umstand, daß das Maß der notwendigen Tatsachen, die zugrunde gelegt werden wachsen muß, um von einer Spekulation zu einem Verdacht zu gelangen. Vgl. insoweit auch Wendt, Der Garantiegehalt der Grundrechte und das Übermaßverbot, AöR, 104 (1979), S. 467, der eine mathematische Betrachtung, eine Fixierung auf einer Skala für unmöglich hält und die Grade der Wahrscheinlichkeit nur für „grobkörnig" beschreibbar hält (z.B. große, einfache oder mit an Sicherheit grenzende Wahrscheinlichkeit). In diesem Sinn auch Stern, a.a.O., Bd. III/2, § 84, S. 819.

Gemäß der zuvor gemachten Ausführungen besteht ein Verdacht daher aus einer Korrelation zwischen einem Tatsachen- und einem Prognoseelement. Der Begriff des Verdachts kann daher definiert werden als eine auf einer Tatsachenbasis beruhende Prognose in bezug auf die Schuld oder Unschuld einer Person, die sich von der Spekulation dadurch unterscheidet, daß sie aufgrund der zugrundegelegten Tatsachen die größere Wahrscheinlichkeit für die Täterschaft einer Person für sich verbuchen kann.
Daher mußte der Stufe der abstrakten Möglichkeit zuvor der Wert 0 zugeordnet werden, da sie wie auch die Stufe des sicheren Wissens, die einen Wert von 100 erhalten hat, für die zu untersuchende Frage eines Verdachts als Eingriffsvoraussetzung als bedeutungslos zu betrachten sind. Bei einem sicheren Wissen entfällt jeglicher Verdacht, da das dem Begriff des Verdachts immanente prognostische Element entfällt. Bei einer abstrakten Möglichkeit entfällt ebenso der Begriff des Verdachts, da hier zwar das prognostische Element vorhanden ist, dafür jedoch das Element der Tatsachenbasis fehlt. Unter diesem Aspekt verläuft auch die Abgrenzung zwischen den Ermittlungshandlungen, die aufgrund eines Verdachts ermöglicht werden, und den Ermittlungshandlungen ins Blaue hinein. Bei einer bloß abstrakten Möglichkeit ist ein Verdacht nicht gegeben, wie soeben gesagt wurde, da das Tatsachenelement fehlt und lediglich das Prognoseelement vorhanden ist. Hierbei handelt es sich eindeutig um eine Ermittlung ins Blaue hinein. Gleiches gilt auch für die Verdachtsstufe einer konkreten Möglichkeit. Hier ist das Tatsachenelement zwar rudimentär enthalten, jedoch ist das Prognoseelement eindeutig vorherrschend. Dieses rechtfertigt keine Ermittlungsmaßnahme in bezug auf einen bestimmten Bürger, sondern lediglich (abstrakt) die Einleitung eines Ermittlungsverfahrens (gegen unbekannt). Dieses ändert sich erst ab der Stufe der Wahrscheinlichkeit.
Diese Differenzierung hängt damit zusammen, daß die Frage nach dem Bestehen eines Verdachts als Eingriffsvoraussetzung dadurch verkompliziert wird, daß dieser sich sowohl auf eine bestimmte Straftat, als auch auf einen bestimmten Täter erstrecken muß. Hieraus ergibt sich bereits zwingend, daß ein Verdacht nicht entstehen kann, wenn dieser sich nicht zugleich auf eine Straftat, sondern nur auf einen (möglichen) Täter erstreckt.[963] Erstreckt sich der Verdacht aufgrund bestehender Tatsachen lediglich auf das Vorliegen einer Straftat, dient dieses als Anlaß, ein Ermittlungsverfahren (gegen unbekannt) einzuleiten. Es soll das Bestehen der Straftat verifiziert werden und für den Fall, daß dieses gelingt, ein Täter ermittelt werden. Dieses beinhaltet die Regelung des § 152, Abs. II StPO.
Das System der Verdachtsgrade innerhalb der Strafprozeßordnung ist unterschiedlich gestaffelt, je nachdem wie intensiv der Eingriff, zu dem der Verdacht ermächtigt, in die Rechte des von der (Ermittlungs-) Maßnahme betroffenen Bürgers eingreift.[964] Während zum Beispiel für den Erlaß eines Haftbefehls gemäß § 112 StPO ein dringender Tatverdacht bestehen muß, der eine hohe Verurteilungswahrscheinlichkeit nach gegenwärtigem Ermittlungsstand erfordert, reichen für die Einleitung eines Ermittlungsverfahrens konkrete Tatsachen / Anhaltspunkte aus. Wenn somit eine hohe Verurteilungswahrscheinlichkeit nach gegenwärtigem Ermittlungsstand zur Voraussetzung eines Haftbefehls, als einem sehr intensiven Eingriff in das Grundrecht aus Art. 2, Abs. II, S. 2 GG gemacht wird, muß der Verdachtsgrad aufgrund bestehender, vorlegbarer und beweisbarer Tatsachen sehr hoch sein. Ohne vorlegbare Beweise, die auf die Täterschaft des betreffenden Bürgers hinweisen, kann nicht von einer hohen Verurteilungswahrscheinlichkeit ausgegangen werden. Es kommt somit je nach Intensität des Eingriffs, dessen Voraussetzung der jeweilige Verdachtsgrad ist, zu einer Verschiebung der in

---

[963] Die Begriffe Straftat und bestimmte Person, der diese zugerechnet werden kann (Täter), sind somit untrennbar miteinander verbunden.

[964] Vgl. die Dartstellung von Joecks, WM 1998, Sonderbeilage Nr. 1, S. 9.

dem Verdachtsbegriff enthaltenen Elemente von Prognose und Tatsache. Je intensiver der Eingriff in die Rechte des betroffenen Bürgers sich somit darstellt, desto größer wird innerhalb des Verdachtsbegriffs die Bedeutung des tatsächlichen Elements, desto geringer wird die Bedeutung des prognostischen Elements. Es zeigt sich, daß diese Abstufung innerhalb der Strafprozeßordnung die Je - desto - Formel des ersten Abwägungsgesetzes umfaßt und deshalb Ausfluß des Verhältnismäßigkeitsgrundsatzes ist.

Bei Eingriffen in das Recht auf informationelle Selbstbestimmung des Bürgers kann nach dem oben Gesagten lediglich aufgrund überragend wichtiger, überproportionaler Gründe des Allgemeinwohls eingegriffen werden. Unter Anwendung der zu der Verdachtsproblematik ausgeführten Gedanken bedeutet dieses, daß eine große Wahrscheinlichkeit dafür bestehen muß, daß ein bestimmter Bankkunde zum Beispiel eine Steuerstraftat begangen hat. Die Überproportionalität des Eingriffsgrundes bedingt das Erfordernis einer großen Wahrscheinlichkeit für den Verdachtsbegriff. Es wurde ausgeführt, daß die Verdachtslage einer großen Wahrscheinlichkeit dann gegeben ist, wenn eine Reihe verifizierbarer Tatsachen bestehen, die eine Täterschaft, die Schuld (im untechnischen Sinne) des betroffenen Bürgers nahe legen, so daß folglich das Tatsachenelement innerhalb des Verdachtsbegriffs sehr hoch, das Prognoseelement hingegen sehr niedrig ist. Die Überproportionalität des Eingriffsgrundes, wie sie hier vertreten wird, bedingt die Verschiebung der Elemente und sollte innerhalb des Verdachtsbegriffs mit dem fiktiven Wert 75 % angesetzt werden. Hiervon wird im Rahmen dieser Arbeit ausgegangen.

(2.2.) Die Durchbrechungen des Bankgeheimnisses im Rahmen des Steuerrechts

In noch stärkerem Maße als im Strafrecht erfolgen durch das Steuerrecht Durchbrechungen des Bankgeheimnisses, indem Auskunfts- und Vorlagepflichten von Banken und Bürgern begründet werden. Diese reichen bis hin zu Kontrollmitteilungen. Die bereits im Rahmen der exemplarischen strafrechtlichen Betrachtung aufgeführten Probleme und Gesichtspunkte gelten auch und gerade in bezug auf die steuerrechtliche Problematik und die Befugnisse der unterschiedlich beteiligten Behörden und Institutionen im Steuerrecht. Die bezüglich der strafrechtlichen Problematik angeführten Gedanken gelten somit überwiegend auch hinsichtlich der steuerrechtlichen Durchbrechungen des Bankgeheimnisses. Grundsätzlich sind steuerrechtliche Eingriffe in die Freiheit des Bürgers Ausfluß der grundgesetzlich legitimierten Finanzverfassung der Art. 104 a ff. GG und stellen prinzipiell ein dem bürgerlichen Prinzip gegenläufiges Prinzip dar. Die Beteiligung und das Zusammenspiel von Finanzamt / Strafsachenstelle des Finanzamtes, Staatsanwaltschaft und Steuerfahndung mit ihren unterschiedlichen Kompetenzen ist nicht immer leicht nachvollziehbar. Zunächst soll die Aufgabenverteilung der unterschiedlichen Beteiligten im Steuerverfahren dargestellt werden. Anschließend erfolgt eine exemplarische Betrachtung einzelner steuerrechtlicher Normen, die das Bankgeheimnis in besonderer Weise durchbrechen und der Verdeutlichung der Problematik dienen.

(2.2.1.) Die Aufgabenverteilung zwischen Finanzamt (Strafsachenstelle des Finanzamtes), Steuerfahndung und Staatsanwaltschaft im Steuerverfahren[965]

Der Begriff des Steuerverfahrens unterteilt sich in die Unterbegriffe des Besteuerungsverfahrens und des Steuerstrafverfahrens.[966] Das Besteuerungsverfahren dient der Festsetzung, Erhebung und Vollstreckung der Steuer durch das Finanzamt. Zum Besteuerungsverfahren zählen auch das Außenprüfungs- sowie das Erstattungs-, Vergütungs-, Einspruchs- und Beschwerdeverfahren. Das Steuerstrafverfahren beinhaltet auch das Steuerordnungswidrigkeitenverfahren und wird eröffnet, sobald die Behörden (Richter, Staatsanwaltschaft, Finanzamt, Polizei, Steuerfahndung) zureichende tatsächliche Anhaltspunkte in bezug auf ein Steuervergehen erhalten (§§ 385, Abs. I; 152, Abs. II StPO). Das Bankgeheimnis ist unterschiedlich stark durchbrochen, je nachdem, ob das Besteuerungs- oder das Steuerstrafverfahren zur Anwendung gelangt.[967] Das Besteuerungsverfahren wird von den Finanzämtern durchgeführt. Komplizierter ist die Aufteilung der Zuständigkeiten beim Steuerstrafverfahren, wo ein Dualismus zwischen Finanzbehörden[968] und der Staatsanwaltschaft besteht. Hinsichtlich der Zuständigkeiten sind folgende Besonderheiten zu beachten:[969]

α.[970] Die Finanzämter[971] führen das steuerstrafrechtliche Ermittlungsverfahren selbständig durch, wenn die Tat *ausschließlich* eine Steuerstraftat ist (zum Beispiel Steuerhinterziehung). Sie unterliegen insoweit nicht der Weisung der Staatsanwaltschaft und haben gemäß § 399, Abs. I AO dieselben Rechte und Pflichten wie die Staatsanwaltschaft. Lediglich die Erhebung der Anklage bleibt der Staatsanwaltschaft vorbehalten (§ 400 AO).

β.- Die Staatsanwaltschaft führt das Ermittlungsverfahren selbständig durch, wenn die Tat *zugleich* eine Steuerstraftat und eine Straftat nach anderen Gesetzen ist. Sie ermittelt ferner, wenn die Finanzbehörde die Steuerstrafsache an die Staatsanwaltschaft abgibt (§ 386, Abs. IV, S. 1 AO) oder die Staatsanwaltschaft die Sache gemäß § 386, Abs. IV, S. 2 AO an sich zieht oder sobald gegen einen Beschuldigten wegen der Tat ein Haftbefehl zu erlassen ist (§

---

965 Die einzelnen Verfahren und Befugnisse der handelnden Stellen sind ausführlich dargestellt z.B. bei: Ungnade, Bankgeheimnis gegenüber Strafverfolgungsbehörden, WM 1976, S. 1210 ff.; Sichtermann / Feuerborn, a.a.O., § 15, S. 276 ff.; Müller-Brühl, Die Stellung der Kreditinstitute in Steuerstrafverfahren ihrer Kunden, Neues Steuerrecht von A-Z, NSt.1988, S. 6 ff.; dergl., Ermittlungen bei Kreditinstituten im Steuerverfahren ihrer Kunden, S. 18 f.; Spitz, Auskunftspflichten-Bankgeheimnis-Beschlagnahme-Durchsuchung-Zeugenvernehmung im Steuerstrafverfahren, DStR 1981, S. 428 ff.; Tipke/Lang, a.a.O., §§ 24, 25.

966 Vgl. Müller-Brühl, Die Stellung der Kreditinstitute in Steuerstrafverfahren ihrer Kunden, NSt.1988, S. 6; dergl., Ermittlungen bei Kreditinstituten im Steuerverfahren ihrer Kunden, S. 18; Kirchherr/Stützle, Aktuelle Probleme aus der Rechtsprechung und Rechtspraxis zu Bankgeheimnis und Bankauskunft, S. 30.

967 Müller-Brühl, Stellung der Kreditinstitute in Steuerstrafverfahren ihrer Kunden, NSt. 1988, S. 6; Kirchherr / Stützle, a.a.O..

968 Finanzbehörden sind gemäß § 386, Abs. I AO das Finanzamt, das Hauptzollamt und das Bundesamt für Finanzen, nicht hingegen die Oberfinanzdirektion, die Finanzminister und der Bundesfinanzminister - vgl. Müller-Brühl, Die Stellung der Kreditinstitute in Steuerstrafverfahren ihrer Kunden, NSt. 1988, S. 6; Spitz, a.a.O., S. 428; Tipke/Lang, a.a.O., § 25, Rn. 3, 9.

969 Vgl. dazu z.B. Spitz, DStR 1981, S. 428, 434; Müller-Brühl, Die Stellung der Kreditinstitute in Steuerverfahren ihrer Kunden, NSt. 1988, S. 34 ff.; Ungnade, WM 1976, S. 1218 ff..

970 Vgl. Müller-Brühl, NSt. 1988, S. 34 ff.; Flore, in: Flore/Dörn/Gillmeister, Steuerfahndung und Steuerstrafverfahren, S. 46 f.; Ungnade, a.a.O., S. 1218 f.; Tipke/Lang, a.a.O., § 25, Rn. 3; Dahm / Schebesta / Schroeter / Weber, a.a.O., Rn. 47; Dahm, in: BuB, Kap. 2, Rn. 2/884.

971 Und dort die sog. Straf- und Bußgeldsachenstellen - vgl. Dörn, in: Flore/Dörn/Gillmeister, Steuerfahndung und Steuerstrafverfahren, S. 91; Dahm/Schebesta/Schroeter/Weber, a.a.O..

386, Abs. III AO).[972] In den Fällen, in denen die Staatsanwaltschaft die Ermittlungen durchführt, kann sie die Finanzbehörden ersuchen, einzelne Ermittlungsmaßnahmen durchzuführen, wobei in diesen Fäl-len die Finanzbehörden bzw. die ermittelnden Beamten der Finanzbehörden den Status von Hilfsbeamten der Staatsanwaltschaft im Sinne von § 152 GVG erhalten, mit den Befugnissen des Polizeidienstes nach der StPO und den Befugnissen gemäß § 399, Abs. II, S. 2 AO (§ 402, Abs. I AO).[973] Der Staatsanwaltschaft und den Straf- und Bußgeldsachenstellen der Finanzämter stehen insofern die gleichen Ermittlungsmaßnahmen zur Verfügung.

γ.- Keine eigenständigen Ermittlungskompetenzen hat die Steuerfahndung[974]. Diese führt die Ermittlungen entweder im Auftrag der Finanzbehörden oder der Staatsanwaltschaft durch, wobei die Beamten der Steuerfahndung je nach „Auftragsherr" als Hilfsbeamte der Staatsanwaltschaft oder der Finanzbehörden fungieren. Hierbei haben sie die Befugnisse des Polizeidienstes gemäß der StPO (§ 404, S.1 AO).[975] Die Aufgaben der Steuerfahndung sind in § 208 AO zusammengefaßt worden.[976] Neben der Erforschung / Ermittlung von Steuerstraftaten gewinnt die Ermittlung von Besteuerungsgrundlagen im Sinne von § 208, Abs. I, S. 1, Nr. 2 AO sowie die Ermittlung von unbekannten Steuerfällen im Sinne von § 208, Abs. I, S.1, Nr. 3 AO besondere Bedeutung.[977] Anschaulich hat *Müller-Brühl*[978] dieses Zusammenspiel der beteiligten Behörden grafisch dargestellt: (*Schaubild 7*)

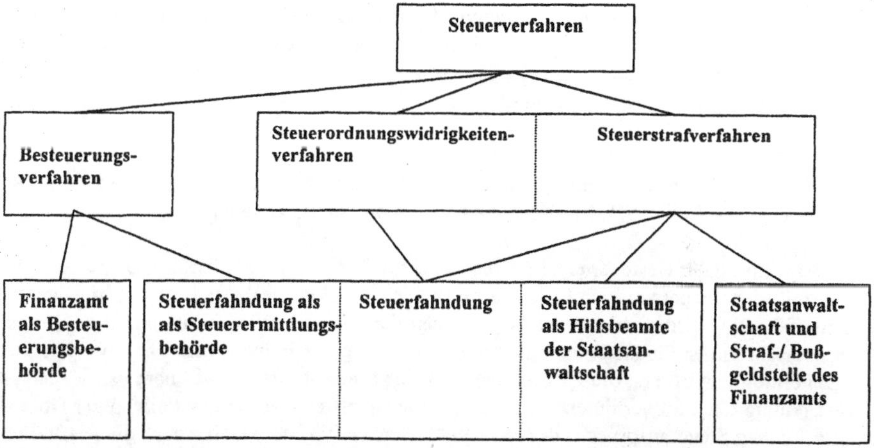

---

972 Tipke/Lang, a.a.O., Rn. 5 ff..

973 Vgl. Müller-Brühl, NSt. 1988, S. 35; Tipke/Lang, a.a.O., Rn. 8; Bruchner, in: BankRHdb., § 39, Rn. 97; Ungnade, a.a.O., S. 1219.

974 Vgl. zu den Aufgaben der Steuerfahndung Sichtermann/Feuerborn, a.a.O., S. 300 ff.; Tipke/Lang, a.a.O., Rn. 7.

975 Dörn, in: Flore/Dörn/Gillmeister, in: Steuerfahndung und Steuerstrafverfahren, S. 412; Tipke/Lang, a.a.O., § 22, Rn. 254; § 25, Rn. 7; Dahm, in: BuB, Kap.2, Rn. 2/883; Ungnade, WM 1976, S. 1219 f..

976 Vgl. zu der Organisation und den Befugnissen der Steuerfahndung, Dörn, a.a.O., S. 407 ff..

977 Tipke/Lang, a.a.O., § 22, Rn. 255; Ungnade, a.a.O., S. 1219 f..

978 Müller-Brühl, Ermittlungen bei Kreditinstituten im Steuerverfahren ihrer Kunden, NSt. 1988, S. 19; vgl. auch Tipke/Lang, a.a.O., § 25, Rn. 9.

(2.2.2.) Die Durchbrechung des Bankgeheimnisses im Steuerstrafverfahren

(2.2.2.1.) Das Ermittlungsverfahren der Straf- und Bußgeldsachenstellen der Finanzämter und der Staatsanwaltschaft

Für die Beurteilung der Auswirkungen von Ermittlungsmaßnahmen der Straf- und Bußgeldsachenstellen der Finanzämter und der Staatsanwaltschaft auf das Bankgeheimnis im Rahmen eines Steuerstrafverfahrens[979] kann aufgrund der geschilderten Ähnlichkeit auf die oben zu den strafrechtlichen Durchbrechungen des Bankgeheimnisses gemachten Ausführungen verwiesen werden. Soweit die Abgabenordnung nichts anderes bestimmt, gelten gemäß § 385, Abs. 1 AO die allgemeinen Gesetze über das Strafverfahren, insbesondere die Strafprozeßordnung und das Gerichtsverfassungsgesetz, in gleichem Maße wie im Strafrecht.[980] Zeugnisverweigerungsrechte der Banken oder ihrer Mitarbeiter (§ 102 AO), wie sie bereits im Rahmen der strafrechtlichen Betrachtung erörtert wurden, bestehen auch im Steuerstrafverfahren nicht.[981] Da sich insoweit keinerlei Änderungen ergeben, kann auf die bei der strafrechtlichen Betrachtung geäußerten Bedenken und Argumente verwiesen werden. Die Einleitung eines Steuerstrafverfahrens erfolgt, sobald *„zureichende tatsächliche Anhaltspunkte"* für eine Steuerstraftat[982] vorliegen (§§ 152, Abs. II StPO; 385, Abs. I AO). Auch insoweit ergeben sich keine Besonderheiten im Vergleich zu der Einleitung eines strafrechtlichen Ermittlungsverfahrens im Rahmen der Strafprozeßordnung, so daß auf die oben zu den §§ 94 und 102 StPO gemachten Ausführungen in vollem Umfang verwiesen werden kann. Der in dubio pro reo - Grundsatz ist zu beachten; ihm kommt Verfassungsrang zu.[983] Im Rahmen der Abgabenordnung (§ 385, Abs. I AO) bestehen lediglich Änderungen hinsichtlich der Zuständigkeit zwischen Staatsanwaltschaft und der Finanzämter im steuerstrafrechtlichen Ermittlungsverfahren, die eingangs beschrieben wurden.

(2.2.2.2.) Die Ermittlung von Besteuerungsgrundlagen sowie unbekannter Steuerfälle im Rahmen von § 208, Abs. I, S.1, Nr. 2 und 3 AO durch die Steuerfahndung

Die Ermittlung der Besteuerungsgrundlagen nach § 208, Abs. I, S.1, Nr. 2 AO ist eng verbunden mit den steuerstrafrechtlichen Ermittlungen.[984] Die diesbezüglichen Tätigkeiten der Steuerfahndung bilden die Nahtstelle zwischen dem Steuerstrafverfahren und dem Besteuerungsverfahren der Finanzämter. Erst eine Feststellung der individuellen Besteuerungsgrundlagen ermöglicht oft erst die Feststellung, daß eine Steuerstraftat verwirklicht wurde, denn die Feststellung einer Steuerhinterziehung bedingt zunächst einmal die Feststellung der Höhe des tatsächlichen Steueranspruches des Staates.[985] Gleichzeitig bedingt aber auch die Feststellung

---

[979] Vgl. hierzu Sichtermann/Feuerborn, a.a.O., S. 296 ff..

[980] Vgl. Spitz, DStR 1981, S. 428, 434.

[981] Vgl. Brockmeyer, in: Klien, AO-Kommentar, § 102, Rn. 7.

[982] Steuerstraftaten sind z.B. Steuerhinterziehung (§ 370 AO), Bannbruch (§ 372 AO), gewerbsmäßiger Schmuggel (§ 373 AO), Steuerhehlerei (§ 374 AO) oder Subventionsbetrug (§ 264 StGB) – vgl. Sichtermann / Feuerborn, a.a.O.; Dörn, in: Flore/Dörn/Gillmeister, a.a.O., S. 93.

[983] Siehe auch oben S. 178, dort Fn. 939.

[984] Da § 208, Abs. I, S.1, Nr. 2 auf § 208, Abs. I, S.1, Nr.1 Bezug nimmt. Vgl. auch Sichtermann/Feuerborn, a.a.O., S. 296 ff..

[985] Sichtermann/Feuerborn, a.a.O.; BFHE vom 16.12.1997, in: NJW 1998, 1734 ff. (1734, 1735); BFHE vom 11.12.1997, in: NJW 1998, 2238 ff. (2239).

einer Steuerstraftat die Ermittlung, die Verifikation der Besteuerungsgrundlagen des jeweils betroffenen Bürgers.[986]

Damit die jeweiligen Kompetenzen der Steuerfahndung, die einmal im Rahmen des Steuerstrafverfahrens und einmal im Rahmen des Besteuerungsverfahrens eingesetzt werden kann und auf diese Weise eine Bindegliedfunktion zwischen diesen Verfahrensarten erfüllt, voneinander abgegrenzt werden können, bestimmt § 397 AO, daß der Zeitpunkt der Einleitung eines Steuerstrafverfahrens zu dokumentieren ist (§ 397, Abs. II AO).[987] Ein Steuerstrafverfahren gilt als eingeleitet, „sobald die Finanzbehörde, die Polizei, die Staatsanwaltschaft, einer ihrer Hilfsbeamten[988] oder der Strafrichter eine Maßnahme trifft, die erkennbar darauf abzielt, gegen jemanden wegen einer Steuerstraftat strafrechtlich vorzugehen" (§ 397, Abs. II AO)[989]. Nach § 397, Abs. III AO ist die Einleitung des Strafverfahrens dem Beschuldigten spätestens mitzuteilen, wenn er dazu aufgefordert wird, Tatsachen darzulegen oder Unterlagen vorzulegen, die im Zusammenhang mit der Straftat stehen, derer er verdächtigt wird.[990] Daß diese verfahrensrechtliche Zäsur zwischen Besteuerungsverfahren und Steuerstrafverfahren von den beteiligten Institutionen nicht immer eindeutig eingehalten wird, bedingt allein schon der Umstand, daß das oben genannte Abstraktionsprinzip häufig verletzt wird. In den vorgestellten Fällen von Bankdurchsuchungen, die unter Verletzung des Abstraktionsprinzips mit der Beschlagnahme großer Mengen von Kontounterlagen unbeteiligter Kunden einhergehen, handelt es sich somit um Fallgestaltungen, die dem Besteuerungsverfahren unterfallen, da tatsächliche hinreichende Anhaltspunkte im Verhältnis des einzelnen betroffenen Bürgers zum Staat fehlen und die einzelnen Bürger dem Staat bis zu seinem Tätigwerden unbekannt waren. Dieses wurde bereits dargestellt. Auf die verfahrensrechtliche Zäsur zwischen Besteuerungsverfahren und Steuerstrafverfahren wird noch einzugehen sein. Insgesamt sind hinsichtlich der Tätigkeit der Steuerfahndung drei Konstellationen zu unterscheiden:[991]

- Dient die Tätigkeit der Steuerfahndung ausschließlich der Einleitung des Steuerstrafverfahrens, hat die Steuerfahndung fortan hierfür die Beweise zu beschaffen. Der Steuerfahndung stehen ab der Einleitung des Steuerstrafverfahrens *nur* noch strafrechtliche Befugnisse zu.

- Dient die Ermittlungshandlung ausschließlich der Ermittlung von Besteuerungsgrundlagen, kann sich die Steuerfahndung auf die Regelungen der §§ 93 ff. AO berufen, wonach auch Dritte zur Auskunft verpflichtet sind,[992] gegebenenfalls auch durch Vorlage von Urkunden (§ 97, Abs. I AO).

---

986 Aus diesem Grund hat der Nachweis einer Steuerhinterziehung auch auf das Besteuerungsverfahren Auswirkungen. So verlängert sich zum Beispiel die Festsetzungsfrist auf 10 Jahre (§ 169, Abs. II, S. 1 AO), es tritt hierfür gemäß § 171, Abs. V AO eine Ablaufhemmung ein, es können Hinterziehungszinsen festgesetzt werden (§ 235 AO), die Bestandskraft von Steuerbescheiden wird durchbrochen (§ 173, Abs. II AO), es tritt eine Haftung des Hinterziehers und des Teilnehmers nach § 71 AO ein - vgl. Dörn, in: Flore / Dörn / Gillmeister, a.a.O., S. 93.

987 Hierbei kommt jedoch dem Einleitungsvermerk gemäß § 397, Abs. II AO lediglich deklaratorische Bedeutung zu, so daß ein Verstoß hiergegen keine verfahrensrechtlichen Folgen auslöst - vgl. Flore, in: Flore / Dörn / Gillmeister, a.a.O., S. 49.

988 Worunter auch die Beamten der Steuerfahndung fallen – s.o., S.150.

989 Vgl. Flore, in: Flore/Dörn/Gillmeister, a.a.O., S. 48.

990 Flore, in: Flore/Dörn/Gillmeister, a.a.O., S. 49.

991 Vgl. Spitz, DStR 1981, S. 434.

992 Vgl. Sichtermann/Feuerborn, a.a.O., S. 306; Fischer, Bankrecht, S. 202 f..

- Dient die Ermittlungshandlung sowohl der Erforschung einer Steuerstraftat als auch der Ermittlung von Besteuerungsgrundlagen, ist die Steuerfahndung bei diesem Nebeneinander beider Verfahren aufgrund von § 397 AO gehindert, „nach Belieben die Verfahrensart zu wechseln, um sich nach dem Prinzip der Meistbegünstigung der jeweils stärksten Befugnisse zu versichern".[993] Vielmehr ist aufgrund der strafprozessualen Besonderheiten bei einem solchen Nebeneinander der Verfahrensarten von den strengeren strafprozessualen Bestimmungen auszugehen,[994] ein Umstand der von den Finanzbehörden gern vergessen wird. Die Auffassung, daß in diesem Fall von den strengeren strafprozessualen Voraussetzungen auszugehen ist, wird zum Teil auch vom Bundesfinanzhof vertreten. In seinem Urteil vom 02.12. 1976 heißt es: „Bei Einleitung eines Straf- oder Bußgeldverfahrens tritt ein Rollenwechsel des Finanzamtes (von der Steuerbehörde zur Strafverfolgungsbehörde) ein; außerdem erhält der Steuerpflichtige die Rechtsstellung eines Beschuldigten im Strafverfahren bzw. eines Betroffenen im Bußgeldverfahren. Zwar nimmt die Steuerfahndung auch noch nach Einleitung des Straf- oder Bußgeldverfahrens Ermittlungen zur Feststellung der Besteuerungsgrundlagen vor; *infolge der neuen ver-fahrensrechtlichen Situation tritt jedoch nunmehr die strafverfahrensrechtliche Seite der Steuerfahndungstätigkeit in den Vordergrund".*[995] Dieses ergibt sich aber auch bereits aus § 393, Abs. I AO, wonach sich die Rechte und Pflichten des Steuerpflichtigen und der Finanzbehörde im Besteuerungsverfahren und im Strafverfahren nach den für das jeweilige Verfahren geltenden Vorschriften zu richten hat. Daher sind gemäß § 393, Abs. II, S. 3 und 4 AO dem nemo tenetur - Grundsatz[996] folgend im Besteuerungsverfahren (S. 3) und erst recht im Steuerstrafverfahren (S. 4) „Zwangsmittel (§ 328 AO) gegen den Steuerpflichtigen unzulässig, wenn er dadurch gezwungen würde, sich selbst wegen einer von ihm begangenen Steuerstraftat oder Steuerordnungswidrigkeit zu belasten"[997]. Es gilt ferner der in dubio pro reo - Grundsatz.[998] Nach der Eröffnung des Steuerstrafverfahrens sind somit lediglich die Verfahrensvorschriften der Strafprozeßordnung anzuwenden, nicht mehr die der Abgabenordnung. Diese Zäsur gilt auch im Verhältnis zu Dritten.[999] Der Wechsel des verfahrensrechtlichen Regimes bedeutet daher keine andere Beurteilung hinsichtlich der zuvor erörterten strafprozessualen Probleme, da auch in diesem Fall der Verhältnismäßigkeitsgrundsatz seine Anwendung findet. Verwirrend in diesem Zusammenhang erscheint ein neueres Urteil des VII. Senats des Bundesfinanzhof, in dem dieser sich dafür ausspricht, daß die Steuerfahndung „doppelfunktional" auftreten darf.[1000] Es sei, so heißt es, „grundsätzlich nicht zu beanstanden, wenn die Steuerfahndung bei der Erfüllung ihrer Aufgaben ‚doppelfunktional' tätig wird, das heißt anläßlich eines konkreten Einsatzes sowohl straf- als auch steuerverfahrensrechtliche Ermittlungen durchführt, auch wenn diese Ermittlungen sich gegen unterschiedliche Personen richten und im Laufe des Einsatzes, etwa bei der Durchsicht von Geschäftsunterlagen, fort-

---

[993] Spitz, DStR 1981, S. 434 - m.w.N.; Sichtermann/Feuerborn, a.a.O., S. 304, 306; Hamacher, Gibt es doch ein steuerliches Bankgeheimnis?, WM 1997, S. 2153. In diesem Sinne auch Tipke/Lang, a.a.O., § 22, Rn. 256.; Dahm/Schebesta/Schroeter/Weber, a.a.O., Rn. 34, 44; Weber (Ahrend), in: BuB, Kap. 2, Rn. 2 / 869; Dahm, in: BuB, Kap. 2, Rn. 2/880; Bruchner, in: BankRHdb., § 39, Rn. 88; Herrler, a.a.O., S. 199.

[994] Spitz, a.a.O. – unter Bezugnahme auf Jakob, Rechtsfragen der Organisation und Funktion des Steuerfahndungsdienstes, StuW 1971, S. 306. Vgl. auch Bruchner, in: BankRHdb., a.a.O..

[995] BFH Urteil, IV R 2/76, BStBl.1977 II, 318 (Hervorhebung von M.H.). Vgl. auch Spitz, DStR 1981, S. 435.

[996] Nemo tenetur se ipsum accusare.

[997] Vgl. insofern Flore, in: Flore/Dörn/Gillmeister, a.a.O., S. 47; Vogelsang, a.a.O., S. 75; BVerfGE 56, 37 (43).

[998] Hierzu oben S. 178 ff..

[999] Vgl. Spitz, DStR 1981, S. 435.

[1000] BFHE vom 28.10.1997, in: WM 1997, 2344 ff. (2348, 2349); BFHE vom 16.12.1997, in: NJW 1998, 1734 ff. (1735).

laufend Aufgabe und Ermittlungsziel gewechselt werden. Die Aufgabenzuweisung an die Steuerfahndung sieht insoweit kein Alternativ- oder Ausschließlichkeitsverhältnis vor".[1001] Diese Ansicht des Bundesfinanzhofs führt indes zu einer völligen Intransparenz darüber, in welchem Verfahren sich die Steuerfahndung gerade / jeweils befindet. Der Bürger kann seine jeweiligen Rechte nicht wahrnehmen. Zwar soll nach Ansicht des Bundesfinanzhofs die von ihm in seinem Urteil geöffnete ‚Büchse der Pandora' dadurch kontrolliert werden, daß bei „der gleichzeitigen Erfüllung unterschiedlicher Aufgaben durch den Steuerfahnder (wie auch durch den Außenprüfer)... durch die strikte Trennung der Befugnisse, die der Finanzbehörde im Besteuerungsverfahren einerseits und im Strafverfahren andererseits zustehen" erfolgen soll.[1002] Bei einem Wechsel der Verfahrensart „vom Strafverfolgungsermittler zum Steuerverfahrensermittler oder umgekehrt" gelten auch für den Steuerfahnder unterschiedliche Befugnisse, wobei die jeweilige Aufgabenerfüllung die Befugnisse bestimmt, was nach Ansicht des Bundesfinanzhofs für die rechtsstaatliche Kontrolle der Tätigkeit der Steuerfahndung unerläßlich sei.[1003] Diese Argumentation des Bundesfinanzhofs erscheint schon in sich nicht schlüssig, da sie übersieht, daß bei einem beliebigen Hin- und Herwechseln der Aufgabenerfüllung der Steuerfahndung diese letztendlich kumulativ über die Kompetenzen beider Verfahrensarten verfügt, die nicht durch das Regime des jeweiligen Verfahrens begrenzt werden. Denn für diesen Fall könnte die Steuerfahndung sofort wieder auf das Repertoire des anderen Verfahrens zurückgreifen. Eine Trennung der Verfahrensarten, wie sie durch das Gesetz konzipiert wurde, wäre nicht mehr gegeben. Letztendlich handelt es sich somit bei dieser Ansicht des Bundesfinanzhofs um den bereits abgelehnten Grundsatz der Meistbegünstigung, so daß dieser Argumentation des Bundesfinanzhofes nicht gefolgt werden kann.

Die Ermittlung unbekannter Steuerfälle im Sinne von § 208, Abs. I, S. 1, Nr. 3 AO läßt zunächst die Frage aufkommen, was unter einem solchen unbekannten Steuerfall zu verstehen ist. Ein unbekannter Steuerfall in diesem Sinne ist gegeben, „wenn die Finanzbehörde keine Kenntnis davon hat, daß bestimmte Steuerpflichtige Steuertatbestände verwirklicht haben".[1004] Die Erforschung unbekannter Steuerfälle kommt immer dann in Betracht, wenn entweder ein steuerlicher Sachverhalt oder die Person, gegen die ein steuerlicher Anspruch entstanden ist, oder beides, den Finanzbehörden unbekannt ist.[1005] Es handelt sich um Fälle im Rahmen des Besteuerungsverfahrens, da hinreichende tatsächliche Anhaltspunkte für ein Steuerstrafverfahren fehlen. Diese Maßnahmen liegen somit im Vorfeld der steuerstrafrechtlichen Ermittlungen.[1006] Anderenfalls wäre der Steuerfall kein unbekannter Steuerfall. Im Gegensatz zur Einleitung eines Steuerstrafverfahrens, das hierfür zureichende tatsächliche Anhaltspunkte voraussetzt, genügt es zur Aufnahme von Ermittlungen unbekannter Steuer-fälle, wenn ein begründeter Anlaß besteht, daß eine Steuerschuld entstanden ist bzw. daß rechtmäßig entstandene Steuern verkürzt wurden.[1007] Hierfür soll es ausreichen, wenn objektiv die Möglichkeit besteht, daß eine Steuerverkürzung eintreten kann, daß heißt lediglich abstrakte

1001 BFH, a.a.O., S. 2348. Diese doppelfunktionale Tätigkeit sieht das Gericht im übrigen auch zugunsten der Außenprüfer für gegeben an - BFH, a.a.O., . 2349; ders., in: NJW 1998, 1734 ff. (1735).

1002 BFH, WM 1997, 2344 ff. (2349).

1003 BFH, a.a.O..

1004 Sichtermann/Feuerborn, a.a.O., S. 302; Spitz, DStR 1981, S. 432.

1005 Sichtermann/Feuerborn, a.a.O.; Dörn, in: Flore/Dörn/Gillmeister, a.a.O., S. 416. Vgl. auch Herrler, a.a.O., S. 186.

1006 Sichtermann/Feuerborn, a.a.O., S. 307; Dörn, in: Flore/Dörn/Gillmeister, a.a.O..

1007 Sichtermann/Feuerborn, a.a.O., S. 307; Selmer, Steuerrecht und Bankgeheimnis, S. 15; Dörn, in: Flore/ Dörn/Gillmeister, a.a.O., S. 416.

Anhaltspunkte bestehen. Auch allgemeine Erfahrungen sollen ausreichend sein.[1008] Was hierunter zu verstehen ist und welcher Art der Anhaltspunkt der Finanzbehörden für ein Tätigwerden zur Ermittlung unbekannter Steuerfälle sein muß, wird im Folgenden betrachtet werden.

(2.2.3.) Die Durchbrechung des Bankgeheimnisses im Besteuerungsverfahren

(2.2.3.1.) Die Interpretation des § 30 a AO im Zusammenspiel mit §§ 93; 208 AO

Die Normen und deren Voraussetzungen, die es den Finanzbehörden ermöglichen, dem Bankgeheimnis unterliegende Tatsachen bei den Kreditinstituten in Erfahrung zu bringen, sind überwiegend in der Abgabenordnung (AO) geregelt. Von besonderem Interesse ist in dem hier interessierenden Zusammenhang das Zusammenspiel zwischen § 30 a AO und §§ 93; 208 AO. § 30 a AO wurde anläßlich des Steuerreformgesetzes 1990[1009] in die Abgabenordnung eingefügt und stellt die weitgehend inhaltsgleiche Umsetzung des bis dahin bestehenden sogenannten Bankerlasses dar, der aus kapitalmarktpolitischen Gründen[1010] im Erlaßwege regelte, wie das Vertrauensverhältnis zwischen Bankkunde und Bank zu respektieren sei.[1011] Durch die Einführung des Bankerlasses als § 30 a in die Abgabenordnung hat der Gesetzgeber die Bedeutung des Vertrauensverhältnisses zwischen Bankkunde und Bank anerkannt und den hohen Stellenwert des Bankgeheimnisses unterstrichen.[1012] Denn das Vertrauen des Bankkunden in seine Bank auf Wahrung des Datenschutzes läßt den Bürger die von der Bank angebotenen Produkte ohne Argwohn nutzen. Und gerade die Nutzung dieser Bankkprodukte[1013] ermöglicht den vom Staat beabsichtigten kapitamarktpolitischen / volkswirtschaftlichen Effekt. Somit hat der Staat durch Einführung des Bankerlasses und dessen Umsetzung als § 30a der Abgabenordnung die Bedeutung des Bankgeheimnisses für den Kapitalmarkt und somit für die Volkswirtschaft durchaus erkannt.

Gerade die Norm des § 30 a AO war indes und ist in neuerer Zeit heftiger Kritik ausgesetzt, die bis hin zum Vorwurf der Verfassungswidrigkeit reicht. § 30 a AO wird zunehmend als störender Fremdkörper im Be-steuerungssystem empfunden, der es den Finanzbehörden erschwert, die angesichts Art. 3 GG gebotene Besteuerungs- und Belastungsgleichheit der Bürger nicht nur de jure sondern auch de facto durchzusetzen und dem Staat die zum Wohle aller benötigten Geldmittel zu beschaffen. Neuen Aufschwung hat diese Kritik durch die Entscheidungen des Bundesverfassungsgerichtes im Falle der Dresdner - Bank[1014] und zu der Besteuerung von Zinseinkünften[1015], sowie des Bundesfinanzhofes zu der Frage der Verfassungskonformität der Zinsabschlagsteuer[1016] erhalten, da die Gerichte sich in den genannten

[1008] Vgl. Dörn, in: Flore/Dörn/Gillmeister, a.a.O., S. 416; BFHE 148, 108 (113, 114) - Chiffre Anzeigen.

[1009] Vom 25.07.1987.

[1010] Derartige Gründe sind insbesondere, den Sparwillen der Bevölkerung zu fördern und das Vertrauen in den Finanzplatz Deutschland zu stärken.

[1011] Zur geschichtlichen Entwicklung des Bankenerlasses und seiner Vorläufer vgl. z.B. BVerfGE 84, 239 (245 ff.); Hellwig, in: HHS, Kommentar zur Abgabenordnung und Finanzgerichtsordnung, Rz.1 und 2 zu § 30 a AO. Siehe auch oben im 1. Teil, S. 39 f..

[1012] Bruchner, in: BankRHdb., Bd. I, § 39, Rn. 67, 68. In diesem Sinne auch Meincke, WM 1998, S. 753.

[1013] Z.B. Nutzung von Krediten, Spareinlagen, Kauf von (Bundes-) Anleihen etc..

[1014] BVerfG, Beschluß (2 BvR 849/94) vom 13.12.1994, in: Wistra 1995, 139 ff; BVerfG, Beschluß (2 BvR 396 / 94) vom 23.03.1994, in: WM 1994, 691 ff..

[1015] BVerfGE 84, 239.

[1016] BFH, Urteil (VIII R 33/95) vom 18.02.1997, in: NJW 1997, 2067 ff.; vgl. auch BFH Urteil vom 24.10.1989 (VII R 1/87), in: BB 1990, 269 (270).

Entscheidungen mit der Verfassungsmäßigkeit des § 30 a AO im Gefüge des Steuerrechts auseinander setzten. Aus diesem Grund ist § 30 a AO auch Ausgangspunkt der folgenden Betrachtungen der Durchbrechung des Bankgeheimnisses im Steuerrecht. § 30 a AO hat folgenden Wortlaut:

„ Schutz von Bankkunden

(1) Bei der Ermittlung des Sachverhaltes (§ 88[1017]) haben die Finanzbehörden auf das Vertrauensverhältnis zwischen den Kreditinstituten und deren Kunden besonders Rücksicht zu nehmen.
(2) Die Finanzbehörden dürfen von den Kreditinstituten zum Zwecke der allgemeinen Überwachung die einmalige oder periodische Mitteilung von Konten bestimmter Art oder bestimmter Höhe nicht verlangen.
(3) Die Guthabenkonten oder Depots, bei deren Errichtung eine Legitimationsprüfung nach § 154 Abs. 2 vorgenommen worden ist, dürfen anläßlich der Außenprüfung bei einem Kreditinstitut nicht zwecks Nachprüfung der ordnungsgemäßen Versteuerung festgestellt oder abgeschrieben werden. Die Ausschreibung von Kontrollmitteilungen soll insoweit unterbleiben.
(4) In Vordrucken für Steuererklärungen soll die Angabe der Nummern von Konten und Depots, die der Steuerpflichtige bei Kreditinstituten unterhält, nicht verlangt werden, soweit nicht steuermindernde Ausgaben oder Vergünstigungen geltend gemacht werden oder die Abwicklung des Zahlungsverkehrs mit dem Finanzamt dies bedingt.
(5) Für Auskunftsersuchen an Kreditinstitute gilt § 93. Ist die Person des Steuerpflichtigen bekannt und gegen ihn kein Verfahren wegen einer Steuerstraftat oder einer Steuerordnungswidrigkeit eingeleitet, soll auch im Verfahren nach § 208 Abs. 1 Satz 1 ein Kreditinstitut erst um Auskunft und Vorlage von Urkunden gebeten werden, wenn ein Auskunftsersuchen an den Steuerpflichtigen nicht zum Ziele führt oder keinen Erfolg verspricht".

Der persönliche Geltungsbereich des § 30 a AO bezieht sich auch auf den Bankkunden und nicht nur auf die Bank, wie eine oberflächliche Betrachtung suggerieren könnte. Es wurde bereits ausgeführt, daß das Bankgeheimnis aufgrund seines Doppelcharakters einerseits die Pflicht der Bank gegenüber dem Kunden umfaßt, Stillschweigen über die Daten und Informationen des Kunden zu wahren, die vom Bankgeheimnis umfaßt werden, andererseits das originäre Recht der Bank gegenüber Dritten beschreibt, ein solches Stillschweigen zu wahren.[1018] Beschwert von den Maßnahmen der Finanzbehörden, die (belastende) Verwaltungs- und Realakte darstellen, ist auch der Bankkunde[1019], da er gegenüber der Bank Inhaber des Rechts auf Geheimhaltung der das Bankgeheimnis umfassenden Daten und Informationen ist.[1020] Aus diesem Grund sind Verwaltungsakte gegenüber der Bank (zum Beispiel die Aufforderung, be-

---

[1017] Die hier genannten Paragraphen beziehen sich auf die Abgabenordnung von 1977.

[1018] Vgl. oben im 1. Teil, S. 37 ff..

[1019] In diesem Sinne Hellwig, in: HHS, a.a.O., § 30 a AO, Rz. 6.; Carl/Klos, Das Bankgeheimnis, StB 1994, S. 139. Auf die insoweit bestehenden anderweitigen Vorstellungen im amerikanischen Recht wurde bereits oben auf S. 92, Fn. 3 verwiesen. Dort wurde unter Zitierung von Hendricks/Hayden/Novik, Your Right to privacy, S. 143 angemerkt, daß nach us-amerikanischer Vorstellung der Bankkunde nicht Träger des Rechts auf das Bankgeheimnis ist -"...the record maintained by banks describing the financial affairs of a customer ... do not belong to the customer .... and they are the banks, not the customer's". - Hendricks / Hayden / Novik, a.a.O..

[1020] Siehe oben die im 1. Teil, S. 30 f. gemachten Ausführungen zum Bankkunden als Geheimnisherrn.

stimmte Konten zu offenbaren) grundsätzlich auch von den Beteiligten, den Konteninhabern, um deren ordnungsgemäße Besteuerung es letztendlich geht, mit Rechtsbehelfen angreifbar.[1021] „Das Verlangen des Finanzamtes gegenüber der Bank, Konten bestimmter Art mitzuteilen, kann am Maßstab des Steuerschuldverhältnisses zur Bank gemessen rechtmäßig, bezüglich des Steuerschuldverhältnisses zum Bankkunden dagegen gemäß § 30 a AO rechtswidrig sein".[1022] Dieser Gedanke *Hellwig's* ist Ausdruck des bereits oben vertretenen Abstraktionsgedankens und wird im Rahmen der näheren Betrachtung der steuerlichen Durchbrechungen des Bankgeheimnisses eine besondere Rolle spielen. Gerade das Außenprüfungsverfahren des Finanzamtes bei der Bank (Staat - Bank - Verhältnis) wird zunehmend als „Einfallstor" für eine eigentlich beabsichtigte Überprüfung der Bankkunden (Staat - Bürger - Verhältnis) mißbraucht. Gerade hierin zeigt sich die „Ausforschung" im Sinne von *Leisner*.[1023] Hinsichtlich der Funktion des § 30 a, Abs. I AO wird überwiegend die Auffassung vertreten, daß dieser Absatz eine rein deklaratorische Funktion hat,[1024] ohne das den Finanzämtern durch § 88 AO[1025] eingeräumte Ermessen für den Bereich der steuerlichen Sachverhaltsermittlung einzuschränken. Im Rahmen der §§ 30 a, Abs. I; 88 AO ist der Anwendungserlaß zur Abgabenordnung[1026] zu beachten, der im Rahmen des geltenden Erklärungssystems[1027] den Grundsatz aufstellt, daß „für den Regelfall davon ausgegangen werden kann, daß die Angaben des Steuerpflichtigen in der Steuererklärung vollständig und richtig sind"[1028], so daß in eine weitergehende Prüfung erst dann einzutreten ist, wenn konkrete Anhaltspunkte dafür vorliegen, daß die Angaben in der Steuererklärung unvollständig sind oder nicht der Wahrheit entsprechen.[1029] Dieser in dem Anwendungserlaß geregelte Grundsatz, daß die von dem Bürger gemachten Angaben im Rahmen seiner Steuererklärung grundsätzlich richtig sind, ist letztendlich der einzig gangbare Weg in einem System, daß sich einer freiheitlich - demokratischen Grundordnung verschrieben hat. Das gegenseitige Vertrauen von Bürger und Staat ist

---

1021 So Hellwig, in: HHS, a.a.O..

1022 Hellwig, a.a.O..

1023 Vgl. Leisner, Ausforschungsdurchsuchung, BB 1994, S. 1945; dergl., Ausforschungsbeschlagnahme, BB 1995, S. 528. In diesem Sinne auch Selmer, a.a.O., S. 115, 116.

1024 Z.B. BFH, a.a.O., S. 2070, der von Absatz I als einer Art „Präambel" für die nachfolgenden Absätze spricht; so auch Bruschke, Das Bankgeheimnis, BB 1990, S. 392 (393); Hellwig, a.a.O., § 30a AO, Rz. 13; Müller-Brühl, Die Stellung der Kreditinstitute in Steuerstrafverfahren ihrer Kunden, NSt. 1988, S.13; Schuhmann, § 30 a AO - Schutz des Bankkunden?, Wistra 1995, S. 338; Rodi, NJW 1990, S. 3251. *Anderer Ansicht.* z.B. Rüsken, in: Klein, AO-Kommentar, § 30a AO, Anm. 2 unter Bezugnahme auf Tipke/Kruse, Kommentar zur Abgabenordnung, § 30a AO Rn.4; Felix, Bankgeheimnis nach § 30 a der Abgabenordnung und Anzeigen der Kreditinstitute, BB 1988, S. 2011 (2012); Flore, in: Flore / Dörn / Gillmeister, a.a.O., S. 177.

1025 In § 88 AO ist der Untersuchungs- bzw. Amtsermittlungsgrundsatz geregelt. Die Finanzbehörde hat den steuererheblichen Sachverhalt von Amts wegen zu ermitteln und bestimmt in diesem Zusammenhang Art und Umfang der Ermittlungen. Die Bestimmung von Art und Umfang der Ermittlungen wird von der Finanzbehörde nach pflichtgemäßem Ermessen vorgenommen- vgl. Hellwig, a.a.O., § 30a AO, Rz. 13.

1026 BStBl. I 1987, 664, 687, ergänzt durch den Erlaß vom 23.03.1993, BStBl. I 1993, S. 330.

1027 Vgl. insoweit z.B. § 90 AO, wonach der Bürger einfach gesetzlich verpflichtet ist, den Finanzbehörden gegenüber seine Einkommens- und Vermögensverhältnisse zu offenbaren, damit diese die individuelle Steuer berechnen können. Grundsätzlich ermitteln die Finanzbehörden die Besteuerungsgrundlagen aber gemäß § 88 AO von Amts wegen.

1028 Bruchner, in: BankRHdb., Bd. I, § 39, Rn. 70; Hellwig, a.a.O., Rz. 14; Herrler, a.a.O., S. 107, 116; Hamacher, Der Bankenerlaß als ermessensgerechte Handhabung von Ermittlungsbefugnissen der Finanzbehörden, DB 1985, S. 1807 (1808).

1029 Dahm, Banken im Spannungsfeld zwischen Staat und Kunde, WM 1996, S. 1290; Herrler, a.a.O., S. 108. Bei diesem in dem Anwendungserlaß enthaltenen Vertrauen in bezug auf den Steuerpflichtigen handelt es sich jedoch um keinen Einzelfall. Dieser Vertrauensaspekt findet sich z.B. auch in § 158 AO.

eine der Grundfesten dieser Grundord-nung, wobei zu betonen ist, daß der Staat existenziell auf das Vertrauen seiner Bürger angewiesen ist.[1030] Ein grundsätzliches Mißtrauen des Staates in bezug auf seine Bürger und hieraus resultierende, weit umfassende Kontrollmechanismen sind Indizien eines Staatssystems im Orwell' schen Sinne, von dem sich die Bundesrepublik bewußt distanziert hat. Der Umstand, daß dieses Vertrauen bisweilen auch enttäuscht wird, rechtfertigt es nicht, diese Vertrauensbasis durch stärkere Überwachungsmechanismen kollektiv zu entziehen. Der Umstand allein, daß im Rahmen der Steuererklärung (Zins-) Einkünfte verschwiegen werden und/oder unvollständige Angaben gemacht werden, rechtfertigt es somit nicht, zu Lasten aller den im Erklärungsgrundsatz enthaltenen Vertrauensvorschuß des Staates gegen umfassende Kontroll- und Überwachungsmöglichkeiten auszutauschen.[1031] Daher gilt auch im Besteuerungsverfahren der in dubio pro reo - Grundsatz[1032], wobei Grundlagen der Prüfung die Normen der AO sind.[1033] Als Folge dieses Grundsatzes ist es zum Beispiel seitens des Staates hinzunehmen, in Einzelfällen in bezug auf einen einzelnen Bürger, auf die Erhebung einzelner Steuern zu verzichten, wenn in bezug auf den betroffenen Bürger begründete, konkrete Anhaltspunkte für einen steuerlich erheblichen Vorgang fehlen. Aus diesem Grunde ist es nach der hier vertretenen Auffassung nicht zulässig, zum Beispiel aufgrund der Erfahrungen im Bereich der Zinsbesteuerung, wonach nur ein Bruchteil der avisierten Zinsen deklariert und entsprechende Steuereinnahmnen erzielt wurden[1034], zu Lasten aller

---

1030 Siehe oben S. 90. In diesem Sinne auch Louven, Vertrauen in staatliches Handeln, ZRP 1997, S. 312.

1031 Auf die gesellschaftlichen, wirtschaftlichen und politischen Auswirkungen eines solchen Schrittes kann im Rahmen dieser Arbeit nicht eingegangen werden. Wenn aber den Bürgern der (kollektive) Vorwurf gemacht wird, ihre Zinseinkünfte im Rahmen ihrer Steuerklärungen nur unzureichend zu offenbaren, kann und muß auch die Frage gestellt werden, ob nicht der Staat selbst diese Entwicklung dadurch initiiert hat, daß er die Zeichen der Zeit nicht dahingehend erkannt hat, daß die „Steuerschraube“ zumindest endlich ist und die Steuerkumulation sich ihrem Grenzwert nähert.

1032 Siehe oben S. 140, 151.

1033 Vgl. Dörn, in: Flore/Dörn/Gillmeister, a.a.O., S. 250 - m.w.N..

1034 Die Diskrepanz zwischen vom Staat erhofften Einnahmen bei der Zinsbesteuerung im Rahmen des § 20 EStG und den tatsächlich in diesem Bereich erzielten Einkünften des Staates beträgt rund 60 % - vgl. IMPULSE, Heft 8/97, S.103; BVerfGE 84, 239 ff. (254, 255), wobei vereinzelt auch von einer Diskrepanz von 84 % gesprochen wird - so z.B. bei Bilsdorfer, Das Bankgeheimnis, DStR 1984, S. 498 ff. (503). Vgl. in diesem Zusammenhang auch Rodi, NJW 1990, S. 3246, der sich auf Zahlen des Bundesrechnungshofs von 1985 bezieht. Ausführlich äußert sich auch die Deutsche Bundesbank in ihrem Monatsbericht für August 1997 zu dieser Diskrepanz. Hiernach habe die Differenz für 1993 10, 5 Mrd. DM betragen, wobei die Prognose im Herbst 1996 von Einnahmen in Höhe von rund 24 Mrd. DM ausgegangen sei. Es sei in diesem Zusammenhang auch lediglich zu einer Steuerflucht (bezogen auf die Vorauszahlungsfunktion der Quellenerträge) gekommen, nicht hingegen zu einer nennenswerrten Kapitalflucht, wie allenthalben behauptet würde. Das ins Ausland transferierte Kapital sei an den deutschen Markt weitgehend zurückgeflossen. Die Diskrepanzen standen nach Aussage der Bundesbank nur „teilweise in Verbindung mit einer Steuerhinterziehung“. Aufgrund der hohen Freibeträge sei es zu einer vermehrten inländischen Vermögensübertragung auf Kinder gekommen. Aufgrund der niedrigeren Durchschnittsverzinsung in der Zeit ab Ende 1993 habe sich die Einnahmesituation bei dieser Steuer darüber hinaus weiter verringert - vgl. Deutsche Bundesbank, Monatsbericht August 1997, Neuere Entwicklung der Steuereinnahmen, S. 83 ff. (93, 94). Die weiteren Ausführungen der Bundesbank in ihrem Monatsbericht zeigen im übrigen deutlich, daß fast keine der getroffenen Prognosen in Bezug auf die Steuereinnahmen des Staates erfüllt worden sind. Eine Erfahrung, die sich m.E. fast alljährlich erneut treffen läßt. Nach den Ausführungen der Bundesbank in ihrem Monatsbericht sei die Diskrepanz bei den Steuereinnahmen generell noch Folge der Rezession der Jahre 1992/93 gewesen, die nachgewirkt hätten (S. 87, 93). Darüber hinaus sei es zu einer breiten Erosion der inländischen Steuerbasis gekommen, was insbesondere daran gelegen habe, daß infolge der wachsenden Anrechnungsbeträge aus verschiedenen Quellenabzügen - zu denen auch der seit 1993 bestehende steuerliche Zinsabschlag gehört- sich das Aufkommen bei der veranlagten Einkommensteuer zunehmend zu einer „Restgröße“ entwickeln würde, bei der die Steuerschuld in der Differenz zwischen endgültiger von dem im Anwendungserlaß geregelten Erklärungsgrundsatz abzurücken und die diesbezüglichen Angaben der Steuerpflichtigen grundsätzlich zu bezweifeln.[1035] Für diesbezügliche Forderungen[1036] ist somit kein Raum, zumal die Feststellungen der Bundesbank, die in den Fußnoten geschildert wird, eine entgegenstehende Auffassung nicht hinreichend stützen können. Dieses ergibt sich aber auch durch das oben proklamierte Abstraktionsprinzip, wonach das Verhältnis eines Bürgers zum Staat unabhängig von dem Verhältnis eines anderen Bürgers zum Staat ist. Ergeben sich konkrete Anhaltspunkte im jeweiligen Staat - Bürger - Verhältnis für eine unrichtige Steuererklärung, kann von den vorhandenen Kontrollmechanismen Gebrauch gemacht werden. Voraussetzung sind aber diese konkreten Anhaltspunkte. Für § 30 a, Abs. I AO in Verbindung mit dem Anwendungserlaß, der letztendlich § 30 a, Abs. I AO konkretisiert, bedeuten die genannten Gesichtspunkte, daß Absatz I das in § 88 AO geregelte Ermessen der Finanzbehörden bei ihrem Tätigwerden beeinflußt, nämlich dahin, grundsätzlich von der Vollständigkeit und Korrektheit der Steuererklärung eines jeden Steuerpflichtigen auszugehen. Damit hat aber § 30 a, Abs. I AO nicht nur eine deklaratorische Bedeutung, wie sie überwiegend vertreten wird, sondern beeinflußt das Ermessen der Finanzbehörden bei ihrem Tätigwerden, indem es dieses einengt.[1037] Dieses wirkt sich allerdings erst im Rahmen der weiteren Absätze des § 30 a AO aus.

§ 30 a, Abs. II AO verbietet den Finanzbehörden zum Zwecke der allgemeinen Überwachung die einmalige oder periodische Mitteilung von Konten bestimmter Art oder bestimmter Höhe (sog. Kontrollmitteilungen) zu fertigen oder zu verlangen[1038]. Nach Auffassung des Bundesfinanzhofes soll § 30 a, Abs. II AO ebenfalls nur deklaratorischen Charakter haben[1039], da die Vorschrift den Finanzbehörden nur das verbiete, was auch ohne diese Regelung nicht erlaubt sei, nämlich zum Zwecke der allgemeinen Überwachung, daß heißt, ohne daß besondere Anhaltspunkte für ein Auskunftsersuchen im Sinne von § 93 AO[1040] vorliegen, von den Banken Mitteilungen über Konten zu verlangen. Ein solches Verlangen sei als Verlangen „ins Blaue

---

Steuerschuld und bereits getätigtem Quellenabzug bestehen würde (S. 91, 92). Besonders habe sich das Kindergeld z.B. auf die Volatilität der Lohnsteuer ausgewirkt (in Höhe von 11 % Mindereinnahmen), da dieses voll zu Lasten dieser Steuer verbucht wurde (S. 90). Auch die verstärkten Mitnahmeeffekte im Bereich auslaufender Abschreibemöglichkeiten (S. 93), rückläufige Beschäftigungszahlen (S.86, 90) etc. haben ihr übriges dazu beigetragen, daß die Steuereinnahmen nicht wie prognostiziert getätigt wurden. Auch die Prognose erhöhter Steuereinnahmen, die sich aufgrund neuer Steuergesetze (mit einer potentiellen Entlastung für die Steuerpflichtigen) ergeben sollten, wurden durch unkoordinierte steuerliche Maßnahmen auf der Gegenseite konterkariert, so zum Beispiel durch die Anrechnungssystematik beim Kindergeld (S. 90). Hier zeigen die staatlichen Maßnahmen im Bereich des Steuerrechts bisweilen den Charakter einer Echternacher Springprozession.

1035 So auch Herrler, a.a.O., S. 193.

1036 So z.B. Hellwig, in: HHS, a.a.O., § 30a AO, Rz. 14.

1037 Insofern kann den o.g. Beiträgen von Klein/Rüsken und Felix im Ergebnis gefolgt werden - vgl. S. 157, Fn. 7. Meincke, WM 1998, S. 753 weist darauf hin, daß bereits die Wortwahl der Norm, wonach die Finanzbehörden auf das Bankgeheimnis Rücksicht zu nehmen *haben* und Kontrollmitteilungen unterbleiben *sollen*, gegen die Annahme einer bloß deklaratorischen Funktion von § 30 a AO sprechen, vielmehr durch diese Wortwahl den Finanzbehörden eine eindeutige Handlungsanweisung erteilt worden sei. Vgl. auch Vogt / Kramer, Steuerliche Ermittlungsbefugnisse bei Kreditinstituten -Widerspruch zum BFH-Urteil vom 18. Februar 1997-, WM 1997, S. 2157; Schön, Zur Anwendung von § 159 AO auf die Verwahrung ausländischer Wertpapiere durch inländische Banken, WM 1998, 2407; Herrler, a.a.O., S. 70, 75, der auf S. 70 von einer Ermessensrichtlinie spricht.

1038 Kontrollmitteilungen werden jedoch von anderen, speziellen steuerrechtlichen Normen verlangt, z.B. § 33 ErbStG oder § 29 EStDVO. Auf diese Art von Kontrollmitteilungen wird noch eingegangen.

1039 BFH, Urteil vom 18.02.1997, in: NJW 1997, S. 2070.

1040 Gegebenenfalls in Verbindung mit § 208, Abs. I, Nr. 3 AO.

hinein" unzulässig.[1041] „Liegen dagegen die Voraussetzungen der §§ 93; 208 I Nr. 3 AO 1977 vor, dürfen die Finanzbehörden Auskünfte -auch Sammelauskünfte- bei den Kreditinstituten einholen (§ 30 a V AO 1977)".[1042] Voraussetzung für ein Auskunftsverlangen der Finanzbehörden gegenüber einer Bank ist somit das Bestehen eines hinreichenden Anlasses, eines tatsächlichen Anhaltspunktes der Finanzbehörden, welcher die Verwirklichung eines steuerrelevanten Sachverhalts als möglich erscheinen läßt.[1043] „Es muß also ein begründeter, konkreter Anlaß zum Auskunftsersuchen bestehen. Abstrakte Annahmen oder nicht belegbare allgemeine Erfahrungen rechtfertigen nicht die Inanspruchnahme des Kreditinstituts".[1044] Einer systematischen Kontrolle ganzer Gruppen von Steuerpflichtigen, zum Beispiel eingruppiert nach ihrem Berufsstand, der Höhe ihres Einkommens oder etwaigem Auslandsbezug - sog. Verdachtsrastern-, ist damit die Basis entzogen.[1045] Nur scheinbar vertritt der Bundesfinanzhof dieselbe Auffassung. Er gelangt durch eine weite Interpretation der Voraussetzungen der §§ 30 a und 93 AO zu faktisch anderen Ergebnissen. Nach Meinung des Bundesfinanzhofes „ist das Auskunftsrecht der Finanzbehörden nach § 93, Abs. I, S. 1 AO grundsätzlich nicht auf die Fälle beschränkt, in denen bereits konkrete Anhaltspunkte für die Annahme vorliegen, daß wahrscheinlich eine Steuerschuld entstanden ist und die betreffenden Steuern verkürzt worden sind. Die Finanzbehörden können vielmehr gemäß §§ 93, Abs. I, S. 1; 208, Abs. I, S. 1, Nr. 3 AO von den Beteiligten und anderen Personen schon dann Auskünfte einholen, wenn sie im Rahmen ihrer -sei es aufgrund konkreter Momente oder aufgrund allgemeiner Erfahrung getroffenen- Prognoseentscheidung im Wege antizipiert vorgenommener Beweiswürdigung nach pflichtgemäßem Ermessen (vgl. § 92 AO) zu dem Ergebnis gelangen, daß die Auskünfte zur Aufdeckung steuererheblicher Tatsachen führen können".[1046] Diese Interpretation des Begriffs des hinreichenden Anlasses unterscheidet sich daher deutlich von dem Begriff des strafprozessualen Anfangsverdachts, wie er oben geschildert wurde.[1047] Dieser Auffassung des Bundesfinanzhofs zu der Ermittlung unbekannter Steuerfälle hat sich das Bundesverfassungsgericht angeschlossen.[1048] „Ein Auskunftsersuchen ist nach diesen Grundsätzen nur dann unzulässig, wenn jedwede Anhaltspunkte für steuererhebliche Umstände fehlen. Keine Rechtsgrundlage bietet § 93, Abs. I AO 1977 daher lediglich für Auskunftsverlangen im Rahmen sog. Rasterfahndungen oder ähnlicher Ermittlungen ‚ins Blaue hinein'".[1049] Bemerkenswert in der Aussage des Bundesfinanzhofes ist die Verknüpfung der beiden Alternativen für ein Auskunftsersuchen, nämlich des konkreten Momentes und der allgemeinen Erfahrung, durch das Wort „*oder*". Denn dieses bedeutet allein sprachlich, daß es im Rahmen der §§ 93, Abs. I; 208, Abs. I, S. 1, Nr. 3 AO auf das Vorliegen konkreter

1041 BFH, a.a.O.; BFHE 158, 502 (504); BFHE 148, 108 (114). Vgl. auch Bruchner, in: BankRHdb., § 39, Rn. 71; Müller-Brühl, NSt. 1988, S. 14; Hellwig, a.a.O., § 30a AO, Rz. 15.

1042 BFH, a.a.O.; BVerfG (Beschluß vom 06.04.1989, 1 BvR 33/87) - Chiffre, in: NJW 1990, S. 701.

1043 Müller-Brühl, NSt. 1998, S. 14; Hellwig, a.a.O.; Bruchner, in: BankRHdb., § 39, Rn. 71.

1044 Müller-Brühl, NSt. 1988, S. 14; Lohmeyer, Das Bankgeheimnis und seine Durchbrechungen im Steuerrecht, JR 1970, S. 250; Dahm/Schebesta/Schroeter/Weber, a.a.O., Rn. 37; Schön, WM 1998, 2408.

1045 Vgl. Bruchner, a.a.O.; Herrler, a.a.O., S. 192 f.; Schön, WM 1998, 2408.

1046 BFH, Urteil vom 18.02.1997 (VIII R 33/95), in: NJW 1997, 2067 ff. (2070); BFHE 148, 108 (112, 113 f.); BFHE 158, 502 (506); FG Baden-Württemberg, Gerichtsbescheid vom 23.12.1997 (14 K 129/96), in: WM 1998, 1148 ff. (1150). Vgl. auch Hamacher, Gibt es doch ein steuerliches Bankgeheimnis?,WM 1997, S. 2151.

1047 Vgl. auch Meincke, WM 1998, S. 753.

1048 BVerfG-NJW 1990, 701 ff. (701, 702).

1049 BFH Urteil vom 18.02.1997, a.a.O.; BFHE 148, 108 (113, 114); BVerfGE, a.a.O., S. 702.

Momente, konkreter Anhaltspunkte für das Vorliegen eines steuererheblichen Vorganges bei dem jeweiligen Steuerpflichtigen gar nicht ankommen soll. Es reichen schon allgemeine Erfahrungen der Finanzbehörden aus, die im Wege antizipierter Beweiswürdigung als Voraussetzung, als Anhaltspunkt für ein Auskunftsersuchen oder eine Kontrollmitteilung dienen sollen. Da aber nach der eindeutigen Aussage des Bundesfinanzhofes[1050] Ermittlungen der Finanzbehörden, wozu auch Kontrollmitteilungen oder Auskunftsersuchen an Banken im Sinne von § 93 AO zählen, nach Rastern oder „ins Blaue hinein" nicht zulässig sind, gleiches gilt für eine Informationserhebung auf Vorrat zu unbestimmtem oder noch zu bestimmenden Zwecken[1051], da auch dieses eine bloße Ermittlung ins Blaue hinein wäre, stellt sich sogleich die Frage, welcher Art Erfahrungen als Legitimation für einen Eingriff dienen sollen, zumal in Konstellationen, in denen der Bankkunde den Finanzbehörden als Kunde einer bestimmten Bank bisher unbekannt war und somit beim Beginn der Maßnahme nicht als Anhaltspunkt dienen konnte. Bei einem Tätigwerden aufgrund allgemeiner Erfahrungen soll allein die Möglichkeit einer objektiven Steuerverkürzung genügen.[1052] Hierzu zählt alles, „was die konkrete finanzbehördliche Entscheidung beeinflußt bzw. beeinflussen kann".[1053] Das Tätigwerden der Finanzbehörde im Rahmen eines Auskunftsersuchens ist nur dann nicht rechtmäßig, wenn irgendwelche Anhaltspunkte für steuererhebliche Umstände fehlen würden.[1054] Ausreichend soll es aber nach nicht unumstrittener Ansicht auch sein, daß nach der subjektiven Einschätzung des ermittelnden Beamten die Möglichkeit einer Steuerverkürzung besteht.[1055] Da jedoch die Möglichkeit bei einem abstrakten Verständnis dieser Aussage jederzeit und für alles bestehen würde (zum Beispiel für jede Straftat), muß sich diese subjektive Einschätzung des ermittelnden Beamten somit an objektiv greifbaren Kriterien manifestieren, will man nicht willkürlichen Ergebnissen, die nicht nachprüfbar wären, Vorschub leisten. Dieses wurde oben bereits im Zusammenhang mit dem Verdachtsbegriff ausgeführt. Dort wurde gesagt, daß Verdacht und Prognose sich dadurch unterscheiden, daß der Verdacht sich auf gegenwärtige Umstände bezieht, die Prognose hingegen auf zukünftige. Gemäß der getroffenen Definition des Begriffs „Verdacht" ist dieser verkürzt dargestellt, eine auf einer Tatsachenbasis beruhende Prognose, wobei eine Korrelation zwischen Tatsache und Prognose festgestellt werden konnte. Auf die im Zusammenhang mit dem Verdachtsbegriff gemachten Ausführungen kann daher auch in bezug auf die Prognoseentscheidungen der Finanzbehörden verwiesen werden. Entscheidend ist, daß auch der Prognoseentscheidung eine gesicherte Tatsachenbasis zugrunde liegen muß und bloß abstrakte oder konkrete Möglichkeiten ausscheiden, um willkürliche Ergebnisse zu vermeiden. So weist *Hamacher* m.E. zu Recht darauf hin, daß gerade bei Ermittlungen aufgrund allgemeiner Erfahrungen die Gefahr besteht, daß diese „zur sich selbst erfüllenden Prophezeiung" werden, „wenn man Erfahrung mit Gefühl" gleichsetzt.[1056] Bereits an dieser Stelle zeigt sich, daß es auf abstrakte Gesichtspunkte, Erfahrungen oder Prognosen der ermittelnden Beamten nicht ankommen kann, sondern der Schwerpunkt für die

---

[1050] BFH Urteil vom 18.02.1997, a.a.O.; BFHE 148, 108 (114); BFHE 158, 502 (504).

[1051] BVerfG, a.a.O., S. 702.

[1052] Brockmeyer, in: Klein„ AO-Kommentar, § 93, Anm. 1; BFHE 148, 108 (114); Sichtermann/Feuerborn, a.a.O., S. 302/303 mit Bezug auf BFHE 91, 351 (360) und BFHE 110, 468 (472 f.); FG-Hamburg, BStBl. II, 1988/359.

[1053] BFH 148, 108 (114).

[1054] Schuhmann, § 30 a AO - Schutz von Bankkunden, Wistra 1995, S. 338; BVerfGE, a.a.O., S. 701, 702.

[1055] BFHE vom 28.10.1997, in: WM 1997, 2344 ff. (2349); OLG-Frankfurt/Main, Beschluß vom 20.12.1995, NStZ 1996, 196 f. (197); FG-Hamburg, BStBl. II 1988, 359; FG-Bremen, EFG 1986, 269 f..

[1056] Hamacher, WM 1997, S. 2151.

Frage eines Tätigwerdens der Behörde allein darin liegt, ob hinreichend konkrete, mithin objektiv greifbare Anhaltspunkte bestehen, daß ein steuerlich relevantes Ereignis vorliegt. Das ergibt sich auch aus dem genannten Verbot, Rasterfahndungen vorzunehmen oder Ermittlungen ins Blaue hinein zu führen. *Hamacher*[1057] führt die Abgrenzung an, die der Bundesfinanzhof zwischen einer Rasterfahndung und dem beschriebenen hinreichenden Anlaß vornimmt. Hiernach soll der Unterschied im wesentlichen darin bestehen, daß bei einer Rasterfahndung kein Anlaß vorliegt, nicht einmal ein Indiz, „sondern lediglich die mehr oder weniger bestimmte Hoffnung, daß sich unter einer Reihe bestimmter Gegebenheiten ein Sachverhalt findet, der für die Untersuchung interessant ist".[1058] Angesichts der oben beschriebenen Zulässigkeit subjektiver Einschätzungen und Prognosen, sowie nicht näher konkretisierbarer Erfahrungen, ist diese vom Bundesfinanzhof vorgenommene Abgrenzung zwischen Rasterfahndung und hinreichendem Anlaß schwer nachvollziehbar. Es wird zu zeigen sein, daß die in der jüngeren Vergangenheit durchgeführten Ermittlungsmaßnahmen bei Banken in realiter zumeist nichts anderes waren, als genau die vom Bundesfinanzhof gerügten Rasterfahndungen und Ermittlungen ins Blaue hinein.[1059]

Betrachtet man die Fälle, die den Finanzbehörden in der Vergangenheit als Anhaltspunkt im Rahmen ihrer Erfahrungen als Voraussetzung für ein entsprechendes Tätigwerden gegenüber Dritten gedient haben, zeigt sich, daß Fallgruppen / Raster gebildet wurden, anhand derer die Erfahrung im oben genannten Sinne ausgerichtet aber auch gebildet wurde. Es sind dieses genau die bereits oben genannten Raster von Berufsstand, Höhe des Einkommens oder Auslandsbezug einer finanziellen Transaktion. So dienten Chiffre Anzeigen in Zeitungen über den Verkauf von Luxusgütern oder Immobilien oder Chiffre Anzeigen über Hilfeleistungen in Steuersachen in der Vergangenheit als „Erfahrung", um ein entsprechendes Auskunftsersuchen an den Zeitungsverlag zu richten, der die Annoncen veröffentlicht hat, um die Inserenten in Erfahrung zu bringen[1060]. Gleiches gilt für Auskunftsersuchen an Yachtmakler.[1061] In neuerer Zeit dient überwiegend der Auslandsbezug einer finanziellen Transaktion dazu, im Rahmen der „Erfahrung" der Finanzbehörden tätig zu werden. Insbesondere Transaktionen mit einem finanziellen Bezug zu Luxemburg[1062] rechtfertigen nach Auffassung der Finanzbehörden und des Bundesfinanzhofs generell ein Tätigwerden im Rahmen von § 93 AO gegenüber Banken und ihren Kunden. Auch hier wird somit eine Gruppe, ein Raster gebildet, nämlich das Raster „Auslandsbezug", das als Voraussetzung für eine Maßnahme der Finanzbehörden dienen soll und nach dem systematisch gesucht wird. Deutlich wird dieses zum Beispiel an einem Beschluß des OLG - Frankfurt / Main[1063], bei dem es darum ging, die Recht-

---

1057 Hamacher, a.a.O..

1058 Hamacher, a.a.O.. Vgl. auch Dahm/Schebesta/Schroeter/ Weber, a.a.O., Rn. 37; Dahm, in: BuB, a.a.O., Rn. 2/873; Bruchner, in: BankRHdb., § 39, Rn. 77; Herrler, a.a.O., S. 185.

1059 Vgl. hierzu den empfehlenswerten Beitrag von Ditges/Graß, EG - Rechtswidrigkeit der Fahndungswelle in deutschen Banken, BB 1998, S. 1390 ff..

1060 Klein/Brockmeyer, a.a.O.; BFHE 148, 108 ff.; BVerfG-NJW 1990, 701 ff.. Vgl. auch Dörn, in: Flore/Dörn/ Gillmeister, a.a.O., S. 94.

1061 Klein/Brockmeyer, a.a.O., m.w.N..

1062 Aber auch zu anderen sog. „Steuerparadiesen". Der Begriff Luxemburg soll hier lediglich synonym verwendet werden. Nahezu jede Bankdurchsuchung in den letzten Jahren, sei es die der Dresdner Bank, der HCM, Commerzbank, Vereins- und Westbank, der West - LB, DG - Bank oder Deutsche-Bank diente dazu, die Auslandsgeschäfte mit Luxemburg zu kontrollieren. Vgl. Heine, Stbg. 1998, S. 250, der u.a. anführt, daß eine Vielzahl der Bankenverfahren keinen ‚klassischen Fahndungshintergrund' hatten.

1063 Beschluß des OLG - Frankfurt/Main vom 20.12.1995 (3 V As 25 und 26/95), in: NStZ 1996, 196 f.. Vgl. auch die Ausführungen von Klos, Weitergabe beschlagnahmter Bankunterlagen an die Steuerfahndungsstelle im Erpressungsfall Commerzbank Luxemburg (CiSAL), Wistra 1996, S. 178. Klos weist darauf hin, mäßigkeit einer von der Staatsanwaltschaft durchgeführten Beschlagnahme von 1.600 Kundenunterlagen einer Bank und deren Weiterleitung an die Finanzämter, zu überprüfen. Bei diesen Kundenunterlagen handelte es sich um Unterlagen von Bankkunden, die Gelder in Luxemburg angelegt hatten. Nach Auffassung des OLG sei es bekannt, daß Luxemburg ein besseres Bankgeheimnis als Deutschland habe, daß es in Luxemburg keine Quellensteuer gäbe und daß seit Einführung der Zinsabschlagsteuer in Deutschland verstärkt Geld von Deutschland nach Luxemburg fließe.[1064] Somit bestand nach Ansicht des OLG (automatisch) der begründete Anfangsverdacht, daß zahlreiche Kunden der von der Maßnahme betroffenen Bank ihr Kapital nach Luxemburg transferiert haben, „um der in Deutschland geltenden Besteuerungspflicht zu entgehen".[1065] Der Auslandsbezug einer finanziellen Transaktion, insbesondere zu Luxemburg entwickelt sich somit zunehmend zu einem Stigma,[1066] ohne daß die von den Finanzbehörden behaupteten „Erfahrungen" bezüglich der Steuerrelevanz dieser Transaktionen schlüssig erscheinen. Zum Einen reichen die von den Finanzbehörden vorgetragenen Umstände, daß es im Rahmen von Luxemburg - Geschäften der Banken und deren Kunden zu Abgabenverkürzungen kommt, allein nicht aus, eine hinreichende Typisierung vorzunehmen, um letztendlich einen Eingriff zu rechtfertigen. Denn für ein Luxemburg Geschäft gibt es eine Reihe von Gründen.[1067] Es darf weder auf die bloße Tatsache eines solchen Luxemburg Bezuges abgestellt werden, noch auf die bloße Möglichkeit eines steuererheblichen Vorganges. Es muß sich vielmehr um einen gesicherten Erfahrungssatz in Bezug auf die Steuererheblichkeit handeln. Dieser verlangt aber wiederum, daß „Tatsachen vorgewiesen werden können, aus denen sich ergibt, daß in dem betreffenden Lebenssachverhalt auf Grund bestimmter Umstände eine zumindest gesteigerte Möglichkeit der steuerlichen Tatbestands-

---

daß im Nachgang zum Dresdner - Bank Fall einige Staatsanwälte diese Ansicht des OLG-Frankfurt / Main teilen. Ruppelt, Diss. jur., Köln, 1959, S. 64 weist unter Bezugnahme auf Friedrich schon im Jahr 1959 darauf hin, daß die Praxis des Steuerfahndungsdienstes zeige, „daß sich die Beamten des Fahndungsdienstes bei der Ausübung ihres Berufes häufig hart oder sogar jenseits der Grenze dessen bewegen, was der BFH als einwandfreies und loyales Verfahren der Finanzbehörden verlangt". Er äußerte die Hoffnung, daß der BFH die Gelegenheit erhalten möge, dem Verfahren des Steuerfahndungsdienstes Einhalt zu gebieten. Aus heutiger Betrachtung ist diese Hoffnung Ruppelt's nicht oder nur unzureichend erfüllt worden. Vgl. ferner Hamacher, Gibt es doch ein steuerliches Bankgeheimnis?, WM 1997, S. 2152, 2156, der dieses Problem in bezug auf die Kontrollmitteilungspraxis anspricht und von quasi voraussetzungslosen Ermittlungen spricht.

1064 Tipke weist zutreffend darauf hin, daß bei Ausländern, die ihr Kapitalvermögen in Deutschland anlegen, die hieraus resultierenden Erträge auch nicht mit der deutschen Kapitalertragssteuer belastet werden, so daß die Frage erlaubt sei, warum die Kapitalfluchtbewegung aus Deutschland heraus eine Einbahnstraße sei - Tipke in seinem Anmerkungen zum Urteil des VII. Senates des BFH vom 28.10.1997, FR 1998, 418.

1065 OLG-Frankfurt, a.a.O., S. 196. Das OLG geht sogar so weit, daß es die subjektive kriminalistische Erfahrung des konkret handelnden Beamten ausreichen lassen will, wenn nach seiner Einschätzung die bloße Möglichkeit besteht, daß eine verfolgbare Steuerstraftat vorliegt, da selbst nur entfernte Indizien hierfür ausreichend seien - OLG-Frankfurt, a.a.O., S. 197. Ähnlich die Schilderung von Weber, Das deutsche Bankgeheimnis, Die Bank 1996, S. 84.

1066 Vgl. den geschilderten Fall des LG-Koblenz, in: WM 1998, 2290 ff..

1067 So schon die Stellungnahme der Deutschen Bundesbank, die in dem Verfahren des BFH vom 18.02.1997 ausführte, daß die ihr zur Verfügung stehenden Zahlen eine exakte Quantifizierung der durch die Zinsabschlagsteuer motivierten grenzüberschreitenden Vermögensumschichtungen nicht zuließen. Die bloße Vermeidung der inländischen Zinsabschlagsteuer sei nicht zwangsläufig mit einer Steuerhinterziehung gleichzusetzen, da es im Entscheidungsumfeld des Anlegers eine Reihe von Einflußfaktoren, Gründen gäbe, sein Geld nach Luxemburg zu verlagern - vgl. das Urteil des BFH vom 18.02.1997 - Sachverhalt, in: NJW 1997, 2067 (2068). Vgl. auch Klos, a.a.O., S. 177; Ditges/Graß, BB 1998, S. 1390.

verwirklichung besteht".[1068] „Ob insbesondere der Empfänger einer Schadensersatzleistung oder einer Vergütung, derjenige, der einen Bauauftrag erhält oder der Begünstigte von Verwaltungsakten .... steuerehrlich ist, hängt von seiner Person ab, nicht jedoch von der Zugehörigkeit zu einer typisierten Gruppe. Es ist also fraglich, ob das ausschließliche Abstellen auf die Zugehörigkeit zu einer solchen Gruppe einen sachlichen Grund darstellt[1069], der eine Gleichsetzung aller Angehörigen der Gruppe in diesem Punkt erlaubt. Derartige Typisierungen, wenn sie wie hier einen Eingriff gegenüber dem Bürger darstellen, bergen daher stets die Gefahr, gegen das Willkürverbot aus Art. 3, Abs. I GG zu verstoßen".[1070] Deutlich wird auch in diesem Zusammenhang der Vergleichsgruppengedanke der ‚neuen' Formel, wie er oben in bezug auf Art. 3, Abs. I GG bereits vorgestellt wurde. In der Tat erscheint das Abstellen der Ermittlungsbehörden auf den Gesichtspunkt einer finanziellen Transaktion nach Luxemburg als kein hinreichend homogenes, abgrenzbares Gruppenkriterium, das diese Bürger und Steuerpflichtigen von der Masse anderer Bürger und Steuerpflichtigen unterscheidet, was einen Verstoß gegen den Gleichheitssatz impliziert. Aufgrund der Typisierung eines Luxemburg - oder sonstigen Auslandsbezuges rechtfertigen Finanzverwaltung und Gerichte jedoch einen Eingriff dem Bürger gegenüber, indem sie seine Konten bei Banken durchleuchten.[1071] Nach *Ditges/Graß* betreffen die Ermittlungsmaßnahmen zwischenzeitlich „nicht mehr nur bestimmte Fälle konkretisierten Verdachts der Steuerhinterziehung, sondern den gesamten Bankdienstleistungsbereich mit dem Ergebnis einer Vollüberprüfung aller am deutsch - luxemburgischen Zahlungs- und Kapitalverkehr teilnehmenden Bürger, gleich ob verdächtig oder unverdächtig".[1072] Ursache für die inflationäre Fahndungswelle bei Banken sei das Unvermögen des Staates gewesen, den von ihm unerwünschten Kapitaltransfer nach Luxemburg im Rahmen bilateraler und EG - rechtlicher Verträge zu begrenzen.[1073] Daher wird die Schwierigkeit der Datenverfolgung ins Ausland seitens der Ermittlungsbehörden bereits als eine ‚konkret bekannte Tatsache' fingiert, die den Schluß auf eine Steuerhinterziehung der Beteiligten Bürger bzw. Banken erlauben soll.[1074] Aufgrund dieser Fiktion eines Tatverdachts werden Ermittlungen gegen „mögliche Bankkunden" sowie wegen des daraus abgeleiteten vermeintlichen Beihilfeverdachts gegen unbekannte Bankmitarbeiter eingeleitet.[1075] Durch den so konstruierten und von *Joecks* als Systemverdacht[1076] bezeichneten Tatverdacht, wird die als solche unverdächtige Bank als Dritter in Anspruch genommen, um so den Schwer-

---

1068 Hamacher, Zur Zulässigkeit von Kontrollmitteilungen durch allgemeine Verwaltungsbehörden und Rundfunkanstalten - Entwurf eines § 93 a AO, Der Betrieb 1984, S. 2160.

1069 Heine, Stbg. 1998, S. 250.

1070 Hamacher, a.a.O..

1071 Die Stigmatisierung geht sogar soweit, daß in Luxemburg selbst die Fahrzeuge und ihre Kennzeichen deutscher Kunden photographiert werden, um sie in Deutschland einer steuerlichen Überprüfung (bei ihrer Bank) unterziehen zu können - vgl. insoweit: Streck/Mack, Banken und Bankkunden im Steuerfahndungsverfahren, BB 1995, 2144; FINANZEN, Heft 08/August 1997, S. 85 (86).

1072 Ditges/Graß, a.a.O., S. 1391, 1392, die auch von einer ‚Generalrevision' der Bank durch die Steuerfahndung sprechen, da die Steuerfahndung die in den Durchsuchungsbeschlüssen enthaltenen Beschränkungen des Anfangsverdachts oft nicht beachten.

1073 Ditges/Graß, a.a.O., S. 1390.

1074 Vgl. Ditges/Graß, BB 1998, S. 1391. Ditges/Graß, a.a.O., machen darauf aufmerksam, daß hierbei eine Art Systemverdacht konstruiert wird, der mit nebulösen Floskeln wie eines „Verstoßes gegen gesetzliche Vorschriften bzw. banküblich Gepflogenheiten, um Vermögenswerte anonym in das ... Ausland zu verbringen oder ... zurückzutransferieren" verbrähmt wird, um eine Ermittlungshandlung zu rechtfertigen.

1075 Ditges/Graß, a.a.O., S. 1391.

1076 Vgl. die oben auf S. 173 ff. zu Joecks getroffenen Ausführungen. Ditges/Graß, a.a.O., sprechen von einem Betriebsverdacht - siehe auch Fn. 1073.

punkt der allumfassenden Ermittlungen in die Bank hinein verlagern zu können.[1077] *Ditges/Graß* bezeichnen ein solches Vorgehen der Ermittlungsbehörden als eine Rasterfahndung gegen Unbekannt,[1078] wobei es zu regelrechten ‚Ermittlungsexzessen' der Steuerfahndung kommen würde, da nicht nur Kunden mit einem Auslandsbezug zu Luxemburg überprüft würden, sondern auch weitere Kunden der Bank mit in die Ermittlungshandlung einbezogen würden und alles gesichtet werde, was die Vermögens- und Ertragsverhältnisse auch dieser Kunden betrifft, wie die von den Steuerfahndern selbst gefertigten Beschlagnahmelisten zeigen würden. Hierunter fänden sich neben Listen über Wertpapierdepots, auch Schließfachlisten, Gesamtengagementlisten, „mit Listbildern aller erfaßten Daten zu sämtlichen Kunden mit Umsätzen, Limit, persönlichen Verhältnissen, Risikoeinschhätzung und weiterem, was das Recht auf informationelle Selbstbestimmung des Kunden ausmacht".[1079] Ein so beschriebenes Vorgehen der Ermittlungsbehörden, bei dem trotz eines nur gegen zwei Bankkunden bestehenden Tatverdachts im Fall der Dresdner - Bank 40.000 (!) Kundenbelege durchforstet werden oder im geschilderten Fall der HCM, wo kurzerhand sämtliche Konten der Bank einer Überprüfung unterzogen wurden, hat mit dem aus § 208, Abs. I AO resultierenden Auftrag an die Steuerfahndung, auch unbekannte Steuerfälle zu ermitteln, nichts mehr gemein und stellt eine unzulässige Ermittlung ins Blaue hinein dar. Von einem Zufallsfund kann in einem solchen Zusammenhang keine Rede sein. Als zusätzlicher Aspekt ließe sich anführen, daß es das Wesensmerkmal des Zufallsfundes ist, daß dieser anläßlich einer Durchsuchungsmaßnahme erfolgt, die der Auffindung und Beschlagnahme von -im Durchsuchungsbeschluß-konkret benannten Beweismitteln dient. Ein Zufallsfund fällt daher stets zusätzlich zu den eigentlich intendierten Beweismitteln an und bedeutet daher ein ‚Mehr' an gewonnenen Beweismitteln für die Ermittlungsbehörden. Bei einem Systemverdacht wäre dieses Erfordernis jedoch nicht erfüllt, da die Beweismittel des Zufallsfundes stets identisch mit den intendierten Beweismittel wären, die im Durchsuchungsbeschluß zu benennen wären. Bei der Mitnahme sämtlicher Unterlagen oder einer sehr großen Anzahl von Unterlagen, spielt der Zufall überdies keine Rolle mehr.

Grundsätzlich kann die Anknüpfung an eine finanzielle Transaktion mit Bezug nach Luxemburg auch aus EG - rechtlichen Gründen nicht stigmatisiert werden, da eine solche Transaktion Ausdruck des in den Art. 67 ff. EwGV[1080] geregelten freien Kapital- und Zahlungsverkehrs ist, der einem jeden EU - Bürger, einer jeden Firma in der EU als Grund-freiheit zur Verfügung steht.[1081] Ohne die europarechtlichen Fragen im Rahmen dieser Arbeit hinreichend vertiefen zu können[1082], ergibt sich dieses nunmehr insbesondere aus Art. 73 b EGV[1083] in

---

1077 Ditges/Graß, a.a.O..

1078 Ditges/Graß, a.a.O..

1079 Ditges/Graß, a.a.O., S. 1392. Diese weisen desweiteren darauf hin, daß die Ermittlungsbehörden ihrer Erfahrung nach auch vor ‚bedenklichen Ermittlungsmethoden' nicht zurückschrecken, um ihren Maßnahmen größtmögliche Effizienz zu verleihen - vgl. S. 1392, Ziff. 5 „Art der Ermittlungen".

1080 Entspricht Art. 56 ff. des Amsterdamer Vertrages, der am 02.10.1997 unterzeichnet wurde und derzeit noch von den Mitgliedsstaaten der EU ratifiziert werden muß.

1081 Vgl. Dahm, WM 1996, S. 1291. In diesem Sinne auch Meincke, WM 1998, S. 755; Joecks, WM 1998, Sonderbeilage Nr. 1, S. 16; Ditges/Graß, BB 1998, S. 1393, die in diesem Zusammenhang auch auf die Freiheit des Dienstleistungsverkehrs der Banken hinweisen.

1082 Europarechtliche Fragen werden unten im Zusammenhang mit der Grundrechtsfähigkeit von EU-Bürgern behandelt.

1083 Entspricht nun Art. 56 des Amsterdamer Vertrages. Die Art. 73b-73g EGV haben mit Wirkung vom 01.01. 1994 die bisherigen Art. 67-73 EwGV abgelöst.

Verbindung mit der Kapitalmarktliberalisierungsrichtlinie von 1988.[1084] Art. 73 b EGV gilt als die grundsätzliche europarechtliche Normierung im Bereich des Kapital- und Zahlungsverkehrs und ordnet an, den Kapital- und Zahlungsverkehr zwischen den Mitgliedsstaaten der EU von jeglichen Beschränkungen freizuhalten, worunter die Beseitigung aller direkten und indirekten legislativen, administrativen und sonstigen Beschränkungen verstanden wird.[1085] Der freie Kapital- und Zahlungsverkehr gilt gerade als die Voraussetzung der übrigen vom EU-Vertrag garantierten Freiheiten und umfaßt alle finanziellen Transaktionen, die nicht direkt durch den Waren- oder Dienstleistungsverkehr bedingt sind.[1086] Im Kontext mit Art. 73 d, Abs. III EGV[1087] und der Entscheidung des EuGH im Fall ‚Dassonville' -sowie weiterer Urteile-[1088] ist davon auszugehen, daß jede Maßnahme untersagt ist, die geeignet erscheint, den freien Kapital- und Zahlungsverkehr unmittelbar oder mittelbar, tatsächlich oder potentiell zu beeinträchtigen.[1089] Nach Auffassung des EuGH ist schon jede Behinderung ausreichend, die faktisch den freien Kapital- und Zahlungsverkehr beeinträchtigt.[1090] *Kiemel* weist darauf hin, daß Art. 73 b EGV „eine vollkommene Rechtsnorm mit unmittelbarer Rechtswirkung" darstellt, auf die der einzelne EU - Bürger sich berufen kann.[1091] *Hamacher* folgert aufgrund der genannten europarechtlichen Gegebenheiten zu Recht, daß eine strafrechtliche Anknüpfung an die europarechtskonforme Verbringung von Geldern in das Ausland gemeinschaftsrechtswidrig sei. „Gibt man dem deutschen Strafgesetz eine Auslegung, die denjenigen, der an einer gemeinschaftsrechtlich erlaubten Form der Bargeldverbringung ins Ausland mitwirkt, auch nur der Gefahr einer Strafverfolgung aussetzt, so ist dies im Sinne der vorerwähnten Stufenfolge gemeinschaftsrechtswidrig".[1092] Dieser freie Kapitalverkehr ist somit gerade erwünscht[1093] und kann daher nicht zugleich als Typisierung, als Stigma für

---

1084 EG-Richtlinie zur Durchführung von Art. 67 des Vertrages, 88/361 EWG, ABl. EG Nr. L 178/ vom 08.07. 1988. Vgl. hierzu im Einzelnen auch: Hamacher, „Dagobert - Duck" - Ein kriminelles System?, DB 1995, S. 2287 ff.; dergl., Gibt es doch ein steuerliches Bankgeheimnis?, WM 1997, S. 2152, 2156); Dahm, WM 1996, S. 1291; Ditges/Graß, BB 1998, S. 1393; Bruchner, in: BankRHdb., § 39, Rn. 105; Weber, Die Bank 1996, S. 88.

1085 Vgl. Hamacher, a.a.O.; Kiemel, in: Groeben/Thiesing/Ehlermann, Kommentar zum EU-/EG-Vertrag, Bd. 1, Art. 73 b, Rn. 5, 14; Ditges/Graß, BB 1998, S. 1393.

1086 Hamacher, DB 1995 S. 2287; Kiemel, in: Groeben/Thiesing/Ehlermann, a.a.O., Rn.1, 4; Koenig/Pechstein, Entscheidungen des EuGH, S. 300; EuGHE vom 31.01.1984 (Rs. 286/82, 26/83) -Luisi und Carbone vs. Ministero de Tesoro, Slg. 1984, 377.

1087 Entspricht nun Art. 58, Abs. III Amsterdamer Vertrag.

1088 EuGHE vom 11.7.1974 (Rs. C 8/74) in, NJW 1975, 515 f. -Dassonville; EuGH vom 14.12.1995 (C 163/94, C 165/94, C 250/94) -Sanz de Lera u.a., Slg. 1995, I-4821. Vgl. auch Kiemel, in: Groeben / Thiesing / Ehlermann, a.a.O., Rn. 5 f..

1089 Hamacher, DB 1995, S. 2287; Weber, Die Bank 1996, S. 88; Ditges/Graß, BB 1998, S. 1393; EuGH - NJW 1975, 515 ff. (516) - Dassonville.

1090 EuGHE vom 23.02.1995 (Rs. C-358/93, C- 416/93), in: WM 1995, 1176 ff.; Hamacher, DB 1995, S. 2287, 2288.

1091 Kiemel, in: Groeben/Thiesing/Ehlermann, a.a.O., Rn. 19, m.w.N.. Das bedeutet, daß in einem liberalen Kapitalmarkt ein klagbarer Anspruch des einzelnen Bürgers/der einzelnen Firma besteht, Kapital in das EU-Ausland zu transferieren und dort auch anzulegen.

1092 Hamacher, DB 1995, S. 2288. So auch Dahm, in: WM 1996, S. 1291; dergl. in: BuB, Kap. 2, Rn. 2/893; Joecks, a.a.O., S. 16; Ditges/Graß, BB 1998, S. 1393.

1093 Kiemel, in: Groeben/Thiesing/Ehlermann weist darauf hin, daß zur Vermeidung von Wettbewerbsverzerrungen im grenzüberschreitenden Kapitalverkehr, aber auch um Steuerflucht und Steuervermeidung zu begegnen, der Rat sich in der Kapitalmarktliberalisierungsrichtlinie von 1988 bereits verpflichtet hat, auf dem Gebiet der Besteuerung der Kapitalerträge zu einer einheitlichen Regelung zu gelangen. Diese einheitliche Regelung sollte bis zum 30.06.1989 getroffen werden, doch konnte man sich bisher auf eine einheitliche Regelung nicht einigen - vgl. Kiemel, in: Groeben/Thiesing/Ehlermann, a.a.O., Rn. 60. Laut einem Grundeinen Eingriff der deutschen Finanzbehörden dienen, ohne daß weitere Anhaltspunkte vorliegen. Als Anknüpfungspunkt für „Erfahrungen", um für staatsanwaltschaftliche oder finanzbehördliche Maßnahmen die Eingriffsvoraussetzungen zu schaffen, kann ein bloßer Bezug einer finanziellen Transaktion zu Luxemburg oder dem sonstigen EU - Ausland somit nicht dienen. Hierzu bedarf es eines konkreten, verifizierbaren Verdachts der Steuerhinterziehung in bezug auf einen bestimmten Bürger und Bankkunden.[1094] Als Gründe für eine finanzielle Transaktion nach Luxemburg kommen darüber hinaus höhere Zinsen[1095] oder Liquiditätsvorteile gerade im Unternehmensbereich in Betracht,[1096] so daß eine finanzielle Transaktion mit Bezug zu Luxemburg auch unter diesem Gesichtspunkt, im Gegensatz zur (scheinbar) vorhandenen und zuvor geschilderten Auffassung der Ermittlungsbehörden, nachvollziehbar ist. Ob die im Ausland erzielten Erträge entsprechend in der Steuererklärung deklariert werden, ist eine völlig andere Frage, die mit dem Auslandsbezug als solchem nichts zu tun hat. Ferner berufen sich die Finanzbehörden bezüglich ihrer Erfahrungen mit Auslandstransaktionen, die einen Eingriff rechtfertigen sollen, regelmäßig darauf, daß es eine erhebliche Diskrepanz gäbe zwischen den prognostizierten Einnahmen zum Beispiel im Rahmen der Quellen- / Zinsabschlagsteuer und tatsächlich erzielter Einnahmen hieraus. Sie begründen diese Diskrepanz damit, daß sie aus der Abgabenverkürzung der Steuerpflichtigen herrühren soll, ohne zu wissen, ob nicht die ursprüngliche Prognose hinsichtlich der zu erzielenden Einnahmen als solche realistisch war.[1097] Aufgrund der bisherigen Erfahrungen mit Prognosen dieser Art spricht vieles dafür, daß dieses nicht der Fall war. Zu diesem Ergebnis ist auch der BFH in seinem Urteil vom 18.02.1997 gelangt,[1098] so daß ein verifizierbarer Zusammenhang zwischen der

---

satzbeschluß der EU-Finanzminister von Dezember 1997, soll eine einheitliche Zinsbesteuerung in Höhe eines Mindeststeuersatzes von 20 % als Quellenabzug eingeführt werden, alternativ eine entsprechende Meldepflicht - vgl. NJW, Heft 26/1998, S. XXXI; FINANZEN, Heft 05/1998, S. 104 ff..

1094 Ditges/Graß, BB 1998, S. 1393.

1095 So zum Beispiel Leisner, BB 1994, S. 1945; Ditges/Graß, BB 1998, S. 1390.

1096 Vgl. Stellungnahme der Deutschen Bundesbank im BFH Urteil, NJW 1997, S. 2068; Deutsche Bundesbank, Monatsbericht August 1997, S. 94, die von der „legitimen Vermeidung von Liquiditätsnachteilen" in diesem Zusammenhang spricht. Der Liquiditätsvorteil liegt darin, daß wegen der fehlenden Quellensteuer in Luxemburg Zinserträge nicht sogleich mit ihrer Entstehung von dem Kreditinstitut anteilig an den Fiskus abgeführt werden, was den Charakter einer Steuervorauszahlung hat (sog. Anrechnungsbeträge -vgl. Bundesbank, Monatsbericht August 1997, S. 91), da die abgeführte Quellensteuer auf die im jeweiligen Steuerjahr zu entrichtenden Steuern angerechnet wird. Werden die Zinserträge nicht sogleich mit ihrer Entstehung anteilig an den Fiskus abgeführt, stehen sie dem jeweiligen Steuerpflichtigen, bspw. einem Unternehmen unterjährig noch zur Verfügung, was einen Liquiditätsvorteil mit sich bringt. Außerdem könnten die so vereinnahmten Erträge sofort reinvestiert werden, um ihrerseits Erträge zu erwirtschaften. Die Frage, ob diese im Ausland vereinnahmten Erträge in der Steuerklärung entsprechend deklariert werden, ist eine völlig andere Frage, die mit dem Auslandbezug an sich nichts zu tun hat. Hierauf nimmt auch der BFH in seinem Urteil vom 18.02.1997 Bezug, BFH-NJW 1997, 2067 ff. (2069); vgl. auch Klos, Wistra 1996, S. 177; Ditges/Graß, BB 1998, S. 1390; Weber, Die Bank 1996, S. 87 f..

1097 Der BFH hat in seinem Urteil vom 18.02.1997 festgestellt, daß lediglich 37 % der avisierten Steuereinnahmen im Rahmen der Zinsabschlagsteuer verreinnahmt werden konnten - BFH-NJW 1997, 2067 ff. (2069). Wesentlicher Grund hierfür ist auch die Einführung der nicht unerheblichen Freibeträge, die dazu führen, daß rund 80 % aller Steuerpflichtigen von der Besteuerung ihrer Kapitalerträge nicht erfaßt werden, was sich erst im Laufe der Zeit herausgestellt habe - siehe Bundesbank, Monatsbericht August 1997, S. 92 ff.. Ausführlicher hierzu oben S. 157, Fn.7. Siehe dazu auch die Stellungnahme der Bundesregierung in BT-Drucks. 12/2690, 13; BFH-NJW 1997, 2067 ff. (2069); Hamacher, Gibt es doch ein steuerliches Bankgeheimnis?, WM 1997, S. 2149, 2150.

1098 Bezeichnenderweise konnte der Bundesfinanzhof in seinem Urteil vom 18.02.1997 für das Jahr 1993 in Ermangelung einschlägiger statistischer Daten eine Verletzung der verfassungsrechtlichen Besteuerungsgleichheit in Bezug auf die Erfassung von Zinseinkünften nicht feststellen. Der BFH führt aus, daß es zwar in Folge der Zinsbesteuerung in Deutschland zu einem vermehrten Kapitaltransfer ins Ausland gekommen

Diskrepanz der avisierten Steuereinnahmen im Rahmen der Zinsbesteuerung und einer Auslandsanlage von Geldern im Sinne einer Steuerverkürzung der Geldanleger nicht haltbar ist. Immerhin ist auch aufgrund der verschlechterten gesamtwirtschaftlichen Lage in der Bundesrepublik das Gesamtsteueraufkommen aus diesem Grunde wesentlich niedriger ausgefallen, als prognostiziert. Bei dem progressiven Steuersatz, der bei steigendem Einkommen zu einer steigenden Steuerquote führt, bewirkt die pauschale Zinsabschlagsteuer, mit einem Steuersatz von 30 %[1099], eine Diskrepanz zum tatsächlichen zu zahlenden persönlichen Steuersatz, der in Zeiten sinkender Ein-kommen ebenfalls sinkt. Aufgrund der Steuervorauszahlungsfunktion der Zinsabschlagsteuer kann es zu einem „Vollzugsdefizit" kommen, „soweit die Bezieher der Einkünfte (Zinseinkünfte -M.H.) einem höheren Steuersatz unterlägen, als die Zinsabschlagsteuer ausmache".[1100] „Konkret müßte der persönliche Steuersatz über 30 % bzw. 35% der Brutto - Einnahmen liegen".[1101] Eine Rechtfertigung für eine steuerliche oder staatsanwaltschaftliche Ermittlungsmaßnahme kann daher aufgrund der Diskrepanz zwischen avisierter und tatsächlich vereinnahmter Ertragssteuer nicht, auch nicht in bezug auf Kapitalanlagen im Ausland, begründet werden, da es reine Spekulation wäre, die bestehenden Diskrepanzen mit Steuerverkürzungen von Kapitalanlegern zu erklären. Auf dementsprechende Erfahrungswerte können sich die ermittelnden Behörden oder ihre Beamten somit gar nicht berufen. Darüberhinaus wurden mittlerweile von den rund 85 Mio. zwischenzeitlich erteilten Freistellungsaufträgen im Rahmen der Zinsabschlagsteuer[1102] in der Bundesrepublik bis Ende 1997 ca. 8,5 Mio. einer Kontrolle unterzogen. Im Ergebnis geht man davon aus, daß lediglich rund 2 - 3 % dieser Freistellungsaufträge zu Beanstandungen führten[1103] und den Anfangsverdacht

---

sei, es jedoch keine quantifizierbaren Zahlen gäbe, die es erlauben würden, einen Zusammenhang zwischen nicht vereinnahmter Zinsabschlagsteuer und unrechtmäßiger Steuerverkürzung seitens der Kapitalanleger zu begründen - BFH-NJW 1997, 2067 ff. (2069). Diese Erkenntnis des BFH unterstreicht die Unsicherheit hinsichtlich der ursprünglichen Einnahmeprognosen des Staates in diesem Bereich und dementsprechender Prognosen von Ermittlungsbehörden zur Legitimation einer (finanz -) behördlichen Ermittlungsmaßnahme.

1099 35 % bei Tafelgeschäften. Hierbei ist im volkswirtschaftlichen Sinne die Steuerquote die Relation zwischen Steuereinnahme und nominalem Bruttoinlandsprodukt.

1100 Bilsdorfer, Der BFH und die Zinsbesteuerung - ein bemerkenswerter Eiertanz, NJW 1997, S. 2369.

1101 Bilsdorfer, a.a.O., Fn. 21; Vogt/Kramer, WM 1997, S. 2162. Maßgeblich ist in diesem Zusammenhang mit einer sog. Anrechnungssteuer der Durchschnittssteuersatz, der sich aus dem Verhältnis der Jahressteuer zum zu versteuernden Einkommen errechnet.

1102 Im Rahmen der geltenden Zinsabschlagsteuer ist es möglich, der Bank einen sog. Freistellungsauftrag zu erteilen (§ 44a, Abs. I, Nr. 1 i.V.m. Abs. II., Nr. 1 EStG). Dieser bewirkt, daß bei Zinseinkünften bis zu 6.100 DM (Ledige - 6.000 DM Steuerfreibetrag zzgl. 100 DM Werbungskosten; Verheiratete 12.000 DM zzgl. 200 DM Werbungskosten) die an der „Quelle" anfallenden Steuern nicht abgeführt werden. Daraus resultiert ein Liquiditätsvorteil, da die Abführung der als Quellensteuer zu bewertenden Zinsabschlagsteuer die Wirkung einer Steuervorauszahlung hat. Die gleiche Wirkung kann mit einer sog. Nichtveranlagungsbescheinigung erzielt werden. Unabhängig davon ist die Frage, daß die Zinseinkünfte im Rahmen einer jeden Steuererklärung zu deklarieren sind. Der gleiche Effekt entsteht wie bereits gesagt, wenn das Kapital in einem ausländischen Staat anlegt wird, bei dem keine Quellensteuer erhoben wird. Zur Vermeidung von Mißbräuchen im Zusammenhang mit der Erteilung von Freistellungsaufträgen ist in § 45d EStG ein spezielles Mitteilungsverfahren geschaffen worden, wonach die Kreditinstitute, als die für die Einbehaltung und Abführung des Zinsabschlages zuständigen Stellen,dem Bundesamt für Finanzen auf Verlangen die in § 45d, Abs. I, S.1, Nr. 1-6 EStG genannten Daten (Name, Anschrift, Höhe des erteilten Freistellungsauftrages, Name und Anschrift des Empfängers des Freistellungsauftrages) mitzuteilen hat. Die so empfangenen Mitteilungen dürfen nur zur Prüfung der rechtmäßigen Inanspruchnahme des Sparerfreibetrages herangezogen werden (§ 45d, Abs. II EStG), lediglich durchbrochen durch Abs. III dieser Vorschrift.

1103 Zum Teil werden auch Zahlen von 6 % genannt - vgl. IMPULSE, Heft 8/97, S. 102.

einer Abgabenverkürzung initiierten.[1104] Ob angesichts dieser relativ niedrigen Anzahl „schwarzer Schafe" der Erfahrungswert der Finanzbehörden einen pauschalen Eingriff rechtfertigen kann, scheint mehr als fraglich, zumal die Tatsache das Steuergesetze nicht immer beachtet werden, als solche keine allgemeine Erfahrung ist, die einen Eingriff rechtfertigt[1105], da diese Erkenntnis so alt ist, wie die Geschichte der Steuererhebung selbst. Zum anderen resultieren die Erfahrungen der Finanzbehörden auf die diese sich beziehen, um einen Eingriff zu rechtfertigen wiederum selbst aus solchen Eingriffen bei Banken, so daß die Argumentation der Finanzverwaltung für die Rechtfertigung eines Eingriffes den Charakter eines Zirkelschlusses erhält. Werden bei einer Durchsuchung einer Bank Unterlagen von mehr als 40.000 Kunden beschlagnahmt und einer Sichtung unterzogen, wie im Falle der Dresdner Bank geschehen, ist es allein schon eine Frage der statistischen Wahrscheinlichkeit[1106], daß die Finanzbehörde hierbei auch in einigen wenigen Fällen fündig wird und Abgabenverkürzungen von Bankkunden nachweisen kann. Zu erinnern ist hierbei auch den bereits oben geschilderten Fall des LG - Koblenz,[1107] wo sämtliche relevanten Unterlagen einer Bank (insgesamt 700 Umzugskartons !) beschlagnahmt wurden und das Gericht in diesem Fall die Meinung vertreten hat, daß es ausreichend sei, daß sich die Beweiseignung der Unterlagen gegebenenfalls im Nachhinein bei ihrer Sichtung herausstellt. Hierbei war das Gericht tatsächlich der Meinung, das es sich bei den so gefundenen Beweismitteln um Zufallsfunde handeln würde. Diese so nachgewiesenen Fälle dienen dann sogleich als Rechtfertigung eines neuen Großeinsatzes, bei dem wiederum tausende von Kundenunterlagen beschlagnahmt werden. Das bedeutet aber, daß es auf eine Rechtfertigung mit irgendwelchen Erfahrungswerten und Typisierungen der Finanzbehörden für einen Eingriff bei Banken überhaupt nicht ankommt, sondern es lediglich ausreicht, eine hinreichend große Menge von Kundenunterlagen zu beschlagnahmen, um fündig zu werden und somit im Nachhinein den Eingriff zu rechtfertigen.[1108] Es ist somit nicht die Zugehörigkeit zu einer vordefinierten Gruppe ausschlaggebend, sondern statistische Wahrscheinlichkeit. Genau dieses ist aber das Problem. *Hamacher*[1109] führt zutreffend aus, daß methodisch betrachtet die Finanzbehörden nur dann zu einer allgemeinen Erfahrung im genannten Sinn gelangen können, „wenn sie schon im Vorfeld aufgrund konkreter Erfahrungen festgestellt haben, daß von der eng begrenzten Gruppe in einem über das normale Maß hinausgehenden Prozentsatz Steuerverkürzungen vorgenommen werden". Daher kommt nach richtiger Ansicht *Hamachers* den Anforderungen an spezifische Gruppenmerkmale, die diese von der Allgemeinheit unterscheidet, auch dem statistischen Moment besondere Bedeutung zu,[1110] wobei bei der Festlegung eines Prozentsatzes auch zu berücksichtigen sei, daß in die Freiheitssphäre bisher unbescholtener Bürger eingegriffen wird.[1111] Meines Erachtens wäre

---

1104 Vgl. IMPULSE, Heft 8/97, S. 102 ff. (104). Diese festgestellten Beanstandungen sind jedoch nicht gleichzusetzen mit einer festgestellten Steuerhinterziehung. Sie beruhen im wesentlichen darauf, daß die jeweiligen Steuerpflichtigen den gesetzlichen Freibetrag im Rahmen der Zinsabschlagsteuer falsch interpretiert bzw. in den entsprechenden Vordrucken falsch angegeben haben (zumeist im Zusammenhang mit verschiedenen Bankverbindungen), ohne tatsächlich Zinserträge in dieser Höhe erwirtschaftet zu haben.

1105 Brockmeyer, in: Klein, AO-Kommentar, § 93, Anm. 1.

1106 Vgl. Bruchner, in: BankRHdb., § 39, Rn. 103; Herrler, a.a.O., S. 149 f..

1107 Siehe oben S. 165 f..

1108 Vgl. Junker, Aktuelle Rechtsfragen zum Bankgeheimnis und zur Bankauskunft, DStR 1996, S. 227;Leisner, Ausforschungsdurchsuchung, BB 1994, S. 1945, 1946.

1109 Hamacher, Gibt es doch ein steuerliches Bankgeheimnis?, WM 1997, S. 2151, 2152.

1110 Hamacher, a.a.O., wobei er einen Abgleich der statistischen Prozentzahlen der festgestellten Steuerverkürzungen mit anderen Finanzamtsbezirken fordert, um mögliche regionale Unterschiede zu relativieren.

1111 Vgl. hierzu auch Herrler, a.a.O., S. 150.

jedoch dann in bezug auf die erstmalige Miteinbeziehung bisher unbescholtener Bürger in das einen Eingriff hiernach rechtfertigende Zahlenmaterial, die Typizität der Aussage des statistischen Zahlenmaterials entsprechend zu relativieren, um nicht erneut der Gefahr eines Zirkels zwischen Eingriff und nachträglich festgestellter Steuerverkürzung zu unterliegen. Nach *Hamacher* besteht ein hinreichender Anlaß in bezug auf die Ermittlung von Kapitaleinkünften nur dann, „wenn die Finanzverwaltung darlegen könnte, wie hoch der Prozentsatz derjenigen Einkunftsbezieher ist, der Steuern hinterzieht“.[1112] Wie bereits oben ausgeführt wurde, ist ein derartiger Nachweis derzeit nicht zu führen, da entsprechende Statistiken fehlen. Die banale Feststellung allein, daß Steuergesetze nicht immer beachtet werden, rechtfertigt eine Maßnahme der Ermittlungsbehörden argumentativ nicht, ist nichtssagend und so alt, wie die Geschichte der Steuererhebung selbst. Neben der Problematik des Nachweises der von den Finanzbehörden behaupteten (statistischen) Erfahrung, die eine Ermittlungsmaßnahme rechtfertigen soll, fehlt es an einer hinreichend abgrenzbaren Gruppe, anhand derer eine solche Erfahrung der Ermittlungsbehörden manifestiert werden kann.[1113] Wie *Hamacher* zu Recht anführt, bezieht heutzutage nahezu jedermann Kapitalerträge[1114], so daß eine bestimmbare, abgrenzbare Gruppe im Vergleich zu der Gesamtheit der Bürger, die überhaupt Einkünfte erzielen, nicht getroffen werden kann, da eine Gesamtheit in ihrer Heterogenität begrifflich nicht zugleich eine Gruppe sein kann.[1115] Dieses ist somit auch relevant für die Typizität von Vergleichsgruppen im Sinne der ‚neuen‘ Theorie zu Art. 3, Abs. I GG. Die von *Hamacher* behauptete Ungleichbehandlung läßt sich somit nachvollziehen.

Als weiterer Gesichtspunkt erfüllt eine Maßnahme, die sich im Nachhinein als gerechtfertigt erweist, gemäß den bereits oben zu den strafrechtlichen Eingriffsbefugnissen gemachten Ausführungen nicht die Anforderungen an eine rechtsstaatliche Maßnahme, wie sie vom Grundgesetz gefordert wird. Es handelt sich bei Maßnahmen diesen Umfangs eben doch um eine Ermittlung „ins Blaue“ hinein bzw. eine Rasterfahndung, wie sie vom Bundesfinanzhof abgelehnt wurde.[1116] Darüber hinaus handelt es sich um eine unzulässige Informationserhebung auf Vorrat, da in bezug auf das Gros der betroffenen Bankkunden zum Zeitpunkt der Maßnahme keinerlei Verdacht eines steuerlich erheblichen Vorgangs bestanden hat, wie sie vom Bundesverfassungsgericht abgelehnt wurde.[1117] Entscheidend ist bei jeglichen Eingriffen dieser Art und gerade auch diesen Umfangs, daß der Verhältnismäßigkeitsgrundsatz beachtet wird.[1118] Der Verhältnismäßigkeitsgrundsatz ist nicht erfüllt, da sich Eignung und Erforderlichkeit der Maßnahme erst im Nachhinein und zufällig herausstellen.[1119] Die Proportionalität

---

1112 Hamacher, a.a.O..

1113 Hamacher, WM 1997, S. 2151, 2152. Ähnlich Schön, WM 1998, 2409.

1114 Wobei damit aufgrund der erheblichen Freibeträge in diesem Bereich indes nicht gesagt ist, daß diese auch tatsächlich einer Versteuerung zugeführt werden müssen - s.o..

1115 Hamacher, a.a.O.. Vgl. in diesem Zusammenhang auch die Entscheidung des VII. Senats des BFH vom 28.10.1997, WM 1997, S. 2344 ff., der sich ebenfalls mit der Gruppenhomogenität beschlagnahmter Bankunterlagen befaßt hat -(S. 2349, 2350). Im entschiedenen Fall hielt der BFH eine Anzahl von 3 Stichproben von insgesamt 70 betroffenen Bankkunden für unzureichend, da die 3 Stichprobenfälle alle unterschiedlich gelagert waren. „In diesem Fall wäre es wohl erforderlich gewesen, jeden einzelnen Fall oder zumindest jede einzelne Fallgruppe auf das Bestehen eines hinreichenden Anlasses für ein Tätigwerden der Steuerfahndung hin zu überprüfen“ - BFH, a.a.O., S. 2350.

1116 Leisner bezeichnet ein solches Vorgehen als eine Ausforschungsdurchsuchung, da durch die Tätigkeit der Behörde der Durchsuchungsverdacht oder der Verdacht, der die Maßnahme rechtfertigen soll, erst bekannt werden soll - Leisner, BB 1994, S. 1945. Vgl. auch Hellwig, in: HHS, a.a.O., § 30a AO, Rz. 18.

1117 BVerfG-NJW 1990, S. 702.

1118 BVerfG-NJW 1990, S. 702.

1119 In diesem Sinne auch Leisner, Ausforschungsbeschlagnahme, BB 1995, S. 527.

des Eingriffes ist nicht gewahrt, da einer konkreten Verletzung der Rechte des Bürgers, nämlich einer Verletzung seines Rechts auf informationelle Selbstbestimmung, lediglich eine mögliche Verletzung des gegenläufigen Prinzips, des Grundsatzes der Belastungsgleichheit im Steuerrecht, gegenübersteht. Aufgrund einer solchen Spekulation kann aber das prima facie - Recht des Bürgers nicht zurückgedrängt werden. Dem gegenläufigen Prinzip fehlt es zum Zeitpunkt des Eingriffs an der notwendigen überproportionalen Wichtigkeit. Dieses Manko von Eingriffen der Finanzbehörden allein aufgrund ihrer Erfahrungswerte ändert sich erst dann, wenn konkrete Umstände darauf hinweisen, daß ein Bürger möglicherweise eine Abgabenverkürzung begangen hat. Insofern muß sich den eingangs genannten Meinungen angeschlossen werden, die einen hinreichenden, konkreten Anlaß, einen tatsächlichen Anhaltspunkt für ein Tätigwerden der Finanzbehörden fordern. „Abstrakte Annahmen oder nicht belegbare allgemeine Erfahrungen rechtfertigen nicht die Inanspruchnahme des Kreditinstitutes“.[1120] Die Frage ob ein Bürger eine Abgabenverkürzung begangen hat oder nicht, betrifft das Verhältnis dieses Bürgers zum Staat, nicht das Verhältnis eines anderen Bürgers zum Staat. Die zur Legitimation eines Eingriffes zum Teil vertretene Auffassung, der steuerehrliche Bürger habe ja nichts zu befürchten[1121], kann jedenfalls einen Eingriff in die Rechte des Bürgers nicht rechtfertigen.[1122] Sie ist vielmehr Ausdruck von Praktiken in Systemen, von denen sich die Bundesrepublik bewußt und zu Recht distanziert hat[1123] und verletzt darüber hinaus die Intention von Art. 6, Abs. II EMRK.[1124] Es kann somit festgehalten werden, daß aufgrund bloßer Erfahrungen der Finanzbehörden (abstrakte Anhaltspunkte), also ohne hinreichende und konkrete Anhaltspunkte in bezug auf den einzelnen Bürger, Maßnahmen gegenüber der Bank eines Bürgers im Rahmen der §§ 93, Abs. I; 208, Abs. I, S.1, Nr.3 AO unzulässig sind, um auf diese Weise Auskünfte über den Bürger und Bankkunden zu erhalten. Ohne konkrete Anhaltspunkte erlangte Bankbelege in bezug auf einzelne Bürger sind daher für die Ermittlungsbehörden unverwertbar.

Das Bundesverfassungsgericht und der Bundesfinanzhof vertreten diesbezüglich freilich eine andere Auffassung. Für sie ist die Einschränkung von Kontrollmitteilungen und Auskunftsersuchen durch § 30 a, Abs. II AO Grund für das Vollzugsdefizit und die genannte Diskrepanz bei der Zinsbesteuerung und somit Ursache eines Verstoßes gegen Art. 3, Abs. I GG.[1125] Durch die mangelnden Kontrollmöglichkeiten und die fehlenden tatsächlichen Kontrollen der Finanzbehörden im Rahmen der Zinsbesteuerung kommt es nach Auffassung dieser Gerichte zu einer faktisch ungleichen Steuerlast zwischen steuerehrlichen und steuerunehrlichen Bürgern, so daß die Zinsbesteuerung den Charakter einer „Dummensteuer“[1126] bekäme, die nur von den steuerehrlichen Bürgern gezahlt würde. Da dieses zu einer faktisch ungleichen Besteuerung der Bürger führen würde, fordern diese Gerichte, das Vollzugsdefizit bei dieser Steuer beispielsweise durch stärkere Kontrollen zu kompensieren, zumal der Zustand der Nicht - Kontrolle geradezu dazu ermuntere, sich der Besteuerung zu entziehen, zumal das Risiko, hinsichtlich einer Abgabenverkürzung überführt zu werden tatsächlich gering sei.

1120 Müller-Brühl, NSt. 1988, S. 14; Hamacher, Zur Zulässigkeit von Kontrollmitteilungen durch allgemeine Verwaltungsbehörden und Rundfunkanstalten - Entwurf eines § 93 a AO -, DB 1984, S. 2160.; Dahm / Schebesta / Schroeter / Weber, a.a.O., Rn. 37; Lohmeyer, JR 1970, S. 250.

1121 Vgl. oben S. 173 - Beispiel der HCM. Dahm, Banken im Spannungsfeld zwischen Staat und Kunden, WM 1996, S. 1292.

1122 Ähnlich auch Herrler, a.a.O., S. 150.

1123 Dahm, a.a.O..

1124 Vgl. oben S. 177 f..

1125 In diesem Sinne auch Hellwig, in: HHS; a.a.O., § 30a AO, Rz. 7, 8.

1126 Vgl. dazu auch Bilsdorfer, Das Bankgeheimnis, DStR 1984, S. 503.

Durch stärkere Kontrolle sei die Belastungsgleichheit der Bürger bei der Besteuerung faktisch wiederherzustellen und der Verstoß gegen Art. 3, Abs. I GG zu beseitigen. Diese stärkere Kontrolle soll daher durch einen stärkeren Gebrauch der gesetzlich vorgesehenen Kontrollmitteilungen und Auskunftsersuchen geschehen. Ausgangspunkt der Entwicklung in der neueren Rechtsprechung war die Entscheidung des Bundesverfassungsgerichts zur Kapitalertragssteuer vom 27.06.1991.[1127] In den Leitsätzen dieser Entscheidung heißt es: „Der Gleichheitssatz verlangt für das Steuerrecht, daß die Steuerpflichtigen durch ein Steuergesetz rechtlich und tatsächlich gleich belastet werden. Die Besteuerungsgleichheit hat mithin als ihre Komponenten die Gleichheit der normativen Steuerpflicht ebenso wie die Gleichheit bei deren Durchsetzung in der Steuererhebung. Daraus folgt, daß das materielle Steuergesetz in ein normatives Umfeld eingebettet sein muß, welches die Gleichheit der Belastung auch hinsichtlich des tatsächlichen Erfolges prinzipiell gewährleistet.[1128] Hängt die Festsetzung einer Steuer von der Erklärung des Steuerschuldners ab, werden erhöhte Anforderungen an die Steuerehrlichkeit des Steuerpflichtigen gestellt. Der Gesetzgeber muß die Steuerehrlichkeit deshalb durch hinreichende, die steuerliche Belastungsgleichheit gewährleistende Kontrollmöglichkeiten abstützen. Im Veranlagungsverfahren bedarf das Deklarationsprinzip der Ergänzung durch das Verifikationsprinzip“.[1129]
In seinem Urteil untersuchte das Bundesverfassungsgericht zunächst ausführlich die Entwicklung der Besteuerung von Kapitaleinkünften in Deutschland und gelangte zu dem Ergebnis, daß diese eine lange Tradition habe.[1130] Anschließend widmete es sich der Frage, ob und inwieweit die Steuerbehörden hinsichtlich der Kapitaleinkünfte über Kontrollmöglichkeiten verfügten, diese Kapitaleinkünfte bei den einzelnen Steuerpflichtigen auch zu überprüfen. Hierbei gelangte es zu dem Ergebnis, daß diese Kontrollmöglichkeiten in ihrer historischen Entwicklung Schwankungen unterworfen waren, wobei Zeiten mit einer völligen Kontrolle[1131] von Zeiten mit einer weniger weit reichenden Kontrollmöglichkeiten abgelöst worden sind.[1132] Insoweit kann auf die im ersten Teil dieser Arbeit gemachten Ausführungen verwiesen werden. [1133]
Ausgangspunkt der rechtlichen Prüfung für das Bundesverfassungsgericht ist die Überlegung, daß die Steuerpflichtigen durch ein Steuergesetz de jure und de facto gleich belastet werden müssen, um dem Gleichheitssatz des Art. 3, Abs. I GG zu genügen. Hierbei wiederholt das Bundesverfassungsgericht bereits den in § 85, S. 1 AO normierten Auftrag einer gleichmäßigen Steuerfestsetzung und Steuererhebung durch die Finanzbehörden.[1134] Entscheidend sei

[1127] BVerfGE 84, 239. Hintergrund des Urteils war die Verfassungsbeschwerde eines Steuerpflichtigen, der wegen der faktisch bestehenden Ungleichheit bei der Besteuerung von Zinseinkünften, durch einen hohen Prozentsatz von Steuerhinterziehungen, begehrte, diese Steuer ebenfalls nicht zahlen zu müssen, da die Zahlung der Steuer ihn im Verhältnis zu den Steuerhinterziehern in Art. 3, Abs. I GG verletzen würde. Dieses Begehren wurde dem Beschwerdeführer jedoch verwehrt, da es keine Gleichbehandlung im Unrecht gibt. Vgl. auch Bilsdorfer, Kontrollmitteilungen der Erbschaftssteuerstellen und § 30 a der Abgabenordnung, BB 1989, S. 1102.

[1128] BVerfGE 84, 239 - Leitsatz Nr. 1.

[1129] BVerfGE 84, 239 - Leitsatz Nr. 2.

[1130] BVerfGE 84, 239 ff. (240–245).

[1131] Z.B. § 189 RAO (Reichsabgabenordnung vom 13.12.1919). Hiernach waren Kreditinstitute verpflichtet, dem örtlich zuständigen Finanzamt ein Verzeichnis ihrer Kunden mitzuteilen und monatliche Bestandsveränderungen anzuzeigen – vgl. BVerfGE 84, 239 ff. (245); Sichtermann/Kirchherr, Bankgeheimnis und Bankauskunft, § 2, S. 91.

[1132] BVerfGE 84, 239 (245–253).

[1133] Siehe oben 1. Teil, S. 34 f..

[1134] Vgl. auch Herrler, a.a.O., S. 47 f..

nach Ansicht des Gerichts die Gleichheit im Belastungserfolg, die durch die rechtliche Gestaltung des Steuererhebungsverfahrens zu gewährleisten sei.[1135] Die Forderung nach der Besteuerungsgleichheit „hat mithin als ihre Komponenten die Gleichheit der normativen Steuerpflicht ebenso wie die Gleichheit bei deren Durchsetzung in der Steuererhebung".[1136] „Art. 3, Abs. I GG verbietet eine Regelung der Steuererhebung, welche die Gleichheit des Belastungserfolges prinzipiell verfehlt. Daraus folgt, daß das materielle Steuergesetz in ein normatives Umfeld eingebettet sein muß, welches die Gleichheit der Belastung auch hinsichtlich des tatsächlichen Erfolges prinzipiell gewährleistet".[1137] Hierzu ist es nach Auffassung des Bundesverfassungsgerichts notwendig, das in vielen Steuerarten herrschende Erklärungsprinzip durch ein Verifikationsprinzip zumindest zu ergänzen. Hierzu heißt es: „Eine Steuerbelastung, die nahezu allein auf der Erklärungsbereitschaft des Steuerpflichtigen beruht, weil die Erhebungsregelungen Kontrollen der Steuererklärungen weit-gehend ausschließen, trifft nicht mehr alle und verfehlt damit die steuerliche Lastengleichheit".[1138] Nach Auffassung des Gerichtes wirkt eine auf der Erklärungsbereitschaft des Steuerpflichtigen beruhende Steuererhebung im Ergebnis so, „als hätte die Steuer ihren Belastungsgrund letztlich nur in der Bereitschaft, Steuern zu zahlen".[1139] Diese Bereitschaft des Einzelnen, Steuern zu zahlen, hängt somit von der Steuerehrlichkeit der Steuerpflichtigen ab. Um die Erhebung der konkreten Steuer nicht zur Farce degenerieren zu lassen, ist nach Auffassung des Bundesverfassungsgerichts die Steuerehrlichkeit des Steuerpflichtigen durch hinreichende, die steuerliche Belastungsgleichheit gewährleistende Kontrollmöglichkeiten abzustützen.[1140] Im Veranlagungsverfahren, das auf die Angaben des Bürgers und Steuerpflichtigen angewiesen sei, bedarf daher das Deklarationsprinzip einer Ergänzung durch das Verifikationsprinzip.[1141] Folge dieses Urteils des Bundesverfassungsgerichts ist in der Praxis eine nahezu ungehinderte Durchsuchung von Banken seitens der Finanz- und Ermittlungsbehörden, die einen regelrechten Aufschwung erlebt haben und oben bereits beschrieben wurden.[1142] Seitens der Finanz- und Ermittlungsbehörden wird dieses Urteil als Freibrief für eine ungezügelte und scheinbar schrankenlose Durchforstung von Banken und deren Kundenbeständen verstanden, ohne daß dabei auf die verschiedenen Rechtsverhältnisse der betroffenen Subjekte zum Staat im Sinne des Abstraktionsgedankens Rücksicht genommen werden müßte. Bereits 1959 schilderte *Ruppelt* im

---

1135 BVerfGE 84, 239 (268, 269, 271). So auch der BFH in seiner Chiffre-Entscheidung, BFHE 148, 108 (112).

1136 BVerfGE 84, 239 (271). Vgl. hierzu grundlegend den Aufsatz von Rodi, Faktische Nichtbesteuerung und Gleichheitssatz, NJW 1990, 3246 ff..

1137 BVerfGE, a.a.O.. In diesem Sinne z.B. auch Hoffmann-Riem, Steuerermittlung und Bankgeheimnis, StuW 1972, S. 129, 130; Tipke in seinem Anmerkungen zum Urteil des VII. Senates des BFH vom 28.10.1997, FR 1998, 418.

1138 BVerfGE 84, 239 (273).

1139 BVerfGE, a.a.O.. In diesem Sinne z.B. auch Hoffman-Riem, StuW 1972, S. 127 ff.. Vgl. auch die Ausführungen von Ruppelt, Diss. jur., Köln, 1959, S. 85 ff..

1140 BVerfGE, a.a.O.. In diesem Sinne z.B. auch v. Hammerstein, Der verfassungsrechtliche Schutz der Privatsphäre, S. 188 f..

1141 BVerfGE, a.a.O.. Rodi, NJW 1990, S. 3247 ff., sieht den „schwarzen Peter" für die aus dem Steuererhebungsdefizit resultierende, faktische Ungleichbehandlung der Steuerbürger primär beim Gesetzgeber, da diesem auch faktische Grundrechtsbeinträchtigungen zuzurechnen seien, die er beim Erlaß der Steuergesetze hätte voraussehen können (müssen). Dieses sei insbesondere bei der Kapitalertragssteuer der Fall, da dem Gesetzgeber bereits im Vorfeld seit langem bekannt gewesen sei, daß es diesbezüglich erhebliche Erhebungsdefizite gäbe.

1142 Hamacher, Gibt es doch ein steuerliches Bankgeheimnis?, WM 1997, S. 2151, sieht in den Ermittlungsinstrumentarien inflationäre Tendenzen, denen man nur mit der wichtigsten Hürde eines (hinreichend konkreten) Anlasses für einen Eingriff begegnen kann.

Rahmen der Gründe, die für ein Bankgeheimnis vorgetragen wurden,[1143] daß die Einführung der als inquisitorisch bezeichneten Maßnahmen der Steuerbehörden die Steuermoral in der Vergangenheit nicht haben heben können. Um einzelne Steuersünder zu fassen, habe man seitens des Staates selbst zu unfairen und unmoralischen Mitteln gegriffen,[1144] wobei unbeteiligte Dritte durch die Maßnahmen betroffen würden, zumal es nicht immer das Bestreben nach Steuerflucht sei, welches den einzelnen zur Geheimhaltung geschäftlicher Vorgänge veranlasse. An dieser Einschätzung hat sich wenig geändert. Ein Tätigwerden im Rahmen einer Außenprüfung bei einer Bank wird im oben beschriebenen Sinne dazu genutzt, „rein zufällig" tausende von Kundenbelegen zu beschlagnahmen etc., da das Bundesverfassungsgericht sich ja für strengere Kontrollen im steuerlichen Bereich ausgesprochen habe.[1145] Zu diesem Ergebnis gelangt auch der Bundesfinanzhof, der sich in seinem jüngsten Urteil zur Zinsbesteuerung vom 18.02.1997[1146] ebenfalls für stärkere Kontrollen ausgesprochen hat. In diesem Urteil beruft sich der Bundesfinanzhof ausdrücklich auf die genannte Rechtsprechung des Bundesverfassungsgerichtes.[1147] Wie das Bundesverfassungsgericht sieht auch der Bundesfinanzhof die wesentliche Ursache für den Erhebungsmangel im Rahmen der Zinsbesteuerung und den damit einhergehenden Verstoß gegen den Gleichheitssatz in der Norm des § 30 a AO, der die Ermittlungs- und Kontrollmöglichkeiten der Finanz- und Ermittlungsbehörden über Gebühr einschränken würde.[1148] Die Lösung des so erkannten Erhebungsmangels sieht der Bundesfinanzhof daher in einer einschränkenden Auslegung des § 30 a AO. Nur eine solche einschränkende, nach Auffassung des Bundesfinanzhofs verfassungskonforme, Auslegung könne den strukturellen Erhebungsmangel beseitigen und die von Art. 3, Abs. I GG geforderte Belastungsgleichheit der Steuerpflichtigen wiederherstellen.[1149] Die Ausschließlichkeit dieser Auffassung der genannten Gerichte in bezug auf die Beseitigung des bemängelten gleichheitswidrigen Umstandes ist zunächst falsch, da der gleichheitswidrige Zustand auch dadurch beseitigt werden kann, daß der Staat auf die Erhebung einer Zins- / Kapitalertragssteuer verzichtet. Dann kommt es zu keiner faktischen Ungleichbehandlung der Steuerbürger in der bemängelten Weise. Diese Möglichkeit haben die genannten Gerichte weder gesehen, noch erörtert. Lediglich das Bundesverfassungsgericht hat in seiner oben genannten Entscheidung dem Gesetzgeber neben der Durchführung von Kontrollmitteilungen auch die Möglichkeit eröffnet, die Belastungsgleichheit dadurch herzustellen, daß das Finanzkapital erfaßt wird, indem „*alle* (Hervorhebung von M.H.) Kapitaleinkünfte -unabhängig von ihrer Anlageform und buchungstechnischen Erfassung- an der Quelle besteuert und mit einer Definitivsteuer belastet" werden, „die in einem linearen Satz den absetzbaren Aufwand und

---

1143 Ruppelt, Diss. jur., Köln, 1959, S. 89 ff..

1144 Ruppelt, a.a.O., S. 90.

1145 Folge dieser Rechtsprechung sind dann beispielsweise Erlasse der Finanzministerien wie z.B. der des Landes Nordrhein-Westfalen vom 08.07.1996 (DB 1997, 1254), der beinhaltet, daß anläßlich der Außenprüfungen von Banken seitens der Betriebsprüfer systematisch Kontrollmitteilungen über CpD-Konten der Banken zu fertigen sind -Streck/Peschges, DStR 1997, S. 1993, 1996 ff.. Hierauf wird noch eingegangen werden.

1146 BFH–Urteil vom 18.02.1997 (VIII R 33/95), in: NJW 1997, 2067 ff..

1147 BFH, a.a.O., S. 2068.

1148 BFH, a.a.O.. In diesem Sinne auch Tipke/Lang, a.a.O., § 22, Rz. 200 unter bezugnahme auf die Rechtsprechung des Bundesverfassungsgerichts.. Bilsdorfer bezeichnet das Vertrauensverhältnis zwischen Bank und Kunde, welches über § 30 a AO in die Angabenordnung eingeflossen sei und die Ermittlungsnorm des § 85 AO leerlaufen ließe, als ein "Vertragsverhältnis zu Lasten Dritter, nämlich des Fiskus und damit der Allgemeinheit" - Bilsdorfer, BB 1989, S. 1102.

1149 Vgl. BFH, a.a.O., S. 2070; ihm folgend z.B. FG Baden-Württemberg, Gerichtsbescheid vom 23.12.1997 (14 K 129/96), in: WM 1998, 1148 ff. (1150).

den Progressionssatz in Durchschnittswerten typisiert".[1150] Für diese Möglichkeit hatte der Gesetzgeber sich durch die Einführung der Zinsabschlagsteuer im Jahre 1992 entschieden, ohne die Kritik des Bundesverfassungsgerichtes an § 30 a AO (mangelnde Kontrollmöglichkeiten) zu berücksichtigen. *Meincke* weist daher zutreffend darauf hin, daß gegebenenfalls bestehende Ungleichheiten in der Besteuerung der Bürger durch den Gesetzgeber zu schließen sind.[1151] Ein Schließen dieser gegebenenfalls bestehenden Lücke durch ein extensives, § 30 a AO und das Bankgeheimnis über Gebühr einschränkendes, Vorgehen der Exekutive ist nicht deren Aufgabe, sondern Aufgabe der Legislative. Trotzdem gilt nach Ansicht des Bundesfinanzhofs die zuvor genannte verfassungskonforme Auslegung vor allem in bezug auf das in § 30 a, Abs. III AO geregelte Verbot der Ausschreibung von Kontrollmitteilungen. Auf die insoweit bestehende Problematik von Kontrollmitteilungen wird noch gesondert eingegangen werden. Aufgrund dieser nach seiner Meinung verfassungskonformen Auslegung[1152] gelangt der Bundesfinanzhof zu dem Ergebnis, daß § 30 a, Abs. I AO lediglich deklaratorischen Charakter habe. „§ 30 a, Abs. I AO 1977 beinhaltet bei der gebotenen verfassungskonformen Auslegung vielmehr lediglich eine Art ‚Präambel', das heißt das vorangestellte Motiv für die in den folgenden Abs. 2 bis 5 des § 30 a AO 1977 getroffenen Einzelregelungen. Die rechtliche Bedeutung des § 30 a, Abs. I AO 1977 erschöpft sich danach in einem Appell an die Ermittlungsbehörden, im Rahmen der ihnen gemäß § 88 AO 1977 obliegenden Sachverhaltserforschung die Grundsätze der Verhältnismäßigkeit und der Zumutbarkeit zu beachten".[1153] Dieses wird dadurch verstärkt, daß nach Ansicht des Bundesfinanzhofs auch § 30 a, Abs. II AO lediglich deklaratorischen Charakter beigemessen wird, da die Vorschrift nur das verbiete, was auch ohne sie verboten sei, nämlich Maßnahmen der Ermittlungsbehörden ins Blaue hinein zu unternehmen, ohne daß besondere Anhaltspunkte vorliegen.[1154] Liegen diese besonderen Anhaltspunkte vor, so sollen auch Sammelauskunftser-suchen an Kreditinstitute zulässig sein, solange die rechtsstaatlichen Grenzen bei den Auskunftsersuchen eingehalten werden. Diese Grenzen liegen nach Ansicht des Bundesfinanzhofs im Verhältnismäßigkeitsgrundsatz.[1155] Ohne kritische Hinterfragung und Überprüfung von sog. Bank-beschlüssen am Verhältnismäßigkeitsgrundsatz scheint einem schrankenlosem Zugriff der Finanz- und Ermittlungsbehörden somit der Weg geebnet zu sein.[1156] Es darf indes bezweifelt werden, daß das Bundesverfassungsgericht mit seinem Urteil eine so weitgehende Abkehr von seiner bisherigen Rechtsprechung, insbesondere im Volkszählungsurteil, einleiten wollte. Auch steht dieses Urteil des Bundesverfassungsgerichtes im Widerspruch zu dem oben vorgestellten Anwen-

---

1150 BVerfGE 84, 239 (282, 283) - wobei das Gericht darauf hinweist, daß dem unterdurchschnittlichen Steuersatz der Kleinsparer durch die Gewährung beachtlicher Freibeträge Rechnung zu tragen sei. Vogt/Kramer, WM 1997, S. 2162 weisen darauf hin, daß angesichts der beträchtlichen Freibeträge, die nur rund 20 % aller Steuerpflichtigen einer Kapitalertragssteuer unterwerfen würden, seitens der Finanzbehörden das vorhandene (Prüf-) Personal in Relation zu deutlich weniger Steuerbürgern effektiver eingesetzt werden können. Das dürfte auch ein Grund sein, warum sich die Finanzbehörden in neuerer Zeit intensiven Bankdurchsuchungen widmen (können).

1151 Meincke, WM 1998, S. 753, 754.

1152 Zu Recht äußern Vogt/Kramer, WM 1997, S. 2156 ff. erhebliche Bedenken an der vom BFH vorgenommenen, angeblich verfassungskonformen Auslegung des § 30 a AO.

1153 BFH, WM 1998, S. 1150.

1154 BFH, WM 1998, S. 1150.

1155 BFH, a.a.O..

1156 Aufgrund der derzeitigen Vorgehensweise der Finanzbehörden besteht indes ein erhebliches Maß an Rechtsunsicherheit, da das Vorliegen eines hinreichenden Anlasses z.B. aufgrund der Behauptung einschlägiger Erfahrungen seitens der Finanzbehörde für die Betroffenen nicht nachprüfbar sind und die Rechtmäßigkeit einer entsprechenden Ermittlungsmaßnahme nicht transparent ist - vgl. Meincke, WM 1998, S. 754.

dungserlaß zu §§ 30 a, Abs. I; 88 AO.[1157] Die Argumentation des Bundesverfassungs-gerichts in bezug auf die bemängelte Ungleichbehandlung der Steuerbürger im Belastungserfolg überzeugt schon aus dem Grunde nicht, da es das Gericht unterlassen hat, irgendwelche abgrenzbaren Vergleichsgruppen (was kaum möglich wäre) zu bestimmen, wie sie durch die ‚neue' Formel eigentlich gefordert wären, um eine Ungleichbehandlung feststellen zu können. Dieses Manko schlägt sich auch in der Proportionalitätsbetrachtung, die das Gericht vornimmt, nieder. Trotz dieses Mankos und seiner teilweisen Abkehr vom Anwendungserlaß[1158] kann der geäußerten Auffassung des Bundesverfassungsgerichts zunächst einmal insoweit zugestimmt werden, als daß eine Korrelation zwischen Gesetzesbefolgung und Kontrolle derselben besteht, da hiermit in keiner Weise gesagt wird, welcher Art und welchen Umfangs die Kontrollmöglichkeiten sein sollen, deren Fehlen das Bundesverfassungsgericht bemängelt. Denn zunächst ist dieser Ausgangspunkt des Bundesverfassungsgerichts Ausdruck einer allgemeinen, empirischen Erfahrung nicht nur des Gerichtes, daß ein gesetzliches Verbot oder Gebot für den Fall seiner Mißachtung einer Ahndung bedarf, soll es nicht zu einer leeren Worthülse degenerieren. Hiermit zielt das Gericht, ohne es so zu benennen, auf den soziologischen Geltungsbegriff einer Norm ab, der mit den Worten *Alexy's* verkürzt dahingehend beschrieben werden kann, daß eine Norm sozial gilt, „wenn sie entweder befolgt oder ihre Nichtbefolgung sanktioniert wird".[1159] Ohne näher auf die Fraugen der Rechtssoziologie und der darin beheimateten Effektivitätsforschung eingehen zu können, kann gesagt werden, daß es sich bei Geboten bzw. Pflichten des Bürgers, die ihm auferlegt aber nicht kontrolliert werden, zum Beispiel die Pflicht in der Steuererklärung, über alle steuerrelevanten Einkünfte Mitteilung zu machen (§ 90, Abs. I AO), genauso verhält, wie es verkürzt unter Bezugnahme auf Alexy beschrieben wurde.

Hat danach die Mißachtung des auferlegten Imperativs keinerlei nachteilige Folgen für den Mißachtenden spricht sich dieses schnell herum, was zur Folge hat, daß ein immer höherer Grad der Mißachtung des Ge-/Verbotes erreicht wird, bis hin zur völligen kollektiven Mißachtung dieser Norm. Hierdurch wird ein immer höherer Grad der Ungleichheit geschaffen, den das Gericht zu Recht bemängelt[1160]. Dieses bedeutet letztendlich, daß der Grad der Befolgung eines staatlichen Ge- /Verbotes durch die Bürger die Ausformung eines ‚trial and error - Prinzips' ist. Erfolgt somit keinerlei Kontrolle des dem Bürger seitens des Staates auferlegten Ge-/Verbotes und ergeben sich auch keinerlei Nachteile bei dessen Mißachtung, sinkt der Grad der Befolgung dieses Ge-/ Verbotes mit zunehmendem Zeitfaktor stetig gegen Null. Auf der anderen Seite kann ein relativ hoher Befolgungsgrad des Ge-/Verbotes erreicht werden, wenn die diesbezügliche Kontrolle der Verpflichtung des Bürgers, gekoppelt mit einem erheblichen Nachteil für den Fall des Miß-brauchs, der Mißachtung, gegeben ist. Man muß sich zwar darüber im klaren sein, daß ein 100 % -iger Befolgungsgrad nicht erreicht werden wird,

---

1157 BStBl., I 1987, 664, 687 – (s.o. auch S. 194 - Fn. 1027).

1158 Vgl. Wengert/Widmann, Ist die Kontrollmitteilungspraxis im Rahmen einer steuerlichen Außenprüfung noch von rechtsstaatlichen Grundsätzen gedeckt?, BB 1998, S. 724 ff. (726), die zu Recht betonen, daß das Rechtsinstitut der Kontrollmitteilungen Ausdruck eines Mißtrauens des Staates gegenüber dem Steuerbürger ist und insoweit zu einem Widerspruch zu einem Grundprinzip der Abgabenordnung steht, nämlich dem im Anwendungserlaß zum Ausdruck gebrachten Prinzip der Selbstveranlagung des Steuerpflichtigen (§ 150 AO).

1159 Alexy, Begriff und Geltung des Rechts, S. 139 ff..

1160 Vgl. insoweit auch Papier, Grundgesetz und Wirtschaftsordnung, in: Hdb. des VerfR, § 18, Rn. 108 ff..

da auch eine 100 %-ige Kontrolle nicht gewährleistet werden kann.[1161] Gleichwohl läßt sich auch in diesem Zusammenhang tendentiell eine Aussage im Sinne einer „Je – desto – Formel" treffen, mit dem Inhalt, daß der Befolgungsgrad eines staatlichen Ge-/Verbotes um so größer ist, je größer aufgrund der Kontrolldichte die Wahrscheinlichkeit ist, bei der Mißachtung dieses Ge-/Verbotes ertappt und einer empfindlichen Bestrafung bzw. Sanktion zugeführt zu werden. Diese Aussage läßt sich in gleicher Weise auch negativ formulieren. In einem Rechtsstaat wie der Bundesrepublik ist der Grad der vornehmbaren Kontrolldichte durch die entgegenstehenden Rechte der Bürger naturgemäß begrenzt. Hier kommt es zu einer Prinzipienkollision in oben beschriebenem Sinne, bei der die jeweiligen Interessen von Bürger und Staat gegeneinander abgewogen werden. Anderenfalls würde man sich einem Orwell'schen System annähern, von dem sich die Bundesrepublik bewußt distanziert hat. Letztendlich ist daher aufgrund der Kollision eines protagonistischen, für die Befolgung und Kontrolle sprechenden Prinzips des Staates, und einem antagonistischen, gegen Kontrolle und Befolgung gerichteten Prinzip des Bürgers, der Grad der Befolgung eines Imperativs durch seine jeweiligen Adressaten das Korrelat der beteiligten, gegenläufigen Interessen. Auch hier gilt somit das erste Abwägungsgesetz und das Verhältnismäßigkeitsprinzip. Je größer die staatliche Kontrolle zur Durchsetzung eines Ge- / Verbotes ist, um so mehr werden die auf Nicht - Befolgung und Nicht - Kontrolle gerichteten Freiheiten des Bürgers zurückgedrängt. Um so erheblicher muß der Wichtigkeitsgrad der staatlichen Kontrolle sein, je intensiver sie ist. Dieses ist Ausdruck der bereits geschilderten Proportionalität im Rahmen des Verhältnismäßigkeitsgrundsatzes. Es kann daher festgehalten werden, daß der Staat, der sich einerseits zwar bewußt von einem Orwell'schen System totaler Überwachung distanziert hat, andererseits aber nicht auf Kontrollen zur Befolgung der von ihm aufgestellten Ge-/Verbote völlig verzichten kann, um den für ihn streitenden Prinzipien, der Sicherung des Steueraufkommens und einer gleichmäßigen Besteuerung der Steuerpflichtigen, zum Durchbruch zu verhelfen[1162]. Daher ist in diesem Spannungsfeld zwischen dem Grad der Kontrolle des Bürgers und seiner Sanktionierung im Falle der Mißachtung des Ge-/Verbotes, das Ergebnis eine pareto - optimale Ausrichtung der widerstreitenden Prinzipien, ganz im Sinne von *Hesse*. Es handelt sich um einen klassischen Anwendungsfall des Verhältnismäßigkeitsgrundsatzes zur Herstellung praktischer Konkordanz.

Ein hoher Befolgungsgrad eines Ge-/Verbotes, der im Interesse des Staates liegt, kann erreicht werden, wenn die Kontrolle der Befolgung und die Strafe bzw. Sanktion im Fall der Mißachtung hoch sind. Diesem Interesse des Staates entgegengesetzt ist das Interesse des Bürgers, der möglichst unbehelligt sein will und an der Befolgung von Ge-/Verboten kein Interesse hat. Sein Interesse an Kontrollen hinsichtlich der Befolgung des Ge-/Verbotes und Bestrafung im Fall der Mißachtung ist gering. Daraus folgt, daß ein optimaler (absoluter) Befolgungsgrad erreicht werden könnte, wenn sich die Interessen von Staat und Bürger decken würden, beide also an der Befolgung eines Ge-/Verbotes interessiert wären. Da die Befolgung eines Ge-/Verbotes für den Bürger aber eine Einschränkung seines Freiraumes bedeutet, ist dieser absolute, optimale Befolgungsgrad nicht oder nur in Ausnahmefällen zu er-zielen. Vielmehr ist in praxi das Interesse des Staates an der Befolgung des Ge-/Verbotes und das Interesse des Bür-

---

[1161] Heine, Stgb. 1998, S. 250 weist darauf hin, daß die Annahme einer flächendeckenden Durchsetzug der Steuergesetze mit Hilfe der Steuerfahndung unrealistisch sei. Eine 100 % Realisierung ist m.E. aufgrund der geschilderten Systematik letztendlich auch nicht notwendig.

[1162] Papier, in: Hdb. des VerfR, § 18, Rn. 94, der die staatliche Besteuerungsgewalt als den rechsstaatlichen Freiheitsrechten komplementär bezeichnet. Vgl. auch Kirchhof, Freiheit und Steuerpflicht, FAZ vom 07.09. 1996, S. 10.

gers auf Bewahrung seines Freiraumes gegeneinander abzuwägen, so daß als Ergebnis lediglich ein pareto - optimaler, also relativer Befolgungsgrad realisierbar ist. Es geht um die Herstellung praktischer Konkordanz zwischen den konfligierenden Interessen, nicht darum, der Steuerhinterziehung auf der einen oder dem Steuerstaat auf der anderen Seite das Wort zu reden. Grundsätzlich lassen sich vier Konstellationen unterschiedlicher Intensität unterscheiden, an denen sich der Befolgungsgrad eines Ge-/Verbotes ausrichtet:

	Kontrolle	Strafe / Sanktion	Befolgungsgrad	Interesse des Staates	Interesse des Bürgers
1	+	+	Maximal	++	- -
2	-	-	Minimal	- -	++
3	-	+	Zwischen Pkt. 1 + 2	+	-
4	+	-	Zwischen Pkt. 1 + 2, jedoch hinter 3	-	+

zu 1.) Bestehen starke Kontrollen hinsichtlich der Beachtung des aufgestellten Ge-/Verbotes und hohe Strafen bzw. erhebliche Sanktionen bei seiner Mißachtung, ist ein hoher Befolgungsgrad des Ge-/Verbotes zu erwarten. Diese Konstellation entspricht somit der Intention des Staates am meisten; sie widerspricht dem Interesse des Bürgers am meisten.

zu 2.) Bestehen kaum bzw. keine Kontrollen hinsichtlich der Beachtung und führt die Mißachtung des Ge-/Verbotes zu keinen Strafen / Sanktionen, ist ein niedriger Befolgungsgrad zu erwarten. Diese Konstellation entspricht somit dem Interesse des Bürgers am meisten, dem Interesse des Staates am wenigstens.

zu 3.) Bestehen kaum bzw. keine Kontrollen hinsichtlich der Beachtung des Ge-/Verbotes, führt aber die Mißachtung zu hohen Strafen bzw. erheblichen Sanktionen, ist ein Befolgungsgrad zu erwarten, der zwischen dem der Varianten 1 und 2 liegt. Dem Interesse des Staates an der Befolgung des Ge-/Verbotes ist zwar nicht optimal, aber in relativ hohem Maße genüge getan, dem Interesse des Bürgers ist in relativ geringem Maße genügt.

zu 4.) Bestehen starke Kontrollen hinsichtlich der Beachtung des Ge-/Verbotes, zieht aber die Mißachtung des Ge-/Verbotes keinerlei Strafen / Sanktionen nach sich, ist mit einem geringen Befolgungsgrad zu rechnen, der zwischen den Varianten 1 und 2, jedoch unterhalb Variante 3 liegt, da sich die starken Kontrollen des Staates letztendlich als „harmlos“ erweisen. Dem Interesse des Staates ist in relativ geringem Maße genüge getan, dem Interesse des Bürgers in relativ hohem Maße.

Diese Mechanismen zwischen der Aufstellung eines Ge-/Verbotes und der korrespondierenden Kontrolle bzw. Sanktion für den Fall seiner Mißachtung beziehen sich auf ein Verhältnis zwischen zwei Beteiligten. Sie lassen sich aber auch auf Verhältnisse mit mehreren Beteiligten übertragen. Ein solches Mehrpersonenverhältnis im vorliegenden Sinne ist zum Beispiel gegeben, wenn der Steuerpflichtige sich der Möglichkeiten und Hilfe einer Bank bedient, um eine Steuerhinterziehung zu begehen und hierbei seitens der Bank (technisch) unterstützt wird. Hier kann zur Durchsetzung des staatlichen Ge-/Verbotes nicht nur das Verhalten des Steuerbürgers sanktioniert werden, sondern auch das der Bank bzw. ihres konkreten Mitarbeiters. Gemäß § 71 AO haftet für die verkürzten Steuern und die zu Unrecht gewährten Steuervorteile sowie für Zinsen, wer eine Steuerhinterziehung oder eine Steuerhehlerei begeht oder an einer solchen Tat teilnimmt. Zur strafrechtlichen Haftung von Bankmitarbeitern bedarf es jedoch einiger strafrechtlicher Anmerkungen.[1163] Grundsätzlich werden die von § 27, Abs. I StGB erfaßten Beihilfehandlungen weit interpretiert und sollen neben tatsächlichen oder faktischen (physischen) Unterstützungshandlungen auch rein ideelle, den Tatentschluß des Täters lediglich stärkende (psychische) Einwirkungen beinhalten.[1164] Maßgeblich für die Strafbarkeit einer Beihilfehandlung u. a. ist der sog. ‚doppelte Gehilfenvorsatz', der für den Vorsatz des Teilnehmers fordert, daß dieser in seinen Vorsatz[1165] ebenfalls die vorsätzliche Tatbegehung des Haupttäters aufgenommen hat. Daraus folgt, daß der Teilnehmer der Haupttat zumindest die wesentlichen Merkmale der Haupttat kennen muß. Unter die Regelung des § 71 AO sollen nach allerdings umstrittener Ansicht von *Carl/Klos*[1166] und des Bundesverfassungsgerichts[1167] als Beihilfehandlung im Sinne von § 27, Abs. I StGB schon konkrete Ratschläge fallen, zum Beispiel der Art, wie die Anonymität bei einer finanziellen Transaktion gewahrt werden kann oder durch die bloße Zurverfügungstellung entsprechender (technischer) Verfahren oder die Durchführung einer solchen Transaktion als solcher. Gegen diese Ansicht wenden sich zu Recht *Joecks*[1168], *Flore*[1169] und einige weitere Autoren[1170]. Sie berufen sich mit der einen oder anderen dogmatischen Nuancierung insbesondere auf die Gesichtspunkte einer sogenannten ‚professionellen Adäquanz', deren Begriff von *Hassemer* geprägt wurde[1171] und die als Pendant zur sozialen Adäquanzlehre des Strafrechts und der Lehre vom Schutzzweck der Norm davon ausgeht, daß ein berufstypisches Verhalten nicht zugleich eine strafbare Teilnahme im Sinne der §§ 26; 27 StGB sein kann.[1172] Daher muß bereits im Rahmen des objektiven Tatbestandes eine berufstypische Handlung der Bankmitarbeiter aus dem Beihilfetatbestand ausgeschieden werden, damit dieses nicht erst im Bereich des subjektiven Tatbestandes geschieht.[1173] Berufsadäquate Handlungen der Bankmitarbeiter, wie zum Beispiel die technische Durchführung einer Überweisung nach Luxemburg, seien als solche neutral, so daß hieran anknüpfende Maßnahmen der Ermittlungsbehörden „kaum zielgerichtet" sein können,

---

[1163] In einem ‚vertraulichen' Schreiben des Parlamentarischen Staatssekretärs Hauser beim Bundesfinanzministerium (IV A 5 -S 1900 -96/98) vom 07.11.1996 wird die Zahl der Bankangestellten, gegen die ein Ermittlungsverfahren anhängig war mit 417 Verfahren angegeben -Flore, in: Flore/Dörn/Gillmeister, Steuerfahndung und Steuerstrafverfahren, S. 164.

[1164] Löwe-Krahl, Beteiligung von Bankangestellten an Steuerhinterziehungen ihrer Kunden -die Tatbestandsmäßigkeit berufstypischer Handlungen, Wistra 1995, S. 202.

[1165] Mindestens mit dolus eventualis.

[1166] Carl/Klos, Rechtmäßigkeit der Bankdurchsuchung bei Verdacht der Steuerhinterziehung, DStZ 1994, S. 398.

[1167] BVerfGE 84, 239 (274).

[1168] Joecks, WM 1998, Sonderbeilage Nr. 1, S. 11-18.

[1169] Flore, in: Flore/ Dörn/Gillmeister, Steuerfahndung und Steuerstrafverfahren, S. 194 f..

[1170] Löwe-Krahl, Wistra 1995, S. 201 ff.; Hassemer, Professionelle Adäquanz, Wistra 1995, S. 41 ff.; Ransiek, Pflichtwidrigkeit und Beihilfeunrecht, Wistra 1997, S. 41 ff..

[1171] Hassemer, Wistra 1995, S. 43 ff., 81 ff..

[1172] Flore, in: Flore/Dörn/Gillmeister, a.a.O., S. 195, 196 - m.w.N.; Joecks, a.a.O., S. 14; Weber, Die Bank 1996, S. 87. Zur Entwicklung der professionellen Adäquanz aus der sozialen Adäquanzlehre und der Lehre vom Schutzzweck der Norm siehe Hassemer, Wistra 1995, S. 46, 81 ff..

[1173] Hassemer, a.a.O., S. 42 f., der daher davon ausgeht, daß „der Schwerpunkt der Zurechnung grundsätzlich im Objektiven liegen" müsse - a.a.O., S. 43.

somit oft über das Ziel hinausschießen, da typischerweise auch gänzlich unschuldige Personen, die neutrale Handlungen begangen haben, „in das Visier der Strafverfolgungsbehörden geraten".[1174] Entscheidend sei hinsichtlich der Beurteilung eines vorwerfbaren, strafbaren Verhaltens daher eine Pflichtwidrigkeit des Bankangestellten, mit der er die Haupttat der Steuerhinterziehung des Bankkunden final fördert.[1175] Eine solche Pflichtwidrigkeit des Bankangestellten kann jedoch nach richtiger Ansicht von *Joecks* und *Flore* in aller Regel nicht darin erblickt werden, daß er eine Geldtransaktion des Bankkunden als solche durchführt, selbst wenn er weiß, daß der Bankkunde die aus der Transaktion resultierenden Kapitalerträge nicht ordnungsgemäß versteuern wird.[1176] Nach *Flore* ist es in Fällen dieser Art symptomatisch, daß die Bankangestellten von den zur Tat entschlossenen Kunden regelrecht mißbraucht werden.[1177] Zwar sei die Mitarbeit des Bankangestellten erforderlich, um die Transaktion zu bewerkstelligen, unerheblich sei jedoch, durch welchen der Bankangestellten oder durch welche Bank überhaupt die Transaktion erfolgen würde. Schließlich sei es die Aufgabe der Bank, Geldgeschäfte zu betreiben. Das diese von Bankkunden auch dazu genutzt werden könnten, Gelder bzw. Kapitalerträge dem Staat vorzuenthalten, ist bezogen auf die Betrachtung der Strafbarkeit des Bankangesellten unerheblich.[1178] Entscheidend sei, daß der Bankangestellte die leges professionis einhält. Werden diese verändert und / oder dem Delikt des Haupttäters angepaßt, verläßt der Bankangestellte den straffreien Raum einer neutralen, allgemeinüblichen beruflichen Betätigung.[1179] *Joecks* kommt daher in seiner Darstellung zu dem Ergebnis, daß eine strafrechtliche Relevanz in den denkbaren Handlungen eines Bankangestellten nur in Ausnahmefällen besteht. „Als Ergebnis ist festzustellen, daß die Mit-wirkung (s.c. der Bankangestellten - M.H.) am Entstehen steuerpflichtiger Einkünfte grundsätzlich straflos ist (jedenfalls dann, wenn die Tätigkeit des ‚Gehilfen' noch andere Ziele hat als die Vorbereitung einer Steuerhinterziehung), selbst wenn der betreffende Bankangestellte es für möglich hält oder gar weiß, daß der Kunde die entsprechenden Erträge nicht bzw. nicht vollständig der Besteuerung unterwerfen wird".[1180] *Joecks* geht daher erst dann von einer strafba-

---

[1174] Hassemer, a.a.O., S. 43. Für Ransiek, Wistra 1997, S. 41, 47 ist der anonyme Geldtransfer mit Hilfe einer Bank nach Luxemburg für diese überdies straflos.

[1175] Flore, in: Flore/Dörn/Gillmeister, a.a.O., S. 195, 196.

[1176] Da zum Beispiel nach Hassemer eine solche Handlung ohne weitere Zusatzinformationen per se indifferent bzw. neutral ist -Hassemer, Wistra 1995, S. 42.

[1177] Flore, in: Flore/Dörn/Gillmeister, a.a.O., S. 196.

[1178] In diesem Sinne Flore, in: Flore/Dörn/Gillmeister, a.a.O., S. 196.

[1179] Flore, in: Flore/Dörn/Gillmeister, a.a.O., S. 196, 197; Löwe-Krahl, Wistra 1995, S. 203, 205, 206; Ransiek, Wistra 1997, S. 45 ff., für den jedoch der Umstand hinzutreten muß, daß der Tatbeitrag des Bankangestellten ausschließlich illegalen, deliktischen Zwecken dient. Eine Strafbarkeit des Bankangestellten soll daher nach Ransiek entfallen, wenn die Tätigkeit zugleich auch Zwecken dient, die eine auch nicht - deliktische Nutzung der Gelder etc. ermöglichen würde. Bei dieser Annahme Ransiek's dürfte auch der in dubio pro reo Gedanke Berücksichtigung finden, da bei einer auch nicht - deliktischen Nutzung des fördernden Tatbeitrages des Bankangestellten aus dem objektiven Tatbestand nicht ohne weiteres auf ein entsprechendes (subjektives) Wissen des Bankangestellten geschlossen werden kann, wie es bei einer ausschließlich deliktischen Nutzung des fördernden Tatbeitrages möglich wäre, zumal in Fällen, in denen der Bankangestellte seine lege profesionis verändert. Für Hassemer kommt der Verletzung der leges professionis durch einen Bankmitarbeiter lediglich indizielle Bedeutung zu - Hassemer, Wistra 1995, S. 85, 86 f..

[1180] Joecks, WM 1998, Sonderbeilage Nr.1, S. 17 -der Klammersatz dort entspricht der Fußnote Joecks' Nr. 155; Ransiek, Wistra 1997, S. 45 ff., der allerdings bei sicherem Wissen des Bankangestellten, daß sein Handeln einer vorsätzlichen rechtswidrigen Haupttat dienen soll, eine Beihilfe bejaht, *wenn der Bankangestellte seine Handlungen dem Delikt anpaßt, also seine leges professionis verändert* (S. 45, 46) *und der Tatbeitrag ausschließlich deliktischen Zwecken dient.* Allerdings muß es sich um ein positives, sicheres Wissen handeln, da der Bankangestellte, wie Ransiek, a.a.O., zutreffend bemerkt nicht verpflichtet ist, eigene Gedanren Beteiligung eines Bankangestellten aus, wenn dieser berufsuntypische Handlungen vornimmt und dadurch die leges professionis verletzt, z.B. die Regelungen des § 154 AO.[1181] Zu dem gleichen Ergebnis gelangt *Flore*. Nach *Flore* kann von einem 'Fördern' im Sinne von § 27 StGB nur gesprochen werden, wenn „der Bankangestellte über seinen normalen Tätigkeitsumfang hinaus Tätigkeiten entfaltet, die final darauf gerichtet sind, Manipulationen oder Anonymisierungen zu bewirken".[1182] Es kann aufgrund dieser Meinungen festgehalten werden, daß eine strafbare Handlung eines Bankangestellten solange nicht strafrechtlich relevant ist, solange dieser sich im Rah-men berufstypischer Tätigkeiten bewegt, unter Beachtung der Normen dieses Bereiches. Im Fall der Dresdner - Bank, bei der unter Verstoß gegen die Regelungen des § 154 AO anonymisierte Transaktionen trotz bestehender Kundenkonten durchgeführt worden sind, war dieses berufstypische Verhalten überschritten. Trotz des Ausnahmecharakters einer strafrechtlichen Beteiligung von Bankangestellten an der Steuerhinterziehung eines Bankkunden kommt der Norm des § 71 AO eine abschreckende Wirkung zu. Will es daher der Staat zukünftig unterbinden, daß mit „Hilfe" der Banken eine Steuerhinterziehung begangen wird, kann er gemäß § 71 AO diese in Regreß nehmen. Im Zusammenhang mit § 71 AO sind dann im Kontext mit dem bisher Gesagten folgende Grundsätze zu beachten:

Wird zum Beispiel den namentlich bekannten Bankkunden B 1 und B 2, die Anlaßgrund für eine Maßnahme der Finanzbehörde sind (z.B. für ein Auskunftsersuchen oder die Fertigung einer Kontrollmitteilung im Rahmen einer Außenprüfung), der Vorwurf gemacht, mit (technischer) Hilfe der Bank Steuern hinterzogen zu haben, kann im Verhältnis zur Bank weiter recherchiert werden, um das Ausmaß ihrer Teilnahme an Fällen dieser Art und deren Strafbarkeit aufzudecken. Stellt sich hierbei auch eine strafbare Teilnahme der Bank bzw. eines Bankangestellten in anderen, bisher nicht bekannten Fällen der Bürger B 3 bis B n heraus, ist nach der hier vertretenen Auffassung eine Weitersuche in bezug auf diese Bürger und ihr prima facie geschütztes Recht auf informationelle Selbstbestimmung eine unzulässige, gezielte Suche nach Zufallsfunden, in bezug auf die betroffene Bank indes nicht, da aufgrund der zuvor bekannten Fälle der Bürger B 1 und B 2 ein begründeter Anhaltspunkt für die Weiterrecherche bestand, der im Ver-hältnis zu den Bürgern B 3 - B n gefehlt hat. Ist das Ausmaß der Teilnahmehandlungen der Bank ermittelt, kann diese nicht nur für die Fälle der ursprünglich bekannten Bürger B 1 und B 2 gemäß § 71 AO in Regreß genommen werden, sondern auch für die darüber hinaus ermittelten Fälle. Für das Vorliegen einer Teilnahmehandlung der Bank, sei es Beihilfe, sei es Anstiftung, ist das Bestehen einer vorsätzlichen, rechtswidrigen Steuerstraftat des Bankkunden als Haupttat Voraussetzung. Aus diesem Grund rechtfertigt sich auch die Weiterrecherche im Verhältnis zur Bank, um das Ausmaß ihrer Teilnahmehandlung und die strafrechtliche Relevanz derselben festzustellen. Nur im Verhältnis zur Bank ist eine Weiterrecherche möglich, da aufgrund der bereits zuvor bekannten Fälle der Bankkunden B 1 und B 2, die die Ermittlungsmaßnahme der Finanzbehörde veranlaßt haben, konkrete und begründete Anhaltspunkte für eine Steuerstraftat und der Teilnahme der Bank daran vorgelegen haben. Eine Weiterrecherche rechtfertigt sich nicht im Verhältnis des

---

ken, Mutmaßungen oder gar Nachforschungen in bezug auf die strafrechtsfreie Verwendung des Geldes etc. zu machen. Auch Hassemer ist der Ansicht, daß der Bankmitarbeiter kein Ermittlungsgehilfe zur Ermittlung von Steuerdelinquenz ist - Hassemer, Wistra 1995, S. 42; Dahm/Hamacher, in: Geldwäschebekämpfung und strafrechtliche Verfahrensgarantien, S. 209.

1181 Joecks, a.a.O., S. 18, 31.

1182 Flore, in: Flore/Dörn/Gillmeister, a.a.O., S. 196, 197. Vgl. auch Ransiek, Wistra 1997, S. 42, der darauf hinweist, daß im Rahmen des Beihilfeunrechts nicht irgendeine, sonder lediglich die rechtlich mißbilligte Tatförderung maßgeblich sei.

Staates zu den, den Finanzbehörden zu Beginn ihrer Ermittlungsmaßnahme unbe-kannten Bankkunden und Bürgern, da es in bezug auf diese Bankkunden / Bürger keinerlei kon-krete und begründete Anhaltspunkte für eine Steuerstraftat gab und es sich bei einer solchen Weitersuche um eine gezielte Suche nach Zufallsfunden handeln würde und nicht um echte Zufallsfunde. Die durch die Weiterrecherche in bezug auf die Bank erlangten Daten sind im Verhältnis zu den unverdächtigen Bürgern / Bankkunden unverwertbar. Diese Gedanken werden unten fortgeführt. Auf diese Weise erhält der Staat in Mehrpersonenverhältnissen die unrechtmäßig verkürzte Steuerzahlung (von einem solventen Schuldner) erstattet, sofern der strafrechtliche Vorwurf in bezug auf die Bank verifiziert werden kann. Wenn derartige Transaktionen sich für die Banken aufgrund dieses Risikos finanziell nicht mehr lohnen, werden diese zukünftig ihre „Mithilfe" an derartigen Transaktionen verweigern. Dabei ist es unerheblich, ob mittels § 71 AO der jeweilig handelnde Bankmitarbeiter in Regreß genommen würde oder die Bank selbst.[1183] Diese Vorgehensweise des Staates hätte darüber hinaus auch den Vorteil, daß das Abstraktionsprinzip gewahrt werden könnte. Es ist kein "Durchschlagen" von einem Staat - Bürger - Verhältnis auf ein anderes Staat - Bürger - Verhältnis zu erwarten. Das gleiche gilt für ein "Durchschlagen" von einem Staat - Bank in ein Staat - Bürger - Verhältnis. Stoßen somit die Finanzbehörden bei ihrer Untersuchung von Banken (zum Beispiel bei einer Außenprüfung) auf steuererhebliche Vorgänge, die auf eine Steuerhinterziehung einzelner Bankkunden schließen lassen (echte Zufallsfunde), können aufgrund der hier vertretenen Auffassung die Finanzbehörden diese Funde nur in bezug auf die konkret bekannt gewordenen Bankkunden verwerten. Eine gezielte Suche nach gleichartigen Funden *in bezug auf andere, bisher völlig unbekannte Bankkunden*, von denen noch nicht einmal bekannt war, daß sie Kunde der konkreten Bank sind, ist unzulässig. Da die Funde im Rahmen einer Außenprüfung bei der Bank gefunden worden sind, kann *im Verhältnis zur Bank* der gesamte Umfang ihrer Tätigkeit bei der Teilnahme an Steuerhinterziehungen ihrer Kunden verwertet werden, um die Bank im Wege des § 71 AO dafür haften zu lassen. Auf die Problematik der Außenprüfung bei einer Bank und dem Auffinden von Zufallsfunden wird noch einzugehen sein.

(2.2.3.2.) Die Durchbrechung des Bankgeheimnisses gemäß § 93 AO

Zuvor wurde bereits von § 93 AO gesprochen. § 93 AO ermöglicht es den Ermittlungsbehörden, von den Beteiligten eines Steuerverfahrens oder aber auch von Dritten Auskünfte einzuholen – sog. Auskunftsersuchen. Dieses ergibt sich auch bereits aus der Verweisung in § 30 a, Abs. V, S. 1 AO, die insoweit lediglich deklaratorischen Charakter hat. Nach *Selmer* werden Banken bereits aufgrund ihrer Datenträchtigkeit "ersichtlich überpropportional in Anspruch genommen", ohne daß allein dadurch davon ausgegangen werden kann, daß generell der Verhältnismäßigkeitsgrundsatz unzumutbar betroffen sei.[1184] Innerhalb des § 93 AO sind nur die ersten beiden Absätze für die in diesem Zusammenhang interessierende Problematik von Relevanz, da sie es den Ermittlungsbehörden ermöglichen, von den Banken eines Bürgers Auskünfte einzuholen. Die genannten Absätze von § 93 AO haben folgenden Wortlaut:

1183 Die Bank ‚haftet' u.U. ihrem Mitarbeiter aus arbeitsrechtlichen Gesichtspunkten, wenn eine entsprechende Anweisung oder Billigung der Tätigkeit des Mitarbeiters seitens der Bank bestehen sollte. Es besteht zugunsten des Bankangestellten ein Anspruch auf Freistellung.

1184 Selmer, a.a.O., S. 101.

(1) *Die Beteiligten und andere Personen haben den Finanzbehörden die zur Feststellung eines für die Besteuerung erheblichen Sachverhaltes erforderlichen Auskünfte zu erteilen. Dies gilt auch für nicht rechtsfähige Vereinigungen, Vermögensmassen, Behörden und Betriebe gewerblicher Art der Körperschaften des öffentlichen Rechts. Andere Personen als die Beteiligten sollen erst dann zur Auskunft angehalten werden, wenn die Sachverhaltsaufklärung durch die Beteiligten nicht zum Ziele führt oder keinen Erfolg verspricht.*

(2) *In dem Auskunftsersuchen ist anzugeben, worüber Auskünfte erteilt werden sollen und ob die Auskunft für die Besteuerung des Auskunftspflichtigen oder für die Besteuerung anderer Personen angefordert wird. Auskunftsersuchen haben auf Verlangen des Auskunftspflichtigen schriftlich zu ergehen.*

Zunächst erscheint fraglich, was unter einem Beteiligten im Sinne von § 93, Abs. I AO zu verstehen ist. Beteiligter des Besteuerungsverfahrens ist gemäß § 78 AO vor allem der Antragsteller im Verhältnis zum Finanzamt (zum Beispiel im Rahmen des Lohnsteuerjahresausgleichs) und derjenige, an den das Finanzamt einen Verwaltungsakt richten will oder gerichtet hat[1185] (zum Beispiel der Steuerschuldner im Sinne des § 37 AO). Der Beteiligtenbegriff ist das verfahrensrechtliche Pendant zum materiellrechtlichen Begriff des Steuerpflichtigen im Sinne des § 33 AO. Der allgemeine Sprachgebrauch verwendet den Begriff des Steuerpflichtigen synonym für den Begriff des Beteiligten. Unter den Begriff der anderen Personen im Rahmen von § 93, Abs. I, S.2 AO fallen auch Kreditinstitute.[1186]
Für ein Auskunftsersuchen müssen gemäß § 93, Abs. I AO zwei Voraussetzungen gegeben sein. Die begehrte Auskunft muß erstens erforderlich sein, um zweitens einen Sachverhalt festzustellen, der für die Besteuerung des Beteiligten erheblich ist.[1187] Dieses bedeutet zunächst, daß ein konkreter Anlaß für ein Auskunftsersuchen vorliegen muß,[1188] da eine Ermittlung ins Blaue hinein nach dem oben Gesagten nicht zulässig ist. Auch in diesem Zusammenhang wird ein konkreter Anlaß durch konkrete Anhaltspunkte *oder* aufgrund allgemeiner Erfahrungen beschrieben. Hier gelten insoweit die oben bereits angeführten Argumente in gleichem Umfang, so daß auch im Zusammenhang mit einem Auskunftsersuchen der Finanz- oder Ermittlungsbehörden keine Ausforschung bei Banken betrieben werden darf. Allein aufgrund allgemeiner Erfahrungen kann somit der notwendige konkrete Anlaß für ein Auskunftsersuchen nicht begründet werden. In § 93, Abs. I, S. 3 AO ist ein Subsidiaritätsgedanke verankert, der bestimmt, daß dritte Personen erst dann im Rahmen von § 93 AO um Auskünfte ersucht werden dürfen, sofern die Sachverhaltsaufklärung bei dem Beteiligten nicht zum Ziele führt oder keinen Erfolg verspricht. Gleiches gilt für die Pflicht zur Urkundenvorlage gemäß § 97, Abs. II AO. Dieser Subsidiaritätsgedanke beinhaltet auch den Aspekt des Abstraktionsgesetzes, indem er bestimmt, daß primär die notwendigen Ermittlungen in dem Verhältnis stattzufinden haben, dem sie entstammen. Denn im Besteuerungsverfahren als einem Verhältnis zwischen dem Staat und dem Bürger B 1 ist dieser Bürger Beteiligter im Sinne von § 93, Abs. I AO. Jeder andere Bürger oder jede andere in dieser Norm angesprochene Institution ist eine „andere Person". Dieses gilt insofern auch für Banken, die in bezug auf das Besteuerungsver-

1185 Klein/Brockmeyer, AO-Kommentar, § 78, Anm. 2, 3; § 93, Anm. 2; Kirchherr/Stützle, a.a.O., S. 33.

1186 Sichtermann/Feuerborn, a.a.O., S. 281; Bruchner, in: BankRHdb., § 39, Rn. 73.

1187 Müller-Brühl, NSt. 1988, S. 8.

1188 Rüsken, in: Klein, AO-Kommentar, a.a.O., § 93, Anm. 1; Kirchherr/Stützle, a.a.O., 32 f.; Bruschke, Das Bankgeheimnis, BB 1990, S. 392, 393.

fahren im Staat - Bürger - Verhältnis eine „andere Person" sind. Um hier die notwendige Transparenz zu schaffen, bestimmt § 93, Abs. II, S. 1 AO, daß in dem Auskunftsersuchen bereits anzugeben ist, „ob die Auskunft für die Besteuerung des Auskunftspflichtigen oder für die Besteuerung anderer Personen angefordert wird". Insofern wird der Begriff des Beteiligten aus § 93, Abs. I AO mit dem des Auskunftspflichtigen im Sinne von § 93, Abs. II, S.1 AO gleichgesetzt. Dieses ist eine Folge der materiell - rechtlichen Verpflichtung eines jeden Bürgers nach § 90 AO, dem Finanzamt seine Einkommens- und Vermögensverhältnisse zu offenbaren, damit dieses die individuelle Steuer berechnen kann. Die in § 93, Abs. II, S.1 AO angeordnete Mitteilung darüber, für welches Steuerverhältnis die begehrte Auskunft benötigt wird, macht nur dann einen Sinn, wenn damit die Trennung der Verhältnisse im Sinne des Abstraktionsgesetzes umgesetzt wird. Mißbräuche der Finanz- und Ermittlungsbehörden etwa im Wege einer fingierten Außenprüfung bei Banken, um an die eigentlich begehrten Kundendaten zu gelangen[1189], sind auch unter diesem Gesichtspunkt unzulässig, so daß die so erlangten Informationen nicht in ein anderes Verhältnis „durchschlagen" können. Hinsichtlich dieser gesetzlich vorgesehenen Subsidiarität der Auskunftserteilung „anderer Personen" zieht *Hoffmann–Riem* eine interessante Parallele zur Inanspruchnahme von Nicht - Störern im Polizeirecht.[1190] Aus dem verfassungsmäßigen Übermaßverbot, insbesondere aus dem Teilgrundsatz der Verhältnismäßigkeit im engeren Sinne folge, daß belastende Maßnah-men stets angemessen sein müssen in bezug auf ihre Mittel - Zweck - Relation.[1191] „Die Zulässigkeit von Auskunftsverlangen an Dritte (hier Banken) ist dementsprechend durch das Gebot begrenzt, Unbeteiligte möglichst nicht mit Angelegenheiten anderer zu belästigen. Dieses Gebot berührt sich mit dem Grundsatz der Erforderlichkeit, das heißt dem Gebot, möglichst das am wenigsten einschneidende Mittel zu wählen.[1192] Für die Inanspruchnahme Dritter ist es -beispielgebend im Polizeirecht- als Grundsatz der Subsidiarität konkretisiert worden".[1193] Diesem Ansatz von *Hoffmann–Riem* ist zu folgen. Aufgrund der gesetzlich in § 93, Abs. I, S. 3 AO normierten und im übrigen auch aus dem Teilgrundsatz der Erforderlichkeit im Rahmen der Verhältnismäßigkeitsprüfung zu entnehmenden Subsidiarität der Inanspruchnahme „anderer Personen" im Rahmen von Auskunftsersuchen, die Ausdruck des in diesem Teilgrundsatz enthaltenen ultima - ratio Gedankens ist, ist ein Auskunftsersuchen an eine Bank über einen oder mehrere ihrer Kunden erst dann zulässig, wenn diese Möglichkeit die letzte Möglichkeit ist, um in dem konkreten Ermittlungsverfahren in bezug auf einen bestimmten Bürger weiter zu kommen. So heißt es zum Beispiel in § 9 des Polizeigesetzes von Baden - Württemberg[1194], wo die polizeiliche Inanspruchnahme von Nicht - Störern geregelt ist:

[1189] Vgl. z.B. Streck/Peschges, Die Fertigung von Kontrollmitteilungen bei Außenprüfungen in Banken, DStR 1997, S. 1994; Streck, Die Außenprüfung, Rz. 463.

[1190] Hoffmann-Riem, Steuerermittlung und Bankgeheimnis, StuW 1972, S. 135; so auch Selmer, a.a.O., S. 108.

[1191] Hoffmann- Riem, a.a.O..

[1192] Dieses kann es zum Beispiel notwendig machen, daß sich die Ermittlungsbehörde bei ihrem Auskunftsersuchen auch darauf einstellen müssen, Auskünfte nur für kürzere Zeitpunkte zu erhalten, als beantragt. Erst in einem zweiten Schritt könnte dann ein längerer Auskunftszeitraum gewählt werden. - Vgl. Rüsken, in: Klein, AO - Kommentar, § 93, Anm.1; Selmer, a.a.O..

[1193] Hoffmann-Riem, a.a.O.. Vgl. auch Selmer, a.a.O..

[1194] Die entsprechenden Polizeigesetze der anderen Bundesländer enthalten inhaltlich sehr ähnliche Regelungen.

„(1) Gegenüber anderen als den in §§ 6 und 7[1195] *bezeichneten Personen kann die Polizei ihre Maßnahmen nur dann treffen, wenn auf andere Weise eine unmittelbare Störung der öffentlichen Sicherheit oder Ordnung nicht verhindert werden kann, insbesondere wenn die eigenen Mittel der Polizei nicht ausreichen oder wenn durch Maßnahmen nach den §§ 6 bis 8 ein Schaden herbeigeführt würde, der erkennbar außer Verhältnis zu dem beabsichtigten Erfolg steht.*
(2) Maßnahmen dieser Art dürfen nur aufrechterhalten werden, solange die Voraussetzungen des Absatzes 1 vorliegen".

Ohne nähere Ausführungen zum Polizeirecht machen zu können, da dieses den Rahmen dieser Arbeit sprengen würde, ist der ultima - ratio Gedanke, der hinter dieser Norm steht, deutlich zu erkennen. Die Polizei muß die Inanspruchnahme Dritter auf das sachlich und zeitlich unumgängliche Maß beschränken und alles unternehmen, die Inanspruchnahme Dritter möglichst zu vermeiden.[1196] Gleiches gilt aufgrund der Subsidiarität des § 93, Abs. I, S.3 AO und des in dem Teilgrundsatz der Erforderlichkeit enthaltenen ultima – ratio Gedankens im Falle von Auskunftsersuchen an Banken. Gemäß §§ 93, Abs. II, S. 2; 121, Abs. I AO sind Auskunftsersuchen auf Verlangen des Auskunftspflichtigen schriftlich zu begründen. Dieses dient der besseren Transparenz bezüglich des Vorliegens der Voraussetzungen des § 93, Abs. I AO, insbesondere der Subsidiarität. Hierbei genügt die „schematische, womöglich vorgedruckte Begründung, daß die Voraussetzungen für das Auskunftsersuchen vorliegen", nicht.[1197] Vielmehr hat die Finanzbehörde mitzuteilen, „daß und warum die in § 93, Abs. I, S.3 AO vorgeschriebene Sachverhaltsaufklärung durch die Beteiligten nicht zum Ziele geführt hat oder keinen Erfolg verspricht".[1198] Die Finanzbehörde sollte insbesondere mitteilen, daß der Steuerpflichtige mangels eigener Kenntnis keine Auskunft habe geben können oder daß seine Auskunft unglaubwürdig sei.[1199] Die Banken werden an Stelle des Beteiligten in dessen Steuerrechtsverhältnis zum Staat eingebunden und sollen die von dem Beteiligten unterlassene Offenbarung seiner Vermögens- und Einkommensverhältnisse im Sinne von § 90 AO teilweise kompensieren helfen. Den oben gemachten Ausführungen folgend sind die Voraussetzungen für ein Auskunftsersuchen um so eher möglich, je stärker diese Indizien sind. Hierbei geht es nicht ohne die wertende Verarbeitung auch von Erfahrungssätzen der Behörden. Diese Erfahrungssätze sind jedoch nicht in allgemeiner Art im oben genannten Sinne, sondern

---

1195 Gemeint sind die §§ 6 und 7 des Polizeigesetzes von Baden–Württemberg. § 6 PolG-BW regelt die polizeiliche Inanspruchnahme von Verhaltensstörern, § 7 PolG-BW die polizeiliche Inanspruchnahme von Zustandsstörern.

1196 Reichert/Röber, Polizeirecht, S. 162, Rn. 432, 434; Würtenberger/Heckmann/Riggert, Polizeirecht in Baden-Württemberg, S. 139, Rn. 315.

1197 Sichtermann/Feuerborn, a.a.O., S. 285; Ehlers, Der neue Bankenerlaß, BB 1979, S. 1602; Kirchherr/Stützle, Aktuelle Probleme aus der Rechtsprechung und Rechtspraxis zu Bankgeheimnis und Bankauskunft, S. 34; Selmer, Steuerrecht und Bankgeheimnis, S. 38; Müller-Brühl, NSt. 1988, S. 10 f.; dergl., Ermittlungen bei Kreditinstituten in Steuerverfahren ihrer Kunden, S. 26; Fischer, Bankrecht, S. 202; Dahm / Schebesta / Schroeter / Weber, a.a.O., Rn. 36; Dahm, in: BuB, Kap.2 , Rn. 2/872; Bruchner, in: BankRHdb., a.a.O., Rn. 75; Radbruch, a.a.O., S. 147. Diese pauschalen Vordrucke und Begründungen werden heutzutage noch verwendet.

1198 Sichtermann/Feuerborn, a.a.O.; Selmer, a.a.O., S. 37; Ehlers, a.a.O., S. 1603; Müller-Brühl, Die Stellung der Kreditinstitute in Steuerstrafverfahren ihrer Kunden, NSt. 1988, S. 10 f.; Kirchherr/Stützle, a.a.O., S. 34; Lohmeyer, Bankgeheimnis und steuerliche Außenprüfung, Der Steuerberater 1984, S. 380; dergl., Das Bankgeheimnis und seine Durchbrechungen im Steuerrecht, JR 1970, 248 ff. (250); Dahm / Schebesta / Schroeter / Weber, a.a.O., sprechen in diesem Zusammenhang von substantiierten Angaben. So auch Dahm, in: BuB, Kap. 2, Rn. 2/872.

1199 Sichtermann/Feuerborn, a.a.O., S. 286.

spezifiziert zu verstehen. Sie dienen nicht zum Selbstzweck als Voraussetzung für ein Auskunftsersuchen, sondern lediglich als Ergänzung und Verifikation der konkret ermittelten Tatsachen oder Indizien. Dritte können nur dann im Rahmen eines Aus-kunftsersuchens befragt werden, wenn konkrete Hinweise bestehen, daß sie über die Kenntnisse verfügen, die einen Bezug zu der recherchierten Steuerverkürzung des Beteiligten haben.[1200] Anderenfalls handelt es sich um eine unzulässige Recherche ins Blaue hinein. Es sollte sich eigentlich von selbst verstehen, daß die Finanzbehörden Banken nicht lediglich aus dem Motiv der Arbeitserleichterung heraus befragen.[1201] Ein Auskunftsersuchen kann somit niemals am Anfang einer (Finanz-) behördlichen Ermittlung stehen, sondern stets nur an ihrem Ende. Dieses ist in der Vergangenheit zunehmend nicht der Fall gewesen. Konstellationen, in denen die Ermittlungsbehörden das Abstraktionsprinzip verletzen, zeichnen sich auch dadurch aus, daß ein Auskunftsersuchen über Bankkunden am Anfang der eigentlichen Ermittlung steht, ohne daß ein konkretisierbarer Verdacht bezüglich eines steuerrechtserheblichen Tatbestandes bezüglich der betroffenen Bürger besteht und ohne daß konkrete Hinweise dafür bestehen, daß die auskunftspflichtige Bank über Kenntnisse verfügt, die einen Bezug zu einem steuerrechtserheblichen Tat-bestand haben.[1202] Aufgrund der überragenden Daten- und Informationsfülle, die Banken generell über ihre Kunden haben, wird diese Kenntnis der Bank lediglich vermutet. Der konkrete und notwendige Umfang eines Auskunftsersuchens stellt sich bei einem Auskunftsersuchen, welches am Anfang der Ermittlungen steht, ohne daß konkret ermittelte Tatsachen in bezug auf einen bestimmten Steuerpflichtigen bestehen, erst im Nachhinein und zufällig heraus. Eine solche Auskunftsanfrage ist daher als Auskunftsersuchen ins Blaue hinein unzulässig, da unverhältnismäßig[1203]. Zum Einen würde bei einem solchen, vorschnellen Auskunftsersuchen der normierte Subsidiaritätsgedanke verletzt werden und der Umfang des Auskunftsersuchens würde zu umfangreich gefaßt werden, da aufgrund fehlender Vorermittlungen eine verhältnismäßige Beschränkung der Anfrage nicht möglich ist. Zum anderen würden die Teilgrundsätze der Erforderlichkeit und Verhältnismäßigkeit im engeren Sinne verletzt werden. Der Teilgrundsatz der Erforderlichkeit wäre verletzt, da zum Zeitpunkt des Auskunftsersuchens unklar ist, ob dem ultima – ratio Gedanken genügt wird oder nicht, ob somit das Auskunftsersuchen überhaupt und der konkrete Umfang des Ersuchens im Besonderen das mildeste Mittel ist.[1204] Diese würde sich erst im Nachhinein herausstellen. Die Verhältnismäßigkeit im engeren Sinne wäre nach Auffassung von *Tipke/Lang* verletzt, wenn das Auskunftsverlangen unzumutbar ist, weil der Betroffene in seiner Eigensphäre überfordert ist, zum Beispiel durch Verletzung der Menschenwürde, insbesondere der Intimsphäre, des Persönlichkeitsrechts oder überhaupt von Grundrechten im Sinne des Grundgesetzes.[1205] Dieses gilt insbesondere für eine auskunftsverpflichtete Bank, da ein Auskunftsersuchen an eine Bank zugleich deren grundgesetzlich geschütze prima facie - Position aus Art. 12 GG beeinträchtigt, worauf noch eingegangen werden wird. Die Verhältnismäßigkeit im engeren Sinne wäre ferner verletzt, da einem definitiven, konkreten Eingriff bei dem auskunftspflichtigen Dritten (der Bank - Eingriff z. B. in Art. 12 GG) nur *möglicherweise* eine Rechtfertigung seitens des Staates gegenübersteht, zum Beispiel das Interesse des Staates an einer Sicherung

---

1200 In diesem Sinne Hoffmann-Riem, StuW 1972, S. 138; Kirchherr/Stützle, a.a.O., S. 33; Carl/Klos, StB 1994, S. 140; Hamacher, DB 1984, S. 2160.

1201 In diesem Sinne Hoffmann-Riem, a.a.O., S. 137.

1202 So auch Selmer, a.a.O., S. 123.

1203 Vgl. Selmer, a.a.O.; Dahm/Schebesta/Schroeter/Weber, a.a.O., Rn. 37.

1204 In diesem Sinne siehe auch Leisner, Ausforschungsbeschlagnahme, BB 1995, S. 525 ff. (527); Dahm / Schebesta / Schroeter / Weber, a.a.O..

1205 Tipke/Lang, a.a.O.,§ 22, Rn. 193.

des Steueraufkommens, wenn sich dieses nachträglich aufgrund der Ermittlungen im konkreten Fall als gefährdet erweist. Erst im Nachhinein und zufällig und nicht wie gefordert zum Zeitpunkt des Auskunftsersuchens würde sich die Notwendigkeit des Ersuchens herausstellen. Aufgrund der geforderten konkreten Anhaltspunkte zur Rechtfertigung eines Auskunftsersuchens stellt sich die Frage, wie dem ultima - ratio Gedanken und dem Subsidiaritätsgebot des § 93, Abs. I, S.3 AO genügt werden kann, um ein Auskunftsersuchen an dritte Personen oder Institutionen zu richten? Da ein Auskunftsersuchen aufgrund der Subsidiarität nicht am Anfang einer Ermittlung der Behörden stehen kann und diesen nicht zur generellen Arbeitserleichterung zur Verfügung steht, ist hinsichtlich der zu fordernden Vorermittlungen der Ermittlungsbehörden die Frage zu stellen, was denn wäre, wenn ein konkreter Bürger, gegen den sich die Ermittlung richtet, überhaupt keine Bankverbindung hätte und bspw. seinen Lohn in der klassischen „Lohntüte" bekäme. Da den Ermittlungsbehörden in diesem Fall keine Bank als zu befragender Dritter zur Verfügung steht, die aufgrund der bereits geschilderten Informationsfülle mit keinem anderen Medium zu vergleichen ist, müßten sie soweit möglich den Sachverhalt erforschen, insbesondere primär durch Befragung des Steuerpflichtigen selbst, durch Sichtung seiner Unterlagen[1206] oder zum Beispiel durch Befragung von Nachbarn, Freunden, Bekannten im Umfeld des Steuerpflichtigen, um konkrete Tatsachen für das Vorliegen eines steuerrelevanten Tatbestandes zu erlangen oder das Verfahren einstellen. Notfalls kann die Finanzbehörde von der Möglichkeit des § 162 AO Gebrauch machen und die Besteuerungsgrundlagen schätzen.[1207] Nach § 162, Abs. I AO kann die Finanzbehörde die Besteuerungsgrundlagen schätzen, wenn diese nicht zu ermitteln oder zu berechnen sind. Dies gilt gemäß § 162, Abs. II AO insbesondere in Fällen einer Mitwirkungspflichtverletzung des Steuerpflichtigen im Sinne des § 90 AO.[1208] Zwar sind auch die genannten Personen, Nachbarn, Freunde und Bekannte im Umfeld des Steuerpflichtigen „andere Personen" im Sinne des § 93, Abs. I AO, jedoch sind diese als Auskunftsmedium nicht mit einer Bank zu vergleichen, da sie nicht über die Daten- und Informationsfülle einer Bank verfügen. Die Auskunft einer Bank hat hinsichtlich ihrer nahezu allumfassenden Einblicke in den finanziellen Bereich und in das sonstige oben beschriebene Umfeld einer Person eine ganz besondere Qualität. Aufgrund der Daten- und Informationsfülle bei den Banken verdienen Auskunftsersuchen bei Banken im Hinblick auf das informationelle Selbstbestimmungsrecht des Einzelnen eine besondere Sensibilität. Diese besondere Sensibilität wurde durch die ‚Je - desto - Formel' ausgedrückt, der mit den oben gemachten Worten entnommen werden kann, daß je intensiver der Eingriff in die Sphäre des Bürgers ist, desto erheblicher müssen die Gründe sein, die diesen Eingriff rechtfertigen sollen. Die ursprünglich zu einem bestimmten Zweck bei den Banken erhobenen Daten und Informationen über den einzelnen Kunden werden aufgrund des

---

1206 Möglich gemäß § 97 AO.

1207 Zu den Schätzungsmethoden und der Schätzung im Steuerstraf- und Besteuerungsverfahren - vgl. Dörn, in: Flore/Dörn/Gillmeister, a.a.O., S. 347 ff..

1208 Bei einer solchen Schätzung der Besteuerungsgrundlagen kann die Finanzbehörde jedoch nicht willkürliche Werte ansetzen, die keinen Bezug zur Realität haben. Schätzen in diesem Zusammenhang heißt Schlußfolgerungen zu ziehen aus Faktoren oder Indizien in der Weise, daß in bezug auf eine Quantität der Sachverhalt mit der größten Wahrscheinlichkeit zugrunde gelegt wird – so Tipke/Lang, a.a.O., § 22, Rn.215, 222. Die Beweislast für steuerbegründende, bzw. -erhöhende Tatsachen trägt hierbei die Behörde; die Beweislast für Steueraufhebende, -einschränkende, -ermäßigende oder -begrenzende Tatsachen trägt der Steuerpflichtige. Es gilt der Grundsatz in dubio pro reo -vgl. Dörn, in: Flore/Dörn/Gillmeister, a.a.O., S. 375 ff. (377) m.w.N.; Herrler, a.a.O., S. 97. Aufgrund dieses Grundsatzes muß es der Staat ggfls. hinnehmen, eine Steuer mangels begründeter, konkreter Anhaltspunkte nicht geltend machen zu können. Tipke/Lang, a.a.O., weisen zutreffend darauf hin, daß diese Beweislastverteilung nach dieser sog. Rosenberg'schen Normenbegünstigungstheorie nur bei einer non - liquet Konstellation in Betracht kommt.

Auskunftsersuchens der Ermittlungs- und Finanzbehörden nunmehr einem anderen, vom Bürger nicht vor- (her) gesehenen Zweck zugeführt, indem diese Daten im Wege eines Auskunftsersuchens Eingang in seine Steuerakten erhalten. Das in diesem Zusammenhang wiederholt vorgebrachte Argument, ein Verstoß des Rechts auf informationelle Selbstbestimmung sei hierin nicht begründet[1209], da die von den Finanzbehörden auf dem Weg des Auskunftsersuchens erlangten Daten dem Steuergeheimnis unterlägen, verkennt die grundsätzliche Funktion der Grundrechte als Abwehrrechte gegen den Staat. Entscheidend ist allein der Umstand, daß der Staat nunmehr über diese Informationen und Daten verfügen kann, was er vorher nicht konnte, und daß es auf diesem Wege des Auskunftsersuchens zu einer Diskrepanz zwischen ursprünglicher Datenerhebung bei der Bank und tatsächlicher Datenverwendung beim Staat kommen kann. Dieses ist genau das Manko, welches das Bundesverfassungsgericht in seinem Volkszählungsurteil gerügt hat, nämlich, daß der Einzelne letztendlich nicht mehr kontrollieren kann, wer was wann über ihn weiß. Hierin liegt die im Volkszählungsurteil gerügte dysfunktionale Weitergabe erhobener Daten. Ein Auskunftsersuchen verletzt daher grundsätzlich das prima facie geschützte Recht des Einzelnen auf informationelle Selbstbestimmung, dem das Bundesverfassungsgericht eine eklatant wichtige Bedeutung für die freiheitlich – demokratische Grundordnung bescheinigt hat.[1210] Diese Verletzung des Rechts auf informationelle Selbstbestimmung ist im Einklang mit dem Verhältnismäßigkeitsgrundsatz nur dann zulässig, wenn sie aufgrund eines überragend wichtigen, überproportional wichtigen Rechts der Allgemeinheit erfolgt. Mit den Worten des Bundesverfassungsgerichts ist eine Einschränkung des Rechts auf informationelle Selbstbestimmung von dem Einzelnen im überwiegendem Allgemeininteresse hinzunehmen.[1211] Es handelt sich um einen Fall einer Prinzipienkollision, bei dem das für den Bürger streitende Prinzip auf Wahrung seines Rechts auf informationelle Selbstbestimmung mit dem für den Staat streitenden Prinzip der Sicherung des Steueraufkommens und der gerechten Verteilung der Steuerlast im Sinne von Art. 3, Abs. I GG zusammentrifft.[1212] Beiden Prinzipien hat das Bundesverfassungsgericht bereits eine überragende Wichtigkeit bescheinigt.[1213] Oben wurde bereits festgestellt, daß der Bürger aufgrund seines Rechts auf informationelle Selbstbestimmung gemäß Art. 2, Abs. I i.V.m. Art. 1, Abs. I GG ein prima facie - Recht darauf hat, daß auf seine Daten nicht zugegriffen wird, er also über diese bestimmen kann. Diesem prima facie - Recht auf negative Handlung des Staates ist korrespektiv das prima facie - Verbot des Staates zugeordnet, auf diese Daten zuzugreifen (kein Auskunftsersuchen) und somit das informationelle Selbstbestimmungsrecht des Bürgers zu beachten. Es gilt das erste Abwägungsgesetz. Liegen überwiegende Interessen der Allgemeinheit vor, kann ein Eingriff als Ergebnis einer Abwägung gerechtfertigt werden. Ein Auskunftsersuchen muß daher geeignet, erforderlich und verhältnismäßig im engeren Sinne sein, was nach Auffassung des Bundesverfassungsgerichts in seinem Zinsurteil der Fall ist.[1214] Nach Auffassung des Bundesverfassungsgerichts kann es dahinstehen, „ob der Informationszugriff auf privates Finanzkapital und seine Erträge als Vor-

---

1209 Z.B. BVerfGE 84, 239 (280, 281); BVerfG-NJW 1990, 701.

1210 Vgl. oben S. 115.; BVerfGE 65, 1 (43). Vgl. auch Hamacher, Zur Zulässigkeit von Kontrollmitteilungen durch allgemeine Verwaltungsbehörden und Rundfunkanstalten - Entwurf eines § 93 a AO -, DB 1984, S. 2159.

1211 BVerfGE 65, 1 (44); BVerfGE 84, 239 (279). Es wurde bereits oben dargestellt, daß es sich bei diesen überwiegenden Gründen des Allgemeininteresses um überproportional wichtige Gründe handeln muß - vgl. oben S. 116 f..

1212 Vgl. auch Herrler, a.a.O., S. 49.

1213 BVerfGE 84, 239 (279, 280).

1214 Vgl. BVerfGE 84, 239 (279 ff.). Vgl. auch die Chiffre-Entscheidung des BVerfG in: NJW 1990, 701 ff..

gang des marktoffenbaren Erwerbs ohne besonderen persönlichkeitsepräg-ten Gehalt überhaupt vom Gewährleistungsinhalt des verfassungsrechtlichen Datenschutzes erfaßt wird; jedenfalls rechtfertigt das überwiegende Allgemeininteresse an der Offenlegung steuerlich erheblicher Angaben diesen Informationszugriff und beschränkt insoweit das Grundrecht auf Datenschutz".[1215] Diese Auffassung des Bundesverfassungsgerichtes überrascht. Es kann in diesem Zusammenhang gerade nicht dahinstehen, ob der Informationszugriff in Form eines Auskunftsersuchens auf den Datenbestand einer Bank dem Gewährleistungsinhalt des informationellen Selbstbestimmungsrechts eines Bürgers unterliegt oder nicht. Genau dieses ist die entscheidende Frage. Die Ansicht des Bundesverfassungsgerichts zeugt von einer Inkonsequenz der eigenen Rechtsprechung gegenüber. Gerade aufgrund der überragenden Bedeutung, die das Bundesverfassungsgericht dem Recht auf informationelle Selbstbestimmung im Volkszählungsurteil für die freiheitlich – demokratische Grundordnung beigemessen hat, hätte es aufgrund der bankseitig bestehenden noch komplexeren Datenflut in bezug auf den einzelnen Bürger und Kunden einer Bank, als es im Sachverhalt des Volkszählungsurteils und der Flick - Entscheidung der Fall war, zu dem Ergebnis kommen müssen, daß die Daten einer Bank über ihren Kunden dessen Recht auf informationelle Selbstbestimmung unterliegen. Es scheint, daß auch das Bundesverfassungsgericht nicht hinreichend zwischen dem Verhältnis Staat / Bank und Staat / Bürger als Bankkunden unterscheidet. Dieses wird insbesondere dadurch deutlich, daß das Bundesverfassungsgericht in dem Steuergeheimnis nach § 30 AO, dem die Finanzbehörden unterliegen, eine hinreichende Kompensation sieht, den Eingriff gegenüber der Bank im Rahmen eines Auskunftsersuchens zu rechtfertigen.[1216] Im Verhältnis zwischen der auskunftspflichtigen Bank und dem Staat mag dieses richtig sein und wird noch untersucht werden. Im Verhältnis zwischen Staat und Bürger als Bankkunden verkennt diese Ansicht des Bundesverfassungsgerichtes den Umstand, daß Grundrechte als Abwehrrechte des Individuums gegenüber dem Staat konzipiert sind und es sich vorliegend gerade um einen staatlichen Zugriff / Eingriff auf einen Datenbestand des Bürgers handelt. Es ist somit der Eingriff im Staat - Bürger - Verhältnis als solcher, der Bedenken begegnet, nicht nur die eigentliche Verwendung der erhaltenen Daten seitens des Staates.[1217] Der Eingriff / Zugriff als solcher auf die Daten des Bürgers bedingt eine dysfunktionale Weitergabe der Daten von der datenerhebenden Stelle (Bank) an eine andere, datenverwendende Stelle (Finanzbehörde), die für den Bürger, der seine Daten offenbarte, bzw. dessen Daten betroffen sind, nicht transparent war.[1218] Genau dieses hat das Bundesverfassungsgericht im Volkszählungsurteil gerügt. Nach *Gallwas*[1219] bedeutet der Begriff ‚Auskunft' gerade die Übermittlung von personenbe-

---

1215 BVerfGE 84, 239 (280).

1216 BVerfGE 84, 239 (280, 281); BVerfGE-NJW 1990, 701. So aber z. B. auch der BFHE 148, 108 (117); Tipke/Lang, a.a.O., § 22, Rz. 195; Herrler, a.a.O., S. 59.

1217 Vgl. hierzu oben S. 88 ff. - m.w.N..

1218 In diesem Sinne z.B. Hamacher, Der Bankenerlaß als ermessensgerechte Handhabung von Ermittlungsbefugnissen der Finanzbehörden, DB 1985, S. 1810. Das Bundesverfassungsgericht geht indes davon aus, daß die Auskunftspflichten der Bank gemäß § 93, Abs. I, S.1 AO für den Bürger hinreichend transparent sind, da die Norm des § 93 AO gerade solche Angaben wie Name und Anschrift einer Person betreffen, die einen Bezug zur Person des einzelnen Steuerpflichtigen aufweisen. Es muß indes bezweifelt werden, daß dem einzelnen Bürger Maß und Umfang der Auskunftsersuchen transparent sind und er durchschauen kann, was die Finanzbehörde mit diesen Daten, die sie bei der Bank erfragt, im Einzelnen vor hat. Dieses ist nämlich in der Regel noch nicht einmal der befragten Bank bekannt. Die notwendige Datentransparenz im Sinne der Volkszählungsentscheidung fehlt somit. Vgl. auch Hamacher, Zur Zulässigkeit von Kontrollmitteilungen durch allgemeine Verwaltungsbehörden und Rundfunkanstalten - Entwurf eines § 93 a AO -, DB 1984, S. 2159; Schuhmann, Wistra 1995, S. 339.

1219 Gallwas, NJW 1992, S. 2788.

zogenen Daten „und zudem in aller Regel Änderung des ursprünglichen Verwendungszwecks" der Daten. Durch die nach meinem Empfinden vorschnelle Negation eines verfassungsrechtlichen Schutzes der Daten eines Bankkunden bei seiner Bank gelangt das Gericht zu dem Ergebnis, daß ein Auskunftsersuchen zur Gewährleistung des Steueraufkommens und zur Gewährleistung einer auch faktischen Gleichheit in der Besteuerung zulässig und verhältnismäßig sei. Eine hinreichende Abwägung zwischen den prima facie geschützten Positionen des einzelnen Bürgers und den prima facie geschützten Interessen des Staates hat aufgrund der vorschnellen Verneinung eines verfassungsrechtlichen Schutzes der Positionen des Bankkunden hinsichtlich seiner Daten nicht stattgefunden. Es handelt sich genau genommen um einen Fall eines Abwägungsausfalls, obgleich das Bundesverfassungsgericht einige mehr allgemein gehaltene Gesichtspunkte in diesem Zusammenhang erörtert hat. Diese würdigen aber nicht den Umstand, daß das informationelle Selbstbestimmungsrecht des Bürgers betroffen ist. So hat das Bundesverfassungsgericht ausgeführt, daß es der staatliche Steueranspruch zur Gewährleistung einer faktisch gleichen Steuerlast bei den Bürgern notwendig macht, dem Steuerpflichtigen Offenbarungspflichten aufzuerlegen.[1220] Schließlich sei die Erhebung von Steuern nicht Selbstzweck des Staates, sondern ermögliche es ihm, dem einzelnen Bürger Schutz, Ordnung und Leistungen der staatlichen Gemeinschaft zu gewähren. Daher habe jeder Bürger einen Teil dieser finanziellen Lasten zur Aufrechterhaltung des staatlichen Lebens zu tragen[1221]. Die Offenlegung der steuererheblichen Sachverhalte sei notwendig, um eine gleichmäßige Besteuerung der Bürger zu gewährleisten, die nicht nur de jure, sondern auch de facto besteht. Entscheidend sei die Gleichheit im Besteuerungserfolg[1222]. Diese öffentlichen Interessen seien dem Rechtsstaatsprinzip und dem Gleichbehandlungsgebot des Art. 3, Abs. I GG zu entnehmen[1223]. Nach der hier vertretenen Konzeption sollte in Konsequenz des ersten Abwägungsgesetzes hinsichtlich eines Auskunftsersuchens im Rahmen des § 93, Abs. I AO eine differenzierte Betrachtung stattfinden, um dem informationellen Selbstbestimmungsrecht des betroffenen Bankkunden und der jeweils bestehenden Verdachtslage zu genügen. Nur eine Differenzierung in bezug auf die in Betracht kommenden Auskunftspflichtigen wird dem Recht auf informationelle Selbstbestimmung des einzelnen Bankkunden gerecht. Ermitteln die Behörden konkrete Anhaltspunkte, die auf die Verwirklichung eines Steuertatbestandes hinweisen, kann dieses zum Anlaß genommen werden, auf-grund dessen eine Steuerschätzung gemäß § 162 AO vorzunehmen. Die Befragung der Bank im Rahmen eines Auskunftsersuchens im Sinne des § 93, Abs. I AO dient insofern lediglich der Verifikation der zuvor ermittelten Ergebnisse. Aufgrund der Daten- und Informationsfülle ist im Rahmen des Verhältnismäßigkeitsgrundsatzes aufgrund der hier vertretenen Ansicht zu beachten, daß eine Befragung der Bank erst dann zulässig ist, wenn eine Befragung anderer, dritter Personen ohne Ergebnis geblieben ist.[1224] Aufgrund der überragenden Daten- und Informationsfülle der Banken, die diese über den Einzelnen besitzen, erscheint nur eine solche stufenweise Vorgehensweise der Ermittlungsbehörden im Rahmen von Auskunftsersuchen geeignet, um dem informationellen Selbstbestimmungsrecht des Einzelnen gerecht zu werden. Eine solche Staffelung wird auch der aufgrund einer Tatsachenbasis bestehenden konkreten Verdachtslage ge-

[1220] BVerfGE 84, 239 (280) –unter Hinweis auf die bereits oben vorgestellte Flickentscheidung – BVerfGE 67, 100 (143).

[1221] BVerfGE 84, 239 (280).

[1222] BVerfGE 84, 239 (284); BVerfGE 21, 12 (12) - Allphasenumsatzsteuer; Papier, in: Hdb. des VerfR, § 18, Rn. 108 ff..

[1223] BVerfGE 84, 239 (281).. Vgl. auch Kirchhof, FAZ vom 07.09.1996, S. 10; Papier, a.a.O., Rn. 94.

[1224] In diesem Sinn auch Hamacher, DB 1984, S. 2157 (2159); vgl. Selmer, a.a.O., S. 112, 113; Lohmeyer, Das Bankgeheimnis und seine Durchbrechungen im Steuerrecht, JR 1970, S. 250.

recht. Ein abgestuftes Vorgehen kann sich daher an den Wahrscheinlichkeitsgraden im Rahmen des Verdachtsbegriffs orientieren. Zur Vermeidung unnötiger Wiederholungen wird auf die zum Verdachtsbegriff getroffenen Aussagen verwiesen. In gedanklicher Anlehnung an die vom Bundesverfassungsgericht zu Art. 12 GG entwickelten Drei - Stufentheorie kann somit zwischen drei verschiedenen Eingriffs- und Intensitätsstufen bei einem Auskunftsverlangen unterschieden werden.[1225]

Auf der ersten Ebene ist als Folge des gesetzlichen Subsidiaritätsgebotes in § 93, Abs. I, S. 3 AO und der §§ 90 und 88 AO der Steuerpflichtige selbst zu befragen. Hierbei sind gegebenenfalls auch seine Unterlagen zu sichten oder Steuerschätzungen vorzunehmen. Dieses entspricht weitgehend seiner in § 90, Abs. I AO normierten Mitwirkungspflicht und erlaubt im Rahmen der Untersuchungsmaxime (so z.B. § 88, Abs. I AO) den Finanz- und Ermittlungsbehörden einen Eingriff auf einem niedrigen Wahrscheinlichkeitsniveau (< 51 %) der genannten Verdachtsskala. Auf der zweiten Ebene erscheint ein Auskunftsersuchen an dritte Personen im Umfeld des Steuerpflichtigen angebracht. Hierfür bedarf es bereits eines höheren Wahrscheinlichkeitsniveaus (> 51 %) auf der Verdachtsskala. Erst auf der dritten Ebene ist aufgrund der Daten- und Informationsfülle, die Banken über ihre Kunden besitzen, ein Auskunftsersuchen an die Bank des Steuerpflichtigen möglich. Hierfür ist dann jedoch eine gesicherte Tatsachenbasis notwendig, so daß ein Wahrscheinlichkeitsniveau von > 75 % der Verdachtsskala zu fordern wäre.
Ein Auskunftsersuchen sogleich auf der Ebene der Banken erscheint unverhältnismäßig, da möglicherweise schon ein Auskunftsersuchen im Bekanntenkreis des Steuerpflichtigen zum gewünschten Erfolg geführt hätte; der ultima – ratio Gedanke des Teilgrundsatzes der Erforderlichkeit würde verletzt werden. Nur eine abgestufte Vorgehensweise im Rahmen eines Auskunftsersuchens erscheint angebracht, dem Verhältnismäßigkeitsgrundsatz zu genügen. Dritte sollen erst dann in Anspruch genommen werden, wenn alle anderen Maßnahmen gegenüber dem beteiligten Bürger, um dessen Besteuerung es geht, nicht zum Erfolg führen.[1226] Die Inanspruchnahme Dritter ohne konkrete Anhaltspunkte, somit ins Blaue hinein, ist stets unangemessen,[1227] unerheblich auf welcher Eingriffsstufe.

Dieses abgestufte Verfahren verliert seine Gültigkeit nur zum Teil im Rahmen der Anwendungsfälle des § 208, Abs. I, S. 3 AO[1228]. Gemäß der ersten Variante dieser Vorschrift ist in den Fällen der Erforschung der Besteuerungsgrundlagen im Rahmen von Steuerstraftaten bzw. Steuerordnungswidrigkeiten durch die Steuerfahndung die Subsidiaritätsregel des § 93, Abs. I, S. 3 AO nicht anzuwenden. In diesen Fällen kann daher eine Bank durch die Steuerfahndung sogleich um Auskunft gebeten werden, ohne zuvor den Beteiligten selbst befragt zu haben. Dieses begegnet vor dem Hintergrund des rechtsstaatlich verankerten nemo tenetur - Grundsatzes keinen Bedenken[1229]. Überdies hat die Einleitung eines Steuerstraf- oder Ordnungs-

[1225] Ähnlich auch Herrler, a.a.O., S. 88 f., 110 f.. Vgl. hierzu ferner auch Leisner, BB 1995, S. 527.

[1226] In diesem Sinne auch Lohmeyer, JR 1970, S. 250, der betont, daß erst alle Möglichkeiten gegen den Steuerpflichtigen selbst ausgeschöpft sein müssen, bevor ein Auskunftsersuchen an die Bank gerichtet werden kann.

[1227] Vgl. auch Müller-Brühl, NSt. 1988, S. 22; Weber, in: BuB, Kap.1, Rn. 1/44.

[1228] Nicht zu verwechseln mit § 208, Abs. I, S. 1, Nr. 3 AO.

[1229] Vgl. Hamacher, DB 1985, S. 1811; vgl. Selmer, a.a.O., S. 108. Zur Unvereinbarkeit der Selbstbezichtigung mit der Menschenwürde siehe BVerfGE 56, 37 (42 f.).

widrigkeitenverfahrens Zäsurwirkung, wie bereits oben unter Bezugnahme auf § 397 AO[1230] ausgeführt wurde. Voraussetzung für die Einleitung eines Steuerstrafverfahrens ist nämlich gemäß § 152, Abs. II StPO i.V.m. 385, Abs. I AO das Vorliegen zureichender tatsächlicher Anhaltspunkte. Aufgrund dieser tatsächlichen, konkreten Anhaltspunkte besteht nicht die oben beschriebene Gefahr, daß das Auskunftsersuchen welches an die Bank gerichtet wird, zu weit gefaßt wird und so eine unzulässige Ausforschung betrieben wird. Nach *Herrler* sind die aus § 208, Abs. I, S. 3 AO fließenden Befugnisse einzelfallbezogen, wonach die Ermittlungen stets nur *einem singulären* Steuerfall zu dienen haben.[1231] Für *Herrler* wird dieser Gesichtspunkt durch Ermittlungen verletzt, bei denen beispielsweise die Steuerfahndung von einer Zeitung die Auflistung aller Chiffreanzeigen und ihrer Auftraggeber verlangt.[1232] Das Erfordernis der Einzelfallbezogenheit leitet *Herrler* dabei aus dem Grundsatz der Verhältnismäßigkeit her und hält massenhafte Ermittlungen gegen Bürger nicht nur für unverhältnismäßig, sondern hält es auch für eine „schwerwiegende Tatsache", wenn „durch solche Ermittlungen ein ausgedehnter Kreis von Bürgern einer permanenten Überwachung unterliegen und ohne begründete Anhaltspunkte zu potentiellen Straftätern abgestempelt würde".[1233] Dieser Gesichtspunkt *Herrler's* gilt auch gegenüber Banken und ihren Kunden, wenn Banken von der Steuerfahndung im Rahmen von Auskunftsersuchen aufgefordert werden, Bankkunden in großer Zahl zu benennen.[1234] In diesem Zusammenhang wird vielmehr der geäußerte Gedanke deutlich, daß ein Auskunftsersuchen letztendlich der Verifikation der gesammelten Informationen über die Besteuerungsgrundlagen dient, um dem Verhältnismäßigkeitsgrundsatz zu genügen.[1235] Überdies hat die Steuerfahndung im Rahmen ihres Auswahlermessens bei mehreren in Betracht kommenden Auskunftspflichtigen den ultima - ratio Gedanken des Teilgrundsatzes der Erforderlichkeit zu beachten, so daß primärer Auskunftspflichtiger der Steuerpflichtige bleibt.[1236] Im Fall der Ermittlung von Steuerstraftaten sind tatsächlich zureichende, konkrete Anhaltspunkte gegeben, die es mittels eines Auskunftsersuchens zu verifizieren gilt. Außerhalb der Fälle der Ermittlung von Steuerstraftaten hat nichts anderes zu gelten. Ein Auskunftsersuchen dient der Verifikation der zuvor erlangten Hinweise, anderenfalls liegt ein unzulässiges Auskunftsersuchen ins Blaue hinein vor. Daher bestimmt § 30 a, Abs. V, S. 2 AO, daß die Subsidiarität des § 93, Abs. I, S. 3 AO für die Fälle des § 208, Abs. I, S. 1 AO gilt, in denen ein Steuerstrafverfahren nicht eröffnet wurde. In diesen Fällen gilt die oben beschriebene Stufenregelung. Das gilt auch für die in der zweiten Variante des § 208, Abs. I, S. 3 AO geregelten Fälle der Ermittlung unbekannter Steuerfälle durch die Steuerfahndung, da dieses Verfahren dem Besteuerungsverfahren zugeordnet wird. *Müller-Brühl* führt zutreffend aus, daß die Regelung des § 208, Abs. I, S. 1 AO verhindern will, "daß die Steuerfahndung beim Kreditinstitut ‚hinter dem Rücken' eines *bekannten* Steuerpflichtigen einen unbekannten steuerlichen Sachverhalt erforscht, um z.B. einen vagen Verdacht erst durch Ermittlung zu erhärten oder um anonymen Anzeigen nachzugehen. Die Steuerfahndung hat diese Nachforschungen zunächst beim namentlich bekannten Kunden zu versuchen".[1237] Nach Ansicht des

[1230] Siehe oben S. 188 f..
[1231] So ausdrücklich Herrler, a.a.O., S. 190 f..
[1232] Herrler, a.a.O., S. 191, mit weiteren Beispielen.
[1233] Herrler, a.a.O., S. 191, 193.
[1234] Herrler, a.a.O., S. 192.
[1235] So auch Herrler, a.a.O., S. 191.
[1236] Hamacher, DB 1985, S. 1811; Selmer, a.a.O., S. 45, 108; Sichtermann/Feuerborn, a.a.O., S. 282; Dahm/Schebesta/Schroeter/Weber, a.a.O., Rn. 41 f.; Dahm, in: BuB, a.a.O., Rn. 2/789.
[1237] Müller-Brühl, NSt. 1988, S. 18; Kirchherr/Stützle, a.a.O., S. 35; so auch Bruschke, BB 1990, S. 394.

Finanzgerichtes Bremen[1238] entsteht die Erforschungspflicht nach § 208, Abs. I, Nr. 1 AO beim Vorliegen zureichender tatsächlicher Anhaltspunkte, wobei es im Rahmen von § 208, Abs. I, Nr. 3 AO ausreicht, wenn die Möglichkeit einer Steuerverfehlung nach den gesamten Umständen des Falles in Betracht kommt.[1239] Als unbekannter Steuerfall soll in diesem Zusammenhang „jeder tatsächliche Vorgang, der den Tatbestand einer Steuerstraftat oder Steuerordnungswidrigkeit bilden kann" gelten,[1240] wobei die zugrundeliegende Vermutung der Steuerbehörden konkret sein muß und nicht nur auf einem angenommenen abstrakten Charakter beruhen darf. Ermittlungen ins Blaue hinein seien auch in diesem Zusammenhang unzulässig.[1241] Will sich die Behörde für eine unbestimmte Anzahl von Steuerpflichtigen erst das Material beschaffen, um dann gegen diese weiter zu ermitteln, stellt diese unspezifische Materialsammlung ein unzulässiges Übermaß dar, was die Rechtswidrigkeit einer solchen Maßnahme zur Folge hat.[1242] Eine solche Maßnahme unterfällt nach Ansicht des Finanzgerichtes Bremen daher nicht § 208, Abs. I, Nr. 3 AO.[1243] Eine Fahndungsbehörde kann daher nach der m.E. richtigen Ansicht des FG - Bremen Dritte nicht zur Beschaffung von Besteuerungsgrundlagen für eine Vielzahl unbekannter Steuerpflichtiger heranziehen, sofern kein konkreter Verdacht einer Steuerverfehlung besteht.[1244] Anderenfalls würde im Rahmen solch unbeschränkter Maßnahmen „jeder Bankkunde zu einem potentiellen Straftäter"[1245] gestempelt. Aufgrund der von der Rechtsprechung des Bundesfinanzhofs vertretenen Meinung führen Auskunftsersuchen der ermittelnden Finanzbehörden, selbst wenn sie aufgrund einer Verletzung der normierten Voraussetzungen ergehen und somit rechtswidrig sind, zu keinem Verwertungsverbot in bezug auf die einzelnen Bürger und Bankkunden, solange nicht der Adressat des Auskunftsersuchens oder der eigentlich Beteiligte (um dessen Besteuerung es eigentlich geht) erfolgreich einen Rechtsbehelf dagegen einlegen,[1246] um die hieraus resultierende Rechtswidrigkeit der Maßnahme feststellen zu lassen. Nach der hier vertretenen Auffassung sind jedoch Auskunftsersuchen, die unter Verstoß gegen das normierte Subsidiaritätsprinzip, das Abstraktionsprinzip und / oder den Verhältnismäßigkeitsgrundsatz ergehen, wie es zuvor beschrieben wurde zu sanktionieren und somit als nichtig zu betrachten, da Verstöße dieser Art nicht nur gegen einfaches Recht, sondern auch und gerade gegen verfassungsrechtliche, fundamentale Grundsätze verstoßen. Auskunftsersuchen der beschriebenen Art entfalten dann keinerlei Rechtswirksamkeit, so daß die Einlegung eines Rechtsmittels als Folge der hier vertretenen Auffasung als eigentlich obsolet erscheint; als ultima ratio verbliebe indes die Möglichkeit, Nichtigkeitsfeststellungsklage zu erheben (vgl. § 43 Absatz 2 Satz 3 VwGO).

1238 FG-Bremen, EFG 1986, S. 269.

1239 FG-Bremen, a.a.O..

1240 FG-Bremen, a.a.O..

1241 FG-Bremen, a.a.O., m.w.N..

1242 FG-Bremen, a.a.O., m.w.N..

1243 FG-Bremen, a.a.O..

1244 FG-Bremen, a.a.O., unter ausdrücklicher Bezugnahme auf die Kommentierung von Hübschmann / Hepp / Spitaler, AO und FGO, § 208, Rn. 145.

1245 FG-Bremen, a.a.O., m.w.N.. Siehe hierzu auch die auf S. 189 gemachten Ausführungen Herrler's.

1246 Vgl. Hellwig, in: HHS, a.a.O., § 30a AO, Rz. 33; Rüsken, in: Klein, AO-Kommentar, § 93, Anm. 2; vgl. Entscheidung des FG des Saarlandes vom 01.04.1998 (1 V 35/98), in: EFG 1998, 985, sowie Anmerkung von Fumi, Verwertungsverbot und Außenprüfung, EFG 1998, Beilage zu Heft 13/1998, Anmerkung Nr. 1, S. 49.

(2.2.3.3.) Die Durchbrechung des Bankgeheimnisses durch Kontrollmitteilungen - § 30 a, Abs. III vs. § 194, Abs. III AO

Als wesentlicher Erhebungsmangel im Rahmen der Zinsbesteuerung wird seitens der Rechtsprechung des Bundesverfassungsgerichtes und ihr folgend des Bundesfinanzhofs die Einschränkung bei der Fertigung von Kontrollmitteilungen in bezug auf Banken gesehen. Nach *Flore* dienen Kontrollmitteilungen abstrakt betrachtet der Kontrolle der steuerlichen Verhältnisse anderer.[1247] Rechtsgrundlage für die Fertigung von Kontrollmitteilungen ist § 85 AO, da es zu den Aufgaben der Finanzbehörden gemäß § 58 AO in Verbindung mit der in § 85 AO geregelten Untersuchungsmaxime zählt, "daß eine örtlich nicht zuständige Finanzbehörde tatsächliche oder rechtliche Kenntnisse, die ihr bei ihrer amtlichen Tätigkeit bekannt geworden ist, der Finanzbehörde mitteilt, die örtlich zuständig ist".[1248] Grundsätzlich sind Kontrollmitteilungen im Rahmen des § 194, Abs. III AO zulässig.[1249] Hiernach kann ein Betriebsprüfer Kontrollmitteilungen schreiben, wenn er anläßlich einer Außenprüfung Feststellungen trifft, die (auch) für die Überprüfung der steuerlichen Verhältnisse anderer Personen von Bedeutung sind. Eine Außenprüfung gemäß § 194, Abs. I, S. 1 AO dient der Ermittlung der steuerlichen Verhältnisse des Steuerpflichtigen, von denen „andere Personen" im Sinne von § 194, Abs. III AO somit zu unterscheiden sind, da diesen nicht die Außenprüfung gilt. Die Außenprüfung dient der Ermittlung der steuerlichen Verhältnisse des Bürgers B 1, so daß lediglich sein Verhältnis zum Staat betroffen ist. Die Bürger B 2 bis B n sind „andere Personen", da ihr Verhältnis zum Staat durch die Außenprüfung bei B 1 nicht betroffen wird. Die grundsätzliche Möglichkeit der Fertigung von Kontrollmitteilungen wird jedoch durch § 30 a, Abs. III AO eingeschränkt, da im Falle der Außenprüfung einer Bank eine Reihe von Kundenkonten von dieser Möglichkeit ausgenommen worden sind. Hiergegen richtet sich die Kritik der oben genannten Gerichte. § 30 a, Abs. III AO hat folgenden Wortlaut:

(3) *Die Guthabenkonten oder Depots, bei deren Errichtung eine Legitimationsprüfung nach § 154, Abs. II (AO - Zusatz von M.H.) vorgenommen worden ist, dürfen anläßlich der Außenprüfung bei einem Kreditinstitut nicht zwecks Nachprüfung der ordnungsgemäßen Versteuerung festgestellt oder abgeschrieben werden. Die Ausschreibung von Kontrollmitteilungen soll insoweit unterbleiben.*

Ausgenommen von der Möglichkeit der Anfertigung von Kontrollmitteilungen sind zunächst lediglich Guthabenkonten, bei denen eine Legitimationsprüfung stattgefunden hat, so daß Kontrollmitteilungen von Schuld- bzw. Kreditkonten (debitorisch geführte Konten) hiernach gefertigt werden könnten.[1250] Ausgenommen von der Möglichkeit der Anfertigung von Kontrollmitteilungen sind nach dem Wortlaut von § 30 a, Abs. III AO ferner Konten, bei denen eine Legitimationsprüfung im Sinne von § 154, Abs. II AO stattgefunden hat. § 154 AO regelt

[1247] Flore, in: Flore/Dörn/Gillmeister, a.a.O., S. 73.

[1248] Flore, a.a.O.. Insoweit sind Kontrollmitteilungen Ausfluß des in den §§ 111 ff. AO geregelten Prinzips der Amtshilfe von Behörden untereinander.

[1249] Vgl. insoweit Sichtermann/Feuerborn, a.a.O., S. 291.

[1250] Streck/Peschges, DStR 1997, S. 1994; Rüsken, in: Klein, AO-Kommentar, § 30 a, Anm. 4. Siehe ferner die Ergänzung zum Anwendungserlaß zu § 30 a AO vom 23.03.1993, BStBl. I 1993, S. 330, Ziff. 1, der Guthabenkonten, Depots, Kreditkonten, Eigenkonten der Bank und CpD-Konten von der Anwendbarkeit des § 30 a, Abs. III AO ausschließt.

den Grundsatz der sog. formalen[1251] Kontenwahrheit und soll sicherstellen, daß Banken jederzeit in der Lage sind, über den Berechtigten eines Kontos Auskunft zu geben.[1252] § 154, Abs. I AO verbietet daher die Er-richtung eines Kontos auf einen falschen oder erdichteten Namen.[1253] Gleiches gilt für Buchungen und eine Reihe weiterer dort genannter Bankgeschäfte. § 154, Abs. II AO verpflichtet die Banken dazu, sich bei der Kontoeröffnung, der Verwahrung von Wertsachen oder der Überlassung von Schließfächern Gewißheit über die Person und Anschrift des Verfügungsberechtigten zu verschaffen und diese Angaben in geeigneter Form bei den Konten festzuhalten. Die Bank muß sicherstellen, daß sie jederzeit Auskunft darüber geben kann, über welche Konten bzw. Schließfächer eine Person verfügungsberechtigt ist (§ 154, Abs. II, S.1 AO). Nicht von der Regelung des § 154, Abs. II AO erfaßt sind bankinterne Konten, die einer Bank als Bestands-, Erfolgs- oder Verrechnungskonten zum Zwecke der Buchführung dienen, wie z.B. CpD - Konten (Conto pro diverse) oder OPK - Konten (offene Posten Konten). Diese Konten dienen einer Bank als Verwahr- bzw. Sammelkonten zur technischen Abwicklung unklarer oder unvollständiger Aufträge im Zahlungsverkehr.[1254] Bei diesen bankeigenen Konten nimmt die Bank keine Legitimationsprüfung vor, so daß diese Konten leichter zur Verschleierung steuerrelevanter Umstände mißbraucht werden könnten.[1255] Auch aus diesem Grunde sind diese bankeigenen Konten nicht von der Regelung

---

[1251] Bei der formalen Kontenwahrheit geht es um die Identifizierung des Kontoinhabers. Ob dieser für eigene oder fremde Rechnung das Konto führt (materielle Kontenwahrheit) ist in diesem Kontext unerheblich - vgl. Gößmann in: BankRHdb., Bd. I, § 31, S. 491, 492; BGH-NJW 1995, 261 ff. (262, 263); Hamacher, "Dagobert Duck" - Ein kriminelles System, DB 1995, S. 2284; Flore, in: Flore/Dörn/Gillmeister, a.a.O., S. 185; Tipke/Lang, a.a.O., § 22, Rn. 199; Rüsken, in: Klein, AO-Kommentar, a.a.O.; Brockmeyer, in: Klein, AO-Kommentar, § 154, Anm. 3. Streck/Mack, Banken und Bankkunden im Steuerfahndungsverfahren, BB 1995, S. 2142 weisen darauf hin, daß der Anwendungserlaß der Finanzverwaltung (siehe Fn. 1) die Banken verpflichten will, nicht nur bei der Errichtung eines Kontos, Depots etc. eine Legitimationsprüfung zu verlangen, sondern auch vor jeder Erledigung eines Auftrages, was diese für falsch halten. Carl/Klos gehen indes mit dem Anwendungserlaß der Finanzverwaltung konform -vgl. Carl/Klos, Rechtmäßigkeit der Bankdurchsuchungen bei Verdacht der Steuerhinterziehung, DStZ 1994, 399.

[1252] Vgl. im Einzelnen, Gößmann, in: BankRHdb., § 31, S. 491 ff.; dergl., in: BuB, Bd. 1, Kap.2, Rn. 2/34 ff.; BGH, a.a.O., S. 261 ff.; Hamacher, DB 1995, S. 2284 ff.; Tipke/Lang, a.a.O.; Herrler, a.a.O., S. 8.

[1253] Gemäß § 72 AO haftet dabei, wer vorsätzlich oder grob fahrlässig der Vorschrift des § 154, Abs. III AO zuwiderhandelt, soweit dadurch die Realisierung der Steuerschuld beeinträchtigt wird - vgl. Gößmann, in: BuB, a.a.O., Rn. 2/59.

[1254] Vgl. Sichtermann/Feuerborn, a.a.O., S. 293; Selmer, Steuerrecht und Bankgeheimnis, S. 51; Kirchherr / Stützle, Aktuelle Probleme aus der Rechtsprechung und Rechtspraxis zu Bankgeheimnis und Bankauskunft, S.32; Gößmann, in: BuB, a.a.O., Rn. 2/394.

[1255] Sichtermann/Feuerborn, a.a.O.; Streck/Peschges, DStR 1997, S. 1995, 1996. Die Mißbrauchsbefürchtung hat ihre Ursache darin, daß auf einem CpD-Konto grundsätzlich nur solche Geschäftsvorfälle verbucht werden dürfen, die keiner bestimmten Person zugeordnet werden können. Da aufgrund des Grundsatzes einer möglichst zeitnahen Verbuchung Geschäftsvorfälle am Tage ihres Eingangs verbucht werden müssen, muß im Falle einer nicht einwandfreien Zuordnungsmöglichkeit eines Geschäftsvorfalles dieser zunächst auf einem CpD - Konto erfaßt werden. Buchungen dieser Art tauchen insoweit nicht auf dem Kontoauszug eines Kunden auf und sind daher nicht transparent. Bei Buchungen auf einem CpD - Konto entfällt faktisch eine Auskunftspflicht der Banken gemäß § 93, Abs. I AO, da mangels einer auf diesem Konto durchgeführten Legitimationsprüfung im Sinne von § 154 AO eine Bank tatsächlich außerstande ist, den Verfügungsberechtigten zu benennen. Daher wurde befürchtet, daß CpD - Konten dazu mißbraucht werden könnten, steuerpflichtige Geschäftsvorfälle zu verschleiern. Aufgrund dieser Befürchtung wurde der AO - Anwendungserlaß vom 24.09.1987 erlassen (BStBl. I 1987, 664 (694)), der bestimmt, daß eine solche Zwischenbuchung auf ein CpD - Konto nur dann zulässig sei, wenn im Zeitpunkt der Buchung der Name des Empfängers tatsächlich nicht ermittelt werden kann oder dieser kein entsprechendes Konto bei dem Kreditinstitut führt -vgl. Gößmann, in: BuB, a.a.O., Rn. 2/395 ff.. Diese Fälle können sich beispielsweise ergeben bei falschen oder mißverständlichen Angaben auf Überweisungsträgern. Sobald die Unklarheiten des § 30 a, Abs. III AO erfaßt. Für diese Konten gilt die allgemeine Regelung des § 194, Abs. III AO, so daß auch hier für die Fertigung von Kontrollmitteilungen in bezug auf andere Personen ein begründeter Anlaß vorliegen muß.[1256] Gerade die in § 30 a, Abs. III AO enthaltene Beschränkung in bezug auf die Anfertigung von Kontrollmitteilungen ist nach Auffassung der genannten Gerichte ein struktureller Erhebungsmangel, der zu der gerügten Ungleichheit in der steuerlichen Belastung der Steuerpflichtigen führt. Für das Bundesverfassungsgericht ist es insofern unverständlich, daß durch das Verbot der Kontrollmitteilungen in § 30 a, Abs. III AO „der Finanzverwaltung eines der wirksamsten Mittel zur Sachverhaltsaufklärung genommen" wird.[1257] Zwar würde die Einzelauskunftspflicht der Kreditinstitute durch §§ 93 ff. AO rechtlich unberührt gelassen. Das Verbot der Anfertigung von Kontrollmitteilungen würde aber ein generelles Klima der Zurückhaltung bei der Finanzverwaltung schaffen, das eine zuverlässige Ermittlung von Kapitaleinkünften prinzipiell verhindere.[1258] Dabei seien diese Beschränkungen der Steuerermittlung verfassungsrechtlich gar nicht geboten. „Vielmehr bestätigt die Rechtsprechung des Bundesverfassungsgerichtes zum grundrechtlichen Datenschutz, daß steuerliche Kontrollmitteilungen und Auskunftspflichten mit den Grundrechten der Banken und der Bankkunden vereinbar sind".[1259] Da Eingriffe in das Recht der informationellen Selbstbestimmung im überwiegenden Interesse der Allgemeinheit zulässig seien, sofern der Grundsatz der Verhältnismäßigkeit beachtet würde, sind Kontrollmitteilungen und Auskunftsersuchen im Sinne der §§ 93, Abs. I; 194, Abs. III; 208, Abs. I AO zulässig, da diesem Erfordernis genügt würde.[1260]

Unverständlich an dieser Auffassung des Bundesverfassungsgerichtes ist, daß es die Verhältnismäßigkeit von Auskunftsersuchen und Kontrollmitteilungen bejaht, obwohl „es dahinstehen kann, ob der Informationszugriff auf privates Finanzkapital und seine Erträge als Vorgang des marktoffenbaren Erwerbs ohne besonderen persönlichkeitsgeprägten Gehalt überhaupt vom Gewährleistungsinhalt des verfassungsrechtlichen Datenschutzes erfaßt wird; jedenfalls rechtfertigt das überwiegende Allgemeininteresse an der Offenlegung steuerlich erheblicher Angaben diesen Informationszugriff und beschränkt insoweit das Grundrecht auf Datenschutz".[1261]

Daß es vorliegend gerade nicht dahinstehen kann, ob das Bankgeheimnis des Bankkunden verfassungsrechtlichen Schutz genießt oder nicht, wurde bereits oben ausgeführt. Die Argumentation des Bundesverfassungsgerichtes beinhaltet den bereits angesprochenen Abwägungsausfall. Auch die von dem Gericht vorgenommene Argumentation, das Steuergeheimnis würde den Eingriff in das Bankgeheimnis des Kunden insoweit kompensieren[1262], wurde bereits oben kritisiert und widerlegt, da es die grundlegende Zielrichtung dieser Geheimnisse verkennt. Das hinter dem Bankgeheimnis des Bankkunden stehende Recht auf informationelle

---

beseitigt sind, hat ein Kreditinstitut den Vorgang auf dem richtigen Konto zu buchen. -vgl. Streck/Peschges, DStR 1997, S. 1995, 1996; Hamacher, DB 1995, S. 2285.

1256 Sichtermann/Feuerborn, a.a.O., S. 293; Selmer, a.a.O., S. 52; Ehlers, Der neue „Bankenerlaß", BB 1979, S. 1602, 1603; Streck/Peschges, DStR 1997, S.1997. Für die Praxis ist die Herausnahme der CpD - Konten aus der Regelung des § 30 a, Abs. III AO ohne größere Bedeutung, da die Abwicklung von Geschäften über diese Konten durch den Anwendungserlaß zur Abgabenordnung auf Fälle beschränkt ist, in denen die Heranziehung dieser Konten unvermeidlich ist. Vgl. auch Sichtermann/Feuerborn, a.a.O., S. 293; Spitz, Die Rechtsstellung der Kreditinstitute, S. 23.

1257 BVerfGE 84, 239 (278).

1258 BVerfGE 84, 239 (279).

1259 BVerfGE, a.a.O..

1260 Vgl. BVerfGE 84, 239 (279, 280).

1261 BVerfGE 84, 239 (280).

1262 BVerfGE 84, 239 (280).

Selbstbestimmung soll gerade vor der dysfunktionalen Weitergabe der bankseitig erlangten Daten schützen, somit vor einem Auseinanderfallen von Datenerhebungszweck und Datenverwendung, wie sie bei einer Übermittlung der Kundendaten von der Bank zum Finanzamt eintreten würde.[1263] Diese Datenverwendung durch die Finanzbehörde war dem Bankkunden im Zeitpunkt der Datenerhebung bei der Bank nicht ersichtlich. Die Argumentation des Bundesverfassungsgerichts verkennt den Umstand, daß Grundrechte als Abwehrrechte gegen den Staat konzipiert sind und eine Trennung der grundrechtlichen Verhältnisse im Sinne des Abstraktionsgesetzes zu erfolgen hat. Es besteht daher kein Zweifel daran, daß die Fertigung von Kontrollmitteilungen die prima facie geschützte Position des Bürgers und Bankkunden auf Wahrung seiner informationellen Selbstbestimmung beeinträchtigt. Kontrollmitteilungen verkörpern das für den Staat streitende Prinzip der Sicherung des Steueraufkommens und der Gewährleistung einer gleichmäßigen Besteuerung der Steuerpflichtigen. Es treffen somit diese gegeneinander gerichteten Positionen der Beteiligten aufeinander, so daß ein klassischer Fall der oben beschriebenen Prinzipienkollision besteht. Es stellt sich somit nicht die Frage, *ob* ein Eingriff in die grundrechtlich geschützte Position des Bürgers eintritt, sondern ob dieser Eingriff im Sinne des Verhältnismäßigkeitsgrundsatzes gerechtfertigt ist. Bemerkenswert an der vom Bundesverfassungsgericht vertretenen Position ist, daß dieses dem von einer finanz- oder ermittlungsbehördlichen Maßnahme betroffenen Bürger bereits abspricht, in einer grundrechtlichen prima facie - Position betroffen zu sein. Diese Auffassung kann nicht richtig sein. Das Grundrechtsverhältnis zwischen dem Staat und der Bank, in das der Staat im Rahmen der steuerlichen Außenprüfung eingreift, da es sich bei der Außenprüfung um die Ermittlung der steuerlichen Grundlagen der Bank im Sinne von § 193 AO handelt, ist ein anderes als das Grundrechtsverhältnis zwischen dem Staat und dem Bürger B 1. Das Grundrechtsverhältnis zwischen dem Staat und dem Bürger B 1 ist zu unterscheiden von den Grundrechtsverhältnissen des Staates zu den anderen Bürgern B 2 bis B n. Dieses wurde bereits mehrfach ausgeführt. Letztendlich ist es somit der Gedanke des verfassungsrechtlichen Abstraktionsprinzips, der in §§ 30 a, Abs. III; 194, Abs. III AO seinen Niederschlag gefunden hat. Folgt man der Ansicht des Bundesverfassungsgerichts, verblaßt die in den §§ 30 a, Abs. III; 194, Abs. III AO vorgenommene Differenzierung zwischen dem von der Außenprüfung unmittelbar betroffenen Bürger, um dessen Steuerrechtsverhältnis zum Staat es primär geht und bei dem die Voraussetzungen für die Durchführung einer Außenprüfung gemäß § 193 ff. AO vorliegen müssen, und den „anderen Personen", um deretwillen die Außenprüfung nicht erfolgt, da ihr Steuerrechtsverhältnis zum Staat nicht betroffen ist. Das Ergebnis einer Außenprüfung kann somit nicht auf ein anderes Steuerrechtsverhältnis durchschlagen. Sinn und Zweck der Norm des § 194, Abs. III AO ist es somit, den Finanzbehörden (vgl. § 195 AO) die Möglichkeit einzuräumen, bei echten Zufallsfunden nicht die Augen verschließen zu müssen, sondern die insoweit gefundenen steuererheblichen Hinweise in bezug auf ein anderes Steuerrechtsver-

[1263] Vgl. Hamacher, DB 1985, 1807 (1810), der zutreffend darauf hinweist, daß Kontrollmitteilungen stets eine dysfunktionale Datenweitergabe zum Inhalt haben, da die auf diese Weise erhobenen Daten nunmehr zur Besteuerung eines Dritten genutzt werden sollen. Diese Zweckentfremdung sei daher nur dann gerechtfertigt, wenn hierfür ein konkreter Anlaß besteht. Vgl. aus neuerer Zeit auch Wengert/Widmann, Ist die Kontrollmitteilungspraxis im Rahmen einer steuerlichen Außenprüfung noch von rechtsstaatlichen Grundsätzen gedeckt?, BB 1998, S. 724 ff., die im Zusammenhang mit einer Kontrollmitteilung im Rahmen einer Außenprüfung ebenfalls eine Betroffenheit im Grundrecht auf informationelle Selbstbestimmung des Dritten, dem die Außenprüfung nicht gilt, erblicken, dieses allerdings lediglich durch Art. 2, Abs. I GG geschützt sehen. Aufgrund dieses grundrechtlichen Schutzes des Dritten sehen Wengert / Widmann Kontrollmitteilungen auch als grundsätzlich unzulässig an und versehen die Möglichkeit der Anfertigung von Kontrollmitteilungen mit einer Rechtfertigungslast, die sie mit § 30, Abs. IV, Nr.2 AO als erfüllt ansehen - Wengert / Widmann, a.a.O., S. 725.

hältnis zu verwerten. Vor-aussetzung für die Fertigung einer Kontrollmitteilung im Rahmen einer Außenprüfung ist jedoch das Vorliegen eines begründeten, konkreten Anhaltspunktes für einen steuerlich erheblichen Vorgang.[1264] Nach Auffassung und Interpretation des Bundesfinanzhofes und ihm folgend des Bundesverfassungsgerichts soll hingegen ein konkreter Anhaltspunkt nicht notwendig sein. Vielmehr genügt ein hinreichender Anlaß, der gemäß der bereits oben im Zusammenhang mit den Auskunftsersuchen angeführten ständigen Rechtsprechung des Bundesfinanzhofes als gegeben angesehen wird, wenn die Finanzbehörde aufgrund einer an allgemeinen Erfahrungen orientierten vorweggenommenen Prognoseentscheidung zu dem Ergebnis gelangt, daß ein steuererheblicher Vorgang gegeben ist. Die in diesem Zusammenhang bereits oben angebrachte Kritik gilt vorliegend in gleichem Maße. Bei diesen allgemeinen Erfahrungen der Finanzbehörden, die als Eingriffsbefugnis für die Fertigung einer Kontrollmitteilung gelten sollen, handelt es sich wie bereits gezeigt um genau das, was auch der Bundesfinanzhof und das Bundesverfassungsgericht mißbilligen, nämlich um einen Ausforschungseingriff ins Blaue hinein. Zudem richten sich die allgemeinen Erfahrungen der Finanzbehörden, die diese zu haben vorgeben, an einem Raster aus, was ebenfalls oben gezeigt werden konnte. Insofern wird auf die zu den Auskunftsersuchen gemachten Ausführungen vollumfänglich verwiesen. In Einzelfällen kann zum Beispiel die Buchung einer geschäftlichen Transaktion über ein CpD - Konto einer Bank, obwohl der konkrete Kunde ein eigenes Bankkonto bei der geprüften Bank unterhält einen begründeten, konkreten Anhaltspunkt darstellen, der die Fertigung einer Kontrollmitteilung rechtfertigt. Wickelt eine Bank daher trotz bestehender Kundenkonten über bankinterne Konten (CpD - Konten) geschäftliche Transaktionen dieser Kunden beispielsweise nach Luxemburg ab, verstößt sie damit nach Auffassung der Finanzbehörden gegen den Grundsatz der formalen Kontenwahrheit.[1265] *Carl/Klos* beschreiben dementsprechend die CpD - Konten der Banken als wahre steuerliche "Fundgruben", da für das Herausschreiben von Kontrollmitteilungen insbesondere über Geldtransfers ins Ausland weder ein strafrechtlicher Anfangsverdacht einer Steuerhinterziehung, noch ein besonderes steuerliches Prüfungsbedürfnis erforderlich sei.[1266] Das soll vor allem gelten, wenn nach den Erfahrungen der Finanzbehörden hierfür typische Fallgruppen gebildet werden können.[1267] Diese Auffassung ist indes abzulehnen, da es sich dann um eine unzulässige Ausrichtung an einem Raster handeln würde, insbesondere am Raster Auslandsbezug, was jedoch oben bereits abgelehnt wurde. Die Auffassung von *Carl/Klos* und die der Finanzverwaltung, wonach die Abwicklung einer geschäftlichen Transaktion über ein CpD - Konto einer Bank trotz bestehendem Kundenkonto, indizielle Wirkung auf einen steuerlich erheblichen Vorgang habe und insofern die Anfertigung einer Kontrollmitteilung rechtfertigen würde, ist indes nicht unumstritten. Nach Ansicht des Bundesgerichtshofes läßt sich bei Vorgängen dieser oder ähnlicher Art der Umgehung nicht zwingend auf einen Verstoß gegen § 154 AO schließen. Dazu führt der Bundesgerichtshof aus: „Das schließt zwar für einen Kontobevollmächtigten nicht die Möglichkeit aus, dem Fiskus dadurch Geld vorzuenthalten, daß er -um das Risiko der Entdeckung eines Kontos herabzusetzen- als Kontoinhaber eine Person mit geringem Vermögen und Einkommen auswählt, bei der üblicherweise keine steuerliche Prüfung vorgenommen wird. Dies vermag eine erweiternde Auslegung des § 154

[1264] So zum Beispiel Hamacher, DB 1985, 1807 (1810); Wengert/Widmann, BB 1998, S. 724; Herrler, a.a.O., S. 151, 158, 162.

[1265] So z.B. Carl/Klos, Rechtmäßigkeit der Bankdurchsuchung bei Verdacht der Steuerhinterziehung, DStZ 1994, S. 399.

[1266] Carl/Klos, a.a.O..

[1267] Carl/Klos, a.a.O., S. 399, 400. Vgl. insoweit auch die oben gemachten Ausführungen zum Beschluß des OLG - Frankfurt/Main.

AO jedoch nicht zu rechtfertigen. Hätte der Gesetzgeber verhindern wollen, daß dem Fiskus dadurch Gelder vorenthalten werden, daß der materiell Berechtigte das Konto eines anderen benutzt, hätte er dies ausdrücklich verbieten und entsprechende Mitteilungspflichten der Banken einführen können.... . Das ist jedoch nicht geschehen. § 154 AO hindert nicht, daß der richtig bezeichnete Kontoinhaber für Rechnung eines anderen tätig wird....".[1268] Eine generelle Sanktion kann somit an Buchungen dieser Art nicht geknüpft werden.[1269] Stößt daher ein Außenprüfer bei der Außenprüfung einer Bank auf Vorgänge dieser Art, kann er hinsichtlich dieser zufällig entdeckten Vorgänge Kontrollmitteilungen nur schreiben, wenn er weitere Indizien für einen steuerlich erheblichen Vorgang erhält. Das ergibt sich nach Ansicht des LG - Arnsberg bereits aus dem Umstand, daß auf einem CpD - Konto wahllos hintereinander Geschäftsvorfälle verbucht sind, so daß der Außenprüfer, der Einsicht in dieses CpD-Konto nimmt, zwangsläufig mit einer Vielzahl verschiedenartiger und unterschiedliche Bankkunden betreffender Vorgänge konfrontiert wird.[1270] Der so vorgefundene Inhalt der CpD - Konten kann nicht als genereller (echter) Zufallsfund angesehen werden, der es dem Außenprüfer ermöglicht, in bezug auf alle auf dem CpD - Kontoauszug befindlichen Bankkunden, Kontrollmitteilungen zu fertigen,[1271] da begründete, konkrete Anhaltspunkte für ein steuerlich erhebliches Verhalten fehlen. Ein begründeter, konkreter Anhaltspunkt besteht darüberhinaus in Fällen des zuvor geschilderten Verstoßes gegen § 154 AO lediglich in bezug auf den Bürger, um dessen Transaktion es sich handelt. Handelt es sich um einen zufälligen Fund im Rahmen einer Außenprüfung ("anläßlich"), kann ein solcher Zufallsfund in bezug auf den Bürger B 1 nicht zum Anlaß einer systematischen Suche nach gleichartigen Fällen in bezug auf die Bürger B 2 bis B n genommen werden, da für einen steuerlich erheblichen Vorgang dieser weiteren Bürger jegliche Anhaltspunkte fehlen.[1272] Ein Zufallsfund in bezug auf diese Bürger besteht nicht. Er wäre separat zu beurteilen. Aufgrund der Abstraktheit der jeweiligen Verhältnisse der Bankkunden zum Staat und untereinander können daher systematische Kontrollmitteilungen nicht unter Verzicht auf begründete, konkrete Anhaltspunkte geschrieben werden.[1273] Von einem konkreten Fall kann insofern nicht auf einen anderen Fall geschlossen werden. Fertigt daher in einem Ermittlungsverfahren ein Beamter Kontrollmitteilungen über eine Person, gegen die sich das Ermittlungsverfahren nicht richtet, so bedeutet das eine rechtswidrige Überschreitung zum Beispiel des Durchsuchungsbefehls und nicht etwa einen Zufallsfund.[1274] Darüber hinaus muß ein solcher begründeter und konkreter Anhaltspunkt "anläßlich" einer Außenprüfung gefunden werden. Es handelt sich dann um einen zufälligen, einen echten Zufallsfund. Nur ein solcher Zufallsfund kann in bezug auf den ursprünglich durch die Außenprüfung nicht betroffenen Bürger verwertet werden. Ein echter Zufallsfund zeichnet sich somit in diesem Zusammenhang dadurch aus, daß er zufällig im eigentlichen Sinne dieses Wortes ist. Ein unechter Zufallsfund, was, wie bereits gesagt, allein schon ein sprachliches

---

1268 BGH-NJW 1995, 261 (263).

1269 Flore, in: Flore/Dörn/Gillmeister, a.a.O., S. 186; Streck/Mack, BB 1995, S. 2142; Ehlers, Der neue "Bankenerlaß", BB 1979, S. 1602 (1603). Siehe auch die Ausführungen zum Beschluß des OLG-Frankfurt / Main.

1270 LG-Arnsberg (Beschluß vom 27.06.1983, Aktz. 3 Qs 43/83), in: ZiP 1984, S. 889 ff. (891). Ähnlich auch Herrler, a.a.O., S. 140 f..

1271 In diesem Sinne LG-Arnsberg, a.a.O..

1272 Vgl. LG-Arnsberg, a.a.O., S. 891, 892; in diesem Sinne auch Ehlers, BB 1979, S. 1603; Herrler, a.a.O., S. 158.

1273 So z.B. Streck/Peschges, DStR 1997, S. 1997; Herrler, a.a.O..

1274 Ehlers, Durchsuchung - Beschlagnahme - Bankgheheimnis, BB 1978, S. 1515. In diesem Sinne auch Ruppelt, Diss. jur., Köln, 1959, S. 61; Wengert/Widmann, BB 1998, S. 725.

Paradoxon beinhaltet, ist gegeben, wenn die Auffindung dieses Fundes die Durchführung der Außenprüfung zumindest mitinitiiert hat und somit bereits im Vorfeld abstrakt beabsichtigt war. Bei einem echten Zufallsfund fällt daher die tatsächliche Entdeckung eines Vorganges und das Auffinden begründeter, konkreter Anhaltspunkte (Beweise), die sich auf diesen Vorgang beziehen, in einem Akt zusammen. Diese Koinzidenz ist zufällig und kann nicht vorhergesehen werden. Als Ausnahmeereignis rechtfertigt sich die weitere Verwendung der gefundenen Anhaltspunkte in bezug auf den Bürger, auf den sich die Anhaltspunkte beziehen. Bei einem unechten Zufallsfund im beschriebenem Sinne fehlt es nicht nur an dieser Zufälligkeit, sondern auch an dem Zusammentreffen uno actu von tatsächlicher Entdeckung eines Vorganges und dem Auffinden begründeter, konkreter Anhaltspunkte (Beweise) hierfür. Mindestens eine dieser Komponenten fehlt. Die fehlende Komponente ergibt sich erst im Nachhinein im Wege weiterer Ermittlungen. Ihre Auffindung ist insofern zwar auch zufällig und somit nicht vorhersehbar, gleichwohl fehlt es an der beschriebenen Verknüpfung uno actu im Sinne der echten Zufallsfunde. Die unechten Zufallsfunde genügen aus den bereits oben vorgebrachten Gründen nicht den Anforderungen des Verhältnismäßigkeitsgrundsatzes. Die unterschiedliche Behandlung und Vorgehensweise hinsichtlich der Funde „anderer Personen" in § 30 a, Abs. III AO und § 194, Abs. III AO resultiert aus dem Umstand, daß § 30 a, Abs. III AO der überragenden Informations- und Datenfülle, die Banken über ihre Kunden besitzen, Rechnung tragen will. Letztendlich dient daher die Differenzierung hinsichtlich der Behandlung von Kontrollmitteilungen in den genannten Normen der Realisierung des Verhältnismäßigkeitsgrundsatzes. Aufgrund der vorhandenen Daten- und Informationsfülle der Banken in bezug auf ihre Kunden bedeutet eine Außenprüfung bei einer Bank einen erheblich intensiveren Eingriff in die grundrechtlich geschützten Positionen des Bankkunden, aber auch der Bank, als eine Außenprüfung bei einer anderen Person. Eine Außenprüfung bei einer Bank ist sinnvoll nicht möglich, ohne auch Einsicht in eine Reihe von Kundenunterlagen zu nehmen, da anders eine Beurteilung der steuerlich relevanten Umstände der Bank erschwert ist. Bei der Außenprüfung einer Bank ist somit der Einblick in Kundenunterlagen die Regel, während bei einer Außenprüfung bei anderen Steuerpflichtigen, außerhalb von § 30 a, Abs. III AO, der Einblick in Unterlagen Dritter die Ausnahme bildet[1275]. Diese Steuerpflichtigen, bei denen eine Außenprüfung im Rahmen der §§ 193 ff. AO möglich ist, verfügen auch nicht über die Daten- und Informationsfülle über ihre Kunden, wie es bei einer Bank der Fall ist. Daher ist die gesetzlich vorgenommene Differenzierung hinsichtlich der Behandlung von Kontrollmitteilungen in § 30 a, Abs. III AO und § 194, Abs. III AO geboten.[1276] Diese Besonderheit bei der Außenprüfung von Banken hat auch zwischenzeitlich der Bundesfinanzhof erkannt. In einer Entscheidung des VII. Senats des Bundesfinanzhofs vom 28.10.1997[1277] hat dieser ausgeführt, daß im Bankenbereich die Auswertungsbefugnis des § 194, Abs. III AO ihrerseits begrenzt wird durch die Spezialvorschrift des § 30 a, Abs. III AO.[1278] Zu dieser Auffassung war er durch eine Differenzierung zwischen den gewöhnlich von einer Außenprüfung betroffenen Steuerpflichtigen, wo eine Auswertung auch der steuerlichen Belange Dritter möglich sein soll, und den bei einer von der Außenprüfung betroffenen Bank gelangt.[1279] Zu dieser Differenzierung war

1275 Vgl. Sichtermann/Feuerborn, a.a.O., S. 292.

1276 In diesem Sinne, Sichtermann/Feuerborn, a.a.O., S. 292.

1277 BFHE vom 28.10.1997 (VII B 40/97), in: WM 1997, 2344 ff.. Hierbei ging es um das Verfahren einer einstweiligen Anordnung gegen einen Beschluß des FG Baden-Württemberg vom 23.12.1996 (14 K 129/96), der die Fertigung von 70 Kontrollmitteilungen anläßlich der Durchsuchung einer Bank wegen namentlich nicht bekannter Bankkunden zum Inhalt hatte. Die Begründung des BFH im Hauptverfahren bleibt abzuwarten.

1278 BFH, a.a.O., S. 2350.

1279 BFH, a.a.O..

das Gericht gelangt, da anderenfalls § 30 a, Abs. III AO „ohne jeden Sinn wäre".[1280] Eine Auswertung der steuerlichen Belange der Bankkunden im Rahmen der Außenprüfung einer Bank ist gemäß dieser neuen Entscheidung des Bundesfinanzhofs daher erst dann möglich, wenn gegen den betreffenden Bankkunden ein entsprechender Verdacht besteht. „Besteht daher der Verdacht einer Steuerverkürzung, steht diese Vorschrift (sc. § 30 a, Abs. III AO) einer Kontrollmitteilung nicht entgegen".[1281] Die Aussagen des Bundesfinanzhofs kulminieren schließlich in der Feststellung: „Solange § 30a, Abs. III AO Bestand hat, muß wenigstens ein Kernbestand des Bankgeheimnisses bewahrt bleiben".[1282] Aufgrund der genannten Differenzierungskriterien ist daher die Herleitung einer steuerlichen Ungleichbehandlung im Sinne von Art. 3, Abs. I GG in bezug auf die einzelnen Steuerpflichtigen, wie sie in der Rechtsprechung (bisher) vorgenommen wurde, nicht haltbar, da Art. 3, Abs. I GG gebietet, Gleiches gleich und Ungleiches ungleich zu behandeln. Auch fehlen abgrenzbare, homogene Vergleichsgruppen. Insoweit wird auf die zu Art. 3 Abs. I GG gemachten Ausführungen im Zusammenhang mit den strafrechtlichen Eingriffsbefugnissen verwiesen. Aufgrund der Daten- und Informationsfülle, die Banken über ihre Kunden besitzen, unterscheidet sich deren Situation von der Situation sonstiger von einem Außenprüfungsverfahren betroffener Personen. Diese Situationen sind somit ungleich. Diesem Unterschied trägt § 30 a, Abs. III AO Rechnung. Die unterschiedliche Behandlung von Kontrollmitteilungen in § 30 a, Abs. III AO und § 194, Abs. III AO ist somit Ausfluß der unterschiedlichen Umstände und daher von Art. 3, Abs. I GG gerade gefordert. Die Einschränkung von Kontrollmöglichkeiten im Zusammenhang mit der Außenprüfung einer Bank gemäß § 30 a, Abs. III AO taugt daher nicht als Argument einer rechtlichen Ungleichbehandlung der Steuerpflichtigen, wie sie von den genannten Gerichten vertreten wird. Trotz dieser gebotenen Differenzierung im Bereich der Kontrollmöglichkeiten ist die Folge des Urteils des Bundesverfassungsgerichtes und ihm folgend des Bundesfinanzhofes in der Praxis der zum Teil eklatante Mißbrauch des Außenprüfungsverfahrens bei Banken durch Finanz- und Ermittlungsbehörden. Schließlich habe sich das Bundesverfassungsgericht nach Auffassung dieser Behörden ja für mehr Kontrollen und Kontrollmitteilungen ausgesprochen. Hat das Bundesverfassungsgericht noch wegen des Verbotes von Kontrollmitteilungen in § 30 a, Abs. III AO ein Klima der Zurückhaltung bei der Finanzverwaltung beklagt, ist diese, nunmehr ermutigt von der Rechtsprechung des Bundesverfassungsgerichtes und des Bundesfinanzhofes, in das andere Extrem verfallen. Die Außenprüfung bei einer Bank wird zunehmend nur vorgetäuscht, um an die eigentlich begehrten Unterlagen der Bankkunden in großem Umfang zu gelangen und diese als angeblich echte Zufallsfunde zu beschlagnahmen. Dieses ist unzulässig[1283] und die so erlangten Kundenbelege können nicht verwertet werden. Obwohl die Finanzbehörden bei der Außenprüfung der Bank in der Praxis noch gar nicht ersehen können, daß sie auf Zufallsfunde stoßen werden, wartet der Lieferwagen der Finanzverwaltung bereits vor der Bank, um die Unterlagen der Bankkunden aufzunehmen. Gleiches gilt auch für einen Mißbrauch des Außenprüfungsverfahrens zur Fertigung von Kontrollmitteilungen. Als Folge der Rechtsprechung ist beispielsweise der Erlaß des Finanzministeriums von Nordrhein - Westfalen vom 08.07.1996 anzusehen[1284], der

[1280] BFH, a.a.O., S. 2352. So auch Tipke in seiner Anmerkung zu diesem Urteil des BFH, in: FR 1998, 117.

[1281] BFH, a.a.O., S. 2151.

[1282] BFH, a.a.O., S. 2153.

[1283] Vgl. Kleinknecht/Meyer-Goßner, a.a.O., § 108, Rn. 1; Ehlers, Durchsuchung-Beschlagnahme-Bankgeheimnis, BB 1978, S. 1514, 1515; LG-Bonn, in: NJW 1981, S. 292 ff. (293); LG-Arnsberg, in: ZIP 1984, 889 ff. (891, 892); Wengert/Widmann, BB 1998, S. 725.

[1284] Abgedruckt unter DB 1997, 1254. Vgl. auch Streck/Peschges, DStR 1997, S. 1997. Siehe auch die Ausführungen auf S. 157 zu dem Artikel des Handelsblattes.

Betriebsprüfer dazu auffordert, im Rahmen der Außenprüfung einer Bank verstärkt und systematisch Kontrollmitteilungen der CpD - Konten der Banken zu fertigen. Nach *Streck / Peschges* [1285] soll Grund für den verstärkten diesbezüglichen Einsatz der Betriebsprüfer die dünne Personaldecke bei der Steuerfahndung sein. Zu Recht weisen sie darauf hin, daß bei jeder Verbuchung über ein gemäß § 154 AO überprüftes Konto als Gegenkonto immer auch ein bankinternes Konto angesprochen wird, so daß es in bezug auf die CpD - Konten einer Bank in diesem Zusammenhang nicht nur auf die Frage der beidseitigen Legitimierung der Konten ankommen kann.[1286] Entscheidender Grund für die Rechtswidrigkeit des Erlasses des Finanzministeriums von Nordrhein - Westfalen ist nach Auffassung von *Streck/Peschges* der Umstand, daß eine systematische Erstellung von Kontrollmitteilungen über CpD - Konten und sonstige betriebsinterne Konten der Bank erfolgen soll, ohne daß ein erforderlicher, hinreichender Anlaß dafür besteht, zumal die Kontrollmitteilung nicht mehr anläßlich der Außenprüfung stattfindet, sondern unzulässigerweise dazu dient, die steuerlichen Verhältnisse der Bankkunden zu durchleuchten.[1287] Dieser Ansicht kann man nur beipflichten. Die Aufdekkung von unbekannten Steuerfällen obliegt gemäß § 208, Abs. I, S. 1, Nr. 3 AO der Steuerfahndung, nicht den Betriebsprüfern[1288], so daß bei einem Vorgehen der genannten und von dem Erlaß geforderten Art ein unzuständiges "Organ" handelt, ein Grund mehr, diesen Erlaß als rechtswidrig anzusehen. „Kontrollmitteilungen können nur verlangt werden „anläßlich“ einer Außenprüfung bei dem Kreditinstitut. Dieser Begriff verdeutlicht daher, daß es sich bei den Funden, die im Rahmen einer Außenprüfung gefunden werden, um echte Zufallsfunde handeln muß, ganz im Sinne der Strafprozeßordnung, wo in § 108 StPO, der die strafprozessuale Behandlung von (echten) Zufallsfunden regelt, insoweit nicht von „anläßlich“

1285 Streck/Peschges, DStR 1997, S. 1996. Hierzu steht freilich die auf Seite 172 dort Fn.7 beschriebene Auffassung von Vogt/Kramer im Widerspruch, die angesichts des Umstandes, daß wegen der Freibetragsgrenzen bei der Zinsbesteuerung nur rund 20 % der Steuerbürger von der Zinsabschlagsteuer faktisch betroffen sind, auf Seiten der Finanzverwaltung freie personelle Kapazitäten sehen - vgl. Vogt/Kramer, WM 1997, S. 2162. Die Diskrepanz in den genannten Auffassungen dürfte daraus resultieren, daß Vogt/Kramer die Personalstärke der Finanzverwaltung insgesamt betrachten, während Streck/Peschges eine spezifizierte Betrachtung vertreten dürften, die sich an der speziellen Personalstärke im Bereich der steuerlichen Außenprüfung (Betriebsprüfer) orientiert. In der Tat erschiene die Betrachtung von Streck/Peschges, die von einer zu dünnen Personaldecke im Bereich der Betriebsprüfung ausgeht, plausibler, da die von Vogt/Kramer vorgetragenen Überkapazitäten im steuerlichen Innendienst keine Effekte für den Außendienst erzielen lassen, da diese Beamte nicht ohne weiteres umgesetzt werden können. Nach einer Meldung des Handelsblattes im Internet vom 13./14.06. 1998 ist die personelle Ausstattung der Finanzämter derart schlecht, daß diese sich aufgrund eines nicht näher bezeichneten Erlasses lediglich auf die Überprüfung wesentlicher Steuerfälle konzentrieren sollen und die durchzuführenden Überprüfungen nach einem maschinell ausgelosten, degressiven Stichprobenverfahren durchgeführt werden sollen. Hierbei dient als Grundlage der Wesentlichkeit die Höhe des Einkommens, so daß zum Beispiel bei einer Einkommenshöhe > 400 TDM rund 70 % intensiv zu prüfen wären, während nur rund 5 % der Einkommensbezieher > 150 TDM einer intensiven Überprüfung unterzogen werden sollen. Vgl. zu dieser Problematik auch Michel/Schnell, Die Außenprüfung bleibt verfassungsrechtlich geboten, BB 1998, S. 1562, 1563, die ähnlich wie Streck/Peschges argumentieren.

1286 Streck/Peschges, DStR 1997, S. 1996, unter Bezugnahme auf Hamacher, in: DB 1996, 2464. Hamacher, Gibt es doch ein steuerliches Bankgeheimnis?, WM 1997, S. 2154.

1287 Streck/Peschges, DStR 1997, S. 1996, 1997. In diesem Sinn auch Schuhmann, Wistra 1995, S. 339. Bilsdorfer, Kontrollmitteilungspraxis der Erbschaftssteuerstellen und § 30 a der Abgabenordnung, BB 1989, S. 1102; Dahm, in: BuB, Kap.2, Rn. 2/908. Hamacher, WM 1997, S. 2154, der zutreffend darauf hinweist, daß bei einer unbeschränkten Überprüfung der Gegenkonten im Sinne des Erlasses von Nordrhein - Westfalen § 30 a, Abs. III AO völlig leerlaufen würde, da es „Spiegelfechterei“ wäre, „ob man voraussetzungslos Girokonten oder deren Gegenkonten für Kontrollmitteilungen verwertet“. Ähnlich auch Schön, WM 1998, S. 2407.

1288 Vgl. auch Streck/Peschges, DStR 1997, S. 1997.

gesprochen wird, sondern von einem Fund "bei Gelegenheit". Es handelt sich allein aufgrund dieser sprachlichen Übereinstimmung bei den unterschiedlichen Normen um den selben Gedanken des Gesetzgebers zu der Behandlung von (echten) Zufallsfunden. Auf die zu § 108 StPO ergangene Rechtsprechung kann daher verwiesen werden.[1289] Die Finanzbehörde hat also keine allgemeine Befugnis, zu Zwecken der Besteuerung eines Dritten von dem Kreditinstitut Angaben über Kunden einzuholen. Der Ausdruck "anläßlich einer Außenprüfung" impliziert bereits, daß die Feststellung der steuerlichen Verhältnisse anderer Personen ein bloßes Nebenprodukt der Außenprüfung sein muß und nicht deren eigentliche Motivation[1290]. Eine Außenprüfung darf daher nicht allein oder gleichzeitig zu dem Zweck durchgeführt werden, die Verhältnisse anderer Steuerpflichtiger zu überprüfen. Die Kontrollmitteilung darf stets nur ein zufälliges Nebenprodukt sein bei einer zur Ermittlung der steuerlichen Verhältnisse des Kreditinstitutes ohnehin vorzunehmenden Außenprüfung".[1291] Darüberhinaus bergen solche im Rahmen einer Außenprüfung durchgeführten Kontrollmitteilungen die Gefahr, daß das in § 93, Abs. I AO enthaltene Subsidiaritätsprinzip unterlaufen werden könnte, indem Banken in fremden Steuersachen (denen der Kunden) vorrangig im Rahmen einer Außenprüfung in Anspruch genommen werden[1292] und insofern ein Auskunftsersuchen obsolet werden würde. *Feuerborn* führt aus, daß bereits der Reichsfinanzhof erkannt hat, daß eine planmäßige Durchsuchung der Kundenkonten einer von einer Buch- und Betriebsprüfung betroffenen Bank für unzulässig gehalten wird. Die Bank sei wohl verpflichtet, „die Bucheinsicht des Buch- und Betriebsprüfers für gelegentliche Wahrnehmungen auch aus solchen Buchstellen zu dulden, die für die steuerlichen Verhältnisse der Bankkunden von Bedeutung sind, nicht aber Bucheinsicht auch für Zwecke der Ermittlung der steuerlichen Verhältnisse des Bankkunden".[1293]

Nach Auffassung des Bundesfinanzhofs sind über die bereits angesprochenen Einschränkungen des § 30 a, Abs. III AO im Rahmen von bankeigenen Konten und im Rahmen echter Zufallsfunde hinaus weitere Einschränkungen vorzunehmen, um zu einer verfassungskonformen Auslegung des § 30 a, Abs. III AO zu gelangen[1294]. Aufgrund der vom Bundesfinanzhof für geboten erachteten teleologischen, grammatikalischen, historischen und verfassungskonformen Auslegung des § 30 a, Abs. III AO gelangt dieser zu dem Ergebnis, daß § 30 a, Abs. III AO einschränkend auszulegen sei[1295], indem er die Worte „dürfen nicht" in § 30 a, Abs. III AO in ein „sollen nicht" uminterpretiert, wobei er sich zur Begründung auf die (angeblich)

[1289] Kleinknecht/Meyer-Goßner, a.a.O., § 108, Rn. 1.

[1290] Vgl. Streck/Peschges, a.a.O., S. 1997; Sichtermann/Feuerborn, a.a.O., S. 292; Wengert/Widmann, BB 1998, S. 725.

[1291] Sichtermann/Feuerborn, a.a.O., S. 292; Selmer, in: Steuerrecht und Bankgeheimnis, S. 25 f.. In diesem Sinne auch der BFH in seiner Entscheidung vom 18.02.1997 in: NJW 1997, 2067 ff. (2072).

[1292] Sichtermann/Feuerborn, a.a.O., S. 293; Müller-Brühl, NSt. 1988, S. 15/16. Wengert/Widmann, BB 1998, S. 724 betonen, daß die Situation des anläßlich einer Außenprüfung betroffenen Dritten der eines Dritten im Rahmen eines Auskunftsersuchens gemäß § 93 AO entspricht, so daß die Erstellung von Kontrollmaterial nicht über das hinaus gehen kann, „was der Betroffene im Besteuerungsverfahren des Dritten, bei dem das Kontrollmaterial ausgewertet werden soll, tun oder dulden müßte".

[1293] Sichtermann/Feuerborn, a.a.O., S. 293 - unter Hinweis auf die Entscheidung des Reichsfinanzhofes vom 06.07.1932 RStBl. 1932, 685 f..

[1294] BFH-Entscheidung des VIII. Senats vom 18.02.1997 (VIII R 33/95), in: NJW 1997, 2067 ff. (2071).

[1295] Zu den diesbezüglichen Bedenken an der Verfassungskonformität der Auslegung siehe Vogt / Kramer, Steuerliche Ermittlungsbefugnisse bei Kreditinstituten - Widerspruch zum BFH - Urteil vom 18. Februar 1997, WM 1997, S. 2156 ff..

diesbezügliche historische Entwicklung dieser Norm bezieht.[1296] Für diese Uminterpretation hat der Bundesfinanzhof vielfältige Kritik erhalten.[1297] Im Ergebnis der Rechtsprechung des Bundesfinanzhofs sollen Kontrollmitteilungen über Konten eines Bankkunden auch dann möglich und zulässig sein, wenn dazu ein hinreichender Anlaß besteht.[1298] Dabei interpretiert der Bundesfinanzhof den Begriff des hinreichenden Anlasses in gleicher Weise wie bei § 93, Abs. I AO, so daß hiernach die Fertigung von Kontrollmitteilungen nicht erst bei konkreten Zufallsfunden eines Außenprüfers zulässig sein sollen, sondern bereits dann, wenn ein Außenprüfer im Rahmen einer aufgrund allgemeiner Erfahrung getroffenen Prognoseentscheidung im Wege antizipierter Beweiswürdigung zu dem Ergebnis gelangt, daß eine Kontrollmitteilung zur Aufdeckung einer steuerlich erheblichen Tatsache führen wird.[1299] Die Argumente und Ausführungen wie eine solche Prognoseentscheidung als hinreichender Anlaß zu werten ist, wurden oben bereits im Zusammenhang mit der Darstellung der Auskunftsersuchen gemäß § 93, Abs. I AO dargestellt. Auf die dort gemachten Ausführungen wird in vollem Umfang verwiesen, da die dort genannten Kritikpunkte an einer solchen Definition eines hinreichenden Anlasses im Rahmen einer steuerlichen Überprüfung von Bankkunden vorliegend in gleicher Weise zutreffen. Es reicht in diesem Zusammenhang jedenfalls nicht aus, den Auslandsbezug einer finanziellen Transaktion eines Bankkunden zum Anlaß zu nehmen und über diesen Kunden eine Kontrollmitteilung zu fertigen, um ihn einer genaueren steuerlichen Überprüfung zu unterziehen. Im Gegensatz zum Bundesverfassungsgericht in seiner Zinsentscheidung[1300], daß eine grundrechtliche Betroffenheit des Bankgeheimnisses dahinstehen ließ, erkennt der Bundesfinanzhof in seinem Urteil vom 18.02.1997 den grundrechtlich verbürgten Datenschutz und den "Schutz gegen unbegrenzte Erhebung, Speicherung, Verwendung oder Weitergabe individualisierter oder individualisierbarer Daten" an.[1301] *Hamacher* sieht sich aus diesem Grund zu der Frage veranlaßt, ob es nicht doch ein steuerliches Bankgeheimnis gäbe,

---

1296 BFH, NJW 1997, S. 2071.

1297 Z.B. Bilsdorfer, Der BFH und die Zinsbesteuerung - ein bemerkenswerter Eiertanz, NJW 1997, S. 2368 ff; Eckhoff, Verfassungsmäßigkeit der Zinsbesteuerung?, DStR 1997, S. 1071 ff.; Streck/Peschges, Die Fertigung von Kontrollmitteilungen bei Außenprüfungen in Banken, DStR 1997, S. 1993 ff.; Vogt/Kramer, WM 1997, 2156 ff.. Insbesondere Vogt/Kramer zeigen m.E zu Recht, daß die vom BFH vorgenommene verfassungskonforme Auslegung sowohl die Voraussetzungen als auch die Grenzen einer verfassungskonformen Auslegung überschritten hat, da die hierfür notwendige Mehrdeutigkeit eines Gesetzes nicht gegeben war - Vogt/Kramer, WM 1997, S. 2159 ff., und der BFH sich durch seine Uminterpretation des § 30 a, Abs. III AO völlig vom Wortlaut der Norm entfernt habe (Vogt/Kramer, a.a.O., S. 2159). Gerade die vom BFH behauptete historische Entwicklung der Norm des § 30 a AO zeige nach Vogt/Kramer deutlich, daß der BFH die Aussage der Norm durch die Uminterpretation in ihr Gegenteil verwandelt habe (Vogt/Kramer, a.a.O., S. 2161). Gerade die der Entstehung der Norm zugrundeliegenden und von Vogt/Kramer zitierten Gesetzesmaterialien sprechen davon, daß durch die Fortgeltung des § 30 a AO das „Steuer- und Bankgeheimnis" in bisherigem Umfang voll erhalten bleiben soll (Vogt/Kramer, a.a.O., S. 2161). Kritik an dieser Uminterpretation des VIII. Senats des BFH hat auch in einer jüngeren Entscheidung der VII. Senat des BFH geübt, vgl. BFHE vom 28.10.1997 (VII B 40/97), in: WM 1997, 2344 ff. (2352), der im Ergebnis die Interpretation des VIII. Senats in bezug auf § 30 a, Abs. III AO als vom Wortlaut der Norm nicht mehr gedeckt ansieht und eine Verkehrung ins Gegenteil statuiert. Nach Ansicht des VII. Senats des BFH muß „ein Kernbestand des Bankgeheimnis bewahrt bleiben", solange § 30 a AO Bestand hat -vgl. VII. Senat des BFH, WM 1997, S. 2352. *Anderer Ansicht* ist z.B. Hamacher, Gibt es doch ein steuerliches Bankgeheimnis?, WM 1997, S. 2149 ff., der in dem Urteil des BFH vom 18.02.1997 die langerwartete Klarstellung erblickt, die Eingriffsvoraussetzung des hinreichenden Anlasses als beschränkendes Moment auch auf den Bereich der Kontrollmitteilungen zu erstrecken.

1298 BFH, NJW 1997, S. 2071.

1299 BFH, a.a.O..

1300 BVerfGE 84, 239 ff..

1301 BFH, NJW 1997, S. 2072.

da durch diese Ausführungen des Bundesfinanzhofs der Datenschutz erstmals in dieser Deutlichkeit Eingang in die steuerliche Judikatur gefunden habe.[1302] Ferner erkennt der Bundesfinanzhof, daß diese grundrechtliche Position des Einzelnen nur im überwiegenden Interesse der Allgemeinheit und unter Wahrung des Grundsatzes der Verhältnismäßigkeit eingeschränkt werden darf, wobei die Einschränkung nicht weiter gehen darf, als zum Schutz öffentlicher Interessen unerläßlich ist.[1303] In diesem vom Bundesfinanzhof angesprochenen ultima ratio - Gedanken verbirgt sich bereits der Teilgrundsatz der Erforderlichkeit im Rahmen der Verhältnismäßigkeitsprüfung. Die grundrechtlich geschützte Position des Einzelnen habe als Ergebnis der Abwägung des Bundesfinanzhofs jedoch letztendlich dem fiskalischen Interesse des Staates an der Sicherung des Steueraufkommens zu weichen, verbunden mit dem Gebot einer gleichmäßigen Lastenverteilung der Steuerpflichtigen.[1304] Seine Grenzen findet dieses überwiegende Interesse des Staates nach Ansicht des Bundesfinanzhofs jedoch in Fällen, in denen kein hinlänglicher Anlaß für Kontrollmitteilungen besteht. Dann würde es sich um Fälle einer unzulässigen "Stichprobe" ins Blaue hinein handeln.[1305] Auch müssen Kontrollmitteilungen "anläßlich" einer Außenprüfung stattfinden, um das Institut der Außenprüfung nicht für die Erforschung der Verhältnisse dritter Personen zu mißbrauchen.[1306] Diese Auffassung des Bundesfinanzhofs wird in der Praxis nicht immer geteilt, wie die oben angeführtem Beispiele zeigen. Handelt zudem noch ein an sich unzuständiges "Organ", ist dieses ein weiterer Grund, eine Unverwertbarkeit der recherchierten Informationen in bezug auf diejenigen Bankkunden anzunehmen, deren steuerlich erhebliche Anhaltspunkte nicht Anlaß für die Maßnahme der Finanzbehörde waren und/oder die nicht im Rahmen echter Zufallsfunde entdeckt worden sind.

Der Bundesfinanzhof erkennt am Ende seiner Abwägung bereits selbst die besondere Situation in der sich eine Bank bei der Fertigung von Kontrollmitteilungen befindet, indem er ausführt, daß diese einen -gegenüber dem Normalfall- tiefergreifenden Einblick in die Verhältnisse des Steuerpflichtigen (Bankkunden) hat.[1307] "Angesichts der Tatsache, daß in heutiger Zeit nahezu alle grösseren laufenden und einmaligen Zahlungen unbar abgewickelt werden, gewinnt das Kreditinstitut eine nahezu umfassende Übersicht über die finanziellen Verhältnisse des (Giro-) Konteninhabers. Dieser Gesichtspunkt kann zu einer Einschränkung der Zulässigkeit von Kontrollmitteilungen führen; denn je größer und intensiver die Möglichkeiten des Eingriffes in den persönlichen Bereich des Bürgers sind, desto effektiver muß der verfassungsrechtliche Schutz gegen unverhältnismäßige Eingriffe ausgestaltet sein. Das rechtfertigt es, die willkürliche Fertigung von Kontrollmitteilungen im Zuge der Außenprüfung von Kreditinstituten zu versagen, wenn sie nach Art und Umfang die Grundlage für eine unzulässige Rasterfahndung bilden könnten, bei der durch ‚Ausfiltern' bestimmter Personen aus einer großen Gruppe von Bankkunden nach bestimmten Rastermerkmalen erst ein möglicher Angriff für weitere Ermittlungsmaßnahmen gefunden werden sollen".[1308] Deutlich wird die Jedesto - Formel des ersten Abwägungsgesetzes als Ausfluß des Verhältnismäßigkeitsgrundsatzes. Entscheidend ist die individuelle Abwägung in bezug auf den jeweils betroffenen einzelnen Bürger und die Beachtung des Abstraktionsprinzips. Die von dem Bundesfinanzhof

[1302] Hamacher, WM 1997, S. 2155.
[1303] BFH, NJW 1997, S. 2072; Hamacher, WM 1997, S. 2155.
[1304] BFH, NJW 1997, S. 2072; BFHE 148, 108 (112).
[1305] BFH, NJW 1997, S. 2071. So auch das BVerfG, in: NJW 1990, S. 701 und S. 702.
[1306] BFH, NJW 1997, S. 2072.
[1307] BFH, NJW 1997, S. 2072.
[1308] BFH, NJW 1997, S. 2072; BFHE 162, 539. Vgl. auch Wengert/Widmann, BB 1998, S. 725.

als zulässig erachtete Prognoseentscheidung aufgrund einer antizipierten Würdigung der Umstände wird diesem Erfordernis nicht gerecht, weil es sich bei dieser Prognoseentscheidung, wie sie vom Bundesfinanzhof anhand von Verdachtsrastern vorgenom-men wird, um eine pauschale und nicht individualisierte Abwägung handelt, die nur eine mehr oder weniger große Wahrscheinlichkeit zum Ausdruck bringt.[1309] Zwar hat nach Auffassung des Bundesfinanzhofs die Finanzbehörde ihre Prognoseentscheidung nach "pflichtgemäßem Ermessen" zu treffen, orientiert sich dabei jedoch an determinierten Verdachtsrastern, ohne zu erkennen, daß der Begriff des Ermessens, an dem sie sich zu orientieren hat, bereits auf die Anwendbarkeit des Verhältnismäßigkeitsgrundsatzes hinweist.[1310] "Ermessen bedeutet, daß das Handeln der Behörde nicht schon durch Rechtsvorschriften, die die Grundlage dafür bilden, eindeutig und abschließend vorgezeichnet und determiniert ist und die Behörde nur die Aufgabe hat, die entsprechenden Tatsachen zu subsumieren, sondern daß die insoweit maßgeblichen Rechtsvorschriften der Behörde einen gewissen Spielraum hinsichtlich der Entscheidung lassen".[1311] Diesen Spielraum hat die Behörde indes ganz im Sinne der Lüth - Entscheidung des Bundesverfassungsgerichtes im Rahmen der Grundrechte auszulegen bzw. auszufüllen. Es gilt gerade bei Ermessensentscheidungen der Verhältnismäßigkeitsgrundsatz, da diese gerade dazu prädestiniert sind, Maßnahmen unterschiedlicher Eingriffsintensität durchzuführen. Es gilt das erste Abwägunsgesetz. Anknüpfend an das eingangs angeführte Zitat des Bundesfinanzhofs steht einem definitiven Eingriff des Staates in die prima facie geschütze Grundrechtsposition des Bürgers lediglich eine möglicherweise gegebene Rechtfertigung, ein möglicherweise bestehendes gegenläufiges prima facie - Recht des Staates gegenüber. Dieses stellt sich erst im Nachhinein heraus, also nachdem der Bürger und Bankkunde in seinem Grundrecht auf informationelle Selbstbestimmung beeinträchtigt worden ist. Zu einer ähnlichen Auffassung hat sich in einem anderen Fall auch das Bundesverfassungsgericht bekannt.[1312] "Würden in einer nicht unbedeutenden Anzahl von Fällen Ermittlungsmaßnahmen und Informations- und Datenverarbeitungsvorgänge aufgrund von Verdachtsanhaltspunkten erfolgen, die sich im Ergebnis als strafrechtlich irrelevant erweisen, wären Beeinträchtigungen der Grundrechtsträger zu besorgen, ohne daß dem ein ins Gewicht fallender Nutzen auf seiten der Sicherheitsbelange gegenüberstünde. Kommunikationsstörungen und Verhaltensanpassungen, die auf der Befürchtung einer Überwachung mit nachfolgender strafrechtlicher Verwertung beruhen, werden um so eher eintreten und um so gravierender sein, je mehr die Grundrechtsträger befürchten müssen, daß Aufzeichnungen ihrer Kommunikation auch ohne eine zureichende Verdachtsschwelle übermittelt und ausgewertet werden".[1313] Ganz in der Tradition der Volkszählungsentscheidung sieht das Bundesverfassungsgericht schon die aufgrund vom Bürger bloß befürchteter Überwachungsmaßnahmen auftretenden Verhaltensanpassungen als grundrechtsgefährdend an,[1314] wobei diese Verhaltensanpassungen wesentlich von Art, Umfang und Gewicht der Auswertungs-, Übermittlungs- und Verwertungsbefugnisse abhängig sein sollen.[1315] Im Rahmen dieser BND - Entscheidung des Bundesverfassungsgerichts, wo es um den

---

1309 Vgl. insoweit Hoffmann-Riem, StuW 1972, S. 137.

1310 Vgl. Rüsken, in: Klein, AO-Kommentar, a.a.O., § 93, Anm. 1.

1311 Vgl. Kopp, VwVfG, § 40, Rz. 3.

1312 Beschluß des Bundesverfassungsgerichtes vom 05.07.1995 (1 BvR 2226/94) zur Erweiterung der Abhörbefugnisse des Bundesnachrichtendienstes durch das Verbrechensbekämpfungsgesetz vom 14.09.1994, in: WM 1995, S. 1602 ff..

1313 BVerfG, WM 1995, S. 1606.

1314 BVerfG, a.a.O., S. 1604.

1315 BVerfG, a.a.O., S. 1605.

Erlaß einer einstweiligen Anordnung[1316] gegen die erweiterten Befugnisse des BND im Rahmen des Verbrechensbekämpfungsgesetzes ging, führt das Gericht in bezug auf die dort relevanten Überwachungsmöglichkeiten des Kommunikationsverkehrs der Bürger durch den BND aus, „je nach Gesprächs- oder Telefaxinhalt kann die Auswertung Einblick in private Angelegenheiten geben. Soweit die Grundrechtsträger eine Aufzeichnung und Auswertung ihrer Fernmeldeverkehre befürchten, können Kommunikationsstörungen, insbesondere Beeinträchtigungen der Unbefangenheit der Kommunikation, und Verhaltensanpassungen, etwa bei der Wahl der Kommunikationsthemen, die Folge sein. Die nachteiligen Folgen wären irreversibel, da sie mit der erfolglosen Auswertung und mit deren Befürchtung einträten“.[1317] Im Rahmen der für den Erlaß der einstweiligen Anordnung notwendigen Abwägung anhand des Verhältnismäßigkeitsgrundsatzes kommt das Gericht zu dem Ergebnis, daß die Nachteile der Anordnungsablehnung „jedenfalls in den Fällen, in denen kein hinreichend gesicherter Verdacht der Planung oder Begehung der im Gesetz näher bezeichneten Straftaten besteht“, überwiegen,[1318] denn „die im Rahmen der verdachtslosen Überwachung aufgezeichneten Kommunikationen würden vielmehr ausgewertet, ohne daß feststeht, ob hinreichende Vorkehrungen zum Schutz Unverdächtiger bestehen“.[1319] „Die von der Überwachung drohende Störung des Kommunikationsverhaltens wäre besonders groß, wenn der einzelne befürchten müßte, einer Kenntnisnahme und Verwertung seiner privaten oder beruflichen Kontakte ausgesetzt zu sein, ohne entsprechende Verdachtsmomente geliefert zu haben“.[1320] Ansichten der Ermittlungsbehörden dergestalt, daß diejenigen von der Ermittlungsmaßnahme betroffenen Bürger, gegen die kein Verdacht begründet ist, auch nichts zu befürchten hätten,[1321] läßt das Gericht somit keinen Raum. Vielmehr sieht es die Gefahr noch dadurch vergrößert, daß es keine Amtshilferesistenz in bezug auf erlangte Daten und Informationen im Sinne der Volkszählungsentscheidung gibt, für die sich auch *Simitis* [1322] wiederholt ausgesprochen hat, wenn es ausführt: „Die im Rahmen der verdachtslosen Überwachung aufgezeichneten grundrechtsgeschützten Kommunikationen würden ohne hinreichend schützende Anforderungen einer zusätzlichen Kenntnisnahme und Auswertung durch andere Stellen ausgesetzt. Insoweit ist auch zu berücksichtigen, daß die Strafprozeßordnung noch nicht hinreichend an die aus dem Volkszählungsurteil folgenden Vorgaben angepaßt worden ist“.[1323] Diese Gefahr ändert sich nach Ansicht des Gerichts erst dann, wenn sich aus den Aufzeichnungen bestimmte Tatsachen ergeben, die den konkreten Verdacht einer geplanten (Initiativ-) Straftat eines bestimmten Bürgers begründen. Aufgrund der Irreversibilität der Folgen und Nachteile eines von einer Überwachung betroffenen und unverdächtigen Bürgers, hat das Gericht der begehrten einstweiligen Anordnung daher stattgegeben.[1324]

Für die Problematik einer exzessiven Durchforstung der Kundendateien von Banken im Rahmen steuerlicher Ermittlungsmaßnahmen kann insofern nichts anderes gelten. Schon im Volkszählungsurteil hat das Bundesverfassungsgericht ausgeführt, daß es für eine freiheitlich - demokratische Grundordnung unerläßlich sei, daß der Bürger seine entsprechenden Grundrechte als Ausdruck seiner Selbstbestimmung auch ausübt. "Wer unsicher ist, ob abweichende

---

1316 Gemäß § 32 BVerfGG.
1317 BVerfG, WM 1995, S. 1605, 1606.
1318 BVerfG, a.a.O., S. 1605.
1319 BVerfG, a.a.O.
1320 BVerfG, a.a.O..
1321 Vgl. oben S. 173
1322 Siehe oben S. 120 f..
1323 BVerfG, WM 1995, S. 1606.
1324 BVerfG, a.a.O..

Verhaltensweisen jederzeit notiert und als Information dauerhaft gespeichert, verwendet oder weitergegeben werden, wird versuchen, nicht durch solche Verhaltensweisen aufzufallen. Wer damit rechnet, daß etwa die Teilnahme an einer Versammlung oder einer Bürgerinitiative behördlich registriert wird und daß ihm dadurch Risiken entstehen können, wird möglicherweise auf eine Ausübung seiner entsprechenden Grundrechte (Art. 8, 9 GG) verzichten".[1325]
Genau dieser Gedanke kommt in der geschilderten BND - Entscheidung des Gerichts erneut zum Ausdruck und gilt auch in den geschilderten „Bankfällen". Gerade die geschilderten, exzessiven Maßnahmen der Ermittlungsbehörden haben dazu geführt, daß Bürger ihr Verhalten angepaßt und vermehrt ihre Vermögenswerte im Sinne einer Vermeidungsstrategie endgültig ins Ausland transferiert oder sog. „Matratzengeld" angehäuft haben, da selbst im Rahmen der Art. 73 b EGV legale Transaktionen zum Anlaß intensiver Ermittlungen gemacht werden. Auf diese Weise hat der Finanzplatz Deutschland einen Aderlaß erhalten, der seines gleichen sucht. Damit wurde aber zugleich eine sich verschärfende Spirale in Bewegung gesetzt, da aufgrund der geschilderten antizipierten Prognose und den behaupteten Erfahrungssätzen der Ermittlungsbehörden diese die finanziellen Transaktionen und Reaktionen der Bürger nicht auch als Reaktion auf eigenes Verhalten begreifen, sondern zum Anlaß nehmen, erneut bzw. weitere Ermittlungsmaßnahmen bei Banken zu unternehmen. Hierdurch werden zweierlei Reaktionen ausgelöst. Zum Einen werden weitere Bürger und Bankkunden dazu ermuntert, Gelder ins Ausland zu transferieren solange dieses noch mög-lich erscheint oder diese Gelder Banken generell nicht mehr anvertrauen, was für den Finanzplatz Deutschland gleichermaßen schädlich ist, um den intensiven Bankdurchsuchungen im Inland zu entgehen. Der Geldtransfer ins Ausland setzt diese Bürger jedoch wiederum der Gefahr aus, Gegenstand einer straf- / steuerrechtlichen Untersuchung zu werden, auch wenn es sich bei den untersuchten finanziellen Transaktionen lediglich um Fälle handelt, bei denen die Bürger ihr Recht auf freien Kapitaltransfer im Rahmen von Art. 73 b EGV ausüben. Allein diese Gefahr aufgrund einer finanziellen Transaktion mit Auslandsbezug, Gegenstand einer Ermittlungsmaßnahme zu werden, könnte zum anderen einzelne Bürger dazu veranlassen, auf ihr Recht aus Art. 69 ff. EwGV zu verzichten bzw. dieses nicht auszuüben. Es gelten somit auch auf europarechtlicher Ebene die von dem Bundesverfassungsgericht im Volkszählungsurteil und im BND - Beschluß aufgestellten Regeln.[1326]
Will man daher dem Verhältnismäßigkeitsgrundsatz als einem der tragenden Pfeiler des geltenden Verfassungsrechtes genügen, muß für einen Eingriff des Staates auch im Bereich der Banken gefordert werden, daß dieser begründete und konkrete Anhaltspunkte für einen steuerlich erheblichen Vorgang in bezug auf einen konkreten Bürger hat, auch um die genannte Spirale zu durchbrechen und der Bürger nicht befürchten muß, Gegenstand von Ermittlungsmaßnahmen zu werden, nur weil er sich durch die Ausübung ihm zustehender Rechte nach Auffassung der Finanzbehörden verdächtig gemacht hat. Erst dann stehen sich das für den Staat streitende Prinzip der Sicherung des Steueraufkommens und einer gleichmäßigen Besteuerung der Bürger und das für den Bürger streitende Prinzip einer informationellen Selbstbestimmung gegenüber. Dabei hat das Bundesverfassungsgericht beiden Prinzipien, wie ausgeführt, eine überragend wichtige Funktion für ein freiheitlich - demokratisches Gemeinwesen zuerkannt. Ein Eingriff in das Recht auf informationelle Selbstbestimmung ist zulässig aus Gründen eines überragend wichtigen Gemeinschaftsinteresses. Auch dieses wurde oben ausgeführt. Zu diesem überragend wichtigen Gemeinschaftsinteresse gehört es auch, daß der

---

[1325] BVerfGE 65, 1 (43). Dieser Verzicht wird auch als ‚Chilling-Effekt' bezeichnet.

[1326] Vgl. hierzu oben die Ausführungen von Hamacher zu dieser Problematik, siehe oben S. 202 f.. Darüberhinaus ist dieses genau die Gefahr, der der EuGH mit seiner Dassonvilleentscheidung begegnen wollte.

Staat das Steueraufkommen zum Wohle aller sichert und gemäß Art. 3, Abs. I GG darauf achtet, daß die Steuerbürger de jure und de facto verhältnismäßig gleich besteuert werden. Voraussetzung für einen Eingriff des Staates muß es daher sein, daß konkrete und begründete Umstände in bezug auf einen konkreten (Steuer-) Bürger vorliegen, die es als sicher erscheinen lassen, daß dieser Bürger sich seiner Pflicht Steuern zu zahlen, entzogen hat. Für irgendwie geartete Prognosen ist aus den ausgeführten Gründen kein Raum. Das ergibt sich auch aus der im dogmatischen Teil dieser Arbeit vorgestellten Argumentation zu dem Gesichtspunkt eines in dubio pro libertate. Dort wurde festgestellt, daß in Fällen, in denen es unklar ist, ob sich das für den Bürger streitende Prinzip P 1 oder das für den Staat streitende Prinzip P 2 durchsetzen wird, weil sowohl gewichtige Gründe für das eine, wie für das andere Prinzip bestehen, die Argumentationslast dem Eingriff aufzuerlegen ist.[1327] Damit wird im Zweifelsfall bei dem Bestehen einer "non suffit - Situation", einer Pattsituation, dem für den Bürger streitenden Prinzip P 1 zur Realisierung verholfen.[1328] In Fällen wie dem vorliegenden ist es somit auf Seiten des Staates zur Vermeidung einer solchen Pattsituation notwendig, daß er über begründete, konkrete Anhaltspunkte in bezug auf ein steuerlich erhebliches Verhalten des Bürgers verfügt, um einen Eingriff in die Position des Bürgers zum Beispiel in Form einer Kontrollmitteilung, eines Auskunftsersuchens oder einer Beschlagnahme zu rechtfertigen und somit dem für den Staat streitenden Prinzip P 2 im konkreten Fall zum Durchbruch zu verhelfen. Dieses muß verlangt werden, da beide Prinzipien grundsätzlich als gleich stark angesehen werden können, da das Bundesverfassungsgericht beiden Prinzipien eine überragend wichtige Bedeutung für ein freiheitlich - demokratisches Gemeinwesen bescheinigt hat. Verfügt der Staat hinsichtlich eines beabsichtigten Eingriffes daher nicht über derartige begründete und konkrete Anhaltspunkte für einen steuerlich erheblichen Vorgang eines bestimmten Bürgers, treffen lediglich die beiden widerstreitenden, gleich starken Prinzipien - des Bürgers auf sein Recht auf informationelle Selbstbestimmung und des Staates auf Sicherung des Steueraufkommens und einer gleichmäßigen Besteuerung der Steuerpflichtigen - aufeinander. Die Argumentationslast liegt beim Eingriff, so daß sich bei fehlenden Anhaltspunkten für ein steuerlich erhebliches Verhalten des Bürgers auf Seiten des Staates das für den Bürger streitende Recht auf informationelle Selbstbestimmung durchsetzen muß. Jede Ermittlungsmaßnahme des Staates beeinträchtigt bereits das für den Bürger streitende Prinzip. Stellt sich erst im Nachhinein heraus, daß für den Eingriff des Staates rechtfertigende Anhaltspunkte bestanden haben, kann erst zu diesem Zeitpunkt zu einer Beurteilung des Eingriffs und zu einer Abwägung der beteiligten Interessen übergegangen werden. Dieses Ergebnis ist, wie gezeigt wurde, zufällig, da nicht sicher ist, daß die weiteren Recherchen des Staates zum Zeitpunkt ihrer Durchführung zur Auffindung von Anhaltspunkten in bezug auf den Bürger führen werden. Sicher ist hingegen der von anfang an bestehende Eingriff in das für den Bürger streitende Recht auf informationelle Selbstbestimmung, dem nun möglicherweise eine Rechtfertigung des Staates für den Eingriff entgegengesetzt werden kann. Eine solche Konstellation einer nachträglichen und zufälligen Rechtfertigung eines staatlichen Eingriffs in grundrechtlich geschützte Positionen der Bürger wird dem Verhältnismäßigkeitsgrundsatz nicht gerecht. Dieses wurde bereits ausgeführt. Ist es somit aufgrund konkreter Umstände und Anhaltspunkte sicher zu erwarten, daß ein Bürger sich seiner Pflicht zur Zahlung der Steuern entzogen hat, begegnet ein Eingriff in das Recht auf informationelle Selbstbestimmung des Bürgers keinen Bedenken, um das Ausmaß seiner Verfehlung festzustellen. Insofern dienen Maßnahmen der Finanzbehörden im Rahmen von Kontrollmitteilungen und Auskunftsersuchen der

[1327] Siehe oben im 1. Teil, S. 92 ff.. - m.w.N..

[1328] Vgl. oben im 1. Teil, S. 92 ff..

Verifikation der zuvor erlangten konkreten und begründeten Anhaltspunkte. Nur beim Vorliegen konkreter und tatsächlicher Anhaltspunkte wird dem aus dem Teilgrundsatz der Erforderlichkeit resultierenden Subsidiaritätsgebot genüge getan, unbeteiligte Dritte möglichst nicht wegen der Angelegenheiten anderer zu belästigen.[1329] Aufgrund des Teilgrundsatzes der Erforderlichkeit ist zuvor zu überprüfen, ob diese Verifikation nicht auch erfolgen kann, ohne in das Recht auf informationelle Selbstbestimmung einzugreifen oder einen milderen Einriffsgrad zu nutzen, mithin ob unbedingt in das aufgrund der Daten- und Informationsfülle besonders sensible Bankgeheimnis eingegriffen werden muß. Aufgrund des Abstraktionsgedankens kann von der vorgenommen Abwägung in einem individuellen Fall auf andere, vermeintlich gleich gelagerte Fälle nicht geschlossen werden, um einen staatlichen Eingriff zu rechtfertigen. Es hat für jeden Fall und für jedes Staat - Bürger - Verhältnis getrennt eine Abwägung anhand des Verhältnismäßigkeitsgrundsatzes zum Zeitpunkt des staatlichen Eingriffs stattzufinden.

(2.2.3.4.) Bedingt die Verletzung der zuvor untersuchten Grundsätze durch die Ermittlungsbehörden ein Verwertungsverbot in bezug auf die rechtswidrig erlangten Daten und Informationen?

Die Frage eines Verwertungsverbotes erlangter Daten und Informationen korrespondiert mit ihrem Erhebungszweck, denn ein Besitz- und Verwertungsrecht dieser Daten ist an das zeitlich vorgeschaltete Erhebungsrecht gebunden, so daß das Verwertungsrecht nicht ohne Rücksicht auf Umfang und Grenzen des Erhebungsrechts beurteilt werden können.[1330] Für *Gusy* ist daher für die Verwertbarkeit von Informationen Voraussetzung, daß diese rechtmäßig erhoben worden sind,[1331] wobei unter den Begriff der Informationsverwertung auch die Datenweitergabe / Datenübermittlung fällt.[1332] Die Frage danach, ob die Erlangung von Daten und Informationen seitens der Ermittlungsbehörden, die unter Mißachtung der gesetzlich und verfassungsrechtlich normierten bzw. tradierten Voraussetzungen erfolgt sind, mit einem Verwertungsverbot sanktioniert werden sollen, ist umstritten.[1333] Dieses wurde bereits oben angesprochen;[1334] auf die dort gemachten Ausführungen wird einleitend verwiesen. Während einerseits ein striktes Verwertungsverbot angenommen wird, wird andererseits ein Verwertungsverbot gänzlich abgelehnt[1335]. Eine vermittelnde Ansicht[1336] differenziert in diesem Zusammenhang nach Art und Schwere des seitens der Ermittlungsbehörde begangenen Rechtsverstoßes, den widerstreitenden Interessen von Staat und betroffenem Bürger oder nach dem Gesichtspunkt, ob die von den Ermittlungsbehörden erlangte Information auch auf rechtmäßigem Weg hätte erlangt werden können[1337]. Bei dieser vermittelnden Ansicht wird ange-

---

[1329] Vgl. insoweit Hoffmann-Riem, StuW 1972, S. 137.

[1330] Gusy, Der Schutz gegen rechtswidrige Informationsermittlung durch die Nachrichtendienste, DÖV 1980, S. 434.

[1331] Gusy, a.a.O., S. 434, 435.

[1332] Gusy, a.a.O., S. 435.

[1333] Zum Meinungsstand und den einzelnen Positionen vgl.: Amelung, Grundfragen der Verwertungsverbote bei beweissichernden Haussuchungen im Strafverfahren, NJW 1991, S. 2533 ff.; LG-Bonn, in: NJW 1981, 292 (293).

[1334] Vgl. oben S. 166 f..

[1335] Vgl. Amelung, a.a.O., S. 2533, m.w.N..

[1336] Z.B. Amelung, a.a.O..

[1337] Vgl. BGH-NJW 1989, 1741 ff. (1744).

führt, daß eine unter Verstoß gegen das Persönlichkeitsrecht erlangte Information nicht verwendet werden darf,[1338] es sei denn, andere Verfassungsgüter haben zwingenden Vorrang und rechtfertigen die Verwertung der Daten und Informationen. Dieses bedeutet im Rahmen dieser vermittelnden Ansicht, daß die Frage der Verwertbarkeit einer unter Verstoß gegen das Recht auf informationelle Selbstbestimmung erlangten Information selbst wiederum am Verhältnismäßigkeitsgrundsatz zu überprüfen ist, wodurch der Charakter eines Zirkelschlusses zu Tage tritt. *Tipke/Lang* differenzieren hinsichtlich eines Verwertungsverbotes danach, ob es zu einem Verstoß gegen Grundrechte oder gegen bloße Form-, Verfahrens- oder sonstige Vorschriften gekommen ist[1339], und vertreten damit die vermittelnde Ansicht im zuvor genannten Sinne. Bei einem Verstoß gegen Grundrechte, wie sie vorliegend bei den Eingriffen in das Recht auf informationelle Selbstbestimmung geschildert worden sind, ist hiernach zutreffend von einem Verwertungsverbot auszugehen[1340]. Dieses ergibt sich m.E. aber auch aus der zuvor geschilderten Rechtsprechung des Bundesfinanzhofs, der in bezug auf die Verwertbarkeit[1341] der durch eine Außenprüfung (Durchsuchung) erlangten Erkenntnisse durch die Finanzbehörden ein Verwertungsverbot strikt ablehnt. Unabhängig davon, ob diese Erkentnisse unter einem Verstoß der diesbezüglich normierten Voraussetzungen erlangt worden sind oder nicht, soll eine Verwertung der Erkenntnisse nach Auffassung des Bundesfinanzhofes solange möglich sein, bis die Rechtswidrigkeit der Außenprüfungsanordnung festgestellt worden ist[1342] oder der zugrundeliegende Verwaltungsakt nichtig ist.[1343] Der Steuerpflichtige muß somit nach Ansicht des Bundesfinanzhofes die Rechtswidrigkeit der Ermittlungsmaßnahme feststellen lassen[1344], notfalls im Wege einer Fortsetzungsfestungsklage.[1345]

Die Rechtsprechung des Bundesfinanzhofes, die dieser Auffassung zugrunde liegt[1346], geht jedoch von einem Verstoß einfach gesetzlicher Erfordernisse aus, die zu einer bloßen Rechtswidrigkeit der Außenprüfungsanordnung führen. Ein Verstoß gegen die beschriebenen verfassungsrechtlichen Grundsätze führt meines Erachtens indes zu einer Nichtigkeit einer solchen Maßnahme, da aufgrund der Verletzung von einfach gesetzlichen Normen, die die Maßnahme der Ermittlungsbehörden zunächst rechtswidrig werden lassen, in bezug auf die Frage der Verwertbarkeit der auf diese Weise erlangten Daten und Informationen über einen Bürger, erneut

---

[1338] Vgl. Jarass, Das allgemeine Persönlichkeitsrecht im Grundgesetz, NJW 1989, S. 861; BVerfGE 44, 353 ff. (372); BVerfGE 56, 37 (50). In diesem Sinne wohl auch Heine, Zur aktuellen Situation der Prüfungsdienste der Finanzverwaltung, Stbg. 1998, S. 245; Dürig, in: M/D/H/S, Art. 2, Abs. I, Rn. 39, führt aus Sicht seiner 1958 erfolgten Kommentierung aus, daß die Verwertung heimlich angefertigter, amtlicher Tonbandaufnahmen in keinem staatlichen Verfahren, auch nicht bei Wahrnehmung überwiegeder berechtigter Interessen, möglich sei, was bereits durch § 136 a StPO zum Ausdruck käme.

[1339] Tipke/Lang, a.a.O., § 22, Rn. 217 ff..

[1340] Vgl. Tipke/Lang, a.a.O., Rn. 218; Streck, Die Außenprüfung, Rz. 762; Wengert/Widmann, BB 1998, S. 726.

[1341] Vgl. zum Meinungsstand in bezug zur Problematik der Verwertungsverbote siehe Amelung, NJW 1991, S. 2533; LG-Bonn, a.a.O.

[1342] Gast-de Haan, in: Klein, AO-Kommentar, § 399, Anm. 13; BFHE 136, 192 (193); BFHE vom 27.07.1983 (I R 210/79), in: BB 1984, 49 f. (50).

[1343] Gast-de Haan, a.a.O..

[1344] Mittels Beschwerde, Anfechtungs- oder Fortsetzungsfeststellungsklage.

[1345] BFHE 136, 192 (193); FG des Saarlandes, in: EFG 1998, 985; Fumi, Verwertungsverbot und Außenprüfung, EFG 1998, Beilage zu Heft Nr. 13/1998, Anmerkung Nr. 1, S. 49;Vgl. auch Hellwig, in: HHS, § 30a AO, Rz. 32 - m.w.N.. Amelung, NJW 1991, S. 2535, 2538 spricht insofern von einem informationellen Folgenbeseitigungsanspruch, der darauf gerichtet ist, die in Folge der rechtswidrigen Ermittlungsmaßnahme erlangten Daten und Informationen zu vernichten, um diese unverwertbar zu machen. Der Betroffene ist danach so zu stellen, wie er gestanden hätte, wenn es nicht zu dem rechtswidrigen Eingriff des Staates in sein Informationsbeherrschungsrecht gekommen wäre. So auch Gusy, DÖV 1980, S. 434.

[1346] Vgl. Hellwig, a.a.O., unter Hinweis auf BFHE 125, 144; BFHE 136, 192; Bruschke, BB 1990, S. 395.

eine Überprüfung am Verhältnismäßigkeitsgrundsatz zu erfolgen hat.[1347] Im Einzelfall ist in bezug auf die Frage der Verwertbarkeit der erlangten Daten und Informationen das Interesse des Staates an der Aufklärung des der Ermittlungsmaßnahme zugrunde liegenden Sachverhalts mit dem Interesse des betroffenen Bürgers am Schutz seiner Persönlichkeitssphäre abzuwägen.[1348] Im konkreten Einzelfall kommt es zu einer Abwägung zwischen der Beeinträchtigung des Persönlichkeitsrechts des von einer (rechtswidrigen) Ermittlungsmaßnahme betroffenen Bürgers mit dem staatlichen Anspruch zur Verfolgung von Straftaten.[1349] Nach Auffassung des Bundesverfassungsgerichts[1350] ist jeweils zu ermitteln, welchem der beiden verfassungsrechtlich bedeutsamen Interessen im konkreten Fall das größere Gewicht zukommt. Dieses ist nach Ansicht des Gerichtes von der Schwere der zu ermittelnden Straftat abhängig, sowie von der Frage, auf welche Art bzw. wie intensiv die Belange des betroffenen Bürgers verletzt worden sind. Gast-de Haan[1351] weist darauf hin, daß es im Rahmen der Abwägung bei der Frage danach, ob von den Ermittlungsbehörden rechtswidrig erlangte Daten und Informationen von diesen verwertet werden dürfen, auch darauf ankommt, ob das Beweismittel auf rechtmäßigem Weg hätte gewonnen werden können.[1352] Dieser Ansicht, die Frage eines Verwertungsverbots erneut durch die Anwendung des Verhältnismäßigkeitsgrundsatzes zu überprüfen, ist abzulehnen, da ansonsten ein Zirkelschluß eintreten würde. Gerade diese Abwägung führt in den oben geschilderten Fällen dazu, von einem Verwertungsverbot auszugehen, da genau die gleichen Parameter und Gesichtspunkte zu beachten sind wie sie bisher beschrieben worden sind. Eine zweite Ausrichtung am Verhältnismäßigkeitsgrundsatz kann zu keinen anderen Ergebnissen führen, als sie sich bei einer ordnungsgemäß durchgeführten ersten Abwägung anhand des Verhältnismäßigkeitsgrundsatzes ergeben hätten. Eine Mißachtung des Abstraktionsgedankens und einem daraus resultierenden "Durchschlagen" von Ermittlungsergebnissen von einem Staat - Bürger bzw. Staat - Bank - Verhältnis auf ein anderes Staat - Bürger bzw. Staat - Bank - Verhältnis führt nach der hier vertretenen Ansicht stets zu einem Verwertungsverbot[1353] der auf diese Weise erlangten Daten und Informationen über den einzelnen Bürger und Bankkunden, da ansonsten jegliche Eingriffsvoraussetzungen, jegliche Schranken, wie sie in den einzelnen Gesetzen normiert worden sind, obsolet wären.[1354] Gleiches gilt für verfassungsrechtlich zu beachtende Gebote. Die Auffassung des Bundesfinanzhof, rechtswidrig erlangte Daten und Informationen der Ermittlungsbehörden seien solange verwertbar, bis der Bürger sich dagegen gerichtlich erfolgreich gewehrt habe, stößt insofern auf Unverständnis. Nach dieser Ansicht des Bundesfinanzhofs wäre nämlich jegliche Normierung von Eingriffsbefugnissen weitgehend überflüssig, da eine Ermittlungs-

---

[1347] Gast-de Haan, a.a.O., § 399, Anm. 14; Amelung, NJW 1991, S. 2539; LG-Bonn, NJW 1981, 292 (293 ff.); BVerfGE 34, 238 (249) -heimliche Tonbandaufnahmen; BVerfGE 44, 353 (372); BVerfGE 56, 37 (50).

[1348] Gast-de Haan, a.a.O.; LG-Arnsberg, ZiP 1984, 889 (892); LG-Bonn, a.a.O.; BGH-NJW 1989, 2760 ff. (2761); BVerfGE 56, 37 (50).

[1349] BVerfGE, a.a.O.; Gast-de Haan, a.a.O..

[1350] BVerfGE, a.a.O..

[1351] Gast-de Haan, a.a.O.; LG-Arnsberg, a.a.O.; LG-Bonn, a.a.O..

[1352] Vgl. insoweit die oben auf Seite 166, dort Fn. 880 angesprochene Thematik der aus dem us-amerikanischen Rechtskreis stammenden hypothetical clean path doctrine; Amelung, NJW 1991, S. 2539; BGHSt 24, 130 f..

[1353] Vgl. insoweit auch Amelung, a.a.O., S. 2535, 2536 der zum gleichen Ergebnis gelangt.

[1354] So hat das LG-Arnsberg, a.a.O., ein Verwertungsverbot angenommen für Erkenntnisse, die durch Einsichtnahme in ein CpD - Konto anläßlich der Durchsuchung einer Bank erfolgt ist, soweit Erkenntnisse über Geschäftsbeziehungen der Bank zu anderen Kunden gewonnen wurden, die im Durchsuchungsbeschluß nicht genannt waren.

maßnahme im Nachhinein noch gerichtlich überprüft werden könnte und dieses auch nur für den Fall, daß der betreffende Bürger gericht-liche Hilfe in Anspruch nimmt.[1355] Dieses würde bedeuten, daß eine fehlerhafte Ermittlungsmaß-nahme keine nennenswerte Sanktion seitens der Ermittlungsbehörden nach sich ziehen würde und diese sich bei ihren Maßnahmen weit weniger "Mühe" geben müßten, da ihre Handlungsweise anschließend gegebenenfalls gerichtlich im Einzelfall überprüft werden kann. Diese Ansicht des Bundesfinanzhofs kann somit nicht richtig sein.[1356] Daher muß bereits die Mißachtung normierter Eingriffsvoraussetzungen, des Abstraktionsprinzips, des Verhältnismäßigkeitsgrundsatzes etc. ein Verwertungsverbot, gleichsam als Sanktion für eine Mißachtung gesetzlicher Ermittlungserfordernisse durch die Ermittlungsbehörden, nach sich ziehen.[1357] Wäre die Auffassung des Bundesfinanzhofs richtig, würde dieses zu einer unzulässigen Umkehrung der Vorzeichen führen. Grundrechte sind Abwehrrechte des Einzelnen gegen den Staat. Der Staat, der aufgrund eines Eingriffs in den Schutzbereich des Bürgers eindringt, seine Position erweitert und die des Bürgers begrenzt, muß diesen Eingriff rechtfertigen. Nicht die Verteidigung des Schutzbereichs, sondern seine Einschränkung muß gerechtfertigt werden. Dieses gilt um so mehr, als das der Bürger auch einen Anspruch darauf hat, daß der Staat sein Grundrecht gegen unberechtigte Beeinträchtigungen Dritter (Bürger - Bürger - Verhältnis) schützt.[1358] Dieses muß somit auch und gerade gegenüber dem Staat selbst gelten (Staat - Bürger - Verhältnis), damit die Grundrechte ihrer Abwehrfunktion gegen staatliche Eingriffe gerecht werden können. Mit der von dem Bundesfinanzhof vertretenen Ansicht wird aber gerade dem Bürger zugemutet, den Bestand seines Grundrechts gegenüber dem Staat zu rechtfertigen, zumal in Konstellationen, in denen der Eingriff des Staates Fehlern unterliegt, weil die oben behandelten Eingriffsvoraussetzungen nicht beachtet worden sind. Der Auffassung des Bundesfinanzhofs kann daher nicht gefolgt werden. Es soll daher festgehalten werden, daß in Fällen, die unter einem Verstoß gegen Eingriffsvoraussetzungen in das informationelle Selbstbestimmungsrecht des Bürgers erfolgen, diese durch die Unverwertbarkeit der auf derartige Weise erlangten Daten und Informationen sanktioniert werden.

1355 Auf diese Weise könnte sich ein diesbezügliches Case - Law entwickeln, daß dem deutschen Rechtskreis jedoch eher fremd ist.

1356 Vgl. auch Wengert/Widmann, BB 1998, S. 726, die das aus der Auffassung von Bundesfinanzhof und Bundesverfassungsgericht resultierende „Doppelverfahren" als mit Art. 19, Abs. IV GG unvereinbar ansehen.

1357 Insofern kann in diesem Zusammenhang durchaus auf die diesbezüglichen Vorstellungen im us-amerikanischen Recht rekurriert werden - vgl. dagegen die Darstellung bei Amelung, NJW 1991, S. 2533, 2534, 2537 der ausführt, daß im deutschen Rechtskreis dieser Disziplinierungsgedanke eher fremd ist, wobei er jedoch nach der Schwere des Verstoßes der Ermittlungsbehörden differenziert. Dem gegenüber steht die Ansicht von Streck, Die Aussenprüfung, Rz. 778, der von einer Fernwirkung bei Verwertungsverboten ausgeht und aus einem Verwertungsverbot nur die „radikale Nichtverwertbarkeit" folgert.

1358 Siehe oben im 1. Teil, S. 93 ff.. Vgl. Jarass, NJW 1989, S. 860; BVerfGE 65, 1 (44) - Suchtberatungsstelle; BVerfGE 34, 269 (281) - Gemeinschuldnerentscheidung. Dieses gilt im sog. Drittwirkungsbereich der Grundrechte, in Konstellationen somit, in denen in einem Bürger - Bürger - Verhältnis von einem Bürger zu Unrecht in den geschützten Schutzbereich eines anderen Bürgers eingedrungen wird. In solchen Fällen hat der Staat die aus Art. 1, Abs. I, S. 2 GG deduzierbare Pflicht, dem Handeln des Dritten, der in den Schutzbereich eines Bürgers eindringt, Einhalt zu gebieten und somit den Schutzbereich des betroffenen Bürgers zu verteidigen - vgl. hierzu z.B.Gallwas, NJW 1992, S. 2785, 2788; Jarass, NJW 1989, S. 862; BVerfGE 30, 173 (195) - Mephisto.

(2.2.3.5.) Fazit

Unabdingbare Voraussetzung für ein Tätigwerden der Finanzbehörden im Besteuerungsverfahren ist, daß diese zu Beginn ihrer Tätigkeit über begründete und konkrete Anhaltspunkte für einen steuerlich erheblichen Vorgang in bezug auf einen Bürger verfügen, einerlei ob es sich bei der Maßnahme der Finanzbehörde um ein Auskunftsverlangen oder die Fertigung von Kontrollmitteilungen handelt. Anderenfalls handelt es sich genau betrachtet um unzulässige Ermittlungsmaßnahmen ins Blaue hinein[1359], mit einem inquisitorischen Charakter. Eine Ausnahme hiervon bildet die Verwertung echter Zufallsfunde, die zulässig ist. Für irgendwie geartete Prognosen in bezug auf steuerlich erhebliche Belange des Bürgers ist im Rahmen dieser Maßnahmen der Finanzbehörden kein Raum. Das Abstraktionsprinzip ist zu beachten. Eine jegliche Maßnahme der beschriebenen Art gegen einen Bürger als Bankkunden ist als Eingriff in sein prima facie geschütztes Recht auf informationelle Selbstbestimmung zu werten und daher am Verhältnismäßigkeitsgrundsatz individuell auszurichten. Werden bei der Außenprüfung einer Bank echte Zufallsfunde in bezug auf steuerlich erhebliche Vorgänge eines bestimmten Bankkunden gefunden, kann ein solcher Fund nicht zum Anlaß genommen werden, in bezug auf andere, bisher unbekannte Bürger nach weiteren, gleich oder ähnlich gelagerten Fällen zu suchen.[1360] Insoweit würde es sich um eine unzulässige Suche nach Zufallsfunden handeln. Die Finanzbehörde kann den echten Zufallsfund somit lediglich im Verhältnis zum betroffenen Bürger verwerten und im Verhältnis zur Bank im Sinne des zu § 71 AO beschriebenen Vorgehens. Gleiches gilt für die Fälle der Beschlagnahme einer großen Anzahl von Kundenbelegen, wie es im Fall der Dresdner Bank und der HCM der Fall war, lediglich aufgrund eines konkreten und begründeten Verdachts in bezug auf einen oder zwei namentlich bekannte Kunden. Nur deren Akten und Belege können beschlagnahmt und in diesem Verhältnis auch verwertet werden. In bezug auf die anderen, unbekannten Bankkunden handelt es sich um eine unzulässige Maßnahme ins Blaue hinein. Die so erlangten Unterlagen können nicht im Verhältnis zu diesen Bürgern verwertet werden, da diese Bürger völlig unverdächtig sind. Der konkrete Anhaltspunkt in bezug auf die namentlich bekannten Bankkunden kann dagegen im Verhältnis zur Bank genutzt und verwertet werden. Wird den namentlich bekannten Bankkunden B_1 und B_2, die somit Anlaßgrund für die Maßnahme der Finanzbehörden waren, der Vorwurf gemacht, mit (technischer) Hilfe der Bank Steuern hinterzogen zu haben, kann im Verhältnis zur Bank weiter recherchiert werden, um das Ausmaß ihrer Teilnahme daran aufzudecken.[1361] Stellt sich hierbei auch eine Teilnahme der Bank in anderen, bisher nicht bekannten Fällen der Bürger B_3 bis B_n heraus, stellt sich diese Weitersuche in bezug auf diese Bürger und ihre prima facie geschützten informationellen Selbstbestimmungsrechte als eine unzulässige gezielte Suche nach Zufallsfunden dar, in bezug auf die

---

[1359] Selmer, Steuerrecht und Bankgeheimnis, S. 123.

[1360] Vgl. auch Gast-de Haan, in: Klein, AO-Kommentar, § 399, Anm. 12 a.

[1361] Vgl. Kniffka, Wistra 1987, S. 311 - "Die Ermittlungsbehörde ist keineswegs darauf beschränkt, nur bezüglich der bekannten Beihilfehandlungen die Haupttat auszuforschen. Abermals gilt aber die Beschränkung auf solche Haupttaten, für die Beihilfehandlungen überhaupt in Betracht kommen". - Kniffka nimmt hingegen keine Trennung nach dem Abstraktionsprinzip vor, so daß er sich nicht dazu äußert, in welchem Verhältnis die gewonnenen Ergebnisse verwertet werden sollen. Um das Ausmaß der Beihilfehandlungen der Bank zu überblicken, sind auch die zugrundeliegenden Beihilfehandlungen zu erfassen. Verwertet werden können diese Erkenntnisse jedoch nur im Verhältnis zur Bank, sofern in bezug auf diese bereits ein konkreter Anfangsverdacht bestanden hat, der die Ermittlungshandlung initiiert hat, oder in bezug auf die zuvor verdächtigen Bürger B_1 und B_2, für deren Haupttat ebenfalls konkrete Hinweise bestanden haben. Für ursprünglich völlig unverdächtige Bürger gilt dieses daher nicht. Ausnahmen von diesem Grundsatz stellen echte Zufallsfunde dar.

Bank hingegen nicht, da aufgrund der zuvor bekannten Fälle der Bürger B 1 und B 2 ein begründeter Anhaltspunkt für die weitere Recherche bestand. Ist das Ausmaß der Teilnahmehandlungen der Bank ermittelt, kann diese nicht nur für die Fälle der ursprünglich bekannten Bürger B 1 und B 2 gemäß § 71 AO in Regreß genommen werden, sondern auch für die darüber hinaus ermittelten Fälle. Auf diese Weise erhält der Staat die unrechtmäßig verkürzte Steuerzahlung erstattet. Gleichzeitig sichert ein solches Vorgehen gegen die Bank, daß aufgrund des großen wirtschaft-lichen Risikos, der Sanktion im oben beschriebenen Sinne, zukünftig seitens dieser Bank weitere Teilnahmehandlungen unterbleiben werden. Ein solches Vorgehen hätte darüber hinaus den Vorteil, daß nicht permanent gegen das verfassungs-rechtliche Abstraktionsprinzip verstoßen wird. Es ist kein "Durchschlagen" von einem Staat - Bürger - Verhältnis auf ein anderes Staat - Bürger - Verhältnis zu erwarten. Das im informationellen Selbstbestimmungsrecht verankerte Bankgeheimnis des Bürgers und Bankkunden würde in weitaus weniger Fällen beeinträchtigt werden müssen. Das gleiche gilt für ein "Durchschlagen" von einem Staat - Bank in ein Staat - Bürger - Verhältnis. Ermittlungsmaßnahmen der Finanzbehörde oder der Staatsanwaltschaft im Rahmen von Steuerstrafverfahren, z.B. die Beschlagnahme von Bankbelegen, begegnen keinen Bedenken, sofern die in § 152, Abs. II StPO geforderten zureichenden, tatsächlichen Anhaltspunkte in bezug auf einen konkreten Bürger bestehen. Die Ermittlungsmaßnahme ist nur gegen diesen Bürger zu richten, weil es keine zureichenden, tatsächlichen Anhaltspunkte in bezug auf andere Bürger gibt. Setzt sich die Judikatur fort, die ein massenhaftes, nicht abstrahiertes Vorgehen gegen Bankkunden im Rahmen von Beschlagnahmen, Kontrollmitteilungen etc. befürwortet, kann nach Ansicht von *Leisner* von allem geredet werden, nur nicht mehr von Verhältnismäßigkeit.[1362] Dieser Ansicht kann man nur beipflichten. Zu Recht verweist er auf die Gefahren für den Finanzplatz Deutschland, der auf das Vertrauen der Bürger / Kapitalanleger angewiesen ist, das aber aufgrund der genannten Judikatur schwindet.[1363] Diese Frage wird im Staat - Bank - Verhältnis angesprochen werden.

(2.2.4.) Mitteilungspflichten und Kontrollmitteilungen[1364] gemäß § 33 ErbStG

Nach dem Vorgenannten stellen Normen wie z.B. § 33 ErbStG[1365] oder § 29 EStDV (i.V.m. § 10, Abs. II, S. 2 EStG) im Gefüge der Kontrollmitteilungen einen Fremdkörper dar, da sie eine selbständige Mitteilungspflicht einer Bank in bezug auf ihre Kunden begründen, ohne daß es einer Anfrage einer staatlichen Stelle bedarf und ohne daß konkrete, begründete Anhaltspunkte für ein unkorrektes Verhalten des Bürgers vorausgesetzt wird. Exemplarisch für Mitteilungspflichten dieser Art soll § 33 ErbStG näher betrachtet werden.[1366]

1362 Leisner, Ausforschungsbeschlagnahme, BB 1995, S. 528.

1363 Leisner, a.a.O.. Vgl. auch die Ausführungen von Achleitner, Das Bankgeheimnis in Österreich, Deutschland und der Schweiz, S. 63 ff., der zu der volkswirtschaftlichen Bedeutung des Bankgeheimnis Stellung nimmt, sowie von Sichtermann/Kirchherr, Bankgeheimnis und Bankauskunft, § 17, S. 383 ff..

1364 Nach Tipke/Lang gehören auch sog. Spontanmitteilungen, die Institutionen aufgrund gesetzlicher Verpflichtung von sich aus gegenüber den Finanzbehörden zu treffen haben, ebenfalls zu den Kontrollmitteilungen - vgl. Tipke/Lang, a.a.O., § 22, Rn. 262.

1365 Vgl. hierzu Schebesta, Bankprobleme beim Tod eines Kunden, S. 35 ff.; Sichtermann/Feuerborn, a.a.O., S. 316 ff..

1366 Dabei ist das Schema der Normen, die eine selbständige Mitteilungspflicht der Bank begründen, immer das gleiche, so daß die exemplarische Darstellung anhand von § 33 ErbStG genügen kann. Die hiernach gefundenen Ergebnisse und Gedanken können daher in gleichem Maße auch für andere Mitteilungspflichten verwendet werden. Zum Beispiel § 29 EStDV: Nach § 29 ESt-DVO, der sich auf § 10, Abs. II, S. 2 EStG be-

Aufgrund § 33 ErbStG i.V.m. § 5 ErbStDV sind Personen oder Institutionen, die sich geschäftsmäßig mit der Verwaltung oder Verwahrung fremden Vermögens befassen, verpflichtet, die in ihrem Gewahrsam befindlichen Vermögensgegenstände eines Erblassers, die beim Tod des Erblassers zu seinem Vermögen gehörten oder über die der Erblasser zu diesem Zeitpunkt verfügen konnte, dem für die Verwaltung der Erbschaftssteuer zuständigen Finanzamt, mitzuteilen. Geschäftsmäßig befassen sich mit der Verwahrung fremden Vermögens in erster Linie Banken.[1367]

Nach § 33, Abs. I, S. 2, Nr. 1 ErbStG beträgt die Meldefrist einen Monat ab positiver Kenntnis der Bank von dem Todesfall des Kunden. Sinn und Zweck dieser Vorschrift ist die möglichst lückenlose Erfassung aller erbschaftssteuerpflichtigen Vorgänge.[1368] Ausgenommen von dieser umfassenden Meldepflicht der Banken sind lediglich Bagatellfälle, bei denen der Wert der anzuzeigenden Wirtschaftsgüter, das ist der Gesamtwert aller Konten- und Depotbestände des Erblassers, zu Beginn des Todestages 2.000 DM nicht übersteigt, wobei das bei der jeweiligen Bank verwahrte Gesamtvermögen ausschlaggebend ist.[1369] Die Bagatellgrenze gilt nicht

---

zieht, ist der Einsatz von Ansprüchen aus Lebensversicherungsverträgen, die eine Erlebensfalleistung (also keine Meldepflicht bei einer reinen Risikolebensversicherung ohne Erlebensfalleistung oder einer Direktversicherung) vorsehen meldepflichtig, wenn vor der Fälligkeit der Versicherung die Erlebensfallansprüche z.B. durch eine Abtretung, Beleihung, Verpfändung, Policenhereinnahme, Sicherungsabrede etc. zur Sicherung oder Tilgung eines Darlehens oder Kredites, insbesondere im Rahmen einer Immobilienfinanzierung verwendet werden und diese den Betrag von 50 TDM übersteigen. Die gleiche Problematik einer Meldepflicht wie bei einer Lebensversicherung mit Erlebensfalleistung ergibt sich auch bei einer Rentenversicherung mit einem Kapitalwahlrecht. Wird eine Lebensversicherung mit Erlebensfallleistung oder eine Rentenversicherung mit einem Kapitalwahlrecht zur Tilgung (Koppelung) oder Sicherung eines Darlehens eingesetzt, könnte dieses unabhängig von den Bestimmungen des Steueränderungsgesetzes zum Entzug der Steuerbegünstigung (sog. Steuerschädlichkeit) führen. Die Folge wäre, daß die Versicherungsbeiträge nicht mehr als Sonderausgaben (im Sinne von § 10 EStG) geltend gemacht werden können und die Erträge aus der Rentenversicherung der Steuerpflicht unterliegen. Durch die Abzugsfähigkeit als Sonderausgaben sollen derartige private Vorsorgemaßnahmen des Einzelnen steuerlich privilegiert werden, um einen entsprechenden Anreiz für den Bürger zuschaffen, entsprechend privat Vorsorge zu treffen. Bei einem Einsatz dieser Vorsorgemittel als Finanzierungsinstrument für anderweitige Investitionen tritt der steuerlich privilegierte Vorsorgecharakter in den Hintergrund und die entsprechende Renten- oder Lebensversicherung wird aus steuerlicher Sicht zweckentfremdet, so daß einerseits die hierfür aufgewendeten Geldmittel nicht steuerlich als Sonderausgaben genutzt werden können (§ 10, Abs. II, S. 2 EStG), andererseits Erträge aus diesen Versicherungen der Steuerpflicht unterliegen. An Stelle der Steuervorteile dieser Versicherungen im Rahmen der Sonderausgaben treten zum Teil andere Steuervorteile aufgrund der mit Hilfe dieser Versicherungen getätigten Investitionen, zum Beispiel im Rahmen eines Hausbaus, bei dem das Baudarlehen durch den Einsatz einer Lebensversicherung finanziert wird, es sich somit um keine annuitätische Darlehensrückzahlung handelt, sondern um ein Modell mit Tilgungsaussetzung. Einem steuerlichen „Doppeleffekt“ von Sonderausgaben auf der einen Seite und Werbungskosten bzw. Betriebsausgaben auf der anderen Seite soll aufgrund der Meldepflichten der finanzierenden Banken weitgehend der Boden entzogen werden, was auch der Grund dieser Meldeverpflichtung ist. Da es in diesem Zusammenhang eine ganze Reihe von Ausnahmen gibt, deren Erläuterung im einzelnen den Rahmen dieser Arbeit sprengen würde, sind die Finanzämter dazu übergegangen, aus Anlaß der Anzeige gemäß § 29 EStDV gesonderte Feststellungen im Rahmen des § 180 AO über die Steuerschädlichkeit eines in Aussicht genommenen Einsatzes dieser Versicherungen im Rahmen einer Finanzierung zu erteilen.

1367 Kollhosser, in: Münchener-Kommentar, Bürgerliches Gesetzbuch, Schuldrecht BT I, § 33 ErbStG, Rn. 1; Schebesta, Bankprobleme beim Tod eines Kunden, S. 35, Anm.71; Grill/Perczynski, a.a.O., S. 92; Tipke/Lang, a.a.O., § 12, Rn.169. Betroffen sind aber auch Versicherungen und Bausparkassen.

1368 Schebesta, a.a.O..

1369 Schebesta, a.a.O., S. 45, 46, Anm. 109; Grill/Perczynski, a.a.O.; Sichtermann/Feuerborn, a.a.O., S. 318. Vermögenswerte, über die der Verstorbene nur als Vertreter, Liquidator, Verwalter, Testamenstvollstrecker oder Pfleger verfügen konnte, sind ebenfalls von der Anzeigepflicht ausgenommen - vgl. Kollhosser, a.a.O.; Feuerborn, a.a.O..

in Fällen, in denen der Erblasser bei der Bank Wirtschaftsgüter in Gewahrsam hatte, die vom Erblasser verschlossen oder unter Mitverschluß (z.B. Schließfächer) gehalten wurden. In solchen Fällen ist dieser Umstand als solcher anzuzeigen.[1370] Mehr ist der betroffenen Bank in aller Regel auch nicht möglich, da sie selbst keinen Einblick darüber hat, was der jeweilige Kunde in seinem Schließfach verwahrt[1371]. Diese primär erbschaftssteuerlichen Zwecken dienenden Mitteilungen finden auch für die Einkommenssteuer[1372] des Erblassers / Erben Verwendung, wenn der bereinigte Wert des Nachlasses mehr als 250 TDM oder das zum Nachlaß gehörende Geldvermögen mehr als 50 TDM beträgt.[1373] In diesem Fall muß das für die Erbschaftssteuer zuständige Finanzamt den für die Einkommenssteuer des Erblassers und des Erben zuständigen Finanzämtern Kontrollmitteilungen übersenden, um den Nachlaß bzw. den Erben steuerlich taxieren zu können.[1374]
Zuvor wurden Meldepflichten dieser Art als Fremdkörper im Gefüge der Kontrollmitteilungen bezeichnet. Banken werden aufgrund dieser Normen Meldepflichten in bezug auf die bei ihnen unterhaltenen Vermögenswerte ihrer Kunden auferlegt, obwohl keinerlei begründete und konkrete Anhaltspunkte dafür bestehen, daß steuerlich relevante Normen durch den Bankkunden verletzt worden sind. Diese Meldepflichten bestehen spontan, von sich aus, ohne daß es einer entsprechenden Nachfrage der Steuerbehörden bedarf. Der Verstoß gegen die entsprechende Meldepflicht ist als Steuerordnungswidrigkeit mit einem Bußgeld bedroht (§ 33, Abs. IV ErbStG). Das Bankgeheimnis wird durch diese Normen abermals und intensiv durchbrochen, da ein Subsidiaritätsgebot wie bei § 93, Abs. I, S. 3; § 97, Abs. II AO nicht vorgesehen ist, weswegen (aktive) Mitteilungspflichten der genannten Art einen höheren Eingriffscharakter aufweisen, als bloß (passive) Auskunftspflichten.[1375] Wie stellen sich daher diese Meldepflichten, die nichts anderes als Kontrollmitteilungen sind, im Kontext zu dem bisher Gesagten dar?
Meldepflichten bzw. Kontrollmitteilungen der genannten Art stehen im Spannungsfeld zwischen dem Verbot von Kontrollmitteilungen des § 30 a, Abs. II AO und der (primären) Meldepflicht des Erben gemäß § 30 ErbStG. Nach § 30 a, Abs. II AO dürfen Finanzbehörden von Banken die einmalige oder periodische Mitteilung von Konten bestimmter Art oder Höhe nicht verlangen. Nach Ansicht von *Hellwig*[1376] und ihm folgend der Bundesfinanzhof [1377] erfährt § 33 ErbStG durch § 30 a, Abs. II AO keine Einschränkung, da die Zielsetzung beider Normen völlig unterschiedlich sei. Während § 30 a, Abs. II AO die Möglichkeit von Sammel-

---

1370 Skeptisch diesbezüglich sind Sichtermann/Feuerborn, a.a.O., S. 317 und Schebesta, a.a.O., S. 41, Rn. 95 die darauf hinweisen, daß Banken in der Regel keinen unmittelbaren (Mit-) Besitz und daher auch keinen Gewahrsam im Sinne von § 33, Abs. I ErbStG an dem Inhalt des Schließfaches hätten und daher bezweifeln, daß Banken tatsächlich zur Mitteilung über diesen Umstand verpflichtet sind. Vgl. auch Kohls, Bankrecht, S. 20.

1371 Grill/Perczynski, a.a.O.; Carl/Klos, Das Bankgeheimnis, StB 1994, S. 135 ff. (140).

1372 Bis zur Abschaffung der Vermögenssteuer auch für diese.

1373 Carl/Klos, a.a.O., S. 140, 141; Tipke/Lang, a.a.O., unter Hinweis auf den entsprechenden Erlaß der Finanzminister der Länder-Erlaß vom 17.02.1986, BStBl. I 86, 82. Siehe auch Schebesta, a.a.O., Rn. 71; Felix, Bankgeheimnis nach § 30 a der Abgabenordnung und Anzeigen der Kreditinstitute nach § 33, Nr.1 des Erbschaftssteuergesetzes, BB, 1988, S. 2011; Canaris, Bankvertragsrecht, a.a.O., Rn. 65 a.

1374 Carl/Klos, a.a.O., S. 141. Vgl. auch den gleichlautenden Erlaß der obersten Finanzbehörden der Länder-Kontrollmitteilungen für die Steuerakten des Erblassers und des Erwerbers vom 25.03.1998, abgedruckt in: NJW 1998, S. 2512.

1375 Vgl. Herrler, a.a.O., S. 15 f..

1376 Hellwig, in: HHS, § 30a AO, Rn. 22. Vgl. auch Rüsken, in: Klein, AO-Kommentar, § 30 a, Anm. 6.

1377 BFHE 167, 417 (419, 420). Vgl. auch die Ergänzung zum Anwendungserlaß zu § 30 a AO vom 23.03.1993, BStBl. I, S. 330, Ziff. 3.

ermittlungen einschränken soll, begründet § 33 ErbStG nach der Ansicht *Hellwig's* eine eigenständige Anzeigepflicht der Bank aus konkretem Anlaß, nämlich dem Tod des Bankkunden.[1378] § 30 a, Abs. II AO soll darüber hinaus kein Verbot begründen, die gemäß § 33 ErbStG erlangten Daten und Informationen "bei der Ermittlung anderer -nicht erbschaftssteuerrechtlich relevanter- Sachverhalte zu verwerten. Die Finanzbehörden sind insoweit als Einheit anzusehen".[1379] Angesprochen mit dieser Aussage ist damit der bereits genannte Umstand, daß die Finanzämter bei der Veranlagung zur Einkommensteuer Mitteilungen der Erbschaftssteuerstellen aufgrund der Anzeigen gemäß § 33 ErbStG auswerten.[1380] Nach Ansicht des Bundesfinanzhofs ist ein Informations- und Datenaustausch innerhalb des Finanzressorts auch ohne § 85 AO zulässig, so daß die von einer Dienststelle einmal rechtmäßig erhaltenen Daten von allen Dienststellen des Finanzressorts zur Erfüllung ihrer Aufgaben verwertet werden dürfen, da die Finanzverwaltung insoweit als Einheit zu betrachten sei.[1381] Als Kompensation für die Offenbarung der Informationen und Daten soll das Steuergeheimnis fungieren, welches sicherstellen soll, daß kein unbefugter Zugriff auf diese Daten von dritter Seite erfolgen kann.[1382] Außerdem habe sich das Bundesverfassungsgericht dafür ausgesprochen, stärker Kontrollmitteilungen zu fertigen, um eine gleichmäßigere Besteuerung der Bürger faktisch zu gewährleisten.[1383] Auf der anderen Seite stehen die Meinungen, die die Mitteilungspraxis der Erbschaftssteuerstellen an die für die Erhebung der Einkommensteuer für mißbräuchlich und mit dem Rechtstaatsprinzip für unvereinbar halten. So bezeichnet zum Beispiel *Canaris* diese Mitteilungspraxis als einen eklatanten Fall eines Normenmißbrauchs, „da § 33 ErbStG allein erbschafts- und nicht einkommens- und vermögenssteuerlichen Zwekken dient".[1384] Außerdem sei es in sachlicher Hinsicht in keiner Weise begründet und verstoße daher gegen das Willkürverbot, gerade den Erbfall zum Anlaß einer umfassenden Kontrolle der Plausibilität der Kapitalertrags- und Vermögenssteuererklärung des Erblassers und des Erben zu nehmen, da *Canaris* hierin einen Widerspruch zum Kontrollmitteilungsverbot des Bankenerlasses (heute des § 30 a AO) erblickt.[1385]

Zunächst ist in bezug auf den in dieser Arbeit behandelten Kontext zu unterscheiden zwischen der im externen Bereich angesiedelten Frage einer in § 33 ErbStG normierten Mitteilungspflicht der Banken an die Erbschaftssteuerstellen und der im internen Bereich angesiedelten Frage nach der Zulässigkeit einer intra- (finanz-) behördlichen Fertigung von Kontrollmitteilungen, die aufgrund der Bankmeldungen in der Finanzverwaltung geschaffen werden. Wie bereits bei den oben betrachteten Eingriffen in das Bankgeheimnis wird auch vorliegend für beide Fragenkomplexe seitens der geschilderten Argumentation *Hellwigs* bzw. des Bundesfinanzhofs grundsätzlich verkannt, daß es sich bei Kontrollmitteilungen im Rahmen von § 33 ErbStG und innerhalb der Finanzverwaltung von der Erbschaftssteuerstelle zu anderen Finanzämtern zunächst grundsätzlich um einen Eingriff in das Bankgeheimnis, das prima facie geschützte Recht auf informationelle Selbstbestimmung eines jeden betroffenen Bank-

---

1378 Hellwig, in: HHS, a.a.O..

1379 Hellwig, a.a.O.; BFHE, a.a.O., S. 420.

1380 Vgl. BFHE 167, 417 ff.; siehe den o.g. Erlaß.

1381 BFHE, a.a.O., S. 420; Tipke/Lang, a.a.O., § 22, Rn. 265.

1382 BFHE, a.a.O..

1383 BFHE, a.a.O., S. 421; Hellwig, a.a.O..

1384 Canaris, Bankvertragsrecht, a.a.O., Rn. 65 a. Ähnlich auch App, Der Stellenwert des Bankgeheimnisses im Vergleich internationaler Finanzmärkte, DStZ 1993, S. 201 ff. (202 - Fn. 2), der diese Praxis als einen „üblen Mißbrauch" bezeichnet.

1385 Canaris, Bankvertragsrecht, Rn. 65a.

kunden, handelt. Eine andere Problematik ist die Frage danach, ob dieser Eingriff in die prima facie geschützte Position eines Bürgers aufgrund eines gegenläufigen Prinzips, das für den Staat streitet, eingeschränkt werden kann, ob daher ein verhältnismäßiger Eingriff in die Position des Bürgers erfolgt oder nicht. Aus diesem Grund ist es bereits in diesem Zusammenhang unerheblich, ob die interne Weitergabe der erlangten Daten innerhalb der Finanzverwaltung durch das Steuergeheimnis nach außen hin -gegenüber unbeteiligten Dritten- geschützt ist, da bereits die mit Hilfe von § 33 ErbStG mitgeteilten Daten und Informationen von der Bank an den Staat als solche einen Eingriff im Staat - Bürger - Verhältnis bedeuten. Dieses wird dem Charakter der Grundrechte als Abwehrrechte des Einzelnen gegenüber dem Staat nicht gerecht. Daher verletzt grundsätzlich jeder Eingriff des Staates in grundrechtlich geschützte Positionen des Bürgers seine prima facie bestehende Position. Dieses wurde oben bereits mehrfach betont[1386]. So wurde ausgeführt, daß nicht erst die Verwertung der Daten einen Eingriff darstellt, sondern bereits der Zugriff auf anderweitig erhobene Daten, da auch dieser Zugriff eine Datenerhebung darstellt, mit dem Unterschied, daß zuvor eine bestimmte Zweckbindung bestand, die nunmehr verändert wird. Daher ist die Verpflichtung der Banken, die in bezug auf einen (verstorbenen) Kunden von ihr gesammelten, erhobenen Daten an die Erbschaftssteuerstellen zu melden, eine Änderung der Zweckbindung der ursprünglich bei der Bank erhobenen Daten und bewirkt somit eine Datenerhebung seitens des Staates, die einen Eingriff in die aufgrund des Rechts auf informationelle Selbstbestimmung prima facie geschützte Position des Bankkunden darstellt. Dieser Eingriff des Staates bedarf somit einer Rechtfertigung aufgrund eines gegenläufigen, sich im konkreten Einzelfall als stärker erweisenden Prinzips, welches für den Staat streitet. Der Eingriff des Staates muß verhältnismäßig sein. Hier begegnen jedoch normierte Mitteilungspflichten wie § 33 ErbStG grundsätzlichen Bedenken, denn das Verhältnismäßigkeitsprinzip soll zwei widerstreitende Prinzipien im konkreten Einzelfall pareto - optimal zur Geltung bringen und praktische Konkordanz herstellen. Gesetzlich normierte Mitteilungspflichten können einen jeden Einzelfall in seinen konkreten Belangen nicht erfassen. Hier handelt es sich um eine, vom Gesetzgeber vorgenommene, antizipierte Abwägung, die stets dem für den Staat streitenden Prinzip zum Durchbruch verhelfen soll. Es handelt sich um einen normierten Fall eines Totaleingriffs, der für den geregelten Lebensbereich das für den Bürger streitende Prinzip stets zurückdrängen soll und dieses daher wie eine Regel behandelt,[1387] da im Umfang der Geltung der einfach - gesetzlich normierten Regel des § 33 ErbStG ein definitiver Nicht - Schutz des für den Bürger streitenden Prinzips auf informationelle Selbstbestimmung eingeführt wird. Hinsichtlich der bisher behandelten Durchbrechungen des Bankgeheimnisses, die das hinter ihnen stehende Prinzip, das für den Staat streitet, flankiert haben, handelte es sich um reine Prinzipienkollisionen, die zu einer Abwägung im Sinne des Verhältnismäßigkeitsgrundsatzes geführt haben. Es handelt sich um die Kollision zweier Prinzipien. Mit § 33 ErbStG scheint eine Prinzipien - Regel - Kollision gegeben zu sein. Zwar flankiert auch die Norm des § 33 ErbStG das für den Staat streitende Prinzip auf Sicherung des Steueraufkommens und der Gewährleistung einer gleichmäßigen Besteuerung der Steuerbürger, gleichwohl hat § 33 ErbStG definitiven Charakter und schränkt die Realisierung des für den Bürger und Bankkunden streitenden Prinzips auf informationelle Selbstbestimmung ein. Bezugnehmend auf die bereits oben gemachten Ausführungen[1388] scheint hier ein Fall einer strikten Regelgeltung vorzuliegen, der besagt, daß die Regel des § 33 ErbStG stets dem Prinzip, dem Recht auf informationelle Selbstbestimmung

[1386] Siehe oben S. 85 ff..

[1387] Vgl. oben im 2. Teil, S. 63, 65 f..

[1388] Siehe oben 2. Teil, S. 52 f..

des Bankkunden, vorgehen soll[1389], unabhängig davon, wie wichtig die Erfüllung des für den Bürger streitenden Prinzips ist und wie unwichtig die Erfüllung der Regel des § 33 ErbStG auch sein mag.[1390] Ein solches Ergebnis widerspräche zutiefst der überragend wichtigen Bedeutung, die das Recht auf informationelle Selbstbestimmung für die freiheitlich - demokratische Grundordnung nach Auffassung des Bundesverfassungsgerichts haben soll. Eine einfach - gesetzliche Normierung führt zu keiner Kollisionslage mit einem grundrechtlich verbürgten Recht des Bürgers. Auch im vorliegenden Fall ist gegenüber einer reinen Prinzipien - Regel - Kollision zu beachten, daß die einfach - gesetzliche Norm des § 33 ErbStG lediglich das für den Staat streitende Prinzip flankiert und diesem zum Durchbruch verhelfen soll. Trotz der scheinbar bestehenden Prinzipien - Regel - Kollision handelt es sich um ein Zusammentreffen zweier Prinzipien, die anhand des Verhältnismäßigkeitsgrundsatzes optimal aneinander ausgerichtet werden müssen.

Bei einer Ausrichtung am Verhältnismäßigkeitsgrundsatz ist auf die Lage im konkreten Einzelfall abzustellen, woran es aufgrund der strikten Normierung des § 33 ErbStG bereits mangelt. Eine Berücksichtigung des konkreten Einzelfalls findet nicht statt. Unbestreitbar ist zunächst der Umstand, daß Mitteilungspflichten geeignet sind, den Zweck einer besseren Kontrolle der Steuerbürger zu erreichen. Ernsthafte Zweifel bestehen aber schon beim Teilgrundsatz der Erforderlichkeit, weil aufgrund § 33 ErbStG sogleich die Kontoverhältnisse des Erblassers, die mit dem Zeitpunkt des Todes zu Kontoverhältnissen der Erben avancieren und diese zu Kunden der mitteilungspflichtigen Bank machen[1391], Daten und Informationen (Salden und Kontenstände) preisgegeben werden müssen, ohne daß begründete und konkrete Anhaltspunkte dafür bestehen, daß eine Steuerverkürzung (des Erblassers) stattgefunden hat oder (durch die Erben) stattfinden wird. Als milderes Mittel erscheint die in § 30 ErbStG (zusätzlich) normierte Anzeigepflicht eines jeden Erwerbers, bei dem ein der Erbschaftssteuer unterliegender Erwerb im Sinne von § 1 ErbStG angefallen ist, binnen 3 Monaten dieses dem für die Erbschaftssteuer zuständigen Finanzamt[1392] mitzuteilen. In Anbetracht des im Teilgrundsatz der Erforderlichkeit enthaltenen ultima - ratio Gedankens erscheint es unverständlich, daß im Hinblick auf die Verpflichtung aus § 30 ErbStG in § 33 ErbStG keine Subsidiarität im Sinne von § 93 AO eingeführt worden ist. Diese Subsidiarität kann nur entfallen, wenn es um die Mitteilung der Tatsache als solcher geht, daß der Verstorbene Kunde der Bank war. Nur im Hinblick auf diese einfache Tatsache kann eine Mitteilungspflicht begründet werden, da der Finanzverwaltung kein milderes Mittel zur Verfügung steht, in Erfahrung zu bringen, bei welcher Bank der Erblasser Bankkunde war und bei welcher nicht. Hier kann allenfalls auf die freiwillige Mithilfe der Erben gehofft werden, ein in Anbetracht der oben zu den Kontrollmitteilungen gemachten Ausführungen unrealistischer Gedanke. Im Rahmen einer Mitteilungspflicht aus Anlaß des Todes eines Kunden kann eine Bank somit verpflichtet werden, mitzuteilen, *daß* sie mit dem Verstorbenen in Geschäftsbeziehung stand, denn hierfür ist ein milderes Mittel nicht ersichtlich, das primär in Anspruch genommen werden könnte, um es anschließend gegebenenfalls mit einer entsprechenden Anfrage bei der Bank verifizieren zu

1389 Vgl. Alexy, Theorie der Grundrechte, S. 76.

1390 Vgl. Alexy, a.a.O..

1391 Sogenannter "Vonselbsterwerb" der universellen Positionen des Erblassers durch den/die Erben im Zeitpunkt des Todes - § 1922, Abs. I BGB. Felix, BB 1988, S. 2012 führt aus, daß das durch § 30 a AO gesetzlich geschützte Bankgeheimnis als Vertrauensverhältnis des Bankkunden sachlogisch über dessen Tod hinaus reichen würde und automatisch auf den Erben, aber auch Vermächtnisnehmer übergehen würde. Vgl. auch Canaris, Bankvertragsrecht, a.a.O., Rn. 51, 55.

1392 Die örtliche Zuständigkeit ist in § 35 ErbStG geregelt.

können. Nicht verpflichtet werden kann eine Bank indes dahingehend, über Salden, Kontenstände oder einzelne Geschäfte des Erblassers Mitteilung zu machen. Hier ist als milderes Mittel zu fordern, zunächst den / die Erben zu befragen. Im Rahmen einer subsidiären Inanspruchnahme würde eine Bank lediglich auf Nachfrage der Finanzbehörden zur Auskunft über Salden, Kontenstände oder einzelne Geschäfte verpflichtet sein. Um seitens der Finanzverwaltung die zuvor erlangten Informationen in bezug auf den Nachlaß verifizieren zu können, sollten als Voraussetzung für eine solche Auskunftsanfrage begründete, konkrete Anhaltspunkte dafür vorliegen, daß die in bezug auf den Nachlaß erhaltenen Informationen fehlerhaft und / oder unvollständig sind. Aufgrund der 6 - jährigen Aufbewahrungspflicht, denen Banken in bezug auf die Handelsbücher unterliegen, ist diesbezüglich für eine solche Ermittlung des status quo von Erblasser- und Erbenvermögen auch keine Eile geboten, zumal aus erbschaftssteuerlicher Sicht Vorgänge noch 10 Jahre "rückabgewickelt" werden könnten. Hierbei ergeben sich die gleichen Probleme und Gesichtspunkte, wie sie bereits im Zusammenhang mit den anderen Durchbrechungen des Bankgeheimnisses dargestellt worden sind. Eine umfassende Mitteilungspflicht im Sinne von § 33 ErbStG ist auch nicht notwendig, da im Rahmen des Besteuerungsverfahrens das Finanzamt auch zu einer Steuerschätzung des Erben in bezug auf das ererbte Vermögen schreiten kann. Darüberhinaus ist dem Finanzamt in aller Regel aufgrund der bisherigen Steuererklärungen, der bisherigen Besteuerung die Einkommens- und Vermögenssituation sowohl des Erblassers, als auch des / der Erben bekannt, so daß es einer zusätzlichen Information seitens der Bank nur dann bedarf, wenn es konkrete und begründbare Hinweise dafür gibt, daß diesbezüglich steuerlich erhebliche Diskrepanzen bestehen. Da es somit das mildere Mittel einer (subsidiären) Auskunftsanfrage seitens der Finanzbehörden geben würde, ist die bestehende Regelung als nicht erforderlich und somit unverhältnismäßig anzusehen, soweit es um die Mitteilung von Salden, Kontenständen oder einzelner Geschäften des Verstorbenen geht. Lediglich die Mitteilung einer Geschäftsbeziehung zwischen Bank und Erblasser als solcher begegnet in bezug auf den Teilgrundsatz der Erforderlichkeit keinen Bedenken. Im Rahmen der Proportionalität verlangt das erste Abwägungsgesetz für einen Eingriff in das prima facie geschützte Recht auf informationelle Selbstbestimmung des Bankkunden, daß hierfür überragend wichtige, überproportionale Eingriffsgründe zur Verfügung stehen. Solche Gründe fehlen, sofern darauf verzichtet wird, konkrete und begründete Anhaltspunkte in bezug auf einen steuerlich erheblichen Vorgang zur Voraussetzung einer Kontrollmitteilung im Sinne von § 33 ErbStG zu machen. Aufgrund der bisherigen Steuererhebung beim Erblasser als auch bei dem / den Erben ist das Finanzamt in der Lage, die jeweilige steuerliche Situation zu überblicken. Dem für den Staat streitenden Prinzip der Sicherung des Steueraufkommens und der Gewährleistung einer gleichmäßigen Besteuerung der Bürger soll aufgrund der flankierenden Norm des § 33 ErbStG zum Durchbruch verholfen werden. Bereits oben wurde ausgeführt, daß dem Prinzip des Staates, die gleichmäßige Besteuerung der Bürger, sowie das Steueraufkommen zu sichern, ein hoher Wert beigemessen wird. Gleiches gilt jedoch auch für das Recht des Bürgers und Bankkunden auf informationelle Selbstbestimmung, dem seitens des Bundesverfassungsgerichtes ebenfalls ein sehr hoher Wert für die freiheitlich - demokratische Grundordnung beigemessen worden ist. Aufgrund der strikten Regelung in § 33 ErbStG findet eine Abwägung zwischen den beteiligten Prinzipien im Einzelfall nicht statt. Es handelt sich um einen Fall des Abwägungsausfalls. *Felix*[1393] führt aus, daß eine pauschale Total - Überwachung mit der gesetzlich angeordneten besonderen Rücksichtnahme auf das Vertrauensverhältnis zwischen der Bank und ihrem Kunden, welches durch § 30 a, Abs. I AO explizit geschützt worden ist, nicht vereinbar

[1393] Felix, BB 1988, S. 2012.

sei.[1394] Der genannte Abwägungsausfall verletzt den Teilgrundsatz der Proportionalität im Rahmen der Verhältnismäßigkeitsprüfung. Die Regelung des § 33 ErbStG ist daher aus verfassungsrechtlicher Sicht meines Erachtens in der jetzigen strikten Form rechtswidrig. Der oben genannten Einschätzung von *Canaris* ist im Ergebnis zuzustimmen.

Ebenfalls als Mißachtung des Rechts auf informationelle Selbstbestimmung des Bankkunden stellt sich die genannte Kontrollmitteilungspraxis der Finanzämter untereinander dar, die von der Erbschaftssteuerstelle erhaltenen Daten und Informationen an die für die Einkommenssteuer zuständigen Finanzämter zu transferieren. Hierfür ermangelt es bereits an einer entsprechenden Rechtsgrundlage.[1395] Von dem informationellen Selbstbestimmungsrecht des Bankkunden erfaßt ist das Verbot der dysfunktionalen Weitergabe erhobener Daten von einer datenerhebenden zu einer anderen, datenverwendenden Stelle. Nach der Ansicht von *Hellwig* und des Bundesfinanzhofes ist die Weitergabe der mittels § 33 ErbStG erhaltenen Daten und Informationen von der Erbschaftssteuerstelle zum Finanzamt, welches für die Erhebung der Einkommenssteuer beim Erblasser / Erben zuständig ist, keine dysfunktionale Datenweitergabe, da beide Stellen in der als einheitlich zu betrachtenden Finanzverwaltung mit der gleichen Materie befaßt sind, nämlich der Erhebung der Steuern beim Bürger.[1396] Darüberhinaus sei a majore ad minus aus der Regelung des § 93 a AO, der die Mitteilungspflicht staatlicher bzw. halb - staatlicher Stellen (z.B. Rundfunkanstalten) an die Finanzämter regelt, zu folgern, daß dieses erst recht im Verhältnis der Finanzbehörden untereinander gelten müsse.[1397] Die geschilderte Einheit der Finanzverwaltung, die es den Finanzbehörden gestatten würde, beliebig Daten untereinander zu Kontrollzwecken zu übermitteln, besteht nicht. Die Ansicht von *Hellwig* und des Bundesfinanzhofs verkennt den Umstand, daß bereits bei einer solchen Übermittlung von Daten einer Finanzbehörde an eine andere der ursprüngliche Datenerhebungszweck verändert wird, so daß es sich im Verhältnis zu der Behörde, die die Daten erhält, um eine neuerliche Datenerhebung handelt. Oben wurde bereits auf *Simitis* hingewiesen, der ausführt, daß bereits jeder Versuch, die öffentliche Verwaltung als Informationseinheit zu betrachten, mit einem wirksamen Datenschutz unvereinbar sei.[1398] Im Zusammenhang mit der Amtshilfefestigkeit wurde ausgeführt, daß eine Dysfunktionalität des Datentransfers gegeben ist, wenn die den beteiligten Behörden konkret zugewiesenen Aufgaben differieren. Gerade dieses ist bei der Erbschaftssteuer- und der Einkommenssteuerstelle der Finanzverwaltung der Fall, da diese sich mit unterschiedlichen Steuerbereichen und Materien beschäftigen. Auf die oben gemachten Ausführungen wird daher verwiesen. Gerade in Fällen einer Informationseinheit der Verwaltung kann der Bürger nicht mehr überblicken, wer, was, wann über ihn weiß. Dieser Umstand wurde vom Bundesverfassungsgericht im Volkszählungsurteil gerügt, mit dem Hinweis, daß gerade diese Unkenntnis den Bürger möglicherweise befangen machen könnte und er sich in bezug auf die Wahrnehmung seiner Grundrechte gehemmt fühlen könnte, ein Umstand, den das Gericht als zutiefst schädlich für

1394 Felix, a.a.O..

1395 Als eine solche kann der genannte Erlaß der obersten Finanzbehörden jedenfalls nicht in Betracht kommen.

1396 Vgl. Hellwig, in: HHS, § 30a AO, Rn. 22; BFHE, a.a.O., S. 420.

1397 Hellwig, a.a.O..

1398 Vgl. oben S. 120; Simitis, Die informationelle Selbstbestimmung - Grundbedingungen einer verfassungskonformen Informationsordnung, NJW 1984, S. 402; Schmitt-Glaeser, Hdb. des StaatsR, Bd. VI, § 129, Rn. 105; BVerfGE 65, 1 (46, 69).

eine freiheitlich - demokratische Grundordnung angesehen hat.[1399] *Bilsdorfer* weist zutreffend darauf hin, daß für eine Kontrollmitteilung im Sinne des § 33 ErbStG keine hinreichende Rechtsgrundlage besteht,[1400] obwohl diese vom Bundesverfassungsgericht in seiner Rechtsprechung zum informationellen Selbstbestimmungsrecht propagiert worden sei. Kontrollmitteilungen sind lediglich in § 194, Abs. III AO für den Bereich der Außenprüfungen gesetzlich fixiert. Außerhalb eines Außenprüfungsverfahrens fehlt eine solche Normierung.[1401] *Bilsdorfer* rügt insoweit das Fehlen einer entsprechenden Rechtsgrundlage für die Abgabe bzw. Fertigung von Kontrollmitteilungen außerhalb des Außenprüfungsverfahrens. § 194, Abs. III AO sei in Fällen der Meldung von Vermögenswerten eines Erblassers durch eine Bank nicht einschlägig, eben weil kein Außenprüfungsverfahren stattfindet, das die Kontrollmitteilung rechtfertigen würde.[1402] Nach *Bilsdorfer* könne ebenfalls nicht auf § 85 AO rekurriert werden, da diese Norm als bloßer „Programmsatz" ausfüllungsbedürftig sei, eben durch Normen wie § 194, Abs. III AO.[1403] Der bloße Hinweis der Finanzverwaltung auf die besondere Bedeutung von Kontrollmitteilungen der Erbschaftssteuer - Finanzämter reicht nicht als Rechtfertigung aus, da „die steuerliche Ergiebigkeit noch niemals selbst die Basis für eine bestimmte Besteuerungspraxis" dargestellt habe.[1404]

Fazit: Mitteilungspflichten und Kontrollmitteilungen der genannten Art stellen einen unzulässigen Eingriff in das Recht auf informationelle Selbstbestimmung des Bankkunden dar, solange es für die Notwendigkeit dieser Eingriffe keine konkreten begründeten Anhaltspunkte, die auf einen steuerlich erheblichen Vorgang im Bereich des Bürgers hindeuten, bestehen. Eingriffe der Art des § 33 ErbStG sind unverhältnismäßig, da eine gebotene Abwägung im konkreten Einzelfall unterbleibt.

(2.3.) Eingriffsbefugnisse aufgrund des Geldwäschegesetzes

Gleichsam als Bindeglied zwischen strafrechtlichen und steuerrechtlichen Eingriffsbefugnissen, zwischen Auskunftsersuchen, Mitteilungspflichten und Kontrollmitteilungen stellen sich die Durchbrechungen des Bankgeheimnisses dar, die das Geldwäschegesetz[1405] eröffnet. Von den Eingriffsbefugnissen des Geldwäschegesetzes in das Bankgeheimnis sind sowohl das Staat - Bank als auch das Staat - Bürger - Verhältnis betroffen, wobei insbesondere Kredit-

---

[1399] Vgl. insoweit auch Bilsdorfer, Kontrollmitteilungspraxis der Erbschaftssteuerstellen und § 30 a der Abgabenordnung, BB 1989, 1102 (1103), der darauf hinweist, daß nach der Ansicht Hellwigs und des BFH die (Finanz-)Behörden außerhalb ihres Aufgabenbereiches (§ 85 AO) für einen Datenaustausch keine weitere Rechtsgrundlage bräuchten, ein Umstand der angesichts der Rechtsprechung des Bundesverfassungsgerichts zur informationellen Selbstbestimmung und der geforderten Rechtsgrundlage für einen Datentransfer unvereinbar sei.

[1400] Bilsdorfer, a.a.O., 1102, 1103. So auch Felix, BB 1988, S. 2012.

[1401] Bilsdorfer, a.a.O., der von der Regelung des § 93 AO absieht.

[1402] Vgl. Bilsdorfer, a.a.O., S. 1103.

[1403] Bilsdorfer, a.a.O.. Nach Alexy ist ein Programmsatz entweder eine bindende oder eine nichtbindende Norm, wobei der Unterschied zwischen einer bindenden und einer nichtbindenden Norm darin besteht, daß die Verletzung einer bindenden Norm durch das Bundesverfassungsgericht festgestellt werden kann - Alexy, Theorie der Grundrechte, S. 456.

[1404] Bilsdorfer, a.a.O..

[1405] Zur Entwicklung des Geldwäschegesetzes siehe z. B. Bottke, Teleologie und Effektivität der Normen gegen Geldwäsche, Wistra 1995, S. 87 ff.; Reiß, in: BuB, Bd. 5, Kap. 16, Rn. 16/1 ff..

institute als Normadressaten fungieren[1406] (§ 1, Abs. I GwG). In bezug auf die Bürger und Bankkunden kann ein Eingriff in das Recht auf informationelle Selbstbestimmung statuiert werden.

(2.3.1.) Einführung in Sinn, Zweck und Systematik der Geldwäschenormen

Das Geldwäschegesetz flankiert die Norm des § 261 StGB, so daß dem Geldwäschegesetz die Funktion eines Ausführungsgesetzes zu § 261 StGB zukommt.[1407] Wie bereits oben[1408] ausgeführt ist Sinn und Zweck der Strafbarkeit der Geldwäsche gemäß § 261 StGB, die aus der organisierten Kriminalität, insbesondere dem internationalen Rauschgifthandel[1409] stammenden Erlöse abzuschöpfen und die Anlage der auf diese Weise erzielten Gelder zu erschweren. Die seitens der organisierten Kriminalität erzielten Erlöse müssen seitens der Täter „weißgewaschen“ -legalisiert- werden, um deren Herkunft zu verschleiern und nicht durch große Mengen Bargeldes etc. eine auf den Täter hinweisende (Papier-) Spur[1410] zu hinterlassen. Dieses Legalisieren illegal erlangter Gelder durch Einspeisung in den legalen Wirtschafts- und Finanzkreislauf soll unter-bunden werden. Nach der Definition des Bundeskriminalamtes ist unter „weißwaschen“ von Geld „das Umwandeln von illegal erlangten Gewinnen in scheinbar rechtmäßige Gewinne zu verstehen, wobei mit gezielten Verschleierungsmethoden eine Aufdeckung der Herkunft der Vermögenswerte verhindert oder erschwert werden soll“.[1411] Um die Geldwäsche zu unterbinden, wurde neben dem Straftatbestand der Geldwäsche in § 261 StGB auch das Geldwäschegesetz verabschiedet, das die in § 261 StGB genannten Straftatkonstellationen konkretisiert. Nach § 261, Abs. I StGB ist wegen Geldwäsche zu bestrafen,

---

[1406] Vgl. Bruchner, in:BankRHdb., § 42 -Geldwäsche, Rn. 13, 51 ff.; Reiß, in: BuB, a.a.O, Rn. 16/13 ff.. Bruchner führt aus, daß als Adressat der Normen des Geldwäschegesetzes gemäß § 3 GwG auch „die mit der Verwaltung fremden Vermögens befaßten Berufe“ der Rechtsanwälte, Notare, Wirtschaftsprüfer, Steuerberater etc. fungieren. So auch Reiß, in: BuB, Bd. 5, Kap. 16, Rn. 16/13 ff.; Bottke, Wistra 1995, S. 127. Durch die Neufassung von § 1, Abs. IV GwG im Rahmen der Strafrechtsnovelle zur organisierten Kriminalität vom 4.5.1998, durch die der sog. große Lauschangriff in die StPO eingeführt wurde, werden Kreditinstitute, Finanzdienstleistungsinstitute, Finanzunternehmen explizit genannt. Vgl. auch Meyer / Hetzer, Neue Gesetze gegen die Organisierte Kriminalität, NJW 1998, S. 1021. Die Erfordernisse des Geldwäschegesetzes gelten gemäß § 15 GwG auch für Zweigstellen im Ausland - vgl. auch die Verlautbarung des Bundesaufsichtsamtes für das Kreditwesen über Maßnahmen der Kreditinstitute zur Bekämpfung und Behinderung der Geldwäsche vom 30.März 1998, S. 3 ff.; Reiß, in: BuB, a.a.O., Rn. 16/143; CAPITAL, Heft 11/1998, S. 324.

[1407] Vgl. Dittrich/Trinkaus, Die gesetzlichen Regelungen der Geldwäsche und ihre Reform - eine Praxisanalyse, DStR 1998, S. 342.

[1408] Siehe oben S. 74, Fn. 325.

[1409] Aber auch internationaler Waffenhandel, verbotenes Glücksspiel, Erpressung, Prostitution, illegale Arbeitsvermittlung - vgl. Bruchner, in: BankRHdb., § 42, Rn. 2; 24 f.. Insgesamt haben sich derzeit 40 Länder zum Zwecke der Geldwäschebekämpfung zusammengeschlossen. Federführend in dieser Beziehung ist die 1989 in Paris beim G7 - Treffen gegründete und bei der OECD angesiedelte FATF (Financial Action Task Force on Money Laundering), der mittlerweile 26 Mitgliedsländer angehören - vgl. Findeisen, Deliktsspezifische Strukturprävention gegen Geldwäsche im Finanzsektor, WM 1998, 2410 (2411 - dort auch Fn. 18). Über das sog. FinCEN (Financial Crimes Enforcement Network) erfolgt ein reger Daten- und Informationsaustausch der beteiligten Länder (-behörden), um den Geldanlagestrategien internationaler Verbrecherkartelle wirksamer begegnen zu können. FATF und FinCEN sind auch im Internet vertreten.

[1410] Sog. Paper - trail, vgl. Bruchner, in: BankRHdb., § 42, Rn. 19; Verlautbarung des Bundesaufsichtsamtes für das Kreditwesen vom 30. März 1998, S. 26.

[1411] Vgl. Bruchner, in: BankRHdb., § 42, Rn.2, m.w.N.. Nach Bruchner soll verhindert werden, daß das schmutzige Geld verkehrsfähig wird, Bruchner, a.a.O., Rn. 19.

„wer einen Gegenstand, der aus einer in Satz 2 genannten rechtswidrigen Tat (eines anderen -alte Fassung[1412]) *herrührt, verbirgt, dessen Herkunft verschleiert oder die Ermittlung der Herkunft, das Auffinden, den Verfall, die Einziehung oder die Sicherstellung eines solchen Gegenstandes vereitelt oder gefährdet...".* Ebenso wird nach § 261, Abs. II, Ziff. 2 StGB bestraft, *„wer einen in Absatz I bezeichneten Gegenstand verwahrt oder für sich oder einen Dritten verwendet, wenn er die Herkunft des Gegenstandes zu dem Zeitpunkt gekannt hat, zu dem er ihn erlangt hat".* Dieser Passus wird dadurch ergänzt, daß nach § 261, Abs. V StGB wegen Geldwäsche auch zu bestrafen ist, *„wer in den Fällen des Absatzes I und II leichtfertig nicht erkennt, daß der Gegenstand aus einer in Absatz I genannten rechtswidrigen Tat eines anderen herrührt".* Exculpieren kann sich der designierte Täter dadurch, daß er gemäß § 261, Abs. IX, Ziff. 1 StGB in Verbindung mit § 11 GwG die Tat, die Geldwäsche *„freiwillig bei der zuständigen Behörde anzeigt oder eine solche Anzeige veranlaßt".*[1413] Durch den Begriff „Verwendung" in § 261, Abs. II StGB wird die gesamte Palette der alltäglichen Bankgeschäfte erfaßt,[1414] da Abs. II vorrangig auf den Geschäftspartner des Vortäters abzielt,[1415] zumal Kreditinstitute als primäre Normadressaten gelten. Das Geldwäschegesetz konkretisiert die Begriffe der Verwendung und Verwahrung aus § 261 StGB und bestimmt, in welchen Konstellationen der Verdacht einer Geldwäsche gegeben sein soll.[1416] Hiernach soll der generelle Verdacht einer Geldwäsche insbesondere dann vorliegen, wenn Bargeschäfte, den Gegenwert von 30 TDM übersteigen (§ 2, Abs. I GwG). Gleiches gilt für die Annahme / Abgabe von Wertpapieren im Sinne von § 1, Abs. I DepotG, die Annahme / Abgabe von Edelmetallen oder bei entsprechenden Transaktionen, die zwar nicht den genannten Schwellenwert erreichen, bei denen jedoch der Verdacht besteht, das die einzelnen Transaktionen zusammenhängen (§ 2, Abs. II GwG)[1417]. Bei diesen Fällen ist seitens der Bank eine Identifizierung des Bankkunden vorzunehmen, der ihr gegenüber (körperlich) in Erscheinung tritt (§ 2, Abs. I GwG)[1418], in dem gemäß § 1, Abs. V GwG die Personalien des Kunden aufgrund eines Personalausweises oder Reisepasses, sowie das Geburtsdatum, die Anschrift und Art, Nummer und ausstellende Behörde des Ausweises festgestellt und fotokopiert werden.[1419] Gleiches gilt für die Ermittlung des wahren wirtschaftlich Berechtigten (§ 8 GwG), der zusätzlich zu ermitteln ist, sofern sich Anhaltspunkte dafür bieten, daß auftretende und berechtige Person der finanziellen Transaktion nicht identisch sind.[1420] Eine diesbezügliche Nachforschungspflicht, den Auftaggeber einer Finanztransaktion zu ermitteln, besteht ohne Anlaß

1412 Durch Gesetz vom 4.5.1998 wurde § 261 StGB im Rahmen der Gesetzgebung zum großen Lauschangriff neu gefaßt.

1413 Meincke, WM 1998, S. 755 weist zutreffend darauf hin, daß die eigentlich den Strafverfolgungsorganen obliegende Tätigkeit der Gewinnung eines Anfangsverdachtes und die damit zusammenhängende Tatsachenbeurteilung unter Durchbrechung des Bankgeheimnisses auf die Kreditinstitute verlagert wird. Diesen wird jedoch ein Beurteilungsspielraum zugestanden - vgl. Verlautbarung des Bundesaufsichtsamtes für das Kreditwesen vom 30. März 1998, S. 21; Findeisen, WM 1998, S. 2417 ff..

1414 Dittrich/Trinkaus, DStR 1998, S. 342.

1415 Bruchner, in: BankRHdb., § 42, Rn. 33.

1416 Ausführlich hierzu Reiß, in: BuB, Bd. 5, Kap. 16, Rn. 16/22 ff..

1417 Hier kommt insbesondere das künstliche, scheinbar willkürliche Splitten von Beträgen in Betracht, um den Schwellenwert zu unterschreiten -sog. „smurfing". Vgl. hierzu, Verlautbarung des Bundesaufsichtsamtes vom März 1998, S. 14 f.; Bottke, Wistra 1995, S. 127; Reiß, a.a.O., Rn. 16/35; Findeisen, a.a.O., S. 2419.

1418 Vgl. dazu Reiß, in: BankRHdb., § 42, Rn. 16/37; Gößmann, in: BuB, Kap.2, Rn. 2/61.

1419 Verlautbarung des Bundesaufsichtsamtes, a.a.O., S. 4 ff. (5); Reiß, a.a.O., Rn. 16/7, 16/9, 16/82 ff..

1420 Ausführlich hierzu Reiß, in: BuB, Kap. 5, Rn. 16/68 ff.; Findeisen, a.a.O., S. 2420 f.. Vgl. auch Gößmann, in: BuB, Kap. 2, Rn. 2/67.

indes nicht.[1421] Dieses ergibt sich jedoch zum Teil bereits aus dem Grundsatz der Kontenwahrheit des § 154, Abs. II AO. Im Unterschied zu § 154 AO, der dem Schutz der formalen Kontenwahrheit dient (s.o.), dient die Identifikationspflicht von § 8 des Geldwäschegesetzes dem Versuch der Ermittlung des materiell Berechtigten eines Kontos bzw. einer Transaktion, um Strohmanngeschäften zu begegnen.[1422] Der materiell Berechtigte ist hingegen nicht zu identifizieren, da sich die Identifikationspflicht der §§ 1, Abs. V; 2, Abs. I GwG lediglich auf den tatsächlich Handelnden / Auftretenden bezieht.[1423] Dieses führt nach *Reiß* zu dem kuriosen Ergebnis, daß der materiell Berechtigte auch dann nicht zu identifizieren ist, wenn er bei der Transaktion des Auftretenden zufällig zugegen ist.[1424] Die Unterlagen der Identifizierung des Kunden müssen seitens der Bank gemäß § 9, Abs. III, S.1 GWG 6 Jahre lang aufbewahrt werden und dem Zugriff der Strafverfolgungsbehörden zur Verfügung stehen.[1425] Aber auch beim Abschluß von Lebensversicherungen, bei denen die Jahresprämie 2.000 DM übersteigt oder in Fällen, in denen die Prämienzahlung nicht von einem Konto des Versicherungsnehmers erfolgt (§ 4, Abs. I GwG), bei Einmalzahlungen der Prämien von mehr als 5.000 DM[1426] oder generell bei Verdachtsfällen der Geldwäsche (§ 6; 11 GwG) soll eine Anzeige bzw. Mitteilung an die zuständige Strafverfolgungsbehörde erfolgen, wenn die Transaktion in bezug auf die bisherigen Erfahrungen mit den beteiligten Wirtschaftssubjekten ungewöhnlich erscheint[1427] oder auffällig ist[1428]. Es müssen konkrete, tatsächliche Anhaltspunkte vorliegen,

---

[1421] Reiß, a.a.O., Rn. 16/60., 16/68; Gößmann, a.a.O.; Findeisen, a.a.O., S. 2420 ff..

[1422] Bottke, Wistra 1995, S. 125, 128. So auch die Verlautbarung des Bundesaufsichtsamtes, a.a.O., S. 14 ff.. Dieses ist im einzelnen umstritten. Der Bundesgerichtshof geht davon aus, daß die Vorschrift des § 8 GwG zumindest zu keiner anderen Auslegung des § 154, Abs. II AO führt, der dem Schutz der formalen Kontenwahrheit dient. Die Identifizierungspflicht gemäß § 8 GwG tritt als selbständige Verpflichtung neben die Identifizierungspflicht aus § 154, Abs. II AO - siehe BGH, in: NJW 1995, 261 ff. (263); Bruchner, in: BankRHdb., § 42, Rn. 59 ff. (62). In diesem Sinne auch Tipke/Lang, a.a.O., § 22, Rn. 199.

[1423] Reiß, in: BuB, Bd. 5, Kap. 16, Rn. 16/68.

[1424] Vgl. Reiß, In: BuB, Kap. 16, Rn. 16/37. Dieses Ergebnis dürfte indes nicht ganz haltbar sein, denn wenn es sich bei der fehlenden Normierung der Identifikationspflicht (i.S.v. §§ 1, Abs. V; 2, Abs. I GwG) des materiell Berechtigten in dieser Konstellation um eine Gesetzeslücke handeln sollte, wäre diese durch eine, auf den Sinn und Zweck der Norm abstellende Interpretation zu schließen. Sinn und Zweck des § 8 GwG ist es, Strohmanngeschäfte zu unterbinden, gerade um für den Fall einer Geldwäsche eine verfolgbare ‚Papierspur' zu erhalten. Die Identifikation des Handelnden dient letztendlich dazu, ggfls. über diesen an den eigentlichen Auftraggeber der finanziellen Transaktion zu gelangen. Vor diesem Hintergrund macht es keinen Sinn, den bei der Transaktion der gegenüber der Bank auftretenden Person zufällig anwesenden, materiell Berechtigten in der Kontellation von Reiß unidentifiziert zu lassen. Bei der von Reiß beschriebene Konstellation wäre es demgemäß nur sinnvoll, daß in diesen Fällen nicht der tatsächlich Handelnde, sondern der anwesende, materiell Berechtigte identifiziert wird. In diesem Sinne auch Findeisen, WM 1998, S. 2419 f.. In diesem Zusammenhang kann auch auf die im Strafrecht entwickelten Gesichtspunkte zur mittelbaren Täterschaft zurückgegriffen werden.

[1425] Zur Aufbewahrungspflicht siehe Reiß, a.a.O., Rn. 16/86. Ein Zugriff auf diese Unterlagen ist nach den allgemeinen strafprozessualen Bestimmungen möglich -vgl. Junker, DStR 1996, S. 227. Dahm / Schebesta / Schroeter / Weber, a.a.O., Rn. 33 b weisen dabei auf die Zweckbindung des § 10, Abs. I GwG hin, so daß die Aufzeichnungen nur zur Verfolgung einer Straftat des § 261 StGB herangezogen werden dürfen. Erst nach rechtskräftiger Verurteilung sei auch eine Heranziehung im Besteuerungsverfahren zulässig.

[1426] Vgl. dazu Reiß, a.a.O., Rn. 16/53 ff..

[1427] Im einzelnen gibt es hier eine Fülle von Indizien und Einzelbeispielen, aus denen sich ein Verdachtsfall im konkreten Zusammenhang herleiten läßt und die hier nicht abschließend genannt werden können. Eine exemplarische Zusammenstellung solcher allgemeiner Verdachtsfälle findet sich in der Broschüre „Mitarbeiterinformation zur Abwehr von Geldwäsche" des Bank -Verlages Köln, November 1993, S. 15 ff., sowie im Typologienpapier zur Geldwäsche vom Bundesaufsichtsamt für das Kreditwesen, Rundschreiben 19/98 auf die verwiesen wird; vgl. ferner die Verlautbarung des Bundesaufsichtsamtes, a.a.O., S. 18 ff.; CAPITAL, a.a.O., S. 310 ff.; Reiß, a.a.O., Rn. 16/57 ff..

die einen Geldwäscheverdacht rechtfertigen.[1429] „Bloße Vermutungen, Gerüchte oder Verdächtigungen ohne realen Hintergrund gegen bestimmte Personen können Tatsachen nicht ersetzen, sondern sind allenfalls Anlaß für erhöhte Aufmerksamkeit".[1430] Der Verdacht im Sinne von § 11 GwG, der zu der genannten Anzeige- / Mitteilungspflicht der Bank an die zuständige Behörde führt und eine Transaktionssperre von zwei Werktagen auslöst, binnen derer die Bank das vom Kunden angetragene und verdächtig erscheinende Geschäft nicht ausführen darf (§ 11, Abs. I, S. 2 GwG),[1431] entspricht dem strafrechtlichen Anfangsverdacht, der gegeben ist, wenn konkrete Anhaltspunkte dafür vorliegen, die es als naheliegend erscheinen lassen, daß Vermögenswerte aus einer schweren Straftat herrühren, die nunmehr gewaschen werden sollen.[1432] Auf der einen Seite werden somit konkrete Anhaltspunkte in bezug auf einen Geldwäscheverdacht verlangt, also Anhaltspunkte, die den Verdacht einer beabsichtigten Geldwäsche untermauern können, auf der anderen Seite macht sich bereits strafbar, wer eine Geldwäschehandlung leichtfertig nicht erkennt und aufgrund dessen die ihn exculpierende Anzeige bzw. Mitteilung an die Strafverfolgungsbehörde gemäß § 261, Abs. IX StGB in Verbindung mit § 11 GwG unterläßt. Der Begriff der Leichtfertigkeit wird einschränkend ausgelegt und soll in diesem Fall weitgehend dem Begriff der groben Fahrlässigkeit des Zivilrechts entsprechen.[1433] Danach handelt der Täter leichtfertig, „wenn die illegale Herkunft der aus der Vortat stammenden Vermögenswerte für den Täter an sich unübersehbar war, sich die Möglichkeit der Geldwäsche für ihn aufdrängte und er dies aus besonderem Leichtsinn und aus besonderer Gleichgültigkeit außer acht gelassen hat".[1434] Diese Einschränkung macht Sinn, da es selbst ausgebildeten Juristen zum Teil schwerfällt, die jeweiligen Konstellationen einer Geldwäschesituation zu erkennen, zumal die Täter der organisierten Kriminalität die diesbezüglichen Anlagestrategien ihrer Gelder permanent verändern, erneuern und den jeweiligen Situationen anpassen, um ihr Geld zu waschen.[1435] Aus diesem Grund ist der jeweilige Bankmitarbeiter bereits im Sinne von § 261, Abs. IX, Ziff. 1 StGB exculpiert, wenn er eine entsprechende Verdachtsanzeige bzw. Mitteilung an den bei jeder Bank gemäß § 14, Abs. II GwG bestehenden Geldwäschebeauftragten[1436] erteilt, der über

---

1428 Bruchner, in: BankRHdb., § 42, Rn. 96 f..

1429 Reiß, a.a.O., Rn. 16/63 f..

1430 Bruchner, a.a.O.. In diesem Sinne auch Reiß, a.a.O..

1431 Bei unaufschiebbaren Transaktionen darf das Geschäft ausgeführt werden, die Anzeige bzw. Mitteilung ist unverzüglich nachzuholen - § 11, Abs. I, S. 3 GwG; Verlautbarung des Bundesaufsichtsamtes, a.a.O., S. 23; Reiß, a.a.O., Rn. 16/105 ff..

1432 Bruchner, a.a.O.. Vgl. auch Carl/Klos, Das Bankgeheimnis, StB 1994, S. 142; Reiß, a.a.O., Rn. 16/90. In diesem Sinne wohl auch Bottke, Wistra 1995, S. 90, der einen Anfangsverdacht, der sich auf alle Voraussetzungen einer Straftat bezieht, für unabdingbar hält.

1433 Bruchner, in: BankRHdb., § 42, Rn. 41; vgl. BGHSt-NJW 1989, 974 ff. (975); BGHSt-NJW 1985, 690.

1434 Bruchner, a.a.O.; BGH-NJW 1984, 789. In bezug auf den Schuldbereich wird dabei auf die individuellen Fähigkeiten und Kenntnisse des Täters abgestellt.

1435 Bottke, Wistra 1995, S.128. Findeisen in bezug auf neue Bankprodukte WM 1998, S. 2414 ff.. Hier bewahrheitet sich auch das italienische Sprichwort, das da lautet: „Fatta la legge, trovato l'inganno" (in deutsch: Sobald ein Gesetz verabschiedet wird, ist auch eine Möglichkeit zur Umgehung/zum Betrug gefunden).

1436 Oder die Rechtsabteilung der Bank. Darüberhinaus kann sich der jeweilige Bankangestellte im Sinne des § 261, Abs. IX StGB exculpieren, wenn er direkt eine Anzeige bzw. Mitteilung an die zuständige Strafverfolgungsbehörde richten würde. Dieses ist dem Bankmitarbeiter jedoch zumeist aufgrund dienstinterner Arbeitsanweisungen untersagt. Der Bankangestellte ist gehalten, seine Beobachtungen im Bereich der Geldwäsche an den Geldwäschebeauftragten oder die Rechtsabteilung mitzuteilen. Dann gilt die Anzeige bzw. Mitteilung in bezug auf den meldenden Bankangestellten als veranlaßt - vgl. Bruchner, a.a.O., Rn. 102; Reiß, in: BuB, Kap. 16, Rn. 16/185. Ein Verstoß des Angestellten gegen dienstinterne Anzeigepflichten speziellere Kenntnisse und Erfahrungen im Bereich der Geldwäsche verfügt. Zumindest kann dem einzelnen Bankangestellten nicht mehr der Vorwurf der Leichtfertigkeit gemacht werden, wenn er seinen Verdacht an den Geldwäschebeauftragten meldet und so eine Mitteilung gemäß § 11 GwG initiiert.[1437] Der Geldwäschebeauftragte hat für die Exculpation der Bank darüber zu entscheiden, ob eine Anzeige bzw. Mitteilung gemäß § 11 GwG an die Strafverfolgungsbehörden zu erfolgen hat oder nicht. Aufgrund der Tatbestandsvariante der Leichtfertigkeit in § 261, Abs. V StGB kann es für die Bank jedoch zu einer Konfliktlage kommen, eine Anzeige bzw. Mitteilung an die Strafverfolgungsbehörden zu erstatten oder nicht, da für eine Anzeige bzw. Mitteilung im Sinne von § 11 GwG konkrete Anhaltspunkte gegeben sein müssen und diese Anzeige / Mitteilung zwar die Bank von dem Verdacht bzw. Vorwurf der Strafbarkeit gemäß § 261 StGB befreit (§ 11, Abs. IV GwG), jedoch auf Seiten des Kunden das vertragliche bestehende Bankgeheimnis verletzt und eine zweitägige Transaktionssperre auslöst, wodurch Schäden beim Bankkunden verursacht werden können[1438]. Auf der anderen Seite besteht für die Bank die Gefahr, sich bei einer unterlassenen Anzeige / Mitteilung dem Vorwurf bzw. dem Verdacht der leichtfertigen Geldwäsche zu unterziehen.[1439] *Dahm / Hamacher* führen unter Hinweis auf das Volkszählungsurteil des Bundesverfassungsgerichts aus, daß dieser Konflikt, seitens der Bank bzw. des Bankangestellten Anzeige zu erstatten, auch wenn nur eine vage Verdachtslage gegeben ist, um selbst der Strafbarkeit wegen leichtfertigen Geldwäsche zu entgehen, mit dem Menschenbild des Bundesverfassungsgerichts unvereinbar sei, da der Bürger aufgrund dieses Konflikts dazu gezwungen würde, sich „aus Furcht vor ungerechtfertigter staatlicher Verfolgung im vorstehenden Sinne durchschnittskonform zu verhalten".[1440] Die Konfliktlage ist daher nur zu lösen, wenn auch für die Tatbestandsvariante der Leichtfertigkeit gefordert wird, daß konkrete Anhaltspunkte für ein Geldwäschegeschäft vorliegen müssen. Nur dann kann die oben genannte Unübersehbarkeit einer Geldwäschehandlung und der illegalen Herkunft der Gelder gegeben sein, die einen Vorwurf der Leichtfertigkeit rechtfertigt. Die Lösung des grundsätz-lichen Konflikts zwischen der Offenbarung von Kundendaten durch die vorgesehenen Anzeige- bzw. Mitteilungspflichten an die Strafverfolgungsbehörden und der Wahrung des Bankgeheimnisses des Kunden sowie der (zivilrechtlichen) Pflicht der Bank, den Kunden vor Schäden zu bewahren, die aus der Transaktionssperre resultieren können, soll durch § 12 GwG erfolgen, der die Durchbrechung des Bankgeheimnisses gestattet und die Bank von Haftungsansprüchen der Kun-den freistellt.[1441] Aufgrund der nach § 11 GwG vorzunehmenden Anzeige / Mitteilung an die Strafverfolgungsbehörden sind dieser die Art des verdächtigen Geschäftes mitzuteilen, sowie Name, Anschrift des Kunden und ob der betroffene Bürger bereits Kunde der meldenden Bank ist oder nicht.

---

beim Geldwäschebeauftragten bleiben für den Bankangestellten indes auch arbeitsrechtlich ohne Folgen, wie Reiß unter Hinweis auf § 12 GwG ausführt - vgl. Reiß, a.a.O., Rn. 16/89. Zu Aufgaben und Stellung der Geldwäschebeauftragten siehe Verlautbarung des Bundesaufsichtsamtes vom März 1998, S. 26 ff.; Reiß, a.a.O., Rn. 16/129 ff.; Findeisen, a.a.O., S. 2416 f..

1437 Dittrich/Trinkaus, DStR 1998, S. 343; Bruchner, a.a.O., Rn. 102; Reiß, a.a.O., Rn. 16/185.

1438 Vgl. Dittrich/Trinkaus, a.a.O., S. 344.

1439 Dahm/Hamacher, Geldwäschebekämpfung und strafrechtliche Verfahrensgarantien, Wistra 1995, S. 207.

1440 Dahm/Hamacher, Wistra 1995, S. 206 ff..

1441 Bruchner, in: BankRHdb., § 42, Rn. 94; Dittrich/Trinkaus, DStR 1998, S. 344; Verlautbarung des Bundesaufsichtsamtes vom März 1998, S. 21; Reiß, in: BuB, Bd. 5, Kap. 16, Rn. 16/89, 16/119.

(2.3.2.) Die Durchbrechung des Bankgeheimnisses durch die Erfassungs-, Anzeige- und Meldepflicht des Geldwäschegesetzes

Gemäß § 11 GwG müssen seitens der Bank den zuständigen Strafverfolgungsbehörden Name und Anschrift des Bankkunden sowie die Art des angetragenen Geschäfts mitgeteilt werden. Bei Bargeschäften, die den Schwellenwert von 30 TDM überschreiten, sind diese Daten des Kunden nach § 9 GwG von der Bank separat zu erfassen, ohne eine Mitteilung oder Anzeige erstatten zu müssen, und sechs Jahre lang aufzubewahren, wo sie dem Zugriff der Strafverfolgungsbehörden zur Verfügung stehen müssen.[1442] Bei Mißachtung dieser Anzeige- / Mitteilungs- und Erfassungspflichten seitens der Bank kann gegen diese ein Bußgeld in Höhe von bis zu 200 TDM verhängt werden (§ 17 GwG).[1443]
Deutlich wird in diesem Zusammenhang die „Verwandschaft" dieser Regelungen zu Kontrollmitteilungen im Sinne des § 33 ErbStG, die zuvor behandelt wurden und auf deren Ausführungen weitgehend verwiesen werden kann. Aufzeichnungs- und Meldepflichten des Geldwäschegesetzes betreffen den jeweiligen Bankkunden in seinem Recht auf informationelle Selbstbestimmung, da die Erhebung, Aufbewahrung und Weitergabe der Kundendaten kraft gesetzlicher Verpflichtung der Bank das Bankgeheimnis durchbricht.[1444] Im Fall der Anzeige bzw. Mitteilungspflicht gemäß § 11 GwG werden Daten von einer datenerhebenden Stelle (Bank) an eine andere, datenverarbeitende Stelle (Strafverfolgungsbehörde), übermittelt und von dieser an weitere datenverarbeitende Stellen (Finanzbehörden) weitergegeben, ohne daß der betroffene Bürger als Herr seiner Daten dazu seine Einwilligung im Sinne von § 4 BDSG gegeben hätte und ohne daß er hinreichend überblicken könnte, wer, was und wann aufgrund dieses Daten- und Informationstransfers über ihn weiß. Bereits der Zugriff auf anderweitig erhobene Daten stellt eine Datenerhebung dar, da die zuvor bestehende Zweckbindung verändert wird. Das gleiche gilt bei einem Zugriff auf die erhobenen Daten gemäß § 10 GwG. Die von dem Bundesverfassungsgericht im Volkszählungsurteil geforderte Transparenz der Datenerhebung und -verarbeitung ist für den betroffenen Bürger nicht mehr gegeben. Dieses gilt insbesondere in den Fällen, in denen er von einer Aufzeichnung der Bank betroffen wird, nur weil der Schwellenbetrag von 30 TDM mit seiner Transaktion überschritten wird und ohne daß weitere Indizien für eine Geldwäsche oder die illegale Erlangung des Geldes hinzutreten. Grundsätzlich ist hinsichtlich der Verwertung der im Rahmen der Geldwäsche erfaßten Daten zu unterscheiden zwischen den Daten und Informationen, die den Strafverfolgungsbehörden gemäß § 11 GwG „spontan" zu melden sind und den Daten, die gemäß § 9 GwG zu erheben sind und auf die seitens der Strafverfolgungsbehörden gemäß § 10 GwG zugegriffen werden kann. Zusätzlich zu dieser Frage eines Datenzugriffs im externen Bereich stellt sich die Frage nach der Zulässigkeit einer intra - behördlichen Weitergabe der Daten. Auf die gemäß § 9 GwG erhobenen Daten darf nach § 10, Abs. I GwG von den Strafverfolgungsbehörden nur zur Verfolgung der in § 261, Abs. I, Nr. 1 - 5 StGB genannten Vortaten zugegriffen werden.[1445] Ein Zugriff der Finanzbehörden auf diesen Datenbestand oder eine Mitteilung der Daten durch die Strafverfolgungsbehörden an diese ist unzulässig. § 116 AO tritt insoweit zurück, da Steuerstraftaten nicht zu den in § 261 StGB genannten Vortaten gehören.[1446] Allerdings ge-

---

1442 Gleiches gilt für die weiteren in § 9, Abs. I GwG genannten Verdachtsfälle.

1443 Zu den Ordnungswidrigkeitstatbeständen siehe Reiß, a.a.O., Rn. 16/145 ff..

1444 Reiß, a.a.O., Rn. 16/121. In diesem Sinne auch Dittrich/Trinkaus, a.a.O., 345.

1445 Bottke, Wistra 1995, S. 128.

1446 Bruchner, in: BankRHdb., § 42, Rn. 92; Carl/Klos, StB 1994, S. 142; Dittrich/Trinkaus, DStR 1998, S. 345; Dahm/Hamacher, Wistra 1995, S. 208, 209, die ausführen, daß selbst eine entsprechende Ausdehnung des Vortatenkataloges aufgrund der bereits bestehenden Ermittlungsinstrumentarien unverhältnismäßig, da nicht

stattete § 10, Abs. II GwG in seiner alten Form eine Durchbrechung dieser Mitteilungssperre an die Finanzbehörden für den Fall, daß eine rechtskräftige Verurteil-ung wegen Geldwäsche oder einer der in § 261 StGB genannten Vortaten erfolgte. In diesem Fall fand eine Mitteilung an die Finanzbehörden gemäß § 116 AO statt, die die so erlangten Informationen jedoch lediglich im Besteuerungsverfahren zwecks Nachversteuerung der Geldwäscheumsätze bzw. -gewinne nutzen durften. Eine Verwertung im Rahmen des Steuerstrafverfahrens fand nicht statt.[1447] Ein Durchschlagen der strafrechtlichen Ermittlungsergebnisse auf das Besteuerungsverfahren war nach dem bisherigen Stand des Gesetzes daher nicht möglich. Erst beim Vorliegen einer rechtskräftigen Verurteilung, zu einem Zeitpunkt somit, zu dem aufgrund der rechtskräftigen Verurteilung konkrete Anhaltspunkte auch bezüglich der steuerlichen Relevanz bestanden, erfolgte eine Mitteilung der Strafverfolgungs- an die Finanzbehörden. Insoweit bestanden im Rahmen der bisherigen Regelungen der Geldwäsche Abweichungen zu der Regelung des § 33 ErbStG. Die dort im Rahmen dieser Arbeit geforderten konkreten, tatsächlichen Anhaltspunkte für einen intra- (finanz-) behördlichen Datentransfer waren im Rahmen der Geldwäsche normiert.
Gleichsam im Windschatten des Gesetzesentwurfs zur Regelung des großen Lauschangriffs sind, von der Öffentlichkeit kaum beachtet, erhebliche Änderungen im Bereich des Geldwäschegesetzes vorgenommen worden.[1448] Neben der bereits erwähnten Anhebung[1449] des Schwellenwertes des § 2 GwG auf 30 TDM ist auch der Vortatenkatalog des § 261 StGB erweitert worden. Von den verschiedenen Änderungen[1450] interessiert im vorliegenden Zusammenhang besonders, daß durch die Neufassung des Gesetzes die geschilderte Mitteilungssperre von den Strafverfolgungs- an die Finanzbehörden eingeschränkt worden ist, um eine „effizientere Gestaltung des Informationsverbundes von Strafverfolgungs- und Finanzbehörden im Zusammenhang mit der Geldwäsche" zu gewährleisten.[1451] Aufgrund der neuesten Novelle des Geldwäschegesetzes ist die (inter-) behördliche Weitergabemöglichkeit der im Rahmen der Geldwäsche erlangten Daten von den Strafverfolgungs- zu den Finanzbehörden erweitert worden. Zum einen ist das Erfordernis einer rechtskräftigen Verurteilung für eine Datenweitergabe in § 10, Abs. II GwG abgeschafft worden, so daß fortan eine Datenweitergabe an die Finanzbehörden möglich ist, sobald ein Ermittlungsverfahren von den Strafverfolgungsbehörden eingeleitet worden ist[1452]. Dieses hat zur Folge, daß zukünftig die im Rahmen der Geldwäsche- und Vortatenermittlungen aufgedeckten steuererheblichen Tatsachen einschließlich ihrer Beweismittel, unabhängig vom Bestehen eines strafrechtlichen Verdachts,

---

erforderlich, wäre. Zudem würde das gesamte bisherige abgabenrechtliche Ermittlungssystem durch die Anzeigeverpflichtung der Bank/Bankmitarbeiter auf den Kopf gestellt werden - Dahm/Hamacher, a.a.O., S. 209.

1447 Bruchner, a.a.O.; Carl/Klos, a.a.O., S. 142, 143; Reiß, a.a.O., Rn. 16/122, 16/125.

1448 Vgl. insoweit BT-Drucksache 13/6620,1; Dittrich/Trinkaus, a.a.O., S. 346 f.; Meyer/Hetzer, Neue Gesetze gegen die Organisierte Kriminalität, NJW 1998., S. 1017 ff..

1449 Dies ist begrüßenswert, da bei den Banken allein durch die Anhebung des Schwellenwertes rund 25-35 % weniger Verwaltungsaufwand im Rahmen der Geldwäsche anfallen wird - vgl. Meyer/Hetzer, a.a.O., S. 1021.

1450 Zum Beispiel der Einführung einer Anmeldepflicht für die Ein- und Ausfuhr von Bargeld und Schecks von über 30 TDM in das Nicht - EU-Ausland -vgl. Dittrich/Trinkaus, a.a.O., S. 346; Zeitschrift DM, Heft 3/1998, S. 152, CAPITAL, a.a.O., S. 319 ff., die auf die erheblichen Beschlagnahmemöglichkeiten und vorgesehenen Strafen für den Fall der Mißachtung dieser Anmeldepflicht hinweisen; so auch Meyer/Hetzer, a.a.O., S. 1022, 1023.

1451 BT-Drucksache 13/6620, 1. Vgl. auch Findeisen, a.a.O., S. 2412.

1452 Meyer/Hetzer, NJW 1998, S. 1021, 1022.

von den Finanzbehörden weiter verwendet werden können.[1453] Die Einleitung eines strafrechtlichen Ermittlungsverfahrens erfordert jedoch einen Anfangsverdacht, so daß das oben genannte Erfordernis von konkreten und begründeten Tatsachen in bezug auf eine Geldwäschehandlung einer bestimmten Person für einen Datentransfer unabdingbar wird. Zum anderen ist die Finanzbehörde fortan befugt, die erhaltenen Daten und Informationen auch zur Verfolgung von Steuerstraftaten einzusetzen.[1454] Dieses ist insoweit konsequent, als daß das Erfordernis einer rechtskräftigen Verurteilung für einen (inter-) behördlichen Datentransfer entfallen ist und somit kein Konflikt mehr zwischen der Rechtskraft des Strafurteils mit dem Begriff der Tat im strafprozessualen Sinne erfolgen kann,[1455] da die Sperrwirkung des Urteils entfällt. Anders stellte sich nach der bisherigen Regelung die Frage der Verwertungsmöglichkeiten im Fall der Anzeige- und Mitteilungspflicht nach § 11 GwG dar. Nach der bisherigen Fassung des § 11, Abs. V, S. 1 GwG durften diese Meldungen für andere strafrechtliche Zwecke als für den Fall der Verfolgung der Geldwäsche selbst oder einer der Vortaten nicht verwendet werden, wenn der Strafrichter gemäß § 25 GVG zuständig gewesen wäre, es sich somit um (andere) Taten handelte, die im Wege der Privatklage verfolgt werden konnten oder bei denen eine höhere Freiheitsstrafe als 2 Jahre nicht zu erwarten stand.[1456] Stand für eine andere Tat, die nicht Vortat der Geldwäsche ist, eine höhere Freiheitsstrafe als 2 Jahre zu erwarten, war daher eine Weitergabe der durch § 11 GwG erlangten Daten möglich. Relevant war (und ist) dieses insbesondere im Zusammenhang mit Steuerstraftaten. Da gemäß § 261, Abs. I, S. 2, Ziff. 1 StGB generell Verbrechen zu den Vortaten der Geldwäsche zählten und diese nach § 12, Abs. I StGB mit einer Mindestfreiheitsstrafe von einem Jahr bedroht sind, war dieser Hinweis auf § 25 GVG weitgehend überflüssig, wollte man nicht auch die Steuerstraftaten der §§ 369 ff. AO erfassen, die keine Mindestfreiheitsstrafe aufweisen und eine Mitteilungsmöglichkeit zugunsten der Finanzbehörden eröffnen. In Fällen der schweren Steuerhinterziehung (§ 370, Abs. III AO)[1457], bei denen mit einer Freiheitsstrafe von mehr als 2 Jahren zu rechnen war, war daher eine Mitteilung an die Finanzbehörden möglich und von § 116 AO vorgesehen, so daß eine Verwertungsmöglichkeit der erlangten Daten und Informationen im Steuerstrafverfahren und wegen der Regelung des § 11, Abs. V GwG, der auf § 10, Abs. II GwG verweist, auch im Besteuerungsverfahren[1458] eröffnet wurde. Die Änderungen von § 10, Abs. II GwG durch die jüngste Novelle des Geldwäschegesetzes haben daran nichts geändert. Die Änderungen des Geldwäschegesetzes sind aber auch für die Anzeige- und Mitteilungspflichten des § 11 GwG relevant. Die Regelung des § 11, Abs. V GwG wurde nunmehr dahingehend abgeändert, daß fortan nicht mehr die Anknüpfung an die Strafgewalt des Einzel- /

1453 Meyer/Hetzer, a.a.O., S. 1022. Nach Mitteilung der Zeitschrift CAPITAL, a.a.O., S. 310 ff. (324) findet ein reger Datenaustausch statt, damit Steuerfahndung und Kriminalpolizei Steuersünder „in die Zange nehmen" können. In Deutschland ist zu diesem Zwecke sogar die Errichtung einer entsprechenden Zentraldatei geplant, die den Namen ‚APOK' tragen wird und mittels Datenaustausch zwischen den Behörden von Bund und Ländern Zusammenhänge zwischen Geldwäsche- und Schwarzgeldoperationen aufdecken soll - vgl. CAPITAL, a.a.O., S. 313.

1454 Meyer/Hetzer, a.a.O..

1455 Vgl. zum Begriff der Tat im (straf-) prozessualem Sinne - Kleinknecht/Meyer-Goßner, a.a.O., § 264, Anm.1ff.

1456 Zu Recht weist Bruchner in diesem Zusammenhang auf die Prognose- und Bewertungsspielräume hinsichtlich der zu erwartenden Freiheitsstrafe hin - vgl. Bruchner, in: BankRHdb., § 42, Rn. 118; Meyer/Hetzer, a.a.O.; Bottke, Wistra 1995, S. 129; Reiß, a.a.O., Rn. 16/123.

1457 Bei der ein Mindestbetrag von 100 TDM hinterzogen sein muß. - vgl. Bruchner, a.a.O., Rn. 118; Carl/Klos, StB 1994, S. 143.

1458 Für den Fall einer rechtskräftigen Verurteilung.

Strafrichters maßgeblich ist, sondern das gesetzlich normierte Strafmaß einer Straftat.[1459] Die Änderungen im Rahmen des Geldwäschegesetzes sind meines Erachtens bedenklich[1460] und führen zu einer weiteren Intransparenz für den Bürger, der nicht mehr ersehen kann, wo und wann, welche seiner von der Bank erhobenen Daten bei staatlichen Stellen auftauchen. Einmal mehr wird der Bürger in seinem Recht auf informationelle Selbstbestimmung eingeengt. Die ersten praktischen Erfahrungen und Auswirkungen der Änderungen der Geldwäschenormen bleiben abzuwarten.

Entscheidend für den externen Datenzugriff und die interne Datenweitergabe zwischen Strafverfolgungs- und Finanzbehörde nach § 10 GwG oder § 11 GwG kann daher nur sein, daß vorab konkrete, tatsächliche Anhaltspunkte dafür bestehen, daß ein Bankkunde als Täter einer Geldwäsche oder einer der normierten Vortaten in Betracht kommt. Wie bei der Darstellung der anderen Eingriffe in das Bankgeheimnis mehrfach ausgeführt ist es auch im Rahmen einer Datenweitergabe nach dem Geldwäschegesetz unerheblich, ob die im Rahmen des Datentransfers bei der Finanzbehörde angelangten Daten dem Steuergeheimnis unterfallen würden, da der Eingriff in die grundrechtlich geschützte Position des Bürgers aufgrund seines Rechts auf informationelle Selbstbestimmung bereits durch den ersten staatlichen Zugriff auf den Datenbestand der Bank erfolgt ist. Eine diesbezügliche Kompensation der Geheimnisse (Bankgeheimnis / Steuergeheimnis) findet nicht statt. Der Bürger ist daher durch die Erhebungs-, Anzeige- und Mitteilungspflichten des Geldwäschegesetzes in seiner prima facie geschützten Position, die ihm das Recht auf informationelle Selbstbestimmung einräumt, betroffen. Dem gegenüber steht das für den Staat streitende Prinzip der Gewährleistung einer ordnungsgemäß funktionierenden Strafrechtspflege, welche durch das Geldwäschegesetz flankiert und umgesetzt werden soll. Auch hier gilt es diese beiden konfligierenden Prinzipien, aneinander auszurichten. Da dem für den Bürger streitenden Prinzip der informationellen Selbstbestimmung nach dem oben Gesagten eine überragend wichtige Bedeutung für die freiheitlich - demokratische Grundordnung zukommt, sind staatliche Eingriffe in diese Position des Bürgers nur dann möglich, wenn sie Ausdruck eines überragend, überproportional wichtigen Allgemeininteresses sind. Der Zugriff des Staates auf die im Wege des Geldwäschegesetzes erhobenen Daten setzt dessen Verhältnismäßigkeit im konkreten Einzelfall voraus. Für die aufgrund des Geldwäschegesetzes erfolgenden Eingriffe in das Bankgeheimnis des Bürgers gelten somit keine anderen Voraussetzungen und Parameter, als bei den oben geschilderten Eingriffsbefugnissen des Staates aufgrund der Kontrollmitteilungen gemäß § 33 ErbStG. Auf die dort gemachten Ausführungen kann daher verwiesen werden. Dort wurde bereits festgestellt, daß gesetzlich normierte Mitteilungspflichten einen jeden Einzelfall nicht berücksichtigen können, so daß eine Abwägung der gegenläufigen Prinzipien aneinander im jeweiligen Einzelfall anhand des Verhältnismäßigkeitsgrundsatzes zu erfolgen hat. Auch im Rahmen der Geldwäsche-

---

[1459] Meyer/Hetzer, NJW 1998, S. 1022. Hierbei liegt das Höchstmaß der Bedrohung einer Straftat bei einer Freiheitsstrafe von drei Jahren.

[1460] Selbst diese Änderungen des Geldwäschegesetzes gehen einigen Stellen noch nicht weit genug. Dittrich / Trinkaus, DStR 1998, S. 347 weisen darauf hin, daß insbesondere das Bundesaufsichtsamt für das Kreditwesen ein sog. EDV - Monitoring gefordert hat, mit dem es -aber auch andere staatliche Stellen- die Kundendaten einer Bank durchforsten und auf etwaige Auffälligkeiten untersuchen kann - ein Schreckensbild ganz im Sinne von Orwell, daß erahnen läßt, welchen Damm das Bundesverfassungsgericht mit seiner scheinbar so großzügigen Entscheidung in Fällen der Dresdner Bank und der Zinsabschlagsteuer zugunsten der Ermittlungsbhörden duchstoßen hat. Vgl. in diesem Zusammenhang auch den Hinweis auf S. 226, Fn. 1 zu der geplanten ‚APOK'-Datenbank. Nach Auffassung von Findeisen hat ein Monitoring zur Zeit bereits zumindest bankintern zu erfolgen, um ungewöhnliche Finanztransaktionen und Geldwäschehandlungen eines Bankkunden feststellen zu können - Findeisen, a.a.O., S. 2417 ff..

gesetzgebung handelt es sich bei den normierten Tatbeständen um eine vom Gesetzgeber vorgenommene Antizipation der Abwägungslage, die dem für den Staat streitenden Prinzip der effizienten Strafrechtspflege zum Durchbruch verhelfen soll. Da jedoch antizipierte Abwägungslagen nicht jeden Einzelfall berücksichtigen können, sind die konfligierenden Prinzipien im konkreten Einzelfall gemäß dem ersten Abwägungsgesetz am Verhältnismäßigkeitsgrundsatz aneinander auszurichten. Aufgrund der strikten Normierung des § 11 GwG scheint es an diesem Erfordernis bereits zu mangeln, da keine Abwägung im Einzelfall stattfindet, so daß die getroffene Regelung zu falschen und unverhältnismäßigen Ergebnissen führen könnten. Anders stellt sich dieses in Zugriffsfällen gemäß § 10 GwG dar, da hier noch eine Abwägung der gegensätzlichen Prinzipien am Verhältnismäßigkeitsgrundsatz erfolgen kann. Es bestehen zunächst keine Zweifel dahingehend, daß die normierten Eingriffsbefugnisse im Rahmen des Geldwäschegesetzes grundsätzlich geeignet sind, den von dem Staat bezweckten Erfolg einer besseren Bekämpfung der national und international organisierten Kriminalität zumindest zu fördern.[1461] Im Rahmen der Erforderlichkeit ist jedoch einhergehend mit den oben und zu § 33 ErbStG gemachten Ausführungen zu verlangen, daß für den Datenzugriff des Staates stets konkrete, tatsächliche Anhaltspunkte dafür vorliegen müssen, daß ein bestimmter Bürger verdächtig ist, illegal erworbene Gelder waschen zu wollen. Dem ultima ratio Charakter der Erforderlichkeit folgend kann ein Zugriff der Strafverfolgungsbehörden gemäß § 10 GwG auf die seitens der Bank zu erhebenden Daten nur als Verifikation bereits anderweitig erlangter Daten und Informationen in bezug auf einen bestimmten Bürger in Betracht kommen. Dieses gilt umso mehr nach der Neufassung dieser Norm. Auf keinen Fall dürfen die von der Bank gemäß § 9 GwG vorzunehmenden Aufzeichnungspflichten dazu mißbraucht werden, hierin eine willkommene allgemeine Kriminaldatenbank zu sehen, auf die seitens der Ermittlungsbehörden bei Bedarf und ohne, daß konkrete Anhaltspunkte in bezug auf einen bestimmten Bürger bestehen, zurückgegriffen werden kann. Hierin würde ein unzulässiger Datenzugriff ins Blaue hinein, ein Ausforschungseingriff bzw. -zugriff liegen, der nicht erforderlich und somit unverhältnismäßig wäre, da er nicht der Verifikation zuvor erlangter Informationen dient. Da ein Zugriff der Ermittlungsbehörden gemäß § 10 GwG aufgrund der allgemeinen strafprozessualen Bestimmungen möglich ist, erscheint zumindest dieses Erfordernis erfüllt, so daß in bezug auf den jeweils untersuchten Bürger konkrete und tatsächliche Anhaltspunkte für den Verdacht einer Geldwäsche vorliegen müssen. Nach § 94 StPO können Gegenstände, die als Beweismittel für die Untersuchung einer Straftat in Betracht kommen, verwahrt, sichergestellt oder beschlagnahmt werden. Es muß somit in bezug auf die untersuchte Straftat bereits ein Anfangsverdacht in o.g. Sinne vorliegen[1462], der jedoch nur gegeben ist, wenn bereits konkrete Tatsachen in bezug auf die Straftat bestehen.[1463] Oben wurde dieser Anfangsverdacht bereits dahingehend beschrieben, daß konkrete Anhaltspunkte dafür vorliegen müssen, die es als naheliegend erscheinen lassen, daß Vermögenswerte aus einer schweren Straftat herrühren, die nunmehr gewaschen werden sollen. Zwar genügen auch entferntere Indizien für einen Anfangsverdacht, gleichwohl sind bloße Vermutungen und Verdächtigungen in bezug auf einen Bürger für einen Anfangsverdacht nicht ausreichend.[1464] Auch hier sollen Ermittlungen ins Blaue hinein unterbunden werden. Das Erfordernis von konkreten, tatsächlichen Anhaltspunkten für eine geldwäscherelevante Handlung eines Bürgers / Bankkunden im Rahmen der Erforderlichkeitsprüfung beinhaltet zugleich den Umstand, daß ein „Durchschlagen“

[1461] Vgl. auch Reiß, in: BuB, Bd. 5, Kap. 16, Rn. 16/121.
[1462] Vgl. Kleinknecht/Meyer-Goßner, a.a.O., § 94, Rn. 8.
[1463] Kleinknecht/Meyer-Goßner, a.a.O., § 152, Rn. 4.
[1464] Kleinknecht/Meyer-Goßner, a.a.O..

der Erkenntnisse in bezug auf einen anderen Bürger nicht möglich ist, sofern nicht auch bezüglich dieses Bürgers und Bankkunden konkrete und tatsächliche Anhaltspunkte für eine Geldwäschehandlung bzw. kriminelle Vortat bestehen, die es durch den Datenzugriff des Staates gemäß § 10 GwG zu verifizieren gilt, da die jeweiligen Verhältnisse der Bürger zum Staat abstrakt und unabhängig voneinander sind. Dieses grundsätzliche Erfordernis hatte auch der Gesetzgeber erkannt, wenn er hinsichtlich der interbehördlichen Weitergabe und der weiteren Verwendung der im Rahmen der Geldwäschenormen erlangten Daten von den Strafverfolgungs- zu den Finanzbehörden in der alten Fassung der §§ 10; 11 GwG bestimmte, daß die erhobenen Daten und Informationen nur dann weitergegeben werden dürfen, wenn eine rechtskräftige Verurteilung wegen Geldwäsche oder einer der Vortaten des § 261 StGB erfolgt ist. Genau dann besteht ein konkreter, tatsächlicher Umstand, der die Weitergabe und Verwertung der erlangten Daten rechtfertigt. Bei einer rechtskräftigen Verurteilung des Bürgers bestehen nicht nur konkrete, tatsächliche Anhaltspunkte für seine geldwäscherelevante Tat, sondern darüber herrscht bereits Gewißheit, da anderenfalls eine strafrechtliche Verurteilung nicht hätte erfolgen können. Eine solche Handhabung wird dem ultima ratio Gedanken des Erforderlichkeitsgrundsatzes gerecht, da ein milderes Eingriffsmittel in diesem Fall nicht mehr denkbar ist. Die Änderung des Geldwäschegesetzes in diesem Punkt ist daher ein Schritt in die verkehrte Richtung. Jeder vorschnelle Eingriff des Staates auf die nach den Normen des Geldwäschegesetzes gesammelten Daten und Informationen über den Bankkunden und deren Weitergabe an andere staatliche Stellen, ohne daß bereits konkrete Anhaltspunkte in bezug auf den betroffenen Bürger vorliegen, verletzt daher dessen Recht auf informationelle Selbstbestimmung, da der Eingriff in diese prima facie geschützte Position definitiv stattfindet, die ihm zugrundeliegende Rechtfertigung sich jedoch erst im Nachhinein und dann auch nur möglicherweise herausstellen würde. Diese nachträgliche Rechtfertigung widerspricht jedoch nach der hier vertretenen Auffassung dem ultima - ratio Gedanken des Erforderlichkeitsgrundsatzes, da zum Zeitpunkt des Eingriffes seine Verhältnismäßigkeit bereits feststehen muß. Das wurde bereits mehrfach ausgeführt. Aus diesem Grund sind die aufgrund der neuesten Änderungen des Geldwäschegesetzes in Richtung auf einen Informationsverbund zwischen Strafverfolgungs- und Finanzbehörden mit Skepsis zu betrachten, da die Gefahr besteht, daß seitens des Staates das für den Bereich des Geldwäschegesetzes als richtig erkannte Erfordernis eines zumindest konkreten, tatsächlichen Anhaltspunktes für eine Datenweitergabe an die Finanzbehörden zunehmend aufgeweicht wird und eine dysfunktionale Datenweitergabe erfolgt. Der Staat hat hier in bezug auf das Recht der informationellen Selbstbestimmung des Bürgers ein falsches Signal gesetzt. Er hat die Sachlage lediglich in bezug auf die organisierte Kriminalität betrachtet, nicht hingegen aus der Perspektive der mannigfach betroffenen Bürger, deren Recht auf informationelle Selbstbestimmung zusätzlich beeinträchtigt wird. Wurde bereits im Rahmen der Ausführungen zu § 33 ErbStG darauf hingewiesen, daß seitens der Finanzverwaltung nach der hier vertretenen Ansicht keine Einheit, kein Verbund besteht, der es erlauben würde, Daten von der Erbschaftssteuer- zu der Erbschaftssteuerstelle zu transferieren, muß dieses erst recht behördenübergreifend, von der Strafverfolgungsbehörde an die Finanzverwaltung, gelten. Die von *Simitis* geforderte Amtshilfefestigkeit der erhobenen Daten soll gerade gewährleisten, was das Bundesverfassungsgericht im Volkszählungsurteil forderte, nämlich die Transparenz für den Bürger in bezug auf seine Daten. Nur dann ist er auch „Herr seiner Daten“ im Sinne der Volkszählungsentscheidung des Bundesverfassungsgerichts und kann eine dysfunktionale Datenweitergabe notfalls unterbinden.

Der Bürger soll nachvollziehen können, wer aufgrund seiner Daten was, wann über ihn weiß. *Simitis* ist daher in seiner Bewertung zu folgen, daß jeder Versuch, die öffentliche Verwaltung als Informationseinheit zu betrachten, mit einem wirksamen Datenschutz unvereinbar ist.[1465] Aufgrund der Erfahrungen mit dem bisherigen Verhalten der Finanz- und Strafverfolgungsbehörden im Rahmen der Bankdurchsuchungen, bei denen selbst das Erfordernis eines konkreten, tatsächlichen Anhaltspunktes nach und nach verwässert wurde, steht zu befürchten, daß die genannten Behörden eine Anfrage bzw. Recherche in bezug auf einen Bürger zukünftig damit beginnen, erst einmal die Bankdaten zu sichten, um einen erleichterten „Einstieg" in die Ermittlungen zu bekommen. Dieses wäre ein krasser Verstoß gegen den Teilgrundsatz der Erforderlichkeit. Mit großer Skepsis bleibt abzuwarten, was dem Bürger aufgrund der Novelle des Geldwäschegesetzes als Optimierung des Informationsverbundes zwischen Strafverfolgungs- und Finanzbehörden zugemutet werden soll. Nach der jetzigen Fassung der Geldwäschenormen, welche das für den Staat streitende Prinzip der Sicherung einer effizienten Strafrechtspflege flankieren, erscheinen im Rahmen der Proportionalität diese vorliegend durchaus als genereller, überproportionaler Eingriffsgrund, um das für den Bürger streitende Prinzip der informationellen Selbstbestimmung zurückzudrängen, wenn in bezug auf den konkreten Bürger hinreichend konkrete und tatsächliche Anhaltspunkte dafür bestehen, daß er Gelder illegal im Sinne einer der Vortaten des § 261 StGB erworben hat, die nunmehr gewaschen werden sollen. Der Kampf des Staates[1466] z.B. gegen die international agierenden Drogenkartelle und sonstigen Formen der organisierten Kriminalität, bei denen es um ganz erhebliche Rechtsgutverletzungen einer großen Anzahl von Menschen geht, man denke beispielsweise an die große Anzahl von Drogenkonsumenten, ist ein überragend wichtiges Allgemeininteresse, das es grundsätzlich rechtfertigt, das Recht auf informationelle Selbstbestimmung des Bürgers und Bankkunden einzuschränken und sein prima facie - Recht auf Beachtung seines Bankgeheimnisses im konkreten Fall in ein Nicht - Recht zu verwandeln. Rechtfertigt der Kampf des Staates, im Verbund mit anderen Staaten, gegen das organisierte Verbrechen einen Eingriff in das Bankgeheimnis des Bürgers, kann dieses nicht mehr ohne weiteres gelten, wo es sich um Bereiche der normalen, einfachen Kriminalität oder steuerlich relevanter Belange handelt, da sich in diesem Fall die überproportionalen Eingriffsgründe für jeden Fall separat erst erweisen müssen. Insofern ist die Erweiterung des Vortatenkataloges im Rahmen der Geldwäschenorm des § 261 StGB abzulehnen, da dadurch der Staat mit einer antizipiert vorgenommen Abwägung im Rahmen einer Proportionalitätsbetrachtung einer individuellen Betrachtung und Prinzipienausrichtung im jeweiligen Einzelfall zu entgehen sucht. Dieses ist jedoch nicht möglich. Unabdingbare Voraussetzung für eine Einschränkung des Bankgeheimnisses auch im Rahmen der Geldwäschenormen ist das Vorliegen konkreter, tatsächlicher Anhaltspunkte in bezug auf einen bestimmten Bürger, die es durch einen Zugriff auf den Datenbestand zu verifizieren gilt. Dieses gilt sowohl für den staatlichen Datenzugriff im Rahmen des § 10 GwG, wie auch für die Anzeige und Mitteilungspflichten der Banken

---

1465 Simitis, Die informationelle Selbstbestimmung -Grundbedingungen einer verfassungskonformen Informationsordnung, NJW 1984, 402.. So auch BVerfGE 65, 1 (69).

1466 Genau genommen handelt es sich um einen Kampf vieler Staaten gegen das organisierte Verbrechen, da dieses aufgrund der Globalisierung der Finazmärkte weltweite Anlagestrategien verfolgt, um das illegal erlangte Geld zu waschen. Zugleich sind viele Staaten gleichermaßen von der Geißel der organisierten Kriminalität betroffen, wenn man zum Beispiel an die international agierenden Drogenkartelle denkt. Die Normen des Geldwäschegesetzes sind aus einer entsprechenden Geldwäscherichtlinie der EU hervorgegangen. Einen guten Überblick über die internationalen Initiativen im Bereich der Geldwäsche gibt Bruchner, a.a.O., Rn. 14 ff.. CAPITAL, a.a.O., S. 313 schildert die weiteren, in der EU geplanten Verschärfungsvorschriften.

gemäß § 11 GwG, da diese aus ihrem grundsätzlich privat - rechtlichen Verhältnis zum Kunden heraus vom Staat dazu verpflichtet wurden, entsprechende Kontrollmitteilungen anzufertigen. Auch insoweit gilt das Recht auf informationelle Selbstbestimmung des Bankkunden[1467], so daß auf die Ausführungen zu den Kontrollmitteilungen gemäß § 33 ErbStG verwiesen werden kann. Auf den ersten Blick problematisch erscheint im Rahmen der Proportionalität daher die Regelung des § 11 GwG zu sein, da die geforderte Ausrichtung der gegensätzlichen Prinzipien im konkreten Einzelfall aufgrund der strikten Formulierung dieser Norm unterbleibt. Im Gegensatz zu der Regelung des § 33 ErbStG hat jedoch eine Anzeige bzw. Mitteilung der Bank an die zuständige Strafverfolgungsbehörde vorliegend nur dann zu erfolgen, wenn konkrete, tatsächliche Anhaltspunkte dafür bestehen, daß die angetragene Transaktion dazu dient, illegal erworbene Gelder zu waschen. Hierfür bedarf es näherer Indizien als der bloßen Überschreitung irgendeines Schwellenwertes, da es nicht beabsichtigt und möglich ist, alltägliche und legale finanzielle Transaktionen zu pönalisieren und den redlichen Bürger davon abzuhalten, sich seiner wirtschaftlichen Freiheiten zu bedienen, denn dieses wäre genau die Gefahr, auf die das Bundesverfassungsgericht in seinem Volkszählungsurteil hingeweisen hat. Bei Beachtung der genannten Aspekte war nach der alten Fassung des Geldwäschegesetzes auch ein Datentransfers von den Strafverfolgungs- an die Finanzbehörden zulässig, da bei dem jeweiligen Vorliegen konkreter Anhaltspunkte für eine rechtswidrige Vortat der Geldwäsche die Dysfunktionalität der Datenweitergabe entfiel. Dieses war mit dem Erfordernis einer rechtskräftigen Verurteilung wegen einer der Vortaten des § 261 StGB gewährleistet. Die antizipiert vorgenommene generelle Abwägung durch den Gesetzgeber erwies sich als richtig. Aufgrund der Novellierung des Geldwäschegesetzes, die die Weitergabe von Daten von den Strafverfolgungs- zu den Finanzbehörden bereits für den Fall der Einleitung eines Ermittlungsverfahrens ermöglicht, ist hierfür im Rahmen des dann notwendigen Anfangsverdachts das Vorliegen konkreter und begründeter Abhaltspunkte in bezug auf den jeweils betroffenen Bürger nunmehr unabdingbar.

(3) Die Durchbrechungen des Bankgeheimnisses im Lichte des zweiten Abwägungsgesetzes

Oben[1468] wurde bereits ausgeführt, daß Prinzipien auch danach unterschieden werden können, ob sie ein hohes Konfliktpotential, eine große Anzahl von Interdependenzen und Überschneidungen mit anderen, gegenläufigen Prinzipien aufweisen oder nicht. Das hinter dem Prinzip Bankgeheimnis stehende Recht des einzelnen Bürgers auf informationelle Selbstbestimmung und dem Schutz seiner Daten ist ein solches Prinzip mit einem hohen Konfliktpotential. In diese Position des Bürgers und Bankkunden wird aufgrund einer Vielzahl von Normen eingegriffen, von denen die markantesten vorgestellt und untersucht worden sind. Bei Grundrechtsnormen, die aufgrund der bestehenden Eingriffsmöglichkeiten einer Vielzahl von Beschränkungen und Durchbrechungen unterworfen sind, besteht stets die Gefahr, daß aufgrund der Fülle der Eingriffe von der eigentlich normierten Grundrechtsposition, die als Abwehrrecht des Bürgers gegen den Staat konzipiert ist, de facto nichts übrig bleibt, das Grundrecht durch eine steigende Anzahl von Eingriffs- und Begrenzungsmöglichkeiten schleichend ausgehöhlt wird und zu einer leeren Worthülse degeneriert, ohne seiner Aufgabe als Abwehrrecht des Bürgers gegenüber dem Staat hinreichend gerecht werden zu können. In diesem Zusam-

[1467] Vgl. Dittrich/Trinkaus, DStR 1998, S. 346.

[1468] Siehe oben im 2. Teil, S. 77 ff..

menhang wurde auf die Ausführungen von *Hufen* Bezug genommen[1469]. Bereits oben wurde angeführt, daß es aufgrund der Wesensgehaltsgarantie des Art. 19, Abs. II GG gilt, faktisch leerlaufende Grundrechte zu verhindern.[1470] Als Folge der Wesensgehaltsgarantie ist zwar jeder Eingriff im konkreten Einzelfall der Verhältnismäßigkeitsprüfung zu unterziehen, diese hat aber nur den jeweiligen und konkreten Eingriff im Visier, ohne jedoch einen Blick auf die anderweitigen Eingriffsmöglichkeiten in das Grundrecht, das man im Rahmen der Abwägung hinsichtlich seiner Präferenz im Einzelfall überprüft, zu richten und ohne diesen Aspekt in die Prüfung des konkreten Eingriffs einfließen zu lassen[1471]. Diesem Aspekt soll die oben genannte qualifizierte Verhältnismäßigkeitsprüfung Rechnung tragen, um dem Gedanken des Art. 19, Abs. II GG zum Durchbruch zu verhelfen. Die Abwägung im Rahmen der Proportionalität, als dem Ausrichten von Prinzipien aneinander mit Hilfe des ersten Abwägungsgesetzes zur Bestimmung der bedingten Vorrangrelation, soll auch den Umstand berücksichtigen, daß der konkret überprüfte Eingriff lediglich ein Eingriff ist, der im Kontext mit einer Reihe weiterer Eingriffe steht. Daher ist im Rahmen der Proportionalität dem Eingriff in eine grundrechtlich geschützte Position des Bürgers, die mit einem hohen Konfliktpotential behaftet ist, wie das Recht auf informationelle Selbstbestimmung, dem das Bankgeheimnis unterfällt, die Argumentationslast aufzubürden. Dieses wird durch das zweite Abwägungsgesetz ausgedrückt, wie es bereits oben beschrieben wurde[1472]. Es lautet:

Je mehr Eingriffe den Grad der Nichtrealisierung eines Prinzips insgesamt verursachen, desto größer muß die Wichtigkeit der Realisierung jedes einzelnen Eingriffes sein.

Da es nach der hier vertretenen Auffassung vom Ergebnis her unerheblich ist, ob eine grundrechtlich geschützte Position des Bürgers wie das Bankgeheimnis aufgrund *eines* umfassenden Eingriffs insgesamt nicht realisiert wird oder durch eine Vielzahl von (kleineren) Eingriffen, muß dieser Umstand im Rahmen des Verhältnismäßigkeitsgrundsatzes beachtet werden. Wenn daher in Fällen von Grundrechtsnormen mit einem hohen Konfliktpotential die Argumentationslast dem Eingriff auferlegt werden soll, scheint dieses zunächst im Rahmen einer Prinzipienkollision zu bedeuten, daß dem für den Bürger streitenden Prinzip prima facie ein Vorrang vor dem für den Staat streitenden Prinzip eingeräumt wird. Wie verträgt sich dieses Ergebnis nun mit der oben getroffenen Aussage, daß bei einer Prinzipienkollision per se keinem der konfligierenden Prinzipien der Vorrang gebührt, diese somit als gleichrangig anzusehen sind? Grundsätzlich sind Prinzipien gleichrangig, so daß sich die bedingte Vorrangrelation erst im konkreten Einzelfall als Ergebnis des Abwägungsprozesses darstellt. Bei Prinzipien, die im Spannungsfeld mit einer Vielzahl gegenläufiger Prinzipien stehen, die also ein hohes Konfliktpotential aufweisen, erweist sich zunächst das für den Bürger streitende Prinzip als strukturell schwächer, da es sich mit einer Mehrzahl konfligierender Prinzipien, die für den Staat streiten, konfrontiert sieht. Geht man in diesen Fällen von einer Argumentationslast zu Lasten der für den Staat streitenden Prinzipien aus, ist diese strukturelle Schwäche auf seiten des für den Bürger streitenden Prinzips beseitigt. Die Argumentationslast verstärkt somit den prima - facie Charakter des hinter dem Bankgeheimnis stehenden Prinzip der informationellen Selbstbestimmung, entbindet indes nicht im jeweils konkreten Fall, die Vor-

---

[1469] Siehe oben im 2. Teil, S. 78 f..

[1470] Siehe oben im 2. Teil, S. 77 f. - dort auch unter Verweis auf Hesse, Grundzüge des VerfR, Rn. 318.

[1471] Siehe die bereits genannten Ausführungen von Hufen in: NJW 1994, S. 2916.

[1472] Siehe oben S. 78.

rangbedingungen festzulegen[1473]. Die Argumentationslast hat dann zur Folge, daß bei gleich guten Gründen oder in Zweifelsfällen dem einen Prinzip der Vorrang vor dem anderen zu geben ist.[1474] Dieses bedeutet aber auch, daß in Fällen, in denen lediglich zwei gegenläufige Prinzipien aufeinander treffen können, beide Prinzipien per se gleichrangig sind, die beschriebene strukturelle Schwäche des für den Bürger streitenden Prinzips nicht besteht und die Auferlegung einer Argumentationslast zur Kompensation dieser strukturellen Schwäche nicht notwendig ist, denn die bedingte Vorrangrelation ergibt sich aufgrund der konkreten Abwägung im Rahmen der Verhältnismäßigkeitsprüfung. In Fällen, in denen das für den Bürger streitende Prinzip mehreren konfligierenden, für den Staat streitenden Prinzipien gegenüber-steht, ist die Argumentationslast indes den staatlichen Eingriffen aufzuerlegen. Im Rahmen der dann qualifizierten Verhältnismäßigkeitsprüfung ist bei der Abwägung im Einzelfall zu berücksichtigen, daß weitere Eingriffsmöglichkeiten in das für den Bürger streitende Prinzip bestehen. Auch hier wird jedoch im Wege der Abwägung die konkrete Vorrangrelation der Prinzipien bestimmt.

Dem für den Bürger streitenden Prinzip des Datenschutzes, seines Rechts auf informationelle Selbstbestimmung, welches das Bankgeheimnis letztendlich ausmacht, stehen regelmäßig mindestens zwei Prinzipien gegenüber, die für den Staat streiten, nämlich das Prinzip einer geordneten Strafrechtspflege und das Prinzip der Sicherung des Steueraufkommens und einer gleichmäßigen Besteuerung der Bürger. Wie gezeigt, sind aufgrunddessen die Eingriffe des Staates in das Bankgeheimnis und somit die Durchbrechungen des für den Bürger streitenden Prinzips des Datenschutzes vielfältig und so erheblich, daß man nach den bisherigen Darstellungen zu dem Ergebnis gelangen kann, daß im Bürger - Staat - Verhältnis ein Bankgeheimnis nicht existent ist, somit im Verhältnis zum Staat durchaus von einem „gläsernen Bankkunden" gesprochen werden kann.[1475] Das Recht auf informationelle Selbstbestimmung und die ihm folgenden Regelungen des Bundesdatenschutzgesetzes scheinen in diesem Bürger - Staat - Verhältnis außer Kraft gesetzt worden zu sein. Da von dem informationellen Selbstbestimmungsrecht des Bankkunden nicht nur im konkreten Einzelfall des einzelnen Bankkunden nichts übrigbleibt, sondern aufgrund der vielfältigen Eingriffe in das Bankgeheimnis alle Bankkunden in gleicher Weise pauschal und kollektiv betroffen sind, ist den staatlichen Eingriffen in das Bankgeheimnis im Sinne des zweiten Abwägungsgesetzes die Argumentationslast aufzuerlegen. Anderenfalls führt die faktische Entziehung des Rechts auf informationelle Selbstbestimmung in einem besonders datenintensiven Bereich, von dem weite Teile der Bevölkerung betroffen wären, zu einer erheblichen Einschränkung des Rechts auf informationelle Selbstbestimmung insgesamt, die mit der vom Bundesverfassungsgericht vertretenen Auffassung von der fundamental wichtigen Funktion, den dieses Recht für die freiheitlich - demokratische Grundordnung haben soll, nicht vereinbar wäre. Zwar kann trotz der vielfältigen staatlichen Eingriffe in das Bankgeheimnis noch nicht von einem gänzlich leerlaufenden Grundrecht der informationellen Selbstbestimmung als solchem gesprochen werden, auch wenn dieses Grundrecht den Bürgern und Bankkunden in bezug auf deren Bankgeheimnis völlig entzogen wird, da das Recht der informationellen Selbstbestimmung außerhalb des Komplexes „Bankgeheimnis" seine Schutzfunktion gegen den staatlichen Eingriff noch erfüllt, wenn auch in stetig sinkendem Maße. Die Gesichtspunkte des zweiten Abwägungsgesetzes eröffnen ein zusätzliches Argument gegen die oben ausgeführten Eingriffe des Staates

1473 Alexy, Theorie der Grundrechte, S. 90.

1474 Alexy, a.a.O..

1475 In diesem Sinne z.B. auch Streck/Mack, Banken und Bankkunden im Steuerstrafverfahren, BB 1995, S. 2139; Schuhmann, § 30 a AO - Schutz von Bankkunden, Wistra 1995, S. 340.

in das Bankgeheimnis, auch wenn diese Eingriffe schon aufgrund eines Verstoßes gegen den einfachen Verhältnismäßigkeitsgrundsatz und gegen das Abstraktionsprinzip als unzulässig gerügt worden sind.

3.) Ist das Bankgeheimnis des privaten Bankkunden noch durch weitere Grundrechte geschützt?

a.) Betroffenheit des Bankkunden in seinem Grundrecht aus Art. 3, Abs. I GG

Das Bankgeheimnis des privaten Bankkunden könnte auch dem Schutzbereich des Gleichheitssatzes des Art. 3, Abs. I GG unterfallen. Dieser könnte dadurch verletzt sein, daß der Staat in oben beschriebener Weise auf die Kundendaten einer Bank zugreift, dabei jedoch bei den Bürgern scheitert, die über keinerlei Bankverbindung verfügen, so daß der Staat bei diesen Bürgern auf die umfassende Informationsquelle verzichten muß, die die Banken für ihn darstellen. Insofern genießen die recht wenigen Bürger, die, aus welchen Gründen auch immer, über keinerlei Bankverbindung verfügen den Vorzug, daß ihre finanziellen Verhältnisse für den Staat weniger transparent sind, als dieses bei anderen Bürgern mit einer Bankverbindung der Fall ist. Trotzdem müssen auch diese Bürger beispielsweise einer ordnungsgemäßen Besteuerung zugeführt werden. Dieser Gedanke wurde oben bereits im Zusammenhang mit der Subsidiarität steuerrechtlicher Ermittlungen angesprochen. Aus der Faktizität heraus, daß einige Bürger über keine Bankverbindung verfügen, läßt sich hingegen ein Schutz des Bankgeheimnisses auch über Art. 3, Abs. I GG nicht herleiten. Es wurde bereits ausgeführt, daß Art. 3, Abs. I GG verlangt, Gleiches gleich und Ungleiches ungleich zu behandeln und daß für die Differenzierung hinreichend homogene und abgenzbare Vergleichsgruppen zur Verfügung stehen müssen, da es nicht auf den atypischen Einzelfall ankommt, sondern auf eine generalisierende Betrachtungsweise. Auf die diesbezüglichen Ausführungen kann daher verwiesen werden. Das Gros der Bürger mit einer Bankverbindung und die Fälle jener Bürger ohne Bankverbindung betreffen jedoch verschiedene Lebenssachverhalte (sachbezogene Anknüpfung). Sie sind ungleich und werden, wenn auch aus einer Faktizität heraus, ungleich behandelt. Der Schutzbereich des Art. 3, Abs. I GG ist hiervon jedenfalls nicht betroffen[1476].

b.) Betroffenheit des Bankkunden in seinem Grundrecht aus Art. 14, Abs. I GG

Bankkunden verfügen beispielsweise über Kontoguthaben, Edelmetall- und Depotbestände etc., die einen Vermögenswert darstellen und zu ihrem Eigentum gerechnet werden können. Diese Vermögenswerte des jeweiligen Bankkunden unterliegen dem direkten Schutz des Art. 14, Abs. I GG. Vorliegend geht es hingegen um die Frage, ob das Bankgeheimnis eines jeden Kunden als solches dem Schutzbereich des Art. 14, Abs. I GG zugerechnet werden kann. Dieses muß verneint werden. Das Bankgeheimnis ist etwas Abstraktes und es stellt insoweit keine vermögenswerte Rechtsposition des Privatkunden dar, denn es ist eine bloße Verknüp-

[1476] Allerdings ist es umstritten, ob das Vorliegen wesentlicher Ungleichheit dazu führt, daß schon kein Eingriff in den Schutzbereich besteht oder ob zwar ein Eingriff in den Schutzbereich besteht, dieser jedoch gerechtfertigt ist - vgl. hierzu ausführlicher die Darstellung von Borowski, Grundrechte als Prinzipien, S. 374 ff. (397 ff.).

fung von Daten und Informationen über einen bestimmten Bankkunden.[1477] Es beinhaltet zum Beispiel die Information, *daß* einem bestimmten Kunden einer Bank ein bestimmter Vermögenswert, zum Beispiel eine Spareinlage, zuzuordnen ist und dieser Vermögenswert auf einem bestimmten Konto verbucht wird. Während die Vermögenswerte als solche daher unstreitig dem Schutz des Art. 14, Abs. I GG unterfallen, werden die Daten und Informationen, die eine Zuordnung der Vermögenswerte zu einem Kunden erst ermöglichen, also das Faktum, *daß* ein Vermögenswert existiert, der einem bestimmten Kunden zuzuordnen ist, vom Recht auf informationelle Selbstbestimmung erfaßt. Das Bankgeheimnis des privaten Bankkunden unterfällt jedoch nicht dem Schutz des Art. 14, Abs. I GG.

c.) - Betroffenheit des Bankkunden in seinem Grundrecht aus Art. 12, Abs. I GG

In der heutigen Zeit, wo die klassische „Lohntüte" so gut wie keine Rolle mehr spielt und die Zahlung von Löhnen, Gehältern, Renten, Pensionen sowie der Zahlungsverkehr mit dem Finanzamt etc. nahezu ausnahmslos unbar abgewickelt wird, macht es für den Bürger in der Regel notwendig, zumindest über eine Bankverbindung zu verfügen, zumindest ein Girokonto innezuhaben, über das diese Zahlungsvorgänge gebucht und abgewickelt werden können. Dieses ist notwendige Voraussetzung aber auch Folge des im Berufsleben stehenden Menschen. Die Innehabung zumindest einer Bankverbindung ist unmittelbar mit der Berufsausübung verknüpft. Gleichwohl ist dieser Umstand nur eine bloße Folge der Berufsausübung. Trotz der Weite, die dem Schutzbereich des Art. 12, Abs. I GG in Literatur und Rechtsprechung eingeräumt wird, ist durch einen staatlichen Zugriff auf die von dem Bankgeheimnis geschützten Daten dieser Schutzbereich für den privaten Bankkunden nicht betroffen, auch wenn von dem staatlichen Zugriff das Lohn- bzw. Gehaltskonto des Bürgers und Bankkunden betroffen sein sollte. Von Art. 12, Abs. I GG werden berufsspezifische Handlungen geschützt. Eine staatliche Regelung oder Maßnahme darf nicht lediglich irgendwie geartete, entfernte Folgen für die berufliche Tätigkeit des Bürgers haben, sondern muß eine berufsregelnde Tendenz erkennen lassen und an die Berufstätigkeit anknüpfen. Die Maßnahme muß sich auf die Berufstätigkeit des Bürgers auswirken. Bereits oben wurde im Zusammenhang mit der Darstellung des ersten Abwägungsgesetzes kurz auf die vom Bundesverfassungsgericht in seinem Apothekenurteil[1478] entwickelte ‚drei - Stufentheorie' eingegangen und geschildert, daß das Bundesverfassungsgericht im Rahmen einer Prüfung von Art. 12, Abs. I GG zwischen der Eingriffsintensität bei einer Berufswahl- und Berufsausübungsregelung unterscheidet und hieran unterschiedlich strenge Anforderungen knüpft. Gleichwohl kann bereits hier festgestellt werden, daß beide Begriffe, Berufswahl und Berufsausübung, unterschiedliche Facetten der Berufsfreiheit darstellen und diese von verschiedenen Perspektiven aus beschreiben.[1479] „Die Begriffe, Wahl und Ausübung des Berufes lassen sich nicht so trennen, daß jeder von ihnen nur eine bestimmte zeitliche Phase des Berufslebens bezeichnete, die sich mit der anderen nicht überschnitte; namentlich stellt die Aufnahme der Berufstätigkeit sowohl den Anfang der Berufsausübung dar wie die hierin -und häufig nur hierin- sich äußernde Bestätigung der

---

[1477] Grundsätzlich können auch abstrakte ‚Gegenstände' einen Vermögenswert aufweisen. Zu denken ist hier z.B. an Urheber-, Warenzeichen- und Markenrechte.

[1478] BVerfGE 7, 377 ff..

[1479] Vgl. Gubelt, in: v.M., Grundgesetz-Kommentar, Art. 12, Rn. 36; BVerfGE 7, 377 ff. (401); BVerfGE 9, 338 (344 f.); BVerfGE 17, 269 (276).

Berufswahl".[1480] Eine berufsregelnde Tendenz betrifft daher sowohl Aspekte der Berufswahl, als auch der Berufsausübung, so daß das Bundesverfassungsgericht in seiner Schankerlaubnissteuerentscheidung[1481] ausführt: „In aller Regel kommt Art. 12, Abs. I GG als Maßstabsnorm nur für solche Bestimmungen in Betracht, die sich gerade auf die berufliche Betätigung beziehen und diese unmittelbar zum Gegenstand haben. Dieser unmittelbare Bezug zu der beruflichen Betätigung besteht namentlich bei solchen Vorschriften, die in Form von Zulassungsvoraussetzungen die Ausübung eines Berufes bei ihrem Beginn oder bei ihrer Beendigung regeln oder die als sogenannte reine Ausübungsregelungen die Art und Weise bestimmen, wie die Berufsangehörigen ihre Berufstätigkeit im einzelnen gestalten".[1482] Weiter führt das Bundesverfassungsgericht aus, daß es sich nicht stets um finale Eingriffe in die Berufswahl handeln muß, sondern auch mittelbare Eingriffe in Form von Vorschriften in Betracht kommen, die berufsregelnden Charakter haben.[1483] Das Gericht fordert aber auch bei diesen mittelbaren Eingriffen, daß sie in „einem engen Zusammenhang mit der Ausübung eines Berufes stehen und - objektiv- eine berufsregelnde Tendenz deutlich erkennen lassen".[1484] Dieses ist nach Ansicht des Bundesverfassungsgerichts der Fall, wenn eine innere und äußere Verbindung mit der beruflichen Betätigung besteht, wenn gerade die Erlaubnis zur Ausübung eines bestimmten Berufes Anknüpfungspunkt für den eingreifenden Tatbestand enthält.[1485] Ein staatlicher Zugriff auf die Daten eines reinen Privatkunden bei einer Bank, ein Eingriff in sein Bankgeheimnis, läßt diese berufsregelnde Tendenz nicht erkennen, da die oben untersuchten staatlichen Eingriffe in das Bankgeheimnis für die Berufswahl bzw. Berufsausübung des einzelnen privaten Bankkunden neutral sind und keine Intention besteht, über einen Zugriff auf die Daten, die das Bankgeheimnis ausmachen, berufsregelnd in bezug auf den Beruf des jeweils betroffenen Bürgers einzuschreiten. Der Schutzbereich des Art. 12, Abs. I GG ist insoweit nicht betroffen. Die Betonung liegt hier auf dem Begriff des reinen Privatkunden, bei dem lediglich Lohn- und Gehaltszahlungen auf sein Konto überwiesen und gebucht werden, darüberhinaus jedoch keine weiteren Anknüpfungspunkte zum ausgeübten Beruf des Bankkunden bestehen. Ob und inwieweit sich Änderungen in bezug auf den Schutz des Bankgeheimnisses eines Firmenkunden oder „Auch - Firmenkunden" durch Art. 12, Abs. I GG ergeben, wird im folgenden Kapitel untersucht werden, das die Frage des verfassungsrechtlichen Schutzes des Bankgeheimnisses von Firmenkunden behandelt. Dort wird die Problemaik des Art. 12, Abs. I GG im Zusammenhang dargestellt werden.

d.) Betroffenheit des Bankkunden in seinem Grundrecht aus Art. 13, Abs. I GG

Durch die geschilderten Ermittlungsmaßnahmen von Staatsanwaltschaft oder seitens der Finanzbehörden, zum Beispiel durch eine Durchsuchung gemäß § 102 oder § 103 StPO, wird der Schutzbereich des Art. 13, Abs. I GG des betroffenen Bürgers beeinträchtigt. Diese Beeinträchtigung weist jedoch keinen spezifischen Bezug zu der hier untersuchten Frage des verfassungsrechtlichen Schutzes des Bankgeheimnisses auf. Dieser Problematik kann daher im Rahmen dieser Arbeit nicht weiter nachgegangen werden.

1480 BVerfGE 7, 377 (401).
1481 BVerfGE 13, 181 ff..
1482 BVerfGE 13, 181 (185).
1483 BVerfGE 13, 181 (185, 186).
1484 BVerfGE 13, 181 (186).
1485 Vgl. BVerfGE 13, 181 (186). Dies wird auch bei den Firmenkunden und ihren Konten von Bedeutung sein.

e.) Betroffenheit des Bankkunden in seinem Grundrecht aus Art. 10, Abs. I GG

In diesem Grundrechtsartikel können diejenigen Bankkunden von staatlichen Eingriffen betroffen werden, die Telefon-, Btx-, Internet- / Onlinebanking betreiben, wie es insbesondere zum Geschäftsprinzip der sog. Direktbanken gehört. Hinsichtlich der bisher gefundenen Ergebnisse ergeben sich Änderungen nur insoweit, als daß die Bank kundenrelevante Daten und Informationen auf eine andere Weise, mit Hilfe eines anderen Mediums erfährt. Lediglich der Weg der Auftragserteilung ist hier ein anderer. Die auf diese Weise erlangten Daten und Informationen unterliegen ebenfalls dem Bankgeheimnis und unterfallen daher dem geschilderten Reglement. Zusätzliche grundrechtliche Fragen können sich aber dann ergeben, wenn der staatliche Zugriff bereits im Stadium der genannten Auftragserteilung erfolgt, etwa durch Abhören / Anzapfen der Telefon-, Btx- oder Computerleitung. Diese Fragen des Abhörens von Telefonleitungen etc. ist insofern nichts, was spezifisch in die Problematik des Bankgeheimnisses fällt. Ein solcher Ein-griff wäre an Art. 10 GG zu messen.

f.) Betroffenheit des Bankkunden in seinem Grundrecht aus Art. 2, Abs. I GG

Nach der hier vertretenen Auffassung unterfällt das Bankgeheimnis des privaten Bankkunden dem Schutzbereich des Rechts auf informationelle Selbstbestimmung, welches als lex specialis dem Auffanggrundrecht der allgemeinen Handlungsfreiheit vorgeht. Insoweit wird auf die eingangs dieses Kapitels gemachten Ausführungen verwiesen.

Zusammenfassung:

Zusammenfassend soll festgehalten werden, daß das Bankgeheimnis des Privatkunden durch das Recht auf informationelle Selbstbestimmung verfassungsrechtlich geschützt ist. Diesem Grundrecht des Bürgers kommt nach Ansicht des Bundesverfassungsgerichts eine überragend wichtige Bedeutung für die freiheitlich - demokratische Grundordnung zu, so daß staatliche Eingriffe in diesen Grundrechtsbereich des Bürgers nur aufgrund von überproportional wichtigen Eingriffsgründen möglich sind. Eingriffe und Durchbrechungen des grundrechtlichen Schutzbereiches der informationellen Selbstbestimmung müssen stets verhältnismäßig sein. Bereits der staatliche Zugriff auf anderweitig erhobene Daten ist ein Eingriff in den Schutzbereich, der mit einer dysfunktionalen Datenverwendung einhergeht. Der erweiterte Eingriffsbegriff führt dazu, daß auch mittelbare Eingriffe als Eingriffe in den Schutzbereich zu werten sind. Im Rahmen einer qualifizierten Verhältnismäßigkeitsbetrachtung findet das zweite Abwägungsgesetz Anwendung, daß den Grad der Nicht - Realisierung eines Grundrechts aufgrund einer Vielzahl von Einzeleingriffen in Bezug setzt zur Wichtigkeit des jeweiligen Eingriffsgrundes. Das zweite Abwägungsgesetz soll einer schleichenden Aushöhlung der Schutzbereiche von Grundrechten begegnen und bürdet bei einer Vielzahl staatlicher Eingriffe diesen die Argumentationslast für den Eingriff auf. Grundlegend ist die aus dem verfassungsrechtlichen Abstraktionsprinzip deduzierbare Trennung der betroffenen Rechtsverhältnisse voneinander. Es gilt das Verhältnis Staat - Bankkunde, Staat - Bank und das Verhältnis Bank - Kunde auseinanderzuhalten. Innerhalb der Verhältnisse Staat - Bankkunde und Staat - Bank führt das Abstraktionsprinzip zu einer getrennten Betrachtung der Belange des (der) jeweiligen Bürgers / Bank zum Staat, so daß die Verhältnisse des (der) Bürgers / Bank B 1 unabhängig von denen des (der) Bürgers / Bank B 2 etc. zu betrachten sind. Ein Durchschlagen von

Ermittlungsergebnissen von einem in ein anderes Verhältnis ist ebenso wenig möglich, wie eine Umgehung normierter Ermittlungsvoraussetzungen. Die Versagung eines Zeugnisverweigerungsrechtes einer Bank ist nach der derzeitigen Sach- / Rechtslage keine gleichheitswidrige Ungleichbehandlung der Bank und ihrer Kunden in bezug auf andere Berufsgruppen, denen ein Zeugnisverweigerungsrecht zugestanden wird. Durchsuchungsmaßnahmen bei Banken, die unter Verstoß bzw. Umgehung gesetzlicher Voraussetzungen oder des Abstraktionsprinzips durchgeführt werden sind stets unverhältnismäßig. Es ist aufgrund des Abstraktionsprinzips nicht möglich die niedrigeren Eingriffsvoraussetzungen z.B. bei einer Bank dazu zu mißbrauchen, gegen einen Bürger vorzugehen. Eine Bankdurchschung erfordert konkrete, tatsächliche Anhaltspunkte, denen verifizierbare Tatsachen zugrunde liegen. Fehlen diese, handelt es sich bei einer Bankdurchsuchung um eine unzulässige Ermittlungsmaßnahme ins Blaue hinein. Es handelt sich nicht um Zufallsfunde im Sinne des § 108 StPO, wenn alle oder eine sehr große Anzahl von Unterlagen einer Bank beschlagnahmt werden. Es reicht nicht aus, daß sich die Verhältnismäßigkeit einer Eingriffsmaßnahme erst im Nachhinein und zufällig herausstellt. In derartigen Fällen ist stets von unverhältnismäßigen staatlichen Eingriffen auszugehen. Entgegen langläufiger Meinung hat das Bundesverfassungsgericht in den Dresdner - Bank Entscheidungen und in seinem Zinsurteil staatlichen Ermittlungsbehörden keinen Freibrief zur unbegrenzten Ermittlung im Bankenbereich erteilt. Aufgrund des Abstraktionsgedankens erweisen sich jedoch die Dresdner - Bank Entscheidungen des Gerichtes gleichwohl als richtig. Im Rahmen steuerrecht-licher Eingriffe in das Bankgeheimnis führt die Doppelzuständigkeit der Steuerfahndung nicht zu einer Ausrichtung ihrer Eingriffsbefugnisse am Gesichtspunkt der Meistbegünstigung. Auch hier sind gemäß dem Abstraktionsprinzip die unterschiedlichen Steuerrechtsverhältnisse zum Staat zu berücksichtigen, die unabhängig voneinander sind. Ein Durchschlagen von Erkenntnissen eines Steuerrechtsverhältnisses in ein anderes Verhältnis ist unzulässig. Eine Umgehung von Ermittlungsbefugnissen durch Mißbrauch z.B. des Außenprüfungsverfahrens ist unzulässig. Ein irgendwie gearteter Systemverdacht, der Rückschlüsse von einer Bank auf eine andere oder auf verschiedene Bürger zuließe besteht nicht. Ermittlungen ins Blaue hinein und Rasterfahndungen sind unzulässig. Auch hier erfordern Eingriffe in das Bankgeheimnis begründetet, konkrete (verifizierbare) Anhaltspunkte; allgemeine Erfahrungen reichen als Eingriffsgrund nicht aus. Finanzielle Transaktionen nach Luxemburg dürfen nicht pönalisiert werden, denn sie sind Ausdruck und Wahrnehmung einer europarechtlichen Grundfreiheit. Der Verhältnismäßigkeitsgrundsatz gebietet es, die in § 93 AO enthaltene Subsidiarität der Inanspruchnahme des Auskunftspflichtigen Ernst zu nehmen und eine gestufte Befragung vorzunehmen, die eine Befragung von Banken im Rahmen eines Auskunftsersuchens als utima ratio erscheinen läßt. Daten und Informationen die unter Verstoß gegen Abstraktionsprinzip und / oder Verhältnismäßigkeitsgrundsatz erlangt worden sind, sind in dem entsprechenden Verhältnis unverwertbar. Normierte Mitteilungspflichten wie z.B. § 33 ErbStG stehen im Widerspruch zum Kontrollmitteilungsverbot des § 30a AO und sind unverhältnismäßig, da keine Abwägung im Einzelfall stattfindet und die Mitteilungspflicht unabhängig von dem Bestehen konkreter, begründeter Anhaltspunkte gegeben ist. Mitteilungspflichten verkörpern darüberhinaus eine höhere Eingriffsintensität als Auskunftspflichten. Die Mitteilungspflicht des § 33 ErbStG ist in ihrer jetzigen Form wegen Verstoßes gegen den Teilgrundsatz der Erforderlichkeit unverhältnismäßig. Finanzbehörden sind nicht als einheitliche Behörden aufzufassen, so daß eine Datenweitergabe von einer Finanzbehörde zu einer anderen gegen das Gebot der Amtshilfefestigkeit verstößt und dadurch zugleich das Recht auf informationelle Selbstbestimmung verletzt. Gleiches gilt für die Mitteilungspflichten, die im Geldwäschegesetz normiert worden sind. Die Datenweitergabe von der Staatsanwaltschaft an die Finanzverwaltung ist als dysfunktionaler Eingriff in die Position des Bürgers unzulässig. Es gilt in bezug auf die Rechtmäßigkeit eines Datentransfers zu dem Erfordernis einer rechtskräftigen Verurteilung des betroffenen Bürgers (wie in der alten Fassung des GwG), zurückzukehren. Das Erfordernis überproportionaler Eingriffsgründe als Durchbrechung der grundrechtlichen Position des Bürgers verträgt sich nicht mit einer weiteren Ausdehnung des Vortatenkataloges der Geldwäsche in den Bereich kleinerer / mittlerer Kriminalität hinein.

II.) Der inländische Firmenkunde einer Bank und der verfassungsrechtliche Schutz seines Bankgeheimnisses

Oben[1486] wurde bereits ausgeführt, welche Kunden einer Bank dem Begriff des Firmenkunden[1487] unterfallen. Dieses ist hier zunächst kurz in Erinnerung zu rufen. Unter den Begriff eines Firmenkunden subsumiert eine Bank Einzelfirmen mit Handelsregistereintragung, Gewerbetreibende ohne Handelsregistereintragung, Handwerker, Minderkaufleute bisherigen Rechts und Freiberufler. Dem Begriff unterfallen ferner kollektive Betätigungsformen wie Partnerschaftsgesellschaften, Personenhandelsgesellschaften wie OHG und KG, juristische Peronen privaten (GmbH, AG) oder öffentlichen Rechts, wie zum Beispiel Gebietskörperschaften, Anstalten und Stiftungen. Desweiteren sind Firmenkunden einer Bank auch die nicht rechtsfähigen Personenvereinigungen wie Sozietäten und Wohnungseigentümergemeinschaften (GbR). Ferner wurde bereits oben bemerkt, daß für den Begriff des Firmenkunden entscheidend ist, daß er das Konto bzw. die Bankverbindung für seine operative Tätigkeit nutzt. Die Konten außerhalb der operativen Tätigkeit eines (Firmen-) Kunden unterfallen dem Reglement und der Problematik eines Privatkunden, die zuvor beschrieben worden ist.
Über die geschäftliche Verbindung zwischen einer Bank und ihrem Firmenkunden erhält eine Bank, wie bei Privatkunden auch, ebenfalls Daten und Informationen über die dahinter stehenden natürlichen Personen, auch wenn diese bei der betreffenden Bank kein Privatkonto unterhalten. Dieses ist insbesondere bei Freiberuflern, Handwerkern, kleineren Gewerbetreibenden oder generell den Personengruppen der Fall, bei denen die Steuerschuld durch eine Einnahme- / Überschußrechnung (im Sinne von § 4, Abs. III EStG) ermittelt wird, da sich bei diesen Personen aus dem Firmenkundenengagement zumindest mittelbar Rückschlüsse auch auf das ‚Privatverhältnis' ziehen lassen. Primär erhält die Bank darüberhinaus sukzessive eine Reihe von Informationen über ihren Firmenkunden, die Einblicke in den geschäftlichen Erfolg oder Mißerfolg eines solchen Kunden oder eines Betriebes ermöglichen, sowie Kenntnisse darüber, welchen Kundenstamm und Lieferantenkreis der Kunde der Bank besitzt. Dieses geschieht beispielsweise über die bereits vorgestellte Regelung des § 18 KWG, wenn bei der Begebung eines Kredites allein oder zusammengerechnet ein Betrag von 500 TDM überschritten wird. Hierdurch erhält eine Bank Bilanzen, Jahresabschlüsse, BWA's[1488], SuSa's[1489] etc., die ihr tiefe Einblicke in den jeweiligen Betrieb erlauben und ihn für sie transparent machen. Aufgrund dieses Zahlenmaterials kann die Bank nicht nur Umsatz- und Mitarbeiterzahlen ersehen, sondern auch Gewinnmargen, Investitionsverhalten und das ‚Standing' des Firmenkunden im Branchenvergleich berechnen, sowie vieles mehr. Im Rahmen des normalen Geschäftsbetriebes ihres Firmenkunden fallen so fortlaufend Daten an. Anders als bei den offenbarten Daten und Informationen eines Privatkunden beinhalten die Daten und Informationen, die das Bankgeheimnis eines Firmenkunden ausmachen, oft zugleich auch Betriebs- und Geschäftsgeheimnisse.[1490] Unter einem Betriebs- und Geschäftsgeheimnis „sind Tatsachen zu verstehen, die im Zusammenhang mit einem wirtschaftlichen Geschäftsbetrieb stehen, nur einem begrenzten Personenkreis bekannt sind, nach dem ausdrücklich oder konkludent erklärten Willlen des Unternehmers geheim gehalten werden sollen und den Gegenstand eines berechtigten wirtschaftlichen Geheimhaltungsinteresses des Unternehmers bil-

---

[1486] Siehe oben S. 103 - zum Minderkaufmann siehe dort die Anm. in Fn. 479.

[1487] Diese werden auch als Geschäftskunden bezeichnet.

[1488] Betriebswirtschaftliche Auswertungen.

[1489] Summen- und Saldenlisten.

[1490] Jabornegg/Strasser/Floretta, Das Bankgeheimnis, S. 18. In diesem Sinne auch Breuer, in: Hdb. des StaatsR, § 148, Rn. 26.

den".[1491] Betriebs- und Geschäftsgeheimnisse werden daher auch als das informationelle Selbstbestimmungsrecht des Unternehmers bezeichnet.[1492] Zu solchen Betriebs- und Geschäftsgeheimnissen zählen neben speziellen Fertigungsmethoden auch die genannten Umsatzzahlen, der Kunden- oder Lieferantenstamm, Ertragslage, Kreditwürdigkeit, Kalkulationsunterlagen, Produktionsverfahren, Vertriebssysteme, Entwicklungs-/Forschungsprojekte etc..[1493] Grundsätzlich gilt es somit, begrifflich und inhaltlich zwischen Bankgeheimnis und Betriebs- / Geschäftsgeheimnis zu unterscheiden. Primär (aber nicht ausschließlich) zielt das Betriebs- / Geschäftsgeheimnis darauf ab, daß die ihm unterfallenden Daten und Informationen dem Wettbewerb nicht bekannt werden[1494], während das Bankgeheimnis darauf abzielt, daß diese Daten und Informationen niemandem bekannt werden. Das Bankgeheimnis ist insoweit weiter gefaßt. In dem hier bestehenden Zusammenhang des Datenbestandes einer Bank bildet das Bankgeheimnis daher den Oberbegriff, dem seinerseits das Betriebs- / Geschäftsgeheimnis des Kunden als speziellerer Daten- und Informationsbestand unterfällt.[1495] Es wird u.a. darzustellen sein, daß dieser Diversifikation im Rahmen des Bankgeheimnisses im Zusammenhang mit Art. 12 GG keine Bedeutung beizumessen ist, da sich die Informationen, die bei einer Bank im Rahmen ihrer geschäftlichen Beziehung mit ihrem Firmenkunden anfallen, nicht in Daten / Informationen des Bankgeheimnisses auf der einen und Daten / Informationen des Betriebs- und Geschäftsgeheimnisses auf der anderen Seite separieren lassen. Insoweit wird bei der Prüfung von Art. 12, Abs. I GG lediglich von dem Begriff des Bankgeheimnisses gesprochen. Das Spezialitätsverhältnis der genannten Geheimnisse wird jedoch im Rahmen von Art. 14, Abs. I GG Bedeutung erlangen.

Aufgrund der genannten Heterogenität im Bereich der Firmenkundschaft einer Bank machen es die folgenden Betrachtungen erforderlich, die Firmenkundschaft in verschiedene Gruppen einzuteilen und einer differenzierten Betrachtung zu unterziehen. Dieser Dichotomie sollen einerseits öffentlich - rechtliche Firmenkunden unterliegen, z.B. Gebietskörperschaften, Anstalten, Stiftungen etc. im Vergleich zu privat - rechtlichen Firmenkunden. Unter erstem Hinweis auf die bei Art. 19, Abs. III GG diskutierten Probleme sind diese öffentlich - rechtlichen Firmenkunden in bezug auf ihr Bankgeheimnis anders zu beurteilen, als privatrechliche Firmenkunden. Innerhalb der privatrechtlichen Firmenkunden soll andererseits eine weitere Unterteilung danach vorgenommen werden, ob diese in Form von Korporationen (GmbH, AG aber auch KG, OHG, GbR, PartG) kollektiv auftreten oder in Form einer Einzelperson, wie es zum Beispiel bei Freiberuflern, Handwerkern oder kleineren Gewerbetreibenden häufig anzutreffen ist. Auch bei dieser Unterscheidung spielt der Aussagegehalt von Art. 19, Abs. III GG eine Rolle. Aufgrund der Nähe der letztgenannten Personengruppe zu dem zuvor behandelten reinen Privatkunden einer Bank soll mit deren grundrechtlicher Betrachtung begonnen werden.

[1491] Breuer, a.a.O.; dergl., Schutz von Betriebs- und Geschäftsgeheimnissen im Umweltrecht, NVwZ 1986, S. 172; Sichtermann/Kirchherr, a.a.O., S. 29 ff.; Wolff, Der verfassungsrechtliche Schutz der Betriebs- und Geschäftsgeheimnisse, NJW 1997, S. 98; Kopp, VwVfG, § 30, Rn. 5; Knemeyer, Geheimhaltungsanspruch und Offenbarungsbefugnis im Verwaltungsverfahren, NJW 1984, S. 2243; Scholz, Parlamentarischer Untersuchungsausschuß und Steuergeheimnis, AöR, 115 (1980), S. 567 f..

[1492] Breuer, NVwZ 1986, S. 172.

[1493] Sichtermann/Kirchherr, a.a.O., S. 33; Sichtermann, Enzyklop. Lexikon, a.a.O., S. 153; Knemeyer, a.a.O., S. 2243, 2244; Kopp, VwVfG, § 30, Rn. 5; Bleckmann, Staatsrecht II, S. 908; Radbruch, Diss. jur., Mainz, 1977, S. 1 f..

[1494] Zum Beispiel daß keine Offenbarungspflichten (z.B. §§ 325 ff. HGB etc.) begründet werden.

[1495] Ähnlich insoweit auch Jabornegg/Strasser/Floretta, a.a.O., S. 18.

1.) Der Schutz des Bankgeheimnisses des einzeln auftretenden bzw. handelnden, privat - rechtlichen Firmenkunden einer Bank

Es wurde bereits gesagt, kann jedoch nicht oft genug betont werden, daß sich für den Begriff des Firmenkunden, gerade wenn dieser als Einzelperson am Markt agiert, die Unterteilung zwischen seiner Stellung als Privatkunde einer Bank und als Firmenkunde einer Bank zunächst danach richtet, ob das Konto, die jeweilige Transaktion bzw. das konkrete ‚Bankgeschäft' für die operative, geschäftliche Tätigkeit verwendet wird, oder ob diese Transaktion etc. außerhalb der geschäftlichen Aktivitäten des Kunden liegt.[1496] Im letzteren Falle unterliegt der Kunde dem Reglement eines Privatkunden und genießt den vollumfänglichen Schutz seines Bankgeheimnisses in Form des Rechts auf informationelle Selbstbestimmung gemäß Art. 2, Abs. I i.V.m. Art. 1, Abs. I GG, wie es zuvor dargestellt worden ist. Dem Kunden kann daher eine Doppelrolle obliegen, denn er kann sowohl Privat- als auch Firmenkunde einer Bank sein, was in praxi häufig der Fall ist. Die nun zu untersuchende Frage lautet, ob und wenn ja welchen Schutz der geschäftlich agierende Kunde in bezug auf sein Bankgeheimnis seitens der Verfassung beanspruchen kann, ob er alternativem oder kumulativem Grundrechtsschutz unterliegt und ob gegebenenfalls sein Agieren als Firmenkunde zu einer gleichsam chimären Betrachtung führt.

a.) Der Schutz des Bankgeheimnisses gemäß Art. 12, Abs. I GG

(1) Der prima facie Schutz des Bankgeheimnisses gemäß Art. 12, Abs. I GG

Grundlegend für die Betrachtung des Schutzbereichs von Art. 12, Abs. I GG ist das Apothekenurteil des Bundesverfassungsgerichts vom 11.06.1958. Die hierzu bereits gemachten Äußerungen sind daher kurz in Erinnerung zu rufen. Im Apothekenurteil hat das Gericht nicht nur seine grundlegende ‚drei - Stufentheorie' entwickelt, sondern sich auch zur Interpretation des Schutzbereichs von Art. 12, Abs. I GG geäußert. Hiernach konzipiert das Gericht eine einheitliche Auslegung des Schutzbereichs, indem es auf ein einheitliches Grundrecht der Berufsfreiheit rekurriert[1497], welches als wesentliche Komponenten den Aspekt der in Satz 1 genannten Berufswahl und der in Satz 2 genannten Berufsausübung beinhaltet. Hierbei nähert sich das Gericht der Bestimmung des Schutzbereichs des Art. 12, Abs. I GG vom Regelungsvorbehalt des Art. 12, Abs. I, S. 2 GG her und interpretiert den Schutzbereich einheitlich im genannten Sinn. Für das Bundesverfassungsgericht sind beide Komponenten der Berufsfreiheit, die Berufsausübung und die Berufswahl, nicht voneinander zu trennen und bilden lediglich unterschiedliche Facetten der Berufsfreiheit, die lediglich aus verschiedenen Perspektiven beschrieben wird.[1498] Dieses wurde bereits dargestellt. Das Gericht führt dazu aus: "Die Be-

[1496] Auf diesbezügliche Durchbrechungstatbestände, die die Trennung in Privat- und Firmenkunden verkomplizieren, wurde bereits oben auf S. 29 dieser Arbeit hingewiesen. Diese Aspekte werden noch betrachtet werden.

[1497] BVerfGE 7, 377 (402, 403); Tettinger, in: Sachs, Grundgesetz-Kommentar, Art. 12, Rn. 8, 55; Scholz, in: M / D / H / S, Art. 12, Abs. I, Rn. 1, 11 ff., 123.

[1498] BVerfGE 7, 377 (401); BVerfGE 9, 338 (344 f.); BVerfGE 17, 269 (276); Gubelt, in: v.M., Grundgesetz - Kommentar, Art. 12, Rn. 36; Tettinger, AöR, a.a.O., S. 105, 111, der zu Recht auf die Numerus clausus Entscheidung des Bundesverfassungsgerichtes (BVerfGE 33, 303 ff.) hinweist, in der das Gericht der Berufswahl noch die ebenfalls durch die Berufsfreiheit des Art. 12, Abs. I GG geschützte Wahl der Ausbildungsstätte vorgelagert hat. Breuer, in: Handb. des Staatsrechts, § 147, Rn. 32, m.w.N., unterscheidet insgesamt vier Teilgarantien innerhalb der Berufsfreiheit des Art. 12, Abs. I GG. Hierbei handelt es sich um die griffe ,Wahl' und ,Ausübung' des Berufs lassen sich nicht so trennen, daß jeder von ihnen nur eine bestimmte zeitliche Phase des Berufslebens bezeichnete, die sich mit der anderen Phase nicht überschnitte; namentlich stellt die Aufnahme der Berufstätigkeit sowohl den Anfang der Berufsausübung dar wie die gerade hierin -und häufig nur hierin- sich äußernde Bestätigung der Berufswahl; ebenso sind der in der laufenden Berufsausübung sich ausdrückende Wille zur Beibehaltung des Berufs und schließlich die freiwillige Beendigung der Berufsausübung im Grunde zugleich Akte der Berufswahl".[1499] Grundsätzlich ist dabei der Begriff des Berufes weit auszulegen und umfaßt nicht nur tradierte Berufsfelder, sondern „auch die vom Einzelnen frei gewählten untypischen (sc. erlaubten) Betätigungen, aus denen sich dann wieder neue, feste Berufsbilder ergeben mögen"[1500], wobei es für den Berufsbegriff unerheblich ist, ob dieser selbständig, das heißt in Form eines (eigenen) Unternehmens / Betriebes, oder unselbständig (sc. als Angestellter) ausgeübt wird.[1501] [1502] Unter Beruf im Sinne des Art. 12, Abs. I GG ist jede erlaubte[1503] Tätigkeit zu verstehen, die auf Dauer angelegt ist und der Schaffung und Erhaltung einer Lebensgrundlage dient.[1504] Das einheitliche Grundrecht der Berufsfreiheit ist für das Gericht Ausdruck der Entfaltung der menschlichen Persönlichkeit und beinhaltet bzw. konkretisiert eine spezifische Form der individuellen Selbstverwirklichung[1505]. Es soll dem Individuum ein diesbezüglicher Freiheitsschutz gewährleistet werden.

---

freie Wahl der Ausbildungsstätte, die Freiheit der Berufswahl, die freie Wahl des Arbeitsplatzes und die Freiheit der Berufsausübung.

1499 BVerfGE 7, 377 (401).

1500 BVerfGE 7, 377 (397); BVerfG-NJW 1988, 2290 (2290) -Heilpraktiker; BVerfGE 17, 232 (241); Gubelt, in: v. M.,Grundgesetz-Kommentar, Art. 12, Rn. 8, 11; Tettinger, in: Sachs, Grundgesetz-Kommentar, Art. 12, Rn. 27; Tettinger, Das Grundrecht der Berufsfreiheit in der Rechtsprechung des Bundesverfassungsgerichts, AöR 108 (1983), S. 92 ff. (95); Pieroth/Schlink, a.a.O., Rn. 810; ausführlich hierzu Rupp, Das Grundrecht der Berufsfreiheit in der Rechtsprechung des Bundesverfassungsgerichts, AöR 92 (1967), S. 218 ff.. Vgl. auch Bryde, Artikel 12 Grundgesetz -Freiheit des Berufs und Grundrecht der Arbeit, NJW 1984, S. 2181; Papier, in: Handb. des VerfR, §18 - Grundgesetz und Wirtschaftsordnung, Rn. 36; Scholz, in: M/D/H/S, Art. 12, Rn. 17, 262 ff..

1501 BVerfGE 7, 377 (398, 399); Tettinger, in: Sachs, a.a.O., Rn. 28; Tettinger, AöR, 108 (1983), S. 96; Pieroth / Schlink, a.a.O., Rn. 812; Papier, in: Handb. des VerfR, § 18 -Grundgesetz und Wirtschaftsordnung, Rn. 35; Gubelt, in: v.M.,Grundgesetz-Kommentar, Art. 12, Rn. 17; Scholz, in: M/D/H/S, Art. 12, Rn. 7, 83.

1502 Für die hier maßgebliche Untersuchung der Firmenkunden ist die unselbständige Berufsausübung im genannten Sinne unmaßgeblich, da diese Personen / Arbeitnehmer als Gehaltsempfänger dem Reglement der Privatkunden unterfallen, wie sie oben dargestellt worden ist. Auf derartige Personen sind daher die Ausführungen zu den Firmenkunden nicht anzuwenden.

1503 Scholz, a.a.O., Rn. 24 ff.; Gubelt, a.a.O., Rn. 9. Hiernach ist eine Tätigkeit erlaubt, die nach den Wertvorstellungen der Rechtsgemeinschaft allgemein nicht als gemeinschaftsschädlich (i.S.v. sozial unwertig) betrachtet wird. Vgl. hierzu auch Tettinger, AöR, 108 (1983), S. 98, der bezüglich der Frage des Erlaubtseins einer Tätigkeit auf das Menschenbild des Grundgesetzes abstellen will, so daß nur Tätigkeiten als Beruf ausscheiden sollen, die evident dem Menschenbild des Grundgesetzes widersprechen - vgl. auch Tettinger, in: Sachs, Grundgesetz -Kommentar, Art. 12, Rn. 38. Langer, Strukturfragen der Berufsfreiheit, JuS 1993, S. 206 f. stellt in bezug auf das Erlaubtsein einer Tätigkeit darauf ab, ob diese Betätigung „grundrechtlich geschützte Güter eines anderen als *,Werkzeuge' (instrumental) in Anspruch nimmt* oder aber ob ihm deren Nutzung durch eine dem anderen zurechenbare und in diesem Sinne *eigenverantwortliche Entscheidung (kommunikativ) ,vermittelt'* wird. Vereinzelt wird jedoch auch auf das Merkmal des ,Erlaubtseins' beim Berufsbegriff verzichtet - Tettinger, in: Sachs, Art. 12, Rn. 36 ; Gubelt, a.a.O., Art. 12, Rn. 9, m.w.N..

1504 BVerfGE 7, 377 (397); Gubelt, in: v.M., Art. 12, Rn. 9; Tettinger, in: Sachs, Art. 12, Rn. 29 ff.; Tettinger, AöR, 108 (1983), S. 98; Scholz, in: M/D/H/S, Art. 12, Rn. 18; Pieroth/Schlink, a.a.O.; Hesse, Grundzüge des VerfR, Rn. 420; Papier, in: Hdb. des VerfR, § 18, Rn. 35.

1505 BVerfGE 7, 377 (400, 403, 405); BVerfGE 13, 97 (104) -Befähigungsnachweis Handwerk; BVerfGE 13, 181 (185); BVerfGE 50, 290 ff. (290 - Leitsatz 8) - Mitbestimmungsurteil; Tettinger, AöR, 108 (1983), S. 94 f., 109; Hufen, Berufsfreiheit - Erinnerungen an ein Grundrecht, NJW 1994, S. 2914; Bryde, a.a.O.;

Dieser Freiheitsschutz -der Schutzbereich der Berufsfreiheit- reicht aufgrund der vom Bundesverfassungsgericht entwickelten drei - Stufentheorie jedoch unterschiedlich weit, je nachdem, ob durch eine staatliche Regelung oder Maßnahme gemäß Art. 12, Abs. I, S. 2 GG mehr der Gesichtspunkt der Berufswahl oder mehr der Gesichtspunkt der Berufsausübung betroffen wird,[1506] da nach dem Willen des Gesetzgebers die Berufswahl als Akt der (wirtschaftlichen) Selbstbestimmung des Einzelnen möglichst frei von staatlichen Reglementierungen sein soll, während im Bereich der Berufsausübung, bei der der Einzelne in das soziale Leben eingreifen würde, diesem Beschränkungen auferlegt werden können.[1507] Auch hier wird somit die grundsätzliche Weite die der Schutzbereich eröffnet, durch eine Betrachtung gegenläufiger Regelungen im konkreten Einzelfall bestimmt und so der effektive Schutz des Grundrechts im jeweiligen Fall ermittelt. Auch hier gilt es daher, zwischen grundsätzlicher Weite des Grundrechts und effektiver Reichweite des Schutzbereichs im konkreten Einzelfall zu unterscheiden. Zusammenfassend führt das Bundesverfassungsgericht zur Eingriffsbefugnis des Staates nach Art. 12, Abs. I, S. 2 GG daher im Apothekenurteil aus: "Die Regelungsbefugnis erstreckt sich auf Berufsausübung und Berufswahl. Sie ist aber um der Berufs*ausübung* willen gegeben und darf nur unter diesem Blickpunkt allenfalls auch in die Freiheit der Berufs*wahl* eingreifen. Inhaltlich ist sie um so freier, je mehr sie reine Ausübungsregelung ist, um so enger begrenzt, je mehr sie auch die Berufswahl berührt".[1508] Daß dieser Differenzierung in bezug auf die Eingriffsintensität und der hieraus im folgenden entwickelten drei - Stufentheorie der Grundsatz der Verhältnismäßigkeit und das Gesetz der abnehmenden Grenzrate der Substitution zu Grunde liegt, wurde bereits dargestellt. Aufgrund des zuvor Gesagten erscheint es zunächst als unstreitig, daß der von dem einzelnen Firmenkunden jeweils ausgeübte Beruf als solcher dem prima facie Schutz der Berufsfreiheit des Art. 12, Abs. I GG unterfällt. Fraglich ist jedoch, ob sich der Schutzbereich des Art. 12, Abs. I GG in der ihm vom Bundesverfassungsgericht gegebenen Auslegung auch auf die (fortlaufend anfallenden) dem Bankgeheimnis unterfallenden Daten und Informationen erstreckt, die die Bank in bezug auf ihren Firmenkunden erhält und über die sie verfügt. Eines wird jedoch bereits im Vorgriff auf die Schrankendogmatik des Art. 12, Abs. I GG vorab deutlich. Im vorliegenden Kontext kann es sich primär nur um Eingriffsaspekte handeln, die im Rahmen einer Berufs*ausübung* von Relevanz sind, da es sich bei den das Bankgeheimnis umfassenden Informationen stets um Daten handelt, die im Rahmen einer bereits *ausgeübten* Geschäftstätigkeit des Kunden, sowie im Geschäftsverkehr des Kunden mit einer Bank anfallen. Zwar soll nach der aufgezeigten Ansicht des Bundesverfassungsgerichtes die Berufsausübung als solche eine tagtägliche Perpetuierung der einmal getroffenen Berufswahl darstellen und somit auch Relevanz für diese besitzen, doch ist im vorliegenden Kontext für die dem Bankgeheimnis unterfallenden Daten und Informationen bereits Voraussetzung, daß solche Daten, die es zu schützen gilt, seitens des Firmenkunden vorliegen. Diese Daten können aber nur durch eine bereits getätigte geschäftliche Aktivität des Kunden entstanden sein. Auch wenn sich die Daten bisher lediglich auf die Daten beschränken sollten, die die Bank im Rahmen einer Kontoeröffnung abfragt bzw. abfragen muß, so liegt diese Kontoeröffnung und die damit einhergehende Offenbarung von Daten und Informationen seitens des Kunden in bezug auf den Zeitpunkt ihrer Entstehung immer nach einer zuvor getroffenen Berufswahl, da bereits die Kontoeröffnung als solche eine (erste) geschäftliche Tätigkeit, ein Akt der Berufsausübung

---

Hesse, Grundzüge des VerfR, Rn. 419, 420; Papier, in: Hdb. des VerfR, § 18, Rn. 35; Scholz, in: M/D/H/S, Art. 12, Rn. 9, 33 f..

1506 BVerfGE 7, 377 (402).

1507 BVerfGE 7, 377 (402, 403); BVerfGE 50, 290 (362 f.).

1508 BVerfGE 7, 377 (403).

des (Firmen-) Kunden ist. Das Bankkonto wird daher lediglich für die Berufsausübung, nicht aber für die Berufswahl des Firmenkunden benötigt.
Der Begriff der Berufsausübung gemäß Art. 12, Abs. I, S. 2 GG umfaßt nach *Tettinger* „die Gesamtheit der mit der Berufstätigkeit, ihrem Ort, ihren Inhalten, ihrem Umfang, ihrer Dauer, ihrer äußeren Erscheinungsform, ihren Verfahrensweisen und ihren Instrumenten zusammenhängenden Merkmale".[1509] Aufgrund der grundsätzlichen Weite, mit der der Tatbestand einer Grundrechtsnorm grundsätzlich zu belegen ist[1510], unterfallen daher alle Bedingungen und Modalitäten, in denen sich die berufliche oder geschäftliche Tätigkeit vollzieht, das ‚Wie' des Berufes,[1511] dem Begriff der Berufsausübungsfreiheit.[1512] Bei den dem Bankgeheimnis unterfallenden Daten und Informationen eines Firmenkunden handelt es sich um Daten, die als unabdingbare Folge der geschäftlichen Tätigkeit, die im hier zu betrachtenden Kontext die Berufsausübung des Firmenkunden darstellt, anfallen. Die berufliche Tätigkeit, die geschäftliche Betätigung eines jeden Firmenkunden als solche, unterfällt unstreitig dem prima facie Schutz der Berufsausübungsfreiheit.[1513] Gleiches muß daher auch für die im Rahmen der geschäftlichen / beruflichen Tätigkeit bei und mit einer Bank sukzessive anfallenden Daten gelten, da diese von der Tätigkeit des Kunden nicht getrennt werden können und gleichsam akzessorisch sind. Firmenkunden sind in der heutigen Zeit mehr noch als Privatkunden auf die Führung und Innehabung mindestens eines Girokontos bei mindestens einer Bank angewiesen, um ihre geschäftlichen Tätigkeiten abwickeln zu können. Heutzutage wird der Großteil der Geschäfte unbar abgewickelt.[1514] Es werden Rechnungen bei Lieferanten per Überweisung beglichen, Lastschriften oder Abbuchungsaufträge erteilt etc. oder eigene Kunden zahlen Rechnungen oder ihre Käufe zum Beispiel durch Überweisung, mittels Scheck, Kreditkarte, Geldkarte oder per edc-, electronic- und cybercash (POS- bzw. POZ- System).[1515] Immer ist mindestens eine Bank beteiligt, bei der Daten anfallen. Auch Auslandsgeschäfte (Zahlung z.B. mit Hilfe von Akkreditiven) und Investitionsvorhaben sind kaum ohne Mithilfe der Banken durchführbar. Allein die Abwicklung des Zahlungsverkehrs mit dem Finanzamt[1516] erfordert mindestens eine Bankverbindung, wie bereits durch § 30 a, Abs. IV AO impliziert wird. Die Bankverbindung ist heutzutage eine notwendige Voraussetzung der geschäftlichen Tätigkeit und bei Firmenkunden unmittelbar mit der Berufsausübung ver-

---

1509 Tettinger, Das Grundrecht der Berufsfreiheit in der Rechtsprechung des Bundesverfassungsgerichts, AöR 108 (1983), S. 112; Tettinger, in: Sachs, Grundgesetz - Kommentar, Art. 12, Rn. 57; Gubelt, in: v.M., Grundgesetz - Kommentar, Art. 12, Rn. 34.

1510 Vgl. oben 2. Teil, S. 52 f.; BVerfGE 6, 55 (72); Bryde, NJW 1984, S. 2181; Lepa, Grundrechtskonflikte, DVBl. 1972, S. 163; Bleckmann, Staatsrecht II, § 14, S. 393.

1511 Hufen, NJW 1994, S. 2917; Pieroth/Schlink, a.a.O., Rn. 825; BVerfGE 13, 181 (185).

1512 Pieroth/Schlink, a.a.O., Rn. 834.

1513 Da hier nicht jeder Beruf diskutiert werden kann, muß von dieser Annahme ausgegangen werden. Dabei soll zugleich unterstellt werden, daß die jeweiligen Berufe der vorliegend behandelten Firmenkunden der oben getroffen Berufsdefinition unterfallen.

1514 Auch wenn es gewissermaßen ‚Bargeldsurrogate' in Form von Zahlungsgarantien aufgrund der im folgenden genannten POS-Systeme gibt, die hier z.T. aus der Zahlstellenfunktion zwischengeschalteter, weiterer Banken resultieren. Diesbezüglich sei auf die einschlägige Literatur verwiesen - z.B. Gößmann, in: BankRHdb., Bd. I, § 68 - EC-Kassen und POS-System, S. 1440 ff.; dergl., Aspekte der EC-Kartennutzung, WM 1998, S. 1264 ff..

1515 Edc= European debit cards; POS = Point of sale; POZ = Point of sale ohne Zahlungsgarantie; Zur Funktionsweise hierzu grundlegend Gößmann, in: BankRHdb., a.a.O.. Vgl. auch Grill/Perczynski, a.a.O., S. 122 ff. (zu POS, electronic cash und edc), S. 124 (zu POZ), S. 580 ff. (zu Kreditkarten); Martinek, in: BankRHdb., Bd. I, § 67 - Das Kreditkartengeschäft, S. 1407 ff.; Werner, in: BuB, Bd. 3, Kap.6, Rn. 6/1516 ff. (electronic cash), Rn.6/1598 ff. (POZ), Rn.6/1660 ff. (Geldkarte); Haun, in: BuB, Bd. 3, Kap. 6, Rn. 6/1850 ff. (Kreditkarte).

1516 Z.B. zur Begleichung der Umsatz-, Gewerbe- und sonstigen Steuern.

knüpft, ja geradezu kausal. Anders als bei Privatkunden ist eine Bankverbindung für Firmenkunden nicht bloße -wenn auch notwendige- Folge ihrer Tätigkeit, sondern erscheint als wesentlicher Bestandteil, als essentialia negotii der Berufsausübung, der geschäftlichen Betätigung überhaupt. Sie ist heutzutage aus der geschäftlichen Betätigung nicht hinwegdenkbar. Berufsausübung ohne zumindest eine Bankverbindung erscheint nur in rein theoretischer Betrachtung denkbar; ein wirtschaftlicher Erfolg ließe sich für den so agierenden Firmenkunden dauerhaft nicht erzielen, obwohl es gerade zum Berufsbegriff zählt, eine dauerhafte Erwerbsquelle zu erschließen, um aus dieser seinen Lebensunterhalt zu bestreiten.
Aus diesem Grund kann festgehalten werden, daß die bei einer Bank aufgrund einer Geschäftsbeziehung mit einem Firmenkunden anfallenden Daten und Informationen dem Schutzbereich des Art. 12, Abs. I GG prima - facie unterstehen und somit grundsätzlich grundrechtlichen Schutz beanspruchen können. Nur eine solche Unterstellung auch der geschäftsmäßig automatisch anfallenden Daten und Informationen, die das Bankgeheimnis des Firmenkunden ausmachen, unter den Schutzbereich des Art. 12, Abs. I GG wird der weiten Auslegung des Schutzbereichsbegriffs gerecht, wie er eingangs geschildert wurde.[1517] Aufgrund dieses prima facie - Schutzes kann der Firmenkunde daher (prima facie) beanspruchen, in bezug auf die das Bankgeheimnis betreffenden Daten und Informationen seiner beruflichen / gewerblichen Tätigkeit von staatlichen Eingriffen unbehelligt zu bleiben. Dem prima facie Recht des Bürgers und Firmenkunden steht somit prima facie eine Nicht - Eingriffsbefugnis[1518] des Staates korrespektiv gegenüber.

(2) Eingriff und Schranken in die durch Art. 12, Abs. I GG prima facie geschützte Position des Firmenkunden

Für den Bereich der staatlichen Eingriffsbefugnis in den Schutzbereich der Berufsfreiheit, der Schranken, hat das Bundesverfassungsgericht im Apothekenurteil seine bereits oben dargestellte Stufendogmatik entwickelt.[1519] Hierbei staffelt es die zulässige Eingriffsintensität danach, ob eine Maßnahme mehr in den Aspekt der Berufsausübung oder mehr in den Aspekt der Berufswahl eingreift, wobei es innerhalb der Berufswahl in bezug auf die zulässige Eingriffsintensität weiter danach differenziert, ob der staatliche Eingriff den Charakter einer objektiven oder einer subjektiven Zulassungsbeschränkung für den gewählten Beruf besitzt[1520]. Durch diese Dichotomie entstehen drei Stufen hinsichtlich der Eingriffsmöglichkeiten des Staates in die Berufsfreiheit, die mit einer zunehmenden Eingriffsresistenz behaftet sind. Auf der ersten, am wenigsten eingriffsresistenten Stufe stehen danach Berufsausübungsregelungen, gefolgt von Regelungen, die subjektive Zulassungsbeschränkungen errichten, gefolgt von solchen, die objektive Zulassungsbeschränkungen enthalten. Je mehr eine Regelung den Charakter einer objektiven Zulassungsbeschränkung besitzt, also zum Beispiel eine Regelung, die den Zugang zu einem Beruf von einer staatlichen Bedürfnisprüfung abhängig machen würde, ohne daß das betroffene Individuum darauf einen Einfluß hat[1521], desto wichtiger muß

[1517] Siehe oben im 2. Teil, S. 52 f.. BVerfGE 6, 55 (72). Zu diesem Ergebnis dürften auch Bleckmann/Eckhoff, DVBl. 1988, S. 378, 379 gelangen, die pauschal alle Arten von „Vorbereitungshandlungen" dem jeweiligen Spezialfreiheitsrecht unterstellen wollen und auf diesem Wege für eine weite („extensive") Interpretation des jeweiligen Schutzbereiches plädieren. „Denn wenn die Ausübung der Hauptfreiheit unmöglich wird, wenn die Vorbereitungstätigkeit entfällt, ist der gesamte Problemkreis offensichtlich der Hauptfreiheit zuzuordnen"- Bleckmann/Eckhoff, a.a.O., S. 379.

[1518] Vgl. oben im 2. Teil, S. 82 f..

[1519] Vgl. hierzu z.B. auch BVerfGE 25, 1 (11) -Mühlengesetz.

[1520] BVerfGE 7, 377 (406); BVerfGE 13, 97 (105).

[1521] Vgl. hierzu z.B. BVerfGE 86, 28 (36 ff.) -Sachverständigenentscheidung.

der sie rechtfertigende Eingriffsgrund sein.[1522] Es konnte bereits oben festgestellt werden, daß die drei - Stufentheorie des Bundesverfassungsgerichts mit ihrer aus dem ersten Abwägungsgesetz bekannten Je - desto - Verknüpfung unmittelbarer Ausfluß des Verhältnismäßigkeitsgrundsatzes[1523] und des Gesetzes der abnehmenden Grenzrate der Substitution ist. Im Rahmen der Verhältnismäßigkeitsprüfung erscheint jedoch der Prüfungsvorgang des Gerichts uneinheitlich und zum Teil mißverständlich, da bisweilen der Eindruck vermittelt wurde, das Gericht würde den Verhältnismäßigkeitsgrundsatz im Rahmen der Stufentheorie zweimal anwenden, einmal gleichsam extern zur Ermittlung der zulässigen Eingriffsstufe, desweiteren intern, nämlich innerhalb der zuvor ermittelten Stufe.[1524] Einem solchen Verständnis kann meines Erachtens nicht gefolgt werden. Vielmehr ist *Breuer* darin recht zu geben, daß die „Heranziehung der richtigen Schranken- und Eingriffsstufe nicht als abschließender und selbstgenügsamer Subsumtionsmechanismus mißverstanden werden darf", sondern daß damit nur „ein erster, strukturierend wirkender Subsumtionsschritt" stattfindet.[1525] Das Gericht wendet den Verhältnismäßigkeitsgrundsatz lediglich einmal an.[1526] Unter strikter Anwendung dieses Grundsatzes prüft das Gericht, ob eine Maßnahme geeignet ist, einen legitimen Zweck zu erreichen, wobei es dem Staat hinsichtlich der Eignung seiner Maßnahme im Bereich der Berufsausübungsregelungen einen Prognose- und Beurteilungsspielraum zugesteht,[1527] der bei Maßnahmen, die die Berufswahlfreiheit beeinträchtigen, jedoch nicht besteht, da bei diesen eine nachweisbare oder doch höchstwahrscheinliche Gefahrensituation für das Gemeinwohl verlangt wird.[1528] Im Rahmen der Eignungsprüfung einer staatlichen Maßnahme erfolgt eine Betrachtung dahingehend, welchen Zweck die Berufswahl- oder Berufsausübungsregelung, die Maßnahme, beabsichtigt. Der Zweck muß erst klassifiziert werden, damit seine Eignung beurteilt werden kann. Im Rahmen des Teilgrundsatzes der Erforderlichkeit wird dann aber geprüft, auf welcher Eingriffsstufe ein Eingriff erfolgt und ob dieser nicht auch auf einer niedrigeren Eingriffsstufe erfolgen könnte.[1529] Meines Erachtens ist daher die vom Gericht geprüfte Frage der Stufenzuordnung bereits Ausdruck der Erforderlichkeitsprüfung, wobei ein enger Bezug zur Geeignetheit geschaffen wird. Die Prüfung der Stufenzuordnung ist die strikte Anwendung des im Teilgrundsatz der Erforderlichkeit enthaltenen ultima - ratio Gedankens. Anschließend prüft das Gericht im Wege der Abwägung, ob dieser Eingriff auf

---

1522 BVerfGE 7, 377 (404).

1523 Vgl. BVerfGE 7, 377 (405 ff.); BVerfGE 13, 97 (104); BVerfGE 25, 1 (12) -Mühlengesetz; BVerfGE 30, 292 (313 ff.) -Mineralölbevorratung; BVerfGE 41, 378 (395); BVerfGE 46, 120 (138) -Direktrufnetz; vgl. Hufen, NJW 1994, S. 2917; Hesse, Grundzüge des VerfR, Rn. 422 f.; Rupp, AöR, 92 (1967), S. 233; Stern, StaatsR, Bd. III/2, § 84, S. 801 ff.; Tettinger, AöR, 108 (1083), S. 117; Grabitz, AöR, 98 (1973), S. 593., 610 f.; Scholz, in: M/D/H/S, Art. 12, Rn. 292.

1524 Z.B. BVerfGE 16, 147 ff. -Werkfernverkehr; BVerfGE 25, 1 ff. -Mühlengesetz; in diesem Sinne wohl Wendt, AöR, 104 (1979), S. 429 ff.; Breuer, in: Hdb. des StaatsR, § 148, Rn. 13. Vgl. auch Stern, a.a.O., S. 802, der anführt, daß das Bundesverfassungsgericht in späteren Entscheidungen eine klassische Verhältnismäßigkeitsprüfung vorgenommen habe, unter Aufgabe wichtiger Bestandteile der Stufentheorie - S. 803..

1525 Breuer, in: Hdb. des StaatsR, § 148, Rn. 9.

1526 Vgl. z.B. BVerfGE 30, 292 ff. - Mineralölbevorratung; BVerfG-NJW 1998, 1776 ff. (1777) - Altersgrenze für Vertragsärzte; BVerfGE 86, 28 (41 ff.) - Sachverständigenentscheidung; Tettinger, AöR, 108 (1983), S. 122 f., bezeichnet daher die Stufentheorie als bloße Hilfskonstruktion des Übermaßverbotes.

1527 BVerfGE 39, 210 (225 f.); Papier, in: Hdb. des VerfR, § 18, Rn. 79 ff. (81 f.). Hierbei ist jedoch den oben gemachten Ausführungen folgend zu beachten, daß der Staat hierbei lediglich einen Argumentationsvorsprung erhält, der ihn nicht von seiner Argumentationslast entbindet - vgl. oben im 2. Teil, S. 58 f.. Erkennbaren Fehlprognosen hat der Staat korrigierend zu begegnen - siehe oben S. 58 f.; Papier, a.a.O., Rn. 82, m.w.N..

1528 Papier, a.a.O..

1529 BVerfGE, a.a.O., S. 378 - Leitsatz Nr. 6 d, S. 405, 408; BVerfGE 13, 97 (105, 113 ff.); BVerfGE 53, 135 (145) - Puffreisschokolade.

dieser Stufe der Proportionalität der konfligierenden Interessen gerecht wird.[1530] Unter Anwendung der genannten Gesichtspunkte gelangt das Gericht abstrakt[1531] zu folgenden differenzierten Eingriffskriterien:[1532]

α.) Objektive Zulassungsbeschränkungen sind nur gerechtfertigt, wenn sie zur Abwehr nachweisbarer oder höchstwahrscheinlicher schwerer Gefahren für ein überragend wichtiges Gemeinschaftsgut notwendig sind.[1533]

β.) Subjektive Zulassungsbeschränkungen,[1534] also das Abstellen auf bestimmte Kenntnisse und Fähigkeiten des Individuums, sind nur gerechtfertigt, wenn die Ausübung des Berufs ohne Erfüllung von bestimmten Voraussetzungen unmöglich oder unsachgemäß wäre und auch, wenn sie Gefahren und Schäden für die Allgemeinheit mit sich brächte.

γ.) Berufsausübungsregelungen sind gerechtfertigt, wenn Gesichtspunkte der Zweckmäßigkeit sie verlangen, wobei es um die Abwehr von Gefahren oder Schäden für die Allgemeinheit geht oder um die Sicherung des Berufsstandes, der gesichert bzw. gefördert werden soll.[1535]

Diese drei Stufen unterschiedlicher Eingriffsintensität bestehen zunächst abstrakt. Die jeweilige staatliche Maßnahme, die einen Eingriff in den prima facie geschützten Bereich des Art. 12, Abs. I GG darstellt, ist konkret im jeweiligen Einzelfall anhand der Gesichtspunkte der unterschiedlichen, dreistufigen Eingriffsintensität der drei-Stufentheorie im Wege der Abwägung zu überprüfen. Es handelt sich um den Fall einer Prinzipienkollision, bei der das für den Bürger streitende Prinzip mit dem für den Staat streitenden Prinzip kollidiert. Keinem der beteiligten Prinzipien gebührt dabei per se der Vorrang. Entscheidend für die Beurteilung der Zulässigkeit einer staatlichen Maßnahme im konkreten Einzelfall, für die Bestimmung des Vorrangverhältnisses, ist daher die Abwägung der beteiligten Interessen gemäß dem Verhältnismäßigkeitsgrundsatz. Daran hat auch die drei - Stufentheorie nichts geändert.[1536] *Breuer* und *Hesse* haben in diesem Zusammenhang den eigentlichen Verdienst der drei - Stufentheorie zutreffend in ihrer Typisierung und Differenzierung gesehen, die eine klarere Strukturierung bewirkt und damit zu einem Mehr an Rationalität geführt habe.[1537]
Trotz der Unterscheidung von Berufsausübung und Berufswahl innerhalb des einheitlichen Schutzbereiches von Art. 12, Abs. I GG zur Bestimmung der Eingriffsstufe, ist eine exakte Abgrenzung dieser Teilaspekte der Berufsfreiheit bisweilen schwierig.[1538] Abhängig ist diese

---

1530 Vgl. zu dieser Vorgehensweise auch Pieroth/Schlink, a.a.O., Rn. 861.

1531 Breuer, in: Hdb. des StaatsR, § 148, Rn. 9, 10.

1532 BVerfGE, a.a.O., S. 378 - Leitsatz Nr. 6 a - c, S. 405; BVerfGE 25, 1 (12); Pieroth/Schlink, a.a.O., Rn. 855; Tettinger, in: Sachs, Grundgesetz-Kommentar, Art. 12, Rn. 101 ff.; Ipsen, 'Stufentheorie' und Übermaßverbot - Zur Dogmatik des Art. 12 GG, JuS 1990, S. 634; Scholz, in: M/D/H/S, Art. 12, Rn. 318; Stein, Staatsrecht, S. 273 ff..

1533 BVerfGE, a.a.O., S. 378 - Leitsatz 6 c, S. 405, 408.

1534 BVerfGE 13, 97 (106 f.); BVerfGE 19, 330 (337) -Sachkundenachweis Einzelhandel.

1535 BVerfGE 7, 377 (378 - Leitsatz 6 a, S. 405, 406).

1536 Vgl. hierzu Ipsen, JuS 1990, S. 637 f.; Pieroth/Schlink, a.a.O., Rn. 846 ff (850).; Grabitz, AöR, 98 (1973), S. 611.

1537 Hesse, a.a.O., Rn. 423; Breuer, in: Hdb. des StaatsR, § 148, Rn. 8. In diesem Sinne auch Tettinger, in: Sachs, Grundgesetz - Kommentar, Art. 12, Rn. 100.

1538 Vgl. hierzu z.B. BVerfGE 82, 209 (209) -Krankenhausbedarfsplan; Hufen, NJW 1994, S. 2916; Pieroth/ Schlink, a.a.O., Rn. 852 ff.; Rupp, AöR, 92 (1967), S. 235 f.; Ipsen, JuS 1990, S. 634 f.. Vgl. hierzu ausführlich Langer, JuS 1993, S. 203 ff.; Gubelt, in: v.M., Art. 12, Rn. 12 ff..

Abgrenzung von der Weite des zugrundegelegten Berufsbildes,[1539] welches insbesondere durch subjektive Zulassungsvoraussetzungen, bei denen es um für den Beruf notwendige Kenntnisse und Fähigkeiten geht, geprägt wird.[1540] So hat das Bundesverfassungsgericht bereits ausgeführt, daß auch Berufsausübungsregelungen eine Intensität erreichen können, die ihnen eine berufswahlreglementierende, zulassungsbeschränkende Wirkung beimessen, so daß die Maßnahme nicht auf der für Berufsausübung zuständigen Stufe, sondern auf der für Berufswahl / Zulassungsbeschränkungen zuständigen Eingriffsstufe zu überprüfen sei.[1541] Dieses soll beispielsweise der Fall sein, wenn sich aufgrund der Breitenwirkung einer Regelung die betroffenen Berufsangehörigen „in aller Regel" und nicht nur in Einzelfällen[1542] zur Weiterführung der konkreten Berufstätigkeit nicht mehr in der Lage sehen.[1543] Diese Problematik hängt im wesentlichen mit der Vorstellung von tradierten, fixierten Berufsbildern zusammen. Hier fällt es zum Teil schwer, neu auftretende Erscheinungsformen von Berufen eindeutig zuzuordnen[1544], da oft die Frage nicht zu beantworten ist, ob die jeweilige (neue)[1545] Erscheinungsform des Berufes lediglich eine Modifikation innerhalb eines ausgeübten Berufes darstellt oder ein neuer, eigenständiger Beruf gewählt wurde, der zuvor nicht ausgeübt wurde bzw. bestand.[1546] Dem Gesetzgeber wird hierbei die Befugnis zugestanden, aufgrund seiner wirtschafts- und / oder sozialpolitischen Vorstellungen Berufsbilder zu fixieren und auf diesem Weg die freie Berufswahl einzuschränken.[1547] *Rupp* kritisiert die Unterscheidung von Berufswahl und Berufsausübung als willkürlich, da die Unterscheidung lediglich „zur höchst willkommenen Etikettierung anderweitig gefundener Ergebnisse" diene.[1548] In der Tat erscheint die vom Bundesverfassungsgericht in der Vergangenheit vorgenommene Unterteilung

---

[1539] Ipsen, JuS 1990, S. 634, 635; Bryde, NJW 1984, S. 2181 f.; Tettinger, in: Sachs, Grundgesetz-Kommentar, Art. 12, Rn. 52 ff., 60 ff.; Scholz, in: M/D/H/S, Art. 12, Rn. 263 ff. (266 ff.).

[1540] Breuer, in: Hdb. des StaatsR, § 148, Rn. 7.

[1541] BVerfGE 11, 30 (43 f.) -Kassenarzt; BVerfGE 13, 181 (186, 187) -Schankerlaubnissteuer; BVerfGE 25, 1 (12) - Mühlengesetz; BVerfGE 86, 28 (38 f.) -Sachverständigenentscheidung; BVerfG-NJW 1998, 1776 ff. (1776, 1777) -Altersgrenze für Vertragsärzte; Langer, a.a.O., S. 204; Ipsen, JuS 1990, S. 635, 636; Bryde, NJW 1984, S. 2182; Papier, in: Hdb. des VerfR, § 18, Rn. 52; Tettinger, AöR, 108 (1983), S. 109 f.; Tettinger, in: Sachs, Grundgesetz-Kommentar, Art. 12, Rn. 119 ff., m.w.N.; Breuer, a.a.O., Rn. 10, 35; Grabitz, AöR, 98 (1973), S. 593 f..

[1542] BVerfGE 13, 181 (186 f.) -Schankerlaubnissteuer; BVerfGE 30, 292 (313 f.) - Mineralölbevorratung; Gubelt, in: v.M., Grundgesetz-Kommentar, Art. 12, Rn. 45; Breuer, a.a.O., Rn. 35.

[1543] Tettinger, AöR, 108 (1983), S. 109, 110.

[1544] So z. B. die Unterscheidung des Bundesverfassungsgerichts in der Sachverständigenentscheidung (BVerfGE 86, 28 (38)), wo es zwischen öffentlich bestellten / vereidigten Sachverständigen und solchen Sachverständigen unterscheidet, die keine öffentliche Bestallung erhalten haben. Die der öffentlichen Bestallung vorausgehende Bedürfnisprüfung bezeichnete das Gericht nicht als Berufswahl-, sondern als Berufsausübungsregelung, die es trotzdem anhand der für Eingriffe bei objektiven Zulassungsbeschränkungen geltenden Schrankenintensität überprüfte. Tettinger, in: Sachs, Grundgesetz-Kommentar, Art. 12, Rn. 62 sprechen sich indes dafür aus, für die Abgrenzung Berufsausübung / Berufswahl nicht quantitative, sondern qualitative Aspekte heranzuziehen. Nicht die Anzahl der jeweiligen Berufsangehörigen sei für die Abgrenzung entscheidend, sondern die Frage, ob eine spezialisierte Berufsausbildung notwendig sei, die über die Vermittlung üblicher Branchenkenntnisse hinausgehe, der indizielle Wirkung beigemessen werden müsse.

[1545] Da dem Individuum auch ein Berufsschöpfungsrecht zugestanden wird - vgl. Scholz, in: M/D/H/S, Art. 12, Rn. 263.

[1546] Vgl. hierzu z.B. BVerfGE 11, 30 (42 f.) -Kassenarzt; BVerfGE 33, 125 (161 f.) -Facharzt; BVerfG-NJW 1998, 1776 ff. (1776 f.) - Altersgrenze für Vertragsärzte; vgl. auch das Beispiel von Papier, a.a.O.; Tettinger, AöR, 108 (1983), S. 98 ff.; Rupp, AöR, 92 (1967), S. 219 ff..

[1547] BVerfGE 13, 97 ff. (Leitsatz 2) - Befähigungsnachweis für das Handwerk; Scholz, in: M/D/H/S, a.a.O., Rn. 266 ff. (271).

[1548] Rupp, AöR, 92 (1967), S. 236. In diesem Sinne auch Grabitz, AöR, 98 (1973), S. 594.

in Berufsausübungs- und Berufswahlmodalitäten oft als schwer nachvollziehbar und noch weniger vorhersehbar.

(2.1.) Der Eingriffsbegriff des Art. 12, Abs. I, S. 2 GG

Für die Beurteilung der Eingriffsmöglichkeiten in den zuvor festgestellten prima facie Schutz auch der fortlaufend anfallenden Daten und Informationen eines Firmenkunden, die bei einer Bank anfallen und dem Schutzbereich des Art. 12, Abs. I GG unterliegen, sind die vom Bundesverfassungsgericht erarbeiteten Gesichtspunkte maßgeblich, die sich auf berufsregelnde Eingriffe des Staates im Bereich der Berufsausübung beziehen.[1549]
Ursprünglich wurden von dem Schrankenvorbehalt des Art. 12, Abs. I, S. 2 GG lediglich berufsspezifische Eingriffe erfaßt. So wurde bereits oben ausgeführt, daß eine staatliche Regelung oder Maßnahme nicht lediglich irgendwie geartete, entfernte Folgen für die berufliche Tätigkeit des Bürgers haben soll, sondern über eine berufsregelnde Tendenz verfügen muß.[1550] Nach dieser Vorstellung muß die staatliche Maßnahme, um als ein Eingriff in den Schutzbereich des Art. 12, Abs. I GG klassifiziert werden zu können, eine unmittelbare Auswirkung auf die Berufstätigkeit des Bürgers haben, wobei aufgrund des einheitlichen Schutzbereiches der Berufsfreiheit eine berufsregelnde Tendenz sowohl Aspekte der Berufswahl, wie auch der Berufsausübung beinhaltet. Eine solche berufsregelnde Tendenz soll nach Ansicht des Bundesverfassungsgerichts gegeben sein, wenn eine innere und äußere Verbindung mit der beruflichen Betätigung besteht, wenn gerade die Erlaubnis zur Ausübung eines bestimmten Berufes Anknüpfungspunkte für den eingreifenden Tatbestand enthalten würde.[1551]
Es muß sich um finale Eingriffe in den Schutzbereich handeln. So wird gerade bei steuerlichen Eingriffen im Rahmen dieses Eingriffsverständnisses ein enger, ein spezifischer Zusammenhang zwischen dem staatlichen Eingriff und der beruflichen Betätigung gefordert[1552]. In der bereits zitierten Schankerlaubnissteuerentscheidung[1553] des Bundesverfassungsgerichts führt das Gericht aus, daß in aller Regel Art. 12, Abs. I GG als Maßstabsnorm nur für solche Bestimmungen in Betracht kommt, „die sich gerade auf die berufliche Betätigung beziehen und diese unmittelbar zum Gegenstand haben".[1554] Dieser unmittelbare Bezug

---

[1549] Nach der Rechtsprechung des Bundesverfassungsgerichts sollen indes staatliche Eingriffe im Rahmen der Berufsausübung dem strengeren Reglement der berufswahlrelevanten Eingriffe unterliegen, wenn diese erheblich sind und von ihren Wirkungen her geeignet sind, auch Auswirkungen auf das Berufswahlverhalten der Bürger zu entfalten -vgl. z.B. BVerfGE 30, 292 (313 f.) -Erdölbevorratung; BVerfGE 38, 61 (79) -Leberpfennig; BVerfGE 13, 181 (186 f.) -Schankerlaubnissteuer.

[1550] Vgl. oben S. 278 f. - m.w.N.. Insbesondere für den Bereich der steuerlichen Eingriffe in den Schutzbereich BVerfG - NJW 1988, 694 ff. (695); BVerfGE 13, 181 (186) - Schankerlaubnissteuer; BVerfGE 16, 147 (162) - Werkfernverkehr; BVerfGE 37, 1 (17) -Stabilisierungsfond; BVerfGE 38, 61 (79); BVerfGE 47, 1 (21); Scholz, in: M/D/H/S, Art. 12, Rn. 415 ff.. Damit lehnt sich die Rechtsprechung des Bundesverfassungsgerichts an die vom Bundesgerichtshof im Rahmen des § 823, Abs. I BGB für Eingriffe in den eingerichteten und ausgeübten Gewerbebetrieb entwickelte Rechtsprechung an, wonach lediglich betriebsbezogene, unmittelbare Beeinträchtigungen erfaßt werden -vgl. Palandt/Thomas, § 823, Rn. 21; BGHZ 86, 152 (156); BGH-NJW 1959, 479 ff. (480) - Stromkabelfall; aus jüngster Zeit BGH-WM 1998, 2534 (2536).

[1551] BVerfGE 13, 181 (186).

[1552] BVerfG-NJW 1987, 3115 ff. (3117) -Künstlersozialkasse; vgl. auch die Darstellung bei Breuer, in: Hdb. des StaatsR, § 148, Rn. 29; Tettinger, AöR, 108 (1983), S. 114 f..

[1553] BVerfGE 13, 181 ff.. Vgl. auch oben S. 134.

[1554] BVerfGE 13, 181 (185); BVerfGE 22, 380 (384) - Kuponsteuer; BVerfGE 47, 1 (21) - Hausgehilfin; BVerfG - NJW 1987, 3115 ff. (3117); Tettinger, in: Sachs, Art. 12, Rn. 71.

zu der beruflichen Betätigung, so wurde gesagt, soll nach Ansicht des Gerichts primär bei solchen Vorschriften bestehen, „die in Form von Zulassungsvoraussetzungen die Ausübung eines Berufes bei ihrem Beginn oder bei ihrer Beendigung regeln oder die als reine Ausübungsregelungen die Art und Weise bestimmen, wie die Berufsangehörigen ihre Berufstätigkeit im einzelnen gestalten".[1555] Diese Umschreibung der Eingriffsbefugnis ist Ausdruck des engen, klassischen Eingriffsbegriffes, wie er oben[1556] dargestellt worden ist. Dort wurde dieser klassische Eingriffsbegriff durch Begriffe wie Finalität und Imperativität charakterisiert. Nähme man diesen engen, klassischen Eingriffsbegriff im vorliegenden Fall zum Ausgangspunkt und Maßstab staatlichen Handelns im Bereich der Berufsfreiheit, würden die oben bei den Privatkunden untersuchten Durchbrechungen des Bankgeheimnisses in Form von steuerlichen oder strafprozessualen Maßnahmen mangels Spezifität und Finalität nicht dem klassischen Eingriffsbegriff unterfallen.[1557] Dererlei Maßnahmen wären kein Eingriff in den prima facie geschützten Schutzbereich, da die geschilderten steuerlichen und strafprozessualen Auskunftspflichten, Durchsuchungsmaßnahmen etc. nicht spezifisch auf die konkrete berufliche Betätigung abzielen, sondern diese vielmehr für die jeweilige Maßnahme weitgehend bedeutungslos wären. Dieses würde jedoch nach den bisherigen Ausführungen im vorliegenden Fall zu dem kuriosen Ergebnis führen, daß die Daten und Informationen eines Firmenkunden, die bei einer Bank anfallen und insoweit das Bankgeheimnis des Firmenkunden ausmachen, zwar dem prima facie Schutz des Art. 12, Abs. I GG unterliegen würden, mangels Spezifität der steuerlichen und strafprozessualen Durchbrechungsnormen in bezug auf das Bankgeheimnis diese wiederum keinen Eingriff darstellen würden, so daß auch ein prima facie Schutz der Firmenkunden, wie er geschildert wurde, tatsächlich nicht bestehen könnte. Hieraus läßt sich sogleich folgern, daß bei diesem Ergebnis entweder der Schutzbereich der Berufsfreiheit im vorliegenden Kontext zu weit oder der Eingriffsbegriff zu eng interpretiert wurde.
Es wurde bereits gesagt, daß ein weiter Schutzbereichsbegriff stets mit einer weiten Interpretation des Eingriffsbegriffes korrespondiert. Die Begriffe Schutzbereich und Schranke / Eingriff sind einander komplementär. Daher bedingt ein weiter Schutzbereichsbegriff auch einen weiten Eingriffs- / Schrankenbegriff.[1558] Es konnte auch festgehalten werden, daß die Schutzbereiche der Grundrechtsnormen weit zu interpretieren sind, gerade um einer ansonsten inflationären Betroffenheit des Schutzbereiches der allgemeinen Handlungsfreiheit des Art. 2, Abs. I GG zu begegnen, die als Auffangnorm zu berücksichtigen wäre. Als weite Interpretation des Eingriffsbegriffes wurde „jedes staatliche Handeln, das dem einzelnen ein Verhalten, das in den Schutzbereich eines Grundrechts fällt, unmöglich macht, gleichgültig ob diese Wirkung final oder unbeabsichtigt, unmittelbar oder mittelbar, rechtlich oder tatsächlich / faktisch, mit oder ohne Befehl und Zwang erfolgt"[1559], erfaßt. Diesem weiten Verständnis vom Eingriffsbegriff hat sich für den Bereich der Berufsfreiheit punktuell auch das Bundesverfassungsgericht angeschlossen, das gerade aufgrund der Lenkungsfunktion von Steuern, die diesen teilweise als (Neben-) Zweck gegeben werden, erkannte, daß auch indirekte Maßnahmen den geschützten Bereich der Berufsfreiheit beeinträchtigen können. In einem ersten, den klassischen (sc. engen) Eingriffsbegriff erweiternden Schritt hat das Gericht ebenfalls bereits

1555 BVerfGE 13, 181 (186); BVerfGE 22, 380 (384).

1556 Oben S. 132 f. -m.w.N.. Vgl. BVerwG-NJW 1991, 1766 ff. (1767); Breuer, a.a.O., Rn. 29; Langer, JuS 1993, S. 208.

1557 In diesem Sinne, Breuer, a.a.O., Rn. 29, 30; Wendt, AöR, 104 (1979), S. 428 f., der insoweit von einer Filterwirkung des Beschränkungsvorbehaltes spricht.

1558 In diesem Sinne Breuer, in: Hdb. des StaatsR, § 148, Rn. 31.

1559 Vgl. oben S. 132 f..

in der Schankerlaubnissteuerentscheidung auch indirekte / mittelbare Eingriffe in den Schutzbereich des Art. 12, Abs. I GG dem Eingriffsbegriff unterstellt und ausgeführt, daß es sich bei berufsregelnden Tendenzen zwar nicht nur um finale Eingriffe in die Berufswahl handeln muß, sondern auch mittelbare Eingriffe[1560] in Form von Vorschriften in Betracht kommen. Gleichwohl verlangte es noch einen berufsregelnden Charakter der Maßnahme[1561]. In der Entscheidung zur digitalen Nachrichtenübermittlung aus dem Jahr 1977 stellt das Gericht im Zusammenhang mit der Eingriffswirkung dann bereits auch auf die lediglich faktische, mittelbare Betroffenheit des Schutzbereichs von Art. 12, Abs. I GG ab.[1562] In einem weiteren, den Eingriffsbegriff erweiternden Schritt verzichtete das Bundesverfassungsgericht für den Eingriffsbegriff schließlich auf den Aspekt des berufsregelnden Charakters des Eingriffs. Es sagte: "Denn der besondere Freiheitsraum, den dieses Grundrecht (sc. Art. 12, Abs. I GG - M.H.) sichern will, kann nach gefestigter Rechtsprechung auch durch Vorschriften *ohne* (Hervorhebung von M.H.) berufsregelnde Zielrichtung berührt werden, wenn sie infolge ihrer tatsächlichen Auswirkungen geeignet sind, die Berufsfreiheit zu beeinträchtigen".[1563] In der zuvor im Jahre 1971 ergangenen Gewinnspielgeräteentscheidung des Bundesverfassungsgerichts[1564] heißt es im Zusammenhang mit der Eingriffswirkung von Steuern bereits: „Es liegt in der Natur einer jeden Steuer, daß sie *irgendwie* (Hervorhebung von M.H.) in die freie wirtschaftliche Betätigung eingreift. Das Recht zur Steuergesetzgebung schließt daher ...die Legitimation zu solchen, in der Regel *ungezielten* (Hervorhebung von M.H.) Eingriffen in sich; die Steuergesetzgebungsbefugnis der Länder umfaßt wesensmäßig auch das Recht, auf den Umfang einer vom Bundesgesetzgeber erlaubten Tätigkeit *irgendwie* (Hervorhebung von M.H.) Einfluß zu nehmen und als Nebenzweck neben dem rein fiskalischen Zweck der Einnahmeerzielung auch einen beschränkten Edukationseffekt ... zu verfolgen".[1565] Desweiteren spricht das Gericht in dieser Entscheidung von mittelbaren Berufsausübungsregelungen.[1566] Diesen letztgenannten Aspekten folgt auch das Bundesverwaltungsgericht, wenn es anführt: "So hat das Bundesverfassungsgericht für Art. 12, Abs. I GG entschieden, daß das dort garantierte Grundrecht auch durch Vorschriften beeinträchtigt werden kann, die infolge ihrer tatsächlichen Auswirkungen geeignet sind, die Berufsfreiheit mittelbar zu beeinträchtigen".[1567] Für das Bundesverwaltungsgericht selbst ist eine „bloße tatsächliche Betroffenheit als Grundrechtsbeeinträchtigung" ausreichend, „soweit schon dadurch der Schutzbereich des je-

---

1560 BVerfGE 13, 181 (185 f.) -Schankerlaubnissteuer; BVerfG-NJW 1997, 1975 ff. (1975) -Altschuldenregelung LPG; BVerfG -NJW 1990, 2053 ff. (2055) -Besteuerung von Nebeneinkünften; BVerfGE 16, 147 (163); BVerwG-NJW 1985, 2774 ff. (2776), das von einer tatsächlichen Betroffenheit als Grundrechtsbeeinträchtigung spricht; Gubelt, in: v.M., Art. 12, Rn. 39; Tettinger, AöR, 108 (1983), S. 115.

1561 BVerfGE 13, 181 (S.185, 186); BVerfGE 16, 147 (162); BVerfG-NJW 1990, 2306 ff. (2307); Gubelt, a.a.O., m.w.N.; Tettinger, in: Sachs, Grundgesetz-Kommentar, Art. 12, Rn. 72 f..

1562 BVerfGE 46, 120 (137 ff.) -Entscheidung zur digitalen Nachrichtenübermittlung vom 12.10.1977. So auch BVerwG, a.a.O..

1563 BVerfG-NJW 1983, S. 439 -Tierpräperator. Vgl. auch Tettinger, AöR, 108 (1983), S. 116.

1564 BVerfGE 31, 8 ff..

1565 BVerfGE 31, 8 (29). Bisweilen hat das Bundesverfassungsgericht auch bereits eine bloße Grundrechtsgefährdung ausreichend sein lassen, wenn es sich um eine „nicht unerhebliche" Grundrechtsgefährdung handelt. In diesem Zusammenhang verwies das Gericht auf den objektiv - rechtlichen Charakter der Grundrechtsnormen, der es dem Staat zur Aufgabe macht, die Gefahr einer Grundrechtsverletzung einzudämmen - vgl. BVerfGE 49, 89 (141 f.) -Kalkar; BVerfGE 51, 324 (346 f.) -Verhandlungsfähigkeit.

1566 BVerfGE, a.a.O., S. 32.

1567 BVerwG-NJW 1983, 439 ff. (439); BVerwG-NJW 1985, 2774 ff. (2776) -Arzneimitteltransparenzliste; BVerwG-NJW 1991, 1766 ff. (1767) -Diethylenglykolweinliste; BVerwG-NJW 1996, 3161 ff. (3161) - Veröffentlichung von Warentests durch Behörde.

weiligen Grundrechts berührt wird"[1568], da es mit der Funktion der Grundrechte, nämlich „bestimmte Freiheitsbereiche wirksam zu schützen und den einzelnen vor Nachteilen zu be-wahren, die nicht verfassungsgemäß sind", unvereinbar wäre, „den Grundrechtsschutz generell auf einen bestimmten Eingriffstyp -zum Beispiel Regelungen mit unmittelbarer Rechtswirkung- zu beschränken".[1569]
Insgesamt erscheint die Rechtsprechung des Bundesverfassungsgerichts zum Eingriffsbegriff als uneinheitlich.[1570] In neueren Entscheidungen hat das Gericht im Zusammenhang mit hoheitlich auferlegten Geldleistungspflichten jedoch wieder auf den engen Zusammenhang mit der Berufsausübung und einer objektiv berufsregelnden Tendenz der Maßnahme abgestellt.[1571] Die unterschiedliche Rechtsprechung des Bundesverfassungsgerichts erhält so vielmehr den Charakter einer einzelfallbezogenen, somit relativen Beurteilung der jeweiligen staatlichen Maßnahme am Eingriffsbegriff. Der Eingriffsbegriff wird vom Bundesverfassungsgericht variabel (sc. relativ) gehandhabt, denn der uneinheitliche Gebrauch des Eingriffsbegriffs ist die (automatische) Folge der ebenfalls uneinheitlichen Zuordnung von Berufen und Berufsbildern zu den Teilaspekten der Berufsfreiheit, wie sie das Gericht vornimmt und wie sie oben beschrieben worden ist. Je nach zugrundegelegtem Berufsbildverständnis und der Weite / Enge des dem Gesetzgeber zugestandenen Beurteilungs- und Prognosespielraums im Bereich der Berufsausübungsregelungen, so wurde gesagt, die ja zugleich Auswirkungen auf die Berufswahl haben sollen, erfolgt eine Einteilung von neuen Erscheinungen am Berufsmarkt als eine Form der Berufsausübung oder als eine Form der Berufswahl. Diese Zuordnung der betroffenen Relevanzstufe hat, aus der Eingriffsperspektive betrachtet, aufgrund der Stufendogmatik unmittelbare Auswirkungen auf das Maß der zulässigen Eingriffsintensität[1572] und dem damit korrespondierenden Eingriffsbegriff, denn die Intensität eines Eingriffs richtet sich nach dem zugrundegelegten Eingriffsbegriff. Dieser kann weit oder eng sein. Die Eingriffsintensität ist nicht nur nach ihrer ‚Tiefen-', sondern auch nach ihrer ‚Breitenwirkung' zu beurteilen. Wird der Eingriffsbegriff jedoch (sehr) eng gefaßt, so daß die Mehrzahl staatlicher Maßnahmen von diesem nicht erfaßt würde, zum Beispiel weil sie nicht unmittelbar, final oder spezifisch in einen Schutzbereich eingreifen, wäre ein Eingriff in den konkreten Schutzbereich in diesem Sinne nicht gegeben, da die konkrete staatliche Maßnahme nicht dem Eingriffsbegriff unterfällt, gleichwohl der Bürger in seinem prima facie geschützten Freiheitsbereich tatsächlich, faktisch betroffen wäre. Ohne diese Maßnahme könnte er sein Grundrecht freier ausüben.[1573] In diesem Zusammenhang auch den Schutzbereichsbegriff entsprechend zu verengen hieße, diese Problematik lediglich auf die Ebene der allgemeinen Handlungsfreiheit des Art. 2, Abs. I GG zu verlagern. Dort wird jedoch der Schutzbereich aufgrund des Auffangcharakters der allgemeinen Handlungsfreiheit weit interpretiert, dem aufgrund der Schrankentrias ein weiter Eingriffsbegriff komplementär gegen-

[1568] BVerwG-NJW 1983, 439 ff. (439); BVerwG-NJW 1985, 2774 ff. (2767); BVerwG-NJW 1991, 1766 ff. (1767).
[1569] BVerwG-NJW 1983, 439 ff. (439); BVerwG-NJW 1985, 2774 ff. (2767); BVerwG-NJW 1991, 1766 ff. (1767).
[1570] Vgl. auch die Darstellung von Bleckmann/Eckhoff, DVBl. 1988, S. 374 f..
[1571] Vgl. BVerfG-NJW 1997, 1975 ff. (1975) -Altschuldenregelung LPG; BVerfG-NJW 1998, 2341 ff. (2341) - Kommunale Verpackungssteuern; BVerfG-NJW 1998, 2346 ff. (2347) -Landesrechtliche Abfallabgaben.
[1572] Langer, JuS 1993, S. 208.
[1573] Siehe hierzu auch die bereits oben S. 243, dort Fn. 1 geschilderte Ansicht von Bleckmann/Eckhoff, DVBl. 1988, S. 379, wonach auch Vorbereitungshandlungen in den Schutzbereich des Freiheitsrechtes einzubeziehen sind. Für Bleckmann/Eckhoff handelt es sich dabei um einen unmittelbaren und nicht um einen mittelbaren Eingriff, wenn diese Vorbereitungshandlungen beeinträchtigt werden. Hiernach wäre somit nach Ansicht von Bleckmann/Eckhoff ein Zugriff auf den Datenbestand, der das Bankgeheimnis eines Firmenkunden ausmacht, ein unmittelbarer und kein mittelbarer Eingriff in den Schutzbereich.

übersteht. In diesem Zusammenhang gibt es somit keinen engen Eingriffsbegriff. Im Bereich der Spezialfreiheitsrechte erscheint es m. E. widersinnig, einen Eingriff in den Schutzbereich an einem zu engen Eingriffsbegriff scheitern zu lassen, trotzdem der Bürger durch die Maßnahme tatsächlich oder faktisch betroffen ist. In diesem Fall nämlich läuft sein prima facie geschützter Freiheitsbereich leer und erweist sich als Trugbild, da es sich tatsächlich im Umfang der staatlichen Maßnahme um ein definitives Nicht - Recht handeln würde. Diesem Phänomen kann dann nur durch eine ebenfalls enge Auslegung des spezial - freiheitlichen Schutzbereiches entsprochen werden, mit der genannten Folge der Verlagerung der Problematik in den Bereich des Auffanggrundrechts von Art. 2, Abs. I GG. Wird im Gegensatz dazu der Eingriffsbegriff weit interpretiert, somit seine Breitenwirkung anerkannt, unterfallen ihm auch lediglich faktische, tatsächliche Beeinträchtigungen des prima facie geschützten Freiheitsbereiches des Bürgers.[1574] Da Art. 12, Abs. I GG wie jedes Freiheitsrecht weit auszulegen ist und lex specialis zu Art. 2, Abs. I GG ist,[1575] gebührt der weiten Auslegung des Eingriffsbegriffs somit der Vorzug. Diese Auslegung des Eingriffsbegriffes ermöglicht auch die Einbeziehung weiterer Aspekte. Im Rahmen eines weiten Eingriffsbegriffs wird beispielsweise auch die Anerkennung der Breitenwirkung von kumulativen Freiheitsbeeinträchtigungen ermöglicht, wie sie zu berücksichtigen sind und oben unter Bezugnahme vor allem auf *Hufen* und bei der Darstellung des zweiten Abwägungsgesetz beschrieben wurden.[1576] Dieser Ansicht ist aber auch *Langer*, der daher vor allem in dem „verwobenen Netz staatlicher Steuerung und Intervention, das sich gerade auch auf dem der Berufsfreiheit zugeordneten Gebiet wirtschaftlicher Betätigung beobachten läßt“ den mittelbaren Charakter, die mittelbare Eingriffswirkung der einzelnen gesetzlichen Regelung begründet sieht, da die einzelne gesetzliche Regelung nicht mehr aus sich allein heraus, sondern nur noch im Kontext eines weiteren Regelungszusammenhanges ermittelbar sei.[1577] Daher kann es nach *Langer* ebenfalls zu Beeinträchtigungen kommen, wenn diese Regelungen „erst über eine längere Ursachenkette vermittelt werden“, auch wenn die Beeinträchtigungen des Schutzbereichs nicht Ziel der Regelung war, sondern vielmehr das Resultat „einer die Ursachenkette übersteuernden und entsprechend über die unmittelbare Regelung“ hinausgehenden Effektes[1578]. Diese ‚überschiessende (Innen-) Tendenz‘ kumulativer Regelungen bezeichnet *Langer* als „verlängerte“ Finalität.[1579] Ein ‚verwobenes Netz‘ ineinandergreifender gesetzlicher Regelungen bedingt daher den Effekt der angesprochenen kumulativen Breitenwirkung von gesetzlichen Regelungen und rechtfertigt die Forderung danach, auch mittelbare und lediglich tatsächlich, faktische Beeinträchtigungen der Berufsfreiheit dem Eingriffsbegriff zu unterstellen.[1580]

Auch für *Breuer* kommt es im Rahmen des Eingriffsbegriffs richtigerweise lediglich auf eine rechtlich, faktisch wirkende Betroffenheit des Bürgers in seiner durch die Berufsfreiheit geschützten Betätigung an, wenn er sagt, daß „jeder hoheitlichen, rechtlichen oder tatsäch-

---

[1574] Vgl. Bleckmann/Eckhoff, a.a.O., S. 377, die als Beispiel die Pressefreiheit als weiten Schutzbereichsbegriff nennen. Von der Pressefreiheit werden alle Handlungen und Mittel, von der Vorbereitung für die Herstellung bis zum Vertrieb der Zeitung erfaßt. Daher korrespondiert mit der Pressefreiheit auch ein weiter Eingriffsbegriff, indem in die Pressefreiheit auch dann eingriffen wird, wenn die Redaktionsräume durchsucht werden, Journalisten oder Zeitungspersonal verhaftet werden, dem Vertrieb der Zeitung Schwierigkeiten bereitet wird. Gleiches soll nach Bleckmann/Eckhoff auch für den durch Art. 14 GG geschützten Bereich des eingerichteten und ausgeübten Gewerbebetriebes gelten.

[1575] Scholz, in: M/D/H/S, Art. 12, Rn. 114 f..

[1576] Vgl. oben S. 75 ff.; Hufen, NJW 1994, S. 2916 ff.; Bleckmann/Eckhoff, a.a.O., S. 379. In diesem Sinne auch Langer, JuS 1993, S. 208.

[1577] Langer, a.a.O., S. 208.

[1578] Langer, a.a.O.. Vgl. auch Bleckmann/Eckhoff, a.a.O., S. 375.

[1579] Langer, JuS 1993, S. 208.

[1580] So auch Bleckmann/Eckhoff, DVBl. 1988, S. 379.

lichen, unmittelbaren oder mittelbaren Einwirkung" Eingriffscharakter beizumessen ist.[1581] Es kommt somit weniger auf die Form, als auf die Wirkung der staatlichen Maßnahme an.[1582] Diese muß dem Staat zurechenbar sein.[1583] *Scholz* hält die Differenzierung zwischen unmittelbaren und mittelbaren Eingriffen für grundsätzlich irrelevant, da sich die „funktionale Garantieeinheit der Berufsfreiheit" auch im schrankenrechtlichen Bereich fortsetzen würde.[1584] In diesem Sinne spricht *Scholz* von der Identität der unmittelbaren und mittelbaren Eingriffe in den Schutzbereich.[1585] Die Irrelevanz würde sich nach *Scholz* darin zeigen, daß zum einen der Wortlaut der Grundrechtsgewährleistung des Art. 12, Abs. I GG nicht zwischen unmittelbaren und mittelbaren Eingriffen unterscheidet[1586] und daß zum anderen besonders intensive Beeinträchtigungen der Berufsausübung auf die Freiheit der Berufswahl ‚durchschlagen', „indem die Berufsausübung an derart strenge Voraussetzungen gebunden wird, daß in Wahrheit bereits von einer Beschränkung der freien Berufswahl gesprochen werden muß. Solche Schrankenregelungen setzen zwar ‚unmittelbar' bei der Regelung der Berufsausübung an; ‚mittelbar' erstrecken sie sich aber (auch) auf die freie Berufswahl".[1587] Auch im Bereich steuerrechtlicher Eingriffsnormen hält *Scholz* die Unterteilung in unmittelbare und mittelbare Eingriffe in den Schutzbereich für verfehlt. Zwar soll es bei allgemeinen Steuergesetzen „in aller Regel an einer unmittelbaren Auswirkung auf die berufliche Tätigkeit fehlen, da diese ‚als Normen mit einem unspezifischen Adressatenkreis ohne unmittelbare Beziehung zu einem Beruf an generelle Merkmale wie Gewinn, Ertrag, Umsatz oder Vermögen anknüpfen' "[1588], was auch für die Einkommensteuer gelten soll und von *Scholz* genauso gesehen wird. Doch handelt es sich seiner Ansicht nach zum Beispiel im Bereich der Einkommensteuer um einen unmittelbaren und nicht um einen mittelbaren Eingriff, da „das Einkommen aus selbständiger, wie auch aus unselbständiger Arbeit (Lohn)" stammt und als solches „unmittelbarer Bestandteil der beruflichen oder gewerblichen Betätigung" des Individuums ist.[1589] Auch *Scholz* orientiert sich daher an der tatsächlichen Auswirkung einer Maßnahme auf den Schutzbereich[1590], wobei der Verhältnismäßigkeitsgrundsatz regulativer Bewertungsmaßstab ist.[1591] Nur diese weite Auslegung des Eingriffsbegriffs, die sich an der materialen Betroffenheit des Schutzbereichs orientiert, berücksichtigt die oben angesprochene Korrespondenz zwischen weitem Schutzbereichs- und weitem Schrankenbegriff.[1592] Diese weite Interpretation des Eingriffsbegriffs vermeidet auch Zuordnungsprobleme einzelner staatlicher Maßnahmen, wie sie bei der engen, eine berufsregelnde Tendenz fordernden Interpretation, auftreten. Exemplarisch hat *Breuer* dies dargestellt, indem er ein Beispiel aus dem Bereich der steuerrechtlichen Vorschriften gewählt hat.[1593] Steuern haben hiernach teilweise auch wirtschaftslenkende Funktionen[1594], ohne daß oftmals genau definiert werden kann, was bei der betref-

---

[1581] Breuer, in: Hdb. des StaatsR, § 148, Rn. 31. Vgl. auch Langer, a.a.O.; Bleckmann/Eckhoff, a.a.O., S. 376.

[1582] Langer, a.a.O.; Bleckmann/Eckhoff, a.a.O., S. 376, 377, die im Bereich der mittelbaren Eingriffe insgesamt neun verschiedene Konstellationen unterscheiden - vgl. S. 376 - 380.

[1583] Bleckmann/Eckhoff, a.a.O., S. 380.

[1584] Scholz, in: M/D/H/S, Art. 12, Rn. 16, 298, 302.

[1585] Scholz, a.a.O., Rn. 302.

[1586] Scholz, a.a.O..

[1587] Scholz, a.a.O., Rn. 16.

[1588] Scholz, a.a.O., Rn. 415 -BVerfGE 47, 1 ff. (21) zitierend.

[1589] Scholz, a.a.O..

[1590] Scholz, a.a.O., Rn. 16, 298, 302.

[1591] In diesem Sinne Scholz, a.a.O., Rn. 302.

[1592] In diesem Sinne Breuer, in: Hdb. des StaatsR, § 148, Rn. 31.

[1593] Breuer, in: Hdb. des StaatsR, § 148, Rn. 30.

[1594] Vgl. hier zum Beispiel die Rechtsprechung des Bundesverfassungsgerichts zur Schankerlaubnissteuer, Werkfernverkehr und Gewinnspielgeräte.

fenden Steuer Haupt- und was der Nebenzweck sei. Überprüfte man eine solche Steuernorm nunmehr anhand des engen Eingriffsbegriffes, der einen spezifischen, finalen Eingriffscharakter aufweisen müßte, würde die Zuordnung der Norm unter den Eingriffsbegriff aufgrunddessen schwer fallen.[1595] Diese Zuordnungsprobleme von staatlichen Maßnahmen unter den engen Eingriffsbegriff sind daher ein Grund für *Breuer*, einen weiten Eingriffsbegriff zu bevorzugen. Nach *Bleckmann/Eckhoff* ergibt sich die Mittelbarkeit eines Eingriffs für einen Drittbetroffenen oft nur als (reflexive) Folge / als Fernwirkung eines direkten, unmittelbaren Eingriffs, der an einen Adressaten gerichtet war.[1596] Aufgrund der Beeinträchtigung beider Personen sei eine eindeutige Trennung zwischen mittelbarer und unmittelbarer Betroffenheit der Personen nicht möglich, zumal oft gerade dieses Auseinanderfallen der Beeinträchtigungswirkungen herbeigeführt werden soll, was gerade bei wirtschaftslenkenden gesetzlichen Maßnahmen der Fall sei.[1597] Da ein weiter Schutzbereichsbegriff einen ebenfalls weiten Eingriffsbegriff bedingt, kann den gemachten Ausführungen folgend für den vorliegenden Fall festgehalten werden, daß jede tatsächliche, faktische Beeinträchtigung der Daten und Informationen eines Firmenkunden, die sein Bankgeheimnis ausmachen und prima facie durch den Schutzbereich von Art. 12, Abs. I GG geschützt werden, prima facie einen Eingriff in den so umschriebenen Schutzbereich darstellt. Es gilt daher ein weiter Eingriffsbegriff.

(2.2.) Gegenläufige Prinzipien des Staates als Durchbrechung des prima facie geschützten Bankgeheimnisses im Schutzbereich der Berufsausübungsfreiheit - Verhältnismäßigkeit

Wie bei Privatkunden besteht auch bei Firmenkunden die gleiche grundsätzliche Konfliktlage zwischen dem Interesse des Bankkunden auf möglichster Wahrung und Geheimhaltung seiner, dem Bankgeheimnis unterfallenden Daten vor dem Zugriff des Staates und dem gegenläufigen staatlichen Interesse, an einer möglichst weitgehenden Durchbrechung und Transparenz dieses Datenbestandes. Hierfür stehen dem Staat die gleichen Maßnahmen des Steuerrechts oder der Strafprozeßordnung zur Verfügung, wie bei Privatkunden auch. Grundsätzlich besteht daher auch bei einem Firmenkunden ein grundrechtliches Kollisionsproblem, eine Prinzipienkollision im beschriebenen Sinne. Keinem der widerstreitenden Prinzipien gebührt dabei per se der Vorrang. Ein Eingriff in den Schutzbereich der Berufsfreiheit muß verhältnismäßig sein, da es gilt, die widerstreitenden Prinzipien von Bürger und Staat aneinander pareto - optimal auszurichten. Um unnötige Wiederholungen zu vermeiden, werden die genannten Normen, die das Bankgeheimnis durchbrechen und bei den Privatkunden bereits vorgestellt worden sind, gemeinsam behandelt, zumal es nunmehr lediglich darum geht, Gemeinsamkeiten und Unterschiede in der Behandlung des Bankgeheimnisses von Privat- und Firmenkunden darzustellen. Diese gilt es nun näher zu betrachten.

(2.2.1.) Die Betroffenheit des Firmenkunden im Teilaspekt der Berufsausübung

Es wurde bereits hervorgehoben, daß es als eine essentialia negotii für die Berufsausübung des Firmenkunden gilt, daß dieser über zumindest ein Girokonto bei zumindest einer Bank verfügt, denn eine solchermaßen bestehende Bankverbindung kann von der geschäftlichen Tätigkeit in der heutigen Zeit nicht mehr hinweggedacht werden, ohne daß die Berufsausübung des Firmenkunden maßgeblich beschnitten würde. Auf diesen Datenbestand kann sei-

---

[1595] Vgl. Breuer, a.a.O..
[1596] Bleckmann/Eckhoff, DVBl. 1988, S. 376.
[1597] Bleckmann/Eckhoff, a.a.O..

tens des Staates, wie bei Privatkunden auch, durch Beschlagnahmen und die Begründung von Vorlage- und Auskunftspflichten sowie durch Kontrollmitteilungen eingegriffen werden. Bei den das Bankgeheimnis eines Firmenkunden umfassenden Daten und Informationen, wie sie fortlaufend bei einer Bank anfallen, handelt es sich um den Schutzbereich der Berufsfreiheit des Firmenkunden im Teilaspekt der Berufsausübungsfreiheit. In diesem Zusammenhang ist zunächst zu berücksichtigen, daß die berufliche bzw. gewerbliche Tätigkeit des Firmenkunden, aus der das Bankgeheimnis dieser Bankkunden resultiert, als Anknüpfungspunkt der genannten strafprozessualen und steuerrechtlichen Durchbrechungsnormen dient.[1598] Deutlich wird dieses vor allem im Zusammenhang mit steuerrechtlichen Normen. So sind bekanntlich auch Firmenkunden steuerpflichtig und somit dem steuerrechtlichen Regime unterstellt (vgl. z.B. § 2, Abs. I, S. 1, Nr. 2 EStG). In bezug auf die hier untersuchten einzeln handelnden Firmenkunden in Form von Freiberuflern, Handwerkern, ‚Kaufleuten', Kleingewerbetreibenden etc. wird die Steuerschuld z.B. oft gemäß §§ 2, Abs. II, Ziff. 1; 4, Abs. III EStG dadurch ermittelt, daß eine sog. Einnahme- / Überschußrechnung erstellt wird. Nach § 4, Abs. III EStG[1599] können Steuerpflichtige, die nicht aufgrund gesetzlicher Vorschriften verpflichtet sind, Bücher zu führen und regelmäßige Abschlüsse zu machen und die solche Bücher und Abschlüsse auch tatsächlich nicht anfertigen oder führen, den steuerpflichtigen Gewinn als Differenz der Betriebseinnahmen zu den Betriebsausgaben ermitteln. Andere -auch einzeln handelnde- Firmenkunden sind verpflichtet, den Gewinn mittels Erstellung einer (Steuer-) Bilanz zu ermitteln[1600], wobei gemäß §§ 2, Abs. II, Ziff. 1; 4, Abs. I EStG als Gewinn, bei dem die Besteuerung ansetzt, der Unterschiedsbetrag zwischen dem Betriebsvermögen am Schluß des Wirtschaftsjahres, vermehrt um den Wert der Entnahmen und vermindert um den Wert der Einlagen, gilt. Die jeweiligen Einzelheiten dieser Steuernormen sind vielfältig und können im Rahmen dieser Arbeit nicht weiter verfolgt werden. Entscheidend ist vorliegend der Umstand, daß die berufliche bzw. gewerbliche Tätigkeit des Firmenkunden als Anknüpfungspunkt für seine (Einkommens-) Besteuerung dient, ähnlich dem Privatkunden, bei dem das in unselbständiger Arbeit erzielte Einkommen Anknüpfungspunkt der (Lohn- / Einkommen-) Steuer ist (§ 2, Abs. I, S. 1, Nr. 4 EStG). Gleiches gilt für die Besteuerung von Kapital- und Zinseinkünften gemäß § 20 EStG. Besonders deutlich wird dieser Umstand der Anknüpfung an die gewerbliche Tätigkeit des Firmenkunden auch im Bereich der Umsatzsteuer, die an die (nach außen gerichtete) Umsatztätigkeit als gewerbliche Tätigkeit anknüpft[1601] (vgl. §§ 1 ff. UStG). Als für alle Steuerarten gleichsam ‚vor die Klammer gezogener' allgemeiner Teil der Steuernormen fungiert die Abgabenordnung (vgl. § 1, Abs. I AO), so daß auch in bezug auf einen Firmenkunden die oben im Zusammenhang mit Privatkunden untersuchten Steuernormen der §§ 30 a; 208 AO oder der Auskunftsverpflichtung des § 93 AO Anwendung finden.

Hieraus ist sogleich zu ersehen, daß sich am grundsätzlichen Zusammenspiel zwischen § 30 a und §§ 93; 208 AO auch bei Firmenkunden keine Änderungen ergeben können, da innerhalb dieser Normen keine Differenzierung zwischen einem Firmen- und einem Privatkunden einer Bank vorgenommen wird, sondern lediglich neutral von einem ‚Dritten' gesprochen wird. Die Verpflichtung zur Erstellung einer Einnahme / Überschußrechnung oder einer Bilanz zur Er-

---

1598 Hier besteht somit ein Unterschied zu den Privatkunden.

1599 Einzelheiten hierzu z.B. bei Tipke/Lang, Steuerrecht, § 9, Rn. 451 ff..

1600 Dieses ist u.a. Größen-, Umsatz- oder von der Vollkaufmannseigenschaft abhängig. Einzelheiten hierzu siehe Tipke/Lang, a.a.O., § 9, Rn. 203, 307 ff., § 22, Rn. 177 ff.. Ferner ist darauf hinzuweisen, daß es sich in diesem Zusammenhang um die Erstellung einer Steuer- und nicht um die Erstellung einer Handelsbilanz i.S.v. §§ 242 ff. HGB handelt, da diesbezüglich Unterschiede bestehen, zum Beispiel im Rahmen von bilanziellen Bewertungsfragen und ebensolchen Wahlmöglichkeiten.

1601 In diesem Zusammenhang wäre auch noch an die kommunalen Gewerbesteuern zu denken.

mittlung des steuerpflichtigen Gewinns ist ein Eingriff in die Berufsausübungsfreiheit, da dem Bürger eine entsprechende Verpflichtung auferlegt wird, die im Zusammenhang mit seiner beruflichen / gewerblichen Betätigung steht. Diese Verpflichtungen gehören zu den Modalitäten seiner Berufsausübung. Insofern kann diesen Normen sogar der vom Bundesverfassungsgericht geforderte berufsregelnde Charakter zugesprochen werden. Aber auch Normen, die dazu dienen, die dem Bürger auferlegte Verpflichtung zu realisieren und die bei der Ermittlung der Steuerschuld notwendigen Angaben zu verifizieren, um den Firmenkunden der Besteuerung zuzuführen, wie es die genannten, das Bankgeheimnis durchbrechenden, strafrechtlichen und steuerrechtlichen Normen bezwecken, sind als mittelbare Regelungen der Berufsfreiheit anzusehen, da sie ihrerseits ihren Bezugspunkt bei den genannten Verpflichtungen haben. Als mittelbare Regelungsnormen unterfallen sie dem Regime des weiten Eingriffsbegriffs. Nach *Scholz* ist beispielsweise eine Auskunftspflicht im Rahmen beruflicher Betätigung ein typischer Eingriff in den Bereich der Berufsausübungsfreiheit,[1602] wobei es aufgrund des hier vertretenen weiten Eingriffsbegriffs letztendlich jedoch unerheblich ist, ob diese Auskunfts- / Offenbarungspflichten in bezug auf das Bankgeheimnis als unmittelbarer oder als mittelbarer Eingriff in den Schutzbereich des Art. 12, Abs. I GG klassifiziert werden. Diese Zuordnung wäre im Bereich der nach § 93 AO bestehenden Auskunftsverpflichtung aufgrund des in dieser Norm enthaltenen Subsidiaritätsgebotes auch differenziert zu betrachten. Richtet sich das Auskunftsverlangen nämlich gegen den betroffenen Firmenkunden als Steuerpflichtigen selbst, wäre er in seiner Berufsausübungsfreiheit unmittelbar betroffen, richtet sich das Auskunftsersuchen gegen seine Bank, wäre er lediglich mittelbar betroffen. Ausreichend ist die tatsächliche Betroffenheit des Bürgers, der die Auswirkungen bzw. Folgen der gesetzlichen Regelung zu tragen hat, sowie die Zurechenbarkeit des Eingriffs auf den Staat. Gleiches muß für Kontrollmitteilungen jeglicher Art gelten. Die Zurechenbarkeit auf den Staat ist gegeben, da die Auskunftspflichten / Kontrollmitteilungen vom Gesetzgeber normiert worden sind, sei es direkt im Rahmen steuerlicher Normen wie § 93 AO oder § 33 ErbStG, sei es indirekt durch die Versagung von Zeugnisverweigerungsrechten.[1603] Gleiches gilt aber auch für die Normen der Strafprozeßordnung und des Geldwäschegesetzes. Auch diese unterscheiden bekanntlich ebenfalls nicht zwischen der Stellung als Privat- oder Firmenkunde. Auch die strafprozessualen Normen sollen den staatlichen Straf- und / oder Steueranspruch realisieren helfen.

(2.2.2.) Eignung der Gemeinwohlbelange als die einen Eingriff rechtfertigenden Prinzipien des Staates

Ein staatlicher Zugriff auf den das Bankgeheimnis umfassenden Datenbestand beeinträchtigt die Berufsfreiheit im Aspekt der Berufsausübung und ist daher der Stufentheorie gemäß zulässig, wenn Gesichtspunkte der Zweckmäßigkeit zur Abwehr von Gefahren oder Schäden für die Allgemeinheit es verlangen oder es um die Sicherung des jeweiligen Berufsstandes geht. Beschränkungen der Berufsausübung sind danach somit möglich, wenn ein entsprechendes ‚Gemeinwohl' dieses ‚zweckmäßig erscheinen läßt'.[1604] Die Normen, die auf den Datenbestand der Bank zugreifen und so den durch Art. 12, Abs. I GG prima facie bestehenden Schutz des Bankgeheimnisses durchbrechen, müssen somit einem für den Staat streitenden

[1602] Scholz, in: M/D/H/S, Art. 12, Rn. 326.
[1603] So ausdrücklich Scholz, a.a.O., Rn. 333 unter Bezugnahme auf die Berufsgruppen der Tierärzte und Sozialarbeiter.
[1604] Scholz, a.a.O., Rn. 319.

Gemeinwohlbelang dienen und diesem zur Realisierung verhelfen. Es muß ein Gemeinwohlbelang den Eingriff rechtfertigen, der geeignet, erforderlich und proportional ist.

Als Gemeinwohlbelang erscheinen die bereits im Zusammenhang mit den Privatkunden erörterten Prinzipien, die durch die sie flankierenden strafprozessualen und steuerrechtlichen Eingriffsbefugnisse in Form der genannten Durchsuchungs-, Auskunfts-, Vorlagepflichten oder Kontrollmitteilungen umgesetzt werden sollen. Für den Bereich der steuerlichen Normen ist, wie bei den Privatkunden auch, das aus der Finanzverfassung des Grundgesetzes (Art. 104 a ff. GG) deduzierbare Prinzip der Sicherung des Steueraufkommens des Staates, sowie das aus dem Gleichheitssatz deduzierbare Prinzip der Gewährleistung einer gleichmäßigen Steuer- und Abgabenlast der (Steuer-) Bürger zu nennen. Für den Bereich der strafrechtlichen und strafprozessualen Durchbrechungsnormen der §§ 94; 102 ff. StPO sowie des Geldwäschegesetzes kommt als Gemeinwohlbelang das hinter den Normen stehende Rechtsstaatsprinzip in Betracht, das die Wahrung und / oder Wiederherstellung des Rechtsfriedens bezweckt und den Strafanspruch des Staates realisieren soll. Die Begriffe Gemeinwohlbelang und Prinzip können insoweit synonym verwendet werden. Beispielsweise *Breuer* bezeichnet bei der Betrachtung gegenläufiger Interessen die für den Staat streitenden Prinzipien als gesetzlich geschützte Gemeinwohlbelange, „die als solche Verfassungsrang genießen" würden.[1605] Nach Ansicht von *Papier* ist die staatliche Besteuerungsgewalt den rechtsstaatlichen Freiheitsgarantien komplementär.[1606] Auch der Besteuerungseingriff sei nach Ansicht von *Papier* durch die kompetenzrechtlichen Vorschriften der Finanzverfassung der Art. 104 a ff. GG eindeutig verfassungsrechtlich legitimiert, müsse jedoch die Schrankenregelung des Art. 12, Abs. I, S. 2 GG beachten,[1607] was das Zusammenspiel von Berufsfreiheit und Besteuerungseingriff prägen würde, da der Staat bzw. die staatliche Besteuerungsgewalt an den Leistungen und Erträgen des grundrechtlich geschützten Wirtschaftens partizipieren würde, um die im Rahmen der Sozialstaatlichkeit sich ergebenden Aufgaben erfüllen zu können[1608]. *Papier* bezeichnet aus diesem Grund die Besteuerungsgewalt als „ein elementares Bindeglied zwischen Rechtsstaatlichkeit und Sozialstaatlichkeit".[1609] Diese für den Staat streitenden Prinzipien müssen durch geeignete, sie flankierende einfach - gesetzliche Normen für den Rechtsalltag umgesetzt werden. Dazu dienen die genannten strafprozessualen und steuerrechtlichen Normen. Widmet man sich diesen Normen, ist hinsichtlich ihrer Eignungsprüfung, nämlich das vom Staat intendierte Ziel (Sicherung des Steueraufkommens, Gewährleistung einer gleichmäßigen tatsächlichen Besteuerung der Steuersubjekte, Gewährleistung des Rechtsfriedens) auch zu erreichen, zunächst zu berücksichtigen, daß der Staat sowohl bei den von ihm zugrundegelegten Gemeinwohlbelangen als auch bei den zur Realisierung hierfür von ihm eingesetzten Mittel über einen beträchtlichen Spielraum verfügt. So kann er nicht nur die Eignung seiner Maßnahmen weitgehend selber bestimmen, sondern auch die von ihm zu erreichenden Ziele bzw. Gemeinwohlbelange definieren. Nach Ansicht von *Breuer* fallen unter den Begriff der Gemeinwohlbelange nicht nur absolute[1610] Gemeinschaftswerte, sondern auch solche vom Gesetzgeber gekorenen Gemeinschaftsinteressen, die er aufgrund seiner

1605 Breuer, a.a.O., Rn. 11 ff. (11).

1606 Papier, in: Hdb. des VerfR, § 18, Rn. 94. In diesem Sinne speziell zu Art. 12, Abs. I GG auch BVerfGE 7, 377 (404); Rupp, AöR, 85 (1960), S. 232.

1607 Papier, a.a.O.. Vgl. Tettinger, AöR, 108 (1983), S. 125, der auf generelle Staatsstrukturprinzipien der Art. 20, 28 GG oder das Staatsorganisationsrecht abstellen will.

1608 In diesem Sinn Papier, a.a.O., Rn. 94, 95. Vgl. auch Herrler, a.a.O., S. 46.

1609 Papier, a.a.O., Rn. 95.

1610 Exemplarisch nennt Breuer die Volksgesundheit, sowie das Leben und die Gesundheit einzelner Drittbetroffener, vgl. Breuer, in: Hdb. des StaatsR, § 148, Rn. 11, 21 ff..

wirtschafts- und / oder sozialpolitischen Vorstellungen und Ziele realisieren will.[1611] Hierbei ist der Gesetzgeber weitgehend frei, da ihm hinsichtlich der zu ordnenden und zu lenkenden Wirtschaft ein erheblicher Prognosespielraum in bezug auf (vermeintlich) erkannte Entwicklungen, Tendenzen und Defizite zugestanden wird.[1612] Im vorliegenden Kontext ist es das Ziel des Staates, durch eine möglichst weitgehende Durchbrechung des Bankgeheimnisses einer eventuellen und von ihm befürchteten Steuerverkürzung der Bürger zu begegnen, um das benötigte Steueraufkommen sowie die tatsächliche Belastungsgleichheit der Bürger zu erzielen. Gegebenenfalls soll zugleich auch der Rechtsfrieden hergestellt und / oder erhalten werden, indem die einer Steuerverkürzung überführten Bürger dem staatlichen Strafanspruch unterstellt werden. Diese Ziele des Staates sind legitim. Die in das Bankgeheimnis eingreifenden, einfach - gesetzlichen Normen dienen dem Staat zur Realisierung seiner für ihn streitenden Prinzipien und flankieren diese nur.[1613] Hieran ändert sich also im Vergleich zu Privatkunden nichts. Der dem Staat zugestandene und von *Breuer* angesprochene Prognosespielraum hat unmittelbaren Einfluß auf die Frage nach der Eignung der zu überprüfenden Normen. Wie der Ausdruck Prognose*spielraum* bereits sprachlich impliziert, sind diesem Grenzen gesetzt. Der Gesetzgeber hat bei der Realisierung seiner wirtschafts- und sozialpolitischen Vorstellungen wiederum die ihm von den Grundrechten und dem Verhältnismäßigkeitsgrundsatz gesetzten (Schranken-) Schranken seiner Tätigkeit zu beachten.[1614] Der Gesetzgeber unterliegt einer Evidenzkontrolle.[1615] Das Bundesverfassungsgericht führt dazu aus: „Freilich ist festzuhalten, daß das gesetzgeberische Ermessen nur aus Gründen des Grundrechtsschutzes eingeengt werden darf. Das Grundgesetz ist wirtschaftspolitisch in dem Sinne neutral, daß der Gesetzgeber jede ihm sachgemäß erscheinende Wirtschaftspolitik verfolgen darf, sofern er dabei das Grundgesetz, insbesondere die Grundrechte, beachtet".[1616] „Grenzen für den Gesetzgeber können sich nur dort ergeben, wo sie ihm auf Grund des - richtig ausgelegten- Grundrechts gezogen werden müssen. Die praktische Schwierigkeit liegt darin, das grundsätzlich freie wirtschaftspolitische, sozialpolitische und berufspolitische Ermessen, das dem Gesetzgeber gewahrt bleiben muß, mit dem Freiheitsschutz, auf den der einzelne Bürger gerade auch dem Gesetzgeber gegenüber einen verfassungsrechtlichen Anspruch hat, zu vereinen".[1617] Nicht der Gesetzgeber bestimmt den Inhalt des Grundrechts, sondern dieses begrenzt das Gesetzgebungsermessen.[1618] Hinsichtlich des dem Gesetzgeber eingeräumten Prognosespielraums im Bereich seiner Eingriffsmaßnahme findet ferner eine Plausibilitätskontrolle statt. Diese fragt danach, ob die vom Gesetzgeber getroffenen Prognosen plausibel und nachvollziehbar erscheinen oder ob diese rein hypothetisch (sc. abstrakt) sind und/oder (unzulässige, weil nicht verifizierbare) Unterstellungen oder Spekulationen be-

---

[1611] Breuer, a.a.O., Rn. 11, 12.

[1612] Breuer, a.a.O., Rn. 14, 16., 17, 20; Scholz, in: M/D/H/S, Art. 12, Rn. 321 ff..

[1613] Scholz, a.a.O., Rn. 420 führt an, daß auch aus den allgemeinen Rechtsvorschriften, namentlich des Polizeirechts, Schranken der Berufsfreiheit folgen. M.E. sind diese Normen des Polizeirechts auch nichts anderes als flankierende Normen, die dem Rechtsstaatsprinzip (Sicherung des Rechtsfriedens) zur Realiät verhelfen sollen.

[1614] BVerfGE 4, 7 ff. (insbes. S. 7 - Leitsatz 6) - Investitionshilfe; BVerfGE 50, 290 ff. (insbes. S. 290 - Orientierungssatz 2) - Mitbestimmung; Breuer, a.a.O., Rn. 13, 18.

[1615] Scholz, a.a.O., Rn. 321, 322. BVerfGE 50, 290 (333) - Mitbestimmung, das insgesamt beim Prognosespielraum des Gesetzgebers zwischen Evidenzkontrolle, Vertretbarkeitskontrolle und intensivierter inhaltlicher Kontrolle unterscheidet.

[1616] Scholz, a.a.O., Rn. 77; Papier, in: Hdb. des VerfR, § 18, Rn. 1 ff.; Stein, StaatsR, S. 283 ff.; BVerfGE 4, 7 (8 - Leitsatz 6, 17, 18); BVerfGE 50, 290 (337, 338).

[1617] BVerfGE 7, 377 (400); Scholz, a.a.O..

[1618] BVerfGE 7, 377 (404); BVerfGE 7, 198 (208 f.).

inhalten.[1619] Daraus folgt m. E., daß der dem Gesetzgeber zugestandene Prognosespielraum an tatsächliche (sc. reale) und konkrete Gegebenheiten des zu regelnden Komplexes, die verifizierbar sein müssen, anknüpfen muß und der Gesetzgeber aufgrund dieser realen Gegebenheiten seine, in die Freiheitsbereiche der Bürger eingreifende Regelung erläßt. Diese tatsächlichen, konkreten und verifizierbaren Gegebenheiten indes sind als Tatsachenkern für die Prognose des Gesetzgebers notwendig, wenn sich die zulässige Prognose des Gesetzgebers von einer unzulässigen, weil rein spekulativen Hypothese unterscheiden soll. Der Prognose ist bereits aufgrund ihres in die Zukunft gerichteten Charakters ein hypothetisches, spekulatives Moment immanent, so daß für die graduelle Unterscheidung von zulässiger Prognose und unzulässiger Hypothese stets ein konkreter Tatsachenbezug notwendig ist.[1620] Dieses wurde bereits im Zusammenhang mit der Untersuchung des Verdachtsbegriffs dargestellt. Unter Bezugnahme auf *Hamacher* wurde ausgeführt, daß eine Prognose ohne einen Tatsachenkern zu einer ‚selbsterfüllenden Prophezeiung' werden würde.[1621] Folglich muß eine solche Regelung, eine solche Eingriffsmaßnahme des Gesetzgebers, die auf einer Prognose aufbaut, immer einen objektiven, verifizierbaren Tatsachenkern enthalten[1622], um den herum die einfach - gesetzliche Regelung erlassen wird, unter den aber letztendlich auch subsumiert werden muß. Das bedeutet ferner für den Bürger und somit auf der Ebene der Rechtsanwendung, daß der als Ausgangspunkt für die Regelung eines Freiheitskomplexes zum Anlaß genommene, ursächliche und konkrete Tatsachenkern, der sich dann in der Regelung befinden muß, durch ein ebenso konkretes Verhalten des jeweiligen Bürgers tatsächlich berührt / betroffen sein muß, damit diese Subsumtion in realiter auch gelingt. Rein abstrakte Regelungen ohne einen konkreten, tatsächlichen und wenigstens rudimentär verifizierbaren Realitätsbezug unterfallen als spekulative Unterstellungen des Gesetzgebers nicht dem genannten Prognosespielraum, der diesem für seine eingreifenden und lenkenden Maßnahmen zugestanden wird. Solche gesetzlichen Maßnahmen wären als Maßnahmen des Gesetzgebers ‚ins Blaue hinein' daher wegen Überschreitung seines Prognosespielraums verfassungswidrig.[1623] Aus dem Umstand der Notwendigkeit einer tatsächlichen, konkreten und verifizierbaren Betroffenheit des zum Anlaß für die gesetzliche Maßnahme genommenen Tatsachenkerns durch ein Verhalten des einzelnen Bürgers rechtfertigt sich im Verhältnis zu diesem ebenfalls der Grundsatz, daß Eingriffe, zum Beispiel staatsanwaltschaftliche oder finanzbehördliche Ermittlungen, nicht ‚ins Blaue hinein' erfolgen dürfen, sondern konkrete, verifizierbare Tatsachen für dieses Verhalten des Bürgers bestehen müssen.[1624] Dieser Tatsachenkern ist somit auch in dem Begriff des Anfangsverdachts inkorporiert und daher zu beachten. Dieses wurde bereits im Zusammen-

1619 Breuer, a.a.O., Rn. 18, 19.

1620 Aus dem Umstand, daß sowohl für den Verdacht, als auch für die Prognose zur Unterscheidung von der Hypothese / Spekulation ein konkreter Tatsachenbezug gefordert wird, läßt sich folgern, daß diese Institute letztendlich im wesentlichen identisch sind. Ein Verdacht ist somit nichts anderes als eine Prognose, die sich auf eine Straftat oder Täterschaft bezieht.

1621 Siehe oben S. 198 f..

1622 In diesem Sinne wohl BVerfGE 50, 290 (332).

1623 Diese Ausführungen erfolgen auf theortischer Ebene. Tatsächlich sind solche Maßnahmen auf der Ebene der Gesetzgebung soweit ersichtlich bisher noch nicht vorgekommen. Stets war ein realer Tatsachenbezug / Tatsachenkern enthalten, der dem Gesetzgeber als Motiv seiner Tätigkeit diente und auf den rekurriert werden konnte, so daß der Gesetzgeber nicht ‚ins Blaue hinein' gehandelt hat.

1624 Dieses bestimmt sich für die Rechtsanwendungsebene danach, ob der vom Gesetzgeber zum Anlaß für seine Regelung genommene Tatsachenkern (hier ‚Steuerhinterziehung'), der in den die Intentionen des Gesetzgebers umsetzenden Normen enthalten sein muß, vom Bürger konkret realisiert worden ist oder es zumindest konkrete und verifizierbare Anhaltspunkte dafür gibt. Fehlen diese und wird der Bürger trotzdem entsprechenden Ermittlungsmaßnahmen ausgesetzt, erfolgen diese ‚ins Blaue hinein'. Auf die diesbezüglichen Ausführungen im Bereich der Privatkunden wird verwiesen.

hang der Privatkunden dargestellt. Wie ferner bereits unter Bezugnahme auf *Hufen* und *Breuer* ausgeführt wurde, ist bei Prognosespielräumen der Gesetzgeber nicht von der Rechtfertigungslast seiner Eingriffe in den Freiheitsbereich des Bürgers entbunden, sondern es wird ihm lediglich ein Argumentationsvorsprung zugestanden.[1625] Ex post erkannte Fehlprognosen hat der Gesetzgeber zu korrigieren oder seine Maßnahmen / Eingriffe werden fortan verfassungswidrig.[1626]
Vor diesem Hintergrund einer weitgehenden Gestaltungsfreiheit des Gesetzgebers im Bereich der Berufsausübungsfreiheit erscheinen die untersuchten Durchbrechungsnormen des Bankgeheimnisses als geeignet und zweckmäßig, das vom Staat erkorene Gemeinwohl der Sicherung des Steueraufkommens sowie einer gleichmäßigen und tatsächlichen Besteuerung der Steuerbürger zu erreichen. Der Gesetzgeber hat sich beim Erlaß dieser Normen an den ihm eingeräumten Prognosespielraum gehalten. Das vom Staat durch den Erlaß der genannten Normen zu realisierende und von ihm erkorene Gemeinwohl knüpft nicht an rein hypothetische und spekulative Vorstellungen an, sondern soll die Steuerhinterziehung unterbinden. Im Rahmen des Geldwäschegesetzes dienen die Normen dazu, den Strafanspruch des Staates zu realisieren. Die Annahme, daß es zu solchen Steuerhinterziehungen generell kommen kann, ist im Rahmen der Prognose des Gesetzgebers zulässig, denn tatsächlich ist es in der Vergangenheit zu Steuerhinterziehungen gekommen. Diese Erkenntnis ist freilich so alt wie die Geschichte der Besteuerung selbst. Insofern enthält die Prognose des Staates, die an diese von ihm erkannten Defizite im Bereich der Besteuerung anknüpft, einen realen Tatsachenkern und ist nicht rein hypothetisch. Um diesen Tatsachenkern herum wurden die Normen geschaffen, die der Verifikation der Steuerangaben der Bürger dienen sollen. Es wurde bereits im Zusammenhang mit den Privatkunden dargestellt, daß eine Steuernorm, die eine Steuerpflicht begründet und dabei auf die Mitwirkung der Bürger angewiesen ist, auch der Verifikation bedarf, soll sie nicht peu à peu zu einer Farce degenerieren. Daher wurde ausgeführt, daß allein die Kontrolle und Verifikation nicht ausreichend ist, sondern es aus Gründen der Abschrekkung im Falle der Mißachtung der staatlicherseits auferlegten Pflichten einer Sanktion bedarf. Dieser Verifikation der steuerlichen Angaben und der genannten Sanktionierung dienen unstreitig die untersuchten Normen. Sie ermöglichen es, die bei einer Bank angefallen Daten und Informationen zu beschlagnahmen (§§ 94; 102 f. StPO) oder die Bank um Auskünfte zu ersuchen, um den Steuerpflichtigen hinsichtlich seiner steuerlich relevanten Einkünfte zu kontrollieren. Darüberhinaus dient die so ermöglichte Verifikation der Angaben dazu, im Falle der Mißachtung der steuerlichen Pflichten, Sanktionen zu verhängen. Der Erlaß dieser Normen ist daher geeignet, diese staatlichen Vorstellungen zu unterstützen. Sie erfüllen den ihnen zugedachten Zweck.

(2.2.3.) Erforderlichkeit und Proportionalität der das Bankgeheimnis durchbrechenden Normen

Die genannten Normen sind auch erforderlich. Der dem Teilgrundsatz der Erforderlichkeit immanente ultima - ratio - Gedanke, wonach kein milderer, den Bürger weniger belastender Eingriff zur Zielerreichung des Staates vorhanden bzw. möglich sein darf, bedeutet im Rahmen der Stufendogmatik der Berufsfreiheit, daß die staatlichen Maßnahmen nicht auf einer

[1625] Siehe oben im 2. Teil, S. 58.
[1626] Siehe oben im 2. Teil, S. 58.

niedrigeren Stufe durchgeführt werden können. Da sich die hier untersuchten Normen bereits auf der Stufe der Berufsausübungsfreiheit auswirken[1627] und diese die mildest mögliche Stufe innerhalb der Berufsfreiheit darstellt, ist der Erforderlichkeitsaspekt gewahrt. Mildere Normen als die genannten ‚Verifikationsnormen', die das Bankgeheimnis durchbrechen und die dem vom Staat erkorenen Gemeinwohlbelang zum Durchbruch verhelfen könnten, sind überdies nicht ersichtlich.

Änderungen in der Behandlung des Bankgeheimnisses von Privat- und Firmenkunden ergeben sich im Bereich der Proportionalität. Im Gegensatz zu dem, dem informationellen Selbstbestimmungsrecht eines Privatkunden unterfallenden Bankgeheimnis, bei dem im Rahmen des ersten Abwägungsgesetzes ein überproportional wichtiger Eingriffsgrund für einen Eingriff in den Schutzbereich der informationellen Selbstbestimmung notwendig ist, genügt bei einem Eingriff in das durch Art. 12, Abs. I GG geschützte Bankgeheimnis eines Firmenkunden ein lediglich proportionaler Eingriffsgrund, so daß der Schutz des Bankgeheimnisses eines Firmenkunden weniger intensiv ist. Doch auch hier gilt die Je - desto - Formel des ersten Abwägungsgesetzes; in beiden Fällen müssen die für den Eingriff sprechenden Gründe gewichtiger sein als die gegen ihn sprechenden Gründe. Dieses gebietet die Verhältnismäßigkeit im engeren Sinne. Gleichwohl kann, ohne einer Sphärentheorie das Wort zu reden, bereits hier festgehalten werden, daß ein Firmenkunde unter dem Schutzbereich der Berufsfreiheit durch die Durchbrechung seines Bankgeheimnisses innerhalb der im Rahmen der Berufsausübung möglichen Regelungs- und Ausübungsbreite nur peripher berührt wird, während ein Privatkunde durch die Durchbrechung des Bankgeheimnisses im Kernbereich seines Rechts auf informationelle Selbstbestimmung berührt wird. Die eigentlichen Tätigkeiten eines Firmenkunden, die seine Berufsausübung ausmachen, werden durch die Durchbrechung des Bankgheimnisses nicht beeinträchtigt. Der Firmenkunde nimmt am Markt und am Wirtschaftsleben teil und profitiert hiervon. Die Durchbrechung des Bankgeheimnisses ist nur mittelbar, da sie lediglich der Verifikation steuerrelevanter Sachverhalte dient. Aufgrund dieser nur mittelbaren Betroffenheit ist der Firmenkunde nicht intensiv in seiner Berufsausübungsfreiheit berührt. Die Normen die das Bankgeheimnis durchbrechen, sind als Eingriff des Staates im Sinne des ersten Abwägungsgesetzes proportional. Handelt es sich somit lediglich um einen einfachen, peripheren Eingriff in die Berufsausübungsfreiheit, werden dem Gesetz der abnehmenden Grenzrate der Substitution folgend an den, den Eingriff rechtfertigenden Grund keine hohen Anforderungen gestellt, so daß der Staat bei der Festlegung dieser Eingriffsgründe weitgehend frei ist. Die Sicherung des Steueraufkommens ist für den Staat existenziell notwendig, um die vielfältigen Aufgaben erfüllen zu können, die ihm abverlangt werden. Der Staat erfüllt diese Aufgaben nicht zum Selbstzweck, was allein schon durch die Notwendigkeit eines Gemeinwohlbelangs als dem zu realisierenden und für den Staat streitenden Prinzips zum Ausdruck gebracht wird. Eng verbunden mit dieser Frage ist auch der Gesichtspunkt einer gleichmäßigen tatsächlichen Belastungsgleichheit der Steuerpflichtigen, will der Staat längerfristig die Sicherung des Steueraufkommens nicht gefährden. Gerade im Bereich der Firmenkunden ist die gleichmäßige tatsächliche Besteuerung der am Wirtschaftsleben teilnehmenden Bürger notwendig und im eigenen Interesse der Marktteilnehmer. Eine ungleichmäßige tatsächliche Besteuerung führt zu einer Wettbewerbsverzerrung auf dem Markt, zu Lasten der redlichen Steuerpflichtigen. Eine solche Wettbewerbsverzerrung wird letztendlich von keinem Marktteilnehmer gewünscht.[1628] Im Vergleich dazu ergibt sich der

---

1627 Die Betroffenheit der Stufen der Berufswahl sind nicht ersichtlich. Es kann schwerlich behauptet werden, daß aufgrund der genannten Normen, die das Bankgeheimnis eines Firmenkunden durchbrechen, Firmenkunden darauf verzichten, einen bestimmten Beruf oder ein bestimmtes Gewerbe auszuüben.

1628 Insofern kann in diesem Zusammenhang auch von einer indirekten Wirtschaftslenkung gesprochen werden.

intensivere Schutz des Bankgeheimnisses eines Privatkunden aus dem, in dem Recht auf informationelle Selbstbestimmung gemäß Art. 2, Abs. I i.V.m. Art. 1, Abs. I GG enthaltenen, Menschenwürdegehalt. Zwar dient auch die Berufsausübung der Persönlichkeitsentfaltung und Selbstbestimmung eines Menschen, so daß auch die Berufsfreiheit im Teilaspekt der Berufsausübung einen Menschenwürdegehalt besitzt, so wie es bei jedem Grundrecht der Fall ist, doch ist im Gegensatz zu einem Privatkunden die Tätigkeit eines Firmenkunden primär extrovertiert ausgerichtet. Durch die extrovertierte Tätigkeit des Firmenkunden ist dieser für staatliche Stellen präsent, so daß es grundsätzlich erlaubt ist, die nach außen gerichtete, berufliche Betätigung eines Firmenkunden zum Anknüpfungspunkt einer staatlichen Maßnahme bzw. eines Eingriffs zu machen, wenn dieses durch ein Gemeinwohlbelang gefordert wird. Die Extrovertiertheit und Präsenz der Tätigkeit eines Firmenkunden im Vergleich zu einem Privatkunden, macht den Firmenkunde für den Staat auch weitgehend transparent.[1629] Auch hieraus ergibt sich die unterschiedliche Behandlung der Firmenkunden. Aufgrund seiner Berufsausübung nimmt der Firmenkunde am Geschäftsleben teil und profiert davon. Der Vorteil einer Marktteilnahme an einem freien, offenen Markt bedeutet für den Firmenkunden, daß dieser nicht nur für andere transparent wird, sondern auch gleichsam als Kehrseite oder Tribut seiner Marktteilnahme, daß er den wirtschaftslenkenden Vorstellungen des Staates und den von ihm gesetzten und für regelungsbedürftig empfundenen Regime unterworfen wird. Anders ausgedrückt ist der Firmenkunde im Rahmen seiner operativen Tätigkeit existenziell darauf angewiesen, seine Aktivitäten nach außen zu richten, mit Dritten in Kontakt zu treten und zu kommunizieren, am Markt teilzunehmen, um seine jeweiligen ‚Geschäfte' abzuwikkeln. Hierzu bedient er sich des weitgehend freien und offenen ‚Marktes', an dem er partizipiert. Dieser Markt, von dem er profitert und auch profitieren möchte beinhaltet Regulative, die ihm vom Staat gerade zur Erhaltung dieses Marktes gegeben werden. Wettbewerbsverzerrungen auf dem Markt zum Beispiel infolge einer ungleichen, tatsächlichen Besteuerung der Marktteilnehmer muß daher begegnet werden, um diesen Markt weitgehend frei und offen zu halten. Durch die extrovertierte Tätigkeit des Firmenkunden ist er für staatliche Stellen präsent, so daß es zulässig ist, den Firmenkunden zum Anknüpfungspunkt einer staatlichen Maßnahme bzw. eines Eingriffs zu machen, um dem vom Staat erkorenen Gemeinwohlbelang zum Durchbruch zu verhelfen. Aufgrund der aus der Marktteilnahme folgenden Transparenz eines Firmenkunden gibt es für die Ermittlungsbehörden in der Regel kaum Zweifel darüber, über welche Bankverbindungen und Konten der Firmenkunde verfügt, da diese Konten bereits auf Rechnungen, Lieferscheinen, Briefköpfen etc. des Firmenkunden angegeben sind. Das bei den Privatkunden angesprochene Manko der Ermittlungsbehörden, eine Bankdurchsuchung gemäß § 102 StPO durchzuführen oder ein Auskunftsersuchen an eine Bank gemäß § 93, Abs. I AO zu richten, in Unkenntnis darüber, ob der betroffene Bürger überhaupt Kunde der Bank ist und somit eine Maßnahme ‚ins Blaue hinein' als ‚Ausforschungshandlung' durchzuführen, wie es bei den Privatkunden geschildert wurde, besteht bei Firmenkunden aufgrund dieser Transparenz in der Regel nicht. Zwar kann auch ein Firmenkunde Konten besitzen, die er nicht nach außen per Briefkopf, Rechnung oder Lieferschein etc. publiziert, doch haben die Ermittlungsbehörden bei einem Firmenkunden aufgrunddessen zumindest Kenntnis von einigen (mindestens einer) für die Geschäftsabwicklung notwendigen Bankverbindung (-en), die einen Ansatzpunkt für ihre Ermittlungen bieten können. Ferner ist es für die Ermittlungsbehörden faktisch einfacher, Daten und Informationen über den Firmenkunden zu erhalten, als

[1629] Hier soll keiner verkappten ‚Sphärentheorie' das Wort geredet werden, sondern lediglich ein Unterschied zwischen den genannten Kundengruppen im Sinne einer tertium comparationis aufgezeigt werden, der es rechtfertigt, Privat- und Firmenkunden einer Bank unterschiedlich (im Sinne von Art. 3, Abs. I GG) zu behandeln.

es bei Privatkunden der Fall ist. In diesem Zusammenhang ist zum Beispiel an das Handelsregister zu denken.[1630] Das unterstreicht die Extrovertiertheit der Tätigkeit eines Firmenkunden. Die Möglichkeit für die Ermittlungsbe-hörden hier erleichtert Informationen zu erhalten, verkürzt somit die Gefahr seitens der Ermittlungsbehörden, sei es die Staatsanwaltschaft, sei es die Finanzbehörde, ins Blaue hinein zu ermitteln. Aufgrund der größeren Transparenz von Firmenkunden waren es in der Vergangenheit daher auch Bankdurchsuchungen und Beschlagnahmeaktionen, die Privatkunden galten und die für Aufsehen sorgten. Firmenkunden waren davon nicht oder nur marginal betroffen. Wenn beispielsweise im Zusammenhang mit der Darstellung der Durchbrechungsnormen bei Privatkunden ausgeführt wurde, daß die Ermittlungsbehörden vor einer Inanspruchnahme der Bank im Rahmen eines Auskunftsersuchens konkrete Tatsachen und Anhaltspunkte in bezug auf den von ihnen verdächtigten Privatkunden zu ermitteln haben, so daß die Inanspruchnahme der Bank nach § 93, Abs. I AO letztendlich als Verifikation der gefunden konkreten Verdachtslage gilt, fällt den Ermittlungsbehörden im Bereich der Firmenkunden sowohl diese Ermittlung, als auch die Inanspruchnahme der Bank leichter. Zum einen liegt das daran, daß die Firmenkunden durch ihre Marktteilnahme in größerem Umfang in ein nachvollziehbares Beziehungsfeld verwoben sind als Privatkunden und die genannte Transparenz aufweisen. Die Ermittlungsbehörden können daher zur Erhärtung ihrer Verdachtslage beispielsweise im Bereich einer vermuteten Abgabenverkürzung im Wege einer Betriebs- / Außenprüfung auch an Dritte gerichtete oder von Dritten erhaltene Lieferscheine, Kaufverträge, Speditions- und Lagerscheine bei dem betroffenen Firmenkunden sichten oder sein Lager inspizieren, beispielsweise um zu ersehen, welche Warenmengen ein Firmenkunde in einer bestimmten Zeit bezogen oder produziert hat. Hieraus ließe sich dann der erzielte Umsatz / Gewinn des verdächtigten Firmenkunden hinreichend genau errechnen, so daß ein Rückgriff auf den Datenbestand einer Bank bei Firmenkunden aus diesem Grunde vielfach nicht notwendig ist. Zum anderen ist das aufgrund des Subsidiaritätsgebotes des § 93, Abs. I, S. 3 AO bei den Privatkunden entwickelte stufenweise Vorgehen, zuerst den betroffenen Bankkunden, dann sein Umfeld und als ultima ratio die Bank um Auskunft zu ersuchen, bei einem Firmenkunden nicht notwendig. Hier ist im Hinblick auf § 93, Abs. I, S. 3 AO der betroffene Firmenkunde vor Inanspruchnahme der Bank zu befragen, um dem Subsidiaritätsgebot des Auskunftsersuchens zu genügen. In diesem Zusammenhang gewinnt gerade das Instrument der Außenprüfung gemäß §§ 193 ff. AO besondere Bedeutung,[1631] da dieses nach § 194, Abs. I AO dazu dient, die steuerlichen Verhältnisse der Steuerpflichtigen[1632] zu ermitteln. In einem Großteil der Fälle ist daher ein Auskunftsersuchen an eine Bank nicht notwendig, da mit Hilfe des Außenprüfungsverfahrens bei dem Firmenkunden die steuerrechtlich interessierenden Umstände in Erfahrung gebracht werden können. Ob dann für die wenigen verbleibenden Fälle als Folge der Subsidiarität bei Auskunftsersuchen die Bank des Firmenkunden befragt würde oder ein Auskunftsersuchen an seine Kunden / Geschäftspartner, Lieferanten etc. gerichtet würde, um beispielsweise Belege über erhaltene bzw. gelieferte Waren im genannten Sinne zu erhalten, ist unerheblich und dem Ermessen und Kalkül der Ermittlungsbehörde überlassen. Ein solches Auskunftsersuchen betrifft die Bank des Firmenkunden nicht anders, als die anderweitig genannten Personen der Lieferanten etc., da sowohl Bank als auch die anderen Personen als ‚Dritte' ihrerseits (nur)

1630 Bei den hier nicht untersuchten Kapitalgesellschaften ergäbe sich noch die Möglichkeit der Einsichtnahme in gemäß §§ 325 ff. HGB offengelegte Jahresabschlüsse - vgl. hierzu EuGH-NJW 1998, 129 ff..

1631 Vgl. Michel/Schnell, BB 1998, S. 1562 ff., die hervorheben, daß im Bereich der Firmenkundschaft mit einer turnusmäßigen Kontrolle der steuerlichen Verhältnisse zu rechnen ist, die Prüffrequenz jedoch gemäß § 4, Abs. II BpO abhängig von der Größe des Betriebes sei - (S. 1563).

1632 Das sind nach § 193, Abs. I AO Steuerpflichtige, die einen gewerblichen oder land- und forstwirtschaftlichen Betrieb unterhalten oder freiberuflich tätig sind.

den Schutz der Art. 12 und 14 GG beanspruchen können, der jedoch durch Gesichtspunkte der Zweckmäßigkeit durchbrochen werden kann.[1633] Hier spielt die überragende Datenfülle, über die Banken in bezug auf ihre Kunden verfügen, eine untergeordnete Rolle. Diese überragende Datenfülle war es ja, die bei den Privatkunden zu der geforderten, abgestuften Vorgehensweise der Ermittlungsbehörden geführt haben. Ein Recht auf informationelle Selbstbestimmung, welches dem Datentransfers höhere (sc. überproportionale) Eingriffsschwellen abverlangt als beim Recht der Berufsfreiheit, ist in diesem Fall nicht gegeben. Hier ist hinsichtlich eines Auskunftsersuchens lediglich der Subsidiaritätsgrundsatz zu beachten und der Umstand, daß ein konkreter tatsächlicher Anhaltspunkt auf ein (steuer-) erhebliches Verhalten des Bürgers und Firmenkunden vorliegen muß, da ‚Ausforschungsermittlungen' im Sinne von *Leisner* auch bei Firmenkunden unzulässig sind. Ermittlungen ‚ins Blaue hinein' würden wie bei den Privatkunden bereits an den einfach - gesetzlichen Voraussetzungen scheitern. In diesem Zusammenhang ist ferner dem ultima ratio Gedanken des Teilgrundsatzes der Erforderlichkeit gemäß zu beachten, daß bei der Inanspruchnahme Dritter im Rahmen eines Auskunftsersuchens diese in Belange des Steuerpflichtigen involviert und dadurch belastet werden. Hierzu ist ein kurzer Vorgriff auf das noch zu behandelnde Staat - Bank - Verhältnis notwendig, da sich ein Auskunftsersuchen, bei dem die Bank als Dritte um Auskunft ersucht wird, als ein Eingriff in die durch Art. 12, Abs. I; Art. 14, Abs. I, S. 1 GG geschützte Freiheitssphäre der Bank darstellt, weswegen dem Subsidiaritätsgebot des § 93, Abs. I, S. 3 AO besondere Bedeutung beizumessen ist.[1634] Gleiches gilt für das Außenprüfungsverfahren. In bezug auf den um Auskunft ersuchten Dritten stellt sich das Außenprüfungsverfahren bei dem Firmenkunden als das mildere Mittel dar. Hier gilt der bei den Privatkunden im Zusammenhang dargestellte Gedanke einer Inanspruchnahme von Nicht - Störern im Polizeirecht, der den Grundsatz beinhaltet, Dritte möglichst nicht mit den Belangen anderer zu behelligen. Ein voreiliges Auskunftsverfahren an eine Bank als der zu befragenden Dritten im Sinne des § 93, Abs. I AO, bei dem entweder das Subsidiaritätsgebot und / oder das Außenprüfungsverfahren nicht durchgeführt worden ist, ist im Verhältnis Staat - Bank wegen Verstoßes gegen den ultima ratio Gedanken des Erforderlichkeitsgrundsatzes unverhältnismäßig.[1635] Dieses hat wiederum Auswirkungen auf den Ermittlungsablauf im Staat - Bürger (Firmenkunden) - Verhältnis, da diese Erfordernisse seitens der Ermittlungsbehörden einzuhalten sind. Eine Verletzung des Subsidiaritätsgedankens durch die Finanz- / Ermittlungsbehörden sowie des Erfordernisses vorab ein Außenprüfungsverfahren durchzuführen, ist im Verhältnis zum Firmenkunden indes nicht unverhältnismäßig. Bei Beachtung dieser Vorgaben wäre eine Inanspruchnahme der Bank nach § 93, Abs. I AO nach wie vor möglich.

Die Transparenz der Firmenkunden besteht für die Ermittlungsbehörden auch dadurch, daß im Rahmen des Schutzbereiches von Art. 12, Abs. I GG die Restriktionen im Bereich der Datenerhebung und Datenübermittlung der Behörden, die vom Bundesverfassungsgericht im Volkszählungsurteil für den Bereich des Rechts auf informationelle Selbstbestimmung errichtet wurden, keine Anwendung finden. Dieses ist bedeutsam für die Frage der Datenerhebung bzw. des Zugriffs auf bereits anderweitig erhobene Daten, wie es bei den, dem Bankgeheimnis unterfallenden Daten der Fall ist. Im Bereich der Firmenkunden ist eine Datenübermitt-

---

[1633] Hierauf wird noch im Verhältnis Staat / Bank eingegangen werden.

[1634] Gleiches gilt, wenn statt einer Bank ein Geschäftspartner des Firmenkunden, z.B. ein Lieferant, um Auskunft ersucht werden würde.

[1635] Dieses würde im Verhältnis zur Bank zu einem Verwertungsverbot führen, da die Informationen von den Ermittlungsbehörden unter Verstoß gegen verfassungsrechtliche Vorgaben erlangt worden sind. Diese aufgrund eines voreiligen Auskunftsersuchens an eine Bank erlangten Daten und Informationen können somit nicht verwertet werden, um der Bank eine unerlaubte Beihilfehandlung zu einer Steuerhinterziehung nachzuweisen. Dieses wird noch im Staat - Bank - Verhältnis ausgeführt werden.

lung und ein Datenabgleich innerhalb der verschiedenen staatlichen Verwaltungsbehörden und -stellen daher möglich. Der Gesichtspunkt der Amtshilfefestigkeit der Daten gilt hier nicht. Aufgrund ihrer geschilderten extrovertierten Tätigkeit besteht bei Firmenkunden im Schutzbereich der Berufsfreiheit nicht die Notwendigkeit (und ist vielfach auch unmöglich), daß diese stets wissen müssen, wer, was, wann über sie weiß, denn dieses Wissen ergibt sich beispielsweise aus öffentlichen Registern, wie dem Handelsregister oder durch Listen und Informationen der Innungen, Industrie-, Handels-, Ärzte- oder Rechtsanwaltskammern etc.. Es bestehen lediglich einfach - gesetzliche Übermittlungsverbote wie sie zum Beispiel mit §§ 30, 31 AO, § 30 VwVfG oder den Bundes- bzw. Landesdatenschutzgesetzen bereits angesprochen worden sind und die entsprechend niedrigere Barrieren für eine Datenerhebung und / oder -übermittlung errichten.[1636] Diese Barrieren können bereits durch Gesichtspunkte der Zweckmäßigkeit, wie sie im Bereich der Berufsausübungsfreiheit gefordert werden, überwunden werden. So hat beispielsweise das Finanzamt auch bei Firmenkunden grundsätzlich das Steuergeheimnis (§§ 30, 31 AO) zu wahren,[1637] so daß ein Datentransfers außerhalb der Steuerverwaltung nicht möglich erscheint, doch ist im Bereich des Schutzbereichs der Berufsfreiheit der Firmenkunden nichts dagegen einzuwenden, wenn innerhalb der verschiedenen ‚Steuerbehörden' (vgl. § 31 AO) Kontrollmitteilungen[1638] gefertigt werden. Der Gesichtspunkt der Uneinheitlichkeit der Verwaltung, wie er bei den Privatkunden von Interesse war, tritt bei Firmenkunden in den Hintergrund. Ein Blick auf § 31 a AO zeigt darüberhinaus bereits, daß selbst ein Datenabgleich mit anderen Behörden, z.B. der dort genannten Bundesanstalt für Arbeit, möglich ist und auch das Steuergeheimnis stärker durchbrochen werden kann. Ist diese Durchbrechung des Steuergeheimnisses und der damit verbundene Datenaustausch bei Privatkunden wegen der Dysfunktionalität von Datenerhebungszweck und Datenwiedergabe- / Verwendungszweck sehr problematisch und restriktiv zu handhaben, ist sie bei entsprechender und hier bejahter Zweckmäßigkeit zur Erreichung eines Gemeinwohlbelanges bei Firmenkunden möglich. Das gilt z.B. auch im Bereich des Geldwäschegesetzes. Auch in diesem Zusammenhang ist bei der Betroffenheit eines Firmenkunden ein Datenabgleich und eine entsprechende Datenübermittlung möglich.[1639] Mitentscheidender Grund für die genannte unterschiedliche Behandlung der Firmenkunden ist der Stufendogmatik der Berufsfreiheit folgend, daß zum einen für den Regelungs- / Eingriffsbereich im Rahmen der Verhältnismäßigkeit ein weiter Eignungsbegriff besteht, der es dem Gesetzgeber weitgehend frei erlaubt, seine wirtschafts- und / oder sozialpolitischen Vorstellungen zu realisieren. Dieses wurde bereits dargestellt. Zum anderen ist im Bereich der Proportionalität lediglich ein einfach - proportionaler Eingriffsgrund notwendig. Daß hierbei zwischen der dem Staat zugestandenen und weitgehend freien Auswahl geeigneter Gemeinwohlbelange und zur Umsetzung dienlicher Regelungen einerseits und der Proportionalität im Bereich der Berufsausübungsfreiheit des Art. 12, Abs. I GG andererseits eine Korrespektivität besteht, sollte deutlich geworden sein.

[1636] Vgl. hierzu z.B. die §§ 4, 10, 14 ff. BDSG.

[1637] Siehe hierzu z.B. Scholz, AöR, 115 (1980), S. 568 ff..

[1638] Z.B. Kontrollmitteilungen im Zusammenhang mit der (Einfuhr-) Umsatzsteuer oder der (kommunalen) Gewerbesteuer.

[1639] Diese im Vergleich zu Privatkunden vereinfachte Datenweitergabe hat z.B. auch Auswirkungen im Bank - Bürger -Verhältnis, wie es noch dargestellt werden wird. Eine sog. Bankauskunft, also eine Daten- / Informationsweitergabe von einer an eine andere Bank, erfordern beispielsweise im Bereich der Privatkundschaft stets die Einwilligung des Kunden, im Bereich der (meisten) Firmenkunden wird diese Einwilligung als im Interesse des Firmenkunden stehend grundsätzlich angenommen. Hier wäre lediglich eine ausdrückliche Untersagung einer Bankauskunft des Firmenkunden relevant (vgl. § 2, Abs. II Banken-ABG). Die Einzelheiten werden unten noch dargestellt werden.

Im Bereich der Privatkunden waren Eingriffe in das Recht auf informationelle Selbstbestimmung am Verhältnismäßigkeitsgrundsatz wegen der geforderten Überproportionalität beispielsweise daran gescheitert, daß sich der Zugriff auf den Datenbestand der Bank erst im Nachhinein und zufällig als geeignet bzw. erforderlich oder nicht erwiesen hat. Denn zum Zeitpunkt des Zugriffs war dieser nicht erforderlich, da gezeigt werden konnte, daß bei den im Rahmen dieser Arbeit kritisierten Massenzugriffen der Ermittlungsbehörden auf Kundenkonten von bis zu 40.000 (!) Kunden keinerlei Verdachtslage gegen das Gros der betroffenen Bürger bestanden hat, ja nicht einmal bekannt war, daß diese Kunden der durchsuchten Bank waren.[1640] Die Eignung und Erforderlichkeit der Maßnahme in bezug auf diese Bürger / Kunden und dann auch nur in einer verschwindend geringen Anzahl, stellte sich erst im Nachhinein und rein zufällig heraus. Hier wurde anhand des dem Staat seitens des Bundesverfassungsgerichts und des Bundesfinanzhofs zugestandenen Prognosespielraums gezeigt, daß auch diese Prognose, aufgrund derer eine Ermittlungsmaßnahme durchgeführt wird, einen konkreten und verifizierbaren Anknüpfungspunkt in bezug auf den jeweils betroffenen Bürger enthalten muß. Ein Kollektiv- oder Systemverdacht gegen die Bank oder einzelne Kundengruppen, wie er seitens der Ermittlungsbehörden konstruiert wurde, bestand nicht. Ein solcher Systemverdacht ist unzulässig. Dieses Manko erstreckt sich auch auf die hieran anknüpfenden Ermittlungsmaßnahmen, denn Ermittlungsmaßnahmen bar jeglicher konkreter Anhaltspunkte für die Einschlägigkeit des für den Staat streitenden Prinzips konnten als definitive Verletzung des für den Bürger streitenden Prinzips erkannt werden, der lediglich eine ungewisse, mögliche Verletzungshandlung des Bürgers gegenüberstand. Ein solcher Umstand erfüllte bei den Privatkunden jedoch nicht die Anforderungen an das Vorliegen eines überproportional wichtigen Eingriffsgrundes. Im Schutzbereich der Berufsfreiheit eines Firmenkunden gelten diese Restriktionen nicht in gleichem Maße. Hier kann ein Eingriff der Ermittlungsbehörden erfolgen, wenn der dem Bürger und Firmenkunden zu Last gelegte steuererhebliche Umstand lediglich möglich erscheint, da die aus dem Volkszählungsurteil stammenden Restriktionen hinsichtlich eines Datenzugriffs im Schutzbereich des Art. 12, Abs. I GG nicht gelten. Aufgrund der Stufendogmatik der Berufsfreiheit darf der Staat in die Berufsausübungsfreiheit auch durch ihm geeignet erscheinende Maßnahmen lenkend eingreifen, um das von ihm als regelungsbedürftig erkannte Defizit der Steuerhinterziehung zu unterbinden und um den Markt, an dem der Firmenkunde teilnimmt, zu steuern. Da diese Gemeinwohlbelange als legitim, weil innerhalb des dem Staat zuerkannten Regelungsspielraumes befindlich, anerkannt wurden und sich der Staat zur Realisierung seiner Vorstellung bereits auf der niedrigsten Stufe der Berufsausübungsfreiheit orientiert hat, erscheint ein solches Vorgehen des Staates daher als verhältnismäßig.

Trotz der genannten Unterschiede in der Behandlung von Privat- und Firmenkunden durch die erleichterten Eingriffsmöglichkeiten der Ermittlungsbehörden bei Firmenkunden bestehen auch Gemeinsamkeiten hinsichtlich der Behandlung beider Kundengruppen. Diese Gemeinsamkeiten ergeben sich dadurch, daß die genannten einfach - gesetzlichen Durchbrechungsnormen der StPO, des GwG, und der AO[1641] nicht nach der Stellung als Privat- oder Firmenkunde differenzieren, so daß die Ermittlungsmaßnahmen der Staatsanwaltschaft oder der Finanzverwaltung die grundsätzlichen Eingriffsbeschränkungen bei ihren Maßnahmen, wie bei Privatkunden auch, beachten müssen. So gilt beispielsweise im Bereich (steuer-) straf-

[1640] Es bestand nur eine Art Systemverdacht.

[1641] Die geschilderte Durchbrechung des Bankgeheimnisses durch die Kontrollmitteilung des § 33 ErbStG spielt bei Firmenkunden in dieser Eigenschaft keine Rolle, da in der hier geprüften Konstellation die dem § 33 ErbStG zugrundeliegende Erbschaft vom Bürger in seiner Eigenschaft als Privat- und nicht in seiner Eigenschaft als Firmenkunde erfolgt.

rechtlicher Ermittlungen auch der Begriff des Anfangsverdachts und der aus dem Rechtsstaatsgebot deduzierbare in dubio pro reo Grundsatz. Auch bei Firmenkunden werden somit konkrete Anhaltspunkte für ein Tätigwerden der Ermittlungsbehörden verlangt, da auch in diesem Zusammenhang Ermittlungen ‚ins Blaue hinein' unzulässig sind. Allerdings gelten bei Firmenkunden die für die Privatkunden abgelehnten Prognosespielräume hinsichtlich der Einschätzung, ob ein Anfangsverdacht gegeben ist oder nicht, wie sie vom Bundesfinanzhof für den Bereich steuerrechtlicher Ermittlungen generell vertreten werden. In diesem Zusammenhang spielen jedoch auch die oben gemachten Ausführungen zu dem dem Gesetzgeber zugestandenen Prognosespielraum eine Rolle. Dort wurde gesagt, daß der Gesetzgeber beim Erlaß einer in den Schutzbereich der Berufsausübungsfreiheit eingreifenden Norm einen konkreten und verifizierbaren Tatsachenkern zugrunde zu legen hat, um seinen Progosespielraum nicht zu überschreiten. Diesen Tatsachenkern sollen die einfach - gesetzlichen Regelungen umsetzen helfen. Unter diesen kann bzw. muß auf der Rechtsanwendungsebene des Bürgers subsumiert werden, so daß sich der Prognosespielraum des Staates auch auf diese Ebene auswirkt. Das gilt daher auch für den Begriff des Anfangsverdachts. Ermittlungsmaßnahmen und Eingriffe in das Bankgeheimnis des Bürgers, bar konkreter und verifizierbarer Anhaltspunkte dafür, daß der Bürger den als Anlaß für die gesetzliche Regelung genommenen Tatsachenkern, im vorliegenden Kontext also eine Steuerhinterziehung, durch einen steuerlich relevanten Umstand verletzt hat, sind als Ermittlungen ‚ins Blaue hinein' abzulehnen. Da dadurch zugleich der Prognosespielraum des Gesetzgebers, der sich nach dem zuvor gesagten auf der Rechtsanwendungsebene fortsetzt, verletzt wird, sind derartige Maßnahmen der Ermittlungsbehörden als ‚Ausforschungsermittlungen' verfassungswidrig. Der Staat überschreitet insofern den ihm gesetzten Prognosespielraum.
Es gilt ferner auch das angesprochene Abstraktionsprinzip, das es verbietet, von einem Firmenkunden auf den anderen zu schließen, ohne daß entsprechende Anhaltspunkte auch in bezug auf den anderen Firmenkunden vorliegen. Ein irgendwie gearteter Durchgriff, ein ‚Durchschlagen einer staatlichen Maßnahme von einem Staat - Kundenverhältnis, in ein anderes oder eines Staat - Bankverhältnis in ein Staat - Kundenverhältnis ist ohne konkrete Anhaltspunkte der Betroffenheit auch des weiteren Firmenkunden als ‚Umgehungsermittlung' nicht möglich, was insbesondere auch die angesprochene Problematik der Außenprüfung einer Bank anbelangt. Eine Außenprüfung bei einer Bank, die lediglich durchgeführt wird, um an Daten und Informationen über Firmenkunden zu gelangen ist wie bei Privatkunden unzulässig. Es verbleibt die Möglichkeit echter Zufallsfunde. Es gelten die gleichen Maßstäbe wie bei Privatkunden, auf die daher verwiesen wird. Für ein Tätigwerden der Ermittlungsbehörden sind somit auch bei einem Firmenkunden konkrete Anhaltspunkte notwendig, die auf ein strafrechtlich oder steuerrechtlich relevantes Verhalten oder einen entsprechend relevanten Sachverhalt hinweisen. Der Tatsache eines bloßen Geldtransfers nach Luxemburg als solcher kommt auch und gerade bei Firmenkunden keinerlei indizielle Wirkung zu. Gerade bei einem Firmenkunden kann es, mehr noch als bei einem Privatkunden, notwendig werden, Gelder in das Ausland zu transferieren. Hier gelten die gemachten Ausführungen zur europarechtlichen Zulässigkeit eines solchen Transfers in besonderem Maße, zumal bereits ausgeführt wurde, daß gerade bei Firmenkunden dem aufgrund fehlender Quellenbesteuerung in Luxemburg erzielbaren Liquiditätsvorteil besonderes Gewicht zukommt.

b.) Der Schutz des Bankgeheimnisses gemäß Art. 14, Abs. I, S. 1 GG

Oben[1642] wurde im Zusammenhang mit den Privatkunden ausgeführt, daß diese auch über Kontenguthaben, Edelmetall- und Depotbestände etc. verfügen, die einen konkreten Vermögenswert darstellen und die daher zu ihrem Eigentum gerechnet werden können. Diese Vermögenswerte genießen unstreitig den Schutz des Art. 14, Abs. I, S. 1 GG. Daran ändert sich auch in bezug auf Firmenkunden nichts, wenn diese entsprechende Guthaben und Bestände aufweisen. Dieses soll hier nicht weiter vertieft werden. Die dem Bankgeheimnis unterfallenden Daten und Informationen eines Privatkunden wurden jedoch als etwas Abstraktes, nämlich als eine bloße Verknüpfung von Daten in bezug auf eine bestimmte Person bezeichnet, den keine vermögenswerte Position beigemessen werden kann. Insofern mußte ein (zusätzlicher) Schutz des Bankgeheimnisses eines Privatkunden durch den Schutzbereich des Art. 14, Abs. I, S. 1 GG verneint werden. Es ist nun zu untersuchen, ob und gegebenenfalls wieweit dieses Ergebnis auch auf Firmenkunden zutrifft.

(1) Der Schutzbereich - eingerichteter und ausgeübter Gewerbebetrieb

Plakativ wird die Unterscheidung der Schutzbereiche von Art. 12, Abs. I GG und Art. 14, Abs. I, S. 1 GG unter anderem danach getroffen, daß Art. 12, Abs. I GG den Erwerb, Art. 14, Abs. I, S. 1 GG hingegen das Erworbene schützen würde.[1643] Andere Perspektiven betonen nicht minder plakativ, daß die Berufsfreiheit personen- und die Eigentumsgarantie objektbezogen sei.[1644] Wie noch zu zeigen sein wird beinhalten beide Abgrenzungen einen zutreffenden Gesichtspunkt. Aufgrund dieser Abgrenzung scheinen sich beide Schutzbereiche jedoch gegensätzlich gegenüber zu stehen, so daß sich eine kumulative Anwendbarkeit beider Schutzbereiche generell auszuschließen scheint. Gleichwohl darf nicht übersehen werden, daß sich beide Schutzbereiche teilweise aufeinander beziehen, überschneiden und einander ergänzen.[1645] Die auf den Erwerb gerichtete Tätigkeit, die dem Schutzbereich der Berufsfreiheit unterliegt (sc. die Berufsausübung), ermöglicht es überhaupt, eigentumsrechtliche Positionen aufzubauen, die dann dem Schutz von Art. 14, Abs. I, S. 1 GG unterfallen können. Hierbei kann der Schutz der Berufsfreiheit allerdings nicht pauschal als eine dem Eigentumsschutz vorgeschaltete, notwendige ‚Stufe' angesehen werden. Gerade im Bereich der hier interessierenden Firmenkunden wird die Berufstätigkeit ihrerseits oft erst dadurch ermöglicht, daß dem Schutzbereich des Art. 14, Abs. I, S. 1 GG unterfallende Vermögenspositionen, beispielsweise in Form von Maschinen, Fahrzeugen, Waren, Betriebsgebäuden und Betriebsgrundstücken etc. bestehen, mit deren Hilfe die Berufstätigkeit ausgeübt werden kann. Es besteht somit eine zumindest punktuelle Kohärenz (scil. ‚Verbindung') zwischen den Schutzbe-

1642 Siehe oben S. 276 f..

1643 Scholz, in: M/D/H/S, Art. 12, Rn. 139; Papier, in: Hdb. des VerfR, § 18, Rn. 59; dergl., in: M/D/H/S, Art. 14, Rn. 220 ff.; Gubelt, in: v.M., Grundgesetz-Kommentar, Art. 12, Rn. 93; Tettinger, in: Sachs, Grundgesetz-Kommentar, Art. 12, Rn. 164; Tettinger, AöR, a.a.O., S. 129, 130; Jeand'Heur/Jorczyk, Verbraucherschutz vor Mikrowellen, JuS 1997, S. 733; Breuer, in: Hdb. des StaatsR, Bd. VI, § 147, Rn. 100; Rittstieg, in: Kommentar zum Grundgesetz für die Bundesrepublik Deutschland, Art. 14, Rn. 100; BVerfGE 30, 292 (334 f.) - Mineralölbevorratung; BVerfGE 81, 70 (96) - Mietwagen.

1644 Gubelt, a.a.O.; Tettinger, a.a.O.; Stern, StaatsR, Bd. III/2, § 92 -Die Konkurrenzen von Grundrechten des Grundgesetzes, S. 1384; Scholz, a.a.O.; Breuer, a.a.O.; BVerfGE 30, 292 (334 f.).

1645 BVerfGE 50, 290 (361 f., 365).

reichen der Berufsfreiheit und der Eigentumsgarantie.[1646] Die genannten Vermögenspositionen und -bestandteile in Form von Maschinen, Fahrzeugen, Betriebsgebäuden und -grundstücken etc. unterfallen dem Schutzbereich des Art. 14, Abs. I, S. 1 GG, so wurde gesagt. Diesem Schutz unterfallen desweiteren auch immaterielle Vermögenspositionen, wie beispielsweise[1647] Patente, Warenzeichen- und Urheberrechte, Rechte an Grundstücken, Kaufpreisansprüche, Geldforderungen[1648] etc., um nur einige zu nennen. Zum Eigentumsbegriff des Art. 14, Abs. I, S. 1 GG führt das Bundesverfassungsgericht beispielsweise im Naßauskiesungsbeschluß aus: „Der Begriff des von der Verfassung gewährleisteten Eigentums muß aus der Verfassung selbst gewonnen werden. Aus Normen des einfachen Rechts, die im Range unter der Verfassung stehen, kann weder der Begriff des Eigentums im verfassungsrechtlichen Sinn abgeleitet noch kann aus der privatrechtlichen Rechtsstellung der Umfang der Gewährleistung des konkreten Eigentums bestimmt werden“.[1649] Der unter Art. 14, Abs. I, S. 1 GG fallende Eigentumsbegriff ist aufgrunddessen weiter als der des bürgerlichen Rechts, umfaßt jedoch grundsätzlich alle vermögenswerten Rechte des Privatrechts.[1650] Das Vermögen als solches in seiner Abstraktheit fällt nach Ansicht des Bundesverfassungerichts indes nicht unter den verfassungsrechtlichen Eigentumsbegriff, denn dieser erfaßt lediglich konkrete Vermögenspositionen[1651]. So ist es für das Bundesverfassungsericht grundsätzlich fraglich, ob der eingerichtete und ausgeübte Gewerbebetrieb vom Eigentumsschutz des Grundgesetzes erfaßt wird. Es führt aus: „Selbst wenn man unterstellt, daß der eingerichtete und ausgeübte Gewerbebetrieb als tatsächliche Zusammenfassung der zum Vermögen eines Unternehmens gehörenden Sachen und Rechte von der Eigentumsgarantie erfaßt würde, erstreckt sich dieser Schutz nach ständiger Rechtsprechung jedenfalls nicht auf Gewinn- / Umsatzchancen und tatsächliche Gegebenheiten wie die bestehende Geschäftsverbindung, den erworbenen Kundenstamm oder die Marktstellung. Umsatz- und Gewinnchancen und tatsächliche Gegebenheiten sind zwar für das Unternehmen von erheblicher Bedeutung, sie werden eigentumsrechtlich jedoch nicht dem geschützten Bereich des einzelnen Unternehmens zugeordnet“.[1652]

[1646] Vgl. BVerfGE 50, 290 (344, 361 f.,365) -Mitbestimmung. Das Gericht spricht davon, daß trotz der funktionalen Beziehung dieser Grundrechte aufeinander beiden jedoch eine selbständige Bedeutung zukommt. Bleckmann/Wiethoff, Zur Grundrechtskonkurrenz, DÖV 1991, S. 723, 729 führen an, daß das Eigentum „der Durchsetzung fast aller Freiheiten, die in anderen Bestimmungen als in Art. 14 GG geschützt sind“, dient. So auch Schwabe, Grundrechtskonkurrenzen, JA 1979, S. 194, 196.

[1647] Vgl. Wendt, in: Sachs, Grundgesetz-Kommentar, Art. 14, Rn. 24, m.w.N.; Bryde, in: v.M., Grundgesetz - Kommentar, Art. 14, Rn. 11 ff. (17); Papier, in: M/D/H/S, Art. 14, Rn. 56 ff., 195 ff.; Maunz/Zipelius, Deutsches Staatsrecht, § 28 II 2, S. 238; v. Heinegg/Haltern, Keine Angst vor Art. 14 GG !, JuS 1993, S. 122; Ossenbühl, Inhaltsbestimmung des Eigentums und Enteignung - BVerfGE 83, 201, JuS 1993, S. 200 f.; BVerfGE 31, 229 (229 - Leitsatz 1, 240) - Urheberrecht; BVerfGE 51, 193 (193 - Leitsatz 3, 222 f.) - Schloßberg, bzgl. Warenzeichen; BVerfG-NJW 1985, 1385 ff. (1389) - Innungen, bzgl. Forderungen; BVerfGE 83, 201 (201 - Leitsatz 1) -Vorkaufsrecht.

[1648] BVerfG-NJW 1998, 1934 ff. (1936 f.) -Euro

[1649] BVerfGE 58, 300 (335 f.) -Naßauskiesung.

[1650] BVerfGE, a.a.O.; Papier, in: M/D/H/S, Art. 14, Rn. 56; Bryde, in: v.M., Art. 14, Rn. 11; Wendt, in: Sachs, Art. 14 Rn. 22; Pieroth/Schlink, a.a.O., Rn. 901 ff.; Hesse, Grundzüge des VerfR, Rn. 444; Maunz/Zipelius, Dt. StaatsR, S. 238; v. Heinegg/Haltern, JuS 1993, S. 122; Bleckmann, Staatsrecht II, S. 906 f.; Stober, Grundrechtsschutz der Wirtschaftstätigkeit, § 8, S. 92, 99; Badura, in: Hdb. des VerfR, § 10, Rn. 1, 35 f.; Ossenbühl, JuS 1993, S. 200 f.; Stein, StaatsR, S. 255.

[1651] BVerfGE 4, 7 (8 - Leitsatz 4, 17) -Investitionshilfe; BVerfG-NJW 1984, 476 ff. (477); BVerfGE 74, 129 (148) - Widerruf betrieblicher Versorgungsansprüche; BVerfGE 77, 308 (339); v.M/Bryde, a.a.O., Rn. 23; Sachs/Wendt, a.a.O., Rn. 38; Scholz, a.a.O., Rn. 160; Pieroth/Schlink, a.a.O., Rn. 907; Bleckmann, Staatsrecht II, S. 907; Badura, in: Hdb. des VerfR, § 10, Rn. 37; Papier, in: Hdb. des VerfR, § 18, Rn. 99.

[1652] BVerfG - NJW 1992, 1878 ff. (1879), m.w.N..

Nach anderer, überwiegender Ansicht erfaßt der Schutzbereich des Art. 14, Abs. I, S. 1 GG sämtliche Erscheinungsformen der gewerblichen Tätigkeit.[1653] Im Bereich der Firmenkunden werden die im Zusammenhang mit ihrem Gewerbebetrieb stehenden konkreten Vermögenspositionen unter dem Begriff des eingerichteten und ausgeübten Gewerbebetriebes erfaßt.[1654] Dieses ist für die Vertreter dieser Ansicht die Folge der geschilderten Kohärenz zwischen Art. 12, Abs. I GG und Art. 14, Abs. I GG. Zutreffend führt *Stober* daher aus: „Wenn die Verfassung die Gewerbefreiheit garantiert, muß sie auch den Gewerbebetrieb vermögensrechtlich in seinem Kernbestand schützen. Der Gewerbebetrieb im Sinne des Art. 14, Abs. I GG wird im allgemeinen definiert als die organisatorische Zusammenfassung von persönlichen und sachlichen Mitteln zu einem auf Erwerb gerichteten Unternehmen".[1655] Wie bei den Privatkunden für den Bereich des allgemeinen Persönlichkeitsrechts, welches als sonstiges Recht über § 823, Abs. I BGB Bedeutung erlangte, ging auch im Bereich des Rechts am eingerichteten und ausgeübten Gewerbebetrieb[1656] die Entwicklung vom Bundesgerichtshof aus[1657], der auch hier bereits an die Rechtsprechung des Reichsgerichts anknüpfen konnte. Auch hier gilt das Recht am eingerichteten und ausgeübten Gewerbebetrieb als sonstiges Recht im Rahmen des § 823, Abs. I BGB. Vom Begriff des eingerichteten und ausgeübten Gewerbebetriebes wird jedes auf Erwerb ausgerichtete Unternehmen erfaßt. Dieser Begriff ist dabei untechnisch zu verstehen und erfaßt daher auch freiberufliche, land- und forstwirtschaftliche Tätigkeiten, einschließlich der Urproduktion, sofern diese Tätigkeiten „einen durch Zusammenführung sachlicher und persönlicher Mittel geschaffenen Gewerbebetrieb aufweisen".[1658] Das Recht am eingerichteten und ausgeübten Gewerbebetrieb umfaßt nicht nur den eigentlichen Bestand des Betriebes, sowie der genannten Maschinen, Betriebsgrundstücke und immateriellen Vermögenswerte etc. (Einrichtungskomponente), sondern darüberhinaus auch alle Handlungen und Verfügungen über diesen Bestand, kurzum „alles das, was in seiner Gesamtheit den wirtschaftlichen Wert des konkreten Betriebes ausmacht"[1659] (Ausübungskomponente). Unter einem Gewerbebetrieb in diesem Sinne ist daher „die Gesamtheit der sachlichen, persönlichen und sonstigen Mittel in allen Erscheinungsformen und Ausstrahlungen zu verstehen, die in der Hand des Betriebsinhabers zu einem einheitlichen Organismus zusammengefaßt sind".[1660] Als negative Abgrenzung des Schutzbereichs scheiden jedoch wegen des Erfordernisses konkreter (sc. begründeter) Vermögenspositionen, denen auch ein Vermögenswert zugeordnet werden könnte,

[1653] Jeand'Heur/Jorczyk, JuS 1997, S. 733; Bryde, in: v.M., a.a.O., Rn. 18.

[1654] Z.B. Heintschel v. Heinegg/Haltern, JuS 1993, S. 123; Pieroth/Schlink, a.a.O., Rn. 905; Wendt, in: Sachs, a.a.O., Rn. 47 ff., 67; Bryde, a.a.O., Rn. 18; Vogelsang, a.a.O., S. 108 f.; Papier, in: Hdb. des VerfR, § 18, Rn. 59; dergl.„ in: M/D/H/S, Art. 14, Rn. 95; Jeand'Heur/Jorczyk, a.a.O.; Stober, Grundrechtsschutz der Wirtschaftstätigkeit, S. 100, 102; Hofmann, in: Hdb. des VerfR, § 21, Rn. 33; Badura, in: Hdb. des VerfR, § 10, Rn. 88, 94 ff..

[1655] Stober, a.a.O., unter Hinweis auf BGHZ 45, 150 (154) und BGHZ 48, 65 (68). So auch Rüfner, Überschneidungen und gegenseitige Ergänzungen der Grundrechte, Der Staat, 7 (1968), S. 41 ff. (51).

[1656] Ausführlicher hierzu bspw. Schmidt, Integritätsschutz von Unternehmen nach § 823 BGB - Zum „Recht am eingerichteten und ausgeübten Gewerbebetrieb", JuS 1993, S. 985 ff..

[1657] Vgl. z.B. BGHZ 3, 270 (279) - Constanze; BGHZ 29, 65 ff. - Stromkabelfall; BGHZ 41, 123 ff. - Bruteier; BGHZ 55, 153 ff. - Fleetfall.

[1658] Papier, in: Hdb. des VerfR, § 18, Rn. 98; Wendt, in: Sachs, a.a.O., Rn. 27; Stober, a.a.O..

[1659] Papier, in: M/D/H/S, Art. 14, Rn. 95. Vgl. Wendt, in: Sachs, a.a.O.; Bryde, in: v.M., a.a.O.; Jeand'Heur / Jorczyk, JuS 1997, S. 733; Rittstieg, in: Kommentar zum Grundgesetz für die Bundesrepublik Deutschland, Art. 14, Rn. 100, Rn. 95; Bleckmann, Staatsrecht II, S. 908.

[1660] Papier, in: M/D/H/S, Art. 14, Rn. 95, 100; Bleckmann, a.a.O.. In diesem Sinn auch Badura, in: Hdb. des VerfR, § 10, Rn. 94.

bloß abstrakte (sc. allgemeine, unbegründete) Gewinn- oder Geschäftschancen aus, denen kein Vermögenswert zugeordnet werden kann.[1661] Aufgrund der geschilderten Weite des so interpretierten Schutzbereichs des eingerichteten und ausgeübten Gewerbebetriebes unterfallen ihm auch Betriebs- und Geschäftsgeheimnisse.[1662] Der Begriff des Betriebs- und Geschäftsgeheimnisses wurde eingangs dieses Kapitels bereits unter Hinweis auf *Sichtermann / Kirchherr, Breuer* und weiterer Autoren dahingehend beschrieben[1663], daß er die Tatsachen umfaßt, die im Zusammenhang mit einem wirtschaftlichen Geschäftsbetrieb stehen, nur einem begrenzten Personenkreis bekannt sind und nach dem ausdrücklichen oder konkludent erklärten Willen des Unternehmers auch geheim bleiben sollen. Als derartige Tatsachen wurden in diesem Zusammenhang unter anderem spezielle Fertigungsmethoden, Know-how, Umsatzzahlen, der Lieferantenkreis sowie der Kundenstamm (Kundenlisten) genannt. Dabei unterfallen als Grobraster dem Teilaspekt des Betriebsgeheimnisses primär Geheimnisse, die dem technischen Bereich zugeordnet werden können, während dem Teilaspekt des Geschäftsgeheimnisses vor allem Geheimnisse des kaufmännischen Bereichs zuzuordnen wären.[1664] Von Betriebs- und Geschäftsgeheimnissen kann gesagt werden, daß diese einen nicht unerheblichen Wertfaktor des jeweiligen Unternehmens darstellen (können)[1665]. Die Daten und Informationen, die das Betriebs- und Geschäftsgeheimnis eines Unternehmers ausmachen, unterfallen als Teilaspekt des eingerichteten und ausgeübten Gewerbebetriebes dem Schutzbereich des Art. 14, Abs. I GG und stellen das ‚informationelle Selbstbestimmungsrecht des Unternehmers' dar.[1666] Nach Ansicht das Bundesverfassungsgerichts sollen Betriebs- und Geschäftsgeheimnisse als abstrakte Vermögenspositionen zwar nicht dem Schutzbereich von Art. 14, Abs. I GG unterfallen, trotzdem hat das Gericht in der Neue - Heimat- und der Flick-

---

[1661] BVerfGE 31, 8 (32) - Gewinnspielgeräte; BVerfGE 30, 292 (334 f.); BVerfG-NJW 1984, 476 ff. (477) - Betriebliche Unterstützungskasse; BVerfG-NJW 1985, 1385 ff. (1389); BVerfG-NJW 1988, 1195 ff. (1199); Papier, in: M/D/H/S, Art. 14, Rn. 100; Pieroth/Schlink, a.a.O., Rn.912 f.; Jeand'Heur/Jorczyk, JuS 1997, S. 733. Badura, in: Hdb. des VerfR, § 10, Rn. 37, 96. Kritischer hiergegen scheinbar Bryde, in: v.M., a.a.O., Rn. 21und Wendt, in: Sachs, a.a.O., Rn. 48, die anführen, daß eine begriffliche Trennung von Hoffnungen und Chancen von der gewerblichen Tätigkeit des Unternehmers nicht möglich sei. Differenziert man jedoch nach abstrakten oder konkreten Chancen, wie geschehen, dürfte diese Kritik erlöschen. Konkreten (sc. begründeten) Chancen gebührt nach hier vertretener Auffassung der Schutz des Art. 14, Abs. I GG, sofern diesen ein Vermögenswert zugeordnet werden könnte, wie es zum Beispiel bei dem von Bryde und Wendt angesprochenen Kundenstamm der Fall sein kann.Abstrakten (sc. unbegründeten, allgemeinen) Chancen und Hoffnungen gebührt hingegen kein Schutz gemäß Art. 14, Abs. I, S. 1 GG. Das gleiche gilt bei konkreten Chancen, denen keinerlei Vermögenswert zugeordnet werden kann (was jedoch selten ist).

[1662] Papier, in: M/D/H/S, Art. 14, Rn. 99; Breuer, in: Hdb. des StaatsR, § 148, Rn. 27; Vogelsang, a.a.O., S. 109; Bleckmann, a.a.O..

[1663] Siehe oben S. 282 f..

[1664] Kopp, VwVfG, § 30, Rn. 5; Breuer, Schutz von Betriebs- und Geschäftsgeheimnissen im Umweltrecht, NVwZ 1986, S. 172; Radbruch, Diss. jur., Mainz, 1977, S. 1 f..

[1665] Vgl. Papier, in: M/D/H/S, a.a.O.; Wendt, in: Sachs, a.a.O., Rn. 48 f.; Vogelsang, a.a.O.; Breuer, in: Hdb. des StaatsR, § 148, Rn. 27; Bleckmann, Staatsrecht II, S. 908, 909. Interessant ist in diesem Zusammenhang auch der Gedanke Bullinger's in, Wettbewerbsgerechtigkeit bei präventiver Wirtschaftsaufsicht, NJW 1978, S. 2175, der auf die ‚Halbwertzeit' von Betriebs- und Geschäftsgeheimnissen hinweist. Hiernach haben Betriebs- und Geschäftsgeheimnisse „wie alle Geheimnisse keine unverrückbare Dauerexistenz, sondern im Zeitablauf die Tendenz, zu allgemeinkundigem Wissen zu werden, ob infolge der Schwierigkeiten dauernder und lückenloser Geheimhaltung oder infolge des allgemeinen Fortschritts der wissenschaftlichen und technischen Erkenntnis".

[1666] Kopp, VwVfG, § 30, Rn. 1, 2, 5; Knemeyer, NJW 1984, S. 2241, 2244 f.; dergl., Die Wahrung von Betriebs- und Geschäftsgeheimnissen bei behördlichen Umweltinformationen, DB 1993, S. 721, 722, 724 f.; Breuer, NVwZ 1986, S. 171 f., 174; Scholz, AöR, 115 (1980), S. 576 f; BVerfGE 67, 100 (142). Meist werden in diesem Zusammenhang die Schutzbereiche von Art. 12, Abs. I und Art. 14, Abs. I GG kumulativ genannt.

entscheidung (Steuer-) Daten, die Einblicke in berufliche und / oder betriebliche, unternehmerische oder sonstige wirtschaftliche Belange umfassen, bereits auch dem Schutz von Art. 14 GG unterstellt.[1667] Auch durch den Gesetzgeber ist bereits ein einfach - gesetzlicher Schutz von Betriebs- und Geschäftsgeheimnissen erfolgt, indem er diese in § 30, Abs. II, S. 2 AO dem Schutz des Steuergeheimnisses unterstellt hat. Betriebs- und Geschäftsgeheimnisse unterfallen daher dem Steuergeheimnis. Das Bundesverfassungsgericht führt in der Entscheidung zur Arbeitnehmerüberlassung aus, daß selbst für den Fall, daß der eingerichtete und ausgeübte Gewerbebetrieb dem Eigentumsschutz unterfallen sollte, dieser „jedenfalls nicht bloße (Umsatz- und Gewinn-) Chancen und tatsächliche Gegebenheiten umfassen" würde „wie bestehende Geschäftsverbindungen, den erworbenen Kundenstamm oder die Marktstellung".[1668] Dieser Begründung des Gerichtes, die Betriebs- und Geschäftsgeheimnisse generell vom Schutzbereich des Art. 14 GG auszuschliessen scheint, kann nicht gefolgt werden. Gleiches gilt für die ablehnende Auffassung von *Wolff*, der ebenfalls den Schutz von Betriebs- und Geschäftsgeheimnissen durch Art. 14, Abs. I, S. 1 GG verneint.[1669] Die dafür gegebene Argumentation *Wolff's* erscheint wenig plausibel, da nach *Wolff* die genannten Geheimnisse nur dann Eigentum im Sinne des Art. 14, Abs. I, S. 1 GG sein könnten, wenn darunter jedes Vermögensgut fiele, „das auf eigener Leistung beruht und das strafrechtlich bzw. deliktisch vor Verletzung geschützt" sei.[1670] Die Rechtsprechung des Bundesverfassungsgerichts würde nach Ansicht von *Wolff* den Vermögenswert einer Position oder die wirtschaftliche Bedeutung für das Unternehmen allein nicht genügen lassen, um diese als Eigentum einzustufen, da es sich vielmehr um eine ausschließliche Position handeln müsse, die es erlauben würde, Dritte von jeglicher Nutzung auszuschließen.[1671] Unklar bleibt bei dieser Argumenation *Wolff's* jedoch die Frage, warum bei einer konkreten Vermögensposition, die eine wirtschaftliche Bedeutung für das Unternehmen hat, Dritte, die auf diese Position zugreifen, nicht ausgeschlossen werden können. Die in der genannten Entscheidung des Bundesverfassungsgerichts zur Arbeitnehmerüberlassung geschilderte undifferenzierte Gleichsetzung von Umsatz-, Gewinn- und Geschäfts*chancen* sowie der Marktstellung auf der einen mit beispielsweise Know-how oder dem erworbenen Kundenstamm (Kundenlisten) auf der anderen Seite ist unangebracht, da sie die Unterscheidung in abstrakte und konkrete Vermögenspositionen weitgehend unberücksichtigt läßt.[1672] Richtig an der Auffassung des Bundesverfassungsgerichts ist, daß bloßen Geschäfts-, Umsatz- und Gewinnchancen als lediglich abstrakten, generellen Positionen keine vermögenswerten Positionen zukommen. Chancen ist allein vom Begriff ausgehend immanent, daß sie auf die Zukunft gerichtet sind. Insofern bekommt die eingangs geschilderte Unterscheidung von Art. 12, Abs. I GG und Art. 14, Abs. I, S. 1 GG Bedeutung, wonach die Berufsfreiheit auf den Erwerb gerichtet und somit zukunftsbezogen ist.[1673] Aus diesem Grund fallen Geschäftschancen in den Schutzbereich der Berufsfreiheit,

---

[1667] BVerfGE 67, 100 (142 f.) - Flick; BVerfGE 77, 1 (46) - Neue Heimat; Breuer, NVwZ 1986, S. 172. Das Bundesverfassungsgericht betont dabei in der Flickentscheidung jedoch zu Recht, daß dem Steuergeheimnis *‚als solchem'* kein Verfassungsrang zukommt, dieses vielmehr durch den Schutz der Eigentumsfreiheit gemäß Art. 19, Abs. III i.V.m. Art. 14 GG oder Art. 2, Abs. I i.V.m. Art. 1, Abs. I GG geschützt sei - BVerfGE 67, 100 (142). So auch Scholz, AöR, 115 (1980), S. 575 ff..

[1668] BVerfGE 77, 84 (118)..

[1669] Wolff, Der verfassungsrechtliche Schutz der Betriebs- und Geschäftsgeheimnisse, NJW 1997, S. 99 ff..

[1670] Wolff, a.a.O., S. 100.

[1671] Wolff, a.a.O., S. 100, 101. Vgl. auch Rittstieg, in: Grundgesetz-Kommentar, Art. 14, Rn. 100; Bullinger, Wettbewerbsgerechtigkeit bei präventiver Wirtschaftsaufsicht, NJW 1978, 2173 ff. (2178).

[1672] Deutlicher hier Bryde, in: v.M., Grundgesetz-Kommentar, Art. 14, Rn. 20, die in bezug auf einen Kundenstamm von nicht rechtlich abgesicherten Ausstrahlungen des Betriebes spricht.

[1673] BVerfGE 30, 292 (334 f.); Jeand'Heur/Jorczyk, JuS 1997, S. 733; Gubelt, in: v.M., Art. 12, Rn. 93.

nicht den der Eigentumsgarantie.[1674] Anders hingegen, wenn eine konkrete Vermögensposition vorliegt, worunter zum Beispiel auch der Kundenstamm fallen kann. Einer solchen konkreten Vermögensposition gebührt der Eigentumsschutz. Entscheidend für die Zuordnung ist daher, daß die genannten Geheimnisse nicht lediglich einen abstrakt - subjektiven Wert aufweisen, der beispielsweise nur für den jeweiligen Unternehmer besteht,[1675] sondern ihnen auch ein konkret - objektiver Vermögenswert beigemessen werden kann, die Daten und Informationen der Betriebs- und Geschäftsgeheimnisse daher auch für Dritte[1676] von Wert sind bzw. sein können.[1677] *Breuer* bezeichnet derartige Daten als ein wirtschaftliches Substrat.[1678] Insbesondere das Know-how und der Kundenstamm eines Unternehmens sind solche Vermögenspositionen, die nicht nur für den jeweiligen Unternehmer Bedeutung haben. Know - how oder ein Kundenstamm können übertragen bzw. verkauft werden[1679] und spielen bei der (auch nur teilweisen) Übertragung von Unternehmen, Betrieben, Praxen, Kanzleien etc. für die Preisbildung des zu übertragenden Unternehmens eine beträchtliche Rolle. Kundenstamm wie auch Know - how sind für die betriebswirtschaftliche Aus- und Bewertung eines Unternehmens von Bedeutung. Sie spielen deswegen bei Banken eine Rolle, zum Beispiel bei der Vergabe größerer Kredite an derartige Unternehmen, wobei der Begriff des Unternehmens im vorliegenden Kontext im untechnischen Sinne verstanden wird und daher auch Freiberufler etc. umfaßt. Gleiches gilt bezogen auf die Vergabe von Krediten einer Bank auch für die Kenntnis von Umsatzzahlen, Ertrag, Eigenkapitalbasis, Liquiditätsentwicklung, Lieferantenkreis bzw. -struktur etc... . Auch diese Informationen dienen einer Bank konkret dazu, ihren Kreditnehmer betriebswirtschaftlich aus- und zu bewerten[1680], um das Risiko des zukünftigen oder gegenwärtigen Kreditengagements ganz im Sinne von § 18 KWG beurteilen zu können. Aus dem von der Bank insgesamt ermittelten Kreditrisiko ergeben sich dann weitere Aspekte wie die Frage nach der Höhe des Zinssatzes (Risikozuschlag?) oder vor allem nach entsprechenden Sicherheiten. Im Rahmen eines Unternehmenskaufs gilt das Know - how des zu erwerbenden Unternehmens unter going - concern Gesichtspunkten als mitentscheidender Wert- und Kaufpreisfaktor (Going - concern - Wert) des zu veräußernden Unternehmens. So betrachtet ist dem Betriebs- und Geschäftsgeheimnis eines Firmenkunden, das den Kundenstamm, Lieferantenkreis etc. beinhaltet, durchaus ein konkreter Vermögenswert beizumessen. Seitens der Bank oder eines potentiellen Käufers des gewerblichen Unternehmens erfolgt somit notwendigerweise eine ganzheitliche Betrachtung des eingerichteten und ausgeübten Gewerbebetriebes, der auch Betriebs- und Geschäftsgeheimnisse umfaßt. Hierin zeigt sich der zuvor genannte Gedanke, daß ein eingerichteter und ausgeübter Gewerbebetrieb „in seiner

---

[1674] Vgl. Badura, in: Hdb. des VerfR, § 10, Rn. 96.

[1675] Insofern können jedoch auf die im Zivilrecht vertretenen Gesichtspunkte beim sog. Affektionsinteresse berücksichtigt werden, bei denen es zum Beispiel im Bereich des Schadensersatzrechts darauf ankommt, ob sich für die ursprünglich mit einem bloßen Affektionswert belegte Sache zwischenzeitlich ein Markt gebildet hat.

[1676] M.E. muß dieser objektiv - konkrete Vermögenswert dabei nicht für jeden Dritten bestehen, da es im Extremfall ausreichend ist, daß dieser Vermögenswert für zumindest *einen* vom Eigentümer unabhängigen (neutralen) Dritten besteht - vgl. auch Fn. 6.

[1677] In diesem Sinne Papier, in: M/D/H/S, Art. 14, Rn. 99; Wendt, in: Sachs, Grundgesetz-Kommentar, Art. 14, Rn. 48 f.; Vogelsang, a.a.O.; Breuer, in: Hdb. des StaatsR, § 148, Rn. 27; dergl., NVwZ 1986, S. 174, 178; Bullinger, NJW 1978, S. 2176, 2178; Badura, in: Hdb. des VerfR, § 10, Rn. 32.

[1678] Breuer, a.a.O. - jeweils.

[1679] Er wird sogar verpachtet, wenn man an den Fall des RA Gauweiler denkt, der während seines politischen Mandats zeitweilig seinen Mandantenstamm verpachtete. Nach Rechtsprechung des BGH dürften derartige Verträge ohne zustimmung der Mandanten jedoch in der Regel wegen des Verstoßes gegen deren Recht auf informationelle Selbstbestimmung unzulässig sein - siehe z.B. BGHZ 116, 268 ff.; BGH-WM 1995, 1357.

[1680] Sog. Kreditrating.

Gesamtheit" zu betrachten ist, um alles das zu erfassen, was den wirtschaftlichen Wert des konkreten Betriebes ausmacht.

Das Bundesverfassungsgericht steht nicht nur der Zuordnung von Betriebs- und Geschäftsgeheimnissen, sondern auch bereits der Zuordnung des Instituts des eingerichteten und ausgeübten Gewerbebetriebes als solchem unter den Eigentumsbegriff skeptisch und indifferent gegenüber[1681]. Nach Ansicht des Gerichts kann einerseits der Schutz des Gewerbebetriebes „nicht weiter gehen als der Schutz, den seine wirtschschaftliche Grundlage genießt".[1682] Hiernach hält das Gericht die Zuordnung des eingerichteten und ausgeübten Gewerbebetriebes zu Art. 14, Abs. I, S. 1 GG für überflüssig und sagt: „Es ist die Frage, ob der Gewerbebetrieb als solcher die konstituierenden Merkmale des verfassungsrechtlichen Eigentumsbegriffs aufweist. Eigentumsrechtlich gesehen ist das Unternehmen die tatsächliche -nicht aber die rechtliche- Zusammenfassung der zu seinem Vermögen gehörenden Sachen und Rechte, die an sich schon vor verfassungswidrigen Eingriffen geschützt sind".[1683] Andererseits geht das Bundesverfassungsgericht in einigen Entscheidungen ganz selbstverständlich davon aus, daß der eingerichtete und ausgeübte Gewerbebetrieb dem Eigentumsschutz unterfällt. So heißt es beispielsweise in der Kuponsteuerentscheidung:[1684] „Der Eigentumsschutz des eingerichteten und ausgeübten Gewerbebetriebs hindert den Gesetzgeber nicht, die sachlichen, personellen und finanziellen Mittel privatwirtschaftlicher Unternehmen in dem hier bestehenden Umfang in den Dienst einer auf andere Weise nicht oder nur mit unverhältnismäßigen Schwierigkeiten zu bewältigenden öffentlichen Aufgabe zu stellen". In anderen Entscheidungen heißt es dazu ferner, daß es berechtigt sei, „die Sach- und Rechtsgesamtheit, als die sich der Gewerbebetrieb darstellt, dem reinen Sacheigentum gleichzustellen".[1685] Weiter wird von „den Merkmalen, die so den Gewerbebetrieb zum ‚Eigentum' des Inhabers stempeln", gesprochen.[1686] Ferner unterstellt das Gericht das Recht an einem Unternehmen als gesellschaftsrechtlich vermitteltes Eigentum unter den Schutzbereich von Art. 14 GG, da sich der Schutz der individuellen Anteilsrechte nicht von dem Anteilseigentum trennen läßt.[1687] Wenn das Gericht bereits das Anteilseigentum als ‚gesellschaftsrechtlich vermitteltes Eigentum' dem Schutzbereich des Art. 14 GG unterstellt, kann mit einem argumentum a maiore ad minus gefolgert werden, daß dieses erst recht für den gesamten eingerichteten und ausgeübten Gewerbeberieb zu gelten hat, zumal wenn das Gericht desweiteren ausführt, daß das Anteilseigentum für den Anteilseigner primär Bedeutung als Kapitalanlage hat, während das (Anteils-) Eigentum für den Unternehmer als Grundlage seiner unternehmerischen Betätigung gilt.[1688] Aufgrund dieser Äußerungen geht das Gericht wiederum davon aus, daß der eingerichtete und ausgeübte Gewerbebetrieb Eigentumsschutz genießt. Die in der Rechtsprechung zutage tretende Auffassung des Gerichts ist somit indifferent und weist bisweilen eher pragmatische Züge auf.[1689]

1681 Vgl. Pieroth/Schlink, a.a.O., Rn. 905; Bryde, in: v.M., Art. 14, Rn. 18, 20; Stober, a.a.O., S. 101; Badura, in Hdb. des VerfR, § 10, Rn. 97. Fahrtmann/Coen, in: Hdb. des VerfR, § 19, Rn. 37 sprechen indes davon, daß das Bundesverfassungsgericht einen Schutz des eingerichteten und ausgeübten Gewerbebetriebes durch Art. 14 GG niemals anerkannt habe.

1682 BVerfGE 58, 300 (353).

1683 BVerfGE 51, 193 (221) -Schloßberg; offengelassen z. B. in BVerfGE 30, 292 (334 f.); BVerfG - NJW 1985, 1385 ff. (1389).

1684 BVerfGE 22, 380 (386).

1685 BVerfGE 1, 264 (276 ff.) - Schornsteinfeger; BVerfGE 13, 225 (229) - Ladenschluß Bahnhofsapotheken.

1686 BVerfGE, 1, 264 (276 ff.).

1687 BVerfGE 14, 263 (281) - Feldmühle; BVerfGE 50, 290 (344 f.); Rittstieg, in: Kommentar zum Grundgesetz für die Bundesrepublik Deutschland, Art. 14, Rn. 101.

1688 BVerfGE 50, 290 (348, 349). Vgl. auch Rüfner, Zur Bedeutung und Tragweite des Artikels 19 Abs. 3 des Grundgesetzes, AöR Bd. 89 (1964), S. 261 ff. (309).

1689 So auch Stern, Band III/2, § 92, S. 1385; ähnlich Rittstieg, a.a.O., Rn. 98.

Wie bei der Zuordnung der Betriebs- und Geschäftsgeheimnisse zum Bestand des eingerichteten und ausgeübten Gewerbebetriebes bereits ausgeführt, ist bei der Zuordnung dieses Instituts unter den Eigentumsbegriff die Frage entscheidend, ob eine konkrete Vermögensposition[1690], die das Gericht auch als eine Art ‚Sach- und Rechtsgesamtheit' bezeichnet[1691], besteht oder nicht. Richtigerweise führt das Bundesverfassungsgericht in der Entscheidung über den Ladenschluß von Bahnhofsapotheken zum eingerichteten und ausgeübten Gewerbebetrieb aus: „Ein solcher Eigentumsschutz kann sich jedoch nur auf den Gewerbebetrieb als Sach- und Rechtsgesamtheit beziehen, so daß grundsätzlich ein Eingriff in die Substanz dieser Sach- und Rechtsgesamtheit Art. 14 GG verletzen könnte. Regelungen, die nicht in die Substanz des Betriebes eingreifen, sondern lediglich Auflagen des Gewerbes ausmachen, sind ähnlich wie Vorschriften, die die Nutzung von Eigentum betreffen, in der Regel nur Inhaltsbestimmung gemäß Art. 14, Abs. I, S. 2 GG".[1692] Es geht somit stets um den Schutz konkreter Vermögenspositionen. Es sollte deutlich geworden sein, daß der vom Bundesverfassungsgericht als Sach- und Rechtsgesamtheit bezeichnete und der von *Papier* als einheitlicher Organismus[1693] klassifizierte Gewerbebetrieb nicht nur ein Bestand einzelner, konkreter und isolierter Vermögenspositionen ist, sondern eine wirtschaftliche Einheit darstellt, der die einzelnen Vermögenswerte in Form von Maschinen, Fahrzeugen, Betriebsgrundstücken, Betriebsgebäuden, Forderungen, gewerblichen Schutzrechten etc. insgesamt in ihrer funktionalen Verbundenheit zugeordnet sind. Darüberhinaus werden auch alle Handlungen und Verfügungen des Betriebsinhabers über diesen Bestand erfaßt. Kurzum umschreibt der Begriff des eingerichteten und ausgeübten Gewerbebetriebs alles das, was in seiner *Gesamtheit* den wirtschaftlichen Wert des konkreten Betriebes ausmacht.[1694] Der einheitliche Organismus ‚Gewerbebetrieb' umfaßt in seiner Gesamtheit daher mehr als die bloße Summe seiner Teile[1695]. Dieser einheitliche Organismus wird als konkrete Vermögensposition innerhalb des Eigentumsbegriffs unter dem Oberbegriff des eingerichteten und ausgeübten Gewerbebetriebes zusammengefaßt. Der eingerichtete und ausgeübte Gewerbebetrieb weist einen spezifischen Bezug zu der gewerblichen Tätigkeit des Bürgers auf und wäre ohne diese gewerbliche Tätigkeit des Bürgers nicht vorhanden. Nur im Rahmen dieser Tätigkeit des Firmenkunden werden Geldmittel erarbeitet und Investitionen für den Gewerbebetrieb getätigt und so der materielle Vermögenswert vermehrt. So betrachtet kann beispielsweise der Wert eines Betriebs- / Geschäftsgeheimnisses (eines Kundenstamms) lediglich im Zusammenhang mit der gewerblichen Tätigkeit des Bürgers gesehen werden, denn nur in diesem Zusammenhang kann von einem konkreten Vermögenswert für den Bürger oder für Dritte (z.B. Konkurrenten) ausgegangen werden. Außerhalb der gewerblichen Tätigkeit kommt einem Betriebs- / Geschäftsgeheimnis, einem Kundenstamm oder dem Know - how eine vermögenswerte Position nicht zu, da sie weder für den Bürger und Bankkunden noch für nicht gewerbliche Dritte von Bedeutung sind. Hieraus jedoch sogleich zu schließen, daß daher dem Betriebs- / Geschäftsgeheimnis bzw. Kundenstamm der eigentumsrechtliche Schutz generell zu versagen ist, wäre indes verfehlt. Es kommt nicht darauf an, daß dieser Vermögenswert für jeden Dritten besteht.[1696]

[1690] So BVerfG-NJW 1985, 1385 ff. (1389), wo selbst für den Fall, daß der eingerichtete und ausgeübte Gewerbebetrieb dem Eigentumsschutz unterfallen sollte, ausgeführt wird, daß „sich der Schutz der Eigentumsgarantie nur auf den *konkreten* (Hervorhebung - M.H.) Bestand an Rechten und Gütern" erstreckt.

[1691] BVerfGE 13, 225 (229). In BVerfG-NJW 1985, 1389 spricht das Gericht von der tatsächlichen „Zusammenfassung der zum Vermögen eines Unternehmens gehörenden Sachen und Rechte".

[1692] BVerfGE 13, 225 (229). Vgl. auch BVerfG-NJW 1985, 1385 ff. (1389).

[1693] Papier, in: M/D/H/S, Art. 14, Rn. 95, 100.

[1694] Siehe oben S. 314.

[1695] Stober, a.a.O., S. 102; Wendt, a.a.O., Art. 14, Rn. 67. In diesem Sinn auch Badura, a.a.O., Rn. 94, 95.

[1696] Siehe oben S. 317, Fn. 1677.

Bisweilen wird jedoch der Versuch unternommen, einzelne Positionen, die nach der hier vertretenen Ansicht dem Betriebs- und Geschäftsgeheimnis unterfallen würden, aus diesem Begriff argumentativ auszugliedern, da ihnen isoliert betrachtet kein konkreter, sondern lediglich ein abstrakter Vermögenswert zuzuordnen sei. Exemplarisch seien hier die Umsatzzahlen oder die Liquidität eines Gewerbebetriebes genannt. Bereits im Investitionshilfeurteil hat das Bundesverfasungsgericht zur Liquidität eines Unternehmens ausgeführt, daß diese zwar eine wirtschaftliche Position für ein Unternehmen darstellen würde, sie jedoch kein selbständiges Recht sei, mit der Folge, daß die Liquidität nicht unter den Schutzbereich des Art. 14, Abs. I, S. 1 GG fallen soll.[1697] Isoliert betrachtet scheint das Bundesverfassungsgericht mit dieser Auffassung recht zu haben, denn der Umsatz und die Liquidität eines Unternehmens können im Gegensatz zum Kundenstamm und zum Know-how eines Unternehmens nicht separat auf einen Dritten übertragen und somit ‚liquidiert' werden. Doch soll den Positionen Liquidität und Umsatz allein deswegen kein eigentumsrechtlicher Schutz zukommen? Rechtfertigt es sich als Folge dieser Ansicht Betriebs- und Geschäftsgeheimnisse, somit auch den Kundenstamm und das Know - how, generell und unreflektiert vom Schutzbereich des Art. 14, Abs. I GG völlig auszunehmen? Ich meine nein. Gewiß kann man bei isolierter Betrachtung der einen oder anderen Position, die nach hier vertretener Gesamtansicht dem Betriebs- und Geschäftsgeheimnis eines Gewerbebetriebs unterfallen sollen, trefflich darüber streiten, ob diese Position dem Schutzbereich des Art. 14 GG unterfallen oder nicht. Lediglich abstrakten ‚Vermögenspositionen' in Form von allgemeinen Chancen, Hoffnungen, Gewinn- und Umsatzerwartungen kommt keinerlei Vermögenswert zu, so daß hier allein begrifflich noch gar nicht von einer ‚Vermögensposition' gesprochen werden kann. Innerhalb eines eingerichteten und ausgeübten Gewerbebetriebes kann Betriebs- / Geschäftsgeheimnissen ein konkreter Vermögenswert zukommen. Dieses wurde gezeigt. Ein genereller Ausschluß dieser Vermögenspositionen aus dem Eigentumsbegriff ist nicht gerechtfertigt. Auch aus Sicht der hier vertretenen weiten Auslegung der Spezialfreiheitsrechte erscheint eine Unterstellung des eingerichteten und ausgeübten Gewerbebetriebes unter den Schutzbereich des Art. 14, Abs. I, S. 1 GG geboten. Eine isolierte Betrachtung der Positionen, die das Betriebs- und Geschäftsgeheimnis eines Firmenkunden ausmachen, ist darüberhinaus eine unnatürliche Zersplitterung eines einheitlichen Lebensvorganges. Aber selbst für den Fall einer isolierten Betrachtung von Positionen wie Umsatz oder Liquidität zeigt sich, daß diese Positionen des Betriebs- und Geschäftsgeheimnisses zumindest für einige Dritte von Bedeutung sind, denn diese Daten spielen bei der zuvor geschilderten Bewertung eines Unternehmens, sei es im Fall eines Unternehmenskauf für die Kaufpreisfindung, sei es im Fall einer (größeren) Kreditbegebung durch eine Bank für das Kreditrating, eine mitentscheidende Rolle. Dieses zeigt, daß diese Positionen auch für Dritte (Banken, Kaufinteressenten) einen konkreten Vermögenswert besitzen (können). Betriebs- und Geschäftsgeheimnisse sollten daher insgesamt und nicht isoliert betrachtet werden. Diese unterfallen daher dem Schutzbereich von Art. 14, Abs. I GG. Wer sich dieser Meinung nicht anschließen kann, muß in der Tat eine isolierte Betrachtung der einzelnen Positionen des Betriebs- und Geschäftsgeheimnisses vornehmen. Bei isolierter Betrachtung sind dann zumindest die Daten und Informationen einer Bank, die den Kundenstamm und das Know - how des Gewerbebetriebes umfassen, dem Schutzbereich von Art. 14, Abs. I GG zu unterstellen, da diese Vermögenspositionen separat auf dritte Personen entgeltlich übertragen werden können. Positionen wie Umsatz und Liquidität unterfielen dann lediglich dem oben ausgeführten Schutzbereich des Art. 12, Abs. I GG. Der eigentumsrechtliche Schutz des eingerichteten und ausgeübten Gewerbebetriebes umfaßt daher mehr als den blossen Schutz der jeweils einzeln betrachteten Vermögensbestandteile, so daß auch hier gilt, daß

[1697] BVerfGE 4, 7 (8 -Leitsatz 5, 17).

das Ganze mehr umfaßt, als die bloße Summe seiner Teile. Die bereits genannte Ansicht des Bundesverfassungsgerichts, wonach der eigentumsrechtliche Schutz eines Gewerbebetriebes, als bloßer Zusammenschluß von grundrechtlich geschützten Einzelgütern zu sehen ist und nicht weiter gehen könne, als der Schutz der (jeweils einzelnen) wirtschaftlichen Grundlagen,[1698] ist daher so nicht haltbar. Innerhalb des Eigentumsbegriffs ist meines Erachtens daher der eingerichtete und ausgeübte Gewerbebetrieb als Oberbegriff der ihm unterfallenden Vermögenspositionen, somit als eine spezifische und funktionale Einheit zu betrachten, dem innerhalb des Schutzbereiches von Art. 14, Abs. I, S. 1 GG ‚Spezialitätscharakter' beizumessen ist. Es kann daher festgestellt werden, daß die Daten und Informationen die das Betriebs- und Geschäftsgeheimnis eines Firmenkunden umfassen, einen Teilaspekt des Schutzes des eingerichteten und ausgeübten Gewerbebetriebes darstellen, der seinerseits dem Schutzbereich des Art. 14, Abs. I, S. 1 GG unterliegt. Hier kann auf das Bild dreier konzentrischer Kreise zurückgegriffen werden, wobei der größte Kreis den Schutzbereich von Art. 14, Abs. I GG, der mittlere Kreis den eingerichteten und ausgeübten Gewerbebetrieb und der kleinste Kreis Betriebs- und Geschäftsgeheimnisse verkörpern würden.

Bezogen auf die Perspektive des Bankgeheimnisses eines Firmenkunden stellt sich auch dieses als ein Oberbegriff dar, da es neben Betriebs- und Geschäftsgeheimnissen des Kunden, denen nach hier vertretener Auffassung ein Vermögenswert beigemessen werden kann, auch weitere Daten und Informationen umfaßt, denen kein konkreter Vermögenswert zuzuordnen ist.[1699] Der Begriff des Bankgeheimnisses ist daher weiter. Unter das bloße Bankgeheimnis fallen beispielsweise Daten und Informationen über die Kontenanzahl, Kontenumsätze, Gesamtengagementlisten, Nutzungsverhalten des Firmenkunden in bezug auf einzelne Bankprodukte, Einsatzorte und -zeiten von Schecks, Kredit- oder ec-Karten, bloß abstrakte Geschäftschancen, subjektive Umsatz-, Gewinnerwartungen, die einer Bank zum Beispiel durch eingereichte Kalkulationen und Prognosen des Firmenkunden bekannt werden etc.. Derartige Daten und Informationen besitzen keinen liquidierbaren Vermögenswert für Dritte. Daher gilt es, (erst) hier zu unterscheiden. Für die Daten und Informationen, die zugleich das Betriebs- und Geschäftsgeheimnis des Firmenkunden im Rahmen des eingerichteten und ausgeübten Gewerbebetriebes und somit einen Vermögenswert darstellen, soll als Ergebnis festgehalten werden, daß das Bankgeheimnis eines Firmenkunden insoweit auch dem Schutzbereich des 14, Abs. I, S. 1 GG unterfällt. Für die darüberhinaus gehenden Daten des Bankgeheimnisses, die nicht zugleich dem Betriebs- und Geschäftsgeheimnis des Firmenkunden unterfallen, gilt dieser zusätzliche Schutz des Art. 14, Abs. I, S. 1 GG nicht, da ihnen keine vermögenswerten Positionen zugeordnet werden können, diese somit lediglich abstrakte, subjektive Werte darstellen. Bei diesen Daten und Informationen verbleibt es beim Schutz des Bankgeheimnisses gemäß Art. 12, Abs. I GG, wie er beschrieben wurde.
Der prima facie Schutz des Bankgeheimnisses des Firmenkunden durch Art. 14, Abs. I, S. 1 GG ist hinsichtlich seiner effektiven Reichweite im jeweiligen Einzelfall zum einen an dem Konkurrenzverhältnis mit dem aus Art. 12, Abs. I GG resultierenden und geschilderten Schutz der Berufsfreiheit, zum anderen aus den eigentumsrechtlichen Schranken gemäß Art. 14, Abs. I, S. 2 GG als dem für den Staat streitenden Prinzip, zu bestimmen.

1698 BVerfGE 58, 300 (353); Jeand'Heur/Jorczyk, JuS 1997, S. 733.
1699 In anderem Zusammenhang aber vom Tenor her ähnlich Knemeyer, DB 1993, S. 724.

(2) Das Konkurrenzverhältnis von Art. 12, Abs. I GG und Art. 14, Abs. I, S. 1 GG

Die Problematik der Grundrechtskonkurrenzen[1700] beschäftigt sich mit der Frage, welches von mehreren prima facie einschlägig erscheinenden Grundrechten im jeweiligen Einzelfall tatsächlich anwendbar ist.[1701] In den meisten Konkurrenzfällen wird diese Problematik durch den Spezialitätsgrundsatz gelöst, der ein lex specialis - Verhältnis beispielsweise zum (deckungsgleichen) Auffanggrundrecht des Art. 2, Abs. I GG begründet und dieses in bezug auf seine Anwendbarkeit verdrängt.[1702] Dieses Verhältnis wird durch zwei konzentrische Kreise beschrieben, wobei der größere Kreis durch das generelle, der kleinere Kreis durch das spezielle Grundrecht dargestellt wird.[1703] Ist eine spezielle Verdrängung nicht möglich, wird von Idealkonkurrenz gesprochen, bei der ein und derselbe Sachverhalt mehrere Grundrechte berühren kann, die nicht deckungsgleich sind,[1704] sondern sich lediglich in Teilbereichen überschneiden. Dieses führt dazu, daß beide Grundrechte kumuliert anwendbar sind.[1705] Bei der Problematik der Gesetzeskonkurrenzen ist ferner zu berücksichtigen, daß die Anzahl kumulativer Anwendbarkeiten der Spezialfreiheitsrechte von der zugrundegelegten Weite beeinflußt wird, die dem jeweiligen Schutzbereich gegeben wird. Werden die Schutzbereiche wie hier weit interpretiert, kommt es zu häufigeren Überschneidungen der Freiheitsbereiche, als es bei einer engen Interpretation der Fall ist.[1706] Eine enge Interpretation verschiebt die Problematik lediglich in den Bereich des Auffanggrundrechts des Art. 2, Abs. I GG. Dieses wurde bereits ausgeführt.

Nunmehr geht es um das Konkurrenzverhältnis von Berufsfreiheit gemäß Art. 12, Abs. I GG und Eigentumsgarantie gemäß Art. 14, Abs. I, S. 1 GG. Eingangs wurde die Abgrenzung der Schutzbereiche von Berufsfreiheit und Eigentumsgarantie unter den Gesichtspunkten geschildert, daß Art. 12, Abs. I GG den Erwerb schützen würde und als personenbezogenes, in die Zukunft gerichtetes Grundrecht gilt, während Art. 14, Abs. I, S. 1 GG das bereits Erworbene schützen soll und daher ein objektbezogenes, statisches Grundrecht sei. Ferner wurde gesagt, daß sich beide Schutzbereiche aufgrund ihrer Schutzrichtung gegenseitig auszuschließen scheinen, somit ein Konkurrenzverhältnis erst gar nicht auftreten kann, so daß die Frage stets nach dem lex specialis Grundsatz zu beantworten wäre. *Stern* weist jedoch zu Recht darauf hin, daß sich von vornherein eine Ansicht verbietet, nach der stets nur die eine oder andere Grundrechtsnorm einschlägig sein kann, da mit einer solchen Ansicht komplexen Sachverhalten nicht begegnet werden könne.[1707] Tatsächlich gilt das Verhältnis von Art. 12, Abs. I GG und Art. 14, Abs. I, S. 1 GG zueinander, also die Frage danach, unter welchen Voraus-

---

1700 Der Begriff der Grundrechtskonkurrenz steht hier im Gegensatz zum Begriff der Grundrechtskollision. Die Grundrechtskollision beschreibt ein Gegeneinander von Grundrechten, die Grundrechtskonkurrenz ein Nebeneinander von Grundrechten - vgl. Lepa, DVBl. 1972, S. 161; Bleckmann, Staatsrecht II, § 14, S. 391; Bleckmann/Wiethoff, DÖV 1991, S. 723.

1701 Ausführlich zu dieser Problematik, Stern, StaatsR, Bd. III/2, § 92, S. 1366 ff.; Lepa, a.a.O., S. 161 ff.; Schwabe, JA 1979, S. 191 ff.; Bleckmann, a.a.O., S. 391 ff.; Bleckmann/Wiethoff, a.a.O., S. 722 ff..

1702 BVerfGE 6, 32 ff. (37); Pieroth/Schlink, a.a.O., Rn. 341 ff., 369; Scholz, in: M/D/H/S, Art. 12, Rn. 113; Schwabe, JA 1979, S.192; Bleckmann, a.a.O., S. 394 f.; Bleckmann/Wiethoff, DÖV 1991, S. 723.

1703 Bleckmann, a.a.O., S. 394 f..

1704 Stern, a.a.O.; Lepa, a.a.O., S. 161; Schwabe, JA 1991, S. 192; Bleckmann/Wiethoff, DÖV 1991, S. 723.

1705 Vgl. Scholz, in: M/D/H/S, Art. 12, Rn. 113; Stern, a.a.O., S. 1369.

1706 Vgl. Stern, a.a.O., S. 1379, 1380 ff.; Scholz, Das Grundrecht der freien Entfaltung der Persönlichkeit in der Rechtsprechung des Bundesverfassungsgerichts, AöR, 100 (1975), S. 80 ff. (122); Lepa, DVBl. 1972, S. 163; Schwabe, a.a.O.; Bleckmann, a.a.O., S. 396 f..

1707 Stern, StaatsR, Bd. III/2, § 92, S. 1379. Vgl. auch Papier, in: Hdb. des VerfR, § 18, Rn. 59; Tettinger, AöR, 108 (1983), S. 130 f.; Tettinger, in: Sachs, Grundgesetz-Kommentar, Art. 12, Rn. 165.

setzungen eine Regelung der Berufsfreiheit zugleich (Idealkonkurrenz) auch einen Eingriff in die Eigentumsgarantie darstellt, als nicht hinreichend geklärt.[1708] Geklärt ist in diesem Zusammenhang, daß eine kumulative Anwendung beider Grundrechte möglich ist[1709], eine generelle, kumulative Anwendung beider Grundrechte jedoch aufgrund ihres grundsätzlichen Spezialitätscharakters genauso ausscheidet, wie die unter Bezugnahme auf *Stern* geschilderte grundsätzliche Trennung. Vielmehr handelt es sich um eine Frage des jeweiligen Einzelfalls.[1710] Die Frage nach alternativer oder kumulativer Anwendbarkeit der Schutzbereiche wird vor allem durch das Bundesverfassungsgericht im Hinblick auf Tendenz und Eingriffsrichtung der staatlichen Maßnahme beurteilt.[1711] Maßnahmen der öffentlichen Gewalt, die mehr bzw. eher in die Erwerbs- und Leistungstätigkeit des Individuums eingreifen, sollen dem Schutzbereich des Art. 12, Abs. I GG zugeordnet werden, während hoheitliche Maßnahmen, die sich mehr bzw. eher auf die Beschränkung der Innehabung, Nutzung oder Verwendung bestehender Vermögensgüter beziehen, dem Schutzbereich von Art. 14, Abs. I, S. 1 GG unterfallen sollen.[1712] Andererseits soll eine parallele, kumulative Anwendung beider Schutzbereiche in Betracht kommen, „wenn die freie Nutzung eines Eigentumsrechts beruflichen Zwecken dient und in dieses Eigentumsrecht eingegriffen wird oder wenn in eine berufliche Tätigkeit eingegriffen wird, die funktionsnotwendig mit der Nutzung eines bestimmten Eigentumsrechts verbunden ist".[1713] Oben wurde bereits auf die Kohärenz hingewiesen, die die Schutzbereiche beider Grundrechte im Bereich der gewerblichen Tätigkeit von Firmenkunden aufweisen und wonach die Berufstätigkeit einerseits dazu dient, überhaupt erst Vermögenspositionen aufzubauen, andererseits gerade die Nutzung von Vermögenspositionen, die dem Begriff des eingerichteten und ausgeübten Gewerbebetriebs unterfallen, die gewerbliche, berufliche Tätigkeit des Individuums überhaupt erst ermöglicht. Erfolgt ein staatlicher Eingriff, der an die gewerbliche Tätigkeit des Bürgers anknüpft und die Berufsausübungsfreiheit beeinträchtigt, wie er oben im Zusammenhang mit dem Schutz des Bankgeheimnisses durch Art. 12, Abs. I GG geschildert worden ist, ist eine tatsächliche Abgrenzung zum Schutzbereich der Eigentumsgarantie, der ein eingerichteter und ausgeübter Gewerbebetrieb unterfällt, nicht möglich. Die Berufsausübung des Firmenkunden wie sie durch Art. 12, Abs. I GG geschützt wird, ist seine gewerbliche Tätigkeit, die er durch und mittels seines gewerblichen Betriebes ausübt.[1714] Nach zutreffender Ansicht von *Scholz* folgt daraus, daß die Begriffe der gewerblichen ‚Tätigkeit' und des gewerblichen ‚Betriebs' einander korresspektiv bedingen, funktional aufeinander bezogen sind und damit auch rechtlich zusammengehören.[1715] „Gerade in diesem Sinne figuriert der Zusammenhang von Berufs- und Eigentumsfreiheit als allgemeine Verfassungsgewährleistung der ‚Wirtschaftsfreiheit' -verstanden als Einheit und Kom-

---

1708 BVerfGE 22, 380 (386); BVerfGE 30, 292 (334 f.); Jeand'Heur/Jorczyk, a.a.O.; Bryde, in: v.M., Grundgesetz-Kommentar, Art. 14, Rn. 107; Wendt, in: Sachs, Grundgesetz-Kommentar, Art. 14, Rn. 186.

1709 Breuer, in: Hdb. des StaatsR, § 147, Rn. 99, 100; Tettinger, in: Sachs, a.a.O.; Sachs/Wendt, a.a.O., Rn. 186.

1710 Stern, a.a.O., S. 1377; Bleckmann/Wiethoff, DÖV 1991, S. 724.

1711 Stern, a.a.O., S. 1385 ff. weist darauf hin, daß das Bundesverfassungsgericht insgesamt eine indifferente, eher pragmatische Linie verfolgt und unterscheidet insgesamt drei verschiedene Ansätze zur Lösung des Konkurrenzproblems. Zum einem verfolgt das Gericht hiernach den Ansatz durch eine „Meist - Betroffenheitstheorie" die Anwendbarkeit der Grundrechte abzugrenzen, zum Anderen wird ein Spezialitätsverhältnis begründet oder drittens eine kumulative Anwendbarkeit verschiedener Grundrechte bejaht.

1712 BVerfGE 30, 292 (335); Papier, in: Hdb. des VerfR, Rn. 59; dergl., in: M/D/H/S, Art. 14, Rn. 220; Jeand' Heur/Jorczyk, JuS 1997, S. 733; Scholz, in: M/D/H/S, Art. 12, Rn. 140 f.. Vgl. auch Stern, a.a.O., S. 1385 f., m.w.N..

1713 Scholz, a.a.O., Rn. 138; Papier, in: M/D/H/S, Art. 14, Rn. 220; dergl., in: Hdb. des VerfR, a.a.O., Rn. 59; Gubelt, in: v.M., Grundgesetz-Kommentar, Art. 12, Rn. 93; Stern, a.a.O., S. 1387, m.w.N..

1714 Scholz, in: M/D/H/S, Art. 12, Rn. 141.

1715 Vgl. Scholz, a.a.O.; dergl., AöR, 100 (1975), S. 127 f.; Bleckmann, Staatsrecht II, § 14, S. 394.

plex aller wirtschaftlich relevanten Verhaltens- und Bestandsweisen".[1716] *Stern* weist darauf hin, daß sich aus dem Entstehungsgrund und der Zielrichtung der Grundrechte ergibt, daß diese grundsätzlich nebeneinander gelten sollen und wollen, da dieses den Schutz des Bürgers vor Eingriffen des Staates verstärken würde.[1717] In der Mitbestimmungsentscheidung spricht das Bundesverfassungsgericht sogar von Akzessorietät zwischen dem Schutz des Anteilseigentums und der primären Bedeutung des Eigentums als Menschenrecht, da „das Freiheitsrecht der Rechtseinrichtung Eigentum bedarf, damit der Einzelne am Aufbau und an der Gestaltung der Wirtschaftsordnung eigenverantwortlich, autonom und mit privatnütziger Zielsetzung mitwirken kann".[1718] Die Zielsetzung der konkurrierenden Tatbestandsbereiche ist nach *Stern* auf eine gegenseitig unterstützende Wirkung gerichtet, so daß die kumulative Anwendbarkeit von Grundrechten der Regelfall sei, die Verdrängung von Grundrechten hingegen die Ausnahme.[1719] Von der Eingriffsbetrachtung ausgehend zeigt sich, daß es in bezug auf das Bankgeheimnis eines Firmenkunden nicht möglich ist, eine Trennung der Schutzbereiche vorzunehmen. Die geschilderten Eingriffe und Durchbrechungen des Bankgeheimnisses dienen dazu, die für den Staat streitenden Prinzpien zu realisieren und Steuerhinterziehungen zu unterbinden, um den Steueranspruch des Staates zu sichern und eine gerechte und gleichmäßige, tatsächliche Belastung der Steuerbürger zu gewährleisten. Anknüpfungspunkt für die Besteuerung eines Firmenkunden ist seine gewerbliche Tätigkeit, die er durch und mit Hilfe seines Gewerbebetriebes[1720] ausübt. Der hieraus resultierende Ertrag dient als Grundlage der Besteuerung, wie es bereits im Zusammenhang des Bankgeheimnisses mit der Berufsfreiheit geschildert wurde. Dieser steuerlich relevante Ertrag wird jedoch unter anderem seinerseits dadurch beeinflußt, daß der Firmenkunde in sein Gewerbe investiert, zum Beispiel neue Maschinen erwirbt oder Gebäude errichtet und diese Investitionen vereinfacht ausgedrückt[1721] als Abschreibungen vorab von seinen betrieblichen / gewerblichen Einnahmen abziehen kann, was zu einem niedrigeren Ertrag und somit zu einer niedrigeren Steuerzahlung führt. Dieses entspricht ganz der Systematik, wie sie bereits unter Bezugnahme auf die Einnahme- / Überschußrechung gemäß § 4, Abs. III EStG geschildert wurde. Dort wurde der steuerpflichtige Gewinn, der Bemessungsgrundlage für die Besteuerung des Firmenkunden ist, als die Differenz von Betriebseinnahmen zu den Betriebsausgaben beschrieben. Gleiches gilt prinzipiell auch für die Firmenkunden, die eine Bilanz erstellen. Auch dort sind Investitionskosten steuerschuldmindernd absetzbar. Diese Investitionen des Firmenkunden in sein Unternehmen werden oft mit Hilfe der Banken in Form von Krediten getätigt. Auch hierin zeigt sich die enge Verzahnung zwischen beruflicher Betätigung und eigentumsrechtlicher Maßnahme des Firmenkunden, denn auch Zinsen für derartige Investitionskredite haben eine steuerertragsmindernde Wirkung, da diese ähnlich wie Abschreibungen geltend gemacht werden können. Hinsichtlich der geschilderten Eingriffs- und Durchbrechungsmöglichkeiten in das Bankgeheimnis eines Firmenkunden seitens der Finanz- und Ermittlungsbehörden zur Unterbindung von Steuerhinterziehungen wird an den steuerpflichtigen Ertrag

---

1716 Scholz, in: M/D/H/S, Art. 12, Rn. 141; dergl., AöR, 100 (1975), S. 127 f.; Papier, in: Hdb. des VerfR, a.a.O., Rn. 75. Scholz weist darauf hin, daß das Bundesverfassungsgericht dazu tendiert, die Wirtschaftsfreiheit Art. 2, Abs. I GG zu unterstellen - Scholz, AöR, 100, a.a.O.. In diesem Sinne auch Bleckmann / Wiethoff, DÖV 1991, S. 724. Schwabe, JA 1979, S. 194, 196 spricht in diesem Zusammenhang von einer Verbundwirkung. So auch Stern, a.a.O., Bd. III/2, § 92, S. 1380.

1717 Stern, a.a.O., S. 1398; Rüfner, Der Staat, 7 (1968), S. 44, 47 ff.; Bleckmann, a.a.O., S. 394, 397; Bleckmann / Wiethoff, a.a.O., S. 724 f..

1718 BVerfGE 50, 290 (344).

1719 Stern, StaatsR, Bd. III/2, § 92, S. 1398; Breuer, in: Hdb. des StaatsR, § 147, Rn. 99.

1720 Der Begriff des Gewerbebetriebes ist hier untechnisch im genannten Sinne zu verstehen.

1721 Eine detailierte Ausführung zu dieser Problematik mit all ihren Varianten ist im Rahmen dieser Arbeit nicht möglich. Insoweit muß auf die einschlägige Spezialliteratur verwiesen werden.

angeknüpft, den der Bürger im Rahmen seiner beruflichen / gewerblichen Betätigung mit Hilfe seines eingerichteten und ausgeübten Gewerbebetriebes erwirtschaftet. Der Staat als Finanzgesetzgeber geht somit wie selbstverständlich davon aus, daß die gewerbliche Tätigkeit des Bürgers mit Hilfe seines gewerblichen Betriebes ausgeübt wird, dieser somit einerseits Erträge erwirtschaftet, andererseits jedoch für die zukünftige Sicherung dieser Erträge Investitionen tätigen muß. Insofern kann auf die oben zitierte Auffassung *Stober's* verwiesen werden.[1722] Es kann daher gesagt werden, daß nach Ansicht des Staates zwischen der gewerblichen Tätigkeit und dem eigentumsrechtlich geschützten eingerichteten und ausgeübten Gewerbebetrieb nicht nur eine Kohärenz (scil. ‚Verbindung'), sondern vielmehr eine untrennbare Interdependenz (scil. ‚wechselseitige Abhängigkeit') besteht. Diese Interdependenz führt hier zu einer kumulativen Anwendbarkeit der genannten Schutzbereiche,[1723] so daß beispielsweise *Rüfner* zum Zusammenspiel von Art. 12 und 14 GG ausführt, daß beide Grundrechte „vielfach gegenseitig substituierbar" seien.[1724] Nach *Stern* ist die kumulative Heranziehung / Prüfung von Art. 12, Abs. I GG und Art. 14, Abs. I, S. 1 GG durch das Bundesverfassungsgericht der häufigste Lösungsweg einer Grundrechtskonkurrenz.[1725] Beispielhaft ist die kumulative Heranziehung von Art. 12, Abs. I GG und Art. 14, Abs. I, S. 1 GG durch das Bundesverfassungsgericht im Mitbestimmungsurteil erfolgt. Dort heißt es ganz im Sinne der unter Bezugnahme auf *Stern* angesprochenen gegenseitigen Verstärkung der Grundrechte: „Maßstäbe der verfassungsrechtlichen Prüfung sind diejenigen Einzelgrundrechte, welche die verfassungsrechtlichen Rahmenbedingungen und Grenzen der Gestaltungsfreiheit des Gesetzgebers bei der Einführung einer erweiterten Mitbestimmung markieren. Diese lassen sich nicht ohne Berücksichtigung der Überschneidungen, Ergänzungen und Zusammenhänge zwischen ihrem Schutzbereich und dem anderer Grundrechte und nicht ohne Rücksicht auf die das Grundgesetz tragenden Prinzipien auslegen".[1726] Ferner heißt es: „Wird weiterhin berücksichtigt, daß die Grundrechte der Art. 12, Abs. I GG und Art. 14, Abs. I GG funktionell aufeinander bezogen sind, so kann die verfassungsrechtliche Beurteilung, auch wenn sie sich nach den zu Art. 12, Abs. I GG entwickelten Regeln zu richten hat, im Prinzip keine andere sein, als die zu Art. 14, Abs. I GG dargelegte".[1727] Aufgrund dieser Ausführungen ist vorliegend von Idealkonkurrenz und somit von einer kumulativen Anwendung beider Freiheitsrechte auszugehen. Das Bankgeheimnis eines Firmenkunden ist daher prima facie durch den Schutzbereich des Art. 12, Abs. I GG sowie durch den Schutzbereich des Art. 14, Abs. I, S. 1 GG geschützt.

Die fortlaufende berufliche / gewerbliche Tätigkeit eines Firmenkunden, die dieser durch seinen Gewerbebetrieb ausübt, bedingt, daß aufgrund der Geschäftsbeziehung des Kunden zu seiner Bank bei dieser peu à peu (i.S.v. fortlaufend) Daten und Informationen anfallen, die oben dem Bankgeheimnis des Firmenkunden unterstellt worden sind. Hierdurch baut sich im Laufe der Zeit ein Datenbestand bei der Bank auf, der auch die bereits geschilderten Betriebs- und Geschäftsgeheimnisse des Firmenkunden umfassen kann. Dieser Daten- / Informations-

---

1722 Siehe oben S. 314.

1723 Vgl. Scholz, AöR, 100 (1975), S. 127 f..

1724 Rüfner, Der Staat, 7 (1968), S. 49 ff..

1725 Stern, a.a.O., S. 1387, m.w.N.. Vgl. Breuer, in: Hdb. des StaatsR, § 147, Rn. 100 für Art. 12 und 14 GG. Zur parallelen Prüfung von Art. 12 und 14 GG durch das Bundesverfassungsgericht: BVerfGE 4, 7 (15 ff.); BVerfGE 10, 55 (55 - Leitsätze 2 und 3) -Tierzucht; BVerfGE 16, 147 (162 ff., 187); BVerfGE 17, 232 (240 ff., 247 ff.); BVerfGE 21, 150 (155 ff., 160 f.) - Weingesetz; BVerfGE 30, 292 (312 ff., 334 ff.); BVerfGE 38, 61 (79, 86, 102); BVerfGE 72, 200 (253 f.); BVerfGE 77, 84 (105 ff., 117 ff.); BVerfGE 77, 308 (332 ff., 339); BVerfGE 80, 137 (150 f.) - Reiten im Walde.

1726 BVerfGE 50, 290 (356).

1727 BVerfGE 50, 290 (365).

bestand der Bank wird wiederum durch die fortwährende Tätigkeit des Firmenkunden und der bestehenden Geschäftsbeziehung zu seiner Bank stetig aktualisiert[1728] und dadurch verändert. Wollte man eine Trennung der Schutzbereiche von Art. 12, Abs. I GG und Art. 14, Abs. I, S. 1 GG in einem solchen Fall vornehmen, unterfiele der als Bankgeheimnis bezeichnete und bereits bestehende Daten- / Informationsbestand bei der Bank, der wiederum die Betriebs- und Geschäftsgeheimnisse des Firmenkunden beinhaltet, eher dem Schutzbereich der Eigentumsgarantie, wo hingegen der sich fortlaufend ergebende Daten- / Informationsfluß eher dem Schutzbereich der Berufsfreiheit unterfiele. Tatsächlich erweist sich eine solche künstliche Zersplitterung der betroffenen Schutzbereiche in der hier interessierenden Konstellation als wenig hilfreich, denn diese Zersplitterung von Sachverhalten in verschiedene Schutzbereiche führt zu einer willkürlichen Trennung einheitlicher Lebensvorgänge und zu einer ‚Aufweichung' des Schutzgutes ‚Betriebs- / Geschäftsgeheimnis', welches gerade bei einem kumulierten Schutz durch zwei betroffene Schutzbereiche „insgesamt ein größeres Gewicht erhält als bei einer getrennten Betrachtung"[1729]. Erfolgt ein Eingriff in das Bankgeheimnis zur Verifizierung der steuerlich relevanten Verhältnisse des Firmenkunden, ist dieser von den sich hieraus ergebenden Folgen[1730] gleichermaßen in seiner gewerblichen Tätigkeit, als auch in seinem eingerichteten und ausgeübten Gewerbebetrieb betroffen. Dieses bedingt die geschilderte Interdependenz.

(3) Schranken

Meist beinhalten Abhandlungen über die Schrankendogmatik des Art. 14 GG auch Ausführungen über die Abgrenzung der Inhalts- und Schrankenbestimmung gemäß Art. 14, Abs. I, S. 2 GG auf der einen Seite, von der Enteignung gemäß Art. 14, Abs. III GG auf der anderen Seite.[1731] Aufgrund der oben geschilderten Normen, die das Bankgeheimnis durchbrechen, kommt die Frage einer Enteignung des Firmenkunden im hier untersuchten Kontext offensichtlich nicht in Betracht, so daß es den Rahmen dieser Arbeit übersteigen würde, die einzelnen Abgrenzungstheorien zwischen Enteignung und Inhalts- / Schrankenbestimmung darzustellen. Generell kann gesagt werden, daß diese Abgrenzungstheorien notwendig sind, da es ähnlich wie bei der Berufsfreiheit auch möglich ist, daß eine Inhalts- / Schrankenbestimmung eine Intensität erreichen kann, die enteignende Wirkung hat,[1732] so daß beide Institute sich einander annähern. Daher sei hier lediglich die vom Bundesverfassungsgericht als (grobe) Unterscheidung dienende Ansicht genannt, wonach eine Inhalts- und Schrankenbestimmung im Gegensatz zu einer (konkret - individuellen) Enteignung vorliegen soll, wenn durch den Gesetzgeber in genereller und abstrakter Weise Rechte und Pflichten in Bezug auf Eigentumspositionen des Art. 14, Abs. I, S. 1 GG festgelegt werden, wobei die durch Art. 14, Abs. I, S. 1 GG geschützte Position in ihrer wesentlichen Substanz dem Eigentümer verbleiben müsse.[1733] Es ist offensichtlich, daß die genannten Durchbrechungsnormen des Bankgeheimnisses keine enteignende Wirkung entfalten.

1728 Deswegen soll sich eine Bank nach § 18 KWG nicht nur die jeweiligen Jahresabschlüsse geben lassen, sondern auch über die unterjährigen Zahlen, in Form von BWA, SuSa etc. unterrichten.

1729 Bleckmann, Staatsrecht II, S. 393 f.; vgl. auch Lepa, DVBl. 1972, S. 164

1730 Z.B. eine Steuernachzahlung.

1731 Statt vieler vgl. v. Heinegg/Haltern, JuS 1993, S. 124; Stober, a.a.O., S. 120 ff.; Badura, in: Hdb. des VerfR, § 10, Rn. 53 ff.; Stein, a.a.O., S. 260 ff..

1732 BVerfGE 58, 300 (331, 332).

1733 BVerfGE 52, 1 (27). Vgl. auch die Darstellung bei v. Heinegg/Haltern, a.a.O.; Badura, a.a.O., Rn. 59; Pieroth / Schlink, a.a.O., Rn. 922 f.; Papier, in: M/D/H/S, Art. 14, Rn. 336 ff..

(3.1.) Inhalts- und Schrankenbestimmung des Art 14 GG

Gemäß Art. 14, Abs. I, S. 2 GG ist der Gesetzgeber beauftragt, Inhalt und Schranken des Eigentums zu bestimmen.[1734] Hierbei hat der Gesetzgeber eine weite Gestaltungs- und Prognosefreiheit zur Ausgestaltung des Eigentums,[1735] muß dabei jedoch „als Richtlinie oder Direktive" Art. 14, Abs. II GG, der die Sozialpflichtigkeit des Eigentums beschreibt, beachten.[1736] Art. 14, Abs. I, S. 2 GG und Art. 14, Abs. II GG beschreiben einen einheitlichen Gesetzesvorbehalt,[1737] so daß das Allgemeinwohl nicht nur Grund sondern zugleich Grenze für die dem Eigentum auferlegten Beschränkungen ist.[1738] Die Grenzen der Gestaltungsfreiheit ergeben sich auch aus dem Umstand, daß der Gesetzgeber die grundsätzliche Gewährleistung des Privateigentums sowie „die objektiv - rechtlichen Verfassungsvorschriften" zu wahren hat, worunter auch und gerade der Verhältnismäßigkeitsgrundsatz fällt.[1739] Es besteht mit den Worten des Bundesverfassungsgerichts ein ‚unlösbarer Zusammenhang' zwischen der Bestandsgarantie des Art. 14, Abs. I, S. 1 GG, dem Regelungsauftrag des Art. 14, Abs. I, S. 2 GG und der Sozialpflichtigkeit des Eigentums nach Art. 14, Abs. II GG, wobei keiner dieser Faktoren über Gebühr verkürzt werden darf.[1740] „Vielmehr müssen alle (Faktoren - M.H.) zu einem verhältnismäßigen Ausgleich gebracht werden".[1741] In der Feldmühleentscheidung des Bundesverfassungsgerichts heißt es zu diesem Spannungsverhältnis: „In Ausübung der durch Art. 14, Abs. I, S. 2 GG erteilten Ermächtigung, Inhalt und Schranken des Eigentums zu bestimmen, muß der Gesetzgeber sowohl die Wertentscheidung des Grundgesetzes zugunsten des Privateigentums beachten als auch alle übrigen Verfassungsnormen, insbesondere den Gleichheitssatz, das Grundrecht der freien Entfaltung der Persönlichkeit und das Prinzip der Rechts- und Sozialstaatlichkeit".[1742]

Das Spannungsverhältnis wird durch eine verhältnismäßige, proportionale Zuordnung der beteiligten Faktoren gelöst. In diesem Zusammenhang wird auch von einem gestuften Eigentumsschutz[1743] gesprochen, der auch als „eigentumsrechtliche Stufentheorie" bezeichnet wird.[1744] Ähnlich wie bei der Berufsfreiheit lassen sich auch hier Eingriffsstufen

---

[1734] BVerfGE 25, 112 (117); BVerfGE 31, 229 (240); BVerfGE 58, 300 (338); Wendt, in: Sachs, Art. 14, Rn. 54; v. Heinegg/Haltern, JuS 1993, S.125; Badura, in: Hdb. des VerfR, § 10, Rn. 53; Hesse, Grundzüge des VerfR, Rn. 448.

[1735] Bryde, in: v.M., Grundgesetz-Kommentar, Art. 14, Rn. 48, 61; Papier, in: M/D/H/S, Art. 14, Rn. 312 ff.; Wendt, in: Sachs, a.a.O., Rn. 70; Pieroth/Schlink, a.a.O., Rn. 929.

[1736] Papier, in: M/D/H/S, Art. 14, Rn. 299; Wendt, in: Sachs, Art. 14, Rn. 60, 72; Bryde, a.a.O., Rn. 57; Badura, a.a.O., Rn. 58.

[1737] Papier, a.a.O.; ähnlich Wendt, a.a.O., Rn. 85, der für die Schrankenbeziehung „Art. 14, I, 2, II" GG zusammen zitiert.

[1738] BVerfGE 50, 290 (340); BVerfGE 21, 73 (83) - Grundstücksverkehrsgesetz; Papier, a.a.O., Rn. 299, 301; Wendt, a.a.O., Rn. 59.

[1739] BVerfG, a.a.O.; BVerfGE 14, 263 (278); BVerfGE 21, 73 (82); BVerfGE 31, 229 (240); Papier, a.a.O., Rn. 301, 303, 307, 317; Wendt, a.a.O., Rn. 57, 59, 70, 73; Bryde, a.a.O., 48, 57, 60; Pieroth/Schlink, a.a.O., Rn. 929; Hesse, a.a.O..

[1740] BVerfGE 25, 112 (117, 118); BVerfGE, 50, 290 ff. (340); BVerfGE 52, 1 ff. (29, 32); Pieroth/Schlink, a.a.O., Rn. 929 ff.; v. Heinegg/Haltern, a.a.O., S. 125; Badura, a.a.O., Rn. 53.

[1741] BVerfGE 50, 290 ff. (340). Vgl. auch BVerfGE 25, 112 ff. (117, 118); BVerfGE 52, 1 (29); Badura, a.a.O., 58.

[1742] BVerfGE 14, 263 (263 - Leitsatz 1, 278). Vgl. auch BVerfGE 38, 348 (370) - Zweckentfremdung von Wohnraum; BVerfGE 58, 300 (338).

[1743] Stober, a.a.O., S. 116 ff., der insgesamt drei Eingriffstufen unterscheidet und sich offensichtlich an der drei - Stufentheorie des Bundesverfassungsgerichts zu Art. 12, Abs. I GG orientiert.

[1744] Papier, in: M/D/H/S, Art. 14, Rn. 303 ff..

unterschiedlicher Intensität unterscheiden.[1745] Maßgeblicher Gesichtspunkt ist somit auch hier der Verhältnismäßigkeitsgrundsatz, der die hinter den genannten Faktoren stehenden Prinzipien pareto - optimal einander zuordnen soll.[1746] Es findet eine Prinzipienkollision statt. Es gilt das aus dem Gesetz der abnehmenden Grenzrate der Substitution hergeleitete erste Abwägungsgesetz mit seiner ‚Je - desto-Formel'. *Stober* führt aus: „Die Befugnis des Gesetzgebers zur Inhalts- und Schrankenbestimmung ist um so weiter, je mehr das Eigentumsobjekt in seinem sozialen Bezug bzw. in seiner sozialen Funktion steht. Die Befugnis des Gesetzgebers zur Inhalts- und Schrankenbestimmung ist um so enger, je mehr die Funktion des Eigentums als Element der persönlichen Freiheit des einzelnen betroffen ist".[1747] So entschied auch das Bundesverfassungsgericht, das im Mitbestimmungsurteil die Eingriffsbefugnis des Gesetzgebers mit den Worten umgrenzt: „Insgesamt ist mithin der Gestaltungsbereich des Gesetzgebers bei sozialem Bezug und bei sozialer Funktion des Eigentums im Blick auf dessen Sozialbindung relativ weit; er verengt sich, wenn diese Voraussetzungen nicht oder nur in begrenztem Umfang vorliegen".[1748] Aufgrund dieses ‚dynamischen Eingriffsmodells' lassen sich somit Eingriffsstufen unterschiedlicher Intensität unterscheiden. Aber nicht nur nach der Eingriffsintensität, sondern auch nach der Eingriffsrichtung wird in der Literatur unterschieden. Diese Unterscheidung treffen vornehmlich jene Autoren, die die Auffassung vertreten, daß durch den Inhalts- und Schrankenbegriff zwei qualitativ unterschiedliche Beeinträchtigungsrichtungen beschrieben werden. Ein Vertreter dieser Ansicht ist *Wendt*.[1749] Dieser Auffassung steht die beispielsweise von *Papier* und *Bryde* vertretene Ansicht gegenüber, die einen einheitlichen Inhalts- und Schrankenbegriff vertreten und sich unter anderem auf die Rechtsprechung des Bundesverfassungsgericht berufen, das den Begriff der Inhalt- und Schrankenbestimmung undifferenziert verwenden würde.[1750] Nach *Wendt* besteht die Differenzierung von Inhalts- und Schrankenbestimmung darin, daß Inhaltsnormen die „Eigentumsrechte und die mit ihnen verbundenen Befugnisse generell und pflichtneutral" festlegen würden,[1751] während Schrankennormen „die aus der Innehabung oder Ausübung" von durch Inhaltsnormen „zuerkanntem Eigentum sich ergebenden Bürger - Bürger und / oder Bürger - Staat - Konflikte zum Regelungsgegenstand" haben sollen.[1752] Schrankennormen würden dem Eigentümer daher Handlungs-, Unterlassungs- und Duldungspflichten auferlegen.[1753] Zusammenfassend bezeichnet *Wendt* Inhaltsnormen als „Eigentumskonstituierung", Schrankennormen als „Eigentumsbeeinträchtigung".[1754] Nach der so vorgenommenen Differenzierung *Wendt's* kommen der eigentumskonstituierenden Wirkung einer Inhaltsbestimmung somit primär die grundsätzlichen Fragen der Einrichtungsgarantie / Eigentumsgarantie zu, so daß es bei Eingriffen in diesen Bereich vornehmlich um Fragen der Abgrenzung von Inhaltsbestim-

---

1745 Papier, a.a.O.; Stober, a.a.O..

1746 Vgl. Papier, a.a.O., Rn. 303; Wendt, a.a.O., Rn. 70, 73; Bryde, a.a.O., Rn. 60; Pieroth/Schlink, a.a.O., Rn. 929 ff..

1747 Stober, a.a.O., S. 116, 117, der sich an der Mitbestimmungsentscheidung des Bundesverfassungsgerichts orientiert hat. Vgl. BVerfGE 50, 290 (340, 341); BVerfGE 52, 1 (32). Papier, in: M/D/H/S, Art. 14, Rn. 304; Bryde, a.a.O., Rn. 57; v. Heinegg/Haltern, JuS 1993, S. 125.

1748 BVerfGE 50, 290 (341). Vgl. auch Papier, a.a.O., Rn. 305; Badura, a.a.O., Rn. 58; v. Heinegg/Haltern, a.a.O.. Für Stein, StaatsR, S. 254a.a.O., ist die Sozialbindung des Eigentums durch Art. 14, Abs. II GG eine klare Absage an alle Formen eines ‚Manchester-Kapitalismus'.

1749 Wendt, in: Sachs, Art. 14, Rn. 55 ff., m.w.N.. Vgl. auch Stein, a.a.O., S. 256 f..

1750 Papier, in: M/D/H/S, Art. 14, Rn. 300; Bryde, in: v.M., Art. 14, Rn. 49.

1751 Wendt, a.a.O., Rn. 55 ff., 60 ff..

1752 Vgl. Wendt, a.a.O., Rn. 55, 70 ff.; Stein, a.a.O..

1753 Wendt, a.a.O..

1754 Wendt, a.a.O..

mung zu Enteigung geht.[1755] Bei der eigentumsbeeinträchtigenden Wirkung einer Schrankenbestimmung geht es primär um Konfliktlösung im Rahmen einer Prinzipienkollision, somit um die Austarierung gegenläufiger Interessen anhand des Verhältnismäßigkeitsgrundsatzes.[1756]

Diese Dichotomie von Inhalts- und Schrankenbestimmung halten *Papier* und *Bryde* für verfehlt. Inhalts- und Schrankenbestimmungen mögen nach ihrer Ansicht zwar sprachlich voneinander getrennt werden können, eine unterschiedliche Eingriffsqualität oder Eingriffsrichtung sei hieraus indes nicht herzuleiten.[1757] Nach dieser Ansicht sei es meist reiner Zufall, „ob Eigentümerbefugnisse vom Gesetzgeber durch eine von vornherein restriktive Inhaltsbestimmung oder durch eine Schrankenregelung bei zunächst großzügiger Inhaltsfestlegung eingegrenzt werden".[1758] Überdies würde auch das Bundesverfassungsgericht in seinen Entscheidungen nicht nach Inhalts- und Schrankenbestimmung differenzieren, sondern diese stets einheitlich anwenden, da die Schranken den Inhalt definieren, die Inhaltsbestimmung ihrerseits jedoch Schranken enthalten würden.[1759] In Anbetracht der Eingriffsnuancen, des „Formenreichtums" und der „Austauschbarkeit eigentumsgestaltender Maßnahmen", die auch die Begründung neuer Schranken beinhalten würden, müsse eine Differenzierung letztendlich scheitern.[1760] Bei der Konstituierung der Eigentumsordnung durch den Gesetzgeber sei es unerheblich, ob die Belange Privater im Rahmen der Normen des Privatrechts oder die Belange der Allgemeinheit mit den Normen des öffentlichen Rechts zum Eigentum abgegrenzt werden, da beide Normenbereiche die Eigentumsordnung insgesamt in gleichem Maße konstituieren würden.[1761] Daher sei eine differenzierende Zuordnung von Inhalts- und Schrankenbestimmungen zu dem einen oder anderen dieser Normenbereiche unergiebig, so daß eine Differenzierung von Inhalts- und Schrankenbestimmung überhaupt unterbleiben könne.[1762]
Meines Erachtens gebührt grundsätzlich einer Differenzierung von Inhalts- und Schrankenbestimmung im Sinne *Wendt's* der Vorrang, wenngleich in diesem Zusammenhang nicht von einer unterschiedlichen Eingriffsqualität gesprochen werden sollte. Vielmehr handelt es sich bei einer Inhalts- und einer Schrankenbestimmung um ein ‚Aliudverhältnis'. *Papier* und *Bryde* ist zunächst darin Recht zu geben, daß eine eindeutige Trennung beider Begriffe in der Praxis aufgrund nuancierter Eingriffs- / Gestaltungsmöglichkeiten des Staates nicht immer einfach ist und Überschneidungen zwischen beiden Instituten auftreten, da eine Inhaltsbestimmung oft zugleich beschränkende Wirkung hat, zumindest in den Fällen, in denen eine Inhaltsbestimmung in bereits bestehende Eigentumspositionen eingreift und als Folge nachher weniger Eigentümerbefugnisse bestehen, als es vorher der Fall war. Dieses gesteht auch *Wendt* bereits zu.[1763] Gleiches gilt für Schrankenbestimmungen, die durchaus eigentumskonstituierende Wirkung und darüber hinaus sogar enteignende Wirkung entfalten können. Gleichwohl gebührt einer differenzierenden Betrachtungsweise der Vorzug, da Inhalts- und Schrankenbestimmung in einem Rangverhältnis stehen. Eine Beschränkungsregelung geht

---

[1755] Wobei bei der Bestimmung des Eigentumsinhalts der Verhältnismäßigkeitsgrundsatz zu beachten sei - vgl. Wendt, in: Sachs, Art. 14, Rn. 57.
[1756] Vgl. Wendt, a.a.O., Rn. 57.
[1757] Papier, in: M/D/H/S, Art. 14, Rn. 300.
[1758] Papier, a.a.O..
[1759] Bryde, in: v.M., Art. 14, Rn. 49 - m.w.N..
[1760] Bryde, a.a.O..
[1761] Papier, a.a.O..
[1762] Papier, a.a.O..
[1763] Wendt, a.a.O., Rn. 56.

grundsätzlich von einem zu beschränkenden (Ist-) Bestand an Eigentum aus.[1764] Dieser (Ist-) Bestand des Eigentums wird durch eine Inhaltsbestimmung begründet. Aus diesem Grunde ist eine Inhaltsbestimmung begrifflich zwar ohne entsprechende Schrankenregelung denkbar, letztere hingegen nicht ohne (vorherige) Inhaltsbestimmung. Es besteht daher ein zumindest zeitliches Rangverhältnis zugunsten der Inhaltsbestimmung. Aber auch die Regelungsinhalte beider Institute erscheinen unterschiedlich, da eine Inhaltsbestimmung primär auf die Frage des „Ob" von Eigentum abzielt und sich erst in einem weiteren gedanklichen Schritt auch der Frage des „Wie" von Eigentum zuwendet. Der Gesetzgeber hat sich somit bei der Neukonstituierung einer Eigentumsposition nicht nur zu fragen, *ob* er diese Position überhaupt gewährleisten will, sondern auch in*wie*weit. Im Unterschied dazu befaßt sich eine Schrankenregelung lediglich mit der Frage der Eigentums- (ausübungs-) modalitäten und somit dem „Wie", einer Eigentumsposition. Die Problematik einer Differenzierung liegt somit darin begründet, daß sich beide Institute im Bereich des „Wie" der Eigentumsposition überschneiden (können). Im Rahmen dieser ‚Schnittmenge' beider Institute bewahrheitet sich scheinbar die zuvor genannte Aussage *Bryde's*, daß Schranken den Inhalt definieren, wobei die Inhaltsbestimmung zugleich Schranken enthält. Läßt sich die getroffene Unterscheidung im Rahmen neu zu konstituierender Eigentumspositionen noch nachvollziehen, verwischen die Grenzen beider Institute scheinbar vollends, wenn es sich um eine Regelung in bezug auf bereits bestehende Eigentumspositionen handelt, da hier das konstituierende Moment im eigentlichen Sinne weniger sichtbar ist. Aber auch in diesem Fall kann der Konzeption *Wendt's* grundsätzlich gefolgt werden. Die primär auf das „Ob" einer Eigentumsposition zielende Inhaltsbestimmung ist, so wurde unter Bezugnahme auf *Wendt* gesagt, mit dem Institut der Enteignung abzugrenzen. Aufgrund ihrer Zielrichtung tendiert eine Inhaltsbestimmung primär zu einer allgemeinen, generellen Lösung.[1765] Dieses scheint trotz seines entgegengesetzten Ausgangspunktes auch *Papier* grundsätzlich so zu sehen, da er im Zusammenhang mit der Konstituierung von Eigentumspositionen von insoweit bestehenden privatrechtlichen und öffentlich - rechtlichen Normbereichen spricht, die verfassungsrechtliches Eigentum begründen. Unstreitig prägen Normen des privaten- und öffentlichen Rechts das Eigentum und haben insoweit für dieses eine konstituierende Wirkung. Da es jedoch keine Einzelfallgesetze gibt, diese vielmehr allgemein und generell gelten müssen, haben Inhaltsbestimmungen einen objektiv - generellen Charakter. Eine Inhaltsbestimmung, die Eigentumspositionen konstituiert, hat daher für alle Betroffenen grundsätzlich die gleiche Wirkung. Das gilt auch, wenn seitens des Gesetzgebers in bereits bestehende Positionen eingegriffen wird. Die Regelungstendenz einer Inhaltsbestimmung ist somit die nach einem *generellen* „Ob" und einem *generellen* „Wie" einer Eigentumsposition. Im Gegensatz dazu haben Schrankenbestimmungen einen *individuellen* Charakter. Bei ihnen werden im Wege der Abwägung anhand des Verhältnismäßigkeitsgrundsatzes die beteiligten Prinzipien im Sinne des oben genannten Schemas miteinander abgewogen.[1766] Dadurch wird die bestehende Prinzipienkollisionslage aufgelöst. Dieses führt dazu, daß ein individuelles Vorrangverhältnis begründet wird, das spezifisch nur für diesen Fall gilt und dem betroffenen Eigentümer ggfls. eine Beschränkung auferlegt, da sich die für ihn streitenden Prinzipien und Sachkonstellationen in der Abwägung gegenüber den für den Staat streitenden Interessen der Allgemeinheit als schwächer erwiesen haben. Dieses individuelle Vorrangverhältnis hat keine generell beschränkende Wirkung. In einem anderen Fall kann die Prinzipienkollision anders gelöst werden. Inhalts- und Schrankenbestimmungen

[1764] Vgl. Wendt, a.a.O., Rn. 55.

[1765] Vgl. Wendt, a.a.O.. Wendt spricht hier von einer generellen und pflichtenneutralen Festlegung der Eigentümerbefugnisse - vgl. S. 46 dieser Arbeit.

[1766] Wendt, a.a.O., Rn. 57, 70 ff..

unterscheiden sich somit auch dadurch, daß Inhaltsbestimmungen eine generelle Regelungstendenz haben, die sich auf das *generelle* „Ob“ und „Wie“ einer Eigentumsposition beziehen, während die Regelungstendenz von Schrankenbestimmungen lediglich auf ein *individuelles* „Wie“ der Eigentumsposition (Eigentumsausübung) gerichtet ist.[1767] An dieser Unterscheidung soll für die folgenden Betrachtungen festgehalten werden.

Betrachtet man die geschilderten Normen, die auch das Bankgeheimnis eines Firmenkunden durchbrechen, so zeigt sich, daß es sich bei diesen Durchbrechungsnormen nicht um Inhaltsbestimmungen sondern um Schrankenregelungen gemäß Art. 14, Abs. I, S. 2 GG im beschriebenen Sinne handelt. Die Durchbrechungsnormen, so wurde gesagt, dienen im Bereich der Besteuerung der Verifikation steuerlicher Angaben und damit letztendlich der Durchsetzung des für den Staat streitenden Prinzips der Gewährleistung des staatlichen Steueranspruchs und der Sicherstellung einer gleichmäßigen Steuer- und Abgabenlast. Im Bereich strafrechtlicher Normen dienen diese einerseits dem gleichen Prinzip, andererseits der Durchsetzung des staatlichen Strafanspruchs und der Sicherung bzw. Wiederherstellung des Rechtsfriedens als weiterem Prinzip. Die geschilderten Steuernormen begründen den staatlichen Steueranspruch und knüpfen unmittelbar an die gewerbliche Betätigung des Firmenkunden an.[1768] Dadurch partizipiert der Staat als Steuerstaat unmittelbar an der gewerblichen Betätigung des Bürgers und Firmenkunden, die dieser durch seinen eingerichteten und ausgeübten Gewerbebetrieb ausübt.[1769] Der Staat setzt diese Grundrechtsbetätigung des Bürgers bei seinem Steuerzugriff voraus.[1770] Umstritten ist, ob die Auferlegung einer Zahlungspflicht einen Eingriff in den Schutzbereich des Art. 14 GG darstellt.
Eine Durchbrechung des Bankgeheimnisses zu steuerlichen Zwecken und somit eine Durchbrechung des Geschäfts- / Betriebsgeheimnisses eines Firmenkunden kann als ein Eingriff in den eingerichteten und ausgeübten Gewerbebetrieb angesehen werden. Da Steuernormen dem Steuerpflichtigen eine in Geld zu entrichtende Steuerschuld aufbürden,[1771] greifen diese Normen auf den mit Hilfe der gewerblichen Tätigkeit erzielten Ertrag zu und schmälern diesen. Insoweit besteht zwischen Besteuerung und Eigentum kein widersprüchliches sondern ein komplementäres Verhältnis.[1772]
Das Bundesverfassungsgericht steht der Frage danach, ob die Auferlegung von Geldleistungspflichten im Rahmen der Steuergesetze die Eigentumsgarantie des Art. 14, Abs. I, S. 1 GG beeinträchtigt oder nicht, restriktiv gegenüber.[1773] Seine Einstellung bringt es mit der For-

---

1767 *Anderer Ansicht* Pieroth/Schlink, a.a.O., Rn. 921, die in einer individuell - konkreten Verkürzung der Eigentumsfreiheit zwar einen Eingriff sehen, jedoch keine Eingriffe durch Inhalts- und Schrankenbestimmung.

1768 Die mit der Besteuerung von Eigentum zusammenhängenden Fragen sind vielfältig und können im Rahmen dieser Arbeit nicht umfassend dargestellt werden, zumal eine Diversifikation und Einzelbetrachtung einer jeden Steuerart in bezug auf das Eigentum notwendig wäre. Einen ersten Einblick in die in diesem Zusammenhang bestehenden Probleme bieten Loritz, Das Grundgesetz und die Grenzen der Besteuerung, NJW 1986, S. 1 ff. und Kirchhof, Freiheit und Steuerpflicht, FAZ vom 07.09.1996, S. 10.

1769 Papier, in: M/D/H/S, Art. 14, Rn. 167; dergl., in: Hdb. des VerfR, § 18, Rn. 94; Kirchhof, Besteuerung und Eigentum, DÖV 1980, 795.

1770 Papier, in: M/D/H/S, a.a.O.; dergl., in: Hdb. des VerfR, a.a.O.; Kirchhof, DÖV, 1980, S. 795; Kirchhof, in: FAZ, vom 07.09.1996, S. 10.

1771 Badura, in: Hdb. des VerfR, § 10, Rn. 42. *Anderer Ansicht* Hesse, Grundzüge des Verfassungsrechts, Rn. 446, der bei der Auferlegung von Geldleistungspflichten eine Berufung auf Art. 14 GG ablehnt.

1772 Vgl. v.Arnim, Besteuerung und Eigentum, DÖV 1980, S. 797. Vgl. auch Kirchhof, DÖV, 1980, S. 795 der darauf hinweist, daß sich eigentumsbegrenzende Wirkung der Besteuerungsgewalt nicht aus den Grundrechten, sondern aus der Finanzverfassung des Grundgesetzes ergeben würde. So auch Papier, in: Hdb. des VerfR, §18, Rn. 94, 95; dergl., in: M/D/H/S, Art. 14, Rn. 167.

1773 Wendt, in: Sachs, Art. 14, Rn. 143; Loritz, NJW 1986, S. 9. Zur Entwicklungsgeschichte vgl. Papier, in: M/D/H/S, Art. 14, Rn. 165 ff.; dergl., in: Hdb. des VerfR, a.a.O., Rn. 97.

mel zum Ausdruck, daß Art. 14 GG das Vermögen nicht gegen die Auferlegung von Geldleistungspflichten schützen würde.[1774] In der Altschuldenentscheidung äußert sich das Gericht wie folgt: „Unter den Schutz der Eigentumsgarantie fallen grundsätzlich alle vermögenswerten Rechte, die dem Berechtigten von der Rechtsordnung in der Weise zugeordnet sind, daß er die damit verbundenen Befugnisse nach eigener Entscheidung zu seinem privaten Nutzen ausüben darf. Der verfassungsrechtliche Eigentumsschutz reicht damit zwar erheblich weiter als das zivilrechtliche Eigentum und erstreckt sich auch auf nihct dingliche vermögenswerte Rechtspositionen. Er bleibt aber an Rechtspositionen gebunden. Kein Eigentum im Sinne von Art. 14 Abs. I GG ist daher das Vermögen, da selber kein Recht, sondern den Inbegriff aller geldwerten Güter einer Person darstellt. Daraus folgt, daß Art. 14 Abs. I GG nicht vor der Auferlegung von Geldleistungspflichten schützt. Diese sind nicht mittels eines bestimmten Eigentumsobjektes zu erfüllen, sondern werden aus dem fluktuierenden Vermögen bestritten."[1775] Eine Aufweichung dieser restriktiven Rechtsprechung des Bundesverfassungsgerichts ist jedoch bereits darin zu sehen, daß das Gericht einen Verstoß gegen Art. 14 GG stets für den Fall bejaht hat, daß eine Geldleistungspflicht den Pflichtigen übermäßig belaste und seine Vermögensverhältnisse grundlegend beeinträchtige.[1776] In diesem Zusammenhang spricht das Gericht vereinzelt von einer ‚erdrosselnden Wirkung' der Steuer.[1777] Teilweise erkennt das Gericht explizit an, daß „Steuergesetze in die allgemeine Handlungsfreiheit gerade in deren Ausprägung als persönliche Entfaltung im vermögensrechtlichen und im berufsrechtlichen Bereich (Art. 14, I; 12, I) eingreifen".[1778] Es unterstellt nicht nur den Vermögensstamm, sondern auch den (Vermögens-) Ertrag dem Schutz von Art. 14 GG, wenn es sagt: „Die Zuordnung der vermögenswerten Rechtsposition zum Eigentümer und die Substanz des Eigentums müssen gewahrt bleiben".[1779] Ferner heißt es: „Ungeachtet des Bestandsschutzes für den Vermögensstamm nimmt auch der Vermögensertrag am Schutz der vermögenswerten Rechtspositionen als Grundlage individueller Freiheit teil".[1780] In jüngerer Zeit hat das Gericht in seiner ‚Euro' - Entscheidung diese Ansicht bestätigt und ausgeführt, daß „die Eigentumsgarantie nicht nur körperlich greifbare Sachen, sondern auch geldwerte Forderungen, die nach Art eines Ausschließlichkeitsrechts dem Rechtsträger privatnützig zugeordnet sind," schützt, die „auf Eigenleistungen beruhen und als materielle Grundlagen persönlicher Freiheit dienen".[1781] Weiter heißt es: „Eine wesentliche Freiheitsgarantie des Eigentums liegt gerade darin, Sachgüter und Geld gegeneinander austauschen zu können. Die Gleichwertigkeit von Sach- und Geldeigentum ist auch eine der Funktionsgrundlagen des Art. 14 GG. Geld ist geprägte Freiheit; es kann frei in Gegenstände eingetauscht werden".[1782]

[1774] BVerfGE 4, 7 (17); BVerfGE 8, 274 (330) - Preisgesetz; BVerfGE 14, 221 (241) - Fremdrenten; BVerfGE 19, 119 (128 f.) - Kuponsteuer; BVerfGE 19, 253 (267 f.) - Kirchensteuer; BVerfGE 23, 288 (314 f.) - Kriegsfolgelasten; BVerfGE 26, 327 (338); BVerfGE 29, 402 (413) - Konjunkturzuschlag; BVerfGE 30, 250 (271); zustimmend Hesse, Grundzüge des VerfR, Rn. 446, 447. Vgl. auch die Darstellung von Loritz, a.a.O., S. 9 - m.w.N.; Papier, a.a.O. - jeweils.

[1775] BVerfGE-NJW 1997, 1975 ff. (1975).

[1776] BVerfGE 14, 221 (241); BVerfGE 19, 119 (129); BVerfGE 19, 253 (267 f.); BVerfGE 23, 288 (314 f.); BVerfGE 29, 402 (413); BVerfGE 30, 250 (271); BVerfGE 38, 61 (102); BVerfGE 45, 63 (77) - Stadtwerke Hameln; BVerfGE-NJW 1997, 1975 ff. (1975); so auch Hesse, a.a.O.. Vgl. auch die Darstellung von Loritz, a.a.O.; Papier, a.a.O..

[1777] Vgl. z.B. BVerfGE 72, 200 (248); BVerfG-NJW 1992, 3135 ff. (3153).

[1778] BVerfGE 72, 200 (248); BVerfG-NJW 1992, 3153 ff. (3153) - Steuerfreier Grundfreibetrag; BVerfG-NJW 1995, 2615 ff. (2617) - Einheitswert. Vgl. auch die Darstellung bei Loritz, NJW 1986, S. 9.

[1779] BVerfG-NJW 1995, 2615 ff. (2617).

[1780] BVerfG, a.a.O..

[1781] BVerfG-NJW 1998, 1934 ff. (1936).

[1782] BVerfG-NJW 1998, 1936 f..

Nach m.E. zutreffender Ansicht *v. Arnim's* muß indes „dem anerkannten eigentumsrechtlichen Schutz des Geldes vor Entziehung" indes die Auferlegung von Geldschulden im Rahmen des Steuerrechts gleichgestellt werden.[1783] Er führt aus: „Der Umstand, daß die Besteuerung in der Regel aus dem Einkommen, nicht aus dem Vermögen zu zahlen ist, steht nicht entgegen, da das Einkommen heute die wesentlichen Eigentumsfunktionen erfüllt. Die Besteuerung tangiert zwar die ‚Rechtsbewahrfunktion' des Eigentums nicht; dies ist aber, wie die Institutsgarantie zeigt, auch nicht Voraussetzung für das Eingreifen des Eigentumsschutzes".[1784] Für *v. Arnim* sind die Steuergesetze daher „im Normalfall eine (quantitative) Inhalts- und Schrankenbestimmung des Eigentums im Sinne des Art. 14, Abs. I, S. 2 GG ... und aktualisieren seine Sozialpflichtigkeit (Art. 14, Abs. II GG)".[1785] Die Erweiterung des Schutzbereiches von Art. 14, Abs. I, S. 1 GG sei durch eine Verringerung der Schutzintensität erkauft worden.[1786] Durch die Auferlegung von Handlungs- und Duldungspflichten in Form von Steuererklärungen, Steuerzahlungen, Auskünften etc. des Steuerpflichtigen wirkt der Staat auf die Eigentumsausübungsfreiheit des Firmenkunden ein und verkürzt diese[1787]. *Papier* führt aus, daß insbesondere Steuer- und sonstige Abgabepflichten, die die Innehabung und Nutzung von Eigentum zum Bezugspunkt für die Erhebung haben, an Art. 14 GG anknüpfen und damit in „die grundrechtliche Rechtsstellungsgarantie einwirken".[1788] Im Rahmen der Einkommensbesteuerung sei dieses vor allem für die Besteuerung von Einkünften aus Gewerbebetrieb (§§ 2, Abs. I, Nr. 2; 15 EStG), aus Land- und Forstwirtschaft (§§ 2, Abs. I, Nr. 1; 13 EStG), aus Kapitalvermögen (§§ 2, Abs. I, Nr. 5; 20 EStG) und aus Vermietung und Verpachtung (§§ 2, Abs. I, Nr. 6; 21 EStG) der Fall.[1789] „Steuerpflichten, welche die Innehabung und Nutzung von Eigentum, das Verfügen über Eigentum und das Vererben vermögensmäßig belasten, sind daher an der Eigentumsgarantie des Art. 14 (GG -M.H.) zu messen".[1790]

Dem vorgenannten Ansatz *Papier's* und *von Arnim's* soll sich angeschlossen werden. Steuernormen sind als Schrankenregelung somit als ein Eingriff in die Eigentumsfreiheit anzusehen, da das Privateigentum dem Eigentümer die Freiheit einräumt, sein Eigentum zu besitzen, zu nutzen, zu verwalten, zu verbrauchen und zu veräußern.[1791] Diese Freiheit wird durch die Auferlegung von Steuer- und Abgabelasten beeinträchtigt.[1792]Folglich ist die Auferlegung von

---

1783 Siehe v. Arnim, a.a.O.. Vgl. auch Kirchhof, in: FAZ a.a.O., der wie selbstverständlich davon ausgeht, daß Steuernormen in den Schutzbereich der Eigentumsgarantie eingreifen.

1784 v.Arnim, a.a.O.. Vgl. auch Hesse, Grundzüge des VerfR, Rn. 443. *Anderer Ansicht* ist z.B.Wendt, Besteuerung und Eigentum, NJW 1980, S. 2113, 2115, der ausführt, daß die Abgabengesetze nach ihrem Inhalt lediglich eine Wertsummenverpflichtung begründen, wobei die Art und Weise der Erfüllung im Belieben des Steuerschuldners stehen würde. Eine Anknüpfung der Steuer an eine konkrete Vermögensposition sei damit indes nicht verbunden.

1785 v.Arnim, a.a.O.. Vgl. auch Kirchhof, DÖV, 1980, S. 795; dergl., in: FAZ vom 07.09.1996, S. 10; Wendt, in: Sachs, Grundgesetz-Kommentar, Art. 14, Rn. 143; Papier, in: Hdb. des VerfR, § 18, Rn. 95, der die Besteuerungsgewalt des Staates als ein elementares Bindeglied zwischen Recht- und Sozialstaatlichkeit beschreibt.

1786 Vgl. v. Arnim, a.a.O..

1787 In diesem Sinne Kirchhof, DÖV, 1980, S. 795, 796; Papier, in: Hdb. des VerfR, § 18, Rn. 98; dergl., in: M/D/H/S, a.a.O., Rn. 166.

1788 Papier, in: M/D/H/S, Art. 14, Rn. 170. So auch Wendt, NJW 1980, S. 2114 f..

1789 Papier, in: M/D/H/S, a.a.O., Rn. 170; dergl., in: Hdb. des VerfR, a.a.O., Rn. 101.

1790 Papier, in: M/D/H/S, a.a.O., Rn. 170. So auch Papier, in: Hdb. des VerfR, § 18, Rn. 101. Vgl. auch die oben unter Bezugnahme auf Stober gemachten Ausführungen S. 267, 278.

1791 Kirchhof, DÖV 1980, S. 795, 796. Vgl. auch Papier, in: Hdb. des VerfR, a.a.O.; dergl., in: M/D/H/S, a.a.O., Rn. 170; Pieroth/Schlink, a.a.O., Rn. 914. Dieses ergibt sich auch bereits aus § 903 BGB.

1792 Wendt, NJW 1980, S. 2115 spricht in diesem Zusammenhang von einer Schrankenziehung sui generis gemäß Art. 14, Abs. I, S. 2 GG.

Geldleistungspflichten im Rahmen der Steuergesetze von Relevanz für das Grundrecht der Eigentumsfreiheit. Aber nicht nur die Belastung des Bürgers mit einer Steuerschuld als solcher stellt eine Beeinträchtigung des Schutzbereiches des Art. 14, Abs. I, S. 1 GG dar, sondern auch bereits der Zugriff der Ermittlungs- und Steuerbehörden auf den das Bankgeheimnis eines Firmenkunden umfassenden Datenbestand einer Bank, der der Verifikation und Untersuchung steuererheblicher Vorgänge dient, da die Behörden damit uno actu zugleich Kenntnis von diesen Daten erhalten. Wie oben festgestellt werden konnte unterfallen prima facie auch die Daten und Informationen eines Firmenkunden über seinen eingerichteten und ausgeübten Gewerbebetrieb dem Schutzbereich des Art. 14, Abs. I, S. 1 GG. Daher stellt bereits die Kenntniserlangung dieser Daten und Informationen durch die Behörden eine Beeinträchtigung der Eigentumsnutzung und somit der eigentumsrechtlich geschützten, gewerblichen Betätigung dar. Die hier vertretene Weite des Schutzbereichs von Art. 14, Abs. I, S. 1 GG bedingt überdies einen ebenfalls weiten Eingriffsbegriff, so daß diesem auch die geschilderten Durchbrechungsnormen des Bankgeheimnisses unterfallen.

(3.2.) Grundrechts- und Schrankengeltung bei kumulativer Schutzbereichsbetroffenheit von Art. 12, Abs. I GG und Art. 14, Abs. I, S. 1 GG

Das Bankgeheimnis eines Firmenkunden wurde kumulativ den Schutzbereichen von Art. 12, Abs. I GG und Art. 14, Abs. I, S. 1 GG unterstellt, soweit es in bezug auf die Eigentumsgarantie Geschäfts- und Betriebsgeheimnisse des eingerichteten und ausgeübten Gewerbebetriebes umfaßt. Als generell umstritten gilt die Frage danach, welche Folgen eine kumulative Anwendbarkeit von Grundrechten auf die Schrankengeltung hat.[1793] In diesem Zusammenhang lautet die Frage daher, welche Schranken welchen Grundrechts anzuwenden sind und inwieweit? Hierbei ist das Verhältnis zwischen Grundrechtsgeltung und Schranke korrespektiv, da eine starke Grundrechtsschranke eine schwache Grundrechtsgeltung zur Folge hat und umgekehrt. Die Betrachtung soll hier aus der Perspektive der Grundrechtsgeltung erfolgen, auch wenn einige der nachfolgend genannten Lösungsansätze die Betrachtung aus der Schrankenperspektive schildern. Die Beantwortung der gestellten Frage richtet sich danach, ob eine Schrankendivergenz vorliegt oder nicht.[1794] Desweiteren wird in diesem Zusammenhang auch die Frage untersucht, ob unabhängig von einer Schrankendivergenz die kumulative Grundrechtsgeltung nicht einen erhöhten Schutz bedingt, der dann das Maß der jeweiligen Einzelgrundrechte gegebenenfalls übersteigen würde. Für die Beantwortung dieser Frage lassen sich somit grundsätzlich zwei Konstellation unterscheiden, da idealkonkurrierende Grundrechte hinsichtlich ihrer Schranken und somit letztendlich in ihrer Geltung entweder nur gleich stark bzw. gleich schwach oder von unterschiedlicher Stärke / Schwäche und somit schrankendivergent sein können.[1795] Zur Lösung dieser Problematik werden im Wesentlichen fünf verschiedene Ansätze vertreten[1796], von denen zwei für den Bereich gleichstarker Schranken / Grundrechte, drei für den Bereich der Schrankendivergenz, vertreten werden.[1797] Für den Fall

[1793] Siehe hierzu z.B. Lepa, Grundrechtskonflikte, DVBl. 1972, S. 1631 ff.; Schwabe, Grundrechtskonkurrenzen, JA 1979, S. 193 ff.; Bleckmann, Staatsrecht II, § 14 - Grundrechtskollisionen und Grundrechtskonkurrenzen, S. 391 ff.; Stern, a.a.O., Bd. III / 2, § 92 - Die Konkurrenzen von Grundrechten des Grundgesetzes, S. 1365 ff..

[1794] Bleckmann, Staatsrecht II, S. 392, der in dieser Konstellation das eigentliche Problem sieht.

[1795] Schwabe, JA 1979, S. 193.

[1796] Hierbei gibt es jedoch im Detail eine Fülle von Nuancen, z.B. eine Schutzbereichsverengung zur Vermeidung von Konkurrenzproblemen, die im Rahmen dieser Arbeit nicht genannt werden können.

[1797] Vgl. die Darstellung von Schwabe, JA 1979, S. 193 ff.; Lepa, DVBl. 1972, S. 162 ff.; Bleckmann, a.a.O., S. 392 f..

gleichstarker Schranken / Grundrechte wird einerseits vertreten, daß diese isoliert und nebeneinander zu prüfen sind und es auf die Frage einer kumulativen Grundrechteanwendung im Schutzbereich somit letztendlich nicht ankommt.[1798] Andererseits wird die Ansicht einer kumulativen Grundrechtsgeltung vertreten, die über das Maß der jeweiligen Einzelgrundrechte hinausgehen soll.[1799] Für den Fall einer Schrankendivergenz wird erstens die Ansicht vertreten, daß das schwächere Grundrecht (somit die stärkere Schrankenregelung) maßgeblich sein soll,[1800] wobei eine isolierte Betrachtung der jeweiligen Grundrechte zu erfolgen hat. Hierbei wird der Vergleich mit einer Kette herangezogen, deren Stärke sich stets nach dem schwächsten Glied richtet.[1801] Zweitens wird bei ebenfalls isolierter Betrachtung der Grundrechte die Auffassung vertreten, daß stets das stärkere Grundrecht (somit die schwächere Grundrechtsschranke) maßgeblich sein soll, da ein staatlicher Eingriff in den Grundrechtsbereich, der mehrere Grundrechte in ihren Schutzbereichen verletzt, letztendlich nur erfolgreich sein kann, wenn er sich in bezug auf jedes betroffene Grundrecht als gerechtfertigt erweisen würde. Daher würde für die Überprüfung des staatlichen Eingriffs letztendlich das stärkste Grundrecht (die schwächste Schranke) der betroffenen Grundrechte maßgeblich sein.[1802] Drittens wird die Ansicht vertreten, daß bei einer kumulativen Schutzbereichsbetroffenheit die Grundrechte kumulativ anzuwenden seien, die dadurch eine besondere Qualität erhalten würden, die über das Maß ihrer jeweiligen Einzelgeltung hinausgehen würde[1803]. Für die hier zu betrachtende Konstellation einer kumulativen Anwendung der Art. 12, Abs. I GG und Art. 14, Abs. I, S. 1 GG vereinfacht sich die Problematik insofern, als daß nach überwiegender Ansicht beide Grundrechte gleichstarke Grundrechtsschranken aufweisen[1804], so daß eine Schrankendivergenz nicht besteht. Zu untersuchen bleibt daher lediglich die Frage, ob die Schranken der betroffenen Grundrechte isoliert nebeneinander wirken oder ob durch einen ‚kumulativen Grundrechtsverbund' ein erhöhter Eingriffsschutz besteht, der über den Schutz der jeweiligen Einzelgeltung hinausgeht. Für den letztgenannten Gesichtspunkt gilt die bereits oben genannte Funktion der Grundrechte, sich gegenseitig zu ergänzen und zu verstärken als Ausgangspunkt. *Bleckmann/Wiethoff* führen dazu aus: „Da hier mehrere Werte zusammentreffen, sind bei der Anwendung des Verhältnismäßigkeitsprinzips und der Wesensgehaltsgarantie im Rahmen jedes einzelnen der betroffenen Grundrechte die durch den Sachverhalt angesprochenen Werte zusammen zu sehen".[1805] Hieraus folgern sie, daß diese Wertkumulation einen höheren Rang hat,[1806] als die Einzelgeltung. Dieser Ansicht kann meines Erachtens nicht gefolgt werden. Der von *Bleckmann/Wiethoff* behauptete höhere Eingriffsschutz

---

1798 Vgl. die Darstellung von Lepa, a.a.O., S. 162.

1799 So vor allem Bleckmann, a.a.O., S. 393 f.; Bleckmann/Wiethoff, DÖV 1991, S. 729.

1800 Vgl. die Darstellung bei Schwabe, a.a.O., S. 194; Stern, a.a.O., S. 1390 f.; Lepa, a.a.O., S. 162, 163, 164, der diese Ansicht im Ergebnis ablehnt.

1801 Vgl. Lepa, a.a.O., S. 162.

1802 Vgl. Schwabe, a.a.O.; Lepa, a.a.O., S. 162 f., 164 f.; Bleckmann, a.a.O., S. 392 f.; Bleckmann/Wiethoff, DÖV 1991, S. 729; Stern, a.a.O., S. 1391 ff., 1405 f..

1803 So vor allem Bleckmann, a.a.O., S. 393 f.; Bleckmann/Wiethoff, a.a.O., S. 729. Vgl. auch die Darstellung bei Schwabe, JA 1979, S. 193, 194., der von einem ‚Wirkungsverbund' oder ‚Grundrechtsverbund' spricht.

1804 So z. B. BVerfGE 17, 232 (248 f.); BVerfGE 21, 150 (163); BVerfGE 50, 290 (364, 365); Jeand'Heur / Jorczyk, JuS 1997, S. 733; Papier, in: Hdb. des VerfR, § 18, Rn. 59; dergl., in: M/D/H/S, Art. 14, Rn. 220; Gubelt, in: v.M., Art. 12, Rn. 93; Bryde, in: v.M., Art. 14, Rn. 107; Wendt, in: Sachs, Grundgesetz-Kommentar, Art. 14, Rn. 186; Scholz, in: M/D/H/S, Art. 12, Rn. 142; Herrler, a.a.O., S. 221. Stober, a.a.O., S. 117, der von seiner ‚eigentumsrechtlichen drei - Stufentheorie' ausgehend (s.o. S. 281dieser Arbeit) ausführt, daß „der Eigentumsschutz aus vernünftigen Gründen des Gemeinwohls eingeschränkt werden" kann. Vgl. dazu auch BVerfGE 58, 300 (339), wo ein Eingriff in Art. 14 GG in Verbindung mit überragend wichtigen Gemeinwohlbelangen genannt wird. Die Parallele zu Art. 12, Abs. I GG wird hier offensichtlich.

1805 Bleckmann/Wiethoff, DÖV 1991, S. 729.

1806 Bleckmann/Wiethoff, a.a.O.; Bleckmann, Staatsrecht II, S. 393.

kumulativer Grundrechtsanwendung, im Gegensatz zur jeweiligen Einzelgeltung der Grundrechte, unter Bezugnahme auf den Grundsatz der Verhältnismäßigkeit würde die Geltung eines dritten Abwägungsgesetzes bedingen. Dieses wäre in Anknüpfung an die bereits benannten Abwägungsgesetze dahingehend zu formulieren, daß staatliche Eingriffe um so wichtiger sein müssen, je mehr Grundrechte von diesem Eingriff prima facie betroffen wären. Eingriffsgründe müßten nach dieser Ansicht in ihrer Wichtigkeit somit exponentiell wachsen, je mehr Schutzbereiche von Grundrechten betroffen sind, denn eine kumulative Betroffenheit von drei Schutzbereichen würde beispielsweise eine höhere Eingriffswichtigkeit beanspruchen müssen, als die kumulative Betroffenheit von lediglich zwei Grundrechtsbereichen etc.. Konsequent betrachtet würde nur so einer kumulativen Grundrechtsgeltung, die einen höheren Grundrechtsschutz als die jeweilig isoliert betrachteten Grundrechte aufweisen soll, Genüge getan. Ein solchermaßen definiertes ‚drittes Abwägungsgesetz‘ wäre dem oben vorgestellten zweiten Abwägungsgesetz, bei dem es um die Fülle staatlicher Eingriffsnormen in nur ein Grundrecht ging, daher umgekehrt proportional. Folgt man der Ansicht von *Bleckmann/Wiethoff* stellt sich die Frage, ab welcher Anzahl kumulativ betroffener Grundrechte ein staatlicher Eingriff als generell unzulässig zu gelten hat, da dem notwendigen exponentiellen Wachstum gemäß die Wichtigkeitsgründe für den Eingriff fortlaufend überproportional zunehmen müßten. Dieses erscheint höchstens rein theoretisch möglich, praktisch hingegen nicht, da nach der Systematik des Grundgesetzes Wichtigkeitsgründe, die einen Grundrechtseingriff rechtfertigen können, als endlich anzusehen sind. Diese Endlichkeit des exponentiellen Wachstums wäre beispielsweise im Bereich der Menschenwürde erreicht. Eine Lösung dieser Problematik kann meines Erachtens dann nur darin gesehen werden, daß man eine Beschränkung vornimmt und dadurch die Konzeption von *Bleckmann/Wiethoff* durchbricht, indem man einerseits einen Eingriff betrachtet, der lediglich in ein Grundrecht erfolgt und diesen andererseits einem Eingriff gegenüberstellt, der kumulativ in mehrere Grundrechte erfolgt, unabhängig von der tatsächlichen Anzahl kumulativ betroffener Schutzbereiche. Dieses ist aber der Ausgangsthese *Bleckmann's/Wiethoff's* gemäß eine Durchbrechung ihres Ansatzes und wäre zumindest inkonsequent, da nach deren Ansicht die kumulative Betroffenheit von drei Grundrechtsbereichen wiederum einen höheren Schutz vor staatlichen Eingriffen bieten müßte, als die Betroffenheit von lediglich zwei Grundrechtsbereichen etc.. Grundsätzlich richtig an der geäußerten Ansicht *Bleckmann's/Wiethoff's* ist, daß die Erfassung eines Sachverhaltes unter zwei (oder mehreren) Grundrechten, statt lediglich unter einem Grundrecht einen anderen, erhöhten Grundrechtsschutz auslösen kann,[1807] nicht muß. Dieses ergibt sich jedoch nur für den Fall, daß eine Schrankendivergenz besteht.[1808] Hier äußert sich der erhöhte Grundrechtsschutz aus der Perspektive des schwächeren Grundrechts[1809]. Aus dieser Perspektive scheitert ein staatlicher Eingriff letztendlich zwar nicht an dem schwächeren Grundrecht, sondern an dem stärkeren Grundrecht. Jedoch partizipiert bei einer kumulativen Grundrechtsbetroffenheit insofern ein betroffenes schwaches Grundrecht von einem mitbetroffenen starken Grundrecht, da der staatliche Eingriff sich nicht durchzusetzen vermag. Wie bereits zuvor ausgeführt ist bei einer kumulativen Betroffenheit schrankendivergenter Grundrechte ein staatlicher Eingriff daher letztendlich nur dann erfolgreich, wenn er sich in bezug auf jedes betroffene Grundrecht als gerechtfertigt erweist. Faktisch setzt daher jeweils das stärkste der mitbetroffenen Grundrechte den benötigten Eingriffsstandard. Trotz kumulativer Gundrechtsbetroffenheit sind die Grundrechte separat und einzeln auf den staatlichen Eingriff zu untersuchen und miteinander abzuwägen.[1810] Besteht keine

---

[1807] Lepa, DVBl. 1972, S. 164.
[1808] Insoweit nähern sich die eingangs genannten Theoriegruppen einander an.
[1809] Welches somit über die stärkeren Schranken verfügen würde - s.o..
[1810] Schwabe, JA 1979, S. 194; Lepa, a.a.O.; Stern, a.a.O., S. 1405, 1406.

Schrankendivergenz der beteiligten Grundrechte, verbleibt es bei der jeweils einzelnen Betrachtung der betroffenen Grundrechte in bezug auf den staatlichen Eingriff. Fehlt eine Schrankendivergenz und sind somit alle beteiligten Grundrechte gleichstark, ergibt sich daher kein erhöhter Schutz. Insofern erweist sich ein zulässiger Eingriff in ein Grundrecht, wie hier zum Beispiel in Art. 12, Abs. I GG, zugleich als eine zulässige Schrankenregelung (z. B. Art. 14, Abs. I, S. 2 GG) eines anderen Grundrechts, wie hier der Eigentumsfreiheit des Art. 14, Abs. I, S. 1 GG. Für den geprüften Kontext bewahrheitet sich somit die getroffene Aussage, daß eine zulässige Eingriffsregelung im Bereich der Berufsfreiheit zugleich eine zulässige Schrankenregelung für den Bereich der Eigentumsfreiheit ist.

(3.3.) Die Durchbrechungsnormen des Bankgeheimnisses als Allgemeinwohl des Art. 14, Abs. II GG und ihr Bezug zur Verhältnismäßigkeit im Rahmen des Art. 14 GG

Eine zulässige Eingriffsregelung im Bereich der Berufsfreiheit gilt zugleich als eine zulässige Eingriffsregelung im Bereich der Eigentumsfreiheit. Aufgrund dieses Ergebnisses und um unnötige Wiederholungen zu vermeiden, kann auch für den Bereich des unter Art. 14, Abs. I, S. 1 GG fallenden Bankgeheimnisses eines Firmenkunden hinsichtlich der geschilderten Durchbrechungsnormen, die das Bankgeheimnis eines Firmenkunden durchbrechen, auf die oben im Rahmen der Berufsfreiheit gemachten Ausführungen vollumfänglich verwiesen werden. Die dort dargestellten Gesichtspunkte, Unterschiede und Gemeinsamkeiten zu der Durchbrechung des Bankgeheimnisses eines Privatkunden gelten daher in gleichem Maße. Für den Bereich der Verhältnismäßigkeit gelten darüberhinaus folgende Gesichtspunkte: Das Spannungsverhältnis zwischen Bestandsgarantie des Art. 14, Abs. I, S. 1 GG, Regelungsauftrag gemäß Art. 14, Abs. I, S. 2 GG und Sozialpflichtigkeit bzw. Allgemeinwohlgebot nach Art. 14, Abs. II GG beschreibt eine Prinzipienkollision, die es auch hier mit Hilfe des Verhältnismäßigkeitsgrundsatzes zu lösen gilt.[1811] Hinsichtlich der für den Staat streitenden Prinzipien ergeben sich keine Änderungen. Es wird daher nach oben verwiesen. Den für den Staat streitenden Prinzipien steht auch im hier interessierenden Kontext das Interesse des Firmenkunden gegenüber, sein Eigentum möglichst unbehelligt von staatlichen Eingriffen nutzen zu können und die Betriebs- und Geschäftsgeheimnisse seines eingerichteten und ausgeübten Gewerbebetriebes zu wahren. Steuernormen wurden als Ausdruck des Allgemeinwohlgebots bezeichnet. Adressat des Allgemeinwohlgebots des Art. 14, Abs. II GG ist der Gesetzgeber,[1812] nicht der Eigentümer, was sich auch daraus ergibt, daß Art. 14, Abs. I, S. 2 und Art. 14, Abs. II GG als einheitlicher Gesetzesvorbehalt gelten. Es wurde bereits gesagt, daß das Allgemeinwohl im Sinne des Art. 14, Abs. II GG Grund aber auch Grenze einer staatlichen Eigentumsbeschränkung ist.[1813] Aus Gründen des Allgemeinwohls hat ein Eingriff in die Eigentumsfreiheit zu erfolgen.[1814] Das Allgemeinwohl ist eine Schranke der Eigentumsgarantie, die ihrerseits jedoch durch die Funktion der Privatnützigkeit des Eigentums begrenzt wird.[1815] So führt das Bundesverfassungsgericht zur Vermögenssteuer in der Einheitswertentscheidung aus: „Das bedeutet, daß das geschützte Freiheitsrecht nur so weit beschränkt werden darf, daß dem

[1811] Vgl. Wendt, NJW 1980, S. 2115 f..

[1812] Vgl. Papier, in: Hdb. des VerfR, § 18, Rn. 299; Bryde, in: v.M., a.a.O., Rn. 66; Wendt, in: Sachs, Art. 14, Rn. 70.

[1813] Siehe oben S. 327.

[1814] BVerfGE 50, 290 (341); Badura, in: Hdb. des VerfR, § 10, Rn. 57, 58; Stober, a.a.O., S. 117. Dieses stellt für Stober, der insgesamt drei Stufen unterschiedlicher Eingriffsintensität unterscheidet (vgl. oben S. 328 Fn. 1), die erste, am wenigsten eingriffsresistente Stufe dar.

[1815] Pieroth/Schlink, a.a.O., Rn. 952 f..

Steuerpflichtigen ein Kernbestand des Erfolges eigener Betätigung im wirtschaftlichen Bereich als Ausdruck der grundsätzlichen Privatnützigkeit des Erworbenen und der grundsätzlichen Verfügungsbefugnis über die geschaffenen vermögenswerten Rechtspositionen erhalten wird".[1816] Weiter heißt es: „Nach Art. 14, II GG dient der Eigentumsgebrauch zugleich dem privaten Nutzen und dem Wohl der Allgemeinheit. Deshalb ist der Vermögensertrag einerseits für die steuerliche Gemeinlast zugänglich, andererseits muß dem Berechtigten ein privater Ertragsnutzen verbleiben".[1817] Diese Erkenntnis ist bereits Ausdruck der Proportionalität innerhalb des Verhältnismäßigkeitsgrundsatzes. Unstreitig erscheinen die genannten Normen, die das Eigentumsrecht / das Bankgeheimnis eines Firmenkunden durchbrechen, um steuerlichem Mißbrauch zu begegnen, steuerliche Angaben zu verifizieren oder den Rechtsfrieden zu erhalten bzw. wiederherzustellen als vom Allgemeinwohl des Art. 14, Abs. II GG gedeckt. Steuern werden vom Staat nicht zum Selbstzweck erhoben,[1818] sondern um seine mannigfachen Aufgaben, die auch aus dem Sozialstaatsprinzip resultieren, erfüllen zu können. Diese Aufgabenerfüllung kommt dem Bürger bzw. der Allgemeinheit direkt oder indirekt zugute.[1819] Die Durchbrechungsnormen sind auch geeignet, das vorausgesetzte Ziel zu erreichen. Auf die Notwendigkeit einer Verifikation steuerlicher Angaben und einer strafrechtlichen Repession wurde bereits hingewiesen. Im Anwendungsbereich des Art. 14 GG gelten keine anderen Gesichtspunkte, so daß auf die oben im Zusammenhang mit der Berufsfreiheit des Firmenkunden stehenden Ausführungen verwiesen wird. Gleiches gilt für den Teilbereich der Erforderlichkeit. Auch hier ist dem ultima ratio Gedanken gemäß kein milderes Eingriffsmittel ersichtlich. Überdies gelten die Teilgrundsätze der Geeignetheit und der Erforderlichkeit im Rahmen der Steuergesetzgebung in bezug auf Art. 14 GG als selten problematisch.[1820] Für den Bereich der Proportionalität ergeben sich ebenfalls keine Änderungen. Auch hier ist es wie bei ber Betrachtung von Eingriffen in die Berufsausübungsfreiheit von Bedeutung, daß die gewerbliche Tätigkeit eines Firmenkunden für den Staat transparent ist, der Firmenkunde am Markt partizipiert und der staatliche Zugriff auf die Betriebs- und Geschäftsgeheimnisse, die dem eingerichteten und ausgeübten Gewerbebetrieb unterfallen, die gewerbliche Betätigung des Firmenkunden nur am Rande betreffen. Die eigentliche Ausübung seines Gewerbes und somit die Nutung seines Gewerbebetriebes bleibt dem Firmen-

---

[1816] BVerfG-NJW 1995, 2615 ff. (2617). So auch für den Bereich der Einkommensteuer BVerfG-NJW 1992, 3153 ff. (3153) und für den Bereich der Erbschaftssteuer BVerfG-NJW 1995, 2624 ff. (2625). Vgl. auch Wendt, a.a.O., Rn. 144, 145; Loritz, NJW 1986, S. 9; Papier, in: Hdb. des VerfR, a.a.O., Rn. 104.

[1817] BVerfG-NJW 1995, 2615 ff. (2617); BVerfG-NJW 1992, 3153 ff. (3153); BVerfG-NJW 1995, 2624 ff. (2625). Vgl. auch BVerfGE 50, 290 (341); Wendt, a.a.O..

[1818] Gleichwohl wird von vielen kritischen Stimmen zu Recht gerügt, daß zwischenzeitlich der Staat das zulässige Maß der Steuererhebung überschritten habe- vgl. Kirchhof in: FAZ vom 07.09.1996, S. 10. Dieses drückt sich auch in den genannten Entscheidungen des Bundesverfassungsgerichts zum steuerfreien Grundfreibetrag und zum Einheitswert aus. Vielfach wird in diesem Zusammenhang von einem ‚Superfiskalismus' oder steuerlicher Disharmonie gesprochen - vgl. z. B. Papier, in: Hdb. des VerfR, § 18, Rn. 96, 106; dergl., in: M/D/H/S, Art. 14, Rn. 167, 168. *Anderer Ansicht* Loritz, NJW 1986, S. 9. Auch fehlt es nicht an Stimmen, die auch die Ausgaben des Staates an eine Verhältnismäßigkeit und an das Wirtschaftlichkeitsprinzip koppeln wollen - vgl. Papier, in: Hdb. des VerfR, § 18, Rn. 105. In diesem Zusammenhang sei v.Arnim auch genannt (a.a.O., S. 797), der für eine Verhältnismäßigkeit in diesem Sinne verlangt, „daß die am wenigsten dringliche Ausgabe noch von der am schwersten belastenden Steuer" gerechtfertigt sein muß. Diese Forderung erscheint angesichts stets folgenlos verbleibender ‚Schwarzbuch'-Veröffentlichungen des Bundes der Steuerzahler und alljährlicher Rechnungshofberichte indes als Illusion. Siehe hierzu auch Bryde, in: v.M., a.a.O., Rn. 64; Wendt, NJW 1980, S. 2115.

[1819] Zur Entwicklung der Steuer siehe die Ausführungen von Kirchhof in der FAZ vom 07.09.1996, S. 10.

[1820] Papier, in: Hdb. des VerfR, § 18, Rn. 102; dergl., in: M/D/H/S, Art. 14, Rn. 176; Bryde, a.a.O., Rn. 64. *Anderer Ansicht* v.Arnim, a.a.O., S. 797, der auch den Ausgabengesetzgeber bei der Steuererhebung an das Verhältnismäßigkeitsprinzip binden will, indem er die am wenigsten dringliche Staatsausgabe zu der am Schwersten belastenden Steuer in Bezug setzt.

kunden weitgehend unbenommen, so daß es sich bei einem staatlichen Zugriff auf die das Bankgeheimnis umfassenden Daten eines Firmenkunden um einen wenig intensiven Eingriff handelt. Dann aber ist die staatliche Eingriffsbefugnis aufgrund des ersten Abwägungsgesetzes, das in dem geschilderten Spannungsverhältnis enthalten ist, weit anzusetzen.[1821] Die Durchbrechung des Bankgeheimnisses eines Firmenkunden aufgrund der geschilderten Durchbrechungsnormen ist verhältnismäßig. Auf die weiteren, im Rahmen der Berufsfreiheit gemachten Ausführungen wird daher verwiesen.

c.) Besteht ein zusätzlicher Schutz des Bankgeheimnisses gemäß Art. 2, Abs. I i.V.m. Art. 1, Abs. I GG ?

Die Frage stellen, heißt sie sogleich verneinen. Sofern und soweit es sich um einen staatlichen Zugriff auf die Daten und Informationen eines Kontos handelt, das der Firmenkunde für seinen persönlichen Lebensbereich unterhält, gelten für ihn die Bedingungen, Modalitäten und Voraussetzungen, die eingangs zum Schutz der Privatkundschaft gemacht worden sind. Der Bankkunde wird durch das Recht auf informationelle Selbstbestimmung geschützt. Seine Anonymität ist zu wahren. Insoweit unterscheidet sich ein Bankkunde nicht von einem anderen Bankkunden. Erfolgt der Zugriff jedoch auf das Konto eines Firmenkunden, welches dieser für seine operative Tätigkeit unterhält, gilt der Schutz des Rechts auf informationelle Selbstbestimmung nicht. Die Anonymität entfällt. Dieses liegt an der oben geschilderten Transparenz, denen Firmenkunden in ihrem operativen Bereich unterliegen. Mitentscheidendes Kriterium für das informationelle Selbstbestimmungsrecht ist nach der Rechtsprechung des Bundesverfassungsgerichts im Volkszählungsurteil gewesen, daß der Bürger stets Kenntnis darüber haben muß, wer, was, wann über ihn weiß[1822], damit er unbekümmert seine grundrechtlichen Freiheiten wahrnehmen kann. Firmenkunden offenbaren durch ihre Marktteilnahme eine Reihe von Daten und Informationen über ihren Geschäftsbetrieb, die die genannte Transparenz mit sich bringt. Informationen über das Bestehen einer Bankverbindung, einzelner Konten etc. offenbart er meist bereits auf seinen geschäftlichen Unterlagen, gerade um zu ermöglichen, daß Kunden etc. auf die so offenbarten Konten Überweisungen zur Tilgung von Verbindlichkeiten leisten. Dieses wurde bereits geschildert. Der im Recht auf informationelle Selbstbestimmung enthaltene und dort besonders betonte Menschenwürdegehalt wird bei einem Privatkunden durch einen Eingriff in das Bankgeheimnis umfassend getroffen, da ausgeführt wurde, daß es kaum eine Stelle und Institution gibt, die so umfassend über die persönlichen Aspekte eines Menschen informiert ist, wie die (Haus-) Bank des betreffenden Bürgers. Ist der Einblick der Bank in den Lebens- und Persönlichkeitsbereich eines Privatkunden nahezu allumfassend, ändert sich dieses bei einem Firmenkunden. Hier erhält die Bank primär einen umfassenden Einblick in die gewerbliche / geschäftliche Tätigkeit des Firmenkunden, was bezogen auf die dahinter stehende (Privat-) Person somit nur einen Teilaspekt ihres gesamten Lebens- und Persönlichkeitsspektrums darstellt. Zwar erhält eine Bank auch über die Betreuung eines einzeln auftretenden Firmenkunden mittelbare Kenntnis über die hinter dem Gewerbebetrieb stehende Privatperson[1823], gleichwohl sind diese Daten und Informationen nicht so allumfassend, wie es bei einem Privatkunden der Fall ist. Bei einem isolierten Zugriff auf die Daten und Informationen, die das Bankgeheimnis eines Firmenkunden ausmachen, ist das Recht auf informationelle Selbstbestimmung daher nicht zugunsten des Bürgers anwendbar. Dieses ändert sich, sofern auf die Daten und Informationen zugegriffen wird,

---

[1821] Zum Abwägungsgesetz siehe oben im 2. Teil, S. 63 ff..

[1822] BVerfGE 65, 1 (42, 43). Vgl. auch oben, S. 120 ff..

[1823] Vgl. oben S. 282.

die seine nicht operativen Privatkonten betreffen. In diesem Fall gilt der Bankkunde als Privatkunde und kann sich auf den geschilderten Schutz des Rechts auf informationelle Selbstbestimmung berufen.[1824] Dieses gilt erst recht, wenn ein Eingriff in beide Kontenbereiche erfolgt. Dieses Ergebnis wird auch durch den Aspekt unterstützt, daß ein Privatkunde sich hinsichtlich des Schutzes seines Bankgeheimnisses lediglich auf das Recht der informationellen Selbstbestimmung gemäß Art. 2, Abs. I i.V.m. Art. 1, Abs. I GG berufen kann, ein Firmenkunde im Bereich seiner operativen Tätigkeit hingegen den Schutz der Art. 12, Abs. I GG und Art. 14, Abs. I, S. 1 GG genießt. In der Epplerentscheidung hat das Bundesverfassungsgericht die Subsidiarität des allgemeinen Persönlichkeitsrechts betont[1825] und ausgeführt, daß der Schutz der Persönlichkeit zunächst durch die speziellen Freiheitsgrundrechte erfolgt. So wurde bereits im Zusammenhang mit Art. 12, Abs. I GG ausgeführt, daß die Berufsfreiheit als Ausdruck der Persönlichkeitsentfaltung und Selbstbestimmung des Menschen gilt.[1826] Gleiches gilt für den Bereich der Eigentumsgarantie, da die Schaffung und Nutzung von Privateigentum vielfach die Ausübung der anderen Grundrechte erst ermöglicht.[1827] Erst wenn ein Verletzung dieser Einzelgrundrechte nicht in Betracht kommt, offenbart sich somit das allgemeine Persönlichkeitsrecht als Prüfungsmaßstab.[1828]

d.) Besteht ein zusätzlicher Schutz des Bankgeheimnisses gemäß Art. 2, Abs. I GG?

Auch diese Frage ist sogleich zu verneinen. Trotzdem die allgemeine Handlungsfreiheit des Art. 2, Abs. I GG sich auch auf die wirtschaftliche Betätigung des Menschen erstreckt,[1829] gilt sie auch in diesem Bereich als Auffanggrundrecht. Als Grundrecht der Wirtschaftsfreiheit kommt Art. 2, Abs. I GG nur dann zur Anwendung, soweit die Spezialfreiheitsrechte diesen Bereich nicht abdecken.[1830] Aufgrund der erfolgten Zuordnung des Bankgeheimnisses zu den Schutzbereichen von Art. 12, Abs. I GG und Art. 14, Abs. I, S. 1 GG verbleibt für Art. 2, Abs. I GG kein Regelungsbereich.

1824 So ausdrücklich Vogelsang, S. 107 ff.. Vgl. auch Scholz, AöR, 100 (1975), S. 116 ff..

1825 Vgl. BVerfGE 54, 148 (152 f.).

1826 Vgl. oben S. 285.

1827 Vgl. oben S. 323.

1828 Vgl. BVerfG, a.a.O..

1829 Vgl. BVerfGE 8, 274 (328); Papier, in: Hdb. des VerfR, § 18, Rn. 75; dergl., in: M/D/H/S, Art. 14, Rn. 226.

1830 BVerfGE 8, 274 (328); BVerfGE 50, 290 (366); BVerfGE 77, 308 (339); Vogelsang, a.a.O., S. 107; Papier, a.a.O.; dergl., in: M/D/H/S, a.a.O.; Scholz, AöR, a.a.O., S. 116, 123 f.; dergl., in: M/D/H/S, Art. 12, Rn. 114 ff.; Dürig, in: M/D/H/S, Art. 2 I, Rn. 43 ff.; Gubelt, in: v.M., Art. 12, Rn. 88; Bryde, in: v.M., Art. 14, Rn. 107; Tettinger, in: Sachs, Art.12, Rn. 162.; Wendt, in: Sachs, Art. 14, Rn. 185.

2.) Der Schutz des Bankgeheimnisses der korporativ auftretenden bzw. handelnden privat - rechtlichen Firmenkunden einer Bank

Firmenkunden einer Bank können auch Korporationen oder Organsationseinheiten[1831] sein, die durch den Zusammenschluß von Einzelindividuen im Sinne des Art. 9, Abs. I GG[1832] entstanden sind. Diese Korporationen dienen einerseits der kollektiven Grundrechtsausübung der beteiligten Individuen und im hier interessierenden Kontext somit der kollektiven Ausübung der Berufs- und Eigentumsfreiheit. Andererseits geht der Grundrechtsschutz dieser Organisationseinheiten über den Bereich einer bloß kollektiven Grundrechtsausübung der Individuen hinaus.[1833] Instruktiv beschreibt *Papier* diese Funktion von Korporationen im Bereich der Unternehmensfreiheit mit den Worten: „Träger des Unternehmensgrundrechts ist bei Unternehmen, die nicht von Einzelpersonen getragen werden, die juristisch verfaßte Willenseinheit, die von Rechts wegen die bestimmenden Entscheidungen für das Unternehmen trifft, also die juristische Person oder handelsrechtliche Gesamthand, in deren Namen, auf deren Rechnung und Risiko andere unternehmerisch handeln".[1834] *Dürig* weist in diesem Zusammenhang zwar zutreffend darauf hin, daß ein solchermaßen erfolgendes Handeln in Gemeinschaft, als Gesamtheit „nicht bloß die addierte Summe isolierter Einzelhandlungen" ist, sondern „ein aliud im Verhältnis zur Summe ihrer Teile".[1835] Er zieht hieraus jedoch den meines Erachtens verfehlten Schluß, daß Art. 19, Abs. III GG zwar von einer Verselbständigung des Zusammenschlusses ausgehe, jedoch die ‚Persönlichkeitsentfaltung in Gemeinschaft' regele.[1836] Als derartige Organisationseinheiten, in denen auch die Grundrechte der Individuen kollektiv ausgeübt werden können, wurden bereits Partnerschaftsgesellschaft, OHG, KG, GbR, GmbH, AG, KGaA etc. benannt. Entscheidend ist in diesem Zusammenhang, daß diese Gesellschaften selbst Konten bei Banken unterhalten, die auf den Namen der Gesellschaft und nicht der Gesellschafter lauten. Diese Gesellschaften selbst, der kollektive Zusammenschluß als solcher, ist Firmenkunde der Bank. Unabhängig davon bleibt der Umstand, ob die hinter dem

---

1831 Dieser Begriff stammt von Krüger, in: Sachs, Grundgesetz-Kommentar, Art. 19, Rn. 55; vgl. auch v. Mutius, Grundrechtsfähigkeit, Jura 1983, S. 33.

1832 BVerfGE 50, 290 (353 ff.); Koppensteiner, Zur Grundrechtsfähigkeit gemischtwirtschaftlicher Unternehmen, NJW 1990, S. 3106; Rüfner, AöR, 89 (1964), S. 268 ff.; Stern, StaatsR, Bd. III/1, § 71 - Die Grundrechtsberechtigung der juristischen Personen, S. 1086 ff., 1118; Scholz, in: M/D/H/S, Art. 12, Rn. 98. Vgl. auch Dürig, in: M/D/H/S, Art. 19 III, Rn. 4, der zu Recht darauf hinweist, daß Art. 9, Abs. I GG die Freiheit der Individuen verkörpert, sich zusammenzuschließen und in dem so erfolgten Zusammenschluß zu betätigen, während Art. 19, Abs. III GG dem Zusammenschluß als solchem und nicht nur den dahinter stehenden Individuen die Grundrechtsträgerschaft verleiht; in diesem Sinne auch Stern, a.a.O., S. 1087, 1120.

1833 Vgl. Bettermann, Juristische Personen des öffentlichen Rechts als Grundrechtsträger, NJW 1969, S. 1324. Ausführlicher hierzu auch v. Olshausen, Zur Anwendbarkeit von Grundrechten auf juristische Personen des öffentlichen Rechts, Diss. jur., Marburg, 1969, S. 85 ff.; Breuer, in: Hdb. des StaatsR, § 147, Rn. 23.

1834 Papier, in: Hdb. des VerfR, § 18, Rn. 48; Ladeur, in: Alternativkommentar, Art.19 Abs. 3, Rn. 21, 28; Dreier, Grundgesetz - Kommentar, Art. 19 III, Rn.21; Bethge, Grundrechtsträgerschaft juristischer Personen, AöR, 104 (1979), 54 ff. (64); Stern, a.a.O., S.1118; Pieroth / Schlink, a.a.O., Rn. 142; Model / Müller, Grundgesetz - Kommentar, Art. 19, Rn. 8. Mertens, Die Grundrechtsfähigkeit der juristischen Person und das Gesellschaftsrecht, JuS 1989, S. 858 f., der darauf hinweist, daß die Anerkennung der Grundrechtsfähigkeit der Unternehmen durch das Bundesverfassungsgericht erfolgt sei, das im Mitbestimmungsurteil die Grundrechte der Art. 2, 12, 14 GG zugunsten der klagenden Unternehmen angewandt habe, freilich ohne explizite Nennung von Art. 19, Abs. III GG.

1835 Dürig, in: M/D/H/S, Art. 19 III, Rn. 3; v. Mutius, Jura 1983, S. 33, 34; Stern, a.a.O., S. 1104, 1118 ff.. Anschaulich möge man sich ein Sinfonieorchester vorstellen, bei dem der Klangkörper des Orchesters mehr ist, als die bloße Summe der Einzelinstrumente.

1836 Dürig, a.a.O., Rn. 2.

Zusammenschluß bzw. der Gesellschaft stehenden Gesellschafter selbst bei einer Bank Konten unterhalten oder nicht, denn diese Konten würden gegebenenfalls dem beschriebenen Reglement der Privatkunden unterfallen. Diese Frage soll hier daher nicht weiter interessieren. Interessieren soll jedoch die Frage, ob und gegebenenfalls inwieweit sich Gesellschaften bzw. Organisationseinheiten als solche auf den Schutz von Grundrechten berufen können und diese somit Grundrechtsfähigkeit[1837] besitzen.
Oben wurde bereits Art. 19, Abs. III GG als für diese Frage entscheidend benannt. Diese Regelung gilt es daher, näher zu betrachten. Nach Art. 19, Abs. III GG können sich inländische juristische Personen auf Grundrechte berufen, soweit diese ihrem Wesen nach auf die juristischen Personen anwendbar sind. Trotz seines scheinbar eindeutigen Wortlauts eröffnet Art. 19, Abs. III GG eine Reihe von Fragen[1838], beispielsweise nach dem Verständnis des Begriffs „Wesen der Grundrechte“ oder dem Erfordernis „inländischer“ juristischer Personen. Auf den ersten Blick scheint zumindest der Begriff der juristischen Person eindeutig zu sein und lediglich solche Gesellschaften zu erfassen, die dem einfach - rechtlichen Begriff des Privatrechts von der juristischen Person unterfallen. Dieser Blick täuscht, denn hiernach würden lediglich vollrechtsfähige Organisationseinheiten[1839] wie z.B. AG, GmbH, KGaA oder der eingetragene Verein unstreitig diesem Begriff genügen, nicht- oder nur teilrechtsfähige Gesellschaften wären dagegen von der Regelung des Art. 19, Abs. III GG nicht erfaßt.[1840] Nach nahezu einhelliger Meinung[1841] werden von dem Begriff der juristischen Person in Art. 19, Abs. III GG jedoch auch teilrechtsfähige Organisationseinheiten wie OHG, KG oder nicht - eingetragene Vereine erfaßt.[1842] Dabei ist der denkbare Grundrechtsschutz jedoch auf den Bereich der Teilrechtsfähigkeit beschränkt, so daß der mögliche Grundrechtsschutz „niemals weiter als die Teilrechtsfähigkeit“ reichen kann.[1843] Dieser Aspekt ist jedoch nicht auf den Bereich der Teilrechtsfähigkeit begrenzt, so daß gesagt werden kann, daß die Grundrechtsfähigkeit stets nicht weiter reichen kann, als die Rechtsfähigkeit.[1844] Ferner wird der Grundrechtsschutz auch auf nicht - rechtsfähige Organisationseinheiten und auf GbR‘s erstreckt.[1845]

[1837] Zu diesem Ausdruck siehe v. Mutius, a.a.O., S. 30; Rüfner, AöR, 89 (1964), S. 279 ff..

[1838] Hendrichs, in: v.M., Grundgesetz-Kommentar, Art. 19, Rn. 30.

[1839] BVerfGE 23, 153 (163, 165 f.) für KGaA; BVerfGE 50, 290 (352); Krüger, in: Sachs, Art. 19, Rn. 55; Hendrichs, in: v.M., a.a.O., Rn. 31; v. Mutius, Jura 1983, S. 37; Dreier, Art. 19 III, Rn. 26, 28; Stern, a.a.O., S. 1116.

[1840] Krüger, in: Sachs, a.a.O., Rn. 57 ff..

[1841] *Anderer Ansicht* Hendrichs, a.a.O, der eine Erstreckung des Begriffs der juristischen Person in Art.19, Abs. III GG auf nicht- oder teilrechtsfähige Organisationsgebilde angesichts des klaren Wortlauts für unzulässig hält. Hendrichs erkennt zugleich jedoch ein argumentum a fortiori an, denn wenn Art.19, Abs. III GG sogar juristische Personen einbeziehe, so müsse dieses „erst recht für Vereinigungen gelten, die den natürlichen Personen noch wesentlich näher stehen“ würden. Vgl. dazu auch Bethge, AöR, 104 (1979), S. 77, 78. Nach Ansicht von v.Mutius, Jura 1983, S. 35, 38, verlangt der Anwendungsbereich des Art.19, Abs. III GG mindestens Teilrechtsfähigkeit der Organisationseinheit. So auch Dreier, Art. 19 III, Rn. 27.

[1842] BVerfGE 4, 7 (S. 8 - Leitsatz Nr.7, S. 12, 17); BVerfGE 10, 89 (99) -Erftverband; BVerfGE 15, 235 (239) - Pflichtmitgliedschaft IHK; BVerfGE 42, 212 (219) -Quick; Krüger, in: Sachs, Art. 19, Rn. 57; Dürig, in: M/D/H/S, Art. 19 III, Rn. 9, 29; Ladeur, in: Alternativkommentar, Art. 19, Rn. 28 f.; v. Mutius, a.a.O., S. 35, 37; Dreier, a.a.O., Rn. 26, 29 f.; Rüfner, AöR, 89 (1964), S. 279; Bethge, AöR, Bd. 104 (1979), S. 77; Stern, StaatsR, Bd. III/1, § 71, S. 1107, 1118, 1121 ff.; Pieroth/Schlink, a.a.O., Rn. 147; Breuer, in: Handbuch des StaatsR, § 147, Rn. 23.

[1843] Krüger, in: Sachs, a.a.O., Rn. 58; Dürig, a.a.O., Rn. 29; v. Mutius, a.a.O., S. 34, 37; Dreier, a.a.O., 26; v. Olshausen, Diss. jur., Marburg, 1969, S. 87 ff., 105.

[1844] v. Olshausen, a.a.O., S. 87 ff., 105.

[1845] Krüger, in: Sachs, a.a.O., Rn. 60; Dürig, a.a.O., Rn. 9, 29; Ladeur, a.a.O., Art. 19, Rn. 28 f.; Stern, a.a.O., S. 1130 ff. (1133); Scholz, in: M/D/H/S, Art. 12, Rn. 98; Breuer, a.a.O.. *Anderer Ansicht* Dreier, a.a.O., Rn. 27; v. Mutius, a.a.O., S. 35, 38 - siehe dort Fn. 5; Model/Müller, Grundgesetz, Art. 19, Rn. 8.

Dürig faßt die mögliche Grundrechtsträgerschaft daher mit den Worten zusammen, „daß jeder von der Rechtsordnung anerkannte und rechtlich verselbständigte Zusammenschluß von Personen ... grundrechtsfähig sein kann".[1846] Eingangs wurde gesagt, daß im Rahmen von Art. 19, Abs. III GG umstritten sei, wie der Begriff ‚inländisch' zu verstehen ist. Die Frage und Abgrenzung nach der In- und Ausländereigenschaft eines Bankkunden wird jedoch vornehmlich bei der Darstellung der ausländischen Bankkunden relevant werden, die unten behandelt wird. Hier genügt zunächst die Feststellung, daß sich die Inländereigenschaft nach der eindeutig vorherrschenden Sitztheorie[1847] bestimmt. Danach gilt eine Gesellschaft bzw. Organisationseinheit im genannten Sinne als inländische Gesellschaft, wenn sich ihr Sitz im Inland befindet.[1848] Sitz ist dabei der Ort, an dem die Organe handeln, wo sich der tatsächliche, nicht bloß der satzungsrechtliche Verwaltungsmittelpunkt befindet.[1849] Wegen der möglichen eigenständigen Grundrechtsfähigkeit der Organisationseinheit kommt es auf die Staatsangehörigkeit der Gesellschafter nicht an.[1850] Hauptproblem bei der Anwendung des Art. 19, Abs. III GG ist die Frage nach dem ‚Wesen der Grundrechte',[1851] die eine Anwendbarkeit auf die genannten juristischen Personen ermöglicht. Wie ermittelt sich im Vergleich zu der genannten, bloß abstrakt möglichen Grundrechtsträgerschaft juristischer Personen, die konkrete Grundrechtsträgerschaft?

Zur Beantwortung der gestellten Frage sei als Ausgangspunkt die sog. ‚Durchgriffsthese' des Bundesverfassungsgerichts genannt. Nach dieser These des Gerichts bestimmt Art. 19, Abs. III GG, „daß die Grundrechte auch für inländische juristische Personen gelten, soweit sie ihrem Wesen nach auf diese anwendbar sind. Nur wenn mithin die Bildung und Betätigung einer juristischen Person Ausdruck der freien Entfaltung der privaten natürlichen Personen sind, wenn es insbesondere der Durchblick auf die hinter den juristischen Personen stehenden Menschen als sinnvoll und erforderlich erscheinen läßt ist es gerechtfertigt, juristische Personen als Grundrechtsinhaber anzusehen und sie kraft dessen auch in den Schutzbereich bestimmter materieller Grundrechte einzubeziehen".[1852] Nach Ansicht des Gerichts ist diese Durchgriffsmöglichkeit bei juristischen Personen des Privatrechts regelmäßig erfüllt.[1853] Dieser Durchgriffsthese des Gerichts liegt ein dreistufiger Gedankenschritt zur Ermittlung der

---

1846 Dürig, in: M/D/H/S, Art. 19 III, Rn. 8, 29; Bethge, AöR, 104 (1979), S. 76. Vgl. auch Ladeur, a.a.O., Art. 19, Rn. 24, 25; Stern, a.a.O., S. 1104 f., 1121 ff. (1134); BVerfG-NJW 1985, 1385 ff. (1385) -Zahntechnikerinnung. Vgl. auch den umfangreichen Fundstellennachweis zu den einzelnen Gesellschaftsrechtsformen bei Bethge, a.a.O., S. 66, siehe dort Fn. 66.

1847 Vgl. Stern, a.a.O., S. 1138 ff.; Meessen, Ausländische juristische Personen als Träger von Grundrechten, JZ 1970, S. 603 f..

1848 Hendrichs, in: v.M., Art. 19, Rn. 31; Krüger, in: Sachs, Art. 19, Rn. 49; Dürig, a.a.O., Rn. 31; Rüfner, AöR, 89 (1964), S. 275; v. Mutius, Jura 1983, S. 36; Dreier, Art. 19 III, Rn. 31; Meessen, a.a.O.; Ritter, Der Grundrechtsschutz ausländischer juristischer Personen, NJW 1964, S. 280. Vgl. Stern, a.a.O.; Pieroth/Schlink, a.a.O., Rn. 148. Somit wird der Begriff der *inländischen* Gesellschaft damit erklärt, daß diese ihren Sitz im *Inland* hat. Entscheidend ist somit der Inlandsbegriff. Dieser wird bei den Ausführungen zu den ausländischen Bankkunden noch eine Rolle spielen.

1849 Hendrichs, in: v.M., a.a.O.; Dürig, a.a.O., Rn. 31; v. Mutius, a.a.O.; Dreier, a.a.O.; Stern, a.a.O., S. 1143; Pieroth / Schlink, a.a.O..

1850 Dreier, a.a.O., Rn. 32, 33.

1851 Stern, a.a.O., S. 1110.

1852 BVerfGE 61, 82 (101) -Sasbach. Vgl. auch BVerfGE 21, 362 (368 f.) -Sozialversicherungsträger; BVerfG-NJW 1985, 1385 ff. (1385); BVerfGE 75, 192 (195 f.) -Sparkassen; BVerfG-NJW 1987, 2501 ff. (2501) - TÜV; BVerfG - NJW 1990, 1783 - HEW; BVerfG - NJW 1995, 582 ff. (583) - Sparkassen. Siehe auch die Darstellung bei Koppensteiner, NJW 1990, S. 3106; Hendrichs, a.a.O., Rn. 36; Dreier, a.a.O., Rn. 20; Stern a.a.O., S. 1088, 1100.

1853 BVerfGE 39, 302 (312); BVerfG-NJW 1985, 1385 ff. (1385); BVerfGE 75, 192 (196).

konkreten Grundrechtsträgerschaft juristischer Personen zugrunde,[1854] wie die genannten Urteile des Gerichts zeigen. Anschaulich hat *Bethge* das dem Gericht zugrundeliegende Gedankenschema zusammengefaßt und beschrieben. Hiernach ist Ausgangspunkt des Gerichts zunächst eine Orientierung an Sinn und Zweck der Grundrechte. Diese sollen den Freiheitsbereich des Individuums schützen und sind daher um des Individuums willen in das Grundgesetz inkorporiert worden.[1855] In einem zweiten Schritt erkennt das Gericht zwar an, daß gemäß Art. 19, Abs. III GG auch juristische Personen in den Schutzbereich der Grundrechte einzubeziehen sind, doch sieht das Gericht hierin nach *Bethge* einen Widerspruch zur ursprünglichen, tradierten Funktion der Grundrechte als Freiheitsrechte des Individuums.[1856] Daher gesteht das Gericht in einem dritten Schritt juristischen Personen die Grundrechtsfähigkeit nur dann zu, wenn die Bildung und Ausübung der juristischen Person Ausdruck der freien Entfaltung der natürlichen Personen ist, wenn somit ein Durchgriff auf die hinter der juristischen Person stehenden natürlichen Personen möglich ist.[1857] Dieser Gedankenansatz und die darauf basierende Durchgriffsthese des Gerichts werden seitens der Literatur zu Recht kritisiert.[1858] Mag die Durchgriffstheorie bei der Frage, ob juristische Personen öffentlichen Rechts Grundrechtsträger sein können, noch eine gewisse Bedeutung haben[1859], erweist sie sich im Bereich der hier betrachteten juristischen Personen des Privatrechts als verfehlt, als sie sich nicht mit dem Wortlaut des Art. 19, Abs. III GG in Einklang bringen läßt. Der Wortlaut des Art. 19, Abs. III GG meint trotz der sprachlichen Nähe zwischen dem Begriff des ‚Wesens' in Art. 19, Abs. III GG und dem Begriff ‚Wesensgehalt' im Sinne des Art. 19, Abs. II GG nicht das gleiche.[1860] Dieses ergibt sich beispielsweise für *Stern* daraus, daß Art. 19, Abs. II GG auf den Schutz bestimmter Grundrechtsgehalte gerichtet ist, während Art. 19, Abs. III GG eine Erstreckungsnorm ist, die den Grundrechtsschutz auch auf juristische Personen übertragen soll.[1861] Art. 19, Abs. III GG erweitert daher den Kreis der Grundrechtsberechtigten prinzipiell auf juristische Personen und zwar unabhängig von den dahinterstehenden natürlichen Personen.[1862] Diesen Umstand negiert jedoch die Durchgriffsthese des Bundesverfassungsgerichts, die eine Grundrechtsträgerschaft juristischer Personen aus der Grundrechtsträgerschaft der hinter der jeweiligen Organisationseinheit stehenden natürlichen Personen deduzieren will, wobei es eine Sachwaltereigenschaft der Organisationseinheit zugleich ausschließt.[1863] Die Ansicht des Gerichts reduziert faktisch den Gehalt des Art. 19,

---

[1854] Bethge, AöR, 104 (1979), S. 68 f., 89 ff..

[1855] Bethge, a.a.O.; BVerfGE 21, 362 (369); BVerfGE 61, 82 (100 f.); BVerfG-NJW 1987, 2501 ff. (2501 f.); BVerfGE 75, 192 (195); Dürig, a.a.O., Rn. 1, 6. Ähnlich auch Stern, a.a.O., S. 1124; v. Mutius, a.a.O., S. 35; Koppensteiner, a.a.O., S. 3106, 3108 f.; Dreier, a.a.O., Rn. 20; Pieroth/Schlink, a.a.O., Rn. 152. Vgl. auch die Darstellung bei Mertens, a.a.O., S. 857 ff., der auf Rupp v.Brünneck Bezug nimmt, aber die Durchgriffsthese des Bundesverfassungsgerichts durch das Mitbestimmungsurteil durchbrochen sieht, da dort eben nicht auf die hinter der juristischen Personen stehenden natürlichen Personen abgestellt worden sei.

[1856] Bethge, AöR, 104 (1979), S. 68 f., 89 ff..

[1857] Bethge, a.a.O., S. 69; BVerfGE 21, 362 (369); BVerfGE 61, 82 (101); BVerfG-NJW 1987, 2501 ff. (2502); BVerfGE 75, 192 (196); BVerfG-NJW 1995, 582 ff. (583); Dürig, in: M/D/H/S, Art. 19 III, Rn. 1, 6; Hendrichs, in: v.M., a.a.O., Rn. 36; Koppensteiner, NJW 1990, S. 3106.

[1858] Vgl. Hendrichs, a.a.O., 36; Dreier, a.a.O., Rn. 21; Bethge, a.a.O., S. 69 f.; Pieroth/Schlink, a.a.O., Rn. 152; Rüfner, AöR, 89 (1964), S. 309.

[1859] Dieser Frage wird bei der nachfolgenden Darstellung des Bankgeheimnisses öffentlich - rechtlicher Firmenkunden einer Bank nachgegangen werden.

[1860] Hendrichs, a.a.O., Rn. 34; Bethge, a.a.O., S. 58; Stern, StaatsR, Bd. III/1, § 71, S. 1111.

[1861] Vgl. BVerfGE 3, 383 (390); Stern, a.a.O.; Hendrichs, a.a.O., Rn. 36.

[1862] Hendrichs, a.a.O.; Dreier, a.a.O.; BVerfGE 3, 383 (390).

[1863] BVerfGE 61, 82 (101, 103 f.); BVerfG-NJW 1987, 582 ff. (583). *Anderer Ansicht* Papier, in: M/D/H/S, Art. 14, Rn. 207, der ausdrücklich von einem ‚Sachwalter der Individualrechte' der Mitglieder spricht.

Abs. III GG in unzulässiger Weise auf eine Grundrechtsausübung und Persönlichkeitsentfaltung in Gemeinschaft und schildert dadurch nur einen der eingangs genannten Aspekte der Organisationseinheiten,[1864] ohne freilich zu sagen, wie hierbei die Abgrenzung zu Art. 9, Abs. I GG erfolgen soll.[1865] In einer frühen Entscheidung führt das Bundesverfassungsgericht noch unbeeinflußt von seiner Durchgriffsthese, zu dem Sinn des Art. 19, Abs. III GG aus, daß Art. 19, Abs. III GG klarstellen soll, „daß nicht nur -wie es dem Ursprung der Grundrechte an sich entspräche- natürliche Personen grundrechtsfähig sind, sondern sogar juristische Per-sonen, obwohl sie nicht notwendig Vereinigungen von natürlichen Personen sind".[1866] Anderer Ansicht ist hier ausdrücklich *Dürig*, der gerade in der kollektiven Grundrechtsaus-übung den Sinngehalt des Art. 19, Abs. III GG erblickt, um deretwillen die Verselbständigung des Zusammenschlusses gegeben sei.[1867] Gegenüber der Einzelausübung eines Grundrechts sei die kollektive Grundrechtsausübung ein aliud.[1868] Die Inkonsequenz in der Auffassung *Dürig's* zeigt sich meines Erachtens in der bereits oben genannten[1869] Abgrenzung von Art. 19, Abs. III GG und Art. 9, Abs. I GG, die auch er vornimmt. Nach *Dürig* soll Art. 9, Abs. I GG die Freiheit der Individuen garantieren, sich zusammenzuschließen und in diesem Zusammenschluß zu betätigen, während Art. 19, Abs. III GG dem Zusammenschluß selbst und „nicht nur den dahinterstehenden Individuuen die Grundrechtsträgerschaft" verleiht.[1870] Wenn Art. 19, Abs. III GG dem Zusammenschluß selbst die Grundrechtsträgerschaft verleiht, ist dieser Zusammenschluß Grundrechtsträger und nicht die dahinterstehenden Individuen. Auf diese kommt es insoweit gar nicht an.[1871] Der Umstand, daß sich die Individuen innerhalb der Organisationseinheit wiederum selbst betätigen und insoweit ihre Grundrechte -insbesondere der Berufs- und Eigentumsfreiheit- kollektiv ausüben können, ist eine andere Frage. Diese soll hier nicht weiter vertieft werden. Würde es jedoch lediglich um die kollektive Ausübung von Grundrechten der Individuen gehen, ohne daß es auf die Grundrechtsfähigkeit der juristischen Person selbst ankommt, müßte sich die Beurteilung der Grundrechtsfähigkeit der juristischen Person bei einem Wechsel der Gesellschafter, als den hinter der Organisationseinheit stehenden Individuen, neu stellen. Dieses ist jedoch nicht der Fall. Die Frage der Grundrechtsfähigkeit juristischer Personen ist unabhängig von Bestand und Wechsel der dahinterstehenden Individuen. Die Durchgriffsthese ist aus den genannten Gründen daher abzulehnen. Trotz dieser Kritik ist dem Bundesverfassungsgericht grundsätzlich darin Recht zu geben, daß für die Frage der konkreten Anwendung von Grundrechtsnormen auf juristische Personen ein vergleichender Blick auf natürliche Personen unvermeidbar ist und dadurch die tradierten Funktionen der Grundrechte als Freiheits- und Abwehrrechte des einzelnen gegen den Staat Bedeutung erlangen.

Um eine sprachliche Differenzierung des Wesensbegriffs in Art. 19, Abs. II GG und Art. 19, Abs. III GG vornehmen zu können, sollte man statt von ‚Wesen der Grundrechte' gemäß Art. 19, Abs. III GG von deren Inhalt[1872], Gehalt[1873] oder dem Charakter der Grundrechte

---

[1864] Bethge, a.a.O., S. 69; Ladeur, a.a.O., Rn. 21.

[1865] Vgl. Dreier, a.a.O., Rn. 21.

[1866] BVerfGE 3, 383 (390). Dadurch wird auch für ‚Schachtelgesellschaften' die Grundrechtsfähigkeit bejaht.

[1867] Dürig, in: M/D/H/S, Art. 19 III, Rn. 2, 3.

[1868] Dürig, a.a.O., Rn. 3.

[1869] Vgl. oben S. 341 f..

[1870] Dürig, a.a.O., Rn. 4. Ähnlich auch v. Olshausen, Diss. jur., Marburg, 1969, S. 88, der anführt, daß Art. 19, Abs. III GG an die Existenz bereits bestehender Einheiten anknüpfe, diese aber nicht konstituiere.

[1871] Im hier erörterten Zusammenhang sind die Individuen auch nicht Kunde der Bank. Firmenkunde ist hier die Organisationseinheit als solche.

[1872] So z.B. Rüfner, AöR, 89 (1964), S. 266; Bettermann, NJW 1969, S. 1324. Vgl. auch Stern, StaatsR, Bd. III/1, § 71, S. 1111, der hierin allerdings eine Eingrenzung sieht.

[1873] Stern, a.a.O., S. 1124.

sprechen. Entscheidend ist letztendlich, ob die Grundrechte von ihrem Charakter, von ihrem Regelungsinhalt her auf den Handlungsbereich einer juristischen Person im genannten Sinne anwendbar sind oder nicht. Die Grundrechtsträgerschaft von juristischen Personen aufgrund des ‚Wesens der Grundrechte' und somit ihres Charakters, bedingt eine Einzelbetrachtung der Grundrechte. Dieses zeigt sich auch an dem oben genannten Umstand, daß die Einbeziehung von Grundrechten auf die genannten teilrechtsfähigen Organisationseinheiten nicht dazu führen darf, daß deren Handlungsfähigkeit erweitert wird. Jedes Grundrecht ist auf seinen Charakter hin, seinen inhaltlichen Regelungsbereich in bezug auf seine Anwendungsfähigkeit für juristische Personen isoliert zu untersuchen,[1874] wobei dieses Erfordernis nach zutreffender Ansicht *Hendrichs*' zugleich etwas Selbstverständliches ausdrückt, da einige Grundrechte ‚wesensmäßig' auf juristische Personen gar nicht anwendbar sind.[1875] Bei dieser Untersuchung ist das jeweilige Grundrecht in eine Relation zur juristischen Person zu bringen.[1876] Bezugnehmend auf die Durchgriffsthese des Bundesverfassungsgerichts wurde zuvor davon gesprochen, daß ein vergleichender Blick von juristischer und natürlicher Person erforderlich ist. Es kann daher gesagt werden, daß eine juristische Person dann Grundrechtsträger sein kann, wenn sie sich in einer grundrechtsgleichen Gefährdungslage gegenüber dem Staat befindet[1877], die der einer natürlichen Person vergleichbar ist.[1878] Dann bekommt auch die vom Gericht geforderte traditionelle Funktion der Grundrechte als Abwehrrechte gegenüber dem Staat Bedeutung. Das Zuordnungskriterium einer grundrechtsgleichen Gefährdungslage spielt in der Dogmatik vornehmlich eine Rolle bei der Frage nach der Grundrechtsfähigkeit juristischer Personen öffentlichen Rechts. Diese Frage wird daher bei der Betrachtung öffentlich - rechtlicher Firmenkunden eine Rolle spielen. Die Frage hat jedoch auch Bedeutung bei den juristischen Personen des Privatrechts. Eine grundrechtsgleiche Gefährdungslage einer juristischen Person im Vergleich zu einer natürlichen Person ist grundsätzlich bei den Grundrechten möglich, „die nicht die natürlichen Eigenschaften des Menschen, wie die Körperlichkeit -insbesondere Geschlecht, Alter, Verwandschaft, Rasse, körperliche Betätigung und körperliche Bewegungsfreiheit- einerseits, die inneren geistig - seelischen Güter andererseits notwendig voraussetzen".[1879] Nach *Stern* sollen mithin alle Grundrechte auf juristische Personen grundsätzlich anwendbar sein, die nicht „an Eigenschaften anknüpfen, die nur natürlichen Personen wesenseigen sind".[1880] In diesem Zusammenhang beantwortet sich für *Dürig* die Frage nach der Anwendbarkeit der Grundrechte auf juristische Personen im konkreten Fall mit einer Testfrage, die danach fragt, „ob das betreffende Grundrecht nur individuell (‚innermenschlich', ‚einzelmenschlich') oder auch korporativ betätigt werden kann".[1881] Es hat somit eine Beurteilung der jeweiligen Grundrechte im Einzelfall zu erfolgen[1882], wobei ein vergleichender Blick auf die einzelne, natürliche Person gerichtet und gefragt wird, ob dieses

[1874] Vgl. v. Mutius, a.a.O., S. 34; Krüger, in: Sachs, Art 19, Rn. 65 ff.; Rüfner, a.a.O., S. 280 ff.; Ladeur, in: Alternativkommentar, Art. 19, Rn. 33 ff..

[1875] Hendrichs, in: v.M., a.a.O., Rn. 35. Vgl. auch Dreier, a.a.O., Rn. 22 ff.; Rüfner, a.a.O., S. 266, 280 ff.; Ladeur, a.a.O.; Stern, a.a.O., S. 1084, 1111.

[1876] Dürig, in: M/D/H/S, Art. 19 III, Rn. 5.

[1877] Hendrichs, a.a.O., Rn. 36, 39; Dreier, a.a.O., Rn. 36; v. Mutius, Jura 1983, S. 35, 40; Bethge, a.a.O., S. 73 ff.; Pieroth/Schlink, a.a.O., Rn. 152.

[1878] Dieses Argument der grundrechtsgleichen Gefährdungslage spielt auch bei der Frage nach der Grundrechtsfähigkeit öffentlich - rechtlicher juristischer Personen eine mitentscheidende Rolle.

[1879] Stern, a.a.O., S. 1123, 1124; Krüger, in: Sachs, Art. 19, Rn. 46; Pieroth/Schlink, a.a.O., Rn. 150 f..

[1880] Stern, a.a.O., S. 1111, 1124.

[1881] Dürig, a.a.O., Rn. 32. Vgl. auch BVerfGE 22, 380 (383); BVerfGE 30, 292 (312); BVerfGE 50, 290 (363); Stern, a.a.O., S. 1125; v. Mutius, a.a.O., S. 37, für den die kollektive / korporative Ausübbarkeit das entscheidende Kriterium ist.

[1882] BVerfGE 21, 362 (368 f.).

Grundrecht auch durch eine juristische Person ausgeübt werden kann, da diese sich in einer, der natürlichen Person vergleichbaren, grundrechtstypischen Gefährdungslage befindet. Grundrechtsbestimmungen, die allein eine Ausprägung der Individualität einer natürlichen Person sind, scheiden bezüglich ihrer Anwendbarkei auf juristische Personen somit aus.[1883] Als ein derartiges Grundrecht, das an die Eigenschaften einer natürlichen Person anknüpft, gilt im hier interessierenden Kontext beispielsweise das allgemeine Persönlichkeitsrecht in Form des Rechts auf informationelle Selbstbestimmung gemäß Art. 2, Abs. I i.V.m. Art. 1, Abs. I GG.[1884] Der in diesem Grundrecht enthaltene, inherente und durch Anwendung des Art. 1, Abs. I GG besonders hervorgehobene Menschenwürdegehalt ist auf juristische Personen unanwendbar, denn diese besitzen keine Menschenwürde.[1885] Bei konsequenter Befolgung der Durchgriffstheorie müßte jedoch auf die Menschenwürde der hinter der juristischen Person stehenden natürlichen Personen abgestellt werden. Daß die hinter der juristischen Person stehenden natürlichen Personen Menschenwürde besitzen, die es stets zu beachten gilt, ist indes unbestritten.[1886] Bei konsequenter Anwendung der Durchgriffstheorie müßte sich dann aber die Menschenwürde auch auf die juristische Person selbst erstrecken bzw. auf diese ausstrahlen. Ein kurioses Ergebnis, das tatsächlich -soweit ersichtlich- von niemandem vertreten wird. Als generell für juristische Personen unanwendbar gelten ferner die Grundrechte in Art. 1; 2, Abs. II; 3, Abs. II; 4, Abs. III; 6; 16 GG.[1887]
Wie bei einzeln auftretenden Firmenkunden geht es auch bei den hier betrachteten Organisationseinheiten um die Frage, ob diese sich auf den Schutzbereich der Art. 12, Abs. I GG und Art. 14, Abs. I, S. 1 GG berufen können. Die Anwendbarkeit der Schutzbereiche von Berufsfreiheit und Eigentumsgarantie auf juristische Personen im Sinne des Art. 19, Abs. III GG gilt dabei als weitgehend unbestritten, da diese Grundrechte anknüpfend an die Testfrage *Dürig's* sowohl einzeln von einer natürlichen Person, als auch durch eine juristische Person ausgeübt werden können und die Grundrechtslage beider insofern vergleichbar erscheint.[1888] Exempla-

1883 Stern, a.a.O., S. 1126; Krüger, a.a.O., Rn. 65; Dreier, a.a.O., Rn. 23.

1884 Stern, a.aO.; Krüger, a.a.O.; Ladeur, a.a.O., Art. 19, Rn. 33; Dreier, a.a.O., Art. 19, Rn. 36; Rüfner, a.a.O., S. 266, 281 f.; v. Münch, in: Grundgesetz - Kommentar, Art. 1, Rn. 9; Höfling, in: Sachs, Grundgesetz-Kommentar, Art. 1, Rn. 56; Jarass, Das allgemeine Persönlichkeitsrecht, NJW 1989, S. 860.

1885 Rüfner, a.a.O., S. 282; Jarass, a.a.O.; v.M/v.Münch, a.a.O.; Sachs/Höfling, a.a.O.. Juristischen Personen des Privatrechts steht jedoch gegebenenfalls das zivilrechtliche allgemeine Persönlichkeitsrecht, das der BGH zu § 823 BGB und § 1 UWG entwickelt hat, zu. In diesem Zusammenhang kommt es zum Beispiel auf die Fragen der sog. ‚Imagebetroffenheit' an. Auf die einschlägig Rechtsprechung des BGH z.B. in BGHZ 98, 94 ff.; BGH-NJW 1984, 1956 ff.; BGH-NJW 1986, 2951 ff. -BMW; BGH-NJW 1994, 1954 ff. - Mars Kondom; BGH-NJW 1995, 871 ff.; BGH-NJW 1991, 3212 ff. - Salomon wird verwiesen. Für eine Anwendbarkeit der Menschenwürde auf juristische Personen vgl. jedoch Kreutzer, Diss. jur., München, 1956, S. 25 f..

1886 Schmitt-Glaeser, in: Hdb. des StaatsR, Bd. VI, § 129 - Schutz der Privatsphäre, Rn. 88.

1887 Mit der einen oder anderen Nuance Stern, a.a.O.; Krüger, in: Sachs, Art. 19, Rn. 65; Ladeur, a.a.O.; Dreier, a.a.O.; Model/Müller, Grundgesetz, Art. 19, Rn. 8. Ausführlich hierzu Rüfner, AöR, 89 (1964), S. 280 ff..

1888 Vgl. Bethge, AöR, 104 (1979), S. 73, sowie den auf S. 66 (dort Fn. 66) befindlichen umfangreichen Fundstellennachweis; Stern, a.a.O., S. 1126 f.; Dreier, a.a.O., Rn. 24; Ladeur, a.a.O., Rn. 33; Krüger, in: Sachs, a.a.O., Rn. 66, 77, 79; Mertens, JuS 1989, S. 859 f.; v. Mutius, Jura 1983, S. 36 f.; Gubelt, in: v.M., Art. 12, Rn. 6; Tettinger, in: Sachs, Grundgesetz-Kommentar, Art. 12, Rn. 22, 23; Scholz, in: M/D/H/S, Art. 12, Rn. 93, 98 f.; Papier, in: Hdb. des VerfR, § 18, Rn. 48 für Art. 12; dergl., in: M/D/H/S, Art. 14, Rn. 204; Bryde, in: v.M., a.a.O., Rn. 6 -für Art.14; Wendt, in: Wendt, Art. 14, Rn. 16; Rüfner, a.a.O., S. 314f. -für Art. 14; Stein, a.a.O., S. 277 -für Art. 14; BVerfGE 4, 7 (17) -für Art. 14; BVerfGE 21, 362 (369) -für Art. 14; Model/Müller, a.a.O., Rn. 8 -für Art. 12 und 14; BVerfGE 22, 380 (383 -für Art. 12, 386 für Art. 14); BVerfGE 30, 292 (312) -für Art. 12; BVerfGE 35, 348 (360) -für Art. 14; BVerfGE 41, 126 ff. (149) -für Art. 14; BVerfGE 50, 290 (351f. -für Art.14; 361 ff. -für Art. 12, 363).

risch sei zur Anwendbarkeit von Art. 12, Abs. I GG das Bundesverfassungsgericht mit seiner Entscheidung zum Monopol der Arbeitsvermittlung zitiert. Dort heißt es: „Die Rechtsform der Beschwerdeführerin steht der Geltendmachung des Grundrechts aus Art. 12, Abs. I GG jedenfalls für das hier zur Rede stehende (scil. Arbeitsvermittlung betreffende) Begehren nicht entgegen. Allerdings kann eine juristische Person nicht einen Beruf im Sinne einer Lebensaufgabe, in der sich die menschliche Persönlichkeit voll ausformt und vollendet, ausüben.[1889] Indes ist in der Berufsfreiheit auch die Freiheit enthalten, eine Erwerbszwecken dienende Tätigkeit, insbesondere ein Gewerbe zu betreiben. Jedenfalls insoweit, als eine bestimmte Erwerbstätigkeit ihrem Wesen und ihrer Aufgabe nach in gleicher Weise von einer juristischen Person ausgeübt werden kann, ist das Grundrecht des Art. 12 GG gemäß Art. 19 Abs. III GG auch auf juristische Personen anwendbar".[1890] Für die Anwendbarkeit von Art. 14 GG auch auf juristische Personen des Privatrechts wird ausgeführt, daß Art. 14 GG zu den Grundrechten gehöre, „die den stärksten Anstoß zur Schaffung von Art. 19, Abs. III GG gegeben haben".[1891] Berufsfreiheit und Eigentumsgarantie sind auch auf Firmenkunden einer Bank anzuwenden, die in Form einer juristischen Person im Sinne des Art. 19, Abs. III GG auftreten. Daten und Informationen einer Bank, die das Bankgeheimnis eines Firmenkunden umfassen, unterscheiden sich nicht durch die Rechtsform des Firmenkunden oder danach, ob dieser einzeln auftritt oder es sich um eine Organisationseinheit handelt. Maß, Art und Fülle der Daten und Informationen, die bei einer Bank anfallen sind die gleichen, unabhängig davon, ob es sich um einen einzeln auftretenden Firmenkunden handelt oder um einen Firmenkunden in Form einer juristischen Person im Sinne des Art. 19, Abs. III GG. Auch bei diesen Firmenkunden gilt es, den eingerichteten und ausgeübten Gewerbebetrieb zu bewahren und vor staatlichen Eingriffen zu schützen. Auch bei diesen Firmenkunden beinhaltet der eingerichtete und ausgeübte Gewerbebetrieb Betriebs- und Geschäftsgeheimnisse, die ebenfalls dem Bankgeheimnis unterliegen. Auf die entsprechenden Ausführungen, die oben gemacht worden sind, wird daher verwiesen. Es kann festgehalten werden, daß für Firmenkunden in Form von juristischen Personen des Privatrechts im Sinne des Art. 19, Abs. III GG die Schutzbereiche der Art. 12, Abs. I GG und Art. 14, Abs. I, S. 1 GG anwendbar sind. Diese Firmenkunden unterfallen daher in gleicher Weise wie die zuvor dargestellten, einzeln auftretenden Firmenkunden einer Bank dem prima facie Schutz der Berufs- und Eigentumsfreiheit. Auch für die Frage der tatsächlichen Reichweite dieses prima facie Schutzes ergeben sich keine Änderungen. Für die Darstellung der geschilderten Durchbrechungsnormen, die auch das Bankgeheimnis eines Firmenkunden durchbrechen, ergeben sich keine Änderungen dadurch, daß die Firmenkunden juristische Personen gemäß Art. 19, Abs. III GG sind. Hinsichtlich der staatlichen Eingriffs- und Durchbrechungsbefugnis des Bankgeheimnisses dieser Bankkunden wird daher auf die bereits zu den einzeln auftretenden Firmenkunden gemachten Ausführungen verwiesen; es ergeben sich keine Änderungen.

[1889] Vgl. zu diesem Gedanken des Gerichts auch die Ausführungen und Differenzierungen von Rüfner, a.a.O., S. 310 ff..

[1890] BVerfGE 21, 261 (266); BVerfGE 30, 292 (312); BVerfGE 50, 290 (362, 363). Vgl. auch Breuer, in: Hdb. des StaatsR, § 147, Rn. 23.

[1891] Stern, a.a.O., S. 1127.

3.) Der Schutz des Bankgeheimnisses der öffentlich - rechtlichen Firmenkunden

Firmenkunden einer Bank können auch Organisationseinheiten öffentlichen Rechts sein. Bei diesen handelt es sich grundsätzlich um korporative, kollektive Erscheinungsformen, die oben bereits als Gebietskörperschaften, Anstalten, Stiftungen -kurzum als juristische Personen öffentlichen Rechts- charakterisiert wurden. Im Rahmen dieser Arbeit sollen primär jene öffentlich - rechtlichen Firmenkunden interessieren, die in Form einer juristischen Person öffentlichen Rechts auftreten. Der Begriff der juristischen Person öffentlichen Rechts wird zwar allenthalben so oder ähnlich verwendet, ist genau genommen jedoch unsauber, da er ‚normale' juristische Personen des Privatrechts bezeichnet (z.B. GmbH, AG etc.), bei denen lediglich die Gesellschafter öffentlich - rechtlicher Natur sind. Zu denken ist in diesem Zusammenhang beispielsweise an kommunale Verkehrs- oder Versorgungsbetriebe in Rechtsform einer AG oder GmbH.[1892] Öffentlich - rechtliche Firmenkunden einer Bank, die nicht als eine derartige juristische Person auftreten, sind im Rahmen des hier untersuchten Schutzes des Bankgeheimnisses vor staatlichen Durchbrechungen und Eingriffen weitgehend bedeutungslos[1893], da die geschilderten Eingriffe und Durchbrechungen des Bankgeheimnisses aus Gründen der Verifikation steuererheblicher Vorgänge oder zur Ahndung eines entsprechenden strafrechtlich relevanten Fehlverhaltens erfolgen. Öffentlich - rechtliche Firmenkunden, die nicht als juristische Person firmieren, werden von diesem Ausgangspunkt nicht erfaßt, da sie in der Regel keiner Steuerpflicht unterliegen (vgl. z.B. § 5 KStG).[1894] Der Staat ist Steuergläubiger, nicht Steuerpflichtiger im Sinne der §§ 33, 43 AO.[1895] Erst bei einem Auftreten in Rechtsform einer öffentlich - rechtlichen juristischen Person im genannten Sinne besteht auch eine Steuerpflicht. Exemplarisch sei hier auf §§ 1,Abs. I, Nr. 6; 4 KStG verwiesen. Auch bei juristischen Personen öffentlichen Rechts als Firmenkunden einer Bank bestimmt sich die Frage ihrer etwaigen Grundrechtsfähigkeit nach Maßgabe des Art. 19, Abs. III GG. Hierzu wurde bereits ausgeführt, daß die in diesem Zusammenhang vom Bundesverfassungsgericht vertretene Durchgriffsthese in besonderem Maße bedeutsam ist, so daß auf die hiermit zusammenhängenden Probleme erneut einzugehen sein wird. Gleiches gilt für das Erfordernis einer grundrechtsgleichen Gefährdungslage. Hierbei wird mit einem vergleichenden Blick auf die traditionellen Grundrechtsträger, die Bürger, die Frage gestellt, ob eine öffentlich - rechtliche und somit staatlich beeinflußte juristische Person überhaupt in einer dem Bürger vergleichbaren Situation sein kann, die es rechtfertigt, ihr Schutz vor staatlichen Eingriffen zu gewähren. In diesem Zusammenhang wird auch das sog. Konfusionsargument vertreten, das zum Ausdruck bringt, daß der Staat nicht zugleich Grundrechtsberechtigter und Grundrechtsverpflichteter sein kann, so daß es letztendlich darum ginge, den Staat vor sich selbst zu schützen, wollte man auch seinen ‚Untereinheiten' Grundrechtsschutz einräumen.[1896] Eine grundrechtsgleiche Gefährdungslage einer öffentlich - rechtlichen Organisationseinheit darf vom Staat nicht ‚künstlich' herbeigeführt werden; eine Flucht des Staates in

---

1892 Vgl. z.B.§ 4, Abs. III KStG.

1893 Ausgenommen hiervon sind z.B. Sparkassen, Landesbanken etc., die im Rahmen des Staat - Bank -Verhältnisses näher betrachtet werden.

1894 Vgl. Dürig, in: M/D/H/S, Art. 19 III, Rn. 46.

1895 Im Rahmen dieser Arbeit kann auf die in diesem Zusammenhang bestehenden Probleme und Fragen im Einzelnen nicht eingegangen werden.

1896 Um bei der exemplarisch genannten Körperschaftsteuer zu bleiben, ist Ausdruck diesen Konfusionsgedankens bereits § 4, Abs.V KStG, der in S.1 solche Betriebe gewerblicher Art von der Körperschaftssteuerpflicht ausnimmt, „die überwiegend der Ausübung der öffentlichen Gewalt dienen (Hoheitsbetriebe)", wobei für die Beurteilung als Hoheitsbetrieb das Bestehen von Zwangsrechten (allein) nicht ausreichen soll (S. 2).

das Privatrecht ist unzulässig.[1897] Die oben geschilderten Eingriffe und Durchbrechungen des Bankgeheimnisses erfolgen durch die exekutive Staatsgewalt (Eingriffsverwaltung). Während ein Bürger sich für seine Aufgaben und Handlungen stets nur privatrechtlicher Handlungsformen bedienen kann[1898], kann der Staat als Exekutive seine Aufgaben zum Teil wahlweise entweder durch öffentlich - rechtliche oder durch privatrechtliche Handlungsformen erfüllen. Dieses gilt insbesondere im Bereich des Verwaltungs- und Kommunalrechts. Während die Erledigungsmöglichkeit der Verwaltungsaufgaben in öffentlich - rechtlicher Form als Kompetenzausübung auf jeden Fall besteht, bedarf die Erledigung der Verwaltungsaufgaben in der privat - rechtlichen Alternative einer besonderen Rechtfertigung.[1899] Im Verwaltungs-/ Kommunalrecht ist, je nachdem ob es sich um eine Handlung im Rahmen der Eingriffs-, Fiskal- oder der Leistungsverwaltung bzw. kommunaler Daseinsvorsorge[1900] handelt, ein Handlungsformenwahlrecht von der Art und Bedeutung des Verwaltungsbereiches abhängig. Vereinfacht[1901] und exemplarisch läßt sich für die Frage der Formenwahl des Staates bei seiner Aufgabenerfüllung im Verwaltungsrecht die folgende Übersicht erstellen: (*Schaubild 8*)

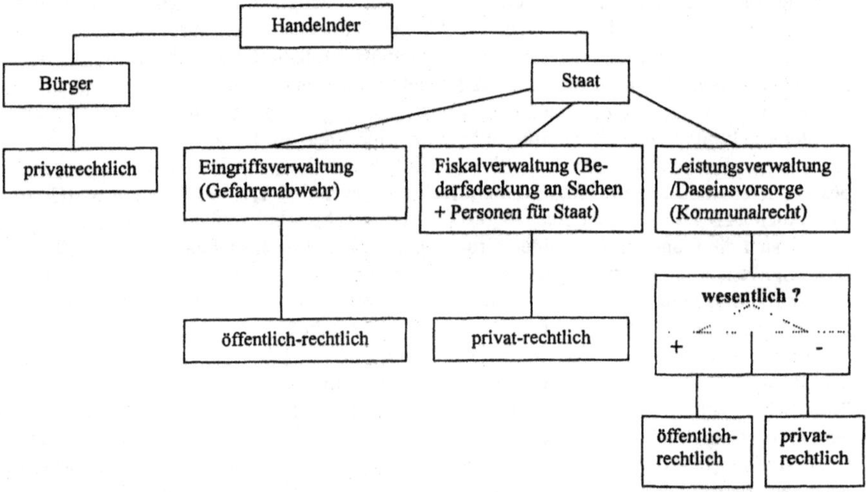

[1897] Brohm, Wirtschaftstätigkeit der öffentlichen Hand und Wettbewerb, NJW 1994, S. 284.

[1898] Ausnahme zum Beispiel bei sog. ‚Beliehenen', die jedoch eine Handlung für den Staat und keine eigene Handlung für sich vornehmen. Brohm, a.a.O., S. 283.

[1899] Brohm, a.a.O., S. 285.

[1900] Der Begriff der Daseinsvorsorge hat seinen Bezugspunkt primär im Kommunalrecht, wobei die Aufgaben der Daseinsvorsorge einer Gemeinde überwiegend zu den Selbstverwaltungsaufgaben einer Gemeinde gehören und sich zu den ihr übertragenen Auftragsangelegenheiten abgrenzen. Inhalt und Umfang der Daseinsvorsorge sind im einzelnen jedoch umstritten, da es gilt, die Daseinsvorsorge gegenüber der (rein) erwerbswirtschaftlichen Betätigung eines Verwaltungsträgers (z.B. einer Kommune) abzugrenzen. Tatsächlich sind die Übergänge zwischen Daseinsvorsorge und erwerbswirtschaftlicher Betätigung fließend, wie ein Blick auf Sparkassen, Landesbanken, Bundesbank etc. zeigt. Sparkassen und ihre entsprechenden ‚Dachverbände' sind sowohl auf dem Gebiet der Daseinsvorsorge tätig, das ihre ürsprüngliche Hauptfunktion war, und zugleich unbestreitbar eine erwerbswirtschaftliche Betätigung ihres jeweiligen Trägers (Stadt, Landkreis etc.), da sie diesem zur Erzielung von Einnahmen, Erträgen, Renditen etc. dienen sollen und tatsächlich in beträchtlichem Umfang dienen. Dieses wird noch im Staat-Bank-Verhältnis betrachtet werden.

[1901] Die hiermit im einzelnen zusammenhängenden verwaltungsrechtlichen Fragen und Probleme sind vielfältig und können im Rahmen dieser Arbeit nicht dargestellt werden.

Die Grafik zeigt, daß der Staat bzw. ein Verwaltungsträger im Bereich der Leistungsverwaltung bzw. der Daseinsvorsorge im Kommunalrecht eine Wahlmöglichkeit besitzt, ob er diese in privat- oder öffentlich - rechtlicher Form erbringen will[1902]. Es geht somit um das ‚Wie', nicht das ‚Ob' der Umsetzung von Aufgaben.[1903] Bei Ausübung seiner Wahlmöglichkeit, die auch als Ausdruck eines Verwaltungsvorbehalts bezeichnet werden kann, besteht zwar grundsätzlich Organisationsfreiheit[1904], trotzdem kann der Staat / Verwaltungsträger nicht völlig frei nach eigenem Gutdünken entscheiden, wie er die Verwaltungsleistung erbringen will, da er für den Bereich einer privatrechtlichen Erbringung dieser Verwaltungsbereiche Einschränkungen sowie einer besonderen Rechtfertigungslast (s.o.) unterliegt. Eine Flucht ins Privatrecht, um sich öffentlich - rechtlicher Bindungen zu entledigen, ist hierbei unstatthaft (s.o.). Der Verwaltungsträger muß sich ferner im Rahmen seiner Kompetenzen bewegen, da eine Ausdehnung seiner Kompetenzen durch die Wahl der Privatrechtsform nicht in Betracht kommt.[1905] Schließlich, und das ist für den zu betrachtenden Kontext von besonderem Interesse, muß er die Bedeutung des betroffenen Regelungs- bzw. Verwaltungsgehaltes für die Bürger beachten.[1906] Hierbei hat sich der Staat bzw. der Verwaltungsträger im Sinne der sog. ‚Wesentlichkeitstheorie'[1907] zu orientieren und zu hinterfragen, ob der betroffene Regelungsbereich für die Verwirklichung der Grundrechtsposition des Bürgers bedeutsam (wesentlich) ist oder nicht.[1908] Bei, bezogen auf die Grundrechtspositionen der Bürger, wesentlichen Regelungsbereichen (z.B. im Bereich der Sozialhilfe) hat der Staat seine Aufgaben in öffentlich - rechtlicher Form wahrzunehmen. Aus diesem Grund erfolgt auch die Handlungsweise des Staates im Rahmen der Eingriffsverwaltung, bei der auf grundrechtliche Positionen des Bürgers ein- / zugegriffen wird, stets in öffentlich - rechtlicher Form (hoheitlich). Als Gegenpart dient die Handlungs-form des Staates im Bereich der Fiskalverwaltung, die aufgrund

---

1902 Stern, a.a.O., S. 1085, 1087; Starck, Die Auskiesungsurteile des Bundesgerichtshofs vor dem Bundesverfassungsgericht, JuS 1977, S. 736; Karpen, Gesetzesgestaltung und Gesetzesanwendung im Leistungsrecht, NJW 1988, S. 2519; Brohm, NJW 1994, S. 284. Dürig, in: M/D/H/S, Art. 19 III, Rn. 37, bezeichnet dieses als organisationsrechtliche Kompetenz - Kompetenz.

1903 Diese Unterscheidung zwischen ‚Ob' und ‚Wie' der Erledigung von Verwaltungsbereichen entstammt der sog. ‚Zweistufentheorie', die für den Bereich des Leistungsrechts der Behörden (z.B. im Bereich von (zweistufigen) Subventionen) und im Bereich des Zugangs zu öffentlichen Anstalten entwickelt wurde. Bei dieser Theorie wird das ‚Ob' einer Maßnahme, die Grundentscheidung über die Gewährung der Leistung überhaupt, öffentlich - rechtlich durch Verwaltungsakt entschieden, während für die Umsetzung dieser Entscheidung, des ‚Wie', ein Wahlrecht zwischen öffentlich - rechtlicher oder privatrechtlicher Umsetzung besteht, wobei die Wesentlichkeitstheorie Beachtung findet.

1904 Nach v. Mutius, Jura 1983, S. 39 handelt es sich hierbei um organisationsrechtliche Kompetenzen. Dieses gilt insbesondere im Bereich der kommunalen Selbstverwaltung, wo es auch um das ‚Ob' einer Maßnahme geht - vgl. hierzu Starck, JuS 1977, S. 736; Zimmermann, Zur Grundrechtssubjektivität kommunaler Energieversorgungsunternehmen, JuS 1991, S. 297 f..

1905 Brohm, NJW 1994, S. 284; Dürig, a.a.O., Rn. 40.

1906 Karpen, NJW 1988, S. 2519, der die Ausübung der Wahlfreiheit jedoch nach praktischen Gesichtspunkten ausgerichtet sieht.

1907 Die ‚Wesentlichkeitstheorie' hat ihren eigentlichen und primären Anwendungsbereich im Bereich der Gesetzgebung, für die sie fordert, daß der Gesetzgeber selbst und nicht erst die ermächtigte Verwaltung die eigentlichen und grundrechtsrelevanten Entscheidungen zu treffen hat. Dadurch wird ein Parlamentsvorbehalt begründet -vgl. z.B. Pieroth/Schlink, a.a.O., Rn. 262 ff. (266); Maunz/Zipelius, a.a.O., § 30 VI, S. 276; Maunz, in: M/D/H/S, Art. 7, Rn. 23 ff.; Herzog, in: M/D/H/S, Art. 20 III, Rn. 85; BVerfGE 34, 165 (192 f.) - Hessische Förderstufe; BVerfGE 47, 46 ff. (79) - Sexualkunde; BVerfG-NJW 1991, 2549 ff. (2550) - Grenzen der Aussperrung; BVerfG-NJW 1991, 1471 ff. (1475) -Josefine Mutzenbacher.

1908 Zum Teil wird in diesem Zusammenhang auch die Auffassung vertreten, daß es die Wesentlichkeitstheorie ferner gebiete, daß der Gesetzgeber selbst bereits Vorgaben für ein entsprechendes ‚Umsetzungsverfahren' für die Verwaltungsträger zu geben habe -vgl. BVerfG-NJW 1991, 1471 ff. (1475); Karpen, NJW 1988, S. 2517. Gerade im Bereich der kommunalen Selbstverwaltung erscheint diese Vorgabe jedoch wenig überzeugend, da in diesem Bereich grundsätzlich Organisationsfreiheit herrscht.

ihrer für die Grundrechte der Bürger unwesentlichen Bedeutung in privatrechtlicher Form ausgeübt wird.[1909] Bei unwesent-lichen Regelungsbereichen im genannten Kontext kann der Staat wahlweise privat- oder öffentlich - rechtlich handeln. Als privatrechtlich handhabbare und somit unwesentliche Regelungsbereiche im genannten Sinn gelten beispielsweise auf kommunaler Ebene die Bereiche der Daseinsvorsorge, wie Krankenhäuser, Verkehrsbetriebe, Schwimmbäder, Theater, Musikschulen, Zweckverbände der Gas-, Wasser-, oder Elektrizitätsversorgung, Sparkassen etc..[1910] Diese Bereiche werden seitens des Staates, der Kommunen oder Landkreise etc. oft in Form von juristischen Personen (GmbH, AG) wahrgenommen, an denen in der Regel (aber nicht zwingend) eine Mehrheitsbeteiligung des Staates oder der Kommune besteht. Diese juristischen Personen unterhalten im Rahmen ihres Geschäftsbetriebes auch Bankkonten und unterfallen dem genannten Firmenkundenbegriff. Über die in der Grafik enthaltenen Wahlmöglichkeiten des Verwaltungsrechts hinaus kann sich der Staat (die Kommune) ferner auch erwerbswirtschaftlich betätigen, indem er (sie) sich an bereits bestehenden oder als Gründungsgesellschafter an zu errichtenden Unternehmungen des Privatrechts beteiligt,[1911] um mit dem so eingesetzten Kapital Renditen und Erträge zu erwirtschaften.[1912] Auch hierbei ist die erwerbswirtschaftliche Betätigung des Staates am ‚Wesentlichkeitsgedanken‘ zu orientieren. Bei, bezogen auf die Grundrechtspositionen der Bürger (z.B. Art. 12, Abs. I GG), wesentlichen wirtschaftlichen Betätigungen des Staates hat der Staat beispielsweise zu beachten, daß dadurch keine ruinöse staatliche Konkurrenzwirtschaft entsteht, die die Bürger zur Aufgabe ihrer Erwerbstätigkeit veranlassen könnte, weil dieses eine wesentliche Beeinträchtigung der berufsfreiheitlichen Belange der Bürger wäre.

Die Problematik bei der Frage, ob juristische Personen des öffentlichen Rechts Grundrechtsfähigkeit besitzen (können) oder nicht, liegt in Art. 19, Abs. III GG begründet, da dieser Artikel sprachlich nicht zwischen juristischen Personen privatrechtlicher und öffentlich - rechtlicher Natur unterscheidet.[1913] Aufgrund dieser sprachlichen Indifferenz in Art. 19, Abs. III GG, ist die Frage nach der Grundrechtsfähigkeit auch öffentlich - rechtlicher Organisationseinheiten daher sehr umstritten.[1914] Aufgrund dieser sprachlichen Indifferenz wird daher m.E. zu Recht auch die Auffassung vertreten, daß aus dem Wortlaut dieser Regelung jedenfalls keine Schlüsse für oder wider einer Grundrechtsfähigkeit juristischer Personen des öffentlichen Rechts gezogen werden können.[1915] Der Begriff der ‚juristischen Person öffentlichen Rechts‘ dient innerhalb des Art. 19, Abs. III GG lediglich der Unterscheidung innerhalb der

---

1909 Brohm, NJW 1994, S. 286.

1910 Starck, JuS 1977, S. 736.

1911 Dieses ist dem Staat freilich nur in Grenzen erlaubt, deren Umfang und Begründung umstritten sind. Auf deren Darstellung muß hier verzichtet werden. Vgl. jedoch exemplarisch §§ 102 ff. GemO (Baden-Württemberg) für den kommunalen Bereich. Vgl. z.B. auch die Ausführung von v. Olshausen, Diss. jur. Marburg, 1969, S. 124 f., 140 f.; Scholz, in: M/D/H/S, Art. 12, Rn. 401 ff.. Einigkeit besteht lediglich insoweit, als daß eine etwaige Berufung auf Grundrechte nicht zu einer Kompetenzerweiterung führen darf bzw. kann - vgl. Dürig, in: M/D/H/S, Art. 19 III, Rn. 40.

1912 Zu denken ist hier etwa an frühere Staatsbeteilungen an Veba, Volkswagen, Lufthansa, Telekom etc.. Überdies ist im Rahmen der erwerbswirtschaftlichen Betätigung des Staates die reine Ertrags- und Renditeerzielungsabsicht zwar Haupt-, aber oft nicht alleiniger Zweck der Beteiligung. Von Mutius stellt für das Jahr 1983 fest, daß allein der Bund an mehr als 950 Unternehmen beteiligt sei - vgl. v. Mutius, Jura 1983, S. 41.

1913 Krüger, in: Sachs, a.a.O., Rn. 81; Bettermann, NJW 1969, S. 1324; Bethge, AöR, 104 (1979), S. 97 ff.; Stern, StaatsR, Bd. III/1, § 71, S. 1097; Dürig, in: M/D/H/S, Art. 19 III, Rn. 35.

1914 Dürig, a.a.O., Rn. 33 ff., der insgesamt sechs verschiedene Meinungsströmungen unterscheidet.

1915 Dürig, a.a.O.; Starck, JuS 1977, S. 734; v. Mutius, a.a.O., S. 38; Bettermann, a.a.O.; Stern, a.a.O., S. 1097; Kröger, Juristische Personen des öffentlichen Rechts als Grundrechtsträger, JuS 1981, S. 28; Dreier, a.a.O., Rn. 38, der betont, daß sich jedenfalls aus dem Wortlaut ein kategorischer Ausschluß juristischer Personen des öffentlichen Rechts nicht rechtfertigen läßt.

juristischen Personen, die sich wie bereits ausgeführt nur durch ihre Gesellschafterstruktur voneinander unterscheiden. Gleichwohl entzündet sich an der unterschiedlichen Gesellschafterstruktur dieser juristischen Personen der Streit um die Grundrechtsfähigkeit öffentlich - rechtlicher juristischer Personen, da an diesen Umstand Differenzierungsansätze geknüpft werden. Als Ausgangspunkt der Betrachtung diene auch hier die bereits vorgestellte Durchgriffsthese des Bundesverfassungsgerichts mit den ihr zugrundeliegenden drei Gedankenschritten. Das Bundesverfassungsgericht versagt juristischen Personen des öffentlichen Rechts grundsätzlich die Berufung auf Grundrechte,[1916] läßt hiervon indes drei Ausnahmen zu, für die es eine Grundrechtsfähigkeit bejaht. Bei diesen Ausnahmen handelt es sich um Universitäten (Fakultäten), öffentlich - rechtliche Rundfunkanstalten und Kirchen.[1917] Nach den vom Bundesverfassungsgericht vertretenen Argumentationstopoi[1918] muß die Übertragung von Grundrechten auf öffentlich - rechtliche Organisationseinheiten grundsätzlich daran scheitern, daß dieses mit dem ‚Wesen' der Grundrechte unvereinbar sei.[1919] Die traditionelle Funktion der Grundrechte sei auf die Abwehr staatlicher Eingriffe in die Freiheitsbereiche der Bürgers ausgerichtet[1920] und um des Schutzes der Individuen willen in das Grundgesetz inkorporiert worden. Durch die Grundrechte würde somit der Schutz der natürlichen Person / des Einzelnen vor dem Staat bezweckt. Der Einzelne soll sich frei entfalten können. Nach der tradierten Grundrechtsfunktion sei der Bürger Grundrechtsberechtigter, der Staat hingegen nach Art. 1, Abs. III GG Grundrechtsverpflichteter (Grundrechtsadressat).[1921] Dieser tradierte Antagonismus zwischen Staat und Büger fehlt nach Ansicht des Gerichts indes, wenn öffentlich - rechtliche Organisationseinheiten ebenfalls als Grundrechtsträger auftreten würden, da der Staat dann zugleich Grundrechtsträger und Grundrechtsverpflichteter wäre,[1922] wobei dieses gleichsam schizophrene Auftreten des Staates, welches von *Dürig* als ein „etatistisches Schelmenstück" bezeichnet wird,[1923] durch das genannte Konfusionsargument[1924] charakterisiert und tituliert wird. Mit dem Konfusionsargument hängt auch ein Impermeabilitätsgedanke zusammen, der -auf den Blickwinkel des Bürgers bezogen- von einem stets einheitlichen, undifferenzierten staatlichen Auftreten ausgeht, somit den Staat als Einheit betrachtet, durch welche Untereinheit und in welcher Form der Staat auch konkret handeln mag.[1925] Öffentlich

---

[1916] So auch z.B. Scholz, in: M/D/H/S, Art. 12, Rn. 100 ff; Starck, a.a.O., S. 732 ff.; Dürig, a.a.O., Art. 19, Rn. 33 ff..

[1917] Vgl. BVerfG-NJW 1985, 1385 ff. (1385); BVerfGE 21, 362 (373 f.); BVerfGE 31, 314 (322); BVerfGE 61, 82 (102); BVerfGE 75, 192 (196); BVerfG-NJW 1995, 582 ff. (583); Krüger, in: Sachs, Art. 19, Rn. 83, 86 ff.; Hendrichs, in: v.M., Art. 19, Rn. 38a ff.; Bethge, a.a.O., S. 90, 92; Stern, a.a.O., S. 1101.

[1918] Zu den Argumenten des Bundesverfassungsgerichts siehe Starck, a.a.O., S. 733 ff.; Kröger, JuS 1981, S. 27 ff.; v. Olshausen, Diss. jur., Marburg, 1969, S. 74 ff.; Bethge, a.a.O., S. 88 ff..

[1919] BVerfGE 21, 362 (369); BVerfGE 39, 302 (312 ff.); Dürig, a.a.O., Rn. 35. Vgl. auch Stern, a.a.O., S. 1109; v. Mutius, a.a.O., S. 28.

[1920] BVerfG-NJW 1985, 1385 ff. (1385); BVerfGE 21, 362 (369); BVerfGE 61, 82 (100 f.); BVerfG-NJW 1987, 2501 ff. (2501, 2502). Vgl. auch die Darstellung bei Krüger, in: Sachs, a.a.O.; Bethge, a.a.O., S. 89;

[1921] Vgl. auch Krüger, in: Sachs, Art. 19, Rn. 82; Hendrichs, in: v.M., Art, 19, Rn. 38; Dürig, in: M/D/H/S, Art. 19 III, Rn. 36; v. Olshausen, a.a.O., S. 74.

[1922] BVerfGE 15, 256 (262); BVerfGE 21, 362 (369, 370); Vgl. auch die Darstellung bei Stern, a.a.O., S. 1100, 1107; Hendrichs, a.a.O., Rn. 38; Bethge, a.a.O., S. 89; Koppensteiner, a.a.O., S. 3106; Bethge, AöR, 104 (1979), S. 89.

[1923] Dürig, a.a.O., Rn. 36.

[1924] Vgl. die Darstellung bei Stern, a.a.O., S. 1107 f., 1113; Pieroth/Schlink, a.a.O., Rn. 154; Bettermann, NJW 1969, S. 1323.

[1925] Vgl. Starck, JuS 1977, S. 733, 734; Kröger, JuS 1981, S. 27 f.; Bethge, a.a.O., S. 96, 104 f.; Model/Müller, Grundgesetz, Art. 19, Rn. 9. Vgl. auch BVerfGE 25, 198 (205) für Gemeinden; BVerfGE 39, 302 (314) für den Bereich der allgemeinen Ortskrankenkassen; BVerfGE 70, 1 ff. (15).

- rechtliche Organisationseinheiten müssen sich nach Meinung des Bundesverfassungsgerichtes auch in einer grundrechtsgleichen Gefährdungslage befinden, die der einer natürlichen Person vergleichbar ist,[1926] um überhaupt als Grundrechtsberechtigte in Betracht kommen zu können. Das Bundesverfassungsgericht hat zum Beispiel in der Zahntechnikerinnungsentscheidung zu der Nicht - Anwendbarkeit der Grundrechte auf juristische Personen öffentlichen Rechts ausgeführt, daß es hierfür weniger auf die Rechtsform ankomme, sondern vielmehr maßgeblich sei, „ob und inwieweit in der Rechtsstellung der juristischen Person des öffentlichen Rechts eine Sach- und Rechtslage Ausdruck findet, welche nach dem ‚Wesen' der Grundrechte deren Anwendung auf juristische Personen entgegensteht".[1927] Weiter heißt es: „Diese Frage wird sich nicht in einer generellen Formel beantworten lassen. Es kommt namentlich auf die Funktion an, in der eine juristische Person des öffentlichen Rechts von dem beanstandeten Akt der öffentlichen Gewalt betroffen wird. Besteht diese Funktion in der Wahrnehmung gesetzlich zugewiesener und geregelter öffentlicher Aufgaben, so ist die juristische Person zumindest insoweit nicht grundrechtsfähig".[1928] Dieses soll nach Ansicht des Bundesverfassungsgerichtes sogar dann gelten, wenn eine juristische Person des Privatrechts[1929] eine Funktion wahrnimmt, die in den Bereich „gesetzlich zugewiesener und geregelter öffentlicher Aufgaben der Daseinsvorsorge" fällt.[1930] Ein Blick auf die vom Bundesverfassungsgericht anerkannten Ausnahmen (Universitäten, Kirchen, öffentlich - rechtliche Rundfunkanstalten), denen es Grundrechtsfähigkeit zuerkennt, verdeutlicht die Auffassung des Gerichts. Hiernach müsse eine Grundrechtsfähigkeit juristischer Personen öffentlichen Rechts dort entfallen, wo diese gesetzlich zugewiesene oder geregelte öffentliche Tätigkeiten ausüben, wo diese Tätigkeit daher aufgrund verliehener Kompetenzen ausgeübt werde und somit die Gründung und Gestaltung der juristischen Person auf staatlichen Kompetenzvorschriften beruhe und nicht Ausdruck eines dem Lebensbereich des Bürgers unmittelbar zugeordneten Grundrechtsbereiches sei.[1931] Dieses sei jedoch bei den drei vom Gericht zugelassenen Ausnahmen anders, da es sich hierbei um Einrichtungen des Staates handele, „die Grundrechte in einem Bereich verteidigen, in dem sie vom Staat unabhängig sind"[1932] oder anders ausgedrückt, „die den Bürgern zur Verwirklichung ihrer individuellen Grundrechte dienen und als eigenständige, vom Staat unabhängige oder jedenfalls distanzierte Einrichtungen Bestand haben".[1933] Nach Ansicht des Gerichts sind die genannten Ausnahmeeinrichtungen der Universitäten und Rundfunkanstalten gerade um der Verwirklichung der Grundrechte der Bürger willen als vom Staat unabhängige Einrichtungen geschaffen worden.[1934] Im Bereich der Kirchen ergibt sich ihre Grundrechtsfähigeit nach Ansicht des Gerichts aus ihrer

---

[1926] BVerfGE 45, 63 (79). Vgl. auch Bethge, a.a.O., S. 96.

[1927] BVerfG-NJW 1985, 1385 ff. (1386.).

[1928] BVerfG, a.a.O., S. 1385, 1386. Vgl auch BVerfGE 21, 362 (362 - Leitsatz, 373); BVerfGE 23, 12 (24, 30); BVerfGE 26, 228 (244); BVerfGE 35, 263 (271 f.); BVerfGE 38, 175 (184); BVerfGE 39, 302 (312, 314);BVerfGE 45, 63 (79); BVerfGE 61, 82 (101); BVerfG-NJW 1987, 2501 ff. (2502); BVerfGE 70, 1 (15); BVerfGE 75, 192 (196, 197); BVerfG-NJW 1990, 1783 - HEW. So auch Kröger, JuS 1981, S. 28; v. Olshausen, a.a.O, S. 146 ff., 152.

[1929] Wie z.B die HEW, an der eine 72%'ige Beteiligung der Freien und Hansestadt Hamburg besteht.

[1930] BVerfGE 24, 367 (383); BVerfG-NJW 1990, 1783. Vgl. auch v. Olshausen, a.a.O..

[1931] BVerfGE 21, 362 (373 f.); BVerfGE 39, 302 (314); BVerfGE 45, 63 (79); BVerfGE 61, 82 (101); BVerfG-NJW 1985, 1385 ff. (1385); BVerfG-NJW 1987, 2501 ff. (2502); BVerfGE 70, 1 (15); BVerfGE 75, 192 (196, 197).

[1932] BVerfGE 31, 314 (322).

[1933] BVerfGE 45, 63 (79). So auch BVerfGE 61, 82 (102); BVerfGE 75, 192 (196 f.); BVerfG-NJW 1987, 582 ff. (583).

[1934] BVerfGE 31, 314 (322); BVerfGE 61, 82 (103). Vgl. auch die Darstellung bei Krüger, in: Sachs, a.a.O., Rn. 87,90; Hendrichs, in: v.M., Art. 19, Rn. 38b; Dürig, a.a.O., Rn. 42 f..

originären, nicht vom Staat abgeleiteten Kompetenz,[1935] zumal sie keine (bzw. kaum) staatlichen Aufgaben wahrnehmen und in den Staat nicht eingegliedert sind.[1936] Entscheidend für die vom Gericht zugelassenen Ausnahmen ist der bereits vorgestellte Durchgriffsgedanke, der unmittelbar auf die hinter der juristischen Person stehenden natürlichen Personen und deren individuelle Grundrechtsbetroffenheit abstellt.[1937] Eine Berufung seitens der öffentlich - rechtlichen Organisationseinheiten auf eine lediglich mittelbare Betroffenheit der Bürger, somit als Sachwalter von Bürgerrechten, wird vom Gericht abgelehnt, da die Wahrnehmung öffentlicher Aufgaben stets im Interesse der Allgemeinheit zu erfolgen habe.[1938] Das erscheint nicht ganz einsichtig, denn dann würde dem Gedanken des Bundesverfassungsgerichts gemäß stets eine zumindest mittelbare Grundrechtsrelevanz zugunsten des Bürgers vorliegen. Was nach Ansicht des Gerichts daher fehlt ist eine unmittelbare und grundrechtsspezifische Förderung der individuellen Freiheitsbereiche.

Die restriktive Ansicht des Bundesverfassungsgerichts ist seitens der Literatur auf vielfältige und unterschiedliche Kritik gestoßen,[1939] wobei insbesondere die vom Gericht zugelassenen Ausnahmen der Universitäten, Kirchen und öffentlich - rechtlichen Rundfunkanstalten, denen es Grundrechtsfähigkeit zubilligt, als Anknüpfungspunkt der Kritik dienen.[1940] Diametral entgegengesetzt zur Ansicht des Bundesverfassungsgerichts erscheinen Auffassungen, wonach grundsätzlich alle juristischen Personen öffentlichen Rechts grundrechtsfähig sind und die Anwendbarkeit der Grundrechte im Einzelfall eine Frage ihres Wesens ist.[1941] Einigkeit besteht nur dahingehend, daß die Prozeßgrundrechte der Art. 101 und 103 GG Anwendung finden.[1942] Das Konfusionsargument wird mit dem Hinweis entkräftet, daß sich dieses nur auf die Grundrechtsberechtigung und Grundrechtsverpflichtung innerhalb *eines* Rechtsverhältnisses beziehe, damit jedoch nicht ausgeschlossen werde, „daß eine juristische Person des öffentlichen Rechts Adressat der Hoheitsausübung einer *anderen* juristischen Person und insofern selbst Träger von Grundrechten sein kann".[1943] Hierdurch entkräftet sich zugleich der von einer einheitlichen Staatsgewalt ausgehende Impermeabilitätsgedanke.[1944] Trotz aller auch nachfolgend geäußerten Kritik ist der grundsätzliche Ausgangspunkt des Bundesverfassungs-

---

1935 BVerfGE 18, 385 (386 f.); BVerfGE 19, 1 (5); BVerfGE 19, 129 (133 f.); BVerfGE 21, 362 (373). Vgl. auch Krüger, in: Sachs, a.a.O., Rn. 88; Kröger, JuS 1981, S. 29; Hendrichs, in: v.M., a.a.O., Rn. 42a; Bettermann, NJW 1969, S.1322; Dürig, a.a.O., Rn. 41. In BVerfGE 24, 236 ff. (236 - Leitsatz 1, 246) hat das Bundesverfassungsgericht schließlich alle Religions- und Weltanschauungsgemeinschaften gleichgestellt.

1936 BVerfGE 19, 1 (5); BVerfGE 18, 385 (387); BVerfGE 19, 129 (133 f.). Vgl. auch Hendrichs, a.a.O, Rn. 38a; Bettermann, a.a.O.; Dürig, a.a.O..

1937 Siehe zur Durchgriffsthese oben S. 295 f.. Vgl. ferner BVerfGE 45, 63 (79); BVerfGE 61, 82 (101, 102); BVerfGE 75, 192 (196); Koppensteiner, NJW 1990, S. 3107.

1938 BVerfGE 61, 82 (101 f., 103 f.); BVerfG-NJW 1987, 582 ff. (583). Vgl. auch Starck, a.a.O., S. 734 f.; v. Olshausen, a.a.O., S. 146 f..

1939 Vgl. die Zusammenstellung bei Starck, a.a.O., S. 734 f.; Kröger, a.a.O., S. 27 ff.; v. Mutius, a.a.O., S. 38 ff.; Bethge, a.a.O., S. 93 ff., 97 ff..

1940 Kröger, a.a.O., S. 28; Hendrichs, a.a.O., Rn. 38b f.; Bettermann, a.a.O., S. 1323 f.; Stern, a.a.O., S. 1108 f., 1113.

1941 Scholler/Broß, Grundrechtsschutz für juristische Personen des öffentlichen Rechts, DÖV 1978, S. 238 ff.; v. Mutius, Jura 1983, S. 40. Vgl. auch die Darstellung bei Kröger, JuS 1981, S. 27.

1942 Vgl. z.B. Pieroth/Schlink, a.a.O., Rn. 156 f.; Krüger, in: Sachs, a.a.O., Rn. 102; Scholler/Broß, DÖV 1978, S. 238 f.; Bettermann, NJW 1969, S. 1322 f.; Bethge, AöR, 104 (1979), S. 100 f.; Stern, a.a.O., S. 1102, 1155 f.; Dürig, in: M/D/H/S, Art. 19 III, Rn. 54; Model/Müller, Grundgesetz, Art. 19, Rn. 9.

1943 Kröger, a.a.O., S. 28, 29; v. Mutius, a.a.O., S. 39; Hendrichs, in: v.M., Art. 19, Rn. 38; Bettermann, a.a.O., S. 1323; v. Olshausen, a.a.O., S. 76 ff., 122 f.; Stern, a.a.O., S. 1113. Vgl. auch Bethge, a.a.O., S. 94.

1944 Kröger, a.a.O., S. 27, 28; v. Mutius, a.a.O.; v. Olshausen, a.a.O.; Stern, a.a.O., S. 1158.

gerichts zunächst einmal richtig. Verfehlt erscheint jedoch die Stringenz, mit der das Gericht seine Auffassung vertritt und die daraus resultierenden Ergebnisse, die das Gericht sieht. Die grundsätzliche individualrechtliche Anknüpfung des Gerichts, das unter Bezugnahme auf die tradierten Funktionen der Grundrechte diese als freiheitssichernde und auf Abwehr gerichtete Normen des einzelnen gegen den Staat beschreibt, sind durchaus zutreffend. Die vom Gericht hieraus getroffene Schlußfolgerung, daß sich die Grundrechte daher nicht für die Anwendbarkeit auf juristische Personen, schon gar nicht des öffentlichen Rechts eignen, ergibt sich so betrachtet auch daraus, daß in jedem Grundrecht ein Menschenwürdegehalt enthalten ist. Nimmt man allein diesen Aspekt zum Anlaß, muß man wie das Bundesverfassungsgericht zu dem Ergebnis gelangen, daß eine Anwendbarkeit von Grundrechten auf juristische Personen, zumal des öffentlichen Rechts, an dem Wesen der Grundrechte scheitern muß. Das Gericht verkennt indes, daß diese tradierten Funktionen der Grundrechte noch aus einer dogmengeschichtlichen Zeit stammen, in denen es die abstrakten ‚Gebilde' von juristischen Personen nicht oder kaum gab. Das gilt insbesondere für juristische Personen des öffentlichen Rechts, da diese in der Zeit der Aufklärung, der die Grundrechtsgedanken im Wesentlichen entstammen, unter anderem aufgrund des damaligen Staatsaufaufbaus und der Staatsfunktion nahezu unbekannt waren. Die dogmatische Struktur juristischer Personen / deren dogmatische Durchdringung steckten in dieser Zeit noch in ihren Anfängen. Aufgrund der tradierten Funktion der Grundrechte ist es jedenfalls gedanklich nicht ausgeschlossen, daß sich auch die Grundrechte weiterentwickeln und sich nunmehr auch auf juristische Personen des Privat- oder des öffentlichen Rechts erstrecken können. Diesen Weg wollte nach dem hiesigen Verständnis Art. 19, Abs. III GG gehen, indem er Grundrechte auch auf juristische Personen erstreckt. Mit seiner strikten Ansicht verkennt das Gericht, daß es bei der Anwendung von Grundrechten auf Bürger / auf Individuen um den klassischen, spezifischen Grundrechtsbereich geht, der es nicht grundsätzlich ausschließt, Grundrechte auch unspezifisch anzuwenden. Richtig am Ansatz des Gerichts ist ferner, daß sich die Gründungsakte einer juristischen Person des Privatrechts und einer juristischen Person des öffentlichen Rechts voneinander unterscheiden. Für den Bürger ist die Gründung einer juristischen Person Ausdruck seines Grundrechts aus Art. 9, Abs. I GG, für den Staat ist sie stets Wahrnehmung von Kompetenz.[1945] Kompetenz ist dabei als Erfüllung einer gesetzlich festgelegten Aufgabe zu verstehen.[1946] Die Erledigung einer gesetzlich festgelegten Aufgabe in Form des Privatrechts kann und darf nicht zu einer Kompetenzausweitung führen; die Kompetenz hat somit beschränkende Wirkung. Dieses wurde bereits oben gesagt.[1947] *Brohm* führt zutreffend aus, daß die Kompetenzbegründung zugunsten des Staates zunächst einmal bedeute, daß die hiermit verbundene Materie der privatautonomen Bestimmung der Gesellschaft entzogen und diese insoweit eingeschränkt wird.[1948] Hierdurch würde zwar in der Regel weder ein unmittelbarer noch mittelbarer Eingriff in entsprechende Grundrechtspositionen der Bürger (Art. 12; 14 oder 2, Abs. I GG) erfolgen, doch bedürfe die genannte Einschränkung der Gesellschaft zugunsten einer hoheitlichen Wirtschaftstätigkeit der Rechtfertigung.[1949] Fraglich ist, welche Schlußfolgerungen aus der unterschiedlichen Ausgangslage von Staat und Bürger hinsichtlich der Gründung juristischer Personen gezogen werden sollen, zumal das Gericht ebenso betont, daß eine Grundrechtsfähigkeit nicht in Be-

---

[1945] Pieroth/Schlink, a.a.O., Rn. 161; Koppensteiner, NJW 1990, S. 3106; v. Olshausen, a.a.O., S. 140; Stern, a.a.O., S. 1083, 1086 f., der die Gründung einer öffentlich - rechtlichen juristischen Person als einen öffentlich - rechtlichen Kreationsakt beschreibt.

[1946] Brohm, NJW 1994, S. 282.

[1947] Siehe oben S. 351 f..

[1948] Brohm, a.a.O., S. 283.

[1949] Brohm, a.a.O., der diese Rechtfertigung „nur in einer verfassungsrechtlich legitimen öffentlichen Aufgabe unter Beachtung des Verhältnismäßigkeitsprinzips" erblickt.

tracht kommen könne, sofern seitens der juristischen Person öffentliche (hoheitliche) Aufgaben wahrgenommen werden. Richtig an der Ansicht des Bundesverfassungsgerichts ist ferner der Hinweis darauf, daß es auf eine Betrachtung der maßgeblichen Funktion der juristischen Person öffentlichen Rechts ankommt. *Starck* weist zutreffend darauf hin, daß es auf eine Betrachtung der konkreten Funktion und der in Frage stehenden Grundrechte (ihr Wesen) im Einzelfall ankommt.[1950] Andere Autoren betonen in diesem Zusammenhang ebenso zutreffend das Erfordernis einer grundrechtstypischen Gefährdungslage.[1951] Für *Starck* [1952] kommt eine Grundrechtsträgerschaft einer juristischen Person des öffentlichen Rechts in Betracht, wenn diese sich fiskalisch betätige, da hierdurch nicht unmittelbar (sondern lediglich mittelbar) öffentliche Aufgaben wahrgenommen werden.[1953] Dieser meines Erachtens zutreffende Ansatz von *Starck* läßt sich noch fortführen. Da das Bundesverfassungsgericht für die Versagung der Grundrechtsfähigkeit von öffentlich - rechtlichen juristischen Personen auf die Vornahme gesetzlich zugewiesener, öffentlicher Aufgaben rekurriert, sind als Folge davon staatliche Beteiligungen, die der Staat im Rahmen erwerbswirtschaftlicher Betätigungen trifft, grundrechtsfähig, da der Staat in diesem Fall nicht öffentlich - rechtlich (hoheitlich) handelt. Beteiligt sich der Staat an einer bereits bestehenden juristischen Person des Privatrechts, indem er Anteile übernimmt und Mitgesellschafter dieser Gesellschaft wird, verliert diese juristische Person dadurch nicht ihre vor der staatlichen Beteiligung bestehende Grundrechtsfähigkeit.[1954] Gleiches muß gelten, wenn der Staat sich nicht an einer bereits bestehenden juristischen Person beteiligt, sondern als Gründungs-(mit-)gesellschafter auftritt. Aus dem Blickwinkel der an der Gesellschaft mitbeteiligten Bürger (und Mitgesellschafter) besteht die Notwendigkeit, daß die Gesellschaft grundrechtsfähig ist bzw. bleibt, da für die mitbeteiligten Bürger ihre Tätigkeit / Beteiligung Ausdruck ihrer Freiheitsrechte z.B. aus Art. 9, Abs. I GG, Art. 12, Abs. I oder Art. 14, Abs. I, S. 1 GG ist. Die Versagung bzw. Entziehung der Grundrechtsfähigkeit wäre diesen mitbeteiligten Bürgern gegenüber im Verhältnis zu Gesellschaftern, an deren Gesellschaften sich der Staat nicht beteiligt hat, eine gleichheitswidrige Ungleichbehandlung.[1955] Bezogen auf die Ebene der Gesellschaft selbst, wäre dieses nicht nur eine Ungleichbehandlung, sondern auch eine Beeinträchtigung der Art. 12, Abs. I GG und Art. 14, Abs. I, S. 1 GG, auf die sich die Gesellschaft durch die staatliche Beteiligung nicht mehr berufen könnte. Nach *Koppensteiner* zwingt der verfassungsrechtliche Schutz von Mitgliedschaftsrechten der natürlichen Personen in Kombination mit dem verfassungsrechtlich vorgegebenen Sinn von Art. 19, Abs. III GG unausweislich dazu, „die Grundrechtsfähigkeit auch solcher Gesellschaften des Privatrechts zu bejahen, an denen der Staat oder andere öffentliche Hände beteiligt sind. Daran ändert sich auch dann nichts, ... , wenn Unter-

---

[1950] Starck, JuS 1977, S. 734; in diesem Sinne auch Kröger, a.a.O., S. 28 f.; Pieroth/Schlink, a.a.O., Rn. 162; Bettermann, a.a.O., S. 1324; Model/Müller, Art. 19, Rn. 10; Stern, a.a.O., S. 1158 f., der in diesem Zusammenhang zu Recht auch auf das Wesen der Grundrechte Bezug nimmt - vgl. auch Stern, a.a.O., S. 1109 f..

[1951] Kröger, a.a.O., S. 29; v. Mutius, Jura 1983, S. 40 f.; Hendrichs, a.a.O., Rn. 36, 38, 39.

[1952] Starck, a.a.O., S. 733. So auch Hendrichs, a.a.O., Rn. 39.

[1953] *Anderer Ansicht* z.B. Scholz, in: M/D/H/S, Art. 12, Rn. 105; Dürig, in: M/D/H/S, Art. 19 III, Rn. 45 f..

[1954] Anderenfalls müßten den auf S. 354 (Fn. 1929) genannten Beispielen gemäß diesen Firmen die Grundrechtsfähigkeit fehlen, sobald eine staatliche Restbeteiligung besteht, was meines Erachtens jedoch nicht behauptet werden kann. Zu dieser Ansicht müßten allerdings das Bundesverfassungsgericht und v. Olshausen gelangen, vgl. BVerfGE 24, 367 (383); BVerfG-NJW 1990, 1783; v. Olshausen, Diss. jur., Marburg, 1969, S. 146 ff., 152.

[1955] Vgl. v. Mutius, a.a.O., S. 40, 41; Koppensteiner, NJW 1990, S. 3109, 3113 f.. Siehe auch S. 354, Fn. 1929 dieser Arbeit, aus der sich die Dimension ersehen läßt (bei anderer als der hier vertretenen Ansicht), in der die Grundrechtsfähigkeit fehlen bzw. verlorengehen würde. Vgl. auch Krüger, in: Sachs, a.a.O., Rn. 96, der für den Bereich der Jagdgenossenschaften, bei denen auch Privatpersonen neben dem Staat Mitglied sind, ähnlich argumentiert und einen Grundrechtsschutz befürwortet.

nehmensgegenstand der Gesellschaft ein der Daseinsvorsorge zugeordneter Tätigkeitsbereich ist".[1956] Die (Mit-) Übernahme von Bereichen und Funktionen der Daseinsvorsorge durch eine ehemals rein privatrechtliche juristische Person, sei es durch den Abschluß von entsprechenden Verträgen[1957], sei es durch eine entsprechende anteilsmäßige Beteiligung des Staates, kann eine ursprünglich bestehende Grundrechtsfähigkeit nicht entfallen lassen.[1958] Diese Problematik bleibt zumindest solange bestehen, solange auch nur eine natürliche Person oder eine juristische Person, hinter der wiederum natürliche Personen stehen, an der Gesellschaft mitbeteiligt ist[1959], zumal es unmöglich ist, eine Beteiligungsquote zu benennen, ab der eine juristische Person, an der eine Staatsbeteiligung besteht, ihre Grundrechtsfähigkeit verlieren soll.[1960] Das gleiche gilt für die Frage, ab welchem prozentualen Anteil ,Daseinsvorsorge' am Gesamtgeschäftsumfang einer juristischen Person die Grundrechtsfähigkeit ganz oder zum Teil entfallen soll. Soll hier tatsächlich bei einer großen Firma, die es beispielsweise vertraglich übernommen hat, (auch) für eine Kommune die Gas,- Wasser- oder Stomversorgung zu übernehmen (Daseinsvorsorge) und bei der dieser Geschäftsbereich nur einer von vielen Geschäftsbereichen ist oder wo primär die rein privatrechtliche Belieferung mit Gas-, Wasser-, Strom an Dritte erfolgt, tatsächlich in vollem Umfang oder nur im entsprechenden Teilumfang seine Grundrechtssubjektivität einbüßen? Diese ersten Gedanken zeigen bereits, daß es in bezug auf die Grundrechtsfähigkeit juristischer Personen des öffentlichen Rechts nicht allein auf die Frage der Beteiligungsquote, den Geschäftsumfang oder eine entsprechende Handlungskompetenz des Staates ankommen kann, da auch die Befugnis des Staates, sich an juristischen Personen zu beteiligen, kompetenziell gedeckt sein muß, was jedoch nach Ansicht des Bundesverfassungsgerichts für sich betrachtet bereits eine mögliche Grundrechtsfähigkeit generell ausschließen würde. Ferner zeigt sich, daß eine staatliche Mitgesellschafterstellung allein ebenfalls unerheblich ist. Eine zuvor grundrechtsfähige juristische Person verliert ihre Grundrechtsfähigkeit auch nicht allein dadurch, daß der Staat im Rahmen seiner erwerbswirtschaftlichen Betätigung alle Anteile (100 %) der Gesellschaft erwirbt.[1961] Dieser

---

[1956] Koppensteiner, a.a.O., S. 3113, 3114; Zimmermann, JuS 1991, S. 299, 300. Scholler/Broß, DÖV 1978, S. 241. *Anderer Ansicht* Dürig, a.a.O., Rn. 45, der von schwierigen Abgrenzungsproblemen spricht; ausdrücklich für den Bereich der Daseinsvorsorge BVerfGE 24, 367 (383); BVerfG-NJW 1990, 1783; v. Olshausen, a.a.O., S. 146 ff., 152; Model/Müller, a.a.O., Rn. 10. Stern, a.a.O., S. 1167 f., der allerdings auch differenziert - vgl. Stern, a.a.O., S. 1114 f., 1161 ff., indem er den Gründungsakt und die darin enthaltene Zweck- und Aufgabensetzung analysieren will. Verbleiben hiernach „nach Abzug der öffentlich - rechtlichen Organisationsform Aufgaben, die ihrem materiellen Gehalt nach nicht in staatlicher Regie wahrgenommen werden können" sei Grundrechtsfähigkeit gegeben.

[1957] Vgl. hier für den Bereich entsprechender Energieversorgungsverträge einer Kommune mit einem privaten Versorgungsunternehmen - § 107 GemO (Baden-Württemberg).

[1958] *Anderer Ansicht* BVerfGE 24, 367 (383); BVerfG-NJW 1990, 1783, für den Fall der HEW-AG, die ursprünglich ein rein privatrechtliches Unternehmen waren; Starck, JuS 1977, S. 736.

[1959] Dann handelt es sich um ein sog. gemischtwirtschaftliches Unternehmen. Befinden sich alle Anteile z.B. in der Hand einer Kommune spricht man von einer sog. Eigengesellschaft - vgl. Zimmermann, JuS 1991, S. 297.

[1960] Zimmermann, a.a.O., S. 300; v. Mutius, Jura 1983, S. 42. Vgl. auch Koppensteiner, NJW 1990, S. 3114, der für den Fall der HEW-AG, bei der eine 72 %'ige Beteiligung der Freien und Hansestadt Hamburg besteht, aufgrund der Mitbeteiligung natürlicher Personen eine Grundrechtsfähigkeit der HEW-AG bejaht.

[1961] *Anderer Ansicht* v. Olshausen, Diss. jur., Marburg, 1969, S. 140 f., der darauf hinweist, daß die Beteiligung an oder die Gründung einer solchen Gesellschaft stets Ausfluß und Ausdruck von Kompetenz sei und so bei dieser Gesellschaft „alle ihre Organe nur einen begrenzten demokratisch legitimierten Funktionsauftrag wahrnehmen, keiner der Organwalter jedoch ermächtigt ist, diesen Funktionsauftrag zu überschreiten". Vgl. auch, a.a.O., S. 147 f., 152; Stern, a.a.O., S. 1084 f., 1167; Papier, in: M/D/H/S, Art. 14, Rn. 211, der bereits eine bloße Mehrheitsbeteiligung des Staates für ausreichend hält. Dürig weist zutreffend darauf hin, daß eine Berufung auf eine etwaige Grundrechtsfähigeit jedenfalls nicht zu einer Kompetenzerweiterung führen kann bzw. darf - Dürig, a.a.O..

Gedanke zeigt, daß der oben genannte Impermeabilitätsgedanke m.E. nicht strikt durchgehalten werden kann, da zumindest in Bereichen einer erwerbswirtschaftlichen Betätigung des Staates oder bei gemischtwirtschaftlichen Unternehmen Permeabilität bestehen würde. Aus dem in diesem Zusammenhang ebenfalls genannten Blickwinkelargument des Bürgers stellt sich eine erwerbswirtschaftliche Betätigung des Staates nicht als Maßnahme öffentlicher Gewalt dar, da er wegen der Rechtsform der juristischen Person als AG oder GmbH den Staat oftmals gar nicht als den im Hintergrund Handelnden erkennen wird oder dieser nur einer von vielen Gesellschaftern ist. Hier tritt gerade der Wille des Staates deutlich sichtbar nach außen, privat-rechtlich handeln zu wollen.[1962] Es verbleibt insofern eine Betrachtung der vom Gericht genannten weiteren Ausschlußvoraussetzung einer gesetzlich zugewiesenen, öffentlichen Aufgabenwahrnehmung (Kompetenz). Eingangs wurde unter Bezugnahme auf das Verwaltungs-/ Kommunalrecht dargestellt, daß der Staat bei einzelnen Bereichen der Verwaltung ein Wahlrecht hinsichtlich der Handlungsform besitzt, wobei sich die Ausübung des Wahlrechts vor allem an dem Gedanken der Wesentlichkeitstheorie zu orientieren hat. Diesen Ansatzpunkt gilt es, erneut aufzugreifen. Sowohl bei der Wahrnehmung der Eingriffs-, Fiskal-, Leistungsverwaltung oder der Daseinsvorsorge handelt es sich unstreitig um die Ausübung gesetzlich zugewiesener, öffentlicher Aufgaben.[1963] Wenn der Staat somit ein Handlungsformenwahlrecht hat, welches sich nach Maßgabe des ‚Wesentlichkeitsgedankens' nach der Bedeutung richtet, welche die staatliche Handlung auf und für die Grundrechte der Bürger hat, kann die vom Bundesverfassungsgericht vertretene Durchgriffsthese, sowie das Abstellen auf die Wahrnehmung öffentlicher Aufgaben durch die juristische Person, nicht richtig sein.[1964] Wenn die Wesentlichkeitstheorie dem Staat eine privatrechtliche Handlungsform einräumt, sofern die Grundrechtsrealisierung des Bürgers von der staatlichen Handlung nur am Rande (sc. unwesentlich) betroffen wird, kann es für den Fall, daß sich der Staat dazu entscheidet, diesem Wahlrecht gemäß seine Handlungen in Form einer juristischen Person vorzunehmen, auf die Frage einer Grundrechtsbetroffenheit der Individuen nicht mehr ankommen. Der in der Durchgriffsthese des Gerichts enthaltene Gedanke von individualisierten Grundrechten erweist sich so betrachtet als ein Aspekt der Wesentlichkeitslehre. Die Durchgriffsargumentation des Gerichts dient daher nicht der Frage, ob eine juristische Person öffentlichen Rechts Grundrechtsfähigkeit besitzt, sondern der Beurteilung, wann seitens des Staates ein Handlungsformenwahlrecht besteht und wann nicht. Dieses Wahlrecht besteht der Durchgriffs- und Wesentlichkeitskonzeption gemäß dann nicht, wenn der Handlungsbereich der Verwaltungsträger unmittelbar die Grundrechte der Bürger und natürlichen Personen wesentlich betreffen würde. Bei genauer Betrachtung erweist sich auch die Ansicht des Gerichts, die eine Grundrechtsfähigkeit einer juristischen Person öffentlichen Rechts versagen will, sofern und soweit diese gesetzlich zugewiesene, öffentliche Aufgaben erfüllt, als wenig hilfreich. Aufgrund der strikten Bindung sämtlicher staatlicher Tätigkeiten an Kompetenzen, denn der Staat handelt nicht in einem rechtsfreien Vakuum, wäre dieser Ausschlußgrund des Gerichts stets erfüllt. Er erscheint somit als ein untaugliches Abgrenzungskriterium. Ist der Grundrechtsbereich der Bürger nur unwesentlich im genannten Sinn betroffen und wird das entsprechende Handlungsformenwahlrecht vom Staat ausgeübt, gebührt den von ihm zu diesem Zwecke errichteten juristischen Personen Grundrechtsfähigkeit. Das Handlungsformenwahlrecht des Staates eröffnet ihm dabei nicht nur die Möglichkeit die auszuübende Tätigkeit durch eigene juristische Personen durchzuführen, indem er selbst entsprechende Gesellschaften gründet, sondern er kann sich auch an entsprechenden, bereits bestehenden juristischen

[1962] Vgl. Brohm, NJW 1994, S. 284.

[1963] Vgl. Kröger, JuS 1981, S. 28 f.; v. Olshausen, a.a.O., S. 140 f..

[1964] Zum gleichen Ergebnis gelangt auch Koppensteiner, a.a.O., S. 3109, der ausführt, daß dem bloßen Umstand einer öffentlichen Aufgabenerfüllung allein kein selbständiger Argumentationswert zukommt.

Personen des Privatrechts beteiligen, die im Bereich der zu regelnden Tätigkeit des Staates bereits tätig sind oder werden. Nach der hier vertretenen Konzeption erscheint es beispielsweise auf kommunaler Ebene möglich, Aspekte der Daseinsvorsorge (Verkehrsbetriebe, Gas-, Wasser-, Stromversorgung, Krankenhäuser, Theater, Schwimmbäder, Turnhallen, Musikschulen, Sparkassen etc.), aber auch im Bereich der Leistungsverwaltung in Form einer juristischen Person des Privatrechts zu erbringen, wie es überdies bereits häufig der Fall ist. Bezogen auf das Blickwinkelargument muß indes bezweifelt werden, daß der Bürger bei einer Formenwahl des Staates, zum Beispiel bei einem Gas-, Wasser- und / oder Stromversorger oder bei einem Verkehrsbetrieb in Rechtsform einer juristischen Person stets den Staat erkennt und dadurch diese staatliche Handlung als öffentlich - rechtliche Handlung einstuft. Dieses Argument kann somit kein entscheidendes Ausschlußkriterium sein. Dieses wurde bereits gesagt. Auch die Ausnahmen, welche das Bundesverfassungsgericht hinsichtlich Universitäten (Fakultäten), Kirchen und öffentlich - rechtliche Rundfunkanstalten in bezug auf ihre Grundrechtsfähigkeit zulassen will, erscheinen als inkonsequent und widersprüchlich, da einerseits für diese Ausnahmen der Durchgriffsgedanke bedeutsam sein soll und die Verwirklichung und Verteidigung der Grundrechte der Bürger betont wird, dem diese Einrichtungen dienen sollen, andererseits das Gericht davon spricht, daß Universitäten, Kirchen und öffentliche Rundfunkanstalten als Einrichtungen des Staates eigenständige, von ihm unabhängige oder jedenfalls distanzierte Einrichtungen sind. Hierdurch relativiert das Bundesverfassungsgericht jedoch den anderweitig bemühten Impermeabilitätsgedanken[1965] der stets einheitlichen Staatsgewalt / des stets einheitlichen Staatshandelns. Während der erste Aspekt der Annahme für eine wesentliche Bedeutung der genannten Einrichtungen für die Grundrechte der natürlichen Personen spricht, was (zwingend) eine öffentlich - rechtliche Handlungsform zur Folge hätte, spricht der Gedanke der Unabhängigkeit und Distanz den diese Einrichtungen zum Staat haben sollen, für eine privat - rechtliche Handlungsmöglichkeit des Staates und somit für die Unwesentlichkeit der Handlungsform auf die Grundrechte der natürlichen Personen. Tatsächlich erweist sich die Begründung des Bundesverfassungsgerichts, die dieses für die ausnahmsweise bestehende Grundrechtsträgerschaft der genannten Einrichtungen vornimmt, als verfehlt. Der Rekurs darauf, daß diese Einrichtungen dem Bürger gerade dazu dienen, seine Grundrechte zu realisieren, ist wenig überzeugend, da sich sogleich die Frage erhebt, wieso dieses dann nicht auch für andere Einrichtungen des Staates gelten soll. Dienen Universitäten zum Beispiel unstreitig der Realisierung des Grundrechts zu Wissenschaft, Forschung und Lehre aus Art. 5, Abs. III, S. 1 GG fragt man sich, warum dieses nicht auch für andere, außeruniversitäre staatliche Forschungsinstitute gelten soll. Für die Grundrechtsfähigkeit der Kirchen wird seitens der Kritiker des Bundesverfassungsgerichts vorgetragen und von diesem bereits selber erkannt, daß sich deren Grundrechtsfähigkeit bereits aus dem Grundsatz der Trennung von Kirche und Staat ergibt.[1966] Auch das Argument des Gerichts, daß Kirchen in die Staatsstruktur nicht eingegliedert[1967] sind, sie vielmehr eigene, originäre Kompetenzen besitzen.,[1968] wird zum Anknüpfungspunkt der Kritik genommen. In Bezug auf den Staat können sich die Kirchen nach dieser Kritik daher auf eigene Grundrechte berufen, ohne daß es auf einen Durchgriff auf die natürlichen Personen ankommt. Gerade bei den vom Bundesverfassungsgericht als Ausnahmen zur Grundrechtsfähigkeit öffentlich - rechtlicher juristischer Personen anerkannten Anstalten und Einrichtungen handelt es sich um Bereiche, die im oben genannten Sinne als unwesentlich für die Realisierung der Grundrechte der Bür-

---

[1965] Kröger, JuS 1981, S. 28; v. Mutius, Jura 1983, S. 39; Bettermann, NJW 1969, S. 1323, 1325 f.; Stern, a.a.O., S. 1113 f..

[1966] BVerfGE 19, 129 (134) unter Hinweis auf die Abschaffung des Staatskirchentums durch Art. 137 WRV.

[1967] Krüger, in; Sachs, a.a.O., Rn. 88 f.. Vgl. hierzu die Entscheidungen des BVerfG auf S. 306, Fn. 7.

[1968] Im Verhältnis zur katholischen Kirche zeigt sich dieses auch an den Konkordatsverträgen.

ger zu gelten haben. Dieses gilt für Rundfunkanstalten und Universitäten[1969]. Es ist meines Erachtens jedoch kein hinreichend plausibler Grund ersichtlich, warum Universitäten und (einige) Rundfunkanstalten zwingend in einer öffentlich - rechtlichen Handlungsform geführt werden müssen. Gerade hier bietet sich als Handlungsform eine juristische Person öffentlichen Rechts an, wobei es dem Staat vorbehalten bleibt, sich seinen für notwendig gehaltenen, maßgeblichen Einfluß gegebenenfalls durch entsprechende Stimmrechtsanteile, Stimmrechtsgestaltungen oder Aufsichtsratsfunktionen zu sichern.[1970] Gleiches gilt für die zuvor genannten Bereiche der Daseinsvorsorge. Auch hier können beispielsweise Krankenhäuser, Theater oder die Gas-, Wasser- und Stromversorgung durch private Unternehmen zur Verfügung gestellt werden.[1971] Lediglich im Ergebnis, nicht in der Begründung ist dem Bundesverfassungsgericht daher zuzustimmen, daß Universitäten, Kirchen und öffentlich - rechtliche Rundfunkanstalten Grundrechtsfähigkeit für den von ihnen betreuten Handlungsbereich besitzen. Gleiches gilt aufgrund der hier vertretenen Konzeption auch für die anderweitig benannten juristischen Personen, die aus dem Handlungsformenwahlrecht im Bereich der Leistungsverwaltung bzw. der Daseinsvorsorge hervorgegangen sind[1972], sowie für den Bereich der Fiskalverwaltung und erwerbswirtschaftlichen Betätigung[1973]. Auch innerhalb dieser Handlungsbereiche kann somit Grundrechtsfähigkeit bestehen.[1974] Mit *Bettermann* kann daher festgehalten werden, daß solange und soweit einer juristischen Person des öffentlichen Rechts auch Privatrechtsfähigkeit zuerkannt wird, man ihr auch eine Grundrechtsfähigkeit zugestehen muß.[1975] Ausscheiden muß eine Grundrechtsfähigkeit mangels Handlungsformenwahlrecht im Bereich der Eingriffsverwaltung.[1976]

Juristische Personen der genannten Art können daher grundrechtsfähig sein. Welche Grundrechte auf diese indes anwendbar sind, bestimmt sich durch ihr konkretes Aufgabenfeld und das ‚Wesen' der Grundrechte im Einzelfall. In diesem Zusammenhang kommt es auf den bereits genannten Gedanken einer grundrechtsgleichen Gefährdungslage an.[1977] Juristische Personen der beschriebenen Art unterhalten für die Durchführung ihres Geschäftsbetriebes Bankkonten und gelten daher bei Banken als Firmenkunden. Im Rahmen ihrer Geschäftsverbindung zu einer Bank fallen bei dieser, wie bei anderen Kundengruppen auch, Daten und Informationen an, die dem Bankgeheimnis unterfallen. Da sich hier ein Unterschied zu den privatrechtlichen Organisationseinheiten nicht feststellen läßt, spricht dieses zunächst einmal für einen prima facie bestehenden Grundrechtsschutz gemäß Art. 12, Abs. I GG und Art. 14, Abs. I, S. 1 GG dieser Firmenkunden. Dieses gilt erst recht für die oben genannten gemischtwirtschaftlichen und erwerbswirtschaftlichen Gesellschaften. So ist auch der eingerichtete und

---

1969 Kirchen sind aufgrund der strikten Trennung von Kirche und Staat aus diesem Bereich gänzlich auszuklammern und stellen ein eigenes Spezifikum dar, das mit den Fragen von Universitäten und Rundfunkanstalten nicht vergleichbar ist.

1970 Ein 100 %'iger Geschäftsanteil ist daher nicht notwendig.

1971 Vgl. Scholler/Broß, DÖV 1978, S. 241.

1972 Siehe hierzu Starck, JuS 1977, S. 736; Scholler/Broß, a.a.O., S. 238,

1973 Hendrichs, in: v.M., a.a.O., Rn. 39; Scholler/Broß, a.a.O..

1974 Zu diesem Ergebnis gelangt wohl auch v. Mutius, a.a.O., S. 40, wenn er davon spricht, daß systematische Erwägungen nur in den Fällen, „in denen es ausschließlich um Auseinandersetzungen über organisationsrechtliche Rechte und Pflichten (Kompetenzen usw.) geht", gegen eine Grundrechtsfähigkeit juristischer Personen des öffentlichen Rechts sprechen würden. In diesem Sinne auch Hendrichs, a.a.O., Rn. 39.

1975 Bettermann, NJW 1969, S. 1323, 1325, 1327. Skeptisch hierzu Stern, a.a.O., S. 1103, der diesem Argument zwar rechtslogische Konsequenz bescheinigt, jedoch im Ergebnis diese Folgerung Bettermann's hingegen ablehnt - vgl. Stern, a.a.O., S. 1160 f..

1976 Scholler/Broß, a.a.O., S. 240.

1977 Bettermann, NJW 1969, S. 1324 f.; Hendrichs, a.a.O., Rn. 39; v. Mutius, a.a.O., S. 40; Kröger, a.a.O., S. 29. *Anderer Ansicht* Dürig, in: M/D/H/S, Art. 19 III, Rn. 46 ff..

ausgeübte Geschäftsbetrieb bei juristischen Personen des öffentlichen Rechts Anknüpfungspunkt für ihre Besteuerung, worauf eingangs bereits unter Bezugnahme auf die (Körperschafts-) Steuerpflicht im Zusammenhang mit den hier interessierenden Durchbrechungsnormen des Bankgeheimnisses hingewiesen wurde. Bezogen auf ihre Steuerpflicht und die Durchbrechungsnormen unterscheiden sich die genannten juristischen Personen öffentlichen Rechts nicht von den zuvor untersuchten privatrechtlichen Organisationseinheiten. *Bettermann* führt für die grundrechtsgleiche Gefährdungslage aus, daß sich die Grundrechtsfähigkeit oder Grundrechtsberechtigung der juristischen Person öffentlichen Rechts daraus ergibt, daß sie „derselben Gewalt wie die juristische oder natürliche Person des Privatrechts unterworfen ist".[1978] Gleiche Eingriffsgefahren bedingen gleiche Abwehrrechte.[1979] Dieser Umstand ist vor allem dann gegeben, „wenn auf die Person des öffentlichen Rechts eine öffentlich - rechtliche Norm angewendet wird, die das Verhältnis der öffentlichen Gewalt zu den Privatpersonen regelt, nicht aber das Verhältnis der verschiedenen Hoheitsträger zueinander -wenn also das für die Bürger geltende öffentliche Recht auf juristische Personen des öffentlichen Rechts zur Anwendung gelangt".[1980] Dieses Erfordernis ist in Bezug auf die genannte (Körperschafts-) Steuerpflicht und die genannten Durchbrechungsnormen der AO erfüllt, da bei diesen Normen juristische Personen des öffentlichen Rechts in gleicher Weise behandelt werden, wie juristische Personen des Privatrechts oder natürliche Personen.[1981] Auch bei juristischen Personen öffentlichen Rechts bestehen beispielsweise Betriebsstätten und Betriebsgrundstücke, Maschinen, Fahrzeuge, Forderungen etc. wie bei privatrechtlichen Organisationseinheiten auch, die hier wie dort Voraussetzung für die Betätigung der juristischen Person überhaupt sind. Auch hier dient der materielle Bestand und der hieraus fließende Ertrag als Anknüpfungspunkt staatlicher (Steuer-) Normen. Aufgrund dieser Vergleichbarkeit juristischer Personen des Privat- und des öffentlichen Rechts ist ein Grundrechtsschutz gemäß Art. 14, Abs. I, S. 1 GG zugunsten juristischer Personen des öffentlichen Rechts prima facie gerechtfertigt.[1982]

Komplizierter ist die Lage hingegen bei Art. 12, Abs. I GG, da hier das ‚Wesen' dieses Grundrechts gegen eine Anwendbarkeit auf juristische Personen des öffentlichen Rechts sprechen könnte. Art. 12, Abs. I GG ist im Verhältnis zu Art. 14, Abs. I, S. 1 GG personalistischer strukturiert. Hier ist jedoch eine differenzierte Betrachtung vorzunehmen. Für den Bereich der ewerbswirtschaftlichen Betätigung des Staates zur Erzielung von Einkünften, Erträgen und Renditen, unerheblich ob als Allein- oder Mitgesellschafter, ist ein zusätzlicher Grundrechtsschutz für diese juristischen Personen gemäß Art. 12, Abs. I GG zu bejahen, da sich hier keine Unterschiede zu privatrechtlichen Organisationseinheiten erkennen lassen,

---

1978 Bettermann, NJW 1969, S. 1324, 1326 f.; v. Mutius, Jura 1983, S. 41; Kröger, a.a.O., S. 29. So kann beispielsweise eine Sparkasse, als eine juristische Person (sc. Anstalt) öffentlichen Rechts, in gleicher Weise durch Durchbrechungsmaßnahmen des Bankgeheimnisses durch Ermittlungsbehörden betroffen sein, wie ein privatrechtliches Kreditinstitut - vgl. insoweit den Fall von BVerfG-NJW 1995, 582 ff., wo gegen eine Sparkasse ein Steuerstrafverfahren wegen des Verdachts der Beihilfe zur Steuerhinterziehung iengeleitet worden ist. Auf die Frage nach der Grundrechtsfähigkeit von Sparkassen wird noch im Verhältnis Staat - Bank einzugehen sein.

1979 Bettermann, a.a.O., S. 1324. *Anderer Ansicht* v. Olshausen, a.a.O., S. 114 ff., 122 ff., 143 ff.; Bethge, AöR, 104 (1979), S. 105; BVerfGE 61, 82 (105).

1980 Bettermann, a.a.O., S. 1327; v. Mutius, a.a.O..

1981 Vgl. Bettermann, a.a.O.; v. Mutius, a.a.O..

1982 Für Art. 14 ausdrücklich v. Mutius, a.a.O.. *Anderer Ansicht* z.B. BVerfGE 23, 12 (24, 30); BVerfGE 38, 175 (184); Bryde, in: v.M., Art. 14, Rn. 8; v. Olshausen, a.a.O.; Papier, in: M/D/H/S, Art. 14, Rn. 204, 212, der zur Begründung auf das ‚Wesen' der Eigentumsgarantie abstellt, die unter anderem auf Privatnützigkeit ausgelegt sei. Gleichzeitig will er jedoch Eigentumsschutz für die vom Bundesverfassungsgericht vorgenommene Ausnahme der Kirchen zulassen - vgl. a.a.O., Rn. 206, 213.

keine hoheitliche Tätigkeit wahrgenommen wird und aus dem Blickwinkel der Bürger betrachtet, der Staat nicht als solcher in Erscheinung tritt. Das gleiche muß für gemischtwirtschaftliche Gesellschaften gelten, bei denen der Staat lediglich einer von meheren Gesellschaftern ist und die auf dem Gebiet der Leistungsverwaltung oder Daseinsvorsorge im oben genannten Sinne tätig sind. Dieses ergibt sich bei gemischtwirtschaftlichen Gesellschaften bereits aus dem Blickwinkel der neben dem Staat beteiligten Mitgesellschafter, da es aus deren Perspektive eine Ungleichbehandlung darstellen würde, könnte sich ihre Gesellschaft nicht auf Art. 12, Abs. I GG berufen, wie es andere Gesellschaften können, an denen der Staat nicht beteiligt ist.[1983] In diesen Fällen kann sich eine juristische Person öffentlichen Rechts somit auf den (zusätzlichen) Schutz des Art. 12, Abs. I GG berufen.[1984] Es kann auf die entsprechenden Ausführungen zu den korporativ auftretenden, privatrechtlichen Firmenkunden verwiesen werden. Problematisch in bezug auf das ‚Wesen' des Art. 12, Abs. I GG sind somit die Fälle von juristischen Personen des öffentlichen Rechts in Form von (100 %'igen) Eigengesellschaften, die sich der Leistungsverwaltung und / oder Daseinsvorsorge im beschriebenen Sinne widmen. Das ‚Wesen' oder besser der Inhalt / Charakter des Art. 12, Abs. I GG im oben genannten Sinne ist auf die Ausübung eines Berufes oder Gewerbes ausgerichtet. Trotz der weiten Auslegung des Berufsbegriffes, welche diesem gegeben wird[1985], übt eine juristische Person öffentlichen Rechts im Bereich der Leistungsverwaltung oder der Daseinsvorsorge keinen Beruf oder kein Gewerbe aus[1986], um mit ihrer Tätigkeit hieraus dauerhaft zu erzielenden Einkünften, eine Lebensgrundlage zu begründen, sondern nimmt Kompetenz war. Eine solche ‚Lebensgrundlage', also die Erzielung von Einkünften, Renditen oder Erträgen soll durch eine derartige juristische Person primär nicht begründet werden. Hier unterscheiden sich somit die zuvor genannten gemischt- und erwerbswirtschaftlichen juristischen Personen öffentlichen Rechts von 100 %'igen Eigengesellschaften in dem Tätigkeitsbereich der Leistungsverwaltung oder (gesetzlich zugewiesener Aufgaben) der Daseinsvorsorge.[1987] Im Bereich der Daseinsvorsorge kommt es insbesondere auf die im einzelnen strittige Zuordnung von Bereichen an, da es in diesem Zusammenhang um die Abgrenzung zu der erwerbswirtschaftlichen Betätigung einer Kommune geht. Diese Abgrenzung mit ihren unterschiedlichen Positionen kann im Rahmen dieser Arbeit nicht mehr dargestellt werden, so daß auf die entsprechende Spezialliteratur verwiesen werden muß. Es ist im Rahmen dieser Arbeit jedoch bereits angeklungen, daß es meines Erachtens durchaus legitim wäre, beispielsweise einen kommunalen Verkehrsbetrieb, ein Theater, Schwimmbad, Krankenhaus oder die Gas-, Wasser-, Stromversorgung dem Bereich der erwerbswirtschaftlichen Betätigung einer Kommune zuzurechnen. Bei einer derartigen Zuordnung wäre eine Berufung auf den Schutz des Art. 12, Abs. I GG möglich. Juristische Personen des öffentlichen Rechts, die Aufgaben der Leistungsverwaltung oder der gesetzlich zugewiesenen Daseinsvorsorge wahrnehmen, können sich somit nicht auf das Grundrecht der Berufsfreiheit berufen. Bei diesen verbleibt es beim prima - facie Schutz durch Art. 14, Abs. I, S. 1 GG. Hinsichtlich der Schranken und der tatsächlichen Schutzintensität öffentlich - rechtlicher Firmenkunden ergeben sich keine Änderungen im Vergleich zu den zuvor betrachteten kollektiv auftretenden, privatrechtlichen Firmenkunden einer Bank, so daß auf die in diesem Zusammenhang gemachten Ausführungen verwiesen wird.

1983 Siehe hierzu oben S. 353 ff..

1984 *Anderer Ansicht* Scholz, in: M/D/H/S, Art. 12, Rn. 100, 101, 105, der sich auf die Durchgriffthese des Bundesverfassungsgerichts bezieht.

1985 Siehe oben S. 297 - m.w.N..

1986 Scholz, a.a.O., Rn. 100.

1987 *Anderer Ansicht* Scholz, a.a.O., der einen Unterschied nicht anerkennt und beidermaßen einen Grundrechtsschutz verneint.

III.) Der ausländische Kunde einer Bank und der Schutz seines Bankgeheimnisses

Auch Ausländer sind Bankkunden. Bei diesen kann es sich sowohl um Privat- als auch um Firmenkunden im bisher genannten Sinn handeln. Die Gruppe öffentlich - rechtlicher Firmenkunden spielt bei der Betrachtung des Bankgeheimnisses ausländischer Bankkunden keine nennenswerte Rolle. Entgegen dem bisherigen Aufbau soll bei der Betrachtung des Bankgeheimnisses ausländischer Bankkunden eine Änderung vorgenommen werden. Obwohl vom geschilderten Kundenbegriff der Banken ausgehend inkonsequent, sollen hier lediglich ausländische juristische Personen, also kollektive und korporative Firmenkunden im genannten Sinne (Art. 19, Abs. III GG), den nur einzeln auftretenden Kunden gegenübergestellt werden, einerlei ob es sich bei diesen um Privatkunden oder ebenfalls um Firmenkunden im Sinne der oben vorgenommenen Dichotomie handelt. Entscheidend für die Betrachtung des Bankgeheimnisses ausländischer Kunden ist die Frage, ob, auf welche und in welchem Umfang sich Ausländer oder ausländische juristische Personen auf Grundrechte berufen können, da das Grundgesetz bekanntlich zwischen den sog. ‚Deutschen'- und den ‚Jedermann'- Grundrechten unterscheidet. Interessieren wird in diesem Zusammenhang ferner die Frage, ob sich innerhalb der heterologen Gruppe der ausländischen Bankkunden Unterschiede für EU - Bürger ergeben. Als Ausländer gilt nachfolgend, wer nicht Deutscher im Sinne des Art. 116 GG ist (§ 1, Abs. II AuslG).[1988] [1989]

1.) Das Bankgeheimnis der natürlichen, ausländischen Bankkunden

Es konnte festgestellt werden, daß das Bankgeheimnis bei deutschen Bankkunden durch das allgemeine Persönlichkeitsrecht in Form des Rechts auf informationelle Selbstbestimmung gem. Art. 2, Abs. I i.V.m. Art. 1, Abs. I GG geschützt wird. Dieses gilt für den Privatkunden. Bei Firmenkunden konnte ein Schutz durch die Berufsfreiheit des Art. 12, Abs. I GG, sowie durch die Eigentumsgarantie des Art. 14, Abs. I, S. 1 GG, welcher den Schutz des eingerichteten und ausgeübten Gewerbebetriebs umfaßt, festgestellt werden.

a.) Der Schutz des Bankgeheimnisses des ausländischen Bankkunden durch das Recht auf informationelle Selbstbestimmung[1990]

Hinsichtlich des Rechts auf informationelle Selbstbestimmung nach Art. 2, Abs. I GG i.Vm. Art. 1, Abs. I GG wird nicht zwischen Deutschen und Ausländern unterschieden, so daß es als ein Jedermann -Grundrecht in bezug auf die Staatsangehörigkeit neutral ist. Der in diesem

---

1988 Vgl. auch Bleckmann, Staatsrecht II, § 9, S. 124; Stern, a.a.O., Bd. III/1, § 70, S. 1033; Quaritsch, in: Hdb. des StaatsR, § 120 -Der grundrechtliche Schutz der Ausländer, Rn. 33, 35.

1989 In diesem Zusammenhang werden innerhalb des ‚Deutschenbegriffs' verschiedene Kategorien gebildet, da nach Deutschen mit deutscher Staatsangehörigkeit und sog. Statusdeutschen ohne deutsche Staatsangehörigkeit (Flüchtlinge, Vertriebene dt.Volkszugehörigkeit, die in Deutschland aufgenommen wurden etc.) unterschieden wird. Art. 116 GG wird hier durch verschiedene Gesetze konkretisiert, wobei insbesondere das Reichs- und Staatsangehörigkeitgesetz von 1913, sowie das Staatsangehörigkeitsgesetz von 1955 Bedeutung besitzen. Ausführlich zu den genannten Fragen siehe Kokott, in: Sachs, Grundgesetz-Kommentar, Art. 116, Rn. 1 ff.; Robbers, in: Hdb. des VerfR, § 11 -Ausländer im Verfassungsrecht, Rn. 3; Maunz, in: M/D/H/S, Art. 116, Rn. 4 ff.; Pieroth/Schlink, a.a.O., Rn. 109 ff.; Quaritsch, a.a.O., Rn. 34 f.. Dieser Unterscheidung soll im Rahmen dieser Arbeit nicht weiter nachgegangen werden, so daß lediglich Ausländer und Deutsche pauschal gegenübergestellt werden.

1990 Hier handelt es sich somit um einen ausländischen Privatkunden einer Bank.

ungeschriebenen Kombinationsgrundrecht enthaltene und durch Art. 1, Abs. I GG besonders hervorgehobene Menschenwürdegehalt differenziert nicht nach der Staatsangehörigkeit. Diese spielt bezogen auf das Recht der informationellen Selbstbestimmung somit keine Rolle. Es ergeben sich daher keine Änderungen im Vergleich zu den geschilderten deutschen Bankkunden. Auch Ausländer werden prima - facie durch das Recht auf informationelle Selbstbestimmung geschützt. Hinsichtlich der genannten Durchbrechungsnormen ergeben sich ebenfalls keine Änderungen.[1991] Auf die diesbezüglich gemachten Ausführungen wird daher verwiesen.

b.) Der Schutz des Bankgeheimnisses durch Art. 14, Abs. I, S. 1 GG[1992]

Auch in Art. 14 GG wird nicht nach der Staatsangehörigkeit differenziert. Die Eigentumsgarantie gilt in gleichem Maße für Deutsche und Ausländer. Letztere können sich somit auf den Schutz des eingerichteten und ausgeübten Gewerbebetriebs und das von diesem erfaßte Betriebs- und Geschäftsgeheimnis wie Deutsche berufen. Auf die hierzu gemachten Ausführungen wird daher verwiesen.

c.) Der Schutz des Bankgeheimnisses durch Art. 12, Abs. I GG[1993]

(1) Ausländer allgemein (ohne EU-Bürger)

Bei der Berufsfreiheit handelt es sich um ein klassisches ‚Deutschen' - Grundrecht. Da Art. 12, Abs. I GG in seinem Wortlaut die Berufsfreiheit eindeutig auf „alle Deutschen" beschränkt, können sich Ausländer auf dieses Grundrecht nicht berufen. Trotz dieser zunächst eindeutigen Normaussage ist es jedoch umstritten, welche Wirkung diesem strikten grundrechtlichen Ausschluß von Ausländern hinsichtlich ihrer beruflichen Betätigung beizumessen ist. Eine Mindermeinung vertritt die Ansicht, daß es der in jedem Grundrecht enthaltene Menschenwürdegehalt Ausländern dennoch gestatten würde, sich auf den Kernbereich auch eines ‚Deutschengrundrechts' zu berufen[1994]. Dementgegen stehen klare Aussagen wie die von *Scholz,* wonach „das Grundrecht der Berufsfreiheit keine Menschenrechtsqualität" aufweist und als „Staatsbürgerrecht" somit nur auf Deutsche anzuwenden sei,[1995] wobei Uneinigkeit über die Frage besteht, ob die berufliche Tätigkeit von Ausländern nicht wenigstens von dem Auffanggrundrecht des Art. 2, Abs. I GG geschützt sei.[1996]

1991 Besonderheiten können sich jedoch dadurch ergeben, daß ein Ausländer keinen Wohnsitz in Deutschland vorhält und aus diesem Grunde für die deutsche Staatsgewalt nicht greifbar ist. Für die steuerlichen Durchbrechungsnormen ist die Steuerpflicht des jeweiligen Ausländers in bezug auf bestehende Doppelbesteuerungsabkommen zu hinterfragen. In diesem Zusammenhang sei ein Erlaß des hessischen Finanzministeriums (Az. S 1301 A-61- II B 31) genannt, der es der Steuerfahndung gestattet, auch ausländische Steuerbehörden über Fahndungsergebnisse (z.B. einer Bankdurchsuchung) zu informieren. Hiernach dürfen auch über -im EU- Ausland ansässige- Geldanleger Kontrollmitteilungen gefertigt werden, unabhängig davon, ob ein förmliches Auskunftsersuchen der ausländischen Steuerbehörde besteht (sog. Spontanauskunft) - vgl. Wirtschaftswoche, Heft 42/1997, S. 249.

1992 Hier handelt es sich somit um einen ausländischen Firmenkunden einer Bank.

1993 Hier handelt es sich somit um einen ausländischen Firmenkunden einer Bank.

1994 Vgl. die Darstellung bei Quaritsch, a.a.O., Rn. 113, 134 f.; Pieroth/Schlink, a.a.O., Rn. 112.

1995 Scholz, in: M/D/H/S, Art. 12, Rn. 95.

1996 Vgl. Degenhart, Die allgemeine Handlungsfreiheit des Art. 2, I GG, JuS 1990, S. 167; Pieroth, Der Wert der Auffangfunktion des Art. 2 Abs. I GG, AöR, 115 (1990), S. 33 ff. (41, 43); Dürig, in: M/D/H/S, Art. 2 Abs. I, Rn. 66; Scholz, a.a.O., Rn. 96.

Innerhalb des letztgenannten Fragenbereiches wird zum einen ferner die Ansicht vertreten, daß die eindeutige Normaussage des Art, 12, Abs. I GG Ausländern den Schutz der Berufsfreiheit generell versagt und nicht dadurch umgangen oder relativiert werden darf, daß gleichsam durch die ‚Hintertür' des Art. 2, Abs. I GG Ausländern der Schutz ihrer beruflichen Betätigung zukommt.[1997] Charakteristisch für diese Ansicht ist beispielsweise die Formulierung von *Hailbronner*, der ausführt: „Dort, wo eindeutige Entscheidungen des Grundgesetzes vorliegen, kann nicht unter Berufung auf den Wandel der Verhältnisse der Text der Verfassung mißachtet werden. ... Darüber hinaus garantiert Art. 2, Abs. I GG dem Ausländer von Verfassungs wegen die freie Entfaltung der Persönlichkeit in jenen Bereichen, die nicht ausdrücklich kraft der Entscheidung der Verfassung Deutschen vorbehalten sind".[1998] Die Vertreter dieser Ansicht argumentieren vor allem mit dem Sinn und Zweck, den die Beschränkung der Berufsfreiheit auf Deutsche haben soll. Hiernach sei es aufgrund der Fürsorgepflicht des Staates für die deutschen Staatsbürger einerseits Sinn der Beschränkung, den Arbeitsmarkt für Deutsche zu reservieren.[1999] Zum anderen sei es Sinn der Beschränkung, primär bezogen auf ausländische juristische Personen, ein entsprechendes politisches ‚Druckmittel' zu besitzen, um durch entsprechende Verträge für Deutsche bzw. deutsche juristische Personen eine Gleichbehandlung im Ausland auszuhandeln,[2000] ohne daß Deutschland durch die Gewährung von Grundrechten zugunsten ausländischer Staatsangehöriger in Vorlage treten würde. Als entscheidend wird auch der Gesichtspunkt gewertet, daß nur Deutsche das Schicksal der deutschen Staats- und Rechtsordnung uneingeschränkt teilen,[2001] während Ausländer, insbesondere ausländische juristische Personen oder multinationale Konzerne in der Lage sind, sich dieser Ordnung zu entziehen bzw. im Fall multinationaler Konzerne der Staatsgewalt eines Staates überhaupt nur sehr eingeschränkt unterliegen.[2002] Zum anderen wird die Ansicht vertreten, daß sich Ausländer in bezug auf ihre berufliche Betätigung auf den Schutz der allgemeinen Handlungsfreiheit berufen können, da dieses der Auffangfunktion des Art. 2, Abs. I GG entsprechen würde.[2003] Argumentiert wird bei dieser Auffassung mit dem Umstand, daß die freie Entfaltung der Persönlichkeit ein allgemeines Menschenrecht darstellt, das nicht nach der Staatsangehörigkeit differenziert.[2004] Dieser Ansicht ist meines Erachtens der Vorzug zu geben, da die Unterstellung der beruflichen Betätigung von Ausländern unter den Schutzbereich von Art. 2, Abs. I GG diese zugleich mit der Hypothek der weiten Eingriffs-

---

1997 Vgl. Hailbronner, Ausländerrecht und Verfassung, NJW 1983, S. 2110, 2111.

1998 Hailbronner, a.a.O., S. 2110, 2111. Vgl. auch Stern, a.a.O., Bd. III/2, § 92, S. 1401 f.; Dürig, a.a.O., Rn. 66; Scholz, a.a.O., Rn. 96.

1999 Vgl. Bleckmann/Wiethoff, DÖV 1991, S. 725 f.; Bleckmann, Staatsrecht II, § 13, S. 888.

2000 Sog. ‚fremdenrechtlicher Aktionsspielraum' - vgl. Quaritsch, a.a.O., Rn. 38, 88; Ritter, Der Grundrechtsschutz ausländischer juristischer Personen, NJW 1964, S. 281; Meessen, JZ 1970, S. 603; Dürig, a.a.O., Rn. 30; Stern, a.a.O., Bd. III/1, § 71, S. 1136; Rüfner, AöR, 89 (1964), S. 274; Bethge, AöR, 104 (1979), S. 84.

2001 Vgl. Stern, a.a.O., Bd. III/1, § 70, S. 1040; § 71, S. 1136.

2002 Meessen, a.a.O., S. 603; Dürig, a.a.O., Rn. 30; Stern, a.a.O.; Quaritsch, a.a.O., Rn. 38.

2003 So vor allem BVerfGE 35, 382 (399 f.); BVerfGE 49, 168 (180); BVerfGE 78, 179 (196 f.). Vgl. auch Robbers, a.a.O., Rn. 13, 17 ff.; Degenhart, a.a.O., S.167, 168; Pieroth, a.a.O.; Tettinger, in: Sachs, Art. 12, Rn. 19; Quaritsch, a.a.O., Rn. 113, 137; Sachs, in: Grundgesetz-Kommentar, Vor Art. 1, Rn. 51; v. Mutius, Jura 1983, S. 33; Bleckmann, Staatsrecht II, § 9, S. 130; differenzierter dergl., Staatsrecht II, § 13, S. 887 f., und Bleckmann/Wiethoff, a.a.O., S. 725 f., indem auf den jeweiligen Sinn und Zweck der Beschränkung der Grundrechte auf Deutsche abgestellt wird.

2004 BVerfGE 35, 382 (399); Hesse, in: Hdb. des VerfR, § 5, Rn. 53; Stern, a.a.O., S. 1040 f.; Robbers, in: Hdb. des VerfR, § 11, Rn. 13, 17; Pieroth/Schlink, a.a.O., Rn. 114 f..

möglichkeiten der Schrankentrias belastet,[2005] denn die zugunsten von Deutschen geltende drei - Stufentheorie findet bei Ausländern mangels Geltung von Art. 12, Abs. I GG keine Anwendung.[2006] Aufgrund des auch in bezug auf Ausländer geltenden Verhältnismäßigkeitsgrundsatzes[2007] wirkt sich diese fehlende Anwendbarkeit der drei - Stufentheorie im Bereich von Berufsausübungsregelungen faktisch zwar nicht aus,[2008] gewinnt indes an Bedeutung, je mehr ein Eingriff den Charakter einer objektiven Berufswahlregelung erhält. Im Rahmen der Schrankentrias werden keine überproportional wichtigen Eingriffsgründe (sondern lediglich proportional wichtige Eingriffsgründe) gefordert, wie sie gerade im Rahmen objektiver Berufswahlregelungen im Bereich der Berufsfreiheit notwendig sind. Darüber hinaus eröffnet die Schrankentrias die Möglichkeit, der beruflichen Betätigung von Ausländern Eingriffsmöglichkeiten des Staates, die dieser zur Regelung des Arbeitsmarktes und zum Schutz deutscher Staatsangehöriger treffen kann, entgegenzusetzen, wodurch die berufliche Betätigung von Ausländern beeinträchtigt würde.[2009] Die sachliche Anknüpfung allein an die Ausländereigenschaft für eine staatliche Eingriffsregelung ist dabei kein Verstoß gegen den Gleichheitssatz.[2010] Voraussetzung für eine unterschiedliche In- und Ausländerregelung ist jedoch, daß hierfür *sachliche* Differenzierungsgründe vorliegen.[2011] Eingriffe in den so beschriebenen Schutzbereich der Ausländer sind daher durch ein hinreichend bestimmtes Gesetz statthaft, das die Interessen des Ausländers durch überwiegende öffentliche Interessen, worunter auch die Regelung des Arbeitsmarktes zugunsten deutscher Staatsangehöriger fallen kann, verfolgt.[2012] Auch hier gilt es aufgrund des geltenden Verhältnismäßigkeitsgrundsatzes, die gegenläufigen Interessen von Staat und Ausländer gegeneinander abzuwägen.[2013] Ausgehend von der zuvor genannten Schutzfunktion verliert nach der Ansicht von *Bleckmann / Wiethoff* die Beschränkung der Berufsfreiheit auf Deutsche beispielsweise dann ihren Sinn, wenn Deutsche nicht mehr schutzbedürftig sind, zum Beispiel in Zeiten der Vollbeschäftigung oder in Fällen, in denen der Arbeitsmarkt durch deutsche Arbeitnehmer nicht befriedigt werden kann, weil sich für die angebotenen Tätigkeitsfelder keine (qualifizierten) deutschen Arbeitnehmer finden lassen.[2014] Daher sei im Rahmen des grundsätzlichen Schutzes der beruflichen Betätigung von Ausländern durch Art. 2, Abs. I GG in Verbindung mit dem Grundsatz der Verhältnismäßigkeit eine Beschränkung der beruflichen Betätigung der Ausländer in diesem Fall nicht möglich. Sind hingegen deutsche Arbeitnehmer in dem entsprechenden beruflichen Betätigungsfeld arbeitslos, reicht die Ausbildungskapazität nicht aus oder ist die Konkurrenzsituation auf dem Arbeitsmarkt ungünstig, ermöglicht es die Normaussage des

---

2005 BVerfG 35, 382 (399); BVerfGE 49, 168 (180); BVerfGE 78, 179 (197); 168; Quaritsch, in: Hdb. des StaatsR, § 120, Rn.137; Pieroth/Schlink, a.a.O., Rn. 114 f..

2006 Degenhart, JuS 1990, S. 168.

2007 BVerfGE 35, 382 (400); Pieroth/Schlink, a.a.O., Rn. 115; Quaritsch, a.a.O..

2008 Degenhart, a.a.O..

2009 Bleckmann/Wiethoff, DÖV 1991, S. 726.

2010 Robbers, Hdb. des VerfR, § 11, Rn. 20; Stern, a.a.O., § 71, S. 1137; Dürig, in: M/D/H/S, Art. 3, Abs. I, Rn. 287; Quaritsch, a.a.O., Rn. 115, 116.

2011 Gubelt, in: v.M., Grundgesetz-Kommentar, Art, Rn. 5; Bleckmann, a.a.O., § 9, S. 130; Zuleeg, in: Groeben / Thiesing / Ehlerman, Kommentar zum EU-/EG-Vertrag, Art. 6, Rn. 1, 3; Quaritsch, a.a.O., Rn. 114 ff. (116, 118).

2012 Bleckmann, Staatsrecht II, § 9, S. 130; Quaritsch, a.a.O., Rn. 99 ff., 122 ff..

2013 Hierbei wäre beispielsweise auch die bisherige Aufenthaltsdauer und die Integration des Ausländers in die deutsche Gesellschaft zu berücksichtigen - vgl. hierzu z.B. Stern, a.a.O., Bd. III/1, § 70, 1041; Quaritsch, a.a.O., Rn. 102, 109, 119, 126 ff..

2014 Vgl. Bleckmann/Wiethoff, a.a.O..

Art. 12, Abs. I GG, die berufliche Betätigung der Ausländer zu beschränken.[2015] Diese von *Bleckmann/Wiethoff* angesprochenen Gesichtspunkte stellen nach der hier vertretenen Auffassung somit Abwägungskriterien dar, die innerhalb der Proportionalität des Verhältnismäßigkeitsgrundsatzes als Aspekte der widerstreitenden Interessen von Staat und Ausländer zu berücksichtigen sind. Der Charakter der allgemeinen Handlungsfreiheit als Auffanggrundrecht gebietet es, diese Auffangfunktion nicht von der Staatsangehörigkeit abhängig zu machen. Die berufliche Betätigung von Ausländern unterfällt damit prima facie dem Schutzbereich der allgemeinen Handlungsfreiheit des Art. 2, Abs. I GG. Auch bei Ausländern stellen sich die genannten Durchbrechungsnormen, die das Bankgeheimnis durchbrechen, als Berufsausübungsregelungen dar. Bei diesen ergeben sich jedoch keine Änderungen im Vergleich zu den durch die drei - Stufentheorie im Rahmen von Art. 12, Abs. I GG geschützten deutschen Staatsangehörigen, da dort bei Berufsausübungsregelungen lediglich einfach - proportionale Eingriffgründe gefordert werden, die am Verhältnismäßigkeitsgrundsatz auszurichten sind. Gleiches gilt für Ausländer, deren berufliche Betätigung dem prima facie Schutz des Art. 2, Abs. I GG im Spannungsfeld der Schrankentrias unterfällt. Die im Rahmen des Verhältnismäßigkeitsgrundsatzes gegeneinander abzuwägenden Prinzipien und Interessen sind hierbei die Gleichen, so daß auf die oben gemachten Ausführungen verwiesen werden kann. Es ergeben sich keine Änderungen in bezug auf die Eingriffsvoraussetzungen, wie sie oben geschildert worden sind.
Ferner sollen nach nicht unumstrittener Ansicht von dem Ausschluß in Art. 12, Abs. I GG zumindest nicht alle Ausländer gleichermaßen erfaßt werden, da für einige von ihnen, so vor allem für EU - Bürger, Ausnahmen bestehen würden, die es diesen gestatten, sich trotz des Wortlauts von Art. 12, Abs. I GG auf den grundrechtlichen Schutz der Berufsfreiheit zu berufen.[2016] Dieses wird nachfolgend untersucht werden.

(2) EU - Bürger

Wie bereits ausgeführt ist desweiteren umstritten, ob und ggfls. inwieweit sich EU-Bürger auch auf Deutschengrundrechte -und hier insbesondere auf Art. 12, Abs. I GG- berufen können oder ob auch für diese Ausländer lediglich der Schutzbereich des Art. 2, Abs. I GG anwendbar ist. Die exakte Beantwortung dieser Frage erfordert vertiefte Ausführungen zum Europarecht, die den gesetzten Rahmen dieser Arbeit indes überschreiten würden. Insofern muß auf die einschlägige Spezialliteratur verwiesen werden. Für den hier zu behandelnden Kontext des Schutzes des Bankgeheimnisses von EU-Bürgern, die bei inländischen Banken Konten unterhalten, sowie die Frage danach, inwieweit sich EU-Bürger auf den Schutz des ‚Deutschengrundrechts‘ der Berufsfreiheit berufen können, sollen daher lediglich die folgenden Aussagen getroffen werden:
Bei der Frage, ob und ggf. inwieweit sich EU-Ausländer auf den Schutz des ‚Deutschengrundrechts‘ der Berufsfreiheit berufen können oder nicht, wird einerseits unter Hinweis auf das Diskriminierungsverbot der Art. 6 und 58 EGV[2017] dafür plädiert, mittels einer europarechtskonformen Auslegung den Schutzbereich der Berufsfreiheit des Art. 12, Abs. I GG auch auf EU-Bürger zu erstrecken oder zumindest den Schutzumfang des Art. 2, Abs. I GG für EU-Bürger dem der Berufsfreiheit weitgehend anzugleichen und dadurch EU-Ausländern letzt-

---

2015 Vgl. hierzu Bleckmann/Wiethoff, DÖV 1991, S. 725, 726; Bleckmann, Staatsrecht II, § 9, S. 136 ff.; Quaritsch, a.a.O., Rn. 99, 126 ff..
2016 Pieroth/Schlink, a.a.O., Rn. 112 f.; Quaritsch, in: Hdb. des StaatsR, § 120, Rn. 40 ,97, 99.
2017 Entspricht heute den Art. 12 und 48 des Amsterdamer Vertrages.

endlich eine Schutzposition einzuräumen, die der der Deutschen entspricht.[2018] Spätestens seit den grundlegenden Entscheidungen des EuGH in Sachen van Gent en Loos[2019], Costa vs. ENEL[2020] und Simmenthal II[2021] ist Ausgangspunkt dieser Ansicht die Vorstellung von dem (zumindest partiellen) Vorrang des EU-Gemeinschaftsrechts vor den insoweit entgegenstehenden nationalen (Grund-) Rechtsnormen und somit von einer unmittelbaren Verbindlichkeit primären und sekundären Gemeinschaftsrechts.[2022] Dieser Vorrang und die unmittelbare Geltung des Gemeinschaftsrechts ist dabei Folge der Übertragung von staatlichen Hoheitsrechten gemäß Art. 24, I GG[2023] auf die Gemeinschaft.[2024] In diesem Zusammenhang stehen auch Auffassungen wie die von *Pieroth/Schlink*, die betonen, daß aufgrund der europarechtlichen Bindung der deutschen Staatsgewalt EU-Bürger aufgrund des Gemeinschaftsrechts auch ohne europarechtskonforme Auslegung der deutschen Grundrechte hinreichend geschützt würden.[2025] Andererseits wird angeführt, daß das Diskriminierungsverbot der Art. 6 und 58 EGV lediglich einfach - gesetzlichen Charakter habe und daher die verfassungsrechtliche Aussage des Art. 12, Abs. I GG nicht konterkarieren könne[2026], so daß letztendlich ein Schutz der EU-Ausländer im Geltungsbereich der ‚Deutschengrundrechte' nur über Art. 2, Abs. I GG in Betracht käme und diese gegenüber anderen Ausländern nicht privilegiert seien. Anhänger dieser Auffassung negieren daher einen Vorrang gemeinschaftlichen Rechts vor nationalem (Verfassungs-) Recht, wobei als Begründung oft auf die Transformationsvorschrift des Art. 59, Abs. II, S. 1 GG verwiesen wird.[2027] Die Transformation des Europarechts in nationales Rechts führe lediglich dazu, daß primäres und / oder sekundäres Gemeinschaftsrecht lediglich den Rang eines einfachen Gesetzes erhält. Der zuerst genannten Ansicht einer europarechtskonformen Auslegung und Anwendung des Art. 12, Abs. I GG ist der Vorzug zu geben. Bereits der Hinweis auf die Transformationsvorschrift des Art. 59, Abs. II, S. 2 GG durch die Gegenansicht zeigt, daß seitens ihrer Anhänger die Bedeutung des Europa-

---

2018 Breuer, in: Hdb. des StaatsR, Bd. VI, § 147, Rn. 21. Vgl. auch die Darstellung bei Pieroth/Schlink, a.a.O., Rn. 117; Zuleeg, Die Bedeutung des europäischen Gemeinschaftsrechts für das Ausländerrecht, NJW 1987, S. 2193.

2019 EuGH, Urteil vom 05.02.1963, Amtl.Slg. 1963, S. 3 ff..

2020 EuGH, Urteil vom 15.07.1964, Amtl.Slg. 1964, 1251 ff. (1251 - Leitsatz 3, 1269 ff.).

2021 EuGH, Urteil vom 09.03.1978, Amtl.Slg. 1978, 629 ff. (644).

2022 Ausführlich zum Vorrang des Gemeinschaftsrechts und der unmittelbaren Geltung primären und sekundären Gemeinschaftsrechts als der automatischen Folge der Kompetenzübertragung auch die empfehlenswerten Ausführungen von Hirsch, Europäischer Gerichtshof und Bundesverfassungsgericht - Kooperation oder Konfrontation?, NJW 1996, S. 2458 f.. Vgl. auch Hesse, Grundzüge des Verfassungsrechts, Rn. 105, 107; Quaritsch, a.a.O., Rn. 40, 99; Schweitzer, Staatsrecht III, Rn. 40 ff., 388; v. Simson/Schwarze, in: Hdb. des VerfR, § 4 -Europäische Integration und Grundgesetz, Rn. 61 ff.; Koenig/Pechstein, Entscheidungen des EuGH, S. 5, 59 unter Bezugnahme auf EuGHE vom 17.12.1990 (Rs. 11/70) -Internationale Handelsgesellschaft vs. Einfuhr- und Vorratsstelle für Getreide und Futtermittel, Slg. 1970, 1125. Der Vorrang des (sekundären) Gemeinschaftsrechts wurde darüber hinaus in Art. 189 EWGV (heute Art. 249 des Amsterdamer Vertrages) kodifiziert, wobei eine Geltungsabstufung zwischen Verordnung, Richtlinie und Entscheidung getroffen wurde. Zur unmittelbaren Geltung sekundären Gemeinschaftsrechts siehe Koenig / Pechstein, a.a.O., S. 90 f., 99 ff..

2023 Heute ergänzt durch Art. 23, Abs. I, S. 2 GG überlagert - vgl. Streinz, in: Sachs, Grundgesetz-Kommentar, Art. 23, Rn. 3, 9, 52 ff.; Streinz, a.a.O., Art. 24, Rn. 5, 6, 12; Scholz, in: M/D/H/S, Art. 23, Rn. 45 ff.; Randelzhofer, in: M/D/H/S, Art. 24, Rn. 194.

2024 Vgl. Streinz, in: Sachs, Grundgesetz-Kommentar, Art. 23, Rn. 59; Pernice, Gemeinschaftsverfassung und Grundrechtsschutz -Grundlagen, Bestand und Perspektiven, NJW 1990, S. 2411 f.; Hirsch, NJW 1996, S. 2458 f.; BVerfGE 31, 145 (173 f.) - Milchpulver; BVerfGE 73, 339 (374 f.) -Solange II.

2025 Pieroth/Schlink, a.a.O., Rn. 117. So auch Tettinger, in: Sachs, Grundgesetz-Kommentar, Art. 12, Rn. 19; Breuer, a.a.O.; Scholz, in: M/D/H/S, Art. 12, Rn. 97.

2026 Bethge, AöR, 104 (1979), S. 86; Stern, a.a.O., Bd. III/1, § 70, S. 1044, § 71, S. 1146.

2027 Bethge, a.a.O..

rechts, die dieses mittlerweile erlangt hat[2028], nicht hinreichend gewürdigt und erkannt wird. Europarecht stellt zumindest für die Mitgliedsstaaten der EU und die EU-Bürger gegenüber dem bloßen Völkerrecht ein rechtliches Mehr, ein qualitativ höheres ‚Rechtsaliud'[2029] dar, was bereits durch den Umstand unterstrichen wird, daß an die Gemeinschaft Hoheitsbefugnisse der Einzelstaaten für bestimmte Bereiche abgegeben worden sind[2030], für die die Staaten fortan und für die Dauer ihrer Mitgliedschaft[2031] nicht mehr (originär / allein) zuständig sind (vgl. Art. 23, Abs. I, S. 2 GG),[2032] sondern die supranationale Gemeinschaft als solche.[2033] *Hirsch* argumentiert in Anlehnung an die ‚Solange II-Entscheidung' des Bundesverfassungsgerichts überzeugend für den Vorrang primären und sekundären Gemeinschaftsrechts, den dieses notwendigerweise haben müsse, da die Gemein-schaft ihre Funktion als Rechtsgemeinschaft nur dann erfüllen könne, „wenn im Hinblick auf Gemeinschaftsrecht gemeinschaftsweit Rechtseinheit besteht. Rechtseinheit ist jedoch nur dann gegeben, wenn nationales Recht hinter das Gemeinschaftsrecht zurücktritt. Deshalb kommt aufgrund des Rechtsanwendungsbefehls des Zustimmungsgesetzes dem Gemein-schaftsrecht nicht nur unmittelbare Geltung in den Mitgliedsstaaten zu, sondern auch Vorrang vor innerstaatlichem Recht (Geltung- und Anwendungsvorrang)".[2034] Grundsätzlich richtig an beiden Auffassungen ist jedoch, daß EU-Ausländer gemäß Art. 6 EGV nicht diskriminiert werden dürfen.[2035] Ein generelles Diskriminierungsverbot von Ausländern ist freilich bereits innerstaatlich in Deutschland durch die in Art. 3, Abs. I GG enthaltene sog. ‚neue Formel' verkörpert, was oben angeführt wurde[2036]. Das Diskriminierungsverbot des Art. 3, Abs. I GG erfaßt auch und gerade EU-Ausländer,[2037] da der Aussage der ‚neuen' Formel gemäß eine Verletzung des Gleichheitsstatzes dann gegeben ist, „wenn eine Gruppe von Normadressaten im Vergleich zu andern Normadressaten anders behandelt wird, obwohl zwischen beiden Gruppen keine Unterschiede

---

2028 Zur Entwicklung der europäischen Integration siehe z.B. v. Simson/Schwarze, a.a.O., S. 54 ff. (Rn. 1 ff.).

2029 Randelzhofer, in: M/D/H/S, Art. 24, Rn. 200. Vgl. im Ergebnis auch v. Simson/Schwarze, a.a.O., Rn. 78; Koenig/Pechstein, a.a.O., S. 2 f. unter Bezugnahme auf die Costa vs. ENEL-Entscheidung des EuGH.

2030 Wobei keine Kompetenz - Kompetenz der Gemeinschaft begründet worden ist - vgl. Scholz, in: M/D/H/S, Art. 23, Rn. 15, 19 f.; Pernice, NJW 1990, S. 2411; BVerfG-NJW 1993, 3047 ff. (3050, 3053 f.) -Maastricht. Dieses ergibt sich bereits auch aus der Subsidiaritätsklausel des Art. 3b EGV (Art. 5 Amsterdamer Vertrag), das ein Prinzip der begrenzten Einzelermächtigung zum Ausdruck bringt - Hirsch, NJW 1996, S. 2462; BVerfG, a.a.O., S. 3050. Das Bundesverfassungsgericht, a.a.O., S. 3053, 3057 spricht von dem Subsidiaritätsprinzip des Art. 3b EGV als einer ‚Kompetenzausübungsschranke'. Zu den Grenzen der Übertragungsbefugnis siehe die Ausführungen von Hirsch, a.a.O., S. 2458 f., 2460 f., 2465 f.; Streinz, in: Sachs, Art. 23, Rn. 12, 15 ff., 69 ff.; Randelzhofer, a.a.O., Rn. 133 ff., 202 ff.; BVerfG-NJW 1993, S. 3047 - Leitsätze 5 und 6, 3051 ff..

2031 Scholz, in: M/D/H/S, Art. 23, Rn. 51.

2032 Vgl. Streinz, a.a.O., Rn. 15, 52 ff.; v. Simson/Schwarze, a.a.O., Rn. 2, 24 ff., 40 ff., 77 ff. (noch bezogen auf Art. 24, Abs. I GG); Schweitzer, StaatsR III, Rn. 388; Hesse, Grundzüge des VerfR, Rn. 109 ff. (111); Scholz, in: M/D/H/S, Art. 23, Rn. 15, 19; Pernice, a.a.O.; EuGH, Amtl.Slg. 1964, 2151 ff. (2151 - Leitsatz 3, 1269 ff.) -Costa vs. ENEL; BVerfGE 22, 293 (296) -EWG-Verordnung; BVerfGE 31, 145 (173 f.) -Milchpulver; BVerfGE 58, 1 (27 f.)-Eurocontrol; BVerfGE 73, 339 (374 f.) -Solange II; BVerfG-NJW 1993, 3047 ff. (3048, 3050 ff.).

2033 BVerfGE 22, 293 (296); Scholz, in: M/D/H/S, Art. 23, Rn. 51.

2034 Hirsch, NJW 1996, S. 2458 (unter Hinweis auf BVerfGE 73, 339 ff. (375)), 2463. So auch Kokott, Der Grundrechtsschutz im europäischen Gemeinschaftsrecht, AöR 121 (1996), S. 600; Koenig/Pechstein, a.a.O., S. 6 f., 52 ff. unter Bezugnahme auf die Simmenthal II und Costa/ENEL -Entscheidung des EuGH.

2035 Art.58 EGV fungiert dabei als Erstreckungsnorm und erstreckt die Grundsätze des Diskriminierungsverbotes auf juristische Personen des Privat- und des öffentlichen Rechts (Art. 58, Abs. II EGV) - vgl. Zuleeg, in: Groeben/Thiesing/Ehlemann, Kommentar zum EU-/EG-Vertrag, Art. 6, Rn. 3; Zuleeg, NJW, 1987, S. 2193; Bethge, AöR, 104 (1979), S. 86.

2036 Zur ‚neue' Formel oben S. 159 ff..

2037 Vgl. v. Münch, in: Grundgesetz-Kommentar, Art. 1-19 Vorb., Rn. 9.

solcher Art und solchem Gewicht bestehen, daß sie die ungleiche Behandlung rechtfertigen könnten".[2038] Ferner wurde gesagt, daß die Anknüpfung von Differenzierungskriterien allein an die Staatsangehörigkeit unzulässig ist und es für eine unterschiedliche Behandlung von In- und Ausländen stets besonderer und sachlicher Differenzierungsgründe bedarf. Diese Gesichtspunkte gelten für EU-Bürger in besonderem Maße, was durch Art. 6 EGV zum Ausdruck gebracht wird.[2039] Auch im Zusammenhang mit dem Diskriminierungsverbot des Art. 6 EGV sind für eine unterschiedliche Behandlung von Inländern und EU-Ausländern spezifische Differenzierungskriterien notwendig.[2040] Das Diskriminierungsverbot des Art. 6 EGV ist daher lediglich als ein relatives Verbot zu verstehen[2041] und besteht überdies nur im Rahmen und zur Realisierung der Grundfreiheiten der EU.[2042] Zum Diskriminierungverbot und seiner Bedeutung im Zusammenhang mit der Anwendbarkeit der Berufsfreiheit auf EU-Bürger führt *Breuer* zutreffend aus: „Zwar kann aus dem Diskriminierungsverbot des Art. 7 EWGV (heute Art. 6 EGV - Einschub von M.H.) nicht gefolgert werden, daß die klassische staatsrechtliche Differenzierung zwischen Menschen- und Bürgerrechten (-Deutschenrechten) für EG-Ausländer aufgehoben wäre. Soweit Grundrechte etwa wegen ihrer demokratischen Dimension (z.B. Art. 8, 9 GG) -aus sachlich, staatsrechtlich relevanten Gründen als Bürgerrechte auf Deutsche beschränkt sind-, liegt hierin keine Diskriminierung im Sinne von Art. 7 EWGV. Für die Berufsfreiheit des Art. 12, Abs. I GG lassen sich jedoch keine tragfähigen Differenzierungsgründe gleicher oder ungleicher Art aufzeigen. EG-Ausländer sind danach gemäß Art. 6, 7 EWGV hinsichtlich der Berufsfreiheit des Art. 12, Abs. I GG Deutschen gleichgestellt".[2043] In diesem Kontext sind daher für die Frage nach der Erstreckung des Schutzbereichs des Art. 12, Abs. I GG auf EU-Bürger die Grundfreiheiten der in Art. 48, 52 und 59 EGV[2044] verankerten Arbeitnehmerfreizügigkeit, der Niederlassungs-[2045] und Dienstleistungsfreiheit bedeutsam. Für EU-Bürger, die in der Bundesrepublik einer beruflichen / gewerblichen Tätigkeit nachgehen, ist diese Tätigkeit bereits Ausdruck und Ausübung der genannten gemeinschaftsrechtlichen Grundfreiheiten. Gleiches gilt beispielsweise für den EU-Bürger, der lediglich Gelder bei einer deutschen Bank anlegt oder Gelder nach Deutschland

---

2038 BVerfGE 55, 72 (88).

2039 Vgl. Zuleeg, in: Groeben/Thiesing/Ehlermann, Kommentar zum EU-/EG-Vertrag, Art.6, Rn. 3; Zuleeg, NJW 1987, S. 2193.

2040 Zuleeg, in: Groeben/Thiesing/Ehlermann, Kommentar zum EU-/EG-Vertrag, Art.6; Zuleeg, NJW 1987, S. 2193.

2041 Zuleeg, in: Groeben/Thiesing/Ehlermann, Kommentar zum EU-/EG-Vertag, Art.6, m.w.N.. Aus der Relativität des Diskriminierungsverbots folgt zugleich das Abwägungsgebot im Sinne des Verhältnismäßigkeitsgrundsatzes - s.o.. Dieser Umstand verdeutlicht sich auch durch die Entscheidung des EuGH vom 30.11.1995 (Rs. C-55/94) -Gebhard vs. Consiglio dell' ordine degli avvocati e procuratori di Milano, Slg. 1995, I-4165. In dieser Entscheidung hat der EuGH für nationale Eingriffe, die eine gemeinschaftliche Grundfreiheit beeinträchtigen vier Eingriffsvoraussetzungen aufgestellt. Eingriffe müssen hiernach in nicht diskriminierender Weise angewandt werden, sie müssen aus zwingenden Gründen des Allgemeininteresses gerechtfertigt sein, sie müssen geeignet sein, die Realisierung des mit ihnen verfolgten Zieles zu gewährleisten und sie dürfen nicht über das hinausgehen, was zur Erreichung dieses Zieles erforderlich ist - vgl. Koenig / Pechstein, a.a.O., S. 283. Deutlich werden hier somit Diskriminierungsverbot und Verhältnismäßigkeitsgrundsatz betont.

2042 Quaritsch, in: Hdb. des StaatsR, § 120, Rn. 40; Zuleeg, NJW 1987, S. 2193.

2043 Breuer, in: Hdb. des StaatsR, § 147, Rn. 21. Im Ergebnis gleich siehe Zuleeg, NJW 1987, S. 2193; Robbers, in: Hdb. des VerfR, § 11, Rn. 7, 69.

2044 Entspricht Art. 39, 43 und 49 des Amsterdamer Vertrages.

2045 Nach Koenig/Pechstein, a.a.O., S. 275 unter Kommentierung von EuGHE vom 21.06.1974 (Rs. 2/74) - Reyners vs. Belgischer Staat, Slg. 1974, 631, bezieht sich die Niederlassungsfreiheit auf alle Tätigkeiten natürlicher und juristischer Personen, die dem Erwerb von Einkünften dienen; sie soll jegliche Erwerbstätigkeit in einer in einem anderen Mitgliedsstaat eingerichteten Niederlassung ermöglichen. Daher beinhaltet die Niederlassungsfreiheit einen speziellen Fall des allgemeinen Diskriminierungsverbots.

transferiert. Für diesen EU-Bürger ist diese Tätigkeit Ausdruck der oben vorge-stellten Freiheit des Kapital- und Zahlungsverkehrs (Art. 73 b EGV) innerhalb der Gemeinschaft.[2046] Das Zusammenspiel zwischen Diskriminierungsverbot einerseits und Realisierung bzw. Umsetzung der gemeinschaftlichen Grundfreiheiten andererseits zeigt, daß eine Geltungserstrekkung von ,Deutschengrundrechten' auf EU-Bürger zwar nicht generell, so doch aber im Rahmen und zur Realisierung der Grundfreiheiten möglich ist.[2047] Indes darf hierbei nicht verkannt werden, daß die Realisierung der genannten Grundfreiheiten der Gemeinschaft eine Erstreckung der Schutzbereiche von ,Deutschengrundrechten' auf EU-Bürger im Regelfall gebieten wird. Den genannten Grundfreiheiten selbst liegen grundrechtliche Schutzgrundsätze insbesondere der Berufsfreiheit zugrunde[2048], die der gemeinsamen Verfassungs-tradition der Mitgliedsstaaten der EU entsprechen, so daß der EuGH „die Berufsfreiheit als einen allgemeinen Grundsatz des Gemeinschaftsrechts anerkannt hat".[2049] *Zuleeg* führt zu Recht aus, daß ohne Berufsfreiheit der EU-Bürger in den Mitgliedsstaaten die Freizügigkeit der Arbeitnehmer und der selbstständig Erwerbstätigen weitgehend leer liefe.[2050] Aufgrund des dem Gemeinschaftsrecht zugestandenen -und hier befürworteten- Vorrangs vor dem nationalen (Verfassungs-) Recht eines Mitgliedsstaates, erhalten EU-Bürger im Verhältnis zu sonstigen Ausländern eine verstärkte Schutzposition.[2051] So hat beispielsweise der EuGH entschieden, daß es eine gegen Art. 7 EWGV (heute Art. 6 EGV - Einschub von M.H.) ver.-stoßende Diskriminierung aus Gründen der Staatsangehörigkeit darstellen würde, wenn eine Hochschule eines Mitgliedsstaates von einem EG-Ausländer Studiengebühren verlangt, die von Inländern nicht verlangt werden.[2052] *Breuer* zieht hieraus den nachvollziehbaren Schluß, daß EU-Bürgern in Deutschland „die Berufsfreiheit ebenso wie Deutschen, also in vollem Umfang, gewährt werden" muß.[2053] Die Frage nach einem Vorrang primären und / oder sekundären Gemeinschaftsrechts auch vor nationalem Verfassungsrecht hat in der Vergangenheit zu einer Kontroverse zwischen Bundesverfassungsgericht und EuGH geführt, die zwischenzeitlich weitgehend beigelegt worden ist.[2054] Zwischenzeitlich wird von einem Kooperationsverhältnis zwischen EuGH und Bundesverfassungsgericht gesprochen.[2055] Hierbei ist zu bemerken, daß sich die Vorrangfrage überhaupt nur im Falle divergierender staatlicher und gemeinschaftlicher Regelungen in bezug auf denselben Regelungsgegenstand stellt.[2056] Bedeutsam für die genannte Kontroverse war die sog. ,Solange'- Rechtsprechung des Bundesverfassungsgerichts. Während sich das Bundesverfassungsgericht in der ,Solange I-Entscheidung' aus dem Jahre 1974 noch das Recht vorbehalten hat, Maßnahmen der

---

2046 Zu den Fragen der Anwendbarkeit einfachen Rechts im Kontext internationalen Verfahrensrechts und gemeinschaftlichen Kollisionsrechts siehe Welter, in: BankRHdb., § 28 - Bankgeschäfte im europäischen Binnenmarkt, S. 429 ff..

2047 So auch Quaritsch, a.a.O., Rn. 40.

2048 Zuleeg, NJW 1987, S. 2194.

2049 Tettinger, in: Sachs, Grundgesetz-Kommentar, Art. 19, Rn. 19 -m.w.N.. EuGH-NJW 1987, 568 ff. (568) - Etikettierung von Tafelwein. Vgl. auch v. Simson/Schwarze, in: Hdb. des VerfR, § 4, Rn. 65.

2050 Zuleeg, NJW 1987, S. 2194.

2051 Tettinger, a.a.O.; Robbers, a.a.O..

2052 EuGH-NJW 1988, 2165 ff.. Vgl. auch EuGHE vom 14.02.1995 (Rs. C-279/93) -Finanzamt Köln vs. Schumacker, Slg. 1995, I-225, wo es um die Fragen gleicher Anwendung von inländischen Steuernormen ging.

2053 Breuer, in: Hdb. des StaatsR, § 147, Rn. 21. So auch Zuleeg, NJW 1987, 2193; Robbers, a.a.O..

2054 Zu dieser Kontroverse siehe grundlegend Hirsch, NJW 1996, S. 2457 ff.; v. Simson/Schwarze, a.a.O., Rn. 61 ff..

2055 BVerfG-NJW 1993, 3047 ff. (3050); Streinz, in: Sachs, Art. 23, Rn. 47; Scholz, in: M/D/H/S, Art. 23, Rn. 24 f.;Tietje, Europäischer Grundrechtsschutz nach dem Maastricht-Urteil,"Solange III"?, JuS 1994, S. 200 ff..

2056 Quaritsch, in: Hdb. des StaatsR, § 120, Rn. 40; Streinz, a.a.O., Rn. 41.

Gemeinschaft und Entschei-dungen des EuGH auf die Vereinbarkeit mit deutschen Grundrechten hin zu überprüfen, da das Gemeinschaftsrecht noch keinen, von einem Parlament beschlossenen Grundrechtskatalog kennen würde[2057], der dem der deutschen Grundrechte adäquat sei,[2058] hat es in der ‚Solange II-Entscheidung' des Jahres 1986 diametral entgegengesetzt entschieden.[2059] Dort hat das Gericht, nachdem es Ausführungen zum Geltungs- und Anwendungsvorrang des EG-Rechts vor dem innerstaatlichen Recht getroffen hat, die Grenzen betont, die hierbei bestehen, wobei es im wesentlichen die bereits in der ‚Solange I- Entscheidung' enthaltenen Gesichtspunkte aufgegriffen und fortgeführt hat. Die diametral entgegengesetzte Ansicht des Gerichts ist im Leitsatz 2 der ‚Solange II-Entscheidung' zusammengefaßt worden. Dieser lautet: „Solange die Europäischen Gemeinschaften, insbesondere die Rechtsprechung des Gerichtshofs der Gemeinschaften einen wirksamen Schutz der Grundrechte gegenüber der Hoheitsgewalt der Gemeinschaften generell gewährleisten, der dem vom Grundgesetz als unabdingbar gebotenen Grundrechtsschutz im wesentlichen gleichzuachten ist[2060], zumal den Wesensgehalt der Grundrechte generell verbürgt, wird das Bundesverfassungsgericht seine Gerichtsbarkeit über die Anwendbarkeit von abgeleitetem Gemeinschaftsrecht, das als Rechtsgrundlage für ein Verhalten deutscher Gerichte oder Behörden im Hoheitsbereich der Bundesrepublik Deutschland in Anspruch genommen wird, nicht mehr ausüben und dieses Recht mithin nicht mehr am Maßstab der Grundrechte des Grundgesetzes überprüfen".[2061] Diese Ansicht hat das Gericht in der Maastricht - Entscheidung[2062] wiederum teilweise relativiert, indem es sich zukünftig *neben* dem EuGH, in „gegenseitiger Ergänzung" und im Rahmen eines so bezeichneten Kooperationsmodells für die Überprüfung gemeinschaftlicher Rechtsakte anhand der deutschen Grundrechte für zuständig erklärt hat[2063], wobei „der EuGH den Grundrechtsschutz in jedem Einzelfall für das gesamte Gebiet der europäischen Gemeinschaften garantiert" und „das Bundesverfassungsgericht sich

---

2057 Cirkel, NJW 1998, S. 3332. Zum Grundrechtsschutz in der EG siehe ausführlich Kokott, Der Grundrechtsschutz im europäischen Gemeinschaftsrecht, AöR 121 (1996), S. 599 ff..

2058 BVerfGE 37, 271 (271 -Leitsatz 1, 280 f.). Als Folge dieser Entscheidung ging das Gericht von einem Anwendungsvorrang deutscher Grundrechte aus.

2059 BVerfGE 73, 339 (339 -Leitsatz 2, 376 ff.). Ein erster Schritt in Richtung auf den Sinneswandel in der Solange II - Entscheidung wurde seitens des Bundesverfassungsgerichts jedoch bereits im Jahr 1979 eingeleitet, wo es in dem sog. ‚Vielleicht - Beschluß' eine positive, europäische Grundrechtsentwicklung konstatiert und es ausdrücklich offenließ, ob seine in der Solange I - Entscheidung vertretene Auffassung aufrechterhalten wird. Vgl. zur Entwicklung der Rechtsprechung des Bundesverfassungsgerichts in diesem Zusammenhang Schweitzer, a.a.O., Rn. 51 ff.; Sachs/Streinz, Art. 23, Rn. 41 ff.; Scholz, in: M/D/H/S, Art. 23, Rn. 22 ff.; dergl., Wie lange noch bis ‚Solange III'?, NJW 1990, S. 942 f.; v. Simson / Schwarze, a.a.O., Rn. 62 ff.; Pernice, NJW 1990, S. 2413.

2060 Dieser Umstand ist nach Ausführungen von v. Simson/Schwarze, a.a.O., Rn. 65 spätestens durch die Präambel der Einheitlichen Europäischen Akte (EEA) von 1986 erfüllt, wo (im dritten Absatz) auf die EMRK und die europäische Sozialcharta eindeutig Bezug genommen wird. Gleiches gilt für die im Jahre 1992 erfolgten Maastrichter Beschlüsse im Vertrag über die Gründung einer Europäischen Union. Nach Cirkel, Gleichheitsrechte im Gemeinschaftsrecht, NJW 1998, S. 3332 f. geht der EuGH in seiner Grundrechtsprechung verstärkt dazu über, sich an der Rechtsprechung des Europäischen Gerichtshofs für Menschenrechte zu orientieren. Da letzterer sich seinerseits an der Grundrechtsprechung des EuGH und an der Rechtsprechung der Verfassungsgerichte der Mitgliedsstaaten orientiert ergibt sich ein reger Grundrechtsdialog. Vgl. auch Koenig/Pechstein, a.a.O., S. 56 ff. (58, 65), die sich auf EuGHE vom 14.05.1974 (Rs. 4/73) - Nold vs. Kommission, Slg. 1974, 491 und EuGHE vom 13.12.1979 (Rs. 44/79) - Hauer vs. Land Rheinland-Pfalz, Slg. 1979, 3727 beziehen; siehe auch Streinz, in: Sachs, Art. 23, Rn. 43; Scholz, in: M/D/H/S, Art. 23, Rn. 24, 61; Kokott, AöR, 121 (1996), S. 602 f..

2061 BVerfGE 73, 339 (340 - Leitsatz 2). Vgl. auch Hesse, Grundzüge des VerfR, Rn. 108; v. Simson/Schwarze, a.a.O., Rn. 65 ff. (67 ff.); Scholz, in: M/D/H/S, Art, 23, Rn. 22.

2062 BVerfG-NJW 1993, 3047 ff. (3049). Grundlegend hierzu Tietje, JuS 1994, S. 197 ff.; Hirsch, a.a.O., S. 2459; Scholz, in: M/D/H/S, Art. 23, Rn. 23 ff..

2063 BVerfG-NJW 1993, S. 3050. Siehe auch die Darstellung bei Scholz, in: M/D/H/S, Art. 23, Rn. 24 f..

deshalb auf eine generelle Gewährleistung der unabdingbaren Grundrechtsstandards beschränken kann".[2064] Es führt, nachdem es im Gegensatz und unter Abkehr zur sog. Eurocontrol - Entscheidung[2065] auch Rechtsakte der Gemeinschaft als potentiell grundrechtsgefährdend bezeichnet[2066] hat, weiter aus: „Das Bundesverfassungsgericht gewährleistet durch seine Zuständigkeit, daß ein wirksamer Schutz der Grundrechte für die Einwohner Deutschlands auch gegenüber der Hoheitsgewalt der Gemeinschaften generell sichergestellt und dieser den vom Grundgesetz als unabdingbar gebotenen Grundrechtsschutz im wesentlichen gleich zu achten ist, zumal den Wesensgehalt der Grundrechte generell verbürgt".[2067] In der Literatur besteht über die Bedeutung dieser vom Gericht getroffenen ‚Maastrichtklausel' weitgehende Uneinigkeit. Zum Teil wird das Maastrichturteil als eine Fortschreibung und Verfeinerung der ‚Solange II-Rechtsprechung' verstanden[2068], zum Teil als ein Rückschritt in Richtung der ‚Solange I-Rechtsprechung' angesehen, weswegen in diesem Zusammenhang die Maastrichtentscheidung bisweilen auch als ‚Solange III-Entscheidung' tituliert wird.[2069]

Im betrachteten Kontext geht es um die Frage, ob und ggfls. inwieweit sich EU-Bürger in Deutschland bei einem sie treffenden Eingriffsakt deutscher Behörden, auf den Schutz des Art. 12, Abs. I GG berufen können. Bei genauerer Betrachtung der genannten Rechtsprechung zeigt sich indes, daß die genannten Entscheidungen des Bundesverfassungsgerichts und die hierin enthaltenen Aspekte für die vorliegend interessierende Frage nicht herangezogen werden können. Gegenstand der genannten ‚Solange- und Maastricht- Rechtsprechung' des Bundesverfassungsgerichts war die Frage nach einem effektiven Grundrechtsschutz deutscher Bürger vor sie treffenden Maßnahmen der Gemeinschaft gewesen, wobei das Bundesverfassungsgericht seiner Überzeugung und Sorge Ausdruck verliehen hat, daß die deutschen Grundrechtsstandards aufgeweicht werden könnten und dadurch Defizite im Grundrechtsschutz zu Lasten deutscher Staatsbürger eintreten würden, überließe man (allein) dem EuGH die Überprüfung von Gemeinschaftsakten anhand der Grundrechte.[2070] Erwiesen sich nach Ansicht des Bundesverfassungerichts europäische Grundrechtsstandards, wie sie vom EuGH bei der Überprüfung von Gemeinschaftsrechtsakten anhand der einheitlichen europäischen Verfassungstraditionen überprüft wurden[2071], oftmals als nicht ausreichend und defizitär im Verhältnis zu deutschen Grundrechtsstandards,[2072] erweist sich im hier interessierenden Kon-

2064 BVerfG-NJW 1993, S. 3050, unter Hinweis auf die ‚Solange II - Entscheidung' -BVerfGE 73, 339 (387). Scholz, in: M/D/H/S, Art. 23, Rn. 24 f..

2065 BVerfGE 58, 1 (28).

2066 BVerfG-NJW 1993, 3047 ff. (3049).

2067 BVerfG, a.a.O..

2068 Vgl. Scholz, a.a.O., Rn. 23 ff..

2069 Tietje, JuS 1994, S. 199 ff..

2070 Hirsch spricht in diesem Zusammenhang mit einer ‚eurokritischen Grundhaltung' des Bundesverfassungsgerichts - vgl. Hirsch, NJW 1996, S. 2459.

2071 Sachs/Streinz, Art. 23, Rn. 43; Hirsch, NJW 1996, S. 2464; Pernice, NJW 1990, S. 2413.

2072 Sachs/Streinz, Art. 23, Rn. 41 ff. (43); Hirsch, NJW 1996, S. 2464; Scholz, NJW 1990, S. 944, 945. Vgl. auch Pernice, NJW 1990, S. 2413, der auf S. 2414, 2415 hierzu ausführt, daß aufgrund der unterschiedlichen Grundrechtsstandards und unterschiedlichen Verfassungstraditionen seitens des EuGH weder auf den Minimal-, noch auf den Maximalstandard rekurriert würde, sondern eine Art ‚Mittelwert' gemeinsamer Vorstellungen gebildet würde, wobei sich die Grenzen der Grundrechtsgewährung maßgeblich durch Wesensgehalt und Verhältnismäßigkeitsgrundsatz bestimmten. Im Konfliktfall zwischen EG - konformen und innerstaatlich grundrechtswidrigem Akt würde sich aufgrund des Vorrangs des Gemeinschaftsrechts dieses letztendlich durchsetzen. Selbst das Bundesverfassungsgericht hat in der ‚Solange - Rechtsprechung' keinen identischen, sondern nur einen im wesentlichen gleichen Grundrechtsschutz reklamiert - vgl. auch Scholz, in: M/D/H/S, Art. 23, Rn. 61; Koenig/Pechstein, a.a.O., S. 68 unter Bezugnahme auf EuGHE vom 21.09.1989 (Rs. 46/87 und 227/88) - Hoechst AG vs. Kommission, Slg. 1989, 2859.

text nunmehr der deutsche Grundrechtsstandard als unzureichend und zu eng. Denn bei der Frage danach, ob sich auch EU-Bürger auf den Schutzbereich des Art. 12, Abs. I GG berufen können, geht es nicht um eine Einengung sondern im Gegenteil um eine Erweiterung des deutschen Grundrechtsschutzes zugunsten dieser Personen. In bezug auf die genannte Rechtsprechung handelt es sich bei der gestellten Frage somit um einen Fall einer genau entgegengesetzten und insofern atypischen Eingriffskonstellation, da von der deutschen Staatsgewalt ausgehende Eingriffe im Lichte der deutschen und europäischen Grundrechtsstandards zu überprüfen sind.[2073] Die Beschränkung des grundrechtlichen Schutzes der Berufsfreiheit auf deutsche Staatsbürger stellt eine Diskrepanz zum Grundrechtsschutz der Gemeinschaft dar, wie er von dieser intendiert ist. Diese Diskrepanz zeigt sich darin, daß die berufliche bzw. gewerbliche Betätigung von EU-Bürgern auch in Deutschland stets als Ausübung der ihnen zustehenden gemeinschaftlichen Grundfreiheiten anzusehen ist und jede In- und Ausländerdifferenzierung ebenfalls stets in Verbindung mit dem Diskriminierungsverbot des Art. 6 EGV zu betrachten ist. Es gilt der oben genannte spezifische Zusammenhang zwischen Realisierung von Grundfreiheiten einerseits und Diskriminierungsverbot andererseits. Das Diskriminierungsverbot wird im übrigen auch bereits durch die beabsichtigte Schaffung einer einheitlichen Unionsbürgerschaft der Art. 8 ff. EGV (Art. 17 Amsterdamer Vertrag) unterstrichen, die ebenfalls impliziert, daß Unionsbürger untereinander nicht unterschiedlich behandelt werden dürfen. Die gemeinschaftlichen Vorgaben der Realisierung der Grundfreiheiten sowie des Diskriminierungsverbotes müssen daher im Rahmen einer europarechtskonformen Auslegung (des Bundesverfassungsgerichts) in die Interpretation des Schutzbereichs der Berufsfreiheit des Art. 12, Abs. I GG einfließen. Auf diese Weise wird die zu enge Fassung des Grundrechtsschutzes der Berufsfreiheit in Deutschland erweitert und die genannte Diskrepanz überwunden. Zwischen Deutschen und EU-Bürgern lassen sich überdies auch keine hinreichenden Differenzierungsgründe im Sinne *Breuer's* finden,[2074] die eine unterschiedliche Behandlung von EU-Bürgern und Deutschen rechtfertigen könnten, ohne die EU-Bürger entweder einer unzulässigen Diskriminierung oder einer unzulässigen Beeinträchtigung der Grundfreiheiten auszusetzen. Als Folge dieser europarechtskonformen Auslegung ist meines Erachtens Art. 12, Abs. I GG daher so zu lesen, daß „alle Deutschen und EU-Bürger" unter den Schutzbereich der Berufsfreiheit fallen.[2075] Für EU-Bürger gelten mithin in gleichem Maße wie für Deutsche auch die abgestuften Regelungen und Eingriffsmöglichkeiten, die das Bundesverfassungsgericht in der drei-Stufentheorie entwickelt hat.[2076] Es soll daher als Ergebnis festgehalten werden, daß sich EU-Bürger in gleichem Maße wie deutsche Staatsangehörige auf den Schutz von Art. 12, Abs. I GG berufen können. Werden EU-Bürger als ausländische (Firmen-) Kunden einer Bank daher von Ermittlungsmaßnahmen deutscher Behörden betroffen und dadurch in ihrem Bankgeheimnis verletzt, gelten für sie die gleichen

---

2073 Es handelt sich somit um einen atypischen Fall der Bindung der Mitgliedsstaaten an Standards der Gemeinschaftsgrundrechte - vgl. dazu Koenig/Pechstein, a.a.O., S. 75 f. unter Bezugnahme auf EuGHE vom 13.07. 1989 (Rs. 5/88) - Wachauf vs. Bundesamt für Ernährung und Forstwirtschaft, Slg. 1989, 2609.

2074 Siehe oben die Bezugnahmen auf Breuer auf S. 322.

2075 *Anderer Ansicht* Scholz, in: M/D/H/S, Art. 12, Rn. 97.

2076 Es gelten z.B. im Rahmen subjektiver Zulassungsbeschränkungen, die auf Kenntnisse und Fähigkeiten des Individuums abstellen, die gleichen Anforderungen, wie an Deutsche auch. EU - Bürger müssen ggfls. auch sprachlich in der Lage sein, den begehrten Beruf ausüben zu können. Hinsichtlich ihrer beruflichen Fähigkeiten wird dieser Ansatzpunkt meines Erachtens auch dadurch unterstützt, daß innergemeinschaftlich Richtlinien für die gegenseitige Anerkennung von Zeugnissen und Diplomen etc. zu erlassen sind - vgl. Art. 57 EGV (Art. 47Amsterdamer Vertrag). Vgl. hierzu Koenig/Pechstein, a.a.O., S. 283, die auf die Entscheidung des EuGH vom 30.11.1995 (Rs. C-55/94) - Gebhard vs. Consiglio dell' ordine degli avvocati e procuratori di Milano, Slg. 1995, I-4165 Bezug nehmen.

Aspekte und Abwägungskriterien, wie bei deutschen Firmenkunden auch[2077]. Auf die dort gemachten Ausführungen wird daher verwiesen.

2.) Der Schutz des Bankgeheimnisses des gemeinschaftlich, korporativ auftretenden ausländischen Firmenkunden einer Bank

Aufgrund des eindeutigen Wortlaut des Art. 19, Abs. III GG sind die Grundrechte nach Ansicht der herrschenden Meinung auf ausländische juristische Personen schlichtweg unanwendbar, so daß sich die Frage einer wesensmäßigen Einschlägigkeit der Grundrechte von vornherein zu erübrigen scheint.[2078] Befürworter dieser Ansicht plädieren dafür, den Wortlaut des Art. 19, Abs. III GG zu verändern, indem das Wort „auch" durch das Wort „nur" ersetzt wird.[2079] Wegen des Wortlauts von Art. 19, Abs. III GG erscheint der Umstand, daß über die Frage der Anwendbarkeit der Grundrechte auch auf juristische Personen ausländischen Rechts dennoch Uneinigkeit herrscht,[2080] daher überraschend. Teilweise wird nämlich die Anwendbarkeit der Grundrechte für den Fall befürwortet, daß die Gesellschafter der juristischen Person Deutsche sind[2081]; zum Teil wird die Anwendbarkeit der Grundrechte auf ausländische juristische Personen für den Fall bejaht, daß diese im Inland anerkannt worden sind.[2082] Darüberhinaus bestehen in bezug auf diese Ansichten[2083] weitere Nuancen, die hier nicht dargestellt werden können. Weitgehende Einigkeit besteht hingegen in der Auffassung, daß die Prozeßgrundsätze sowie die essentiellen Gehalte des Rechtsstaatsgebots auch von ausländischen juristischen Personen beansprucht werden können[2084]. Aufgrund der zuvor zugunsten von EU-Bürgern getroffenen Feststellungen läßt sich ferner bereits erahnen, daß auch in bezug auf ausländische juristische Personen, die ihrem Sitz innerhalb der EU haben, eine europarechtskonforme Auslegung von Art. 19, Abs. III GG zu einer Anwendbarkeit der

---

2077 Vorbehaltlich einer anderen Beurteilung durch steuerliche Besonderheiten, die sich aus Fragen von Doppelbesteuerungsabkommen ergeben.

2078 Vgl.BVerfGE 21, 207 (208 f.); BVerfGE 23, 229 (236); Hendrichs, in: v.M., Art. 19, Rn. 33; Krüger, in: Sachs, Art. 19, Rn. 49; Dürig, in: M/D/H/S, Art. 19, Rn. 30; Rüfner, AöR, 89 (1964), S. 277; Ladeur, in: Alternativkommentar, Art. 19, Rn. 37; Model/Müller, Grundgesetz, Art.19, , Rn. 12; Bleckmann, Staatsrecht II, § 9, S. 143. Stern, a.a.O., Bd. III/1, § 71, S. 1109, 1142 f.; Meessen, JZ 1970, S. 603, 605.

2079 Vgl. die Darstellung bei Bleckmann, a.a.O., S. 146; Bethge, a.a.O., S. 83; Meessen, a.a.O., S. 602.

2080 Vgl. z.B. die Darstellung bei Bleckmann, a.a.O., S. 143 ff.; Stern, a.a.O., S. 1137 ff.; Ritter, NJW 1964, S. 279 f.; Meessen, a.a.O., S. 604 f..

2081 Sog. Kontroll-/Einflußtheorie, die beispielsweise -mit hier nicht weiter interessierenden Nuancen hinsichtlich der Art des jeweiligen Grundrechts und der konkret vorhandenen Beteiligungsquote deutscher Gesellschafter- von Quaritsch vertreten wird - vgl. Quaritsch, a.a.O., Rn. 55 ff., 60 ff., 71; Ritter, a.a.O., S. 281. Bei der Kontroll-/Einflußtheorie offenbart sich die dogmatische Nähe zum oben vorgestellten Durchgriffsgedanken des Bundesverfassungsgerichts. Bleckmann, a.a.O., S. 144, 147 schlägt vor, die Sitztheorie mit der Kontroll-/Einflußtheorie zu verbinden, da es ein merkwürdiges Ergebis sei, einer juristischen Person mit Sitz im Inland, die jedoch nur ausländische Gesellschafter aufweist, Grundrechtsschutz zu gewähren. In diesem Sinne auch Ritter, a.a.O., S. 280 f.. *Anderer Ansicht* und die Kontroll-/Einflußtheorie ablehnend z.B. Ladeur, a.a.O., Rn. 37; Model /Müller, a.a.O.; Stern, a.a.O., S. 1142 f..

2082 Hendrichs, a.a.O., Rn. 33. *Anderer Ansicht* Krüger, in: Sachs, Art. 19, Rn. 49; Dürig, in: M/D/H/S, Art. 19, Rn. 31; Bleckmann, a.a.O., S. 144; Meessen, JZ 1970, S. 604.

2083 Wie z.B. die Ansicht von Ritter, NJW 1964, S. 282, der sich für einen Grundrechtsschutz ausländischer juristischer Personen im Bereich der ‚Jedermann'- Grundrechte ausspricht und Art. 19, Abs. III GG insoweit analog anwenden will. Ähnlich auch die Aussage von Krüger, in: Sachs, Art. 19, Rn. 51.

2084 Stern, a.a.O., S. 1147; Pieroth/Schlink, a.a.O., Rn. 149; Hendrichs, in: Sachs, Art. 19, Rn. 33; Krüger, in: Sachs, a.a.O; Dürig, a.a.O., Rn. 30; Bethge, a.a.O., S. 85; Bleckmann, a.a.O., S. 146; Ladeur, a.a.O.; Meessen, a.a.O., S. 603, 605; Quaritsch, a.a.O., Rn. 42 f..

Grundrechte führt, sofern diese ihrem Wesen nach auf juristische Personen anwendbar sind. Auch hier kommt es somit zu einer dichotomen Betrachtung von juristischen Personen des EU-Auslandes und juristischen Personen des sonstigen Auslandes.[2085]

a.) Juristische Personen des sonstigen Auslandes (ohne EU)

Der Begriff der ausländischen juristischen Person umfaßt, wie bei inländischen juristischen Personen auch, nicht nur rechtsfähige, sondern auch lediglich teil- oder nicht - rechtsfähige Organisationseinheiten. Diesbezüglich bestehen keine Unterschiede zu inländischen Organisationseinheiten. Unter Bezugnahme auf die sog. ‚Sitztheorie' wurde oben bereits ausgeführt, daß sich die Frage nach der In- oder Ausländereigenschaft einer juristischen Person nach dem Ort ihres Sitzes entscheidet, wobei den getroffenen Aussagen gemäß eine juristische Person dann als inländisch gilt, wenn sich ihr Sitz im Inland befindet. Als Sitz wurde oben der Ort bezeichnet, an dem die Organe der juristischen Person handeln, an dem sich somit der tatsächliche und nicht bloß der statuarische Verwaltungsmittelpunkt befindet.[2086] Desweiteren wurde oben bereits auf die Tautologie hingewiesen, die der getroffenen Erklärung immanent ist, wonach eine juristische Person als *inländisch* gilt, sofern sich ihr Sitz im *Inland* befindet. Von maßgeblicher Bedeutung für die Auflösung der Tautologie und für die Abgrenzung in- und ausländischer Personen nach ihrem Sitz ist somit der zugrundeliegende Inlandsbegriff. Da juristische Personen keine Staatsangehörigkeit kennen, weil diese lediglich natürlichen Personen zukommt, erweist sich der Inlandsbegriff für die Abgrenzung in- und ausländischer juristischer Personen voneinander als entsprechendes Pendant.[2087] Der Inlandsbegriff bezeichnet nach weitverbreiteter, wenngleich heute als anachronistisch zu bezeichnender Meinung gemäß Art. 116, Abs. I GG das deutsche Territorium in den Grenzen des 31.12. 1937.[2088] [2089] Ein so verstandener Inlandsbegriff führt jedoch zu nicht akzeptablen, ja seltsam anmutenden Ergebnissen, wenn man bedenkt, daß dann eine Organisationseinheit polnischen Rechts mit Sitz beispielsweise in Breslau oder eine russische Organisationseinheit mit Sitz in Königsberg als inländische juristische Personen zu betrachten wären, die prinzipiell Grund-

---

2085 Unberücksichtigt bleiben der gestellten Aufgabe gemäß auch völkerrechtliche Verträge, die einfach-gesetzlich eine weitgehende Gleichstellung in- und ausländischer Organisationseinheiten gebieten, wie z.B. der Deutsch-Amerikanische Freundschafts-, Handels- und Schiffahrtsvertrag vom 29.10.1954 etc. - vgl. hierzu z.B. Stern, a.a.O., S. 1146; Papier, in: M/D/H/S, Art. 14, Rn. 215. Diese völkerrechtlichen Verträge sind das Ergebnis bi-/multilateraler Verhandlungen unter Ausnutzung des bereits oben erwähnten fremdenrechtlichen Aktionsspielraums - siehe S. 366 (dort Fn. 2001).

2086 Siehe oben S. 343 (vgl. auch Fn. 1849).

2087 Rüfner, AöR, 89 (1964), S. 275; Stern, a.a.O., S. 1137 f.. In diesem Sinne auch Dürig, in: M/D/H/S, Art. 19, Rn. 31.

2088 Rüfner, a.a.O., S. 275 f.; Stern, a.a.O., S. 1144; Ritter, a.a.O., S. 280; v. Mutius, Jura 1983, S. 32, 36. Dürig, a.a.O., wobei die entsprechende Kommentierung Dürig's allerdings aus dem Jahr 1977 resultiert. Da Dürig insbesondere die Deutschen in der damals noch existierenden DDR einbeziehen will, ist insofern fraglich, ob Dürig seine Position nach dem Beitritt der DDR zur Bundesrepublik gemäß Art. 23 GG a.F. und den Grenzverträgen mit Polen heute noch aufrechterhalten würde. Zu den unterschiedlichen Auffassungen in bezug auf eine Einbeziehung von juristischen Personen mit Sitz in der DDR siehe Bleckmann, a.a.O., S. 145.

2089 Diese Ansicht hat ihren Ursprung in der sog. Identitätsthese, die zur Rechtslage Deutschland nach dem 2. Weltkrieg entwickelt wurde und die auch vom Bundesverfassungsgericht vertreten wurde. Nach dieser Identitätsthese war die vor der Wiedervereinigung bestehende Bundesrepublik Deutschland ein teilidentischer (im Sinne von Subjektsidentität) Bestandteil des alten dt. Reichs von 1871, das durch den 2. Weltkrieg nicht untergegangen sei. Zur Identitätsthese und der bis zur Wiedervereinigung bestehenden Rechtslage Deutschlands im Kontext mit alliierten Vorbehaltsrechten siehe BVerfGE 36, 1 (16 ff.); BVerfGE 77, 155 ff..

rechtsschutz in Anspruch nehmen könnten.[2090] Organisationseinheiten mit einem Sitz in Ländern hingegen, die unserem Wirtschaftsverständnis / Wirtschaftssystem näher stehen, wie zum Beispiel mit Sitz in Nordamerika oder in Staaten der EU, würden als ausländische juristische Personen zu klassifizieren sein, die sich auf einen Grundrechtsschutz nicht berufen könnten.[2091] Diese Organisationseinheiten würden somit im Verhältnis zu den erstgenannten Organisationseinheiten benachteiligt werden, obwohl die Wirtschafts- und Rechtssysteme dieser Sitzländer den entsprechenden Systemen der Bundesrepublik kompatibler gegenüberstehen, als es bei den zuerst genannten Ländern der Fall ist.[2092] Hieraus würden sich zudem Probleme im Gleichbehandlungsgrundsatz ergeben. Alternativ zu der genannten Auffassung wird daher zu Recht die Ansicht vertreten, daß sich der Inlandsbegriff nach dem Geltungsbereich des Grundgesetzes richtet.[2093] Da spätestens[2094] seit der Wiedervereinigung die deutschen Grenzen und somit das deutsche Territorium endgültig völkerrechtlich verbindlich auf die Oder - Neiße - Grenze festgelegt worden sind[2095], fallen lediglich juristische Personen mit Sitz in der ehemaligen Bundesrepublik und im Beitrittsgebiet unter den inländischen Firmenbegriff. Heutzutage besteht also eine Kongruenz zwischen dem Begriff des deutschen Territoriums (Staatsgebietes) und dem Geltungsbereich des Grundgesetzes, die bei der erstgenannten, anachronistischen Auffassung, die auf die Reichsgrenzen des Jahres 1937 abstellt, gerade nicht bestanden hat. Organisationseinheiten in den ehemaligen deutschen Gebieten, die heutzutage zum polnischen oder russischen Staatsgebiet gehören, fallen daher nach dieser Ansicht m.E. zu Recht nicht unter den Begriff inländischer juristischer Personen.[2096] Diese können sich gemäß Art. 19, Abs. III GG nicht auf den Grundrechtsschutz berufen.[2097] Die Vertreter dieser Ansicht begründen ihre Meinung einerseits damit, daß der bereits genannte fremdenrechtliche Aktionsspielraum auch gegenüber den Staaten Polen und Rußland bestehen würde, wie gegenüber jedem anderen ausländischen Staat, der es der Bundesrepublik ermöglicht, für juristische Personen des Inlands in den genannten Ländern Bedingungen auszuhandeln, die auf der gegenseitigen Anerkennung von juristischen Personen der vertragsschließenden Länder und einer gegenseitigen Gleichbehandlung dieser Organisationseinheiten beruhen. Dieser Aktionsspielraum wäre nicht vorhanden, wenn Deutschland einseitig durch die Gewährung von Grundrechten an ausländische juristische Personen in Vorlage treten würde. Dieses wurde bereits ausgeführt.[2098] Andererseits wird zutreffend darauf abgestellt, daß juristische Personen, die ihren Sitz nicht im Inland haben, folglich nicht oder jedenfalls nur sehr

---

2090 Vgl. Quaritsch, in: Hdb. des StaatsR, § 120, Rn. 49.

2091 Vgl. Stern, a.a.O., S. 1139; Quaritsch, a.a.O..

2092 Vgl. Ritter, NJW 1964, S. 281.

2093 Krüger, in: Sachs, Art. 19, Rn. 50.

2094 Hier kann man durchaus die Meinung vertreten, daß aufgrund des Warschauer Vertrages vom 7.12.1970 (zwischen der alten Bundesrepublik und Polen) und des Görlitzer Vertrages von 1950 (zwischen DDR und Polen) die Oder - Neiße Grenze bereits als verbindliche Staatsgrenze zwischen BRD / DDR auf der einen Seite und Polen auf der anderen Seite festgelegt worden war. Zwar stand der Warschauer Vertrag aufgrund der „Unberührtheitsklausel" des Art. IV unter dem Vorbehalt allierter Zustimmung, gleichwohl hatten sich BRD und DDR gegenüber Polen völkerrechtlich verbindlich auf die Oder - Neiße - Grenze verständigt. Da lediglich die allierte Zustimmung fehlte, waren die von deutscher Seite abgegebenen Erklärungen zwar insoweit antizipiert abgegeben worden, konnten indes von deutscher Seite nicht mehr rückgängig gemacht werden, ohne gegen das im Völkerrecht verankerte ‚Estoppel-Prinzip' zu verstoßen, das als anglo - amerikanischer Völkerrechtsbegriff den Gedanken des venire contra factum proprium zum Ausdruck bringt.

2095 So zu Recht Quaritsch, a.a.O., Rn. 49, der auf Art. 1 des Moskauer Vertrages der Bundesrepublik Deutschland und der DDR mit den ehemaligen vier Besatzungsmächten vom 14.09.1990 (BGBl. II S. 1317) hinweist.

2096 In diesem Sinn Krüger, a.a.O..

2097 Meessen, JZ 1970, S. 603.

2098 Siehe oben S. 366.

unzureichend durch die deutsche Staatsgewalt kontrolliert werden könnten.[2099] Ausländische juristische Personen könnten sich auf den Schutz der Grundrechte grundsätzlich berufen, ohne in gleicher Weise (zumindest faktisch) der deutschen Staatsgewalt zu unterliegen, wie es bei inländischen Organisationseinheiten der Fall wäre.[2100] Hierin würde meines Erachtens bereits die latente Gefahr einer gleichheitswidrigen Inländerdiskriminierung begründet liegen.[2101] Der fehlende Grundrechtsschutz ist daher die Folge des geringeren Maßes an staatlichen Einwirkungsmöglichkeiten auf ausländische Organisationseinheiten.[2102] Zutreffend führt *Meessen* aus, daß es für eine ausländische Organisationseinheit im Gegensatz zu einer deutschen juristischen Person keine Existenzfrage darstellt, ob ihr Grundrechte gewährt werden oder nicht, zumal im allgemeinen die Möglichkeit bestehen würde, durch die Gründung einer inländischen Tochtergesellschaft das Manko fehlenden Grundrechtsschutzes zu beseitigen.[2103] Allein dieser Gesichtspunkt spricht dafür, den Grundrechtsschutz nicht auf Organisationseinheiten auszudehnen, die ihren Sitz im Ausland haben. Die Anwendbarkeit von Grundrechten auf ausländische Organisationseinheiten kann auch nicht mit der zuvor[2104] genannten Kontroll-/Einflußtheorie herbeigeführt werden, wonach auf die Gesellschafterstruktur abgestellt wird und somit bei einer (überwiegenden?) Gesellschafterstellung deutscher Staatsbürger Grundrechte Anwendung finden sollen. Auf die Grundrechtsfähigkeit der hinter der Organisationseinheit stehenden natürlichen Personen kommt es gar nicht an. Daß diese gegeben ist, zumal wenn es sich bei den Gesellschaftern um deutsche Staatsbürger handelt, ist unbestritten und wurde bereits ausgeführt. Vielmehr geht es um die Frage, ob die Organisationseinheit selbst Grundrechtsfähigkeit besitzt oder nicht.[2105] Auch erscheint die Anknüpfung auf die hinter der Organistionseinheit stehenden Gesellschafter für die Frage nach der Grundrechtsfähigkeit als ein recht unsicheres Kriterium, da der Mitgliederbestand permanent wechseln und somit der Anteil deutscher Gesellschafter stetigen Veränderungen unterliegen kann.[2106] Hier kann jedoch die Grundrechtsfähigkeit der ausländischen Person nicht stetig neu beurteilt werden, zumal völlig ungeklärt ist, ab welchem prozentualen Anteil deutscher Gesellschafter eine Grundrechtsfähigkeit der Organisationseinheit eintreten soll und ob dieses Erfordernis auch durch sog. ‚Schachtelgesellschaften' oder mehrstöckige Gesellschaftskonstruktionen hindurch bestehen soll. Auch die desweiteren vertretene Ansicht einer inländischen Anerkennung ausländischer Organisationseinheiten zur Begründung von Grundrechtsfähigkeit vermag nicht zu überzeugen.[2107] Letztendlich sind alle auf dem Staatsgebiet der Bundesrepublik agierenden ausländischen juristischen Personen direkt oder indirekt seitens des Staates geduldet und somit auch anerkannt. Zu Recht wird aufgrund der Weite des Anerkennungserfordernisses ausgeführt, daß damit die in Art. 19, Abs. III GG normierte Dif-

---

2099 Siehe oben S. 366 f.; Meessen, JZ 1970, S. 603; Stern, a.a.O., S. 1141 f.; Bethge, AöR, 104 (1979), S. 84.

2100 Stern, a.a.O., S. 1142.

2101 Eine Inländerdiskriminierung liegt z.B. im EU-Gemeinschaftsrecht vor, wenn Inländern aufgrund der Pflicht zur Beachtung innerstaatlicher Vorschriften, die keine grenzüberschreitende Wirkung haben, (wirtschaftliche) Nachteile im Vergleich zu Ausländern entstehen, die sich auf die gemeinschaftsrechtliche Begünstigungen berufen können - vgl. Koenig/Pechstein, a.a.O., S. 237 unter Bezugnahme auf die Entscheidung des EuGH vom 14.7.1988 (Rs. 407/85) - 3 Glocken vs. USL, Slg. 1988, 4233; Weis, Inländerdiskriminierung zwischen Gemeinschaftsrecht und nationalem Verfassungsrecht, NJW 1983, S. 2721 ff.. Der Inländerdiskriminierung steht das Gemeinschaftsrecht nicht entgegen - Koenig/Pechstein, a.a.O., S. 237, 247; EuGH, a.a.O.; EuGH vom 28.01.1992 (Rs. C-322/90) - Steen I, Slg. 1992, I-341.

2102 Bethge, a.a.O., S. 84.

2103 Meessen, a.a.O..

2104 Siehe oben S. 375, Fn.2082.

2105 Ritter, NJW 1964, S. 280, 282.

2106 Model/Müller, a.a.O., Rn. 12.

2107 Literaturhinweis siehe S. 375.

ferenzierung praktisch umgangen würde.[2108] Die Frage der Existenz einer ausländischen Organisationseinheit bestimmt sich überdies einzig und allein nach ausländischem Recht, ohne daß es auf eine Anerkennung seitens deutscher Seite in irgend einer Weise ankäme.[2109] Es kann daher festgehalten werden, daß sich ausländische juristische Personen nicht auf den Schutz deutscher Grundrechte berufen können. Die berufliche / gewerbliche Betätigung dieser juristischen Personen ist somit lediglich einfach - gesetzlich geregelt. Ausländische Organisationseinheiten können sich jedoch auf die Prozeßgrundrechte berufen, sowie auf die essentiellen Bestandteile des Rechtsstaatsgebotes (wie z.B. den Verhältnismäßigkeitsgrundsatz oder das Willkürverbot), das deutsche Behörden bindet.[2110] Das Bankgeheimnis ausländischer juristischer Personen ist somit nicht grundrechtlich geschützt.

b.) Juristische Personen des EU-Auslandes

Anders beurteilt sich die Lage bei ausländischen juristischen Personen, die ihren Sitz im EU-Ausland haben. Auch juristische Personen des EU-Auslandes üben durch ihre gewerbliche Tätigkeit in der Bundesrepulik die gemeinschaftlichen Grundfreiheiten aus, die zuvor bereits genannt worden sind.[2111] Auch ihnen gegenüber gilt das Diskriminierungsverbot, wie ein Blick auf Art. 58 EGV[2112] zeigt. In Art. 58, Abs. II EGV werden die zum Diskriminierungsverbot von EU-Bürgern gemäß Art. 6 EGV bereits geschilderten Gesichtspunkte auf juristische Personen des Privat-, wie auch des öffentlichen Rechts erstreckt.[2113] Auch bei juristischen Personen des EU-Auslands besteht der zuvor bei den EU-Bürgern geschilderte Zusammenhang zwischen Realisierung der Grundfreiheiten und Diskriminierungsverbot, der zu einer europarechtskonformen Auslegung von Art. 12, Abs. I GG geführt hatte. Auch in bezug auf Art. 19, III GG gilt insoweit nichts anderes.[2114] Art. 19, III GG ist daher dahingehend auszulegen, daß der Wortlaut nicht nur inländische juristische Personen erfaßt, sondern auch solche mit Sitz in der Europäischen Union. Die im Zusammenhang mit den Organisationseinheiten des sonstigen Auslandes als Differenzierungskriterium geltend gemachten Gesichtspunkte einer mangelnden staatlichen Kontrolle und Eingriffsunterworfenheit besteht bei juristischen Personen des EU-Auslandes nicht, da in den Unionsverträgen ein wahres Netzwerk von europaeinheitlichen Reglementierungs-, Kontroll- und Eingriffsmöglichkeiten zur Realisierung der Grundfreiheiten geschaffen wurde. Aufgrund der EU - weiten Gültigkeit dieser Regelungen in Zusammenhang mit dem Diskriminierungsverbot entfällt auch der Differenzierungsaspekt des fremdenrechtlichen Aktionsspielraums, da innerhalb der EU die Gegenseitigkeit der getroffenen Regelungen zum Wesensmerkmal der Unionsverträge zählt. Juristische Personen des EU-Auslandes können sich daher in europarechtskonformer Auslegung des Art. 19, Abs. III GG in gleichem Maße auf den Grundrechtsschutz berufen, wie inländische Organisationseinheiten auch. Grundrechte, die ihrem Wesen gemäß auf inländische juristische Personen anwendbar sind, sind es auch in bezug auf Organisationseinheiten des EU-Auslandes. Auf juristische Personen des EU-Auslandes sind daher Art. 12, Abs. I GG

2108 Stern, a.a.O., S. 1142 f.. *Anderer Ansicht* Hendrichs, in: V.M., Grundgesetz-Kommentar, Art. 19, Rn. 33.

2109 Stern, a.a.O.; Dürig, a.a.O., Rn. 31.

2110 So eindringlich Dürig, a.a.O..

2111 Niederlassungsfreiheit, freier Waren-, Kapital- und Dienstleistungsverkehr (Art. 48 ff., 52 ff., 59 ff. EGV) - siehe oben Seite 371.

2112 Heute Art. 48 des Amsterdamer Vertrags.

2113 Zuleeg, in: Groeben/Thiesing/Ehlermann, Kommentar zum EU-/EG-Vertrag, Art. 6, Rn. 3; Dreier, Grundgesetz-Kommentar, Art. 19 III, Rn. 14.

2114 Dreier, a.a.O..

und Art. 14, Abs. I, S. 1 GG anwendbar.[2115] Organisationseinheiten des EU-Auslandes können sich folglich auf den Schutz ihres Bankgeheimnisses in gleichem Umfang berufen, wie deutsche korporativ auftretende Firmenkunden einer Bank. Auf die in diesem Zusammenhang getroffenen Aussagen wird daher verwiesen.

Zusammenfassung:
Zusammenfassend soll festgehalten werden, daß das Bankgeheimnis einzeln auftretender Firmenkunden durch Art. 12, Abs. I und Art. 14, Abs. I, S. 1GG kumulativ geschützt ist, da das Bankgeheimnis untrennbar mit der beruflichen/gewerblichen Tätigkeit des Firmenkunden verwoben ist und es im Rahmen von Art. 14 GG dem Betriebs- und Geschäftsgeheimnis des eingerichteten und ausgeübten Gewerbebetriebes dieser Kunden unterfällt. Das Betriebs- und Geschäftsgeheimnis kann auch als das Recht zur informationellen Selbstbestimmung des Unternehmers bezeichnet werden. Die Weite des Schutzbereiches der Berufsfreiheit bedingt dabei einen weiten Eingriffsbegriff, bei dem lediglich die faktische Betroffenheit durch eine staatliche Maßnahme ausreichend ist. Eingriffe in das Bankgeheimnis des Firmenkunden berühren diesen in seiner Berufsausübungsfreiheit. Art. 12 und 14 GG weisen bei ihrer kumulativen Anwendbarkeit gleichstarke Eingriffsschranken auf. Eingriffe in den durch Art. 12, Abs. I und 14, Abs. I, S. 1 GG beschriebenen Schutzbereich müssen verhältnismäßig und lediglich einfach proportional sein. Aufgrund seiner extrovertierten Tätigkeit, seiner Marktteilnahme und der damit einhergehenden höheren Transparenz für staatliche Ermittlungsbehörden als bei Privatkunden erweisen sich die staatlichen Durchbrechungsnormen in das Bankgeheimnis des Firmenkunden als verhältnismäßig. Obwohl keine Amtshilfefestigkeit in bezug auf die erhobenen Daten eines Bankkunden besteht, ist auch bei Firmenkunden der Abstraktionsgrundsatz zu beachten; Umgehungs-/Ausforschungsermittlungen sind wie bei Privatkunden auch, unzulässig.
Korporativ auftretende Firmenkunden können sich gemäß Art. 19, Abs. III GG ebenfalls auf den Schutzbereich der Art. 12, Abs. I und 14, Abs. I, S. 1 GG berufen, da sie sich in einer grundrechtsgleichen Gefährdungslage befinden, wie einzeln auftretende Firmenkunden auch. Es ergeben sich insofern keine Unterschiede zwischen einzeln und korporativ auftretenden Firmenkunden.
Auch öffentlich - rechtliche Firmenkunden können sich auf Grundrechte berufen. Im Bereich der Durchführung staatlicher Leistungsverwaltung und Daseinsvorsorge besteht für den Staat ein Handlungsformenwahlrecht. Die Ausübung dieses Wahlrechts bestimmt sich dabei nach der Wesentlichkeitstheorie, die danach fragt, ob die Durchführung der Leistungsverwaltung/ Daseinsvorsorge wesentlich für die Realisierung bürgerlicher Grundrechte ist. Vor allem im Rahmen erwerbswirtschaftlicher Betätigung des Staates und im Bereich der Daseinsvorsorge führt die Wahl privatrechtlicher Handlungsformen zur Grundrechtsfähigkeit im Sinne des Art. 19, Abs. III GG. Es gilt die Aussage, daß Privatrechtsfähigkeit die Grundrechtsfähigkeit zur Folge hat. Die staatliche Beteiligung an juristischen Personen des Privatrechts zur Erfüllung kompetenzrechtlich auferlegter Aufgaben führt nicht zum Verlust der (bisher bestehenden) Grundrechtsfähigkeit. Entscheidend für die Grundrechtsfähigkeit öffentlich - rechtlicher Firmenkunden ist das Bestehen einer grundrechtsgleichen Gefährdungslage wie bei Privatkunden auch. Juristische Personen öffentlichen Rechts sind von den geschilderten Durchbrechungsnormen des Bankgeheimnisses in gleicher Weise betroffen, wie Privatkunden, so

[2115] *Anderer Ansicht* allerdings BVerfGE 23, 229 (236) bezüglich einer französischen ‚Association culturelle'. Dieses Urteil stammt allerdings aus dem Jahr 1968, so daß sich m. E. aufgrund des zwischenzeitlich genannten Integrationsprozesses der EG die hierin vom Bundesverfassungsgericht geäußerte Ansicht nicht mehr aufrechterhalten läßt.

daß sie sich auf den Schutzbereich von Art. 14, Abs. I, S. 1 GG berufen können. Unterschiede ergeben sich, abgesehen von der rein erwerbswirtschaftlichen Betätigung des Staates und bei Gesellschaften mit gemischtem (privatem / öffentlich-rechtlichem) Gesellschafterbestand, bei Art. 12, Abs. I GG. Da die Aufgabenwahrnehmung im Bereich der Daseinsvorsorge / Leistungsverwaltung die Wahrnehmung von Kompetenz und kein Beruf / Gewerbe ist, können sich juristische Personen öffentlichen Rechts für den Schutz ihres Bankgeheimnisses nicht auf Art. 12, Abs. I GG berufen. Es verbleibt beim Schutz des Bankgeheimnisses durch Art. 14, Abs. I, S. 1 GG.
Ausländer können sich im Bereich der Jedermann-Grundrechte auf diese berufen, wie Deutsche auch. Insoweit ergeben sich für Ausländer die gleichen Schutzinhalte in bezug auf das Bankgeheimnis. Im Bereich des Deutschengrundrechts der Berufsfreiheit können sich Nicht - EU-Ausländer für den Schutz ihres Bankgeheimnisses lediglich auf den Schutz des Auffanggrundrechtes des Art. 2, Abs. I GG berufen. Für Eingriffe in diesen Bereich gelten die einfach proportionalen Erfordernisse der Schrankentrias. EU-Ausländern steht aufgrund europarechtskonformer Auslegung von Art. 12, Abs. I GG der gleiche Schutz zu, wie Deutschen auch. Bei korporativen Firmenkunden aus Nicht - EU-Staaten unterfällt das Bankgeheimnis keinem Grundrechtsschutz. Bei korporativen Firmenkunden aus dem EU-Ausland unterfällt das Bankgeheimnis aufgrund europarechtskonformer Auslegung der Schutzbereiche dem gleichen Grundrechtsschutz, wie bei deutschen korporativ auftretenden Firmenkunden auch.

B.) Das Rechtsverhältnis zwischen Bank und Staat

Die bisherigen Ausführungen zu den Durchbrechungen des Bankgeheimnisses im Verhältnis Bankkunde - Staat haben gezeigt, daß seitens des Staates vielfach auf den Datenbestand von Banken zugegriffen wird, den diese in bezug auf ihre Kunden ansammeln, um ihre Bankgeschäfte mit den unterschiedlichen Kunden betreiben zu können. Nur im Rahmen und aufgrund ihrer bankgeschäftlichen Betätigung erhalten Banken Daten und Informationen über ihre Kunden. In Erinnerung zu rufen sind daher die oben[2116] gemachten Ausführungen, wonach Banken die erforderlichen Daten und Informationen von ihren Kunden nur deswegen erhalten, damit das vom Kunden angetragene Bankgeschäft durchgeführt werden kann. Es wurde bereits ausgeführt, daß der Bankkunde bei der Offenbarung seiner Daten und Informationen gegenüber seiner Bank davon ausgeht, daß diese über die erlangten Daten und Informationen nach außen hin Stillschweigen bewahrt. Der Kunde offenbart seine Daten somit nicht freiwillig, sondern aus einer von ihm erkannten Notwendigkeit heraus[2117], da ohne entsprechende Daten und Informationen die Bank das angetragene Bankgeschäft nicht durchführen kann und / oder aufgrund gesetzlicher Bestimmungen auch nicht durchführen darf, wenn man zum Beispiel an die bereits vorgestellten Regelungen des Geldwäschegesetzes oder des ebenfalls bereits vorgestellten § 18 Kreditwesengesetz denkt. Die zuvor bei der Betrachtung von Firmenkunden im Verhältnis Staat - Bankkunde getroffenen Aussagen implizieren bereits, daß sich auch im Staat - Bank - Verhältnis Banken wegen der von ihnen erhobenen Daten und Informationen auf einen grundrechtlichen Schutz berufen können, der in Art. 12, Abs. I GG und Art. 14, Abs. I, S. 1 GG i.V.m. Art. 19, Abs. III GG anzusiedeln ist, denn schließlich ist die Einhaltung des Bankgeheimnisses für die Banken eine elementare, existenzielle Bedingung für ein ungestörtes bankgeschäftliches Tätigwerden.[2118] Ähnlich hat sich das Bundesverfassungsgericht in der Spiegelentscheidung für den Bereich der Pressefreiheit geäußert. Dort heißt es: „Da das Vertrauensverhältnis zwischen der Presse und ihren Mitarbeitern und Informanten eine wesentliche Voraussetzung für die Funktionsfähigkeit eines Presseorgans bildet und eine Gefährdung dieses Vertrauensverhältnisses geeignet sein kann, über den vorliegenden Einzelfall hinaus nachteilige Auswirkungen auf andere Presseorgane und damit für die Pressefreiheit überhaupt nach sich zu ziehen, besteht hier zwangsläufig ein Konflikt zwischen dem Interesse an der Strafverfolgung und dem Schutz der Pressefreiheit, der mit Hilfe der... Güterabwägung zu lösen ist".[2119] Da das Bankgeheimnis für die Banken nicht minder bedeutsam ist, wie das genannte Vertrauensverhältnis für den Bereich der Presse, ist davon auszugehen, daß Banken existentiell auf die weitgehende und ungehemmte Offenbarung der persönlichen Daten ihrer Kunden angewiesen sind. Brächten die Kunden den Banken in bezug auf das Bankgeheimnis nicht das geschilderte Vertrauen entgegen und müßten die Kunden somit permanent befürchten, daß die Bank die ihr anvertrauten Informationen offenbart, würden die Bankkunden der Bank fortan die für ihre bankgeschäftliche Tätigkeit erforderlichen Informationen vorenthalten. Ohne diese Daten und Informationen könnten und dürften die Banken hingegen einen Großteil ihrer Geschäfte nicht tätigen. Die Bank - Kunde - Beziehung ist somit auf gegenseitige Kooperation und gegenseitiges Vertrauen angewiesen.[2120] Das Bankgeheimnis kann daher für die Banken als essentialia negotii ihrer geschäft-

---

2116 Siehe oben im 1.Teil, S. 28.

2117 Siehe oben im 1.Teil, S. 28 f..

2118 Vgl. Canaris, Bankvertragsrecht, S. 24 f., Rn. 38; Schraepler, Kreditauskunft -Einschränkung des Bankgeheimnisses, NJW 1972, S. 1836 ff. (1837).

2119 BVerfG-NJW 1966, S. 1603 ff. (1607).

2120 Bruchner, in: BankRHdb., Bd. 1, § 39, Rn. 1.

lichen Tätigkeit bezeichnet werden.[2121] Es kann aus dieser nicht hinweggedacht werden, ohne daß Banken eine erhebliche Reduzierung ihrer Tätigkeit befürchten müßten.
Die Suche nach einem grundrechtlichen Schutz des Bankgeheimnisses für die Banken läßt zunächst nach der Grundrechtsfähigkeit der Banken im Sinne des Art. 19, Abs. III GG fragen. Daß diese Frage nicht von ungefähr kommt zeigt der Umstand, daß Banken heutzutage primär in der Rechtsform von Kapitalgesellschaften betrieben werden.[2122] Eine besondere Problematik wirft in diesem Zusammenhang die Frage nach der Grundrechtsfähigkeit der öffentlichen Sparkassen, Landesbanken und sonstigen öffentlich - rechtlichen Kreditinstitute auf. Diesen Fragenkomplex gilt es nunmehr zu betrachten.

I.) Die Grundrechtsfähigkeit der Banken unter besonderer Beachtung der öffentlich - rechtlichen Kreditinstitute

1.) Banken

Zur Vermeidung von Wiederholungen kann hinsichtlich der Grundrechtsfähigkeit der Banken, sowie der für sie einschlägigen Grundrechte auf die Darstellung des grundrechtlichen Schutzes korporativ, kollektiv auftretender Firmenkunden im Verhältnis Staat - Bankkunde verwiesen und auf die dort getroffenen Aussagen und Ergebnisse zurückgegriffen werden, da die sich hier ergebende Problematik mit der dort geschilderten Problematik der Firmenkunden weitgehend identisch ist.[2123] Wie bei den korporativ, kollektiv auftretenden Firmenkunden einer Bank bestimmt sich nämlich auch die Grundrechtsfähigkeit der Bank selbst nach den Gesichtspunkten des Art. 19, Abs. III GG. Es ergeben sich für die Grundrechtsfähigkeit der juristischen Person „Bank" insoweit keine Veränderungen. Banken sind inländische juristische Personen des Privatrechts[2124], wobei sich auch hier die Inlandseigenschaft nach der vorgestellten Sitztheorie richtet. Auch bei Banken gelten die gemachten Ausführungen zu der ‚Durchgriffstheorie' des Bundesverfassungsgerichts in gleicher Weise.[2125] Ferner kommt es für die Frage nach der Fähigkeit, Träger von Grundrechten zu sein, nicht auf die (Voll-) Rechtsfähigkeit der Organisationseinheit ‚Bank' an, sondern es gilt auch hier, daß lediglich

2121 Achleitner, Das Bankgeheimnis in Österreich, Deutschland und der Schweiz, S. 68 bezeichnet das Bankgeheimnis als conditio sine qua non für den Bankbetrieb.

2122 Primär werden Banken heutzutage in Rechtsform der AG oder der GmbH geführt. Eine bestimmte Rechtsform ist indes nicht vorgeschrieben; lediglich die Rechtsform eines Einzelkaufmanns ist seit der sog. ‚Sofortnovelle' des Jahres 1976 (e rgangen aufgrund des Zusammenbruchs des Bankhauses Herstatt im Jahr 1974) unzulässig, was sich aus § 2a, Abs. I KWG ergibt -vgl. hierzu auch Dt. Bundesbank, in: Bankrechtliche Regelungen 2, April/1998, S. 10; Fischer, in: BankRHdb., Bd. III, § 127, Rn. 2. Voraussetzung für die Erlangung der erforderlichen Erlaubnis zum Betreiben von Bankgeschäften (§§ 32; 54 KWG) ist neben einem ausreichenden Eigenkapital (§§ 10 ff.; 33 KWG, mindestens 5 Mio. ECU - je nach Art des beabsichtigten Geschäftsbetriebs), daß der Bewerber persönlich zuverlässig und als Bankleiter fachlich geeignet ist (§ 33, Abs. I, Nr. 1 und 2 KWG) -vgl. hierzu im Detail Fischer, a.a.O., § 128; Dt. Bundesbank, Merkblatt über die Erteilung einer Erlaubnis zur Erbringung von Finanzdienstleistungen -§ 32, Abs. I KWG vom Februar 1998, veröffentlicht im Internet unter: http://www.bundesbank.de/de/banken/ Formulare.

2123 Siehe oben S. 282 ff..

2124 Öffentlich-rechtliche Kreditinstitute, wie z.B. Landesbanken, Kreditanstalt für Wiederaufbau, Deutsche Ausgleichsbank, Deutsche Genossenschaftsbank, Deutsche Girozentrale - Deutsche Kommunalbank, um nur einige zu nennen, werden zusammen mit den Sparkassen behandelt, da die hierbei auftretenden Probleme identisch sind - vgl. Rümker, in: BankRHdb., Bd. III, § 124, Rn. 6 ff., 88 ff.. Die sog. freien Sparkassen fallen indes unter den Bankenbegriff. Sie sind Banken und haben lediglich mit den o.g. Sparkassen den (irreführenden) Namen gemeinsam -vgl. Rümker, in: BankRHdb., § 124, Rn. 89. Siehe hierzu oben S. 348, Fn. 1893 dieser Arbeit, m.w.N..

2125 Siehe oben S. 344 ff..

teil- oder nicht - rechtsfähige Organisationseinheiten dem Erfordernis des Art. 19, Abs. III GG genügen.[2126]
Grundsätzlich sind Banken als juristische Personen bzw. als Organisationseinheiten daher fähig, Träger von Grundrechten zu sein. Die auch hier gebotene Einzelbetrachtung der Grundrechte entscheidet darüber, ob die einzelnen Grundrechte ihrem Wesen, ihrem Inhalt nach auf die so beschriebenen Banken anwendbar sind oder nicht. [2127] Es gilt die getroffene Aussage, wonach eine juristische Person dann Träger von Grundrechten sein kann, wenn sie sich dem Staat gegenüber in einer grundrechtsgleichen Gefährdungslage wie der Bürger befindet.[2128] Die Testfrage *Dürig's*, bei der danach gefragt wird, ob ein Grundrecht nur individuell oder auch korporativ ausgeübt werden kann, behält ihre Gültigkeit.[2129] Auch für die Frage der Anwendbarkeit der Grundrechte im Einzelfall drängt sich sofort die Parallele zu den zuvor behandelten, korporativ bzw. kollektiv auftretenden Firmenkunden einer Bank auf. Im Mittelpunkt des Grundrechtsschutzes steht daher auch bei Banken der Schutz ihrer Berufs- und ihrer Eigentumsfreiheit nach Art. 12, Abs. I GG und Art. 14, Abs. I, S. 1 GG.[2130] Es kann daher festgehalten werden, daß Banken grundsätzlich Träger von Grundrechten sind.

2.) Öffentlich - rechtliche Sparkassen und Kreditinstitute

Problematischer ist die Frage nach der Grundrechtsfähigkeit öffentlich - rechtlicher Kreditinstitute. Auch hier kann zur Vermeidung von Wiederholungen auf die Ausführungen und Ergebnisse zurückgegriffen werden, die oben[2131] im Zusammenhang mit der Behandlung des Bankgeheimnisses öffentlich - rechtlicher Firmenkunden einer Bank getroffen wurden, da die in diesem Zusammenhang vorgestellten Standpunkte und Argumente zu Art. 19, Abs. III GG auch bei der grundrechtlichen Behandlung öffentlicher - Kreditinstitute in gleichem Maße zum Tragen kommen. Auf diese Standpunkte und Argumente wird daher verwiesen. Der vorgestellte Streit über die Grundrechtsfähigkeit öffentlich - rechtlicher Organisationseinheiten kulminierte in der Vergangenheit an der Frage nach einer Grundrechtsträgerschaft öffentlich - rechtlicher Kreditinstitute, vor allem der Sparkassen, da diese als öffentlich - rechtliche Anstalten von den Befürwortern einer Grundrechtsträgerschaft, zumindest hinsichtlich der Art. 12, Abs. I GG und Art. 14, Abs. I, S. 1 GG, als Prototyp der Grundrechtsfähigkeit öffentlich - rechtlicher Organisationseinheiten angeführt wurden und noch werden.[2132] Das am Handlungsformenwahlrecht des Staates in Verbindung mit der Wesentlichkeitstheorie orientierte obige Ergebnis einer Grundrechtsfähigkeit öffentlich - rechtlicher Organisationseinheiten, die privat - rechtlich im Bereich der Daseinsvorsorge, Leistungsverwaltung, Fiskalverwaltung oder erwerbswirtschaftlichen Betätigung des Staates handeln,[2133] gilt es daher auch in bezug auf Sparkassen zu verifizieren.

[2126] Siehe oben S. 342.

[2127] Vgl. hierzu oben z.B. S. 346.

[2128] Siehe oben S. 346.

[2129] Vgl. hierzu oben S. 346 f..

[2130] Siehe oben z.B. S. 322 ff. (334).

[2131] Siehe oben Seite 349 ff..

[2132] Zum Streitstand siehe Papier, in: M/D/H/S, Art. 14, Rn. 208 f.; Dürig, in: M/D/H/S, Art. 19 III, Rn. 49; v. Olshausen, Diss. jur., Marburg, 1969, S. 147 ff.; Stern, StaatsR, Bd. III/1, § 71, S. 1168 f..

[2133] Vgl. oben S. 350 ff. (351, 359) - m.w.N..

Sparkassen[2134] sind Anstalten des öffentlichen Rechts.[2135] Ihre Tätigkeit ist im Gegensatz zu privaten Banken nicht Ausdruck des Grundrechts von Art. 9 GG, sondern Ausübung von Kompetenz.[2136] Nach Ansicht des Bundesverfassungsgerichts sind öffentlich - rechtliche Kreditinstitute grundsätzlich nicht grundrechtsfähig, da diese öffentlich - rechtliche Aufgaben, nämlich solche der Daseinsvorsorge, wahrnehmen.[2137] Das vom Gericht vertretene Konfusionsargument[2138], wonach der Staat nicht zugleich Grundrechtsverpflichteter und Grundrechtsberechtigter sein kann, wird auch in diesem Zusammenhang in gleichem Maße vertreten, wobei sich das Gericht auch hier von dem bereits oben vorgestellten Impermeabilitätsgedanken[2139] leiten läßt. Apodiktisch äußert sich das Bundesverfassungsgericht 1994 daher in einem Beschluß des Dreierausschusses, mit dem die Verfassungsbeschwerde einer Sparkasse wegen fehlender Grundrechtsfähigkeit nicht zur Entscheidung angenommen wurde, da das Bundesverfassungsgericht bereits festgestellt habe, „daß öffentlichrechtlichen Sparkassen auch außerhalb des Bereichs der Wahrnehmung öffentlicher Aufgaben der Schutz der materiellen Grundrechte nicht zukommt, da diese ‚nach ihrem Wesen' grundsätzlich nicht auf juristische Personen des öffentlichen Rechts anwendbar sind".[2140] Nach Ausführungen zu den vom Gericht zugelassenen Ausnahmen öffentlich - rechtlicher Rundfunkanstalten, Universitäten und Kirchen führt das Gericht weiter aus: „Nach diesen Grundsätzen kommt öffentlich - rechtlichen Sparkassen der Schutz der Grundrechte auch im Zusammenhang mit Ermittlungsmaßnahmen im Strafverfahren nicht zu. Selbst wenn wegen der weitgehenden Angleichung an das private Bankgewerbe für die Beurteilung der Funktion der öffentlich - rechtlichen Sparkassen nicht mehr deren öffentliche Aufgabe, sondern die privatwirtschaftliche Unternehmenstätigkeit bestimmend wäre, könnte dies nicht zu einem Grundrechtsschutz führen. Es würde auch dann der hierfür erforderliche Bezug zum Freiheitsraum natürlicher Personen fehlen, denn als Träger des Unternehmens kämen nur die hinter der Sparkasse stehenden Gebietskörperschaften in Betracht. Diese wären aber auch dann nicht grundrechtsfähig, wenn sie sich auf dem Gebiet des Privatrechts betätigten".[2141] Der Rekurs des Gerichts auf den Freiheitsraum natürlicher Personen und die Trägerschaft der Sparkassen durch die Gebietskörperschaften ist Ausdruck der von ihm vertretenen Durchgriffsthese. Dieses zeigt sich in einem älteren Beschluß des Gerichts zur Grundrechtsfähigkeit öffentlich - rechtlicher Sparkassen aus dem Jahr 1987. Nach Ausführungen des Gerichts zu der tradierten Funktion der Grundrechte, nämlich als Abwehrrechte des Individuums gegen den Staat zu fungieren, fährt das Gericht fort und sagt, daß die Einbeziehung juristischer Personen in den Grundrechts-

---

2134 Unter diesem Begriff werden hier nicht nur Stadt- und Kreissparkassen erfaßt, sondern auch die auf S. 350, Fn. 1901 dieser Arbeit genannten weiteren öffentlich-rechtlichen Kreditinstute gefaßt.

2135 BVerfG-NJW 1995, 582. Statt vieler vgl. § 1 SparkG Baden-Württemberg. Der Aufbau des Sparkassenwesens ist dreistufig organisiert, wobei bezogen auf das Jahr 1996 insgesamt 617 örtliche Sparkassen die untere Ebene bildeten und die mittlere Ebene von den 13 regionalen Landesbanken / Girozentralen gebildet wurde. Spitzeninstitut des Sektors ist die Deutsche Girozentrale - Deutsche Kommunalbank (DGZ) -vgl. zum Aufbau und zur Struktur des Sparkassenwesens in Deutschland Rümker, in: BankRHdb., § 124, Rn. 88 ff..

2136 Siehe oben S. 351, 353 ff.. Vgl. v. Olshausen, a.a.O., S. 147 f., der allerdings der Ansicht ist, daß die geschäftliche Tätigkeit der Sparkassen nicht bloße Kompetenzausübung, sondern die Wahrnehmung eigener subjektiver Rechte sei, deren staatliche Beeinträchtigung den Sparkassen ein subjektives Abwehrrecht offerieren „ohne daß es einer Berufung der Grundrechte bedürfe".

2137 Hierzu ausführlich BVerfGE 75, 192 (197 ff.). Siehe auch Papier, in: M/D/H/S, Art. 14, Rn. 209; v. Olshausen, a.a.O., S. 147 ff..

2138 Siehe hierzu z.B. oben S. 349 f. - m.w.N..

2139 Siehe hierzu z.B. oben S. 353 f. - m.w.N..

2140 BVerfG-NJW 1995, 582. So auch BVerfGE 75, 192 (195 f.) -Sparkassen. Vgl. auch Scholz, in: M/D/H/S, Art. 12, Rn. 102; Dürig, in: M/D/H/S, Art. 19 III, Rn. 49; Papier, in: M/D/H/S, Art. 14, Rn. 208 f..

2141 BVerfG-NJW 1995, S. 582. Vgl. auch Dürig, in: M/D/H/S, Art. 19 III, Rn. 49.

schutz nur dann gerechtfertigt sei, wenn die Bildung der juristischen Person Ausdruck und Betätigung der freien Entfaltung der privaten natürlichen Person sei, insbesondere wenn der „Durchgriff“ auf die hinter ihr stehenden Menschen den Grundrechtsschutz sinnvoll und erforderlich erscheinen ließe.[2142] Dieser Umstand sei aber nicht erfüllt, da öffentliche Sparkassen als Einrichtungen der öffentlichen Daseinsvorsorge eng mit ihren Gewährsträgern verflochten und von diesen nicht hinreichend zu trennen seien.[2143] Durch diese Sichtweise des Gerichts wird abermals der Durchgriffs- und der Impermeabilitätsgedanke unterstrichen. Nach Ansicht des Gerichts gehört es zu den traditionellen, historisch bedingten Aufgaben der Sparkassen im Rahmen der Daseinsvorsorge, die Versorgung der Bevölkerung mit Bankleistungen sicherzustellen.[2144] Heutige Aufgabe der Sparkassen im Rahmen der Daseinsvorsorge sei es, „den Sparsinn der Bevölkerung zu wecken und zu fördern und der Kreditversorgung unter besonderer Berücksichtigung des Mittelstandes und der wirtschaftlich schwächeren Kreise der Bevölkerung zu dienen“.[2145] *Rümker* nennt noch die Hausbankfunktion, die die Sparkassen innehaben, um ihre Gewährsträger kreditwirtschaftlich zu unterstützen.[2146] Hieraus folgert das Bundesverfassungsgericht, daß Sparkassen eher aufgaben- als gewinnorientiert arbeiten würden, da ihnen eine Gewinnmaximierung verboten und somit das Gewinnstreben der öffentlichen Zielsetzung untergeordnet sei. Dadurch würden sich Sparkassen von den Banken der Privatwirtschaft unterscheiden.[2147] Richtigerweise erkennt jedoch das Bundesverfassungsgericht bereits an, daß sich die Tätigkeiten von Sparkassen und privatwirtschaftlicher Banken mehr und mehr einander angenähert haben, da mittlerweile Privatbanken Aufgaben der Sparkassen und Sparkassen Aufgaben übernommen haben, die vormals ausschließlich seitens privater Banken vorgenommen worden sind.[2148] Trotz dieser Annäherung von Sparkassen und privaten Banken aneinander bleibt das Gericht jedoch bei seiner Auffassung, indem es sagt: „Für die Frage der Grundrechtsfähigkeit kommt es darauf indes nicht entscheidend an. Selbst wenn man wegen der weitgehenden Angleichung an das private Bankgewerbe für die Beurteilung der Funktion der öffentlich - rechtlichen Sparkassen nicht mehr deren öffentliche Aufgabe, sondern die privatwirtschaftliche Unternehmenstätigkeit bestimmend wäre, könnte dies nicht zu einem Grundrechtsschutz führen. Es würde auch dann der hierfür erforderliche Bezug zum Freiheitsraum natürlicher Personen fehlen, denn als Träger des Unternehmens käme nur die hinter der Sparkasse stehende Gebietskörperschaft in Betracht“.[2149]

Für die Befürworter der Grundrechtsfähigkeit von Sparkassen ist die vom Bundesverfassungsgericht konstatierte weitgehende Annäherung von privaten Banken und öffentlichen Kreditinstituten aneinander Ansatzpunkt ihrer Kritik. Zumindest aus der Perspektive des Bankkunden und Bürgers betrachtet ergeben sich zwischen den genannten Kreditinstitutsgruppen keine signifikanten Unterschiede, die es rechtfertigen würden, private Banken und Sparkassen in Bezug auf ihre Grundrechtsträgerschaft unterschiedlich zu behandeln. Die Annäherung der Geschäftsfelder privater Banken und öffentlicher Sparkassen aneinander ist frappierend. Das

---

2142 BVerfGE 75, 192 (196 f.).

2143 BVerfGE 75, 192 (198 f.).

2144 BVerfGE 75, 192 (199). Vgl. auch Rümker, in: BankRHdb., § 124, Rn. 13. Siehe ferner § 6, Abs. I SparkG Baden - Württemberg.

2145 BVerfGE 75, 192 (199). Rümker, in: BankRHdb., § 124, Rn. 12, der in diesem Sinne von Förderprogrammen spricht und desweiteren solche des sozialen Wohnungsbaus, der Technologie-Entwicklung etc. nennt.

2146 Rümker, in: BankRHdb., § 124, Rn. 14.

2147 BVerfGE 75, 192 (199). Rümker, in: BankRHdb., § 124, Rn. 15, 30der in diesem Zusammenhang das Schlagwort einer ‚Wettbewerbskorrekturfunktion‘ verwendet. Vgl. insoweit auch § 6, Abs. II SparkG Baden - Württemberg.

2148 BVerfGE 75, 192 (199).

2149 BVerfGE 75, 192 (200).

Argument einer flächendeckenden Versorgung der Bevölkerung mit (günstigen) Bankleistungen ist in der heutigen Zeit der Direktbanken, des Telefon- und des Online - Banking, in Zeiten, in denen einige private Banken im Gegensatz zu Sparkassen für die Kontoführung keinerlei ‚Gebühren' mehr verlangen, nicht stichhaltig. Auch das von *Rümker* angesprochene Argument der Hausbankfunktion der öffentlichen Kreditinstitute für ihre Gewährsträger überzeugt nicht recht. Zwar decken Gebietskörperschaften ihren Kredit- und Finanzierungsbedarf heutzutage, was die umgesetzten Volumina anbelangt, primär noch bei den öffentlich - rechtlichen Kreditinstituten. Doch längst sind vor allem die größeren Privatbanken in das Geschäft der Kommunalkredite und der Finanzierung kommunaler / öffentlicher Investitionen eingestiegen[2150] und erobern sich in diesem Geschäftssegment beträchtliche Marktanteile. Längst geht auch die Betätigung der öffentlich - rechtlichen Kreditinstitute über eine (rudimentäre) Grundversorgung der Bevölkerung mit Bankleistungen hinaus, indem auch Sparkassen ‚Börsenprodukte', wie Aktien, Optionsscheine oder Futures etc. anbieten, die für den Anleger nicht ohne Risiko sind. Von Sparkassen kann weder gesagt werden, daß sie in ihren Angeboten generell günstiger sind, als private Banken, noch daß sich ihr Geschäftsgebahren in bezug auf private Banken signifikant positiv oder negativ unterscheidet. Auch private Banken stellen für Existenzgründungen sog. ‚Venture Kapital' zur Verfügung. Auf der anderen Seite stellen Sparkassen, wie private Banken auch, Fondsprodukte und andere steueroptimierte Anlagemöglichkeiten für ihre Kunden zur Verfügung. Heutzutage kann von einer weitgehenden Identität sowohl in der geschäftlichen Tätigkeit als auch in dem geschäftlichen Gebahren von Privatbanken und öffentlichen Kreditinstituten gesprochen werden.[2151] *Rümker* weist daher zutreffend darauf hin, daß der Entwicklung der Sparkassen zu universell tätigen Kreditinstituten, „die voll im Wettbewerb mit den anderen Geschäftsbanken stehen", durch die Novellierung der Sparkassengesetze bereits Anfang der 90' er Jahre Rechnung getragen worden sei.[2152] Vormals am Enumerationsprinzip verhaftet, sei es nunmehr den Sparkassen gestattet, „alle banküblichen Geschäfte zu betreiben".[2153] Ein Differenzierungsansatz, der auf ein unterschiedliches Geschäftsfeld und Geschäftsgebahren der öffentlich - rechtlichen Kreditinstitute abstellt, kann die unterschiedliche Behandlung von Sparkassen in bezug auf die Grundrechtsfähigkeit daher nicht rechtfertigen. Auch das vom Bundesverfassungsgericht angeführte, weitere Argument, Sparkassen würden nicht in dem Maße gewinnorientiert arbeiten, wie private Banken, kann eine unterschiedliche Behandlung der Sparkassen nicht rechtfertigen. Aufgrund der geschilderten Identität im Geschäftsbetrieb von privaten Banken und öffentlichen Sparkassen ist dieses Argument verfehlt, denn nicht die Daseinsvorsorge, sondern die erwerbswirtschaftliche Betätigung des Staates durch die Sparkassen steht heutzutage im Vordergrund.[2154] In Zeiten leerer Kassen der öffentlichen Hand, in denen die Gewährsträger der öffentlichen Banken nach jeder zusätzlichen Einnahmequelle Ausschau halten, wäre es

---

2150 Zu denken ist in diesem Zusammenhang vor allem an die private Finanzierung öffentlicher / kommunaler Infrastrukturaufgaben und an Aufgaben der Daseinsvorsorge. Finanzierungsinstrumente wie z.B. das Kommunalleasing oder entsprechende Leasingfonds (z.B. für städtische Straßenbahnen) oder die Konstruktion entsprechender ‚Betreibermodelle', erfreuen sich steigender Beliebtheit. Zu denken ist in diesem Zusammenhang auch an die private Finanzierung und Bau einer Justizvollzugsanstalt in Mecklenburg-Vorpommern.

2151 In diesem Sinne Stern, StaatsR, Bd. III/1, § 71, S. 1169.

2152 Rümker, in: BankRHdb., § 124, Rn. 31 ff.. Vgl. auch Stern, a.a.O., S. 1168 der die konkurrenzwirtschaftliche Tätigkeit der Sparkassen zu den privaten Banken unterstreicht.

2153 Rümker, in: BankRHdb., § 124, Rn. 32. Siehe z. B. § 6, Abs. III SparkG Baden-Württemberg.

2154 Vgl. Stern, a.a.O., S. 1168 f.. Vgl. auch Koppensteiner, Zur Grundrechtsfähigkeit gemischtwirtschaftlicher Unternehmen, NJW 1990, S. 3107, der die Versagung der Grundrechtsfähigkeit der Sparkassen wegen ihrer angeblichen Tätigkeit im Rahmen der Daseinsvorsorge durch das Gericht als ein „zweifelhaftes Argument" bezeichnet.

meines Erachtens daher verfehlt, anzunehmen, öffentliche Kreditinstitute dienten heutzutage nicht primär dem Zweck, ihren Gewährsträgern Einnahmen zu verschaffen,[2155] denn schließlich sind die erwirtschafteten Überschüsse an diese auszukehren. Der letztgenannte Aspekt erklärt auch, warum öffentliche Kreditinstitute verstärkt ‚Börsenprodukte' anbieten, nämlich um an den lukrativen Provisionen zu verdienen, die bei diesen Produkten überwiegend anfallen. Auch dieses Argument des Bundesverfassungsgerichts vermag somit nicht zu überzeugen. Ferner erscheint eine Differenzierung, die lediglich auf die Rechtsform abstellt, für die unterschiedliche Behandlung in der Grundrechtsfähigkeit ungeeignet, denn immerhin sind mittlerweile ehemalige Anstalten öffentlichen Rechts, wie z.B. die Deutsche Pfandbriefanstalt oder die Landesbank Hessen - Thüringen (Helaba), in Aktiengesellschaften umgewandelt worden.[2156] Als Argument einer differenzierten Behandlung privater und öffentlicher Kreditinstitute verbleibt somit nur die bereits oben gerügte Durchgriffstheorie des Bundesverfassungsgerichts, die für die Frage der Grundrechtsfähigkeit der Organisationseinheit auf die hinter ihr stehenden Gesellschafter abstellen will. Wie bereits oben, so gelten auch hier die geltend gemachten Argumente gegen diese Theorie. Auch hier geht es um die Frage nach der Grundrechtsträgerschaft der Organisationsenheit selbst, wie sie von Art. 19, Abs. III GG intendiert ist und nicht um die Frage nach der Grundrechtsträgerschaft der hinter der Organisationseinheit stehenden Gesellschafter. Dieses ist eine völlig andere Frage, so daß es auf den Durchgriffsgesichtspunkt des Bundesverfassungsgericht nicht ankommt. Entscheidend ist nach der hier vertretenen Argumentation der Umstand, daß dem Staat für sein Tätigwerden im Bereich der Daseinsvorsorge oder der Leistungsverwaltung ein Handlungsformenwahlrecht zusteht, wie es bereits oben bei der Betrachtung öffentlich - rechtlicher Firmenkunden geschildert worden ist. Dieses Handlungsformenwahlrecht ermöglicht es dem Staat auch, eine privat - rechtliche Handlungsform zu wählen, sofern die damit verbundenen Aufgaben unwesentlich für die Grundrechtsposition der Bürger ist. Für die erwerbswirtschaftliche Betätigung des Staates ergibt sich dieses von vornherein. Es sei daher auf die oben entwickelte Konzeption in bezug auf die Wesentlichkeitstheorie verwiesen, da die dort im Zusammenhang mit der Betrachtung öffentlich - rechtlicher Firmenkunden einer Bank vertretene Argumention auch hier in gleichem Maße gilt. Aufgrund seines Handlungsformenwahlrechts hat sich der Staat, haben sich die kommunalen Gebietskörperschaften hinsichtlich ihrer Kreditinstitute entschlossen, diese überwiegend in der Rechtsform öffentlich - rechtlicher Anstalten zu betreiben. Zwingend erforderlich ist diese Handlungsform freilich nicht, wie ein Blick auf die zuvor genannte Landesbank Hessen - Thüringen zeigt, die nunmehr die Handlungsform einer Aktiengesellschaft erhalten hat. Das Betreiben von Bankgeschäften[2157] durch staatliche Institutionen bzw. kommunale Gebietskörperschaften ist für die Grundrechtsposition des Bürgers unwesentlich im Sinne der Wesentlichkeitstheorie. Daher können nach der hier vertreten Konzeption derartige Kreditinstitute auch generell in einer privat - rechtlichen Handlungsform geführt werden. Da das Betreiben von Bankgeschäften durch staatliche, kommunale Institutionen für die Grundrechtsposition des Bürgers unerheblich ist, spricht daher nichts dagegen, öffentlich - rechtlichen Kreditinstituten eine Grundrechtsfähigkeit zuzuerkennen. Dieses Erfordernis ergibt sich auch aus dem von den Befürwortern einer Grundrechtsträgerschaft öffentlich - rechtlicher Kreditinstitute vorgebrachten Aspekt einer grundrechtsgleichen Gefährdungslage öffentlich - rechtlicher und privatrechtlicher Organisationseinheiten, da nach den Worten *Bettermann's* gleiche Eingriffsgefahren gleiche Abwehrrechte erfordern würden.

2155 In diesem Sinne wohl Dürig, in: M/D/H/S, Art. 19 III, Rn. 49. Vgl. z.B. § 30, Abs.V SparkG Baden - Württemberg.

2156 Z.B. gemäß §§ 301 ff. UmwG - vgl. Rümker, in: BankRHdb., § 124, Rn. 8, 9.

2157 Zum Begriff der Bankgeschäfte siehe § 1, Abs. I, S. 2 (Nr. 1-12) KWG.

Auf die hierzu gemachten Ausführungen wird verwiesen.[2158] Das Kriterium einer grundrechtsgleichen Gefährdungslage wird vom Bundesverfassungsgericht nicht anerkannt. Mit wenig überzeugen Worten führt das Gericht in der Sasbachentscheidung aus, daß ein „status subjectionis" für eine Grundrechtsträgerschaft von Art. 14 GG nicht ausreichen würde.[2159] Apodiktisch behauptet das Gericht: „Aus dem Umstand allein, daß eine sich außerhalb der Wahrnehmung öffentlicher Aufgaben betätigende juristische Person des öffentlichen Rechts (wobei die Ausführungen des Gerichts in der Sasbachentscheidung einer Gemeinde galten - Einschub von M.H.) wie jede andere Person hoheitlichen Eingriffen gleichermaßen unterworfen sein kann, folgt jedoch nicht, daß sie insoweit des Schutzes des Grundrechts aus Art. 14, Abs. I, S. 1 GG bedürfte".[2160] Begründet wird diese Ansicht vom Gericht damit, daß sich juristische Personen des öffentlichen Rechts aufgrund verschiedener Fiskusprivilegien, wie z.B. einer Steuerbefreiung für ihre Tätigkeiten oder einer nur eingeschränkten Polizeipflichtigkeit, tatsächlich nicht in einer grundrechtsgleichen Gefährdungslage befinden können.[2161] Diese Argumentation des Gerichts trifft in dieser Absolutheit auf die Behandlung öffentlich - rechtlicher Kreditinstitute indes nicht zu und überzeugt daher nicht. Zwar sind öffentliche Kreditinstitute beispielsweise zum Teil von der Körperschaftssteuer befreit (vgl. § 5, Abs. I, Nr. 2, 17 KStG)[2162], andererseits sind sie hingegen nicht polizeifest. Die weitgehende Identität in der geschäftlichen Betätigung und in den geschäftlichen Usancen privater und öffentlicher Kreditinstitute haben auch zu identischen Eingriffssituationen bei beiden Kreditinstitutsgruppen geführt.[2163] Die im Verhältnis Staat - Bankkunde geschilderten Normen, die das Bankgeheimnis des Bankkunden durchbrechen, gelten in gleichem Maße für private und für öffentlich - rechtliche Kreditinstitute. So sind auch Sparkassen den Regelungen des Geldwäschegesetzes gemäß verpflichtet, verdächtige Transaktionen zu melden oder in steuerrechtlicher Hinsicht die Zinsabschlagsteuer (oder die Kuponsteuer) an den Fiskus abzuführen, im Todesfall des Kunden Kontrollmitteilungen im Sinne des § 33 ErbStG zu fertigen oder im Steuerverfahren ihrer Kunden den Steuerbehörden im Rahmen des § 93 AO Auskünfte zu erteilen. Eine grundrechtsgleiche Gefährdungslage ist gegeben, denn auch bei Sparkassen haben Ermittlungsmaßnahmen der Staatsanwaltschaften und der Steuerfahndung stattgefunden, die den Ermittlungsmaßnahmen bei privaten Banken in nichts nachstehen. Die bereits geschilderte Entscheidung des Dreierausschusses des Bundesverfassungsgerichts aus dem Jahr 1994, mit dem die Verfassungsbeschwerdebefugnis der anrufenden Sparkasse mangels Grundrechtsfähigkeit vom Gericht verneint wurde, hatte zum Beispiel derartige Ermittlungs-/Durchsuchungsmaßnahmen der Steuerfahndung bei der anrufenden Sparkasse zum Inhalt, gegen die sich die Sparkasse verteidigen wollte. Im Sachverhalt ging es konkret darum, daß die Finanzverwaltung ein Steuerstrafverfahren gegen die Sparkasse wegen des Verdachts einleitete, unbekannte Angestellte der Sparkasse hätten zwei Kunden durch die Verbuchung von Geldanlagen im Eurogeldgeschäft bzw. deren Rückflüsse auf einem Zwischenkonto, was aus den Überweisungsbelegen nicht ersichtlich sei, und / oder durch das Zurückhalten der Informationen gegenüber der Steuerfahndungstelle Beihilfe zur Steuer-

---

2158 Siehe oben S. 352 ff..

2159 BVerfGE 61, 82 (105).

2160 BVerfGE 61, 82 (105).

2161 BVerfGE 61, 82 (105, 106).

2162 Die Befreiung von der Steuer gilt jedoch nur teilweise, weil nach § 5, Abs. II KStG; § 43 EStG die Kapitalertragssteuer zu entrichten ist und nach §§ 5, Abs. II, Nr. 2, 27 KStG auch von der Körperschaftssteuer befreite Steuersubjekte ihre Gewinnausschüttungen mit der Körperschaftssteuer in Höhe von 30 % vorbelasten müssen - vgl. Tipke/Lang, Steuerrecht, § 11, Rn. 18.

2163 In diesem Sinn Stern, StaatsR, Bd. III/1, § 71, S. 1169; Kröger, Juristische Personen des öffentlichen Rechts als Grundrechtsträger, JuS 1981, S. 29.

hinterziehung geleistet und / oder diese begünstigt.[2164] Bei dieser Konstellation handelt es sich somit um einen klassischen Fall des oben gerügten Systemverdachts. Allein dieses Beispiel aus der Rechtsprechung des Bundesverfassungsgerichts zeigt, daß private und öffentlich - rechtliche Banken in gleichem Maße von Ermittlungsmaßnahmen der Staatsanwaltschaft und / oder der Steuerfahndung betroffen sein können und somit keinerlei Unterschiede in bezug auf das Bestehen einer grundrechtsgleichen Gefährdungslage gegeben sind.[2165] Dabei ist für beide betroffenen und miteinander verglichenen Kreditinstitutsgruppen die Bewahrung des Bankgeheimnisses von gleich wichtiger Bedeutung für den geschäftlichen Erfolg. In gleichem Maße wie Privatbanken sind auch öffentlich - rechtliche Kreditinstitute für ihren geschäftlichen Erfolg auf das ihnen vom Bürger und Kunden entgegengebrachte Vertrauen auf Bewahrung des Bankgeheimnisses angewiesen. Die Bewahrung des Bankgeheimnisses ist also auch bei öffentlich - rechtlichen Kreditinstituten eine essentialia negotii der Geschäftstätigkeit. Öffentliche Kreditinstitute besitzen somit eine grundrechtsgleiche Gefährdungslage, die der der privaten Kreditinstitute entspricht. Es soll daher festgehalten werden, daß auch Sparkassen und sonstige öffentlich - rechtliche Kreditinstitute prima facie Grundrechtsfähigkeit besitzen.[2166]

II.) Der grundrechtliche prima facie Schutz von Banken und Sparkassen

1.) Prima facie Schutz durch Art. 12, Abs. I GG

Nachdem festgestellt wurde, daß sowohl private Banken als auch öffentlich - rechtliche Kreditinstitute (Sparkassen) grundsätzlich in der Lage sind, Träger von Grundrechten zu sein, gilt es einen Blick auf die für Banken und Sparkassen in Betracht kommenden Grundrechte der Art. 12, Abs. I GG und Art. 14, Abs. I, S. 1 GG zu werfen. Auch hier kann zur Vermeidung von Wiederholungen auf die bei den Firmenkunden zu diesen Grundrechten gemachten Ausführungen verwiesen werden.[2167] Hinsichtlich Art. 12, Abs. I GG wurde bei den kollektiv, korporativ auftretenden Firmenkunden unter anderem ausgeführt, daß die Berufsfreiheit auch die Freiheit beinhaltet, eine Erwerbszwecken dienende Tätigkeit, insbesondere ein Gewerbe zu betreiben und daß ein Grundrechtsschutz einer juristischen Organisationseinheit des Privatrechts dann in Betracht kommt, wenn das Grundrecht in gleicher Weise von einer natürlichen Person wie von einer juristischen Person ausgeübt werden kann.[2168] Dieses Erfordernis trifft auf Banken zu. Sie betreiben ein Gewerbe und unterfallen dadurch dem Begriff der Berufsfreiheit des Art. 12, Abs. I GG.[2169] Nur scheinbar ist das Moment einer in gleichem Maße

---

2164 Vgl. BVerfG-NJW 1995, 582.

2165 So schon Müller, Die Grenzen des Bankgeheimnisses, NJW 1963, S. 833, 834, der bereits für das Jahr 1963 ausführt, daß sich aus der Wandlung der den öffentlich - rechtlichen Kreditinstituten übertragenen Aufgaben ergibt, daß sich in bezug auf das Bankgeheimnis eine Sonderstellung öffentlich - rechtlicher Kreditinstitute im Vergleich zu privaten Banken verbieten würde, damit bei dem Bankkunden nicht der Eindruck entsteht, daß seine Interessen bei privaten Banken schlechter gewahrt sind, als bei öffentlich-rechtlichen Kreditinstituten.

2166 Vgl. Stern, StaatsR, Bd. III/1, § 71, S. 1169; Kröger, a.a.O.; Becker, Zulassungsbeschränkungen im Kreditgewerbe, DÖV 1956, S. 423 f..

2167 Oben S. 282 ff..

2168 Siehe die oben zur Testfrage Dürig' gemachten Ausführungen S. 246 f..

2169 Bruchner, in: BankRHdb., § 39, Rn. 6; Selmer, Steuerrecht und Bankgeheimnis, S. 9; Lerche, ZHR, 149 (1985), S.165; Rehbein, ZHR 149 (1985), 145; Canaris, Bankvertragsrecht, Rn. 38; Sichtermann / Kircherr, Bankgeheimnis und Bankauskunft, S. 45; Kirchherr/Stützle, Aktuelle Probleme aus der Rechtsprechung und Rechtspraxis zu Bankgeheimnis und Bankauskunft, S. 2; Becker, a.a.O., S. 423 f..

bestehenden Ausübungsmöglichkeit der Bankgeschäfte für natürliche wie für juristische Personen nicht gegeben, wenn man auf den oben erwähnten Umstand abstellt, daß seit der Sofortnovelle von 1976 zum Kreditwesengesetz das Betreiben von Bankgeschäften durch Einzelpersonen / Einzelkaufleute unzulässig ist.[2170] Bei genauerer Betrachtung zeigt sich jedoch, daß im Gegenteil das vorstehende Argument dadurch nur verstärkt wird. Da die Ausübung des Gewerbes ‚Bankgeschäfte' einzelnen Personen nicht mehr gestattet ist und dieses Gewerbe nur noch durch kollektive, korporative Organisationseinheiten ausgeübt werden kann, genießen diese nunmehr den Schutz der Gewerbe- / Berufsfreiheit im Sinne des Art. 12, Abs. I GG. Aber auch öffentlich - rechtliche Kreditinstitute können sich auf den Schutz der Berufs- / Gewerbefreiheit des Art. 12, Abs. I GG berufen. Hierzu wurde im Zusammenhang mit öffentlich - rechtlichen, korporativ auftretenden Firmenkunden ausgeführt, daß im Bereich der erwerbswirtschaftlichen Betätigung des Staates zur Erzielung von Einkünften, Erträgen und Renditen ein grundrechtlicher Schutz dieser Organisationseinheiten durch Art. 12, Abs. I GG in Betracht kommt, da sich keine signifikanten Unterschiede zu privatrechtlich agierenden Organisationseinheiten erkennen lassen, keine bzw. kaum hoheitliche Tätigkeiten wahrgenommen werden und aus dem Blickwinkel des Bürgers betrachtet der Staat nicht als solcher in Erscheinung tritt.[2171] Diese Aussagen lassen sich unmittelbar auch auf die bankgeschäftliche Betätigung der öffentlich - rechtlichen Kreditinstitute anwenden, wie die Ausführungen zur Grundrechtsträgerschaft zuvor gezeigt haben. Ferner wurde bereits attestiert, daß das Bankgeheimnis für Banken und Sparkassen eine essentialia negotii ihrer geschäftlichen Tätigkeit darstellt. Die dort sukzessive anfallenden Daten und Informationen sind akzessorisch im oben genannten Sinne.[2172] Das Bankgeheimnis einer Bank gehört zu den Ausübungsmodalitäten ihres Berufes bzw. ihres Gewerbes im Sinne des Art. 12, Abs. I GG und ist der drei - Stufentheorie folgend auf der Stufe der Berufsausübung anzusiedeln. Der Begriff der Berufsausübung wurde hierbei weit interpretiert[2173] und umfaßt unter erneuter Bezugnahme auf *Tettinger* „die Gesamtheit der mit der Berufstätigkeit, ihrem Ort, ihren Inhalten, ihrem Umfang, ihrer Dauer, ihrer äußeren Erscheinungsform, ihren Verfahrensweisen und ihren Instrumenten zusammenhängende Merkmale".[2174] Alle Bedingungen und Modalitäten, in denen sich die berufliche oder geschäftliche Tätigkeit vollzieht, das ‚Wie' eines Berufs, unterfallen so dem Begriff der Berufsfreiheit.[2175] Normen und Maßnahmen, die in das Bankgeheimnis eingreifen und dieses durchbrechen, wie es bei den bereits vorgestellten ‚Durchbrechungsnormen' der Fall ist, beeinträchtigen somit das Bankgeheimnis und damit auch die Bank in ihrer Berufs-/Gewerbeausübung.[2176] Als Berufsausübungsregelung unterliegen der Stufendogmatik folgend staatliche Eingriffsgründe bzw. staatliche Eingriffe hierin lediglich dem Erfordernis einfach - proportionaler Relevanz. Die zum Eingriffsbegriff des Art. 12, Abs. I GG gemachten Ausführungen[2177] gelten auch hier. Eine Berufsausübungsregelung ist daher gerechtfertigt, wenn Gesichtspunkte der Zweckmäßigkeit sie verlangen, wobei es um die Abwehr von Gefahren oder Schäden für die Allgemeinheit geht oder um die Sicherung des Berufsstandes, der gesichert oder gefördert werden soll.[2178] Wie bei Bankkun-

---

2170 Siehe oben S. 384, Fn. 2123- m.w.N..

2171 Siehe oben die zum Impermeabilitätsgedanken gemachten Ausführungen S. 353 f., 357.

2172 Vgl. oben S. 288 f.

2173 Vgl. oben S. 288 ff..

2174 Tettinger, AöR, 108 (1983), S. 112. Vgl. auch Tettinger, in: Sachs, Grundgesetz-Kommentar, Art. 12, Rn. 57; Gubelt, in: v.M., Grundgesetz-Kommentar, Art. 12, Rn. 34.

2175 Siehe oben S. 288 - m.w.N..

2176 Bruchner, in: BankRHdb., § 39, Rn. 6.

2177 Siehe oben S. 292 ff., 381.

2178 Siehe hierzu die Ausführungen auf S. 290 f..

den auch besteht ein Spannungsverhältnis zwischen dem Interesse der Bank, die dem Bankgeheimnis unterliegenden Daten und Informationen vor dem Zugriff des Staates zu bewahren und dem gegenläufigen staatlichen Interesse an einer möglichst weitgehenden Durchbrechung und Transparenz dieses Datenbestandes. Diese Transparenz und Durchbrechung des Datenbestandes einer Bank erfolgt mit Hilfe der geschil-derten Normen des Strafprozeß-, Geldwäsche- und Steuerrechts. Als Spezifikum treten im Bank - Staat - Verhältnis Durchbrechungsnormen des Bankenaufsichtsrechts[2179] hinzu, die dem für den Staat streitenden Ziel dienen, ein funktionsfähiges Kreditgewerbe im Interesse der Gesamtwirtschaft zu gewährleisten, indem das Vertrauen der Bürger in die Seriosität der Banken generell und in bezug auf durchzuführende Bankgeschäfte im besonderen, sowie in die Zahlungsfähigkeit der Kreditinstitute aus Gründen des Gläubigerschutzes erhalten bleibt.[2180]
Auf einige Spezifika und Durchbrechungsnormen des Kreditwesengesetzes wird daher noch einzugehen sein. Aufgrund der geschilderten, kontradiktorischen Interessenlage zwischen Staat und Bank besteht auch hier ein grundrechtliches Kollisionsproblem, eine Prinzipienkollision im beschriebenen Sinne. Die widerstreitenden Interessen von Bank und eingreifendem Staat sind miteinander im Rahmen des Verhältnismäßigkeitsgrundsatzes abzuwägen. Keinem der widerstreitenden Prinzipien gebührt dabei per se der Vorrang. Es soll daher festgehalten werden, daß private Banken und öffentlich - rechtliche Kreditinstitute prima facie dem Schutzbereich der Berufsfreiheit des Art. 12, Abs. I GG unterstehen[2181] und in diesen Schutzbereich durch lediglich einfach - proportionale Eingriffsgründe seitens des Staates eingegriffen werden kann.

2.) Prima facie Schutz durch Art. 14, Abs. I, S. 1 GG

Auh hinsichtlich der Eigentumsgarantie des Art. 14, Abs. I, S. 1 GG ergeben sich im Ergebnis keine Unterschiede zwischen den hier untersuchten Kreditinstitutsgruppen und den zuvor untersuchten kollektiv, korporativ auftretenden Firmenkunden privaten und öffentlichen Rechts, so daß auf die dort gemachten Ausführungen verwiesen werden kann.[2182] Gleiches gilt für die zum Konkurrenzverhältnis und zur kumulativen Anwendung der Grundrechte aus Art. 12, Abs. I GG und Art. 14, Abs. I, S. 1 GG gemachten Ausführungen.[2183] Maßgebliches Kriterium für den Schutz der gewerblichen Tätigkeit der Banken und Sparkassen durch Art. 14, Abs. I, S. 1 GG ist auch in diesem Zusammenhang der Schutz ihres eingerichteten und ausgeübten Gewerbebetriebes. Wie bei Firmenkunden bestehen auch bei privaten und öffentlichen Kreditinstituten Betriebsstätten, Betriebsgrundstücke, Fahrzeuge, Forderungen, Beteiligungen etc., die Voraussetzung für die gewerbliche Betätigung der genannten Kreditinstitute überhaupt sind. Zumindest bei den privaten Banken dient der materielle Vermögensbestand und der hieraus fließende Ertrag als Anknüpfungspunkt staatlicher Besteuerungsnormen. Dem

---

[2179] Z.B. das Kreditwesengesetz und damit einhergehend die Großkredit- und Millionenkredit Verordnung. Zu denken ist in diesem Zusammenhang jedoch auch an das Wertpapierhandelsgesetz, Kapitalanlagegesellschaftsgesetz etc..

[2180] Fischer, in: BankRHdb., § 125, Rn. 9 ff. (11, 12); Dt. Bundesbank, Bankrechtliche Regelungen 2, Gesetz über das Kreditwesen, April 1998, S. 6

[2181] Vgl. Stern, StaatsR, Bd. III/1, § 71, S. 1169; Bruchner, in: BankRHdb., § 39, Rn. 6; Selmer, Steuerrecht und Bankgeheimnis, S. 9; Lerche, ZHR 149 (1985), 165; Rehbein, ZHR 149 (1985), 145; Canaris, Bankvertragsrecht, Rn. 38; Sichtermann/Kirchherr, a.a.O., S. 45; Kirchherr/Stützle, a.a.O., S. 2; Becker, a.a.O., S. 423 f.. Hinsichtlich Sparkassen *anderer Ansicht* Scholz, in: M/D/H/S, Art. 12, Rn. 102; Herrler, Mitwirkung der Banken bei der Besteuerung von Bankkunden, S. 45 f..

[2182] Siehe oben z.B. S. 341 ff..

[2183] Siehe oben S. 322 ff., 334 ff..

eingerichteten und ausgeübten Gewerbebetrieb der privaten und öffentlichen Kreditinstitute unterfallen jedoch auch die damit zusammenhängenden Berufs bzw. Betriebs- und Geschäftsgeheimnisse, die unter dem Oberbegriff des Bankgeheimnisses zusammengefaßt worden sind.[2184] Als essentialia negotii für die bankgeschäftliche Tätigkeit überhaupt kann diesen Daten und Informationen ein konkreter Vermögenswert zugeordnet werden. Diese Daten und Informationen umfassen auch den Kundenstamm der Kreditinstitute nebst die mit diesem im Zusammenhang stehenden (akzessorischen) Daten. Sowohl bei privaten Banken als auch bei öffentlich - rechtlichen Kreditinstituten dienen diese Daten und Informationen als Anknüpfungspunkt für staatliche Eingriffs- bzw. Durchbrechungsmaßnahmen, wie sie beschrieben worden sind. Dadurch wird das Berufs- bzw. Geschäftsgeheimnis der Banken verletzt. Die Anknüpfung der staatlichen Normen an das Bankgeheimnis stellt sich als ein Eingiff in den eingerichteten und ausgeübten Gewerbebetrieb dar und beeinträchtigt dadurch die Eigentumsfreiheit der Banken. Dieser Gesichtspunkt wird auch durch den Umstand unterstrichen, daß Banken und ihren Angestellten zivilprozessual gemäß § 384, Nr. 3 ZPO ein Zeugnisverweigerungsrecht zugestanden wird, sofern die Gefahr besteht, Gewerbegeheimnisse zu verraten. Dieses Zeugnisverweigerungsrecht ist auch hier Folge des Doppelcharakters des Bankgeheimnisses und wurde bereits in diesem Zusammenhang vorgestellt.[2185] Die zum Zeugnisverweigerungsrecht gemachten Ausführungen[2186] sind hier kurz in Erinnerung zu rufen. Das Zeugnisverweigerungsrecht des § 384, Nr. 3 ZPO ist für die Bank originär, da es ein eigenes und vom Kundenwillen im Sinne des § 385, Abs. II ZPO unabhängiges Zeugnisverweigerungsrecht für die Bank darstellt.[2187] § 384, Nr. 3 ZPO lautet:

„*Das Zeugnis kann verweigert werden:*
3. über Fragen, die der Zeuge nicht würde beantworten können, ohne ein Kunst- oder ***Gewerbegeheimnis*** *zu offenbaren*".

Der Begriff Gewerbegeheimnis wird dabei synonym als Geschäftsgeheimnis interpretiert[2188] und umfaßt die beim Betrieb eines Gewerbes anfallenden Geheimnisse, an deren Geheimhaltung ihrer Natur nach der Gewerbetreibende ein aus den Umständen erkennbares, erhebliches und unmittelbares Interesse hat.[2189] Der Begriff ist insofern identisch mit den unter § 383, Abs. I, Nr. 6 ZPO fallenden Berufsgeheimnissen[2190] und erstreckt sich bei Banken auf das Bankgeheimnis.[2191] Dieses Geheimhaltungsinteresse ist bei Banken hinsichtlich des Bankgeheimnisses offensichtlich gegeben, so daß das Bankgeheimnis zivilprozessualen Schutz[2192] genießt und damit grundsätzliche staatliche Anerkennung erlangt hat. Aber auch bei öffentlich - rechtlichen Kreditinstituten unterliegen die im Rahmen ihrer Tätigkeit anfallenden Daten und Informationen des Bankgeheimnisses einer Geheimhaltungspflicht, die sich im Gegensatz zu den privaten Banken auch auf Strafverfahren erstreckt, wie ein Blick auf § 54, Abs. I StPO zeigt. Auch bei öffentlich - rechtlichen Kreditinstituten wird das Bankgeheimnis staatlicher-

2184 Bruchner, in: BankTHdb., § 39, Rn. 4; Sichtermann/Kirchherr, a.a.O., S. 37 ff..
2185 Vgl. hierzu oben im 1. Teil, S. 37 ff..
2186 Siehe hierzu oben im 1. Teil, S. 37 ff..
2187 Siehe hierzu oben im 1. Teil, S. 38 f..
2188 Thomas/Putzo, ZPO, § 384, Rn. 5. In diesem Sinne auch Ruppelt, a.a.O., S. 50. Siehe oben im 1. Teil, S. 37 ff., 142 ff..
2189 Sichtermann/Feuerborn, a.a.O., S. 224; Siehe oben im 1. Teil, S. 37 ff., 142 ff..
2190 Sichtermann/Feuerborn, a.a.O.; Thomas/Putzo, a.a.O.. Siehe oben S. 37 ff., 142 ff..
2191 Weber, in: BuB, Kap.2, Rn. 2/840; Bruchner, in: BankRHdb., § 39, Rn. 106.
2192 Auf die Anwendbarkeit dieser Zeugnisverweigerungsvorschriften in anderen Verfahren wurde bereits oben auf S. 142 ff. - m.w.N. hingewiesen.

seits geschützt und dadurch anerkannt.[2193] Vom Inhalt und Umfang her unterscheidet sich diese Geheimhaltungspflicht der öffentlichen Kreditinstitute nicht von der Geheimhaltung der privaten Banken. Änderungen ergeben sich nur aus dem Umstand, daß öffentlich - rechtliche Kreditinstitute und ihre *verbeamteten* Mitarbeiter von ihrer Schweigepflicht (Amtsverschwiegenheit), unter die die Tätigkeit der öffentlich - rechtlichen Kreditinstitute fällt solange sie in Rechtsform einer Anstalt öffentlichen Rechts geführt werden[2194], von ihrem Dienstvorgesetzten entbunden werden müssen, um vor Gericht als Zeuge aussagen zu können.[2195] Diese Aussagegenehmigung ist auch dann erforderlich, wenn der Bankkunde der Offenbarung der Daten und Informationen zustimmt.[2196] Auch hier zeigt sich somit der originäre Charakter des Zeugnisverweigerungsrechts. Für den Zivilprozeß ist diese Aussagegenehmigung gemäß § 376, Abs. III ZPO vom Gericht einzuholen[2197]. Das Gros der Mitarbeiter in den Sparkassen ist hingegen nicht im Beamten- sondern im Angestelltenstatus tätig. Für derartige Sparkassenmitarbeiter gilt das soeben genannte gesetzliche Entbindungserfordernis des Dienstvorgesetzten nicht, da dieses Erfordernis für angestellte Sparkassenmitarbeiter nicht gesetzlich geregelt ist.[2198] Die Schweigepflicht der angestellten Sparkassenmitarbeiter und das Entbindungserfordernis durch den Dienstvorgesetzten ergibt sich lediglich (arbeits-) vertraglich aus § 9 BAT.[2199] Die gewerbliche Tätigkeit der Kreditinstitute und das mit dieser Tätigkeit einhergehende Bankgeheimnis erfährt auf dem Weg der genannten verfahrensrechtlichen und prozessualen Normen einfach - gesetzliche Anerkennung durch den Staat, wenngleich die bei öffentlichen Kreditinstituten erforderliche Aussagegenehmigung des Dienstvorgesetzten in der Regel erteilt wird.[2200] Auf der anderen Seite werden die bei den Kreditinstituten befind-

---

2193 Sichtermann/Feuerborn, a.a.O., S. 243 f. weisen in diesem Zusammenhang z.B. auf § 32 BBankG hin.

2194 Sichtermann/Feuerborn, a.a.O., S. 221; Bruchner, in: BankRHdb., § 39, Rn. 7.

2195 Sichtermann/Feuerborn, a.a.O., S. 221 f.; § 12, S. 243 ff. (zivilprozessual); § 16, S. 333 f. (strafprozessual); Kleinknecht/Meyer-Goßner, StPO, § 54, Rn. 4, 16 ff.; vgl. auch Weber, in: BuB, Kap.2, Rn. 2/863; Dahm, in: BuB, Kap. 2, Rn. 2/886; Bruchner, in: BankRHdb., § 39, Rn. 44, 106; Ungnade, Bankgeheimnis gegenüber den Strafverfolgungsbehörden, WM 1976, S. 1213. Fehlt die Entbindungserklärung des Dienstvorgesetzten, ist die gleichwohl gemachte Aussage des Bankangestellten nicht verwertbar - vgl. Sichtermann / Feuerborn, § 10, S. 222. Diesbezüglich *anderer Ansicht* Kleinknecht/Meyer-Goßner, a.a.O., Rn. 15.

2196 Sichtermann/Feuerborn, a.a.O., § 10, S. 222. Scholz, Parlamentarischer Untersuchungsausschuß und Steuer geheimnis, AöR, 115 (1980), S. 580 f. weist darauf hin, daß eine Aussagegenehmigung des Dienstvorgesetzten nicht von der Pflicht zur Wahrung des Steuergeheimnisses (§ 30 AO) entbinden würde, da § 30 AO im Verhältnis zu §§ 54, 96 StPO lex specialis sei. Ferner hat die Aussagegenehmigung des Dienstvorgesetzten keine Wirkung im Fall von Anderkonten, die von Angehörigen der rechts-, steuer- und wirtschaftsberatenden Berufe geführt werden, da eine Aussagegenehmigung, die sich auch auf derartige Konten ertrecken würde, das Recht dieser Berufsträger aus § 53 StPO konterkarieren würde. Im Verhältnis zu diesen Personen ist das Kreditinstitut bei der Führung dieser Konten „Gehilfe" im Sinne von § 53 a StPO, auf die sich das Zeugnisverweigerungsrecht der genannten Berufsträger auch auf deren Berufshelfer erstreckt und dieser Begriff weit auszulegen ist - Dahm/Schebesta/Schroeter/Weber, Bankgeheimnis und Bankauskunft in der Praxis, Rn. 19; Dahm, in: BuB, Kap. 2, Rn. 2/887; Schwintowski, Bankrecht, S. 30.

2197 Ähnlich in § 54 StPO, wo die Aussagegenehmigung von der vernehmenden Stelle (Richter, Staatsanwaltschaft, Polizei) zu erwirken ist - vgl. Kleinknecht/Meyer-Goßner, a.a.O., Rn. 17.

2198 Thomas/Putzo, a.a.O., § 376, Rn. 7; Sichtermann/Feuerborn, a.a.O., S. 221.

2199 Thomas/Putzo, a.a.O.; Sichtermann/Feuerborn, a.a.O.; Kleinknecht/Meyer-Goßner, a.a.O., Rn. 9; Müller, Die Grenzen des Bankgeheimnisses, NJW 1963, S. 834. Diese vertragliche Schweigepflicht kann daher in bezug auf den Sparkassenkunden als eine echte Regelung zugunsten Dritter bezeichnet werden, deren Verletzung dem Kunden die Möglichkeit von Schadenersatzansprüchen einräumen würde.

2200 Vgl. hierzu Kleinknecht/Meyer-Goßner, a.a.O., Rn. 20; Scholz, AöR, 115 (1980), S. 579; Ungnade, WM 1976, S. 1213; Sichtermann/Feuerborn, a.a.O., S. 222, die zutreffend auf § 62, Abs. I BBG und § 39, Abs. III BRRG hinweisen, wonach die Aussagegenehmigung nur zu versagen ist, „wenn die Aussage dem Wohl des Bundes oder eines Landes Nachteile bereiten oder die Erfüllung öffentlicher Aufgaben erheblich gefährden oder erheblich erschweren würde". Für Feuerborn ist bei der Prüfung, ob eine Aussagegenehmilichen Daten und Informationen, die das Bankgeheimnis ausmachen, zum Anknüpfungspunkt staatlicher Eingriffs- und Durchbrechungsnormen genommen, wie sie geschildert worden sind. Es bleibt jedoch festzuhalten, daß die Bedeutung, die das Bankgeheimnis für die Tätigkeit der privaten und der öffentlichen Kreditinstitute hat, seitens des Staates einfach - gesetzlich anerkannt worden ist. Wenn die Kreditinstitute für die dem Bankgeheimnis unterfallenden Daten und Informationen den genannten prozessualen Schutz genießen, ist ihnen auch ein prima facie Schutz durch Art. 14, Abs. I, S. 1 GG zuzugestehen, denn eine Versagung dieses Schutzes würde aufgrund dieser prozessualen Regelungen inkonsequent erscheinen und der Bedeutung des Bankgeheimnisses für die Tätigkeit der Kreditinstitute nicht gerecht werden. Es soll daher festgehalten werden, daß das Bankgeheimnis als wesentlicher Bestandteil des eingerichteten und ausgeübten Gewerbebetriebes ‚Bank' für die privaten und öffentlichen Kreditinstitute durch die Eigentumsgarantie des Art. 14, Abs. I, S. 1 GG prima facie geschützt ist. Die Schranken der Eigentumsfreiheit erfordern Eingriffsgründe von lediglich einfach - proportionaler Relevanz und sind insofern mit den Schrankenvoraussetzungen der Berufsausübungsfreiheit identisch. Dieses wurde bereits im Zusammenhang mit der Darstellung der Firmenkunden ausgeführt, so daß auch hier gilt, daß eine zulässige Eingriffsregelung im Bereich der Berufsfreiheit in der Regel zugleich eine zulässige Schrankenregelung für den Bereich der Eigentumsfreiheit darstellt.[2201] Auch hier ergibt sich der effektive Grundrechtsschutz durch Abwägung der widerstreitenden Interessen von Bank und Staat im Rahmen der Verhältnismäßigkeit.

III.) Die Durchbrechungen des Bankgeheimnisses aus der Perspektive der Bank

Die Weite des geschilderten Eingriffsbegriffs bringt es mit sich, daß Eingriffe in das Bankgeheimnis im Staat - Bürger - Verhältnis auch die Bank in ihrem Interesse auf Wahrung ihres Berufs- / Gewerbegeheimnisses (Bankgeheimnis) beinträchtigen. Es handelt sich somit im Verhältnis zur Bank um mittelbare Eingriffe. Daneben gibt es staatliche Eingriffe in das Bankgeheimnis, die spezifisch im Verhältnis Staat - Bank beheimatet sind. Auch aus Sicht der Bank kommt es indes nicht darauf an, ob ein Eingriff unmittelbar oder mittelbar erfolgt, sondern lediglich darauf, daß in ihren grundrechtlichen Schutzbereich eingegriffen wird. Dieses wurde bereits dargestellt.[2202] Die für die Bank maßgeblichen Kriterien wurden oben mit dem Begriff des verfassungsrechtlichen Abstraktionsprinzips beschrieben. Die in diesem Zusammenhang gemachten Aussagen sind hier kurz in Erinnerung zu rufen. Kerngedanke des Abstraktionsprinzips ist es, einen Eingriff in einer Relation unabhängig von einem Eingriff in einer anderen Relation zu betrachten. Konkret bedeutet dieses im hier interessierenden Kontext, daß die Rechtmäßigkeit eines Eingriffs im Verhältnis Staat - Bankkunde keine Aussagekraft für das zugleich mitbetroffene Verhältnis Staat - Bank entfaltet, diese Verhältnisse somit in Bezug auf ihre Eingriffsvoraussetzungen unabhängig voneinander zu betrachten sind. Was sich demnach in einem Verhältnis Staat - Bankkunde als gerechtfertigt erweist, kann im Verhältnis Staat - Bank rechtswidrig sein, muß aber nicht. Tatsächlich konnten für die Verhältnisse Staat - Bankkunde und Staat - Bank hinsichtlich der Eingriffe des Staates in das Bankgeheimnis vier theoretische Eingriffskonstellation unterschieden werden, die es zu betrachten gilt. Diese vier Konstellationen wurden in einer Tabelle dargestellt.[2203] Bezugnehmend auf

gung zu erteilen ist oder nicht, auch das Bankgeheimnis zu berücksichtigen sei- vgl. Sichtermann / Feuerborn, a.a.O., S. 222.

2201 Siehe oben S. 337 ff..

2202 Vgl. insoweit die Ausführungen zu den mittelbaren Eingriffen auf S. 278 f..

2203 Siehe hierzu die Tabelle auf S. 171.

diese Tabelle wurden einerseits Konstellationen unterschieden, bei denen sich staatliche Eingriffe in beiden Verhältnissen als gleichermaßen gerechtfertigt wie auch als nicht gerechtfertigt erweisen würden, andererseits wurden solche Konstellationen unterschieden, bei denen sich ein staatlicher Eingriff in einem der beiden Verhältnisse zwar als gerechtfertigt, im anderen Verhältnis hingegen als nicht gerechtfertigt erweisen würde. Diese divergenten Eingriffskonstellationen wurden als die eigentlich problematischen Konstellationen bezeichnet. Die hinter der Divergenz der Eingriffskonstellationen stehende entscheidende Frage ist somit die, ob ein staatlicher Eingriff in einem der beiden Verhältnisse gerechtfertigt ist oder nicht. Die Frage beantwortet sich nach Maßgabe der Schrankenvoraussetzungen, der in dem *jeweiligen* Verhältnis anzuwendenden Grundrechte. Sie wurde für das Verhältnis Staat - Bankkunde bereits beantwortet. Nunmehr gilt es, die Frage nach der Rechtfertigung staatlicher Eingriffe in das Bankgeheimnis der Bank aus deren Perspektive zu beantworten. Zur Vermeidung von Wiederholungen sollen hierbei primär die sich aus der Perspektive der Bank ergebenden besonderen Gesichtspunkte, in bezug auf die bereits im Verhältnis Staat - Bankkunde genannten Durchbrechungsnormen, dargestellt werden. Ergänzend erfolgt die Darstellung von Durchbrechungsnormen, die spezifisch im Staat - Bank - Verhältnis beheimatet sind.

1.) Durchbrechungen des Bankgeheimnisses im Rahmen der StPO

Als Durchbrechungsnormen des Bankgeheimnisses wurden bereits die Beschlagnahme- und Durchsuchungsnormen der Strafprozeßordnung (§§ 94 ff.; 102; 103 StPO) vorgestellt. Des besseren Verständnisses wegen sind bereits im Verhältnis Staat - Bankkunde Ausführungen gemacht worden, die auch das Staat - Bank - Verhältnis betrafen. Zur Vermeidung von Wiederholungen wird auf diese Ausführungen, insbesondere auf die in diesem Zusammenhang erstellte Tabelle verwiesen.[2204] Die Durchsuchung einer Bank richtet sich nach den §§ 102; 103 StPO, je nachdem, ob der Bank ein strafrechtlicher Vorwurf gemacht werden kann oder nicht. Während § 102 StPO die Durchsuchung beim Verdächtigen einer Straftat regelt, regelt § 103 StPO die Durchsuchung bei einer unverdächtigen Person. Dieses wurde ausgeführt.[2205] Danach ist Voraussetzung einer Bankdurchsuchung unter anderem, daß diese durchgeführt wird, um Beweismittel aufzufinden, die für eine bestimmte Straftat von Bedeutung sind, damit diese Beweismittel gemäß der §§ 94 ff. StPO beschlagnahmt werden können.[2206] Für die Durchsuchung einer Bank ist ein richterlicher Durchsuchungsbeschluß (Art. 13, Abs. II GG; § 105, Abs. II StPO), der auch als ‚Bankbeschluß' bezeichnet wird, notwendig. Dieser Bankbeschluß enthält in der Regel zugleich eine richterliche Beschlagnahmeanordnung (§ 98, Abs. I StPO) und bezeichnet die Beweismittel, die es zu suchen und zu beschlagnahmen gilt, wodurch der Bankbeschluß insofern eine limitierende Wirkung erhält, da nicht nur die zu suchenden und zu beschlagnahmenden Beweismittel genannt werden, sondern auch die Räumlichkeiten, Behältnisse etc. umgrenzt werden, die zu diesem Zweck betreten bzw. durchsucht werden dürfen.[2207] Die Durchsuchung einer Bank beeinträchtigt meist zwei verschiedene Grundrechtsbereiche der Bank, nämlich zum einen den durch Art. 12, Abs. I und Art.

2204 Siehe hierzu oben S. 139 ff., S. 171 (Tabelle).

2205 Vgl. oben S. 167 ff..

2206 Vgl. hierzu oben S. 162 ff..

2207 Es wurde bereits oben angedeutet, daß in der Praxis Bankbeschlüsse diesem limitierenden Erfordernis entweder nicht genügen, da die aufzufindenden Beweismittel zu ungenau bezeichnet werden oder die Räumlichkeiten, Behältnisse etc. die es zu durchsuchen gilt, nicht begrenzt werden. Andererseits konnten oben bereits Fälle genannt werden, bei denen sich die Ermittlungsbeamten an die in den Bankbeschlüssen tatsächlich befindlichen Limitierungen nicht gehalten haben.

14, Abs. I, S. 1 GG geschützten Bereich des Bankgeheimnisses, sowie zum anderen den durch Art. 13, Abs. I GG geschützten Bereich der Unverletzlichkeit der Wohnung, wobei der Begriff der Wohnung weit zu interpretieren ist und auch gewerblich bzw. geschäftlich genutzte Räume erfaßt.[2208] Die spezifischen Fragen und Probleme in Bezug auf Art. 13 GG sollen im Rahmen dieser Arbeit nicht vertieft werden, da sich hieraus keine Besonderheiten für den Schutz des Bankgeheimnisses der Bank ergeben. Interessieren sollen an dieser Stelle lediglich die mit der Durchsuchung einer Bank und der damit einhergehenden Beschlagnahme von Unterlagen im Zusammenhang stehenden Aspekte:

a.) Aspekte zur Durchsuchung gemäß § 102 StPO

Erfolgt die Durchsuchung einer Bank gemäß § 102 StPO, muß diese somit hinsichtlich einer Straftat als Täter oder Teilnehmer verdächtig sein.[2209] Viele der in der Vergangenheit erfolgten Bankdurchsuchungen erfolgten gemäß § 102 StPO, da Banken der pauschale Vorwurf gemacht wurde, diese hätten Bankkunden Beihilfe zu einer von diesen begangenen Steuerhinterziehung geleistet[2210], was bisweilen auch allein damit begründet wurde, daß die Banken den steuerhinterziehenden Kunden ihre Buchungssysteme zur Verfügung gestellt und allein dadurch Beihilfe geleistet hätten.[2211] Mitarbeiter der Banken, die konkrete Beihilfehandlungen begangen haben sollen, konnten jedoch in den wenigsten Fällen seitens der Ermittlungsbehörden benannt werden, weswegen die Ermittlungsbehörden den bereits oben vorgestellten Systemverdacht gegen die Banken als solche begründeten und diese dadurch generell zu inkriminieren suchten. Auf die oben gemachten Ausführungen zur Teilnahme- bzw. Beihilfeproblematik von Bankmitarbeitern an Steuerhinterziehungen von Bankkunden, zum Systemverdacht und den damit zusammenhängenden Fragen der Rasterfahndung und der Zufallsfunde wird verwiesen. Lediglich für den Fall der Dresdner - Bank wurde ferner ausgeführt, daß dort der Ansatz eines System-/Betriebsverdachts seitens der Ermittlungsbehörden naheliegend war, da eine sachbearbeitende Mitarbeiterin der Bank als Zeugin in einem Vorprozeß, der den der Steuerhinterziehung verdächtigten Bankkunden B 1 und B 2 galt, zu Protokoll des Gerichts erklärt hatte, daß es im Hause der Dresdner - Bank üblich sei, für Kunden anonyme Überweisungen zu einer Tochterfirma der Dresdner - Bank ins Ausland (in diesem Fall Luxemburg) zu tätigen, die unter Verwendung von Nummernkonten in Deutschland, wobei die entsprechende Decodierung der Konten über eine handschriftliche Kladde der Mitarbeiterin vorgenommen wurde, erfolgen würden. Im Hinblick auf § 154 AO, der Nummernkonten in Deutschlansd verbietet und dem Umstand, daß sowohl die Dresdner - Bank in Deutschland als auch in Luxemburg an den Transaktionen beteiligt waren, war die Vermutung eines System-/Betriebsverdachts gegen die Dresdner - Bank seitens der Ermittlungsbehörden naheliegend, da, so wurde oben ausgeführt, bei einer solchen Usance in der geschäftlichen Abwicklung einer derartigen Transaktion, die zudem von der Mitarbeiterin als im Hause der Dresdner - Bank üblich bezeichnet worden war, davon ausgegangen werden durfte, daß diese Buchungspraktik nicht ohne Kenntnis einiger höherer Ebenen der Bank erfolgen konnte. Für den Fall der gemäß § 102 StPO durchsuchten Dresdner - Bank bedeutete dieses, daß wegen der Aussage der Bankmitarbeiterin im Vorprozeß bereits im Vorfeld der Durchsuchungshandlungen den Ermittlungsbehörden konkrete und verifizierbare Anhaltspunkte dafür zur

---

2208 BVerfGE 32, 54 (54 -Leitsatz 1, 71 f.); BVerfGE 42, 212 (219) -Quick; Papperman, in: v.M., Grundgesetz-Kommentar, Art. 13, Rn. 10; Maunz, in: M/D/H/S, Art. 13, Rn. 3c; skeptisch hierzu wohl Kühne, in: Sachs, Grundgesetz-Kommentar, Art. 13, Rn. 4.

2209 Vgl. Konstellation Nr. 3 und 4 der genannten Tabelle auf Seite 171.

2210 Dieses entspricht der Konstellation Nr. 4 der Tabelle - vgl. oben S. 171.

2211 Vgl. oben S. 234 ff..

Verfügung standen, daß die Bank als Teilnehmer einer Steuerhinterziehung der konkret verdächtigten und deswegen letztendlich auch angeklagten Bankkunden B 1 und B 2 in Betracht kam. Zur Verifikation des eigentlichen Ausmaßes der Teilnahmehandlung der Bank, wobei auch an §§ 71, 72 AO zu denken ist, war eine Durchsuchung der Bank somit gerechtfertigt, wobei bereits deutlich gemacht wurde, daß diese Durchsuchung und die damit einhergehende Beschlagnahme von 40.000 (!) Kundenbelegen in bezug auf die bis dato unverdächtigen und den Ermittlungsbehörden im übrigen auch gänzlich (als Kunden der Dresdner - Bank) unbekannten Bürgern B 3 - B x nicht gerechtfertigt war.[2212] Im Verhältnis zu diesen unverdächtigen Bürgern hätten die beschlagnahmten Kundenbelege keine Verwendung finden dürfen, da es sich im Verhältnis zu diesen Bürgern und Bankkunden um keine echten Zufallsfunde gehandelt hat. War dieser System-/Betriebsverdacht im Fall der Dresdner - Bank aufgrund der konkreten Vorkenntnis der Ermittlungsbehörden gerechtfertigt, lassen sich aus dieser Erkenntnis im Fall der Dresdner - Bank keinerlei Rückschlüsse auf das geschäftliche Betragen anderer Banken schließen. In Bezug auf andere Banken läßt sich ein solcher System-/ Betriebsverdacht nicht begründen, da es den Ermittlungsbehörden hinsichtlich der internen Buchungsmethoden anderer Banken bei Transaktionen ins Ausland an entsprechend konkreten Anhaltspunkten fehlt. Von den Vorgängen im Hause der Dresdner - Bank automatisch auf andere Banken zu schließen und diese ebenfalls unter dem Aspekt eines System-/ Betriebsverdachts zu betrachten, ist genauso absurd, wie aus der konkreten Straftat des Bürgers (Bankkunden) B 1 automatisch zu schließen, daß auch der Bürger (Bankkunde) B 2 eine entsprechende Straftat begangen habe. Daß diese letztgenannte Schlußfolgerung bei den Bürgern B 1 und B 2 als absurd empfunden wird liegt daran, daß eine solche Schlußfolgerung ohne weitere und konkrete Hinweise bzw. Anhaltspunkte auf eine Tat des Bürgers B 2 schlichtweg nicht möglich und rein spekulativ wäre. Trotzdem erfolgte im Bereich der Banken eine entsprechende Schlußfolgerung seitens der Ermittlungsbehörden von einer Bank auf andere Banken und wurde zum Ausgangspunkt von Bankdurchsuchungen gemacht, ohne daß hinsichtlich anderer Banken entsprechend konkrete und verifizierbare Anhaltspunkte vorlagen, die auch bei diesen einen System-/Betriebsverdacht wie im Fall der Dresdner - Bank rechtfertigten. An die Ausführungen *Leisner's* anknüpfend handelt es sich in derartigen Konstellationen um Fälle von Ausforschungsmaßnahmen, wenn von einem Verdächtigen auf zahllose andere Verdächtige geschlossen wird, denn letztendlich sei nichts von Täter und Tat konkret bekannt und alles andere würde nur vermutet werden. Dieses sei der klassische Ausforschungsbeweis.[2213] Unter Bezugnahme auf *Joecks* wurde der System-/Betriebsverdacht daher als eine Durchsuchung charakterisiert, die gegen „unbekannte Mitarbeiter, die unbekannten Kunden geholfen hätten, unbekannte Steuerstraftaten zu begehen", gerichtet sei.[2214] Für die Perspektive der Banken folgt aus den gemachten Anmerkungen, daß diese einzeln und unabhängig voneinander zu betrachten und auf entsprechende konkrete Anhaltspunkte für ihre Täterschaft oder Teilnahme im Sinne von § 102 StPO zu untersuchen sind. Dieses ist Ausdruck des beschriebenen Abstraktionsprinzips, wonach die Rechtmäßigkeit eines Eingriffs in einer Relation keine Aussagekraft für die Rechtmäßigkeit eines Eingriffs in einer anderen Relation entfaltet. Wie auch im Verhältnis Staat - Bürger gilt auch im Verhältnis Staat - Bank, daß das Verhältnis des Staates zur Bank 1 ein anderes ist, als das Verhältnis des Staates zu Bank 2.

2212 Vgl. Konstellationen Nr. 2 und 3 der oben genannten Tabelle und die hierzu gemachten Ausführungen auf S. 171.

2213 Leisner, Ausforschungsbeschlagnahme, BB 1995, S. 528; dergl., Ausforschungsdurchsuchung?, BB 1994, S. 1945. Vgl. zu den Ausführungen Leisner's bspw. auch oben S. 177 f..

2214 Siehe Joecks oben auf S. 174 f..

b.) Aspekte zur Durchsuchung gemäß § 103 StPO

Kann daher ein System-/Betriebsverdacht wie im Fall der Dresdner - Bank in der Regel nicht als Eingriffsvoraussetzung einer Bankdurchsuchung gemäß § 102 StPO gelten, verbleibt die Möglichkeit, eine Bank zu durchsuchen, weil einem oder mehreren konkreten Mitarbeitern der Bank der Vorwurf einer Teilnahmehandlung an der Steuerhinterziehung ihres Kunden gemacht werden kann. Ein Rückschluß von dem vorwerfbaren Verhalten des Bankange-stellten auf einen System-/Betriebsverdacht, der die Bank als Ganzes erfassen würde, ist mangels diesbezüglicher konkreter Anhaltspunkte nicht möglich. Die Durchsuchung der Bank ist in diesen Fällen lediglich gemäß § 103 StPO möglich, da die Bank als solche ja unver-dächtig ist,[2215] und beschränkt sich auf die Räumlichkeiten und Behältnisse etc., zu denen der verdächtigte Bankangestellte tatsächlich Zugang hat.[2216]

c.) Aspekte zur Beschlagnahme gemäß §§ 94 ff. StPO

Die Durchsuchung einer Bank dient unter anderem dazu, Beweismittel aufzufinden und diese zu beschlagnahmen. Die Beschlagnahme besteht in der Wegnahme der Beweismittel und der Begründung amtlicher Verwahrung.[2217] Auch hierbei gilt es in Bezug auf die Perspektive der Banken, einige Umstände zu beachten. Die Beschlagnahme von Bankunterlagen, in Form von Akten, Belegen, Microfichen, Disketten, Festplatten, ganzen Computern etc. stellt einen Eingriff in das Bankgeheimnis der Bank dar, da die in diesen Unterlagen enthaltenen Daten und Informationen gesichtet, gelesen und dadurch Dritten (dem Staat) offenbart werden. Die Beschlagnahme von Bankunterlagen steht dabei unter dem Gebot des Verhältnismäßigkeitsgrundsatzes,[2218] da das Prinzip der Bank auf Wahrung des Bankgeheimnisses und das Prinzip des Staates, das auf seine Durchbrechung drängt, miteinander kollidieren. Das Bundesverfassungsgericht betont, daß es grundsätzlich Aufgabe des Gesetzgebers sei, die geschilderte Konfliktlage zu lösen.[2219] Im Rahmen des Verhältnismäßigkeitsgrundsatzes erfährt der Teilgrundsatz der Erforderlichkeit bei der Beschlagnahme von Bankunterlagen etc. besondere Bedeutung, da seinem ultima - ratio Charakter gemäß nicht die Beschlagnahme von Bankunterlagen, Computern, Festplatten etc. das mildest mögliche Mittel darstellt, sondern in aller Regel die entsprechende Kopie der notwendigen Beweisunterlagen. Die Beschlagnahme von Akten, Unterlagen und Computern beeinträchtigt die Bank in ihrem Geschäftsgang, da sie vielfach ohne diese Unterlagen nicht weiterarbeiten kann. Die Bank kann ihre Unterlagen daher nicht entbehren, zumal die Ermittlungsverfahren im Bereich des Wirtschafts- und

---

2215 Diesen Umstand verkennt zum Beispiel das LG-Koblenz in seinem Urteil vom 24.07.1998, in: WM 1998, S. 2292. Dort begründet das Gericht ausdrücklich einen System-/Betriebsverdacht gegen das Kreditinstitut, sieht hingegen „nur“ eine Durchsuchungsmöglichkeit gemäß § 103 StPO für gegeben. Dieses ist bezogen auf die Begründung eines System-/Betriebsverdachts gegen die Bank als solche inkonsequent, da in einem solchen Fall die Bank einer Täterschaft oder Teilnahme an einer Straftat im Sinne von § 102 StPO verdächtig ist. Gleichwohl ist die Anwendung des § 103 StPO für die dem Urteil des LG-Koblenz zugrundeliegenden Fall im Endergebnis zumindest insoweit richtig, da es sich in diesem Fall in realiter nicht um einen, vom Gericht fälschlich angenommenen, System-/Betriebsverdacht gegen die Bank handelte, sondern (auch ?) um einen Beihilfeverdacht gegen unbekannte Mitarbeiter. Richtet sich der Verdacht somit gegen Mitarbeiter der Bank, sind diese und nicht die Bank verdächtig. Daher war die Durchsuchung nach § 103 StPO durchzuführen.

2216 Joecks, Die Stellung der Kreditwirtschaft im steuerstrafrechtlichen Ermittlungsverfahren gegen Kunden, Sonderbeilage Nr.1 zu WM, Heft 20/1998, S. 5, 21 ff.; Burkhard, Stbg. 1998, S. 310.

2217 Dahm/Schebesta/Schroeter/Weber, a.a.O., Rn. 21; Dahm, in: BuB, Kap. 2, Rn. 2/890.

2218 Bruchner, in: BankRHdb., § 39, Rn. 47. Siehe auch oben z.B. S. 128 ff..

2219 Vgl. BVerfG-NJW 1966, S. 1603 ff. (1607).

Steuerstrafrechts recht langwierig sind. Daher gebietet es der Teilgrundsatz der Erforderlichkeit in aller Regel, daß sich die Ermittlungsbehörden mit Kopien, Dateiausdrucken oder Kopien von Computerdateien und -programmen auf entsprechenden Datenträgern (z.B. Streamer) der Ermittlungsbehörden begnügen.[2220] Dieses gilt um so mehr für den Fall, daß sich das Ermittlungsverfahren nicht gegen die Bank, sondern lediglich gegen einen oder mehrere Bankkunden richtet.[2221] Darüberhinaus ist bei der Beschlagnahme von Bankunterlagen, Computerdateien etc. zu beachten, daß diese Unterlagen etc. im Eigentum der Bank stehen und dadurch zusätzlich das Grundrecht der Eigentumsfreiheit der Bank beeinträchtigt wird.[2222] Dieses gilt auch aus dem Grund, daß Bankunterlagen interne Berechnungen und Beurteilungen der Bank in bezug auf ihre Kunden enthalten. Nach Ansicht des Bundesfinanzhofs soll sich das Eigentumsrecht der Bank selbst auf die Fälle erstrecken, in denen von diesen Bankunterlagen Vervielfältigungen in Form von Kopien und Abschriften ohne Einwilligung des Inhabers der Papiere erstellt werden, da die aus § 903 BGB resultierende Eigentümerbefugnis beinhaltet, Dritte auch von der Nutzung der dem Eigentum unterfallenden Sache auszuschließen.[2223] Jedoch gebietet es auch hier der Teilgrundsatz der Erforderlichkeit im Rahmen der Verhältnismäßigkeitsprüfung, daß sich die Ermittlungsbehörden mit Kopien, Dateiausdrucken etc. zufrieden geben, da die Anfertigung dieser Kopien zwar das Eigentum der Bank an ihren Unterlagen beeinträchtigt, diese Beeinträchtigung jedoch ein milderes Mittel darstellt, als der Entzug der Unterlagen als solcher.

2.) Durchbrechungen des Bankgeheimnisses im Rahmen des Steuerrechts

Bereits im Verhältnis Staat - Bankkunde konnte gezeigt werden, daß Banken durch die Begründung von Auskunfts- und Kontrollmitteilungspflichten im Steuerrecht in das Steuerverfahren ihrer Kunden involviert werden. Auch hierbei ergeben sich aus der Perspektive der Bank Aspekte, die es im Staat - Bank - Verhältnis zu beachten gilt.

a.) Aspekte zur Mitteilungspflicht des § 45d EStG

Im Zusammenhang mit der Zinsabschlagsteuer[2224] als einer Form einer Kapitalertragssteuer (§§ 43 ff. EStG) wurde bereits oben ausgeführt, daß die Zinsabschlagsteuer die Funktion einer Einkommensteuervorauszahlung besitzt,[2225] da bei der Erzielung von Kapitalerträgen die Einkommensteuer direkt vom Kapitalertrag abgezogen wird (§ 43, Abs. I EStG), die individuelle Gesamtsteuerschuld sich jedoch erst im Rahmen der Steuerklärung bzw. hieraus resultierend aus der Steuerveranlagung ergibt. Zu diesem direkten Steuerabzug sind Kreditinstitute verpflichtet (§ 44, Abs. I EStG), es sei denn, der Bankkunde hat der Bank einen sog. Freistel-

[2220] Dahm/Schebesta/Schroeter/Weber, a.a.O., Rn. 23; Kleinknecht/Meyer-Goßner, a.a.O., § 94, Rn. 18; Dahm, in: BuB, Kap.2, Rn. 2/894; Bruchner, in: BankRHdb., § 39, Rn. 47.

[2221] In diesem Zusammenhang kann gegebenenfalls auch dahingehend differenziert werden, daß in den Fällen, in denen sich das Ermittlungverfahren gegen Bankkunden richtet, die Ermittlungsbehörden, in Fällen, in denen sich das Ermittlungsverfahren gegen die Bank richtet, die Bank mit Kopien vorlieb nehmen muß.

[2222] So ausdrücklich BFH, Beschluß vom 28.10.1997 (VII B 40/97, FG Baden-Württemberg), in: WM 1997, S. 2344 - Leitsatz 1, 2347. Diese Einstellung wird auch im us-amerikanischen Rechtskreis vertreten. Hendricks/Hayden/Novik,Your Right to Privacy, S. 139 ff. (143) führen daher aus: „... the records maintained by banks describing the financial affairs of a customer... do not belong to the customer. ... and they are the banks, not the customer's".

[2223] BFH, WM 1997, S. 2347.

[2224] Zum Begriff des ‚Zinsabschlages' vgl. § 43a, Abs. I, Nr. 4 EStG.

[2225] Vgl. §§ 36, Abs. II, Nr. 2; 44 b; 46, Abs. II, Nr. 8 EStG.

lungsauftrag (§ 44a, Abs. I, Nr. 1, Abs. II EStG) erteilt oder verfügt über eine sog. Nichtveranlagungsbescheinigung (§ 44a, Abs. I, Nr. 2, Abs. II EStG). Die diesbezüglichen Einzelheiten, die mit der Besteuerung von Kapitalerträgen (im Sinne des § 20, Abs. I, Nr. 7 EStG) zusammenhängen, sollen hier nicht en detail interessieren. Interessieren soll hier jedoch der ebenfalls bereits genannte Umstand, daß im Zusammenhang mit der Erteilung von Freistellungsaufträgen § 45d, Abs. I EStG[2226] eine Mitteilungspflicht der Kreditinstitute an das Bundesamt für Finanzen begründet, indem Kreditinstitute als für die Einbehaltung und Abführung des Zinsabschlages zuständige Stellen, dem Bundesamt die in § 45d, Abs. I, S. 1, Nr. 1 - 6 EStG genannten Daten und Informationen mitzuteilen haben.[2227] Bei diesen mitzuteilenden Daten und Informationen handelt es sich um die Mitteilung von Vor- und Zunamen, sowie Geburtsdatum der Person, die den Freistellungsauftrag erteilt hat, deren Anschrift sowie die Höhe des Betrages über den der Freistellungsauftrag erteilt wurde. Auch Name und Anschrift des Empfängers des Freistellungsauftrages sind mitzuteilen. Auch wenn das Bundesamt für Finanzen nach § 45d, Abs. II EStG die auf diese Weise erlangten Daten und Informationen nur[2228] zur Überprüfung der rechtmäßigen Inanspruchnahme des Sparerfreibetrages[2229] verwenden darf, greift die geschilderte Mitteilungspflicht in den durch Art. 14, Abs. I, S. 1 GG geschützten eingerichteten und ausgeübten Gewerbebetrieb der Banken ein, indem das Bankgeheimnis durchbrochen wird. Die Begründung einer Mitteilungspflicht beeinträchtigt die Kreditinstitute zugleich in ihrer Berufsausübungsfreiheit aus Art. 12, Abs. I GG. Nur der Vollständigkeit halber sei angemerkt, daß nicht erst die Mitteilungspflicht sondern bereits die Verpflichtung der Kreditinstitute zur Einbehaltung und Abführung der Zinsabschlagsteuer als solche die Kreditinstitute in ihrer Berufsausübungsfreiheit beeinträchtigt.[2230] Hinsichtlich der Mitteilungspflicht treffen die bereits bekannten Prinzipien aufeinander, nämlich das der Bank auf Wahrung des Bankgeheimnisses und das des Staates auf Sicherung des Steueraufkommens und Gewährleistung einer möglichst gleichmäßigen Steuerbelastung der Steuerpflichtigen. Auch hier dient der Verhältnismäßigkeitsgrundsatz zur Auflösung der Kollisionslage. Wie bei allen Mitteilungspflichten[2231] wird auch hier nicht nur der bereits vorgestellte Erklärungsgrundsatz des Steuerrechts durchbrochen, sondern es begründet hier vor allem der Teilgrundsatz der Erforderlichkeit Bedenken gegen die Rechtmäßigkeit dieser Mitteilungspflicht. Erweist sich die im Zusammenhang mit der Erteilung von Freistellungsaufträgen geschaffene Mitteilungspflicht der Kreditinstitute im Rahmen der Besteuerung der Kapitalerträge noch teilweise als ein geeignetes Mittel, um der staatlichen Intention auf Sicherung des Steueraufkommens und einer gleichmäßigen Besteuerung zu genügen, bereitet insbeson-

---

2226 In Verbindung mit § 44, Abs. I EStG.

2227 Vgl. Dahm/Schebesta/Schroeter/Weber, a.a.O., Rn. 51; Dahm, in: BuB, Kap.2, Rn. 2/905; Bruchner, in: BankRHdb., § 39, Rn. 101.

2228 Beachte jedoch die in § 45d, Abs. III EStG aufgeführte Durchbrechung zugunsten der Bundesanstalt für Arbeit.

2229 Für Ledige 6.000 DM (§ 20, Abs. IV, S. 1 EStG) zzgl.100 DM Werbungskosten (§ 9a, Nr. 1b EStG), für Verheiratete 12.000 DM (§ 20, Abs. IV, S. 2 EStG) zzgl. 200 DM Werbungskosten (§ 9a, Nr. 1b EStG). Diese Freibetragsgrenzen sollen zukünftig erheblich gesenkt werden.

2230 Das wurde vom Bundesverfassungsgericht bereits für den Fall der Kuponsteuer entschieden. In der Kuponsteuerentscheidung heißt es daher, daß die Heranziehung von Banken zum Abzug der Zinsabschlagssteuer eine Verpflichtung zur Erfüllung von Verwaltungsaufgaben sei (ähnlich wie der Lohnsteuerabzug) und daß die Verpflichtung der Banken zur Einbehaltung der Zinsabschlagssteuer „sich als eine Regelung der Berufsausübung nach Art. 12, Abs. I, S. 2 GG“ darstellen würde - vgl. BVerfGE 22, 380 (383).; Breuer, in: Hdb. des StaatsR, § 148, Rn. 28; Herrler, a.a.O., S. 25, 218 ff.. Ausführlich zur Heranziehung von Banken im Rahmen der Steuerverfahren Herrler, a.a.O., S. 24 ff.; Hey, Steuern verwalten durch Banken, FR 1998, S. 497 ff. die allerdings bei der Heranziehung der Banken zur Abführung von Steuern ihrer Kunden zusätzlich Art. 14, Abs. I, S. 1 GG seitens der Bank verletzt sieht - Hey, a.a.O., S. 504.

2231 So z.B. auch im Rahmen des § 33 ErbStG.

dere der ultima - ratio Charakter des Teilgrundsatzes der Erforderlichkeit vorliegend Schwierigkeiten. Die Begründung der Mitteilungspflicht müßte hiernach das mildeste der in Betracht kommenden Mittel sein, welches in die Rechte der Bank (aber auch des Bankkunden) eingreift. Auch hier gilt, wie bei der oben vorgestellten Mitteilungspflicht gemäß § 33 ErbStG, daß Auskunftsersuchen im Verhältnis zu generellen Mitteilungspflichten ein milderes Mittel darstellen. Zur weiteren Beantwortung der Frage, ob die genannte Mitteilungspflicht dem ultima - ratio Gesichtspunkt genügt, gilt es des besseren Verständnisses wegen, zunächst einen kurzen Blick auf das Zinsabschlagsteuerverfahren zu werfen. Es wurde bereits gesagt, daß Kreditinstitute verpflichtet sind, die an den Bankkunden auszukehrenden Kapitalerträge um die Zinsabschlagsteuer, um den Zinsabschlagsteueranteil zu kürzen (Quellenabzug)[2232]. Die Kreditinstitute sind somit verpflichtet, einen Teil der Kapitalerträge, die zugunsten des Bankkunden anfallen, einzubehalten und diese an den Staat abzuführen. Daher kann die Zinsabschlagsteuer auch als eine Quellensteuer bezeichnet werden. Hierbei erfolgt die Abführung der vom Kreditinstitut einbehaltenen Kapitalerträge an den Staat in einer (anonymen) Summe, ohne daß dem Staat gegenüber eine Aufschlüsselung erfolgt, bei welchem Bankkunden, welche Kapitalerträge, aus welcher Anlageform und in welcher Höhe angefallen sind. Dieses bezeichnet das normale, vom Gesetzgeber vorgesehene Verfahren. Dieser Quellenabzug seitens der Kreditinstitute unterbleibt jedoch im Falle der Nichtveranlagungsbescheinigung und vor allem bei Erteilung eines Freistellungsauftrages. Hier tritt an Stelle der anonymen Abführung der vereinnahmten Kapitalerträge durch das Kreditinstitut deren Mitteilungspflicht aus § 45d EStG. Aus Sicht des Bankkunden bedeutet das geschilderte Quellenabzugsverfahren, daß er durch diese Prozedur zunächst weniger Rendite auf sein eingesetztes Kapital ausgezahlt erhält. Von seiner Bank[2233] bekommt der Bankkunde eine (Dividenden-) Bescheinigung ausgestellt (§ 45a, Abs. III EStG), aus der sich die für ihn individuell ergebenden Kapitalerträge ersehen lassen. Ferner wurde ausgeführt, daß die Abführung der Zinsabschlagsteuer für den steuerpflichtigen Bankkunden den Effekt einer Einkommensteuervorausszahlung hat, da sich seine individuelle Steuerschuld im Rahmen seiner Steuererklärung unter Bezug auf seine steuerpflichtigen Gesamteinkünfte ergibt.[2234] Aufgrund der individuellen Steuererklärung, in die auch die Kapitalerträge mit einzubeziehen sind[2235], da es sich bei diesen um eine der (sieben) Einkunftsarten des Einkommensteuergesetzes handelt, hat der Bankkunde mit Hilfe der ihm von der Bank übergebenen Bescheinigung über die für ihn angefallenen Kapitalerträge die Möglichkeit bzw. Pflicht (§ 90 AO), die bereits gezahlte Steuer dem Finanzamt mitzuteilen, wobei seine Gesamtsteuerschuld mit diesem bereits vorab gezahlten Steuerbetrag verrechnet wird.[2236] Will der Bankkunde dieses Quellenabzugsverfahren und den damit verbundenen Steuervoraus-zahlungseffekt vermeiden, erteilt er seiner Bank einen Freistellungsauftrag. Da die Zinsabschlagsteuer derzeit 30 % [2237] (für die Fälle des § 43, Abs. I, Nr. 7 EStG) beträgt und diese Steuer mit diesem Steuersatz im gesetzlich vorgesehenen Normalfall des Quellenabzuges vorab von der Bank an den Staat abgeführt wurde, kann es somit zu einer Diskrepanz zwischen diesem Steuersatz und dem tatsächlich

[2232] Das gleiche System eines Quellenabzugs erfolgt im Rahmen der sehr viel bekannteren Lohnsteuer - vgl. Tipke / Lang, a.a.O., Rn. 766.

[2233] Hier etwas vereinfacht dargestellt, da diese Bescheinigungen je nach Art der getätigten Anlage oftmals direkt vom Emittenten der entsprechenden Anleihe, des Fonds etc. erstellt wird.

[2234] Tipke/Lang, a.a.O., § 9, Rn. 769.

[2235] Tipke/Lang, a.a.O., 562, Rn. 769 stellen dabei klar, daß es sich bei der Kapitalertragssteuer, wie auch bei der Lohnsteuer, um eine Unterart der Einkommensteuer handelt und nicht um eine eigenständige Steuer (Rn. 769).

[2236] Tipke/Lang, a.a.O., Rn. 562.

[2237] 25 % bei Aktien (Fälle von § 43, Abs. I., Nr. 1-4, 6 EStG), 35 % bei Tafelgeschäften (§ 44, Abs. I i.V.m. § 43a, Abs. I, Nr. 4 EStG) vgl. Tipke / Lang, a.a.O., Rn. 767 f..

vom Steuerpflichtigen zu zahlenden Steuersatz kommen, zumal der Steuerpflichtige über beträchtliche Freibeträge verfügt, bis zu deren Erreichung er keinerlei Zinsabschlagsteuer zu entrichten braucht. Diese Freibeträge führen dazu, daß der überwiegende Teil der anfal-lenden Kapitalerträge bei der Mehrzahl der Steuerpflichtigen steuerfrei bleibt. Die Frei-beträge und die genannte Diskrepanz zwischen individuellem Steuersatz und Zinsabschlag-steuersatz können somit dazu führen, daß der Bankkunde und Steuerpflichtige (anteilig) seine Zinsabschlagsteuer zurückerhält, nämlich wenn sein persönlicher Steuersatz < 30 % ist.[2238] Vor diesem Hintergrund erscheint die Begründung der genannten Mitteilungspflicht nicht als das mildest mögliche Mittel, die staatlichen Interessen zu realisieren. Für die beträchtliche Anzahl von Steuerzahlern, deren persönlicher Steuersatz unter 30 % liegt und / oder deren Kapitalerträge die Freibetragsgrenzen nicht überschreiten, bedeutet die Deklaration der Kapitalerträge durch die Steuerpflichtigen, wovon an sich seitens des Staates aufgrund des geltenden Erklärungsgrundsatzes sowieso ausgegangen wird, daher ein ureigenstes Interesse, eine Obliegenheit, um anteilige Kapitalerträge zurückerstattet bzw. mit der individuellen Steuerschuld verrechnet zu erhalten. Werden Kapitalerträge in diesem Fall vom Steuer-pflichtigen nicht deklariert, ist dieses zwar nicht korrekt, doch ist dieser Umstand für den Fiskus von Vorteil, da der Steuerpflichtige dann Geld an ihn verschenkt. In diesen Fällen ist ein Freistellungsverfahren[2239] und das damit zusammenhängende Mitteilungsverfahren somit nicht erforderlich, um das Interesse des Staates an der Sicherung des Steueraufkommens sowie einer gleichmäßigen Besteuerung zu gewährleisten (§ 85 AO), da der Staat hinsichtlich seines Interesses an der Sicherung des Steueraufkommens mehr Steuereinnahmen erhält als er eigentlich erhalten würde, wenn eine ordnungsgemäße Deklaration stattgefunden hätte. In diesen Fällen erweist sich somit das Mitteilungsverfahren als überflüssig zur Realisierung des staatlichen Interesses und könnte insoweit weggelassen werden. Dieses würde sich im Verhältnis zu den Banken als ein milderes Mittel darstellen, da diese dann nicht verpflichtet wären, das Bankgeheimnis zu verletzten und die in § 45d, Abs. I EStG geforderten Daten und Informationen zu offenbaren. Bei genauer Betrachtung ist in dieser Konstellation das Mittel der Mitteilungspflicht nicht nur nicht erforderlich, um die Interessen des Staates zu realisieren, sondern im eigentlichen Sinne bereits nicht geeignet, den vom Staat verfolgten Interessen zu genügen. In dieser Konstellation ist nämlich das Steueraufkommen des Staates gesichert, da er durch die Obliegenheitsverletzung des Steuerpflichtigen mehr an Steuern erhält und behält, als ihm eigentlich zustehen würde. Dieses kann zwar theoretisch auch zu einer Ungleichheit in der tatsächlichen, faktischen Steuerbelastung der betroffenen Steuerpflichtigen führen, doch würde in dieser Konstellation diese ungleiche Belastung nicht auf staatlichem Tun beruhen, sondern auf der geschilderten Obliegenheitsverletzung des jeweiligen Bürgers. Ist die Mitteilungspflicht somit gar nicht notwendig, um dem staatlichen Interesse zu genügen, weil dieses auch so erfüllt wird, erweist sie sich als überflüssig. Da die Mitteilungspflicht andererseits Banken jedoch tatsächlich in ihrem grundrechtlich geschützten Bereich auf Wahrung des Bankgeheimnisses beeinträchtigt, erweisen sich derartig überflüssige Mit-

---

2238 Anders herum bekommt der Steuerpflichtige die vorab entrichtete Zinsabschlagssteuer nicht zurück, wenn sein persönlicher Steuersatz > 30 % (bzw. 35 % bei Tafelgeschäften) ist, da er dann erst Vorauszahlungen geleistet hat, die einem Steuersatz von 30 % / 35 % entsprächen. Hier würde somit eine Diskrepanz zugunsten des Fiskus bestehen. Hey, a.a.O., S. 498, 506 führt an, daß in rund 80 % der Besteuerungsfälle mit einer Rückerstattung der Steuer an den Bürger zu rechnen sei, so daß das Instrument des Freistellungsauftrages letztendlich dazu dient, den Finanzbehörden Verwaltungskosten zu ersparen.

2239 Wobei aus den Vorbemerkungen deutlich geworden sein dürfte, daß durch die Erteilung eines Freistellungsauftrages nicht die Steuerpflicht in Bezug auf Kapitalerträge entfällt, sondern lediglich die Vorauszahlungsfunktion dieser Steuer. Dadurch erhält der Steuerpflichtige einen Liquiditätsvorteil in Höhe von 30 % / 35 % der anfallenden Kapitalerträge, der insbesondere im gewerblichen Bereich von Interesse sein kann. Dieses war bereits oben Gegenstand der Argumentation.

teilungspflichten den Banken gegenüber als unverhältnismäßig. Es soll daher festge-halten werden, daß sich die Mitteilungspflicht der Bank in derartigen Fällen als unverhältnismäßig erweist, da sie weder geeignet, noch erforderlich ist, den staatlichen Steueranspruch und die Gleichheit der Steuerlast zu realisieren. Darüber hinaus stellen staatliche Auskunftsersuchen ein die Banken weniger belastendes Mittel dar, als generelle Mitteilungspflichten. Auch mit Auskunftsersuchen (§ 93 AO) kann das für den Staat streitende Prinzip realisiert werden. Aber auch in Fällen von Steuerpflichtigen, deren persönlicher Steuersatz > 30 % ist und die mit ihren Kapitalerträgen die Freibetragsgrenzen überschreiten, erweist sich die ge-nannte Mitteilungspflicht nicht als das mildeste Mittel und verletzt dadurch den Teilgrundsatz der Erforderlichkeit. Bei Steuerpflichtigen, die einen Steuersatz > 30 % haben und / oder deren Freibetragsgrenzen durch anfallende Kapitalerträge überschritten werden, erweist sich die Mitteilungspflicht zumindest als geeignet, die staatlichen Interessen an einer Sicherung der Steuereinnahmen und einer Gewährleistung einer gleichmäßigen Belastung der Steuerpflichtigen zu realisieren. Hier würde der Staat bei einer entsprechenden Nicht - Deklaration von Kapitalerträgen durch die Steuerpflichtigen Gefahr laufen, Steuereinnahmen zu verlieren. Die individuelle Steuerschuld der Steuerpflichtigen würde gegebenenfalls unzulässig verkürzt werden, wodurch sich die Steuerbelastung der Steuerpflichtigen insgesamt verzerren und zu einer entsprechenden, ungleichen Steuerbelastung der Bürger führen könnte. Vor dem Hintergrund des ultima - ratio Gedankens des Teilgrundsatzes der Erforderlichkeit wäre es in diesen Fällen jedoch ausreichend, Kreditinstitute seitens der Steuerbehörden um Einzelauskünfte (§ 93 AO) zu ersuchen, wenn sich konkrete Hinweise dafür finden lassen, daß der Steuerpflichtige Kapitalerträge nicht hinreichend deklariert und eine diesbezügliche Steuerhinterziehung begeht. Ein individuelles Auskunftsersuchen an das jeweilige Kreditinstitut würde sich im Verhältnis zu den pauschalen Mitteilungspflichten als ein milderes Mittel erweisen, da das Bankgeheimnis der Bank nicht generell, wie im Fall der Mitteilung, sondern nur punktuell, im Fall eines Auskunftsersuchens, beeinträchtigt würde. Das Interesse des Staates an der Sicherung des Steueraufkommens und einer gleichmäßigen Besteuerung kann dadurch trotzdem realisiert werden. Aber auch der Umstand, daß im allgemeinen der erfolgte „Quellenabzug durch eine Prüfung an Ort und Stelle" im Rahmen einer Außenprüfung (vgl. § 42f EStG; §§ 193 ff. AO) bei der Bank überprüft wird[2240], bzw. durchgeführt werden kann, eröffnet ein gegen-über einer pauschalen Mitteilungspflicht bestehendes milderes Mittel. Auch punktuelle Außenprüfungen bei Banken zur Kontrolle des Quellenabzuges beeinträchtigen das Bankgeheimnis der Banken in geringerem Maße als pauschale und generelle Mitteilungspflichten. Aus diesem Grunde erweist sich die durch § 45d, Abs. I EStG begründete Mitteilungspflicht im Verhältnis Staat - Bank auch in dieser Konstellation als unverhältnismäßig.[2241]

b.) Aspekte zum Auskunftsersuchen des § 93, Abs. I AO

Auch durch das in § 93, Abs. I AO normierte Auskunftsersuchen werden Kreditinstitute in das Steuerverfahren ihrer Kunden hineingezogen. Kreditinstitute sind Dritte im Sinne dieser Vorschrift. Dieses wurde im Verhältnis Staat - Bankkunde dargestellt. Die Begründung einer Auskunftspflicht durch Art. 93, Abs. I AO bedeutet für die Bank einen Eingiff in ihr Bankgeheimnis, da sie Daten und Informationen, die dem Bankgeheimnis unterfallen an den Staat

---

[2240] Tipke/Lang, a.a.O., Rn. 769.

[2241] Tipke/Lang, a.a.O., Rn. 563 ff. halten überdies die Zinsbesteuerung überhaupt für verfassungswidrig, da die Besteuerung von Kapitalerträgen zu wenig die Inflationsanfälligkeit dieser Erträge berücksichtigen würde, so daß die geltende Besteuerung nach dem Nominalwertprinzip gravierend das Leistungsfähigkeitsprinzip verletzen würde, wobei letzteres ein (inflationsresistentes) Realwertprinzip sei.

offenbaren muß. Staatliche Eingriffe in das durch Art. 12, Abs. I und Art. 14, Abs. I, S. 1 GG geschützte Bankgeheimnis der Banken müssen stets verhältnismäßig sein. Entscheidend im Verhältnis Staat - Bank ist das in § 93, Abs. I, S. 3 AO kodifizierte Subsdiaritätsgebot, das in Bezug auf die auskunftspflichtigen Banken als unmittelbarer, kodifizierter Ausdruck des hinter dem Teilgrundsatz der Erforderlichkeit steckenden ultima - ratio Gedankens angesehen werden kann. Ein Auskunftsersuchen an eine Bank muß daher ultima - ratio sein. Es gilt der bereits genannte Grundsatz, daß Dritte möglichst nicht mit den Belangen anderer zu behelligen sind, wobei oben in diesem Zusammenhang auf die Gedanken der Inanspruchnahme von Nicht - Störern im Polizeirecht rekurriert wurde.[2242] Im Kontext mit der Darstellung der Firmenkunden wurde daher ausgeführt, daß sich ein voreiliges Auskunftsersuchen, das an eine Bank als der zu befragenden Dritten gerichtet wird, bei dem das Subsidiaritätsgebot des § 93, Abs. I, S. 3 AO nicht beachtet und / oder zuvor ein Außenprüfungsverfahren beim steuerpflichtigen Firmenkunden nicht durchgeführt worden ist, im Verhältnis Staat - Bank wegen Verstoßes gegen den ultima - ratio Gedanken des Teilgrundsatzes der Erforderlichkeit als unverhältnismäßig erweisen würde.[2243] Der Teilgrundsatz der Erforderlichkeit gebietet es daher, daß das Außenprüfungsverfahren gemäß §§ 193 ff. AO bei den in § 193, Abs. I AO genannten Firmenkunden einer Bank[2244] vorab durchzuführen ist, da dieses Verfahren in das (Steuer-) Verhältnis Staat - Bürger gehört und dadurch Banken nicht mit den Belangen anderer behelligt werden. Die Außenprüfung beim Bankkunden stellt sich aus der Perspektive der Bank im Staat - Bank - Verhältnis als ein milderes Mittel dar, da dadurch die Bank nicht in ihren Schutzbereichen aus Art. 12, Abs. I GG und Art. 14, Abs. I., S. 1 GG beeinträchtigt wird.

Bei Auskunftsersuchen in bezug auf Privatkunden einer Bank ist dem Subsidiaritätsgebot des § 93, Abs. I, S. 3 AO aus Perspektive der Bank Genüge getan, wenn die oben, in Anlehnung an die drei-Stufentheorie entwickelte, abgestufte Informationsbeschaffung zunächst beim Kunden, dann in seinem persönlichen Umfeld und erst dann gegenüber der Bank erfolgt.[2245] Aus Perspektive der Bank ist auch eine Erfragung und Einholung der entsprechenden Informationen bei anderen Behörden ein milderes, vorrangig zu versuchendes Mittel.[2246] Der Erforderlichkeitsgesichtspunkt bringt es ferner mit sich, daß Auskunftersuchen auch in ihrem Umfang auf das tatsächlich und absolut notwendige Mindestmaß zu beschränken sind, damit es nicht zu entsprechenden Exzessen kommt, wie sie z.B. bei *Claussen* geschildert werden. Nach *Claussen* sei von einem Kreditinstitut im Rahmen eine Auskunftsersuchens verlangt worden, alle Kontoauszüge eines Steuerpflichtigen / Bankkunden der letzten 44 (!) Jahre auszudrucken.[2247] Das Subsidiaritätsgebot gebietet es im Staat - Bank - Verhältnis darüberhinaus, daß Auskunftsersuchen stets umfassend zu begründen sind[2248], damit die Bank ersehen kann, ob die genannten Voraussetzungen ihrer Inanspruchnahme überhaupt erfüllt sind und ob gegebenenfalls Rechtsmittel gegen ihre Inanspruchnahme Aussicht auf Erfolg hätten.

2242 Vgl. oben S. 221 ff..

2243 Vgl. oben S. 221 ff..

2244 Freiberuflich, gewerblich oder land- und forstwirtschaftlich tätige Steuersubjekte.

2245 Siehe oben S. 224 f..

2246 Vgl. Bruchner, in: BankRHdb., § 39, Rn. 79.

2247 Vgl. Claussen, Bank- und Börsenrecht, S. 104 f.. Die Frage, inwieweit ein solches Ersuchen in Anbetracht einer ‚nur' 6-jährigen Aufbewahrungspflicht der Bank für ihre Unterlagen sinnvoll ist, möge ein jeder sich selbst beantworten.

2248 Siehe oben S. 222 f..

c.) Aspekte zum Außenprüfungsverfahren bei der Bank gemäß §§ 193 ff. AO und der Anfertigung von Kontrollmitteilungen bei diesem Anlaß

Die oben im Verhältnis Staat - Bankkunde erfolgte Schilderung des Außenprüfungsverfahrens, bei dem das Außenprüfungsverfahren bei einer Bank dazu mißbraucht wird, seitens der Betriebsprüfer Kontrollmitteilungen über deren Kunden anzufertigen, zum Beispiel indem systematisch interne CpD-Konten der Bank durchforstet werden, gerade um die auf diese Weise erlangten Daten und Informationen im Verhältnis Staat - Bankkunde als ‚Zufallsfunde' zu mißbrauchen, wurde bereits dort als eine unzulässige Umgehungsermittlung in diesem Verhältnis bezeichnet, die sowohl das Abstraktionsprinzip als auch die Rechte des Bankkunden verletzen würde.[2249] Ein Außenprüfungsverfahren bei einer Bank ist Ausdruck ihres Steuerrechtsverhältnisses zum Staat und spielt sich folglich stets im Staat - Bank - Verhältnis ab. Aus Perspektive der Bank bedeutet daher die Durchforstung ihrer CpD-Konten im Rahmen einer Außenprüfung durch die Betriebsprüfer und die Anfertigung von Kontrollmitteilungen keinen unverhältnismäßigen Eingriff in ihren durch Art. 12, Abs. I GG und Art. 14, Abs. I, S. 1 GG geschützten Geheimnisbereich, zumal in dieser Konstellation die Offenbarung der Daten und Informationen durch das Steuergeheimnis des § 30 AO kompensiert werden, dessen Verletzung gemäß §§ 203, Abs. II; 355 StGB strafbewehrt ist.[2250] Eine Außenprüfung der Bank ist nicht möglich, ohne daß nicht auch Daten und Informationen offenbart werden, die dem Bankgeheimnis unterfallen. Nur in dieser Konstellation und somit innerhalb eines Eingriffs im Staat - Bank - Verhältnis kann es zu einer Kompensation der offenbarten Daten des Bankgeheimnisses mit dem Steuergeheimnis des § 30 AO kommen. Die Offenbarung der dem Bankgeheimnis unterfallenden Daten und Informationen im Außenprüfungs- / Steuerverfahren zwischen Staat und Bank wird somit gleichsam durch das Steuergeheimnis aufgefangen, gerade um die Bank im Rahmen ihres Steuerverhältnisses zum Staat zu einer ordnungsgemäßen und offenen Mitwirkung zu veranlassen.[2251] Dieses wurde freilich bereits unter Bezugnahme auf die Flickentscheidung des Bundesverfassungsgerichts angesprochen.[2252] *Benda* weist darauf hin, daß das Steuergeheimnis in Deutschland stets umso stärker geschützt worden sei, je umfassender die Befugnis der Steuerbehörde war, von dem Steuerpflichtigen Auskünfte über seine persönlichen Verhältnisse zu verlangen.[2253] Wie das Bankgeheimnis weist auch das Steuergeheimnis einen Doppelcharakter auf, weswegen bereits oben beide Geheimnisse als strukturell gleichartig bezeichnet worden sind.[2254] Dieser Doppelcharakter des Steuergeheimnisses bedeutet für den Staat das Recht, aber auch die Pflicht, Stillschweigen über steuerlich relevante Daten eines Steuerpflichtigen zu bewahren. Die Schweigepflicht des Staates korrespondiert insoweit mit einem entsprechenden Anspruch der Bank, daß der Staat das Steuergeheimnis wahrt. Sobald daher die Steuerbehörden den Rahmen des Außenprüfungsverfahrens verlassen, indem die erlangten Daten und Informationen, die das Bankgeheimnis der Bank ausmachen, im Verhältnis Staat - Bankkunde Verwendung finden, wird das Bankgeheimnis der Bank verletzt.[2255] Die Kompensation zwischen der Offenbarung sensibler Bankdaten und dem Steuergeheimnis findet somit gemäß des Abstrak-

2249 Vgl.oben z.B. S. 236 f..

2250 Hierzu Scholz, in: AöR, 115 (1980), S. 582. Einzelheiten zum Konkurrenzverhältnis dieser Delikte sollen im Rahmen dieser Arbeit nicht interessieren.

2251 Benda, Steuergeheimnis: Kann der Bürger noch darauf vertrauen?, DStR 1984, S. 352. Ähnlich für das Statistikgeheimnis BVerfGE 65, 1 (50).

2252 Siehe oben S. 126.

2253 Benda, DStR 1984, S. 352.

2254 Vgl. oben S. 126.

2255 Vgl. Benda, DStR 1984, S. 352, 353.

tionsgedankens nur innerhalb des spezifischen Steuerverhältnisses Staat - Bank statt, dem die Daten entstammen. Wird dieses spezifische Verhältnis verlassen, indem so erlangte Daten außerhalb dieses Verhältnisses Verwendung finden sollen, lebt das Bankgeheimnis der Bank wieder auf. Da hierbei Daten aus dem Steuerrechtsverhältnis Staat - Bank durch den Staat herausgetragen werden und diese Daten innerhalb des Steuerrechtsverhältnisses Staat - Bank dem Steuergeheimnis des Staates und dem Bankgeheimnis der Bank unterliegen, kann man auch sagen, daß durch die Offenbarung des Staates zugleich das Steuergeheimnis verletzt würde. Sollen daher Daten und Informationen, die bei der Außenprüfung einer Bank gefunden wurden, im Staat - Bankkunde - Verhältnis verwendet werden, ist dieses nur möglich, wenn es sich bei diesen Daten um echte Zufallsfunde im Sinne des § 108 StPO handelt und das Außenprüfungsverfahren bei der Bank nicht lediglich dem Vorwand diente, in Wahrheit Daten und Informationen über deren Kunden zu erlangen (Umgehungsermittlung). Der oben angesprochene Kompensationsgedanke, der Beeinträchtigungen des Bankgeheimnisses durch das Steuergeheimnis ausgleichen soll, ist somit nur in dem Fall gerechtfertigt, in dem und solange sich der Staat im spezifischen (Grundrechts-) Verhältnis bewegt, dem die Daten- und Informationen entstammen. Verläßt er dieses Verhältnis, kann eine irgendwie geartete Kompensation zwischen Bankgeheimnis der Bank und Steuergeheimnis nicht in Betracht kommen. An diesen Gedanken zeigt sich ferner, daß das in § 30 AO kodifizierte Steuergeheimnis letztendlich lediglich als einfach - gesetzlicher Ausdruck der grundrechtlichen Schutzpositionen des jeweiligen Steuersubjektes fungiert. Würde es die Norm des § 30 AO nicht geben, würde sich an dem Schutz der Daten und Informationen, die sich innerhalb des Steuerrechtsverhältnisses ergeben, letztendlich nichts ändern, da die in diesem Zusammenhang vom Staat erlangten Daten individuellen grundrechtlichen Schutz, sei es durch das Recht auf informationelle Selbstbestimmung bei Individuen, sei es durch Art. 12, Abs. I GG und / oder Art. 14, Abs. I, S. 1 GG bei Korporationen, genießen würden.[2256] Auch dann wären dem Abstraktionsgedanken und dieses grundrechtlichen Schutzes gemäß Daten und Informationen aus einem Steuerverhältnis zum Staat nicht bzw. nur in den oben aufgezeigten verfassungsrechtlichen Grenzen in einem anderen Steuerrechtsverhältnis zum Staat zu verwenden. Das einfach - gesetzliche Steuergeheimnis kann mit *Benda* daher als das Ergebnis einer Güterabwägung bezeichnet werden, „die in generalisierender Weise die entgegengesetzten Interessen gegeneinander setzt".[2257]

3.) Durchbrechungen des Bankgeheimnisses im Rahmen des Kreditwesengesetzes (KWG)

Die gleiche Problematik wie soeben geschildert ergibt sich auch bei den Durchbrechungen des Bankgeheimnisses durch Normen des staatlichen Bankaufsichtsrechts. Normen des Bankaufsichtsrechts, allen voran solche des Kreditwesengesetzes (KWG), sind spezifisch im Verhältnis Staat - Bank beheimatet. Als Normen die das Bankgeheimnis durchbrechen, sollen im Rahmen dieser Arbeit die Regelung in Bezug auf Groß- und Millionenkredite (§§ 13, 14 KWG), sowie die Norm des § 44, Abs. I KWG interessieren. Bevor diese Normen vorgestellt werden, gilt es des besseren Verständnisses wegen, eine kurze Ausführung zu Sinn, Zweck und Instrumenten der staatlichen Bankaufsicht zu machen.

2256 Ähnlich Scholz, AöR, 115 (1980), S. 578 f..

2257 Benda, DStR 1984, S. 352.

a.) Sinn, Zweck und Instrumente der staatlichen Bankenaufsicht

Rechtliche Grundlage der staatlichen Bankenaufsicht[2258] ist vor allem das Kreditwesengesetz,[2259] in dem für die staatliche Bankenaufsicht eine Reihe von Kontrollinstrumenten in Form von Auskunftsansprüchen aber auch Mitteilungs-[2260]/ Anzeigepflichten der Kredit- / Finanzdienstleistungsinstitute (im Sinne des § 1 KWG) begründet werden. Zuständig für die Bankenaufsicht ist das Bundesaufsichtsamt für das Kreditwesen (§§ 5 ff. KWG), das seine Aufgaben in Kooperation mit der Bundesbank ausübt (§ 7 KWG).[2261] Diese Zusammenarbeit zwischen Bundesbank und Bundesaufsichtsamt für das Kreditwesen bei der Aufgabenwahrnehmung im Bereich der Bankenaufsicht ergibt sich aus der Bedeutung und Schlüsselstellung, die Kreditinstitute für die und in der Gesamtwirtschaft haben. Die zentrale und bedeutende Stellung der Kreditinstitute im Wirtschaftskreislauf ermöglicht es der Bundesbank über die Kreditinstitute, ihre währungspolitischen Vorgaben zu realisieren, wobei nur an die Zins- und Mindestreservepolitik der Bundesbank zu denken ist.[2262] Die zentrale und bedeutende Funktion, die die Kreditinstitute für die Gesamtwirtschaft haben, bedingt die in § 6, Abs. I KWG normierte Aufgabe des Bundesaufsichtsamtes, die Aufsicht über die Kredit- und Finanzdienstleistungsinstitute auszuüben, was auch die Erteilung von Erlaubnissen zum Betreiben von Bankgeschäften beinhaltet.[2263] Ferner ist es die Aufgabe des Bundesaufsichtsamtes, „die Funktionsfähigkeit des Finanzsektors, der besonders vertrauensempfindlich ist, durch Gläubigerschutz zu sichern",[2264] indem Mißständen im Kredit- und Finanzdienstleistungswesen entgegengewirkt wird, die die Sicherheit der den Instituten anvertrauten Vermögenswerte gefährden und die ordnungsgemäße Durchführung der Bankgeschäfte oder Finanzdienstleistungen berühren können (§ 6, Abs. II KWG).[2265] Das Bundesaufsichtsamt übt seine Aufsicht im wesentlichen durch die im Kreditwesengesetz normierten Dokumentationspflichten der Kredit- / Finanzdienstleistungsinstitute aus, da das Bundesaufsichtsamt den Instituten in aller

---

2258 Im Sinne einer Beaufsichtigung von Bankgeschäften und Finanzdienstleistungen im Sinne des § 1 KWG.

2259 Zu Aufgaben, Instrumenten und geschichtlicher Entwicklung des Bankenaufsichtsrechts siehe Fischer, in: BankRHdb., Bd. III, § 125, Rn. 19 ff.; Dt. Bundesbank, Gesetz über das Kreditwesen, Bankrechtliche Regelungen 2, S. 6 ff.. Hinsichtlich der geschichtlichen Entwicklung der Bankenaufsicht geht aus die Fundstellen hervor, daß die staatliche Bankenaufsicht im wesentlichen Folge der Bankenkrise des Jahres 1931 war und daß die heutige bundeseinheitliche Bankenaufsicht im Kreditwesengesetz von 1961 geschaffen wurde. Wesentliche Veränderungen erfolgten jedoch als Folge der im Jahr 1976 ergangenen Sofortnovelle, die anläßlich des 1974 erfolgten Zusammenbruchs des Bankhauses I.D.Herstatt erging, da der Zusammenbruch der Herstatt-Bank bankaufsichtsrechtliche Lücken offenbart hatte. Das KWG wurde wiederholt ergänzt und den Gegebenheiten des Kapitalmarktes angepaßt. Derzeit ist die 6. KWG-Novelle aktuell. Zur Bankenaufsicht ausführlich Fischer, in: BankRHdb., Bd. III, §§ 125-133; Claussen, Bank- und Börsenrecht, S. 34 ff..

2260 §§ 24 ff. KWG. Siehe zu den Mitteilungs-/Anzeige-, Vorlagepflichten Grill/Perczynski, Wirtschaftslehre des Kreditwesens, S. 54 ff..

2261 Claussen, a.a.O., S. 44; Fischer, in: BankRHdb., § 126, Rn. 3. Vgl. auch Dt. Bundesbank, a.a.O., S. 6, die auch darauf hinweist, daß das Bundesaufsichtsamt für das Kreditwesen zum Geschäftsbereich des Bundesfinanzministers gehört. So auch Grill/Perczynski, a.a.O., S. 52; Fischer, in: BankRHdb., § 126, Rn. 1.

2262 Vgl. Grill/Perczynski, a.a.O., S. 51; Fischer, in: BankRHdb., § 125, Rn. 9 ff. (10).

2263 Siehe Claussen, a.a.O., S. 35; Grill/Perczynski, a.a.O., S. 52 f..

2264 Vgl. Dt. Bundesbank, a.a.O., S. 6; Grill/Perczynski, a.a.O., S. 52.

2265 Hierbei erfolgt auch eine Abgrenzung im Zuständigkeitsbereich zum Bundesaufsichtsamt für den Wertpapierhandel, das Mißständen im Wertpapierhandel zu begegnen hat (§ 4, Abs. I, S. 2 WpHG) - ausführlicher hierzu Fischer, in: BankRHdb., § 125, Rn. 2 ff. Bei seiner Aufsicht hat das Bundesaufsichtsamt auch spezielle Aufsichtsgesetze (Hypothekenbankgesetz, Bausparkassengesetz etc. zu beachten -vgl. Grill / Perczynski, a.a.O..

Regel ihre alleinige Verantwortung für geschäftspolitische Entscheidungen beläßt, für diese Tätigkeit im Kreditwesengesetz jedoch Rahmenbedingungen vorgegeben werden.[2266] Ferner wird das Kreditgeschäft überwacht. Damit der Bankenaufsicht „eine laufende Analyse der Geschäftsentwicklung der Institute" möglich ist, haben diese der Bundesbank sog. Monatsausweise einzureichen (§ 25, Abs. I, S. 1 KWG). Diese Monatsausweise enthalten im wesentlichen bankbetriebswirtschaftliche Kennzahlen, die es dem Bundesaufsichtsamt z.B. erlauben, die Liquiditäts- und Eigenkapitalbasis, das Verhältnis von Aktiv- zu Passivgeschäft einer Bank, aber auch die Kreditvolumina eines Kreditinstitutes zu bewerten. Die Bundesbank ihrerseits leitet die Monatsausweise mit einer Stellungnahme an das Bundesaufsichtsamt weiter (§ 25, Abs. I, S. 2 KWG).[2267] Gemäß § 44, Abs. I KWG hat das Bundesaufsichtsamt die Möglichkeit, auch ohne besonderen Anlaß (Abs. I, S. 2) Prüfungen bei Kreditinstituten vorzunehmen[2268], Auskünfte über alle Geschäftsangelegenheiten zu verlangen, wobei die Bediensteten oder beauftragten Personen des Aufsichtsamtes das Recht haben, Kreditinstitute zu betreten (Abs. I, S. 3), sowie sich die Bücher vorlegen zu lassen[2269]. Das Bundesaufsichtsamt kann ferner gegebenenfalls zur Gefahrenabwehr (§§ 45 ff. KWG) gegenüber einem Institut verbindliche Weisungen erteilen, „die geeignet und erforderlich sind, Mißstände in dem Institut zu verhindern oder zu beseitigen" oder sonstige Maßnahmen ergreifen.[2270] Diese Maßnahmen reichen bis zur Verhängung von Kreditgewährungsverboten oder Moratorien.[2271]

b.) Durchbrechung des Bankgeheimnisses

Für die Problematik der Durchbrechung des Bankgeheimnisses sollen hier exemplarisch lediglich das umfassende Auskunftsrecht des Bundesamtes für das Kreditwesen gemäß § 44, Abs. I, S. 2 KWG, sowie die Meldepflicht der Kreditinstitute im Bereich der Groß- und Millionenkredite gemäß §§ 13, 14 KWG in Verbindung mit der Groß- und Millionenkrediteverordnung angesprochen werden.[2272]

2266 Dt. Bundesbank, a.a.O., S. 6. Insbesondere handelt es sich hierbei um Vorgaben für die Eigenkapital- und Liquiditätsbasis (§§ 10 ff. KWG), sowie für das Kreditgeschäft (§§ 13 ff. KWG) der Kredit- /Finanzdienstleistungsinstitute - vgl. Dt. Bundesbank, a.a.O., S. 11 ff.; Grill/Perczynski, a.a.O., S. 52; Claussen, a.a.O., S. 37 f. (Kapital, Liquidität); Fischer, in: BankRHdb., § 129 (Eigenkapital und Liquidität); dergl., in: BankRHdb., § 130 (Kreditgeschäft).

2267 Dt. Bundesbank, a.a.O., S. 14; Claussen, a.a.O., S. 38 f.; Grill/Perczynski, a.a.O., S. 55 f.; Fischer, in: BankRHdb., § 132, Rn. 1 ff.. Monatsausweise sind in § 25 KWG i.V.m. der MonatsausweisVO geregelt. Diese im wesentlichen bankbetriebswirtschaftlichen Kennzahlen der Monatsausweise zur Berechnung von Eigenkapital- und Liquiditätsbasis werden durch die sog. BAKIS-Kennzahlen zusammengefaßt, um aufgrund vorausschauender Kennzahlenanalyse ein EDV gestütztes Frühwarnsystem zu schaffen, um möglichst frühzeitig Mißstände oder drohende ‚Schieflagen' einzelner Institute zu erkennen, damit das Bundesaufsichtsamt entsprechend frühzeitig gegensteuern kann. Vgl. dazu die Internetseite des Bundesaufsichtsamtes auf: http://www.bakred.de/schreibe/htm/rundsch/rs17_98.htm (=Rundschreiben Nr. 17/98 vom 23. 10.1998 zur Einführung des BAKIS-Systems).

2268 Bzw. durch zu beauftragende Wirtschaftsprüfer vornehmen zu lassen - vgl. Dt. Bundesbank, a.a.O., S. 14.

2269 Bruchner, in: BankRHdb., § 39, Rn. 111; Claussen, a.a.O., S. 39; Dahm/Schebesta/Schroeter/Weber, a.a.O., Rn. 60; Sichtermann/Kircherr, a.a.O., S. 372; Fischer, in: BankRHdb., § 126, Rn. 9; Weber, in: BuB, a.a.O., Rn. 2 / 915.

2270 Dt. Bundesbank, a.a.O., S. 15. Siehe auch Claussen, a.a.O., S. 40 f.; Grill/Perczynski, a.a.O., S. 53; Fischer, in: BankRHdb., § 133.

2271 Ein Fall aus jüngerer Zeit ist z.B. das gegen das Bankhaus Partin (Bad Mergentheim) verhängte Moratorium. Dieses wurde zwischenzeitlich jedoch wieder aufgehoben. Das Bundesaufsichtsamt informiert über seine Aktivitäten in seinen Jahresberichten, die auch auf der Internetseite des Amtes veröffentlicht sind.

2272 In Verbindung mit der Anzeigenverordnung nebst deren Anlagen 1 und 2.

Gemäß § 13, Abs. I, S. 1 KWG sind Kreditinstitute verpflichtet, der Bundesbank unverzüglich anzuzeigen, wenn Kredite an einen Kreditnehmer einen Betrag von 10 % ihres haftenden Eigenkapitals erreichen bzw. übersteigen (Großkredit).[2273] Hierbei richtet sich die Anzeige nach der Anzeigenverordnung nebst ihren Anlagen. Die Anzeige eines Großkredites bei der Bundesbank hat alle wesentlichen Angaben über den Kredit zu enthalten.[2274] Mitzuteilen sind daher Vor- und Zuname bzw. Firma, Anschrift, Geburtsdatum, Beruf bzw. Geschäftszweig des Kreditnehmers, gegebenenfalls auch seine Kapital- und / oder Gesellschaftsverhältnisse. Ferner sind der Bundesbank der Stand der Gesamtverschuldung, Sicherheiten, Bilanzaktiva, Quartalshöchststände, Risikobewertung etc. hinsichtlich des Kreditnehmers mitzuteilen. Die gleiche Mitteilungspflicht trifft die Kreditinstitute gemäß § 14, Abs. I, S. 1 KWG bei Kreditnehmern, deren Gesamtverschuldung zu einem beliebigen Zeitpunkt innerhalb eines Zeitraums von 3 Monaten (Meldeturnus) einen Betrag von 3 Mio. DM überschritten hat.[2275] Verständlich wird, daß derartige Melde- und Mitteilungspflichten das Bankgeheimnis der mitteilungspflichtigen, betroffenen Bank verletzten, da aus ihrem Geschäftsbetrieb Daten und Informationen in Bezug auf einen Kunden (Kreditnehmer) über die Bundesbank dem Bundesaufsichtsamt offenbart werden.

Nach § 44, Abs. I, S. 1 KWG hat das Bundesaufsichtsamt die Möglichkeit, auch ohne besonderen Anlaß (Abs. I, S. 2) Prüfungen bei Kreditinstituten vorzunehmen[2276] und Auskünfte über *alle Geschäftsangelegenheiten* zu verlangen. Das Auskunftsrecht des Bundesaufsichtsamtes umfaßt das Recht, sich über die allgemeine Situation des Kreditinstitutes zu informieren, aber auch über einzelne Geschäftsvorfälle.[2277] Hierbei haben die Bediensteten oder beauftragten Personen des Aufsichtsamtes das Recht, Kreditinstitute zu betreten (Abs. I, S. 3) sowie das Recht, sich die Bücher, Schriften, Aktenvermerke, Kreditverträge, Sitzungsprotokolle, Geschäftsanweisungen etc. vorlegen zu lassen[2278]. Nicht nur im Bereich der Groß- und Millionenkredite, sondern auch im Rahmen dieser Auskunftspflicht der Kreditinstitute dem Bundesaufsichtsamt gegenüber wird das Bankgeheimnis der Banken somit durchbrochen, da das Bundesaufsichtsamt in diesem Zusammenhang „praktisch zu allen -auch kundenbezogenen- Vorgängen Zugang hat“.[2279] Eine effektive staatliche Bankenaufsicht bringt es zwangsläufig mit sich, daß auch Daten und Informationen, die dem Bankgeheimnis unterfallen, offenbart und dem Bundesamt bekannt werden. Insoweit gilt hier nichts anderes, als beim zuvor geschilderten Außenprüfungsverfahren im Steuerrecht. Aus diesem Grund wird auch hier, wie im Rahmen des oben geschilderten Steuergeheimnisses, die Durchbrechung des Bankgeheimnisses durch eine Schweigepflicht kompensiert, die in §§ 9, Abs. I KWG; 32 BBankG normiert wurde und deren Verletzung auch hier gemäß §§ 203, Abs. II; 353b StGB strafbar ist.[2280] Die genannte Schweigepflicht umfaßt nach *Fischer* „alle im Rahmen der

---

2273 Die Einzelheiten, wie zum Beispiel bei konsolidierten Großkrediten, Fremdwährungskrediten, Ausnahmen, Befreiungen und vor allem der Berechnungsweise und Definition der 10 % Grenze zum Eigenkapital sind vielfältig, im Rahmen dieser Arbeit jedoch irrelevant. Einzelheiten ergeben sich dabei vor allem aus der Großkredit- und Millionenkreditverordnung vom 29.12.1997. Wegen der Einzelheiten sei auf die Spezialliteratur verwiesen. Einen guten Einstieg zu dieser Problematik bietet Fischer, in: BankRHdb., § 130.

2274 Die entsprechenden Vordrucke sind auf der Internetseite des Bundesaufsichtsamt für das Kreditwesen als Anlagen 1 und 2 zur Anzeigenverordnung veröffentlicht und entsprechend herunterladbar - www.bakred.de/schreibe/pdf/gesetz/gramika12.pdf. Siehe auch oben S. 74, Fn. 3.

2275 Fischer, in: BankRHdb., § 130, Rn. 30.

2276 Bzw. durch zu beauftragende Wirtschaftsprüfer vornehmen zu lassen - vgl. Dt. Bundesbank, a.a.O., S. 14.

2277 Fischer, in: BankRHdb., § 132, Rn. 23.

2278 Bruchner, in: BankRHdb., § 39, Rn. 111; Claussen, a.a.O., S. 39; Dahm/Schebesta/Schroeter/Weber, a.a.O., Rn. 60; Sichtermann/Kircherr, a.a.O., S. 372; Fischer, a.a.O., § 126, Rn. 9; § 132, Rn. 23.

2279 Fischer, in: BankRHdb, § 126, Rn. 6.

2280 Einzelheiten zum Konkurrenzverhältnis dieser Delikte sollen im Rahmen dieser Arbeit nicht interessieren.

Bankaufsicht bekannt gewordenen Tatsachen, wenn Geheimhaltung im Interesse des Kreditinstitutes oder eines Dritten liegt. Gemeint sind damit zunächst Geschäfts- und Betriebsgeheimnisse des Kreditinstitutes, aber auch die Angelegenheiten der Geschäftsleiter, Mitarbeiter und vor allem der Bankkunden".[2281] Die Schweigepflicht des Bundesaufsichtsamtes und seiner Mitarbeiter, gleiches gilt gemäß §§ 9, Abs. I, S. 1 KWG; 32 BBankG für die Bundesbank und deren Mitarbeiter, beinhaltet auch eine Einschränkung der Rechts- und Amtshilfe, so daß Auskunfts-, Beistands- und Anzeigepflichten der Abgabenordnung im Rahmen von Besteuerungsverfahren nicht bestehen (vgl. § 9, Abs. II KWG).[2282] Vor Gericht muß der Mitarbeiter des Bundesaufsichtsamtes von seinem Zeugnisverweigerungsrecht gemäß § 384, Nr. 2 ZPO Gebrauch machen (§ 44, Abs. VI KWG).[2283] Auskunftspflichten bestehen hingegen im Rahmen des Steuerstrafverfahrens gegenüber den Finanzbehörden, ebenso wie gegenüber der Staatsanwaltschaft, „sofern an der Verfolgung (sc. der Straftat - M.H.) ein zwingendes öffentliches Interesse besteht".[2284] Diese Schweigepflicht des Bundesaufsichtsamtes für das Kreditwesen und seiner Mitarbeiter (gleiches gilt für die Bundesbank und deren Mitarbeiter) als Kompensation für die Durchbrechung des Bankgeheimnisses dient -wie beim zuvor behandelten Steuergeheimnis- dazu, die Kreditinstitute zu einer möglichst offenen und rückhaltlosen Zusammenarbeit mit dem Bundesaufsichtsamt zu bewegen, damit dieses seine Aufgaben bewältigen kann, denn wie im Bereich des Steuerrechtsverhältnisses Staat - Bank ist auch hier im aufsichtsrechtlichen Verhältnis Staat - Bank der Staat auf die Zusammenarbeit mit den Kreditinstituten angewiesen.[2285] Die Ausübung des Auskunftsrechts durch das Bundesaufsichtsamt ist jedoch auf die Kenntnis derjenigen Tatsachen zu beschränken, deren Kenntnis im Rahmen der gesetzlichen Aufgaben für das Bundesaufsichtsamt notwendig sind,[2286] zumal nach Ansicht des Bundesverfassungsgerichts in der Metro - Entscheidung „kein staatlich auferlegtes Kontrollverlangen ... aus sich allein heraus vor Art. 12, Abs. I GG Bestand haben" kann.[2287] Für das vom Bundesverfassungsgericht im Metrourteil beurteilte Bürger - Bürger - Verhältnis führt es daher weiter aus: „Kontrollen im privaten Geschäftsverkehr dürfen vom Staat ausschließlich insoweit gefordert werden, als sie ihrerseits zur Erreichung eines Gemeinwohlbelangs unerläßlich sind".[2288] Dieses Erfordernis muß erst recht für Kontrollen im klassischen Grundrechtsverhältnis Staat - Bürger, vorliegend Staat - Bank gelten. Notwendig sind für das Bundesaufsichtsamt primär die in den Monatsausweisen enthaltenen bankbetriebswirtschaftlichen Kennzahlen. Die Kenntnis der individuellen Daten eines Millionenkreditnehmers beispielsweise sind primär für die Bundesbank von Interesse, zur Information der Bundesbank über die Verschuldung der Wirtschaft und auf der Gegenseite zur Information der Kreditinstitute über die bestehende Gesamtverschuldung eines Bankkunden.[2289] Aufgrund der aufsichtsrechtlichen Durchbrechung des Bankgeheimnisses bei den auskunftsverpflichteten Kreditinstituten übt das Bundesaufsichtsamt sein Auskunftsrecht eher restriktiv aus[2290]. Entscheidend ist, daß die Ausübung des Auskunftsrechts von vornherein

---

2281 Fischer, in: BankRHdb., a.a.O..

2282 Siehe auch Fischer, in: BankRHdb., § 126, Rn. 8.

2283 Dieses soll nach Fischer selbst dann gelten, wenn der Mitarbeiter eine Aussagegenehmigung gemäß § 61 BBG erhalten hat - vgl. Fischer, in: BankRHdb., a.a.O., m.w.N..

2284 Fischer, in: BankRHdb., a.a.O..

2285 Bruchner, in: BankRHdb., § 39, Rn. 111.

2286 Bruchner, in: BankRHdb., a.a.O.; Claussen, a.a.O., S. 39; Dahm/Schebesta/Schroeter/Weber, a.a.O., Rn. 60; Sichtermann/Kirchherr, a.a.O., S. 372; Weber, in: BuB, a.a.O., Rn. 2/915.

2287 BVerfG, Entscheidung vom 04.06.1998 (1 BvR 2652/95), in: WM 1998, 1554 ff. (1556) - Metro.

2288 BVerfG, a.a.O..

2289 Fischer, in: BankRHdb., § 132, Rn. 4.

2290 Sichtermann/Kircherr, a.a.O., S. 373.

unter dem Vorbehalt der Verhältnismäßigkeit und Erforderlichkeit steht.[2291] Wie beim Außenprüfungsverfahren im Rahmen des Steuerrechts stellen auch die Auskunftspflicht der Kreditinstitute im Rahmen des § 44 KWG und die Mitteilungspflichten im Rahmen von Groß- und Millionenkrediten einen staatlichen Eingriff im Staat - Bank - Verhältnis dar. Auch hier kommt es somit zu einer Prinzipienkollision. Das auf Wahrung ihres Bankgeheimnisses gerichtete Interesse der Bank kollidiert mit dem auf Durchbrechung des Bankgeheimnisses drängenden Interesse des Staates, um ein ordnungsgemäß funktionierendes und leistungsfähiges Kreditgewerbe zu gewährleisten, welches für die Gesamtwirtschaft / Volkswirtschaft (Gemeinwohl) bedeutsam ist. Bankaufsichtsrechtliche Maßnahmen des Staates müssen vor diesem Hintergrund nicht nur geeignet sein, das mit ihnen verbundene Ziel zu erreichen, sondern vor allem erforderlich und proportional. Insbesondere dem ultima - ratio Charakter des Teilgrundsatzes der Erforderlichkeit wird jedoch durch die Begründung der genannten Schweigepflicht Genüge getan, da aus der Perspektive der Bank die bankaufsichtsrechtlichen Instrumente zwar deren Bankgeheimnis durchbrechen, diese Durchbrechung des Bankgeheimnisses ohne kompensierende Schweigepflicht des eingreifenden Staates indes einen wesentlich intensiveren Eingriff in die durch Art. 12, Abs. I und Art. 14, Abs. I, S. 1 GG grundrechtlich geschützte Position der Bank darstellen würde, als mit einer entsprechenden Schweigepflicht der staatlichen Stellen. Auch hier kann somit die in §§ 9, Abs. I KWG, 32 BBankG normierte Schweigepflicht als einfach - gesetzlicher Ausdruck der grundrechtlichen Schutzposition der Bank bezeichnet werden.[2292] Analog dem Außenprüfungsverfahren kommt es auch hier nur innerhalb des jeweiligen Eingriffs im Staat - Bank - Verhältnis zu einer Kompensation der offenbarten Daten und Informationen des Bankgeheimnisses mit der in § 9 KWG normierten Schweigepflicht. Auch hier bekommt die Schweigepflicht des Bundesamtes Auffangcharakter gegenüber der Offenbarungspflicht der Kreditinstitute. Wie bei der Schilderung des Außenprüfungsverfahrens kann daher auch das bankaufsichtsrechtliche Instrumentarium nicht dazu mißbraucht werden, Daten und Informationen in bezug auf die Kunden der Kreditinstitute zu erhalten und zu nutzen. Dieser Gesichtspunkt wird bereits durch die genannte Amtshilfefestigkeit des Bundesamtes zum Ausdruck gebracht, nach der das Bundesaufsichtsamt keinerlei Amtshilfe leistet und im Rahmen eines Besteuerungsverfahrens gegen einen Bankkunden auch nicht als auskunftsfähiger Dritter im Sinne des § 93, Abs. I AO in Betracht kommt. Das Korrespektivverhältnis zwischen Offenbarung banksensibler Daten und Schweigepflicht würde auch hier gestört werden, wenn seitens des Bundesaufsichtsamtes erlangte Daten und Informationen im Verhältnis Staat - Bankkunde oder in einem anderen Staat - Bank - Verhältnis Verwendung finden sollen, denen sie nicht entstammen. Dieses ist Ausdruck des Abstraktionsgedankens. Eine Kompensation zwischen der Offenbarung / Durchbrechung des Bankgeheimnisses und der Schweigepflicht des Bundesamtes findet somit lediglich im speziellen Verhältnis des Staates zum jeweiligen Kreditinstitut statt. Wie auch bei der Darstellung des Außenprüfungsverfahrens im Rahmen des Steuerrechts gilt auch bei der Durchbrechung des Bankgeheimnisses durch bankaufsichtsrechtliche Instrumente, daß das Bankgeheimnis der Kreditinstitute wieder auflebt, wenn dieses spezifische Staat - Bank - Verhältnis verlassen wird. Deutlich wird dieses an dem bereits genannten Umstand, daß das Bundesaufsichtsamt für das Kreditwesen im Bereich der (Steuer-) Strafverfahren den Finanzbehörden bzw. Staatsanwaltschaften gegenüber zur Mithilfe verpflichtet und berechtigt ist, „sofern an der Verfolgung (sc. der Straftat - M.H.) ein zwingendes öffentliches Interesse besteht".[2293] Das Bankgeheimnis lebt indes wieder auf, wenn und sobald das spezifische Staat - Bank - Verhältnis, dem die Daten entstammen, verlassen wird. Dieses ist zum Beispiel der

---

2291 Vgl. Bruchner, in: BankRHdb., § 39, Rn. 111; Claussen, a.a.O.; Weber, in: BuB, a.a.O..
2292 Vgl. oben S. 411 f..
2293 Vgl. oben S. 411 ff..

Fall, wenn ein solcher Eingriff, eine solche Durchbrechung des Bankgeheimnisses in Form einer Datenweitergabe vom Bundesamt in das (Steuer-) Strafverfahren Staat - Bürger hinein, erfolgt. Ein solcher Eingriff, eine solche Durchbrechung des Bankgeheimnisses der Bank ist vollumfänglich und in jedem Einzelfall einer Verhältnismäßigkeitsprüfung zu unterziehen. Abhängig von der Frage, wem das konkrete (Steuer-) Strafverfahren gilt, der Bank und/oder einem Bankkunden, wären dem Abstraktionsgedanken gemäß somit die oben entwickelten Grundsätze und Voraussetzungen des jeweiligen grundrechtlichen Schutzes aus der betroffenen Perspektive zu beachten. Aus der Perspektive der Bank bedeutet das, daß für die Offenbarung der Daten und Informationen durch das Bundesaufsichtsamt im Rahmen eines (Steuer-) Strafverfahrens zwar ihr Bankgeheimnis durchbrochen würde, für eine solche Durchbrechung aufgrund des grundrechtlichen Schutzes durch Art. 12, Abs. I und Art. 14, Abs. I, S. 1 GG jedoch lediglich einfach - proportionale Gründe ausreichen würden. Da die in §§ 9, Abs. I KWG; 32 BBankG normierte Schweigepflicht als einfach - gesetzlicher Ausdruck der grundrechtlichen Schutzposition der Bank bezeichnet werden kann, würde sich das Fehlen dieser einfach - gesetzlichen Normierung der Schweigepflicht in bezug auf die Eingriffs- und Durchbrechungsmöglichkeiten des Staates, hier in Gestalt des Bundesaufsichtsamtes, in das Bankgeheimnis nicht negativ auswirken, denn die vom Bundesaufsichtsamt begehrten Daten und Informationen unterliegen dem individuellen grundrechtlichen Schutz der Bank aus Art. 12, Abs. I und Art. 14, Abs. I, S. 1 GG, so daß die aus einem spezifischen Staat - Bank - Verhältnis stammenden Daten und Informationen nur im Rahmen der aufgezeigten verfassungsrechtlichen Grenzen in einem anderen Staat - Bank - Verhältnis oder in einem Verhältnis Staat - Bankkunde Verwendung finden können. Dieses gebietet auch das Abstraktionsprinzip. Insofern kann auf die Darstellung der Durchbrechung des Bankgeheimnisses bei den Privat- und Firmenkunden verwiesen werden.

4.) Weitere Beeinträchtigungen des Bankgeheimnisses

a.) Zugriff auf Giralnetze

Als weitere Beeinträchtigung des Bankgeheimnisses wäre beispielsweise ein staatlicher Zugriff auf die Giralnetze der Banken anzusehen, etwa wenn diese Computerleitungen seitens staatlicher Stellen angezapft werden würden. Hierbei unterfällt der Schutz dieser Computerleitungen / Giralnetze primär dem grundrechtlichen Schutz des Art. 10 GG, ohne daß in derartigen Fällen der für das Bankgeheimnis spezifische Schutz durch die Art. 12, Abs. I GG und Art. 14, Abs. I, S. 1 GG dabei verlorenginge.

b.) Die Bank als Bankkunde

Banken sind nicht nur die Geschäftspartner ihrer Kunden, sondern zugleich selber oft Kunden und Geschäftspartner anderer Banken, nämlich in Fällen des Interbankenhandels oder aber auch im Verhältnis zur Bundesbank, mit der eine Reihe von Geschäften getätigt werden (müssen).[2294] Dieser Interbankenhandel und der Handel mit der Bundesbank ist existenzielle Voraussetzung der geschäftlichen Tätigkeiten der Banken. Insbesondere resultieren aus diesen Geschäften die Refinanzierungsmöglichkeiten einer Bank, die letztendlich den Preis der von ihr angebotenen Kredite maßgeblich mitbestimmen. Durch diesen Interbankenhandel bestim-

2294 Vgl. §§ 19 ff. BBankG. Jede Bank hat bei der für sie zuständigen Landeszentralbank (§ 8 BBankG) ein Konto, dessen Nummer in aller Regel identisch ist mit der jeweiligen Bankleitzahl.

men sich jedoch auch die Möglichkeiten hinsichtlich des Ankaufs von Wechseln oder die Margen bei der Begebung von Krediten und / oder bei Festgeld- oder Tagesgeldgeschäften etc.. Ohne diesen Handel kann eine Bank nicht existieren. Diese geschäftliche Tätigkeit ist eine notwendige Facette ihrer beruflichen / gewerblichen Gesamtbetätigung, die ihren grundrechtlichen Schutz aus Art. 12, Abs. I GG erhält. Diese Tätigkeit der Banken unterliegt jedoch auch dem grundrechtlichen Schutz aus Art. 14, Abs. I, S. 1 GG, da die Kenntnis der beteiligten Bank (B 1), zum Beispiel der Bundesbank, über die Refinanzierungsmöglichkeiten und Margen des handelnden Bankhauses (B 2) ein Betriebs- / Geschäftsgeheimnis der betroffenen Bank B 2 darstellt, welches zugleich das Bankgeheimnis der Bank B 1 darstellt. Einfach gesetzlich ist der Schutz des Bankgeheimnisses bei diesen Interbankgeschäften zum Beispiel in § 32, Abs. I BBankG zum Ausdruck gebracht worden, der es der Bundesbank und ihren Mitarbeitern gebietet, Stillschweigen über die Angelegenheiten und Einrichtungen der Bank sowie über die von ihr abgeschlossenen Geschäfte zu wahren. Im hier betrachteten Verhältnis Staat - Bank befinden sich Banken beim Interbankenhandel daher in der gleichen Position wie die oben untersuchten Firmenkunden einer Bank im Verhältnis Staat - Bankkunde. In bezug auf den Schutz des Bankgeheimnisses ergeben sich keine Änderungen zu den bei Firmenkunden gemachten Ausführungen, auf die daher verwiesen wird.

Zusammenfassung:
Zusammenfassend soll festgehalten werden, daß das Bankgeheimnis als essentialia negotii der Geschäftstätigkeit der Banken grundrechtlichen Schutz genießt. Private, wie auch öffentlich - rechtliche Kreditinstitute besitzen Grundrechtsfähigkeit im Sinne des Art. 19, Abs. III GG. Die in diesem Zusammenhang auftretenden Fragen und Probleme unterscheiden sich nicht von denen, der korporativ auftretenden Firmenkunden einer Bank. Öffentlich - rechtliche Kreditinstitute befinden sich in einer grundrechtsgleichen Gefährdungslage, wie private Banken auch, da auch sie in der Vergangenheit wiederholt Gegenstand staatlicher Ermittlungen gewesen sind. Da das Betreiben von Bankgeschäften in den (Grenz-) Bereich von Daseinsvorsorge und erwerbswirtschaftlicher Betätigung des Staates fällt, die für die grundrechtliche Position der Bürger unwesentlich ist, obliegt dem Staat für diese Tätigkeit grundsätzlich ein Handlungsformenwahlrecht, welches sich an den Gesichtspunkten der Wesentlichkeitstheorie orientiert. Konkret unterfällt das Bankhgeheimnis der Banken dem kumulativen Schutzbereich der Art. 12, Abs. I und Art. 14, Abs. I, S. 1 GG. Während durch Art. 12, Abs. I GG der Schutz der Berufsausübung erfaßt wird, erfaßt Art. 14, Abs. I, S. 1 GG, wie bei den korporativ auftretenden Firmenkunden einer Bank auch, den Aspekt der Betriebs- und Geschäftsgeheimnisses als Ausdruck des eingerichteten und ausgeübten Gewerbebetriebes ‚Bank'. Das Betriebs- / Geschäftsgeheimnis der Kreditinstitute ist das Bankgeheimnis. Eingriffe in den Schutzbereich müssen lediglich einfach proportional und verhältnismäßig sein.
Bei der Durchsuchung einer Bank aufgrund eines sog. Bankbeschlusses hat dieser limitierende Wirkung. Er bestimmt Maß und Umfang der Durchsuchungshandlung. Ein irgendwie gearteter Systemverdacht gegen ein Kreditinstitut ist ohne entsprechende, konkrete und verifizierbare Anhaltspunkte hierfür nicht möglich. Das Abstraktionsprinzip verbietet es, von dem Verhalten einer Bank Rückschlüsse auf das Verhalten andere Banken zu ziehen, wenn nicht auch für das (steuerlich / strafrechtlich relevante) Verhalten der anderen Bank entsprechend konkrete Anhaltspunkte vorliegen. Die Durchsuchung der Dresdner - Bank und die dort im Rahmen dieser Durchsuchung erfolgte Beschlagnahme von 40.000 Belegen war lediglich im Verhältnis Staat - (Dresder-) Bank und im Verhältnis des Staates zu den konkret verdächtigten Bankkunden B1 und B2 rechtmäßig, nicht hingegen im Verhältnis des Staates zu den weiteren betroffenen Bankkunden.

Der Verdacht gegen einen Bankmitarbeiter begründet keinen automatischen Systemverdacht gegen das Bankhaus, in dem er arbeitet, wenn nicht entsprechende anderslautende und konkrete Anhaltspunkte in bezug auf die Bank vorliegen. Beim Verdacht gegen einen Mitarbeiter der Bank ist die Durchsuchungsmaßnahme auf die Räumlichkeiten zu beschränken, zu denen der Mitarbeiter Zugang hatte. Bei der Beschlagnahme von Bankunterlagen gebietet es der Teilgrundsatz der Erforderlichkeit im Rahmen der Verhältnismäßigkeitsprüfung in der Regel, daß die Ermittlungsbehörden sich mit Kopien der Bankunterlagen zufrieden geben.
Die Begründung von generellen Mitteilungspflichten im Steuerrecht erweist sich als ein einschneidenderes Mittel als die Begründung von Auskunftsersuchen im Einzelfall. Die durch § 45d EStG begründete Mitteilungspflicht erweist sich in weiten Anwendungsbereichen als ungeeignet in anderen Anwendungsbereichen als nicht erforderlich.
Der in § 93 AO verkörperte Subsidiaritätsgedanke ist Ausdruck des Teilgrundsatzes der Erforderlichkeit. Aus Perspektive der Bank erweist sich das Außenprüfungsverfahren bei einem Firmenkunden als Steuerpflichtigen als ein milderer Eingriff, als ein entsprechendes, an sie gerichtetes Auskunftsersuchen. Für den Bereich der Privatkunden ist im Rahmen der Subsidiarität eine gestufte Informationsbeschaffung vorzunehmen; die Inanspruchnahme der Bank ist ultima - ratio.
Das Außenprüfungsverfahren bei einer Bank darf nicht dazu mißbraucht werden, Informationen über ihre Kunden zu erzielen. Lediglich im Verhältnis Staat - Bank gewinnt der Kompensationsgedanke Bedeutung, der die Durchbrechung des Bankgeheimnis durch Finanzbehörden durch Gewährung dss Steuergeheimnisses kompensieren will. Der Kompensationsgedanke besitzt lediglich Gültigkeit in dem Verhältnis, dem die relevanten Daten entstammen. Werden Daten und Informationen über Bankkunden aus dem Verhältnis Staat - Bank gelöst und sollen im Verhältnis Staat - Bankkunde Verwendung finden, lebt das Bankgeheimnis der Bank wieder auf. Eine entsprechende Verwendung der Daten ist lediglich bei echten Zufallsfunden und unter strikter Wahrung des Verhältnismäßigkeitsgrundsatzes möglich.
Gleiches gilt für die Kompensation bei der Durchbrechung des Bankgeheimnisses der Banken im Rahmen der §§ 13, 14, 44 KWG durch entsprechende Schweigepflichten bei Bundesbank und Bundesaufsichtsamt. Auch hier darf das bankaufsichtsrechtliche Instrumentarium nicht dazu mißbraucht werden, um seitens der Ermittlungsbehörden an Daten und Informationen der Bankkunden zu gelangen. Das Bankgeheimnis der Banken lebt auf, sobald Daten über Bankkunden im Verhältnis Staat - Bankkunde auftauchen. Deren Verwendung bestimmt sich nach dem Grundsatz der Verhältnismäßigkeit.

C) Das Rechtsverhältnis zwischen Bank und Bankkunde

Hat es sich bei den zuvor untersuchten Rechtsverhältnissen zwischen Staat und Bankkunde sowie zwischen Staat und Bank noch um klassische Grundrechtsverhältnisse gehandelt, beinhaltet das Rechtsverhältnis zwischen der Bank und ihrem Kunden die bereits im dogmatischen Teil dieser Arbeit geschilderte Drittwirkungsproblematik der Grundrechte. Bezogen auf die gestellte Aufgabe, das Bankgeheimnis in seiner verfassungsrechtlichen Dimension zu untersuchen, handelt es sich vor diesem Hintergrund bei dem letztgenannten Rechtsverhältnis um die (Rand-) Problematik der mittelbaren Wirkung der Grundrechte. Angesprochen ist damit die bereits oben angeführte Ausstrahlungswirkung der Grundrechte in das Privatrechtsverhältnis hinein. Es gilt daher, einige wenige Anmerkungen zur grundrechtlichen Bedeutung des Bankgeheimnisses im Rahmen des Zivilrechts zu machen.

Grundsätzlich ist das Bankgeheimnis im Verhältnis Bank - Bankkunde Ausdruck der eingangs dieser Arbeit genannten bankvertraglichen Beziehung zwischen der Bank und ihrem Kunden, sowie Ausdruck gewohnheitsrechtlicher Übung in diesem Verhältnis, wodurch sich der am Anfang dieser Arbeit eingeschlagene Kreis schließt. Ein Verstoß gegen das Bankgeheimnis seitens der Bank wird dabei nicht nur, wie bereits erwähnt, als Verletzung einer vertraglichen Nebenpflicht des Bankvertrages durch die Begründung von Schadensersatzpflichten[2296] (aus pVV), (Sonder-) Kündigungsrechten[2297] oder Unterlassungsansprüchen[2298] des Kunden sanktioniert, sondern auch einem deliktischen Schutz gemäß § 823, Abs. I BGB unterstellt. Im Zusammenhang mit der geschilderten Entwicklung des allgemeinen Persönlichkeitsrechts wurde ausgeführt, daß das allgemeine Persönlichkeitsrecht vom Bundesgerichtshof unter dem Einfluß der Sphärentheorie maßgeblich aus den grundrechtlichen Schutzbereichen der Art. 2, Abs. I i.V.m. Art. 1, Abs. I GG entwickelt und dem deliktischen Schutz des § 823, Abs. I BGB als sonstiges, absolutes Recht unterstellt wurde.[2299] Dabei wurde auch betont, daß das Bankgeheimnis Ausfluß des allgemeinen Persönlichkeitsrechts ist und damit als sog. ‚Rahmenrecht' dem § 823, Abs. I BGB unterfällt. Hierdurch bestimmt sich die konkrete Reichweite des Bankgeheimnisses im Wege einer umfassenden Güter- und Interessenabwägung[2300], wobei es sich den oben getroffenen Aussagen gemäß bei dieser Abwägung lediglich um eine ‚Angemessenheitsabwägung' handelt, bei der es mangels eines hoheitlichen Eingriffes nicht auf die Gesichtspunkte der Erforderlichkeit und Geeignetheit einer Maßnahme ankommt.[2301] Für diese Interessenabwägung ist ferner die zitierte Aussage *Hubmann's* in Erinnerung zu rufen, der für eine Schlichtung der Interessenkollision jedem der betroffenen Interessen eine „gewisse Beschränkung" auferlegen will und mit dieser Aussage stark an die von *Hesse* propagierte praktische Konkordanz im Staat - Bürger - Verhältnis erinnert.[2302] Es gilt daher, auch im Zivilrechtsverhältnis konfligierende Interessen aneinander auszurichten. Deutlich tritt in Bezug auf das Bankgeheimnis ein Konflikt der beteiligten Interessen von Bank und Kunde in Fällen zu tage, bei denen es gilt, das in diesem Rechtsverhältnis begründete Bankgeheimnis zu durchbrechen. Charakteristisch für derartige Durchbrechungen des Bankgeheimnisses sind einerseits Fallkonstellationen, in denen aus Sicht der Bank wider-

[2296] Hierzu Sichtermann/Kirchherr, a.a.O., S. 202 f.; vgl. oben S. 30 f..
[2297] Hierzu Sichtermann/Kirchherr, a.a.O., S. 203 f.; vgl. oben S. 30, Fn. 17.
[2298] Hierzu Sichtermann/Kirchherr, a.a.O., S. 204 ff.; vgl. oben S. 30, Fn. 17.
[2299] Siehe oben im 1. Teil, S. 34; 106 f..
[2300] Vgl. oben S. 34 f., 106 f..
[2301] Vgl. oben S. 34 f., 106 f..
[2302] Vgl. S. 59 - m.w.N..

streitende Kundeninteressen, das Interesse des Kunden K 1 auf Wahrung des Bankgeheimnisses durch die Bank und das Intersse des Kunden K 2 auf Warnung / Schadensabwehr durch die Bank[2303], miteinander kollidieren, andererseits Fallkonstellationen, in denen das Bankgeheimnis zum Beispiel durch Bankauskünfte oder SCHUFA - Mitteilungen durchbrochen wird.[2304] Paradigmatisch für die erstgenannte Konstellation ist ein Fall, wie er vom XI. Senat des Bundesgerichtshofs im Jahre 1990 entschieden wurde. Dort ging es um die Pflichtenkollision eines Kreditinstitutes, einerseits das Bankgeheimnis eines Kunden zu wahren, andererseits einen anderen Kunden vor Risiken eines Geldgeschäftes zu warnen, die von dem erstgenannten Kunden ausgingen.[2305] Bei der geschilderten Konfliktlage treffen somit die per se gleichrangigen Interessen zweier Privatrechtssubjekte aufeinander, die einerseits auf Wahrung der aus dem Recht auf informationelle Selbstbestimmung resultierenden Geheimnissphäre, andererseits auf Wahrung der aus der Eigentumsfreiheit resultierenden Eigentumssphäre gerichtet sind. Zur Lösung dieser Konfliktlage heißt es in der Entscheidung ganz im Sinne der oben getroffenen Aussagen zur Drittwirkung der Grundrechte: „Der Konflikt zwischen der Pflicht eines Kreditinstituts, den Kunden auf Risiken hinzuweisen (hier: Konkursreife eines Bauträgers), und der Pflicht zur Wahrung des Bankgeheimnisses ist im Einzelfall durch Güterabwägung zu lösen".[2306] Zwar brauche nach Ansicht des Bundesgerichtshofs ein Kreditinstitut seinen Kunden in der Regel nicht auf die für ihn mit dem beabsichtigten Geschäft zusammenhängenden Risiken hinzuweisen oder über die Vermögensverhältnisse des Geschäftspartners aufzuklären, doch sei eine solche Aufklärungs- / Warnpflicht des Kreditinstitutes ausnahmsweise gegeben, „wenn die Bank in bezug auf die speziellen Risiken des zu finanzierenden Vorhabens gegenüber dem Darlehensnehmer einen konkreten Wissensvorsprung hat, z.B. wenn ihr die (drohende) Zahlungsunfähigkeit des Geschäftspartners bekannt ist, oder wenn sie sich im Zusammenhang mit Kreditgewährungen sowohl an den Bauträger als auch an die einzelnen Erwerber in schwerwiegende Interessenkonflikte zu Lasten der Erwerber verwickelt".[2307] Im vorliegenden Fall gelangte der Bundesgerichtshof, unter anderem aufgrund des durch eine Darlehensgewährung an beide Seiten zutage getretenen, erheblichen Eigeninteresses der Bank, zu dem Ergebnis, daß die Interessenkollision zugunsten einer Warn- / Aufklärungspflicht desjenigen Kunden zu lösen sei, der mit dem Risiko seines Vorhabens belastet sei. *Canaris* sieht die Warn- / Aufklärungspflicht in derartigen Fallkonstellationen durch § 242 BGB verkörpert und weist für die Interessenabwägung in dem genannten Fall zutreffend darauf hin, daß das Interesse des Geheimnisherrn auf Wahrung seines Bankgeheimnisses zurücktreten müsse, da sich in Fällen drohender Zahlungsunfähigkeit des Geheimnisherrn dieser Umstand sowieso nur noch kurze Zeit geheimhalten ließe.[2308]

2303 Vgl. hierzu Canaris, Bankvertragsrecht, Rn. 58 ff. (60); Lerche, Bankgeheimnis -verfassungsrechtliche Grundfragen, ZHR 149 (1985), S. 167 f..

2304 Nach BGH-NJW' RR 1991, 1265 erfolgen Bank-zu-Bank-Auskünfte in der Regel im Interesse der beteiligten Banken und nicht im Interesse der Kunden. Wie ein Blick auf Nr. 2, Abs. IV Banken-AGB zeigt, sind hiervon Bank-an-Kunde-Auskünfte zu unterscheiden, die im Interesse des Kunden erfolgen. Zu dieser Dichotomie ausführlich Dahm/Schebesta/Schroeter/Weber, Bankgeheimnis und Bankauskunft in der Praxis, Rn. 90 ff..

2305 Urteil des BGH vom 27.11.1990 (XI. ZR 308/89), in: NJW 1991, 693 ff..

2306 BGH - NJW 1991, 693, 694. So auch BGH-NJW 1989, 1601 ff. (1602), wo es um die Kollision zwischen dem Auskunftsanspruch eines Pflichtteilsberechtigten mit dem Bankgeheimnis des Pflichtteilsbelasteten ging. Vgl. zum letztgenannten Aspekt Sichtermann/Kirchherr, a.a.O., S. 174 ff. (176); Canaris, a.a.O., Rn. 61. Zur Abwägung im Einzelfall Canaris, a.a.O., Rn. 60; Sichtermann/Kirchherr, a.a.O., S. 182; Lerche, a.a.O., S. 168.

2307 BGH, a.a.O., m.w.N..

2308 Canaris, a.a.O., Rn. 60. Zur Verkörperung der Warn-/Aufklärungspflicht der Bank in § 242 BGB siehe auch Sichtermann/Kirchherr, a.a.O., S. 182; Kirchherr/Stützle, Aktuelle Probleme aus der Rechtsprechung und Rechtspraxis zu Bankgeheimnis und Bankauskunft, S. 64.

Die hier im Wege der Abwägung der konfligierenden Interessen in aller Kürze geschilderte Konfliktlösung entspricht der oben geschilderten Drittwirkungssystematik der Grundrechte. Auf die dort gemachten Ausführungen wird daher verwiesen.
Auch bei den desweiteren angesprochen Durchbrechungen des Bankgeheimnisses im Verhältnis Bank - Bankkunde durch Bankauskünfte und SCHUFA-Mitteilungen geht es letztendlich stets um die Abwägung konfligierender Interessen, die einerseits auf Wahrung des Bankgeheimnisses, andererseits auf seine Durchbrechung gerichtet sind.[2309] Auch hier tritt die Drittwirkungsproblematik der Grundrechte zu tage. Ohne auf die Einzelheiten des Bankauskunftsverfahrens, die hier nicht näher interessieren sollen, einzugehen[2310], enthalten Bankauskünfte gemäß ihrer Definition in Nr. 2, Abs. II Banken-AGB[2311] „allgemein gehaltene Feststellungen und Bemerkungen über die wirtschaftlichen Verhältnisse des Kunden, seine Kreditwürdigkeit und Zahlungsfähigkeit" wobei konkrete, „betragsmäßige Angaben über Kontostände, Sparguthaben, Depot- oder sonstige der Bank anvertraute Vermögenswerte sowie Angaben über die Höhe von Kreditinanspruchnahmen" nicht gemacht werden. Bei einer Bankauskunft handelt es sich hiernach nicht um die Mitteilung konkreter Tatsachen, sondern um die Mitteilung von Werturteilen seitens der auskunftgebenden Bank[2312], wobei bereits ausgeführt wurde, daß auch Werturteile einer Bank, die diese sich aufgrund ihrer Geschäftsbeziehung zu einem Kunden gebildet hat, dem Bankgeheimnis unterfallen.[2313] Bei der Frage nach der Berechtigung einer Bankauskunft werden die Interessen des Bankkunden auf Wahrung seines Bankgeheimnisses unterschiedlich stark gewichtet, je nachdem, ob es sich bei dem Kunden um einen Privat- oder um einen Firmenkunden handelt. Während danach bei Firmenkunden die Einwilligung des Kunden zu einer Auskunftserteilung und somit einer Durchbrechung seines Bankgeheimnisses generell vermutet wird, werden bei einem Privatkunden regelmäßig keinerlei Auskünfte erteilt, es sei denn, der Privatkunde hat der Auskunftserteilung ausdrücklich zugestimmt.[2314] Diese Dichotomie in der Behandlung von Privat- und Firmenkunden wird in Nr. 2, Abs. III Banken-AGB[2315] wie folgt ausgedrückt:

„Voraussetzungen für die Erteilung einer Bankauskunft
Die Bank ist befugt, über juristische Personen und im Handelsregister eingetragene Kaufleute Bankauskünfte zu erteilen, sofern sich die Anfrage auf ihre geschäftliche Tätigkeit bezieht. Die Bank erteilt jedoch keine Auskünfte, wenn ihr eine anderslautende Weisung des Kunden vorliegt. Bankauskünfte über andere Personen, insbesondere über Privatkunden und Vereinigungen, erteilt die Bank nur dann, wenn diese generell oder im Einzelfall ausdrücklich zugestimmt haben. Eine Bankauskunft wird nur erteilt, wenn der Anfragende ein berechtigtes Interesse an der gewünschten Auskunft glaubhaft dargelegt hat und kein Grund zu der Annahme besteht, daß schutzwürdige Belange des Kunden der Auskunftserteilung entgegenstehen".

2309 Vgl. Claussen, a.a.O., S. 106.

2310 Zum Bankauskunftsverfahren ausführlich Bruchner in: BankRHdb., Bd. I, § 40; Weber, in: BuB, Bd. I, Kap. 2, Rn. 2/946 ff.; Sichtermann/Feuerborn (und Kirchherr), Bankgeheimnis und Bankauskunft, §§ 18, 19, S. 389 ff..

2311 Eine Definition der Bankauskunft fehlt demgegenüber in den Sparkassen-AGB.

2312 Bunte, in: BankRHdb., Bd. I, § 7, Rn. 15, 16; Bruchner, in: BankRHdb., § 40, Rn. 4; Weber, in: BuB, Bd. I, Kap. 1, Rn. 1/57; Kirchherr/Stützle, a.a.O, S. 55.

2313 Siehe oben im 1. Teil, S. 29 f..

2314 Vgl. Claussen, a.a.O.; Weber, in: BuB, Bd. I, Kap. 2, Rn. 2/955; Thilo, Bankgeheimnis, Bankauskunft und Datenschutzgesetze, NJW 1984, S. 584. Eine entgegengesetzte Auffassung vertreten Kirchherr/Stützle, a.a.O., S. 55 ff.; Schraepler, Kreditauskunft - Einschränkung des Bankgeheimnisses, NJW 1978, S. 1839 f..

2315 Entspricht weitgehend Nr. 3, Abs. II Sparkassen-AGB.

Ohne es so zu bezeichnen ist diese unterschiedliche Behandlung von Bankkunden im Bankauskunftsverfahren Ausdruck der oben aufgezeigten und grundrechtlich untermauerten inversen Ausgangslage in bezug auf das Bankgeheimnis von Privat- und Firmenkunden.[2316] Auch hier gilt es, den grundsätzlichen Konflikt zwischen Auskunftserteilung einerseits und Wahrung des Bankgeheimnisses andererseits durch Güterabwägung im Einzelfall zu lösen.[2317] Die in Nr. 2, Abs. III, S. 1 Banken-AGB[2318] genannten unterschiedlichen Voraussetzungen einer Bankauskunft in bezug auf Privat- und Firmenkunden und die weiteren in Nr. 2, Abs. III, S. 4 Banken -AGB aufgeführten Parameter des berechtigten Interesses und der schützwürdigen Belange erscheinen insofern als eine rein deklaratorische Beschreibung der grundsätzlich bestehenden Konfliktlage.[2319] Während für Privatkunden festgestellt werden konnte, daß das Bankgeheimnis seinen grundrechtlichen Schutz aus dem Recht der informationellen Selbstbestimmung gewinnt, dessen Durchbrechung im Verhältnis zum Staat überproportionaler Gründe bedarf und somit einem intensiven Schutz unterliegt, wurde für Firmenkunden das Bankgeheimnis den Schutzbereichen der Art. 12, Abs. I GG und Art. 14, Abs. I, S. 1 GG unterstellt, die lediglich einfach proportionale Durchbrechungsgründe im Verhältnis zum Staat erfordern[2320], so daß der grundrechtliche Schutz des Bankgeheimnisses eines Firmenkunden weniger intensiv ist. Dieser Gesichtspunkt wird auch durch das Bundesdatenschutzgesetz zum Ausdruck gebracht, das auch für das Bankauskunftsverfahren Relevanz besitzt (vgl. § 1, Abs. II, Ziff. 3 BDSG)[2321], da es sich bei einer Bankauskunft um eine Datenweitergabe im Sinne von § 3, Abs. V BDSG handelt, wenn es gemäß § 1, Abs. II BDSG lediglich die Datenweitergabe in bezug auf personenbezogene Daten im Sinne der Legaldefinition des § 3, Abs. I BDSG reglementiert und nach § 4, Abs. I BDSG von der Einwilligung des Betroffenen abhängig macht. Eine Datenweitergabe ist auch dann gerechtfertigt, wenn dieses durch das Bundesdatenschutzgesetz oder durch eine andere Rechtsvorschrift gestattet wird. Eine solche Rechtsvorschrift des Bundesdatenschutzgesetzes wird nach Ansicht einiger Autoren beispielsweise in § 28 BDSG gesehen, wo nach Ansicht dieser Autoren die Möglichkeit einer Datenübermittlung auch ohne Einwilligung des Betroffenen eröffnet wird.[2322] Diese Möglichkeit besteht zwar grundsätzlich, gleichwohl darf dabei nicht verkannt werden, daß die konfligierende Interessenlage von Wahrung und Durchbrechung des Bankgeheimnisses durch Abwägung im Einzelfall zu lösen ist und für den Privatkunden das Recht der informationellen Selbstbestimmung streitet, welches nur durch überproportionale gegenläufige Gründe durchbrochen werden kann, so daß eine hohe Wahrscheinlichkeit dafür besteht, daß das Bankgeheimnis des Privatkunden ohne seine Einwilligung auch nicht über § 28 BDSG durchbrochen werden kann.

2316 Ähnlich Zöllner, Datenschutzrechtliche Aspekte der Bankauskunft, ZHR, 149 (1985), S. 196.

2317 Bunte, in: BankRHdb., § 7, Rn. 16, m.w.N.; Zöllner, a.a.O., S. 191 f..

2318 Entspricht Nr. 3, Abs. II, S.1 Sparkassen-AGB.

2319 Nicht nachgegangen werden soll der Frage, ob eine Einwilligung in Verletzungen des Persönlichkeitsrechts formularmäßig erfolgen kann und ob diese Praxis nicht gegen § 9 AGBG verstößt.

2320 In diesem Sinne auch Claussen, a.a.O., S. 107.

2321 Vgl. hierzu ausführlicher Ungnade/Gorynia, Datenschutz und Kreditgewerbe, WM 1983, Sonderbeilage Nr. 7/1983, S. 8 ff.; Zöllner, a.a.O., S. 179 ff.; Bruchner, in: BankRHdb., § 40, Rn. 27 ff.; Weber, in: BuB, Bd. I, Kap. 2, Rn. 2/1052 ff.; Dahm/Schebesta/ Schroeter/Weber, a.a.O., Rn. 144 ff.; Sichtermann/Feuerborn (und Kirchherr), a.a.O., S. 422 ff.. Für öffentlich-rechtliche Kreditinstitute gelten zumeist die jeweiligen Landesdatenschutzgesetze, deren Regelungen indes mit denen des Bundesdatenschutzgesetzes übereinstimmen - vgl. Thilo, a.a.O., S. 582 f.; Sichtermann/Feuerborn (und Kirchherr), a.a.O., S. 425.

2322 Vgl. Bruchner, in: BankRHdb., § 40, Rn. 30; Dahm/Schebesta/Schroeter/Weber, a.a.O., Rn. 147 ff.; Zöllner, a.a.O., S. 188 ff..

Da die Datenweitergabe über juristische Personen und Personengesellschaften vom Bundesdatenschutzgesetz nicht erfaßt wird,[2323] kommt es für die Erteilung einer Bankauskunft auf die Einwilligung der insoweit betroffenen Firmenkunden nicht an.[2324]
Im hier interessierenden Verhältnis zweier Privatrechtssubjekte zueinander ist es vor diesem Hintergrund daher nur konsequent und folgerichtig, dem Privatkunden als dem Geheimnisherrn über die das Bankgeheimnis ausmachenden Daten und Informationen die Letztentscheidungsgewalt über die Preisgabe der sie betreffenden Daten und Informationen zuzugestehen und Bankauskünfte von dem Vorliegen einer Einwilligung des Privatkunden abhängig zu machen. Invers ist die Ausgangslage bei Firmenkunden, die es aufgrund ihrer Marktteilnahme und der damit verbundenen erhöhten und zugleich auch notwendigen, gegenseitigen Transparenz hinsichtlich ihrer geschäftlichen Betätigung und ihrer wirtschaftlichen Verhältnisse bei diesen Firmenkunden gerechtfertigt erscheinen läßt, von einem mutmaßlichen Kundenwillen im Sinne eines generellen Einverständnisses zur Erteilung von Bankauskünften über ihren geschäftlichen Bereich auszugehen[2325], zumal, wie ein Blick auf Nr. 2, Abs. III Banken-AGB zeigt, der Firmenkunde damit keineswegs seiner Funktion als Geheimnisherr der dem Bankgeheimnis unterfallenden Daten und Informationen entledigt wird, denn schließlich braucht er seinem Kreditinstitut lediglich eine anderslautende Weisung zu erteilen.[2326] Anders ausgedrückt läßt sich sagen, daß eine Bankauskunft in bezug auf einen Firmenkunden stets die Vermutung in sich trägt, im Eigeninteresse des Firmenkunden zu erfolgen.[2327] Im Bankauskunftsverfahren wird auch die unter Bezugnahme auf *Weber* und *Bruchner* getroffene Unterscheidung eines weiten und eines engen Firmenkundenbegriffs relevant.[2328] Dabei bezeichnet der weite Firmenkundenbegriff generell Bankkunden, die gewerblich tätig sind, unabhängig davon, ob es sich bei diesen um Einzelfirmen mit Handelsregistereintragung, Gewerbetreibende ohne Handelsregistereintragung, Handwerker, Freiberufler, Personenhandelsgesellschaften wie OHG, KG, juristische Personen öffentlichen oder privaten Rechts oder nicht rechtsfähige Personenvereinigungen, wie Sozietäten etc. handelt.[2329] Dieser weite Firmenkundenbegriff war Gegenstand der bisherigen Betrachtung. Lediglich in bezug auf das Bankauskunftsverfahren wird dieser generell geltende Firmenkundenbegriff der Banken verengt, indem er in diesem Zusammenhang lediglich juristische Personen in Form von Kapitalgesellschaften oder im Handelsregister eingetragene Personenhandelsgesellschaften bzw. Kaufleute

---

2323 Thilo, a.a.O., S. 582 f., 585; Ungnade/Gorynia, a.a.O., S. 9 f.; Sichtermann/Feuerborn (und Kirchherr), a.a.O., S. 423.

2324 Weber, a.a.O., Rn. 2/1054; Dahm/Schebesta/Schroeter/Weber, a.a.O., Rn. 146. Gerade in bezug auf Personenhandelsgesellschaften, aber auch für Ein-Mann-GmbH's, werden wegen der möglichen Reflexion auf die wirtschaftlichen Verhältnisse der hinter ihnen stehenden Gesellschafter Bedenken gegen die Nicht - Anwendbarkeit des Bundesdatenschutzgesetzes geäußert und seine Anwendbarkeit auch auf diese Gesellschaftsformen befürwortet - vgl. z.B. Zöllner, ZHR, 149 (1985), S. 182 f.. Ähnlich auch Sichtermann/Feuerborn (und Kirchherr), a.a.O..

2325 Teilweise wird in diesem Zusammenhang auch von einem anerkannten Handelsbrauch gesprochen, der der in Nr. 2, Abs. III Banken-AGB enthaltenen Regelung einen rein deklaratorischen Charakter einräumt - vgl. Bruchner, in: BankRHdb., § 40, Rn. 18; Dahm/Schebesta/Schroeter/Weber, a.a.O., Rn. 83; Weber, in: BuB, a.a.O., Rn. 1/64; dergl. a.a.O., in Kap. 2, Rn. 2/251 f.. Ablehnend hierzu z.B. Bunte, in: BankRHdb., § 7, Rn. 18, der lediglich im Zusammenhang mit den sog. Bank-zu-Bank-Auskünften von einem allgemeinen Handelsbrauch spricht - vgl. Rn. 24. Zu denken ist in diesem Zusammenhang etwa auch an Ratingagenturen oder Wirtschaftsauskunfteien, die ebenfalls zu einer allgemeinen Transparenz über die wirtschaftliche Situation der Marktteilnehmer und so zum Schutze des Marktes insgesamt beitragen.

2326 Vgl. Bunte, in: BankRHdb., § 7, Rn. 17.

2327 Claussen, a.a.O., S. 106; Bunte, in: BankRHdb., a.a.O..

2328 Siehe hierzu oben S. 103, Fn. 481 - m.w.N..

2329 Siehe oben S. 103, Fn. 481 - m.w.N..

(Nr. 2, Abs. III, S. 1 Banken- AGB)[2330] erfaßt. Nach *Bruchner* erfolgt diese Verengung des Firmenkundenbegriffs im Bankauskunftsverfahren „aus Gründen der Praktikabilität im Interesse der Rechtsklarheit zur Vermeidung rechtlicher Unsicherheit bei der Abgrenzung zwischen Geschäfts- und Privatkunden".[2331] Diese Unsicherheit kann mit dem Abgrenzungskriterium der Handelsregistereintragung leicht beseitigt werden. Diese Verengung des Firmenkundenbegriffs entspricht dem bereits oben geschilderten Umstand, daß eine Bank hinsichtlich der Frage nach der Wahrung des Bankgeheimnisses stets auf den Willen des Geheimnisherrn / Bankkunden abzustellen hat und im Zweifelsfall von der Wahrung des Bankgeheimnisses auszugehen ist.[2332] Trotz der bei Firmenkunden generell und typischerweise unterstellten Einwilligung in die Erteilung von Bankauskünften entbindet dieser Umstand das auskunftgebende Kreditinstitut gemäß Nr. 2, Abs. III, S. 4 Banken-AGB nicht von der Verpflichtung, anhand der dort genannten weiteren Parameter des Bestehens eines berechtigten Interesses des Auskunftsempfängers und eines etwaig bestehenden, atypischen Interesses des Firmenkunden auf Wahrung seines Bankgeheimnisses eine Abwägung und Überprüfung im Einzelfall vorzunehmen[2333]. Das grundlegende Instrument zur Auflösung der geschilderten Konfliktlage bleibt die Interessenabwägung. Deren Vorgaben entstammen dem geschilderten grundrechtlichen Schutz.

Die gleiche Problematik und Systematik wie beim Bankauskunftsverfahren gilt auch bei SCHUFA[2334]-Mitteilungen, die als eine spezifische und formalisierte Form des Bankauskunftsverfahrens angesehen werden kann.[2335] Daher gelten die zum Bankauskunftsverfahren gemachten Anmerkungen auch hier. SCHUFA - Mitteilungen unterscheiden sich von Bankauskünften jedoch dadurch, daß sie lediglich bestimmte, enumerativ aufgezählte Merkmale enthalten[2336], die für die Beurteilung der Kreditwürdigkeit eines Kunden ausschlaggebend sind.[2337] Aussagen über Einkommen und Vermögen werden nicht getroffen.[2338] Im Gegensatz

---

[2330] Entspricht Nr. 3, Abs. II, S. 1 Sparkassen-AGB.

[2331] Bruchner, in: BankRHdb., § 40, Rn. 14 ff.. So auch Dahm/Schebesta/Schroeter/Weber, a.a.O., Rn. 81; Rehbein, Rechtsfragen zum Bankgeheimnis, ZHR 149 (1985), S. 146 f.; Weber, in: BuB, a.a.O., Rn. 1/61; dergl., a.a.O., Kap. 2, Rn. 2/949, der zugleich betont, daß dieser Wunsch nach einem einfach verifizierbaren Abgrenzungskriterium von der Kreditwirtschaft ausgegangen sei.

[2332] Siehe oben im 1. Teil - S. 32 -m.w.N..

[2333] Ähnlich Fischer, Bankrecht, S. 205.

[2334] SCHUFA = Schutzgemeinschaft für allgemeine Kreditsicherung. Die SCHUFA wurde 1927 von den Berliner Elektrizitätswerken in Zusammenarbeit (zwecks gegenseitiger Absatzförderung) mit den Herstellern elektrischer Geräte in Berlin gegründet; 1930 erfolgte eine SCHUFA Gründung in Dortmund, 1931 gefolgt von der Gründung der ReichsSCHUFA - ausführlicher zur SCHUFA und ihrer Geschichte Hendriks, Die SCHUFA -Aufgaben und Wirken, ZHR, 149 (1985), 199 ff. (199). Mitglieder der SCHUFA sind nicht nur Kreditinstitute, sondern auch Unternehmen, die ihren Kunden Geld- oder Warenkredite gewähren, wie z.B.Versandhandelshäuser und Telekommunikationsunternehmen. Die Informationsintensität der Mitglieder ist unterschiedlich, so daß zwischen umfassenderen sog. A-Verträgen (Kreditinstitute) und weniger weitgehenden sog. B-Verträgen (Waren- und Kaufhäuser etc.) unterschieden wird - vgl. hierzu Weber (Ahrend), in: BuB, Bd. I, Kap. 2, Rn. 2/1041 f.; Bruchner, in: BankRHdb., § 41, Rn. 1, 4 ff..

[2335] Ausführlicher zum SCHUFA-Verfahren Ungnade/Gorynia, a.a.O., S. 12 ff.

[2336] Hierzu gehören z.B. Merkmale über Aufnahme von Krediten, deren Höhe sowie die damit zusammenhängende Ratenverpflichtung oder Bürgschaften, nicht vertragsgemäßes Verhalten des Kunden, Mitteilungen über Scheck- / Wechselproteste, Mahnbescheide, Scheckkartenmißbräuche, Abgabe der eidesstattlichen Versicherung etc. -vgl. Dahm/Schebesta/Schroeter/Weber, a.a.O., Rn. 135 ff.; Ungnade/Gorynia, a.a.O., S. 12, 13, 15 f.; Weber, in: BuB, Kap. 2, Rn. 2/1039, 2/1043 f.; Bruchner, in: BankRHdb., § 41, Rn. 2.

[2337] Dahm/Schebesta/Schroeter/Weber, a.a.O., Rn. 132; Weber, in: BuB, a.a.O.; Bruchner, in: BankRHdb., a.a.O..

[2338] Dahm/Schebesta/Schroeter/Weber, a.a.O.; Weber, in: BuB, a.a.O.; Bruchner, in: BankRHdb., a.a.O..

zur Bankauskunft bedarf die Befugnis zu SCHUFA - Mitteilungen grundsätzlich der Einwilligung des betroffenen Bankkunden, da das SCHUFA - Verfahren ausschließlich der Überprüfung der Kreditwürdigkeit von Privatkunden dient und somit die beim Bankauskunftsverfahren geschilderte Dichotomie in der Behandlung von Privat- und Firmenkunden entfällt.[2339] Das Bankauskunftsverfahren hat seinen Schwerpunkt primär im Bereich der Firmenkundschaft.[2340] Die notwendige Einwilligung des Kunden wird durch eine separate SCHUFA - Klausel eingeholt, die in aller Regel den Kontoeröffnungsformularen[2341] beigefügt und gesondert zu unterschreiben ist. Dieses entspricht dem nach § 4, Abs. I BDSG geforderten Einwilligungserfordernis.[2342] Auch SCHUFA - Mitteilungen durchbrechen das Bankgeheimnis des Bankkunden, so daß der geschilderte Interessenkonflikt zwischen Wahrung und Durchbrechung des Bankgeheimnisses seitens der Bank wie im Bankauskunftsverfahren auch hier besteht. Auch bei SCHUFA - Mitteilungen ist dieser Konflikt durch Abwägung der widerstreitenden Interessen zu lösen.[2343] Aus diesem Grund werden Daten seitens der SCHUFA nur mitgeteilt, wenn der Anfragende sein berechtigtes Interesse an den Mitteilungen glaubhaft darlegt.[2344] Darüberhinaus erfolgen SCHUFA - Mitteilungen stets nur nach dem Grundsatz der Gegenseitigkeit, was bedeutet, daß nur derjenige Auskünfte erhalten kann, der der SCHUFA auch selber Informationen liefert.[2345] Der Interessenwiderstreit und seine Lösung im Wege der Abwägung verdeutlicht sich auch in dem Umstand, daß bei SCHUFA - Mitteilungen zwischen sog. Positiv- und sog. Negativmerkmalen unterschieden wird. Hierdurch wird das zuvor geschilderte grundsätzliche Einwilligungserfordernis relativiert und teilweise eingeschränkt. Positivmerkmale enthalten beispielsweise Meldungen über die Aufnahme eines Kredites oder einer Bürgschaft durch einen Kunden. Derartige Meldungen bedürfen stets der Einwilligung des Kunden, während Negativmerkmale über einen Kunden, zum Beispiel Mitteilungen über vertragswidriges Verhalten des Kunden, Scheckkartenmißbräuche, Zwangsvollstreckungsmaßnahmen etc. keiner Einwilligung des Kunden bedürfen, da für derartige Meldungen die Schutzbedürftigkeit des Kunden hinter die für die Übermittlung der Daten sprechenden Gründe zurücktreten.[2346] Stets hat jedoch eine Interessenabwägung im Einzelfall stattzufinden, um auch atypischen Konstellation Rechnung tragen zu können.[2347] Dieser Umstand wird bereits durch § 28, Abs. I BDSG zum Ausdruck gebracht.[2348] Auch bei der Interessenabwägung im Rahmen von SCHUFA - Mitteilungen entstammen die Vorgaben für die Abwägung und deren Parameter dem grundrechtlichen Schutzbereich und somit dem für den Bürger und Bankkunden streitenden Recht auf informationelle Selbstbestimmung.

2339 Dahm/Schebesta/Schroeter/Weber, a.a.O.. Vgl. auch Ungnade/Gorynia, a.a.O., S. 14.

2340 Dahm/Schebesta/Schroeter/Weber, a.a.O..

2341 Die SCHUFA-Klausel ist auch in Kredit- und Bürgschaftsverträgen enthalten.

2342 Bruchner, in: BankRHdb., § 41, Rn. 14.

2343 Vgl. Dahm/Schebesta/Schroeter/Weber, a.a.O., Rn. 139 ff. (142); Ungnade/Gorynia, a.a.O., S. 13; Bruchner, in: BankRHdb., Rn. 15.

2344 Dahm/Schebesta/Schroeter/Weber, a.a.O., Rn. 133; Weber, in: BuB, Kap. 2, Rn. 2/1040; Bruchner, in: BankRHdb., § 41, Rn.12.

2345 Dahm/Schebesta/Schroeter/Weber, a.a.O.; Weber, in: BuB, a.a.O.; Bruchner, in: BankRHdb., § 41, Rn. 3.

2346 Vgl. hierzu Dahm/Schebesta/Schroeter/Weber, a.a.O., Rn. 139, 142; Ungnade/Gorynia, a.a.O., S. 13 f.; Weber, in: BuB, Rn. 2/1046 f., 2/1049; Sichtermann/Feuerborn (und Kirchherr), a.a.O., S. 444, die jedoch innerhalb der Negativmerkmale differenzieren und so zu einer unterschiedlichen Zulässigkeit der Weitergabe von Negativmerkmalen gelangen..

2347 Vgl. Dahm/Schebesta/Schroeter/Weber, a.a.O., Rn. 142; Weber, in: BuB, Kap. 2, Rn. 2/1047, 2/1049; Bruchner, in: BankRHdb., § 41, Rn. 15 f.. Ähnlich Sichtermann/Feuerborn (und Kirchherr), a.a.O..

2348 Bruchner, in: BankRHdb., a.a.O..

Auf die zur mittelbaren Drittwirkung der Grundrechte gemach-ten Ausführungen wird daher verwiesen.

Zusammenfassung:
Zusammenfassend soll festgehalten werden, daß das Bankgeheimnis als Ausdruck des allgemeinen Persönlichkeitsrechts dem deliktischen Schutz von § 823 BGB unterstellt ist. Als Rahmenrecht innerhalb des § 823 BGB bestimmt sich die Reichweite des deliktischen Schutzes im Wege der Abwägung der widerstreitenden Interessen. Bei dieser Abwägung handelt es sich um eine reine Angemessenheitsabwägung, da es bei Konflikten in Bürger - Bürger - Verhältnissen nicht auf die Aspekte der Geeignetheit und Erforderlichkeit ankommt. Das Verhältnis zwischen der Bank und ihrem Kunden ist ein mittelbares Grundrechtsverhältnis. Bei der Abwägung widerstreitender Interessen im Bürger - Bürger - Verhältnis fließen die durch die Wertordnung des Grundgesetzes verkörperten Werte auch in dieses Verhältnis ein.
Zu einer Interessenkollision im Verhältnis Bank - Bankkunde kann es in Konstellationen kommen, in denen sich die Bank mit der Wahrung des Bankgeheimnisses einerseits und der Durchbrechung des Bankgeheimnisses, z.B. im Wege von Aufklärungs- und Warnpflichten ihrer Kunden, andererseits konfrontiert sieht. Diese Pflichtenkollision ist im Wege der Abwägung der beteiligten Interessen im komkreten Einzelfall zu lösen.
Eine Interessenkollision zwischen Wahrung und Durchbrechung des Bankgeheimnisses besteht grundsätzlich auch beim Bankauskunftsverfahren. Diese Interessenkollision wird dadurch gelöst, das bei Privatkunden und nicht im Handelsregister eingetragenen Firmenkunden eine Bankauskunft stets nur mit expliziter Einwilligung des Bankkunden erteilt wird; bei Firmenkunden, die im Handelsregister eingetragen sind, wird diese Befugnis seitens der Bank generell vermutet. Diese Differenzierung entspricht auch den unterschiedlichen grundrechtlichen Schutzbereichen, die für die einzelnen Kundengruppen streiten. Trotz dieser vermuteten Einwilligung der im Handlesregister eingetragenen Firmenkunden einer Bank, hat diese bei der Erteilug einer Bankauskunft atypischen Konstellationen im Einzelfall Rechnung zu tragen und die widerstreitenden Interessen von Bankkunde und Anfragendem aneinander abzuwägen.
Das SCHUFA-Verfahren erfaßt lediglich Privatkunden einer Bank. Auch bei SCHUFA- Mitteilungen sind die widerstreitenden Interessen aneinander abzuwägen. Die Befugnis zur Erteilung von SCHUFA-Mitteilungen in Form von Positivmitteilungen bedarf stets der Einwilligung des Bankkunden. Eine Abwägung der beteiligten Interessen ergibt, daß Negativmitteilu[2349]ngen (auch) ohne Einwilligung des Bankkunden möglich sind.

Literaturverzeichnis:
(Alphabetisch nach Autoren)

Achleitner, Paul, Das Bankgeheimnis in Österreich, Deutschland und der Schweiz, in: Vierteljahresschrift des Österreichischen Forschungsinstitutes für Sparkassenwesen, Heft 3, Wien 1991

Alderman, Ellen / **Kennedy,** Caroline, The Right to Privacy, 2'nd edition, New York 1997

Alexy, Robert, Grundrechte als subjektive Rechte und objektive Normen, in: Der Staat 29 (1990), S. 49-68
(auch in: Recht, Vernunft, Diskurs - Studien zur Rechtsphilosophie, Frankfurt / M. 1995, S. 262-287)

- Juristische Interpretation, in: Recht, Vernunft, Diskurs - Studien zur Rechtsphilosophie, Frankfurt / M. 1995, S. 71-92
- Begriff und Geltung des Rechts, 2. Auflage, Freiburg / Brsg. 1994
- Zum Begriff des Rechtsprinzips, in: Recht, Vernunft, Diskurs - Studien zur Rechtsphilosophie, Frankfurt / M. 1995, S. 177-212
- Rechtssystem und praktische Vernunft, in: Vernunft, Diskurs - Studien zur Rechtsphilosophie, Frankfurt / M. 1995, S. 213-231
- Individuelle Rechte und subjektive Güter, in: Recht, Vernunft, Diskurs - Studien zur Rechtsphilosophie, Frankfurt / M. 1995, S. 232-261
- Theorie der juristischen Argumentation, 3. Auflage, Frankfurt / M. 1996
- Theorie der Grundrechte, 2. Auflage (Suhrkamp Taschenbuch), Frankfurt / M. 1994

Alternativkommentar zum Grundgesetz für die Bundesrepublik Deutschland, hrsg. von Rudolf Wassermann, Band 1, 2. Auflage, Neuwied 1989

Amelung, Knut, Grundfragen der Verwertungsverbote bei beweissichernden Haussuchungen im Strafverfahren, in: NJW 1991, S. 2533-2540

App, Michael, Der Stellenwert des Bankgeheimnisses im Vergleich internationaler Finanzmärkte - Zum Seminar des IFS in Frankfurt / Main, in: DStZ 1993, S. 201-204

Arnim, Hans Herbert von, Besteuerung und Eigentum, in: DÖV 1980, S. 797-798

Assmann, Heinz-Dieter / **Schütze,** Rolf A., Handbuch des Kapitalanlagerechts, 2. Auflage, München 1997

Badura, Peter, Eigentum, in: Benda, Ernst / Maihofer, Werner / Vogel, Hans-Jochen (Hrsg.), Handbuch des Verfassungsrechts der Bundesrepublik Deutschland, Band 1, 2. Auflage (unveränderter Neudruck), Berlin / New York 1995, S. 327-390

Becker, Hans-Joachim, Zulassungsbeschränkungen im Kreditgewerbe, in: DÖV 1956, S. 422 -426

Benda, Ernst, Steuergeheimnis: Kann der Bürger noch darauf vertrauen?, in: DStR 1984, S.351-356

- Menschenwürde und Persönlichkeitsrecht, in: dergl. / Maihofer, Werner / Vogel, Hans-Jochen (Hrsg.), Handbuch des Verfassungsrechts der Bundesrepublik Deutschland, Band 1, 2. Auflage (unveränderter Neudruck), Berlin / New York 1995, S. 161-190

Berns, Walter, Taking the constitution seriously, Reprint, Bosten 1992

Bethge, Herbert, Grundrechtsträgerschaft juristischer Personen - Zur Rechtsprechung des Bundesverfassungsgerichtes, in: AöR 104 (1979), S. 54-111

Bettermann, Karl August, Juristische Personen des öffentlichen Rechts als Grundrechtsträger, in: NJW 1969, S. 1321-1328

Bickenbach, Jerome Edmund, Canadian Cases in the Philosophy of Law, 1'st edition, Peterborough (Ontario) / Lewiston (NY) 1991
Bilsdorfer, Peter, Das Bankgeheimnis, in: DStR 1984, S. 498-507
- BFH und die Zinsbesteuerung - ein bemerkenswerter Eiertanz, in: NJW 1997, S. 2368 -2370
- Kontrollmitteilungspraxis der Erbschaftssteuerstellen und § 30a der Abgabenordnung, in: BB 1989, S. 1102, 1103

Bleckmann, Albert, Begründung und Anwendungsbereich des Verhältnismäßigkeitsprinzips, in: JuS 1994, S. 177-183
- Staatsrecht II, 3. Auflage, Köln / Berlin / Bonn / München 1989

Bleckmann, Albert / **Eckhoff,** Rolf, Der mittelbare Grundrechtseingriff, in: DVBl. 1988, S. 373-382
Bleckmann, Albert / **Wiethoff,** Claudia, Zur Grundrechtskonkurrenz, in: DÖV 1991, S. 722-730
Böckenförde, Ernst-Wolfgang, Grundrechte als Grundsatznormen, in: Der Staat 29 (1990), S. 1-30
- Grundrechtstheorie und Grundrechtsinterpretation, in: NJW 1974, S. 1529-1538
- Die Methoden der Verfassungsinterpretation - Bestandsaufnahme und Kritik, in: NJW 1976, S. 2089-2099

Borowski, Martin, Grundrechte als Prinzipien, Baden-Baden 1998
Bottke, Wilfried, Teleologie und Effektivität der Normen gegen Geldwäsche, in: Wistra 1995, S. 87-91, 121-130
Breuer, Rüdiger, Schutz von Betriebs- und Geschäftsgeheimnissen im Umweltrecht, in: NVwZ 1986, S. 171-178
- Freiheit des Berufs, in: v. Isensee, Josef / Kirchhof, Paul (Hrsg.), Handbuch des Staatsrechts, Band VI, Heidelberg 1989, S. 877-956
- Die staatliche Berufsregelung und Wirtschaftslenkung, in: v. Isensee, Josef / Kirchhof, Paul (Hrsg.), Handbuch des Staatsrechts, Band VI, Heidelberg 1989, S. 957-1021

Brohm, Winfried, Wirtschaftstätigkeit der öffentlichen Hand und Wettbewerb, in: NJW 1994, S. 281-289
Bruchner, Helmut, Bankgeheimnis, Bankauskunft, SCHUFA, Geldwäsche, in: Schimansky, Herbert / Bunte, Herman-Josef / Lwowski, Hans-Jürgen (Hrsg.), Bankrechtshandbuch, Band 1, München 1997, S. 639-771
Bruschke, Gerhard, Das Bankgeheimnis - Gewährt der neue § 30a der Abgabenordnung dem Bankkunden einen verbesserten Schutz vor Ermittlungsmaßnahmen der Finanzverwaltung?, in: BB 1990, S. 392-395
Bryde, Brun-Otto, Artikel 12 - Freiheit des Berufes und Grundrecht der Arbeit, in: NJW 1984, S. 2177-2184
Bull, Jans Peter, Datenschutz contra Amtshilfe - Von der Einheit der Staatsgewalt zur informationellen Selbstbestimmung, in: DÖV 1979, S. 689-696
Bullinger, Martin, Wettbewerbsgerechtigkeit bei präventiver Wirtschaftsaufsicht, in: NJW 1978, S. 2173-2181
Bundesverband deutscher Banken (Hrsg.), Informationen des BDB, Heft Februar, Köln 1994
Bunte, Hermann-Josef, Bankgeheimnis und Bankauskunft, in: Schimansky, Herbert / dergl. / Lwowski, Hans-Jürgen (Hrsg.), Bankrechtshandbuch, Band 1, München 1997, S. 112 - 121
Burkhard, Jörg, Fahndungssituation: Durchsuchung beim Beschuldigten, in: Stbg. 1998, S. 310-312

Canaris, Claus-Wilhelm, Bankvertragsrecht, 3. Auflage, Berlin / New York 1988
- Grundrechtswirkungen und Verhältnismäßigkeitsprinzip in der richterlichen Anwendung und Fortbildung des Privatrechts, in: Jus 1989, S. 161 - 172

Canaris, Claus-Wilhelm / **Schilling**, Wolfgang / **Ulmer**, Peter (Hrsg.), Großkommentar zum Handelsgesetzbuch, begründet von Hermann Staub, Band 3, 4. Auflage, Berlin / New York 1978

Carl, Dieter / **Klos**, Joachim, Das Bankgeheimnis - Neue Entwicklungen im Bereich des Zivil-, Steuer- und Strafrechts, in: StB 1994, S. 153-143
- Tafelgeschäfte - steuerlich unzulässige „Geldwäsche" der Kreditinstitute?, in: DStZ 1991, S. 24-30
- Rechtmäßigkeit der Bankdurchsuchungen bei Verdacht der Steuerhinterziehung - Die Entscheidung des BVerfG zu den Steuerfahndungsermittlungen bei der Dresdner-Bank wegen Schwarzgeldtransfers nach Luxemburg, in: DStZ 1994, S. 391-400

Cirkel, Johannes, Gleichheitsrechte im Gemeinschaftsrecht, in: NJW 1998, S. 3332, 3333

Claussen, Carsten Peter, Bank- und Börsenrecht, 1. Auflage, München 1996

Dahm, Joachim, Geschäftsverbindung zwischen Bank und Kunde, in: Hellner, Thorwald / Steuer, Stephan (Hrsg.), Bankrecht und Bankpraxis (BuB), Band 1, Köln 1996, Stand 6/1996
- Banken im Spannungsfeld zwischen Staat und Kunden - Der Versuch einer Standortbestimmung am Beispiel der Weitergabe von Daten an staatliche Stellen, in: WM 1996, S. 1285-1292

Dahm, Joachim / **Hamacher**, Josef, Geldwäschebekämpfung und strafrechtliche Verfahrensgarantien, in: Wistra 1995, S. 206-217

Dahm, Joachim / **Schebesta**, Michael / **Schroeter**, Achim / **Weber**, Ahrend, Bankgeheimnis und Bankauskunft in der Praxis, 5. Auflage, Köln 1995

Degenhart, Christoph, Die allgemeine Handlungsfreiheit des Art. 2, II GG, in: JuS 1990, S. 161-169
- Das allgemeine Persönlichkeitsrecht, Art. 2, Abs. I i.V.m. Art. 1, Abs. I GG, in: JuS 1992, S. 361-368

Denninger, Erhard C., Zum Begriff des „Wesensgehaltes" in der Rechtsprechung (Art. 19, II GG), in: DÖV 1960, S. 812-814

Ditges, Thomas / **Graß**, Arno, EG - Rechtswidrigkeit der Fahndungswelle in deutschen Banken, in: BB 1998, S. 1390-1394

Dittrich, Kurt / **Trinkaus**, Marc, Die gesetzlichen Regelungen der Geldwäsche und ihre Reform - eine Praxisanalyse, in: DStR 1998, S. 342-347

Dreier, Horst (Hrsg.), Grundgesetz - Kommentar, Band 1 (Art. 1-19), Tübingen 1996

Dürig, Günter, Der Grundrechtssatz von der Menschenwürde, in: AöR 81 (1956), S. 117 ff.

Duttge, Gunnar, Freiheit für alle oder allgemeine Handlungsfreiheit, in: NJW 1997, S. 3353-3355
- Recht auf Datenschutz - Ein Beitrag zur Interpretation der grundrechtlichen Schutzbereiche, in: Der Staat 36 (1997), S. 281-308
- Zur Hypertrophie des Datenschutzes, in: NJW 1998, S. 1615-1619

Eckhoff, Rolf, Verfassungsmäßigkeit der Zinsbesteuerung? - Anmerkungen zum BFH-Urteil vom 18.12.1997, VII R 33/95, in: DStR 1997, S. 1071-1073

Ehlers, Hans, Durchsuchung - Beschlagnahme - Bankgeheimnis, in: BB 1978, S. 1513-1717
- Der neue „Bankenerlaß", in: BB 1979, S. 1602, 1603

Ehmann, Horst, Zur Struktur des allgemeinen Persönlichkeitsrechts, in: JuS 1997, S. 193-203

Fahrtmann, Friedhelm / **Coen**, Martin, Tarifautonomie, Unternehmensverfassung und Mitbestimmung, in: Benda, Ernst / Maihofer, Werner / Vogel, Hans-Jochen (Hrsg.), Handbuch des Verfassungsrechts der Bundesrepublik Deutschland, Band 2, 2. Auflage (unveränderter Neudruck), Berlin / New York 1995, S. 851-961

Felix, Günther, Bankgeheimnis nach § 30a der Abgabenordnung und Anzeigen der Kreditinstitute nach § 33 Nr. 1 des Erbschaftssteuergesetzes, in: BB 1988, S. 2011-2012

Findeisen, Michael, Deliktsspezifische Strukturprävention gegen Geldwäsche im Finanzsektor, in: WM 1998, S. 2410-2421

Fischer, Reinfried, Bankrecht, Köln 1989

- Das Recht der Bankenaufsicht, in: Schimansky, Herbert / Bunte, Herman-Josef / Lwowski, Hans-Jürgen (Hrsg.), Bankrechtshandbuch, Band 3, München 1997, S. 3715 -3845

Fischer, Reinfried / **Klanten**, Thomas, Bankrecht, 2. Auflage, Köln 1996

Flore, Ingo / **Dörn**, Harald / **Gillmeister**, Ferdinand, Steuerfahndung und Steuerstrafverfahren, 1. Auflage, Neuwied / Kriftel / Berlin 1998

Frotscher, Werner, Grundrechtsverständnis in der Gegenwart - Funktionen der Grundrechte, in: JuS 1994, Lernbogen S. 65-69

Fumi, Horst D., Verwertungsverbot und Außenprüfung - Anmerkung zum Beschluß des FG des Saarlandes (EFG 1998, 985 f.), in: EFG 1998, Beilage zu Heft 13 / 1998, Anm. Nr. 1, S. 49-51

Gallwas, Hans-Ullrich, Der allgemeine Konflikt zwischen dem Recht auf informationelle Selbstbestimmung und der Informationsfreiheit, in: NJW 1992, S. 2785-2790

Gawaz, Klaus-Dieter, Bankenhaftung für Sanierungskredite, in: Balz/Kübler/Prütting/Timm (Hrsg.), Beiträge zum Insolvenzrecht, Band 16, Köln 1997

Geis, Max Emmanuel, Der Kernbereich des Persönlichkeitsrechts - Ein Plädoyer für die Sphärentheorie, in: JZ 1991, S. 112-117

Gentz, Manfred, Zur Verhältnismäßigkeit von Grundrechtseingriffen, in: NJW 1968, S. 1600-1607

Gifis, Steven, Law Dictionary, 4'th edition, Hauppage (NY) 1996

Gößmann, Wolfgang, Aspekte der ec-Karten-Nutzung, in: WM 1998, S. 1264-1273

- EC-Kassen und POS-System, in: Schimansky, Herbert / Bunte, Herman-Josef / Lwowski, Hans-Jürgen (Hrsg.), Bankrechtshandbuch, Band 1, München 1997, S. 1440 -1461

Grabitz, Eberhard, Der Grundsatz der Verhältnismäßigkeit in der Rechtsprechung des Bundesverfassungsgerichts, in: AöR 98 (1973), S. 568-616

Grill, Wolfgang / **Perczynski**, Hans, Wirtschaftslehre des Kreditwesens, 28. Auflage, Bad Homburg v. d. Höhe 1993

Grimm, Dieter, Das Grundgesetz nach vierzig Jahren, in: NJW 1989, S. 1305-1312

Groos, Michael / **Hübner**, Rainer / **Pöpsel**, Frank / **Stockheim**, Ulrich, Jetzt droht die nächste Fluchtwelle, in: CAPITAL, Heft 4 / 1995

Groeben, Hans von der / **Thiesing**, Jochen / **Ehlermann**, Claus-Dieter, Kommentar zum EU- / EG-Vertrag, Band 1, 5. Auflage, Baden-Baden 1997

Grupp, Claus D., Geld zu jeder Zeit, 8. Auflage, Köln (ohne Jahresangabe)

Gusy, Christoph, Der Gleichheitssatz, in: NJW 1988, S. 2505-2512

- Der Schutz gegen rechtswidrige Informationsermittlung durch die Nachrichtendienste, in: DÖV 1980, S. 431-436

Häberle, Peter, Die Wesensgehaltsgarantie des Art. 19 Abs. 2 Grundgesetz - Zugleich ein Beitrag zum institutionellen Verständnis der Grundrechte und zur Lehre vom Gesetzesvorbehalt, in: Freiburger Rechts- und Staatswissenschaftlichen Abhandlungen, 3. Auflage, Freiburg 1983

Hailbronner, Kay, Ausländerrecht und Verfassung, in: NJW 1983, S. 2105-2113

Hamacher, Rolfjosef, Zur Zulässigkeit von Kontrollmitteilungen durch allgemeine Verwaltungsbehörden und Rundfunkanstalten - Entwurf eines § 93a AO, in: DB 1984, S. 2157-2161

- Der Bankenerlaß als ermessengerechte Handhabung von Ermittlungsbefugnissen der Finanzbehörden, in: DB 1985, S. 1807-1811
- Gibt es doch ein steuerliches Bankgeheimnis? - Zur Bedeutung des BFH-Urteils vom 18. Februar 1997, in: WM 1997, S. 2149-2156
- „Dagobert Duck" - Ein kriminelles System? - Insbesondere zu § 154 AO und zu dem EuGH-Urteil vom 23.02.1995 Rs. C-358/93, C-416/93, in: DB 1995, S. 2284-2289

Hammerstein, Fritz von, Der verfassungsrechtliche Schutz der Privatsphäre im Steuerrecht, Europäische Hochschulschriften, Reihe 2, Band 1464, Frankfurt/M. 1993

Hassemer, Winfried, Professionelle Adäquanz, in: Wistra 1995, S. 41-46, 81-87

Haun, Norbert, Zahlungsverkehr, in: Hellner, Thorwald / Steuer, Stephan (Hrsg.), Bankrecht und Bankpraxis (BuB), Band 3, Kap. 6, Köln 1996, Stand 8 und 12/1998

Heine, Bernd, Zur aktuellen Situation der Prüfungsdienste der Finanzverwaltung, in: Stbg. 1998, S. 241-252

Heintschel v. Heinegg, Wolff / **Haltern**, Ulrich, Keine Angst vor Art. 14 GG!, in: JuS 1993, S. 121-126

Hendricks, Evan / **Hayden**, Trudy / **Novik**, Jack D., Your Right to Privacy, 2'nd edition, Carbondale (Ill.) / Edwardsville (Ill.) 1990

Hendriks, Martin, Die SCHUFA - Aufgaben und Wirken, in: ZHR 149 (1985), S. 199-205

Hermes, Georg, Grundrechtsschutz durch Privatrecht auf neuer Grundlage, in: NJW 1990, S. 1764-1768

Herrler, Hans, Mitwirkung der Banken bei der Besteuerung von Bankkunden, in: Freericks / Friauf / Kirchhof / Ruppe (Hrsg.), Reihe Steuerwissenschaft, Band 18, Köln 1984

Hesse, Konrad, Bedeutung der Grundrechte, in: Benda, Ernst / Maihofer, Werner / Vogel, Hans-Jochen (Hrsg.), Handbuch des Verfassungsrechts der Bundesrepublik Deutschland, Band 1, 2. Auflage (unveränderter Neudruck), Berlin / New York 1995, S. 127-160

- Grundzüge des Verfassungsrechts der Bundesrepublik Deutschland, 17. Auflage, Heidelberg 1990

Hey, Johanna, Steuern verwalten durch Banken - Einige grundsätzliche Anmerkungen zur Heranziehung der Banken zu Steuerverwaltungsaufgaben aus Anlaß der BGH - Urteile v. 15.07.1997, in: FR 1997, S. 497-509

Hirsch, Günter, Europäischer Gerichtshof und Bundesverfassungsgericht - Kooperation oder Konfrontation?, in: NJW 1996, 2457-2466

Hoffman-Riem, Wolfgang, Steuerermittlung und Bankgeheimnis, in: StuW 1972, S. 127-139

Hofmann, Hasso, Technik und Umwelt, in: Benda, Ernst / Maihofer, Werner / Vogel, Hans-Jochen (Hrsg.), Handbuch des Verfassungsrechts der Bundesrepublik Deutschland, Band 2, 2. Auflage (unveränderter Neudruck), Berlin / New York 1995, S. 1005-1040

Hubmann, Heinrich, Der zivilrechtliche Schutz der Persönlichkeit gegen Indiskretion, in: JZ 1957, S. 521-528

- Entstehung und Außerkrafttreten von Gewohnheitsrecht - BGHZ 44, 346, in: JuS 1968, S. 61-65

Hübschmann, Walter / **Hepp,** Ernst / **Spitaler,** Armin (Hrsg.), Kommentar zur Abgabenordnung und Finanzgerichtsordnung, Loseblattkommentar, 10. Auflage, Köln 1995, Stand 152. Lieferung Mai/1997

Hufeld, Ulrich, Verfassungswidrige Rechtschreibreform? - BVerfGE, NJW 1996, 2221-, in: JuS 1996, S. 1072-1076

Hufen, Ulrich, Berufsfreiheit - Erinnerung an ein Grundrecht, in: NJW 1994, S. 2913-2922

Huster, Stefan, Gleichheit und Verhältnismäßigkeit - Der allgemeine Gleichheitssatz als Eingriffsrecht, in: JZ 1994, S. 541-549

Ipsen, Jörn, Stufentheorie und Übermaßverbot - Zur Dogmatik des Art. 12 GG, in: JuS 1990, S. 634-638

Jabornegg, Peter / **Strasser,** Rudolf / **Floretta,** Hans, Das Bankgeheimnis, Wien 1985

Jährig, Alfred / **Schuck,** Hans / **Rösler,** Peter / **Woite,** Manfred, Handbuch des Kreditgeschäfts, 5. Auflage, Wiesbaden 1989

Janssen, Nils, Die Abwägung von Grundrechten, in: Der Staat 36 (1997), S. 27-54

Jarass, Hans, Folgerungen aus der neueren Rechtsprechung des BVerfG für die Prüfung von Verstößen gegen Art. 3, I GG - Ein systematisches Konzept zur Feststellung unzulässiger Ungleichbehandlungen, in: NJW 1997, S. 2545-2550

- Das allgemeine Persönlichkeitsrecht im Grundgesetz, in: NJW 1989, S. 857-862

Jeand'Heur, Bernd / **Jorzyk,** Volker, Der praktische Fall - Öffentliches Recht: Verbraucherschutz vor Mikrowellen, in: JuS 1997, S. 728-734

Joecks, Wolfgang, Die Stellung der Kreditwirtschaft im steuerstrafrechtlichen Ermittlungsverfahren gegen Kunden - Rechtsgutachten im Auftrag der Gesellschaft für bankwissenschaftliche Forschung, in: WM 1998, Sonderbeilage Nr. 1 zu Heft 20/1998

Junker, Carolin, Aktuelle Rechtsfragen zum Bankgeheimnis und zur Bankauskunft, in: DStR 1996, S. 224-229

Jürgens, Günter, Das Bankgeheimnis und seine Entwicklung gegenüber der Steuerbehörde, Diss. jur., Köln; 1954

Karpen, Ulrich, Gesetzgestaltung und Gesetzesanwendung im Leistungsrecht, in: NJW 1988, S. 2512-2521

Kirchherr, Roland / **Stützle,** Rudolf, Aktuelle Probleme aus der Rechtsprechung und Rechtspraxis zu Bankgeheimnis und Bankauskunft, 2. Auflage, Köln 1983

Kirchhof, Paul, Freiheit und Steuerpflicht, in: FAZ vom 07.09.1996, S. 10

- Besteuerung und Eigentum, in: DÖV 1980, S. 795-797

Klein, Eckart, Grundrechtliche Schutzpflichten des Staates, in: NJW 1989, S. 1633-1640

Klein, Franz, AO, Abgabenordnung - Kommentar, 6. Auflage, München 1998

Kleinknecht, Theodor / **Meyer-Goßner,** Lutz, Strafprozeßordnung, 42. Auflage, München 1995

Klos, Joachim, Weitergabe beschlagnahmter Bankunterlagen an die Steuerfahndungsstelle im Erpressungsfall der Commerzbank Luxemburg (CiSAL) - Anmerkungen zum Beschluß des OLG-Frankfurt / M. 3v As 25 u. 26/95 vom 20.12.1995, in: Wistra 1996, S. 176-178

Knemeyer, Franz-Ludwig, Geheimhaltungsanspruch und Offenbarungsbefugnis im Verwaltungsverfahren, in: NJW 1984, S. 2241-2248

- Die Wahrung von Betriebs- und Geschäftsgeheimnissen bei behördlichen Umweltinformationen, in: DB 1993, S. 721-726

Kniffka, Rolf, Die Durchsuchung von Kreditinstituten in Steuerstrafverfahren, in: Wistra 1987, S. 309-313

Koenig, Christian / **Pechstein,** Matthias, Entscheidungen des EuGH - Studienauswahl, Tübingen 1998

Kohls, Rainer, Bankrecht, München 1994

Kokott, Juliane, Der Grundrechtsschutz im europäischen Gemeinschaftsrecht, in: AöR 121 (1996), S. 599-638

Kopp, Ferdinand, Verwaltungsverfahrensgesetz, Kommentar zum VwVfG, 5. Auflage, München 1991

Koppensteiner, Hans-Georg, Zur Grundrechtsfähigkeit gemischtwirtschaftlicher Unternehmungen, in: NJW 1990, S. 3105-3114

Krause, Peter, Das Recht auf informationelle Selbstbestimmung - BVerfGE 65, 1, in: JuS 1984, S. 268-275

Kreutzer, Peter, Bankgeheimnis und Auskunftspflicht, Diss. jur., München, 1956

Kröger, Klaus, Juristische Personen des öffentlichen Rechts als Grundrechtsträger, in: JuS 1981, S. 26-29

Krüger, Herbert, Der Wesensgehalt der Grundrechte i.S. des Art. 19 GG, in: DÖV 1955, S. 597-602

Langer, Stefan, Strukturfragen der Berufsfreiheit, in: JuS 1993, S. 203-210

Leibholz, Gerhard, Die Gleichheit vor dem Gesetz und das Bonner Grundgesetz, in: DVBl. 1951, S. 193-200

Leisner, Walter, Ausforschungsdurchsuchung? - Ermittlungsmaßnahmen im Bankenbereich, in: BB 1994, S. 1941-1946

- Ausforschungsbeschlagnahme, in: BB 1995, S. 525-528

Lepa, Manfred, Grundrechtskonflikte, in: DVBl. 1972, S. 161-167

Lerche, Peter, Bankgeheimnis - verfassungsrechtliche Rechtsgrundlagen, in: ZHR 149 (1985), S. 165-176

- Allgemeine Grundrechtslehren - Schutzbereich, Grundrechtsprägung, Grundrechtseingriff, in: v. Isensee, Josef / Kirchhof, Paul (Hrsg.), Handbuch des Staatsrechts, Band V, Heidelberg 1989, S. 739-773, 775-804

Lohmeyer, Heinz, Bankgeheimnis und steuerliche Außenprüfung, in: Stbg. 1984, S. 377-382

- Das Bankgeheimnis und seine Durchbrechungen im Steuerrecht, in: JR 1970, S. 248-252

Löwe-Krahl, Oliver, Beteiligung von Bankangestellten an Steuerhinterziehungen ihrer Kunden - die Tatbestandsmäßigkeit berufstypischer Handlungen, in: Wistra 1995, S. 201-206

Loritz, Karl-Georg, Das Grundgesetz und die Grenzen der Besteuerung, in: NJW 1986, S. 1-10

Louven, Klaus, Vertrauen in staatliches Handeln, in: ZRP 1997, S. 312-314

Martinek, Michael, Das Kreditkartengeschäft, in: Schimansky, Herbert / Bunte, Herman-Josef / Lwowski, Hans-Jürgen (Hrsg.), Bankrechtshandbuch, Band 1, München 1997, S. 1407-1439

Maunz, Theodor / **Dürig**, Günter / **Herzog**, Roman / **Scholz**, Rupert, Grundgesetz - Kommentar, Loseblattkommentar in 5 Bänden, 7. Auflage, München 1996, Stand 34. Ergänzungslieferung Juni 1998

Maunz, Theodor / **Zipelius**, Reinhold, Deutsches Staatsrecht, 26. Auflage, München 1985

Medicus, Dieter, Bürgerliches Recht, 14. Auflage, Köln / Berlin / Bonn / München 1988

Meessen, Karl-Matthias, Ausländische juristische Personen als Träger von Grundrechten, in: JZ 1970, S. 602-605

Meincke, Horst-Eberhard, Geheimhaltungspflichten im Wirtschaftsrecht, in: WM 1998, S. 749-758

Mertens, Hans-Joachim, Die Grundrechtsfähigkeit der juristischen Person und das Gesellschaftsrecht, in: JuS 1989, S. 857-862

Meyer, Jürgen / **Hetzer,** Wolfgang, Neue Gesetze gegen die Organisierte Kriminalität, in: NJW 1998, S. 1017-1029

Michel, Günter / **Schnell,** Helmut, Die Außenprüfung bleibt verfassungsrechtlich geboten - Entgegnung auf Wengert / Widmann, BB 1998, 22 ff., in: BB 1998, S. 1562-1567

Model, Otto / **Müller,** Klaus, Grundgesetz für die Bundesrepublik Deutschland, Kommentar, 11. Auflage, Köln / Berlin / Bonn / München 1996

Mückenberger, Ulrich, Datenschutz als Verfassungsgebot - Das Volkszählungsurteil des Bundesverfassungsgerichts, in: Kritische Justiz 1984, S. 1-24

Müller-Brühl, Franz-Josef, Die Stellung der Kreditinstitute in Steuerverfahren ihrer Kunden, in: NSt - Neues Steuerrecht von A-Z, Sonderdruck, Hefte 21, 22, Bielefeld 1988

- Ermittlungen bei Kreditinstituten in Steuerverfahren ihrer Kunden, Bielefeld 1990

Müller, Rudolf, Anmerkungen zum Urteil des LG-Hof vom 23.10.1967, in: NJW 1968, S. 65

- Die Grenzen des Bankgeheimnisses, in: NJW 1963, S. 833-838

Münch, Ingo von, Grundgesetz - Kommentar, Band 1 (Präambel bis Art. 20), 3. Auflage, München 1985

Münch, Ingo von / **Kunig,** Philip, Grundgesetz - Kommentar, Band 1 (Präambel bis Art. 20), 4. Auflage, München 1992

Musielak, Hans-Joachim, Bankgeheimnis- und Bankauskunft in der Bundesrepublik Deutschland und in ausländischen Rechtsordnungen, in: v. Hadding / Schneider (Hrsg.), Untersuchungen über das Spar-, Giro- und Kreditwesen, Band 49, Berlin 1986

Mutius, Albert von, Grundrechtsfähigkeit, in: Jura 1983, S. 30-42

Neuhaus, Kai - Jochen, Gewohnheitsrecht - Rolle und Anerkennung in Deutschland, in: JuS 1996, Lernbogen S. 41-44

ohne Autor (erstellt vom zentralen Kreditausschuß), Mitarbeiterinformationen zur Abwehr von Geldwäsche, Köln 1993, Stand November 1993

ohne Autor, Das Risiko der privaten Bankkonten, Handelsblatt vom 15.10.1996, S. 2

Olshausen, Henning von; Zur Anwendbarkeit von Grundrechten auf juristische Personen des öffentlichen Rechts; Marburg; 1969

Ossenbühl, Fritz, Probleme und Wege der Verfassungsauslegung, in: DÖV 1965, S. 649-661

- Inhaltsbestimmung des Eigentums und Enteignung, in: JuS 1993, S. 200-203

Palandt, Otto (Hrsg.), Bürgerliches Gesetzbuch, Kommentar, 58. Auflage, München 1999

Papier, Hans-Jürgen, Grundgesetz und Wirtschaftsordnung, in: Benda, Ernst / Maihofer, Werner / Vogel, Hans-Jochen (Hrsg.), Handbuch des Verfassungsrechts der Bundesrepublik Deutschland, Band 1, 2. Auflage (unveränderter Neudruck), Berlin / New York 1995, S. 799-850

Pernice, Ingolf, Gemeinschaftsverfassung und Grundrechtsschutz - Grundlagen, Bestand und Perspektiven, in: NJW 1990, S. 2409-2420

Pieroth, Bodo, Der Wert der Auffangfunktion des Art. 2, Abs. I GG, in: AöR 115 (1990), S. 33 ff.

Pieroth, Bodo / **Schlink,** Bernhard, Grundrechte - Staatsrecht II, Schwerpunkte Band 14, 14. Auflage, Heidelberg 1998

Pietrzak, Alexandra, Die Schutzpflicht im verfassungsrechtlichen Kontext - Überblick und neue Aspekte, in: JuS 1994, S. 748-753

Prost, Gerhard, Bankgeheimnis und neues Strafprozeßrecht, in: NJW 1976, S. 214, 215

Quaritsch, Helmut, Der grundrechtliche Schutz der Ausländer, in: v. Isensee, Josef / Kirchhof, Paul (Hrsg.), Handbuch des Staatsrechts, Band V, Heidelberg 1992, S. 663-737

Radbruch, Gustav, Rechtsphilosophie - Studienausgabe, hrsg. von Dreier, Ralf / Paulson, Stanley L., Heidelberg 1999

Radbruch, Jürgen, Das Bankgeheimnis im deutschen und angloamerikanischen Recht - Ein Rechtsvergleich, Diss. jur, Mainz 1977

Ransiek, Andreas, Pflichtwidrigkeit und Beihilferecht - Der Dresdner Bank-Fall und andere Beispiele, in: Wistra 1997, S. 41-47

Rebmann, Kurt / **Säcker**, Franz J., Münchener Kommentar zum Bürgerlichen Gesetzbuch, 3. Auflage, München 1995

Rehbein, Dieter, Rechtsfragen zum Bankgeheimnis, in: ZHR 149 (1985), S. 139-150

Reichert, Bernd / **Röber**, Klaus-Ulrich, Polizeirecht, 3. Auflage, Baden-Baden 1988

Reiß, Petra, Geldwäsche, in: Hellner, Thorwald / Steuer, Stephan (Hrsg.), Bankrecht und Bankpraxis (BuB), Band 5, Köln 1996, Stand 11/1997

Ritter, Ernst-Hasso, Der Grundrechtsschutz ausländischer juristischer Personen, in: NJW 1964, S. 279-282

Robbers, Gerhard, Ausländer und Verfassungsrecht, in: Benda, Ernst / Maihofer, Werner / Vogel, Hans-Jochen (Hrsg.), Handbuch des Verfassungsrechts der Bundesrepublik Deutschland, Band 1, 2. Auflage (unveränderter Neudruck), Berlin / New York 1995

Rodi, Michael, Faktische Nichtbesteuerung und Gleichheitssatz, in: NJW 1990, S. 3246-3252

Rössler, Gerhard, Bankgeheimnis und Auskunftspflicht der Kreditinstitute gegenüber den Finanzverwaltungsbehörden, in: NJW 1968, S. 1998, 1999

Rüfner, Wolfgang, Überschneidungen und gegenseitige Ergänzungen der Grundrechte, in: Der Staat 7 (1968), S. 41 ff.

- Zur Bedeutung und Tragweite des Artikels 19 Abs. 3 des Grundgesetzes, in: AöR 89 (1964), S. 261-322

Rümker, Dietrich, Rechtliche Organisation des übrigen Bankwesens, in: Schimansky, Herbert / Bunte, Herman-Josef / Lwowski, Hans-Jürgen (Hrsg.), Bankrechtshandbuch, Band 3, München 1997 S. 3692-3713

Rupp, Hans-Heinrich, Zur neuen Verwaltungsgerichtsordnung, in: AöR 85 (1960), S. 301 ff.

- Das Grundrecht der Berufsfreiheit in der Rechtsprechung des Bundesverfassungsgerichts, in: AöR 92 (1967), S. 212-242

Ruppelt, Reinhold, Das Bankgeheimnis, Diss. jur., Köln, 1959

Sachs, Michael, Die Maßstäbe des allgemeinen Gleichheitssatzes - Willkürverbot und sogenannte neue Formel, in: JuS 1997, S. 124-130

- Grundrechtsbegrenzung außerhalb von Gesetzesvorbehalten, in: JuS 1995, S. 984-989
- Die relevanten Grundrechtsbeeinträchtigungen, in: JuS 1995, S. 303-307
- (Hrsg.), Grundgesetz - Kommentar, München 1996

Sandkühler, Gerd, Bankrecht, 2. Auflage, Köln / Berlin / Bonn / München 1993

Schebesta, Michael, Bankprobleme beim Tod eines Kunden (§§ 33 ErbStG, 5 ErbStDV), Schriften des Bundesverbandes der deutschen Volks- und Raiffeisenbanken, Band 3, 9. Auflage 1995

Schlaich, Klaus, Das Bundesverfassungsgericht, München 1985

Schmidt, Karsten, Integritätsschutz von Unternehmen nach § 823 BGB - Zum Recht am eingerichteten und ausgeübten Gewerbebetrieb, in: JuS 1993, S. 985-992

Schmitt-Glaeser, Walter, Schutz der Privatsphäre, in: v. Isensee, Josef / Kirchhof, Paul (Hrsg.), Handbuch des Staatsrechts, Band VI, Heidelberg 1989, S. 41-107

Schnapp, Friedrich E., Die Verhältnismäßigkeit des Grundrechtseingriffs, in: JuS 1983, S. 850-855

Schön, Wolfgang, Zur Anwendung von § 159 AO auf die Verwahrung ausländischer Wertpapiere durch inländische Kreditinstitute, in: WM 1998, S. 2401-2410

Scholler, Heinrich / **Broß**, Siegfried, Grundrechtsschutz für juristische Personen des öffentlichen Rechts, in: DÖV 1978, S. 238-244

Scholz, Rupert, Wie lange noch bis Solange III?, in: NJW 1990, S. 941-946
- Das Grundrecht der freien Entfaltung der Persönlichkeit in der Rechtsprechung des Bundesverfassungserichts, in: AöR 100 (1975), S. 80-130, 265-290
- Parlamentarischer Untersuchungsausschuß und Steuergeheimnis, in: AöR 115 (1980), S. 564-623
- Steuerfahndung bei der Deutschen Bank, in: Handelsblatt vom 16.06.1998, S. 3

Schraepler, Hans-Joachim, Kreditauskunft - Einschränkung des Bankgeheimnisses, in: NJW 1972, S. 1836-1840

Schuhmann, Helmut, § 30a AO - Schutz von Bankkunden?, in: Wistra 1995, S. 336-340
- Durchsuchung und Beschlagnahme im Steuerstrafverfahren, in: Wistra 1993, S. 93-99

Schwabe, Jürgen, Bundesverfassungsgericht und „Drittwirkung" der Grundrechte, in: AöR 100 (1975), S. 442-470
- Grundrechtskonkurrenzen, in: JA 1979, S. 191-196

Schweitzer, Michael, Staatsrecht III, Schwerpunkte Band 16, 2. Auflage, Heidelberg 1990

Schwintowski, Hans-Peter, Bankrecht, München 1994

Selk, Michael, Zum heutigen Stand der Diskussion um das Zitiergebot, Art. 19 I 2 GG, in: JuS 1992, S. 816-820

Selmer, Peter, Steuerrecht und Bankgeheimnis, Hamburg 1981

Sichtermann, Siegfried, Das Bankgeheimnis als Teil des allgemeinen Persönlichkeitsrechtes, in: MDR 1965, S. 697-700
- Bankgeheimnis, in: Enzyklopädisches Lexikon für das Geld-, Bank- und Börsenwesen, Band 1 (A-H), 3. Auflage, 1967, S. 153-162
- Strafverfahren und Bankgeheimnis, in: NJW 1968, S. 1996-1998

Sichtermann, Siegfried / **Feuerborn**, Sabine / **Kirchherr**, Roland / **Terdenge**, Reinhold, Bankgeheimnis und Bankauskunft in der Bundesrepublik Deutschland sowie in wichtigen ausländischen Staaten, 3. Auflage, Frankfurt / M. 1984

Simitis, Spiros, Von der Amtshilfe zur Informationshilfe - Informationsaustausch und Datenschutzanforderungen in der öffentlichen Verwaltung, in: NJW 1986, S. 2795-2805
- Datenschutz - Rücktritt oder Neubeginn, in: NJW 1998, S. 2473-2479
- Die informationelle Selbstbestimmung - Grundbedingung einer verfassungskonformen Informationsordnung, in: NJW 1984, S. 398-405

Simson, Werner von / **Schwarze**, Jürgen, Europäische Integration und Grundgesetz - Maastricht und die Folgen für das deutsche Verfassungsrecht, in: Benda, Ernst / Maihofer, Werner / Vogel, Hans-Jochen (Hrsg.), Handbuch des Verfassungsrechts der Bundesrepublik Deutschland, Band 1, 2. Auflage (unveränderter Neudruck), Berlin / New York 1995, S. 53-123

Smith, Stanley de / **Brazier**, Rodney, Constitutional and Administrative Law, 7'th edition, London 1994

Smith, J.C. / **Robinson**, R.E. / **Coval**, S.C., The Logic of Rights, in: 33 University of Toronto Law Journal, Toronto 1983, S. 267-275

Spitz, Helmut, Auskunftspflichten - Bankgeheimnis - Beschlagnahme / Durchsuchung - Zeugenvernehmung im Steuerstrafverfahren - Die Rechsstellung der Finanzbehörde sowie der Steuerfahndung (Zollfahndung) im Steuerstrafverfahren, in: DStR 1981, S. 428-435

Starck, Christian, Die Grundrechte des Grundgesetzes - Zugleich ein Beitrag zu den Grenzen der Verfassungsauslegung, in: JuS 1981, S. 237-246
- Die Auskiesungsurteile des Bundesgerichtshofs vor dem Bundesverfassungsgericht - BVerfG, NJW 1977, 1960, in: JuS 1977, S. 732-736

Stein, Ekkehard, Staatsrecht, 10. Auflage, Tübingen 1986

Steindorff, Ernst, Zivilrechtliche Grundlagen von Bankgeheimnis, Bankauskunft und Persönlichkeitsschutz, in: ZHR 149 (1985), S. 151-164

Stern, Klaus, Das Staatsrecht der Bundesrepublik Deutschland, Band III, Teilband 1, 1. Auflage, München 1988

Stern, Klaus, Das Staatsrecht der Bundesrepublik Deutschland, Band III, Teilband 2, 2. Auflage, München 1994

Stober, Rolf, Grundrechtsschutz der Wirtschaftstätigkeit, in: Öffentliches Recht in der Verwaltungs-, Beratungs- und Wirtschaftspraxis, Köln / Berlin / Bonn / München 1989

Story, Joseph, Commentaries on the Constitution of the United States, unveränderter Neudruck des 1833 in 3. Auflage in Bosten / Cambridge (Mass.) erschienenen Kommentars von 1997, veröffentlicht im Internet unter: http://www.constitution.org/js_000.htm

Streck, Michael, Die Außenprüfung, Köln 1993

Streck, Michael / **Mack,** Alexandra, Banken und Bankkunden im Steuerfahndungsverfahren, in: BB 1995, S. 2137-2146

Streck, Michael / **Peschges,** Sandra, Die Fertigung von Kontrollmitteilungen bei Außenprüfungen in Banken, in: DStR 1997, S. 1993-1998

Struck, Gerhard, Gesetz und Chaos in Naturwissenschaft und Rechtswissenschaft, in: JuS 1993, S. 992-999

Stützle, Rudolf, Bankgeheimnis, in: WuB, Entscheidungssammlung zum Wirtschafts- und Bankrecht, Band I, Fundstelle B 3, 4.85, S. 289, 290

Tettinger, Peter J., Das Grundrecht der Berufsfreiheit in der Rechtsprechung des Bundesverfassungsgerichts, in: AöR 108 (1983), S. 92-134

Thilo, Lutz, Bankgeheimnis, Bankauskunft und Datenschutzgesetze, in: NJW 1984, S. 582-585

Thomas, Heinz / **Putzo,** Hans, ZPO, Kommentar zur Zivilprozeßordnung, 20. Auflage, München 1997

Tietje, Christian, Europäischer Grundrechtsschutz nach dem Maastricht-Urteil, Solange III? - BVerfG, NJW 1983, 3047, in: JuS 1994, S. 197-202

Tipke, Klaus, Anmerkungen zum Urteil des BFH vom 28.10.1997, in: FR 1998, S. 117, 118

Tipke, Klaus / **Lang,** Joachim, Steuerrecht, 15. Auflage, Köln 1996

Troberg, Peter, Bankenbegriff und Marktzugang, in: Schimansky, Herbert / Bunte, Herman-Josef / Lwowski, Hans-Jürgen (Hrsg.), Bankrechtshandbuch, Band 3, München 1997, S. 3812-3825

Ungnade, Dieter, Bankgeheimnis gegenüber den Strafverfolgungsbehörden, in: WM 1976, S. 1210-1220

Ungnade, Dieter / **Gorynia,** Franz-Josef, Datenschutz und Kreditgewerbe - 5 Jahre BDSG, in: Sonderbeilage Nr. 7/1983 der WM vom 30.08.1983

Vogelsang, Klaus, Grundrecht auf informationelle Selbstbestimmung?, in: Studien und Materialien zur Verfassungsgerichtsbarkeit, Band 14, hrsg. von Christian Starck, Baden-Baden 1987

Vogt, Martin / **Kramer,** Andreas, Steuerliche Ermittlungsbefugnisse bei Kreditinstituten - Widerspruch zum BFH-Urteil vom 18. Februar 1997, in: WM 1997, S. 2156-2163

Weber-Grellet, Heinrich, Beweis- und Argumentationslast im Verfassungsrecht unter besonderer Berücksichtigung der Rechtsprechung des Bundesverfassungsgerichts, in: Studien und Materialien zur Verfassungsgerichtsbarkeit, Band 14, hrsg. von Christian Starck, Baden-Baden 1987

Weber, Ahrend, Allgemeine Geschäftsbedingungen, in: Hellner, Thorwald / Steuer, Stephan (Hrsg.), Bankrecht und Bankpraxis (BuB), Band 1, Kap. 1, Köln 1996, Stand März / 1993

Weber, Manfred, Das deutsche Bankgeheimnis, in: Die Bank 1996, S. 84-90

Weis, Hubert, Inländerdiskriminierung zwischen Gemeinschaftsrecht und nationalem Verfassungsrecht, in: NJW 1983, 2721-2726

Wendt, Rudolf, Besteuerung und Eigentum, in: NJW 1980, S. 2111-2118

- Der Garantiegehalt der Grundrechte und das Übermaßverbot, in: AöR 104 (1979), S. 414-474

Wengert, Georg / **Widmann,** Andreas, Ist die Kontrollmitteilungspraxis im Rahmen einer steuerlichen Außenprüfung noch von rechtsstaatlichen Grundsätzen gedeckt?, in: BB 1998, S. 724-727

Wolff, Andreas, Der verfassungsrechtliche Schutz der Betriebs- und Geschäftsgeheimnisse, in: NJW 1997, S. 98-101

Würtenberger, Thomas / **Heckmann,** Dirk / **Riggert,** Rainer, Polizeirecht in Baden - Württemberg, 1. Auflage, Heidelberg 1993

Zimmermann, Norbert, Zur Grundrechtssubjektivität kommunaler Energieversorgungsunternehmen - BVerfG, NJW 1990, 1783, in: JuS 1991, S. 294-300

Zöllner, Wolfgang, Datenschutzrechtliche Aspekte der Bankauskunft, in: ZHR 149 (1985), S. 179-196

Zuleeg, Manfred, Die Bedeutung des europäischen Gemeinschaftsrechts für das Ausländerrecht, in: NJW 1987, S. 2193-2199

FSC
www.fsc.org
MIX
Papier | Fördert gute Waldnutzung
FSC® C083411

Kolibri 360 GmbH
Ferdinand-Jühlke-Straße 7
99095 Erfurt, Deutschland
produktsicherheit@kolibri360.de

Druck:
CPI Druckdienstleistungen GmbH
im Auftrag der
Kolibri 360 GmbH
Ferdinand-Jühlke-Str. 7
99095 Erfurt